中華博物通考

總主編 張述錚

飲食卷

本卷主編
張標 李紅霞 李延年

上海交通大學出版社

圖書在版編目（CIP）數據

中華博物通考. 飲食卷 / 張述錚總主編 ; 張標, 李
紅霞, 李延年本卷主編.—上海 : 上海交通大學出版社,
2024.1

ISBN 978-7-313-24703-2

Ⅰ.①中… Ⅱ.①張… ②張… ③李… ④李… Ⅲ.
①百科全書—中國—現代②飲食—文化史—中國 Ⅳ.
①Z227②TS971.202

中國國家版本館CIP數據核字(2023)第238458號

特約編審：完顏紹元
責任編輯：車義偉
裝幀設計：姜　明

中華博物通考·飲食卷

總　主　編：張述錚
本卷主編：張　標　李紅霞　李延年
出版發行：上海交通大學出版社　　　　地　　址：上海市番禺路951號
郵政編碼：200030　　　　　　　　　　電　　話：021-64071208
印　　製：蘇州市越洋印刷有限公司　　經　　銷：全國新華書店
開　　本：890mm×1240mm　1/16　　印　　張：40.5
字　　數：883千字
版　　次：2024年1月第1版　　　　　　印　　次：2024年1月第1次印刷
書　　號：ISBN 978-7-313-24703-2
定　　價：488.00元

《中華博物通考》學術顧問

（按姓氏筆畫排序）

王　方	王　釗	王子舟	王文章	王志強	仇正偉	孔慶典	石雲里
田藝瓊	白庚勝	朱孟庭	任德山	衣保中	祁德樹	杜澤遜	李　平
李行健	李克讓	李德龍	李樹喜	李曉光	吳海清	佟春燕	余曉艷
邸永君	宋大川	苟天林	郝振省	施克燦	姜　鵬	姜曉敏	祝逸雯
祝壽臣	馬玉梅	馬建勛	桂曉風	夏興有	晁岱雙	晏可佳	徐傳武
高　峰	高莉芬	陳　煜	陳茂仁	孫　機	孫　曉	孫明泉	陶曉華
黃金東	黃群雅	黃壽成	黃燕生	曹宏舉	曹彥生	常光明	常壽德
張志民	張希清	張維慎	張慶捷	張樹相	張聯榮	程方平	鈕衛星
馮　峰	馮維康	楊　凱	楊存昌	楊志明	楊華山	賈秀娟	趙志軍
趙連賞	趙榮光	趙興波	蔡先金	鄭欣淼	寧　強	熊遠明	劉　靜
劉文豐	劉建美	劉建國	劉洪海	劉華傑	劉國威	潛　偉	霍宏偉
魏明孔	聶震寧	蘇子敬	嚴　耕	羅　青	羅雨林	釋界空	釋圓持
鐵付德							

《中華博物通考》編輯出版委員會

導　論

——縱論中華博物學的沉淪與重建

引　言

　　在中國當代，西方博物學影響至巨，自鴉片戰爭以來，屈指已歷百載。何謂"西方博物學"？"西方博物學"是以研究動植物、礦物等自然物爲主體的學科，但不包含社會領域的社會生活，至19世紀後期已完成學術使命，成爲一種保護大自然的公益活動，但國人却一直承襲至今。中華久有自家的博物學，已久被忘却，無人問津，這一狀況實是令人不安。前日偶見《故宮裏的博物學》問世，精裝三册，喜出望外，以爲我中華博物學終得重生，展卷之後始知，該書是依據清乾隆時期皇室的藏書《清宮獸譜》《清宮鳥譜》《清宮海錯圖》（"海錯"多指海中錯雜的魚鱉蝦蟹之類）繪製而成，其中一些并非實有，乃是神話傳説之物。其内容提要稱"是專爲孩子打造的中華文化通識讀本"，而對博物院内琳琅滿目的海量藏品則隻字未提。這就是説，博物院雖有海量藏品，却與故宮裏的博物學毫不相干，或曰并不屬於博物學的研究範圍。此書的編纂者是我國的著名專家，未料我國這些著名專家所認定的博物學仍是西方的博物學。此書得以《故宮裏的博物學》的名義出版，又證我國的出版界對於此一命題的認同，竟然不知我中華久有自家的博物學。此書如若改稱《故宮裏的皇室動物圖譜》，則名正言順，十分精彩，不失爲一部别具情趣的兒童讀物，但原書名却無意間形成一種誤導，孩子們可能會據此認定：唯有鳥獸蟲魚之類才是中華文化中的大學問，故而稱之爲“博物學”，最終會在其幼小心靈裏留下西方博物學的深深印記。

何以出現這般狀況？因爲許多國人對於傳統的中華博物及中華博物學，實在是太過陌生！那麼，何謂“博物”？本文指稱的“博物”，是指隸屬或關涉我中華文化的一切可見或可感知之物體物品。何謂“中華博物學”？“中華博物學”的研究主體是除却自然界諸物之外，更關涉了中國社會的各個方面各個領域，進而關涉了我中華民族的生息繁衍，關涉了作爲文明古國的盛衰起落，足可爲當代或後世提供必要的藉鑒，是我國獨有、無可替代的學術體系。故而重建中華博物學，具有歷史的、現實的多方面實用價值。我中華博物學起源久遠，至遲已有兩千年歷史，祇是初始没有“博物學”之名而已。時至明代，始見“博物之學”一詞。如明楊士奇《東里續集》卷一八評述宋陸佃《埤雅》曰：“此書於博物之學蓋有助焉。”此一“博物之學”，可視爲“中華博物學”的最早稱謂。又，《四庫全書總目提要》卷一三六評清陳元龍《格致鏡原》曰：“〔此書〕分三十類：曰乾象，曰坤輿，曰身體，曰冠服，曰宮室，曰飲食，曰布帛，曰舟車，曰朝制，曰珍寶，曰文具，曰武備，曰禮器，曰樂器，曰耕織器物，曰日用器物，曰居處器物，曰香奩器物，曰燕賞器物，曰玩戲器物，曰穀，曰蔬，曰木，曰草，曰花，曰果，曰鳥，曰獸，曰水族，曰昆蟲，皆博物之學。”此即古籍述及的“中華博物學”最爲明確、最爲全面的定義。重建的博物學於“身體”之外，另增《函籍》《珍奇》《科技》等，可以更全面地融匯古今。在擴展了傳統博物學天地之外，又致力於探索浩浩博物的淵源、流變，以及同物異名與同名異物的研究，致力於物、名之間的生衍關係的考辨。“博物學”本無須冠以“中華”或“中國”字樣，在當代爲區別於西方的“博物學”，遂定名爲“中華博物學”，或曰“中華古典博物學”。“中華博物學”，國人本當最爲熟悉，事實却是大出所料，近世此學已成了過眼雲烟，少有問津者，西方博物學反而風靡於中國。何以形成如此狀況？何以如此本末倒置？這就不能不從噩夢般的中國近代史談起。

一、喪權辱國尋自保，走投無路求西化

清王朝自鴉片戰争喪權辱國之後，面對列强的進逼，毫無氣節，連連退讓，其後又遭

甲午戰爭之慘敗，走投無路，於是由所謂"師夷之長技"，轉而向日本求取西化的捷徑，以便苟延殘喘。日本自 19 世紀始，城鄉不斷發生市民、農民暴動，國内一片混亂。1854年 3 月，又在美國鐵艦火炮脅迫之下，簽訂《神奈川條約》。四年後再度被迫與美國簽訂通商條約。繼此以往，荷、俄、英、法，相繼入侵，條約不斷，同百年前的中國一樣，徹底淪爲半封建半殖民地社會，當權的幕府聲威喪盡。1868 年 1 月，天皇睦仁（即明治天皇）下達《王政復古大號令》，廢除幕府制度，但值得注意的是仍然堅守"大和精神"，并未全部廢除自家原有傳統。同年 10 月，改元明治，此後的一系列變革措施，即稱之爲"明治維新"。維新之後，否定了"近習華夏"，衝決了"東亞文化圈"，上自天皇，下至黎民，勠力同心，在"富國强兵、置産興業"的前提之下，遠法泰西，大力引入嶄新的科學技術，從而迅速崛起，廢除了與列强的一切不平等條約，成爲令人矚目的世界强國之一。可見"明治維新"之前，日本内憂外患的遭遇，與當時的中國非常相似。在此民族存亡的關鍵時刻，中國維新派代表人物不失時機，遠渡東洋，以日本爲鏡鑒，在引進其先進科技的同時，也引進了日本人按照英文 natural history 的語意翻譯成的漢語"博物學"，雖并不準確，但因出於頂禮膜拜，已無暇顧及。況且，自甲午戰爭至民國前期，日源語詞已成爲漢語外來語詞庫中的魁首，遠超英法俄諸語，且無任何外來語痕迹，最難識別。如"民主""科學""法律""政府""美感""浪漫""藝術界""思想界""無神論""現代化"等，不勝枚舉。國人曾試圖自創新詞，但敗多勝少，祇能望洋興嘆。究其原因，并非民智的高下，也并非語種的優劣，實則是國力强弱的較量，國强則國威，國威則必擁有强勢文化，而强勢文化勢必涌入弱國，面對强勢文化，弱國豈有話語權？西方的"博物學"進入中國，遒勁而又自然。

那麼，西方博物學源於何時何地？又經歷了怎樣的發展變化？答曰：西方博物學發端於古希臘亞里士多德（公元前 384—前 322）《動物志》之類著述，又經古羅馬老普林尼（公元 23—79）的《自然史》，輾轉傳至歐洲各國。其所謂博物除却動植物外，更有天文、地理、人體諸類。這是西方的文化背景與知識譜系，西人習以爲常，喜聞樂見。在歐洲文藝復興和美洲地理大發現之後，見到别樣的動物、植物以及礦物，博物學得到長足發展。至 19 世紀前半期，博物學形成了動物學、植物學和礦物學三大體系，達於鼎盛。至 19 世紀後期，動物學、植物學獨立出來，成爲生物學，礦物學則擴展爲地質學，博物學已被架空。至 20 世紀，博物學已不再屬於什麼科學研究，而完全變成一種生態與環境探索，以供民衆休閑安居的社會活動。其時，除却發端於亞里士多德的"博物學"之外，也有後起的"文化博物學"（Cultural Museology），這是一門非主流的綜合性學科，旨在研究人類一切文化遺産，試圖展示并解釋歷史的傳承與發展，但在題材視野、表達主旨等方面與中華傳統博物學仍甚有差异。面對此類非主流論説，當年的譯者或視而不見，或有意摒弃，其志在振興我中華。

在尋求救國的路途中，仁人志士們目睹了西方先進文化，身感心受，嚮往久之。"試航東西洋一游，見彼之物質文明，莊嚴燦爛，而回首宗邦，黯然無色，已足明興衰存亡之由，長此以往，何堪設想？"（吳冰心《博物學雜誌》發刊詞，1914年1月，第1～4頁），此時仁人志士們滿腔熱血，一心救國。但如何救國，却茫茫然，如墮五里霧中。這一救國之路從表象上觀察似乎一切皆以日本爲鏡鑒，實則迥别於"明治維新"之路，未能把握"富國强兵、置産興業"之首要方嚮，而當年的執政者却祇顧個人權勢的得失，亦無此遠大志嚮。仁人志士們雖振臂疾呼，含泪呐喊，祇飄摇於上層精英之間，因一度失去民族自信、文化自信，而不知所措，矛頭直指孔子及千載儒學，進而直指傳統文化。五四運動前夜，北京大學著名教授錢玄同即正告國人"欲驅除一般人之幼稚的野蠻的頑固的思想"，就必須要"廢孔學"，必須要"廢漢文"（錢玄同《中國今後的文字問題》，載1918年4月15日《新青年》第4卷第4號）。翌年，五四運動爆發，仁人志士們高舉"德謨克拉西"（民主）、"賽因斯"（科學）兩面大旗，掀起反帝反封建的狂濤巨瀾，成爲中國近現代史上的偉大里程碑，中國人民自此視野大開。這兩面大旗指明了國家强弱成敗的方嚮。但與此同時，仁人志士們又毫不猶豫，全力以赴，要堅决"打倒孔家店"。於是，孔子及其儒家學説成了國弱民窮的替罪羊！接踵而至的就是對於漢字及其代表的漢文化的徹底否定。偉大革命思想家魯迅也一直抨擊傳統觀念、傳統體制，1936年10月，在他逝世前夕《病中答救亡情報訪員》一文中，竟然斷言："漢字不滅，中國必亡！"而新文化運動的主要人物之一胡適更是語出驚人："我們必須承認我們自己百事不如人，不但物質機械上不如人，不但政治制度不如人，并且道德不如人，知識不如人，文學不如人，音樂不如人，藝術不如人，身體不如人。"中華民族是"又愚又懶的民族"，是"一分像人，九分像鬼的不長進民族"（胡適《介紹我自己的思想》，1930年12月亞東圖書館初版《胡適文選》自序）。這是五四運動前後一代精英們的實見實感，本意在於革故鼎新，但這些通盤否定傳統文化的主張，不啻是在緊要歷史關頭的一次群情失控，是中國文化史中的一次失智！在這樣的歷史背景、這樣的歷史氣勢之下，接受西方"博物學"就成了必然，有誰會顧及古老的傳統博物學？

在引進西方博物學之後，國人紛予效法，試圖建立所謂中華自家的博物學，於是圍繞植物學、動物學兩大方面遍搜古今，窮盡群書，着眼於有關動植物之類典籍的縱橫搜求，但這并非我中華的博物全貌，也并非我中華博物學，況且在中華古典博物學中，也罕見西方礦物學之類著作，可見，試圖以西方的博物學體系，另建中華古典博物學，實在是削足適履、邯鄲學步。自 1902 年始，晚清推行學制改革，先後頒布了"壬寅學制""癸卯學制"。1905 年，根據《奏定學堂章程》，已將西方博物學納入中學的課程設置。其課程分爲植物、動物、礦物、人體生理學四種，分四年講授。1912 年中華民國成立後，江浙等地出現過博物學會和期刊，稍後武昌高等師範學校設立了博物學系，出版過《博物學雜誌》，主要研究動物學、植物學及人體生理學，隨後又將博物學系改稱生物學系，《博物學雜誌》也相應改稱《生物學雜誌》，重走了西方的老路。北京高等師範學校也有類似經歷，甚爲盲目而混亂。至 30 年代，發現西方博物學自 20 世紀始，已轉型爲生態與環境探索，國人因再無興趣，對西方博物學的大規模推廣、學習在中國遂告停止，但因影响至深，其餘風猶存。

二、中華典籍浩如海，博物古學何處覓？

應當指出，中國古代典籍所載之草木、鳥獸、蟲魚之類，亦有別於西方，除却其自身屬性特徵外，又常常被人格化，或表親近，或加贊賞，體現了另一種精神情懷。如動物龜、鶴，寓意長壽（其後，龜又派生了貶義）；豺、狼、烏鴉、貓頭鷹，或表殘忍，或表不祥；其他如十二生肖，亦各有象徵，各有寓意。而那些無血肉、無情感的植物，同樣也被賦予人文色彩。如漢班固《白虎通·崩薨》載："《春秋含文嘉》曰：天子墳高三仞，樹以松；諸侯半之，樹以柏；大夫八尺，樹以欒；士四尺，樹以槐；庶人無墳，樹以楊、柳。"足見在我國古老的典制禮俗中，松、柏、欒、槐、楊、柳，已被賦予了不同的屬性，被分爲五等，楊、柳最爲低賤；就連如何埋葬也分爲五等，嚴於區別，從墳高三仞到無墳，成爲天子到庶人的埋葬標志。實則墳墓分爲等級，早在公元前 3300 年至公元前 2300 年的良渚古城遺址已經發現。這些浩浩博物，廣泛涉及了古老民族和古老國度的典制與禮俗，我國學人也難盡知，西方的博物學又當如何表述？

可見西方博物學絕難取代中華古典博物學，中華古典博物學的研究範圍，遠超西方博物學，或可說中華古典博物學大可包容西方博物學。如今，這一命題漸引起國內一些有識之士、專家學者的關注。那麼，中華古典博物學究竟發端於何時何地？有無相對成型的體系？如何重建？答曰：若就人類辨物創器而言，上古即已有之，環宇盡同。若僅就我中華文獻記載而言，有的學者認爲當發端於《周易》，因爲"易道廣大，無所不包"（《四庫全書總目提要》卷九），或認爲發端於《書·禹貢》，因爲此書廣載九州山河、人民與物產。《周易》《禹貢》當然可以視爲中華博物學的源頭。而作爲中華博物學體系的領銜專著，則普遍認爲始於晋代張華《博物志》。而論者則認爲，中華博物學成爲一門相對獨立的學科體系，當始於秦漢間唐蒙的《博物記》，此書南北朝以來屢見引用，張華《博物志》不過是續作而已。對此，前人久有論述。如《四庫全書總目提要》卷一四二曰："劉昭《續漢志》注《律曆志》引《博物記》一條，《輿服志》引《博物記》一条，《五行志》引《博物記》二條，《郡國志》引《博物記》二十九條……今觀裴松之《三國志》注（《魏志·太祖紀》《文帝紀》《吳志·孫賁傳》等）引《博物志》四條，又於《魏志·凉茂傳》中引《博物記》一條，灼然二書，更無疑義。"再如宋周密《齊東野語·野婆》曰："《後漢·郡國志》引《博物記》曰：'日南出野女，群行不見夫，其狀皛且白，裸袒無衣襦。'得非此乎？《博物記》當是秦漢間古書，張茂先（張華，字茂先）蓋取其名而爲《志》也。"再如明楊慎《丹鉛總録》卷一一："漢有《博物記》，非張華《博物志》也，周公謹云不知誰著。考《後漢書》注，始知《博物記》爲唐蒙作。"如前所述，此書南北朝典籍中多有引用，如僅在南朝梁劉昭《續漢志》注中，《博物記》之名即先後出現了三十三次之多。據有關古籍記載，其內包括了律曆、五行、郡國、山川、人物、輿服、禮俗等，盡皆實有所指，無一虛幻。故在明代有關前代典籍分類中，已將唐蒙《博物記》與三國魏張揖《古今字詁》、晋呂靜《韻集》、南朝梁阮孝緒《古今文詁》、唐顔元孫《干禄字書》、宋洪适《隸釋》等字書、韵書并列（見明顧起元《説略》卷一五），足見其學術地位之高，而張華《博物志》則未被録入。

至西晋已還，佛道二教廣泛流傳，神仙方士之説大興，於是張華又衍《博物記》爲《博物志》，其書内容劇增，自卷一至卷六，記載山川地理、歷史人物、草木蟲魚，這些當是紀要考訂之屬，合乎本文指稱的名副其實的博物學系統。此外，又力仿《山海經》的體例，旨在記載异物、妙境、奇人、靈怪，以及殊俗、瑣聞等，諸多素材語式，亦幾與《山海經》盡同，若"羽民國，民有翼，飛不遠……去九嶷四萬三千里"云云，并非"浩博實物"，已近於"志怪"小說。張華自序稱其書旨在"博物之士覽而鑒焉"，張序指稱的"博物之士"，義同前引《左傳》之"博物君子"，其"博物"是指"博通諸種事物"，虛虛實實，紛紛紜紜，無所不包。此類記述，正合世風，因而《博物志》大行其道，《博物記》則漸被冷落，南北朝之後已失傳，其殘章斷簡偶見於他書，可輯佚者甚微。後世輾轉相引，又常與《博物志》混同。《博物志》至宋代亦失傳，今本十卷爲采摭佚文、剽掇他書而成，真僞雜糅，亦非原作。其後又有唐人林登《續博物志》十卷，緊接《博物志》之後，更拓其虛幻内容，以記神异故事爲主，多是叙述性文字，其條目篇幅較長，宋代之後也已亡佚。再後宋人李石又有同名《續博物志》十卷，其自序稱："次第仿華書，一事續一事。"實則并不盡然，華書首設"地理"，李書改增爲"天象"，其他内容，間有與華書重複者，所續多是後世雜籍，宋世逸聞。此書雖有舛亂附會之弊，仍不失爲一部難得的繼補之作。李書之後，又有明人游潛《博物志補》三卷，仍係補張華之《志》，旨趣體例略如李石之《續志》，但頗散漫，時補時闕，猥雜冗濫。李、游一續一補，盡皆因仍張《志》，繼其孑遺。以上諸書之所謂"博物"，一脉相承，注重珍稀之物而外，多以臚列奇事异聞爲主旨，同"浩博實物"的考釋頗有差异。游潛稍後，明董斯張之《廣博物志》五十卷問世，始一改舊例，設有二十二類，下列子目一百六十七種，所載博物始於上古，達於隋末，不再因仍張《志》而爲之續補，已是擴而廣之，另闢山林，重在追溯事物起源，其中包括職官、人倫、高逸、方技、典制，等等。其後，清人陳逢衡著有《續博物志疏證》十卷、《續博物志補遺》一卷，對李石《續志》逐條研究探索，并又加入新增條目，成爲最系統、最深入的《續》說。其後，徐壽基又著有《續廣博物志》十六卷，繼董《志》餘緒，於隋代之後，逐一相繼，直至明清，頗似李石之續張華。但《廣志》《續廣志》之類，仍非以專考釋"浩博實物"爲主旨。我國第一部以"博物"命名而研究實物的專著，當爲明末谷應泰之《博物要覽》。該書十六卷，惜所涉亦不過碑版、書畫、銅器、窑器、瑪瑙、珊瑚、珠玉、奇石等玩賞之器物，皆係作者隨所見聞，摭録成帙；所列未廣，其中碑版書畫，尤爲簡陋，難稱浩博，其影響遠不及前述諸《志》，但所創之寫實體例，則非同尋常。而最具權威者，當是明末黄道周所著《博物典彙》，該書共二十卷，所涉博物，始自遠古，達於當朝，上自天文地理，下至草木蟲魚，盡予囊括，并以其所在時代最新的觀點、視野，對歷代博物著述進行了彙總研究。如卷一關於"天文"之考釋，下設"渾天""七曜"，"七曜"下又設"日""月""五星"，再後又有"經星圖""緯星圖""二十八宿"。又如卷七關於"后妃"，下設"宮閣内外之分""宮閣預政之誡"，緊隨其後的即教育"儲貳"之法，等等，甚爲周嚴。

以上諸書就是以"博物"命名的博物學專著。在晚清之前，代代相繼，發展有序，并時有新的建樹。

與這些博物學專著相并行，相匹配，另有以"事"或"事物"命名，旨在探索事物起源的博物學專著。初始之作爲北魏劉懋《物祖》十五卷，稍後有隋謝昊《物始》十卷，是對《物祖》的一次重大補正。《物始》之後，有唐劉孝孫等《事始》三卷，又有五代馮鑑《續事始》十卷，是對《事始》的全面擴展與開拓。《續事始》之後，另有宋高承《事物紀原》十卷，此書分五十五個類目，上自"天地生植"，中經"樂舞聲歌""輿駕羽衛""冠冕首飾""酒醴飲食"，直至"草木花果""蟲魚禽獸"，較《物祖》《物始》尤爲完備，遂成博物學的百代經典。接踵而來者有明王三聘《古今事物考》八卷，效法《紀原》之體，自古至今，上至天文地理，下至昆蟲草木，中有朝制禮儀、民生器用、宮室舟車，力求完備，較之他書尤得要領，類居目列，條理分明，重在古今考釋，一事一物，莫不求源溯始，考核精審。此書載録服飾資料尤爲豐富，如卷一有上古禮制之種種服式，非常全面，卷六所載後世之巾冠、衣、佩、帶、襪、履舄、僧衣、頭飾、妝飾、軍服等百餘種，考證多引原書原文，確然有據，甚爲難得。就全書而言，略顯單薄。明徐炬又有《古今事物原始》三十卷，此書仿高承《紀原》之體，又參《事物考》之章法，以考釋制度器物爲主，古今上下，盡考其淵源，更有所得，凡日月星辰、山川草木，亦必確究其淵源流變，但此與天地共生之浩浩博物，四百餘年前的一介書生，豈可臆測而妄斷？爲此而輾轉援引，頗顯紛亂。且鳥獸花草之起首，或加偶語一聯，或加律詩二句，而後逐一闡釋，實乃蛇足。其書雖有此瑕疵，却不掩大成。與王、徐同代的還有羅頎《物原》二卷（《四庫》本作一卷），羅氏以《紀原》不能黜安崇真，故更訂爲十八門，列二百九十三條，條條錘實。如，刻漏、雨傘、鋦子（用於連合破裂器物的兩脚釘）、酒、豆腐之類的由來，多有創見。惜違《紀原》明記出典之體，又背《事物考》之道，凡有考釋，則溷集衆説爲一。如，烏孫公主作琵琶，張華作苔紙，皆茫然不知所本。不過章法雖有差失，未臻完美，但其功業甚巨，《物原》成爲一部研究記述我國先民發明創造的專著。時至清代，陳元龍又撰

《格致鏡原》一百卷。何謂"格致鏡原"？意即格物致知，以求其本原。此書的子目多達一千七百餘種，明代以前天地間萬事萬物盡予羅致，一事一物，必究其原委，詳其名號，廣博而精審，終成中華古典博物學的巔峰之作。

以上兩大系列專著，自秦漢以來，連續兩千載，一脉相承，這并非十三經、二十六史之類的敕編敕修，無人號令，無人支持，完全出自一種無形的力量，出自文化大國、中華文脉自惜自愛的傳承精神，從而構成浩大的博物學體系。在我國學術研究史中，在我國圖書編纂史中，乃至於世界文化史中，當屬大纛獨立，舉世無雙！本當如江河之奔，生生不息，終因清廷喪權辱國、全盤西化而戛然中斷。

三、博物古學歷磨難，科技起落何可悲！

回顧我國漫長的文化史可知，中華博物學是在傳統的"重道輕器"等陳腐觀念桎梏下，以强大的民族自覺精神、民族意志爲推動力，砥礪前行，千載相繼，方成獨立體系，因而愈加難得，愈加可貴。

"重道輕器"觀念是如何出現的？何謂"道器"？兩者究竟是何關係？《周易·繫辭上》曰："形而上者謂之道，形而下者謂之器。"何謂"道"？所謂道乃"先天地生"，無形無象、無聲無色、無始無終、無可名狀，爲"萬物之所然也，萬理之所稽也"（見《韓非子·解老》），是指形成宇宙萬物之本原，是形成一切事理的依據與根由。何謂"器"？器即宇宙間實有的萬物，包括一切科技發明，至巨至大，至細至微，充斥天地間，而盡皆不虛，或有實物可見，或有形體可指。器即博物，博物即器。"道器關係"本是一種有形無形、可見與不可見的生衍關係，并無高下之分，但在傳統文化中卻另有解釋。如《周禮·考工記序》曰："坐而論道，謂之王公；作而行之，謂之士大夫；審曲面埶，以飭五材，以辨民器，謂之百工。"又曰："智者創物，巧者述之，守之世，謂之百工。百工之事，皆聖人之作也。"此文突顯了"道"對於"器"的指導與規範地位。"坐而論道"，可以無所不論，民生、朝政、國運、天下事，當然亦在所論之中。"道"實則是指整體人世間的一種法則、一種定律，或說是我古老的中華民族所創造的另一種學說。所謂"論道者"，古代通常理解爲"王公"或"聖人"，實則是代指一代哲人。《考工記序》卻將論道與製器兩者截然分開，明確地予以區別，貶低萬衆的創造力，旨在維護專制統治，從而確定人們的身份地位。坐而論道者貴爲王公，親身製器者屬末流之百工（“審曲面埶，以飭五材、以辨民器”，謂觀察金、木、皮、玉、土之曲直、性狀，據以製造民人所需之器物）。《考工記序》所記雖名爲“考工”，實則是周代禮制、官制之反映，對芸芸衆生而言，這種等級關係之誘惑力超乎尋常，絕難抵禦，先民樂於遵從，樂於接受，故而崇敬王公，崇敬聖人，百代不休。因而在中國古代，科學技術大受其創。

“重道輕器”的陳腐觀念，在中國古代影響廣遠，“器”必須在“道”的限定之下進行，不得隨意製作，不得超常發揮，“道”漸演化爲統治者實施專政的得力手段。“坐而論道”，似乎奧妙無盡。魏晉時期，藉儒入道，張揚“玄之又玄”，乃至於魏晉人不解魏晉文章，本朝人爲本朝人作注，史稱“玄學”。兩宋由論道轉而談理，一代理學宗師應運而生，闡理思辨，超乎想象，就連虛幻縹緲的天宮，亦可談得妙理聯翩，後世道家竟繪出著名的《天宮圖》來。事越千載，五四運動時期，那些新文化運動主將們聯手痛搗“孔家店”，却不攻玄理，“論道”“崇道”“樂道”“惜道”，滾滾而來，遂成千古“道”統，已經背離《易》《老》的本義。出於這樣的觀念，如何會看重“形而下”的博物與博物學？

那麼，古代先民又是如何看待與博物學密切相關的科學技術？《書・泰誓下》載，殷紂王曾作“奇技淫巧，以悅婦人”，爲百代不齒，萬世唾罵。何謂“奇技淫巧”？唐人孔穎達釋之曰：“奇技謂奇異技能，淫巧謂過度工巧……技據人身，巧指器物。”所謂“奇技淫巧”，今大底可釋爲超常的創造發明，或可直釋爲科學技術。論者認爲，“百代不齒，萬世唾罵”者并不在於“奇技淫巧”這一超常的創造發明，而在於紂王奢靡無度，用以取悅婦人的種種罪孽。至於紂王是否奢靡無度，“以悅婦人”，今學界另有考證。紂王當時之所以能稱雄天下，正是由於其科技的先進，軍事的强大，其失敗在於大拓疆土，窮兵黷武，導致内外哀怨，決戰之際又遭際叛亂。所謂“以悅婦人”之妲己，祇是戰敗國的一種“貢品”而已，對於年過半百的老人并無多大“媚力”。關於殷商及妲己的史料，最早見於戰國時期成書的《國語・晋語一》，前後僅有二十七字，并無“酒池肉林”“炮烙之刑”之類記載，後世史書所謂紂王對妲己的種種寵愛，實是一種演繹，意在宣揚“紅顏禍水”之説（此説最早亦源於前書。“紅顏禍水”，實當稱之爲“紅顏薄命”）。在中國古代推崇“紅顏禍水”論，進而排斥“奇技淫巧”，從而否定了科技的力量，否定了科技强弱與國家强弱的關係。時至周代，對於這種“奇技淫巧”，已有明確的法律限定：“作淫聲、異服、奇技、奇器以疑衆，殺！”（見《禮記・王制》）這也就是説，要杜絕一切新奇的創造發明，連同歌聲、服飾也不得超乎常規，否則即犯殺罪！此文自漢代始，多有注疏，今擇其一二，以見其要。"淫聲"者，如春秋戰國時鄭、衛常有男女私會，謳歌相引，被斥爲淫靡之聲；"奇技"者，如年輕的公輸班曾"請以機窆"，即以起重機落葬棺木，因違反當時人力牽挽的埋葬禮節，被視爲不恭。一言以蔽之，凡有違禮制的新奇科技、新奇藝術，皆被視爲疑惑民衆，必判以重罪。這就是所謂"維護禮制"，其要害就是維護統治者的統治地位，故而衣食住行所需器物的質材及數量，無不在尊卑貴賤的等級制約之中。如規定平民不得衣錦綉，不得鼎食，商人、藝人不得乘車馬，就連權貴們娛樂時選定舞蹈的行列亦不可違制，違制即意味着不軌，意味着僭越。杜絕"奇技淫巧"，始自商周，直至明清而未衰。我國著名的四大發明，千載流傳，未料却如同國寶大熊猫一樣，竟由後世西方科學家代爲發現，實在可悲！四大發明、大熊猫之類，或因史籍隱冷，疏於查閱，或因地處山野，難以發現，姑可不論，但其他很多非常具體的發明創造，雖有群書連續記載，也常被無視，或竟予扼殺。如漢代即有超常的"女布"，因出自未嫁少女之手而得名（見《後漢書·王符傳》），南北朝時已久負盛名，稱"女子布"（見南朝宋盛弘之《荆州記》）。宋代又稱"女兒布"，被贊爲"布帛之品……其尤細者也"（見宋羅濬《寶慶四明志·郡志四》）。其後歷代製作，不斷創新，及至明清終於出現空前的妙品"女兒葛"。"女兒葛"爲細葛布的一種，其物纖細如蟬翼紗，又如傳說中的"蛟女絹"，僅重三四兩，捲其一端，整匹女兒葛便可出入筆管之中，精美絕倫，明代弘治之後曾發現於四川鄰水縣，但却被斷然禁止。明皇甫録《下陣記談》卷上："女兒葛，出鄰水縣，極纖細，必五越月而後成，不減所謂蟬紗、魚子纈之類，蓋十縑之力也。予以爲淫巧，下令禁止，無敢作者。"對此美妙的"女兒葛"，時任順慶府知府的皇甫録，并没給予必要的支持、鼓勵，反而謹遵古訓，以杜絕"奇技淫巧"爲己任，堅決下達禁令，并引以爲榮。皇甫録乃弘治九年（1496）進士，爲官清正，面對"奇技淫巧"也如此"果斷"！此後清代康熙年間，"女兒葛"再現於廣東增城縣一帶，其具體情狀，清屈大均《廣東新語·貨語·葛布》中有翔實描述，但其遭遇同樣可悲，今"女兒葛"終於銷聲匿迹。在中國古代，類似的遭遇，又何止"女兒葛"？杜絕"奇技淫巧"之風，一脈相承，何可悲也。

　　但縱觀我華夏全部歷史可知，一些所謂的"奇技淫巧"之類，雖屢遭統治者的禁弃，實則是禁而難止，況統治者自身對禁令也時或難以遵從，歷代帝王皇室之衣食住行，幾乎無一不恣意追求舒適美好，爲了貪圖享樂，就不得不重視科技，就不得不啓用科技。如

"被中香爐"（爐內置有炭火、香料，可隨意旋轉以取暖，香氣縷縷不絕。發明於漢代）、"長信宮燈"（燈內裝有虹管，可防空氣污染。亦發明於漢代）的誕生，即明證。歷代王朝所禁絕的多是認定可能危及社稷之類的"奇技淫巧"，并未禁止那些有利於民生的重大發明，也沒有壓抑摧殘黎民百姓的靈智（歷史中偶有以愚民爲國策者，祇是偶或所見的特例而已）。帝王們爲維護其統治地位，以求長治久安，在"重道輕器"的同時，也極重天文、曆算、農桑、醫藥等領域的研究，凡善於治國的當權者，爲謀求其國勢得以强盛，則必定大力倡導科技，《後漢書・和熹鄧皇后紀》所載即爲顯例。和熹皇后鄧綏（公元 81—121），深諳治國之道，兼通天文、算數。永元十四年（102），漢和帝死後，東漢面臨種種滅頂之灾，鄧綏先後擁立漢殤帝和漢安帝，以"女君"之名親政長達十六年，克服了有史以來最嚴重的十年天灾，剿滅海盜，平定西羌，收服嶺南三十六個民族，將九真郡外的蠻夷夜郎等納入版圖，恢復東漢對西域的羈縻，征服南匈奴、鮮卑、烏桓等，平息了内憂外患，使危機四伏的東漢王朝轉危爲安。正是在這期間，鄧綏大力發展科技，勉勵蔡倫改進造紙術，任用張衡研製渾天儀、地動儀等儀器，并製造了中尚方弩機，這一可以連續發射的弩機，其射程與命中率令時人驚嘆，成爲當時世界上最具殺傷力的先進武器（此外，鄧綏又破除男女授受不親的陳腐觀念，創辦了史上最早的男女同校學堂，并通過支持文字校正與字詞研究，推動了世界第一部字典《説文解字》問世）。這就爲傳統的博物研究提供了巨大的空間，因而先後出現了今人所謂的"四大發明"之類。實際上何止是"四大發明"？天文、曆算等領域的發明創造，可略而不論。鄧綏之前，魯班曾"請以機窆"的起重機，出現於春秋時期，早於西方七百餘年。徐州東洞山西漢墓出土的青銅透光鏡，歐洲和日本人稱其爲"魔鏡"，當一束光綫照射鏡面而投影在墻壁上時，墻上的光亮圈内就出現了銅鏡背面的美麗圖案和吉祥銘文。這一"透光鏡"比日本"魔鏡"早出現一千六百餘年，而歐洲的學者直到 19 世紀纔開始發現，大爲驚奇，經全力研究，得出自由曲面光學效應理論，將其廣泛運用於宇宙探索中。今日，國人已能够恢復這一失傳兩千餘載的原始工藝，千古瑰寶終得重放异彩！鄧綏之後，又創造了"噴水魚洗"，亦甚奇妙，令人大開眼界。東漢已有"雙魚洗"之名（見明梅鼎祚《東漢文紀》卷三二引《雙魚洗銘》），未知當時是否可以噴水。"噴水魚洗"形似現今的臉盆。盆内多刻雙魚或四魚，盆的上沿兩側有一對提耳，提耳的設置，不祇是爲了便於提動，同時又具有另外一個功用，即當手掌撫摩時，盆内還能噴射出兩尺高的水柱，水面形成一片浪花，同時會發出樂曲般的聲響，十分神奇。今可確知，"噴水魚洗"興起於唐宋之間（見宋王明清《揮塵前録》卷三、宋何薳《春渚紀聞》卷九），當是皇家或貴族所用盥洗用具。魚洗能够噴水，其道理何在？美國、日本的物理學家曾用各種現代科學儀器反復檢測查看，試圖找出其導熱、傳感及噴射發音的構造原理，雖經全力研究，但仍難得以完整的解釋，也難以再現其效果。面對中國古代科技創造的這一奇迹，現代科學遭遇了空前挑戰，衹能"望盆興嘆"。

　　中華民族，中華博物學，就是在這樣複雜多變的背景之下跌宕起伏，生存發展，在晚清之前，兩千餘年來，從未停止前進的步伐，這又成爲中華民族的民族性與中華博物學的一大特點。

四、西化流弊何時休，誰解古老博物學？

　　自晚清以還，中華博物學沉淪百年之久，本當早已復蘇，時至今日，幸逢盛世，正益修典，又何以總是步履維艱？豈料經由西學東漸之後，在我國國內一些學人認定科學決定一切，無與倫比，日積月纍，漸漸形成了一種偏激觀念——"唯科學主義"，即以所謂是否合於科學，來判定萬事萬物的是非曲直，科學擁有了絕對的話語權。"唯科學主義"通常表現爲三種態度：一、否認物質之外的非物質。凡難以認知的物質，則稱之爲"暗物質"。這一"暗"字用得非常巧妙，"暗"，難見也！於是"暗物質"取代了"非物質"；二、否認科學之外的其他發現。凡是遇到無從解釋的難題，面對別家探索的結論，一律斥爲"僞科學"。三、否認科學範圍以外的其他一切生產力，唯有科學可以帶動社會發展，萬事萬物必須以科學爲推手。

　　何謂"科學"？中國古代本有一種認識論的命題，稱之爲"格致"，意謂"格物致知"，指深究事物原理以求得知識，從而認識各種客觀現象，掌握其變化規律。這種哲學我國先秦諸子久已有之，雖已歷千載百代，但却未得應有的重視，終被西方科學所取代。自16世紀始，歐洲由於文藝復興，掙脱了天主教會的長期禁錮，轉向於對大自然的實用性的探索，其代表作即哥白尼的"日心説"與伽利略天文望遠鏡的發明，同時出現牛頓的力學，這是西方的第一次科技革命。這一時期已有"科學"其實，尚無後世"科學"之名，起始定名爲英語science一詞，源於拉丁文，本意謂人世間的各種學問，隸屬於古希臘的哲學思想，是一種對於宇宙間萬事萬物的生衍關係的一種想象、一種臆解，原本無甚稀奇，此時已反響於歐洲，得以廣泛流傳。至 18 世紀，新興的資產階級取得政權，爲推行資本主義，又大力發展科學，西方科學已處於世界領先地位。時至 19 世紀 60 年代後期及 20 世紀初，歐洲發生了以電力、化學及鋼鐵爲新興產業的第二次科技革命，英語 science 一詞迅速擴展於北美和亞洲。日本明治維新時期，赴歐留學的日本學者將 science 譯成"科學"，學界認爲是藉用了中國科舉制度中"分科之學"的"科學"一詞，如同將英文 natural history 的語意翻譯成漢語"博物學"一樣，也并不準確，中國的變法派訪日時，對之頂禮膜拜，欣然接受，自家固有的"格致"一詞，如同國學中的其他語詞一樣被弃而不用，"科學"一詞因得以廣泛流傳。"科學"當如何定義？今日之"科學"包括了自然科學、社會科學、思維科學以及交叉科學。除却嚴謹的形式邏輯系統之外，本是一種具體的以實踐爲手段的實證之學。實踐與實證的結果，日積月纍，就形成了人類關於自然、社會和思維的認知體系，成爲人類評斷事物是非真僞的依據。但科學不可能將浩渺無盡的宇宙及宇宙間的萬事萬物盡皆予以實踐、實證，能够實踐、實證者甚微，因而科學總是在不斷地探索，不斷地補正，不斷地自我完善之中，其所能研究的領域與功能實在有限。當代科學可以在指甲似的晶片上，一次性地裝載五百億電晶體，可以將重達六噸以上的太空船射向太空，并按照既定指令進行各種探索，但却不能造出一粒原始的細胞來，因爲這原始細胞結構的複雜神秘，所蘊含的奇妙智慧，人類雖竭盡全力，却至今無法破解。細胞來自何處？是如何形成的？科學完全失去了話語權！造不出一粒原始的細胞，造一片樹葉尤無可能，造一棵大樹更是幻想，遑論萬千物種，足證"科學"并非萬能的唯一學問。況且，"暗物質"之外，至少在中國哲學體系中尚有"非物質"。何謂"非物質"？"非物質"是與"物質"相對而言，區別於"暗物質"的另一種存在，正如前文所述，它"無形無象、無聲無色、無始無終、無可名狀"，在中國古代稱之爲"道"。"道"可以不遵循因果關係，可以無中生有，爲"萬物之所然也，萬理之所稽也"，可以解釋萬物的由來，可以解釋宇宙的形成。今以天體學的的視野略加分析，亦可見"唯科學主義"的是非。人類賴以生存的地球，其直徑約爲 12 742 公里，是太陽系中的第三顆小行星。太陽系的直徑約爲 2 光年，太陽是銀河系中數千億恒星之一，銀河系的直徑約爲 10 萬光年，包括 1 千億至 4 千億顆恒星，而宇宙中有一千至兩千億銀河系，宇宙有 930 億光年。一光年約等於 9.46 萬億公里。地球在宇宙中衹是一粒微塵，如此渺小的地球人能創造出破解一切的偉大科學，那是癡人說夢！中華先賢面對諸多奥妙，面對諸多不可思議的現象，提出這一"無可名狀"之"道"，當然并非憑空想象，自有其觀測與推理的依據，這顯然不同於源自西方的科學，或曰是西方科學所包容不了的。先賢提出的"無可名狀"的"道"，已超越物質的範圍，或曰"道"絕非"暗物質"所能替代的。這一"無可名狀"的"道"，在當今的別樣的時空維度中已得到初步驗證（在這非物質的維度中滿富玄機）。論者提出這一古老學說，旨在證明"唯科學主義"排斥其他一切學說，過分張揚，不足稱道，絕無否定或輕忽科學之意。百年前西學東漸，尤其是西方科學的傳入，乃是我中華民族思維與實踐領域的空前創獲，是實踐與思維領域的一座嶄新的燈塔，如今已是家喻户曉，人人稱贊，任誰也不會否認科學的偉大，但却不能與偏激的"唯科學主義"混同。後世"科學"一詞，又常常與"技術"連稱爲"科學技術"，簡稱"科技"。何謂"技術"？"技術"一詞來源於希臘文"techs"，通常指個人的技能或技藝，是人類利用現有實物形成新事物，或改變原有事物屬性、功能的方法，或可簡言之曰發明創造。科學技術不同於科學，也不同於技術，也不是科學與技術的簡單相加。科學技術是科學與技術的有機結合體系，既是人類認識世界和改造世界的成果或產物，又是人類認識世界和改造世界最有力的工具或手段，兩者實難分割。某些技術本身可能祇是一種技法，而高深技術的背後則必定是科學。

　　出於上述"唯科學主義"偏激觀念，重建中華博物學就遭致了質疑或否定，如有學者認爲，中國古代祇有技術而没有科學，哪有什麼中華博物學？中華博物學被看作"前科學時代的粗糙的知識和技能的雜燴"，是一種"非科學性思考"，没有什麼科學價值，當然也就没有重建的必要，因爲西方博物學久已存在，無可替代。中國古代當真"祇有技術而没有科學"麼？前文已論及"科學"與"技術"很難分割，在中國古代不祇有"技術"，同樣也有"科學"。回眸世界之歷史長河，僅就中西方的興替發展脉絡略作比較，就可以看到以下史實：當我中華處於夏禹已劃定九州、建有天下之際，西方社會多處於尚未開化的蠻荒歲月；當我中華已處於春秋戰國鋼鐵文化興起之際，整個西方尚處於引進古羅馬文明的青銅器時代；當我宋代以百萬册的印數印刷書籍之際，中世紀的西方仍然憑藉修士們成年纍月在羊皮卷上抄寫複製；著名的火藥、指南針等其他重大發明姑且不論，單就中國歷朝歷代任何一件發明創造而言，之於西方社會也毫不遜色，直至清代中葉，中國的科技一直處於世界領先地位。英國科學家李約瑟主編的七卷巨著《中國科學技術史》，即認爲西方古代科學技術85%以上皆源於中國。這是西方人自發的没有任何背景、没有任何色彩的論斷，甚爲客觀，迄今未見异議。此外又有學者指出，中華傳統博物學不祇擁有科技，又超越了科技的範疇，它是"關於物象（外部事物）以及人與物的關係的整體認知、研究範式與心智體驗的集合"，"這種傳統根本無法用科學去理解和統攝"，中華古典博物學"給我們提供的'非科學性思考'，恰恰是它的價值所在"（余欣《中國博物學傳統的重建》，載《中國圖書評論》，2013 年第 10 期，第 45 ～ 53 頁）。這無疑是對"唯科學主義"最有力的批駁！是的，本書極重"科技"研究，又不拘泥於"科技"，同樣重視"非科學性思考"。

中華古典博物學的研究主體是"博物"，是"博物史"，通過對"博物""博物史"的探索，而展現的是人，是人的生存、生活的具體狀況，是人的直觀發展史。中華傳統博物學構成了物我同類、天人合一的博大的獨立知識體系，是理解和詮釋世界的另一視野，這種視野中的諸多"非科學性思考"的博物，科學無法全面解讀，但却是真真切切的客觀存在。所謂傳統博物學是"前科學時代的粗糙的知識和技能的雜燴"，是"非科學性思考"的評價，甚是武斷，衹不過是一種不自覺的"唯科學主義"觀念而已。另將"科學"與"技術"分割開來，強調什麼"科學"與否，這一提法本身就不太"科學"。對此，本書前文已論及，無須複述。我國作爲一個古老國度，在其漫長的生衍過程中，理所當然地包容了"粗糙的知識和技能"。這一狀況世界所有古國盡有經歷，并非中國獨有。"粗糙的知識"的表述似乎也并不恰當，"知識"可有高下深淺之分，未聞有粗糙細緻之別。這所謂"粗糙"，大約是指"成熟"與否，實際上中華傳統博物學所涉之"知識和技能"，并非那麼"粗糙"，常常是合於"科學"的，有些則是非常的"科學"。英國科學家李約瑟等認定古代中國涌現了諸多"黑科技"。何謂"黑科技"？這是當前國際間盛行的術語，即意想不到的超越科技之科技，可見學界也是將"科學"與"技術"連體而稱，而并非稱"黑科學"。認定中國古代"衹有技術而沒有科學"，傳統博物學是"前科學時代的粗糙的知識和技能的雜燴"之說，頗有些"粗糙"，準確地説頗有些膚淺！這位學者將傳統博物學統稱爲"前科學時代"的產物，亦是一種妄斷，也頗有些隨心所欲！何謂"前科學時代"？"前科學時代"是指形成科學之前人們僅憑五官而形成的一種感知，這種感知在原始社會時有所見，但也并非全部如此，如鑽木取火、天氣預測、曆法的訂立、灸砭的運用等，皆超越了一般的感知，已經形成了各自相對獨立的科學。看來這位學者并不怎麼瞭解中國古代科技史，并不太瞭解自家的傳統文化，實屬自誤而誤人。

中華博物學的形成及發展歷程，與西方顯然不同。西方博物學萌生於上古哲人的學説，其後則以自然科學爲研究主體，遍及整個歐洲，全面進入國民的生活領域。在這樣的文化背景之下，西方日益强大，直接影響和推動了社會的發展，因而步入世界前列。我中華悠悠數千載，所涉博物，形形色色，浩浩蕩蕩，逐漸形成了中華獨有的博物學體系，但面臨的背景却非常複雜，與西方比較是另一番天地，那就是貫穿數千載的“重道輕器”觀念與排斥“奇技淫巧”之國風，這一觀念、這一國風，其表現形式就是重文輕理，且愈演愈烈。如中國久遠的科舉制度，應試士子們本可“上談禮樂祖姬孔，下議制度輕儵玄”（見明高啓《送貢士會試京師》詩），縱論古今國事，是非得失，而朝廷則可藉此擇取英才，因而國家得以强盛。時至明代後期，舉國推行的科舉制度竟然定型爲千篇一律的八股文，泯滅了朝廷取才之道，一代宗師顧炎武稱八股之禍勝似“焚書坑儒”（見《日知録·擬題》）。清代後期爲維護其獨裁統治，手段尤爲專橫强硬，又向以“天朝”自居，哪裏會重視什麼西方的“科學技術”？“科學技術”的落伍最終導致文明古國一敗塗地，這也就是“李約瑟難題”的答案！“科學”之所以成爲“科學”，是因爲其出自實踐、實證，實踐、實證是科學的生命。實踐、實證又必須以物質爲基礎，這正與我中華博物學以浩浩博物爲研究主體相合！但中華博物學，或曰博物研究，始終被置於正統的國學之外，這一觀念與國風，極大地制約了中華博物學的發展。制約的結果如何？可以毫不誇張地説，直接阻礙了中國古代社會的歷史進程。

五、中華博物知多少，皓首難解千古謎

中華博物如繁星麗天，難以勝計，其中有諸多別樣博物，可稱之爲“黑科技”者，令人百思不得其解。如八十餘年前四川廣漢西北發現的三星堆古蜀文化遺址，距今約四千八百年至三千年左右，所在範圍非常遼闊，遠超典籍記載的成都平原一帶，此後不斷探索，不斷有新的發現，成爲 20 世紀人類最偉大的考古發現之一。該遺址内三種不同面貌而又連續發展的三期考古學文化，以規模壯闊的商代古城和高度發達的青銅文明爲代表的二期文化最具特點。二期文化中青銅器具占據主導地位，極爲神奇。衆多的青銅人頭象、青銅面具，千姿百態。還有舉世罕見的青銅神樹，該樹有八棵，最高者近 4 米，共分三層，樹枝上栖息有九隻神鳥，應是我國古籍所載“九日居下枝”的體現；斷裂的頂部，當有“一日居上枝”的另一神鳥，寓意九隻之外，另一隻正在高空當班。青銅樹三層

九鳥，與《山海經・海外東經》中所載"扶桑""若木""九日居下枝，一日居上枝"正同。上古時代，先民認爲天上的太陽是由飛鳥所背負，可知九隻神鳥即代表了九個太陽。其《南經》又曰："有木，其狀如牛，引之有皮，若纓、黃蛇。其葉如羅，其實如欒，其木若蓲，其名曰建木。"何謂"建木"？先民認爲"建木"具有通天本能，傳說中伏羲、黃帝等盡皆憑藉"建木"來往神界與人間。由《山海經》的記載可知，這神奇物又來源於傳統文化，大量青銅文化明顯地受到夏商文明、長江中游文明及陝南文明的影響。那些金器、玉器等禮器更鮮明地展現出華夏中土固有的民族色彩。如此浩大盛壯，如此神奇，這一古蜀國究竟是怎樣形成的？又是怎樣突然消失的？詩人李白在《蜀道難》中曾有絕代一問："蠶叢及魚鳧，開國何茫然？"意謂蠶叢與魚鳧兩位先帝，是在什麼時代開創了古蜀國？何以如此茫茫然令人難解？今論者續其問曰："開國何茫然，失國又何年？開失兩難知，千古一謎團。"三星堆的發掘并非全貌，僅占遺址總面積的千分之一左右，只是古蜀文化的小小一角而已，更有浩瀚的未知數，國人面臨的將是另一個陌生的驚人世界。中華民族襟懷如海，廣納百川，中外文化相容并包，故而博大精深。這些百思不得其解的神奇之物，向無答案，確屬於所謂"非科學性思考"，當代專家學者亦爲之拍案。"唯科學主義"面臨這些"黑科技"的挑戰，當然也絕難詮釋。以下再就已見出土，或久已傳世之實物爲例。上世紀 80 年代，臨潼始皇陵西側出土了兩乘銅車馬，其物距今已有兩千二百餘年，造型之豪華精美，被譽爲世界"青銅之冠"，姑且不論。兩輛車的車傘，厚度僅 0.1 ~ 0.4 厘米，一號車古稱"立車"或"戎車"，傘面爲 1.12 平方米，二號車傘面爲 2.23 平方米，而且皆用渾鑄法一次性鑄出，整體呈穹隆形，均匀而輕薄，這一鑄法迄今亦是絕技，無法超越。而更絕的是一號立車的大傘，看似遮風擋雨所用，實則充滿玄機，此傘的傘座和手柄皆爲自鎖式封閉結構，既可以鎖死，又可以打開，同時可以靈活旋轉 180 度，隨太陽的方位變化而變化，亦可取下插入野外，遮烈日，擋風雨，賞心隨意。令人尤爲稱奇的是，打開傘柄處的雙環插銷，傘柄與傘蓋可各獨立，傘柄就成了一把尖銳的矛，傘蓋就成了盾，可攻可守。這一 0.1 ~ 0.4 厘米厚的盾，其抗擊力又遠勝今人的製造技術，令今人望塵莫及，故國際友人贊之爲罕見的"黑科技"。此外分存於西安與鎮江東西兩方的北宋石刻《禹迹圖》，尤爲奇異。此圖參閱了唐賈耽《海內華夷圖》，并非單純地反映宋代行政區劃及華夷之間的關係，而是上溯至《禹貢》中的山川、河流、州郡分布，下至北宋當世，已將經典與現實融爲一體。此圖長方約 1 平方米，宋朝行政區劃即達三百八十個之多，五個大湖，七十座山峰，更有蜿蜒數千里的長江、黃河等江川八十餘條；不祇是中原的地域，尚有與之接壤的大理、吐蕃、西夏、遼等區域，這些區域的山野江河亦有精準的繪製。作爲北宋時代的製圖人，即使能够遍踏域內、域外，也絕難僅憑一己的目力俯瞰全景。此圖由五千一百一十個小方格組成，每一小方格皆爲一百平方公里，所有城市、山野江河的大小距離，盡包容在這些格子裏，全部可以明確無誤地測算出來，其比例尺與今世幾無差異。如此細密精準，必須具有衛星定位之類的高科技纔能繪製出來，九百年前的宋人是憑藉什麽儀器完成的？此一《禹迹圖》較之秦陵銅車馬，更超乎想象，詭異神奇，故而英國學者李約瑟評之爲"世界上最神秘、最杰出的地圖"，美國國家圖書館將一幅19世紀據西安圖打製的拓本作爲館藏珍品。中國古代"黑科技"，又何止臨潼銅車馬與《禹迹圖》？

　　除却上述文獻記載與出土及傳世之物外，另一些則是實見於中華大地的奇特自然景觀，這些百思不得其解的神奇之物，散處天南海北，自古迄今，向無答案，亦屬於所謂"非科學性思考"，當代專家學者亦爲之拍案。"唯科學主義"面臨這些"黑科技"的挑戰，當然也絕難詮釋。我中華大地這些神奇之物，在當世尤應引起重視，國人必須迎接"超科技時代"的到來。如"應潮井"，地處南京市東紫金山南麓定林寺前。此井雖遠在深山之間，却與五公里外的長江江潮相應，江水漲則井水升，江水退則井水降，同處其他諸井皆無此現象。唐宋以來，已有典籍記載，如《江南通志·輿地志·江寧府》引唐段成式《酉陽雜俎》："蔣山有應潮井，在半山之間，俗傳云與江潮相應，嘗有破船朽板自井中出。"《景定建康志·山川志三·井泉》："應潮井在蔣山頭陁寺山頂第一峰佛殿後。《蔣山塔記》云：'梁大同元年，後閣舍人石興造山峰佛殿，殿後有一井，其泉與江潮盈縮增減相應。'"何以如此，自發現以來，已歷千載，迄今無解。以上的奇特之物，多有記載，名揚天下，而另一些奇物，却久遭冷落，默默無聞。如"靈通石"，亦稱"神石""報警石"，俗稱"猪叫石"。該石位於太行大峽谷林縣境內高家臺輝伏巖村。石體方正，紫紅色，裸露於地面約 4 立方米，高寬各 3 米，厚 2 米，象是一頭體積龐大的臥猪，且能發聲如猪叫。傳聞每逢大事（包括自然灾害、重大變革等）來臨之前，常常"鳴叫"不止，大事大叫數十天，小事則小叫數日，聲音忽高忽低，一次可叫百餘聲，百米之內清晰可聞。但其叫聲祇能現場聆聽，不可錄音。何以如此怪異？同樣不得而知！中華博物浩浩洋洋，漫漫無涯，可謂無奇不有，作爲博物之學，亦必全力探究，這也正是中華博物學承担的使命。

六、中華博物學的研究範圍與狀況，新建學科的指嚮與體式如何？

中國當代尚未建立博物學會，也没有相應的報刊，人們熟知的則是博物院館，而博物院館的職責在於收藏、研究并展出傳世的博物，面對日月星辰、萬物繁衍以及先民生息起居等數千年的古籍記載（包括失傳之物），豈能勝任？中華博物全方位研究的歷史使命祇能由新興的博物學承擔。古老中華，悠悠五千載，博物浩茫，疑難連篇，實難解讀，而新興的博物學却不容迴避，必須做出回答。

本書指稱的博物，包括那些自然物，但并不限於對其形體、屬性的研究，體現了博物古學固有的格致觀念，且常常懷有濃厚的人文情結，可謂奥妙無窮，這又迴别於西方博物學。

如"天宇"，當做何解釋？在中國傳統文化中是與"宇宙"并存的稱謂，重在强調可見的天體和所有星際空間。前已述及，天體直徑可達 930 億光年以上，實際上可能遠超想象。這就出現了絶世難題：究竟何謂天體？天體何來？戰國詩人屈原在其《天問》篇中，曾連連問天："上下未形，何由考之？""馮翼惟象，何以識之？""明明闇闇，惟時何爲？"千古之問，何人何時可以作答？天宇研究在古代即甚冷僻，被稱爲"絶學"。中國是天宇觀測探索最爲細密的文明古國之一，天象觀測歷史也最爲悠遠，殷墟甲骨、《書》《易》諸經，盡有記載，而歷代正史又設有天文、曆律之類專志，皇家設有司天監之類專職機構，憑此"觀天象、測天意"，以決國策。於是，天文之學遂成諸學之首。天宇研究的主體是天空中的各種現象，這些現象又以各種星體的位置、明暗、形狀等的變化爲主，稱之爲星象。星象極其繁複，難以辨識。於是，在天空位置相對穩定的恒星就成爲必要的定位標志。在人們目力所及的範圍内，恒星數以千計，簡單命名仍不便查找和定位，我華夏先民又將天空劃分爲若干層級的區域，將漫天看似雜亂無章的恒星位置相近者予以組合并命名，這些組合的星群稱之爲星宿。古人視天上諸星如人間職官，有大小、尊卑之分，故又稱星官，因而就有了三垣二十八宿，成爲古天宇學最重要理論依據，這一理論西方天文學絶難取代。

再如古代類書中指稱的"蟲豸"，當代辭書亦少有確解。何謂"蟲豸"？舉凡當今動物學中的昆蟲綱、蛛形綱、多足綱，以及爬行動物中的綫形動物、扁形動物、環節動物、軟體動物中形體微小者，皆爲蟲豸之屬。蟲豸形雖微小，然其生存之久、種類之繁、分布之廣、形態之多、數量之巨，從生物、生態、應用、文化等角度，其意義和價值都大异於其他各類動物，或説是其他各類動物所不能比擬的。蟲豸之屬，既能飛於空，亦能游於水，既能潛於土，亦能藏於山，形態萬千，且各具靈性，情趣互异，故古代典籍遍見記叙，不僅常載於詩文，且多見筆記、小説中。先民又常憑藉其築穴或搬遷之類活動，以預測氣象變化或靈异别端，同樣展現了一幅具體生動的蟲文化畫卷，既有學術價值，又充滿趣味性。自《詩》始，就出現了咏蟲詩，其後歷代從蝶舞蟬鳴、蟻行蛇爬中得到靈感者代不乏人，或以蟲言志，或以蟲抒懷，或以蟲爲比，或以蟲爲興，甚至直以蟲名入於詞牌、曲牌，如僅蝴蝶就有“蝴蝶兒”“玉蝴蝶”“粉蝶兒”“蝶戀花”“撲蝴蝶”“撲粉蝶”等名類。唐歐陽詢《藝文類聚》收集有關蟬、蠅、蚊、蝶、螢、叩頭蟲、蛾、蜂、蟋蟀、尺蠖、螳、蝗等蟲類的詩、賦、贊等數量浩繁，後世仿其體例者甚多，如《事物紀原》《五雜俎》《淵鑑類函》《古今圖書集成·禽蟲典》等，洋洋大觀。不僅詩詞歌賦，在成語、俗語中，言及蟲豸者，亦不可勝數，如莊周夢蝶、蟬首蛾眉、金蟬脱殼、螳螂捕蟬、螳臂當車、蚍蜉撼樹、作繭自縛、飛蛾撲火（詞牌名爲“撲燈蛾”）等；不僅見諸歷代詩文，今世辭章以蟲爲喻者，仍沿襲不衰，如以蝸喻居、以蝶喻舞、以蟬翼喻輕薄、以蛇蠍喻狠毒等，比比皆是，不勝枚舉。

　　本博物學所指稱博物又包括了人類社會生活的各方面、領域，自史前達於清末民初，有的則可直達近現代，至巨至微，錯綜複雜。而對於某一具體實物，必須從其初始形態、初始用途的探討入手，而後追逐其發展演變過程，這樣纔能有縱橫全面的認定，從而作出相應的結論，這正是新興博物學的使命之一。今僅就我中華民族時有關涉者予以考釋。今日，國人對於古代社會生活實在太過陌生，現當代權威工具書所收録的諸多重要的常見詞目，常常不知其由來，遭致誤導。如“祭壇”一詞，《漢語大詞典·示部》釋文曰：

　　　　祭壇：供祭禮或宗教祈禱用的臺。劉大傑《中國文學發展史》第一章三：“無論藝術哲學都得屈服於宗教意識之下，在祭壇下面得着其發展生命了。”艾青《吹號者》詩：“今日的原野呵，已用展向無限去的暗緑的苗草，給我們布置成莊嚴的祭壇了。”亦指上壇祭祀。侯寶林《改行》：“趕上皇上齋戒忌辰，或是皇上出來祭壇，你都得歇工（下略）。”

　　以上引用的三個書證全部是現代漢語，檢索此條的讀者可能會認定“祭壇”乃無淵源的新興詞，與古漢語無關。豈不知《晋書·禮志下》《舊唐書·禮儀志三》《明史·崔亮傳》

諸書皆有"祭壇"一詞，又皆爲正史，并不冷僻。《漢語大詞典》爲證實"祭壇"一詞的存在，廣予網羅，頗費思索，連同侯寶林的相聲也用作重要書證。侯氏雖被贊爲現代語言大師，但此處的"祭壇"，并非"供祭禮或宗教祈禱用的臺"，"祭"與"壇"爲動賓語結構，并非名詞，不足爲據。還應指出，"祭壇"作爲人們祭祀或祈禱所用實體的臺，早在史前即已出現，初始之時不過是壘土爲臺罷了。

此外，直接關涉華夏文化傳播形式的諸多博物更是大異於西方。如"文具"初稱"書具"，其稱漢代大儒鄭玄在《禮記·曲禮上》注中已見行用。千載之後，宋人陶穀《清異錄·文用》中始用"文具"一詞。文具泛指用於書寫繪畫的案頭用具及與之相應的輔助用具。國人憑藉這些文具，創造了最具特色的筆墨文化、筆墨藝術，憑藉這些文具得以描述華夏五千載的燦爛歷史。中華傳統文具究有多少？國人最爲熟悉的莫過於"文房四寶"，實際又何止"文房四寶"？另有十八種文房用具，定名爲"十八學士"，宋代林洪曾仿唐韓愈《毛穎傳》作《文房職方圖贊》（簡稱《文房圖贊》，即逐一作圖爲之贊）。實際上遠超十八種，如筆筒、筆插、筆掭、筆洗、墨水匣、墨床、水注、水承、水牌、硯滴、硯屏、印盒、帖架、鎮紙、裁刀、鉛槧、算袋、照袋、書床、筆擱、高閣，等等，已達三十種之多。

"文房四寶""十八學士"之類中華獨具的傳統文化，今國人熟知者已不甚多，西方博物又何從涉及？何可包容？

七、新興博物學的表述特點，其古今考辨的啓迪價值

當代新興博物學所展現的是中華博物本身的生衍變化以及其同物異名、同名異物等，其主旨之一在於探尋我古老的中華民族的真實歷史面貌，溫故知新，從而更加熱爱我們偉大的中華文明。

偉大的中華民族，在歷史上產生過許多杰出的思想觀念，比如，我中華民族風行百代的正統觀念是"君爲輕，民爲本，社稷次之"（見《孟子·盡心下》），這就是強調人民高於君王，高於社稷（猶"國家"），人民高於一切！古老的中華正統對人民如此愛護，如此尊崇，在當今世界也堪稱難得。縱觀朝代更迭的全部歷史可知，每朝每代總有其興起及消亡的過程，有盛必有衰。在這部《通考》中，常有實例可證，如有關商代都城"商邑"的

記載，就頗具代表性。試看，《詩·商頌·殷武》："商邑翼翼，四方之極。"鄭玄箋："極，中也。商邑之禮俗翼翼然……乃四方之中正也。"孔穎達疏："言商王之都邑翼翼然，皆能禮讓恭敬，誠可法則，乃爲四方之中正也。"《詩》文謂商都富饒繁華，禮俗興盛，足可爲全國各地的學習楷模。"禮俗"在上古的地位如何？《周禮·天官·大宰》曰："以八則治都鄙：一曰祭祀，以馭其神……六曰禮俗，以馭其民。"這是說周代統治者以禮俗馭其民，如同以祭祀馭鬼神一樣，未敢輕忽怠慢，禮俗之地位絕不可等閑視之。古訓曰："倉廩實而知禮節，衣食足而知榮辱。"（見《史記·管晏列傳》）此處的"禮節"是禮俗的核心内容，可見禮俗源於"倉廩實"。"倉廩實"展現的是國富民强，而國富民强，必重禮俗，禮俗展現了國家的面貌。早在三千年前的商代，已如此重視禮俗。"商邑翼翼"所反映的是上古時期商都全盛時期的繁華昌明，其後歷代亦多有可以稱道的興盛時期，如"漢武盛世""文景盛世"、唐"貞觀盛世""開元盛世"、宋"嘉祐盛世"、明"永宣盛世"、清"康乾盛世"等，其中更有"夜不閉户，路不拾遺"的佳話。盛世總是多於亂世，或曰温飽時代總是多於飢寒歲月。唐代興盛時期，君臣上下已萌生了甚爲隨和的禮儀狀態，不喜三拜九叩之制，宋元還出現了"衣食父母"之類敬詞（見宋祝穆《古今事物類聚别集》卷二〇、元關漢卿《竇娥冤》第二折），這正體現了"王者以民爲天，民以食爲天"（見《漢書·酈食其傳》）的傳統觀念。中國歷史上的黎民百姓并非一直生活在水深火熱之中，在漫長的歲月中也常有温飽寧静的生活，因而涌現了諸多忠心報國的詩詞。如"但使龍城飛將在，不教胡馬度陰山"（唐王昌齡《出塞二首》之一）；"忘身辭鳳闕，報國取龍庭"（王維《送趙都督赴代州得青字》）；"僵臥孤村不自哀，尚思爲國戍輪臺"（宋陸游《十一月四日風雨大作》）；"奇謀報國，可憐無用，塵昏白羽"（宋朱敦儒《水龍吟·放船千里凌波去》）。

　　久已沉淪的傳統博物學今得重建，可藉以知曉我中華兒女擁有的是何樣偉大而可愛的祖國！偉大而可愛的祖國，江山壯麗，蘭心大智，光前裕後，莘莘學子尤當珍惜，尤當自豪！回眸古典博物學的沉淪又可確知，鴉片戰争給中華民族帶來的是空前的傷害，不祇是漢唐氣度蕩然無存，國勢極度衰微，最爲可怕的是傷害了民族自信，爲害甚烈。傷害了民族自信，則必會輕視或否定傳統文化，百代信守的忠義觀念、仁義之道，必消失殆盡，代之而來的則是少廉寡耻，爾虞我詐，以崇洋媚外爲榮，這一狀況久有持續，對青少年的影響尤甚，怎不令人痛心！時至當代，正全力弘揚中華優秀傳統文化，全力推行科技創新，踔厲奮發，重振國風，這又怎不令人慶幸！

　　新興博物學在展現中華博物本身的生衍變化進而展現古代真切的社會生活之外，又展現了一種獨具中華風采的文化體系。如常見語詞"揚州瘦馬"，其來歷如何？祇因元馬致遠《天净沙•秋思》中有"西風古道瘦馬"之句。自 2008 年山西吕梁市興縣康寧鎮紅峪村發現元代壁畫墓以來，其中的一首《西江月》小令："瘦藤高樹昏鴉，小橋流水人家，古道西風瘦馬，夕陽西下，已獨不在天涯。"在學界引發了關於《天净沙•秋思》的爭論熱議。由《西江月》小令聯想元代的另一版本："瘦藤老樹昏鴉，遠山流水人家，古道西風瘦馬，夕陽西下，斷腸人去天涯。"於是有學人又認爲此一"瘦馬"當指"揚州藝妓"，意謂形單影隻的青樓女子思念遠赴天涯的情郎——"斷腸人"，但這小令中的"瘦馬"之前，何以要冠以"古道西風"四字？則不得而知。通行本狀寫天涯游子的冷落凄凉情景，堪稱千古絕唱，無可置疑。那麼何以稱藝妓爲"瘦馬"？"瘦馬"一詞，初見於唐白居易《有感》詩三首之二："莫養瘦馬駒，莫教小妓女。後事在目前，不信君看取。馬肥快行走，妓長能歌舞。三年五年間，已聞換一主。"金董解元《西厢記諸宫調》中的《仙吕•賞花時》又載："落日平林噪晚鴉，風袖翩翩吹瘦馬。"此處的"瘦馬"無疑確指藝妓。稱妓女爲人人可騎的馬，後世又稱之爲"馬子"，是一種侮辱性的比擬。何以稱"瘦"？在中國古代常以"瘦"爲美，"瘦"本指腰肢纖細，故漢民歌曰："楚王好細腰，宮中多餓死。""細腰"强調的是苗條美麗。"好細腰"之舉，在南方尤甚，揚州的西湖所以稱之爲"瘦西湖"，不祇是因其狹長緊連京杭大運河，實則是因湖邊楊柳依依，芳草萋萋，又有荷花池、釣魚臺、五亭、二十四橋，美不勝收，較之杭州西湖有一種别樣的美麗。國人何以推崇揚州？《禹貢》劃定九州之中就有揚州，今之揚州已有兩千五百餘年的歷史。其主城區位於長江下游北岸，可追溯至公元前 486 年。春秋時期，吴王夫差在此開鑿了世界最早的運河——邗溝，建立邗城，孕育了唯一與邗溝同齡的運河城；因水網密布，氣候温潤，公元前 319 年，楚懷王熊槐在此建立廣陵城（今揚州仍沿稱"廣陵"），遂成爲中華歷史名城之一。此後歷經魏晋等朝代多次重修，至隋文帝開皇九年（589），廣陵改稱揚州。揚州除却政治地位顯赫之外，又是美女輩出之地，歷史上曾有漢趙飛燕、唐上官婉兒及南唐風流帝王李煜先後兩任皇后周薔、周薇，號稱"四大美女"。隋煬帝楊廣又在此開鑿大運河，貫通至京都洛陽旁連涿郡，藉此運河三下揚州，尋歡作樂。時至唐代，揚州更是江河交匯，四海通達，成爲全國性的交通要衝，故有"故人西辭黄鶴樓，煙花三月下揚州。孤帆遠影碧空盡，唯見長江天際流”的著名詩篇（唐李白《黃鶴樓送孟浩然之廣陵》，今之揚州已遠離長江）。揚州在唐代是除却長安之外的最爲繁華的大都會，商旅雲聚，青樓大興，成爲文壇才士、豪門公子醉生夢死之地。唐王建《夜看揚州市》詩贊曰：“夜市千燈照碧雲，高樓紅袖客紛紛。”詩人杜牧《遣懷》更有名作：“落魄江湖載酒行，楚腰纖細掌中輕。十年一覺揚州夢，嬴得青樓薄幸名。”此“楚腰纖細掌中輕”之用典，即直涉楚靈王好細腰與趙飛燕的所謂“掌中舞”兩事。杜牧憑藉豪放而婉約的詩作，贏得百世贊頌，此詩實是一種自嘲、以書懷才不遇之作，却曾遭致史家“放浪薄情”的詬病。大唐之揚州，確是令人嚮往，令人心醉，故而詩人張祜有“人生只合揚州死”（見其所作《縱游淮南》）之感嘆。元代再度大修的京杭大運河弃洛陽直達北京，揚州之地位愈加顯赫。總之，世界這一最古最長的大運河歷代修建，始終離不開揚州。時至明清，揚州經濟依然十分繁盛，仍是達官貴人喜於擇居之地，兩淮鹽商亦集聚於此，富甲一方，由此振興了園林業、餐飲業，娛樂中的色情業也應運而生，養“瘦馬”就是其中的一種，一些投機者低價買進窮苦人家的美麗苗條幼女，令其學習言行禮儀、歌舞繪畫及其他媚人技能技巧，而後以高價賣至青樓或權貴豪門，大發其財。除却“揚州瘦馬”之外，又催生了著名的“揚州八怪”，文化藝術色彩愈加分明。

“揚州瘦馬”本是一種當被摒弃的陋習，不足爲訓，但這一陋習所反映出的却是關聯揚州的一種別樣的文化，反映了揚州古今社會的經濟發展與變化，這當然也是西方博物學替代不了的。

結　語

綜上所述可知，中華博物學是學術研究中的另一方天地，無可替代，必須重建，且勢在必行。如何重建？如何展現我中華博物獨有的神貌？答曰：中華博物絶非僅指博物館的收藏物，必須是全方位的，無論是宮廷裏，無論是山野間，無論是人工物，無論是天然品，無論是社會中，無論是自然界裏，皆應廣予收録考釋。考釋的主旨，乃探索我中華浩浩博物的淵源、流變。此一博物學甚重“物”的形體、屬性及其淵源流變，同時又關注其得名由來，重視兩者間的生衍關係。通常而言（非通常情況當作別論），在人類社會中有其物必當有其名，有其名亦必有其物。此外，更有同物異名，或同名異物之別。探究"物"本體的淵源流變并釐清名物關係，這就是中國古典博物學的使命，這也正是最爲嚴密的格物致知，也正是最爲嚴肅的科學體系。但中國古典博物學，又必須體現《博物記》以還的國學傳統，必須體現博大的天人視野及民胞物與情懷，有助於我中華的再度振起，乃至於世界的安寧和諧。而那些神怪虛無之物，則不得納入新的博物學中，祇能作爲附錄以備考。如何具體裁定，如何通盤布局，并非易事，遠超想象。因我中華民族是喜愛并嚮往神話的古老民族，又常常憑藉豐富的想象對某種博物作出判斷與解讀，判斷與解讀的結果，除却導致無稽的荒誕之外，又時或引發別樣的思考，常出乎人們的所料，具有別樣的價值。如水族中的"比目魚"，亦稱"王餘魚""兩鮪""拖沙魚""鞋底魚""板魚""箬葉"，俗稱"偏口魚"，爲鰈形目魚類之古稱。成魚身體扁平而闊，兩眼移於頭的另一端，習慣於側卧，朝上的一面有顏色鮮明的眼睛，朝下一面似無眼睛，先民誤以爲祇有一眼，必須相互比并而行。此一判斷與解讀，始自漢代《爾雅·釋地》："東方有比目魚焉，不比不行。"郭璞注："狀似牛脾……一眼，兩片相合乃得行。今水中所在有之，江東又稱爲王餘魚。"事過千載，直至明代李時珍《本草綱目》問世，盡皆認定比目魚僅有一隻眼，出行必須各藉他魚另一眼（見《本草綱目·鱗四·比目魚》）。傳統詩文中用比目魚以比喻形影不離的情侶或好友，先民争相傳頌，百代不休，直至1917年徐珂的《清稗類鈔》問世，始知比目魚兩眼皆可用，不必兩兩并游（《清稗類鈔·動物篇》）。古人憑藉想象，又認爲尚有與比目魚相對應的"比翼鳥"，見於《爾雅·釋地》："南方有比翼鳥焉，不比不飛。"這一"比翼鳥"，僅一目一翼，須雌雄并翼飛行，如同比目魚一樣，亦用以比喻形影不離的情侶或好友。"比目魚""比翼鳥"之類虛幻者外，後世又派生了所謂"連理枝"，著名詩作有唐白居易《長恨歌》曰："在天願爲比翼鳥，在地願爲連理枝。"何謂"連理枝"？"連理枝"是指自然界中罕見的偶然形成的枝和幹連爲一體的樹木。"連理枝"之外，又出現了"并蒂蓮"之類。"并蒂蓮"亦稱"并頭蓮""合歡蓮"等，是指一莖生兩花，花各有蒂，蒂在花莖上連在一起的蓮花。這種"連理枝""并蒂蓮"，難以納入下述的世界通行的階元系統，也難依照林奈創立的雙名命名法命名，但却又是一種不可忽視的實物，是大自然所形成的另一種奇妙的實物。此一"并蒂蓮"如同"比目魚""連理枝"一樣，亦用以喻情侶或好友，同樣廣見於傳統詩文。歲月悠悠，始於遠古，達於近世，先民對於我中華博物的無限想象以及與之并行的細密觀察探索，令人嘆爲觀止，凡天地生靈、袞袞萬物，無所不及，超乎想象，從而構成了一幅文明古國的壯闊燦爛畫卷。

　　這當是歷經百年沉淪、今得復蘇的我國傳統的博物學，這當是重建的嶄新的全方位的中華博物學。

　　中華博物學除却遵循發揚傳統的名物學、訓詁學、考據學及近世的考古學之外，也廣泛汲取了當代天文、地理、生物、礦物、農學、醫學、藥學諸學的既有成就，其中動植物的本名依照世界通行的階元系統，分爲界、門、綱、目、科、屬、種七類。又依照瑞典卡爾·馮·林奈（瑞文Carl von Linné）創立的雙名命名法命名。"連理枝""并蒂蓮""比目魚""比翼鳥"之屬旁及龍、鳳、麒麟、貔貅等傳説之物，則作爲附録，劃歸相應的動物或植物卷中。這樣的研究章法，這樣的分類與標注，避免了傳統分類及形狀描述的訛誤或不確定性，即可與國際接軌。綜合古今中外，論者認爲《中華博物通考》的研究主體，可劃歸三十六大類，依次排列如下：

　　《天宇》《氣象》《地輿》《木果》《穀蔬》《花卉》《獸畜》《禽鳥》《水族》《蟲豸》《國法》《朝制》《武備》《教育》《禮俗》《宗教》《農耕》《漁獵》《紡織》《醫藥》《科技》《冠服》《香奩》《飲食》《居處》《城關》《交通》《日用》《資産》《珍奇》《貨幣》《巧藝》《雕繪》《樂舞》《文具》《函籍》。

　　存史啓智，以文育人，乃我中華千載國風。新時代習近平總書記甚重民族自信、文化自信，極力倡導"舊邦新命"，明確指出要"盛世修文"，怎不令人振奮，令人鼓舞！今日，我輩老少三代前後聯手、辛苦三十餘載、三千餘萬言的皇皇巨著——《中華博物通考》欣幸面世，并得到國家出版基金資助。這就昭示了沉淪百載的中華傳統博物學終得復蘇，這就是重建的全新中華博物學。"舊邦新命""盛世修文"，重建博物學，旨在賡續中華文脉，發揚優秀傳統文化，汲取生生不息的精神力量，再現偉大民族的深邃智慧，展我生平志，圓我强國夢！

張述錚

乙丑夾仲首書於山東師範大學映月亭
甲辰南吕增補於歷下龍泉山莊東籬齋

總　説

——漫議重建中華博物學的歷史意義與現實價值

緣　起

　　《中華博物通考》（下稱《通考》）是一部通代史論性的華夏物態文化專著，係"九五""十五""十四五"國家重點出版物專項規劃項目，并得到 2020 年度國家出版基金資助。全書共三十六卷，另有附錄一卷，其中有許多卷又分上下或上中下，計有五十餘册，逾三千萬字。《通考》的編纂，擬稿於 1990 年夏，展開於 1992 年春，迄今已歷三十餘載，初始定名爲《中華博物源流大典》，原分三十二門類（即三十二卷）。此後，歷經斟酌修補，終成今日規模。三十餘載矣，清苦繁難，步履維艱，而大江南北，海峽兩岸，衆多學人，三代相繼，千里聯手，任勞任怨，無一退縮，何也？因本書關涉了古老國度學術發展的重大命題，足可爲當今社會所藉鑒，作者們深知自家承擔的是何樣的重任，未敢輕忽，未敢怠慢。

　　何謂中華物態文化？中華物態文化的研究主體就是中華浩博實物。其歷史若何？就文字記載而言，中華物態文化史應上溯於傳說中的三皇五帝時期，隸屬於原始社會。"三皇五帝"究竟爲何人，我國史家多有不同見解，大抵有三說：一曰"人間君主說"，"三皇"分別指天皇、地皇、人皇，"五帝"分別指炎帝烈山氏、黃帝有熊氏、顓頊高陽氏、帝堯陶唐氏和帝舜有虞氏；二曰"開創天下説"，三皇分別指有巢氏、燧人氏、伏羲氏，"五帝"分別指炎帝烈山氏、黄帝有熊氏、顓頊高陽氏、帝堯陶唐氏和帝舜有虞氏；三曰"道治德化説"，認爲"三皇以道治，五帝以德治"，"三皇"是遠古三位有道的君主，分別指太昊伏羲氏、炎帝神農氏及黄帝軒轅氏，五帝則是少昊金天氏、顓頊高陽氏、帝嚳高辛氏、帝堯陶唐氏和帝舜有虞氏。有關三皇五帝的組合方式，典籍記載亦不盡相同，大抵有四種，在此不予臚列。"三皇五帝"所處時間如何劃定，學界通常認爲有巢、燧人、伏羲屬於舊石器時代，有巢、燧人爲早期，伏羲爲晚期，其餘皆屬新石器時代，炎帝、黄帝、少昊、顓頊等大致同時，屬仰韶文化後期和龍山文化早期。"三皇五帝"後期，已萌生并逐步邁進文明史時代。

　　中華文明史，國際上通常認定爲三千七百年（主要以文字的誕生與城邑的出現等爲標志），國人則認定爲逾五千年，今又有九千年乃至萬年之説。後者可以上溯至新石器時代，如隸屬裴李崗文化的河南省舞陽縣賈湖村出土了上千粒碳化稻米，約有九千年歷史，是世界最早的栽培粳稻種子。經鑒定其中百分之八十以上不同於野生稻，近似現代栽培稻種，可證其時已孕育了農耕文化。其中發現的含有稻米、山楂、葡萄、蜂蜜的古啤酒也有九千年以上的歷史，可證其時已掌握了釀造術。賈湖又先後出土了幾十支骨笛，也有七千八百年至九千年的歷史，其中保存最爲完整者，可奏出六聲音階的樂曲，反映了九千年前，中華民族已具有相當高度的生產力與創造力、具有相當高度的文化藝術水準與審美情趣。有美酒品嘗，有音樂欣賞，彼時已知今人所稱道的"享受生活"，當非原始人所能爲。賈湖遺址的發現并非偶然，近來上山文化晚期浙江義烏橋頭遺址，除却出土了古啤酒之外，又發現諸多彩陶，彩陶上還繪有伏羲氏族所創立的八卦圖紋飾，故而國人認爲這一時期中華文明已開始形成，至少連續了九千載。中華文明的久遠，當爲世界四大文明古國之首，徹底否定了中華文明西來之説。九千載之説雖非定論，却已引起舉世關注。此外，江西省上饒市萬年縣大源鄉仙人洞遺址發現的古陶器則産生於一萬九千至兩萬年前，又遠超前述的出土物的製作時間。雖有部分學界人士認爲仙人洞遺址隸屬於舊石器遺址，并未進入文明時代，但其也足可證中華博物史的久遠。

一、何謂"博物"與《中華博物通考》？《通考》的要義與章法何在？

何謂"博物"？"博物"一詞，首見於《左傳·昭公元年》："晋侯聞子産之言，曰：'博物君子也。'"其他典籍也時有記載，如《漢書·楚元王傳贊》："自孔子後，綴文之士衆也，唯孟軻、孫況、董仲舒、司馬遷、劉向、揚雄此數公者，皆博物洽聞，通達古今。"《周書·蘇綽傳》："太祖與公卿往昆明池觀魚，行至城西漢故倉地，顧問左右莫有知者。或曰：'蘇綽博物多通，請問之。'"以上"博物"指博通諸種事物，一般釋爲"知識淵博"。此外，《三國志·魏書·國淵傳》："《二京賦》博物之書也，世人忽略，少有其師可求。"唐釋玄奘《大唐西域記·摩臘婆國》："昔此邑中有婆邏門，生知博物，學冠時彦，內外典籍，究極幽微，曆數玄文，若視諸掌。"明王褘《司馬相如解客難》："借曰多識博物，賦頌所託，勸百而風一。"這些典籍所載之"博物"，即可釋爲今義之"浩博實物"。這一浩博實物，任一博物館盡皆無法全部收藏。本《通考》指稱的"博物"既可以是天然的，也可以是人工的；既可以是静態的，也可以是動態的；既可以是斷代的，也可以是歷時的，是古今并存，巨細俱備，時空縱横，浩浩蕩蕩，但必須是我中華獨有，或是中土化的。研究這浩蕩博物的淵源流變以及同物異名或同名异物之著述即《博物通考》，而爲與西方博物學相區別，故稱之爲《中華博物通考》。

在中國古代久有《皇覽》《北堂書鈔》等類書、《儒學警語》《四庫全書》等叢書以及《爾雅》《説文》等辭書，所涉甚廣，却皆非傳統博物典籍。本書草創之際，唯有《中國學術百科全書》《中華百科全書》《中國大百科全書》之類風行於世，這類百科全書亦皆非博物學專著。專題博物學著作甚爲罕見，僅有今人印嘉祥《物源百科辭書》，俞松年、毛大倫《生活名物史話》，抒鳴、銳鏵《世界萬物之由來》等幾種，多者收詞約三千條，少者僅一百八十餘款，或洋洋灑灑，或鳳毛麟角，各有千秋，難能可貴。《物源百科辭書》譽稱"我國第一部物源工具書"（見該書序），此書中外兼蓄，虛實并存，堪稱廣博，惜略顯雜蕪。本《通考》則另闢蹊徑，別有建樹，可稱之爲當代第一部"中華古典博物學"。

《通考》甚重對先賢靈智的追踪與考釋。中華民族是滿富慧心的偉大民族，極善觀察探索，即使一些不足挂齒的微末之物也未忽視，且載於典籍，十分翔實生動。如對常見的鳥類飛行方式即有以下描述：鳥學飛曰翎，頻頻試飛曰習，振翅高飛曰翯，向上直飛曰翀，張翼扶搖上飛曰羿，鳥舒緩而飛、不高不疾曰翭、曰翂，快速飛行曰翄，水上飛行曰㝫，高飛曰翰，輕飛曰翩，振羽飛行曰翻，等等，不一而足。如此細密的觀察探隱，堪稱世界之最，令人嘆服！而關於禽鳥分類學，在中國古代也有獨到見解。明代李時珍所著《本草綱目》已建立了階梯生態分類系統，將禽鳥劃分爲水禽、原禽、林禽、山禽等生態類別，具有劃時代意義。這一生態分類法較瑞典生物學家林奈的《自然系統》（第十版）中的分類要早一百六十餘年，充分展示了我國古代鳥類分類學的輝煌成就，駁正了中國傳統生物學一貫陳腐落後的舊有觀念。此外，那些目力難及、浩瀚的天體，也盡在先民的觀察探索之中，如關於南天極附近的星象，遠在漢代即有記載。漢武帝元鼎六年（公元前 111），滅南越國，置日南九郡事，《漢書》及顏注、酈道元《水經注》有關 "日南" 的定名中皆有詳述，而西方於 15 世紀始有發現，晚中國一千四百餘年。再如，關於太陽黑子，在我國漢代亦有記載，《漢書·五行志》載："日黑居仄，大如彈丸。" 其後《晉書·天文志中》亦載："日中有黑子、黑氣、黑雲。" 而西方於 17 世紀始有發現，晚於中國一千六百餘年。惜自清朝入關之後，對於中原民族，對於漢民族長期排斥壓抑，致使靈智難展，尤其是中後期以來的專制國策，遭致國弱民窮，導致久有的科技一蹶不振，於是在列強的視野下，中華民族變成了一個愚昧的 "劣等" 民族。受此影響，一些居留國外或留學國外的學人，亦曾自卑自棄，本書《導論》曾引胡適的評語：中華民族是 "又愚又懶的民族"，是 "一分像人，九分像鬼的不長進民族"（見胡適《介紹我自己的思想》，1930年 12 月亞東圖書館初版《胡適文選》自序》）。本《通考》有關民族靈智的追踪考索，巨細無遺，成爲另一大特點。

　　《通考》遵從以下學術體系：宗法樸學，不尚空論，既重典籍記載，亦重實物（包括傳世與出土文物）考察，除却既有博物類專著自身外，今將博物研究所涉文獻歸納爲十大系統：一曰史志系統，即史書中與紀傳體并列，所設相對獨立的諸志。如《禮樂志》《刑法志》《藝文志》《輿服志》等，頗便檢用。二曰政書類書系統。重在掌握典制的沿革，廣求佚書异文。三曰考證系統。如《古今注》《中華古今注》《敬齋古今黈》等，其書數量無多，見重實物，頗重考辨。四曰博古系統。如《刀劍録》《過眼雲煙録》《水雲録》《墨林快事》等，這些可視爲博物研究散在的子書，各有側重，雖常具玩賞性，却足資藉鑒。五曰本草系統。其書草木蟲魚、水土金石，羅致廣博，雖爲藥用，已似百科全書。六曰注疏系統。爲古代典籍的詮釋與發揮。如《易》王弼注、《詩》毛亨傳、《史記》裴駰集解、《老子》魏源本義、《楚辭》王夫之通釋、《三國志》裴松之注、《水經》酈道元注、《世說新語》

劉孝標注等。七曰雅學系統、許學系統，或直稱之爲訓詁系統，其主體就是名物研究，後世稱爲“名物學”。八曰异名辨析系統。已成爲名物學的獨立體系。如《事物异名》《事物异名録》等，旨在同物异名辨析。九曰説部系統。包括了古代筆記、小説、話本、雜劇之類被正統學者輕視的讀物，這是正統文化之外，隱逸文化、民間文化的淵藪，一些世俗的衣、食、住、行之類日常器物，多藉此得見生動描述。十曰文物考古系統，這是博物研究中至爲重要的最具震撼力的另一方天地，因爲這是以歷代實物遺存爲依據的，足可印證文獻的真僞、糾正其失誤，多有創獲。

二、《通考》内容究如何，今世當作何解讀？

《通考》内容極爲豐富，所涉範圍極廣，古今上下，時空縱橫，實難詳盡論説，今略予概括，主要可分兩大方面，一爲自然諸物，二爲社科諸物，兹逐一分述如下：

（一）自然諸物：包括了天地生殖及人力之外的一切實體、實物，浩博無涯，可謂應有盡有。

如“太陽”“月亮”，在我中華凡是太空中的發光體（包括反射光體）皆被稱爲“星”，因此漢語在吸納現代天文學時，承襲了這一習慣，將“太陽”這類自身發光的等離子物體命名爲恒星。《天宇卷》研究的主體就是天空中的各種星象。星象就是指各種星體的位置、明暗、形狀等的變化。星象極其繁複，難以辨識。於是，在天空中位置相對穩定的恒星就成爲必要的定位標志。在人們目力所及的範圍内，恒星數以千計，先民將漫天看似雜亂無章的恒星位置相近者予以組合并命名，這些組合的星群稱之爲星宿，因而就有了三垣二十八宿之説。在远古難以對宇宙進行深入探索的時代，先民未能建立起完整的天體概念，也不知彼此的運動關係，僅憑藉直感認知，將所見的最強發光體——“太陽”本能地給予更多的關注，作出不同於西方的別樣解釋。視太陽爲天神，太陽的出没也被演繹成天神駕車巡游，而夸父追日、后羿射日等典故，則承載了諸多遠古信息。先民依據太陽的陰陽屬性、形體形象、光熱情況、時序變化、神話傳説及俗稱俗語等特點，賦予了諸多別名和异稱，其數量達一百九十餘種，如“陽精”“丙火”“赤輪”“扶桑”“東君”“摩泥珠”等，可見先民對太陽是何等的尊崇。對人們習見的“月亮”，《天宇卷》同樣考釋了其异名別稱及其得名由來。今知月亮异名別稱竟達二百二十餘種，較之“太陽”所收尤爲宏富。如

"太陰""玉鏡""嬋娟""姮娥""顧兔""桂影""玉蟾蜍""清凉宮",等等。而關於"月亮"的所見所想,所涉傳聞佳話,連綿不絶,超乎所料。掩卷沉思,無盡感慨! 中華民族是一個明潔温婉、追求自由、嚮往和平、極具夢想的偉大民族。愛月、咏月、賞月、拜月,深情綿綿,與月亮别有一番不解之緣! 饒有趣味者,爲東君太陽神驅使六龍馭車的羲和,如同爲太陰元君駕車的望舒一樣,竟也是一位女子,可見先民對於女性的信賴與尊崇。何以如此? 是母系社會的遺風流韵麽? 不得而知! 足證《通考》探討"博物"的意義并不衹在"博物"自身,而是關乎"博物"所承載的傳統文化。

再如古代出現的"雪""雹"之類,國人多認定與今世無多大差异,實則不然。《氣象卷》收有"天山雪""陰山雪""燕山雪""嵩山雪""塞北雪""南秦雪""秦淮雪""廬山雪""嶺南雪""犬吠雪"(偏遠的南方之雪。因犬見而驚吠,故稱),等等,這些雪域不衹在長城内外,又達於大江南北,可謂遍及全國各地,令人眼界大開。這些雪域的出現,又并非遠古間事,所見文字記載盡在南北朝之後,而"嶺南雪"竟見於明清時期,致使今人難以置信。若就人們對雪的愛惡而言,有"瑞雪""喜雪""灾雪""惡雪";若就雪的屬性而言,有"乾雪""濕雪""霧雪""雷雪";若就降雪時間長短而言,有"連旬雪""連二旬雪""連三旬雪""連四旬雪";若就雪的危害而言,有"致人凍死雪""致人相食雪"等,不一而足。此外,雪另有色彩之别,本卷收有"紅雪""緑雪""褐雪""黑雪"諸文,何以出現紅、緑、褐、黑等顏色? 這是由於大地上各類各色耐寒的藻類植物被捲入高空,與雪片相遇,從而形成不同色彩。對此,先民已有細微觀察,生動描述,但未究其成因。1892年冬,意大利曾有漫天黑雪飄落,經國際氣象學家研究測定,此一現象乃是高空中億萬針尖樣小蟲,在飛翔時與雪片粘連所致。這與藻類植物被捲入高空,導致顏色的變幻同理。或問,今世何以不見彩色之雪? 因往昔大地之藻類及針尖樣小蟲,由於生態環境的破壞而消失殆盡。就氣象學而言,古代出現彩雪,是正常中的不正常,現代衹有白雪,則是不正常中的正常。本卷中有關雹的考釋,同樣頗具情趣,十分精彩。依雹的顏色有"白色雹""赤色雹""黑色雹""赤黑色雹",依形狀有"杵狀雹""馬頭狀雹""車輪狀雹""有柄多角雹",依長度有"長徑尺雹""長尺八雹",依重量有"重四五斤雹""重十餘斤雹",依危害則有"傷禾折木雹""擊殺鳥雀雹""擊殺獐鹿雹""擊死牛馬雹""壞屋殺人雹"等,這些記載并非出自戲曲小説,而是全部源於史書或方志,時間地點十分明確,毋庸置疑。古今氣象何以如此不同? 何以如此反常? 衹嘆中國古代的科研體系多注重對現象的觀察,而不求其成因，祇是將以上現象置於史志之中，予以記載而已。本《通考》對中華"博物"的考辨，不祇是展現了大自然的原貌、大自然的古今變幻，而且也提供了社會的更迭興替和民生的禍福起落等諸多耐人尋味的思考。

另如，《水族卷》中收有棘皮動物"海參"，其物在當代國人心目中，是難得的美味佳餚和滋補珍品。《水族卷》還原其本真面貌，明確指出海參爲海洋動物中的棘皮動物門，海參綱之統稱，而後依據古代典籍，考證其物及得名由來：三國吳沈瑩《臨海水土異物志》："土肉，正黑，如小兒臂大，中有腹，無口目……炙食。"其時貶稱"土肉"，祇是"炙食"而已。既貶稱爲"土"，又止用於燒烤而食，此即其初始的"身份""地位"，實是無足稱道。直至明代謝肇淛《五雜俎·物部一》中，始見較高評價，并稱其爲"海參"："海參，遼東海濱有之，一名海男子。其狀如男子勢然，淡菜之對也。其性溫補，足敵人參，故名海參。""男子勢"，舊注曰"男根"，因海參形如男性生殖器，俗名"海男子"，正與形如女性生殖器的淡菜（又稱"海牝""東海夫人"，即厚殼貽貝）相對應。此一形似"男根"之物，何以又被重視起來？國人對食療養生素有"以形補形"的觀念，如"芹菜象筋骼，吃了骨頭硬；核桃象大腦，吃了思維靈"之類，而因海參似男根，故認定其有補腎壯陽的功能，這就是"足敵人參"的主要根據之一。謝氏在贊其"足敵人參"的同時，又特別標示了其不雅的綽號"海男子"，則又從另一側面反映了明代對於海參仍非那麼珍視，故而在其當代權威的醫典《本草綱目》中未予記載。"海參"在清朝的國宴"滿漢全席"中始露頭角，漸得青睞。本卷作者在還其本真面貌的過程中，又十分自然地釐清了海參自三國之後的异名別稱。如，"土肉""海男子"之後，又有"虰""沙噀""戚車""龜魚""刺參""光參""海鼠""海瓜""海瓜皮""白參""牛腎""水參""春皮""伏皮"諸稱，"虰"字之外，其他十三個异名別稱，古今辭書無一收錄，唯一收錄的"虰"字，又含混不清。而"海參"喻稱"海瓜"，則爲英文sea cucumber的中文義譯，較中文之喻稱"海男子"似有异曲同工之妙，又可證西人對海參也并不那麼重視。

全書三十六卷，卷卷不同。本書設有《珍奇卷》，別具研究價值。如"孕子石"，發現於江蘇省溧陽市蘇溧地區。此石呈灰黃色，質地堅硬，其外表平凡無奇，但當人們把石頭敲開時，裏面會滾出許多圓形石彈子，直徑 21 厘米左右，和母石相較，顏色稍淺，但成分一致。因石中另包小石，好似母石生下的子石，故稱"孕子石"。這種"石頭孕子"史志無載，首次發現，地質學家們同樣百思而不得其解，祇能"望石興嘆"。再如"預報天旱井"，位於廣西全州縣内，每年大旱來臨前二十天，水井會流出渾水，長達兩天之久，附近村民見狀，便知大旱將臨，便提前做好抗旱準備。此外，該井每二十四小時漲潮六次，每次約漲五十分鐘，水量約增加兩倍。此井如同"孕子石"一樣，史志無載，首次發現，對此井的奇特現象有關專家同樣百思不得其解，也祇能"望井興嘆"。

（二）社科諸物：自然物外，中華博物中的社科諸物漫布於社會生活之中，其形成發展、古今變化，尤爲多彩，展現了一種别樣的國情特徵和民族靈智。

如《國法卷》，何謂"國法"？國法係指國家之法紀、法規。國法其詞作爲漢語語詞起源甚爲久遠，先秦典籍《周禮·秋官·朝士》中即已出現，"國法"之"法"字作"灋"，其文曰："凡民同貨財者，令以國灋行之，犯令者刑罰之。"同書《地官·泉府》中又有另詞"國服"，其文曰："凡民之貸者，與其有司辨而授之，以國服爲之息。"此"國服"言民間貿易必須服從國法，故稱"國服"。作爲語詞，"國法""國服"互爲匹配。國法爲人而設，國服隨法而施，有其法必有其服，有法無服，則法罔立，有服無法，舉世罔聞。今"國法"一詞存而未改，"國服"則罕見使用。就世界範圍而言，中國的國法自成體系，具有國體特色與民族精神，故西方學者稱之爲"中華法系"或"東方法系"。本《國法卷》即以"中華法系"爲中心論題，全面考釋，以現其固有特色與精神。中華法系如同世界諸文明古國法系一樣，源於宗教，興於禮俗，而最終成爲法律，遂具有指令性、强制性。中華法系一經形成，即迥異於西方，因其從不以"永恒不變的人人平等的行爲準則"自詡，也没有立法依據的總體理論闡釋，而是明確標示法律應維護帝王及權貴的利益。在中國古代，從没出現過如古希臘或古羅馬的所謂絶對公正的"自然法"，毋須在"自然法"指導下制定"實在法"。中國古代的全部法律皆爲正在施行的"實在法"，但卻有不可撼動的權威理論——"君權天授"説支撑。"天"，在先民心目中是無可比擬的最神秘、最巨大的力量。"天"，莊重而仁慈，嚴厲而公正，無所不察，無所不能。上自聖賢哲人，下至黎民百姓，少有不"敬天意"、不"畏天命"者，帝王既稱"天子"，且設有皇皇國法，條文森然，何人敢於反叛？天下黔首，非處垂死之地，絶不揭竿而起，妄與"天"鬥！故而在中國古代，帝王擁有最高立法權與司法權，享有無盡的威嚴與尊貴。今知西周時又强化了宗族關係，即血緣關係。血緣關係又分爲近親、遠親、异姓之親等。血緣關係成爲一切社會關係的核心，由血緣關係擴而廣之，又有師生、朋友及當體恤的其他人等關係。由血緣關係又進而强化了尊卑關係，即君臣關係、臣民關係，這些關係較之血緣關係更爲細密，爲此而設有"八辟"之法，規定帝王之親朋、故舊、近臣等八種人，可以享有減免刑罰之特權。漢代改稱"八議"，三國魏正式載入法典。其後，歷代常有沿襲。這一血緣關係在我國可謂根深蒂固，直至今世而未衰。爲維護這尊卑關係，西周之法典又設有《九刑》，以"不忠"爲首罪。另有《八刑》以"不孝"爲首罪。"忠"，指忠君，"孝"指孝敬父母，兩者難以分割。《九刑》《八刑》雖爲時過境遷之古法，但其倡導的"忠孝"，已成爲中華民族的一種處世觀念，一種道德規範。作爲個人若輕忽"忠孝"，則必極端自私，害及民衆；作爲執政者若輕忽"忠孝"，則必妄行無忌，危及國家。今世早已摒弃愚忠愚孝之舉，但仍然繼承并發揚了"忠孝"的傳統。"忠"不再是"忠君"，而是忠於祖國，忠於人民，或是忠於信守的理想；"孝"謂善事父母，直承百代，迄今不衰。"忠孝"是人們發自心底的感恩之情，唯知感恩，始有報恩，人間纔有真情往還，纔有心靈交融。佛家箴言警語曰"上報四重恩，下濟三途苦"（見《大乘本生心地觀經》），"四重恩"指父母恩、師長恩、國土恩、衆生恩（衆生包括動植物等一切生靈）。我國傳統忠孝文化中又融入了佛家的這一經典旨意，可謂相得益彰。"忠孝"乃我文明古國屹立不敗的根基，絕不可視之爲"封建觀念"。縱觀我中華信史可知，舉凡國家昌盛時代，必是忠孝振興歲月，古今如一，堪稱鐵律。國家可敬又可愛，所激起的正是人們的家國情懷！"忠孝"這一處世觀念，這一道德規範，直涉人際關係，直涉國家命運，成爲我中華獨有、舉世無雙的文化傳統。

中國之國法，并非僅靠威懾之力，更有"禮治"之宣導，而關乎禮治的宣導今人常常忽略。前已述及中華法系如同世界諸文明古國法系一樣，源於宗教，興於禮俗，由禮俗演進爲禮治，禮治早於刑法之前已經萌生。自商周始，《湯刑》《吕刑》（按，《湯刑》《吕刑》之"刑"當釋爲"法"）相繼問世，尤重"禮治"，何謂"禮治"？"禮治"指遵守禮儀道德與社會規範，破除"禮不下庶人"的舊制，將仁義禮智信作爲基本的行爲規範，《孟子·公孫丑上》曰："辭讓之心，禮之端也。""辭讓"指謙和之道，尊重他人，由"禮讓"而漸發展爲"禮制"。至西周時，"禮治"已成定制。這一立法思想備受推崇。夏商以來，三千餘載，王朝更替，如同百戲，雖脚色各异，却多高揚禮制之大旗，以期社會和諧，民生安樂。不瞭解中國之禮治，也就難以瞭解中華法制史，就難以瞭解中國文化史。此後"禮治"配以"刑治"，相輔相成，久行不衰。"禮刑相輔"何以行使？答曰：升平之世，統治者無不强調禮制之作用，藉此以示仁政；若逢亂世，則用重典，施酷刑（下將述及），軟硬兩手交替使用。這就組成了一張巨大的不可錯亂、不可逾越的法律之網，這就是中華民族百代信守的國家法制的核心，這就是中華民族有史以來建國治國之道。這一"禮刑相輔"的治國之道，迥別與西方，爲我中華所獨有，在漫長而多樣的世界法制史中居於前沿地位。

在我古老國度中，國家既已形成，於是又具有了不同尋常的歷史意義與價值觀。自先秦以來，"國家"一詞意味着莊嚴與信賴。在國人心目中，"國"與"家"難以分割，直與身家性命連爲一體，故"報效國家"爲中華民族的最高志節，而"國破家亡"則爲全民族的最大不幸。三十年前本人曾是《漢語大詞典》主要執筆者之一，撰寫"國家"條文時，已注意了先民曾把皇帝直稱爲"國家"。如《東觀漢紀·祭遵傳》："國家知將軍不易，亦不遺力。"《晋書·陶侃傳》："國家年小，不出胸懷。"稱皇帝爲"國家"，以皇帝爲國家的代表或國家的象徵，較之稱皇帝爲天子，更具親切感，更具號召力。中國歷史上的一些明君仁主也多以維護國家法制爲最高宗旨，秦皇、漢武皆曾憑藉堅定地立法與執法而國勢强盛，得以稱雄天下，這對始於西周的"八辟"之法，無疑是一大突破。本書《國法卷》第一章概論論及隋唐五代立法思想時，有以下論述：據《隋書·王誼傳》及文帝相關諸子傳載，文帝楊堅少時同王誼爲摯友，長而將第五女嫁王誼之子，相處極歡，後王誼被控"大逆不道，罪當死"，文帝遂下詔"禁暴除惡"，"賜死於家"。《隋書·文四子傳》又載，文帝三子秦王楊俊，少而英武，曾總管四十四州軍事，頗有令名，文帝甚爲愛惜，獎勵有加。後楊俊漸奢侈，違制度，出錢求息，窮治宮室，文帝免其官。左武衛將軍劉升、重臣楊素，先後力諫曰："秦王非有他過，但費官物、營廨舍而已。"文帝答曰："法不可違！"劉、楊又先後諫曰："秦王之過，不應至此，願陛下詳之。"文帝答曰："我是五兒之父，若如公意，何不別制天子兒律？"文帝四子、五子皆因違法，被廢爲庶民，文帝處置毫不猶豫，毫不留情。隋文帝身爲人君，以萬乘之尊，率先力行，實踐了"王子犯法，與民同罪"的古訓。在位期間，創建"開皇之治"，人丁大增，百業昌盛，國人視文帝爲真龍天子，少數民族則尊稱其爲聖人可汗。《國法卷》主編對歷史上身爲人君的這種舉措，有"忍割親朋私情，立法爲公"的簡要評論。這一評論對於中國這種以宗族故交爲關係網的大國而論，正是切中要害。此後，唐太宗李世民、玄宗李隆基、憲宗李純等君王皆有類似之舉，終成輝煌盛世。時至明代，面對一片混亂腐敗的吏治，明太祖朱元璋更設有"炮烙""剝皮"之類酷刑嚴法，懲治的貪官污吏達十五萬之衆，即便自家的親朋故舊，也毫不留情。如進士出身的駙馬，朱元璋的愛婿歐陽倫只因販茶違法，就直接判以死刑，儘管安慶公主及儲君朱允炆苦苦哀求，也絕不饒恕。據《明史·循吏傳序》載："〔官吏〕一時受令畏法，潔己愛民，以當上指……民人安樂、吏治澄清者百餘年。"其時，士子們甘願謀求他職，而不敢輕率爲官，而諸多官員却學會了種田或捕魚，呈現了古今難得一見的别樣的政治生態。明太祖的這類嚴酷法令雖是過當，却勝於放縱，故而明朝一度成爲世界經濟大國、經濟强國。中國歷史上的諸多建國之名君仁主，執法雖未若隋文帝之果決，未若明太祖之嚴酷，但無一不重視國家安危。這些建國名君仁主"上以社稷爲重，下以蒼生在念"（見《舊唐書·桓彦範傳》），故而贏得臣民的擁戴。今之世人多以爲帝王之所以成爲帝王，盡皆爲皇室一己之私利，祇貪圖自家的享榮華富貴而已，實則并非盡皆如此。歷代君王既已建國，亦必全力保國，并垂範後世，以求長治久安。品讀本書《國法卷》，可藉以瞭解我國固有的國情狀況，瞭解我國歷史中的明君仁主如何治理國家，其方策何在，今世仍有藉鑒價值。縱觀我國漫長的歷史進程，有的連續數代，稱爲盛世；有的衰而復起，稱爲中興；有的則二世而亡，如曇花一現。一切取決於先主與後主是否一脉相繼，一切取決於執法是否穩定。要而言之：嚴守國法，則國家興盛，嚴守國法，則社會祥和，此乃舉世不二之又一鐵律。

《國法卷》雖以國法爲研究主體，却力求超越法律研究自身，力求探索法律背後的正反驅動力量，其旨義更加廣遠。因而本卷又區别於常見的法律專著。

另如《巧藝卷》，在《通考》全書中未占多大分量，但在日常社會生活中却有無可替代的獨特地位，藉此大可飽覽先民的生活境遇和精神世界。何謂"巧藝"？古代文獻中無此定義。所謂"巧藝"，專指巧智與技藝性的娛樂及各種健身活動，同時展現了與之相應的家國關係。中華民族的"巧藝"别具特色，所涉内容十分廣泛，除却一般游戲活動外，又包涵了棋類、牌類、養生、武術、四季休閑、宴飲娛樂、動物馴化等等。細閱本卷所載，常爲古人之智巧所折服。如西漢東方朔"射覆"之奇妙，今已成千古佳話。據《漢書·東方朔傳》載，漢武帝嘗覆守宫（即壁虎）於杯盂之下，令衆方士百般揣度，各顯其能，并無一言中的者，而東方朔却可輕易解密，有如神算，令滿座驚呼。何謂"射覆"？"射覆"爲古代猜測覆物的游戲。射，揣度；覆，覆蓋。"射覆"之戲，至明清始衰，其間頗多高手。這些高手似乎出於特異功能，是古人勝於今人麼？當作何解釋？學界認爲這些高手多善《易》學，故而超乎常人，但今世精於《易》學者并非罕見，却未見有如東方朔者，何也？難以作答，且可不論，但古代對動物的馴化，又何以特别精彩，令今人嘆服？

著名的唐代象舞、馬舞，久負盛名，這些大動物似通人性，故可不論，而那些似乎笨拙的小動物，如"烏龜疊塔""蛤蟆説法"之類的馴養，也常常勝過今人，足可展現先民的巧智，"'疊塔''説法'，固教習之功，但其質性蠢蠢，非他禽鳥可比，誠難矣哉！"（見明陶宗儀《輟耕録·禽戲》）古人終將蠢蠢之蟲馴化得如此聰明可愛，藉此可見古人之扎實沉着，心智之專一，少有後世浮躁之風。目前，國人甚喜馴養，寵物遍地，却未見馴出如同上述的"疊塔"之烏龜與"説法"之蛤蟆，今之馬戲或雜技團體，爲現代專業機構，也未見絶技面世。

《巧藝卷》的條目詮釋，大有建樹，絶不因襲他人成説，明確關聯了具體事物形成的歷史淵源與社會背景。如"踏青"，《漢語大詞典》引用了唐代的書證，并稱其爲"清明節前後，郊野游覽的習俗"。本卷則明確指出，"踏青"是由遠古的"春戲"演變而來。西周時曾爲禮制。漢代已有"人日郊外踏青"之俗，同時指出"踏青"還有"游春"的別稱。《漢語大詞典》與本卷的釋文内容差異如此之大，實出常人之所料。何謂"春戲"？所有辭書皆未收録。本卷有翔實考證，兹録如下：

春戲：古代民間春季娛樂活動。以繁衍後代和期盼農作物豐收爲目的的男女歡會活動。始於原始社會末期，西周時仍很流行。《周禮·地官·司徒》："中春之月，令會男女。於是時也，奔者不禁。若無故而不用令者，罰之。司男女之無夫家者而會之。"《墨子·明鬼篇》："燕之有祖，當齊之社稷。宋之有桑林，楚之雲夢也，此男女之所屬而觀也。"《詩·鄭風·溱洧》："溱與洧，瀏其清矣。士與女，殷其盈矣。女曰：'觀乎？'士曰：'既且。''且往觀乎！洧之外，洵訏且樂。'維士與女，伊其將謔，贈之以芍藥。"《楚辭·九歌·少司命》："秋蘭兮糜蕪，羅生兮堂下。綠葉兮素枝，芳菲菲兮襲予。夫人兮自有美子，蓀何以兮愁苦？"戰國以後逐漸演變爲單純的春游活動"踏青"。

《巧藝卷》精心地援引了以上經典，可證在中國上古時期男女歡會非常自然，而且是具有相當規模的群體性活動。此舉在中國遠古時代已有所見，青海大通縣上孫家寨出土的舞蹈紋彩陶盆，已展現了男女携手共舞的親密生動場景，那是馬家窑文化的代表，距今已有五千年歷史，但必須明確，這并非蒙昧時期的亂性之舉。這是一種男女交往的公開宣示。前述《周禮·地官·司徒》曰："中春之月，令會男女……司男女無夫之家者而會之。"其要點是"男女無夫之家者"。這是明確的法律規定，故而作者的篇首語曰："以繁衍後代和期盼農作物豐收爲目的。"這就撥正了後世對於中國古代奴隸社會或封建社會有關男女關係的一些偏頗見解，可證本卷之"巧藝"非同一般的娛樂，所展現的是中華先民多方位的生活狀態。

三、博物研究遭質疑，古老科技又誰知？

《通考》所涉博物盡有所據，無一虛指，如繁星麗天，構成了浩大的博物學體系，千載一脉，本當生生不息，如瀑布之直下，但却似大河之九曲，時有峽谷，時有險灘，終因清廷喪權辱國、全盤西化而戛然中斷，故而迥异於西方。由於西方科技的巨大影響，致使一些學人缺少文化自信，多認爲中國古老的博物學，無甚價值。豈知我中華民族從不乏才俊、精英，從不乏偉大的發明，很多祇是不知其名而已。如《淮南子·泰族訓》："欲知遠近而不能，教之以金目則快射。"漢代高誘注曰："金目，深目。所以望遠近射準也。"何謂"金目"？據高注可知，就是深目。"深目"之"深"，謂深遠也（又說稱"金目"爲黃金之目，用以喻其貴重，恐非是）。"金目"當是現代望遠鏡或眼鏡之類的始祖。"金目"其物，在古代萬千典籍中僅見於《淮南子》一書，別無他載。因屬古代統治者杜絕的"奇技淫巧"，又甚難製作，故此物宮廷不傳，民間絶踪，遂成奇品。上世紀 80 年代，揚州邗江縣東漢廣陵王劉荆墓中出土一枚凸透鏡，此鏡之鏡片直徑 1.3 厘米，鑲嵌在用黃金精製而成的小圓環内，視物可放大四五倍，此鏡至遲亦有兩千餘年的歷史。廣陵墓之外，安徽亳州曹操宗族墓等處，亦有出土。是否就是"金目"已難考證。作爲眼鏡其物，發展到宋代，始有明確的文字記載，其時稱之爲"靉靆"（見明方以智《通雅·器用·雜用諸器》引宋趙希鵠《洞天清録》）。今日學者皆將眼鏡視爲西方舶來品，一説來自阿拉伯，又説來自英國，如猜謎語，不一而足；西方的眼鏡實則是由中國傳入的，如若説是西方自家發明，也晚於中國千年之久。

"金目"其物的出現絶非偶然，《墨子》中的《經下》《經説下》已有關於光的直綫傳播、反射、折射、小孔成象、凹凸透鏡成象等連續的科學論述，這一原理的提出，必當有各式透體器物，如鏡片之類爲實驗依據，這類器物的名稱曰何今已不得而知，但製造出金目一類望遠物，是情理之中的必然結果。據上述《經下》《經説下》記載可知，早在戰國時期，先賢已有光學研究的成就，與後世西方光學原理盡同。在中國漫長的古代日常生活中，隨時可見新奇的創造發明，這類創造發明所展現的正是中國獨有的科學。《導論》中所述"被中香爐""長信宮燈"之外，更有"博山爐"（一種形似傳説中神山"博山"的香爐，當香料在爐內點燃時，烟霧通過鏤空的山體宛然飄出，形成群山蒙蒙、衆獸浮動的奇妙景象，約發明於漢代）、"走馬燈"（一種竹木扎成的傳統佳節所用風車狀燈具，外貼人馬等圖案，藉燈內點燃蠟燭的熱力引發空氣對流，輪軸上的人馬圖案隨之旋轉，投身於燈屏上，形成人馬不斷追逐、物换景移的壯觀情景，約發明於隋唐時期）之類。古老中華何止是"四大發明"？此外，約七千年前，在天灾人禍、形勢多變的時代背景之下，先民爲預測未來，指導行爲方嚮，始創有易學，形成於商周之際，今列爲十三經之首，稱爲《周易》，這是今世的科學不能完全解釋的另一門"科學"，其功用不斷地爲當世諸多領域所驗證，在我華夏、乃至歐美，研究者甚衆，本《通考》對此雖有涉及，而未立專論。

那麼，在近現代，國人又是如何對待古代的"奇技奇器"的呢？著名的古代"四大發明"，今已家喻户曉，婦幼皆知，但却如同可愛的國寶大熊猫一樣，乃是西方學者代爲發現。我仁人志士，爲唤醒"東方睡獅"，藉此"四大發明"，竭力張揚，以振奮民族精神。這"四大發明"影響非凡，但在中國傳統文化中亦無重要地位，其中"火藥"見載於唐孫思邈《丹經》，"指南針""印刷術"同見載於宋沈括《夢溪筆談》，皆非要籍鴻篇，唯造紙術見於正史，全文亦僅七十一字，緊要文字秖有可憐的四十三字（見《後漢書・宦者傳・蔡倫》）。而這"四大發明"中有兩大發明，不知爲何人所爲。

在古老中國的歷史長河中，更有另一種科學技術，當今學界稱之爲"黑科技"（意謂超越當今之科技，出於人類的想象之外。按，稱之爲"超科技"，似更易理解，更準確），那就是現代科學技術望塵莫及、無法破解的那些千古之謎。如徐州市龜山西漢楚襄王墓北壁的西邊墻上，非常清晰地顯示一真人大小的影子，酷似一位老者，身着漢服，峨冠博帶，面東而立，作揖手迎客之狀。人們稱其爲"楚王迎賓圖"。最初考古人員發掘清理棺室時，并無壁影。自從設立了旅游區正式開放後，壁影纔逐漸地顯現出來，仿佛是楚王的魂魄顯靈，親自出來歡迎來此參觀的游人一樣。楚襄王名劉注，是西漢第六代楚王，死後葬於此。劉注墓還有五謎，今擇其三：一、工程精度之謎。龜山漢墓南甬道長55.665米，北甬道長爲55.784米，沿中綫開鑿，最大偏差僅爲5毫米，精度達1/10000；兩甬道相距19米，夾角20秒，誤差爲1/16000，其平行度誤差之小，大約需要從徐州一直延伸到西安纔能使兩甬道相交。按當時的技術水準，這樣的墓道是何人如何修建的？二、崖洞墓開鑿之謎。龜山漢墓爲典型的崖洞墓，其墓室和墓道總面積達到 700 多平方米，容積達 2600 多立方米，幾乎掏空了整個山體。勘察發現，劉注墓原棺室的室頂正對着龜山的最高處，劉注府庫中的擎天石柱也正位於南北甬道的中軸綫上。龜山漢墓的工程人員是利用什麽樣的勘探技術掌握龜山的山體石質和結構？三、防盜塞石之謎。南甬道由 26 塊塞石堵塞，分上下兩層，每塊重達六至七噸，兩層塞石接縫非常嚴密，一枚硬幣也難以塞入。漢墓的甬道處於龜山的半山腰，當時生産力低下，人們是用什麽方法把這些龐大的塞石運來并嵌進甬道的？今皆不得而知。

斷言"中國古代祇有技術而没有科學"者，對中國歷史的瞭解實在是太過膚淺，并不瞭解在中國古代不祇有科技，而且竟然有超越科學技術的"黑科技"。

四、當世灾難甚可懼，人間正道何處覓？

在《通考》的編纂過程中，常遇到的重要命題，那就是以上論及的"科技"。今之"科技"，在中國上古曾被混稱爲"奇技奇器"，直至清廷覆亡，迄未得到應有的重視，導致國勢衰微，外寇侵略，民不聊生。這正是西方視之爲愚昧落後，敢於長驅直入，爲所欲爲的原因。因而一個國家、一個民族，要立於不敗之地，必須擁有自家的科技！世人當如何評定"科技"？如何面對"科技"？本書《導論》已有"道器論"，今《總説》以此"道器論"爲據，就現代人類面臨的種種危機，論釋如下：

何謂"道器"？所謂"道"是指形成宇宙萬物之原本，是形成一切事理的依據與根由。何謂"器"？"器"即宇宙間實有的萬物，包括一切科技，一切發明，至巨至大，至細至微，充斥天地間，而盡皆不虚。科技衍生於器，驗證於器，多以器爲載體，是推進或毀壞人類社會的一種無窮力量，故而又必須在人間正道的制約之下。此即本書道器并重之緣由，或可視爲天下之通理也。英國自 18 世紀第一次工業革命以來，其科學技術得以高速而全方位地發展，引起西方乃至全世界的密切關注與重視，影響廣遠。這一時期，英帝國統治者睥睨全球，居高臨下，自我膨脹，發表了"生存競争，勝者執政"等一系列宏論；托馬斯·馬爾薩斯的《人口論》亦應時而起，其核心理論是："貧富强弱，難以避免。承認現實，存在即合理。"甚而提出"必須控制人口的大量增長，而戰争、饑荒、瘟疫是最後抑制人口增長的必要手段"（這一理論在以儒學爲主體的傳統文化中被視爲離經叛道，滅絕人性，而在清廷走投無路全面西化之後，國人亦有崇信者，直至20年代初猶見其餘緒）。在這樣的時代背景下，查爾斯·達爾文所著《物種起源》得以衝破基督教的束縛，順利出版，暢行無阻。該書除却大量引用我國典籍《齊民要術》《天工開物》與《本草綱目》之外，還鄭重表明受到馬爾薩斯《人口論》的啓示和影響。《物種起源》的問世，形成了著名的進化理論："物競天擇、優勝劣汰，弱肉強食，適者生存。"（近世對其學説已有諸多評論，此略）進化學説在人們的社會生活中留下了深刻的印迹，在世界範圍内引起巨大反響，當時英國及其他列强利用了自然界"生存法則"的進化理論，將其推行於對外擴張的殖民戰爭中，打破了世界原有生態格局，在巨大的聲威之下，暢行無阻，遍及天下。縱觀人類的發展史，尤其是近世以來的發展史可知，科技的高下決定了國家的强弱，以强凌弱，已成定勢，在高科技强國的聲威之下，無盡的搜羅，無盡的采伐，無盡的探測實驗（包括核試驗），自然資源和自然環境漸遭破壞，各種弊端漸次顯露。時至20世紀中後期，以原子能、電子電腦、信息技術、空間技術等發明和應用爲標志、第三次科技革命的到來，學界稱之爲"科技革命的紅燈時刻"，其勢如風馳電掣，所向披靡，人類社會發生了翻天覆地的變化，時至21世紀，又凸顯了另一灾難，即瘟疫肆虐，病毒猖獗，危及整個人類。這一系列禍患緣何而生？天灾之外，罪魁爲人。何也？世間萬種生靈，習性歸一，盡皆順從於大自然，但求自身生息而已，別無他求，而作爲"萬物之靈"的人類，在茹毛飲血，跨越耕獵時代之後，却欲壑難填，毫無節制！爲追求享樂、滿足一己之貪婪，塗炭萬種生靈，任你山中野外，任你江面海底，任你晝藏夜出，任你天飛地走，皆得作我盤中佳餚。閑暇之日，又喜魚竿獵槍，目睹异類掙扎慘死，以爲暢快，以爲樂趣，若爲一己之喜慶，更可"磨刀霍霍向豬羊"，視之爲正常！"萬物之靈"的人類，永無休止，地表搜刮之外，還有地下的搜索挖掘，如世界著名的南非姆波尼格金礦，雖其開采僅起始於百年前，憑藉當代最先進的科技，挖掘深度已超4000米（我國的招遠金礦，北宋真宗年間已進行開采，至今深度不過2000米左右），現有370千米軌道，用以運送巨大的設備與成噸重的礦石，而每次開采都必須用兩千多公斤的炸藥爆破，可謂地動山摇！金礦之外，又有銀礦、鐵礦、銅礦、煤礦、水晶礦（如墨西哥的奈咯水晶洞，俗稱"神仙水晶礦"，其中一根重達50噸，挖出者一夜暴富），種種礦藏數以萬計。此外尚有對石油、純净水，乃至無形的天然氣等的無盡索取，山林破壞，大地沙化，水污染、大氣污染、核污染，地球已是百孔千瘡，而挖掘索取，仍未甘休，愈演愈烈，故今之地球信息科學已經發現地球性能的變异以及由此帶來可怕的全球性灾難。今日世界，各國執政者憑仗高科技，多是從一國、一族或一己之私利出發，或結邦，或聯盟，爭强鬥勝，互不相顧，國際關係日趨惡化，人類時刻面臨可怕的威脅，面臨毁滅性的核戰爭。凡此種種，怎不令人憂慮，令人悲痛？故而有學者宣稱："科技確實偉大，也確實可怕。一旦失控，後患無窮。"又稱："人類擁有了科技，必警惕成爲科技的奴隸。"此語并非危言聳聽，應是當世的警鐘，因爲人類面對强大的科技，常常難以自控，這是科技發展必然的結果。而作爲"萬物之靈"的人類，具有高智慧，能够擁有高科技，確乎超越了萬物，居於萬物主宰的地位，而執政者一旦擁有失控的權力，肆意孤行，其最終結局必將是自戕自毁，必將與萬物同歸於盡。一言以蔽之，毁滅世界的罪魁禍首是人類自己，而并非他類。

面對這多變的現實與可怕的未來，面對這全球性的灾難，中外科學家作了不懈努力，而收效甚微。1988 年 1 月，七十五位諾貝爾獲獎者及世界著名學者齊聚巴黎，探討了 21 世紀科學的發展與人類面臨的種種難題，提出了應對方略。在隆重的新聞發布會上，瑞典物理學家漢内斯·阿爾文發表了鄭重的演說："如果人類要在 21 世紀生存下去，必須回頭到兩千五百年前去汲取孔子的智慧。"（見 1988 年 1 月 24 日澳大利亞《堪培拉時報》原文——《諾貝爾獎獲得者説要汲取孔子的智慧》）這是何等驚人的預見，又是何等嚴正的警示！這七十五位諾貝爾獲獎者没有一位是我華夏同胞，他們對孔子的認知與崇敬，非常客觀，非常深刻，超乎我們的想象。這種高屋建瓴式的睿智呼籲，振聾發聵，可惜并没有警醒世人，也没有引起足够多的各國領導人的重視。

人類爲了自救，不能不從人類自身發展史中尋求答案。在人類發展史中，不乏偉大的聖人，孔子是少有的没有被神化、起於底層的聖人（今有稱其爲"草根聖人"者），他生於春秋末期，幼年失父，家境貧寒，又正值天下分裂，戰亂不斷，在這樣的不幸世道裏，孔子及其弟子大力宣導"克己復禮"，這是人類歷史上最切實際的空前壯舉。何謂"禮"？《説文·示部》曰："禮，履也。所以事神致福也。"禮本來是上古祭祀鬼神和先祖的儀式。史稱文、武、成王、周公據禮"以設制度"，此即"周禮"。"周禮"的内容極爲廣泛，舉凡國家的政治、經濟、軍事、行政、法律、宗教、教育、倫理、習俗、行爲規範，以及吉、凶、軍、賓、嘉五類禮儀制度，均被納入禮的範疇。周禮在當時社會中的地位與指導作用，《禮記·曲禮》中有明確記載："分争辯訟，非禮不决；君臣上下、父子兄弟，非禮不定；宦學事師，非禮不親；班朝治軍、涖官行法，非禮威嚴不行。"當然也維護了"君臣朝廷尊卑貴賤之序,下及黎庶車輿衣服宮室飲食嫁娶喪祭之分"(見《史記・禮書》),這符合於那個時代的階級統治背景。孔子提出"克己復禮",期望世人克服一己之私欲,以應有的禮儀禮節規範自己的言行,建立一個理想的中庸和諧社會,這已跨越了歷史局限。孔子的核心思想是"敬天愛人",何謂"敬天"?孔子強調"巍巍乎唯天爲大"(見《論語・泰伯》),又曰:"天何言哉?四時行焉,百物生焉,天何言哉!"(見《論語・陽貨》)孔子所言之"天",并非指主宰人類命運的上蒼或上帝,并非是孔子的迷信,因"子不語怪力亂神"(見《論語・述而》)。孔子認爲四季變化、百物生長,皆有自己的運行規律,人類應謹慎遵從,應當敬畏,不得違背。孔子指稱的"天",實則指他所認知的宇宙。此即孔子的天人觀、宇宙觀。"巍巍乎唯天爲大",在此昊天之下,人是何樣的微弱,面臨小小的細菌、病毒,即可淒淒然成片倒下。何謂"愛人"?孔子推行"仁義之道",何謂"仁"?子曰:"仁者,愛人!"(《論語・顏淵》)即人人相親、相愛。又曰:"己所不欲,勿施於人。"意即重正義,絕不損人利己。何謂"義"?"義"指公正的道理、正直的行爲。子曰:"不義而富且貴,於我如浮雲。"(見《論語・述而》)這就是孔子的道德觀與道德規範,當作爲今世處理人與自然、人與社會的規範與行動指南。其弟子又提出"親親而仁民,仁民而愛物"(見《孟子・盡心上》),漢代大儒又有"天人之際,合而爲一"的主張(董仲舒在《春秋繁露・深察名號》中,爲維護皇權的需要而建立了皇權天授的觀念),這種主張已遠遠超越了維護皇權的需要,成爲了一種可貴的哲理。時至宋代,大儒張載再度發揚孟子"親親而仁民,仁民而愛物"的襟懷,又有"民吾同胞,物吾與也"(見其所著《西銘》)之名言箴语,即將天下所有的人皆當作同胞,世間萬物盡視爲同類,最終形成了著名的另一宏大的儒學系統,其主旨則是"天人合一"論。何謂"天人合一"?"天人合一"有兩層意義:一曰天人一致,天是一大宇宙,人則如同一小宇宙,也就是説人類同天體各有獨立而相似之處;二是天人相應,這是説人與天體在本質上是相通的,是相互相連的。因此,一切人事應順乎自然規律,從而達到人與自然的和諧。達到人與自然的和諧統一,當作爲今世處理人與自然、人與社會的明確規範與行動指南。這是真正的"人間正道",唯有遵循這一"人間正道",人際關係纔能融洽,社會纔能和諧,天下纔能太平。

　　古老中國在形成"孔子智慧"之前,早已重視人與自然的關係。約在七千年前,我中華先祖已能够通過對於蟲鳥之類的物候觀察,熟練地確定天氣、季節的變幻,相當完美地適應了生產、生活、繁衍發展的需求,這一遠古的測算應變之舉,處於世界領先地位。約

四千年前，夏禹之時，已建有令今人嚮往的廣袤的緑野濕地。如《書·禹貢》即記載了
"雷夏""大野""彭蠡""震澤""菏澤""孟豬""豬野""雲夢"諸澤的形成及其利用情
況，如其中指出："淮海惟揚州，彭蠡既豬（瀦），陽鳥攸居；三江既入，震澤厎定。篠簜
既敷，厥草惟夭，厥木惟喬……厥貢惟金三品，瑶琨篠簜，齒革羽毛，惟木。"這是説揚
州有彭蠡、震澤兩方緑野濕地，適合於鴻雁類禽鳥居住，適合於篠竹（箭竹）、簜竹（大
竹）生長，青草繁茂，樹木高大，向君主進貢物品有金銀銅等三品，又有瑶琨美玉、箭
竹、大竹以及象齒皮革與孔雀、翡翠等禽鳥羽毛。所謂"大禹治水"，并非祇是被動的抗
灾自救，實則是大治山川，廣理田野，調整人與大自然的關係，使之相得益彰。《逸周
書·大聚解》又載，夏禹之時"且以并農力，執成男女之功，夫然則有生不失其宜，萬物
不失其性，人不失其事，天不失其時……放此爲人，此謂正德"，此即所謂夏禹"劃定九
州"之功業所在。其中"放此爲人，此謂正德"的論定，已蘊含了後世儒家初始的"天人
合一"的觀念。西周初期，已設定掌管國土資源的官職"虞衡"，掌山澤者謂"虞"，掌川
林者稱"衡"（見《周禮·天官·太宰》及賈疏）。後世民衆，繼往開來，對於保護生態環
境，保護大自然，采取了各種措施，又設有專司觀察氣象、觀察環境的機構，并有方士之
類的"巫祝史與望氣者"，多管道、多方位進行探測研究，從而防患於未然。《墨子·號令
篇》（一説此篇非墨子所作，乃是研究墨學者取以益其書）曰："巫祝史與望氣者，必以善
言告民，以請（讀爲'情'）上報守（一説即太守），上守獨知其請（情）。無［巫］與望
氣，妄爲不善言，驚恐民，斷弗赦。"這裏明確地指出，由"巫祝史與望氣者"負責預告
各種灾情，但不得驚恐民衆，否則即處以重刑，絶不饒恕。愛惜生態，保護自然，這是何
樣的遠見卓識，這又是何樣的撫民情懷！

　　是的，自夏禹以來，先民對於大自然、對於與蒼生，有一種別樣的愛惜、保護之舉
措，防範措施非常細密，非常全面而嚴厲。《逸周書·大聚解》有以下記載：夏禹時期設
定禁令，大力保護山林、川澤，春季不准帶斧頭上山砍伐初生的林木；夏季不准用漁網撈
取幼小的魚鱉，此即世界最早的環境保護法。《韓非子·内儲説上》又載：殷商時期，在
街道上揚弃垃圾，必斬斷其手。西周時又有更爲具體規定：如，何時可以狩獵，何時禁止
狩獵，何樣的動物可以獵殺，何樣的動物禁止獵殺；何時可以捕魚，何時禁止捕魚，何樣
的魚可以捕取，何樣的魚禁止捕取，皆有明文規定，甚而連網眼的大小也依季節不同而嚴
予區别。并特别強調：不准搗毀鳥巢，不准殺死剛學飛的幼鳥和剛出生的幼獸。春耕季節

不准大興土木。《禮記·月令》又載："毋變天之道，毋絶地之理，毋亂人之紀。"這一"毋變""毋絶""毋亂"之結語，更是展現了後世儒家宣導并嚮往的"天人合一"説。至春秋戰國之際，法律法規的範圍更加全面，特別嚴厲。這一時期已經注意到有關礦山的開發利用，若發現了藏有金銀銅鐵的礦山，立即封禁，"有動封山者，罪死而不赦。有犯令者，左足入，左足斷，右足入，右足斷"（見《管子·地數》）。古人認爲輕罪重罰，最易執行，也最見成效，勝過重罪重罰。這些古老的嚴厲法令，雖是殘酷，實際却是一聲斷喝，讓人止步於犯罪之前，因而犯罪者甚微。這就最大限度地保護了大自然，同時也最大限度地保護了人類自己。而早在西周建立前夕，又曾頒布了令人欽敬的《伐崇令》："文王欲伐崇，先宣言曰……令毋殺人，毋壞室，毋填井，毋伐樹木，毋動六畜，有不如令者，死無赦！崇人聞之，因請降。"（見漢劉向《説苑·指武》）這是指在殘酷的血火較量中，對於敵方人民、財産及生靈的愛惜與保護。我中華上古時期這一《伐崇令》，是世界戰争史中的奇迹，是人類應永恒遵守的法則！當今世界日趨文明，闊步前進，而戰争却日趨野蠻，屠殺對方不擇手段，實是可怖可悲！我華夏先祖所展現的這些大智慧、大慈悲，爲後世留下了賴以繁衍生息的楚山漢水，留下了令人神往的華夏聖地，我國遂成爲幸存至今、世界唯一的文明古國。

五、筆墨革命難預料？ 卅載成書又何易？

《通考》選題因國内罕見，無所藉鑒，期望成爲經典性的學術專著，難度之大，出乎想象，初創伊始，即邀前輩學者南京大學老校長匡亞明先生主其事。這期間微信尚未興起，寧濟千里，諸多不便，盛岱仁、康戰燕伉儷滿腔熱情，聯絡於匡老與筆者之間，得到先生的熱情鼓勵與全力支持，每逢疑難，必親予答復，但表示難做具體工作，在經濟方面也難以爲力。因爲先生於擔任國家古籍整理領導小組組長之外，又全面主持南京大學中國思想家研究中心的工作，正在編纂《中國思想家評傳》，百卷書稿須親自逐一審定，難堪重任。筆者初赴南大之日，老人家親自接待，就餐時當場現金付款，没有讓服務員公款記賬，筆者深受感動，終生難以忘懷。此後在匡老激勵之下，筆者全力以赴，進而邀得數百作者并肩携手，全面合作，并納入國家"九五"重點出版規劃中。1996 年 12 月，匡老驟然病逝，筆者悲痛不已，孤身隻影，砥礪前行，本書再度確定爲國家"十五"重點出版規劃項目，并將初名更爲今名。那時，作者們盡皆恪守傳統著述方式，憑藏書以考釋，藉筆墨以達志。盛暑寒冬，孜孜矻矻，無敢逸豫。爲尋一詞，急切切，一目十行，翻盡千頁而難得；爲求善本，又常千里奔波，因限定手抄，不得複印，纍日難歸！諸君任勞任怨，潛心典籍，閲書，運筆，晝夜伏案，恂恂然若千年古儒。至上世紀末，一些年輕作者已擁有個人電腦，各種信息，數以億計，中文要籍，一覽無餘，天下藏書，“千頃齋”“萬卷樓”之屬，皆可盡納其中，無須跋涉遠求。搜集檢索，衹需“指點”，瞬息可得；形成文章，亦衹需“指點”，頃刻可就。在這世紀之交，面臨書寫載體的轉換，老一輩學人步入了一個陌生的電腦世界，遭遇了空前的挑戰。當代作家余秋雨在其名篇《筆墨祭》中有如下陳述：“五四新文化運動就遇到過一場載體的轉換，即以白話文代替文言文；這場轉換還有一種更本源性的物質基礎，即以‘鋼筆文化’代替‘毛筆文化’。”由“毛筆文化”向“鋼筆文化”的轉換，經歷了漫長的數千載，而今日再由“鋼筆文化”向“電腦文化”轉換，却僅僅是二十年左右，其所彰顯的是科學技術的力量、“奇技奇器”的力量。作家所謂的“筆墨”，係指毛筆與烟膠之墨，《筆墨祭》衹在祭五四運動之前的“毛筆文化”。今日當將毛筆文化與鋼筆文化并祭，乃最徹底的“筆墨祭”。面對這世紀性的“筆耕文化”向“電腦文化”的轉換，面對這徹底的“筆墨祭”，老一輩學人没有觀望，没有退縮，同青年作者一道，毅然決然，全力以赴，終於跟上了時代的步伐！筆者爲我老一輩學人驕傲！回眸曩日，步履維艱，隨同筆墨轉型，書稿也隨之經歷了大修改、大增補，其繁雜艱辛，實難言喻。天地逆旅，百代過客，如夢如幻，三十餘年來，那些老一輩學人全部白了頭，却無暇“含飴弄孫”，又在指導後代參與其事。那些“知天命”之年的碩博生導師們皆已年過花甲，却偏喜“舞文弄墨”，又在尋覓指導下一代弟子同步前進。如此前啓後追，無怨無悔，這是何樣的襟懷？憶昔乾嘉學派，人才輩出，時有“高郵王父子，棲霞郝夫婦”投入之佳話，今《通考》團隊，於父子合作、夫婦合作之外，更有舉家投入者，四方學人，全力以赴。但蒼天無情，繼匡老之後，另有幾位同仁亦撒手人寰。上海那位《天宇卷》主編年富力强，却在貧病交加、孩子的驚呼聲中，英年早逝。筆者的另一位老友爲追求舊稿的完美，於深夜手握鼠標闃然永訣，此前他的夫人曾勸其好好休息，答説“我没有那麽多時間”！可謂鞠躬盡瘁，死而後已，這又是何樣的壯志，思之怎能不令人心酸！這就是我的同仁，令我驕傲的同仁！

　　自 2012 年之後，因面臨多種意外的形勢變化，筆者連同本書回歸原所在單位山東師範大學，于是增加了第一位副總主編——文學院副院長、古籍整理研究所所長韓品玉，解決了編務與財力方面的諸多困難，改變了多年來的孤苦狀況。時至 2017 年春，爲盡快出版、選定新的出版社，又增加了天津人民出版社總編輯、南開大學客座教授陳益民，中國職工教育研究院常務副院長、全國職工教育首席專家俞陽，臺北大學人文學院東西哲學與詮釋學研究中心主任賴賢宗教授三位爲副總主編，於是形成了現今的編纂委員會。

在全書編纂過程中，編纂委員會和學術顧問，以及分卷正副主編、主要作者所在單位計有：中國國家博物館、中國國家圖書館、中央文史研究館、中國佛教圖書文物館、全國總工會、中聯口述歷史研究中心、河北省文物與古建築保護研究院、河北省文物考古研究院、河北閱讀傳媒有限責任公司、北京大學、浙江大學、南京大學、南京師範大學、東北師範大學、鄭州大學、河北大學、河北師範大學、河北醫科大學、廈門大學、佛山大學、山東大學、中國海洋大學、山東師範大學、曲阜師範大學、山東中醫藥大學、濟南大學、山東財經大學、山東體育學院、山東藝術學院、山東工藝美術學院、山東省社會科學院、山東博物館、山東省圖書館、山東省自然資源廳、山東省林業保護和發展服務中心、濟南市園林和林業綠化局、濟南市神通寺、聊城市護國隆興寺、臺北大學、臺灣成功大學、臺灣大同大學、臺北中國文化大學、臺灣中華倫理教育學會，以及澳大利亞國立伊迪斯科文大學等，在此表示由衷的謝忱！

本書出版方——上海交通大學領導以及上海交通大學出版社領導，高瞻遠矚，認定《通考》的編纂出版，不衹是可推動古籍整理、考古研究的成果轉化，在傳承歷史智慧，弘揚中華文明，增強民族凝聚力和認同感，彰顯民族文化自信等各個方面具有重要意義。出版方在組織京滬兩地專家學者審校文字的同時，又付出時間精力，投入了相當的資金，增補了不少插圖，這些插圖多來自古籍，如《考工記解》《考工記圖解》《考工記圖說》《考古圖》《續考古圖》《西清古鑑》《西清續鑑》《毛詩名物圖說》《河工器具圖說》等等，藉此亦可見出版方打造《通考》這一精品工程的決心。而山東師範大學各級領導同樣十分重視，社科處高景海處長一再告知筆者：“需要辦什麼事情，儘管吩咐。”諸多問題常迎刃而解，可謂足智善斷。筆者所屬文學院孫書文院長更親行親爲，給予了全面支持，多方關懷，令筆者備感親切，深受鼓舞，壯心未老，必酬千里之志。此前，著名出版家和龔先生早已對本書作出權威鑒定，并建議由三十二卷改爲三十六卷。本書在學術界漂游了三十餘載終得面世，并引起學界的關注。今有國人贊之曰：《通考》是中華優秀傳統文化創造性轉化、創新性發展的優异成果，是一部具有極高人文價值的通代史論性的華夏物態文化專著，凝聚了中華民族的深層記憶，積澱了民族精神和傳統文化的精髓。又有國際友人贊之曰：《通考》如同古老中國一樣，是世界唯一一部記述連續數千載生機盎然的人類生活史。國内外的評論衹是就本書的總體面貌而言，但細予探究，缺憾甚爲明顯，因本書起步於三十餘年前，三十餘年以來，學術界有諸多新的研究成果未得汲取，田野考古又多有新的發現，國内外的各類典藏空前豐富，且檢索方式空前便捷，而本書作者年齡與身體狀況又各自不同，多已是古稀之年，或已作古，或已難執筆，交稿又有先後之別，故而三十六卷未能統一步伐與時俱進，所涉名物，其語源、釋文難能確切，一些舊有地名或相關數據，亦未及修改，而有些同物异名又未及增補。這就不能不有所抱憾，實難稱完美！以上，就是本書編纂團隊的基本面貌，也是本書學術成就的得失狀況。

筆者無盡感慨，卅載一瞬渾似夢，襟懷未展，鬢髮盡斑，萬端心緒何曾了？長卷浩浩，古奥繁難，有幾多知音翻閱？何處求慰藉？人道是紅袖衹揾英雄泪！歲月無情，韶光易逝，幾位分卷主編未見班師，已倏而永別，何人知曉老夫悲苦心情？今藉本書的面世，聊以告慰匡老前輩暨謝世的同仁在天之靈！

張述錚

丙子中吕初稿於山東師範大學映月亭
甲辰南吕增補於歷下龍泉山莊東籬齋

凡　例

　　一、本書係通代史性的中華物態文化學術專著，旨在對構成中華博物的名物進行考釋。全書三十六卷，另有附録一卷。各卷之基本體例：第一章爲概論，其後據内容設章，章下分節，爲研究考釋文字，其下分列考釋詞目。

　　二、本書所涉博物，分兩種類型：一曰“同物異名”，二曰“同名異物”。前者如“女墙”，隨從而來者有“女垣”“女堞”“女陴”“城堞”“城雉”“陴堞”等，盡皆爲“女墙”的同物異名；後者如“衽”，其右上分別角標有阿拉伯數字，分別作“衽¹”（指衣襟）、“衽²”（指衣服胸前交領部分）、“衽³”（指衣服两旁掩裳際處）、“衽⁴”（指衣袖）、“衽⁵”（指下裳）等，皆爲“衽”的同名异物。

　　三、各卷詞目分主條、次條、附條三種。次條、附條的詞頭字型較主條小，并用【　】括起。主條對其得名由來、產生年代、形制體貌、歷史演進做全面考釋，然後列舉古代文獻或實物爲證，并對疑難加以考辨，或列舉諸家之説；次條往往僅用作簡要交代，補主條不足，申説相佐；附條一般祇用作説明，格式如即“××”、同“××”、通“××”、“××”之單稱、“××”之省稱，等等。

　　四、各卷名物，或見諸文獻記載，或見諸傳世實物，循名責實，依物稽名，於其本稱、別稱、單稱、省稱，務求詳備，代稱、雅稱、謔稱、俗稱、譯稱，旁搜博采。因中華博物的形成、演化有自身規律，實難做人爲的斷代分割。如“朝制”之類名物，隨同帝王的興起而興起，隨同帝王的消亡而消亡，因而其下限達於辛亥革命；"禮俗"之類名物起源於上古，其流緒直達今世；而"冠服"之類名物，有的則起源甚晚，如"中山裝"之類。故各卷收詞時限一般上起史前，下迄清末民初，有的則可達現當代。

五、各卷考釋條目中的文獻書證一般以時代先後爲序；關乎名物之最早的書證，或揭示其淵源成因之書證，尤爲本書所重，必多方鈎索羅致；二十五史除却《史記》《漢書》外，其他諸史皆非同朝人編纂，其書證行用時間則以書名所標時代爲準；引書以古籍爲主，探其語源，逐其流變，間或有近現代書證爲後起之語源者，亦予扼要采用。所引典籍文獻名按學術界的傳統標法。如《詩》不作《詩經》，《書》不作《尚書》，《説文》不作《説文解字》等；若作者自家行文爲了强調或區別於他書，亦可稱《詩經》《尚書》《説文解字》等。文獻卷次用中文小寫數字：不用"千""百""十"，如卷三三一，不作卷三百三十一；"十"作〇，如卷四〇，不作卷四十。

六、本書使用繁體字。根據 1992 年 7 月 7 日新聞出版署、國家語言文字工作委員會發布的《出版物漢字使用規定》第七條第三款、2001 年 1 月 1 日施行的《中華人民共和國通用語言文字法》第二章第十七條第五款之規定，本書作爲大量引徵古籍文獻的考釋性學術專著，既重視博物的源流演變，又重視對同物异名、同名异物的考辨，故所有考釋條目之詞頭及文獻引文，保留典籍原有用字，包括异體字，除明顯錯別字（必要時括注正字訂誤）之外，一仍其舊。其中作者自家釋文，則用正體，不用异體，但關涉次條、附條等异體字詞頭等，仍予保留。繁體字、异體字的確定，以《規範字與繁體字、异體字對照表》（國發〔2013〕23 號附件一）及《通用規範漢字字典》爲依據。

七、行文叙述中的數字一律采用漢字小寫，但標示公元紀年及現代度量衡單位時，用阿拉伯數字。如"三十六計"，不作"36 計"；"36 米"，不作"三十六米"。

八、各卷對所收考釋詞條設音序索引，附於卷末，以便檢索。

目　録

序　言 1

第一章　概　論 1

　第一節　飲食概説 1

　第二節　飲食之起源 3

　第三節　飲食之發展 5

　第四節　飲食之稱謂 10

第二章　主食説 17

　第一節　麵餅考 17

　　麵　餅 19

　　餺　飥 36

　　月　餅 41

　　饊　子 42

　第二節　湯餅考 44

　第三節　饅頭考 61

　　饅　頭 62

　　　　包　子 67

　　　　稍　麥 71

　　　　卷　子 72

　　第四節　餃子考 74

　　第五節　餛飩考 79

　　第六節　團圓考 84

　　　　團　圓 85

　　　　元　宵 90

　　第七節　粽子考 93

　　第八節　飯　考 98

　　第九節　粥　考 113

第三章　菜肴説 133

　　第一節　菹虀考 133

　　第二節　醬體考 152

　　第三節　醬物考 172

　　第四節　豉　考 177

　　第五節　鮓　考 186

　　第六節　膾　考 196

　　第七節　脯　考 205

　　　　脯 207

　　　　火　腿 226

　　第八節　醉　考 232

　　第九節　糟　考 238

　　第十節　炙　考 246

　　第十一節　炮　考 260

　　第十二節　胹　考 263

　　　　煮　食 271

　　　　火　鍋 301

第十三節　蒸　考 303

第十四節　豆腐考 319

第十五節　八珍考 330

第四章　雜食説 336

　　第一節　小食考 336

　　第二節　餳鋪考 354

　　第三節　果製品考 367

　　第四節　蜜漬考 382

　　第五節　糕　考 390

第五章　飲料説 405

　　第一節　酒　考 405

　　第二節　茶　考 470

　　第三節　羹　考 503

索　引 529

序　言

　　《中華博物通考》（下稱《通考》）是一部通代史論性的華夏物態文化專著，係"十四五"國家重點出版物出版專項規劃項目，并得到 2020 年度國家出版基金資助。全書共三十六卷，另有附錄一卷，達三千萬字，《飲食卷》即其中的一卷。

　　何謂"飲食"？飲食分稱"飲"與"食"，俗稱"喝"與"吃"，"飲""食"連稱始見於先秦，如《詩·小雅·楚茨》："苾芬孝祀，神嗜飲食。"此"飲食"即今飲食之語源，指吃喝之物。有時或可單稱爲"食"。《漢書·酈食其傳》中即有"王者以民爲天，而民以食爲天"之語。食，指糧米，或徑指飲食；天，猶言依靠或依存。這就是説，帝王以庶民爲依靠，庶民則以飲食爲依靠。是的，飲食是生命存在的先決條件，是社會存在的根本保障，與人類共始終。中華民族創造了悠久燦爛的漁獵文化、農耕文化、木果文化、花卉文化、冠服文化、居處文化、交通文化等等，同時，也創造了豐富多彩的飲食文化。

　　先民由蠻荒的捕魚狩獵，茹毛飲血，到鑽木取火，熟食的出現，再到陶器的廣泛應用，直到今天飲食品加工自動化、機械化的運用，這些足以説明人類的飲食發展與社會的發展、與生產力的發展是同步共進的。飲食作爲一種文化，應是社會文化的最重要組成部分，其內涵包羅萬象。從廣義上講，飲食文化是指一個民族在飲食活動中產生的一些風俗、習慣、行爲、理念、思想，以及由此思想而產生的一切活動。就狹義而言，則包括與具體飲食活動相關的器具、原料、烹飪方法及其製成品等。本卷所涉內容兼及廣、狹兩大方面，而以後者爲主。其中的“器具”部分，依本書體例已劃歸《日用卷》。

中國的飲食文化根植於中國固有的本土文化，同樣博大精深，源遠流長，但迥然不同於西方。何以如此？主要有以下兩大方面原因：

一、雙方所處地理環境不同。中國居於亞洲大陸的東部，土地廣袤，高山、河流縱貫其上，屬於典型的大陸文化；而西方居於大洋之濱，爲海洋所環繞，屬於典型的海洋文化。中國的祖先最早居住於中原黃河流域，這裏土地肥沃，氣候宜人，灌溉方便，因而農業高度發達，人們很早就懂得了稻穀的種植與收穫。發達的農業，使食物的獲取簡單、穩定，規避了風險。所以中國人的主食以稻穀爲主，是低能量的素食。而西方由於上述原因，農業并不發達，而商業興盛。他們的食物主要依靠漁獵或商品交易獲得。漁獵和商業皆有不虞之灾，因此食物的獲得不甚穩定，這就決定了西方人常以高能量的肉食爲主。

二、除不同的地理文化特點之外，中國的飲食還受傳統的哲學、宗教、風俗、習慣、養生等思想的影響，這些因素也決定了中西方飲食文化的不同。如端午節食粽子，粽子本是上古祭祀祖先神靈的貢品，後由楚地傳爲紀念屈原的食品，而成另一種風俗。南朝梁吳均《續齊諧記》曾記述此事：“屈原五月五日投汨羅水，楚人哀之，至此日以竹筒子貯米，投水以祭之。漢建武中，長沙區曲忽見一士人，自云三閭大夫，謂曲曰：‘聞君當見祭，甚善。常年爲蛟龍所竊，今若有惠，當以楝葉塞其上，以綵絲纏之，此二物蛟龍所憚。’曲依其言。今五月五日作粽，並帶楝葉、五花絲，遺風也。”粽子的外形、包裝特點，無不與這一傳說有關，它融入了一種文化的內涵，成爲一種文化的載體。可謂不同的地域文化、不同的風俗習慣造就不同的美食。其次，受中國傳統福、祿、壽思想觀念的影響，人們對幸福的感知甚爲質樸，大多集中在“團團圓圓”“多子多福”“福壽平安”這些思想觀念裏。人們把這些思想觀念融入傳統食品，使這些食品不僅成爲美食，更是美好意願的寄托。如“月餅”寓意“團圓”，“人口粥”“子孫餑餑”寓意“人丁興旺”，有的則直接表示祝願之意，如“壽桃”“長壽麵”等。再如“餛飩”，是南方流傳的一種美食，或名“渾屯”“渾沌”，其名稱、形狀顯係道家“渾沌”思想的影響。唐李匡乂《資暇集》卷下：“餛飩，以其象渾沌之形。不能直書渾沌，而食避之，從食可矣。”清富察敦崇《燕京歲時記·冬至》：“夫餛飩之形有如雞卵，頗似天地渾沌之象，故於冬至日食之。”餛飩用以寓天地相成，天人合一之意。而“神仙粥”“神仙果”之類，則是道教常用養生食品，這些食品多爲素食，絕少肉食。佛家向以“慈悲”爲懷，而“慈悲之要，全生爲重”（見南朝梁沈約《究竟慈悲論》），立爲戒義則是與“不殺生”同義，成爲佛家“五戒”之首（佛家“五戒”指“一不殺生，二不偷盜，三不邪淫，四不妄語，五不飲酒食肉”，見《太平御覽》卷六五八引《毗尼藏經》）。這一理論、觀念，影響廣泛，對於素食之提倡，可謂“功蓋天下”。而國人吃茶飲湯之習，亦經佛家傳播而大盛於世。唐宋禪院中皆廣設“茶寮”，而湯屋則隨意而在。新住持晋山典禮，通常要舉行點茶、點湯的儀式。此外，佛家之“臘八粥”，乃至“文思和尚豆腐”，也久已流入民間，如同“茶”“湯”一樣，至今不衰。據考，《茶經》的作者陸羽，幼年曾被收養於寺廟，與僧人朝夕相處，耳濡目染，漸諳茶道，後終成大家，世稱“茶聖”。

中國飲食承載了中國獨有的地域特色、民族特色，因而決定了其諸多特點。兹分述如下：

一、中國地域廣闊，跨越幾個氣候帶，主食、蔬菜、水果的種類非常豐富。不同的氣候帶食材亦不盡相同，加之不同地域、不同民族，信仰不同，口味不同，飲食習慣不同，食物製作的方法也各不相同，比如南方喜甜，北方喜鹹，西南喜辣，西北喜粗獷，另外又各有蒸、煮、煎、炸等不同的烹飪方法，這就決定了食品的豐富性、多樣性。中國傳統飲食品類實難勝計，大略估計，達數千種之多。

二、中國的美食在製作過程中，十分樂於争勝鬥巧，常是高手如林，因此又具有鮮明的主觀性特點。諸多食品的製作，没有精確量化，没有嚴格的限定。用料用油的多少、火候的掌握、時間的長短等，各隨人意，常藉此以顯身手，分辨高下。這一傳統起源久遠，如《左傳·昭公二十年》記載晏子答“和、同之别”云：“〔齊侯〕曰：‘和與同異乎？’對曰：‘異！和如羹焉：水、火、醯、醢、鹽、梅以烹魚肉，燀之以薪。宰夫和之，齊之以味，濟其不及，以泄其過。君子食之，以平其心。’”羹是一種很普通的食品，但要做好并不容易，亦需巧思妙作，錙銖相計，故君子食之，足可心氣平和。晏子答齊侯“和、同”之語，祇是以“羹”的製作爲例而已，可證先秦之時已頗擅美食製作的技藝。確實，中國食品的製造，極似藝術品的創作，故中國常有烹飪大師之遴選評定。這在世界飲食史上當屬罕見趣事，近世西方亦常效仿。

三、中國食品在發展中如同世界多數國家一樣，經歷過由低到高三個階段，但另有自家的特點，如十分重視食品的醫療價值，在品味美食時又追求食品的品相美等。三個階段兹述如下：（一）溫飽型：對食品的種類、製作、營養没有過多選擇，食品只求滿足於個體生理的需求，上古時期或後世遭遇饑年時期，常常就是如此，無須舉證。（二）保健型：

爲滿足個體身體健康或生理需求，對不同的食品進行選擇、組合或控制，這類食品在先秦已出現。如《周禮·天官》已有"食醫""疾醫""瘍醫""獸醫"之分，"食醫"排於首位，是負責周王飲食的保健醫生，"掌和王之六食、六飲、六膳、百羞、百醬、八珍之齊"。後世更有確切記載，唐孟詵《食療本草》、明高濂《遵生八牋》可視爲這方面的代表作。（三）享受型：食品不僅要味美、有營養，還要有品相美。中國的菜品講究"色、香、味"。"色"就是對菜品的外形、色澤而言，通過菜品的外形、色澤激起人們的食欲，給人一種精神的愉悦和滿足。《周禮·天官》中的"食醫"已授有追求享受的職責。北魏賈思勰《齊民要術·炙法》述及"炙豚"，需"色同琥珀，又類真金"，"鱧魚脯"則需"白如珂雪"，亦早有記載。此外，對食品造型的追求，還表現在食品的雕刻藝術上。此舉至宋代已經成熟，如宋周密《武林舊事·高宗幸張府節次略》"雕花蜜煎一行"中即有"雕花梅毬兒""雕花笋""雕花金橘""雕花薑"，等等。可見中國的飲食製作直接運用了色彩學、雕塑學，這在世界飲食史上當屬絶無僅有。

不過，應該指出，國人中另有貪圖味覺的百代陋習，過度的煎、炒、烹、炸，過度的辛辣作料，顯然不利於營養保存，不利於營養平衡。而追求山珍海味，"吃鮮、吃活"，甚而有"烹狗""濡牛"之舉（見本卷第三章第十二節《胹考》），委實不足稱道。這些陋習有違於"民胞物與"之儒家教義（語出宋張載《西銘》"民，吾同胞；物，吾與也"），"吃鮮、吃活""烹狗""濡牛"，極其殘忍，其惡果少有關注者。《飲食卷》對此類陋習，作爲既往之史實，已予以客觀記載，未作逐一評述。

《飲食卷》可以說是對中國傳統飲食文化的一次系統的探索和總結。此卷收錄了中國由上古至今幾千年的種種飲食，分爲主食、菜肴、雜食、飲料四大門類，品名六千餘，達五十餘萬字。編纂體例嚴謹而明晰，首先進行大類的劃分，即對每一類主食、雜食、飲料等，根據製作材料、做法、樣式的不同進行總體區別。每一大類之下，皆設有若干綜合考釋文字，統領相應的條目。如主食之下可分"湯餅考""饅頭考"等，對本類飲食的特點、製作方法、食品樣式、食物的起源、名稱的由來、歷代的發展、名稱的變化等作一概述。其次，每一類飲食，主條居於統領地位，以時間的先後爲序，此種排序使人們很容易瞭解此類飲食的發展過程。有的主條帶有次條，如"湯餅"類主條"水引"下，又有二十多個次條。主條"水引"則對這類食物的特點、製作方法、名稱由來、發展變化先作一大致陳述，而後次條再逐一考釋。次條的排列也以時間爲序。辨析精細得理。

　　《飲食卷》引徵的史料十分豐富，經、史、子、集、字書、辭書及説部之類，無不涉
獵。關於日常食品類，《詩》《楚辭》中已多有記叙，生動而具體。稍後，《山海經》的出
現，在衆多怪异的描述中，已見食譜的雛形，或曰開食譜的濫觴。如所記"文鰩魚"，"其
音如鸞雞，其味酸甘，食之已狂"（"已狂"，序者按："已，猶言治療；狂，顛症。"）；所
記"當扈"，"其狀如雉，以其髯飛，食之不眴目"（"眴目"，袁珂按："眴目，即瞬目。"
序者按："眴，指眼睛昏花。"）。又如所記"蕡草"，"其狀如葵，其味如蔥，食之已勞"
（"已勞"，郭璞注："謂已憂也。"）；所記"沙棠"，其物"可以禦水，食之使人不溺"（"不
溺"，郭璞注："言體浮輕也。"）。後世形成的一系列以飲食爲主的著作，其中就包括了諸
多食譜。可分爲三大類：（一）專題食説類：漢華佗《食論》、北魏崔浩《食經》、南朝宋
虞悰《食珍録》、南朝梁劉休《食方》、隋謝諷《食經》、宋陳達叟《本心齋疏食譜》（一
名《本心齋蔬食譜》）、宋林洪《山家清供》、元忽思慧《飲膳正要》、元倪瓚《雲林堂飲食
制度集》、明宋公玉《飲食書》、明吴禄《食品集》、明韓奕《易牙遺意》、明周履靖《續易
牙遺意》、清朱彝尊《食憲鴻秘》、清佚名《調鼎集》（原名《童氏食規》或《北硯食單》）、
清袁枚《隨園食單》、清張英《飯有十二合説》、清薛寶辰《素食説略》、清王士雄《隨息
居飲食譜》、清李化楠《醒園録》等；（二）醫藥食療類：《神農本草經》、唐咎殷《食醫心
鑑》（一名《食醫心鏡》）、唐孫思邈《千金要方》、唐孟詵《食療本草》、明李時珍《本草
綱目》、明朱橚《救荒本草》、明寧源《食鑑本草》、明姚可成《食物本草》（明代同名《食
物本草》計有五六種，此書爲集大成者）、明蘭茂《滇南本草》、清章穆《調疾飲食辯》
等；（三）方志、類書、雜記類：三國吴沈瑩《臨海异物志》、晋張華《博物志》、唐陸廣
微《吴地記》、宋高承《事物紀原》、宋陶穀《清异録》、元佚名《居家必用事類全集》、明
高濂《遵生八牋》、明宋詡《宋氏養生部》、清李漁《閑情偶寄》、清屈大均《廣東新語》、
清曹廷棟《老老恒言》等。歷代飲食類著述，實難勝計。作者面對浩博文獻，辨析精當，
時有灼見，殊爲難得。

　　本卷共分五章。第一章概論，下設飲食概説、飲食之起源、飲食之發展、飲食之稱
謂，共四節，這是全卷的總綱，藉此可以瞭解中華飲食的淵源及其概貌。第二章爲主食
説，第三章爲菜肴説，第四章爲雜食説，第五章爲飲料説。落落分明，又甚爲細密。如將
國人熟知的主食分作麵餅、湯餅、饅頭、餃子、餛飩、團圓（指球狀麵食）、粽子、飯、
粥，應有盡有；菜肴又分作菹韲、醬腌、豉、鮓、膾、脯、醉、糟、炙、炮、腸、蒸，這

些多是依據菜肴的製作方法分類，作者猶感不足，於是又增豆腐、八珍兩類著名的特定菜肴，另加闡發。這種精到而明確的飲食分類，頗具真知灼見。

本卷遵從全書編纂宗旨，甚重博物淵源與流變的考辨，同時也注重其得名由來的探索。如"餛飩"，作有以下考辨、探索：

餛飩：麵食之一種。皮薄，寬邊，包餡，多煮食，亦可籠蒸油煎。餛飩的起源，舊説晉代"石崇作餛飩"（明張岱《夜航船·日用·飲食》），當不確。漢代文獻已見記載，稱"餅""飩""餦""餛"。《方言》第一三："餅謂之飥，或謂之餦、餛。"郭璞注："餦、餛，長渾兩音。"錢繹箋疏："竊謂《方言》'餅謂之飥'，'飥'字即'飩'之訛。注音'毛'，乃'屯'之訛。宋本作'託'者，又後人以正文既誤作'飥'，遂改'屯'爲'託'。"宋程大昌《演繁露·餛飩》："世言餛飩是虜中渾氏屯氏爲之。案，《方言》'餅謂之飥，或謂之餦，或謂之餛'，則其來久矣，非出胡虜也。"《格致鏡原》卷二五所引同此，但"飥"正作"飩"。餛飩之得名，約有三説。其一，外族"渾氏屯氏"爲之，遂以姓氏爲名（見上引《演繁露》）。其二，形如鷄卵，似天地混沌未開之象，因名。唐李匡乂《資暇集》卷下："餛飩，以其象渾沌之形。"清富察敦崇《燕京歲時記·冬至》："夫餛飩之形有如鷄卵，頗似天地渾沌之象，故於冬至日食之。"其三，餛飩爲大而無形、合和無孔之狀，因以爲名。清錢繹《方言箋疏》："《衆經音義》卷十二引《通俗文》云：'大而無形曰焜忳。'《莊子·帝王篇》釋文引崔譔云：'渾沌，無孔竅也。'簡文云：'混沌以合和爲貌。'《西山經》：'天山有神焉，六足四翼，混敦無面目。'又，《史記正義》引《神異經》云：'昆侖西有獸焉'，'有目而不見，有兩耳而不聞，有腹無五藏，有腸直短食經過，名混沌'。義並與'餛飩'相近。蓋'餛飩'疊韻爲形容之辭。"諸説不一，後二説似較近正。（見第二章第五節"餛飩考"）

而作爲"餛飩"的異名別稱之類達三十餘種，各有書證，逐一對應。"餛飩"的起源與流變的考辨，及其得名由來的探索，全面而周嚴，迥別於《辭源》《辭海》及《漢語大詞典》，可謂大有建樹。

另有冷僻的小食"連展"，常人難知其爲何物，《辭源》《辭海》皆失於收録，唯《漢語大詞典·辵部》有釋文："連展：麥餌；麵條。宋陸游《鄉曲》詩：'拭盤堆連展，洗釜煮黎祁。'自注：'淮人以名麥餌。'清王士禎《池北偶談·談藝三·唐詩字音》：'今山東製新麥作條食之，謂之連展。連讀如輦。'清吳振棫《麥賤》詩：'重羅白勝雪，連展甘若飴。'"

本卷收録"連展"，釋文如下：

連展：小食。農曆四月，村民取新熟麥穗煮熟，除去皮芒，碾成細條或作成餅餌，取嘗新穀之義。宋代已見。因麥粒不斷延展而成，故名"連展"。亦稱"麥餌"。宋陸游《鄰曲》詩："拭盤堆連展，洗甂煮黎祁。"自注："淮人以名麥餌。"明代"連展"音訛作"稔轉"。稔，穀熟；轉，麥粒碾壓時滾動，故名。《明宮史·火集》："〔四月〕取新麥穗煮熟，剝去芒殼，磨成細條食之，名曰稔轉，以嘗此歲五穀新味之始也。"清代亦稱"碾轉""撻轉""碾飴"，蓋皆"連展"之音轉。《醒世姻緣傳》第三六回："待了一月，沈裁的婆子拿了一盒櫻桃、半盒子碾轉、半盒子菀豆，來看晁夫人。"清潘榮陛《帝京歲時紀勝·五月·時品》："麥青作撻轉，麥仁煮肉粥。"清王士禎《池北偶談·談藝三·唐詩字音》："今山東製新麥作條食之，謂之連展，連讀如輦。"清吳振棫《養吉齋叢録》卷二四："碾飴、榆錢餅，北方民間常食之。宮中亦每以進供。乾隆間有御製詩……詩云'碾飴本連展，詩見陸家游'。"又《麥賤》詩："重羅白勝雪，連展甘若飴。"按，今南北方多有"吃新節""嘗新節"，取新熟稻麥米穀祀神祭祖及品嘗，此實《禮記·月令》"〔孟秋之月〕農乃登穀，天子嘗新，先薦寢廟"之遺風。（見第四章第一節"小食考"）

正文之後，又逐一列出"連展"的名稱變化：

麥餌：即連展。此稱宋代已行用。見該文。

稔轉："連展"之音轉。此稱明代已行用。見該文。

碾轉："連展"之音轉。此稱清代已行用。見該文。

撻轉："連展"之音轉。此稱清代已行用。見該文。

碾飴："連展"之音轉。此稱清代已行用。見該文。

"連展"之釋文，探源逐流，別開生面，在海内外尚未見雷同者（包括日本著名的《大漢和辭典》），可證作者的功力所在。

本卷如同全書一樣，力求汲取最新的研究成果。如古籍記載的"酒"，如繁星麗天，歷朝歷代，天南海北，名品輩出，辨其優劣，別其早晚，實屬不易。對此，本卷有相應的論斷，試看下文：

景芝酒：名酒。因産於山東安丘景芝鎮而得名。此酒經歷了中國製酒史上的果酒、黃酒、燒酒的各個釀造階段，由多色而轉變爲無色透明。其産地又始終沒有變化，沒有新豐酒同名異地之別，也沒有蘭陵酒南北發明權之爭，因而該酒乃中國唯一的時、地明確又與史同進的最古老的美酒。1957 年山東省文物管理處在景芝鎮南發掘出一系列釀酒、盛酒、貯酒、飲酒陶器，特別是震驚中外的蛋殼黑陶高柄酒杯的出土，表明了在四千八百年至四千五百年前的大汶口文化晚期，此地已有先進的製陶業，釀酒技術已臻成熟；也表明了此地農業發達，纔有餘糧用於釀酒。這裏有其獨具的天然條件，在景芝境内，濰水（俗稱"淮河"）、渠水、浯水三條河流在鎮北匯合，頗便農田灌溉，而特殊的甘甜水質，大益造酒，易地則不備。浯水上游，多股山泉匯聚一脉，滔滔入鎮，引流釀酒，酒質尤佳。更爲奇特者，景芝廠内古松之下有一古井，井内有永不枯竭的釀酒妙水，酒之上上品則必取自古井。1968 年春，景芝鎮東十八里的前凉臺村發現了漢代畫像石，上刻釀酒的全過程。畫面展現的是一個大規模的釀酒作坊，釀造所需諸種器具，一應俱全。而作爲烹飪用品，除却牛、羊、豬、鷄、鵝等等之外，室内的大盆中尚有待殺的活魚，橫梁上則懸挂有風乾待用的大小魚串。有如此豐富的魚品，可知此一釀酒作坊必定地處大河之濱，而這正是今景芝鎮獨具的地理特徵。畫面中另一醒目處就是設有護欄，護欄上方築有類似風雨亭般的大井。井旁有人拉緊繩索，繩索滑過"風雨亭"的正上方，以滑輪的形式在汲取井水。可見這一釀酒作坊所用水爲井水，這就令人聯想到今景芝酒廠中的那口古井。……這一畫像石可證早在漢代景芝酒已經大量生產。景芝白酒至遲產生於北宋時期。它以高粱爲原料，酒液透明，乃中國最早的蒸餾酒。……蘇軾在密州時所飲之酒，即高粱釀造的白酒。宋時之密州，即今之諸城。其地緊鄰景芝酒原產地……故當代學者在《蘇軾論》中設有《蘇東坡與景芝酒》之專章，列有九大論據，言之鑿鑿，已爲學界所公認（參閱朱靖華《蘇軾論》中的《蘇東坡與景芝酒》，京華出版社 1997 年版）。由此可見，景芝白酒到現在應有千年的歷史了。（見第五章第一節"酒考"）

對於文獻中没有記載的博物，憑藉現代考古發現者，本卷如同全書一樣，尤爲重視，"賈湖城酒"的考證即可作爲代表。

1979 年秋，河南漯河市舞陽縣賈湖遺址出土了一批新石器時代的器物，隸屬早期裴李崗文化時期。……發掘的器物中，在十六個陶器碎片上，疑有酒的沉澱物。自 1999 年始，中方將部分陶片樣本交由美國專家，以求協助化驗。2004 年冬……這項古酒研究成果，發表在美國《國家科學院學報》上，確認了出土的陶器碎片中，存有九千年前古酒殘漬并破解了其釀製配方。其主要成分爲大米、蜂蜜、葡萄和山楂，這同現代米酒和葡萄酒非常相似。不久，此配方交由美國特拉華州"角鯊頭"釀酒廠如法炮製。該廠素以口味獨特、包

裝前衛著稱。2007 年初，該廠試製成功，將此酒定名爲"賈湖城酒"，并搶先注册，成爲
"按正宗古法釀製"的現代啤酒，酒精純度爲百分之八。在釀製過程中，該廠遵循美國釀
酒法律，加入了大麥芽，爲了確保"賈湖城酒"的原汁原味，在發酵時便將大麥芽氣味大
多抽掉。"賈湖城酒"既甜且辣，味道獨特，喝過唇齒留香。每瓶容積爲 750 毫升，售價
12 美元。該啤酒瓶的包裝由美國著名藝術家麥克佛森設計，畫面中央是一名手持酒杯的裸
背中國現代美女，該美女臀部正上方赫然標有一個隸書"酒"字，充滿濃郁的東方情調。
同時，"角鯊頭"之上屬公司在紐約召開了一場"賈湖城酒"品嘗會，引起巨大反響。（見
第五章第一節"酒考"）

　　諸如此類取自考古發現的條目，俯拾皆是，不再舉證。

　　本卷設定的飲食關涉中國傳統哲學、宗教、風俗、習慣、養生，乃至於中外文化交流
等多種領域，故而不僅對於飲食研究者、飲食愛好者大有裨益，對於廣大中國傳統文化研
究者而言，無疑也具有參考價值。

　　此書稿先由河北師範大學文學院張標教授率其同人奠定基礎，架定棟梁，其後經由山
東師範大學李丹博、侯桂運博士審校而益見光彩。張先生對於李、侯二君十分信任，展現
了開闊的學術襟懷。李、侯二君對於張先生則十分敬重，視原文如經典，未敢輒申己意，
或有改動，必再三斟酌，確認爲偶失而落筆，存疑之説，必加按語，最後由張先生的弟子
李紅霞博士重新審校定稿。今書稿行將付梓，轉瞬已届三十載。一部書稿，兩代學人，前
後賡繼，終成名山大業。

　　筆者三生有幸，蒙蒼天賜以如是磊落大度的學術團隊，得展生平之志。今又幸得上海
交通大學出版社領導及各界朋友鼎力支持，將《通考》順利納入國家出版基金項目中。但
大出所料，本卷主編張標教授却溘然長逝，令人悲痛不已！今藉本書行將付梓之機緣，特
向支持本書的所有支持者致以崇高的敬意，并告慰本卷主編張標教授在天之靈！

　　意猶難盡，權以爲序。

張述錚

　　　　　　太歲閼逢著雍桂月中浣於山東師範大學映月亭初稿
　　　　　　太歲上章困敦臘月下浣於歷下龍泉山莊東籬齋定稿

第一章 概 論

第一節 飲食概說

飲食之重要，先哲早已言之，"民以食爲天"（《漢書·酈食其傳》），"飲食男女，人之大欲存焉"（《禮記·禮運》）。飲食與人類之淵源，肇始於人類成爲人類之前，人類最終也創造了輝煌燦爛的飲食文化。中華文明源遠流長，其特色之一，正在於豐富多彩的飲食文化。

"飲"與"食"，二者有別。作爲動詞，飲（歙）指喝，即《説文·歙部》"歙，歠也"。食指吃，即《古今韻會舉要·入職》引《增韻》"食，茹也，啗也"。作爲名詞，飲指所喝之物，食指所吃之物。"飲"與"食"又密切相關。從動詞角度看，"飲"與"食"動作的發出者都是人本身，都使用共同的器官——口；從名詞角度看，"飲"與"食"的物件——食品，沒有本質的區別，僅有液態、固態之分，不論哪種食品，又都含有營養與熱量，以滿足人的生理需求，使人體各器官都能正常運轉。"飲"與"食"這種既對立又統一的關係使二者共處一體。早在先秦，"飲食"一詞即已出現。《書·酒誥》："爾乃飲食醉飽。"此飲食爲動詞，指吃喝。《詩·小雅·楚茨》："苾芬孝祀，神嗜飲食。"此爲名詞，指吃喝的對象。

　　人類的飲食活動始自荒古。其初是采摘果蓏，捕捉魚獸，生吞活剝，茹毛飲血；後來學會利用自然火，進而鑽燧取火，遂有燔石、石烹出現。其後人類逐步掌握了製陶、用陶技術，從此告別了生食習俗，而步入半熟食、全熟食階段。考古發掘證實，遠在四五十萬年以前的中國猿人已知道用火，五萬年前的山頂洞人已知道人工取火，在公元前七八千年前的新石器時代，人們已能製作陶器。伴隨着生產力的發展與人類文明的進步，烹飪亦應運而生。可以説，人類飲食文化生活的序幕至此全部拉開。

　　飲食文化內涵包羅萬象，牽涉衆多方面。大致説來，有以下數端：

　　① 燃料。由草木、牲畜乾燥的糞便到煤炭、天然氣體（沼氣、煤氣），再到電、太陽能等。

　　② 器具。竈具，陶竈、磚竈、石竈、金屬竈、微波爐等；炊具，鼎、鬲、釜、甗及鐵鍋、鋁鍋、高壓鍋、電飯煲等；餐具；茶酒具及其他。

　　③ 原料。植物性米、麵、蔬、果，動物性魚、肉、禽、蟲、蛋等，及其他土特産。

　　④ 調料。

　　⑤ 食物。主食，米飯、麵點及餛飩、元宵、粽子、麵包等；副食，冷熱菜肴；小吃雜食及飲料等。

　　⑥ 烹飪技法。

　　⑦ 飲食專著。

　　本卷遵循全書以物態文化爲研究物件之宗旨，不對飲食文化的全部內容作出剖析，僅對飲食主體“食物”本身加以考求；主體外相關內容，多另有歸屬，如“器具”歸本書《日用卷》，“原料”分別歸《獸畜》《禽鳥》《水族》《穀蔬》《木果》等卷。其餘如“烹飪技法”“飲食專著”等則依附、貫穿於各食目之中，不設專章，不立專條，隨文闡釋，重在實用。

　　主體部分別爲主食、菜肴、雜食、飲料四門。每門之中，復部居類彙，經以時代，緯以食目。時代、類別相同者，則以筆畫多寡爲次；筆畫同者，則以橫、豎、撇、點、折爲次；第一字全同者，則以第二字之筆畫、筆形爲次。

　　主體四門中之前三門爲“食”，後一門爲“飲”，簡稱之爲“飲食”，弃用“食物”之名。

本卷在對飲食源流考辨時，於飲食之起源、發展演變及食物之名目稱謂多所留意，略有思索，綜述於下。

第二節　飲食之起源

我國古籍中多將飲食的初創歸於某個人。如燧人氏始修火食、作醴酪、作脯、作莪，神農氏始教民食穀、作油、作炒米，黃帝作炙、作羹、作菹、作蒸飯、作粥，少昊作鎏，成湯作醓，周公作醬，公劉作餳，儀狄作酒，等等。對這些記載應有科學的認識和正確的評價。

首先，這類記載都過於簡略，多爲片言隻語，缺乏必要的說明。或創物者世系不明晰，或所處時代不確切，或所創物衆說不一，彼此矛盾。其次，一種獨具特色、被社會公認的食物的出現，離不開時日的積纍及衆人的參與、實踐，在這個意義上，可以說衆人是飲食的品嘗者，也是飲食的創造者。某位杰出人物可能在某種飲食的創製中發揮過他人不可比擬的作用，或作出過他人無法作出的貢獻，於是便把發明權歸於他。這樣做雖然不無道理，但并不公正，有違實際。因爲早在杰出人物出現之前，無名的芸芸衆生已在默默地探索，沒有他們的實踐與經驗，杰出人物很難有所成就。將某一飲食之物的創製歸功於一人的做法雖不無可取之處，但顯然帶有很大的片面性。因而對古代這類傳說、記載不能全盤否定，也不能貿然相信，應當采取分析的態度，吸取其合理成分或因素。

研究飲食起源，文獻記載之外，還有不容忽視的重要途徑。今擇其要者，謹述如次：

考古發掘可以提供豐富、真實、生動的實物、圖像、文字等資料，幫助我們科學地認識、探索飲食的起源，糾正文獻中不合理或錯誤的說法。舊說燧人氏始修火食，其實講的是人工取火；而此前尚有漫長的保存、使用天然火的歷史。“我國從二百五十萬年前的元謀人遺址，到六七十萬年前的北京人遺址，都留有控制自然火的印記。元謀人遺址的地層裏，炭屑分布的厚度約有三公尺；北京人遺址的炭屑和灰燼更多，有的成堆，有的成層，有一處灰燼層，厚達六公尺。在這兩個遺址的地層中，除了炭屑和灰燼，還有燒骨、石器和許多動物化石共存。這兩個遺址相當於考古學的舊石器時代前期和中期。我國屬於這一時期的人類遺址，就目前所發現的，已遍及西南、西北、華北、東北、華中、華南各個地區。利用自然火，是人類第一次能源革命的開端。"（林乃燊《中國飲食文化》第一章，上海人民出版社 1989 年版，第 3 頁）根據這一考古成果，可知人類火食的開端應溯至舊石器時代前期，《古史考》中所謂先民"加米於燒石之上而食之"，所反映的當是早期火食的情景。又如，舊説儀狄、杜康作酒，二人皆處夏代，距今僅四千年左右。或説黃帝作酒（晉江統《酒誥》），距今約五千年左右。而考古工作者在距今約八千年左右的新石器時代遺址——陝西臨潼白家村出土了釀酒工具"濾缸"，這就將人工釀酒的歷史又提前約三千年。

出土的畫像、文字資料同樣是極其珍貴的。火鍋的起源，舊無定説。或説源自漢代"刁斗"，或説源自南北朝時西南夷之"銅爨"，或説即唐白居易詩中之"紅泥小火爐"。20世紀 80 年代在内蒙古昭烏達盟敖漢旗遼代墓葬中出土的壁畫中就有數人圍坐食火鍋圖，無疑爲這場爭論提供了令人信服的證據，説明至遲在遼代少數民族生活中已行用火鍋。漢字在圖形基礎上發展起來，它已經有了數千年的歷史。每一個古文字都記錄及反映了一定的古代社會生活，對研究食物起源亦具有重要參考價值。19 世紀後半葉在河南安陽出土的甲骨文字雖然是商代中晚期的占卜記錄，但無疑是我們迄今所能見到的最古老的文字與文獻；就文字而言，其創製時代自然還要遠，因而它往往具有一般文獻所不能具有的特别的説服力。甲骨文中所記商代農作物已有禾、黍、稷（或粱）、秬、來（或麥）等多種（陳夢家《殷虚卜辭綜述》第一六章，中華書局 1988 年版，第 523—559 頁），所記動物已有牛、羊、豕、犬、兔、虎、魚等多種，烹飪用器物有鼎、鬲、甗、豆、皿、卣、爵、段等，酒名有"酉""鬯"等，還有不少鼎中煮隹（鳥）、米或其他物品的合體象形字。這些無疑對飲食乃至物源探討，具有重要的價值。

特别需要一提的是東漢許慎的《説文》一書。該書成於漢代，但所記錄的都是古文字，又專門通過分析造字結構來探求造字本義，有些文字又是甲骨文、金文所未見者，因而該書在物源探討上的地位及意義是不難想見的。僅就飲食之源而言，如甲、金文皆不見"羹"字，而許書則既載字形，又貼切地訓釋了字義。"羹"之古字作"鬻"，"鬲"爲煮器，"羔"爲被煮物，"弜"似蒸騰上浮之熱氣。該字之結構形象地説明先民煮羹情況，用於説明羹之起源，自然有很强的説服力。

第三節 飲食之發展

飲食，作爲一種生活必需品，其存在與發展，同社會生産力、政治、經濟密切相關。生産力發展，國力强大，經濟繁榮，社會安定團結，對外開放交流，民族融洽和睦，往往會推動飲食的發展，反之則停滯、萎縮。

西漢時，高度統一、富强的封建帝國在域外交流上表現出高度主動性。張騫出使西域的成功，除政治、外交、軍事意義之外，還擴大了經濟、飲食文化的交流。在"絲綢之路"上，先後傳入中土的植物有苜蓿、蒲桃（即葡萄，或説本土原有——近發現野生葡萄）、無花果、石榴、胡桃、黃瓜、大蒜、芫荽、胡麻（芝麻）、西瓜（或甜瓜）等，"製麵"之法據説也在此時傳入。唐代的開放，有葡萄酒製法自西域輸入，熬糖法自印度中部摩揭陀國輸入（按，或説熬糖法本爲我國創造）。明代的開放，則有鳳梨、辣椒、番茄、洋山芋（土豆）、玉米、花生、葵花子等自南美洲輸入（楊文騏《中國飲食文化和食品工業發展簡史》，中國展望出版社 1983 年版）。所有這些，自然促成我國飲饌食品的豐富、發展。

北宋結束了五代十國的割據局面後，實行休養生息政策，出現了經濟興盛、政局穩定的態勢，作爲全國政治、經濟、文化中心的都城汴梁更是空前繁榮。南宋偏安的百餘年間，由於沒有兵燹之亂，城市經濟活躍，都城臨安出現畸形繁榮。據宋孟元老《東京夢華錄》、灌圃耐得翁《都城紀勝》、西湖老人《西湖老人繁勝錄》、吳自牧《夢粱錄》、周密《武林舊事》等五書的描繪，當時二都人口劇增，車水馬龍，百業興旺，餐館林立。在飲食業中，主食、菜肴、小吃雜食、飲料品類之多，名目之繁，數量之衆，在歷代都是罕見的。這一事實説明，社會穩定、經濟發達是飲食業發展的前提和保證。

我國是多民族國家，各民族之間的接觸、交流、融合也是促成飲食發展的重要因素。産生於公元 6 世紀的《齊民要術》是偉大的農書，也是第一部詳備的飲饌專書。該書不僅記載中原地區的食品、製法，也記載少數民族的食目、製法，如"羌煮""胡炮肉""胡羹""胡飯"等，還記載南方風味食品，如吳中"杭子"（腌鹹鴨卵）、"蓴羹"，長沙"蒲鮓""蜀芥菹"等。元太醫忽思慧是回族人（一説蒙古族人），於天曆三年（1330）完成的《飲膳正要》中把漢族、維吾爾族（古稱"畏兀兒"等）、回族、蒙古族（古稱"瓦剌"等）食品熔於一爐，逐一介紹。同一時代出現的《居家必用事類全集》在"飲食類"中單出"回回食品"一目，與漢族各食目并列。清代的"滿漢全席"則集兩族食品於一席，至今海內外大酒樓猶相承辦。這一事實説明，兄弟民族間的交流、借鑒，取長補短，促進了飲食的發展。

宗教、民俗、醫療等也推動飲食發展。

道教源自黃老之説及巫術，倡輕身、辟穀、不食人間烟火、多食水果。漢代出現之"胡麻飯"，南北朝時出現的"青精乾石𩜺飯"，即道家所服食者，用以益壽養顏，對後代影響很大。明代佛教甚至規定四月八日製此供佛（明李時珍《本草綱目·穀四·青精乾石𩜺飯》）。重陽節飲菊花酒本始自漢代宮廷，後道家以爲此日登高、飲酒可消灾彌禍，遂使此習相沿至今。年關祭竈，始自先秦。《禮記·禮器》："夫奥者，老婦之祭也，盛於盆，尊於瓶。"漢鄭玄注："奥……或作'竈'。"後來道家謂竈神上天"白人罪狀"（晋葛洪《抱朴子·微旨》），於是自南北朝始，年關歲尾以膠牙餳、南糖、糖瓜、糖果等祭祀，以此粘竈神之牙，阻其返天庭時向玉皇言是非。此風亦流傳至今。

佛教於東漢時傳入我國，其於飲食之影響，要有三端。其一，禁酒肉葷腥，倡素食，推動素食發展。北魏賈思勰《齊民要術》、元佚名《居家必用事類全集·飲食類》都專設《素食》部分，清薛寶辰《素食説略》則載一百七十餘種素食。此外，宋林洪《山家清供》、陳達叟《本心齋疏食譜》亦皆載素食。到清代，素食已形成寺院素食、宮廷素食、民間素食三大派系，它們以精妙多樣、形象逼真、色彩悦目被人稱道。其二，"臘八粥"的製作。據傳佛祖釋迦牟尼於臘月初八成佛，於是自宋代始，僧衆於此日誦經食粥敬佛，稱之爲"臘八粥"（宋吳自牧《夢粱録》）。此風亦流傳至今。其三，推動茶道、茶飲發展。佛門與茶有不解之緣。寺院附近宜於種茶，製茶可以自用及饋贈各路香客，品茶又利於參禪修煉、清心寡欲、延年益壽，休閑兼享受。"茶聖"陸羽的童年即在佛寺中度過。唐釋皎然《飲茶歌誚崔石使君》詩盛贊茶飲之妙。當時另一僧人志崇將茶分爲三品，上等"紫茸香"供佛，下等"萱草帶"自飲，中等"驚雷莢"待客（唐馮贄《雲仙雜記》）。佛門種茶、采製、評品、服飲之全套活動自然波及俗間。

伊斯蘭教於唐代始傳入我國，孕育成獨具特色的清真糕點與菜肴。據説北京以涮羊肉著稱的"東來順"、以烤牛肉著稱的"烤肉宛"、以醬牛羊肉著稱的"月盛齋"皆爲伊斯蘭教教徒開設。西北的烤羊肉串、羊肉泡饃，南京板鴨等也俱由伊斯蘭教民創製。

天主教於元代始傳入我國，對我國飲食亦有影響。清代閩地信此教者頗多，教民用葡萄仿造西洋葡萄酒以祀天主，稱"天酒"。

民俗，主要指圍繞歲時、慶典、祭祀等出現的社會性活動。這種活動，通常伴以具有一定寓意的美食、風味食品來表達情懷，增添樂趣，在一定程度上也促進飲食發展。其流傳久、影響大者，如始自漢代之重陽節飲酒、食糕餌，始自晉代之端午節食角黍（即粽子），始自宋代之慶誕辰食"生日湯餅"（即長壽麵）、元宵節食"浮圓子"，始自明代之中秋節食月餅、初一食"餛飩"（餃子）等。由於我國歷史久遠、地域遼闊、民族衆多，因而民俗活動呈現紛繁交錯的局面，經常出現同一歲時、慶典、祭祀，由於時代、方地、民族或群體的差异而飲食變化不一，寓意亦不盡相同。然而其目的則完全相同，即令飲饌精美豐盛，超過尋常時日，因而往往具有獨特魅力。

醫療、飲食，孿生兄弟，故有"藥食同源"説。食而兼藥，藥出以食，亦食亦藥，藥食、食療的結合推動飲食由消極的解飢到積極的强身養生，促成"藥膳"、衛生食品、營養食品、保健食品的産生。自先秦開始，在酒、羹、飯、粥、餅、菹、膾、豉、果等方面陸續出現了食療結合的新型食品。時代早者，藥酒有古本《山海經》之"櫝酒"、漢代之"桑椹酒"，藥羹有漢代之"當歸生薑羊肉湯"、南北朝之"黑雌鷄羹"，藥飯有漢代之"胡麻飯"、南北朝之"青精乾石餌飯"，藥粥有南北朝之"榆仁粥"等。到唐代，食療、食治已成醫學上之專科，此後醫著、食著中都不乏對食物屬性、功用的介紹及大量藥膳方，如明李時珍《本草綱目》中列出的藥酒、藥粥各有數十種，清黃雲鵠《粥譜》所列藥粥達數百種。醫療對飲食的影響亦表現於食物配伍與禁忌，同食物的衛生、營養亦關係密切。《禮記‧內則》已有具體食物搭配、禁忌的記載，《漢書‧藝文志》載《神農黃帝食禁》七卷，唐孫思邈《千金食治》載食禁四十八條，元賈銘《飲食須知》蓋集大成者。食物中"鮓"的消亡、"膾"的萎縮，皆與多食致病相關。

個人因素亦能推動飲食發展。

個人飲饌著述，一經面世，往往爲當代、後代所借鑒。此類著述約有三類。其一，食單、食譜類。或僅載食目，或食目、製法皆具，後者彌足珍貴。要者如《禮記》《楚辭》、馬王堆漢墓竹簡等有關部分及《齊民要術》《膳夫經手錄》《茶經》《山家清供》《吳氏中饋錄》《雲林堂飲食制度集》《居家必用事類全集》《易牙遺意》《遵生八牋》《食憲鴻秘》《養小錄》《醒園錄》《隨園食單》《素食説略》《閑情偶寄‧飲饌部》等。其二，食療著述。要者如《神農本草經》《肘後方》《名醫別錄》《千金食治》《食療本草》《飲膳正要》《本草綱目》

等。其三，飲食典故，散見於史乘、雜記、方志、類書中，要者如《博物志》《續齊諧記》《酉陽雜俎》《清異錄》《桂海虞衡志》《廣東新語》《清稗類鈔·飲食類》等。

名庖名厨所製美饌佳肴，常常風靡一時一地，甚至飲譽海內，名垂後世。要者如漢婁護之"五侯鯖"，南北朝劉白墮之"桑落酒"，唐代"蕭家餛飩"，五代之"南和刁酒"，宋代之"宋五嫂魚羹""江州岳府醃魚"，清代之"蕭美人點心""文思和尚豆腐""雙虹樓燒餅"等。與此相關，地方風味特色食品亦往往具此效應。如戰國之"吳羹"，南北朝之"長沙蒲鮓"，宋代之"金山寺豆豉""金華火腿"，清代之"淮餃""紹興醬茄""泰州醉蟹""松門台鮝""滿洲餑餑"等。名士、名人、名門、名著，或仰慕某食，或手創某食，或恒服某食，或描繪某食，往往在社會上造成巨大影響，爲眾人所取法。如晋張翰思慕之"蒓羹鱸膾"，蘇軾手製之"真一酒""東坡羹"，清李漁自製之"五香麵""八珍麵"，孔府之食飲，杜甫、陸游詩歌及《金瓶梅詞話》《紅樓夢》等著作中之食飲等。

食物本身即存在着促使其發展之動力、因素。

"食不厭精"，精美、精細、精緻、精巧一直是人們追求的目標。具體説來，表現爲五。其一，求美味。美味，商代烹飪大師伊尹稱"至味"的標準是"甘而不噥，酸而不酷，鹹而不減，辛而不烈，澹而不薄，肥而不膩"（《吕氏春秋·本味》）。清袁枚亦云："味要濃厚，不可油膩；味要清鮮，不可淡薄。"（《隨園食單·須知單》）其二，求美色。美好色澤宜於觀瞻，刺激食欲。北魏賈思勰《齊民要術·炙法》言"炙豚"要達到"色同琥珀，又類真金"，《脯臘》言"作鱧魚脯"要達到"白如珂雪"。其三，求美形。《管子·侈靡》已言及"雕卵"。此類雕刻到宋代已成系列食品，如"蜜煎雕花""雕花梅毬兒""雕花笋""雕花紅團兒""雕花金橘""雕花薑"等。宋代麵塑也很可觀，如"像生花朵"之"蓼花""蒭花""巧花兒""芙蓉葉"等，"像生果實"之"仙桃""子母仙桃""壽桃"等，小兒食品之"米食羊兒、狗兒、蹄兒"以及"果食將軍""眠羊卧鹿""獅蠻""壽帶龜""子母龜"等。清代揚州之"大觀樓"，亦此屬。其四，求清潔。如此方能適目，不致病。清李漁言及"蔬食之美"有"清""潔""芳馥""鬆脆"四個標準，其中"潔"即指清潔（《閑情偶寄》）。袁枚講到要使菜肴清潔則良庖要"先多磨刀，多換布（抹布），多刮板，多洗手，然後治菜"。又，"至於口吸之烟灰、頭上之汗汁、竈上之蠅蟻、鍋上之烟煤，一沾入菜中，雖絶好烹庖，如子蒙不潔，人皆掩鼻而過之矣"（《隨園食單·須知單》）。其五，求營養。所謂營養滋補，非必山珍海味，而是指不無故消耗原料本身之養分。爲此原料要新鮮，不霉變；烹調要合理，不生亦不爛；搭配要恰當，互益而不相妨；要適量加入補品。

食物間之相互比較、影響也能促進食物發展。各種食品有界限、有區別，也有關聯，在對比中存在，優勢互補，劣處同避，不斷發展。羹，可以看作粥糜與菜肴等結合之産物，而饅頭（初時帶餡者）、餃子、餛飩、包子、稍麥則可看作麵點與肉餡等結合之産物。同樣是烹煮食物，先秦以迄明清使用的烹飪稱謂有"胹"、"亨"（烹）、"黏""刨""濯"、"腤""脏""瀹""煮""燠"（奥、腜、燷、烺、爁）、"熬""焐""煠"（煤）、"炖"（燉、頓）、"煨"、"燜"（悶）、"燴"（膾、會）、"爨"（爤、攛、汆）等，其共同特徵均爲煮，但又有細微差別。當其與原料結合製取菜肴後，口味自亦不同（參見本卷《菜肴説·胹考》）。

食物發展的形式表現爲由粗而精，由合而分。二者相承相生，"粗"時即"合"時，"精"時即"分"時。如粥，先秦時區分很粗略，僅有稀稠厚薄之分，稀薄者稱"粥"或"酏"，厚稠者稱"饘"或"糜"。漢代開始以主料區分，出現"豆粥""米粥"等名目。魏晉南北朝再進一步以性能區分，已有食粥、藥粥兩類。食粥如"大麥粥""杏仁粥""杏酪粥""粟粥"等，藥粥如"榆仁粥"。唐代以後，藥粥發展勢頭甚猛。明高濂《遵生八牋·飲饌服食牋》以記食粥爲主，有六十多種，而清黃雲鵠《粥譜》所記藥粥則達二百餘種。

當主流區分爲支流後，支流復派生出更小的毛流。先秦時"餅"指一切麵食，後分化爲麵餅、湯餅（麵條類）、蒸餅（饅頭）、餛飩、湯糰（或"湯團"）等類。湯餅中又分爲"水引"（麵條）、"餺飥"（麵片）、"切麵粥"（餺子）、"䴺麵"（麵疙瘩）等。毛流又派生出更細小之縷流。如"餺飥"又有"萊菔餺飥""玲瓏餺飥""山芋餺飥"等。

食物的發展，也表現爲一種由低而高、由此及彼的變換演進過程。如"膾"，初爲生食，後來亦得熟食；初爲濕態，不便存放，遂有乾膾出現；初以魚肉等動物性主體肉爲之，成品爲固態，後魚鱗、肉皮及植物性瓊芝亦得爲之，成實爲液態，凝凍成固態（古稱"水晶膾"）；膾本菜肴，後麵點亦有模仿製作者（時稱"假魚膾"）。推尋"膾"之發展流變，看似龐雜，實則軌迹明晰，存有必然。

及至現當代，科學技術飛速前進，日新月異，對於人類舊有的飲食觀念、飲食習慣，產生了巨大的革命性影響。人們除却重視飲食之潔淨、精美外，更重視營養結構，重視各種維生素與礦物質的攝入，重視素食與綠色食物，時時關注着飲食與心、腦及血液、血管的關係；同時極爲重視人與生態環境，尤其是人與動植物的同存共處。對於那些野生動植物，特別是珍稀、瀕危動植物，更是嚴密地予以法律保護。一些珍稀、瀕危動物，常常是饕餮者追逐的目標，對此必須繩之以法，嚴厲制裁。本卷"菜肴説"中恰恰臚列有鹿炙（即烤鹿肉）、炙獐、象鼻炙、脄熊蹯（即燉熊掌）、煨鹿肉、蒸熊等多種烹飪技法，因而也就涉及了這些當今國家保護的動物，這顯然有違今世之法律，但這是中國的千載史實，有的已成上古史。其時的生態環境、文明狀況，皆有別於今世，故遣詞行文，一依古制。其事則不足爲訓，謹在此概要説明，後文不復一一加按論析。

第四節　飲食之稱謂

飲食的名稱形形色色，多種多樣。或樸實，或華艷，或莊重，或幽默，然皆各當其物，名實相應，物藉名傳，名憑物存，形成交相輝映、相得益彰之勢態。

美名之興起，如同美食一樣，係集衆人之智慧而成就，體現着深厚的歷史文化積澱。

"名無固宜，約之以命，約定俗成謂之宜"（《荀子·正名》）。約定俗成的食名中，反映出命名所遵循的美學原則與民俗心理。

飲食美學的原則，一言以蔽之：重質亦重文，重陽剛亦重陰柔，重形似亦重神似。

質，即樸實率直，開門見山，一語中的，質直中透露着一種樸素美。此類食目一般簡潔、利落，不拖泥帶水、拐彎抹角。如"米餅""油餅""湯麵""羊肉饅頭""素餅子""肉餛飩""豆飯""山藥粥""醬瓜""瓜豉""魚鮓""煨火腿""杏脯""麥酒""龍井茶""牛羹"等。文，即文采藻飾，或重色雕繪，或含蓄表達。如"碧螺春"，因味極香，遂命以"嚇殺人香"；青菜豆腐湯，本尋常食物，而命以"青龍白虎湯"，則有飛動之生氣；栗子山藥羹，名曰"金玉羹"，則色彩極佳；嫩笋蓴菜羹，名曰"玉帶羹"，則華貴非凡。其他如"酒"稱"三酉""麴秀才"，"粥"稱"雙弓米"，"兔羹"稱"卯羹"，"鷄羹"稱"酉羹"（生肖兔、鷄分別與地支卯、酉相配），則有曲徑通幽、暗度陳倉之妙。大抵北方尚質，南方尚文；百姓尚質，士人尚文；民間尚質，宮廷尚文。

陽剛指粗獷豪放，有氣勢力度。如"杠子火燒"，是因使用杠子般的麵杖碾壓硬麵始製成而得名；"崑崙觴"，是因釀酒之水取自黃河，黃河導源昆侖（崑崙）而得名；"鐵觀音""鐵羅漢"，則因其茶質重如鐵（或説葉片暗緑如鐵），形似觀音、羅漢而得名；"大紅袍”，則由於狀元公贊賞其茶質，將自身所披紅袍加於茶株之上而得名。唐人名酒，多以“春”代“酒”，如“土窟春”“石凍春”“梨花春”“箬下春”等。用“酒”平實呆滯，用“春”則頓發生機，蘊含着刺激人、鼓舞人、振奮人、激勵人的無窮威力。陰柔指婉約纖麗，充滿韵味情趣。“黄雀鮓”，因黄雀背上有脂肪若披綿，遂亦稱“披綿鮓”；“蝦鮓”，因蝦去皮後白如玉，體如鈎，遂亦稱“玉鈎鮓”；“鰀蒸鵝”，因熟後澆以杏醬，遂亦稱“杏花鵝”；“杏仁粥”，因熟後呈桃花色，遂亦稱“桃花粥”；油炸鼉豆，炸前將嫩皮切作數瓣，炸後遂呈花形，於是稱爲“蘭花鼉豆”；山栗、橄欖製成脯後，因具梅花風韵，稱爲“梅花脯”；吳越有一種魚鮓，以鮓片組成花形，蒸熟後色微紅，如牡丹綻開，遂稱“玲瓏牡丹鮓”；“槐葉冷淘”，因取鮮嫩槐蕊汁和入麵中，煮熟後顏色翠緑，遂亦稱“翠縷冷淘”。如此精巧清麗之稱，耐人品味，令人解頤。

形似，名稱概括物象；神似，名稱概括意境。形似多由感官獲取，質樸；神似多由思維加工，蘊藉。虛實結合、形神兼具者，如“黄山雲霧茶”，令人領略緑葉沃若之茶林，也品味雲霧繚繞之境況；“糖梅”，亦稱“風雨梅”，既可以體味梅子之甜潤，也可以想象風雨歷程；“金波”“瑞露”，似看到如波似露之美酒，也能想到珍貴、吉祥的寓意。純以神似出之者，尤爲空靈虛幻，撲朔迷離，給人無限遐想。誰能想到，“洞庭春色”“銀光”“碧香”是酒名，“匡廬雲霧”是茶名？

命名是社會現象，自然反映着民衆的情緒、心志、愛憎、寄托、追求。這種民俗心理，可以歸納爲六種。

① 祈求、祝頌太平安定、舉家團圓、母子和睦、人丁興旺。如“昇平炙”“太平畢羅”“武陵桃源酒”“元宵”“燈圓”“人口粥”“口數粥”“子母仙桃”、“子孫餺餺”（水餃）等。

② 祈求長壽、福禄富貴、吉祥如意。如“長壽麵”“長命麵”“壽麵”“壽桃”“壽帶龜”“探官蠒”“眠羊（祥）卧鹿（禄）”“如意圓”“食鹿（禄）糕”等。

③ 紀念慶典、節令。慶典，如“社酒”“社飯”“佛粥”“生日湯餅”等。節令，如“冬腿”“春腿”“上燈圓”“寒食粥”“冬至糰”“小滿茶”、“穀花”（穀子開花時采製茶）、“桑落酒”（桑落時釀造）、“梨花春”（梨花開時所熟）、“乞巧果子”（乞巧節所食）及武夷茶之“頭春”“二春”“三春”“秋露”（均以采摘節次命名）等。

④ 方物、名人、文臣武將、無名創造者崇拜。方物，如“汾酒”“淮餃”“紹興醬茄”“徽州芝麻圓”“湖廣魚鮓”“淮上醉蟹”“北苑茶”“吳羹”“西湖醋溜魚”“松江鱸魚乾鱠”

等。名人，如“東坡肉”“東坡羹”“劉白墮桑落酒”“南和刁酒”“宋五嫂魚羹”等。文臣武將，如“狀元豆”“果食將軍”等。無名創造者，如“盲公餅”（盲公所創）、“姑嫂餅”、“船腿”（船家所製）、“蜑酒”（蜑户所釀）等。

⑤ 宗教崇拜。道教者，如“吕仙茶”（吕洞賓手種）、“洞賓茶”“神仙果”“神仙粥”“仙人凍”（凉粉）、“真君粥”（杏粥）等。佛教者，如“文思和尚豆腐”“鐵觀音”“鐵羅漢”“臘八粥”等。伊斯蘭教者，如“回回煎餅”。天主教者，如“天酒”。

⑥ 其他。包羅甚廣。頌忠孝，斥奸佞，如“擒奸酒”“孝子粥”“油灼燴”等。玩耍、娱樂，如“打嬌惜”“行嬌惜”“糖宜娘”“宜娘子”“打鞦韆”“火齋郎果子”“吹糖麻婆子、孩兒”等。植物，如“蓼花”“翦花”“巧花兒”“香花”“芙蓉葉”等。動物，如“狗舌”（小食品）、“龜兒”“蝦鬚”“米食羊兒、狗兒、蹄兒、蠶兒”等。愛財，如“金錢肉”“金元寶”“粉元寶”等。敬神、屠鬼以求免灾少病，如“膠牙餳”（粘住竈神之口，上天僅言好事）、“屠蘇”（酒，屠割惡鬼蘇魅以避灾病）等。辨識异族、异域之物：异族者，如“羌煮”“貊炙”“胡飯”等；异域者，如“西洋糕”“西洋葡萄酒”“洋爐鵝”“東洋醬瓜”等。

飲食的命名，即稱謂的確立，主要依據食物的外部形態、其他明顯特徵以及内部組織結構成分。

從外部形態及其他明顯特徵看，命名依據主要有以下十二種。

① 原料。如“稻餅”“蕎麥飯”“刀豆粥”“青魚醬”“大豆豉”“牛膾”“炒蠶豆”“緑豆糕”“桑椹酒”等。

② 味道。如“酸菜”“甜醬”“鹹豆豉”“淡豆豉”“香豆豉”“辣豆瓣”“甜醬肘”“臭葉香茶”“臭豆腐”等。

③ 形狀。如“花邊月餅”“剪花饅頭”“糖葉子”“芙蓉葉”“仙桃”“扢搭茶”“糖瓜”“乳糖獅子”“乳糖魚兒”等。

④ 性質。如“輕餳”“稠餳”“鬆糕”“燥豆豉”“乾飯”“焦飯”“生黄醬”“熟黄醬”、“老鮓”（存放久者）、“陳腿”（久存放之火腿）、“暴鮓”（速成之鮓）等。

⑤ 狀態。如“平坐大饅頭”“空殼燒餅”“空心肉圓”“無心果”“酥糖”“鴨糊塗”“千層饅頭”“響皮肉”“捲子”“粉骨魚”等。

⑥ 質地。如“素火腿”“素餃子”“魚生”“肉生”、“肺生”（未熟之魚片、肉片、肺片）等。

⑦ 色澤。如"白餳""黑餳""紅飯""金齏玉鱠""白鮺""烏飯"、"鵝黄"（唐酒，黄色）等。

⑧ 加工、烹飪或食用方法。加工者，如"手搓麵""風青魚""曬紅蝦""凍豆腐""熏青魚"等。烹飪者，如"煮火腿""醉猪頭""炙豚""焙杏仁""蒸橙"等。食用者，如"抓飯""咂酒"等。

⑨ 數字。如"三脆麵""八珍麵"、"三味茶"（苦酸甜）、"百味餛飩""七寶粥""一夜醬""五辛菜""十錦火鍋""千里脯"、"萬家春"（酒）等。

⑩ 比喻。如"猊糖""葱管糖""水晶膾"、"撥霞供"（火鍋）、"牛皮糖"、"玉蟬羹"（魚羹，大魚片如白色蟬翼）、"人頭茶"等。

⑪ 人名、地名。人名，如"蕭美人點心""光餅""程立萬豆腐""劉方伯月餅"等。地名，如"西餅"（三秦所産）、"烏程酒""澤州餳""太學饅頭"等。

⑫ 典故。如"千日酒"，因劉玄石飲後醉死三年而得名。"抱甕釀"，因晋羊琇令人交替抱瓮（甕）保温釀成而得名。"逐夷"，漢武帝逐夷至海曲，得漁父所爲"魚腸醬"，食而甘之，因稱。"郎官鱠"，晋郎官張翰秋日思念家鄉鱸魚鱠，遂稱鱸魚鱠爲"郎官鱠"。其他如"過廳羊""紅飯""爲甚酥""龍鬚麵""老婆餅""紅綾餅餤""糜欽酒"等皆此類。

從内部組織結構成分看，主要分爲兩類。一類是不含動詞的名詞中心語稱謂。如"蓬蒿餅""山藥饅頭""黍飯""大棗粥""韭菹""豆醬""鯉魚鮓""江魚膾""鵝脯""豆腐絲""山楂糕""六安茶""螃蟹羹""銀絲冷淘"等。一類是含動詞性成分的稱謂。如"蒸飯""醃韭花""熊蒸""醉蚶""糟茄""炙鱖""煮香菰""蒸白魚"以及"裹餡餅""油灼粿""過水麵""剪花饅頭""搥脯""騎驢酒""改造茶"等。兩類中情况極爲複雜，兹就其内部組成情况擇其要者分爲五種。

① 製法＋主料。如"煮甲魚""煨板鴨""䰞漢瓜""煨口蘑""膾豆腐""醉楊梅""糟羊蹄""煎金橘""炒瓜子""蒸鵝鴨"等。或主料在前，製法在後，如"牛炙""骨炙""豚蒸""熊蒸""蟹釀"等。前一種情况製法前常加各種類型的修飾成分作狀語，如"藏蒸猪""旋炙犯兒""五味炙小鷄""毛炮豚""乾蒸鴨""家常煨肉""黄芪蒸鷄""閩笋蒸鵝""和糝蒸猪""渾炙犁牛""分裝蒸臘熊"等。

② 輔料（調料）＋製法＋主料。如"酒醃蝦""酒煮羊肉""菜花頭煨肉""西瓜煮猪肉""湯燖鱖魚""蜜漬魚""鷄油炒松仁""醬炸胡桃仁""葱燉鷄"等。

③ 風味＋製法＋主料。如"辣煮鷄""紅煨羊肉""白煮羊肉""清燉鴨""紅煨三蛋""白煮鷄蛋""嫩瓤鴨""家常煨肉""乾蒸鵝"等。

④ 工具或地名＋製法＋主料。如"乾鍋蒸肉""餞蒸鵝""柳蒸羊""碗蒸羊""泰州醉蟹"等。

⑤ 原料或形狀、人名、地名、製法等等＋食名。如"蘿蔔鮺""塔兒糖""陳太吉酒""蘇州餛飩""切麵"等。

如果就兩個或一組相對、相關的稱謂來看，彼此在邏輯上的關係有兩種情況：種屬關係、等同關係。

種屬關係者，主要有總稱與分稱、泛稱與特稱兩種情況。總稱與分稱，如"羹"爲總稱，則"羊羹""犬羹""兔羹""駝羹""魚羹"等爲分稱；"魚羹"爲總稱，則"鯽魚羹""白魚羹""梅魚羹""鱧魚羹""鱖魚羹"等爲分稱；"鯽魚羹"爲總稱，則"鯽魚肚兒羹"爲分稱。泛稱與特稱，如泛稱則"餅"指一切麵食，特稱則可指"麵餅""湯餅""蒸餅""餛飩"等；泛稱則"饘""糜""粥""酏"，皆指粥，特稱則稠厚者稱"饘""糜"，稀薄者稱"粥""酏"。

概念等同者錯綜複雜，根據彼此關係分爲二十種。

① 本稱與別稱，概括有顯晦之別。如"酒"，本稱；"杜康""忘憂物""杯中物""歡伯""高陽"等，別稱。

② 正稱與旁稱，歸納有廣狹之分。如"餛飩"，正稱；"温包""弓兒"等，旁稱。

③ 主稱與副稱，使用有多寡之別。如"包子"，主稱；"兜子""捻兒"等，副稱。

④ 通稱與隅稱，行用有廣狹之分。如"稍麥""稍賣""燒賣"等，通稱；"鬼蓬頭"，隅稱。

⑤ 古稱與今稱。如"藏韭菁"之於"醃韭花"，"染"之於"豉"，"牛脯"之於"牛肉乾"等。

⑥ 雅稱與俗稱。如"餺飥"之於"片兒湯"，"水引"之於"麵條"，"脯""腊"之於"乾""犯"等。

⑦ 愛稱與惡稱。如"福水"之於"腐腸賊"（酒），"苦口師"之於"水厄"（茶），"油灼粿"之於"油灼檜"（秦檜）等。

⑧ 全稱與省稱。如"龍井茶"之於"龍井"，"青精乾石餶飯"之於"青精飯"，"金華

火腿"之於"金腿"等。

⑨ 概稱與確稱。如清顧仲《養小録》中"醃菜"之於"醃白菜",朱彝尊《食憲鴻秘·蔬之屬》中"糟菜"之於"糟白菜"。

⑩ 一言稱與多言稱。如"餃"之於"餃子""餃餌""水包子""水餶餷"等。

⑪ 名詞稱與動詞稱。如"韭菜盒"之於"兩手和","肉餃"之於"顛不棱","粽子"之於"裹蒸"等。

⑫ 顛倒稱。如"牛炙"之於"炙牛","熊蒸"之於"蒸熊","櫻桃煎"之於"煎櫻桃","麵起餅"之於"起麵餅"等。

⑬ 同義詞換用稱。如"蜜糕"之於"蜜餌","鷄羹"之於"鷄腌","醉蟹"之於"酒蟹","起麵餅"之於"發麵餅","搋麵"之於"拉麵"等。

⑭ 避諱稱。如後趙石勒諱"胡",遂改"胡餅"爲"搏鑪",其子石虎亦因"胡"諱改稱"麻餅"。"蒸餅"(饅頭)之"蒸",因與宋仁宗趙禎之"禎"音近,遂諱改爲"炊餅"。

⑮ 藏頭稱。如"韭菜盒"之於"盒子","槐葉冷淘"之於"冷淘"等。

⑯ 掩尾稱。如"薄脆餅"之於"薄脆","盞蒸羊"之於"盞蒸"。

⑰ 訛字稱。晋代"牢丸""狗舌",宋代訛"牢丸"作"牢九",明代訛"狗舌"作"狗后"。

⑱ 諧音稱。如"年年糕",糕諧"高";"茴香棗"爲商婦寄給遠方丈夫之物,諧音"回鄉早"。

⑲ 切音稱。如"饆饠"反切作"餑餑","索郎"(酒)乃"桑落""落桑"反切後合并而成。

⑳ 音轉稱。如唐代"團油飯",宋代音轉作"盤游飯";"餑餑",音轉作"饃饃"等。

此外,變換角度,又有其他類型的稱謂。反語稱,如"臭豆腐""臭蝦醬"等。謎面稱,如"三九酒"緣自原料中有水、米、麴三樣各九斗,"三白酒"緣自原料、水質、酒色皆純净潔白。摘字稱,宋代一種加入蓮子與藕的飯稱"玉井飯","玉井"二字,取自唐韓愈《古意》詩:"太華峰頭玉井蓮,開花十丈藕如船。"這些情況,由於用例較少,不够系統,不再贅述。

稱謂中同名異實的情況也不容忽視。如"餻"既指"油條""油餅",又指一種發麵饅頭;"元子"既泛指球形麵食,亦特指"元宵""浮圓子",也指一種腌鴨卵;"水晶膾",

既指用魚鱗製取之晶狀體，也指用豬皮或瓊芝製取者。其他如“餅”“餈”“餌”“糖餅”“粉餅”“饊饊”“蒸餅”“小饅頭”“湯角”“團”“團子”“糰子”“圓子”“糰子”“麻粥”“瓜菹”“腩炙”“擣炙”“乳腐”“麻糖”“棗糕”“新豐酒”“宜春酒”“逡巡酒”“羊羔酒”“酴醿酒”等都存在類似情況，須審慎辨察。

中國飲食文化博大精深，頗值得研究。本文僅就飲食概説、起源、發展、稱謂做了初步探索，權以引玉。(參考書：王仁湘《飲食與中國文化》，人民出版社 1993 年版；《中國烹飪》編輯部彙編《烹飪史話》，中國商業出版社 1986 年版。)

第二章 主食説

第一節 麵餅考

麵餅，最常見之一種主食。多以小麥麵粉製作，亦不乏以其他麵粉製作者；通常烙熟，亦可烤、煎、炸、蒸而成；常見形制爲薄、扁、圓者，亦可因時因地而靈活變化；一般不加餡料，加入油鹽者亦不少，亦有加入肉、菜、果餡者。由於它製作便捷，富於營養，風味獨特，故此成爲深受大衆歡迎的日常主食之一。

麵餅起源可能與古代燒石燔黍有關。《禮記·禮運》："夫禮之初，始諸飲食。其燔黍捭豚，汙尊而抔飲，蕢桴而土鼓，猶若可以致其敬於鬼神。"明張岱《夜航船·日用·飲食》："神農始教民食穀，加於燒石之上而食。"由於燒食較水煮、氣蒸更能直接而充分地接受火力，味道更爲香美，因而引起人們注意。後來隨着石碾、石磨以及釜鏊的出現，麵餅也就相應產生。

先秦文獻中已出現"餅"字（見《墨子·耕柱》）。此"餅"，或以爲即麵餅，或以爲一切麵食之統稱。其實二說不是完全對立的。"一切麵食"已包括"餅"在內；再從"餅"後來使用的情況看，它最終成爲麵餅的專稱，可推測古代可能也主要指餅。所以它與"餅即麵餅”説并非嚴重抵牾。當時“餅”還有兩個異名：餌、餈。（見《周禮・天官・籩人》）清段玉裁申許氏説：“餈者，不粉之稻米爲餅；餌者，稻米粉之爲餅。”（《説文・鬻部・鬻》段玉裁注）以上情況表明，麵餅在先秦已有初步發展。

漢代，用麥子麵製成者稱“餅”，用稻米或米粉製成者稱“餌”，二者區分很嚴格。《説文・食部》：“餅，麵餈也。”段玉裁注：“《麥部》曰：麵，麥末也。”“麵”同“麵”。又《鬻部》：“鬻（餌），粉餅也。”故清人謂：“溲麥屑蒸之曰餅，溲米屑蒸之曰餌，劃然爲二……自賈思勰著《齊民要術》米粉、麥麵皆入之餅法，而後世言食經者，鮮知其分矣。”（清王先謙《釋名疏證補》引成蓉鏡曰）當時出現了“蓬餌”（《西京雜記》）、“髓餅”“胡餅”（《釋名・釋飲食》）等餅。“胡餅”行用較廣。《太平御覽》卷八六〇引《續漢書》：“靈帝好胡餅，京師皆食胡餅。”又引《英雄記》：“〔李進先〕提數十石酒，作萬枚胡餅，先持勞客。”又引《魏志》：“漢末趙岐避難……常於市中販胡餅。”

南北朝時，餅類有較大發展。餅類益多，如“麵起餅”“煎餅”“薄餅”等先後出現。南朝梁吳均《餅説》形象地記述了一種肉餡煎餅的製作過程：“安定噎鳩之麥，洛陽董德之磨，河東長若之葱，隴西舐背之犢，抱罕赤髓之羊，張掖北門之豉，然以銀屑，煎以金銚，洞庭負霜之橘，仇池連蒂之椒，調以濟北之鹽，剉以新豐之雞，細如華山之玉屑，白如梁甫之銀泥。既聞香而口悶，亦見色而心迷。”北魏賈思勰《齊民要術・餅法》詳細記載了“白餅”“燒餅”“髓餅”“雞鴨子餅”“餢飳”等餅的製法。這幾種餅，大體爲後代麵餅的發展奠定了基礎。

唐宋時期，文獻中所見麵餅名目不少，但多不載製法。如唐的“曼陀樣夾餅”“見風消”“八方寒食餅”“五福餅”（宋陶穀《清異録》）、“大餅”（宋孫光憲《北夢瑣言》），宋的“棗䭔”“白肉胡餅”“天花餅”“蓮花肉餅”“排炊羊胡餅”（宋孟元老《東京夢華録》）、“焦䭔”“餅餕”“春餅”“旋餅”（宋灌圃耐得翁《都城紀勝》）、“辣菜餅”“熟肉餅”“蝦肉團餅”“羊脂韭餅”“牡丹餅”“棗花荷葉餅”“芙蓉餅”“菊花餅”“梅花餅”“開爐餅”“甘露餅”“肉油餅”“乳餅”“芥餅”（宋吳自牧《夢粱録》）、“七色燒餅”“寬焦薄脆”（宋周密《武林舊事》）、“蜜薄脆”“寬焦餅”（宋西湖老人《西湖老人繁勝録》）。有少量記載製法，如唐的“古樓子”（宋王讜《唐語林》），宋的“酥餅”（宋佚名《吳氏中饋録》）等。

元明清以來，麵餅益加爲世人所重視。有關著述記載有數十種餅名及製法，從這些記載中可以看出，餅的製作已達到前所未有的水準。以製法言，烤、烙、熯、煎、炸、蒸皆備，如明高濂《遵生八牋》之"復爐燒餅"是烤者，清顧仲《養小録》之"晋府千層油旋烙餅"是烙者，明宋詡《宋氏養生部》之"爝餅"是爝者，元佚名《居家必用事類全集》之"金銀捲煎餅"是煎者，清佚名《調鼎集》之"炸胡桃餅"是炸者、"蒸山藥餅"是蒸者。同一種餅往往有幾樣製法，如《宋氏養生部》之"糖麵餅"有三種製法。以原料言，米、麥麵外，玉米、豆菽、高粱、山藥等麵皆可爲之。以餡料言，油、鹽、糖外，肉、蔬、果、豆沙等皆可爲之。精品迭見。清袁枚《隨園食單》所載山東"薄餅"，薄如"蟬翼"，關中者則小如柑，小錫罐精裝，可裹餡，葱、肉細如髮。

時下，隨着對外交流的頻繁、擴大，燃料、竈具的現代化，原料的精緻，民衆文化素質及總體生活水準的提高，麵餅的製作益趨精美、可口。

麵　餅

麵餅

主食。通以麵粉製作，多爲扁圓形，一般烙熟食用。由於時代、地域、原料、製法不同，因而形制、名目亦有別。先秦時期已見，稱"餅"。《墨子·耕柱》："見人之作餅，則還然竊之。"按，或説此"餅"爲麵食統稱。時亦稱"餈"，指以稻米、黍米類麵粉製成之餅。《周禮·天官·籩人》："羞籩之實，糗餌粉餈。"鄭玄注："此二物皆粉稻米、黍米所爲也，合蒸曰餌，餅之曰餈。"《玉篇零卷·食部》引《方言》："餅或謂之餈。"漢代亦稱"麵餈"。《説文·食部》："餅，麵餈也。""麵"同"麵"。當時以麥麵爲之者稱"餅"，以米粉爲之者稱"餌"（參見本卷《主食説·麵餅考》"餈²"文）。《釋名·釋飲食》："餅，并也，溲麵使合并也。"畢沅疏證："《初學記》引'麵'上有'麥'字，《太平御覽》引'麵'字作'麥'。"《急就篇》卷二"餅、餌、麥飯、甘豆羹"，顔師古注：

"溲麵而蒸熟之則爲餅，餅之言并也……溲米而蒸之則爲餌，餌之言而也，相黏而也。"晋代"餅"亦作"麨"。《晋書·惠帝紀》："後因食麨中毒而崩，或云司馬越之鴆。"南北朝時期已見"麵餅"，時亦稱"餾""餤"。《玉篇·食部》："饎……乾麵餅。"又："餾，餅也。"又："餤，餅也。"明代亦作"麵餅"。《金瓶梅詞話》第三七回："婦人洗手剔甲，又烙了一筋（一作'筯'）麵餅。明間内，揩抹桌椅光鮮。"

【餅】¹

即麵餅。此稱先秦時期已行用。見該文。

【餈】¹

即麵餅。此稱先秦時期已行用。見該文。

【麵餈】

即麵餅。此稱漢代已行用。見該文。

【麨】

即麵餅。此體晋代已行用。見該文。

【餶】

即麵餅。此稱南北朝時期已行用。見該文。

【餺】

即麵餅。此稱南北朝時期已行用。見該文。

【麪餅】

同"麵餅"。此體南北朝時期已行用。見該文。

餈[2]

特指稻餅（以稻米或米粉製成者）。先秦時期蓋已見。《周禮·天官·籩人》之"糗餌""粉餈"，或釋爲糕（參見本卷《雜食説·糕考》"糕"文）；或釋作稻餅，"糗餌"是以煎乾之米麥外傅之稻餅，"粉餈"是以其他穀粉外傅之粉餅。《説文·𩰚部》"𩱓"下段玉裁注："蓋謂餈者，不粉之稻米爲餅；餌者，稻米粉之爲餅，文互相足。經云'糗餌'者，謂以熬米麥傅於餌；'粉餈'者，謂以他穀粉傅於餈。"漢代始稱"餈"，亦稱"餌""稻餅""粉餅""溏浹"。"餌"亦作"𩱓"。《説文·食部》："餈，稻餅也。"段玉裁注："謂以稬米蒸孰餅之如麪餅曰餈，今江蘇之餈飯也；粉稬米而餅之而蒸之則曰餌，《𩰚部》云'𩱓，粉餅也'，是也。今江蘇之米粉餅、米粉團也。粉餅則傅之以熬米麥之乾者，故曰'糗餌'……餈則傅之以大豆之粉。"又《𩰚部》："𩱓，粉餅也，從𩰚耳聲……餌，𩱓或從食耳聲。"《釋名·釋飲食》："餌，而也，相黏而也。兗、豫曰溏浹，就形名之也。"王先謙疏證補引成蓉鏡曰："蓋謂溲麥屑蒸之曰餅，溲米屑蒸之曰餌。"唐代亦稱"米䴢"。唐段公路《北户錄·米䴢》："廣州俗尚米䴢，合生熟粉爲之，規白可愛，薄而復明，亦食品中珍物也。按梁劉孝威'謝官賜交州米䴢四伯

屈'，詳其言屈，豈今之數乎？"明代亦稱"餹餔"。"米䴢"，亦作"米餅"。《駢雅·釋服食》："溏浹、餹餔，粉餅也。"明宋詡《宋氏養生部》："餅：湛潔白秔米五升，白糯米一升，淅肥，瀝去水，碓細粉，湯溲，甑中蒸熟。鎖碎碾熟芝麻、白砂糖餡。餡中或加松仁油、杏仁油少許，範爲餅，熱鍋內熯，糖熔爲度。"（參閲宋詡《竹嶼山房雜部》）清代江蘇亦稱"餈飯""米粉餅""米粉團"（見上段玉裁注）。

【餌】[1]

即餈[2]。此稱漢代已行用。見該文。

【稻餅】

即餈[2]。此稱漢代已行用。見該文。

【粉餅】[1]

即餈[2]。此稱漢代已行用。見該文。

【溏浹】

即餈[2]。此稱漢代已行用。見該文。

【𩱓】

即餈[2]。此體漢代已行用。見該文。

【米䴢】

"餈[2]"之俗稱。此稱唐代已行用。見該文。

【餹餔】

即餈[2]。此稱明代已行用。按，餔，疑爲"餅"之誤。《玉篇·食部》："餹，餹餅，餌也。"見該文。

【米餅】

即餈[2]。此體明代已行用。見該文。

【餈飯】[1]

即餈[2]。此稱行用於清代江蘇一帶。見該文。

【米粉餅】

即餈[2]。此稱行用於清代江蘇一帶。見該文。

【米粉團】

即餈[2]。此稱行用於清代江蘇一帶。見該文。

胡餅

一種大型、表層帶胡麻的餅。胡，大也。又説以其上着胡麻，故稱。始見於漢代，延及後世。《釋名·釋飲食》："胡餅，作之大漫沍也，亦言以胡麻著上也。""大漫沍"，《太平御覽》卷八六〇引作"大漫汗"，"大無邊""大型"義。南北朝時期沿用舊稱，亦稱"搏鑪""麻餅"。"搏鑪"係後趙石勒諱胡而改，"麻餅"爲其子石虎所改。北魏賈思勰《齊民要術·餅法》："〔髓餅〕厚四五分，廣六七寸，便著胡餅鑪中。"《太平御覽》卷八六〇引《趙録》："石勒諱胡，胡物皆改名。胡餅曰搏鑪，石虎改曰麻餅。"唐代稱"胡麻餅"。唐白居易《寄胡餅與楊萬州》詩："胡麻餅樣學京都，麵脆油香新出爐。"宋孟元老《東京夢華録·馬行街鋪席》："夜市亦有燋酸豏、猪胰胡餅、和菜餅。"清王士禎《池北偶談·談藝二·滄溟蔡姬》："李滄溟先生，身後最爲寥落。其寵姬蔡，萬曆癸卯，年七十餘矣，在濟南西郊，賣胡餅自給。"

【搏鑪】

即胡餅。搏，圓也。以其呈圓形而烤於爐（鑪），故名。此稱南北朝時期已行用。見該文。

【麻餅】

即胡餅。此稱南北朝時期已行用。見該文。

【胡麻餅】

即胡餅。此稱唐代已行用。見該文。

【大胡餅】

"胡餅"之特大者。直徑一丈。南北朝時期已見。《格致鏡原·飲食類五·餅》引南朝宋劉義慶《幽明録》："姚泓叔父紹召胡僧問以休咎。僧乃求麵爲大胡餅，形徑一丈。僧坐在上，先食正西，次食正北，又次食正南，餘捲而吞之。訖便起去，了無所言。"

【古樓子】

"胡餅"之一種。羊肉餡，爐烤而成。唐代已見。宋王讜《唐語林》卷六："時豪家食次，起羊肉一斤，層布於巨胡餅，隔中以椒豉，潤以酥，入爐迫之，候肉半熟食之，呼爲古樓子。"

【白肉胡餅】

"胡餅"之一種。因以白肉爲餡，故名。宋代已見。宋孟元老《東京夢華録·食店》："大凡食店，大者謂之分茶，則有頭羹、石髓羹、白肉胡餅。"

【排炊羊胡餅】

"胡餅"之一種。宋代已見。宋孟元老《東京夢華録·宰執親王宗室百官入内上壽》："下酒：排炊羊胡餅、炙金腸。"

【山藥胡餅】

"胡餅"之一種。元代已見。因麵、蜜、油溲和時，加入熟山藥，故名。元佚名《居家必用事類全集·庚集·飲食類》："山藥胡餅：熟山藥二斤、麵一斤、蜜半兩、油兩半，和搜捍餅。"

韭餅

以韭菜（有時加入肉）爲餡料之餅。約始見於漢代，後代相沿製作。宋周密《武林舊事·元夕》有"水晶膾、韭餅及南北珍果"。《格致鏡原·飲食類五·餅》引明徐炬《事物原始》："郭林宗家有友冒雨夜來，剪韭作餅食之，即今之麵餅，以韭爲餡也。"明代詳載製法，亦稱"新韭餅"。明韓奕《易牙遺意·爐造類》：“韭餅：帶臕猪肉作燥子，油炒半熟，韭生用，切細，羊脂剁碎，花椒、砂仁、醬拌匀。捍薄餅兩個，夾餡子煠之。”明宋詡《宋氏養生部》：“新韭餅：用生熟水和麵，擀開薄。取猪肉先燸，細切醢，新韭細切菹，扮花椒、胡椒屑，葱白、醬匀和入内鎖之。再擀餅，熱鍋中煠熟。”清代亦稱“韭菜餅”，俗稱“盒子”。清夏曾傳《隨園食單補證・點心單》：“韭菜餅：吳山韭菜餅出名，正、二月尤佳，山下者不及也。余少時曾食十五枚，歸而齒痛甚劇，蓋現做者火氣烈也。”清佚名（一説作者爲童岳薦）《調鼎集・蔬菜部》：“韭菜餅：韭菜細切，油炒半熟，配脂油丁、花椒末、甜醬拌匀，擀麵作薄餅，兩張合攏，中著前餡，餅邊掐花，油炸，北人謂之盒子。”

【新韭餅】

即韭餅。此稱明代已行用。見該文。

【韭菜餅】

即韭餅。此稱清代已行用。見該文。

【盒子】

“韭餅”之俗稱。因狀似内裝物之扁盒，故名。此稱多行用於清代北方。見該文。

【韭菜盒】

即韭餅。亦稱“韭合”。合，同“盒”。因中間爲韭餡，上下麵皮包裹如盒狀，故名。清代已見。清佚名《調鼎集・蔬菜部》：“韭菜盒：乾麵用脂油揉透做盒，韭菜切碎，配猪肉片，不可切丁，加作料，拌匀做餡。又韭白拌肉，加作料，麵皮包之，入油炸。”按，徐珂《清稗類鈔・飲食類》引作“韭合”。清代亦稱“兩手和”。因製作時兩手各托一張麵皮，相對合而成，故名。清夏曾傳《隨園食單補證・點心單》

“韭合”條下云：“一名兩手和。不加酥，以乾鍋煠之亦可。”今北京、天津、唐山等地尚多製作。

【韭合】

即韭菜盒。此稱清代已行用。見該文。

【兩手和】

即韭菜盒。此稱清代已行用。見該文。

【羊脂韭餅】

“韭餅”之一種。見於宋代。宋吳自牧《夢梁録・分茶酒店》：“葷素點心包兒：旋炙犯兒，灌爐鷄粉羹……羊脂韭餅。”

蓬餌[1]

蓬蒿嫩尖和粉經油煎炸製成之餅。始見於漢代，延及後世。《西京雜記》卷三：“九月九日，佩茱萸，食蓬餌，飲菊花酒，令人長壽……正月上辰，出池邊盥濯，食蓬餌，以祓妖邪。”明高濂《遵生八牋・飲饌服食牋中》：“蓬蒿，采嫩頭。二三月中方盛，取來洗净，加鹽少醃，和粉作餅，油煠，香美可食。”清代亦稱“蓬蒿餅”。徐珂《清稗類鈔・飲食類》：“蓬蒿餅者，采蓬蒿之嫩者洗净，加鹽略醃，和粉作餅，油灼之。”一説爲古之重陽糕。

【蓬蒿餅】

即蓬餌[1]。此稱清代已行用。見該文。

髓餅

一種以油、蜜和麵在爐中煎烤而成之甜餅。始見於漢代，達於今世。《釋名・釋飲食》：“餅，并也，溲麵使合并也……蒸餅、湯餅、蝎餅、髓餅、金餅、索餅之屬，皆隨形而名之也。”南北朝時期詳載製法：以髓脂、蜜和麵，製成餅坯，入爐烤熟。北魏賈思勰《齊民要術・餅法》：“髓餅法：以髓脂、蜜合和麵。厚四五分，廣六七寸，便著胡餅鑪中，令熟。勿令反覆。餅肥美，可經久。"宋代沿用舊稱，亦稱"酥餅"，載其製法：以油酥（或豬肉）、蜜、白麵溲合，嵌印爲餅，鑪治而成。宋孟元老《東京夢華錄·餅店》："胡餅店即賣門油、菊花、寬焦側厚、油碼、髓餅、新樣滿麻。"宋佚名《吳氏中饋錄》："酥餅方：油酥四兩、蜜一兩、白麵一斤，搜成劑。入印作餅，上爐。或用豬油亦可，蜜用二兩尤好。"元代稱"酥蜜餅"，製法與前代略同。元佚名《居家必用事類全集·庚集·飲食類》："酥蜜餅：麵十斤，蜜三兩半，羊脂油春四、夏六、秋冬三兩，豬脂油春半斤、夏六兩、秋冬九兩，溶開，傾蜜攪勻，澆入麵，搜和勻。取意印花樣。入爐熬，紙襯底，慢火煿熟供。"明代稱"酥油餅"。明宋詡《宋氏養生部》："酥油餅：用麵五斤爲則，芝麻油或菜油一斤，或加松仁油或杏仁油少許，同水和麵爲外皮，納油和麵爲餡，以手揉摺二三轉。又納蜜和麵或糖和麵爲餡，鎖之，擀餅，置拖爐上熟。"清代與前代製法大別。清袁枚《隨園食單·點心單》："作酥餅法：冷定脂油一碗，開水一碗。先將油同水攪勻，入生麵儘揉，要軟如捍餅一樣；外用蒸熟麵入脂油合作一處，不要硬了；然後將生麵作團子，如核桃大，將熟麵亦作團子，略小一量；再將熟麵團子包在生麵團子中，捍成長餅，長可八寸，寬二三寸許，然後折疊如碗樣，包上糠子。"今時青海"糖酥餅"仍以麵、油、糖相合，製成圓餅，烤盤炙熟，殆沿襲古制。

【酥餅】[1]

即髓餅。此稱宋代已行用。見該文。

【酥蜜餅】

即髓餅。此稱元代已行用。見該文。

【酥油餅】

即髓餅。此稱明代已行用。見該文。

白餅

一種不加作料的白麵餅。始見於南北朝時期。北魏賈思勰《齊民要術·餅法》："作白餅法：麵一石，白米七八升，作粥，以白酒六七升酵中，著火上。酒魚眼沸，絞去滓，以和麵。麵起可作。"時亦稱"麥餅"。餅，餅。《南史·孝義傳上·郭原平》："原平號慟，日食麥餅一枚，如此五日。"按，清屈大均《廣東新語》所載"白餅"，乃以糯粳粉置印子中敲擊，使堅如鐵石而成。與此同名異實。

【麥餅】

即白餅。此稱南北朝時期已行用。見該文。

煎餅

一種極薄餅，平鍋內攤煎而成。通以小米、玉米、大豆、麥子麵等爲之。始見於南朝時期，達於今世。南朝梁宗懍《荊楚歲時記》："正月七日爲人日……北人此日食煎餅於庭中。"宋陳元靚《歲時廣記·食煎餅》："《述征記》：北人以人日食煎餅於庭中，俗云薰天，未知所從出也。"又《進節料》："《唐六典》：膳部有節日食料，謂正月七日煎餅。又《文昌雜錄》云：唐歲時節物，人日則有煎餅。"金元好問《送窮》詩："煎餅虛拋塊撒堆，滿城都道送窮迴。"胡樸安《中華全國風俗志》下篇卷二："小米用水浸透，磨推如糊，用鏊攤之，其薄如紙，乾而脆者，謂之煎餅……夏秋時，用新麥製此者，謂之麥子煎餅……用高粱製成者，謂之紅煎餅……味帶酸者，謂之酸煎餅。"（上海廣益書局 1923 年版）今時各地多有製作，以山東煎餅最負盛名。其以小米、大豆、玉米浸泡磨糊，用木杊子放鏊上旋攤爲薄餅者，稱 "攤煎餅"；用竹片在鏊上來回撥弄而成者，稱 "翅子煎餅"；在鏊上用杊子刮至薄而勻者，稱 "刮煎餅"。或大如鍋蓋，或小如茶盤，或折叠存放，或裹餡現吃，甜、鹹、香各味者，因人因地而備。

【回回煎餅】

"煎餅" 之一種。回族所製食。明代已見。調麵爲糊，入爐慢火烘熟，塗蜜、油類。明宋詡《宋氏養生部》："回回煎餅：用麵和酵，俟肥，再加酵調成稠漿，杓入鐵爐內，煉火慢烘熟，切條段，乘熱以酥蜜或松仁油、杏仁油染之。"

餅餤

一種圓厚之餡餅，形似餢飳（發麵蒸餅）。南北朝時期已見。亦作 "餅㬴"。唐段公路《北户録・食目》："顔之推云：'今內國餢飳，以油蘇煮之，江南謂蒸餅爲餢飳，未知何者合古㬴？'" 按，㬴，《廣雅・釋器》解作肉類，《玉篇・肉部》解作肴類。又："之推又云：'今內國猶言餅㬴。'" 唐代御膳珍重之。唐蘇鶚《杜陽雜編》卷下："上（唐宣宗）賜酒一百斛，餅餤三十駱駝，各徑闊二尺，飼役夫也。" 時嘗以紅綾纏裹以賜中榜進士，稱 "紅綾餅餤"。宋葉夢得《避暑録話》卷下："唐御膳以紅綾餅餤爲重。昭宗光化中放進士榜，得裴格等二十八人，以爲得人，會燕曲江，乃令大官特作二十八餅餤賜之。盧延讓在其間。後入蜀爲學士，既老，頗爲蜀人所易。延讓詩素平易近俳，乃作詩云：'莫欺零落殘牙齒，曾喫紅綾餅餤來。' 王衍聞

知，遂命供膳，亦以餅餤爲上品，以紅羅裹之。至今蜀人工爲餅餤，而紅羅裹其外，公厨大燕，設爲第一。" 宋以後猶製作食用。宋灌圃耐得翁《都城紀勝・食店》："夜間頂盤挑架者，如饒鶉餶飿兒、焦鎚、羊脂韭餅、餅餤。" 元歐陽玄《武三思雙陸》詩："餅餤未來聊樂耳，郎君好好點籌看。" 清朱彝尊《普天樂》曲："鷄頭竹胎，穀芽餅餤。" 清夏曾傳《隨園食單補證》"薄餅" 條下謂："《六書故》：'今人以薄餅肉卷切而薦之曰餤。'《正字通》：'唐賜進士有紅綾餤。南唐有玲瓏餤、駝蹄餤、鷺鸶餤，皆餅也。'"

【餅㬴】

同 "餅餤"。此體南北朝時期已行用。見該文。

【紅綾餅餤】

"餅餤" 之裹以紅綾者。唐代已見。按，餅餤亦得獨稱 "餤"，唐五代時期常如此稱。見該文。

麵起餅

麵經發酵製成之鬆軟餅。始見於南北朝時期。時亦稱 "起麵餅"。宋元時期用以捲肉，亦稱 "卷餅"。清代俗稱 "發麵餅"，沿用至今。《南齊書・禮志一》："永明九年正月，詔太廟四時祭，薦宣帝麵起餅、鴨臛。"《資治通鑑・齊紀・世祖武皇帝永明九年》引作 "起麵餅"。元胡三省注："起麵餅，今北人能爲之。其餅浮軟，以卷肉，噉之，亦謂之卷餅。程大昌曰：起麵餅，入教麵中，令鬆鬆然也。教，俗書作酵。" 清夏曾傳《隨園食單補證・點心單》："卷餅：擀麵極薄，熯熟卷攏，糝以糖，或用椒、鹽均可。此惟杭之吳山有之，與酥油餅並行。"

徐珂《清稗類鈔·飲食類》："麵起餅，即俗所言發麵餅，俟麵發酵製成之者也。"

【起麵餅】

即麵起餅。此稱南北朝時期已行用。見該文。

【卷餅】

"麵起餅"之一種。此稱宋元時期已行用。見該文。

【發麵餅】

"麵起餅"之俗稱。此稱清代已行用。見該文。

薄餅

一種極薄裹餡之餅。始見於南北朝時期，延及今世。《周書·王羆傳》："羆性儉率，不事邊幅。嘗有臺使，羆爲其設食，使乃裂其薄餅緣。羆曰：'耕種收穫，其功已深，春爨造成，用力不少，乃爾選擇，當是未饑。'"宋吳處厚《青箱雜記》卷四："夫人詰之，曰：'諺云：薄餅從上揭。劉郎纔及第，豈得便簡點人家女？'劉公曰：'非敢有擇，但七姨骨相寒薄，非某之對，九姨乃宜匹。'"明時詳載製法：或於油鍋上澆一層稀麵而成薄餅，裹以葷素餡；或以溫水和麵，擀薄烤乾，冷水淋過，裹以餡類。明宋詡《宋氏養生部》："薄餅：一用麵漸入水，旋調稠韌，熱鍋少滑以油，澆麵爲薄餅，用熟醃肥豬肉、肥鷄鴨肉切條膾，及青蒜、白蘿蔔、胡蘿蔔、胡荽、醬瓜、薑茄瓠，切條菹，同捲之。一用生熟水和麵，擀開薄，熯熟，即以冷水淋過捲之，有以穀蕨同用。凡用生熟水，七分沸湯，三分冷水。"清時山東、三秦所製以精細擅名。三秦所製稱"西餅"。清袁枚《隨園食單·點心單》："薄餅：山東孔藩臺家製薄餅，

薄若蟬翼，大若茶盤，柔膩絶倫。家人如其法爲之，卒不能及，不知何故。秦人製小錫罐裝餅三十張，每客一罐，餅小如柑，罐有蓋，可以貯。餡用炒肉絲，其細如髮，葱亦如之。猪羊並用，號曰'西餅'。"今各地多有製作。或大如鍋蓋，或小如茶盤、碗口；或折叠存放，或裹餡現吃；或甜，或鹹，柔細適口。

【西餅】

清代三秦所產"薄餅"。三秦（今陝西中北部）古位於崤函以西，故名。見該文。

燒餅

爐中火烤而成之餅。始見於南北朝時期，延及今世。至宋亦稱"火燒"。初時餅内有餡，後世多無。發麵、死麵者皆有。料、餡、輔料、做法多有區別，然皆隸此類。北魏賈思勰《齊民要術·餅法》："作燒餅法：麵一斗，羊肉二斤，葱白一合，豉汁及鹽熬令熟。炙之，麵當令起。"宋張端義《貴耳集》卷下："〔愚民〕再三焚香感戴，發合取食，但見兩枚火燒而已。愚民懊恨許多時，禱告，却得兩個火燒，此世所有之物。天神叱曰：'愚民不曉事，汝尋常但喫人火燒，今次喫天火燒也。'"於此知在當時爲日常食品。宋吳自牧《夢粱錄·天曉諸人出市》："有賣燒餅、蒸餅、糍糕、雪糕等點心者。"元楊顯之《臨江驛瀟湘夜雨》第四折："一個燒餅我與你些兒喫，你嫌少，没的我都與你喫了罷！"明沈榜《宛署雜記·志遺五》："嘉靖三十年北虜内犯，户部行二縣（大興、宛平）領太倉銀叁千，散給各燒餅鋪户。"清佚名《調鼎集·點心部》："燒餅：每白麵二斤，飴糖、香油各四兩，以熱水化開，糖、油打麵作餅外皮；又用純油和麵作酥，裹各種餡。"清袁枚

《隨園食單·點心單》："燒餅：用松子、胡桃仁敲碎，加糖屑、脂油，和麵炙之。以兩面煎黃爲度，面加芝麻。扣兒會做，麵籮至四五次，則白如雪矣。須用兩面鍋上下放火，得奶酥更佳。"徐珂《清稗類鈔·飲食類》："燒餅者，最普通，南北皆有之，而又最古。蓋見於《齊民要術》，所引《食經》有作燒餅法也。或有餡，或無餡，無餡者亦鹹。其表皆有芝麻，烘於火，略焦。"又："德宗喜食燒餅，太監爲購之以進，一枚須銀一兩。"今城鄉猶廣泛製作食用。河北油酥燒餅、吉林缸爐燒餅、山東周村酥燒餅多於表層敷施芝麻；河北祥記肉火燒、黑龍江肉火燒、山東肉燒餅多裹以肉餡；内蒙古對夾燒餅則於熟後切口夾入熏肉；山東糖酥火燒、江蘇黃橋燒餅均加糖，味甜。此外，北京的馬蹄燒餅、麻醬燒餅、澄沙燒餅，天津的什錦燒餅、硬麵燒餅，河南的三角油酥燒餅、抽絲火燒、空心燒餅，等等，均各具特色。

【火燒】

即燒餅。此稱宋代已行用。見該文。

【七色燒餅】

"燒餅"之一種。始見於宋代。宋周密《武林舊事·市食》："玲瓏雙條、七色燒餅、雜㸖、金鋌裏蒸、市羅餃兒。"

【黑子兒燒餅】

"燒餅"之一種。以白麵、牛奶、酥油、微炒之黑芝麻子溲和製成。始見於元代。元忽思慧《飲膳正要·聚珍異饌》："黑子兒燒餅：白麵（五斤）、牛㚥子（二升）、酥油（一斤）、黑子兒（一兩，微炒）。右件用鹽、鹼少許同和麵作燒餅。"

【牛㚥子燒餅】

"燒餅"之一種。以白麵、牛奶、酥油、微炒之茴香溲和製成。始見於元代。元忽思慧《飲膳正要·聚珍異饌》："牛㚥子燒餅：白麵（五斤）、牛㚥子（二升）、酥油（一斤）、茴香（一兩，微炒）。右件用鹽、鹼少許同和麵作燒餅。"

【復爐燒餅】

"燒餅"之一種。經兩次爐燒而成，故名。始見於明代。明高濂《遵生八牋·飲饌服食牋下》："復爐燒餅法：核桃肉退去皮者一斤，剁碎，入蜜一斤，以爐燒酥油餅一斤爲末，拌勻。捏作小團。仍用酥油餅劑包之作餅，入爐内燒熟。"清代省稱"復爐餅"。清佚名《調鼎集·點心部》："復爐餅：現成燒餅一斤搗末，加蜜一斤，胡桃仁一斤剝碎拌勻，共搓小團作餡，外用酥油餅包，入爐炙。"

【復爐餅】

"復爐燒餅"之省稱。此稱清代已行用。見該文。

【白酥燒餅】

"燒餅"之一種。發麵製，味甜。此稱明代已行用。明高濂《遵生八牋·飲饌服食牋下》："白酥燒餅方：麵一斤，油二兩，好酒醅作酵，候十分發起即用，揉令十分似芝麻糖者……每麵一斤，糖二兩，可做十六個，熯。"

【光燒餅】

"燒餅"之一種。冷水和麵，鏊上烤硬後微火燒熟。此稱明代已行用。明高濂《遵生八牋·飲饌服食牋下》："光燒餅方：燒餅，每麵一斤，入油兩半，炒鹽一錢，冷水和搜，骨魯槌研開，鏊上煿。待硬，緩火内燒熟用，極脆美。"參閱清顧仲《養小録》。

【燒餅麵棗】

"燒餅"之一種。此稱明代已行用。明韓奕《易牙遺意·爐造類》："燒餅麵棗：取頭白細麵，不拘多少，用稍温水和麵，極硬劑，再用捍杖押倒，用手逐個做成雞子樣餅，令極光滑，以快刀中腰週迴壓一豆深。鍋内熬白沙，炕熟。若麵棗以白土炕之，尤勝白沙。又捍餅着少蜜，更日不乾。"

【空殼燒餅】

"燒餅"之一種。出自清代杭州。宜夾肉。清夏曾傳《隨園食單補證·點心單》"燒餅"條下謂："吾杭之空殼燒餅，薄脆中空，夾肉最佳。今則幾成廣陵散矣。"

【雙虹樓燒餅】

"燒餅"之一品。清代揚州北門橋茶肆雙虹樓所產，有糖餡、肉餡、乾菜餡、莧菜餡等多種。清李斗《揚州畫舫録·草河録上》："雙虹樓，北門橋茶肆也……城外占湖山之勝，雙虹樓爲最，其點心各據一方之盛。雙虹樓燒餅，開風氣之先，有糖餡、肉餡、乾菜餡、莧菜餡之分。"

【杠子火燒】

"燒餅"之一種。製時以粗麵杖將生水硬麵反復用力碾壓而成。始見於清代，延及今世。《醒世姻緣傳》第八〇回："將午的時候，寄姐不在面前，童奶奶袖了幾個杠子火燒要從窗縫送進與他。"《儒林外史》第二回："厨下捧出湯點來，一大盤實心饅頭，一盤油煎的杠子火燒。"

餾餅

一種麵粉製餅。約始見於魏晋南北朝時期。《太平御覽》卷八五一引《埤蒼》："餾，膏餾

也。"《北齊書·陸法和傳》："梁人入魏，果見餾餅焉。"一說，餾爲蒸餅（即饅頭）類。《玉篇·食部》："餾……蜀人呼蒸餅爲餾。"

【焦餾】

"餾餅"之一種。火烤而成。始見於宋代。亦稱"拍頭焦餾"。宋孟元老《東京夢華録·十六日》："市人賣玉梅、夜蛾、蜂兒、雪柳、菩提葉、科頭圓子、拍頭焦餾。唯焦餾以竹架子出青傘上，裝綴梅紅縷金小燈籠子，架子前後亦設燈籠，敲鼓應拍，團團轉走，謂之'打旋羅'。"亦作"焦鎚"。宋灌圃耐得翁《都城紀勝·食店》："夜間頂盤挑架者，如鵪鶉餶飿兒、焦鎚、羊脂韭餅。"清黃遵憲《日本國志·禮俗志二·飲食》："以油煎者曰油餾，火炙者曰焦餾。"一說，"餾拍"亦焦餾。疑不確。"餾拍"亦見於《東京夢華録·十六日》一節，與焦餾相去甚近，一爲"市人"所賣，一爲"都下"出售，殆爲二物。

【拍頭焦餾】

即焦餾。因其裝點於燈架中，能和鼓拍而轉，故名。宋代已見。一作"柏頭焦餾"，謂焦餾之大者。宋陳元靚《歲時廣記·上元中·咬焦餾》引《歲時雜記》："京師上元節食焦餾，最盛且久。又大者名柏頭焦餾。凡賣餾必鳴鼓，謂之餾鼓。"見該文。

【焦鎚】

同"焦餾"。此體宋代已行用。見該文。

雞鴨子餅

用雞、鴨蛋汁油煎而成之團餅。始見於南北朝時期。北魏賈思勰《齊民要術·餅法》："雞鴨子餅：破寫甌中，少與鹽。鍋鑑中膏油煎之，令成團餅，厚二分。全奠一。"今時農家、

市肆猶常爲之，俗稱"雞蛋煎餅""攤雞蛋餅"等，用鴨子者則少見。

見風消

一種平時挂於當風處，食時經過油炸之餅。始見於唐代。因見風而消縮變薄，故名。亦稱"油浴餅"。宋陶穀《清異錄·饌羞門》："〔唐〕韋巨源拜尚書令，上燒尾食，其家故書中尚有食賬……見風消——油浴餅。"明代亦稱"風消餅"。明韓奕《易牙遺意·爐造類》："風消餅：用糯米二升，搗極細爲粉，作四分。一分作粹，一分和水作餅煮熟，和見在二分粉、一小盞蜜、半盞正發酒醅、兩塊白餳同頓鎔開，與粉餅捏作春餅樣薄皮，破不妨，熬盤上煿過，勿令焦，掛當風處。遇用，量多少入猪油中煠之。煠時用筯撥動，另用沙糖、白麵拌和得所，生麻布擦細摻餅上。又一法：只用細熟粉少許同煮，捍扯攤於篩上，曬至十分乾。凡粉一斗，用芋末十二兩。"

【油浴餅】

即見風消。此稱唐代已行用。見該文。

【風消餅】

即見風消。此稱明代已行用。見該文。

春餅

一種在熬盤上快速烙熟之薄餅。始見於唐代，時稱"春盤"。明代詳載製法：用熱水和麵，取小塊麵碾甚薄，於熬盤立翻熟。杜甫《立春》詩："春日春盤細生菜，忽憶兩京梅發時。"宋陳元靚《歲時廣記·立春》："唐《四時寶鏡》：立春日食蘆菔、春餅、生菜，號春盤。屏山先生《次韻張守立春》云：曉院簾幃卷，春盤餅餌香。"宋灌圃耐得翁《都城紀勝·食店》："夜間頂盤挑架者，如鵪鶉餶飿兒、焦鎚、羊脂韮餅、餅餤、春餅。"明宋詡《宋氏養生部》："春餅：用湯和麵，加乾麵，揉小劑，擀甚薄餅，熬盤上急翻熟。鹽水勻灑濕，新布覆之，捲同薄餅。"清富察敦崇《燕京歲時記·打春》："是日富家多食春餅，婦女等多買蘿蔔而食之，曰咬春，謂可以却春困也。"清佚名《調鼎集·點心部》："春餅：乾麵皮加包火腿肉、雞等物，或四季時菜心，油炸供客。又，鹹肉腰、蒜花、黑棗、胡桃仁、洋糖共剁碎，捲春餅切段。又柿餅搗爛，加熟鹹肉、肥條，攤春餅作小捲，切段。單用去皮柿餅切條作捲亦可。"清夏曾傳《隨園食單補證·點心單》："春餅，南方冬季爲之，至春而止。麵調薄糊，以手捻涂之，隨手攤成餅樣，翻身即熟。亦有擀成者。北人惡之，以爲不熟也。每除夕祀先，必用此物。包以肉絲爲宜。……《關中記》：'唐人於立春日作春餅，以青蒿、黃韭、蓼芽包之。'"徐珂《清稗類鈔·飲食類》："春餅，唐已有之。捶麵使極薄，煿熟，即置炒肉絲於中，卷而食之，亦有置於油中以煎之者。初爲春盤所設，故曰春餅，後則至冬即有之。"李家瑞《北平風俗類徵·歲時》："富家食春餅，備醬熏及爐燒鹽醃各肉，並各色炒菜，如菠菜、韭菜、豆芽菜、乾粉、雞蛋等，而以麵粉烙薄餅捲而食之。"（商務印書館1937年版）按，今湖北小吃所謂"春餅"者，係以餅皮包精肥猪肉丁、菇丁等，製成圓餅，蛋黃刷表，以紅瓜菜絲條連成"壽"字圖案，油鍋炸熟。與古制相去頗遠。參閱宋吳自牧《夢粱錄·葷素從食店》。

【春盤】

即春餅。此稱唐代已行用。見該文。

【雨蓮軒春餅】

　　"春餅"之一種。清代揚州名吃。清李斗《揚州畫舫録・草河録上》："城外占湖山之勝……二梅軒以灌湯包子得名，雨蓮以春餅得名。"

【韭菜春餅】

　　以韭菜爲餡料之"春餅"。此稱清代已行用。清佚名《調鼎集・蔬菜部》："韭菜春餅：韭菜切碎，細切網油，拌鹽、酒，包春餅，入脂油炸。"

大餅

　　特指一種幾間屋大的餅。吃時須切分。見於五代前蜀富豪趙雄武家。其法不傳。《格致鏡原・飲食類五・餅》引宋孫光憲《北夢瑣言》："王蜀時有趙雄武者，衆號趙大餅。累典名郡，爲一時之富豪，精於飲饌。六局之中，各有二婢執役。當厨者十五餘輩，皆著窄袖鮮潔衣装。有能造大餅，每三斗麵擀一枚，大於數間屋。或大内宴聚，或豪家有廣筵，多於衆賓内獻一枚，裁剖用之，皆有餘矣。雖親密懿分，莫知擀造之法。以此得大餅之號。"

甘露餅

　　一種油炸後澆蜜或灑糖之餅。始見於宋代，延及後世。宋吳自牧《夢粱録・葷素從食店》："江魚夾兒、甘露餅、肉油餅、菊花餅、糖肉饅頭。"元佚名《居家必用事類全集・庚集・飲食類》："甘露餅：麵一斤，上籠，紙襯，蒸過。先以油水中停攪，加餳汁，傾入麵拌和，豆粉爲粹，捍作薄餅，細攢褶兒，兩頭相唧縛住，手按開。再加粉粹，骨魯槌硏圓，油煠，控起，蜜澆，糁松仁。"明宋詡《宋氏養生部》："甘露餅：用精御糯米磨絶細，以蜜水溲團，蒸熟，

切小顆。生粉爲餕，擀薄暴燥，置沸油中煎燥。染松仁油或杏仁油，取白砂糖和薄荷葉坋摻之。"清佚名《調鼎集・點心部》："甘露餅：上白麵和酒酵、熟脂油揉捏多遍，擀餅，入脂油炸透，上灑洋糖取起，每個用紙包好，鬆而不膩。"

肉油餅

　　烤熟之肉餡餅。始見於宋代。元代始詳載製法。通以白麵、熟肉、猪羊脂、酒等按比例和好，切分擀薄包生餡，印出花樣，入爐烤熟。宋吳自牧《夢粱録・葷素從食店》："且如蒸作麵行賣四色饅頭、細餡大包子，賣米薄皮春璽……甘露餅、肉油餅。"元佚名《居家必用事類全集・庚集・飲食類》："肉油餅：白麵一斤、熟油二兩半、猪羊脂各二兩，剁碎。酒一盞，與麵同和。如硬，入羊骨髓。分作十劑，捍開包餡。用托子印花樣。入爐煿熟。筵席上，大者每分供二個，小者供四個。餡與饅頭（按，指包子）生餡同。或者供素食，蜜穰餡，棗穰亦可。"明高濂《遵生八牋・飲饌服食牋下》："肉油餅方：白麵一斤，熟油一兩。羊猪脂各一兩，切如小豆大。酒二盞，與麵搜和，分作十劑，捍開，裹精肉，入爐内煿熟。"

【花花油餅】

　　"肉油餅"之一種。此稱宋代已行用。宋孟元老《東京夢華録・中元節》："又賣轉明菜、花花油餅、餕饊、沙蹀之類。"

【肉餅】

　　肉油餅之一種。此稱明代已行用，并記載製法。明高濂《遵生八牋・飲饌服食牋下》："肉餅方：每麵一斤，用油六兩，餡子與捲煎餅同。拖盤煠，用餳糖煎色刷面。"參閲清佚名

《調鼎集・點心部》。

菊花餅

一種表皮嵌入乾菊花末之餅。始見於宋代，延及後世。宋吳自牧《夢粱錄・葷素從食店》："芙蓉餅、菊花餅、月餅、梅花餅、開爐餅、壽帶龜仙桃。"清佚名《調鼎集・點心部》："菊花餅：黃乾菊去蒂揉碎，洋糖和勻印餅。加梅滷更佳。"清代省稱"菊餅"。清朱彝尊《食憲鴻秘・餌之屬》："菊餅：黃甘菊去蒂，搗去汁，白糖和勻，印餅。加梅滷成膏，不枯可久。"時亦稱"甘菊花餅"。徐珂《清稗類鈔・飲食類》："甘菊花餅：以甘菊花拌霜糖，搗成膏，和麥粉作餅。"

【菊餅】

"菊花餅"之省稱。此稱清代已行用。見該文。

【甘菊花餅】

即菊花餅。此稱清代已行用。見該文。

旋餅

一種家常薄餅。在鍋底反復旋轉、倒過烙成，故名。始見於宋代，達於今世。宋灌圃耐得翁《都城紀勝・食店》："夜間頂盤挑架者，如鵪鶉餶飿兒……旋餅。"元楊文奎《翠紅鄉・兒女兩團圓》楔子："你若過去見了俺叔叔，只說這家私虧了韓大，我便買羊頭、打旋餅請你。"今時城鄉多有製作，以山東六角旋餅最著名。

【油鏇餅】

旋餅之一種。鏇，意同"旋"。見於清代揚州。清李斗《揚州畫舫錄・草河錄上》："而城內外小茶肆或爲油鏇餅，或爲甑兒糕，或爲松毛包子，茆檐葦門，每旦絡繹不絶。"清佚名

《調鼎集・點心部》："油鏇餅：最忌不鬆，油餅用捲，必有此病法。以上白細麵同煮肉汁和攤大餅，摻椒末，勿加油，俟捏極薄加油，油上加籮篩飛麵，輕輕捲起，摘段，以生脂油、洋糖作餡，包成小餅。鍋微火慢烙，餅上仍用手輕捺，則極鬆散，此要法也。"

【晋府千層油旋烙餅】

旋餅之一種。此稱清代已行用。亦稱"蓑衣餅"。清顧仲《養小錄》卷上："晋府千層油旋烙餅：白麵一斤，白糖二兩（水化開）。入香油四兩，和麵作劑，捍開；再入油成劑，捍開；再入油成劑，再捍。如此七次，火上烙之，甚美。"清朱彝尊《食憲鴻秘・餌之屬》"晋府千層油旋烙餅"條下自注："此即虎丘蓑衣餅也。"清佚名《調鼎集・點心部》："蓑衣餅：乾麵用冷水調，不可多揉，擀薄後捲攏再擀薄，用猪油、洋糖鋪勻，再捲攏擀薄餅，用猪油炕黃。如要鹹，用葱、椒、鹽亦可。"按，或以爲蓑衣餅，蓋"酥油餅"之音訛。清夏曾傳《隨園食單補證・點心單》"蓑衣餅"條下謂："蓑衣餅與酥油餅音相近，當即一物。然吳山之酥油餅，純用麻油起酥，兩面鬆脆，如有千層。惟近心處稍軟膩，餘則觸手紛落，摻以白糖，食之頗妙。亦有作椒鹽者。"

【蓑衣餅】

即晋府千層油旋烙餅。此稱清代已行用。見該文。

棗䭔

一種用棗肉泥和麵，復經油炸而成之餅。此稱宋代已行用。宋孟元老《東京夢華錄・東角樓街巷》："飯後飲食上市，如酥蜜食、棗䭔、澄砂團子、香糖果子、蜜煎雕花之類。"宋周

密《武林舊事·蒸作從食》："棗餬、仙桃、乳餅……胡餅。"清代稱"棗餅"。清佚名《調鼎集·點心部》："棗餅：紅棗煮熟，去皮核，入洋糖擦爛，同白麵和成餅，加水少許，如薄糊樣。鍋內先用香油燒熟，將前麵挑入鍋內，如酒鍾口大，煎兩面黃，取起任用。"

【棗餅】

即棗餬。此稱清代已行用。見該文。

煎夾子

一種油煎餡餅。始見於宋代。宋孟元老《東京夢華録·州橋夜市》："冬月，盤兔、旋炙豬皮肉、野鴨肉、滴酥水晶鱠、煎夾子、豬臟之類，直至龍津橋須腦子肉止，謂之雜嚼，直至三更。"省稱"夾子"。宋吳自牧《夢粱録·葷素從食店》："沿街巷陌盤賣點心：饅頭、炊餅及糖蜜酥皮燒餅、夾子、薄脆、油煤從食。"明代亦稱"油餀兒"。明高濂《遵生八牋·飲饌服食牋下》："油餀兒方：麵搜劑，包餡作餀兒，油煎熟。餡同肉餅法。"清佚名《調鼎集·點心部》："油餀兒：白麵少入油，用水和成，包餡作餀兒，油煎。"

【夾子】

"煎夾子"之省稱。此稱宋代已行用。見該文。

【油餀兒】

即煎夾子。此稱明清時期已行用。餀，同"夾"。見該文。

薄脆

一種又薄又脆之油炸餅。始見於宋代，延及後世。亦稱"寬焦餅""寬焦薄脆""寬焦側厚"。宋吳自牧《夢粱録·葷素從食店》："沿街巷陌盤賣點心：饅頭、炊餅及糖蜜酥皮燒餅、夾子、薄脆。"宋孟元老《東京夢華録·餅店》："胡餅店即賣門油、菊花、寬焦側厚。"宋西湖老人《西湖老人繁勝録》："薑油兩、麻脯雞、芥辣蹄、紅薑豉、粟米粥、蜜薄脆、糖瓜滏、寬焦餅。"宋周密《武林舊事·市食》："市羅餕兒、寬焦薄脆、糕糜。"《通雅·飲食》："寬焦，今之薄脆。《真珠船》曰：'今三原市賣餅，有曰側厚。按《東京夢華録》"胡餅店賣寬焦側厚"，乃知其稱有自。即《武林舊事》所謂寬焦薄脆者，今但名薄脆。'"清代亦稱"薄脆餅"。清佚名《調鼎集·點心部》："薄脆餅：蒸過麵，每斤入糖四兩、麻油五兩，水和，摘小團劑擀圓，半指厚，粘芝麻入爐炙。"清蒲松齡《日用俗字·飲食章》："上盤薄脆連甘露，擺盡乾爐見氣圓。"現今依然製作食用。廣東製法，係以麵粉、蛋清、鹼、豆腐乳、白糖、蒜茸溲和爲劑，碾薄，切作菱形片，油炸而成。北京薄脆則將治好之麵擀薄，以刀在表層劃出小口，油炸至脆。

【寬焦餅】

即薄脆。此稱宋代已行用。見該文。

【寬焦薄脆】

即薄脆。此稱宋代已行用。見該文。

【寬焦側厚】

即薄脆。此稱宋代已行用。見該文。

【薄脆餅】

即薄脆。此稱清代已行用。見該文。

【千層薄脆餅】

"薄脆"之一種。此稱清代已行用。亦稱"裹餡餅"。省稱"千層餅"。清朱彝尊《食憲鴻秘·餌之屬》："千層薄脆餅：此裹餡餅也。生麵六觔，蒸麵四觔，脂油三觔，蒸過豆粉二觔，温水和，包餡入爐。"又："裹餡餅：即千層餅也。麵與頂酥瓢同，內包白糖，外粘芝麻，入爐，要見火色。"

【裹餡餅】

即千層薄脆餅。此稱清代已行用。見該文。

【千層餅】

"千層薄脆餅"之省稱。此稱清代已行用。見該文。

糖薄脆

一種烤成圓形的小薄餅。始見於宋代。將白糖、油脂、白麵、椒鹽按比例和好，擀薄，如酒鍾口大，表層撒芝麻，入爐烘熟。成品香甜薄脆，故名。宋佚名《吳氏中饋錄》："糖薄脆法：白糖一斤四兩，清油一斤四兩，水二碗，白麵五斤，加酥油、椒鹽、水少許溲和成劑。捍薄，如酒鍾口大，上用去皮芝麻撒勻。入爐爍熟，食之香脆。"亦稱"蜜薄脆"。宋西湖老人《西湖老人繁勝錄》："粟米粥、蜜薄脆、糖瓜鏊、寬焦餅。夜市賣七寶薑粥。"參見本卷《主食說·麵餅考》"薄脆"文。

【蜜薄脆】

即糖薄脆。此稱宋代已行用。見該文。

捲煎餅

一種帶餡油煎餅。始見於元代。初爲回族食品。於薄餅內裹入果仁果肉、羊肉、葱、薑等，以油煎熟。元佚名《居家必用事類全集·庚集·飲食類》："捲煎餅：攤薄煎餅，以胡桃仁、松仁、桃仁、榛仁、嫩蓮肉、乾柿、熟藕、銀杏、熟栗、芭攬仁，已上除栗黃片切外，皆細切，用蜜糖霜和，加碎羊肉、薑末、鹽、葱調和作餡，捲入煎餅，油爍焦。"明代輔料有所減少，製法略同。明韓奕《易牙遺意·爐造類》："捲煎餅：餅與薄餅同，用羊肉二斤，羊脂一斤，或豬肉亦可，大概如饅頭（按，指包子）餡，須多用葱白或笋乾之類，裝在餅內，捲作一條，兩頭以麵糊粘住，浮油煎，令紅焦色；或只爍熟。五辣醋供。"清代亦稱"油煎䭔"。清佚名《調鼎集·點心部》："油煎䭔：脂油二斤，豬肉一斤（鷄肉亦可），配火腿、香蕈、木耳、笋，劘碎作餡，攤薄麵餅內捲作一條，兩頭包滿，煎令紅焦色，或火炙。用五辣醋供。"

【油煎䭔】[1]

即捲煎餅。此稱清代已行用。見該文。

【七寶捲煎餅】

"捲煎餅"之一種。餡用羊肉炒臊子、蘑菇、熟蝦肉、松仁、胡桃仁、白糖、薑米等七樣，故名。始見於元代。元佚名《居家必用事類全集·庚集·飲食類》："七寶捲煎餅：白麵二斤半，冷水和成硬劑，旋旋添水調作糊，銚盤上用油攤薄煎餅，包餡子如捲餅樣。再煎供。餡用羊肉炒爍（臊）子、蘑菇、熟蝦肉、松仁、胡桃仁、白糖末、薑米，入炒葱、乾薑末、鹽、醋各少許，調和滋味得所用。"

【金銀捲煎餅】

"捲煎餅"之一種。始見於元代。用蛋清、蛋黃加豆粉分別攤作煎餅，各自裹餡再煎而成，一呈金黃色，一呈銀白色，故名。元佚名《居家必用事類全集·庚集·飲食類》："金銀捲煎餅：鴨卵或鷄卵，打破，清黃另放，添水調開。加豆粉再調，攤作煎餅，包餡再煎。每分供一對，作下飯。餡炒熟。"

糖餅[1]

以糖和麵烙成之餅，或餅內夾糖餡者。我

國有"公劉作餳""唐太宗煎蔗作沙糖"之説（明張岱《夜航船·日用·飲食》）。以之爲餅，不會太晚。北魏賈思勰《齊民要術·餅法》每以蜜或棗汁入餅，也是一種糖餅。宋代的"糖薄脆"（宋佚名《吳氏中饋録》）自是"糖餅"之屬。此稱始見於元代。元佚名《異聞總録》卷一："每夜二婢秉燭，提茶瓶盞，托銀鍔漆盤，盛糖餅二枚，供過殷勤。"明代有三種製法，均含糖，稱"糖麵餅"。明宋詡《宋氏養生部》："糖麵餅：一用麵，取燃炭灰淋熱鹼水，同赤砂糖和爲小劑，緘以糖麵餡，範爲天花餅，置拖爐上熟。一緘油麵餡，擀薄，染以熟芝麻，置拖爐上熟，爲薄脆。一爲餅置拖爐上熟，糖潤之。厚積糖炒麵、薄荷末、糖香爲堆沙，以熟糖餅磨屑，積之味淡。"清代亦稱"軟鍋餅"。清袁枚《隨園食單·點心單》："糖餅：糖水溲麵，起油鍋令熱，用箸夾入，其作成餅形者，號軟鍋餅。杭州法也。"今時南北城鄉多有製作。或大或小，或薄或厚，或烙或炸，各隨其宜。

【糖麵餅】

即糖餅[1]。此稱明代已行用。見該文。

【軟鍋餅】

即糖餅[1]。此稱清代已行用。見該文。

【祭竈糖餅】

即糖餅[1]。小型。農曆臘月廿四或廿三，北方傳爲竈君升天之日，全家祭祀羅拜，冀其勿言惡事於天帝。此稱始見於明代，清時最盛，今多不行。明沈榜《宛署雜記·民風一》："每年十二月二十四日……別具小糖餅，奉竈君。具黑豆，寸草宛許，爲養馬具，群一家少長羅拜，即囑之曰：辛甘臭辣，竈君莫言。"清康熙十五年《延綏鎮志》卷一："二十三夜祀竈神用糖餅，以糖泥神口。祝曰：毋以惡事訴上帝也。"清潘榮陛《帝京歲時紀勝·祀竈》："廿三日更盡時，家家祀竈，院内立杆，懸挂天燈，祭品則羹湯竈飯、糖瓜、糖餅，飼神馬以香糟炒豆、水盂。"清富察敦崇《燕京歲時記·祭竈》："二十三日祭竈，古用黄羊，近聞内廷尚用之，民間不見用也。民間祭竈惟用南糖、關東糖、糖餅及清水草豆而已。"

【春色糖餅】

"糖餅[1]"之一種。此稱清代已行用。清佚名《調鼎集·點心部》："春色糖餅：黑芝麻去皮，炒熟杵爛，鮮薄荷杵爛去汁，紫蘇亦杵爛去汁，鮮薑去皮擠去汁，桂花擠去汁，玫瑰花擠去汁，核桃仁去皮烘乾杵爛，俱加洋糖杵匀，合印成餅。"

【内府玫瑰糖餅】

"糖餅[1]"之一種。此稱清代已行用。清佚名《調鼎集·點心部》："内府玫瑰糖餅：麵一斤，香油四兩，洋糖、開水拌匀，用製就玫瑰糖加桃仁、榛仁、杏仁、瓜仁、薄荷、小茴共研末作餡，兩面摻芝麻，印餅炕熟。"

光餅

一種烤烙而成的麵餅。大如番錢，中開一孔，貫以繩帶，可負而行。傳爲明將戚繼光閩圍平倭時所創，故名。至清，當地仍相沿製作服食。清施鴻保《閩雜記·花餅光餅》："《榕城詩話》載謝鼎臣燮《光餅歌》自注：'戚南塘平倭寇時，製以備軍行路食者。後人因其名繼光，遂以稱之。'今閩中各處皆有，大如番錢，中開一孔，可以繩貫。"清沈濤《瑟榭叢談》卷下："吾鄉乍浦市中賣餅家有光餅一種，中爲孔，穿如錢，較大，貫以紗綫，可負而行。"今時閩中製作，大抵以發酵之麵加入蘇打、精鹽後揉勻，擀作扁圓，中戳一小孔，入爐壁烤至金黃。

芋餅

以搗碎之芋頭與糯米粉製成之餅。始見於明代。明韓奕《易牙遺意・爐造類》："芋餅：生芋妳搗碎，和糯米粉爲餅，油煎。或夾糖、豆沙在內，尤妙。"清代亦稱"芋子餅"。清佚名《調鼎集・點心部》："芋子餅：生芋子去皮搗爛，和糯米粉爲餅油炸，或夾洋糖、豆沙，或用椒鹽、胡桃仁、橘絲爲餡。"

【芋子餅】

即芋餅。此稱清代已行用。見該文。

棋炒

用白麵拌和香油、芝麻製成的薄餅。形狀如棋子塊，炒熟，故名。明代用作軍中乾糧。明沈榜《宛署雜記・志遺五》："棋炒。嘉靖三十年北虜內犯，户部行二縣（大興、宛平）領太倉銀叁千，散給各燒餅鋪户，每兩上棋炒一石。其法：用白麵少和香油芝麻爲薄餅，斷爲棋子塊樣，炒熟，工部車送至行軍處所支用。"清代亦稱"棋子"。清蒲松齡《日用俗字・飲食章》："包子冷上箅子鎦，棋子炒焦就水餐。"今北京方言中有一種食品——"棋餅兒"，是"用麵粉夾芝麻鹽蒸的小圓餅"（陳剛《北京方言詞典》，商務印書館 1985 年版）。此蓋棋炒之類，不過非炒熟，乃蒸成。北方街頭有販"棋（餱）子"者，狀如圓形大象棋子，外表似點心，油酥硬皮，肉餡或糖、椒鹽、豆沙餡，蓋"棋炒"之流變。

【棋子】

即棋炒。此稱清代已行用。見該文。

椒鹽餅

以花椒粉、鹽末爲瓢料之餅。約始見於明代。明韓奕《易牙遺意・爐造類》："椒鹽餅：白麵二斤，香油半斤，鹽半兩，好椒皮一兩，茴香半兩。三分爲率，以一分純用油、椒、鹽、茴香和麵爲穰，更入芝麻粗屑尤好。每一餅夾穰一塊，捏薄入爐。"清朱彝尊《食憲鴻秘・餌之屬》："椒鹽餅：白糖二觔，香油半觔，鹽半兩，椒末一兩，茴香末一兩，和麵爲瓢，更入芝麻粗屑尤妙。每一餅夾瓢一塊，扞薄煤之。又法：湯油對半和麵作外層，內用瓢。"清佚名《調鼎集・點心部》："椒鹽餅……椒、鹽、脂油和麵，擀薄餅，乾油鍋烙熟，切餅。"

蒸餅[1]

擀麵成薄餅，蒸熟而食者。明代已見。明宋詡《宋氏養生部》："蒸餅：用酵和麵，擀爲圓薄餅，少潤以油，疊數層。俟酵肥，蒸熟，層揭之，捲同薄餅。以八寶等齏加肉條膽尤美。"今時北方多有製作。發麵、死麵均有，多加入椒鹽、麻醬等。

【榆錢餅】

"蒸餅[1]"之一種。以榆錢摻入麵內蒸成，故名。清夏曾傳《隨園食單補證・點心單》："榆錢餅：北方多榆錢，取其錢洗净，和麵加糖，蒸餅頗香。嫩榆錢之肥厚者，中有漿汁，最妙。麵不可多，多則無味。"

水餅

一種包餡爐烤之餅。見於清代。內皮以油和麵，包果餡；外皮用溫水、熱油和麵，上下包裹捏成餅，入爐烤成。清丁宜曾《農圃便覽》："水餅：用溫水熱油平兑和麵，揣至光滑爲度，作皮子。其釀止用油，不用水和麵，酌加果餡。將皮赶二次，揑成餅，包饟入爐。"
《佩文韻府·上梗》引此，"饟"作"饟"。

家常餅

日常食用之餅。製作簡單，通常不夾餡，食時佐以菜肴。此稱約始見於清代。徐珂《清稗類鈔·飲食類》："家常餅者，北人以之爲飯。食時置肴於上，捲而啖之，大率爲炒裹肌絲或攤黄菜。炒裹肌絲者，縷精豬肉成絲，加以韭芽、木耳而炒之也。攤黄菜者，以鷄蛋之黄白攪和而炒之，其色黄，盛於盤，略如荷葉。"

【盲公餅】

"家常餅"之一種。出於清代廣州某瞽者。徐珂《清稗類鈔·飲食類》："盲公餅出廣州。以昔有一瞽者，製餅以致大富，後人因取'盲公'二字以爲之名。"

【老婆餅】

"家常餅"之一種。出於清代廣州。傳因賣掉老婆購此餅食之，故名。徐珂《清稗類鈔·飲食類》："廣州有餅，人呼之爲老婆餅。蓋昔有一人，好食此餅，至傾其家，後復鬻其妻購餅以食之也。以梁廣濟餅店所售者爲尤佳。"

【姑嫂餅】

"家常餅"之一種。出於清代浙江平湖。爲姑嫂所創，因名。清夏曾傳《隨園食單補證·點心單》："姑嫂餅：平湖出產也。相傳以姑嫂二人創始，故名。製與擦酥相似。"

【薄鍋餅】

"家常餅"之一種。見於清代。擀開和好之麵，加入糖、油，揉起再擀開，再加油、糖。反覆數次，於鍋中烙熟。清佚名《調鼎集·點心部》："薄鍋餅：白麵和稠，擀大等片，生脂油去衣，劙如醬，攤上一層，灑洋糖一層。捲疊如圈，擀開再捲。再加脂油洋糖，如此三五遍，入鐵鍋炕鬆而得味。"近代亦稱"鍋餅"。可以發麵爲之。胡樸安《中華全國風俗志》下篇卷二："用發麵作寸許厚餅烙之，謂之鍋餅。"

【鍋餅】

即薄鍋餅。此稱多行用於近現代。見該文。

熝餅

一種在鍋底烤熟的家常餅。始見於清代，延及今世。多見於北方農家。通常以玉米麵，和以碎菜椒鹽，水調至成團而不硬，薄攤鍋底，細火烘烤，至底部金黄而不焦爲度。形制可大可小，與鍋底同呈凹形，底部略厚，愈外愈薄。食之香脆可口。亦作"𤋐餅""呼餅"。清佚名《莊農日用雜字》："燒湯泡乾飯，熝餅也休嫌。"《醒世姻緣傳》第五二回："素姐攔住房門，舉起右手，望著狄希陳左邊腮頰盡力一掌，打了呼餅似的一個焌紫帶青的傷痕。"清蒲松齡《日用俗字·器皿章》："米秕掃去炑（烙）𤋐餅，細米不用溇水漿。"

【𤋐餅】

同"熝餅"。此體清代已行用。見該文。

【呼餅】

同"熝餅"。此體清代已行用。見該文。

【攤牺】

"熝餅"之屬。江南農家於立夏采野菜，和以米粉，煎烤而成。見於清代。清張春華《滬城歲事衢歌》："立夏日，剪野菜，有所謂草子頭者。磨米作牺，入草子頭煎之，味甚香脆，名攤牺。"

餺 饠

餺饠

主食。初指以肉、蔬、果爲餡之餅類食品或糕餌；後音切音轉作"波波""饃饃"，爲饅頭、窩頭、水餃、點心等麵食之總稱。或謂其稱始見於南北朝時期。《玉篇・食部》："餺，餺饠，餅屬。"然通行之今本《玉篇》，屢經唐孫强、宋陳彭年等人損益，已非其真。考清季黎庶昌、羅振玉於日本訪得原本《玉篇零卷》，兩種《食部》皆完整，部下并記"凡一百卌四字"，字頭均與所記相合，字形、字次兩種全同（僅一二字有別），然兩種皆不見字頭"餺""饠"，故知今本"餺""饠"字，爲唐宋人所加。則"餺饠"之稱，非始於南北朝，而始於唐代。此説尚有兩點依據。其一，北魏賈思勰《齊民要術》一書與《玉篇》產生時代接近，内有《餅法》一節，其所謂餅，包括"白餅""燒餅""髓餅""粲""膏環""鷄鴨子餅""蝎子""餢飳""水引""餺飥""碁子麵""豉麵""粉餅""豚皮餅"等，均詳載其名目及製法。"餺饠"通釋爲"餅屬"，如其確實出現於南北朝，則賈書應加記載，然書中衆餅林立，獨不見"餺饠"之名，推想最大的可能是餺饠尚未出現，故賈書闕載。其二，從唐代開始，字書及文獻當中"餺饠"之名就常見不鮮（詳下），時人將其名字補入《玉篇》是很自然的。在唐宋時期，餺饠頗具影響。不少字書記錄了這一食目。唐慧琳《一切經音義》卷三七解"餕餅"爲"餺饠之類"，《類篇・食部》《集韻・入質》記載與今本《玉篇》同。《廣韻・入質》亦有記載，作"餺，餺饠，餌也"。唐代亦作"畢羅"。

或據此推斷此食原出蕃中畢氏羅氏，因其好食，遂以爲稱。疑不確。唐段成式《酉陽雜俎》："忽見長興店子入門，曰：'郎君與客食畢羅，計二斤，何不計直而去也？'"唐李匡乂《資暇集》卷下："畢羅者，蕃中畢氏羅氏好食此味。今字從食，非也。"宋黄朝英《緗素雜記》承其説，謂"蕃中畢氏羅氏好食此味，因謂之畢羅"。唐代出現"天花餺饠""櫻桃餺饠""蟹餺饠"等此類食品，宋代則出現"苦蕒餺饠""太平畢羅"等（詳後）。後世蓋依據這些食目，稱"餺饠，有餡者"（《通雅・飲食》）、"用麵爲之，中有餡"（《正字通・食部》）。唐代始音轉爲"脯脯"。唐盧仝《寄男抱孫》詩："添丁郎小小，別吾來久久，脯脯不得喫，兄兄莫撚搜。"脯脯，據後代相關稱謂考訂，當指麵食，與"餺饠"義相關而有別。到元代，"脯脯"又音轉作"波波"，"波波"又轉作"磨磨"。當時此類稱謂行用很廣，説明此麵食在日常生活中占有重要地位。"波波"亦作"饗饗"，"磨磨"亦作"麿麿""饝饝"。元佚名《馮玉蘭夜月泣江舟》第一折："等我買幾個波波來吃咱。"元孫仲章《河南府張鼎勘頭巾》第三折："兩次草錢都不與，剛剛吃得一個大饗饗。"元劉庭信《醉太平・憶舊》曲："白肉麵番做了糠磨磨，軟羊羹變做了齏和和。"（見明張禄《詞林摘艷》卷一）元佚名《隔江鬥智》第三折："我們荆州一個低錢買個大麿麿。"元楊顯之《鄭孔目風雪酷寒亭》第二折："你兩個且起去，揩了淚眼，我買饝饝你吃。"稱謂的這一轉變，據明清學人的考訂，"餺饠"反切爲"波"，"波"與"磨"

叠韵，遂稱作"波波""磨磨"。清翟灝《通俗編·飲食》："《升庵外集》：'饆饠，今北人呼爲波波，南人謂之磨磨。'按，'波'當'饆饠'二字反切。"《畿輔通志·方言》："波即'畢羅'之合聲，'波''磨'疊韻字，故或呼爲磨磨。""磨磨"音轉作"窩窩"，特指一種形如圓錐體、有頭有座的麵食。《金瓶梅詞話》第七回："婦人與了他一塊糖、十個艾窩窩。"清代"波波"亦作"餑餑"，當時可稱水餃爲"煮餑餑"。清姚元之《竹葉亭雜記》："〔波波〕今京中書爲餑餑，有硬麵餑餑、發麵餑餑、杠子餑餑……又新歲用水煮食若南人所謂餃子者，曰煮餑餑。"清代"波波"亦作"餶餶""餺餺"，"磨磨"亦作"饃饃""饝饝"。亦省稱"饃"。《清朝野史大觀·清朝藝苑·餑餑狀元》："姜作五言獻贈云：'……木下還生子，蟲邊更著番，一般難學處，三十六餑餑。'……〔李蟠〕廷試，懷麵餅三十六枚，餐之至盡。餑餑，都下方言也。"清唐訓方《里語徵實》："〔南方〕凡米麵食皆謂饃饃，猶北人之謂餺餺也。"但南稱"饃饃"、北稱"餺餺"，此說也不絕對。同在北方，亦有此稱"波波"，彼稱"饝饝"，參互交錯者。《畿輔通志·卹政三》："畿輔謂饝饝，順天稱波波。"清逷盧《童子軍·旅宿》："三百青銅錢一飯，蒸饝燒餅韭和芹。"時"波波"可特指餅、饅頭、點心及水餃等，亦可泛指米麵食品。清方外山人《談徵》："京師及河南人謂餅（麵餅）曰饝饝。"民國二十三年修《井陘縣志料·方言》："邑人稱饅頭爲饝饝。"清內廷設"餑餑房"，營造各種麵食糕點（見《大清會典事例·內務府二三》）。清吳振棫《養吉齋叢錄》卷二四："餑餑房製各種餅餌，有松餅、五色

番餡餅、五色梅花酥、五色小印子霜、五色玉露霜、蜂蜜印、鷄蛋印子、紅餡點子、紅白撒（饊）子、芝麻酥。"水餃亦稱"餑餑"（清富察敦崇《燕京歲時記·元旦》），清俞正燮《癸巳存稿》稱水餃爲"湯餑餑"（參見本卷《主食説·餃子考》"餃子"文）。今時北方通稱"餑餑"，家常麵食之外，名品則有北京的"奶餑餑""墩餑餑"，吉林的"片餑餑"，滿族的"葉子餑餑""搓條餑餑""螺螄餑餑"等。南方通稱"饃饃"。《四川方言詞典》《成都話方言詞典》均收"饃饃"。《成都方言詞典》（江蘇教育出版社1998年版）如是訓釋："饃饃，用米粉、麵粉等蒸成或煎製成的塊狀食物：玉米饃饃，紅苕饃饃，灰麵饃饃。"《東北方言詞典》《簡明東北方言詞典》《關東方言詞彙》《黑龍江方言詞典》《北京方言詞典》《昌黎方言志》等於此則不載。"餑餑"很少單稱，"饃饃"則經常單稱。如河南的"五輦壯饃""油烙饃""大花饃"，山東的"開花小饃""虎頭饃""盍饃"，甘肅的"圓鍋子饃""棗兒甜饃"，安徽的"夾沙蝴蝶饃"，青海的"焜鍋饃"，寧夏的"孔饃"，陝西的"花饃""羊肉泡饃""石子饃"，山西的"無鹼蒸饃"等。或説，"饆饠"與粔籹、膏環、環餅、寒具爲一物，即今饊子（見《通雅·飲食》）。又説，"饆饠"是波斯文pilow的音譯，自波斯傳入中國的一種"抓飯"（見向達《唐代長安與西域文明》，河北教育出版社2001年版）。又説，餑餑前身爲古代八珍之一"淳母"。《格致鏡原·飲食類五·饆饠》引《名義考》："京師人謂餅曰饝饝，當爲母母。《禮》八珍：淳母，煎醢加黍上，沃以膏者是也。"鄭玄注："母讀曰模。"按，"模模"與"母母""饝饝"

聲近，然“䵃䵃”恒叠呼，“母”單稱，且與
“淳”連讀爲名。又此食係將煎熬之醬醯置於
黍飯之上，復澆油而成，與溲麵合成之餅相去
頗遠，疑不妥。又説，果蠃“轉之爲餺飥，北
方呼波波也”（清程瑤田《果蠃轉語記》）。按，
果蠃爲圓形實體之物，餺飥有相似之處，故聲
轉義異，此可取之處；但“餺飥”與後代“餑
餑”，畢竟有相異之處，把二者完全等同，似欠
妥。

【畢羅】

　　同“餺飥”。此體唐代已行用。見該文。

【餔餔】

　　即餺飥。此稱唐代已行用。見該文。

【波波】

　　即餺飥。此稱元代已行用。見該文。

【餈餈】

　　即餺飥。此體元代已行用。見該文。

【磨磨】

　　即餺飥。此稱元代已行用。見該文。

【䵃䵃】

　　即餺飥。此體元代已行用。見該文。

【饝饝】

　　即餺飥。此體元代已行用。見該文。

【窩窩】

　　“餺飥”之屬。蓋由“磨磨”音轉而成。此
稱明代已行用。見該文。

【餑餑】

　　即餺飥。此體清代已行用，相承至今。按，
清姚元之《竹葉亭雜記》徑謂“餑餑，古之餺
飥也”。據乾隆四十四年（1779）及嘉慶二十五
年（1820）《駕幸熱河哨鹿節次照常膳底檔》
載，二帝食用有“匙子餑餑”“爐花餑餑”“奶

油餑餑”“澄沙餑餑”“酥餑餑”等。其時有所
謂“滿洲餑餑”（清富察敦崇《燕京歲時記》），
亦此類。清李化楠《醒園錄》卷下詳載有“做
餑餑法”。其法爲：“上好乾白麵一斤，先取起
六兩，和油四兩（極多用至六兩，便爲頂高餑
餑），同麵和作一大塊，揉得極熟。下剩麵十
兩，配油二兩（多至三兩），添水下去，和作
一大塊，揉勻。纔將前後兩麵，合作一塊，攤
開，再合再攤。如此十數遍，再作小塊子攤開，
包餡，下爐熯之，即爲上好餑餑。又法，每麵一
斤，配油五六兩，加糖，不下水，揉勻作一塊，
做成餅子，名一片瓦。又法，裏面用前法半油半
水相合之麵，外再用單水之麵，薄包一重，酥而
不破。其餡料，用核桃肉，去皮研碎半斤，松
子、瓜子二仁各二兩，香圓絲、橘餅絲各二兩，
白糖板油（如入飴糖，即不用板油矣）。”又：
“做滿洲餑餑法：外皮，每白麵一斤，配猪油四
兩，滾水四兩，攪勻，用手揉，至越多越好。內
面，每白麵一斤，配猪油半斤（如覺乾些，當再
加油），揉極熟，總以不硬不軟爲度，纔將前後
二麵，合成一大塊，揉勻，攤開，打捲，切作小
塊，攤開包餡（即核桃肉等類），下爐熯熟。”參
見本卷《主食説・麵餅考》“餺飥”文。

【餑餑】

　　即餺飥。此體清代已行用。見該文。

【餺餺】

　　即餺飥。此體清代已行用。見該文。按，
時夾肉而食。參閱清夏曾傳《隨園食單補
證・點心單》。

【饃饃】

　　即餺飥。此體清代已行用。今時多沿用。
見該文。

【饆饠】[1]

即饆饠。此體清代已行用。見該文。

【饠】

即饆饠。此稱清代已行用。今時多作"饃"。見該文。

【天花饆饠】

"饆饠"之一種。蓋以天花爲輔料製成。此稱唐代已行用。天花，即今蘑菇。宋陶穀《清異録》載唐韋巨源《燒尾食單》内有"天花饆饠"。《古今圖書集成·食貨典·飲食部》亦引作"天花饆饠"，蓋字訛。

【櫻桃饆饠】

"饆饠"之一種。蓋以櫻桃爲輔料製成。此稱唐代已行用。唐段成式《酉陽雜俎·酒食》："韓約能作櫻桃饆饠，其色不變。"

【蟹饆饠】

"饆饠"之一種。以蟹肉及黄調入五味，細麵包裹而成。《太平御覽》卷九四二引唐劉恂《嶺表録異》："赤母蟹殼内，黄赤膏如鷄鴨子黄，肉白，以和膏，實其殼中，淋以五味，蒙以細麵，爲蟹饆饠。"按，《嶺表録異》《四庫全書》本"蟹饆饠"作"蟹饆"，《叢書集成初編》本作"蟹飥"。疑有誤。不過，從宋高似孫《蟹略》收有"蟹饆饠"看，似上有所承。

【苦蕒饆饠】

"饆饠"之一種。以苦菜、苦蕒爲輔料製作。此稱唐代已行用。宋孫光憲《北夢瑣言》卷三："唐劉僕射崇龜，以清儉自居，甚招物論。嘗召同列餐苦蕒饆饠，朝士有知其矯，乃潛問小蒼頭曰：'僕射晨餐何物？'"

【太平畢羅】

"饆饠"之一種。太平，蓋吉祥語。此稱宋代已行用。宋陸游《老學庵筆記》卷一："集英殿宴金國人使，九盞……太平畢羅。"

餢飳[1]

油炸餅。晋代已見。晋束晳《餅賦》："劍帶案盛，餢飳髓燭。"南北朝時期亦作"餢餘""餢飳"。詳載製法。北魏賈思勰《齊民要術·餅法》："餢餘……乾劑於腕上手挽作，勿著勃。入脂浮出，即急翻，以杖周正之，但任其起，勿刺令穿。熟乃出之，一面白，一面赤，輪緣亦赤，軟而可愛。久停亦不堅。若待熟始翻，杖刺作孔者，洩其潤氣，堅硬不好。"唐段公路《北户録·食目》引北齊顔之推云："今内國餢飳，以油蘇煮之。"《玉篇·麥部》："餢飳，餅也。"唐皇甫枚《三水小牘》："存（陸存）微服將遁，爲賊所虜。其酋問曰：'汝何等人也？'存紿之曰：'某庖人也。'乃令溲麵煎油作餢飳者，移時不成。"唐慧琳《一切經音義》卷三七："餢飳，此油餅，本是胡食，中國效之，微有改變，所以近代亦有此名。"宋代稱"油餅"。宋袁褧《楓窗小牘》卷下："舊京工伎，固多奇妙，即烹煮槃案，亦復擅名，如……鄭家油餅、王家乳酪。"宋孟元老《東京夢華録·餅店》："凡餅店有油餅店，有胡餅店。若油餅店，即賣蒸餅、糖餅、裝合、引盤之類。"一說，油餅爲油煎餅。按，依此説則非油炸而成。今時所謂油餅，或厚或薄，或圓或方，中間多刀鑽小口，以期炸透，大體與賈氏"餢餘"相合。

【餢餘】[1]

同"餢飳[1]"。此體南北朝時期已行用。見該文。

【麲麭】

同"餶飿[1]"。此體南北朝時期已行用。見該文。

【油餅】

即餶飿[1]。此稱宋代已行用。見該文。

【油果】

"餶飿[1]"之俗稱。即油炸圓餅或方餅，皆香脆如果，薄者尤酥爽。始見於宋代。因蘇軾赴宴時曾問以"爲甚酥"，故又以爲名。元代稱"油果兒"。清代稱"油炸果"。今時北方俗稱"油炸果子"，省稱"果子"。清汪汲《事物原會・酥》引宋周紫芝《竹坡詩話》："東坡在黃州時，常赴何秀才會，食油果甚酥，因問主人此名爲何，主人對以無名。東坡又問：'爲甚酥？'坐客皆曰：'是可以爲名矣。'"元佚名《長生會》第三折："我如今洗了心，伏侍着上八洞神仙，他都去茶食衖衕買油果兒喫去了。"清文康《兒女英雄傳》第二三回："敢則城裏頭的孩兒長這麽大，頭一回纔嚐着甜漿粥、炸糕、油炸果，倒很愛吃。"

【爲甚酥】

即油果。此稱宋代已行用。見該文。

【油果兒】

即油果。此稱元代已行用。見該文。

【油炸果】

即油果。此稱清代已行用。見該文。

【油條】

"油果"之屬。成食呈雙條并排狀，係由兩股麵段絞合炸成。據杭州傳說，南宋奸佞秦檜夫婦謀害岳飛後，民衆恨之入骨，遂以此形類比二奸，炸食以舒其憤，民俗遂有"油炸檜"之稱。統言之，油條亦稱油果；析言之，則油果多爲圓形、方形，油條則爲條狀。"油炸檜"之傳說久遠，"油條"之稱見於清代。當時尚有"油粿""油灼膾""油灼粿""灼粿"等稱。清劉鶚《老殘游記》第二回："園子裏面，頂著籃子賣燒餅、油條的有一二十個。"清施鴻保《閩雜記・油粿》："閩人所稱油粿，吾鄉之油灼檜也……福州人亦稱油灼粿，興化人則但稱灼粿。"

【油粿】

即油條。粿，同"果"。此稱清代已行用。見該文。

【油灼膾】

即油條。灼，"炸"之音轉。膾，殆"檜"之字誤，後音亦訛。即俗之"油炸檜"。此稱清代已行用。見該文。

【油灼粿】

即油條。此稱清代已行用。見該文。

【灼粿】

即油條。此稱清代已行用。見該文。

【油灼檜】

即油條。此稱清代已行用。徐珂《清稗類鈔・飲食類》："油灼檜，點心也，或以爲肴之饌附屬品。長可一尺，捶麵使薄，以兩條絞之爲一，如繩，以油灼之。其初則肖人形，上二手，下二足，略如乂字。蓋宋人惡秦檜之誤國，故象形以誅之也。"

月　餅

月餅

一種圓形、硬皮、帶餡，表層多有圖案的糕餅。中秋佳節賞月、食月餅是我國習俗。此習俗約始於宋代以後。宋代始見此食，宋周密《武林舊事·蒸作從食》、宋吳自牧《夢粱録·葷素從食店》皆出現"月餅"，但當時賞月非必食此。宋陳元靚《歲時廣記·中秋》記載前代及當時"觀江濤""泛夜舟""結綵樓""賞雲海""拾桂子""築高臺""奏鼓樂"等等諸多活動，無食月餅之舉。宋孟元老《東京夢華録》與周密《武林舊事》各有《中秋》一節，分記北宋都城汴梁、南宋都城臨安盛況，亦無此舉。《夢粱録·中秋》一節記述臨安活動，言及"富家巨室""鋪席之家""貧窶之人"諸多喜慶之舉，亦不曾言食此。至明代，南北民間始以之饋遺親朋，賞月食用，取團圓吉利之義。形制有大有小，有裹餡及純麵，有自製與坊作，巧名異狀，不勝枚舉，至有一餅值數百錢者。明沈榜《宛署雜記·民風一》："八月饋月餅。士庶家俱以是月造麵餅相遺，大小不等，呼爲月餅。市肆至以果爲餡，巧名異狀，有一餅值數百錢者。"明田汝成《西湖游覽志餘·熙朝樂事》："八月十五日謂之中秋，民間以月餅相遺，取團圓之義。"至清代，有關飲食專著開始記載一些名品的製法，如"劉方伯月餅""花邊月餅""水晶月餅""素月餅"等。今時月餅，餡料、形制、品名皆非往時可比。以餡料言，有奶油、棗泥、蓮蓉、五仁、果脯、豆沙、青絲玫瑰、火腿等；以形制言，有硬皮、酥皮，有印花、貼花，有圓有方，大者徑尺，金盒溢彩，小者如鏡，紙裝輝煌。款式則有廣式、蘇式、京式、潮式、寧式、滇式等。四方交流，各展風姿，一地恒達上百種，使佳節氣氛愈加濃重。

【團圓餅】

即月餅。爲中秋節食後所餘，妥善存放，待除夕舉家團圓時再食，故名。此稱明清時期已行用。《明宮史·火集》："〔八月〕至十五日，家家供月餅、瓜果，候月上焚香後，即大肆飲啖，多竟夜始散席者。如有剩月餅，仍整收於乾燥風涼之處，至歲暮闔家分用之，曰團圓餅也。"清富察敦崇《燕京歲時記·月餅》："至供月月餅到處皆有。大者尺餘，上繪月宮蟾兔之形。有祭畢而食者，有留至除夕而食者，謂之團圓餅。"按，宋代婚嫁，男家所送聘禮有"團圓餅"，寓夫婦和美義（見宋吳自牧《夢粱録·嫁娶》），與此同名異實。參閱明劉若愚《酌中志·飲食好尚紀略》。

【劉方伯月餅】

"月餅"之一種。出自清代山東劉姓官員家廚。皮餡考究。清袁枚《隨園食單·點心單》："劉方伯月餅：用山東飛麵作酥爲皮，中用松仁、核桃仁、瓜子仁爲細末，微加冰糖和猪油作餡。食之，不覺甚甜而香鬆柔膩，迥異尋常。"

【花邊月餅】

"月餅"之一種。大如碗口。出於清代某縣令家廚。以其四邊呈菱花樣，故名。清袁枚《隨園食單·點心單》："花邊月餅：明府家製花邊月餅，不在山東劉方伯之下。余常以轎迎其女廚來園製造，看用飛麵拌生猪油，千團百搦，纔用棗肉嵌入爲餡，裁如碗大，以手搦其四邊菱花樣；用火盆兩個，上下覆而炙之。棗不去皮，取其鮮也；油不先熬，取其生也。含之上口而化，甘而不膩，鬆而不滯，其功夫全在搦中，愈多愈妙。"

【水晶月餅】

"月餅"之一種。見於清代。先將餡蒸熟，後裹餅印花爐烙。清佚名《調鼎集・點心部》："水晶月餅：上白細麵十斤，以四斤用熟猪油拌勻，六斤用水略加脂油拌勻，大小隨意作塊，用拌圓捲，復擀成餅，加生脂油丁、胡桃仁、橙絲、瓜仁、松仁、洋糖同蒸。加熟乾麵拌勻作餡，包入餅內，印花，上爐烙。分劑時，油

麵少用，水麵多。"

【素月餅】

"月餅"之一種。見於清代。製法同水晶月餅，衹是用香油，不用葷油，故名。清佚名《調鼎集・點心部》："素月餅：先以瓦器貯香油，埋土中一二日，不用脂油。餘法同前。"

【酥餅】 [2]

"月餅"之一種。"酥皮月餅"之省稱。見於近代。胡樸安《中華全國風俗志》下篇卷七：〔月餅〕有酥皮、硬皮二種……酥皮者曰酥餅。酥皮餅其皮爲多數極薄層疊，富於脂油，作紅黃白赭諸色。"

饊　子

粔籹

油炸食品。即今饊子。以蜜溲和米粉，將麵段扯成八寸許條，兩端相就，彎成環狀，油煎而成，故亦稱"膏環"。始見於戰國時期。《楚辭・招魂》："粔籹蜜餌，有餦餭些。"王逸注："以蜜和米麵熬煎作粔籹。"魏晋時期字亦作"粔粔"，亦稱"膏糧果"。《一切經音義》卷三四引晋葛洪《字苑》："粔粔，膏糧果也。"南北朝時期載其製法頗詳。北魏賈思勰《齊民要術・餅法》："膏環，一名粔籹。用秫稻米屑，水蜜溲之，强澤如湯餅麵。手搦團，可長八寸許，屈令兩頭相就，膏油煮之。"宋時吳中方言稱"米果"。宋陸游《初夏》詩："白白餈筒美，青青米果新。"自注："吳中名粔籹爲米果。"明徐渭《張母八十序》："而太君者，與其太公竝拊而憐愛之，至則唉以粔籹餦餭，或出果餌入袖中戲劇。"

【粔粔】

同"粔籹"。粔，"籹"之俗字。此體魏晋時期已行用。見該文。

【膏糧果】

即粔籹。此稱魏晋時期已行用。見該文。

【膏環】

即粔籹。此稱南北朝時期已行用。見該文。

【米果】

即粔籹。方言稱謂。此稱宋代已行用。見該文。

【寒具】

即粔籹。此稱始見於漢代。後人解爲寒食禁烟所食用，故名。《周禮・天官・籩人》"朝事之籩，其實麷、蕡"漢鄭玄注引鄭司農云："朝事，謂清朝未食，先進寒具口實之籩。"時亦稱"餲"。《太平御覽》卷八六〇引漢服虔《通俗文》："寒具謂之餲。"南北朝時期稱"細環

餅""環餅"，載有製法。北魏賈思勰《齊民
要術·餅法》："細環餅……環餅，一名寒具。"
又："皆須以蜜調水溲麵；若無蜜，煮棗取汁；
牛羊脂膏亦得；用牛羊乳亦好，令餅美脆。"宋
代亦作"饊餅"。宋陳元靚《歲時廣記·寒食》：
"設饊餅。《尚書故實》：《晋書》中有飯食名寒
具者……是今所謂饊餅也。桓玄嘗或陳法書名
畫請客，有食寒具不濯手而執書畫，因有涴。
玄不懌，自是會客不設寒具。"明李時珍《本草
綱目·穀四·寒具》："冬春可留數月，及寒食
禁烟用之，故名寒具。"又："環餅，象環釧形
也……林洪《清供》云：寒具，捻頭也。以糯
粉和麵，麻油煎成，以餳食之。可留月餘，宜
禁烟用。觀此，則寒具即今饊子也。以糯粉和
麵，入少鹽，牽索紐捻成環釧之形，油煎食之。
劉禹錫《寒具》詩云：'纖手搓成玉數尋，碧油
煎出嫩黄深。'"

【餲】
　　即寒具。此稱漢代已行用。見該文。

【細環餅】
　　即寒具。此稱南北朝時期已行用。因由細
麵條環繞炸成，故名。見該文。

【環餅】
　　即寒具。此稱南北朝時期已行用。見該文。

【饊餅】
　　即寒具。殆"環餅"之音近而訛。此稱宋
代已行用。見該文。

【饊子】
　　即粔籹。饊，同"散"。因環狀鬆寬，易消
散，故名。魏晋時期亦稱"籹粔""粔饊""粔
籹""擐餅""捻頭"。《廣雅·釋器》："籹粔，
粔饊也。"清厲荃《事物異名錄·飲食》："《廣

雅》謂之粔籹，今通名饊子。"宋吳坰《五總
志》："干寶《司徒儀》曰：祭用粔籹。晋制呼
爲擐餅，又曰寒具，今曰饊子。"宋吳自牧《夢
粱錄·天曉諸人出市》："冬天賣五味肉粥、七
寶素粥，夏月賣義粥、饊子、豆子粥。"明李時
珍《本草綱目·穀四·寒具》："錢乙方中有捻頭
散，葛洪《肘後》有捻頭湯。"明代音轉作"饊
枝"。清代亦稱"纅餅""饊子"。明劉侗、于
奕正《帝京景物略·春場》："〔十二月三十日〕
懸先亡影像，祀以獅仙斗糖、麻花、饊枝，染
五色葦架竹罩陳之。"清桂馥《札樸·覽古·寒
具》："粔籹，纅餅也，即今寒具。"清夏曾傳
《隨園食單補證·點心單》："饊子：揉麵成絲，
連其兩端，以油灼之，入口鬆脆。"徐珂《清
稗類鈔·飲食類》："饊子：以糯粉和麵，牽索
紐捻，成環釧之形，油煎食之，謂之饊子。古
曰寒具，亦曰環餅。"一說，粔籹，饊飯。參
閱宋莊綽《雞肋編》卷上。

【籹粔】
　　即饊子。此稱魏晋時期已行用。見該文。

【粔饊】
　　即饊子。此稱魏晋時期已行用。見該文。

【粔籹】
　　即饊子。此稱魏晋時期已行用。見該文。

【擐餅】
　　即饊子。此稱魏晋時期已行用。見該文。

【捻頭】
　　即饊子。此稱魏晋時期已行用。搓捻其頭
而團爲一體，故名。見該文。

【饊枝】
　　即饊子。此稱明代已行用。見該文。

【饊餅】

即饊子。此稱清代已行用。見該文。

【蝎餅】

即粔籹。因形狀頭大尾細，如同蝎子，故名。始見於漢代。《釋名・釋飲食》："蒸餅、湯餅、蝎餅、髓餅、金餅、索餅之屬，皆隨形而名之也。"至南北朝時期亦稱"截餅""蝎子"，詳載製法。北魏賈思勰《齊民要術・餅法》："截餅一名蝎子……截餅純用乳溲者，入口即碎，脆如凌雪。"按，《齊民要術》粔籹、環餅、截餅分載其製法，殆大同而小异。《通雅・飲食》則認爲同物异名。明李時珍《本草綱目》實際上也是如此。他把粔籹、環餅視同一物，未言截餅（蝎子）；但他列入"餲"，"餲"即可指蝎子。日本《和名類聚抄》卷四引《四聲字苑》云："餲餅，煎麵作蝎蟲形也。"今時粔籹，有麵粉製，有米粉製，有甜有鹹，形狀各异，總稱饊子。

【截餅】

即蝎餅。此稱南北朝時期已行用。見該文。

【蝎子】

即蝎餅。此稱南北朝時期已行用。見該文。

【饊花】

即粔籹。此稱清代已行用。亦稱"油饊"。

清佚名《調鼎集・點心部》："饊花：上細白麵、洋糖拌勻，用鷄蛋清、脂油加開水爲劑，切花切片，麻油炸。"清蒲松齡《日用俗字・飲食章》："油饊霜熟兼五色，糖食酥餅亦多般。"

【油饊】

即饊花。此稱清代已行用。見該文。

【麵環】

"粔籹"之屬。即今俗稱"麻花"者。因以麵紐作繩環狀，故名。此稱清代已行用。亦稱"麻餷""麻華"。時有"麵筒"，亦此類食品。清郝懿行《證俗文》："《楚辭・招魂》'粔籹蜜餌'王逸注：'言以蜜和米麵熬煎作粔籹。'……其類又有麵筒、麵環之屬。"原注："麵環者，亦糾之如三股繩，皆和餳油煎，俗呼麻餷、麻華也。"今時麻花，以天津"桂發祥"所產最著名，有長三尺許者。

【麻餷】

即麵環。因以糖和麵，成品外敷細碎芝麻，故名。此稱清代已行用。見該文。

【麻華】

即麵環。因外敷芝麻，環狀如華（花），故名。此稱清代已行用。見該文。

【麵筒】

"麵環"之類。此稱清代已行用。見該文。

第二節　湯餅考

湯餅，主食之一種。通常把和好之麵加工作細長條形（或片、塊等），復經水煮即成。食時可佐以菜肴或調料。由於製作簡便，四時皆宜，口感頗佳，故此成爲大衆常用主食，很受歡迎。

湯餅之出現，與古代煮食關係最爲密切。煮食是製作熟食的重要途徑之一。煮魚、肉、菜及把麵屑煮成粥，均較生食易於消化，富於營養，能强壯體質。將麵屑略作加工，再煮之於沸湯之中即成湯餅。

2002 年 4 月，青海民和喇家新石器時代遺址中發現了一碗小米製作的麵條，十分精細，據今約有四千年歷史。既有精細的小米麵條，片、塊等麥粉製作的湯餅，亦當早已產生，因麥麵的延伸性更强於小米麵。

漢代始見"湯餅"之稱。《釋名·釋飲食》："餅，并也，溲麵使合并也……蒸餅、湯餅、蝎餅、髓餅、金餅、索餅之屬，皆隨形而名之也。"此時湯餅，所指範圍仍很廣："凡以麵爲食，煮之皆爲湯餅。"（《格致鏡原》卷二五引宋吳處厚《青箱雜記》）

晋代，湯餅影響逐步擴大，因而藝術作品中開始對它的用料、加工、形態、作用等進行生動描繪。晋束晢《餅賦》："玄冬猛寒，清晨之會，涕凍鼻中，霜凝口外，充虛解戰，湯餅爲最……重羅之麵，塵飛白雪，膠黏筋靭，溢液濡澤。肉則羊膀豕脇，脂膚相半；頖若蜿首，珠連礫散；薑枝葱本，萃縷切判，辛桂挫末，椒蘭是灑；和鹽漉豉，攬合膠亂。于是火盛湯涌，猛氣蒸作，攘衣振裳，握搦搏搏。麵彌離於指端，手縈迴而交錯。紛紛駁駁，星分電落……弱如春綿，白若秋練。"北方七月七日形成食湯餅之俗。宋陳元靚《歲時廣記·設湯餅》引晋周處《風土記》："〔七月七日〕今北人唯設湯餅，無復有糜矣。"湯餅的一支——"不托"（今所謂麵片）也在此時出現。宋高承《事物紀原·酒醴飲食·不托》稱："晋以來有不托之號。意不托之作，緣湯餅而務簡矣。"按，《方言》第一三："餅謂之飥。"或説，"飥"爲不托，但非定論。

南北朝是湯餅發展承上啓下的重要歷史時期。北魏賈思勰在總結前人湯餅製作經驗的基礎上，在《齊民要術》中專門設立《餅法》一節，詳細記載了六種湯餅的名目及製作方法。六種是："水引""餺飥"、"切麵粥"（亦稱"碁子麵"）、"饙麵""粉餅"、"豚皮餅"（亦稱"撥餅"）。此後，湯餅得到很大發展，但大體不出以上六種的範圍。

唐宋時期，出現了許多有特色的湯餅。製作它們時往往取植物、蔬菜之根莖花果，通過不同途徑加入麵中，因而獨具風味。如唐代的"槐葉冷淘"，宋代的"三脆麵""百合麵""梅花湯餅""蘿蔔麵"等皆如此。"碁子"在南北朝發展基礎上，此時可以説形成高潮，名目繁多，各具風采。如"玉棋子""冷淘棋子""細料物碁子""肉蘿淘棋子""素碁子""百花棋子""三鮮棋子""蝦䗫棋子""蝦魚棋子""絲鷄棋子""七寶棋子""鹽豉棋子"

等，可惜製法闕載。元代始彌補這一不足。此食一直食用至今。

元代，湯餅的醫療價值更受重視。湯餅作爲藥膳，始自漢代。漢張仲景《傷寒論》已言及傷寒患者食"索餅"。晋葛洪《肘後方》有"捻頭湯"，五代蕭炳《四聲本草》有"萊菔餺飥"。元忽思慧《飲膳正要》詳細記載了"馬乞"（手搓麵）、"山藥麵""掛麵"等的製法和藥效，"食"與"療"結合得更好。"掛麵"的出現，是湯餅的一大發展。它拿來就可以煮，免却加工之勞，有湯餅之味，尤爲迅速方便，且可長期存放。"河漏"亦出現於此時。南北朝時"粉餅"是將麵團從牛角孔中擠出，方法笨拙，工效又低。"河漏"即"粉餅"的繼承發展。此時雖僅見"河漏"之名而不載詳細製法，但推想由牝牡組成的木機可知於此時應當出現。

明清集前代湯餅之大成而又有發展。前代各種湯餅（"豚皮餅"除外）在明清皆有反映或後繼者。最值得一提的是"魚麵"的盛行。宋吳自牧《夢粱錄》已見"炒鱔麵""捲魚麵"等食目，爲數寥寥。清代有專門製作以魚加工而成之粉者。所謂"魚麵"，形制大致有三：或以魚粉與麵粉和麵爲之，或以蒸熟之魚肉和麵爲之，或以魚臛澆汁食麵。是時湯餅地位不低，宴客有"湯餅宴"，"南北皆然"（徐珂《清稗類鈔・飲食類》）。

湯餅

麵或米粉所做水煮主食。今俗之麵條、麵片、麵飪饊、棋子等，古皆稱湯餅。即宋人所謂"凡以麵爲食，煮之皆爲湯餅"（《格致鏡原》卷二五引宋吳處厚《青箱雜記》）。湯餅之物蓋出現於史前時期（見本卷《主食説・湯餅考》）。時亦稱"餅"。《墨子・耕柱》已見"餅"，但該"餅"通常訓釋爲"麵餅"，或解作"湯餅"，或解作"蒸餅"（饅頭），無定論。之所以解説不一，蓋因爲古代"凡以麵爲食具者皆謂之餅"（明王三聘《古今事物考・飲食》）。《方言》第一三："餅謂之飥。"清錢繹箋疏：《玉篇》云'餺，餺飥，餅屬'，又'飥，他各切'，云餺飥。"若依此説，"餅"指餺飥（今麵片），則"餅"爲湯餅。然此亦非定論，有説"飥"乃"飩"之訛，"飩"指"餛飩"者。"湯餅"之稱，始見於漢代。《釋名・釋飲食》："餅，并也，溲麵使合并也……湯餅、蝎餅、髓餅、金餅、索餅之屬，皆隨形而名之也。"南北朝時期有伏日食湯餅之俗，用以避邪。南朝梁宗懔《荆楚歲時記》："伏日並作湯餅，名爲辟惡餅。"北魏賈思勰《齊民要術・餅法》列出六種湯餅名目及製法，即水引、餺飥、切麵粥、𤏚𤏚、粉餅、豚皮餅等六種，爲後世湯餅發展奠定基礎。此後"湯餅"作爲總稱，漸漸罕用，但并未絶迹。清俞正燮《癸巳存稿・麵條子》："宋張師正《倦游雜錄》云'水瀹者皆可呼湯餅，籠蒸者皆可呼籠餅'，是也。……其湯餅，則凡麵餅入湯，及凡切餅爲方圓長形入湯之總名。"有時稱呼"湯餅"，實際指代某一種，即特稱，非總稱。如宋陳元靚《事林廣記·庚集》："煮麵，湯餅。"此以指代"煮麵"，即水引，後代稱麵條。又如《癸巳存稿·麵條子》："〔元張壽〕《水調歌頭》詞《自壽》云'臘餥開紅玉，湯餅煮銀絲'，真水引麵矣。"此亦以湯餅指代麵條。更多的是以具體湯餅名直接稱呼，如"過水麵""搊麵""削麵""炒麵""魚麵""棋子""落索兒""河漏"等。

【餅】[2]

或説爲"湯餅"之別名。此稱先秦時期已行用。見該文。

水引

"湯餅"之一種。即今俗所謂麵條。2002年10月，中國社會科學院研究人員在青海民和喇家新石器晚期遺址中發現了一個倒扣的碗，其底部堆着一團鮮黃色綫狀物，外表形似今世之"拉麵"，直徑祇有約0.3厘米，長達50厘米，原料爲小米麵。顯然這是非刀切的製作精巧的麵條，據今約有四千年歷史。據考證，當年的喇家遭到毀滅性的大地震，整個居住區被埋於地下（出土時尚有3米深），因碗係倒扣，故而麵條與碗底之間留有空間，使麵條得以保持原形，成爲軟體化石，未被壓碎。長期以來，全世界没有發現早期麵條的直接證據，所有論斷皆來源於文字記載或壁畫，時間也不過二千年左右，中國、意大利、阿拉伯等國皆聲稱擁有發明權。喇家麵條發現後，我國已發表多篇報道與論文，稍後英國的權威雜志《自然》發表了題爲《中國新石器晚期的小米麵條》的論文，至此有關麵條發明權之争定於一尊。麵條

之初名已不可考，今僅知漢代稱"索餅"。晋代始稱"水引"，亦稱"委縋"。《釋名·釋飲食》："蒸餅、湯餅、蝎餅、髓餅、金餅、索餅之屬，皆隨形而名之也。"王先謙補證引成蓉鏡曰："索餅，疑即水引餅。"漢張仲景《傷寒論·辨厥陰病脉證并治》："〔傷寒患者〕食以索餅；不發熱者，知胃氣尚在，必愈。"因此食初製之時，以手托麵於釜鑑之上按薄，引入水湯，故名"水引"。《初學記》卷二六引晋范汪《祠制》："孟秋下雀瑞，孟冬祭下水引。"宋程大昌《演繁露·不托》："庾賦之曰：當用輕羽，拂取飛麵，剛軟適中，然後水引。細如委縋，白如秋練。"縋，同"帶"。水中如帶之曲轉，故名"委縋"。南北朝時期"水引"亦稱"水引麫"，亦作"水引餅"。始載其製法。《南齊書·何戢傳》："上（齊高帝）好水引麫，戢令婦女躬自執事以設上焉。"《南史·何戢傳》作"水引餅"。北魏賈思勰《齊民要術·餅法》："水引：接如箸大，一尺一斷，盤中盛水浸，宜以手臨鑑上，接令薄如韭葉，逐沸煮。"宋代亦稱"索麵""蝴蝶麵"，亦作"索麫"。宋周煇《北轅録·出使金國途中見聞》："次供饅頭、血羹、畢羅、肚羹、盪羊餅子、解粥、肉齏羹、索麵、骨頭盤子。"宋陸游《冬夜與溥庵主説川食戲作》詩："未論索麫與饡飯，最愛紅糟并氽粥。"宋程大昌《演繁露·不托》："水引，今世猶或呼之；俚俗又遂名爲蝴蝶麵也。水引、蝴蝶皆臨鼎手托爲之，特精粗不同耳。"元代始載"索麵"製法。元佚名《居家必用事類全集·庚集·飲食類》："索麵：與水滑麵同。只加油，陪用油搓，如粗筯細，要一樣長短粗細。用油紙蓋，勿令皴。停兩時許，上筯杆纏，展細，曬乾爲度。或不

用油搓，加米粉粉搓。展細，再入粉紐展三五次，至於圓長停細。揀不勻者，撮在一處，再搓展，候乾，下鍋煮。"元代亦稱"手搓麵"，蒙語稱"馬乞"。元忽思慧《飲膳正要・聚珍異饌》："馬乞：係手搓麵。或糯米粉、雞頭粉亦可。補中益氣。白麵（六斤，作馬乞），羊肉（二脚子，熟，切乞馬）。右件用好肉湯炒，葱、醋、鹽一同調和。"明代亦稱"切麵""游水委縋""索粉"。因其時已改掌托手揑爲刀切，故名"切麵"。《通雅・飲食》："游水委縋即水引也，今之切麵也。""索粉"製法有詳細記載。明韓奕《易牙遺意・湯餅類》："索粉：每乾粉一斤，用濕粉二兩，打成厚漿，放鏇中。每添滾湯一次，解薄，便連鏇子放湯鍋內煮之，取出，不住手打攪，務要稠膩。如此數次，候十分熟。大概春夏漿宜稍厚，秋冬宜薄，以箸鍬起，成牽絲垂下不斷方好。候溫，和乾粉成劑，如索不下，添些熱湯；如大注下，添些調勻，團在手中搓。索下滾湯中，浮起便撈在冷水中，瀝乾。隨意葷素澆供。只用芥辣尤妙。"清代除沿用"索麵"等舊稱外，亦稱"麵條子""麵湯""水引麵""麵條""湯麵"。《儒林外史》第一八回："〔景蘭江〕勸了一回，不買饅頭了，買了些索麵去下了喫。"清俞正燮《癸巳存稿・麵條子》："麵條子，曰切麵……亦曰麵湯，亦曰湯餅，亦曰索餅，亦曰水引麵。"又："索餅，乃今麵條之專名。"又："今醫書則謂之湯麵，又謂之麵湯。"

【索餅】

即水引。此稱漢代已行用。見該文。

【委縋】

即水引。此稱晋代已行用。見該文。

【水引麩】

即水引。此稱南北朝時期已行用。見該文。

【水引餅】

即水引。此體南北朝時期已行用。見該文。

【蝴蝶麵】

即水引。此稱宋代已行用。見該文。

【索麵】

即水引。此稱宋代已行用。見該文。

【索麩】

即水引。此體宋代已行用。見該文。

【手搓麵】

即水引。因以手搓而成，故名。此稱元代已行用。見該文。

【馬乞】

即水引。蒙古語，漢譯即"手搓麵"。此稱元代已行用。見該文。

【切麵】

即水引。因以刀切麵爲條，故名。此稱明代已行用。見該文。

【游水委縋】

即水引。因游動於水中，如綫曲轉，故名。此稱明代已行用。見該文。

【索粉】

即水引。索，條；粉，麵。即麵條。此稱明代已行用。見該文。

【麵條子】

即水引。此稱清代已行用。見該文。

【麵湯】

即水引。此稱清代已行用。見該文。

【水引麵】

即水引。此稱清代已行用。見該文。

【麵條】

即水引。此稱清代已行用。見該文。

【湯麵】

即水引。此稱清代已行用。見該文。

【麵】

"水引"之俗稱。本指麥粉,約自宋代開始,亦指麥粉製、水煮而食之麵條。亦作"麪"。宋灌圃耐得翁《都城紀勝·食店》:"南食店謂之南食,川飯分茶。蓋因京師開此店,以備南人不服北食者,今既在南,則其名誤矣,所以專賣麵食魚肉之屬,如鋪羊麵、盦生麵。"清李漁《閑情偶寄·飲饌》:"南人食切麵,其油、鹽、醬、醋等作料,皆下於麵湯之中,湯有味而麵無味,是人之所重者不在麵而在湯,與未嘗食麵等也。"徐珂《清稗類鈔·飲食類》:"麵,磨麥爲粉也。凡以麥粉製成之食品,皆曰麵食。而世俗則以麵粉製成細縷者,始謂之麵。"

【長壽麵】

壽誕生日所食之"水引"。此稱始見於唐代,稱"生日湯餅"。《新唐書·王皇后傳》:"陛下獨不念阿忠脫紫半臂易斗麵爲生日湯餅邪!"宋代亦稱"長命麵"。宋馬永卿《嬾真子》卷三:"劉禹錫《贈進士張盥》詩:'憶爾懸弧日,余爲座上賓。舉箸食湯餅,祝辭添麒麟。'東坡正用此詩,故謂之湯餅客也。必食湯餅者,則世所謂長命麵者也。"明代亦稱"壽麵"。《大明會典》卷一一四:"皇太后聖旦節、皇后令旦節,正統間……壽麵一椀……東宮千秋節,宣德間……壽麵一椀……"清代始稱"長壽麵"。《兒女英雄傳》第二八回:"進門便放下金盞銀台,行交杯合卺禮。接着扣銅盆,吃子孫餑餑,

放捧盒,挑長壽麵。"徐珂《清稗類鈔·飲食類》:"凡壽誕及湯餅筵,宴客必用麵,南北皆然。南人至是,亦以麵爲正餐矣。而呼之爲長壽麵者,則本於宋馬永卿《嬾真子》所載'湯餅即今長壽麵'之語也。"按,此《嬾真子》所載"長壽麵"之"壽"蓋"命"之訛。

【生日湯餅】

即長壽麵。此稱唐代已行用。見該文。

【長命麵】

即長壽麵。麵條爲長形,遂以比附長命,故名。此稱宋代已行用。見該文。

【壽麵】

即長壽麵。於壽誕食之,取長壽義,故名。此稱明代已行用。見該文。

粉餅[2]

"湯餅"之一種。以肉湯或水和成稀稠適度之麵,置於帶小孔之牛角中,搦壓出麵條於沸湯中。此稱始見於南北朝時期。亦稱"搦餅"。北魏賈思勰《齊民要術·餅法》:"粉餅法:以成調肉臛汁,接沸溲英粉,若用齏粉,脆而不美;不以湯溲,則生不中食。如環餅麵,先剛溲,以手痛揉,令極軟熟;更以臛汁溲,令極澤鑠鑠然。割取牛角,似匙面大,鑽作六七小孔,僅容麤麻綫。若作水引形者,更割牛角,開四五孔,僅容韭葉。取新帛細紬兩段,各方尺半,依角大小,鑿去中央,綴角著紬……裹盛溲粉,斂四角,臨沸湯上搦出,熟煮。臛澆。若著酪中及胡麻飲中者,真類玉色,積積著牙,與好麵不殊。一名搦餅。著酪中者,直用白湯溲之,不須肉汁。"

【搦餅】

即粉餅[2]。此稱南北朝時期已行用。見該文。

豚皮餅

　　"湯餅"之一種。先將大釜內水煮沸，置銅鉢於其中，將調作粥樣麵糊迅速附着鉢周，鉢壁麵皮成形後，傾入釜中煮熟。因其形似豚皮，故名。亦稱"撥餅"。見於南北朝時期。北魏賈思勰《齊民要術・餅法》："豚皮餅法：一名撥餅。湯溲粉，令如薄粥。大鑊中煮湯，以小杓子挹粉著銅鉢內，頓鉢著沸湯中，以指急旋鉢，令粉悉著鉢中四畔。餅既成，仍挹鉢傾餅著湯中，煮熟。令漉出，著冷水中。酷似豚皮。臛澆麻酪任意，滑而且美。"

【撥餅】

　　即豚皮餅。此稱南北朝時期已行用。見該文。

碁子麵

　　"湯餅"之一種。通常將麵皮切作方形或菱形，如棋子樣，煮熟，故名。碁，同"棋"，亦作"棊""餣""糕"。此稱始見於南北朝時期。亦稱"切麵粥"。詳載製法。北魏賈思勰《齊民要術・餅法》："切麵粥，一名碁子麵……剛溲麵，揉令熟，大作劑，挼餅麤細如小指大。重縈於乾麵中，更挼如麤箸大。截斷，切作方碁。簁去勃，甌裏蒸之。氣餾，勃盡，下著陰地净席上，薄攤令冷，挼散，勿令相黏。袋盛舉置。須即湯煮，別作臛澆，堅而不泥。冬天一作得十日。"宋代省稱"棊子"。宋佚名《吳氏中饋錄》："食香瓜茄：不拘多少，切作棊子。"兩宋都城開封及臨安，此類食品甚多。據對當時孟元老《東京夢華錄》、灌圃耐得翁《都城紀勝》、西湖老人《西湖老人繁勝錄》、吳自牧《夢粱錄》等四書的考察，所言棊子就有十餘種，即"玉棊子""冷淘棊子""細料物碁子""肉蘸淘棊子""素碁子""百花棋子""三鮮棊子""蝦

蟆棊子""蝦魚棊子""絲鷄棊子""七寶棊子"等。宋朱弁《曲洧舊聞》卷三又言及"鹽豉棋子"。元代食用之風亦盛。時亦作"餣子"。《元史・祭祀志三》："至大元年春正月，皇太子言薦新增用影堂品物：羊羔、炙魚、饅頭、餣子、西域湯餅、園米粥、砂糖飯羹，每月用以配薦。"《朴通事》記載元大都午門外飯店食目有"象眼餣子""柳葉餣子"等。有關著作中詳細記載了"鷄頭粉雀舌餣子""水龍餣子""米心碁子"等的製法。明清時期此食漸呈衰敗之勢，然文獻中猶能見到。《醒世姻緣傳》第五四回出現"涼粉碁子"，《聊齋俚曲集・富貴神仙》第八回記叙"盛了一碗棋子送來"。如今北方城鄉仍在食用。《實用方言詞典》（天津人民出版社1996年版）收有"棋子"條，解作"切成菱形的薄薄的麵片"。保定地區有"煮棋子""棋子片"或"棋子湯"。按，唐韋巨源《燒尾食單》載"漢宮棋"，自注"能印花，煮食"。從其麵質之堅挺硬實可印花、煮食看，應是與碁子麵非常接近的同類型食品。由於記載過簡，不知其爲漢代宮廷所食之棋子之省稱，還是因其像漢宮博弈之棋而得名。如果是前者的話，則碁子麵的出現應上溯至漢代。

【切麵粥】

　　即碁子麵。此稱南北朝時期已行用。見該文。

【棊子】

　　"碁子麵"之省稱。棊，同"碁"。此稱宋代已行用。見該文。

【餣子】

　　"碁子麵"之省稱。此體元代已行用。見該文。

【鷄頭粉雀舌餅子】

“碁子麵”之一種。此稱元代已行用。以鷄頭粉、豆粉溲麵爲之。可補中益氣。元忽思慧《飲膳正要·聚珍異饌》:“鷄頭粉雀舌餅子:補中益精氣。羊肉(一脚子,卸成事件)(按,事件,同‘什件’,指零塊兒)、草果(五個)、回回豆子(半升,搗碎,去皮)。右件同熬成湯,濾净。用鷄頭粉二斤、豆粉一斤同和,切作餅子。羊肉切細乞馬,生薑汁一合,炒葱調和。”

【水龍餅子】

“碁子麵”之一種。可補中益氣,味酸辣鹹。此稱元代已行用。元忽思慧《飲膳正要·聚珍異饌》:“水龍餅子:補中益氣。羊肉(二脚子,熟,切作乞馬)、白麵(六斤,切作錢眼餅子)、鷄子(十個)、山藥(一斤)、糟薑(四兩)、胡蘿蔔(五個)、瓜虀(二兩,各切細)、三色彈兒(内一色肉彈兒,外二色粉鷄子彈兒)。右件用清汁,下胡椒二兩,鹽醋調和。”

【米心棊子】

“碁子麵”之一種。極細而韌,屬凉麵類。此稱元代已行用。元佚名《居家必用事類全集·庚集·飲食類》:“米心棊子:頭麵,以凉水入鹽和成劑。棒拗過,捍至薄,切作細棊子,以密篩隔過。再用刀切千百次,再隔過。粗者再切。細者有麤末却簸去。如下湯煮熟,連湯起入凉水盆内,攪轉,撈起,控乾。麻汁加碎肉、糟薑米、醬瓜米、黄瓜米、香菜等。”

粲麴

“湯餅”之屬。將未蒸熟之米飯以水浸過,撈出後置麵中,以手團作胡豆狀,蒸熟,曬乾。煮時用笊籬撈出,澆羹臛而食。類似麵乾饊之類。始見於南北朝時期。北魏賈思勰《齊民要術·餅法》:“粲麴:以粟飯饋水浸,即漉著麵中,以手向簸箕痛挼,令均如胡豆。揀取均者,熟蒸,曝乾。須即湯煮,笊籬漉出,别作臛澆,甚滑美。”宋代稱“落索兒”,係“粲麴”之音轉异名。宋吴自牧《夢粱録·分茶酒店》:“食次名件甚多,姑以述於後:曰百味羹……群鮮羹、落索兒、焙腰子、鹽酒腰子。”一説,粥類。《集韻·去過》:“粲,粲麴,粟粥。”

【落索兒】

即粲麴。此稱宋代已行用。見該文。

餺飥

“湯餅”之屬。所指之物及製法因時而异。初約見於南北朝時期。其時蓋手托麵,於盆沿挼使極薄,滚水煮熟。北魏賈思勰《齊民要術·餅法》:“餺飥:挼如大指許,二寸一斷,著水盆中浸,宜以手向盆邊挼使極薄,皆急火逐沸熟煮。非直光白可愛,亦自滑美殊常。”唐、五代時期亦作“飫飥”,又音轉作“不托”,或言以刀切麵,不復掌托,故名。宋孫光憲《北夢瑣言》卷三:“〔唐〕王文公凝……食飫飥麵,不過十八片。”《新五代史·李茂貞傳》:“朕與六宫皆一日食粥,一日食不托。”宋程大昌《演繁露·不托》:“湯餅一名‘餺飥’,亦名‘不托’。李正文刊誤曰:舊未就刀鉆時,皆掌托烹之,刀鉆既具,乃云‘不托’,言不以掌托也。俗傳‘餺飥’,字非……不知何世改用刀几,而名‘不托’耳。”宋世沿稱“餺飥”,亦作“飫飥”。宋歐陽修《歸田録》卷二:“湯餅,唐人謂之‘不托’,今俗謂之‘餺飥’矣。”宋王闢之《澠水燕談録·雜録》:“士大夫筵饌,率以飫飥,或在水飯之前。”至元代,從元佚名

《居家必用事類全集・庚集・飲食類》所載"玲瓏饆飥""山芋饆飥"的形制看，粗細麵條皆得稱爲"饆飥"。清蒲松齡《聊齋志異・杜小雷》："一日將他適，市肉付妻，令作饆飥。"清末迄今俗稱"片兒湯"。徐珂《清稗類鈔・飲食類》："宣宗思片兒湯。宣宗最崇儉德，故道光時内務府歲出之額不過二十萬，堂司各官皆有臣朔欲死之歎。一日，上思片兒湯，令膳房進之。次晨，内務府即奏請設置御膳房一所，專供此物……上乃曰：'毋爾。前門外某飯館製此最佳，一盌值四十文耳，可令内監往購之。'"一説，"饆飥"始於漢代。《方言》第一三："餅謂之飥。"清人以爲"飥"字即"飩"字之訛，説見清錢繹《方言箋疏》。今人以爲"饆飥"古音讀步徒，爲粔籹（古音讀"奴"）之音轉，屬油炸類食物。説見丁惟汾《方言音釋》（齊魯書社1985年版）。參閲宋朱翌《猗覺寮雜記》。

【餺飥】

同"饆飥"。此體唐代已行用。見該文。

【不托】

即饆飥。此稱唐代已行用。見該文。

【片兒湯】

"饆飥"之俗稱。此稱清代已行用。見該文。

【萊菔饆飥】

"饆飥"之一品。以搗爛之蘿蔔麵製成。此稱五代時期已行用。明李時珍《本草綱目・菜一・萊菔》集解引五代蕭炳《四聲本草》曰：〔萊菔〕搗爛，作饆飥食之，最佳。"

【紅絲餺飥】

"饆飥"之一品。此稱宋代已行用。因以蝦汁和麵，熟後麵中有紅絲浮現，故名。宋陳元靚《事林廣記・癸集》："紅絲餺飥：生蝦隨多寡，研取自然清汁和麵，依常法搜切，煮令透熟，以麵色青紅爲度。別用雞白肉斫爛，和元蝦粕煎汁合和，澆供之味絕甘美。或只以豬羊清汁，亦佳。"元代亦稱"紅絲麵"。元佚名《居家必用事類全集・庚集・飲食類》："紅絲麵：鮮蝦二斤，净洗擂爛。用川椒三十粒、鹽一兩、水五升一處煮熟。揀去椒，濾汁澄清。入白麵三斤二兩，豆粉一斤，搜和成劑。布蓋一時許，再搜捍開，用米粉爲㮣，闊細任意切。煮熟，其麵自然紅色。汁任意。"

【紅絲麵】

即紅絲餺飥。此稱元代已行用。見該文。

【玲瓏饆飥】

"饆飥"之一品。此稱元代已行用。是一種寬麵。因有碎羊肉和入麵中，熟後紅白間雜，如玲瓏狀，故名。元佚名《居家必用事類全集・庚集・飲食類》："玲瓏饆飥：冷水和麵。羊腎生脂剉碎，入麵，同搜拌匀。捍切作闊麵，下鍋煮。"

【山芋饆飥】

"饆飥"之一品。此稱元代已行用。一種寬窄任意之麵條。以山芋細麵加入麥麵之中製成，故名。元佚名《居家必用事類全集・庚集・飲食類》："山芋饆飥：煮熟山芋，去皮，擂爛，細布扭去滓。和麵，豆粉爲㮣，捍切，闊細任意。初煮二十沸如煉，至百沸軟滑。汁任意。"

槐葉冷淘

"湯餅"之一種。以槐汁和麵作條，煮熟後用冷水淘洗，供夏月之食。始見於唐代，延及後世。唐杜甫《槐葉冷淘》詩："青青高槐葉，采掇付中厨。新麵來近市，汁滓宛相俱。入鼎資過熟，加餐愁欲無。碧鮮俱照筯，香飯兼苞蘆。經齒冷於雪，勸人投比珠。"仇兆鰲注引朱鶴齡曰："以槐葉汁和麵爲冷淘。"唐宋時期省稱"冷淘"。宋王溥《唐會要·光禄寺》："夏月冷淘、粉粥。"宋灌圃耐得翁《都城紀勝·食店》："菜麵店專賣……或有撥刀、冷淘。"宋代亦稱"槐葉淘""翠縷冷淘"。宋林洪《山家清供·槐葉淘》："於夏采槐葉之高秀者，湯少瀹，研細，濾清和麵作淘，乃以醯醬爲熟薺，簌細茴以盤行之，取其碧鮮可愛也。"宋陳元靓《事林廣記·癸集》："翠縷冷淘：槐藥采新嫩者，研取自然汁，依常法搜麵。倍加揉搦，然後薄捏縷切，以急火瀹湯煮之，候熟投冷水攎過。隨意合汁澆供。味既甘美，色亦鮮翠，又且食之益人也。此即坡仙法也。凡治麵須硬作熟搜，深湯久煮。"元代亦稱"翠縷麵""冷淘麵"。元佚名《居家必用事類全集·庚集·飲食類》："翠縷麵：采槐葉嫩者，研自然汁。依常法搜和，捏切極細，滾湯下，候熟，過水供。汁葷素任意，加蘑菇尤妙，味甘色翠。"元倪瓚《雲林堂飲食制度集》："冷淘麵法：生薑去皮，擂自然汁，花椒末用醋調，醬濾清，作汁。不入別汁水。以凍鱭魚、鱸魚、江魚皆可。旋挑入减汁內。蝦肉亦可，蝦不須凍。汁內細切胡荽或香菜或韭芽生者。搜冷淘麵在內，用冷肉汁入少鹽和劑。凍鱭魚、江魚等用魚去骨皮，批片排盆中，或小定盤中，用魚汁及江魚膠熬汁，調和清汁澆凍。"明清相沿製作。清代亦稱"過水麵"。明徐渭《春興》詩之六："柳色未黄寒食過，槐芽初緑冷淘香。"清潘榮陛《帝京歲時紀勝·夏至》："京師於是日，家家俱食冷淘麵，即俗説過水麵是也，乃都門之美品……天下無比。"清佚名《調鼎集·點心部》："過水麵：滚

水晾温，用以過麵；若用生水即碎爛。"

【冷淘】

"槐葉冷淘"之省稱。此稱唐代已行用。見該文。

【槐葉淘】

即槐葉冷淘。此稱宋代已行用。見該文。

【翠縷冷淘】

即槐葉冷淘。此稱宋代已行用。見該文。

【翠縷麵】

即槐葉冷淘。色鮮翠，條如縷，故名。此稱元代已行用。見該文。

【冷淘麵】

"槐葉冷淘"之屬。非以槐葉汁拌麵，而以冷凍之魚、蝦肉汁爲之，此與"槐葉冷淘"之別；以冷水淘冲熱麵，則與"槐葉冷淘"無別。此稱元代已行用。見該文。

【過水麵】

即槐葉冷淘。因麵條煮熟後經冷水降温，故名。此稱清代已行用。見該文。

【銀絲冷淘】

"槐葉冷淘"之屬。此稱宋代已行用。宋西湖老人《西湖老人繁勝録》："抹肉澄淘、銀絲冷淘、百花棋子、蓮藕澄。"宋吳自牧《夢粱録·麵食店》："抹肉、銀絲冷淘、笋燥澄淘。"

三脆麵

"湯餅"之一種。以嫩笋、幼菇、枸杞尖所做菹齏澆入麵條，三者香脆爽口，故名。見於宋代。宋林洪《山家清供·山家三脆》："嫩笋、小蕈、枸杞頭入鹽，湯焯熟，同香熟油、胡椒、鹽各少許，醬油滴醋拌食。趙竹溪蚤夫酷嗜此。或作湯餅以奉親，名三脆麵。嘗有詩云：'笋蕈初萌杞採纖，燃松自煮供親嚴。人

間玉食何曾鄙，自是山林滋味甜。' 簹，亦名菰。"

水滑麵

"湯餅"之屬。通常將和好之麵浸水中一定時間，而後用手逐塊抽拽入沸水，麵皮厚薄長短隨意，一般寬而薄爲好。煮熟後和羹齏可食。此稱始見於宋代。宋佚名《吳氏中饋錄》："水滑麵方：用十分白麵，揉搜成劑。一斤作十數塊，放在水內，候其麵性發得十分滿足，逐塊抽拽，下湯煮熟。抽拽得闊、薄乃好。麻膩、杏仁膩、鹹笋乾、醬瓜、糟茄、薑、醃韭、黃瓜絲作虀頭，或加煎肉尤妙。"省稱"水滑"。宋西湖老人《西湖老人繁勝錄·食店》："香藥灌肺、七寶科頭、雜合細粉、水滑、糍糕、玲瓏剗子。"元佚名《居家必用事類全集·庚集·飲食類》："水滑麵：用頭麵。春夏秋用新汲水入油鹽，先攪作拌麵羹樣，漸漸入水，和搜成劑。用手拆開，作小塊子，再用油水灑和，以拳揉一二百拳，如此三四次，微軟如餅劑。就案上用一拗棒納百餘拗；如無拗棒，只多揉數百拳。至麵性行，方可搓爲麵指頭。入新涼水內浸兩時許。伺麵性行，方下鍋，闊細任意做。冬月用溫水浸。"元代亦稱"細水滑"。元忽思慧《飲膳正要·聚珍異饌》："細水滑：……補中益氣。白麵（六斤，作水滑），羊肉（二脚子，炒焦肉乞馬），鷄兒（一個，熟切絲），蘑菰（半斤，洗净切）。右件用清汁，下胡椒一兩，鹽醋調和。"清代稱"水滑扯麵"。清佚名《調鼎集·點心部》："水滑扯麵：白麵揉作十數塊，入水，候性發過，逐塊扯成麵條，開水下湯，用麻油、杏仁末、笋乾或醬瓜、糖茄俱切丁，薑粉拌作澆頭（如葷者加肉臊）。"

【水滑】

即水滑麵。此稱宋代已行用。見該文。

【細水滑】

即水滑麵。此稱元代已行用。見該文。

【水滑扯麵】

即水滑麵。此稱清代已行用。見該文。

百合麵

"湯餅"之一種。以乾百合根搗粉和麵製成。見於宋代。宋林洪《山家清供·百合麵》："春秋仲月，采百合根曝乾，搗篩，和麵作湯餅，最益血氣。"

米纜

用米粉製成的綫條狀食品。此稱始見於宋代。亦作"米纜"。宋樓鑰《陳表道惠米纜》詩："江西誰將米作纜，捲送銀絲光可鑑。"宋陳造《旅館三適》詩自注："予以病愈不食麵，此所嗜也。以米纜代之。"明代作"米糷"，載有兩種製法。明宋詡《宋氏養生部》："米糷：一秔米湛潔，硾篩絕細粉，湯溲稍堅，置鍋中煮熟，雜生粉少半，擀使開，薄摺切細條，暴燥，入肥汁中煮。以胡椒、施椒、醬油、葱調和。一粉中加米漿爲糷，揉如索綠豆粉，入湯釜中，取起。"今時南方仍繼續製作食用。

【米纜】

同"米纜"。此體宋代已行用。見該文。

【米糷】

同"米纜"。此體明代已行用。見該文。

【米粉】

"米纜"之屬。以小米爲原料製成。此稱多行用於晚近北方。胡樸安《中華全國風俗志》下篇卷二："用小米作細條，夏以芝麻醬作湯，加醋、蒜拌食之；冬用清湯，加胡椒、芫荽者，謂之米粉。”

梅花湯餅

“湯餅”之一種。因和麵時用白梅浸過之水，麵皮上鑿有五出梅花之形，故名。此稱宋代已行用。宋林洪《山家清供·梅花湯餅》：“紫帽山有高人嘗作此供。初浸白梅、檀香末水，和麵作餛飩皮，每一疊用五分鐵鑿如梅花樣者鑿取之，候煮熟，乃過於鷄清汁内。每客止二百餘花，可想一食亦不忘梅。”參閱清汪灝等《廣群芳譜·花譜三·梅花》。

飥饠

“湯餅”之屬。麵呈球形、條形、蝌蚪形或不規則團形，水煮而成。殆源自南北朝時期之䴵䴵而略有別。始見於宋。宋吴自牧《夢粱録·麵食店》：“有店舍專賣飥饠店，如大爊飥饠、大燥子、料澆蝦、燥絲鷄、三鮮等飥饠，並賣餛飩。”宋灌圃耐得翁《都城紀勝·食店》：“飥饠店專賣大爊、燥子飥饠。”清代亦稱“扢搭湯”。清俞正燮《癸巳存稿·麵條子》：“晋束皙《餅賦》，文字多訛。其云：‘麵迷離於指端，手縈迴而交錯。’或以屬之牢丸，其事狀似今之扢搭湯及片兒湯。”現今鄉間仍在食用，各種麵料皆可爲之。北方俗稱“揪飥饠”。

【扢搭湯】

即飥饠。扢搭，同“飥饠”。此稱清代已行用。見該文。

【山藥飥饠】

“飥饠”之一品。以熟山藥入麵做成長條形之飥饠。此稱元代已行用。元佚名《居家必用事類全集·庚集·飲食類》：“山藥飥饠：每麵一斤，熟山藥一斤，薑汁一兩，豆粉一合，入水搜和如水滑麵硬。骨魯槌砑開，切作筭子，入豆粉，卧定案上搓約長尺許。下鍋煮熟，合葷素汁任用。”

【山藥撥魚】

“飥饠”之一種。因麵料中有山藥，製作時將濕麵像魚一樣撥入沸水，故名。此稱元代已行用。明代亦稱“山藥撥魚麵”。清代杭州稱“麵疙瘩”，北方人稱“麵魚”“撥魚麵”。元佚名《居家必用事類全集·庚集·飲食類》：“山藥撥魚：白麵一斤，豆粉四兩，水攪如稠煎餅麵，入擂爛熟山藥，同麵一處攪匀。用匙撥入滚湯，候熟，燥子汁食之。”清夏曾傳《隨園食單補證·點心單》“麵老鼠”條下言：“《事物紺珠》：‘山藥撥魚麵：豆粉、山藥擂匀，匙撥入湯煮。’杭俗呼‘麵疙瘩’，北人呼‘麵魚’‘撥魚麵’之名。”

【山藥撥魚麵】

即山藥撥魚。此稱明代已行用。見該文。

【麵疙瘩】

即山藥撥魚。此稱行用於清代杭州。見該文。

【麵魚】

即山藥撥魚。此稱行用於清代北方。見該文。

【撥魚麵】

即山藥撥魚。此稱行用於清代北方。見該文。

【麵老鼠】

“飥饠麵”之屬。將軟麵以箸夾入滚鷄湯中煮熟，狀似小鼠，故名。此稱清代已行用。徐珂《清稗類鈔·飲食類》：“麵老鼠者，以熱水和麵，鷄汁滚時，以箸夾入，不分大小，加鮮菜心。曰老鼠，以其形似也。”

經帶麵

“湯餅”之一種。麵條極細極薄，縱如經帶，故名。此稱初見於宋代，稱“經帶”。宋灌圃耐得翁《都城紀勝·食店》：“菜麵店專賣菜麵、蘿淘、血臟麵、素棊子、經帶。"元代始稱"經帶麵"。元佚名《居家必用事類全集·庚集·飲食類》："經帶麵:頭白麵二斤、碱一兩、鹽二兩,研細,新汲水破開和搜,比捍麵劑微軟,以拗棒拗百餘下。停一時許,再拗百餘下。捍至極薄,切如經帶樣。滾湯下,候熟,入涼水。撥汁任意。"元忽思慧《飲膳正要·聚珍異饌》:"經帶麵:補中益氣。羊肉(一脚子,炒焦肉乞馬)、蘑菰(半斤,洗净切)。右件用清汁,下胡椒一兩,鹽醋調和。"

【經帶】

即經帶麵。此稱宋代已行用。見該文。

搊麵

"湯餅"之一種。兩手將麵段逐漸扯拉成細長麵條,下鍋煮熟,較通常以麵軸擀開所切更爲挺勁可口。此稱始見於宋代,稱"奢麵"。宋張師正《倦游雜録》:"今人呼奢麵爲湯餅,唐人呼饅頭爲籠餅。豈非水瀹而食者皆可呼湯餅,籠蒸而食者皆可呼籠餅?市井有鬻胡餅者,不曉著名之所謂,得非熟於爐而食者呼爲爐餅,宜矣。"明代作"搊麵",詳載製法。明宋詡《宋氏養生部》:"搊麵:用少鹽入水和麵一斤爲率,既匀,沃香油少許。夏月以油單紙微覆一時,冬月則覆一宿餘,分切如巨擘,漸以兩手搊長,纏絡於直指、將指、無名指之間,爲細條。先作沸湯,隨搊隨煮,視其熟而浮者,先取之。"清代亦稱"楨條麵""拉麵"。清薛寶辰《素食説略》:"麵條……其以水和麵,入鹽、鹼、清油揉匀,覆以濕布,俟其融和,扯爲細條。煮之,名爲楨條麵。作法以山西太原平定州、陝西朝邑、同州爲最佳。其薄等於韭菜,其細比於掛麵,可以成三棱之形,可以成中空

之形,耐煮不斷,柔而能韌,真妙手也。"清俞正燮《癸巳存稿·麵條子》:"麵條子,曰切麵,曰拉麵。"今北方俗稱"抻麵"。技粗者一根一抻,長僅尺許;技工者兩手持滿把,抻蕩於案板空中,長可丈許。

【奢麵】

即搊麵。奢,"搊"之古字。此稱宋代已行用。見該文。

【楨條麵】

即搊麵。此稱清代已行用。見該文。

【拉麵】

即搊麵。此稱清代已行用。見該文。

蘿菔麵

一種"湯餅"。蘿菔,即今蘿蔔。因麵條係以蘿蔔汁或搗爛蘿蔔溲麵製成,故名。服食能消除麵粉中熱毒。始見於宋代。宋林洪《山家清供·蘿菔麵》:"王醫師承宣常搗蘿菔汁溲麵作餅,謂能去麵毒。"明代亦稱"萊菔麵"。萊菔,亦"蘿蔔"之音轉。明宋詡《宋氏養生部》:"萊菔麵:白萊菔切片,水中煮熟,漉起。每斤灑以鉛粉一錢,復煮糜爛,擣和麵中,軸薄,摺切之如縷。每一斤對麵一斤。餘同前製。"

【萊菔麵】

即蘿菔麵。此稱明代已行用。萊菔,"蘿菔"一音之轉。見該文。

山藥麵

"湯餅"之一種。因麵料内有山藥,故名。見於元代。元佚名《居家必用事類全集·庚集·飲食類》:"山藥麵:擂爛生山藥,於煎盤内用少油攤作煎餅。攤至第二個後不用油,逐旋熁之。細切如麵,葷素汁任意供食之。"元忽

思慧《飲膳正要·聚珍異饌》："山藥麵：補虛贏，益元氣。白麵（六斤），鷄子（十個，取白），生薑汁（二合），豆粉（四兩）。右件用山藥三斤，煮熟研泥，同和麵。羊肉二脚子，切丁頭乞馬，用好肉湯下，炒葱、鹽調和。"按，宋林洪《山家清供》已有"玉延索餅"。玉延，即山藥，方言。索餅亦"湯餅"之一種。據此則山藥製湯餅，歷史可上推至宋。

河漏

"湯餅"之屬。通以蕎麥麵爲之，亦可以豆麵、高粱麵等雜榆皮麵爲之。麵和好後，置於壓麵床即河漏床上，麵條自行落入鍋中。煮熟後，過冷水，加入羹汁菜齏調料。始見於元代。其法蓋源自南北朝之粉餅（即搦餅）。元王禎《農書·百穀譜二·蕎麥》："北方山後諸郡多種。治去皮殼，磨而爲麵……或作湯餅，謂之河漏。滑細如粉，亞於麥麵。風俗所尚，供爲常食。"明代稱"河漏子"《水滸傳》第二三回："他家賣拖蒸河漏子，熱燙溫和大辣酥。"清代亦稱"餺饦""河洛"。清蒲松齡《日用俗字·飲食章》："餺饦壓如麻綫細。"清王士禎《池北偶談》卷二四："今齊魯間以蕎麥作麵食，名河洛。"清高潤生《爾雅穀名考》："作河漏法：係以水和麵爲團，用木機榨壓而成。其木機則牝牡各一，聯以活軸，可隨手起落，外施以牀，用時置機釜上，實麵團於牝機内，其牝機之底，則嵌以鐵片，密鑿細孔……乃下牡機壓之，則麵隨孔出，作細條落釜水中。煮熟食之，甚滑美也。其木機俗呼河漏牀。"按，宋孟元老《東京夢華録·東角樓街巷》載傍晚賣"河婁頭面（麵）"，疑爲"河漏"。

【河漏子】

即河漏。此稱明代已行用。見該文。

【餺饦】

"河漏"之音轉。此稱清代已行用。見該文。

【河洛】

"河漏"之音轉。此稱清代已行用。見該文。

【合落兒】

"河漏"之音轉。此稱元代已行用。元楊景賢《西游記》第二本第六齣："等他們來家，教他敷演與我聽，我請他吃分合落兒。"

【合酪】

"河漏"之音轉。此稱元代已行用。元孫仲章《河南府張鼎勘頭巾》第三折："丑云：'哥哥，合酪熟了麼？'"

【合絡】

"河漏"之音轉。此稱清代已行用。清西清《黑龍江外記》："蕎麥出黑龍江城者尤佳，麵宜煎餅，宜河漏，甘滑潔白，他處所無。河漏，掛麵類，俗稱合絡。"

掛麵

"湯餅"之一種。製成麵條後懸挂晾乾，可長期保存，食時可煮。其形有圓有扁，有粗有細，有寬有窄，亦有空心者、摻入蛋黃者。一般長可尺許或數寸。始見於元代。元忽思慧《飲膳正要·聚珍異饌》："掛麵：補中益氣。羊肉（一脚子，切細乞馬），掛麵（六斤），蘑菰（半斤，洗净，切），鷄子（五個，煎作餅），糟薑（一兩，切），瓜齏（一兩，切）。右件用清汁，下胡椒一兩，鹽醋調和。"《水滸傳》第四五回："押司周年，無甚罕物相送，些少掛麵，幾包京棗。"清吳熾昌《客窗閑話·陸清獻公遺事》："道府壽，以掛麵十束、觔燭一對，躬親致祝。"按，一説，"麵條"之別稱。參閱清俞正燮《癸巳存稿・麵條子》。

【銀絲掛麵】

"掛麵"之一品。潔白精細如銀絲，故名。此稱清代已行用。《紅樓夢》第六二回："王子騰那邊，仍是一套衣服、一雙鞋襪、一百壽桃、一百束上用銀絲掛麵。"今河北石家莊藁城區所産尤負盛名。内有一種稱爲"宫麵"者，傳爲清代宫廷貢品，質地瑩白纖勁，中有細孔。今行銷甚廣。

豆粉

用緑豆澱粉製成之粉條。將緑豆浸泡，磨爲漿粉，漏而成細絲，曬乾。亦稱"乾粉"。始見於明代，延及今世。明李時珍《本草綱目・穀三・緑豆》："北人用之甚廣，可作豆粥、豆飯、豆酒，爐食，炒食。磨而爲麵，澄濾取粉，可以作餌頓糕。溫皮搓索，爲食中要物。"明沈榜《宛署雜記・鋪行》："原編一百三十二行……針篦雜糧行、碾子行、炒鍋行、蒸作行、土藏行、豆粉行。"又《經費下・鄉試》："西瓜七二十個，蓮房一百二個，梅桂一斤十兩，黑糖五斤八兩，乾粉二百四十四斤。"今俗稱"緑豆粉"。亦有以山藥爲料製成者，然不及此光潔、柔膩、可口。

【乾粉】

即豆粉。此稱明代已行用。見該文。

【緑豆麵】

"豆粉"之屬。係以緑豆麵、白麵混雜製成之麵條。此稱清代已行用。清佚名《調鼎集・點心部》："緑豆麵：緑豆麵和入乾麵，擀切（黄豆粉同）。"今北方多純用緑豆麵製作，俗稱"雜麵""雜麵條"。呈沉緑色，煮食別有風味。

八珍麵

"湯餅"之一種。麵條内含鷄、魚、蝦等三物之肉，及鮮笋、香蕈、芝麻、花椒等四物之末，再加鮮汁，凡八樣珍物，故名。此稱清代已行用。清李漁《閑情偶寄・飲饌》："八珍者何？鷄、魚、蝦三物之肉，曬使極乾，與鮮笋、香蕈、芝麻、花椒四物，共成極細之末，和入麵中，與鮮汁共爲八種。醬、醋亦用，而不列數内者，以家常日用之物，不得名之以珍也。"徐珂《清稗類鈔・飲食類》："八珍麵，以鷄、魚、蝦肉曬極乾，加鮮笋、香蕈、芝麻、花椒爲極細末，和入麵，將鮮汁（焯笋、煮蕈及煮蝦之汁均可）及醬油、醋和匀拌麵，勿用水，捍薄切細，滾水下之。爲閩人所嗜。"

三鮮大連

"湯餅"之一種。三鮮，魚、鷄、猪肉；大連，大碗湯麵，故名。此稱見於清代揚州。源自徽麵。清李斗《揚州畫舫録・虹橋録下》："城内食肆多附於麵館。麵有大連、中碗、重二之分。冬用滿湯，謂之大連；夏用半湯，謂之過橋。麵有澆頭，以長魚、鷄、猪爲三鮮。"清林蘇門《邗江三百吟》："三鮮大連。揚州有徽麵之名三鮮者，鷄、魚、肉也；大連者，大碗麵也。外省人初來揚州郡城，入市食麵，見大碗湯如水盎，幾不敢下筯，及入口，則津津矣。"按，據李斗上書同篇言"其最甚者，鰉魚、車螯、班魚、羊肉諸大連，一甌費中人一日之用焉"可推知，此係當時較爲名貴之麵。又，宋吳自牧《夢粱録・麵食店》已有"三鮮麵"，不載製法，不知是否與此同物。

五香麵

"湯餅"之一種。清代學者李漁創製、供自家食用之麵條。係以醬、醋、椒末、芝麻屑、焯笋（或煮蕈煮蝦）鮮汁等和麵製成。麵之外，有五種香料加入，故名。清李漁《閑情偶寄·飲饌》："所製麵有二種，一曰五香麵，一曰八珍麵。五香膳己，八珍餉客，略分豐儉於其間。五香者何？醬也，醋也，椒末也，芝麻屑也，焯笋或煮蕈、煮蝦之鮮汁也。先以椒末、芝麻屑二物拌入麵中，後以醬、醋及鮮汁三物和爲一處，即充拌麵之水，勿再用水。拌宜極勻，擀宜極薄，切宜極細，然後以滾水下之，則精粹之物盡在麵中，盡够咀嚼，不似尋常吃麵者，麵則直吞下肚，止咀咀其湯也。"

炒麵條

"湯餅"之一種。以煮熟之麵條入油鍋與菜相炒而成。見於清代。清薛寶辰《素食説略》："炒麵條：麵條煮出，浸以冷水，勻攤篩上，晾乾水氣，入油鍋同笋絲或白菜絲、豆腐乾絲炒之。腴脆不膩。天津素飯館作法頗好。"亦省稱"炒麵"。徐珂《清稗類鈔·飲食類》："通常所食之麵，有湯麵、炒麵、拌麵三大別，皆以火雞、火腿、雞絲、蝦仁、醋魚、黃魚、蟹肉爲佐料。湯者，煮之以湯。炒者，無汁而油重。拌者，以麵本已熟，不再煮，但以加料和之而已。"

【炒麵】

"炒麵條"之省稱。此稱清代已行用。見該文。

削麵

"湯餅"之一種。將和好之麵以刀削長薄片於沸水中，故名。見於清代。清薛寶辰《素食説略》："削麵：麵和硬，須多揉，愈揉愈佳，作長塊置掌中，以快刀削細長薄片，入滾水煮出，用湯或滷澆食，甚有別趣。平遥、介休等處，作法甚佳。"今稱"刀削麵"。技藝嫻熟者，托麵自掌至頸臂，快削不停，厚薄大小齊一，紛紛落水入釜，觀者稱絶。

魚麵

"湯餅"之一種。或以魚粉入麵，或將蒸熟之魚肉入麵製成麵條，或以魚爲滷羹煮麵條，總稱魚麵。見於清代。清李斗《揚州畫舫錄·虹橋錄下》："乾隆初年，徽人……因仿巖鎮街没骨魚麵，名其店曰合鯖，蓋以鯖魚爲麵也。仿之者有槐葉樓火腿麵。合鯖復改爲坡兒上之玉坡，遂以魚麵勝。"清夏曾傳《隨園食單補證·點心單》"鰻麵"條下謂："湖北有賣魚麵者，不知其制。玉色而方形如粉乾，可以經久，發而煮之，味鮮微腥。"按，魚麵起源殆古。宋吳自牧《夢粱錄·麵食店》已見"炒鱔麵""捲魚麵"等食目。

【魚粉麵】

"魚麵"之一種。以魚粉入麵製成之麵條。此稱清代已行用。清佚名《調鼎集·點心部》："魚粉麵：魚片曬乾磨粉……近水僧舍以鰻鱺粉和乾麵擀切，下清湯素麵，極鮮。"

【鰻麵】

"魚麵"之一種。將鰻魚蒸熟、去骨刺，和麵製成麵條。此稱清代已行用。清袁枚《隨園食單·點心單》："鰻麵：大鰻一條蒸爛，拆肉去骨，和入麵中，入雞湯清揉之，擀成麵皮，小刀劃成細條；入雞汁、火腿汁、蘑菇汁滾。"時有"鰻粉麵"，亦同類食品，製法有別。清佚名《調鼎集·水族無鱗部》："鰻粉麵：煮熟曬乾，磨粉和入乾麵，切細絲，清水下。"

【鰻粉麵】

"鰻麵"之屬。此稱清代已行用。見該文。

【鱔麵】

"魚麵"之一品。熬鱔魚爲滷臛，加入麵條煮熟。此稱清代已行用。清袁枚《隨園食單·點心單》："鱔麵：熬鱔成滷，加麵再滾。此杭州法。"亦稱"鱔魚麵"。清佚名《調鼎集·水族無鱗部》："鱔魚麵：熟鱔切絲，麻油炸酥，加醬油、薑汁、醋烹，作澆頭。雞湯下麵。"

【鱔魚麵】

即鱔麵。此稱清代已行用。見該文。

【鰣魚麵】

"魚麵"之一種。以鰣魚爲澆湯之麵條。此稱清代已行用。清佚名《調鼎集·江鮮部》："鰣魚麵：魚切片，雞湯汁熟好，去骨，另盛小碗作澆湯。雞湯下麵。"

【白魚麵】

"魚麵"之一種。以白魚爲澆滷之麵條。見於清代。清佚名《調鼎集·水族有鱗部》："白魚麵：先切大塊，加鹽、酒、薑汁、葱條煮熟，去骨刺（即或碎塊），作澆頭。原湯下麵。"

【鱘魚麵】

"魚麵"之一種。用煮熟的鱘魚做原料而製成之麵條。此稱清代已行用。清佚名《調鼎集·水族有鱗部》："鱘魚麵：取小而活者，煮熟去皮，撕肉，下麵。"

【連魚麵】

"魚麵"之一種。以熟製連魚爲澆料之麵條。此稱清代已行用。清佚名《調鼎集·水族有鱗部》："連魚麵：先入鹽、酒、薑汁、葱煮熟，去骨刺，作澆頭。原湯下麵。"

裙帶麵

"湯餅"之一種。以小刀截出微寬之麵條，形似裙帶，故名。清代揚州最流行。清袁枚《隨園食單·點心單》："裙帶麵：以小刀截麵成條，微寬，則號裙帶麵。大概作麵總以湯多爲佳，在碗中望不見麵爲妙。寧使食畢再加，以便引人入勝。此法揚州盛行，恰甚有道理。"清夏曾傳補證："揚州之麵，碗大如缸，望而可駭；湯之濃郁，他處所不及也。襄陽之麵，重用蛋清，故入口滑利，不咽而入喉，頗有妙處。京師則有所謂一窩絲者，麵長而細，以不斷爲貴。至若吳門下麵，無論魚肉皆先起鍋而後加，故魚肉之味與麵有如胡越，甚無謂也。徽州麵類揚式，而澆頭倍之。"

龍鬚麵

舊曆二月初二爲中和節，俗稱龍抬頭。北方風習稱此日所食之麵條爲此。始見於清代。清富察敦崇《燕京歲時記·龍抬頭》："二月二日，古之中和節也，今人呼爲龍抬頭。是日食餅者，謂之龍鱗餅，食麵者，謂之龍鬚麵。閨中停止針綫，恐傷龍目也。"清讓廉《春明歲時瑣記》："二日爲土地真君生辰……俗謂此日爲龍抬頭。此日飯食皆以龍名，如餅謂之龍鱗，飯謂之龍子，條麵爲龍鬚，扁食爲龍牙之類。"

第三節　饅頭考

饅頭，麵品主食。通以小麥麵粉發酵，復加適量碱水中和，將麵揉勻，用刀切成或以手團成平坐圓面實體，入籠蒸成。初時可含餡，後多單純以麵爲之。

由於饅頭以麵粉爲主製成，故富於營養，宜於解飢强身；由於經發酵後製成，故易於消化。成品鬆軟，形狀甚佳并能誘發食欲。醫學家、養生學家李時珍對其特點有這樣的評介：“酵糟發成，單麵所造，丸藥所須，且能治疾……甚易消化，且麵已過性，不助濕熱。”（明李時珍《本草綱目·穀四·蒸餅》）

饅頭蓋産生於熟食基礎之上。最早的饅頭大約産生於周代。《周禮·天官·醢人》的“酏食”，唐賈公彦、明張自烈等認爲就是後世的起麵饅頭。先秦亦稱“蒸餅”，據説秦昭王始爲之（見明張岱《夜航船·日用·飲食》）。漢代，《釋名·釋飲食》及崔寔《四民月令》等皆言及“蒸餅”，説明這在當時是一種很有影響的食品。

“饅頭”之稱，出現於三國時，晚於“蒸餅”。但由於它形象通俗，最終取代了“蒸餅”。饅頭的創製者，相傳爲諸葛亮。不盡可靠，姑從其説。當其南征蠻荒，或主張祭以人頭，亮不從，改以麵爲皮，以猪、羊肉爲餡，做成人頭形以祭，遂有饅頭。宋高承《事物紀原·酒醴飲食·饅頭》：“諸葛武侯之征孟獲，人曰蠻地多邪術，須禱於神，假陰兵一以助之。然蠻俗必殺人，以其首祭之，神則饗之，爲出兵也。武侯不從，因雜用羊豕之肉，而包之以麵，象人頭以祠……後人由此爲饅頭。”或説，本應作“蠻頭”，音轉字訛作“饅頭”。明郎瑛《七修類稿·事物》：“謂之蠻頭，今訛而爲饅頭也。”

魏晋至南北朝是饅頭進一步發展的時期。當時文獻有關饅頭的寫法及稱謂很多很亂。如書作“曼頭”“䭔頭”“饝頭”，或稱作“饅頭餅”“曼頭餅”等。這種混亂，也反映着饅頭食用的廣泛與經常。《晋書·何曾傳》：“厨膳滋味，過於王者。每燕見，不食太官所設，帝輒命取其食，蒸餅上不坼作十字不食。”這則記載雖有誇張，但也説明當時對饅頭蒸作的研究及取得的成就。

唐宋時期，饅頭有很大發展。以稱謂言，“蒸餅”之外，又有“籠餅”“籠蒸”“炊餅”等。以精品、名品言，唐代有“玉尖麵”“婆羅門輕高麵籠蒸”“同阿餅”（宋陶穀《清異録》）、“麵璽”（五代王仁裕《開元天寶遺事》）等，宋代有“蒨花饅頭”（宋西湖老人《西湖老人繁勝録》）、“羊肉小饅頭”（宋孟元老《東京夢華録》）、“生餡饅頭”“糖肉饅頭”“笋肉饅頭"“魚肉饅頭"“蟹肉饅頭"“假肉饅頭"“笋絲饅頭"“波菜果子饅頭"（宋吳自牧《夢粱録》）等。可惜僅有很少一部分記載有簡略製法，多闕。

元明清時，饅頭蒸作技術愈趨成熟，經驗愈加豐富，故文獻記載中保存有不少饅頭的名目及製法。如元代的“倉饅頭"“茄子饅頭"“剪花饅頭"“平坐大饅頭"“鹿妳肪饅頭"等，明清則有“山藥饅頭"“千層饅頭"“小饅頭"“常熟饅頭"“猪肉饅首"“無皮饅頭"“蕎麥饅頭"“龍明府饅頭"“糟饅頭"等。

包子、稍麥、卷子等，皆饅頭支派流別。饅頭之帶餡者發展演變而爲包子；包子有頂部閉口、開口之分，開口者爲稍麥，閉口者爲包子。不帶餡饅頭，即純麵饅頭的發展，導致卷子的產生。饅頭是將麵團成實體，卷子則是將麵展平後再捲出花樣。可以説，包子、稍麥、卷子是饅頭嚮不同方嚮發展的結果，它們都具有饅頭的某些特徵，又都具有獨立的特色，最終形成與饅頭鼎足而立之勢。

饅　頭

饅頭

麵品主食。通以小麥麵粉發酵，團作底平面滑頭狀實體，籠蒸而成。初時可包餡，後多以純麵爲之。先秦時期已見。《周禮・天官・醢人》之“酏食"，是文獻中最先出現的一種發麵饅頭。時亦稱“餅"“蒸餅"。因爲古代一切麵食皆得稱餅，故《墨子・耕柱》出現之“餅"也可能是饅頭。據説，“秦昭王作蒸餅"（明張岱《夜航船・日用・飲食》）。漢崔寔《四民月令》：“齊人呼寒食爲冷節，以麰（疑爲“麵"之訛）爲蒸餅樣，團棗附之，名曰棗糕。"“饅頭"之稱，始見於三國時期，傳爲諸葛亮所創製（參見本卷《主食説・饅頭考》文）。晉代，“饅頭"或作“曼頭"“曼頭"“糬頭"，或稱“饅頭餅"。晉束晳《餅賦》：“三春之初，陰陽交際。寒氣既消，温不至熱。於時享宴，則曼

頭宜設。"唐段公路《北户録・食目》引作“糬頭"。晉盧諶《祭法》：“四時祠用曼頭、湯餅、髓餅、牢丸。"明李時珍《本草綱目・穀四・蒸餅》引晉葛洪《肘後方》有“饅頭餅"。南北朝時期“饅頭餅"亦作“曼頭餅"。《北户録・食目》引北魏賈思勰《齊民要術》作“曼頭餅"。唐宋時期多稱“蒸餅"，并載其製法。唐段成式《酉陽雜俎・酒食》：“蒸餅法：用大例麵一升，煉猪膏三合。"唐張鷟《朝野僉載》卷四：“〔張衡〕因退朝，路旁見蒸餅新熟，遂市其一，馬上食之。"宋沈括《夢溪筆談・異事》：“徐德占過逆旅，老婦愬以飢，其子恥之，對德占以蒸餅啖之，盡一竹簣，約百餅，猶稱飢不已。"宋吳自牧《夢粱録・天曉諸人出市》：“有賣燒餅、蒸餅、糍糕、雪糕等點心者。"唐代亦稱“籠餅"“籠蒸"。因饅頭須入籠屉蒸成，故名。《格

致鏡原·飲食類五·饅頭》:"《朝野僉載》:侯思止食籠餅,必令縮葱加肉,號縮葱侍郎。按,籠餅即今饅頭。"宋陶穀《清異録·饌羞門》載唐相韋巨源家存燒尾食賬有"婆羅門輕高麵籠蒸"。宋張師正《倦游雜録》:"唐人呼饅頭爲籠餅。豈非水瀹而食者皆可呼湯餅,籠蒸而食者皆可呼籠餅?"宋陸游《蔬園雜咏·巢》:"便覺此身如在蜀,一盤籠餅是豌巢。"自注:"蜀中雜巇肉作巢饅頭,佳甚。唐人正謂饅頭爲籠餅。"宋代亦稱"炊餅"。宋周密《齊東野語》卷四:"昔仁宗時,宮嬪謂正月爲初月,餅之蒸者爲炊。"後避宋仁宗諱"禎"字,改"蒸餅"爲"炊餅"。宋吳處厚《青箱雜記》卷二:"仁宗廟諱'貞(禎)',語訛近'蒸'。今內庭上下皆呼蒸餅爲炊餅。"宋孟元老《東京夢華録·清明節》:"各携棗餬炊餅、黄胖掉刀,名花異果,山亭戲具,鴨卵鷄雛,謂之門外土儀。"宋楊萬里《食蒸餅作》詩:"何家籠餅須十字,蕭家炊餅須四破。"《水滸傳》第五三回:"戴宗懷裏摸出幾個炊餅來自吃。"明周祈《名義考》:"蒸而食者曰蒸餅,又曰籠餅。"明彭大翼《山堂肆考·飲食》:"入籠蒸者,名蒸餅,亦曰饅頭。"晚近"饅頭"亦稱"饅首""饝饝"。胡樸安《中華全國風俗志》下篇卷二:"〔發麵〕加鹼用力揉之,作饅首,謂之饝饝。"時下,儘管從饅頭中分化出"包子""稍麥",但將帶餡者稱爲饅頭之風習至今猶存。例如,上海的"油汆饅頭""生煎饅頭",江蘇的"葷饅頭""小籠饅頭",浙江的"喉口饅頭"等皆爲帶餡者。然在北方,通以無餡者爲饅頭,南方也有類似情況。如江西的"大米開花饅頭"、湖北的"蛋麵饅頭"等。

【餅】[3]

即饅頭。此稱先秦時期已行用。見該文。

【蒸餅】[2]

即饅頭。此稱先秦時期已行用。見該文。

【曼頭】

同"饅頭"。此體晋代已行用。見該文。

【曑頭】

同"饅頭"。此體晋代已行用。見該文。

【䭃頭】

同"饅頭"。此體晋代已行用。見該文。

【饅頭餅】

即饅頭。此稱晋代已行用。見該文。

【曼頭餅】

即饅頭。此體南北朝時期已行用。見該文。

【籠餅】

即饅頭。此稱唐代已行用。見該文。

【籠蒸】

即饅頭。此稱唐代已行用。見該文。

【炊餅】

即饅頭。此稱宋代已行用。見該文。

【饅首】

即饅頭。此稱行用於近現代。見該文。

【饝饝】[2]

即饅頭。此稱行用於近現代。見該文。

餢飳[2]

一種發麵饅頭。先秦時期已出現。時稱"酏食"。《周禮·天官·醢人》:"羞豆之實,酏食、糝食。"唐賈公彦疏:"酏,粥也,以酒酏爲餅,若今起膠餅。"南北朝時期作"餢飳"。唐段公路《北户録·食目》引北齊顔之推云:"江南謂蒸餅爲餢飳。"唐代稱"起膠餅"。明代作"餢飳"。《正字通·食部》:"餢飳,起麵也。

發酵使麵輕高浮起，炊之爲餅。賈公彦以酏食爲起膠餅，膠即酵也。”今時饅頭，或圓或方，或大或小，多經發酵，爲重要主食之一。

【酏食】

即餢飳[2]。此稱先秦時期已行用。按，一説，粥食。見該文。

【餢飳】[2]

同“餢飳[2]”。此體南北朝時期已行用。見該文。

【起膠餅】

即餢飳[2]。此稱唐代已行用。見該文。

玉尖麵

一種尖頂肉餡饅頭。隋代已見。明陶宗儀《説郛》卷九五上：“隋煬有鏤金龍鳳蟹、蕭家麥穗、生寒消粉、辣驕羊玉尖麵。”以極肥之熊肉、精養之鹿肉爲餡。唐德宗甚嗜食，宰相趙宗儒親聞其事。宋陶穀《清異録・饌羞門》：“趙宗儒在翰林時，聞中使言，今日早饌玉尖麵，用消熊、棧鹿爲内餡，上甚嗜之。問其形制，蓋人間出尖饅頭也。又問‘消’之説，曰：‘熊之極肥者曰消，鹿以倍料精養者曰棧。’”

麵蠒

一種包餡的厚皮饅頭。始見於唐代，延及後世。五代王仁裕《開元天寶遺事・探官》：“都中每至正月十五日造麵蠒，以官位帖子卜官位高下，或賭筵宴以爲戲笑。”亦稱“探官蠒”“探春蠒”。宋陳元靚《歲時廣記・人日》：《歲時雜記》：人日，京都貴家造麵蠒，以肉或素餡，其實厚皮饅頭餕餡也，名曰探官蠒。又立春日作此，名探春蠒。餡中置㫄簽或削木書官品，人自探取（貴人或使從者），以卜異時官品高下。”省稱“春蠒”。宋周密《武林舊

事・蒸作從食》：“子母蠒、春蠒、大包子、荷葉餅。”亦作“麵繭”。胡樸安《中華全國風俗志》上篇卷七：“十五日，蒸麵繭，蓋襲古卜繭之遺。”

【探官蠒】

即麵蠒。因其中帖子木簽可預卜官品高下，故名。此稱宋代已行用。見該文。

【探春蠒】

即麵蠒。於立春做得，“春”寓升官發福義，故名。此稱宋代已行用。見該文。

【春蠒】

即麵蠒。此稱宋代已行用。見該文。

【麵繭】

同“麵蠒”。見該文。

【米薄皮春蠒】

“麵蠒”之一種。此稱宋代已行用。時又有“子母春蠒”，亦此類。宋吳自牧《夢粱録・葷素從食店》：“賣米薄皮春蠒……梅花餅、開爐餅、壽帶龜仙桃、子母春蠒、子母龜。”

【子母春蠒】

“米薄皮春蠒”之屬。此稱宋代已行用。見該文。

同阿餅

“饅頭”之一種。以碎肉與麵混合蒸成，其形方而上圓，似今之卷子。唐代已見。宋陶穀《清異録・饌羞門》：“天成中，帝令作同阿餅。法：用碎肉與麵搜和如臂，刀截，每隻二寸厚，蒸之。”

太學饅頭

“饅頭”之一種。爲宋代太學生所食，故名。相傳宋神宗嘗加品食，認爲學士食此無愧。市肆亦有賣者。太，亦作“大”。宋吳自牧《夢

梁録·葷素從食店》：“糖肉饅頭、羊肉饅頭、太學饅頭、笋肉饅頭、魚肉饅頭。”宋周密《武林舊事·蒸作從食》作“大學饅頭”。元劉一清《錢塘遺事》卷一〇：“散題後，駕已興入内進膳，賜食於士子：太學饅頭一枚，羊肉泡飯一盞。”清阮葵生《茶餘客話》卷二〇：“元豐初，神宗留心學校。一月令取學生所食以進。是日適用饅頭，神宗食之曰：‘以此養士，可無愧矣。’”

【大學饅頭】

同“太學饅頭”。此體宋代已行用。見該文。

玉磚

“饅頭”之一種。方磚形，圓面，糝以椒鹽。此稱宋代已行用。宋陳達叟《本心齋疏食譜》：“玉磚：炊餅方切，椒鹽糝之。截彼圓璧，琢成方磚。有馨斯椒，薄灑以鹽。”

羊肉饅頭

一種羊肉餡饅頭。此稱宋代已行用。宋吴自牧《夢粱録·葷素從食店》：“蒸作麵行賣四色饅頭……肉油餅、菊花餅、糖肉饅頭、羊肉饅頭、太學饅頭。”

【羊肉小饅頭】

一種小型羊肉饅頭。此稱宋代已行用。宋孟元老《東京夢華録·是月巷陌雜賣》：“成串熟林檎、脂麻團子、江豆碢兒、羊肉小饅頭、龜兒沙餡之類。”

【倉饅頭】

一種羊肉饅頭。此稱元代已行用。元忽思慧《飲膳正要·聚珍異饌》：“倉饅頭：羊肉、羊脂、葱、生薑、陳皮（各切細）。右件入料物、鹽、醬拌和爲餡。”

【茄子饅頭】

一種加入茄子的羊肉饅頭。此稱元代已行用。元忽思慧《飲膳正要·聚珍異饌》：“茄子饅頭：羊肉、羊脂、羊尾子、葱、陳皮（各切細）、嫩茄子（去穰）。右件同肉作餡，却入茄子内蒸，下蒜酪、香菜末食之。”

油蜜蒸餅

“饅頭”之一種。蓋以油蜜爲餡料製成。宋代已見。爲當時婚娶後婦家饋遺夫家之物。亦稱“蜜和油蒸餅”。宋孟元老《東京夢華録·娶婦》：“三日女家送綵段油蜜蒸餅，謂之蜜和油蒸餅。”

【蜜和油蒸餅】

即油蜜蒸餅。此稱宋代已行用。見該文。

雜色煎花饅頭

一種肉餡饅頭。煎，通“剪”。表皮剪花塗色，故名。始見於宋代。亦稱“翦花饅頭”。元代作“剪花饅頭”，詳載製法。宋吴自牧《夢粱録·葷素從食店》：“蒸作麵行賣四色饅頭、細餡大包子，賣米薄皮春璽……雜色煎花饅頭。”宋西湖老人《西湖老人繁勝録·食店》：“羊頭鼋魚、錦鷄鼋魚、奪真元魚、翦花饅頭、翦羊事件、葷素簽。”元忽思慧《飲膳正要·聚珍異饌》：“剪花饅頭：羊肉、羊脂、羊尾子、葱、陳皮（各切細）。右件依法入料物、鹽、醬，拌餡，包饅頭，用剪子剪諸般花樣蒸，用胭脂染花。”

【翦花饅頭】

即雜色煎花饅頭。翦，亦通“剪”。此稱宋代已行用。見該文。

【剪花饅頭】

即雜色煎花饅頭。此體元代已行用。見該文。

平坐大饅頭

"饅頭"之一種。發麵，包餡，上圓，下平。元代已見。蓋以其底面平，可安然坐放，故名。元佚名《居家必用事類全集・庚集・飲食類》："平坐大饅頭：每十分，用白麵二斤半。先以酵一盞許，於麵內跑（刨）一小寞，傾入酵汁，就和一塊軟麵，乾麵覆之，放溫暖處。伺泛起，將四邊乾麵加溫湯和就，再覆之。又伺泛起，再添乾麵，溫水和。冬用熱湯和就，不須多揉。再放片時，揉成劑則已。若揉搓則不肥泛。其劑放軟，捍作皮，包餡子，排在無風處，以袱蓋。伺麵性來，然後入籠牀上，蒸熟爲度。"

鹿妳肪饅頭

以鹿奶、脂肪等爲餡料製成之饅頭。元代已見。元忽思慧《飲膳正要・聚珍異饌》："鹿妳肪饅頭（或做倉饅頭，或做皮薄饅頭，皆可）：鹿妳、肪、羊尾子（各切如指甲片），生薑、陳皮（各切細）。右件入料物、鹽，拌和爲餡。"

山藥饅頭

一種帶餡饅頭。因麵中溲入山藥粉，故名。清代已見。徐珂《清稗類鈔・飲食類》："山藥饅頭者，以山藥十兩去皮，粳米粉二合，白糖十兩，同入擂盆研和。以水濕手，捏成饅頭之坯，內包以豆沙或棗泥之餡，乃以水濕清潔之布，平鋪蒸籠，置饅頭於上而蒸之。至饅頭無黏氣時，則已熟透，即可食。"

千層饅頭

一種不帶餡的精品饅頭。內瓤多層，故名。清代已見。清袁枚《隨園食單・點心單》："楊參戎家製饅頭，其白如雪，揭之如有千層，金

陵人不能也。其法揚州得半，常州、無錫亦得其半。"

小饅頭[1]

一種不帶餡的發麵饅頭。小如胡桃，一箸可取一對；下壓不滿半寸，鬆手飽還如初。見於清代揚州。清袁枚《隨園食單・點心單》："小饅頭……作饅頭如胡桃大，就蒸籠食之，每箸可夾一雙，揚州物也。揚州發酵最佳，手捺之不盈半寸，放鬆仍隆然而高。"

常熟饅頭

一種帶餡饅頭。產於清代常熟。清佚名《調鼎集・點心部》："常熟饅頭：白麵一斤，白酒娘一斤，糯米半升煮粥，入溫湯一碗和勻（宜蓋、宜露、宜涼、宜冷，以人身之氣候爲準則）。過一宿，候酵發起，用笊籬濾去清漿，搜麵用棍著力調攪，手法要一順去，不可倒回，攪好分作三處，令三人擦揉多遍，酷（酵）力漸足，取餡包成，將蒸籠上鍋，呵熟入饅頭。蓋一刻，取出一個拋水中，若浮起，是其候也，隨上溫湯，以急火蒸之。"

豬肉饅首

一種豬肉餡饅頭。見於清代北方。清潘榮陛《帝京歲時紀勝・元旦》："湯點則鵝油方補、豬肉饅首、江米糕、黃黍飥。"按，今時北方多稱此爲豬肉包子或肉餡包子，南方猶有稱饅首或饅頭者。

無皮饅頭

一種僅有餡、去掉表皮之饅頭。清代已見。清佚名《調鼎集・點心部》："無皮饅頭法：生麵作薄餅，先鋪籠底。饅頭排列餅上，復用生麵薄餅蓋面，蒸熟，去上下薄餅，饅頭即無皮。"按，直至清代，有餡、無餡者皆得稱饅

頭。此無皮饅頭當指內中所含餡料，如此始可稱"無皮"。

蕎麥饅頭

以蕎麥麵製成之饅頭。清代河套、塞上人恒食之。徐珂《清稗類鈔·飲食類》："蕎麥饅頭：河套之人，每磨蕎麥爲麵。先以沸水沖之，蒸爲饅首，俟冷乃食，最耐飢。塞外作苦之人，非此不飽也。"

龍明府饅頭

一種細白之精品饅頭，出清代龍姓官員家廚。清袁枚《隨園食單·點心單》："製饅頭法：偶食龍明府饅頭，白細如雪，面有銀光，以爲是北麵之故。龍云：不然。麵不分南北，只要羅得極細，羅篩至五次，則自然白細，不必北麵也。惟做酵最難。請其庖人來教學之，卒不能鬆散。"

糟饅頭

加糟製成的一種饅頭。見於元代。元倪瓚《清閟閣全集》卷一一："……或蒸後如糟饅頭法，糟過香油剗之尤妙。"清佚名《調鼎集·點心部》："糟饅頭：用大盤先鋪糟一層，上覆以布，布上放小饅頭（宜稀疏，不可挨着），再覆以布，加糟一層於面，經宿取出，油炸，冬日可留一月。如冷，火上再炙。"

【糟窖饅頭】

"糟饅頭"之一種。此稱清代已行用。時揚州蕙芳軒、集芳軒以此擅名。清李斗《揚州畫舫錄·草河錄上》："轅門橋有二梅軒、蕙芳軒、集芳軒……宜興丁四官開蕙芳、集芳，以糟窖饅頭得名。"

包　子

包子

主食。饅頭之屬。以麵皮包餡蒸成。源出前代蒸餅（即饅頭），爲饅頭一支派。二者的區別是，饅頭有餡、無餡皆可，包子必有餡；饅頭可圓、可方，包子多圓；饅頭通體平滑，包子頂部或邊緣有包餡時彌縫的褶子。由於"包子"稱呼通俗，形名相副，主食與菜肴集於一身，遂流傳開來。"包子"之稱最早見於五代時期，後周都城有售者。宋陶穀《清異錄·饌羞門》載，閶闔門外，通衢有食肆，每一節令則專賣一物，"徧京輻湊"，伏日專賣"綠荷包子"。宋代不僅"包子"之名廣泛行用，而且出現了"兜子""包兒""捻兒"等異名。宋仁宗兒時過生日，真宗喜極，"出包子以賜臣下，其中皆金珠也"（《格致鏡原·飲食類五·饅頭》引宋王栐《燕翼詒謀錄》）。宋孟元老《東京夢華錄·飲食果子》："更外賣軟羊、諸色包子、豬羊荷包。"宋吳自牧《夢粱錄·葷素從食店》："仙桃龜兒、包子、點子、諸色油煠、素夾兒、油酥餅兒。"當時還出現了"大包子"（宋西湖老人《西湖老人繁勝錄·食店》）、"細餡大包子"（《夢粱錄·葷素從食店》）、"鵝鴨包子"（宋灌圃耐得翁《都城紀勝·酒肆》）等名目。《東京夢華錄·食店》出現"魚兜子"，《夢粱錄·葷素從食店》出現"水晶包兒""笋肉包兒""蝦魚包兒""江魚包兒""蟹肉包兒"等。宋陳元靚《事林廣記·庚集》"包子"下記載異名"捻兒"。元代多稱"包子""兜子"。元佚名《居家必用事類全集・庚集・飲食類》載有“魚包子”“蟹黃兜子”“鵝兜子”“雜餡兜子”“荷蓮兜子”等，元忽思慧《飲膳正要・聚珍異饌》載有“天花包子”。清代通稱“包子”，如褚人穫《堅瓠秘集・飽生衆疾》：“食包子不過一二枚。”時或省稱“包”，如“米粉菜包”“灌湯肉包”，皆詳載製法。今時南方、北方雖尚有沿襲古制稱帶餡蒸餅爲饅頭者，然多數情況已被“包子”“包兒”“包”所代替。“兜子”在宋元行用一時，後亦湮滅。徐珂《清稗類鈔・飲食類》：“南方之所謂饅頭者，亦屑麵發酵蒸熟，隆起成圓形，然實爲包子。包子者，宋已有之。〔宋羅大經〕《鶴林玉露》曰：有士人於京師買一妾，自言是蔡太師府包子廚中人。一日，令其作包子，辭以不能，曰：‘妾乃包子廚中縷葱絲者也。’蓋其中亦有餡，爲各種肉，爲菜，爲果，味亦鹹甜各異，惟以之爲點心，不視爲常餐之飯。”

【兜子】

即包子。因以皮包餡，如兜物一般，故名。此稱宋代已行用。見該文。

【包兒】

即包子。此稱宋代已行用。見該文。

【捻兒】

即包子。因將麵皮捻緊，纔能爲包子收口，故名。此稱宋代已行用。見該文。

【包】

“包子”之省稱。此稱清代已行用。見該文。

【魚兜子】

“包子”之一種。以魚肉餡爲主製成。此稱始見於宋代。元代稱“魚包子”。以魚肉、羊脂、豬臕及諸香料、作料合餡包成。宋孟元老《東京夢華録・食店》：“更有南食店：魚兜子、

桐皮熟膾麵、煎魚飯。”元佚名《居家必用事類全集・庚集・飲食類》：“魚包子：每十分，鯉鱖皆可。净魚五斤柳葉切，羊脂十兩骰塊切，豬臕八兩柳葉切，鹽、醬各二兩，橘皮兩個細切，葱絲十五莖，香油炒葱熟，薑絲一兩、川椒末半兩、細料物一兩、胡椒半兩，杏仁三十粒研細，醋一合。麵捽同。”按，宋吳自牧《夢粱録・葷素從食店》載有“魚肉饅頭”，蓋與此爲同物，唯一沿用古稱，一使用今名而已。

【魚包子】

即魚兜子。此稱元代已行用。見該文。

【鵝鴨包子】

“包子”之一種。以鵝、鴨肉爲餡包裹蒸熟。此稱始見於宋代，亦稱“鵝鴨包兒”。宋灌圃耐得翁《都城紀勝・酒肆》：“包子酒店，謂賣鵝鴨包子、四色兜子、腸血粉羹、魚子、魚白之類。”宋西湖老人《西湖老人繁勝録》：“撲賣時樣翻騰，養喂促織盆、諸般口篢、生餡饅頭、鵝鴨包子。”宋吳自牧《夢粱録・葷素從食店》：“蒸作麵行賣四色饅頭……鵝鴨包兒、鵝眉夾兒、十色小從食、細餡夾兒。”元代有“鵝兜子”，亦此屬。元佚名《居家必用事類全集・庚集・飲食類》：“鵝兜子：野鷄、野鴨皆可。每十隻用熟鵝净肉半斤，縷切。豬臕一兩，縷切。羊脂二兩，骰塊切。葱、薑、橘絲共一兩，川椒、杏仁、細料物少許，鹽、醬各二錢，酒醋一合，麵捽同。”

【鵝鴨包兒】

即鵝鴨包子。此稱宋代已行用。見該文。

【鵝兜子】

“鵝鴨包子”之屬。此稱元代已行用。見該文。

【蟹肉包兒】

"包子"之一種。以螃蟹肉爲餡料製成。此稱始見於宋代。元代稱"蟹黃兜子"。以蟹肉、猪肉及諸香料、作料配餡製得。宋吴自牧《夢梁録·葷素從食店》："蒸作麵行賣四色饅頭……蟹肉包兒、鵝鴨包兒。"元佚名《居家必用事類全集·庚集·飲食類》："蟹黃兜子：熟蟹大者三十隻，斫開取净肉；生猪肉斤半細切；香油炒碎鴨卵五個。用細料末一兩，川椒、胡椒共半兩。擂薑、橘絲少許，香油炒碎葱十五莖，麵醬二兩，鹽一兩。麵撺同。打拌匀，嘗味鹹淡，再添鹽。每粉皮一個，切作四片，每盞先鋪一片，放餡，折掩蓋定。籠内蒸熟供。"

【蟹黃兜子】

即蟹肉包兒。此稱元代已行用。按，宋時亦有"蟹肉饅頭"（宋吴自牧《夢梁録·葷素從食店》），與"包兒""兜子"殆亦古今稱謂不同，製法略别。見該文。

【天花包子】

"包子"之一種。因餡内有天花得名。天花，一種蘑菇。此稱元代已行用。元忽思慧《飲膳正要·聚珍異饌》："天花包子（或作蟹黃亦可；藤花包子亦同）：羊肉、羊脂、羊尾子、葱、陳皮、生薑（各切細）、天花（滚水燙熟，洗净，切細）。右件入料物、鹽、醬拌餡，白麵作薄皮，蒸。"

【荷蓮兜子】

"包子"之一種。因餡中含去心蓮肉，故名。元佚名《居家必用事類全集·庚集·飲食類》："荷蓮兜子：羊肉二斤（焯去血水，細切），粳米飯半斤，香油二兩，炒葱一握（肉湯三盞調三兩作絲），橘皮一斤（細切），薑末

一兩，椒末少許。已上一處拌匀。每粉皮一個，切作四片，每盞内先鋪一片，裝新蓮肉（去心）、鷄頭肉、松仁、胡桃仁、楊梅仁、乳餅、蘑菇、木耳、鴨餅子，却放肉餡，掩折定，蒸熟。匙翻在碟内供，用濃麻泥汁和酪澆之。"按，元忽思慧《飲膳正要·聚珍異饌》亦載此，製法大體同，用料微别。

【米粉菜包】

"包子"之一種。以稻米粉包菜餡而成。此稱清代已行用。清李化楠《醒園録》卷下："做米粉菜包法：用飯米舂極白，洗泡濾乾，磨篩細粉。將粉置大盆中，留餘一大碗。先將涼水下鍋煮滚，然後將大碗之粉匀匀撒下，煮成稀糊取起，傾入大盆中，和匀成塊。再放極净熱鍋中，拌揉極透（恐皮黑，不入熱鍋亦可）。取起，聶（捏）做菜包。任薄不破。"又法："將米粉先分作數次微炒，不可過黄，餘悉如前法。其餡料用芥菜（切碎，鹽揉，擠去汁水）、蘿蔔（切碎）、青蒜（切碎）同肉皮、白肉絲油炒半熟包入。又或用熟肉（切細）、香菰、冬笋、豆腐乾、鹽落花生仁、橘餅、冬瓜、香圓片（各切丁子）備齊。將冬笋先用滚水燙熟，豆腐乾用油炒熟，次取肉下鍋炒一滚，再下香菰、冬笋、豆腐乾同炒，取起拌入花生仁等料包之，或加蛋條亦好。此項只宜下鹽，切不可用豆油，以豆油能令皮黑故也。"

【灌湯肉包】

"包子"之一種。以凝固之肉湯爲餡包入，熟後湯融而不溢。此稱見於清代揚州。清林蘇門《邗江三百吟》："灌湯肉包：春秋冬日，肉湯易凝。以凝者灌於羅磨細麵之内，以爲包子。蒸熟則湯融而不泄。揚州茶肆，多以此擅長。

到口難吞味易嘗，團團一個最包藏。外强不必中乾鄙，執熱須防手探湯。"亦稱"灌湯包子"。揚州二梅軒所製販最出名。清李斗《揚州畫舫錄・草河錄上》："宜興丁四官開蕙芳、集芳，以糟窖饅頭得名。二梅軒以灌湯包子得名。"

【灌湯包子】

即灌湯肉包。此稱清代已行用。見該文。

【松毛包子】

"包子"之一種。此稱清代已行用。清李斗《揚州畫舫錄・草河錄上》："城内外小茶肆，或爲油鏇餅，或爲甑兒糕，或爲松毛包子，蒟檐蓽門，每旦絡繹不絶。"亦稱"小饅頭""湯包"。清夏曾傳《隨園食單補證・點心單》："小饅頭，俗謂之湯包，杭人謂之松毛包子，以墊松毛而蒸也。食時必以湯侑之。"

【小饅頭】[2]

即松毛包子。此稱清代已行用。見該文。

【湯包】

即松毛包子。此稱清代已行用。見該文。

酸餡

一種素餡包子。源自僧家素食，恒食酸餡。宋代稱"酸餤"。亦作"酸餝""餕餝""餕餡"。餕，"酸"之訛；餤，同"餡"。宋歐陽修《歐陽文忠公集・歸田錄》卷二："京師食店賣酸餤者，皆大出牌牓於通衢，而俚俗昧於字法，轉酸從食，餤從臽。有滑稽子謂人曰：'彼家所賣餕餡（音俊叨），不知爲何物也。'飲食四方異宜，而名號亦隨時俗言語不同，至或傳者轉失其本。"宋孟元老《東京夢華錄・中元節》："又賣轉明菜花、花油餅、餕餝、沙餤之類。"宋郭彖《睽車志》卷四："素令日以僧食啖之。酸餤至，頓食五十枚。"《古尊宿語錄・雲門匡真

禪師廣錄下》："師因齋次，拈起餕餡謂僧云：'擬分一半與你。'"元代作"酸餡"，亦稱"菜餕餡"。元馬致遠《半夜雷轟薦福碑》第二折："你閑也是忙。忙便罷，閑便來寺裏吃酸餡來。"元佚名《漢鍾離度脱藍采和》第二折："可知俺吃的是大饅頭闊片粉，你吃的是菜餕餡淡薑羹。"

【酸餤】

同"酸餡"。此體宋代已行用。見該文。

【餕餝】

同"酸餡"。餕，"酸"之訛。此體宋代已行用。見該文。

【餕餡】

同"酸餡"。餕，"酸"之訛。此體宋代已行用。見該文。

【酸餝】

同"酸餡"。此體宋代已行用。見該文。

【菜餕餡】

即酸餡。此稱元代已行用。餕，"酸"之訛。見該文。

【燋酸餝】

"酸餡"之一種。殆蒸熟之素包復經煎烤而表皮硬者。此稱宋代已行用。宋孟元老《東京夢華錄・馬行街鋪席》："夜市亦有燋酸餝、豬胰胡餅、和菜餅……香糖果子之類。"明代作"焦酸餡"。《古今小説・宋四公大鬧禁魂張》："宋四公夜至三更前後，向金梁橋上四文錢買兩隻焦酸餡。"

【焦酸餡】

同"燋酸餝"。此體明代已行用。見該文。

【肉酸餡】

"酸餡"之屬。殆素餡包中含肉者。此

稱宋代已行用。宋吳自牧《夢粱録·葷素從食店》：“蟹肉饅頭、肉酸餡、千層兒、炊餅、鵝彈。更有專賣素點心從食店，如豐糖糕……七寶酸餡。”

【七寶酸餡】

“酸餡”之一種。素包。參見本卷《主食説·饅頭考》“肉酸餡”文。

稍 麥

稍麥

麵食。“饅頭”之支派，“包子”之孿生物。通以不發酵麵粉製成薄皮，包餡，頂上開口如石榴嘴狀。因稍用麥麵爲皮，故名“稍麥”。它與包子的主要區別在於頂部封口與否，封口者爲包子，開口者爲稍麥。“稍麥”之稱，元代已見。時亦作“稍賣”。《朴通事》載，元大都（今北京）午門外飯店有賣此者。原注：“以麥麵做成薄片，包肉蒸熟，與湯食之，方言謂之‘稍麥’，‘麥’亦作‘賣’。又云，皮薄，内實切碎肉，當頂撮細似綫稍繫，故曰稍麥。又云，以麵作皮，以肉爲餡，當頂作爲花蕊，方言謂之稍麥。”明代亦作“燒賣”，音訛作“紗帽”。或説，形似紗帽，因以爲稱。《清平山堂話本·快嘴李翠蓮記》：“燒賣區食有何難，三湯兩割我也會。”《嘉定縣續志》載，明代其地有麵點“紗帽”，“以麵爲之，邊薄底厚，實以肉餡，蒸熟即食最佳。因形如紗帽，故名”。明代出現“橐駝臍”，吳下稱爲“餶臍”，其體形長者稱“繭”，斜者稱“桃”。清代學者以爲即稍麥。《正字通·食部》：“饅開首者曰橐駝臍，吳下呼餶臍，讀若瑠詐，言熟食之肥也。長曰繭，斜曰桃。”清郝懿行《證俗文》卷一：“案，此物（指“橐駝臍”）疑即稍麥。稍麥之狀如安石榴，其首綻開，中裹肉餡，外皮甚薄。稍謂稍稍也，言用麥麵少。”清代除沿用舊稱外，亦稱“鬼蓬頭”。蓋以其頂部蓬開如鬼，故名。清李斗《揚州畫舫録·草河録上》：“文杏園以稍麥得名，謂之鬼蓬頭。”《儒林外史》第一〇回：“一盤猪肉心的燒賣……熱烘烘擺在面前。”清夏曾傳《隨園食單補證·點心單》：“燒賣，皮不掩口，一捻即成。用蟹肉爲餡最佳，南京教門有之。”徐珂《清稗類鈔·飲食類》：“燒賣亦以麵爲之，上開口有襞績，形略如荷包，屑猪肉、蝦、蟹、笋、蕈以爲餡，蒸之即熟。”清蒲松齡《日用俗字·飲食章》：“稍賣兜子真可口。”近代或作“燒饆”。唐蘭《中國文字學·文字的構成·六技》（開明書店1949年版）：“一直到近代，市招上把‘燒賣’寫成‘燒饆’。”《現代漢語詞典（第七版）》（商務印書館2016年版）於此條立目，以“燒賣”爲規範。釋文爲：“食品，用很薄的燙麵皮包餡兒，頂上捏成褶兒，然後蒸熟。俗誤作燒麥。”時下街頭市肆多見此食，著名者有上海“蟹粉菊花燒賣”“鳳尾燒賣”，遼寧“馬家燒賣”，安徽“糖油燒賣”“鴨油燒賣”“素燒賣”，杭州“羊肉燒賣”，河南“切餡燒賣”，河北“牛肉燒賣”，廣州“蟹肉珧柱乾蒸燒賣”等。

【稍賣】

同“稍麥”。此體元代已行用。見該文。

【燒賣】

同"稍麥"。此體明代已行用。見該文。

【紗帽】

"稍麥"之音轉。此稱明代已行用。見該文。

【橐駝臍】

即稍麥。此稱明代已行用。見該文。

【饀臍】

即稍麥。吳下方言。此稱明代已行用。見該文。

【繭】

"稍麥"之體形長者。此稱明代已行用。見該文。

【桃】

"稍麥"之體形斜者。此稱明代已行用。見該文。

【鬼蓬頭】

即稍麥。此稱清代已行用。見該文。

【燒饡】

同"稍麥"。此體行用於近代。見該文。

【豆沙燒賣】

"稍麥"之一種。此稱清代已行用。清佚名《調鼎集・點心部》:"豆沙燒賣:赤豆磨細,生脂油作餡,擀薄麵皮,做燒賣蒸。"

【油糖燒賣】

"稍麥"之一種。此稱清代已行用。清佚名《調鼎集・點心部》:"油糖燒賣:脂油丁、胡桃仁劗碎,洋糖包燒賣蒸。"

【海參燒賣】

"稍麥"之一種。此稱清代已行用。清佚名《調鼎集・點心部》載此食目。

【蟹肉燒賣】

"稍麥"之一種。此稱清代已行用。清佚名《調鼎集・點心部》載此食目。

【鷄肉火腿燒賣】

"稍麥"之一種。此稱清代已行用。清佚名《調鼎集・點心部》:"鷄肉、火腿可配時菜,包燒賣。"

卷　子

卷子

一種以麵做成的主食。將燙麵或發麵擀薄,一面塗以油鹽、蜜糖或香醬等,捲起切段或擰成花條形,籠蒸而成,故稱。今俗多稱"花卷"或"油鹽卷子"。始見於元代,達於今世。元劉唐卿《降桑椹蔡順奉母》第一折:"來,來,來!一盤卷子,一盤羊肉,你喫,你喫!"明馮夢龍《警世通言・白娘子永鎮雷峰塔》:"貧僧是保叔塔寺內僧,前日已送饅頭並卷子在宅上。"明代亦稱"蒸捲"。有三種製法。明宋翊《宋氏養生部》:"一用酵和麵,軸開薄,同花椒鹽乾麵捲之,分切小段,俟酵肥,蒸。一以酵和赤砂糖或蜜匀麵爲捲,蒸。一用酵和麵,捲甜肥棗子,蒸。"清代亦作"卷子""餂子",亦稱"麵餂"。清蒲松齡《日用俗字・飲食章》:"餂子擦穰留客飽。"清佚名《調鼎集・點心部》設有"麵餂"一小類。清李斗《揚州畫舫錄・新城北錄中》:"第四分毛血盤二十件……白蒸小猪子、小羊子、鷄鴨鵝,白麵餑餑、卷子。"卷子初時用麵蒸,明清時期蒸作與油煎者并存。蒸作者，如清之"豆沙餚""油糖切餚""椒鹽切餚""馬蹄餚""荷葉卷""鷄絲卷"等；油煎者，如明之"油烙捲"，清之"油煎餚""豆沙酥餚""米粉餚"等。今時居民農家猶多製食，大小餐館亦得見。著名者如各地"銀絲卷"、北京"芸豆卷"、山西"腐乳卷"、内蒙古"卷子"、安徽"鷄絲卷"等。

【蒸捲】

即卷子。此稱明代已行用。見該文。

【餚子】

同"卷子"。此體清代已行用。見該文。

【麵餚】

即卷子。此稱清代已行用。見該文。

【油烙捲】

"卷子"之一種。在油中烙熟，故名。三種製法。此稱明代已行用。明宋詡《宋氏養生部》："油烙捲：一用澆薄餅或春餅，將前料物（按，花椒鹽、糖蜜棗等）捲摺粘之，少油内烙。一用鹽、蜜、生熟水和麵，擀薄餅，油中烙，塗以蜜糖，捲食。一用鮮乳餅揉麵中，和鹽、生熟水，擀薄餅，油中烙，塗以蜜餹，散以細切去皮胡桃，榛、松仁，捲食。和酥揉麵中亦宜。"

【豆沙餚】

"卷子"之一種。此稱清代已行用。捲入豆沙、果仁等蒸熟。清佚名《調鼎集·點心部》："豆沙餚：豆沙、糖、脂油丁、各果仁，包麵餚長條，蒸。"

【油糖切餚】

"卷子"之一種。此稱清代已行用。清佚名《調鼎集·點心部》："油糖切餚：脂油丁、洋糖包麵餚長條，切段，蒸。包粉盒蒸同。"

【椒鹽切餚】

"卷子"之一種。此稱清代已行用。清佚名《調鼎集·點心部》："椒鹽切餚：椒鹽、脂油和麵，餚長條，切段蒸。"亦稱"椒鹽卷"。清夏曾傳《隨園食單補證·點心單》："椒鹽卷：以麵揉成猪腦形，入以椒鹽。"

【椒鹽卷】

即椒鹽切餚。此稱清代已行用。見該文。

【馬蹄餚】

"卷子"之一種。此稱清代已行用。清佚名《調鼎集·點心部》："馬蹄餚……開水和成，擀薄，加紅棗（煮熟去皮核）、栗肉、松仁（俱研末），餚如春餅式，蒸熟。以綫勒遍，切段，捺扁。"

【荷葉餚蒸】

"卷子"之一種。外形似荷葉，故名。此稱清代已行用。清顧禄《桐橋倚棹録》卷一〇："點心則有八寶飯、水餃子、燒賣、饅頭、包子、清湯麵……荷葉餅、荷葉餚蒸。"省稱"荷葉卷"。清夏曾傳《隨園食單補證·點心單》："荷葉卷，如荷葉，三層折疊，可以夾肉。"

【荷葉卷】

"荷葉餚蒸"之省稱。此稱清代已行用。見該文。

【鷄絲卷】

"卷子"之一種。此稱清代已行用。清夏曾傳《隨園食單補證·點心單》："鷄絲卷，則以麵揉成細絲，外以麵作包皮，蒸熟時去皮食其心，頗鬆口。"

【油煎餚】[2]

"卷子"之一種。油煎而熟，故名。此稱清代已行用。清佚名《調鼎集·點心部》："油煎餞：脂油二斤，豬肉一斤（鷄肉亦可），配火腿、香蕈、木耳、筍，劚碎作餡，攤薄麵餅內餞作一條，兩頭包滿，煎令紅焦色，或火炙，用五辣醋供。"

【豆沙酥餞】

一種油炸卷子。此稱清代已行用。清佚名

《調鼎集・點心部》："豆沙酥餞：脂油丁、豆沙、糖包油麵作餞，入脂油炸酥。"

【米粉餞】

一種油炸卷子。此稱清代已行用。清佚名《調鼎集・點心部》："米粉餞：生脂油、洋糖餞入米粉餅內，切段油炸。"

第四節　餃子考

餃子，是麵點與菜肴相結合的主食或節令食品。通常須經過和麵、分劑、擀皮、包餡、緘縫等工序，而後火熟、煮熟供食。每歲正旦，舉家團坐，包餃煮食以歡度春節，此爲漢民族習俗。所以餃子也是具有鮮明民族特色與風味之食品。

餃子出現較晚，大概是在餛飩的基礎上形成的。餛飩有皮有餡，煮熟而食，此爲其與餃子的共同之處；但餛飩皮薄、餡小，往往連湯而食，又與餃子的皮厚、餡大、撈出而食明顯不同。應當説，這是有着密切血緣關係又各具特色的兩種食品。

餃子的製作過程頗爲繁複、細密。大致過程有四步：一、麵料選擇與加工；二、調餡；三、麵餡結合；四、煮熟或火熟。每一步都有基本要求。麵料，通以小麥粉爲之，亦有以豆粉爲之者，如元代"水晶角兒"（元忽思慧《飲膳正要》）；和麵通以生水，亦有以熱水者，如清代"燙麵餃"（清夏曾傳《隨園食單補證》）。調餡，餡有葷素之別、生熟之分，也可以蜜糖、豆沙、果仁等爲餡，如明代"蜜透角兒"（明宋翊《宋氏養生部》）。麵餡結合，麵皮製作，通爲圓形小薄片，亦有方形片者，如清代"淮餃"（清佚名《調鼎集》）。結合方式，有單手捏、雙手擠，亦有範脱者，如元代"餛饠角兒（元佚名《居家必用事類全集》）。成形餃子，外緣平展，或作花邊，或婉轉如蛾眉；整體多作半月形，或不規則三角形、鼠形、駝峰形，亦有傾攲欲倒、稱作"顛不棱"者（清袁枚《隨園食單》）。火熟方式，通以水煮，亦有籠蒸者，如明代"水明角兒"（明高濂《遵生八牋》）；亦有爐煎者，如元代"駝峰角兒"（《居家必用事類全集》）；亦有鍋炮者，如元代"撇列角兒"（《飲膳正要》）；亦有油炸者，如元代"餛饠角兒"；亦有油煎後蜜漬者，如明代"蜜透角兒"等。

餃子出現的時代，不晚於唐代。1972 年新疆吐魯番阿斯塔那唐墓中出土有存放在木碗中的餃子。吐魯番在當時是文化并不發達的地帶，食品從中原傳播到邊陲，應有一個過程，估計餃子産生的時代還要早，很可能在餛飩成爲"天下通食"的南北朝甚至更早。據《中國文物報》載，山東滕州薛國故城曾出土一簠春秋時代的餃子（見 1998 年 12 月 16 日該報《漢代有豆腐嗎？》文）。如果這一信息確實，則春秋時已有餃子。

唐代文獻中出現"湯中牢丸"（唐段成式《酉陽雜俎》），或説此即餃子。《正字通·食部》："水餃餌，即段成式食品'湯中牢凡（疑爲"丸"之誤）'，或謂之粉角。北人讀角如矯，因呼餃餌，訛爲餃兒。"然此非定論（參見本卷《主食説·團圓考》文）。

宋代餃子仍未得到很大發展，但文獻中已見到"雙下駝峰角子"（宋孟元老《東京夢華録》）、"角兒"（宋周密《武林舊事》）等稱謂。它們的内容含義，可從後代元人著述中推知。元佚名《居家必用事類全集》載有"駝峰角兒"製法。其法主要步驟爲："捏成角兒"，葷、素餡皆可，入爐烤熟。宋代的"角兒""角子"也應如此。它們就是後代餃子的前身，與後代餃子的情況非常相近。

元明清是餃子得到較大發展并不斷成熟的時期。《飲膳正要》《居家必用事類全集》《宋氏養生部》《遵生八牋》《隨園食單》《調鼎集》《清稗類鈔》等著述中都詳細記載了餃子的名目、製法，纍計近二十種。名目繁多，加工愈精，餡料愈美，食用方法多樣化，是其總的特點。明清時出現了"扁食""煮餑餑""水餑餑""水點心""水包子"等等异名，也説明其食用之廣，影響之巨。

現今，餃子不僅是南北城鄉人們喜食廣製之食品，而且作爲民族特色食品傳播海外。名品競出，各領風騷。如山東的"狀元餃子"，天津的"白記餃子""丁香水餃"，河北的"一簍油水餃"，四川的"鍾水餃"，内蒙古的"書力太區食""高湯明晴餃"，吉林的"高湯水餃"，遼寧的"韭菜蝦仁蒸餃""老邊餃子""海腸小餃"，河南的"金絲穿元寶"（餃子、麵條合煮）等，皆飲譽海内，口碑皆傳。近年速凍水餃的批量出現，極大方便、豐富了人們的飲食生活。陝西出現的"餃子宴"，更把這傳統食品推嚮極致。

餃子

麵點。經和麵、作劑、擀皮、包餡、水煮或籠蒸、油煎而成。北方最爲通行，常以水煮。煮時掌握好火候，開鍋後短煮則皮餡不熟，長煮又易皮破餡出。可適時酌加少量生水，再開再加再煮，直至餃體鼓脹，撈出就醋、蒜而食。出土文物證實，唐代已出現餃子。唐段成式《酉陽雜俎·酒食》有"湯中牢丸"，有釋作餃子者，但非定論，似以"湯圓"爲確（見本卷《主食説·團圓考》文）。宋代文獻中始見其稱，時稱"角子""角兒"。宋周密《武林舊事·蒸作從食》有"諸色角兒"。宋孟元老《東京夢華録》載御宴上有"雙下駝峰角子"。元代"角兒"之稱應用頗廣。元忽思慧《飲膳正要·聚珍異饌》即載有"水晶角兒""撇列角兒""時蘿角兒"等諸食目及製法。明代稱"水餃餌""粉角""水點心""扁食""湯角"。《正字通·食部》："水餃餌，即段成式食品'湯中牢凡（疑爲"丸"之誤）'，或謂之粉角。"明劉若愚《酌中志·飲食好尚紀略》："〔正月初一〕飲椒柏酒，吃水點心，即扁食也。或暗包銀錢一二於内，得之者以卜一年之吉。"明宋詡《宋氏養生部》載有食目"湯角"及製法。清代始稱"餃子"，亦稱"餃""水餃""水餃子"。《兒女英雄傳》第一七回："你姪女兒那裏給你包的煮餃子也得了，咱們趁早兒喫飯。"徐珂《清稗類鈔·飲食類》："餃，點心也。屑米或麵，皆可爲之。中有餡，或謂之粉角。北音讀角爲矯，故呼爲餃。蒸食、煎食皆可……其以水煮之而有湯者曰水餃。"又："其在正月，則元日至五日爲破五，舊例食水餃子五日，曰煮餑餑。"

【角子】

即餃子。"角""餃"音近字別。此稱宋代已行用。見該文。

【角兒】

即餃子。此稱宋代已行用。見該文。

【水餃餌】

即餃子。此稱明代已行用。見該文。

【粉角】

即餃子。以米麵粉製作，故名。此稱明代已行用。見該文。

【水點心】

即餃子。此稱明代已行用。見該文。

【扁食】

即餃子。因形狀扁平，故名。此稱明代已行用。按，明代亦稱"匾食兒"（《金瓶梅詞話》第一六回），清代亦作"扁食"（清師史氏《歷下志游》），近代亦稱"小餶食"（胡樸安《中華全國風俗志》上篇卷一）。參見本卷《主食説·餃子考》"餃子"文。

【湯角】

即餃子。此稱明代已行用。見該文。

【餃】

即餃子。此稱清代已行用。見該文。

【水餃】

即餃子。因以水煮食，故名。見該文。

【水餃子】

即餃子。此稱清代已行用。見該文。

【水角】

即餃子。此稱清代已行用。清蒲松齡《聊齋志異·司文郎》："王大悦，師事之。使庖人以蔗糖作水角，宋啗而甘之。"

【水包子】

即餃子。此稱清代已行用。時亦稱"水餑餑"。清師史氏《歷下志游》："元旦用麵作角子，齊俗用素餡者多，省垣謂之水包子……亦謂之水餑餑。"

【水餶餷】

即水包子。此稱清代已行用。見該文。

【子孫餶餷】

清代指正月初一所食"餃子"。清夏曾傳《隨園食單補證·點心單》："水餃：包肉爲餃，以水煮之，京師謂之扁食，元旦則曰子孫餶餷。或用鷄湯、紫菜、蝦米煮之，則杭法也。"

雙下駝峰角子

"餃子"之屬。以其包捏時邊緣高下不平如駝峰，故名。角，通"餃"。宋代御宴曾食之。宋孟元老《東京夢華録·宰執親王宗室百官入內上壽》："凡御宴至第三盞，方有下酒肉、醎豉、爆肉、雙下駞峰角子。"宋吳自牧《夢粱録·宰執親王南班百官入內上壽賜宴》作"雙下駞峰角子"。元代稱"駝峰角兒"，詳載製法，是一種葷素餡皆可、熟餡入皮、爐煎而成之餃。元佚名《居家必用事類全集·庚集·飲食類》："駝峰角兒：麵二斤半，入溶化酥十兩，或豬羊油各半代之。冷水和，鹽少許，搜成劑。用骨魯槌捍作皮，包炒熟餡子，捏成角兒。入爐燉煿熟供。素餡亦可。"

【雙下駞峰角子】

同"雙下駞峰角子"。此體宋代已行用。見該文。

【駝峰角兒】

即雙下駝峰角子。此稱元代已行用。見該文。

水晶角兒

一種羊肉餡煮餃。因以綠豆粉爲皮，透亮似水晶，故名。見於元代。元忽思慧《飲膳正要·聚珍異饌》："水晶角兒：羊肉、羊脂、羊尾子、葱、陳皮、生薑（各切細）。右件入細料

物、鹽、醬拌匀，用豆粉作皮包之。"

時蘿角兒

一種羊肉餡煮餃。見於元代。元忽思慧《飲膳正要·聚珍異饌》："時蘿角兒：羊肉、羊脂、羊尾子、葱、陳皮、生薑（各切細）。右件入料物、鹽、醬拌匀，用白麵、蜜與小油拌入鍋內，滾水攪熟作皮。"

撇列角兒

一種在平鍋上炮熟的餃子。葷餡、素餡皆可。撇列，北方方言，歪斜不正。因包餃或擠餃而致其邊、面、形錯出不齊，故名。始見於元代。元忽思慧《飲膳正要·聚珍異饌》："撇列角兒：羊肉、羊脂、羊尾子、新韭（各切細）。右件入料物、鹽、醬拌匀，白麵作皮，鏊上炮熟。次用酥油、蜜。或以葫蘆、瓠子作餡亦可。"

餛饠角兒

"餃子"之屬。熟麵生餡包成，用盞範脱成蛾眉樣，沸油略炸即可。始見於元代。元佚名《居家必用事類全集·庚集·飲食類》："餛饠角兒：麵一斤，香油一兩傾入麵內，拌以滾湯，斟酌逐旋傾下，用杖攪匀，燙作熟麵。挑出鍋，攤冷，捍作皮，入生餡包，以盞脱之，作娥（蛾）眉樣。油煠熟，筵上供。每分四隻。"清代蘇州所製稱"文餃"，杭州稱"蛾眉餃"。清夏曾傳《隨園食單補證·點心單》："文餃：蘇州式也，以油酥和麵，包肉爲餃，煠熟之。杭俗則曰蛾眉餃。"

【文餃】

即餛饠角兒。此稱清代已行用。見該文。

【蛾眉餃】

即餛饠角兒。此稱清代已行用。因狀如蛾

眉，故名。見該文。

水明角兒

一種糖果餡蒸餃。明代已見。明高濂《遵生八牋・飲饌服食牋下》："水明角兒法：白麵一斤，用滾湯內逐漸撒下，不住手攪成稠糊，分作一二十塊，冷水浸至雪白，放桌上搦出水。入豆粉對配，搜作薄皮，內加糖菓爲餡，籠蒸食之，妙甚。"

酥皮角兒

一種油煎餃。因其皮酥脆，故名。始見於明代。明宋詡《宋氏養生部》："酥皮角兒：用麵，以油、水、少鹽和爲小劑，擀開，納前餛飩腥餡、素餡，或熟油鹽調乾麵而緘其緣，油煎之。"今北方恒以食餘之餃，油煎再食。塞上承德地區通以餃五六個一排蒸熟，復以油煎黄，食之香脆可口。

湯角

一種可蒸可煮之餃子。見於明代。明宋詡《宋氏養生部》："湯角：用沸湯和麵，生麵爲餑，勻爲小劑；內餡，以緣緘密，置甑中蒸。常灑以水則柔。或湯煮瀹之。餡同餛飩制。亦宜熟油和鹽麵爲餡。"清代亦稱"燙麵餃""湯麵餃"。清夏曾傳《隨園食單補證・點心單》："擀皮以燙麵爲之，故薄而不破。燙麵者，以熱水和麵者也。破則滷走味失，雖有佳餡，亦無益矣。俗謂之燙麵餃。"徐珂《清稗類鈔・飲食類》："餃……蒸食者曰湯麵餃。"

【燙麵餃】

即湯角。因以沸水和麵爲皮，故名。此稱清代已行用。見該文。

【湯麵餃】

即湯角。此稱清代已行用。見該文。

蒸角兒

"餃子"之屬。通常包餡後於籠屜上蒸熟，故名。形制有大有小，大者數寸，小者如普通水餃。大者通以發麵爲之，小者多以燙麵或死麵爲之。見於明代，達於今世。《金瓶梅詞話》第八回："婦人便問：'角兒蒸熟了？拿來我看。'"今北方通以大者蒸，小者煮，亦有小者蒸而不煮者，唐山地區如此。

【顛不棱】

一種肉餡蒸角兒。外形傾欹欲倒，故名。亦稱"肉餃"。見於清代南方。清袁枚《隨園食單・點心單》："顛不棱，即肉餃也。糊麵攤開，裹肉爲餡蒸之。其討好處全在作餡得法，不過肉嫩、去筋、加作料而已。余到廣東吃官鎮臺顛不棱甚佳，中用肉皮煨膏爲餡，故覺軟美。"

【肉餃】

即顛不棱。此稱清代已行用。見該文。

蜜透角兒

一種油煎復加蜜漬之餃。始見於明代。明宋詡《宋氏養生部》："蜜透角兒：用麵以生熟水和，擀小劑，內去皮胡桃、榛、松仁，或糖蜜豆沙，緘其緣，油煎，乘熱以蜜染透。"

豆糖粉餃

一種含有豆沙、糖類餡之蒸餃。見於清代。清佚名《調鼎集・點心部》："豆糖粉餃：豆沙、糖、脂油丁，包米粉餃蒸。包燒賣、包麵餃、包豆沙糖圓、包豆沙粉盒蒸同。"

油糖粉餃

一種蒸餃。餡料含脂油、糖類，故名。見於清代。清佚名《調鼎集・點心部》："油糖粉餃：脂油丁拌洋糖、胡桃仁，包粉餃蒸。油糖麵餃同。"

菜餃

　　一種素餡餃。清代揚州"小方壺"茶肆製售，名擅一時。清李斗《揚州畫舫録·草河録上》："品陸軒以淮餃得名，小方壺以菜餃得名。"近世亦稱"素餃子"。胡樸安《中華全國風俗志》下篇卷一："初一日各不相往來，人家多吃素餃子。據云，元旦日吃素，其功用等於一年。"時下南北城鄉多所製作，常以新鮮瓜菜爲餡，加入鷄蛋、海米、植物油等。

【素餃子】

　　即菜餃。此稱行用於近現代。見該文。

淮餃

　　一種方皮所包之餃。多見於江淮，故名。清代揚州品陸軒所製售者頗有名氣。清佚名《調鼎集·點心部》："淮餃，用方麵皮。"清李斗《揚州畫舫録·草河録上》："品陸軒以淮餃得名，小方壺以菜餃得名。"

椴木餃

　　清代宮廷中所食餃子。徐珂《清稗類鈔·飲食類》："宮中於五月食椴木餃。《爾雅·釋草》：'椴，木槿。'《方言》：'燕之東北、朝鮮洌水之間謂之椴。'此關外舊俗，尚沿古時名稱也。"

第五節　餛飩考

　　餛飩，麵食之一種。皮薄，寬邊，包餡，多煮食，亦可籠蒸油煎。

　　餛飩的起源，舊説晋代"石崇作餛飩"（明張岱《夜航船·日用·飲食》），當不確。漢代文獻已見記載，稱"餅""飩""飥""餛"。《方言》第一三："餅謂之飥，或謂之飥、餛。"郭璞注："飥、餛，長渾兩音。"錢繹箋疏："竊謂《方言》'餅謂之飥'，'飥'字即'飩'之訛。注音'乇'，乃'屯'之訛。宋本作'飥'者，又後人以正文既誤作'飥'，遂改'屯'爲'飥'。"宋程大昌《演繁露·餛飩》："世言餛飩是虜中渾氏屯氏爲之。案，《方言》'餅謂之飥，或謂之飥，或謂之餛'，則其來久矣，非出胡虜也。"《格致鏡原》卷二五所引同此，但"飥"正作"飩"。

　　餛飩之得名，約有三説。其一，外族"渾氏屯氏"爲之，遂以姓氏爲名（見上引《演繁露》）。其二，形如鷄卵，似天地混沌未開之象，因名。唐李匡乂《資暇集》卷下："餛飩，以其象渾沌之形。"清富察敦崇《燕京歲時記·冬至》："夫餛飩之形有如鷄卵，頗似天地渾沌之象，故於冬至日食之。"其三，餛飩爲大而無形、合和無孔之狀，因以爲名。清錢繹《方言箋疏》："《衆經音義》卷十二引《通俗文》云：'大而無形曰倱伅。'《莊子·帝王篇》釋文引崔譔云：'渾沌，無孔竅也。'簡文云：'混沌以合和爲貌。'《西山經》：'天山有神焉，六足四翼，混敦無面目。'又，《史記正義》引《神異經》云：'昆侖西有獸焉'，'有目而不見，有兩耳而不聞，有腹無五藏，有腸直短食經過，名混沌'。義並與'餛飩'相近。蓋'餛飩'疊韻爲形容之辭。"諸説不一，後二説似較近正。

餛飩之形制，南北朝時説"形如偃月"；宋代稱"弓兒"，蓋形彎如弓；清代稱"縐紗餛飩"，指表皮襞績如縐紗。精品自有特色。如唐代"生進二十四氣餛飩"，"花形、餡料各異，凡二十四種"。宋代的"百味餛飩"則"一器凡十餘色"。清代的"小餛飩"則"小如龍眼"。

餛飩之製作，通以湯煮，所謂"餛飩用湯，到處有之"（見清夏曾傳《隨園食單補證》）。元代甚至有以"煮餛飩"爲名者（見元倪瓚《雲林堂飲食制度集》），清代有以"湯餛飩"爲名者（清佚名《調鼎集》）。到清代，"熟之之法，則爲蒸，爲煮，爲煎"（徐珂《清稗類鈔》）。

餛飩之食用，古人常以"祀祖告冬"，南北朝已如此（見《淵鑑類函・餛飩》引《南越志》），歷代沿襲。宋代"享先則以餛飩，有'冬餛飩，年餺飥'之諺"（宋周密《武林舊事》）。清代"中元祀先，必用之"，甚至"喪家六七之期，必供蒸餛飩，其數以死者之年爲率，並須親人食盡"（清夏曾傳《隨園食單補證》）。餛飩兼作藥用却疾，受到古人重視。唐代之"艾葉餛飩"、宋代之"椿根餛飩"、元代之"雞頭粉餛飩"、明代之"樗白皮餛飩"等都是著名藥膳。

餛飩在南北朝時已是"天下通食"（唐段公路《北户錄・食目》注引北齊顏之推語），歷盡滄桑，至今仍葆其青春，爲城鄉家庭、市肆餐館所不可少。名品如天津"錘雞餛飩"，上海"煎餛飩""薺菜肉餛飩"，山東"雞絲餛飩"，浙江"湖州大餛飩"，河南"燈籠餛飩"等，頗受群衆歡迎。

餛飩

一種薄皮包餡，多作煮食，亦可煎食或蒸食之麵點。始見於漢代，時稱"餅""飩""餫""餛"。《方言》第一三："餅謂之飥（飩），或謂之餫、餛。"（參見本卷《主食説・餛飩考》文）三國時期始稱"餛飩"，亦作"餛肫"，晋代作"餫飩"。據清錢繹《方言箋疏》，《衆經音義》卷一五引三國魏張揖《廣雅》："餛飩，餅也。"《集韻・平魂》"餛"下引作"餛肫"。《字苑》作"餫飩"。南北朝時期海内多已食用。時亦作"渾屯"，亦稱"餅飥"。唐段公路《北户錄・食目》注引北齊顏之推云："今之餛飩，形如偃月，天下通食也。"又，清王念孫《廣雅疏證》云：《齊民要術》有'水引餺飥法'，《北户録》引作'渾屯'。"北魏賈思勰《齊民要術·大小麥》："〔青稞麥〕麵堪作飯及餅飥。"唐代亦作"渾沌"。《北户録·食目》："渾沌，餅。"宋高懌《群居解頤》："嶺南地暖……又其俗，入冬好食餛飩，往往稍暄，食須用扇。"宋代亦作"混飩"，亦稱"温包""弓兒"。時京師冬至有食此之俗。宋西湖老人《西湖老人繁勝録·起店》："飩饆、混飩、帶汁煎、羊泡飯、生熟燒。"宋陳元靚《事林廣記·庚集》："餛飩，温包，弓兒。"又宋陳元靚《歲時廣記·食餛飩》引《歲時雜記》："京師人家冬至多食餛飩，故有'冬餛飩、年餺飥'之説。又云：新節已故，皮鞋底破，大捏餛飩，一口一個。"明代音轉作"鶻突"。《通雅·飲食》："餛飩本渾沌之轉，鶻突亦混沌之轉。"《正字通·食部》："餛，今俗以麵裹肉加洎，謂之餛飩。"清代亦稱"縐紗餛飩"。因其表皮襞績不平如縐紗，故名。時廣東稱"雲吞"，蓋亦"餛飩"之音轉。徐珂《清稗類鈔·飲食類》："餛飩，點心也，漢代已有之。以薄麵爲皮，有襞績，人呼之曰縐紗餛飩，取其形似也。中裹以餡，鹹甜均有之。其熟之之法，則爲蒸，爲煮，爲煎。粵肆售此者，寫作雲吞。"今市肆猶相沿製作食之。北方多稱"餛飩"，四川則稱"抄手"，山東稱"餶飿"，廣東稱"雲吞"。或説，即餃子。《正字通·食部》："今餛飩即餃餌別名，俗屑米麵爲末，空中裹餡，類彈丸形，大小不一，籠烝啖之。"

【餅】[4]

即餛飩。此稱漢代已行用。見該文。

【飩】

"餛飩"之單稱。此稱漢代已行用。按，《方言》第一三"餅謂之飥"，此從清錢繹説，"飥"乃"飩"之訛。參見本卷《主食説·餛飩考》文。

【餦】

即餛飩。此稱漢代已行用。見該文。

【餛】

"餛飩"之單稱。此稱漢代已行用。見該文。

【腽肫】

同"餛飩"。此體三國時期已行用。見該文。

【餫飩】

同"餛飩"。此體晉代已行用。見該文。

【渾屯】

同"餛飩"。此體南北朝時期已行用。見該文。

【餅飥】

即餛飩。此稱南北朝時期已行用。見該文。

【渾沌】

同"餛飩"。此體唐代已行用。見該文。

【混飩】

同"餛飩"。此體宋代已行用。見該文。

【温包】

即餛飩。此稱宋代已行用。見該文。

【弓兒】

即餛飩。因其形曲似弓，故名。此稱宋代已行用。見該文。

【鶻突】

"餛飩"之音轉。此稱明代已行用。見該文。

【縐紗餛飩】

即餛飩。此稱清代已行用。見該文。

【雲吞】

蓋“餛飩”之音轉。此稱清代已行用。見該文。

京飩

“餛飩”之屬。南北朝時期已見。時用於冬季祭祀先人。《淵鑑類函》卷三八九引南朝宋沈懷遠《南越志》：“閩人十月一日作京飩，祀祖告冬。”按，《南越志》，《格致鏡原·飲食類五·餛飩》作《南粵志》。清代南方猶有食此祭祖之習，衹是稱“蒸餛飩”，不稱“京飩”。清夏曾傳《隨園食單補證·點心單》：“中元祀先，必用之。又喪家六七之期，必供蒸餛飩，其數以死者之年爲率，並須親人食盡。此習俗之不可解者。”

艾葉餛飩

“餛飩”之一品。以嫩艾葉爲餡作成。食之可去惡氣及痢。見於唐代。明李時珍《本草綱目·草四·艾》引唐孟詵《食療本草》：“春月采嫩艾〔葉〕作菜食，或和麵作餛飩如彈子，吞三五枚，以飯壓之，治一切鬼惡氣，長服止冷痢。”參閱《格致鏡原·飲食類五·餛飩》。

生進二十四氣餛飩

“餛飩”之一品。以外形、餡料有二十四類之多，故名。唐代已見。宋陶穀《清異錄·饌羞門》載唐人韋巨源“拜尚書令，上燒尾食，其家故書中尚有食賬”，内載“生進二十四氣餛飩”。原注：“花形、餡料各異，凡二十四種。”

椿根餛飩

“餛飩”之一品。以椿樗根搗爛羅麵，與他麵相和，形如皂莢子，食之益身，除痢及腰痛。始見於唐代，稱“樗根餛飩”。宋代稱“椿根餛飩”。宋林洪《山家清供·椿根餛飩》：“劉禹錫煮樗根餛飩皮法：立秋前後，謂世多痢及腰痛，取樗根一大兩，握搗篩和麵捻餛飩，如皂莢子大，清水煮，日空腹服十枚。並無禁忌。山家良有客至，先供之十數，不惟有益，亦可少延早食。椿實而香，樗疏，而惟椿根可也。”按，椿、樗，一木二種。參閱明李時珍《本草綱目·木二·椿樗》。

【樗根餛飩】

即椿根餛飩。此稱唐代已行用。見該文。

【樗白皮餛飩】

“椿根餛飩”之屬。亦治痢。此稱明代已行用。明李時珍《本草綱目·百病主治藥上·痢》：“水穀痢、小兒疳痢，〔樗白皮〕並水和作餛飩煮食。”

蕭家餛飩

“餛飩”名品。見於唐代官宦之家。唐段成式《酉陽雜俎·酒食》：“今衣冠家名食，有蕭家餛飩，漉去湯肥，可以瀹茗。”

丁香餛飩

“餛飩”之一品。見於南宋都城臨安（今浙江杭州）市肆，味佳美。宋吳自牧《夢粱錄·天曉諸人出市》：“六部前丁香餛飩，此味精細尤佳。”

百味餛飩

“餛飩”之一種。宋代已見。因同一器内所煮餛飩有多種，每種口味各不同，故名。宋周密《武林舊事·冬至》：“享先則以餛飩，有‘冬餛飩，年餺飥’之諺。貴家求奇，一器凡十餘色，謂之‘百味餛飩’。”

笋蕨餛飩

“餛飩”之一品。以嫩竹笋、嫩蕨菜作餡

包成。見於宋代。宋林洪《山家清供·笋蕨餛飩》："采笋、蕨嫩者，各用湯焯，以醬、香料、油和匀作餛飩供。向者江西林谷梅少魯家屢作此品。"

煮餛飩

"餛飩"之一品。肉餡和入韭菜、香料等，皮切成方，擀薄入餡，滾水下鍋，敞蓋煮熟。見於元代。元倪瓚《雲林堂飲食制度集》："煮餛飩：細切肉臊子，入笋米或茭白、韭菜、藤花皆可。以川椒、杏仁醬少許和匀，裹之。皮子略厚，小，切方，再以真粉末捍薄用。下湯煮時，用極沸湯打轉下之，不要蓋，待浮便起，不可再攪。"

【餛飩麵】

"煮餛飩"之屬。見於元代。元佚名《居家必用事類全集·庚集·飲食類》："餛飩麵：白麵一斤，用鹽半兩，凉水和，如落索狀。頻入水，搜和如餅劑。停一時再搜，擀爲小劑。豆粉爲糝，骨魯槌捍圓，邊微薄，入餡，蘸水合縫。下鍋時，將湯攪轉，逐個下，頻灑水。火長要魚津滾。候熟供。餡子葷素任意。"

鷄頭粉餛飩

"餛飩"之一品。以鷄頭粉、豆粉做皮，羊肉爲餡，羊肉、木瓜、葱、薑等做湯而成。見於元代。元忽思慧《飲膳正要·聚珍異饌》："鷄頭粉餛飩：補中益氣。羊肉（一脚子，卸成事件）、草果（五個）、回回豆子（半升，搗碎，去皮）。右件同熬成湯，濾净。用羊肉切作餡，下陳皮一錢去白，生薑一錢細切，五味和匀。次用鷄頭粉二斤、豆粉一斤作枕頭餛飩。湯内下香粳米一升、熟回回豆子二合、生薑汁二合、木瓜汁一合，同炒葱、鹽匀調和。"

小餛飩

"餛飩"之一品。小如龍眼，鷄湯相煮。見於清代。清袁枚《隨園食單·點心單》："小餛飩，小如龍眼，用鷄湯下之。"夏曾傳補證："餛飩本未嘗大於龍眼，此老小之亦爲未當。若以去殼龍眼比之，差覺其小。"

肉餛飩

"餛飩"之一種。肉餡。見於清代。清袁枚《隨園食單·點心單》："肉餛飩：作餛飩與餃同。"夏曾傳補證："作餛飩法全在皮，其薄如紙方妙。或即以其皮用鷄湯下之，亦佳。"清佚名《調鼎集·點心部》："肉餛飩：糊麵攤開，裹肉爲餡，蒸之。其討好全在作餡得法，不過肉嫩、去筋、加作料而已。"

湯餛飩

"餛飩"之一種。見於清代。清佚名《調鼎集·點心部》："湯餛飩：白麵一斤，鹽三錢，入水和匀，揉百遍，摻綠豆粉擀皮，以薄爲妙。餡取精肉（去净皮、筋、膘、脂），加椒末、杏仁粉、甜醬調和作餡。開水不可寬，鍋内先放竹筍襯底，水沸時便不破，加入鮮湯（凡笋、蕈、鷄、鴨汁俱可）。餛飩下鍋，先爲攪動，湯沸頻灑冷水，勿蓋鍋，浮便盛起，皮堅而滑（餡内忌用砂仁，葱花下用）。"

蒸餛飩

"餛飩"之一品。籠蒸而成。見於清代。清佚名《調鼎集·點心部》："蒸餛飩：和麵同前，皮子略厚。擀成，切小方塊。餡取精肉劗絨，入笋末、藤花、杏仁粉、椒末或茭白末、韭菜末和匀，包餡，蒸。"清夏曾傳《隨園食單補證·點心單》："餛飩用湯，到處有之；吾杭蒸食之，尤佳。"

蘇州餛飩

　　"餛飩"之一種。其特色是用圓形外皮，不同於常規之方外皮。見於清代。清佚名《調鼎集・點心部》："蘇州餛飩：用圓麵皮。淮餃用方麵皮。"

第六節　團圓考

　　團圓，球狀麵食。通以米粉爲皮，裹以餡料而成。初時餡料以油、糖以及菜、豆、果等素性者爲主，後來肉餡者逐漸增多。初時以水煮爲主，後來籠蒸、油炸者也不少。由於工序較繁，製作精細，成品味美，故多用於節日慶賀，親朋饋遺。

　　團圓起源頗遠，相傳周之始祖公劉作麻團（明張岱《夜航船・日用・飲食》），"湯團，周公制"（明黃一正《事物紺珠》）。周以降，自戰國迄漢魏，文獻中罕見其稱，可能因爲處於起步階段，沒有引起人們注意。

　　至晋代，束皙《餅賦》始見"牢丸"之名。但牢丸究竟爲何種食品，説法不一。有説"包子"者，有説"湯餅"（即麵條）者，有説"湯團"者（見本卷《主食説・團圓考》"牢丸"文）。今姑從牢丸爲湯團説。即使如此，也不能説明團圓在晋代已有很大發展。

　　南北朝時，北魏賈思勰《齊民要術》記載了多種麵食製法，而此食闕載。

　　唐代，也僅在段成式《酉陽雜俎・酒食》中見到"籠上牢丸""湯中牢丸"之稱。

　　到宋代，局面始變，真正的發展與繁榮可以説從此開始。上元燈節有食"浮圓子"（即元宵）之習俗出現，當時陳元靚《事林廣記》記載了"新法浮圓"四種製法。各種名目之"浮圓子"競相問世，如"山藥元子""真珠元子""麝香豆沙糰子""澄沙糰子""黃冷團子"等。"糰"同"團"。除以上燈節所食團圓外，還出現許多同類型食品，如"粉荔枝"（宋陳元靚《歲時廣記》）、"炒團"（宋莊綽《雞肋編》）、"水團""滴粉團""乾團"（宋陳元靚《歲時廣記》）、"金橘水糰""澄粉水糰"（宋吳自牧《夢粱錄》）等。

　　元明清是進一步發展時期。特別是清代，達到前所未有的水準。除以往之素餡外，肉餡者大量出現，如"八寶肉圓""水龍子""如意圓""掛粉湯圓""蘇州湯圓""猪肉圓""楊梅肉圓""煎肉圓""徽州肉圓""糯米肉圓"等，皆此類。各種餡料皆可放入者，如"冬至糰"就是"糖、肉、菜、果、豇豆沙、蘆菔絲"等皆可爲之者。以往團圓多煮食，清代則蒸食、炸食者增多。蒸食者，有"徽州芝麻圓""徽州肉圓""八寶肉圓""糯米肉圓"等；炸食者，有"麻蛋""油麻團""倭瓜圓"等。同一種團圓可以幾種方法熟之，如"米粉圓"可炸可蒸，"蘿蔔湯團"可煮可炸。以往成品多爲圓形，清代也有方形、元寶形；以往多爲手工搓揉，明清亦用"脱子""模子"範成。

現今，團圓在人們飲食生活中仍占有相當地位。不僅燈節食元宵的習俗保留下來，而且各種形制、特色之團圓琳琅滿目。舉其著名者，如北京"四喜丸子""清湯丸子"，天津"炸小湯圓""炸蘿蔔丸子"，上海"百果餡酒釀圓子""癟嘴團"，山東"梨丸""金銀元宵"，河南"吳胖子"（湯圓），福建"蝦丸"，浙江"豆腐圓子""温州湯圓"，江蘇"青糰"，四川"賴湯圓"，湖南"姊妹糰子""芝麻桂花元宵"，河北"山楂元宵"等。

團　圓

團圓

球形食品。通以米粉爲皮，裹以各種餡料，經煮，或蒸、炸即成。"團圓"爲統稱，析言之，有餡而大者爲"團"，無餡而小者爲"圓"（清顧禄《清嘉録》）。先秦時期蓋稱"團"。傳説公劉作"麻團"、周公作"湯團"，即是證明。"丸"本是球形物體。《説文·丸部》："丸，圓，傾側而轉者，从反仄。"段玉裁注："圜則不能平立，故从反仄以象之。仄而反復，是爲丸也。"晋代用指"團圓"。晋束皙《餅賦》始見"牢丸"之稱。唐段成式《酉陽雜俎·酒食》載有食目"籠上牢丸""湯中牢丸"。宋代"團"亦作"糰"，亦從俗稱"團子""糰子"。宋周密《武林舊事·市食》有"豆糰""麻糰"，宋孟元老《東京夢華録·是月巷陌雜賣》有"脂麻團子"，宋吳自牧《夢粱録·分茶酒店》有"麝香豆沙糰子"。時亦稱"圓子"，省稱"圓"，諧音作"元子""糰子"。"圓"，蓋"團""丸"音轉而成。或説，團圓皆圓形，遂以形容詞"圓"指圓形實體物。宋代"元宵"問世時，即稱"浮圓子"（宋周必大《平園續稿》），亦稱"浮圓"，宋陳元靚《事林廣記·癸集》詳載"新法浮圓"四種製法。吳自牧《夢粱録·葷素從食店》載有"山藥元子""真珠元子"。宋灌圃耐得翁《都城紀勝·諸行》有"張家糰子"。自宋代以下"丸""圓""圓子"行用最廣。陳元靚《歲時廣記·賣節食》："煮糯爲丸，糖爲臛，謂之圓子。"明宋詡《宋氏養生部》載"水磨丸"，清屈大均《廣東新語·食語·茶素》載"冬丸"。清佚名《調鼎集·特牲部》載有"楊梅肉圓""膾（燴）肉圓""八寶肉圓""煎肉圓""如意圓""空心肉圓""徽州肉圓""米粉圓""徽州芝麻圓""糯米肉圓"等，此外尚有"糯米鷄圓""鷄脯蘿蔔圓""黄雀圓""白魚圓""醉蝦圓""炸蝦圓""水晶肉圓"等等。清顧禄《桐橋倚棹録》卷一〇："所賣滿漢大菜及湯炒小吃則有……大肉圓、煠圓子、溜圓子、拌圓子。"
今時南方通稱"圓",北方俗稱"丸子"。

【團】[1]

"團圓"之單稱。此稱先秦時期已行用。見
該文。

【丸】

即團圓。此稱晉代已行用。見該文。

【糰】

即團圓。此體宋代已行用。見該文。

【團子】[1]

"團圓"之俗稱。此稱宋代已行用。見該文。

【糰子】[1]

同"團子"。此體宋代已行用。見該文。

【圓子】[1]

"團圓"之俗稱。此稱宋代已行用。見該文。

【圓】

即團圓。此稱宋代已行用。見該文。

【元子】[1]

即團圓。此體宋代已行用。見該文。

【糰子】[1]

即團圓。此體宋代已行用。見該文。

麻團

球狀麵食。相傳爲周先人公劉初創。明張
岱《夜航船·日用·飲食》:"公劉作餈,作麻
團。"具體形制、用料不可知。後世通以米粉油
炸而成,球形,中空或裹餡,外帶芝麻。宋代
亦作"麻糰"。宋周密《武林舊事·市食》:"豆
糰、麻糰、螺頭、膘皮、辣菜餅、炒螃蟹。"清
代稱"煎堆""麻蛋"。嶺南恒以爲節令喜慶餽
遺之物。清梁紹壬《兩般秋雨盦隨筆·麻蛋燒
豬》:"煎堆,一名麻蛋。以麵作團,炸油鑊中,
空其內,大者如瓜。粵中年節及婚嫁以爲餽

遺。"清屈大均《廣東新語·食語·茶素》:"廣
州之俗,歲終以烈火爆開糯穀,名曰炮穀,以
爲煎堆心餡。煎堆者,以糯粉爲大小圓,入油
煎之,以祀先及餽親友者也。"

【麻糰】

同"麻團"。此體宋代已行用。見該文。

【煎堆】

即麻團。此稱清代已行用。見該文。

【麻蛋】

即麻團。此稱清代已行用。見該文。

【油麻團】

即麻團。此稱清代已行用。亦稱"麻餈"。
《二十年目睹之怪現狀》第七回:"他那個五歲
的小少爺,手裏拿着一個油麻團。"清平步青
《玉雨淙釋諺》:"今越中冬日有麻餈,以秔稻粉
爲之,餡以糖,而外傅麻子,故名。"

【麻餈】

即油麻團。此稱清代已行用。見該文。

【脂麻團子】

"麻團"之屬。此稱宋代已行用。宋孟元老
《東京夢華錄·是月巷陌雜賣》:"細索涼粉、素
簽、成串熟林檎、脂麻團子。"

【徽州芝麻圓】

"麻團"之屬。清代徽州所產最負盛名。肉
餡,外皮布芝麻,蒸熟。清佚名《調鼎集·特
牲部》:"徽州芝麻圓:肉切碎,略劖。加醬油、
酒、豆粉作圓,外滾黑芝麻、椒鹽,籠底鋪腐
皮蒸。"

牢丸

球狀麵食。後代"湯團"之屬。始見於晉
代。《初學記》卷二六引晉束皙《餅賦》:"四
時從用,無所不宜,唯牢丸乎!"唐段公路《北

户録·食目》："曼頭餅、雀喘餅、牢丸餅、渾沌餅。"唐段成式《酉陽雜俎·酒食》："籠上牢丸、湯中牢丸。"宋代訛作"牢九"。宋蘇軾《游博羅香積寺》詩："豈惟牢九薦古味，要使真一流仙漿。"清俞正燮《癸巳存稿·牢丸》："牢丸之爲物，必是湯團。"一説，包子。宋陸游《與村鄰聚飲》詩："蟹供牢九美，魚煮膾殘香。"自注："聞人懋德言：《餅賦》中所謂牢九，今包子是。"又説，湯餅、麵條。前人對此説已加駁斥。清汪汲《事物原會·牢丸》："束晳賦：春饅頭，夏薄托，秋起溲，冬湯餅，四時皆宜，惟牢丸乎！《庶物異名疏》：'束賦既列牢丸于湯餅之外，則段成式謂牢丸即湯餅，恐亦未確。'"另據《通雅·飲食》，《酉陽雜俎》之"籠上牢丸"爲饅頭、餛飩之類，"湯中牢丸"爲今元宵或水餃之類。按，諸家之説，蓋以俞正燮説爲確。觀宋以降牢丸之製，餡有葷、素，法有蒸、煮、炸。則所謂"包子"，實蒸製牢丸；"籠上""湯中"之分，即蒸、煮之別，仍是牢丸。

【牢九】

即牢丸。此稱宋代已行用。一説，宋諱丸字，故去一點。前人已駁其誤。清俞正燮《癸巳存稿·牢丸》："北宋《蘇軾集》已作牢九，豈知豫避靖康嫌名耶？"

水糰

球狀食品。始見於宋代。爲端午節令食品。糯米粉裹砂糖而成。宋西湖老人《西湖老人繁勝録·端午節》："酒果、香燭、紙馬、粽子、水糰，莫計其數，只供養得一早，便爲糞草。"亦作"水團"，亦稱"白團"。宋陳元靚《歲時廣記·造白團》："《歲時雜記》：端五作

水團，又名白團。或雜五色人獸花果之狀。其精者名滴粉團。或加麝香。又有乾團，不入水者。張文潛《端五》詞云：'水團冰浸砂糖裏，有透明角黍松兒和。'"宋陳達叟《本心齋疏食譜》："水團，秫粉包糖，香湯浴之。團團秫粉，點點蔗霜，浴以沉水，清甘且香。"明代詳載製法。明韓奕《易牙遺意·糕餌類》："水糰：澄細糯米粉帶濕，以沙糖少許作餡，爲彈子大，煮熟置冷水中。澄粉者，以絶好糯米淘净，浸半日，帶水磨下，置布袋中，瀝乾。"參閱宋范成大《吳郡志·風俗》。

【水團】

同"水糰"。此體宋代已行用。見該文。

【白團】

即水糰。白言其色；團言其形，團即丸，因稱。此稱宋代已行用。見該文。

【滴粉團】

"水糰"之精品。此稱宋代已行用。見該文。

【乾團】

"團圓"之屬。與"水糰"相對，不須水煮，蓋油炸或籠蒸而食者。此稱宋代已行用。見該文。

【金橘水糰】

"水糰"之一品。此稱宋代已行用。宋吳自牧《夢粱録·葷素從食店》："又有粉食店，專賣山藥元子、真珠元子、金橘水糰、澄粉水糰。"

【澄粉水糰】

"水糰"之一品。此稱宋代已行用。按，明韓奕《易牙遺意》載有食目"水糰"，係以"澄粉"爲之，疑此"水糰"即宋代"澄粉水糰"。然宋吳自牧《夢粱録》於上段引文中"澄粉水

糰"與下段"沿街巷陌盤賣點心"中之"水糰"
對文并見，二者該當同類而有別。參見本卷
《主食説・團圓考》"金橘水糰"文。

炒團

　　球狀麵食。因以炒米粉和爲團，故名。始
見於宋代。宋莊綽《鷄肋編》卷上："天長縣炒
米爲粉，和以爲團，有大數升者，以臙脂染成
花草之狀，謂之炒團。"明代作"炒糰"。以炒
黄豆粉拌沙糖，用木脱或角脱脱出銀杏大小之
丸。明韓奕《易牙遺意・果實類》："炒糰：大
黄豆淘净，炒過，勿令焦。去殼磨末如粉細，
入乾沙糖拌匀。重篩過，入香頭少許。候糖性
來，木脱如銀杏者脱之。糖用白沙糖尤好。脱
子用角雕者則脱滑。"

【炒糰】

　　同"炒團"。此體明代已行用。見該文。

粉荔枝

　　球狀麵食。多見於宋代洛陽。元旦造之
以迎新歲。省稱"粉荔"。宋陳元靚《歲時廣
記・粉荔枝》："《金門歲節》：洛陽人家，正旦
造鷄絲、蠟燕、粉荔枝，更相餽送。"明王志
堅《表異録・歲時類》："宋人賀正旦啓云：'瑞
霙餞臘，粉荔迎年。'洛陽人以正旦造粉荔枝。"
參閲元瞿祐《四時宜忌・正月事宜》。

【粉荔】

　　"粉荔枝"之省稱。此稱宋代已行用。見
該文。

水磨丸

　　球形麵食。始見於明代。以水湛米磨粉，
瀝取細粉爲丸，餡以糖、胡桃仁、豆沙等。明
宋詡《宋氏養生部》："水磨丸：取精御糯米湛
潔之，水漬之。同水磨細，以絹囊取其渣滓，
復以囊括其絶細粕，瀝微乾，緘爲丸。餡用白
砂糖，去皮胡桃、榛松仁，或蜜餹豆砂，投沸
湯中熟。"清代稱"水粉湯團"。清袁枚《隨園
食單・點心單》："水粉湯團：用水粉和作湯團，
滑膩異常。中用松仁、核桃、猪油、糖作餡；
或嫩肉去筋絲捶爛，加葱末、秋油作餡亦可。
作水粉法：以糯米浸水中一日夜，帶水磨之，
用布盛接，布下加灰，以去其渣，取細粉曬乾
用。"清夏曾傳補證："水粉即掛粉也。南方所
在有之，山西則無。"

【水粉湯團】

　　即水磨丸。此稱清代已行用。見該文。

團[2]

　　特指一種米粉湯圓。明代已見。明宋詡
《宋氏養生部》："團：白糯米湛潔，晾乾，磨絶
細，湯溲之。内餡，括其緣爲團，入湯煮浮熟，
或蒸熟。餡同麵食製餛飩，腥素或赤砂糖。(元
旦、上壽、喜慶之宴，則書吉語，裁竹木小籤
置於中，以爲利市。)"

瑪瑙團

　　球形麵食。見於明代。明韓奕《易牙遺
意・果實類》："瑪瑙團：沙糖三斤半，白麵二
斤，胡桃肉十兩。先用糖一斤半、水半盞和麵，
炒熟；次用糖二斤、水一盞溶開，入前麵在内，
再炒。候糖與麵做得丸子，拌胡桃肉，搜匀作
劑切片。"

八寶肉圓

　　一種蒸熟之球狀麵食。見於清代。清佚名
《調鼎集・特牲部》："八寶肉圓：用精肉、肥肉
各半，切成細醬，用松仁、香蕈、笋尖、荸薺、
瓜薑之類，切成細醬，加縴粉和捏成團，放入
盆中，加甜酒、醬油蒸之。入口鬆脆。"

水龍子

一種煮食之肉餡、球狀麵食。見於清代。清佚名《調鼎集·特牲部》："水龍子：精肉二分熟，一分劗絨，入葱、椒、杏仁、醬，再加乾蒸麵和勻，以醋蘸手，製爲肉圓。豆粉作衣，如圓眼大，沸湯下，才浮即起。用五味醋供。"

冬至糰

球狀麵食。清代江南習俗，於冬至日以果、肉、糖、菜等爲餡製成之粉糰，故名。以祀先祭竈。亦稱"冬丸"。清顧禄《清嘉録·冬至糰》："〔冬至〕比户磨粉爲糰，以糖、肉、菜、果、豇豆沙、蘆菔絲等爲餡，爲祀先祭竈之品，並以餽貽，名曰冬至糰。"清屈大均《廣東新語·食語·茶素》："冬至爲米糍，曰冬丸。"福州稱"搓圓"。因於冬至前一夜闔家手搓而成，以備明旦之用，故稱。清施鴻保《閩雜記·搓圓》："《南越志》云：閩人十月一日皆作京飩祀祖。今福州俗於冬至前一夜，堂設長几，燃香燭，男女圍坐作粉糰，謂之搓圓。旦以供神祀祖並餽送親友，彼往此來。"

【冬丸】

即冬至糰。此稱清代已行用。見該文。

【搓圓】

即冬至糰。此稱清代已行用。見該文。

米粉圓

球狀含肉食品。見於清代。兩種製法：一種蒸熟，一種油炸。清佚名《調鼎集·特牲部》："米粉圓：上白秈米炒熟，磨粉，細篩，劗肉加醬油、酒、豆粉作圓，用芋頭切片（或茺菜）鋪籠底，先攤米粉一層，置肉圓於上，又加米粉一層，蓋面蒸。或不作肉圓，即將攪肉置粉内，蒸乾熟，切片。或將米拌於肉内，同攬成圓，切可。"又《點心部》："米粉圓：大棗式。中裹火腿絲一根，油炸。"

如意圓

方形或球形含肉食品。見於清代。有兩種製法：一種，以松仁、瓜子仁、椒鹽等爲餡，裝入方形肉塊内，蒸熟；一種，以肉餡和豆粉製成大團，油炸，此亦稱"大劗肉圓"。清佚名《調鼎集·特牲部》："如意圓：肉切方塊，挖空，内填松仁、瓜子仁、椒鹽等餡蒸；又取精肉、肥肉略劗，加豆粉和圓，如茶杯大，油炸，名大劗肉圓。"

【大劗肉圓】

"如意圓"之一種。此稱清代已行用。見該文。

空心肉圓

一種肉餡、球狀麵食。因成熟後空心，故名。見於清代。清佚名《調鼎集·特牲部》："空心肉圓：將肉捶碎鬱過，用凍脂油一小團作餡子，放在圓内蒸之，則油流去而圓子空心矣。此法鎮江人最善。"

倭瓜圓

球狀油炸麵丸。將倭瓜即北瓜肉蒸熟搗爛，加入麵粉、椒鹽、薑末作丸子，油炸後勾芡出鍋。見於清代。清薛寶辰《素食説略》："倭瓜圓：去皮瓤，蒸爛，揉碎，加薑、鹽、粉麵作丸子，撲以豆粉，入猛火油鍋炸之，搭饍起鍋，甚甘美。"

粉元寶

用糯米或小米粉製成的元寶形食品。黄色者稱"金元寶"。清佚名《調鼎集·點心部》："粉元寶：米粉磕成小元寶，如豆大，候乾，入清雞湯煮熟，配菜作湯，正月宴客。或糯米染黄色，或小米研粉做小元寶，即名'金元寶'。"

【金元寶】

"粉元寶"中黄色如金者。此稱清代已行用。見該文。

掛粉湯圓

球形肉餡食品。煮熟。清代蘇州飲馬橋所出者佳。清佚名《調鼎集·點心部》："掛粉湯圓：粉裹碎肉餡，開水下。蘇州飲馬橋者佳。"

【蘇州湯圓】

蘇州所産"掛粉湯圓"。清代頗得美譽。清佚名《調鼎集·點心部》："蘇州湯圓：用水粉和作湯圓，滑膩異常。中用嫩肉去筋絲捶爛，加葱末、醬油作餡。"

猪肉圓

一種煮食之肉餡、球狀食品。見於清代。清佚名《調鼎集·特牲部》："猪肉圓：將猪板切極細，加鷄蛋黄、豆粉少許，和醬油、酒調勻，用勺取入掌，搓圓，下滾水中，隨下隨撈。香菇、冬笋俱切小條，加葱白，同清肉汁和水煮滾，再下油圓，取起用之。"

楊梅肉圓

一種油炸、肉餡、球狀食品。狀如楊梅大小，故名。見於清代。清佚名《調鼎集·特牲部》："楊梅肉圓：肉劗極細，和醬油、豆粉作圓，如楊梅大，油炸。配醬燒荸薺片。"

煎肉圓

一種肉餡、球狀食品。可煎炸，或烹煮。見於清代。清佚名《調鼎集·特牲部》："煎肉圓：連膘切丁頭塊，入松仁、藕粉劗圓，如胡桃大，油炸黄色。蘸油（或加醬油、酒、葱、椒烹亦可）。"

徽州肉圓

一種蒸製、肉餡、球狀食品。見於清代。主産於古徽州（今安徽歙縣、休寧、祁門、績溪、黟縣及江西婺源一帶）。亦稱"石榴子肉圓"。清佚名《調鼎集·特牲部》："徽州肉圓：精肥各半，切細丁，加笋丁、香蕈丁、花椒、豇米，用藕粉和圓蒸（名'石榴子肉圓'）。或切方塊挖空，裹以上各種爲餡蒸。"

【石榴子肉圓】

即徽州肉圓。此稱清代已行用。見該文。

糯米肉圓

一種蒸製、肉餡、球狀食品。見於清代。清佚名《調鼎集·特牲部》："糯米肉圓：肉切碎略劗，外滾淘净糯米，籠底鋪腐皮蒸。以米熟爲度。"

蘿蔔湯團

球狀食品。以蘿蔔絲與調料、米粉相拌爲餡，油炸或水煮皆可。見於清代。清袁枚《隨園食單·點心單》："蘿蔔湯團：蘿蔔刨絲，滾熟去臭氣，微乾，加葱、醬拌之，放粉團中作餡。再用麻油灼之，湯滾亦可。"徐珂《清稗類鈔·飲食類》載此作"蘿蔔湯圓"。今北方多以油炸，俗稱"炸蘿蔔丸子""素丸子"。

元　宵

浮圓子

"元宵"之古稱。球狀食品。始見於宋代。爲正月上元燈節所食。因粉丸漂浮於水上，故稱。亦省稱"浮圓""圓子"。宋周必大《平園續稿》有《元宵煮浮圓子前輩似未曾賦此坐間成四韻》詩。宋趙師俠《南鄉子·尹先之索淨圓子》詞："不比七夕黃蠟做，知無？要底圓兒糖上浮。"宋陳元靚《事林廣記·癸集》載"新法浮圓"四種製法。其一是以糯米、山藥細粉溲合製成，開水下鍋，熟後裝入器中，湯中注入糖汁；其二是將鮮山藥搗碎與米粉製成；其三是如常法製成，外裹綠豆粉一層；其四是用鷄蛋清溲粉製成。四法製成煮熟，湯丸皆能浮於水面。又陳元靚《歲時廣記·賣節食》："煮糯爲丸，糖爲臛，謂之圓子……皆上元節食也。"亦作"糰子""元子"。宋灌圃耐得翁《都城紀勝·諸行》："都下市肆名家馳譽者，如中瓦前皂兒水……張家糰子。"宋吳自牧《夢粱錄·葷素從食店》："春餅、芥餅、元子、湯糰、水糰。"

【浮圓】

　　"浮圓子"之省稱。此稱宋代已行用。見該文。

【圓子】[2]

　　"浮圓子"之省稱。此稱宋代已行用。見該文。

【糰子】[2]

　　即浮圓子。此體宋代已行用。見該文。

【元子】[2]

　　即浮圓子。此體宋代已行用。見該文。

【山藥元子】

　　"浮圓子"之一種。蓋糯粉中雜入山藥製成者。此稱宋代已行用。宋吳自牧《夢粱錄·葷素從食店》："又有粉食店，專賣山藥元子、真珠元子、金橘水糰。"

【真珠元子】

　　"浮圓子"之一品。此稱宋代已行用。參見本卷《主食説·團圓考》"山藥元子"文。

【糰子】[2]

　　即浮圓子。此稱始見於宋。亦作"團子"。亦稱"團欒"。元宵所食。宋孟元老《東京夢華録·馬行街鋪席》："冬月雖大風雪陰雨，亦有夜市：剗子薑豉……團子、鹽豉湯之類。"宋范成大《上元紀吳中節物徘諧體三十二韻》詩："撚粉團欒意，熬秫膼脃聲。"自注："團欒，糰子。"

【團子】[2]

　　同"糰子"。此體宋代已行用。見該文。

【團欒】

　　即糰子。此稱宋代已行用。見該文。

【麝香豆沙糰子】

　　"糰子"之一種。以麝香豆沙爲餡製成。省稱"豆團"。亦作"豆糰"。宋吳自牧《夢粱録·分茶酒店》："乳酪、韻果、蜜薑豉、皂兒膏、輕餳、瑪瑙餳、十色糖、麝香豆沙糰子。"又《諸色雜貨》："狗兒、蹄兒、蠒兒、栗楬、豆團。"宋周密《武林舊事·市食》："糖葉子、豆糰、麻糰、螺頭。"

【豆團】

　　"麝香豆沙糰子"之省稱。此稱宋代已行用。見該文。

【豆糰】

　　即麝香豆沙糰子。此體宋代已行用。見該文。

【澄砂團子】

　　"糰子"之一種。以砂糖入餡製成，蒸煮皆可。亦作"饂沙糰子""澄沙糰子"。宋孟元老《東京夢華録·東角樓街巷》："飯後飲食上市，如酥蜜食、棗䭅、澄砂團子、香糖果子。"宋灌圃耐得翁《都城紀勝·食店》："夜間頂盤挑架者，如鵪鶉餶飿兒、焦鎚、羊脂韭餅、餅餤、春餅、旋餅、澄沙糰子。"宋吳自牧《夢粱録·夜市》："在孝仁坊紅杈子賣皂兒膏、澄沙糰子、乳糖澆。"省稱"沙團"。宋佚名《吳氏中饋録》："煮沙團方：沙糖入赤豆或綠豆煮成一團，外以生糯米粉裹作大團。蒸或滾湯内煮亦可。"

【澄沙糰子】

同"澄砂團子"。此體宋代已行用。見該文。

【澄沙糰子】

同"澄砂團子"。此體宋代已行用。見該文。

【沙糰】

"澄砂團子"之省稱。糰，同"團"。此稱宋代已行用。按，宋吳自牧《夢粱録·夜市》："壽安坊賣十色沙糰"。疑"十色沙糰"爲沙團之一品。

【黄冷團子】

"團子"之一品。此稱宋代已行用。宋孟元老《東京夢華録·是月巷陌雜賣》："沙糖菉豆、水晶皂兒、黄冷團子。"

【元宵】

即浮圓子。此稱始見於明代，延及今日。元，同"圓"。蓋取上元之夜，食圓子，團圓吉利意。亦稱"元宵子""糖䭅""湯糰"（或"湯團"）。多爲果仁糖餡。明劉若愚《酌中志·飲食好尚紀略》："自初九日之後，即有賣燈市買燈，吃元宵。其製法：用糯米細麵，内用核桃仁、白糖爲果餡，灑水滾成，如核桃大，即江南所稱湯團者。"明王志堅《表異録·人事

七》："宇文讓置毒糖䭅，今之元宵子也。"清富察敦崇《燕京歲時記·燈節》："市賣食物，乾鮮俱備，而以元宵爲大宗，亦所以點綴節景耳。"清厲秀芳《真州風土記》："元夕，家宴啖元宵以應節氣。元宵者，搓糯米粉包桂花滷於中而爲團，所以象月圓也。"《官場現形記》第八回："陶子堯坐在旁邊坐着吃湯糰。"清佚名《調鼎集·點心部》："元宵：餡葷素任配，水粉跌成。"按，湯糰之稱，始見於宋代。宋吳自牧《夢粱録·葷素從食店》作"湯糰"，與"元子""水糰"等并列；《諸色雜貨》作"湯團"，與"麻團""水團""湯丸"等并列。蓋諸品皆爲球形食品而有別。宋時燈節所食，習稱"浮圓子""浮圓""圓子""元子"，至明代，則習稱"元宵""湯糰"。又今日江南所稱"湯糰"者，多包菜瓤，大如鷄卵，一端捻有小尖，與元宵迥別，蓋與明代所稱湯糰又名同而有別。

【湯糰】

即元宵。此稱宋代已行用。見該文。

【元宵子】

即元宵。此稱明代已行用。見該文。

【糖䭅】

即元宵。此稱明代已行用。見該文。

【湯圓】

即元宵。此稱清代已行用。亦稱"燈圓"，取意於燈節所食圓子。《二十年目睹之怪現狀》第五二回："旁邊是一個賣湯圓的擔子，那火便是煮湯圓的火。"《古今圖書集成·歲功典》卷二六引《浙江志書·海寧縣》："上元菊花燈最工……人家粉圓相餉名燈圓。"清吳存楷《江鄉節物詩·燈圓》題注："十三夜食小粉團謂之燈圓。俗有'上燈圓子落燈糕'之諺。"清光緒

二十四年《杭州府志·風俗三》："俗於十五日夜，各以米團供神並祖先訖，大小分食之，謂之燈圓，取團圓之意。亦有於十三夜作米圓謂之上燈圓，十七夜作米圓謂之落燈圓。"近世亦稱"糖圓"。今日元宵通以糯米粉製作，有以粉溲麵徑包入餡者，亦有將團餡潤水後反復於米粉中滾動而成者，餡有多品，團有大小。著名者有湖南"芝麻桂花元宵"、浙江"溫州湯圓"、上海"百果餡酒釀圓子"等。

【燈圓】

即湯圓。此稱清代已行用。見該文。

【上燈圓】

"湯圓"之一種。於正月十三夜即燈節前所製。此稱清代已行用。見該文。

【落燈圓】

"湯圓"之一種。於正月十七夜即燈節結束後所製。此稱清代已行用。見該文。

【糖圓】

即湯圓。此稱行用於近現代。見該文。

【小糯米湯圓】

"湯圓"之一品。見於清代。清佚名《調鼎集·點心部》："小糯米湯圓：用清鷄湯熬，少加醬油、笋絲。"

第七節　粽子考

粽子是我國一種傳統風味食品。通以植物葉包裹，蘆葉居多，亦有以箬葉、菰葉、荷葉、艾葉等爲之者；內含主料糯米、黍米等黏性米及輔料，輔料有棗、栗、蓮子、松仁、胡桃、榛子、綠豆、都念子果、火腿、猪肉、油脂、砂糖、蜂蜜等。裹好後，經蒸煮即可食。外形多呈角形，亦有方形、錐形、秤錘形者。

據今人多方面研究考據，粽子的出現，在我國至少有一萬年以上的歷史，是先於粥、飯而產生的一種古老食品。粥飯之製離不開陶器炊具，陶器的發明，迄今不過一萬一千年左右，而火的使用在五十萬年以上。在不使用陶製炊具的漫長歷史過程中，烹飪一般是把原料直接放在火上燒、灰中煨，然這樣的做法容易將食物燒焦或沾上灰，於是人們開始用植物皮葉裹起原料來燒、煨，後來又在包裹原料的植物皮葉上塗泥後再燒、再煨，原始的粽子便這樣問世了。

我國民間迄今保留有端午食粽子之習。最早記載這一習俗的是晋周處《風土記》，詳盡記述屈原端午投汨羅、楚人製粽以祭的是南朝梁吳均《續齊諧記》。後人據此將粽子之起源歸於戰國時代之楚國，恐怕不妥。然此一說法却產生了積極、出人意外的效果：從此，五月五日包粽子具有了敬賢愛國的傳奇色彩，風習歷代相襲，幾遍九州。

　　戰國之時，粽子雖然經歷了漫長發展時期，但仍停留在低級階段，品類少，製作簡單，主要是菰葉包裹之"角黍"與"竹筒貯米"之"筒糉"（"糉"即"粽"），流行地域也不廣。

　　到漢代，追懷屈原之風益盛，推動了粽子的發展。據說屈子傳語人間，以往所投，皆爲蛟龍所得；此後饋贈，當塞以楝葉，縛以彩絲，蛟龍畏此二物，不敢爭食。遂有塞楝縛絲之制。（見南朝梁吳均《續齊諧記》）後世粽子葉裹繩縛之定制，殆與此有關。晋代出現了食療結合的"益智粽"及製作精工之"九子粽"。

　　南北朝時，粽子發展進入一個新的歷史階段。當時出現了大型、"四破"食之之"裹蒸"（《南齊書》）。特別值得一提的是北魏賈思勰《齊民要術》專設《糉糥法》一節，詳細記述了"粟黍"（即角黍、粽子）與粽子類食品"糥"的製法，足見粽子在飲食生活中的地位。無疑，賈書於粽子的發展具有不可低估的影響及意義。

　　南北朝以降，粽子始終保持旺盛的發展態勢。品類增多。如隋的"都念子粽"，唐的"庾家糉子"（唐段成式《酉陽雜俎》）、"賜緋含香糉子""碧筠糉""百索糉"，宋的"栗粽""粟粽"，明的"艾香粽子""米粽"，清的"袋粽""豆沙粽""蓮子粽""松仁粽""薄荷粽""灰湯粽""火腿粽""稱鎚糉""膠粽"等，不一而足。製作精巧玲瓏，用料、服食考究。同樣一品"裹蒸"，元代"大纔二指許"，明清時都是"小角兒"，一改"四破"而食之舊觀。清代"揚州洪府粽子"製作時"封鍋悶煨，一日一夜，柴薪不斷"。元代"裹蒸"在糖拌糯米之外，復加入香藥、松仁、胡桃仁等。清的"蒸裹粽"在食用時，"若剥出油煎"，則成"仙人之食"。

　　時至今日，粽子仍以其獨特的風味、造型出現於街巷市肆，終年不斷。端午前後，更爲民人所垂青。

粽子

　　以箬葉或葦葉等包裹黏米製成之食品，經過蒸或煮後剥食。其物當出現於新石器時代前期，衹是尚無固定形狀而已。後代相沿製作，逐漸定形。據傳屈原投汨羅江死後，楚人初以竹筒貯米投水以祭。至漢代，屈子傳語人間，以往所投，皆爲蛟龍所得；今後饋送，可用楝葉堵塞竹筒，束以五色絲。蛟龍畏此二物，即不敢食。漢代至南北朝時期，粽子多用此制，間亦有以葦葉包米製作者。時稱"粽""角黍""筒糉"，"粽"或作"糉"。南朝梁吳均《續齊諧記》："屈原五月五日投汨羅水，楚人哀之，至此日以竹筒子貯米，投水以祭之。漢建武中，長沙區曲忽見一士人，自云三閭大夫，謂曲曰：'聞君當見祭，甚善。常年爲蛟龍所竊，今若有惠，當以楝葉塞其上，以綵絲纏之，此二物蛟龍所憚。'曲依其言。今五月五日作粽，並帶楝葉、五花絲，遺風也。"又《事物紀原》卷九引《齊諧記》曰："今市俗置米於新竹筒中蒸食之……亦曰筒糉。"《太平御覽》卷八五一引晉周處《風土記》："俗以菰葉裹黍米，以淳濃灰汁煮之令爛熟，於五月五日及夏至啖之，一名糉，一名角黍。"《初學記》卷四引《風土記》："仲夏端午，烹鶩角黍，進筒糉。"《玉篇·米部》："糉，蘆葉裹米。"唐代始稱"粽子"。載，宋陶穀《清異錄·饌羞門》載，唐相韋巨源燒尾"食賬"中有"賜緋含香糉子"。宋吳自牧《夢粱錄·葷素從食店》有食目"粽子"。《集韻·去送》："糉，角黍也。或作粽。"明韓奕《易牙遺意·糕餌類》："粽子：用糯米淘净，夾棗、栗、柿乾、銀杏、赤豆，以茭葉或箬葉裹之。"明徐炬《事物原始》："粽子其制不一，有粒粽、茭粽、平進粽、筒粽、九子粽、秤錘粽，宋時有楊梅粽。"清汪灝等《廣群芳譜·穀譜·黍》："黍米性黏……五月五日，俗以菰葉裹成糉，名角黍，祭三閭大夫遺制也。"清夏曾傳《隨園食單補證·點心單》："裹粽須肉肥，肥則米潤。裹時手勢尤須輕重得宜，重則尤劣，未煮時落地則煮不爛，此物理之奇也。"徐珂《清稗類鈔·飲食類》："糉，食品，大率以爲點心。以箬葉裹糯米煮熟之，形如三角。古用黏黍，故謂之角黍。其中所實之物，火腿、鮮豬肉者味鹹，蓮子夾沙者味甜。"

【粽】

"粽子"之單稱。此稱約行用於漢代至南北朝時期。見該文。

【角黍】

即粽子。其形有角，原料爲黍，故名。此稱晉代已行用。按，此據《太平御覽》所引，隋杜臺卿《玉燭寶典》卷五引晉周處《風土記》作："仲夏端五，方伯協極。享鶩用角黍，龜鱗順德。注云：端，始也，謂五月初五也。四仲爲方伯。俗重五月五日，與夏至同……先此二節一日，又以菰葉裹黏米，雜以粟，以淳濃灰汁煮之令熟，二節日所尚啖也……裹黏米一名糉，一名角黍，蓋取陰陽尚相苞裹未分散之象也。"參見本卷《主食説·粽子考》"粽子"文。

【筒糉】

即粽子。以竹筒裝米而成，故名。此稱晉代已行用。見該文。

【糉】

即粽子。此體晉代已行用。見該文。

【益智粽】

"粽子"之一種。此稱始見於晉代。以益智果外皮拌和米類，蜜煮而成。甘辛味美，兼益脾胃。《藝文類聚》卷八七引晉顧微《廣州記》云："益智葉如蘘荷，莖如竹箭，子從心出，一枝有十子。子肉白滑，四破去之，取外皮，蜜煮爲粽，味辛。"又引《三十六國春秋》："〔晉〕安帝元年，盧循爲廣州刺史，循遺裕（劉裕）益智粽，裕乃答以續命湯。"按，唐陳藏器《本草拾遺》引《廣州記》作"一枝有十子叢生，大如小棗。其中核黑而皮白，核小者佳，含之攝涎穢。或四破去核，取外皮蜜煮爲粽食，味辛"。參閱《資治通鑑·晉安帝義熙元年》。

【九子粽】

"粽子"之一種。此稱始見於晉代,延及唐宋。《樂府詩集·月節折楊柳歌·五月歌》:"折楊柳,作得九子粽,思想勞歡手。"唐李隆基《端午三殿宴群臣》詩:"四時花競巧,九子粽爭新。"《山堂肆考》卷一一引宋王曾《皇后閣帖子》詩:"爭傳九子粽,皇祚續千春。"

【裹蒸】

"粽子"之屬。此稱始見於南北朝時期,延及宋元明清時期。大抵以箬葉、竹籜裹扎糯米及相關輔料爨蒸而成。大者須剖分而食,小者僅寸許。元明之時皆載詳細製法。《南齊書·明帝紀》:"太官進御食,有裹蒸。帝曰:'我食此不盡,可四片破之,餘充晚食。'"宋吳自牧《夢梁錄·葷素從食店》:"又有粉食店,專賣山藥元子、真珠元子……裹蒸、粽子。"《資治通鑑·齊高宗明帝建武三年》"餘充晚食"元胡三省注:"今之裹蒸,以餹和糯米,入香藥、松子、胡桃仁等物,以竹籜裹而蒸之,大纔二指許,不勞四破也。"明韓奕《易牙遺意·糕餌類》:"裹蒸:糯米淘净,蒸軟熟,和糖拌匀,用箬葉裹作小角兒,再蒸。"清代稱"蒸裹粽"。清顧仲《養小錄》卷上:"蒸裹粽:白糯米蒸熟,和白糖拌匀,以竹葉裹小角兒,再蒸。或用餡,蒸熟即好吃矣。若剝出油煎,則仙人之食矣。"

【蒸裹粽】

即裹蒸。此稱清代已行用。見該文。

【粟黍】

"粽子"之屬。將稻米及粟米以竹葉裹、繩縛炊煮而成。此稱始見於南北朝時期。詳載製法。北魏賈思勰《齊民要術·餕糑法》:"《食經》云:'粟黍法:先取稻,漬之使澤。計二升米,以成粟一斗,著竹篼(按,篼,殆"箬""篛"之誤)内,米一行,粟一行,裹,以繩縛。其繩相去寸所一行。須釜中煮,可炊十石米間,黍熟。'"清代亦稱"黍粽"。清黄遵憲《拜曾祖母李太夫人墓》詩:"青箬苞黍粽,紫絲絡蓮藕。"按,據今人研究,"粟黍"即前代"角黍"。參閱繆啓愉《齊民要術校釋》(農業出版社1982年版)。

【黍粽】

即粟黍。此稱清代已行用。見該文。

【糑】

"粽子"之屬。將秫稻米麵與水、蜜調和,加入棗、栗、肉等,以竹箬裹蒸而成。此稱始見於南北朝,詳載製法。北魏賈思勰《齊民要術·餕糑法》引《食次》:"糑:用秫稻米末絹羅,水蜜溲之,如強湯餅麵。手搦之,令長尺餘,廣二寸餘。四破,以棗栗肉上下著之偏,與油塗竹箬裹之,爛蒸。莫二,箬不開,破去兩頭,解去束附。"《廣韻·入屑》:"糑,糉屬。"

【都念子粽】

"粽子"之一種。此稱見於隋代。《太平御覽》卷九六一引唐杜寶《大業拾遺錄》:"十二年四月南海郡送都念子樹一百株……其子小於柿子,甘酸至美,蜜漬爲粽,益佳。"

【賜緋含香糉子】

"粽子"之一種。以蜜澆過,香氣馥郁。宋陶穀《清異錄·饌羞門》載唐韋巨源"拜尚書令,上燒尾食,其家故書中尚有食賬",記曰:"賜緋含香糉子。"注:"蜜淋。"

【碧筠糉】

"粽子"之一品。此稱見於唐代。碧筠,青

箬皮葉，可包粽，因稱。唐元稹《表夏》詩之一〇："綵縷碧筠糉，香秔白玉團。"清代稱"竹葉糉"。清袁枚《隨園食單·點心單》："竹葉糉：取竹葉裹白糯米煮之，尖小如初生菱角。"

【竹葉糉】

即碧筠糉。此稱清代已行用。見該文。

【百索糉子】

"粽子"之一種。唐端午節食用。宋龐元英《文昌雜錄》："唐歲時節物……五月五日則有百索糉子。"

【栗粽】

"粽子"之一種。以栗子肉拌和糯米製成。此稱始見於宋代。宋吳自牧《夢粱錄·葷素從食店》："又有粉食店，專賣山藥元子、真珠元子……栗粽。"

【粟粽】

"粽子"之一種。殆以粟米爲主料製成。此稱宋代已行用。宋吳自牧《夢粱錄·葷素從食店》："沿街巷陌盤賣點心：饅頭……粟粽、裹蒸、米食等點心。"按，疑此即北魏賈思勰《齊民要術》之"粟黍"。參見本卷《主食説·粽子考》"粟黍"文。

【艾香粽子】

"粽子"之一種。因以香艾葉裹米製成，故名。此稱明代已行用。明高濂《遵生八牋·飲饌服食牋·粽子法》："一法，以艾葉浸米裹，謂之艾香粽子。"清代省稱"艾香粽"。清佚名《調鼎集·點心部》："艾香粽：糯米淘净，夾棗、栗、綠豆，以艾葉浸米裹，入鍋煮。"

【艾香粽】

"艾香粽子"之省稱。此稱清代已行用。見該文。

【米粽】

"粽子"之一種。以精米和豆沙、肉醬、糖及香料等，裹以葦葉或茭葉製成。此稱始見於明代。明宋詡《宋氏養生部》："粽：用精鑿糯米湛潔之，候微乾，摘蘆葉煮熟，捲。米中藏蜜糖豆沙，或猪肉醃料，或肥棗，或去皮胡桃、榛、松仁，白砂糖，又轉摺成角。必緊束堅實，入鍋煮熟。宜蜜，宜糖。茭葉同制。"

【袋粽】

"粽子"之一種。因裝入布袋煮成，故名。此稱見於清代蘇州。清夏曾傳《隨園食單補證·點心單》："蘇俗以小布袋裝而煮之，曰袋粽。又有灰湯粽，以青箬裹之，形如芋頭，灰湯煮之，紅糖水塗之，見之作惡，粽中之魔也。《風土記》所云灰煮之説，恰與此合。"

【灰湯粽】

"粽子"之一種。以灰湯煮成，故名。此稱清代已行用。參見本卷《主食説·粽子考》"袋粽"文。

【豆沙粽】

"粽子"之一種。以煮熟搗爛之豆餡與糖、脂油丁裹蒸而成。此稱始見於清代。清佚名《調鼎集·點心部》："豆沙粽：豆沙、糖、脂油丁包小粽，煮。"

【蓮子粽】

"粽子"之一種。以去皮心之蓮子拌洋糖裹米製成。此稱始見於清代。清佚名《調鼎集·點心部》："蓮子粽：〔蓮子〕去皮心，拌洋糖，包小粽。"

【松仁粽】

"粽子"之一種。以去皮之松仁裹米製成。

此稱始見於清代。清佚名《調鼎集·點心部》："松仁粽：〔松仁〕去皮，包小粽。"

【薄荷香粽】

"粽子"之一種。以薄荷置水中浸米、箬葉裹米製成。此稱始見於清代。清佚名《調鼎集·點心部》："薄荷香粽：薄荷水浸米，先蒸軟，拌洋糖，用箬裹作小粽，再煮。"

【揚州洪府粽子】

"粽子"之一品。出自清代揚州洪氏府第，故稱。製時取上好糯米，中置一大火腿或碎火腿，箬葉包裹蒸熟。清袁枚《隨園食單·點心單》："揚州洪府粽子：洪府製粽，取頂高糯米，撿其完善長白者，去其半顆散碎者，淘之極熟，用大箬葉裹之，中放好火腿一大塊，封鍋悶煨，一日一夜，柴薪不斷。食之滑膩、溫柔，肉與米化。或云：即用火腿肥者斬碎，散置米中。"亦稱"火腿粽"。清林蘇門《邗江三百吟》："火腿粽：粽用糯米外加青箬包裹。北省以果栗和米煮熟冷食之，揚州則以火腿切碎和米裹之。一經煮化，沉浸穠郁矣。"

【火腿粽】

即揚州洪府粽子。此稱清代已行用。按，清佚名《調鼎集·點心部》亦載"火腿粽"，與此有別。其法："入火腿塊包粽，火腿要金華者，精肥適均。"參見本卷《主食説·粽子考》"揚州洪府粽子"文。

【稱鎚糭】

"粽子"之一種。形如秤錘，故名。此稱清代已行用。清顧祿《清嘉錄》："市肆以菰葉裹黍米爲糭，象稱鎚之形，謂之稱鎚糭。居人買以相餽貺，并以祀先。"

【膨粽】

"粽子"之一種。見於清代杭州。清夏曾傳《隨園食單補證·點心單》："杭俗又有以火腿丁、肉丁散米中，箬裹如筒，長尺許，煮熟切之，名曰膨粽。"

第八節　飯　考

飯有廣、狹二義，廣義指餐時所吃一切食物，狹義特指稻穀之米經蒸煮後所成食品。本文用狹義。

飯爲主食。由於它用料單純，製作簡便，營養豐富，故此爲大眾一日三餐所不可少。

飯史悠久。它的初創者，文獻記載爲遠古的黃帝。宋高承《事物紀原·酒醴飲食·飯》引《周書》："黃帝始蒸穀爲飯也。"《古今圖書集成·考工典》卷二五〇引宋劉恕《通鑑外紀》："黃帝作甑，而民始飯。"據考古證實，至少在一萬年以前陶器出現之時，人們開始炊穀爲飯。

在先秦，人們通常以稻、黍、粱、稷、麥、苽（雕胡米、菰米）等六類作物爲飯。《禮記·内則》："飯：黍、稷、稻、粱、白黍、黃粱、稰、穛。"孔穎達疏："此飯之所載，凡有六種。下云白黍，則上黍是黃黍也；下言黃粱，則上粱是白粱也。按《玉藻》：諸侯朔食四簋：黍、稷、稻、粱。此則據諸侯。其天子則加以麥、苽爲六，但《記》文不載耳。"按，《內則》所載，形似八種，實則四種：黍、白黍爲一；粱、黃粱爲一；稷爲一；稻、稰（晚稻）、穛（早稻）爲一。故孔疏稱"天子則加以麥、苽爲六，但《記》文不載耳"。此外有"麥飯""豆飯"等。不過"豆飯"中豆不作主料，作輔料。從製作服食方式看，種類不少，説明做飯已有一定經驗。時有以水澆沃、調和後方食之"飧"，有以羹臛澆調後方食之"饡"，有蒸熟後曬乾再食之"乾飯"，有以手抓攥而食之"搏食"，亦有習見之"蒸飯""煮飯"等。

漢代飯食在前代基礎上又有發展。先煮後蒸的"饋"（半蒸飯）、煮後煎乾之"黂"，以及"胡麻飯"等皆出現於此時。下文各有考釋，此處不復舉證。

南北朝在飯史上是一個極其重要的發展階段。北魏賈思勰《齊民要術》專設《飧飯》一節，探討飯之製作。書中不僅首次詳細記載了"粟飧""麨飯""菰米飯""胡飯"等的製作方法，而且總結了成品飯所要達到的標準，如飯的味道要"滑美"，色澤要"潔白"等，都給後人以重要的啓迪與借鑒。自然賈氏所言并不完全正確、科學，其"折粟米法"既浪費糧食，又耗損維生素，不足取。此時道家爲駐顏延壽、輕身羽化而製的"青精乾石餶飯"出現，對後世藥飯的發展産生積極影響。

唐宋時代，飯食持續發展。用料考究、製作精細之飯品開始出現。如唐代"清風飯""團油餧"，至今令人贊嘆。果類亦以入飯，使飯食愈加鮮美可口。如宋代的"玉井飯""蟠桃飯"等。新的製作、服食方式繼續出現，如宋代的"悶飯""泡飯"等。其他如"大骨飯"（宋灌圃耐得翁《都城紀勝》）、"羊飯""羊泡飯""金飯"等均是前代未見之新型飯品。

元明清在繼承前代飯品基礎上，在實用、簡便、精美上取得新的進展。像元代的"酷累"，清代的"青菜飯""芹菜飯""野葛飯"等，以廉價蔬菜甚至野菜、野穀爲之，簡便速成，食之有味，不失清新之美，成爲保留至今的家常飯品。"炒飯"亦見於此時，操作便捷而成品可口。故清代的"蛋炒飯""火腿蛋炒飯""蝦仁蛋炒飯"以及"姑熟炒飯"等都能流傳後世。精美者，如明代宮廷"包兒飯"，以"萵苣大葉"，裹以"各樣精肥肉"，確實別出心裁。

現今，傳統的"蒸飯""悶飯""煮飯""炒飯"等不僅保存下來，而且隨着燃料、炊具、原料等方面現代化的進程，又有新的發展。如高壓鍋、電飯煲等的問世，使燒飯變得省時、清潔，由於熱力更加旺盛，因而製成之飯更加芳香可口。又如速食盒飯節省了大量勞力，也使外出作業、旅行之人能及時吃上熱飯。可以斷言，現代化造就高品質、高品位之飯，而這種美食又推動現代化的發展，在雙方回環作用之下，未來之飯定會生機盎然。

飯

特指稻穀類、米類果實經蒸、煮、煎等方式加工成之主食。火出現以前，先民多茹毛飲血，或吞食自然果蔬；火與陶器出現，人們開始烹飪熟食，飯即産生。始見於先秦時期，時亦稱"食""饌"。《廣韻·去願》引《周書》："黃帝始炊穀爲飯。"《周禮·天官·膳夫》："膳夫掌王之食飲膳羞。"鄭玄注："食，飯也。"《儀禮·燕禮》："膳宰具官饌於寢東。"《說文·食部》："飯，食也。"漢代亦作"飰"。漢枚乘《七發》："楚苗之食，安胡之飰。"《玉篇·食部》："食，飯食。"又："饌，飯食也。"又："飰，同飯。"宋代亦稱"雲子""胡"。宋陳元靚《事林廣記·庚集》："飯曰雲子、胡。"從文獻記載看，飯食五花八門，名類繁多。以製作原料稱者，先秦時期有"豆飯""黃粱飯""麥飯""黍飯""稻飯""穄米飯""雕胡飯"等，漢代有"胡麻飯"，南北朝時期有"折粟米飯""青精乾石𩜁飯""麵飯"等，唐代有"團油飰"，宋代有"蟠桃飯"，清代有"野葛飯""青菜飯""秫米飯""薏苡飯"等。以製作方式稱者，先秦時期有"蒸飯"、"乾飯"、"飧"（水澆飯）、"搏飯"（抓飯）、"饙飯"、"煮飯"等，秦漢時期有"饙"（撈飯）、"㽅"等，宋

代有"泡飯""悶飯"，清代有"炒飯"等。此外尚有各種名目特色之飯，如"社飯""鍋底飯""清風飯""玉井飯""金飯""酷累""包兒飯"等。清代總結出不少製作經驗。清佚名《調鼎集·飯粥單》："善煮飯者，雖煮如蒸，依舊顆粒分明，入口軟糯。其訣有四：一要米好，或香稻，或冬霜，或晚米，或觀音秈，或桃花秈，春之極熟，霉天風攤播之，不使惹霉發顬。一要善淘，淨米時不惜工夫，用手揉擦，使水從籮中淋出，竟成清水，無復米色。一要用火，先武後文，悶起得宜。一要相米，放水不多不少，燥濕得宜。往往見富貴人家講菜不講飯，逐末忘本，真爲可笑。"清李漁《閑情偶寄·飲饌》："飯之大病，在內生外熟，非爛即焦；粥之大病，在上清下澱，如糊如膏。此火候不均之故，惟最拙最笨者有之，稍能炊爨者必無是事。然亦有剛柔合道，燥濕得宜，而令人咀之嚼之，有粥飯之美形，無飲食之至味者。其病何在？曰挹水無度，增減不常之爲害也。其吃緊二語則曰：粥水忌增，飯水忌減。"徐珂《清稗類鈔·飲食類》載有清代桐城張英"飯有十二合"說，茲采錄其目如下：一之稻，二之炊，三之肴，四之蔬，五之脩，六之菹，七之羹，八之茗，九之時，十之器，十一之地，

十二之侣。

【食】

即飯。此稱先秦時期已行用。見該文。

【饎】

即飯。此稱先秦時期已行用。見該文。

【飰】

同“飯”。此體漢代已行用。見該文。

【雲子】

即飯。此稱宋代已行用。見該文。

【胡】

即飯。此稱宋代已行用。見該文。

【滫食】

即飯。行用年代待考。清厲荃《事物異名録》卷一五引《飲膳閑談》：“飯，炊穀爲之。亦曰饎，曰食，又曰滫食。”按，明余庭璧《事物異名·飲食》亦收録“滫食”一條。注曰：“滫，上聲，出《説文》。”疑此“滫食”爲“滫飯”。《説文·食部》：“饙，滫飯也。”參見本卷《主食説·飯考》“半蒸飯”文。

豆飯

以豆製成或加入豆類之飯。始見於先秦時期。《詩·豳風·七月》“亨葵及菽”即最早的煮豆爲飯。後世豆飯，多泛指粗淡常食，非確指其物。《戰國策·韓策一》：“民之所食，大抵豆飯藿羹。”漢陸賈《新語·本行》：“夫子陳蔡之厄，豆飯菜羹，不足以接餒。”上二例皆屬此類。亦有確指其物者。明李時珍《本草綱目·穀三·緑豆》：“北人用之甚廣，可作豆粥、豆飯、豆酒、燭食、炒食，磨而爲麵，澄濾取粉，可以作餌頓糕。”此特指緑豆飯。

【紅豆飯】

“豆飯”之一種。以紅小豆或紅小豆與糯米相合製成。明李時珍《本草綱目·穀三·赤小豆》：“結莢長二三寸，比緑豆莢稍大，皮色微白帶紅。三青二黄時即收之，可煮可炒，可作粥、飯、餛飩餡，並良也。”舊時江蘇鎮江一帶恒於十月朔食此，據傳其時爲蒼蠅歸里之日，藉以餞行。亦稱“紅飯”。胡樸安《中華全國風俗志》下篇卷三：“十月朔，俗傳爲蒼蠅回里之日……咸有食紅飯之舉。紅飯之製法，即用糯米與赤豆煮成。煮熟後，先盛紅飯一碗，水一杯，置厨下，其意蓋爲蒼蠅餞行也。”又：“舊曆十月朔……咸不食米飯，另用紅豆與糯米煮飯，名曰紅豆飯。闔家咸須食之。未食前，先置一碗於桌上，謂給蒼蠅飽食，蠅飽食而癒，即不致再相擾害矣。”

【紅飯】

即紅豆飯。此稱多行用於近現代。見該文。

【蠶豆飯】

“豆飯”之一種。以去皮蠶豆與米合煮而成。此稱清代已行用。清佚名《調鼎集·飯粥單》：“蠶豆飯：蠶豆泡去皮，和米同煮。紅豆緑豆同，不必去皮。”

黄粱飯

黄小米蒸成之飯。始見於先秦時期。《禮記·內則》：“飯：黍、稷、稻、粱、白黍、黄粱、稰、穛。”其後有黄粱與其他穀相雜而爲飯者。如《楚辭·招魂》：“稻粢穱麥，挐黄粱些。”朱熹注：“言此數種之米，相雜爲飯也。”唐杜甫《贈衛八處士》詩：“夜雨剪春韭，新炊間黄粱。”仇兆鰲詳注引胡夏客曰：“北人炊飯雜米菽，故用間字。”有黄粱獨自爲飯者。如明李時珍《本草綱目·穀二·粱》引宋寇宗奭曰：“黄粱、白粱，西洛農家多種，爲飯尤佳。餘用不甚相宜。"參閱唐沈既濟《枕中記》。

乾飯

　　一種做成後再曬乾的飯。可貯存。始見於先秦時期。亦稱"餱"。《詩・大雅・公劉》："迺積迺倉，迺裹餱糧。"《爾雅・釋言》："餱，食也。"《墨子・備穴》："爲卒乾飯，人二斗，以備陰雨。"《後漢書・黨錮傳・羊陟》："帝嘉之，拜陟河南尹。計日受奉，常食乾飯茹菜。"漢代"餱"亦作"餱""糇"，"乾飯"亦作"干飯"。《說文・食部》："餱，乾食也。从食侯聲。《周書》曰：峙乃餱糧。"漢張衡《思玄賦》："屑瑤藥以爲糇兮，斟白水以爲漿。"《釋名・釋飲食》："干飯，飯而暴乾之也。"王先謙疏證補引成蓉鏡曰："通作'干飯'。《後漢書・獨行傳》：明堂之奠，干飯寒水。"清夏曾傳《隨園食單補證・飯粥單》引《飲膳閑談》："乾飯曰餱。"參閱《太平御覽》卷八五〇。

【餱】

　　即乾飯。此稱先秦時期已行用。見該文。

【餱】

　　即乾飯。按，《正字通・食部》："餱，餱本字。"此體漢代已行用。見該文。

【糇】

　　即乾飯。按《集韻・平侯》："糇，《說文》：'乾食也。'……或从米。"此體漢代已行用。見該文。

【干飯】

　　同"乾飯"。此體漢代已行用。見該文。

麥飯

　　磨麥合皮或麥與米、豆類炊成之飯。先秦時期已有之。《禮記・內則》："食……麥食，脯羹、雞羹。"孔穎達疏："謂以麥爲飯，析脯爲

羹。"《楚辭・招魂》："稻粢穱麥，挐黃粱些。"王逸注："言飯則以秔、稻、糅、稷，擇新麥糅以黃粱。"此稱始見於漢代，延及後世。《急就篇》卷二："餅、餌、麥飯、甘豆羹。"顏師古注："麥飯，磨麥合皮而炊之也。"《南齊書・良政傳・劉懷慰》："民有餉其新米一斛者，懷慰出所食麥飯示之曰：'旦食有餘，幸不煩此。'"清桂馥《札樸・鄉里舊聞・麥飯麥粥》："大麥粒和豆煮曰麥飯……供夏之餔食。"

【小麥飯】

　　"麥飯"之一種。以小麥爲之。充飢兼療疾。此稱唐代已行用。明李時珍《本草綱目・穀一・小麥》集解引唐咎殷《食醫心鑑》："消渴心煩：用小麥作飯及粥食。"又引元朱震亨《本草補遺》："饑年用小麥代穀，須曬燥，以少水潤，舂去皮，煮爲飯食，可免麵熱之患。"

【大麥飯】

　　"麥飯"之一種。以大麥爲之。此稱明代已行用。明李時珍《本草綱目・穀一・大麥》："大麥作飯食，響而有益。"又引宋陳承說："大麥，今人以粒皮似稻者爲之，作飯滑，飼馬良。"

【蕎麥飯】

　　"麥飯"之一種。以去皮之蕎麥製成。此稱明代已行用。明徐光啓《農政全書・樹藝・穀下》："蕎麥，一作'荍麥'，又作'烏麥'。烈日曝，令開口，去皮，取米作飯，蒸食之。"

煮飯

　　以適量米水在器物中煮成預定稀稠之飯。出現頗早，甲骨文中有🔲字，正如三足陶鬲中煮米爲炊，上有一手（又）持木棍攪拌，以防焦糊。"煮"小篆古字作"鬻"或"鬻"，者爲

聲，鬲爲煮物器皿，水爲煮物所用液體，弜象火氣上行，形象地表現了古代煮食之情景。《周禮·天官·亨人》："職外内饔之爨亨煮，辨膳羞之物。"鄭玄注："爨，今之竈，主於其竈煮物。"可見，早在商周時期，已有煮飯。《説文·鬵部》："鬵，孚也。从鬵者聲。……煮，鬵或从火。鬵，鬵或从水在其中。"按，"孚"當爲"烹"。清佚名《調鼎集·飯粥單》："煮飯：一碗米，兩碗水，乃一定之法。或米有乾濕，水亦隨之加減。但不可一火煮熟，俟滾起，火稍緩，少停再燒，纔得熟軟，否則内生外熟，非爛即焦。又南方以三蘆炊一頓飯，又四兩柴可熟，以四圍内濕草鞋塞之，細柴燒釜臍故也。"

黍飯

一種以黍米所做之飯。黍，一年生草本作物，通稱黍子。子實分黏與不黏二種，黏者爲黍，不黏者爲穈，黍多釀酒，穈多作飯。對文有別，散文通稱黍。以黍爲飯，始於先秦時期，歷代因之。《禮記·内則》："飯：黍、稷、稻、粱、白黍、黃粱、稰、穛。"《論語·微子》："〔丈人〕止子路宿，殺雞爲黍而食之。"劉寶楠正義："爲黍者，治黍爲飯也。"北魏賈思勰《齊民要術·笨麴并酒》："夜半炊作再餾飯，令四更中熟。下黍飯席上，薄攤令極冷。"唐王維《積雨輞川莊作》詩："積雨空林烟火遲，蒸藜炊黍餉東菑。"前蜀貫休《春晚書山家屋壁》詩之一："柴門寂寂黍飯馨，山家烟火春雨晴。"《説文·黍部》"黍"段玉裁注："禾屬而黏者黍，禾屬而不黏者穈。對文異，散文則通偁黍……今山西人無論黏與不黏統呼之曰穈黍，太原以東則呼黏者爲黍子，不黏者爲穈子。黍宜爲酒……穈宜爲飯。"

飱

一種用水澆沃、調和之飯。此稱始見於先秦時期，延及後世。《詩·魏風·伐檀》："彼君子兮，不素飱兮。"孔穎達疏引《説文》："飱，水澆飯也。"《太平御覽》卷八五〇引漢服虔《通俗文》："水澆飯曰飱。"《釋名·釋飲食》："飱，散也。投水於中解散也。"《玉篇·食部》："飱，水和飯也。"亦作"飧"。《古今韻會舉要·平魂》"飧"下引《字林》云："水澆飯也。"《全唐詩》卷八七六引"李處郁語"："飱若入咽，百無一全。"注："山東人謂濕飯爲飱。"明李時珍《本草綱目·穀四·飯》："飱飯，即水飯也。"

【飧】[1]

同"飱"。此體晋代已行用。按《改併四聲篇海·食部》引《川篇》："飧，飯也。以羹澆飯。"見本卷《主食説·飯考》"飱"文。

【粟飱】

一種用米製成之"飱"。此稱南北朝時期已行用。北魏賈思勰《齊民要術·飱飯》："作粟飱法：㕮米欲細而不碎，㕮訖即炊。淘必宜净。香漿和暖水浸饋，少時，以手挼，無令有塊。復小停，然後壯。投飱時，先調漿令甜酢適口，下熱飯於漿中，尖出便止。宜少時住，勿使撓攪，待其自解散，然後撈盛，飱便滑美。"

蒸飯

靠蒸氣熱力將米炊熟之飯。先秦時期人們已掌握此種方法。《詩·大雅·生民》："釋之叟叟，烝之浮浮。"朱熹集傳："釋，淅米也。叟叟，聲也。浮浮，氣也。"這是對蒸飯過程之形象描繪。清代對"蒸飯"的具體操作有記載。

酒……穈宜爲飯。"

清佚名《調鼎集·飯粥單》："蒸飯：北方控飯，南方煮飯，惟蒸飯適中。早晨粥內撈起乾粒，午餐用甑蒸透，既省便，又適口，人口多者亦最便。"清袁枚《隨園食單·飯粥單》："王莽云：鹽者百肴之將。余則曰：飯者百味之本。《詩》稱'釋之溲溲，蒸之浮浮'。是古人亦喫蒸飯，然終嫌米汁不在飯中。"

摶飯

用手攢成團之飯。始見於先秦時期。其時吃飯用手抓，不用箸。到宋代，海南及邊地部族仍以手摶食。今時維吾爾族猶行此法，稱"抓飯"。《禮記·曲禮上》"共飯不澤手"鄭玄注："禮：飯以手。"孔穎達疏："古之禮，飯不用箸，但用手。既與人共飯，手宜絜淨，不得臨食始挼莎手乃食，恐爲人穢也。"戰國時期始得此稱。《呂氏春秋·慎大》："趙襄子攻翟，勝老人中人，使使者來謁之，襄子方食摶飯。"宋王應麟《困學紀聞·儀禮》："《理道要訣》云：'周人尚以手摶食，故《記》云：共飯不澤手。'蓋弊俗漸改未盡，今夷狄及海南諸國五嶺外人，皆以手摶食。"胡樸安《中華全國風俗志》下篇卷一〇："抓飯有黃白二種，以米作飯，淅之於水，再入以沙糖、藏杏、藏棗、葡萄、牛羊肉、餅食等物，盛之以皿，以手抓而食。"

【抓飯】

"摶飯"之俗稱。此稱行用於近現代。見該文。

稻飯

以稻米蒸煮之飯。始見於先秦時期。亦稱"稌飯"。稌，稻也。《禮記·內則》："飯：黍、稷、稻、粱、白黍、黃粱、稰、穛。"又："食……析稌，犬羹、兔羹，和糝不蓼。"鄭玄注："稌，稻也。"孔穎達疏："細析稻米爲飯。"晋代稱"稻米乾飯"。《晋書·齊王攸傳》："居文帝喪，哀毀過禮，杖而後起。左右以稻米乾飯雜理中丸進之，攸泣而不受。"唐代稱"稻米飯"。《急就篇》卷二"棗、杏、瓜、棣、饊、飴、餳"唐顏師古注："饊之言散也，熬稻米飯使發散也。"宋蘇軾《連雨江漲》詩："回看野寺山溪隔，臥覺晨炊稻飯香。"後世俗稱"大米乾飯"。《歧路燈》第一〇五回："他謀館不成，喫大米乾飯，挖半截鴨蛋，箸頭兒戳豆腐乳。"

【稌飯】

即稻飯。此稱先秦時期已行用。見該文。

【稻米乾飯】

"稻飯"之俗稱。此稱晋代已行用。見該文。

【稻米飯】

"稻飯"之俗稱。此稱唐代已行用。見該文。

【大米乾飯】

"稻飯"之俗稱。此稱清代已行用。見該文。

【桃花米飯】

"稻飯"之一種。以桃花米炊成。桃花米，粒表有紅衣之糙米。此稱始見於南北朝時期。《南齊書·崔祖思傳》："宋武節儉過人，張妃房帷碧綃蚊幬，三齊苨席，五盞盤桃花米飯。"

【旱稻赤米飯】

"稻飯"之一種。以旱稻紅米煮成。糙米飯屬。此稱南北朝時期已行用。北魏賈思勰《齊民要術·飧飯》："治旱稻赤米令飯白法：莫問冬夏，常以熱湯浸米，一食久，然後以手按之。湯冷，瀉去，即以冷水淘汰，按取白乃止。飯色潔白，無異清流之米。"

【浙米飯】

"稻飯"之一種。以浙江產米製作。此稱宋

代已行用。宋灌圃耐得翁《都城紀勝·食店》：
"重者如頭羹、石髓飯、大骨飯、泡飯、軟羊、
浙米飯。"

【香種飯】

　　"稻飯"之一種。以優質米香種數十粒入他
米中，炊飯甚香。此稱明代已行用。明王象晋
《群芳譜·穀譜·稻》："香種，一名香子。粒小色
斑，以三五十粒入他米數升，炊之芬芳香美。"

【石窩稻飯】

　　"稻飯"之一種。以清代北京房山所産石窩
稻米炊成，味香美。清汪灝等《廣群芳譜·穀
譜·稻》："《燕山叢録》：房山縣有石窩稻，色
白味香美，以爲飯，雖盛暑，經數宿不餿。"

【烏秈飯】

　　"稻飯"之一種。"秈"同"籼"。以烏秈
米炊成。見於清代浙中一帶，香美且頗具營養。
清汪灝等《廣群芳譜·穀譜·稻》："烏秈：粒大
而芒長；秸柔而韌，可織履。飯之香美，浙中
以供賓客及老疾孕婦。"

【香稻飯】

　　"稻飯"之一種。以江南常熟、丹陽等地所
産一種香稻製成，熟後香氣襲人。見於清代。
清佚名《調鼎集·飯粥單》："香稻飯：一種香
稻，江南丹陽縣、常熟等處皆産，用以煮飯，
另有一種香氣。一擔米内和入三四斗，則通米
皆香。"

【紅米飯】

　　一種表皮呈嫩紅色之"稻飯"。見於清代。
清佚名《調鼎集·飯粥單》："紅米飯：飯熟後，
用梅紅喜紙蓋上，即變嫩紅色。宴客可觀。"

【香露飯】

　　"稻飯"之一種。飯將熟時以花露澆過，

再悶片刻，食之芳香。清佚名《調鼎集·飯粥
單》："香露飯：預取花露一盞，俟飯初熟時澆
之，澆過稍悶拌匀，然後入碗。以之供客，齒
頰皆芳。不必滿釜全澆香露，或一隅足供座客，
只澆一隅露。以薔薇、香櫞、桂花三種爲宜，
取其與穀性相若，不必用玫瑰，其香易辨也。"
按，此飯之發明者蓋清代李漁。參閱其《閑情
偶寄·飲饌》。

穄米飯

　　一種用黃穄米做成之飯。穄米即稷米，爲
五穀之長，先諸米而熟，做飯疏爽香美，故
恒取以供祭祀（明李時珍《本草綱目·穀
二·稷》）。以稷炊飯，始於先秦時期。《禮記·內
則》："飯：黍、稷、稻、粱、白黍、黃粱、稰、
穛。"北宋開封習俗，農曆七月十五中元節，以
之祭祖供佛，祠穀神，告秋成。亦稱"黃鳥兒
飯"。宋孟元老《東京夢華録·中元節》："七月
十五日中元節……十五日供養祖先素食，纔明
即賣穄米飯，巡門叫賣，亦告成意也。"宋陳元
靚《歲時廣記·中元下·告秋成》："穄米乃黃穄
米也。或謂之黃鳥（按，一本作'烏'）兒飯，
以供佛祭親。"

【黃鳥兒飯】

　　即穄米飯。此稱宋代已行用。見該文。

雕胡飯

　　以雕胡米所爲之飯。古人以爲美饌。雕胡，
亦作"彫胡"，水草，葉如蒲葦，至秋結實，
實稱菰米。以此米爲飯，始於先秦時期。《禮
記·內則》："食，蝸醢而菰食。"鄭玄注："菰，
彫胡也。"孔穎達疏："以菰米爲飯。"戰國楚
宋玉《諷賦》："爲臣炊雕胡之飯，烹露葵之
羹，來勸臣食。"漢代稱"菰飯"。《淮南子·詮

言訓》:"心有憂者,筐牀衽席,弗能安也;菰飯犓牛,弗能甘也。"南北朝時期稱"菰米飯",詳載製法。北魏賈思勰《齊民要術·飧飯》:"菰米飯法:菰穀盛韋囊中,擣瓷器爲屑,毋令作末,内韋囊中令滿,板上揉之取米。一作可用升半。炊如稻米。"後世相沿製作。又稱"雕菰飯"。宋林洪《山家清供·雕胡飯》:"雕菰,葉似蘆,其米黑,杜甫故有'波飄菰米沉雲黑'之句,今胡穄是也。曝乾礪洗,造飯既香而滑。杜詩又云'滑憶雕菰飯'。又會稽人顧翱,事母孝著。母嗜雕菰飯,翱常自采擷。家住太湖,後湖中皆生雕菰,無復餘草。"明李時珍《本草綱目·穀二·菰米》:"雕胡九月抽莖,開花如葦苕。結實長寸許,霜後采之,大如茅針,皮黑褐色。其米甚白而滑膩,作飯香脆。"參閱清汪灝等《廣群芳譜·卉譜·菰》。

【菰飯】

即雕胡飯。此稱漢代已行用。見該文。

【菰米飯】

即雕胡飯。此稱南北朝時期已行用。見該文。

【雕菰飯】

即雕胡飯。此稱唐宋時期已行用。見該文。

饡飯

一種羹澆之飯。漢代已見。單稱"饡"。漢王逸《九思·傷時》:"時混混兮澆饡,哀當世兮莫知。"洪興祖補注:"饡,音贊。《説文》云:以羹澆飯。"後世亦製食。《古尊宿語録·真浄禪師語録》:"今日莊主設饡飯,俵䞋錢。"宋陸游《冬夜與溥庵主説川食戲作》詩:"未論索麪與饡飯,最愛紅糟并魚粥。"

【饡】

"饡飯"之單稱。此稱漢代已行用。見該文。

半蒸飯

先煮,後將米撈到箅上蒸熟之飯。因製作時煮蒸兼施,各占一半,故名。秦漢之際稱"饙",漢代至魏晋稱"溍飯""餴飯",單稱"餴"。饙,亦作"餴"。《爾雅·釋言》:"饙、餾,稔也。"郭璞注:"今呼餴飯爲饙。"《説文·食部》:"餴,溍飯也。从食棄聲。……饙,餴或从賁。"三國魏張揖《廣雅·釋器》:"饙謂之餴。"南北朝時期稱"半蒸飯"。《玉篇·食部》:"饙,半蒸飯。"清代稱"控飯"。因將米撈到箅上後往下控水蒸,故名。清佚名《調鼎集·飯粥單》:"北方控飯,南方煮飯。"今北方通稱"撈飯"。或説,饙,一蒸飯也,出《廣韻·平文》。

【饙】

即半蒸飯。此稱秦漢時期已行用。見該文。

【餴】

即半蒸飯。此體漢代已行用。見該文。

【溍飯】

此稱漢代已用。見該文。

【餴】

即半蒸飯。餴,同"溍",見清王念孫《廣雅疏證》。此稱三國時期已行用。見該文。

【餴飯】

即半蒸飯。此稱魏晋時期已行用。見該文。

【控飯】

即半蒸飯。此稱清代已行用。見該文。

胡麻飯

胡麻即今芝麻。據傳係張騫自大宛帶入中土。古道家恒以爲飯。始見於東漢。相傳永平中剡縣劉晨、阮肇入天台山，食此，回家子孫已歷七代。清汪灝等《廣群芳譜·穀譜·脂麻》引《天台志》："劉晨、阮肇入天台采藥，失道。食盡，見桃實食之，覺身輕。行數里，至溪滸，持杯取水，見一杯流出，有胡麻飯。溪邊二女子笑曰：'劉、阮二郎捉向所失流杯。'來便迎歸，作食。既出，無復相識。至家，子孫已七世矣。"明李時珍《本草綱目·穀一·胡麻》引宋蘇頌曰："胡麻處處種之，稀復野生。苗梗如麻，而葉圓銳光澤，嫩食可作蔬，道家多食之。"後世稱引，多爲仙食之代稱，非復原物。參閱南朝宋劉義慶《幽明錄》、《太平廣記》卷六一、明張岱《夜航船·日用·飲食》。

饊飯

糯米煮後煎乾之飯。漢代稱"饊"，南北朝時期稱"饊飯"。《急就篇》卷二："棗、杏、瓜、棣、饊、飴、餳。"顏師古注："饊之言散也，熬稻米飯使發散也。"《説文·食部》："饊，熬稻粻餭也。"段玉裁注："熬，乾煎也。稻，稌也。稌者，今之稉米，米之黏者。鬻（煮）稉米爲張皇，張皇者，肥美之意也。既又乾煎之，若今煎粢飯然，是曰饊。"《玉篇·食部》："饊，饊飯。"清夏曾傳《隨園食單補證·飯粥單》引《飲膳閑談》："熬稻曰饊飯。"

【饊】

即饊飯。此稱漢代已行用。見該文。

社飯

一種與肉、菜相調和搭配之飯。因供社日食用，故名。始見於晉代。《格致鏡原》卷二二引晉周處《風土記》："荊楚社日，以豬羊肉調和其飯，謂之社飯。以葫蘆盛之相遺送。"北宋都城開封八月秋社時亦製此供客品嘗。宋孟元老《東京夢華錄·秋社》："八月秋社，各以社糕、社酒相賣送。貴戚宮院以豬羊肉、腰子、奶房、肚肺、鴨餅、瓜薑之屬，切作棋子片樣，滋味調和，鋪於飯上，謂之社飯，請客供養。"

折粟米飯

一種反復淘搓而炊成的精米飯。折，減損，一石米經多次淘搓僅剩七斗，飯之口感滑美。然有浪費，穀米外層糠粉汰去，營養成分失去，食之易患腳氣病。不宜提倡。見於南北朝時期。北魏賈思勰《齊民要術·飧飯》："折粟米法：取香美好穀脱粟米一石，於木槽內以湯淘，腳踏；瀉去瀋，更踏；如此十徧，隱約有七斗米在便止。漉出曝乾。炊時又淨淘。下饋時，於大盆中多著冷水，必令冷徹米，必以手挼饋，良久停之。投飯調漿，一如上法。粒似青玉，滑而且美。"

【折米飯】

"折粟米飯"之屬。此稱南北朝時期已行用。北魏賈思勰《齊民要術·飧飯》引《食次》曰："折米飯：生折，用冷水，用雖好，作甚難。"

青精乾石䭔飯

古代道家所服食的一種可以益壽養顏之飯。青精，即南燭木（黑飯草）；乾石，宋林洪《山家清供·青精飯》認爲是青石脂；䭔，宋蘇頌《圖經本草》讀曰"飧"，"謂以酒、蜜、藥草輩溲而曝之也"。製時先將南燭木之枝葉煮成汁，復入米、青石脂、酒、蜜蒸曝而成，故名。此稱始見於南朝梁陶弘景《登真隱訣》，宋王觀國《學林·青精》引作"乾石青精䭔飯"。唐代省稱"青精飯"，亦稱"烏飯"。唐杜甫《贈李白》詩："豈無青精飯，使我顏色好。"唐陳藏器

《本草拾遺》："烏飯法：取南燭莖葉搗碎，漬汁浸粳米，九浸九蒸九曝，米粒緊小，正黑如瑿珠。袋盛，可以適遠方也。"宋代於其製法記載尤詳。宋蘇頌《圖經本草》："以生白粳米一斛五斗春治，淅取一斛二斗。用南燭木葉五斤，燥者用三斤亦可，雜莖皮煮取汁，極令清冷，以溲米，米釋炊之。從四月至八月末，用新生葉，色皆深；九月至三月，用宿葉，色皆淺，可隨時進退其斤兩。又采軟枝莖皮，於石臼中搗碎。假令四五月中作，可用十許斤熟春，以斛二斗湯浸染得一斛也。比來只以水漬一二宿，不必用湯。漉而炊之，初米正作綠色，蒸過便如紺色。若色不好，亦可淘去，更以新汁漬之。洒漢皆用此汁，惟令飯作正青色乃止。高格曝乾，當三蒸曝，每一燥輒以青汁溲令浥浥。"到明代，釋家多於四月八日造之供佛。明李時珍《本草綱目・穀四・青精乾石餰飯》："此飯乃仙家服食之法，而今之釋家多於四月八日造之以供佛耳。造者又入柿葉、白楊葉數十枝以助色，或又加生鐵一塊者，止知取其上色，不知乃服食家所忌也。"按，此飯於宋代亦爲常人所服，故林洪用以"山居供客"。又據林洪說，此飯有兩種：一爲青精飯，常人可服，延年益顏；一爲青精石飯，乃辟穀修煉所服。宋林洪《山家清供・青精飯》："按，《本草》南燭木，今名黑飯草，又名旱蓮草，即青精也。采枝葉搗汁，浸上白好粳米，不拘多少。候一二時，蒸飯曝乾，堅而碧色，收貯。如用時，先用滾水，量以米數，煮一滾即成飯矣。用水不可多，亦不可少，久服延年益顏。仙方又有青精石飯，世未知石爲何也。按，《本草》用青石脂三斤，青粱米一斗，水浸三日，搗爲丸，如李大，白湯

送服一二丸可不飢。是知石脂也。二法皆有據，第以山居供客，則當用前法；如欲效子房辟穀，當用後法。"

【青精飯】

"青精乾石餰飯"之省稱。此稱唐宋時期已行用。見該文。

【烏飯】

即青精乾石餰飯。以其飯熟後米黑如珠，故名。此稱唐代已行用。見該文。

【青精乾餰食】

即青精乾石餰飯。見於唐代蜀地。蜀人於寒食節所食。製時以楊桐葉或菜葉染飯爲青色，與煮南燭木汁煮飯自是不同，然亦襲用其稱。清汪灝等《廣群芳譜・天時譜・三月》引唐陸龜蒙《零陽總記》："蜀人遇寒食，用楊桐葉并細冬青葉染飯，色青而有光，食之資陽氣，道家謂之青精乾餰食。今俗以夾麥青草搗汁，和糯米作青粉團，烏桕葉染烏飯作糕，是此遺意。"

【烏米飯】

即青精乾石餰飯。此稱清代已行用。清佚名《調鼎集・飯粥單》："烏米飯：每白糯米一斗淘净，用烏桕或楓樹葉三斤搗汁拌匀，經宿取起蒸熟，其色純黑。供時拌芝麻、洋糖。又名青精飯。"

胡飯

一種來自异族的麵食。南方之飯通以米爲主，北方則多以麵爲主，然麵食亦稱飯。南北朝時期已見。北魏賈思勰《齊民要術・飧飯》："胡飯法：以酢瓜菹長切，將炙肥肉，生雜菜，內餅中急捲，捲用兩卷，三截，無令相就，並六斷，長不過二寸。別奠'飄齏'隨之。細切

胡芹，莫下酢中爲飄齏。"按，這是以餅夾入瓜菹、烤肉、生雜菜後捲起，切段，侑"飄齏"而食。

鍋底飯

即今鍋巴。因其緊貼鍋底，經過炙烤，薄而脆香，故人喜食之。始見於南北朝時期。亦稱"鐺底焦飯"。《南史·孝義傳·陳遺》："宋初吳郡人陳遺，少爲郡吏，母好食鍋底飯。遺在役，恒帶一囊，每煮食，輒錄其焦以貽母。"南朝宋劉義慶《世說新語·德行》載此作"鐺底焦飯"。清代亦稱"焦飯""鍋巴"。可以用來造醋。清李化楠《醒園錄》卷上："焦飯做醋法：蒸飯後鍋底鏟起焦飯，俗名鍋巴。投入白水罈裝，置近火暖熱處。時常用棍子攪之，七日後便成醋矣。"

【鐺底焦飯】

即鍋底飯。鐺，釜屬。此稱南朝時期已行用。見該文。

【焦飯】

即鍋底飯。此稱清代已行用。見該文。

【鍋巴】

"鍋底飯"之俗稱。此稱清代已行用。見該文。

【當塗鍋粑皮】

"鍋底飯"之一種。産於清代安徽當塗，以小、薄、香、脆擅名。清佚名《調鼎集·飯粥單》："當塗人尚炒飯……小薄鍋粑皮更爲道地，他處不能。"

【白雲片】

清代金陵所製的一種"鍋底飯"。油炙含糖，味美。清袁枚《隨園食單·點心單》："白米鍋巴，薄如綿紙。以油炙之，微加白糖，上口極脆。金陵人製之最精，號白雲片。"今店肆所售，以陝西產太陽牌鍋巴最享盛名，殆古之遺制。

麵飯

一種以麵粉與米飯合蒸而成之飯。先將麵乾蒸，後以水調和，加入飯，切成栗子大小蒸熟。始見於南北朝時期。北魏賈思勰《齊民要術·飧飯》引《食經》："作麵飯法：用麵五升，先乾蒸，攪使冷。用水一升。留一升麵，減水三合；以七合水，溲四升麵，以手擘解。以飯，一升麵粉，粉乾下。稍切取，大如栗顆。訖，蒸熟。下著篩中，更蒸之。"

清風飯

晚唐宮廷所食之一種飯。把水晶飯、龍睛粉與牛酪調理好，入冰池冷透方食。製於盛暑，食時涼風拂面，故名。宋陶穀《清異錄·饌羞門》："〔唐敬宗〕寶曆元年，內出清風飯制度，賜御庖，令造進。法：用水晶飯、龍睛粉、龍腦末、牛酪漿，調事畢，入金提缸，垂下冰池，待其冷透供進。惟大暑方作。"

團油飯

江南一種多味飯。飯中雜有鷄、鵝、魚、蝦肉及灌腸、鹽豉、薑桂等，食之尤益於孕婦嬰兒。唐代已見。時作"團油飪"。飪，同"飯"。唐段公路《北戶錄·食目》："廣之人食品中有團油飪。"原注："凡力足之家有産婦，三日、足月及子孩晬，爲之飪。以煎蝦魚、炙鷄鵝、煮猪羊、鷄子羹餅、灌腸、蒸腸菜、粉餈、粔籹、蕉子、薑桂、鹽豉之屬，裝而食之是也。"宋代始作"團油飯"，亦稱"盤游飯"。盤游，蓋"團油"之音近相轉。宋蘇軾《仇池筆記·盤游飯谷董羹》："江南人好作盤游飯，鮓脯鱠炙無不有，埋在飯中。里諺曰'掘得窖子'。"宋陸游《老學庵筆記》卷二引《北戶録》作"團油飯",并謂此"即東坡先生所記盤游飯也。二字語相近,必傳者之誤"。

【團油䭔】

同"團油飯"。此體唐代已行用。見該文。

【盤游飯】

即團油飯。此稱宋代已行用。見該文。

玉井飯

一種加入蓮子及藕之飯。因韓愈《古意》詩有"太華峰頭玉井蓮,開花十丈藕如船"之句,因稱。宋代已見。宋林洪《山家清供·玉井飯》:"其法:削嫩白藕作塊,采新蓮子去皮心,候飯少沸,投之,如盦飯法。蓋取'太華峰頭玉井蓮,開花十丈藕如船'之句。昔有藕詩云:'一彎西子臂,七竅比干心。'今杭都范堰經進斗星藕,大孔七,小孔二,果有九竅。"參閱徐珂《清稗類鈔·飲食類》。

金飯

一種與黃菊花同煮之飯。久服可明目長壽。因取正宗菊花色黃如金者製成,故名。見於宋代。宋林洪《山家清供·金飯》:"危巽齋詩云:'梅以白爲正,菊以黃爲正。'過此恐淵明、和靖二公不取也。今世有七十二種菊,正如《本草》所謂'今無真牡丹,不可煎者'。其法:采紫莖黃色正菊英,以甘草湯和鹽少許焯過,候飯少熟,投之同煮,久食可以明目延年。苟得南陽甘谷水煎之,尤佳也。"

泡飯

用開水直接泡成,或加水、菜重煮而成之飯。始見於宋代,延及後世。宋吳自牧《夢粱録·諸州府得解士人赴省闈》:"其士人在貢院中,自有巡廊軍卒賣硯水、點心、泡飯、茶酒、

菜肉之屬貨賣。"宋灌圃耐得翁《都城紀勝·食店》:"重者如頭羹、石髓飯、大骨飯、泡飯。"《官場現形記》第一七回:"魏竹岡已喫了三碗泡飯,單太爺一碗未完。"

【羊泡飯】

"泡飯"之一種。以有羊肉泡成,故名。此稱宋代已行用。宋西湖老人《西湖老人繁勝録·起店》:"飥飪、混飩、帶汁煎、羊泡飯、生熟燒。"一說,羊飯之泡者。宋代已見"羊飯",宋灌圃耐得翁《都城紀勝·諸行》載"名家馳譽者"有"中瓦前職家羊飯",《食店》言"羊飯店兼賣酒"。

悶飯

一種米飯。將米與適量水放入鍋中,武火將米煮軟,而後將鍋蓋緊,用文火將飯悶乾成熟。始見於宋代,亦稱"盦飯"。宋灌圃耐得翁《都城紀勝·食店》:"衢州飯店又謂之悶飯店,蓋賣盦飯也。"今時北方通作"燜飯"。

【盦飯】

即悶飯。盦,亦具"悶"密不透氣義,故二名通用。此稱宋代已行用。今南方方言中"盦"仍保留其古義。參閱黃侃《蘄春語》。

蟠桃飯

一種與山桃肉同煮而成之飯。見於宋代。宋林洪《山家清供·蟠桃飯》:"采山桃,用米泔煮熟,漉置水中,去核,候飯涌,同煮頃之,如合飯法。"

酷累

家常飯。以掃帚苗、嫩榆錢、瓜蔓兒、香椿芽等家蔬野蔌與濕麵拌和後蒸熟。食時可澆以油、鹽、醋、蒜汁。元代已見。元佚名《海門張仲村樂堂》第三折:"後興,同知相公叫

我牢裏問事去，着你娘做些酷累來。"清代亦作"穀壘"，與"酷累"蓋一聲之轉。清佚名《調鼎集·襯菜部》："穀壘：茼蒿拌和乾麵、椒鹽、麻油蒸用。"清薛寶辰《素食説略》亦載其製法：以榆錢、朱藤花、楮穗、邪蒿、茵陳蒿、茼蒿、苜蓿苗等洗净，與乾麵粉拌作顆粒蒸熟。今北方農家猶有製作者。西北地方稱此爲"麥飯"，見聶鳳喬《槐葉冷淘與槐花穀壘》（1990年7月13日《人民日報·海外版》）。

【穀壘】

"酷累"之音轉。此稱清代已行用。見該文。

包兒飯

明代宫廷四月初四所食的一種飯。外包以大萵苣葉，内裹以精肥肉、葱蒜薑等。明吕毖《明宫史·火集》："四月初四日……以各樣精肥肉、薑、葱、蒜剉如豆大，拌飯，以萵苣大葉裹食之，名曰包兒飯。"

荷葉燒飯

以新荷葉煮湯，復入粳米炊成之飯。初多作爲藥膳，後或以爲農家飯。見於宋代。宋楊士瀛《仁齋直指》卷六："右爲細末，荷葉燒飯爲丸，如梧桐子大，每服五十丸，熟水送下。"明李時珍《本草綱目·穀四·飯》："荷葉燒飯……按，韓悆《醫通》云：東南人不識北方炊飯無甑，類呼爲燒，如燒菜之意，遂訛以荷葉包飯入灰火燒煨，雖丹溪亦未之辯。但以新荷葉煮湯，入粳米造飯，氣味亦全也。凡粳米造飯，用荷葉湯者寬中。"

【荷香飯】

"荷葉燒飯"之屬。以荷葉包米煮熟。見於清代。清佚名《調鼎集·飯粥單》："荷香飯：白米淘净，以荷葉包好，放小鍋内，河水煮。"

薏苡飯

藥膳。以薏苡仁爲之，故名。充飢兼輕身益氣。見於明代。明李時珍《本草綱目·穀二·薏苡仁》："二三月宿根自生，葉如初生芭芽，五六月抽莖開花結實。有二種。一種粘牙者，尖而殼薄，即薏苡也。其米白色如糯米，可作粥飯及磨麵食。"徐珂《清稗類鈔·飲食類》："薏苡飯者，薏苡舂熟炊爲飯，氣味須如麥飯乃佳。"

青菜飯

一種炒菜與米飯相拌而成之飯。先將青菜心與油、鹽、酒炒好，而後與熱飯拌匀，是飯菜混合型品類。見於清代。清佚名《調鼎集·飯粥單》："青菜飯：取青菜心切細，加脂油、鹽、酒炒好，乘飯將熟時放入和匀。大約以飯菜適均，不可偏勝乃妙。"亦稱"菜飯"。清夏曾傳《隨園食單補證·飯粥單》："菜飯：用油菜心最妙，否則霜後白菜心，用油鍋炒熟。乃以白米攙少許糯米，入鍋煮，以菜極爛爲妙，用葷油尤佳。古人云：'白菜、青鹽、糙米飯。'雖指極清苦者而言，然以此法製之，則爲此詩者，又不免瞿然而驚矣。"

【菜飯】

即青菜飯。此稱清代已行用。見該文。

【芹菜飯】

"青菜飯"之一種。見於清代。徐珂《清稗類鈔·飲食類》："乾隆丁丑，福建余古田在京應庶吉士散館之試。以無力賃屋，移寓翰林院東廡，僅庇風雨，惟以讀書爲事。每日僕買值錢三文之芹菜以佐餐……嘗語華亭蔡顯云：'予之所以幸全素履者，得力於十年之芹菜飯也。'"

姑熟炒飯

一種不加油鹽的炒飯。具鬆、脆、香、絨四個特點。見於清代。因出安徽姑熟，故名。清佚名《調鼎集・飯粥單》："姑熟炒飯：當塗人尚炒飯。或特地煮飯，俟冷，炒以供客。不著油鹽，專用白炒。以鬆、脆、香、絨四者相兼，每粒上俱帶微焦。小薄鍋粑皮更爲道地，他處不能。其用油鹽硬炒者，不堪用。"按，姑熟，古城名，故址在今安徽當塗。

秫米飯

以秫米煮成之飯。見於清代。徐珂《清稗類鈔・飲食類》："蜀秫米飯，昔人無咏之者。德州謝方山郎中重輝嘗食之，咏以詩云：'浮碗渾如琥珀光，豐年人每號粗糧。相如渴後曾逢否，方朔飢時那易嘗。真味惟堪同紫莧，補中詎止勝黄粱。大官精膳無由見，一飽何妨此下腸？'"按，秫爲何種穀物，向無定論。許慎《説文》謂秫爲稷之黏者，晋崔豹《古今注》謂秫爲稻之黏者，宋蘇頌《圖經本草》謂秫爲黍之黏者，孫炎注《爾雅》謂爲黏粟。明李時珍《本草綱目・穀二・秫》謂孫説得之。今人則通以秫爲黏高粱，秫米飯即高粱米飯，東北人尤嗜食此。

野葛飯

以加工之野葛與穀米參半製成之飯。見於清代邊遠山區。徐珂《清稗類鈔・飲食類》："野葛飯者，羅定州人常食之。羅定多山田，輒蒔野葛，大如拳，味甘而性寒。采後刀斷之，如骰子狀，漚之水，兩晝夜發白沫，更以清水淘之，去其寒毒，曝令乾。煮時與穀參半。"

蛋炒飯

一種炒食米飯。因炒時傾入鷄蛋汁，故名。清代普通食肆之常食。時尚有"火腿蛋炒飯""蝦仁蛋炒飯"，亦此類也。徐珂《清稗類鈔・飲食類》："各地均有飯肆，然有普通、特別之分。特別飯肆價較昂，肴饌亦極豐腆。普通飯肆則不必具肴，僅食飯一盂，或以一湯佐之者，爲火腿蛋炒飯、蝦仁蛋炒飯、蛋炒飯三種。"

【火腿蛋炒飯】

"炒飯"之屬。以火腿、蛋汁、米飯共炒而成。此稱清代已行用。參見本卷《主食説・飯考》"蛋炒飯"文。

【蝦仁蛋炒飯】

"炒飯"之屬。以蝦仁、蛋汁、米飯共炒而成。此稱清代已行用。參見本卷《主食説・飯考》"蛋炒飯"文。

【木樨飯】

"蛋炒飯"之一種。木樨，炒鷄蛋之別名。因其黄似桂花（木樨），遂以代。此稱清代已行用。清夏曾傳《隨園食單補證・飯粥單》："木樨飯，京師之名也。以鷄蛋打匀，先起油鍋，將飯下鍋，然後下蛋，須與飯相稱，蛋飯相融，不使成塊爲妙。素油須煉透，葷油亦可起鍋，加葱花少許，味美而省事，急就法也。"

第九節　粥　考

　　粥，米或麵加水後煮成之黏性稀質軟食。由於它易於製作及消化，既充飢又解渴，故千百年來深爲人們，特別是老、弱、病、婦、孺等所喜愛，成爲一種重要的家常飯。

　　粥食有悠久歷史。相傳"黄帝始烹穀爲粥"（宋高承《事物紀原·粥》）。考古材料證實，至少在距今七八千年以前，人們便開始製作和食用粥。浙江餘姚河姆渡新石器遺址出土的陶器及稻粒使人不難想象先民烹米爲粥之情景。

　　"粥"字之創製，形象地概括了古人煮粥之器具、原料及熬煮情景。粥，今字，古字作"鬻"，先秦已出現。《儀禮·士喪禮》《左傳·昭公七年》均已見之。《説文·鬻部》："鬻，鍵也。从鬻米。"徐鉉校訂："今俗作粥。"段玉裁注："鬻，會意……〔鉉本〕誤衍'聲'字。"據段氏説，"鬲"爲煮粥之陶器，"米"爲被煮之米實，"弜"爲煮粥時蒸騰上行之熱氣。

　　粥在先秦時食用已相當普遍，從天子到庶民，從南到北，無不食之。故此當時在"粥"（亦作"鬻"）名之外，又出現了"饘""飦""酏""糜"等异名。其時對粥的分類比較粗略，一般分兩類：稀者與稠者。稀者稱"粥"或"酏"，稠者稱"饘"或"糜"。後代仔細區分，往往在"粥"前冠以原料名，如"米粥""綠豆粥"等。區分粗略，也説明尚處於初級階段。

　　秦漢到三國，粥的异名仍在增加。新出現者有"餬"、"鬻"（亦作"餰""飦""鍵"）、"鬻"、"鬻"（亦作"鬻"）等，説明粥食影響在不斷擴大。"鬻"（亦作"粖"）是西部涼州地區對"粥"的稱謂，説明粥食已深入邊遠偏僻之地。漢代出現"豆粥"（《後漢書·馮異傳》）、"米粥"（據《釋名·釋飲食》"糜，煮米使糜爛也"歸納）之名。雖然較後代"赤豆粥""扁豆粥""烏米粥""晚米粥"等仍嫌籠統，但較先秦却具體一些。

　　晋代到南北朝，具體之粥名開始增多。如"大麥粥"（南朝梁宗懍《荆楚歲時記》）、"杏仁粥"（晋陸翽《鄴中記》）、"杏酪粥"（北魏賈思勰《齊民要術》）、"乳糜"（北魏酈道元《水經注》）、"麻粥"（《南史·后妃傳·齊宣孝陳皇后》）、"粟粥"（南朝宋劉義慶《世説新語》）等。稱謂、區分的具體，説明製作工藝趨於精細，食用品位逐漸提高。有些粥品還保存有詳細製法。如"杏酪粥"的製作，從穬麥的選擇、曝晒、熬煮，到杏仁的去皮、研細、過濾以至火候、攪拌及最後"粥色白如凝脂，米粒有類青玉"都逐一加以記載，至今仍具有一定的借鑒意義。藥粥開始出現。南朝梁陶弘景《本草經集注》卷三所載"榆仁粥"兼催眠作用，開藥粥之先河。

　　唐宋至元是藥粥迅猛發展的時期。醫學著作，如唐孫思邈《千金翼方》、昝殷《食醫心鑑》、甄權《藥性本草》、孟詵《食療本草》、張文仲《備急方》以及宋蘇頌《圖經本草》等都收有此類單方或食目，如"小麥粥""炒麵粥""柿餅粥""韭葉粥""韭子粥""馬齒莧粥""桃仁粥""菊苗粥""鹿腎粥""蘇子粥""御米粥""猪腎粥""鷄頭粥"等。此外散見於其他著述中的藥粥尚有"神仙粥""防風粥""地黃粥""河衹粥"等。最值得一提的是元太醫忽思慧在《飲膳正要》中收集了近二十種藥粥名目，逐一載其製法、療效。上述記載都對食療結合作出了貢獻，促進了粥的良性發展。藥粥之外，宋代出現、沿襲至今的"臘八粥"在粥史上也占有一定地位。此粥原本是佛門弟子爲慶賀釋迦牟尼成道而製，取辟邪、袪寒、却病之義。後世背離其旨，杜撰許多故事，不足憑信。但臘八食粥，却成爲一種風習。"臘八粥"積久不廢，也反映了粥食與民衆的密切關係。

　　明清是粥食全面發展的時期，許多著述中都記載了大量粥譜。如明李時珍《本草綱目》載藥粥六十餘種，清黃雲鵠《粥譜》載二百多種。明高濂《遵生八牋·飲饌服食牋》以記食粥爲主，記有六十餘種。對製粥的經驗開始總結。如清李漁在《閑情偶寄》中所述"粥之大病，在上清下澱""粥水忌增，飯水忌減"，清袁枚在《隨園食單》所述"水米融洽，柔膩如一"等，皆不刊之論。粥品高檔、低檔分明。高檔者，多加昂貴之物，充飢之外，更重健身補養。

　　今日粥食，較之往時又有發展。它以自身特點爲基礎，廣集古今中外美食之長，形成自己操作靈活簡便、配方科學、服食可口、袪疾强身的特色，服務於社會。

粥

　　米麵和水煮成之流體稀質軟食。始見於先秦時期。時亦稱"饘""飦""酏""糜"，亦作"鬻"。《太平御覽》卷八五九引《周書》："黃帝始烹穀爲粥。"《禮記·檀弓上》："饘粥之食，自天子達。"孔穎達疏："厚曰饘，希曰粥。"《禮記·內則》："饘、酏、酒、醴、芼、羹、菽、麥、蕢、稻、黍、粱、秫，唯所欲。"鄭玄注："酏，粥也。"陸德明釋文："酏，薄粥也。"《儀禮·士喪禮》："夏祝鬻餘飯，用二鬲於西牆下。"清毛奇齡《喪禮吾説篇·重説》："鬻，粥也。取死者養疾所餘米而熬爲粥也。"《禮記·月令》："是月也，養衰老，授几杖，行糜粥飲食。"《孟子·滕文公上》："三年之喪，齊疏之服，飦粥之食，自天子達於庶人，三代共之。”趙岐注：“飦，糜粥也。”秦漢魏之時亦稱“餬”“鬵”“䬯”“䭈”。飦亦作“鬻”“餰”“䭈”，“鬵”亦作“鬻”，“䬯”亦作“粖”。《爾雅·釋言》：“鬻，糜也。”郝懿行義疏：“鬻者，經典省作‘粥’而訓糜。”又：“粥，淖糜也。”又：“鬵，糜也。”郭璞注：“淖，糜也。”邢昺疏：“餬、饘、鬻、糜，相類之物，稠者曰糜，淖者曰鬻，餬、饘是其別名。”《説文·弼部》：“鬻，鬵也。從鬵侃聲。餰，鬻或從食衍聲。飦，鬻或從干聲。䭈，鬻或從建聲。”又：“鬵，䭈也。從鬵米。”又：“鬻，䭈也。從鬵古聲。”又：“䬯，鬵也。從鬵毓聲。鬻，䬯或省從米。”又：“鬻，涼州謂鬻爲䬯。從鬵糩聲。粖，鬻或省從末。”《廣雅·釋器》：“粖，饘也。”南北朝時期“鬻”亦作“糊”。《玉篇·弼部》：“鬻，或作糊。”清代山東方言稱“麩糊”。清桂馥《札樸·鄉里舊聞·麩糊》：“沂州南境，以大豆、大麥細屑爲鬵，謂之麩糊。”粥自先秦出現後，歷代食用。大體分作食粥、藥粥兩類。最早詳盡記載藥粥名目及製法者爲元忽思慧《飲膳正要》，計有“羊骨粥”“羊脊骨粥”“豬腎粥”“枸杞羊腎粥”“山藥粥”“酸棗粥”“生地黄粥”“蓽撥粥”“良薑粥”“吳茱萸粥”“蓮子粥”“鷄頭粥”“桃仁粥”“蘿蔔粥”“馬齒菜粥”“小麥粥”“荆芥粥”“麻子粥”等近二十種，明李時珍《本草綱目·穀四·粥》增廣至六十餘種。最早詳備收録食粥及製法者爲明高濂《遵生八牋》，凡六十種。清黄雲鵠《粥譜》蓋集大成者，輯二百餘種。兹録其要目：“向日葵粥”“紫菀苗粥”“芎藭粥”“苼苡粥”“茵陳粥”“蘭花粥”“藤蘿花粥”“木香花粥”“萱草

花粥”“芍藥花粥”“牡丹花粥”“蔾藜粥”“蔞蕤粥”“何首烏粥”“參粥”“椿芽粥”“桂花粥”“木槿花粥”“橄欖粥”“荔枝粥”“龍眼粥”“白果粥”“櫻桃粥”“山查粥”“蒲萄粥”“桑仁粥”“梨粥”“橘粥”“桃脯粥”“瓠粥”“茄粥”“絲瓜粥”“西瓜子仁粥”“南瓜粥”“冬瓜粥”“蘑菇粥”“香蕈粥”“石耳粥”“慈姑粥”“蓮花粥”“鮮荷葉粥”“紫菜粥”“發菜粥”“荇菜粥”“蓴菜粥”“墨頭菜粥”“辣米菜粥”“染絳菜粥”“冬莧菜粥”“巢菜粥”“紅油菜粥”“烏金白菜粥”“菘菜粥”“爬山豆粥”“泥豆粥”“彬豆粥”“芸豆粥”“豌豆粥”“黑豆粥”“黄豆粥”等。清人從不同角度對粥之製作、分類做了總結。清李漁《閑情偶寄·飲饌》總結治粥飯“吃緊二語”。一爲“飯之大病，在内生外熟，非爛即焦；粥之大病，在上清下澱，如糊如膏”。二爲“粥水忌增，飯水忌減”：“不善執爨者，用水不均，煮粥常患其少，煮飯常苦其多。多則逼而去之，少則增而入之。不知米之精液全在於水，逼去飯湯者，非去飯湯，去飯之精液也。精液去則飯爲渣滓，食之尚有味乎？粥之既熟，水米成交，猶米之釀而爲酒矣。慮其太厚而入之以水，非入水於粥，猶入水於酒也。水入而酒成糟粕，其味尚可咀乎？”清袁枚《隨園食單·飯粥單》：“見水不見米，非粥也；見米不見水，非粥也。必使水米融洽，柔膩如一，而後謂之粥。尹文端公曰：‘寧人等粥，毋粥等人。’此真名言，防停頓而味變，湯乾故也。近有爲鴨粥者，入以葷腥；爲八寶粥者，入以果品。俱失粥之正味，不得已則夏用緑豆，冬用黍米，以五穀入五穀，尚屬不妨。余常食於某觀察家，諸菜尚可，而粥飯粗糲，

勉强咽下，歸而大病。常戲語人曰：此是五臟神暴落難，是故自禁受不得。"清朱彝尊《食憲鴻秘·粥之屬》："凡煮粥用井水則香，用河水則淡而無味。然河水久宿，煮粥亦佳；井水經暴雨過，亦淡。"徐珂《清稗類鈔·飲食類》："粥有普通、特殊之別。普通之粥，爲南人所常食者，曰粳米粥，曰糯米粥，曰大麥粥，曰綠豆粥，曰紅棗粥。爲北人所常食者，曰小米粥。其特殊者，或以燕窩入之，或以鷄屑入之，或以鴨片入之，或以魚塊入之，或以牛肉入之，或以火腿入之。粵人製粥尤精，有曰滑肉鷄粥、燒鴨粥、魚生肉粥者。三者之中，皆雜有猪肝、鷄蛋等物。別有所謂冬菇鴨粥者，則以冬菇煨鴨與粥皆別置一器也。"

【鬻】

同"粥"。此體先秦時期已行用。見該文。

【饘】

即粥。此稱先秦時期已行用。見該文。

【酏】[1]

即粥。此稱先秦時期已行用。見該文。

【糜】

即粥。此稱先秦時期已行用。見該文。

【䊹】

即粥。此稱秦漢時期已行用。見該文。

【飦】

即粥。此稱先秦時期已行用。見該文。

【餰】

即粥。此體漢代已行用。見該文。

【鍵】

即粥。此體漢代已行用。見該文。

【鬵】

即粥。此稱漢代已行用。見該文。

【鬻】

即粥。此體漢代已行用。見該文。

【鬻】

即粥。一説，同"粥"。《集韻·入屋》："鬻，《説文》：'鬻也。'或作'粥'。"此稱漢代已行用。見該文。

【鬻】

即粥。此體漢代已行用。見該文。

【鬻】

即粥。漢代涼州稱粥爲"鬻"。按，漢唐時期涼州亦稱粥爲"羅闍"。《涼州異物志》："高昌僻土，有異於華，寒服冷水，暑啜羅闍。"羅闍，梵文譯名。見該文。

【粖】

即粥。此體漢代已行用。見該文。

【糊】

即粥。此體南北朝時期已行用。見該文。

【䴺糊】

即粥。山東方言。此稱清代已行用。見該文。

白米粥

即稻米製成之粥。起源甚早。遠在七八千年前的新石器時期，先民已製造出石磨盤、石磨棒，并從野生稻中培育出人工稻。煮米爲粥，自在情理之中。漢代出現"米粥"之名。《釋名·釋飲食》："糜，煮米使糜爛也。"明李時珍《本草綱目·穀四·粥》引此作"煮米爲粥使糜爛也"。此"米粥"包羅甚廣，"白米粥"當在其中。"白米粥"之稱見於清代。此前多見以具體米種加"粥"爲名者，《本草綱目》中就有"糯米〔粥〕""粳米〔粥〕""秈米〔粥〕"等。徐珂《清稗類鈔·飲食類》："乾隆時，錢塘諸鄧門明經以淳自杭北上，遵陸以行。既上車，日食必餅。一日亭午，過山東之東平野店，忽得白米粥二盂，自謂旅中得此，勝參蓍矣。”

【香稻粥】

“白米粥”之一種。以香稻之米煮成。見於清代。清佚名《調鼎集·飯粥單》：“香稻粥：香稻米一茶杯，多用水，加紅棗數枚（去皮核），煨一宿，極糜。五更時用，最益人。”按，清王士雄《隨息居飲食譜》云：“有一種香粳米，自然有香，亦名香珠米，煮粥時稍加入之，香美異常，尤能醒胃。”疑其與“香稻米”爲一物。

【晚米粥】

“白米粥”之一種。以晚熟之稻米製成。清佚名《調鼎集·飯粥單》：“晚米粥：晚米磨碎煮粥，或粥煮撈起作飯，均與老人相宜。”

【烏米粥】

“白米粥”之一種。因以烏桕葉浸米後煮成，故名。清佚名《調鼎集·飯粥單》：“烏米粥：烏桕葉浸糯米，加香稻米煮成飯，再入鷄湯，加鹽、酒煮粥。”

【神仙粥】[2]

“白米粥”之一種。清朱彝尊《食憲鴻秘·粥之屬》：“神仙粥：治感冒、傷風初起等症。糯米半合，生薑五大片，河水二碗，入砂鍋煮二滚，加入帶鬚葱頭七八個，煮至米爛，入醋半小鍾，乘熱吃，或只吃粥湯亦效。米以補之，葱以散之，醋以收之，三合甚妙。”清佚名《調鼎集·飯粥單》：“神仙粥：用小口瓦罈洗净，入半熟白米飯一酒杯，滚水貯滿，加陳火腿丁一撮，紅棗去皮核二枚，將瓶口封扎，預備火缸，排列炭基，於臨睡時將瓶安炭火上，四圍灰壅，僅露瓶口，五更取食，香美異常。病後調理及體虚者食之，大有補益。每日按五更食，勿失爲妙。”

豆粥

通常以豆類輔以米麵熬製而成，是我國人民自古及今喜歡食用的一種家常稀軟之食。始製於上古，其時已用火、陶器，上古文獻又已見“菽”（即豆），故煮豆爲粥，勢在必然。我國豆類衆多，有大豆、小豆、豌豆、豇豆等。每類之中，又有差別。如大豆有黑、青、黄、白、斑諸顔色者，小豆有赤、白、緑諸顔色者（見明李時珍《本草綱目·穀三》）。每一種別之豆爲粥，皆得統稱“豆粥”。此稱始見於漢代，沿用至今。《後漢書·馮異傳》：“〔光武帝〕至饒陽無蔞亭。時天寒烈，衆皆飢疲，異上豆粥。明旦，光武謂諸將曰：‘昨得公孫（馮異之字）豆粥，飢寒俱解。’”南朝宋劉義慶《世説新語·汰侈》：“石崇爲客作豆粥，咄嗟便辦……都督曰：‘豆至難煮，唯豫作熟末，客至作白粥以投之。’”宋蘇軾《食豆粥頌》：“道人親煮豆粥，大衆齊念般若。”明李時珍《本草綱目·穀三·緑豆》：“北人用之甚廣，可作豆粥、豆飯、豆酒，爆食，麨食，磨而爲麵，澄濾取粉，可以作餌頓糕，盪皮搓索，爲食中要物。”徐珂《清稗類鈔·飲食類》：“仁和俞蒼石茂才葆寅，乾隆時人，喜食豆粥。一日食畢而飽，有詩示其從侄炯。詩曰：‘筠籃小摘新雨後，糜粥晚炊雜以豆。江鄉風味絶可憐，菰飯蒓羹此其又。暖香鬱發氣浮浮，兒女歡呼抵蒸餾。較如白傅咏防風，舌本清甘得餘漱。儒生自奉原菲薄，詎必豐肴佐醲酎。月來戴勝鳴桑陰，緑英垂垂繞畦繡。登庖劇喜乍開園，采過三番猶暢茂。釜中未聞燃其泣，籬下且自撬裾走。縱慚每夕具雙弓，食肉之譏當我宥。說與同餐阿買知，山田幾畝須勤守。'"

【豆糜】

即豆粥。此稱始見於南北朝時期。其時荊楚風俗，正月十五日食之以祭門户之神。南朝梁宗懔《荊楚歲時記》："正月十五日作豆糜，加油膏其上，以祠門户。"隋杜公瞻注："今州里風俗，望日（特指正月十五日）祠門户。其法：先以楊枝插於左右門上，隨楊枝所指，乃以酒脯飲食及豆粥糕糜插箸而祭之。"後世用之，多無祭神之意。《新唐書·韋貫之傳》："貫之及進士第，爲校書郎，擢賢良方正異等，補伊闕渭南尉……居貧，噉豆糜自給。"

【赤豆粥】

"豆粥"之一種。以赤豆爲主煮成。食之味美，具消腫辟邪之功能。此稱始見於宋代。亦稱"赤小豆粥"。宋林洪《山家清供·豆粥》："用沙缾爛煮赤豆，候粥少沸，投之同煮，既熟而食……若夫金谷之會，徒咄嗟以誇客，孰若山舍清談，徜徉以候其熟也。"明李時珍《本草綱目·穀三·赤小豆》："結莢長二三寸，比綠豆莢稍大，皮色微白帶紅。三青二黄時即收之，可煮可炒，可作粥、飯、餛飩餡，並良也。"又《穀四·粥》："赤小豆粥：利小便，消水腫、脚氣，辟邪癘。"

【赤小豆粥】

即赤豆粥。此稱明代已行用。見該文。

【口數粥】

特指舊曆臘月廿五日或廿四日，製得之"赤豆粥"。此稱始見於宋代，沿行至清。據傳食此祀食神，辟瘟癘。全家計口而食，每人一份，有外出者必預貯備，若有貓狗者亦必計入，不得闕漏，故稱。時亦稱"人口粥""糖豆粥"，省稱"口數"。宋范成大《臘月村田樂府序》："二十五日，煮赤豆作糜，暮夜闔家同饗，云能辟瘟氣。雖遠出未歸者，亦留貯口分，至襁褓小兒及僮僕皆預，故名口數粥。"又《口數粥行》："大杓轔鑾分口數，疫鬼聞香走無處。"宋吴自牧《夢粱録·十二月》："〔臘月〕二十五日，士庶家煮赤豆粥祀食神，名曰'人口粥'。有貓狗者，亦與焉。不知出於何典。"宋周密《武林舊事·歲晚節物》："二十四日，謂之交年，祀竈用花餳米餌，及燒替代，及作糖豆粥，謂之口數。"明高濂《遵生八牋·飲饌服食牋上》："口數粥：十二月二十五日夜，用赤豆煮粥，同綠豆法。一家之人，大小分食，若出外夜回者亦留與吃。"清《蘇州府志·風俗》："二十五日食赤豆粥，云辟瘟，舉家大小無不及，下至婢僕貓犬皆有之，家人有出外者亦貯其分，名曰口數粥。"參閱清汪灝等《廣群芳譜·穀譜·赤小豆》。

【人口粥】

即口數粥。此稱宋代已行用。見該文。

【糖豆粥】

即口數粥。此稱宋代已行用。見該文。

【口數】

"口數粥"之省稱。此稱宋代已行用。見該文。

綠豆粥

"豆粥"之一種。以綠豆爲主煮成。重要粥食，兼具消渴解毒之功。此稱宋代已行用。時亦作"菉豆粥"。宋周密《武林舊事·市食》："粥，七寶素粥……糕粥、饊子粥、菉豆粥。"明李時珍《本草綱目·穀三·綠豆》引宋陳直

《奉親養老書》："老人淋痛：青豆（按，指綠豆）二升、橘皮二兩，煮豆粥，下麻子汁一升，空心漸食之，併飲其汁，甚驗。"又引《普濟方》："消渴飲水：綠豆煮汁，並作粥食。"又："〔集解〕北人用之甚廣，可作豆粥、豆飯、豆酒，燜食，炒食。"明高濂《遵生八牋·飲饌服食牋上》："綠豆粥：用綠豆淘净，下湯鍋，多水煮爛。次下米，以緊火同熬成粥，候冷食之。甚宜夏月，適可而止，不宜多吃。"

【菉豆粥】

同"綠豆粥"。此體宋代已行用。見該文。

【豇豆粥】

豆粥之一種。以豇豆爲主煮成。美味粥食，兼補腎氣。此稱明清時期已行用。明李時珍《本草綱目·穀三·豇豆》："補腎氣，每日空心煮豇豆，入少鹽食之。"清黃雲鵠《粥譜》："豇豆粥：補腎，入少鹽同煮；止吐逆，入少薑同煮。"

【扁豆粥】

"豆粥"之一種。以扁豆爲主煮成。食用兼益精調脾。此稱明清時期已行用。扁字或作"藊"。明高濂《遵生八牋·飲饌服食牋上》："扁豆粥：白扁豆半斤，人參二錢作細片，用水煎汁，下米作粥食之。益精力。"明李時珍《本草綱目·穀三·藊豆》："其莢凡十餘樣，或長或團，或如龍爪、虎爪，或如猪耳、刀鐮，種種不同，皆纍纍成枝。白露後實更繁衍，嫩時可充蔬食茶料，老則收子煮食。"清黃雲鵠《粥譜》："扁豆粥：鎮脾、消暑。白者勝。補中，去皮；解暑，連皮。"

【刀豆粥】

"豆粥"之一種。以刀豆爲主煮成。食用兼益腎補元。此稱明清時期已行用。明李時珍《本草綱目·穀三·刀豆》："結莢長則近尺，微似皂莢，扁而劍脊，三棱宛然。嫩時煮食、醬食、蜜煎皆佳。老則收子，子大如拇指頭，淡紅色。同猪肉、鷄肉煮食尤美。"清黃雲鵠《粥譜》："刀豆粥：益腎補元，止呃逆。"

【豌豆粥】

"豆粥"之一種。以豌豆爲主煮成。食用兼益中平氣。此稱明清時期已行用。明李時珍《本草綱目·穀三·豌豆》："豌豆種出西胡，今北土甚多……結莢長寸許，子圓如藥丸，亦似甘草子。出胡地者大如杏仁，煮炒皆佳，磨粉麵甚白細膩。"清黃雲鵠《粥譜》："豌豆粥：益中平氣，脾胃宜之。"

大麥粥

粥名。以大麥爲主熬成。大麥古稱"牟"，字亦作"䵖"。《詩》已見其名。在上古爲士民主食之一。以之爲粥，文獻中始自晋代。爲寒食節禁烟火時所食。加餳（糖）、杏仁等。此風約延續至隋唐時期。晋陸翽《鄴中記》："寒食三日作醴酪，又煮粳米及麥爲酪，擣杏仁，煮作粥。"南朝梁宗懍《荆楚歲時記》："去冬節一百五日，即有疾風甚雨，謂之寒食。禁火三日，造餳大麥粥。"杜公瞻注："謂冬至後一百四日、一百五日、一百六日也。"隋杜臺卿《玉燭寶典·二月仲春》："寒食又作醴酪。醴者，火粳米或大麥作之。"舊注："今世悉作大麥粥，研杏人爲酪。"宋至清多作常食服用，且以其療喉疾。明李時珍《本草綱目·穀一·大麥》引宋寇宗奭曰："大麥性平凉滑膩。有人患纏喉風，食不能下。用此麵作稀糊，令咽以助胃氣而平。"又："時珍曰：大麥作飯食，饗而有益，煮粥甚滑。"清汪灝等《廣群芳譜·穀譜·麥》："大麥一名牟。莖葉與小麥相似，但莖微矗，葉微大，色深青而外如白粉。芒長，殼與粒相黏，未易脱……大麥止堪碾米作粥飯及喂馬用。"《荀子·富國》"冬日則爲之饘粥，夏日則與之瓜麬"王先謙集解引郝懿行曰："今登萊人煮大麥粥，云食之止渴，又袪暑。必大麥者，小麥性熱，大麥味甘又性凉也。"參見本卷《主食説·粥考》"小麥粥"文。

【麥芽粥】

"大麥粥"之一種。麥芽，亦稱蘖麥，即已發芽之大麥。粥食具消食和中之功。此稱清代已行用。清黃雲鵠《粥譜》："麥芽粥：久食消食。同穀芽。"參閱明李時珍《本草綱目·穀四·蘖米》。

杏仁粥

粥名。以杏仁與米麵熬成。甘美可口，潤五臟，除百病。始見於晉代。晉陸翽《鄴中記》："寒食三日作醴酪，又煮粳米及麥爲酪，擣杏仁，煮作粥。"南北朝時期稱"杏酪粥"。與穬麥合煮，色白如脂。北魏賈思勰《齊民要術·醴酪》："煮杏酪粥法：用宿穬麥……其大如胡豆者，矗細正得所。曝令極乾。如上治釜訖，先煮一釜矗粥，然後净洗用之。打取杏仁，以湯脱去黃皮，熟研，以水和之，絹濾取汁。汁唯淳濃便美，水多則味薄。用乾牛糞燃火，先煮杏仁汁，數升，上作肭腦皺，然後下穬麥米。唯須緩火，以匕徐徐攪之，勿令住。煮令極熟，剛淖得所，然後出之。預前多買新瓦盆子容受二斗者，抒粥著盆子中，仰頭勿蓋。粥色白如凝脂，米粒有類青玉。"隋代稱"杏子仁粥"。隋杜臺卿《玉燭寶典·二月仲春》："寒食

又作醴酪。醴者，火粳米或大麥作之；酪，擣杏子人煮作粥。"唐代稱"杏酪""杏粥"。唐韋應物《清明日憶諸弟》詩："杏粥猶堪食，榆羹已稍煎。"宋、明、清沿稱"杏酪"。宋范成大《雪寒圍爐小集》詩："高飣饘根澆杏酪，旋融雪汁煮松風。"明李時珍《本草綱目·果一·杏》[附方]"杏酪法"引唐陳藏器曰："杏酪服之，潤五臟，去痰嗽。"明高啓《清明呈館中諸公》詩："新烟著柳禁垣斜，杏酪分香俗共誇。"清顧仲《養小録》卷上："杏酪：甜杏仁以熱水泡，加爐灰一撮入水。候冷即捏去皮，清水漂净，再量入清水，如磨豆腐法，帶水磨碎。用絹袋榨汁去渣。以汁入鍋煮。熟時入蒸粉少許，加白糖霜熱嗽。"

【杏酪粥】

即杏仁粥。此稱南北朝時期已行用。見該文。

【杏子仁粥】

即杏仁粥。此稱隋代已行用。見該文。

【杏粥】

"杏仁粥"之省稱。此稱唐代已行用。見該文。

【杏酪】

即杏仁粥。此稱唐代已行用。見該文。

【桃花粥】

即杏仁粥。因粥呈桃花色，故名。此稱元代已行用。元陳樵《寒食詞》："綿上火攻山鬼器，霜華夜入桃花粥。"清孔尚任《桃花扇·寄扇》："三月三劉郎到了，携手兒下妝樓，桃花粥吃個飽。"一説，寒食食粥日，值桃花方開、桃花水來之時，故名其粥曰桃花粥。參閱《藝文類聚》卷四。

【寒食粥】

即杏仁粥。多在寒食製作食用，故稱。此稱明代已行用。明李時珍《本草綱目·穀四·粥》：“寒食粥：用杏仁和諸花作之。”

【真君粥】

“杏仁粥”之屬。以杏肉與米煮成。因杏有功德於人，猶道家修仙得道之真君，故稱。宋代已見此稱及製作的有關情況。宋林洪《山家清供·真君粥》：“杏子煮爛去核，候粥熟同煮，可謂真君粥。向游廬山，聞董真君未仙時，多種杏。歲稔則以杏易穀，歲歉則以穀賤糶，時得活者甚衆。後白日昇仙。世有詩云：‘爭似蓮花峰下客，種成紅杏亦昇仙。’豈必顇而煉丹服氣？苟有功德於人，雖未死名已仙矣。因名之。”

乳粥

粥名。以乳汁調和米麵製成。營養價值高，兼具療效。遠在漁牧時代，先民即已服用牛羊乳。《詩·大雅·生民》：“誕實之隘巷，牛羊腓字之。”記載的是周先祖稷幼時飲用牛羊乳。以乳製粥，亦當很早。見諸文獻，在南北朝時期稱“乳糜”。北魏酈道元《水經注·河水一》：“長者女以金鉢盛乳糜上佛。”後世“乳糜”“乳粥”并稱。唐玄奘《大唐西域記·婆羅疢斯國》：“今乃受牧女乳糜，敗道虧志，吾知之矣。”《宋史·禮志二四》：“太宗征河東，出京前一日……遣著作佐郎李巨源即北郊望氣壇，用香、柳枝、燈油、乳粥、酥蜜餅、果，祭北方天王。”元楊允孚《灤京雜咏》上：“夜宿氈房月滿衣，晨餐乳粥椀生肥。”清代亦稱“乳酪”。清顧仲《養小錄》卷上：“乳酪：牛乳一椀（或羊乳），攙入水半鍾，入白麵三撮，濾過

下鍋，微火熬之，待滾，下白糖霜。然後用緊火將木杓打。一會熟了，再濾入椀吃嘎。”

【乳糜】

即乳粥。此稱南北朝時期已行用。見該文。

【乳酪】

即乳粥。此稱清代已行用。見該文。

【牛乳粥】

“乳粥”之一種。以牛乳與粳米煮成。具補虛强身之功。老者、病者宜服。此稱多見於明代。明高濂《遵生八牋·飲饌服食牋上》：“牛乳粥：用真生牛乳一鍾。先用白米作粥，煮米熟，去少湯，入牛乳。待煮熟，盛碗，再加酥一匙食之。”明李時珍《本草綱目·獸一·牛》：“〔牛乳〕治反胃熱噦，補益勞損，潤大腸，治氣痢，除疸黄，老人煮粥甚宜。”又《穀四·粥》：“牛乳粥：補虛羸。”

【人乳粥】

“乳粥”之一種。以人乳配米麵、酥油製成。補元氣。此稱明代已行用。明高濂《遵生八牋·飲饌服食牋上》：“乳粥：用肥人乳。候煮粥半熟，去湯，下人乳汁代湯煮熟，置碗中，加酥油一二錢旋攪。甘美，大補元氣。無酥亦可。”

麻粥[1]

粥名。以麻子爲主煮成。麻子又稱“苴”，是上古時期一種主要農作物。《禮記·月令》云麻自庶民至天子皆食之，故《詩·豳風·七月》有“九月叔苴”“黍稷重穋，禾麻菽麥”之語。食麻歷史久遠，粥食始見於南北朝時期，時稱“麻粥”。《南史·后妃傳·齊宣孝陳皇后》：“后生高帝，高帝年二歲，乳人乏乳，后夢人以兩甌麻粥與之，覺而乳驚，因此豐足。”按，此

麻粥乃大麻而非胡麻，因麻子具催乳之功。唐宋時期稱"麻子仁粥"，元代稱"麻子粥"。常用以療腹大、臍痛、中風、大腸滯澀等癥。元忽思慧《飲膳正要・食療諸病》："麻子粥：治中風、五藏風熱、語言蹇澀、手足不遂、大腸滯澀。冬麻子（二兩。炒，去皮，研）、白粟米（三合）、薄荷葉（一兩）、荊芥穗（一兩）。右件水三升煮薄荷、荊芥，去滓取汁，入麻子仁同煮粥，空腹食之。"明李時珍《本草綱目・穀一・大麻》引唐咎殷《食醫心鑑》："麻子仁粥：治風水腹大，腰臍重痛，不可轉動。用冬麻子半斤，研碎，水濾取汁，入粳米二合煮稀粥，下葱、椒、鹽豉，空心食。老人風痺：麻子煮粥，上法食之。五淋澀痛：麻子煮粥，如上法食之。"又引晉葛洪《肘後方》："大便不通：麻子煮粥，如上法服之。"又《穀四・粥》："麻子粥……潤腸治痺。"

【麻子仁粥】

即麻粥[1]。此稱唐代已行用。見該文。

【麻子粥】

即麻粥[1]。此稱元代已行用。見該文。

粟粥

粥名。即小米粥。粟古爲黍、稷、粱、秫之總稱，今之粟，古但呼爲"粱"，北方直稱爲"穀"，脫殼則謂之"小米"。性鹹淡，養脾胃，補虛損，益丹田，利小便，解熱毒，爲北人日用飲食必不可少者（見清汪灝等《廣群芳譜・穀譜・粟》）。以粟爲粥，由來久遠。見諸文獻，始自南北朝時期。南朝宋劉義慶《世說新語・賢媛》："許允爲吏部郎，多用其鄉里，魏明帝遣虎賁收之……初，允被收，舉家號哭。阮新婦自若，云：'勿憂，尋還。'作粟粥待。

頃之，允至。"宋代稱"粟米粥"，清代稱"小米粥"。或以米直接煮稠，或以小米麵煮成。宋周密《武林舊事・市食》："粥：七寶素粥、五味粥、粟米粥。"《水滸傳》第六回："見一個土竈，蓋着一個草蓋，氣騰騰撞將起來。智深揭起看時，煮着一鍋粟米粥。"明李時珍《本草綱目・穀二・粟》："粟米，即小米……煮粥食，益丹田，補虛損，開腸胃。"又引《姚和衆方》："嬰孩初生七日，助穀神以導達腸胃。研粟米，煮粥如飴。每日哺少許。"徐珂《清稗類鈔・飲食類》："洛陽婦人生產，百日之內，僅飲小米粥湯，此外概不敢食。"今俗或稱"小米稀飯""小米麵粥"。

【粟米粥】

即粟粥。此稱宋代已行用。見該文。

【小米粥】

即粟粥。此稱清代已行用。見該文。

【菉豆小米黏粥】

"粟粥"之一種。小米加綠豆煮成。此稱清代已行用。《醒世姻緣傳》第二四回："那溪中甜水做的菉豆小米黏粥，黃暖暖的拿到面前，一陣噴鼻的香……飽飽的喫了。"

榆粥

粥名。以榆皮麵或榆莢仁熬煮而成。我國先秦時期即有榆樹。《詩・唐風・山有樞》："山有樞，隰有榆。"榆錢可作羹、釀酒、造醬，榆皮和榆仁均可製粥。統稱曰"榆粥"，分稱則爲"榆仁粥""榆皮粥"。以榆入食，《禮記・內則》已有記載："菫、荁、枌、榆、免、薧，滫瀡以滑之。""榆仁粥"始見於南北朝時期，"榆粥""榆皮粥"見於唐代。明李時珍《本草綱目・木二・榆》引南朝梁陶弘景曰："初生莢仁

（按，荄仁，一本作‘葉’），以作糜羹，令人多睡，嵇康所謂‘榆令人瞑’也。”又引唐張文仲《備急方》：“身體暴腫。榆皮搗末，同米作粥食之。小便良。”《新唐書·卓行傳·陽城》：“歲饑，屏迹不過鄰里，屑榆爲粥……或哀其餒，與之食，不納。”

【榆仁粥】

以榆荄仁配米煮成之榆粥。此稱南北朝時期已行用。見該文。

【榆皮粥】

以榆皮配米煮成之榆粥。此稱唐代已行用。見該文。

小麥粥

粥名。以小麥爲主煮成。食用兼消渴養氣。麥子的種植在我國有悠久的歷史。甲骨文的“來”字即麥子的形狀。《詩》所代表的上古時代，麥子已成爲主要糧食作物。其時已有大麥、小麥之別。《詩·周頌·思文》中先民歌頌后稷“貽我來牟”，朱熹集傳稱：“來，小麥；牟，大麥。”統稱爲麥，食用以小麥爲主。麥，古時置於八穀之中。八穀，即《詩·豳風·七月》所云“黍稷重穋，禾麻菽麥”。以小麥爲粥飯，其來甚古。用作藥膳，始於唐代。唐昝殷《食醫心鑑》云，煮時先將小麥連皮熬湯，而後去麥加米。解渴利便，養肝頤心。元明清以來，相沿食用。元忽思慧《飲膳正要·食療諸病》：“小麥粥：治消渴口乾。小麥（淘净，不以多少）。右以煮粥或炊作飯，空腹食之。”明李時珍《本草綱目·穀四·粥》：“小麥粥：主治止消渴煩熱。”清汪灝等《廣群芳譜·穀譜·麥》：“性平涼滑膩，作飯寬中下氣，煮粥甚滑，磨麵作醬甚甘美。”

【浮麥粥】

“小麥粥”之一種。浮麥是小麥中子粒不實、淘洗時浮於水面者。粥食具益氣除熱之功。此稱清代已行用。清黃雲鵠《粥譜》：“浮麥粥：益氣，除熱，止心虛盜汗及自汗不止。”參閱明李時珍《本草綱目·穀一·小麥》。

山藥粥

粥名。以山藥爲主煮成。據《山海經·北山經》，山藥古稱“藷藇”，字亦作“薯蕷”。後避唐代宗李豫諱，稱“薯藥”；又避宋英宗趙曙諱，稱“山藥”（見宋高承《事物紀原》卷一〇）。根莖土黃色，可食，亦入藥。唐代稱“神仙粥”。用於食療。《敦煌卷子》：“神仙粥：山藥蒸熟，去皮，一斤。鷄頭實半斤，煮熟去殼，搗爲末，入粳米半升，慢火煮成粥，空心食之。或韭子末二三兩在內尤妙。食粥後，用好熱酒飲三杯妙。此粥善補虛勞，益氣强志，壯元陽，止泄，精神妙。”元代以與羊肉、米煮粥，治虛弱傷寒。時稱“山藥粥”。元忽思慧《飲膳正要·食療諸病》：“山藥粥：治虛勞、骨蒸、久冷。羊肉（一斤，去脂膜，爛煮熟，研泥）、山藥（一斤，煮熟，研泥）。右件肉湯內下米三合煮粥，空腹食之。”明時僅配米煮粥，補腎益元。沿用舊稱，亦稱“薯蕷粥”。明高濂《遵生八牋·飲饌服食牋上》：“山藥粥：用淮山藥爲末，四六分配米，煮粥食之。甚補下元。”明李時珍《本草綱目·穀四·粥》：“薯蕷粥：補腎精，固腸胃。”今農家多以玉米麵配山藥塊熬作。

【神仙粥】[1]

即山藥粥。此稱唐代已行用。見該文。

【薯蕷粥】

即山藥粥。此稱明代已行用。見該文。

【紅蕷粥】

"山藥粥"之一種。由紅蕷爲主熬成。據明徐光啓《農政全書・樹藝・蔬部》,紅蕷即甘藷,薯蕷之類,俗稱"紅山藥"。古來即蒸煮食之。晉嵇含《南方草木狀》卷上:"甘藷蓋薯蕷之類……皮紫而肉白,蒸鬻食之,味如薯蕷,性不甚冷……蒸曬切如米粒,倉囷貯之,以充糧糗,是名藷糧。"清代稱"紅蕷粥"。清黃雲鵠《粥譜》:"紅蕷粥:益氣,厚腸胃,耐飢。即甘藷。"清汪灝等《廣群芳譜・蔬譜・甘藷》:"可生食,可蒸食,可煮食,可煨食,可切米曬乾,收作粥飯。"

【羊山粥】

"山藥粥"之一種。以羊肉、山藥和米煮成。此稱清代已行用。徐珂《清稗類鈔・飲食類》:"羊山粥:以羊肉四兩、山藥一合研細,先將羊肉煮爛,入山藥末一合,加鹽少許、粳米三合,煮之。"

地黃粥

粥名。以地黃爲主料熬製而成。藥膳,可治虛弱心煩、咳嗽吐血等。始見於唐代,延及元明。唐白居易《春寒》詩:"酥暖薤白酒,乳和地黃粥。"元代稱"生地黃粥"。元忽思慧《飲膳正要・食療諸病》:"生地黃粥:治虛弱、骨蒸、四肢無力、漸漸羸瘦、心煩、不得睡臥。生地黃汁(一合)、酸棗仁(水絞取汁、二盞)。右件水煮,同熬數沸,次下米三合煮粥,空腹食之。"又:"治虛勞瘦弱,骨蒸,寒熱往來,咳嗽唾血。生地黃汁(二合)。右件煮白粥,臨熟時入地黃汁攪勻,空腹食之。"明李時珍《本草綱目・草五・地黃》引《臞仙神隱》:"地黃粥:大能利血生精。地黃切二合,與米同入罐中煮之。候熟,以酥二合、蜜一合,同炒香入内,再煮熟食。"明高濂《遵生八牋・飲饌服食牋上》:"地黃粥:十月内,生新地黃十餘斤,搗汁;每汁一斤,入白蜜四兩,熬成膏,收貯封好。每煮粥三合,入地黃膏三二錢,酥油少許,食之滋陰潤肺。"

【生地黃粥】

即地黃粥。此稱元代已行用。見該文。

防風粥

粥名。藥膳。以藥草防風與米麵熬成。香甜可口,祛風健身。始見於唐代,後世沿用。唐馮贄《雲仙雜記・防風粥》引唐韓偓《金鑾密記》:"白居易在翰林,賜防風粥一甌,剔取防風得五合餘,食之口香七日。"參閱明張岱《夜航船・日用・飲食》。康有爲《廣藝舟雙楫・榜書》:"〔《雲峰山石刻》〕若能以作大字,其穠姿逸韻,當如食防風粥,口香三日也。"

炒麵粥

粥名。小麥麵炒黃,與米合煮而成。具止痢之功。始見於唐代,明清沿用。明李時珍《本草綱目・穀一・小麥》引唐王燾《外臺秘要》:"寒痢白色:炒麵,每以方寸匕入粥中食之。能療日瀉百行、師不救者。"又《穀四・粥》:"炒麵入粥食,止白痢。"清黃雲鵠《粥譜》:"炒麵粥:血痢不止,炒麵入粥中,食之能回生。"

柿餅粥

粥名。以柿餅或柿餅末與粳米(有時加豆豉)合煮而成。食之可止痢,除耳聾鼻塞。多見於唐宋。明李時珍《本草綱目・果二・柿》引唐孟詵《食療本草》："小兒秋痢：以粳米煮粥，熟時入乾柿末，再煮三兩沸食之。奶母亦食之。"又引宋佚名《太平聖惠方》："耳聾鼻塞：乾柿三枚細切，以粳米三合、豆豉少許煮粥，日日空心食之。"又引宋《聖濟總録纂要》："鼻室不通：乾柿同粳米煮粥，日食。"清時又以柿餅所結之白霜入粥，功效與柿餅同，稱"柿霜粥"。清曹庭棟《養生隨筆》："乾柿去皮納甕中，待生白霜，以霜入粥尤勝。"

【柿霜粥】

以柿餅上之霜花和米煮成之粥。此稱清代已行用。見該文。

韭菜粥

粥名。以韭菜之根、葉、子和米麵製成。據清汪灝等《廣群芳譜·蔬譜·韭》，韭性根温，葉熱，子甘，食具散血化痰、補中益腎、除熱下氣、利陽止瀉、温暖腰膝之功。"韭菜粥"爲總稱，"韭葉粥""韭子粥"爲分稱。統言之，"韭葉粥""韭子粥"亦得稱"韭菜粥"。"韭葉粥""韭子粥"始見於唐代，明代稱"韭菜粥。"明李時珍《本草綱目·菜一·韭》引唐咎殷《食醫心鑑》："水穀痢疾：韭葉作羹粥，燥炒，任食之，良。"又引唐孫思邈《千金翼方》："夢泄遺尿：韭子一升，稻米二斗，水一斗七升，煮粥取汁六升，分三服。"又《穀四·粥》："韭菜粥：温中暖下。"

【韭葉粥】

以韭葉爲主製成之韭菜粥。此稱唐代已行用。見該文。

【韭子粥】

以韭子爲主製得之韭菜粥。此稱唐代已行用。見該文。

馬齒莧粥

粥名。加入馬齒莧煮成之粥。莧菜有赤莧、白莧、人莧、紫莧、五色莧、馬莧等六種。馬莧即馬齒莧。六莧皆可食、作粥。始見於唐代，食用兼理氣止痢。元代稱"馬齒菜粥"。明李時珍《本草綱目·菜二·馬齒莧》"菜"引唐孟詵曰："煮粥，止痢及疳痢，治腹痛。"又引唐咎殷《食醫心鑑》："諸氣不調：馬齒莧煮粥，食之。"又《穀四·粥》："馬齒莧粥：治痺消腫。"元忽思慧《飲膳正要·食療諸病》："馬齒菜粥：治腳氣，頭面水腫，心腹脹滿，小便淋瀝。馬齒菜（洗净，取汁）。右件和粳米同煮粥，空腹食之。"

【馬齒菜粥】

即馬齒莧粥。此稱元代已行用。見該文。

【紫莧菜粥】

"馬齒莧粥"之屬。以六莧中紫莧菜爲之，故名。此稱宋代已行用。明李時珍《本草綱目·菜二·莧》引宋陳直《壽親養老書》："産後下痢：赤白者，用紫莧菜一握切，煮汁，入粳米三合，煮粥，食之立瘥也。"

桃仁粥

粥名。以桃仁及粳米合煮而成。桃仁性甘苦，粥食具消咳止嗽、通潤血氣、强身補虛之功。多見於唐代、元代。明李時珍《本草綱目·果一·桃》引唐咎殷《食醫心鑑》："上氣咳嗽，胸滿氣喘。桃仁三兩去皮尖，以水一大升研汁，和粳米二合煮粥食之……咳嗽疢癖注氣，血氣不通，日漸消瘦。桃仁一兩，去皮尖杵碎，水一升半煮汁，入米作粥，空心食之。"元忽思慧《飲膳正要·食療諸病》："桃仁粥：治心腹痛、上氣咳嗽、胸膈妨滿、喘急。桃仁（三兩。湯煮熟，去尖、皮，研）。右件取汁，和粳米同煮粥，空腹食之。”

菊苗粥

粥名。以菊苗爲主煮成。藥膳，清目安神。菊大別有二：一種紫莖味甘，可食。名真菊，亦名甘菊。另一種青莖味苦，不可食（見明李時珍《本草綱目·草四·菊》）。我國古來有食菊難老延年之傳説，以菊苗爲粥，亦必受其影響而産生。見諸文獻，始於唐代。做時采摘紫莖菊之嫩苗，與米同煮即成。有清頭目、去風眩、安腸胃、袪除胸中煩熱之功效（唐佚名《天寶單方》）。後世亦有服用者。明高濂《遵生八牋·飲饌服食牋上》：“菊苗粥：用甘菊新長嫩頭叢生葉，摘來洗净，細切，入鹽，同米煮粥食之，清目寧心。”

麻粥[2]

粥名。以胡麻配米煮成。清香可口，兼補五臟虛損。胡麻即今芝麻，亦稱巨勝。相傳漢張騫出使大宛得其種，引入中土。以之爲粥，唐代已見。時稱“麻粥”，亦稱“胡麻粥”。後代亦製作。唐白居易《七月一日》詩：“飢聞麻粥香，渴覺雲湯美。”原注：“胡麻粥，雲母湯。”明代以爲食療，稱“胡麻粥”。明李時珍《本草綱目·穀一·胡麻》：“服食巨勝，治五臟虛損，益氣力，堅筋骨。用巨勝九蒸九曝，收貯。每服二合，湯浸布裹，挼去皮再研，水濾汁煎飲，和粳米煮粥食之。”又《穀四·粥》：“胡麻粥……潤腸治癖。”明高濂《遵生八牋·飲饌服食牋上》：“胡麻粥：用胡麻去皮，蒸熟，更炒令香。用米三合淘净，入胡麻二升，研汁，同煮粥，熟加酥食之。”清朱彝尊《食憲鴻秘·粥之屬》稱此“烏鬚髮，明目，補腎，仙家美膳”。

【胡麻粥】

即麻粥[2]。此稱唐代已行用。見該文。

鹿腎粥

粥名。以鹿腎及豉汁、粳米合煮而成。始見於唐宋時期。明沿用，且出新法：以去皮、酒洗之蓯蓉及鹿腎、粳米同煮。鹿腎性甘平，粥食具補腎壯陽作用。明李時珍《本草綱目·獸二·鹿》引《日華本草》：“〔鹿腎〕補中，安五臟，壯陽氣，作酒及煮粥食之。”又引宋佚名《聖惠方》：“腎虛耳聾：用鹿腎一對，去脂膜切，以豉汁入粳米二合煮粥食。亦可作羹。”又《穀四·粥》：“鹿腎粥……補腎虛諸疾。”明高濂《遵生八牋·飲饌服食牋上》：“鹿腎粥：用鹿腎二個，去脂膜，切細，入少鹽先煮爛，入米三合煮粥。治氣虛耳聾。一方：加蓯蓉二兩，酒洗，去皮，同腎入粥煮，亦妙。”

蘇子粥

粥名。以紫蘇子爲主煮成。藥膳，服食令人白皙身香，順氣利腸，袪除風寒濕痹、上氣咳逆。唐宋至明多見。唐甄權《藥性本草》：“長食蘇子粥，令人肥白身香。”明李時珍《本草綱目·草三·蘇》引宋嚴用和《濟生方》：“順氣利腸：紫蘇子、麻子仁等分，研爛，水濾取汁，同米煮粥食之。”又引《聖惠方》：“風寒濕痹：……用紫蘇子二兩，杵碎，以水三升研取汁，煮粳米二合，作粥。”又引《簡便方》：“上氣咳逆：紫蘇子入水研濾汁，同粳米煮粥食。”又《穀四·粥》：“蘇子粥：下氣利膈。”明代亦稱“紫蘇粥”。明高濂《遵生八牋·飲饌服食牋上》：“紫蘇粥：用紫蘇研末，入水取汁，煮粥將熟，諒加蘇子汁，攪匀食之，治老人腳氣。”

【紫蘇粥】

即蘇子粥。此稱明代已行用。見該文。

【蘇麻粥】

"蘇子粥"之屬。以紫蘇子、大麻子合製而成，故名。此稱明代已行用。明高濂《遵生八牋·飲饌服食牋上》："蘇麻粥：真紫蘇子、大麻子各五錢，水洗净，微炒香，同水研如泥，取汁，將二子汁化湯煮粥。治老人諸虛結，久風秘不解，壅聚膈中，腹脹噁心。"

河祇粥

粥名。以乾魚配米、作料煮成。兼愈頭風。宋王子韶《鷄跖集》稱鯗類乾魚爲河祇脯，因以名粥。始見於宋代。宋林洪《山家清供·河祇粥》："《禮記》：魚乾曰薧……南人謂之鯗，多煨食，罕有造粥者。比游天台山，有取乾魚浸洗細截，同米粥，入醬料，加胡椒，言能愈頭風，過於陳琳之檄。亦有雜荳腐爲之者。《鷄跖集》云：武夷君食河祇脯，乾魚也。因名之。"明沿用此稱，製法從簡。明高濂《遵生八牋·飲饌服食牋上》："河祇粥：用海鯗煮爛，去骨，細拆。候粥熟同煮，攪勻食之。"按，"祇"，或作"祇"，二字通。

御米粥

粥名。以御米爲主料煮成。御米即罌粟花實，狀類米，亦稱"沙穀米""罌粟"。粥食具止反胃泄痢之功。始見於宋代。宋劉翰《開寶本草》稱"御米粥"，宋蘇頌《圖經本草》稱"罌粟粥"。明清時期稱"沙穀米粥"。明李時珍《本草綱目·穀二·罌子粟》引宋蘇頌《圖經本草》："反胃吐食。罌粟粥：用白罌粟米三合，人參末三大錢，生山芋五寸，細切研。三物以水一升二合，煮取六合，入生薑汁及鹽花少許，

和勻分服。"按，"一升"一作"二升"，"生薑"一作"生葉"。又："花開三日即凋謝……中有白米極細，可煮粥和飯食。"又《穀四·粥》："御米粥：治反胃，利大腸。"明高濂《遵生八牋·飲饌服食牋上》："沙穀米粥：用沙穀米檢净，水略淘，滾水內下，一滾即起，庶免作糊。治下痢甚驗。"清黃雲鵠《粥譜》："沙穀米粥：治反胃、下痢、水瀉。即罌粟。"參閱清汪灝等《廣群芳譜·花譜·罌粟花》。

【罌粟粥】

即御米粥。此稱宋代已行用。見該文。

【沙穀米粥】

即御米粥。此稱明代已行用。見該文。

猪腎粥

粥名。以猪腎配粳米、葱等煮成。可治老人脚氣、耳聾及產後蓐勞。始見於宋代，元明沿用。明李時珍《本草綱目·獸一·豕》引宋陳直《奉親養老方》："老人耳聾：猪腎一對，去膜切，以粳米二合、葱白二根、薤白七根、人參二分、防風一分爲末，同煮粥食。老人脚氣嘔逆者：用猪腎一對，以醋、蒜、五味治食之，日作一服。或以葱白、粳米同煮粥食亦可。"又引宋嚴用和《濟生方》："產後蓐勞：寒熱，用猪腎一對，切細片，以鹽酒拌之。先用粳米一合，葱椒煮粥，鹽醋調和。將腰子鋪於盆底，以熱粥傾于上，蓋之。如作盦生粥食之。"又《穀四·粥》："猪腎粥……補腎虛諸疾。"元忽思慧《飲膳正要·食療諸病》："猪腎粥：治腎虛勞損、腰膝無力疼痛。猪腎（一對，去脂膜，切）、粳米（三合）、草果（二錢）、陳皮（一錢，去白）、縮砂（二錢）。右件先將猪腎、陳皮等煮成汁，濾去滓。入酒少許，次下米成

粥。空心食之。”明高濂《遵生八牋·飲饌服食
牋上》：“猪腎粥：用人參二分，葱白些少，防
風一分，俱搗作末，同粳米三合，入鍋煮半熟。
將猪腎一對，去膜，預切薄片，淡鹽醃頃刻，
放粥鍋中，投入再莫攪動，慢火更煮良久，食
之能治耳聾。”

鷄頭粥

粥名。以鷄頭粉爲主煮成，故名。鷄頭古
稱芡，水生，莖葉帶刺，果莢形如鷄頭，子實
如豆，叢集其中，豆中米白如玉。古人恒以備
荒補歉。粥食兼有益精氣、明耳目之功。宋元
以迄明清多見服食。元忽思慧《飲膳正要·食
療諸病》：“鷄頭粥：治精氣不足，强志，明耳
目。鷄頭實（三合）。右件煮熟，研如泥，與粳
米一合煮粥食之。”明代稱“芡實粉粥”。明李
時珍《本草綱目·果六·芡實》引宋陳抃《經驗
後方》：“鷄頭粥：益精氣，强志意，利耳目。
鷄頭實三合，煮熟去殼，粳米一合煮粥，日日
空心食。”又《穀四·粥》：“芡實粉粥：固精
氣，明耳目。”亦稱“芡實粥”。明高濂《遵生
八牋·飲饌服食牋上》：“芡實粥：用芡實去殼
三合，新者研成膏，陳者作粉，和粳米三合，
煮粥食之。益精氣，强智力，聰耳目。”清代
亦稱“鷄豆粥”。清袁枚《隨園食單·飯粥單》：
“鷄豆粥：磨碎鷄豆爲粥，鮮者最佳，陳者亦
可。加山藥、茯苓尤妙。”清汪灝等《廣群芳
譜·果譜·芡》：“蒸熟，烈日中曝裂，取仁，亦
可春取粉，用新者，煮食良。”

【芡實粉粥】

即鷄頭粥。此稱明代已行用。見該文。

【芡實粥】

即鷄頭粥。此稱明代已行用。見該文。

【鷄豆粥】

即鷄頭粥。此稱清代已行用。見該文。

臘八粥

粥名。相傳農曆臘月初八爲佛祖釋迦牟尼
成道之日，寺院僧衆遂於此日舉行盛典，以資
慶賀，并以香稻米及胡桃、松子、百合、栗子、
乳蕈等煮粥分食，取逼邪、袪寒、却病之義，
稱之爲“臘八粥”。民間亦相沿習。宋時行用
尤盛。亦稱“七寶五味粥”“佛粥”。宋孟元老
《東京夢華錄·十二月》：“初八日，街巷中有僧
尼三五人作隊念佛，以銀銅沙羅或好盆器，坐
一金銅或木佛像，浸以香水，楊枝洒浴，排門
教化。諸大寺作浴佛會，並送七寶五味粥與門
徒，謂之臘八粥。都人是日各家亦以果子雜料
煮粥而食也。”宋周密《武林舊事·歲晚節物》：
“八日，則寺院及人家用胡桃、松子、乳蕈、柿
栗之類作粥，謂之臘八粥。”宋陸游《十二月八
日步至西村》詩：“今朝佛粥更相饋，更覺江村
節物新。”清代至今猶相沿襲，時省稱“七寶
粥”。或説，爲目連僧救母所用，故稱“孝子
粥”。清汪汲《事物原會·臘八粥》：“《譬喻經》
謂諸穀米果煮粥，取逼邪、袪寒、却疾病。”清
吳存楷《江鄉節物詩·臘八粥詩》小序：“臘八
粥亦名七寶粥，本僧家齋供，今則居室者亦爲
之矣。”清施鴻保《閩雜記·窮九》：“吾鄉十二
月初八，僧尼所送之臘八粥，俗謂目連僧救母
之遺，故亦稱孝子粥。”清代帝京所製，用料頗
豐，極其考究。清富察敦崇《燕京歲時記·臘
八粥》：“臘八粥者，用黃米、白米、江米、小
米、菱角米、栗子、紅豇豆，去皮棗泥等，合
水煮熟，外用染紅桃仁、杏仁、瓜子、花生、
榛穰、松子及白糖、紅糖、瑣瑣葡萄，以作點

染。"徐珂《清稗類鈔·飲食類》："臘八粥始於宋。十二月初八日，東京諸大寺以七寶五味和糯米而熬成粥，相沿至今，人家亦仿行之。乾隆時，仁和顧寸田之麟嘗作《臘八粥》歌云：'飽飯不思食肉糜，清净恒願披緇衣。雲寒雪凍了無悦，轉用佛節相娱嬉。麇牙之稻粲如玉，法喜曉來炊作粥。取材七寶合初成，甘苦辛酸五味足。稽首獻物仰佛慈，曰汝大衆共啜之。人分一器各滿腹，如優婆塞優婆夷。嗚呼！此日曾名興慶節，冬青樹冷無人説。何如佛節永今朝，歲歲年年有臘八。'"

【七寶五味粥】

即臘八粥。此稱宋代已行用。見該文。

【佛粥】

即臘八粥。此稱宋代已行用。見該文。

【七寶粥】

即臘八粥。此稱清代已行用。見該文。

【孝子粥】

即臘八粥。此稱清代已行用。時食粥之起因又增新説，即視爲目連僧救母所用，故名。見該文。

【肉糜】

明清時期陝西咸寧一帶臘八所食之粥。肉製，頗異古俗。《古今圖書集成·歲功典》卷九四引《陝西志書·咸寧縣》："臘月八日煮肉糜，薦祖先，送鄰舍。"

【餈飯】

清代陝北延綏一帶臘八所食之粥。用黄黍米加油鹽製成，别於古俗。清康熙十二年《延綏鎮志》卷一："十二月八日謂之道德臘，用黄黍作糜，下油鹽於中，謂之餈飯。"

【果肉粥】

清代陝西臘八日於街頭路口爲貧者所設供食之粥。用果蔬及肉煮成。清雍正十三年《陝西通志·風俗》："臘八日，爲幼男女剃頭，設果肉粥於通衢，以飯貧者。"

蘿蔔粥

粥名。以蘿蔔爲主煮成，故名。蘿蔔根白脆如酥，味辛甘。粥食具消穀和中、止渴下痢之功。多行用於宋、元、明時期。元忽思慧《飲膳正要·食療諸病》："蘿蔔粥：治消渴舌焦口乾、小便數。大蘿蔔（五個。煮熟，絞取汁）。右件用粳米三合，同水并汁煮粥食之。"明李時珍《本草綱目·菜一·萊菔》[附方]"消渴飲水"引宋蘇頌《圖經本草》："用出了子蘿蔔三枚……生者搗汁亦可，或以汁煮粥食之。"又《穀四·粥》："蘿蔔粥：消食利膈。"明高濂《遵生八牋·飲饌服食牋上》："蘿蔔粥：用不辣大蘿蔔，入鹽煮熟，切碎如豆，入粥將起，一滚而食。"

羊骨粥

藥膳粥。以羊骨爲主料製成，可治虚弱乏力。見於元代。元忽思慧《飲膳正要·食療諸病》："羊骨粥：治虚勞、腰膝無力。羊骨（一付，全者搥碎），陳皮（二錢，去白），良薑（二錢），草果（二個），生薑（一兩），鹽（少許）。右件水三斗，慢火熬成汁，濾出澄清，如常作粥，或作羹湯亦可。"

羊腎粥

藥膳粥。可治腰脚疼痛。見於明代。明高濂《遵生八牋·飲饌服食牋上》："羊腎粥：枸杞葉半斤，米三合，羊腎兩個，碎切，葱頭五個，乾者亦可。同煮粥，加些鹽味，食之大治腰脚疼痛。"明李時珍《本草綱目・穀四・粥》：
"羊腎粥……補腎虛諸疾。"按，元忽思慧《飲
膳正要・食療諸病》載"枸杞羊腎粥"。内容
爲："治陽氣衰敗，腰脚疼痛，五勞七傷。枸
杞葉（一斤），羊腎（二對，細切），葱白（一
莖），羊肉（半斤，炒）。右四味拌匀，入五味，
煮成汁，下米熬成粥。空腹食之。"詳其大意，
蓋與"羊腎粥"大同小别，"羊腎粥"蓋"枸杞
羊腎粥"之省稱。

羊肝粥

藥膳粥。以羊肝爲主料製成，可補肝虛明
目。明李時珍《本草綱目・穀四・粥》："羊肝
粥……補肝虛明目。"

羊肉粥

藥膳粥。以羊肉爲主料製成。清佚名《調
鼎集・飯粥單》："羊肉粥：蒸爛羊肉四兩，加
白茯苓一錢，黄芪五分研末，大棗二枚（去皮
核），細切。粳米三合，糯米三合，飛鹽二分，
煮粥。"

蓮子粥

粥名。以蓮子粉爲主熬成，故名。蓮，秦
漢時稱荷、芙蕖。花葉供觀賞，莖實皆可食。
蓮子可生啖，亦可乾後磨粉粥食，具多種健身
功效。元明清時期食此尤盛。元忽思慧《飲膳
正要・食療諸病》："蓮子粥：治心志不寧，補
中强志，聰明耳目。蓮子（一升，去心）。右件
煮熟，研如泥，與粳米三合作粥。空腹食之。"
明高濂《遵生八牋・飲饌服食牋上》："蓮子粥：
用蓮肉一兩，去皮，煮爛細搗，入糯米三合煮
粥，食之。"明代亦稱"蓮子粉粥"。明李時珍
《本草綱目・穀四・粥》："蓮子粉粥：健脾胃，
止泄痢。"清汪灝等《廣群芳譜・果譜・蓮》：

"蓮子，其房大者謂之百子蓮。味甘平澀，無
毒。交心腎，厚腸胃，固精氣，强筋骨，補虛
損，利耳目，除寒熱，治諸血病。熟食良，切
碎可作粥飯。"清佚名《調鼎集・飯粥單》："蓮
子粥：去皮心，煮熟搗爛，加鷄湯煨，入糯米、
香稻米各一撮煮粥。"其粥今時仍盛行，多稱
"蓮子羹"。

【蓮子粉粥】

即蓮子粥。此稱明代已行用。見該文。

酸棗粥

粥名。以酸棗仁爲主煮成。酸棗，秦漢時
期稱樲。果小核大。以其仁爲粥，具安神益膽
之功。多見於元明時期。明代從俗稱"酸棗仁
粥"。今仍以其仁入藥，湯服或粥服。元忽思慧
《飲膳正要・食療諸病》："酸棗粥：治虛勞心煩，
不得睡卧。酸棗仁（一枕）。右用水絞取汁，下
米三合煮粥，空腹食之。"明李時珍《本草綱
目・穀四・粥》："酸棗仁粥：治煩熱，益膽氣。"

【酸棗仁粥】

即酸棗粥。此稱明代已行用。見該文。

山栗粥

粥名。以栗肉切片或栗粉爲主熬製。我
國上古即有栗木，《詩》中經常出現。有板
栗、錐栗、旋栗等諸種。果仁香甜味美，早已
食用。粥食多見於明清，具補腎之功。今多炒
食。明高濂《遵生八牋・飲饌服食牋上》："山
栗粥：用栗子煮熟，揉作粉，入米煮粥食之。"
明代亦稱"栗子粥"。明李時珍《本草綱目・穀
四・粥》："栗子粥：補腎氣，益腰脚。"清代省
稱"栗粥"。清佚名《調鼎集・乾鮮果部》（參
考中國商業出版社1986年版之分類）："栗粥：
栗肉、蓮肉、白果肉、香芋、山藥皆切丁，煨

爛，入鷄湯，下香稻米煮粥。又，栗肉切丁，先將糯米煮半熟，加紅棗，去皮核用。煮爛時，再加洋糖。”

【栗子粥】

　　即山栗粥。此稱明代已行用。見該文。

【栗粥】

　　“山栗粥”之省稱。此稱清代已行用。見該文。

枸杞粥

　　藥膳粥。以枸杞果煮米而成，可補腎益精。見於明代。亦稱“枸杞子粥”。明高濂《遵生八牋·飲饌服食牋上》：“枸杞粥：用甘州枸杞一合，入米三合，煮粥食之。”又：“枸杞子粥：用生者研如泥，乾者爲末。每粥一甌，加子末半盞，白蜜一二匙，和勻，食之大益。”明李時珍《本草綱目·穀四·粥》：“枸杞子粥：補精血，益腎氣”。按，高氏將“枸杞粥”“枸杞子粥”立爲兩目，實際皆以枸杞果實爲之，方法不同罷了，殆可視爲一物。徐珂《清稗類鈔·飲食類》即將二目合而爲一，冠名“枸杞粥”。

【枸杞子粥】

　　即枸杞粥。此稱明代已行用。見該文。

【杞葉粥】

　　“枸杞粥”之一種。用枸杞新嫩葉製成。此稱明代已行用。明高濂《遵生八牋·飲饌服食牋上》：“杞葉粥：用枸杞子新嫩葉，如上（按，指菊苗粥）煮粥，亦妙。”

薏苡粥

　　粥名。以白色薏苡米爲之。明代已見。明高濂《遵生八牋·飲饌服食牋上》：“薏苡粥：用薏仁淘净，對配白米煮粥，入白糖一二匙食

之。”時亦稱“薏苡仁粥”。明李時珍《本草綱目·穀四·粥》：“薏苡仁粥：除濕熱，利腸胃。”清代亦稱“薏米粥”。清佚名《調鼎集·飯粥單》：“薏米粥：薏苡舂白，並去盡坳內糙皮，用腐渣擦過，即無藥氣，和水磨漿，布濾，四分薏仁漿、六分白米配煮粥。”清朱彝尊《食憲鴻秘·粥之屬》：“薏苡粥：薏米雖舂白而中心有坳，坳內糙皮如稉，多耗氣。法當和水同磨，如磨豆腐法，用布濾過，以配芡粉、山藥乃佳。薏米治净，停對白米煮粥。”

【薏苡仁粥】

　　即薏苡粥。此稱明代已行用。見該文。

【薏米粥】

　　即薏苡粥。此稱清代已行用。見該文。

棗粥

　　粥名。以棗配米麵或磨碎棗米煮成。香醇味甘，且具健脾補中之功。食用由來已久，文獻多見於清代。亦稱“棗酏”。清汪灝等《廣群芳譜·果譜·棗》：“棗米。棗煮熟爛，將穀微碾去糠，和棗勻作一處，曬七八分乾，石碾碾過，再曬極乾，收貯聽用。臨時石磨磨細，可作粥作點心，任用純穀、黍、稷、蜀、秫、麥麵之類俱可作。”清金和《印子錢》詩：“西家一人賣棗酏，救飢不足償稍遲，往往數日一負之。”

【棗酏】

　　即棗粥。此稱清代已行用。見該文。

【大棗粥】

　　“棗粥”之一種。以棗類中之大棗爲主製作。食療。此稱清代已行用。清曹庭棟《養生隨筆》：“大棗粥。按，道家方藥，棗爲佳餌。皮利肉補。去皮用，養脾氣，平胃氣，潤肺止嗽，補五臟，和百藥。棗類不一，青州黑大棗

良。南棗味薄微酸，勿用。"

餬粥

屑米爲粉製成。見於清代常州。徐珂《清稗類鈔・飲食類》："餬粥爲常州食品。蓋他處食粥，皆以米粒煮之，故一名稀飯。惟常州則屑米爲粉，名曰餬粥。俗遂有‘餬粥生薑炒米茶’之諺。高宗南巡時，駐蹕常州，垂詢食品，劉文定公綸以里諺‘餬粥生薑炒米茶’對，帝嘉其土風之儉焉。"按，《爾雅・釋言》："餬，饘也。"清段玉裁謂"餬"即《説文・䰝部》"饘"，又云"今江蘇俗粉米麥爲粥曰餬"（參見本卷《主食説・粥考》》"粥"文）。餬，今字蓋爲"糊"。

燕窩粥

粥名。以燕窩加米麵或冰糖製成。味美，極富營養，兼化痰止咳、滋陰補氣之功。爲粥中上品。見於清代。清曹庭棟《養生隨筆》："燕窩粥。《醫學述》：‘養肺化痰止嗽，補而不滯，煮粥淡食有效……色白治肺，質清化痰，味淡利水，此其明驗。’"《紅樓夢》第四五回："每日早起，拿上等燕窩一兩，冰糖五錢，用銀銚子熬出粥來。若吃慣了，比藥還强，最是滋陰補氣的。"

第三章　菜肴説

第一節　菹齏考

　　菹齏，古代腌漬品。其形制特徵有六點。一、被漬物。初爲菜類，後擴展至肉類，即段玉裁所謂"齏菹皆本菜稱，用爲肉稱也"（《説文·艸部》"菹"段玉裁注）；嗣後擴展爲果類，如北魏賈思勰《齊民要術》所載之"梨菹"。二、漬物。漢代鄭玄明確指出兩種：醯、醬（見《周禮·天官·醢人》鄭玄注）。醯，即今之醋，古字作"酢"，亦稱"苦酒"。鄭氏還籠統地説"剥削淹漬以爲菹"（《詩·小雅·信南山》鄭玄箋）。"淹漬"，雖未講所用漬物，但推想除醯醬外，還應包括北魏賈思勰《齊民要術》製菹專章所慣用之鹽，以及米、米汁、米糁、黍米粥、大麥飯、秫米飯、女麴、酒糟、酢漿、豉汁、肉汁、醬清、蜜、乳等。在所有漬物中，鹽使用最廣，醯地位至重，"菹須醯成味"（《説文·艸部》"菹"段玉裁注）。三、被漬物體態。從是否被分割的角度看，漬時或整體全物，或切爲粗疏之條塊片絲，或碎斷爲末，即鄭玄所謂"細切爲齏，全物若牒爲菹"（《周禮·天官·醢人》鄭玄注）。從生熟角度看，《釋名·釋飲食》認爲"菹，阻也，生釀之"，即把未經加工的新鮮菜肉直接湛漬；可是從北魏賈思勰《齊民要術》製菹專章看，菜菹固多"生釀"，而肉菹則往往經過炙、熬、煮，在熟製中或製熟後漬以鹽酢。四、調味輔料。《禮記・內則》記載有葱與薤（"切葱若薤，實諸醯以柔之"），《齊民要術》於此二者外，還載有蒜、薑、橘皮、椒、胡荽等，并指出加入薑、橘皮的目的是"取其香氣"，加入蒜，取其"辛辣""甜美"。五、腌漬稱謂。秦漢多用"淹"，如《玉篇・肉部》"腌"下引《蒼頡篇》："酢淹肉也。"宋以後改作"醃"，一直沿用至近世。魏晉南北朝時也曾用過"藏"。《聲類》："菹，藏菜也。"北魏賈思勰《齊民要術》有"藏瓜""藏蕨"等，後世罕用。醬、鹽、酢（醋）、糟、蜜、酒等本皆實體名詞，由於皆能以之腌藏，遂表以其物腌藏。酒，動詞化之後表以酒漬物，"醉"則不必動化，可直接表以酒漬物。六、成品分類。從被漬物主料本體性質可分爲菜菹、肉菹、果菹等三類。從菹齏品味可分爲鹹菹、淡菹、酢菹（酸菹）、甜菹等四類。前三類名均見諸《齊民要術》，後一類係據該書"蜜薑"概括。從腌漬時間可分爲暴菹、陳菹兩類。從菜菹製作是否需經沸湯略煮撈出（即《齊民要術》所謂"湆""瀹""煤"）可分爲湯菹、非湯菹兩類。綜上所述，菹齏是菜、肉、果或全物，或碎切，加入輔料，經醋、鹽、醬、蜜等浸漬而成的鹹味、酸味、甜味或兼味的菜肴，單純以腌菜（即鹹菜）或酸菜作解都是不全面、不確切的。

菹，文獻中亦作"葅""蕰""蘁"等；齏，亦作"齊""虀""齋""鳌"等。統言之，二者無別，皆指醯、醬、鹽、豉所湛漸之物；析言之，二者有異，菹特指全物或粗切而浸漬者，齏特指細切而浸漬者。《儀禮・公食大夫禮》"昌本南，麋臡；以西，菁菹、鹿臡"賈公彥疏："齏菹麤細爲異；通而言之，齏亦得爲菹。"《禮記・內則》"麇爲辟雞，野豕爲軒"孔穎達疏："凡大切若全物爲菹，細切者爲齏。其牲體大者菹之，共牲體小者齏之。"至宋代，又有"中國（中原）皆言虀，江南皆言菹"之說（宋趙令時《侯鯖錄》）。從文獻考察，先秦兩漢菹齏并見，至魏晉南北朝，慣用"菹"而少用"齏"，北魏賈思勰《齊民要術》即如此。此後，歷代重要飲饌著述中"菹"字幾滅，而以"齏"爲名者卻自唐宋至於明代時時見之，而到清代，也像"菹"一樣罕見。

菹齏的創製，源遠流長，通常認爲肇自上古。相傳黃帝作菹，少昊作齏（見明張岱《夜航船・日用・飲食》）。至宗周，天子祭祀、賓享、供饌有"七菹""五齏"之說。七菹，爲"韭菹""菁菹""茆菹""葵菹""芹菹""箈菹""笋菹"；五齏，爲"昌本""脾析""蜃""豚拍""深蒲"。七菹皆菜無肉，五齏菜肉相兼，故菹齏於菜肉皆得稱之。先秦雖有"七菹""五齏"之名，然製法闕載，僅存梗概。至南北朝時，始見系統詳備之製作工藝。北魏賈思勰《齊民要術》設《作菹藏生菜法》一節，專述菜菹之製法；設《菹綠》一節，專述肉菹之製法。計前節菜菹，有"鹹菹""淡菹""湯菹""釀菹""卒菹""酢菹""藏瓜""蜜薑"等近十種，涉及菜類有葵、菘、蔓菁、蜀芥、深蒲、越瓜、梅瓜、冬瓜、苦笋、紫菜、蕺、蘧（蘄菜）、胡芹、小蒜、蘿蔔、薑、木耳、蘧、蕨、荇菜等二十餘種。此外，果菹開始出現，"梨菹"的製作被詳細記載下來。計後節肉菹，有白菹、菹肖、蟬脯菹、綠肉菹（賈書引《食經》"切肉名曰綠肉"）、白瀹豚、酸豚等六種，涉及肉類有鵝、鴨、鷄、羊、鹿、猪、豚、蟬等八種。此外，有《八和齏》一節，記載二三種齏法。這些珍貴的資料，不僅有助於研究當時菹齏的製作，也推動了後世菹齏的製作與發展。

由於"菹""齏"二名太古老，包羅太寬，也由於醃醬類漬物品色過繁，又受其他菜肴影響，所以從魏晋南北朝起，菹齏中開始分化出一些新型菜肴。計有六類：

一、糟腌類。糟腌始自晋代。《晋書·孔群傳》"肉糟淹"是迄今所知最早之糟品。北魏賈思勰《齊民要術·作脺奧糟苞》首次詳載了糟肉製法。到宋代，糟品林立，自成系統。宋周密《武林舊事·市食》有"諸般糟淹"一目，合此書與宋西湖老人《西湖老人繁勝錄》、宋吳自牧《夢粱錄》所記糟菜、糟肉不下十數品。自宋迄清的飲饌專書中都載有糟品名目及製作。

二、醬腌類。先秦以醬調和菜肴，爲醬腌雛形。純以醬漬物，始於南北朝。北魏賈思勰《齊民要術·種瓜》言及冬瓜、越瓜、胡瓜等在"美豆醬"或"香醬"中"藏之"佳。宋代醬腌範圍由菜及肉。元代始詳載醬腌法。元佚名《居家必用事類全集》載"醬瓜茄""醬蟹"等製作過程。後世相沿製作，遂出現紹興醬茄、北京天府齋醬肘等飲譽海内之精品。

三、酒醉類。酒本飲料，後製菹齏時加入，遂將以酒漬物稱之爲"酒"或"醉"。宋孟元老《東京夢華錄》、宋吳自牧《夢粱錄》中就有一系列以"酒"命名之漬品，如"酒蟹""酒蠣""酒江瑶""酒香螺"等。元明繼續發展，有關著述不僅記載酒漬品名，且詳載製法。清代形成酒醉品系列。此時以"酒"命名讓位於"醉"，醉品由肉門擴及菜門、果門，如"醉猪頭""醉鷄翅""醉魚""醉蝦""醉蘿蔔""醉花生"等。

四、醋浸類。醋，先秦稱"醯"，漢魏稱"酢"，南北朝時作"醋"。北魏賈思勰《齊民要術·作酢法》："酢者，今醋也。"先秦以醯調和菜肉爲菹，後世以醋浸漬物或漬物使酸，製成酸味菜肴，遂以"醋"稱之。唐代有魏徵嗜食的"醋芹"，宋代有"醋赤蟹"（宋吳自牧《夢粱録·分茶酒店》）、"醋薑"（宋周密《武林舊事·市食》）。元明清時，有關著述載名之外，并載製法。在元代倪瓚《雲林堂飲食制度集》、佚名《居家必用事類全集》、明代宋詡《宋氏養生部》、清代薛寶辰《素食説略》中可以看到"醋笋""醋薑""醬醋蟹"、"醋浸鮮竹笋"（作者亦稱之爲"酸笋"）、"醋浸菜"等。宋代已有"酸紅藕"（宋西湖老人《西湖老人繁勝録》）。"酸菜"見於清袁枚《隨園食單》。加醋時復入糖，則成糖醋之品，如"糖醋菜苔""糖醋白蘿蔔"（明宋詡《宋氏養生部》）等。

五、蜜漬類。以蜜漬物，菹齏之屬。故北魏賈思勰《齊民要術·作菹藏生菜法》收有"蜜薑"，這是最早之蜜漬品。到宋代，蜜漬亦自成系列，宋西湖老人《西湖老人繁勝録》所載當時臨安的漬品有"蜜金橘""蜜木瓜""蜜林檎""蜜金桃""蜜李子""蜜木彈""蜜橄欖""蜜根""蜜杏""蜜棗"等多種。這些蜜果，後代多相承製作。蜜漬的對象也包括肉類，如"蜜釀蜻蜓"（元倪瓚《雲林堂飲食制度集》）、"蜜火腿"（清袁枚《隨園食單》）、"蜜鴨"（清佚名《調鼎集》），并均詳載製法。

六、鹽醃類。鹽漬爲菹，始於先秦。北魏賈思勰《齊民要術》將鹹菹與酢菹別立，鹽醃始從菹齏中分離出來。自宋迄清，自成門類，詳載製法，以"醃"或"鹽"命名之此類菜品即不下數十種。如宋代的"醃鵪茄""水醃魚""醃鹽韭""配鹽瓜菽"（宋佚名《吳氏中饋録》），元代的"鹽腸""醃韭花""醃猪舌""醃鹿脯""醃鹿尾""醃鵝雁""醃鴨卵""江州岳府醃魚"（元佚名《居家必用事類全集·己集·飲食類》）、"醃芥菜""醃藏諸般菜""醃蘿蔔""醃鹹菜"（元魯明善《農桑衣食撮要》），明代的"鹽猪耙""生醃蝦""醃田鷄""醃兔""醃犬""醃豪猪"（明宋詡《宋氏養生部》），清代的"醃落花生""醃蒜頭""醃紅薑"（清李化楠《醒園録》），等等。

六類之外，尚有與六類同實异名者，如"鹹杏仁（清朱彝尊《食憲鴻秘》），"鹹"相當於"鹽"或"醃"；有與六類略有別而另外賦名者，如"閉瓮芥菜"（清顧仲《養小録》），本即"醃芥菜"，因醃時泥封瓮口，故名；有菹齏流變而散見零出者，如"泡鹽菜"（即泡菜）、冬菜（清曾懿《中饋録》）、"五香菜"（清李化楠《醒園録》）；有菹齏流變而即事別稱者，如"三煮瓜""釀瓜"（宋佚名《吳氏中饋録》）。這種流別紛呈、俗稱异名競見的趨勢，最終迫使"菹"在南北朝後基本停止使用，"齏"在自宋至元明的重要飲饌著述中還保留使用，進入清代後，也被冷落，讓位於在分化中日漸成長的後起流別异派。

菹韲

　　腌漬菜肴，包括魚肉蔬菜以及果品。統言無別，析言則細切者爲韲，整物或粗切者爲菹。先秦時期已見。時稱"菹""齊""韲"。周代貴族飲食享祭有"七菹""五齊"。漢代"菹"亦作"葅""蘁"，"齊"亦作"韲""齎""齏""齍""韲""虀"，亦稱"韲"。《周禮·天官·醢人》："王舉則共醢六十甕，以五齊、七醢、七菹、三臡實之。"漢鄭玄注："齊當爲韲。五韲：昌本、脾析、蜃、豚拍、深蒲也……七菹：韭、菁、茆、葵、芹、箈、筍菹……凡醯醬所和，細切爲韲，全物若牒爲菹……由此言之，則韲菹之稱，菜肉通。"韲，一本作"齎"。《禮記·少儀》："麇鹿爲菹，野豕爲軒，皆聶而不切；麕爲辟雞，兔爲宛脾，皆聶而切之。切葱若薤實之，醯以柔之。"鄭玄注："此軒、辟雞、宛脾，皆菹類也。其作之狀，以醯與葷菜淹之，殺肉及腥氣也。"《詩·小雅·信南山》："疆埸有瓜，是剝是菹。"毛傳："剝瓜爲菹也。"鄭玄箋："剝削淹漬以爲菹。"《楚辭·九章·惜誦》："懲於羹者而吹韲兮，何不變此志也。"《釋名·釋飲食》："齎，濟也，與諸味相濟成也。菹，阻也，生釀之，遂使阻於寒溫之間不得爛也。"又："蟹胥，去其匡，韲，熟擣之，令如韲也。"《說文·艸部》："菹，酢菜也，從艸，沮聲。葅，或從皿。蘁，或從缶。"徐鍇繫傳："以米粒和酢以漬菜也。"段玉裁注："酢，今之醋字，菹須醯成味……韲菹皆本菜稱，用爲肉稱也。"王筠句讀："酢菜，猶今之酸菜，非以醋和之。《聲類》：'菹，藏菜也。'"又《韭部》："韲，韲也，從韭，次宋皆聲。齏，韲或從齊。"漢代亦稱"酤"。王念孫《廣雅疏證》曰《太平御覽》引《倉頡解詁》："酤，酢菹也。"三國時期"菹"亦作"葅"。《廣雅·釋器》："韲、韲，葅也。"南北朝時，菹韲製作形成高潮，故北魏賈思勰《齊民要術》特設《作菹藏生菜法》一節，記述各種菹韲之製法。此類菹韲計有"葵、菘、蕪菁、蜀芥鹹菹""淡菹""湯菹""釀菹""卒菹""葵菹""酢菹""蒲菹""瓜菹""瓜芥菹""苦筍紫菜菹""竹菜菹""蕺菹""菘根楛菹""熯菹""胡芹""小蒜菹""菘根、蘿蔔菹""紫菜菹""木耳菹""蕪菹""蕨菹"及"梨菹"等。此後，以"菹""韲"命名之漬品逐漸罕見，而以"糟""醃""醬""酒""醉""醋""蜜""鹽"等命名的菹韲的變種支派則紛紛出現，并占有絕對優勢。按，"菹""韲"異體甚多，《集韻·平魚》載有"菹""蘁""苴"等，《漢語大字典·韭部》載有"韲""韲""韲""韲""韲""韲""韲"等，因罕用，故不一一列舉。

【菹】

　　"菹韲"之單稱。此稱先秦時期已行用。見該文。

【葅】

　　"菹韲"之單稱。字同"菹"。此體漢代已行用。見該文。

【蘁】

　　"菹韲"之單稱。字同"菹"。此體漢代已行用。見該文。

【葅】

　　"菹韲"之單稱。字同"菹"。此體三國時期已行用。見該文。

【齊】

　　"菹韲"之單稱。字同"韲"。此體先秦已

行用。見該文。

【罋】

　　"菹罋"之單稱。字同"罋"。此體先秦時期已行用。見該文。

【齏】

　　"菹罋"之單稱。字同"罋"。此體漢代已行用。見該文。

【𤮾】

　　"菹罋"之單稱。字同"罋"。此體漢代已行用。見該文。

【𤮾】

　　"菹罋"之單稱。字同"罋。此體漢代已行用。見該文。

【罋】

　　"菹罋"之單稱。字同"罋"。此體漢代已行用。見該文。

【𤮱】

　　"菹罋"之單稱。字同"罋"。此體漢代已行用。見該文。

【𥂖】

　　即菹罋。此稱漢代已行用。見該文。

【醓】

　　即菹罋。此稱漢代已行用。見該文。

芹菹

　　"菹罋"之屬。以芹菜爲主料製成，故名。芹，亦稱水英、楚葵，生陸地或水間，爲古代味美之菜，故《吕氏春秋・本味》稱"菜之美者，雲夢之芹"。以芹爲菹，始於先秦時期，歷漢、魏、南北朝不衰，唐、宋、元尤盛，明、清迄今則稀見。傳爲周王祭祀、宴享、供饌"七菹"之一。《周禮・天官・醢人》："加豆之實，芹菹。"宋林洪《山家清供・碧澗羹》："芹，楚

菜也。又名水英。有二種：荻芹取根，赤芹取葉與莖，俱可食。二月三月作羹時，采之，洗净，入湯焯過取出，以苦酒研芝麻，入鹽少許。與茴香漬之，可作争（菹）。"《元史・祭祀志一》："豆之實，芹菹。"明李時珍《本草綱目・菜一・水靳》引南朝梁陶弘景曰："〔芹〕二月三月作英時，可作菹及熟瀹食。"又引唐蘇恭曰："水靳即芹菜也。有兩種：荻芹白色取根，赤芹取莖葉。並堪作菹及生菜。"明沈榜《宛署雜記・以字・宗廟》："文廟祭祀……芹菹一，兔醢一，四分。"

【醃芹菜】

　　"芹菹"之屬。此稱清代已行用。清佚名《調鼎集・蔬菜部》："醃芹菜：鹽醃曬乾。"

【拌芹菜】

　　"芹菹"之屬。此稱清代已行用。清佚名《調鼎集・蔬菜部》："拌芹菜：滾水煤過，加薑、醋、麻油拌。又取近根白頭切寸段，配韭菜、荸薺小片、熟鷄絲、白蘿蔔絲，鹽醋拌，亦有少加洋糖者。"

茆菹

　　"菹罋"之屬。以荇菜爲之。茆即荇菜，亦稱"鳬葵"。始見於先秦時期。與麋臡共食合味。傳爲周王祭祀、宴享、供饌"七菹"之一。《周禮・天官・醢人》："朝事之豆，其實……茆菹、麋臡。"鄭玄注："茆，鳬葵也。"晋代及南北朝時期稱"荇菹"。北魏賈思勰《齊民要術・作菹藏生菜法》："荇，《爾雅》曰：'苍，接余。其葉，苻。'郭璞注曰：'叢生水中，葉圓，在莖端，長短隨水深淺。江東菹食之。'《毛詩・周南》國風曰：'參差荇菜，左右流之。'毛注云：'接余也。'《詩義疏》曰：'接

余，其莖白；葉紫赤，正圓，徑寸餘，浮在水上，根在水底。莖與水深淺等，大如釵股，上青下白，以苦酒浸之爲葅，脆美，可案酒。其華爲蒲黄色。'"按，一説茆葅爲"茅葅"，茅草所爲之葅。上《周禮》文鄭玄注引鄭大夫曰："讀茆爲茅，茅葅，茅初生。"唐已駁其誤。唐人賈公彦謂"芳草非人可食之物，不堪爲葅"。參閲清汪灝等《廣群芳譜·卉譜·荇》。

【荇葅】

即茆葅。此稱晋代已行用。見該文。

韭葅

"葅齏"之屬。以韭菜爲主料製成，故名。傳爲周王祭祀、宴享、供饌"七葅"之一。始見於先秦時期，後成民家常菜，綿歷至今。《周禮·天官·醢人》："朝事之豆，其實韭葅。"南北朝時期亦作"韮葅"。《南史·庾杲之傳》："清貧自業，食唯有韮葅、瀹韮、生韮、雜菜。"宋代稱"醃鹽韭"。宋佚名《吳氏中饋録》："醃鹽韭：霜前揀肥韭無黄梢者，擇净，洗，控乾。於磁盆内鋪韭一層，摻鹽一層，候鹽韭匀鋪盡爲度。醃一二宿，翻數次，裝入磁器内。用原滷加香油少許尤妙。"《元史·祭祀志一》："豆之實……韭葅。"明李時珍《本草綱目·菜一·韭》："韭之爲菜，可生可熟，可葅可久，乃菜中最有益者也。"明沈榜《宛署雜記·以字·宗廟》："文廟祭祀……韭葅一，醓醢一，四分。"

【韮葅】

同"韭葅"。此體南北朝時期已行用。見該文。

【醃鹽韭】

即韭葅。此稱宋代已行用。按，清汪灝等《廣群芳譜·蔬譜·韭》文與"醃鹽韭"略同，稱"鹽韭"。清佚名《調鼎集·蔬菜部》文亦略同，稱"醃韭菜"。見該文。

【藏韭菁】

"韭葅"之屬。菁，韭菜花。搗碎入鹽漬成。此稱始見於漢代。此後一直成爲民間常菜。亦稱"韭菁齏"。北魏賈思勰《齊民要術·種韭》引漢崔寔曰："七月，藏韭菁。菁，韭花也。"又《八和齏》復引崔寔曰："八月，收韭菁，作擣齏。"元代從俗稱"醃韭花"，記録製法較爲詳備。元佚名《居家必用事類全集·己集·飲食類》："醃韭花法：取花半結子時，收摘去蒂。每斤用鹽三兩，同搗爛，納磁器中。"清代亦稱"醃韭菜花"。清佚名《調鼎集·蔬菜部》："醃韭菜花：配肉燒，或澆麻油、醋用。"今日民家製作，或加入搗爛之鮮薑、梨果等，味尤香醇。

【韭菁齏】

即藏韭菁。此稱漢代已行用。見該文。

【醃韭花】

"藏韭菁"之俗稱。此稱元代已行用。見該文。

【醃韭菜花】

"藏韭菁"之俗稱。此稱清代已行用。見該文。

菁葅

"葅齏"之屬。菁，蔓菁、蕪菁、蒘菁，蔬菜。以蔓菁爲主料製成，故名。傳爲周王祭祀、宴享、供饌"七葅"之一。始於先秦。後爲民間家常菜。漢代稱"蒘菁葅"。至南北朝時詳載其製法，從俗稱"蕪菁葅"。後世仍有製作食用者。《周禮·天官·醢人》："掌四豆之實。朝事之豆，其實……菁菹。"鄭玄注："菁，蔓菁也"。《儀禮·公食大夫禮》："昌本南，麋臡；以西，菁菹、鹿臡。"鄭玄注："菁，蔓菁菹也。"賈公彥疏："云'菁，蔓菁菹也'者，即今之蔓菁也。"北魏賈思勰《齊民要術·作菹藏生菜法》："〔蕪菁〕鹹菹法：收菜時即擇取好者，菅蒲束之。作鹽水令極鹹，於鹽水中洗菜，即内甕中。若先用淡水洗者，菹爛。其洗菜鹽水，澄取清者，瀉著甕中，令没菜把即止，不復調和。菹色仍青，以水洗去鹹汁，煮爲茹，與生菜不殊……三日抒出之，粉黍米作粥清；擣麥䴷作末，絹篩。布菜一行，以䴷末薄坌之，即下熱粥清。重重如此，以滿甕爲限。其布菜法：每行必莖葉顛倒安之。舊鹽汁還瀉甕中。菹色黄而味美。"《元史·祭祀志一》："豆之實……菁菹。"明沈榜《宛署雜記·以字·宗廟》："文廟祭祀……菁菹一，鹿醢一，以牛肉代之。"參閱《格致鏡原·飲食類四·菹》。

【莫菁菹】

即菁菹。此稱漢代已行用。見該文。

【蕪菁菹】

即菁菹。此稱南北朝時期已行用。見該文。

【釀菹】

"菁菹"之一種。以乾蔓菁泡軟後製成。此稱南北朝時期已行用。北魏賈思勰《齊民要術·作菹藏生菜法》："釀菹法……用乾蔓菁，正月中作。以熱湯浸菜，冷，柔軟，解辦，擇治，净洗。沸湯煤即出，於水中净洗，便復作鹽水暫度，出著箔上。經宿，菜色生好。粉黍米粥清，亦用絹篩麥䴷末，澆菹布菜如前法；然後粥清不用大熱。其汁纔令相淹，不用過多。泥頭七日便熟。"

【醃蔓青菜】

"菁菹"之一種。清代已見。清佚名《調鼎集·蔬菜部》："醃蔓青菜：切段鹽醃，加生薑絲，石壓一晝夜。用時少入醋。"

葵菹

"菹虀"之屬。以冬葵菜爲主料做成，故名。先秦時期已出現。當時有供給西周貴族食用和祭祀的所謂"七菹"，其中之一便是葵菹。《周禮·天官·醢人》："饋食之豆，其實葵菹。"漢代崔寔總結製作方法，提出以夏曆九月爲最恰當的腌漬時間。南北朝時即出現了詳備的製法。元代以後，冬葵已不再大面積種植，葵菹亦漸湮滅。然以其他蔬菜爲菹，延續至今。北魏賈思勰《齊民要術·作菹藏生菜法》："《食經》作葵菹法：擇燥葵五斛，鹽二斗，水五斗，大麥乾飯四升，合瀨：案葵一行，鹽、飯一行，清水澆滿，七日黄便成矣。"又引崔寔《四民月令》："九月作葵菹。其歲溫，即待十月。"清陳元龍《格致鏡原·飲食類四·菹》引南朝梁宗懍《荊楚歲時記》："仲冬之月，采擷霜蕪菁葵等雜菜，乾之並爲鹹菹，有得其和者，並作金釵色。今南人作鹹菹，以糯米熬擣爲末，併研胡麻汁和釀之，石窄令熟。菹既甜脆，汁亦酸美。"

笋菹

"菹虀"之屬。特指以大竹竹笋爲之者。傳爲周王祭祀、宴享、供饌"七菹"之一。始於先秦時期，達於後世。後世之製，非必大竹之笋，通謂一般竹笋。與魚醢同食合味。《周禮·天官·醢人》："加豆之實……笋菹、魚醢。"鄭玄注："笋，竹萌。"賈公彥疏："謂竹萌爲菹也……笋，竹萌者，一名篛者也。萌，皆謂新生者也，見今皆爲菹。"明沈榜《宛署雜記·以字·宗廟》:"文廟祭祀……笋菹一,魚醢一,四分。"簜,大竹。《説文·竹部》:"簜,大竹也。"參見本卷《菜肴説·菹齏考》"箈菹"文。

【鹽笋】

"笋菹"之屬。鹽漬日曬而成。此稱漢代已行用。明李時珍《本草綱目·菜二·竹笋》引《東觀漢記》:"〔苞笋〕並可鮮食,爲珍品。其他則南人淡乾者爲玉版笋、明笋、火笋,鹽曝者爲鹽笋,並可爲蔬食也。"清汪灝等《廣群芳譜·竹譜·笋》:"食笋,去殼煮熟,切片,榨乾,鹽醃過宿,曬乾貯。"

【鹹笋】

"笋菹"之屬。此稱清代已行用。清佚名《調鼎集·蔬菜部》:"鹹笋:用鹽即名鹹笋,鹽多則色白,鹽少則色紅,短潤紅淡者佳。"

箈菹

"菹齏"之屬。特指以小竹之笋爲之者。傳爲周王祭祀、宴享、供饌"七菹"之一。始於先秦時期,達於後世。後作者非必小竹之笋,通謂一般竹笋。與雁醢共食合味。《周禮·天官·醢人》:"加豆之實……箈菹、鴈醢。"鄭玄注:"箈,箭萌。"賈公彦疏:"謂以箈箭萌爲菹也……云'箈,箭萌'者,一名篠者也……萌,皆謂新生者也,見今皆爲菹。"篠,同"筱"。《説文·竹部》:"筱,箭屬,小竹也。"按,或説,箈爲水中魚衣,水苔類。參見本卷《菜肴説·菹齏考》"笋菹"文。

笋齏

"菹齏"之屬。見於明代。將嫩笋細片沸水微煮後,加入作料,醋浸一宿即成。明宋詡《宋氏養生部》:"笋齏:用竹笋稈肥者寸切菹,又剖切小片菹,沸湯微芼,沴乾,用熟油、炒

鹽、生薑絲、橘皮絲、蒔蘿、地椒末、醋和匀,入瓷器一宿,味透。"

菖蒲根齏

"菹齏"之屬。以菖蒲根爲之。傳爲周王祭祀、宴享、供饌"五齏"之一。始見於先秦時期,後世罕見。時稱"昌本",漢世從俗稱此。製時將根以一握,即四寸長爲段加以腌漬;食時與糜臡相配合味。《周禮·天官·醢人》:"朝事之豆,其實……昌本、糜臡。"鄭玄注:"昌本,昌蒲根,切之四寸爲菹。"賈公彦疏:"昌本,本,根也。昌蒲根爲齏……切之四寸爲菹者,但菹四寸無正文,蓋以一握爲限,一握則四寸也,即是'全物若䐑'。"《儀禮·公食大夫禮》:"西上,韭菹;以東,醓醢、昌本;昌本南,糜臡。"鄭玄注:"昌本,昌蒲本,菹也。"參閲明李時珍《本草綱目·草八·菖蒲》。

【昌本】

即菖蒲根齏。此稱先秦時期已行用。見該文。

豚拍

"菹齏"之屬。本指猪肩,特指鹽、醬、醋浸漬或拌和而成的碎割猪肩。傳爲周王祭祀、宴享、供饌"五齏"之一。始於先秦時期,後世罕見。與魚醢共食合味。《周禮·天官·醢人》:"饋食之豆,其實……豚拍、魚醢。"鄭玄注:"或曰,豚拍,肩也。"賈公彦疏:"此八豆之内,脾析、蜃、豚拍三者不言菹,皆齏也。"按,一説拍讀爲"膊",脅也,即肘。

深蒲

"菹齏"之屬。以深入泥水中之白嫩香蒲根爲主料製成,故名。傳爲周王祭祀、宴享、供饌"五齏"之一。始見於先秦時期。南北朝時

稱"蒲菹"，載其製法。約在宋時，罕有食之者，遂衰。《周禮·天官·醢人》："加豆之實……深蒲。"鄭玄注引鄭司農云："深蒲，蒲蒻入水深，故曰深蒲。"賈公彥疏："深蒲，謂蒲入水深，以爲菹。"北魏賈思勰《齊民要術·作菹藏生菜法》："蒲菹：《詩義疏》曰：'蒲，深蒲也。'《周禮》以爲菹。謂蒲始生，取其中心入地者，蒻大如匕柄，正白，生噉之，甘脆；又煮，以苦酒浸之，如食笋法，大美。今吳人以爲菹，又以爲酢。"明李時珍《本草綱目·草八·香蒲》引宋蘇頌曰："春初生嫩葉，出水時，紅白色茸茸然。取其中心入地白蒻大如匕柄者，生啖之，甘脆。又以醋浸，如食笋，大美。《周禮》謂之蒲菹，今人罕有食之者。"

【蒲菹】

即深蒲。此稱南北朝時期已行用。見該文。

脾析

"菹齏"之屬。本指牛胃，特指鹽、醬、醋浸漬或拌和而成的碎割牛胃。傳爲周王祭祀、宴享、供饌"五齏"之一。始於先秦時期，後世稀見。與鸁醢共食合味。《周禮·天官·醢人》："饋食之豆，其實……脾析、蠯醢。"鄭玄注引鄭司農曰："脾析，牛百葉也。"賈公彥疏："此八豆之內，脾析、蜃、豚拍三者不言菹，皆齏也。"

蜃 [1]

"菹齏"之屬。本指大蛤蜊，後特指鹽、醬、醋浸漬或拌和而成的碎割大蛤蜊肉。傳爲周王祭祀、宴享、供饌"五齏"之一。始於先秦時期，後世罕見。《周禮·天官·醢人》："饋食之豆，其實……蜃，蚳醢。"鄭玄注："蜃，大蛤。"賈公彥疏："此八豆之內，脾析、蜃、豚拍三者不言菹，皆齏也。"

【新法蛤蜊】

"蜃[1]"之屬。此稱元代已行用。元倪瓚《雲林堂飲食制度集》："新法蛤蜊：用蛤蜊洗净，生劈開，留漿別器中。刮去蛤蜊泥沙，批破，水洗净，留洗水，再用溫湯洗。次用細葱絲或橘絲（少許）拌蛤蜊肉，勻排碗內。以前漿及二次洗水湯澄清去脚，入葱、椒、酒調和，入汁澆供甚妙。"

瓜菹 [1]

"菹齏"之屬。通常以全瓜或瓜絲、瓜片，經鹽、醬、醋等浸漬或調拌而成。始於先秦時期。《詩·小雅·信南山》："疆埸有瓜，是剝是菹。"鄭玄箋："剝削淹漬以爲菹。"漢代始見其稱，時亦稱"蘫"。《説文·艸部》："蘫，瓜菹也。"漢代及南北朝時期亦稱"藏瓜"。漢崔寔《四民月令》："大暑後六日，可藏瓜。"北魏賈思勰《齊民要術·作菹藏生菜法》："藏瓜法：取白米一斗，鑹中熬之，以作糜。下鹽，使鹹淡適口，調寒熱。熟拭瓜，以投其中，密塗甕。此蜀人方，美好。又法：取小瓜百枚，豉五升，鹽三升。破，去瓜子，以鹽布瓜片中，次著甕中，綿其口，三日豉氣盡，可食之。"宋元時期多稱"瓜虀"。宋張師正《倦游雜録》："韓龍圖贄，山東人。鄉里食味，好以醬漬瓜啗，謂之瓜虀。韓爲河北都漕，廨宇在大名明府府中，諸軍營多饗此物，韓嘗曰：'某營者最佳，某營者次之。'趙說歎曰：'歐陽永叔嘗撰《花譜》，蔡君謨亦著《荔枝譜》，今須請韓龍圖贄撰《瓜虀譜》矣。'"宋孟元老《東京夢華録·食店》："又有菜麵、蝴蝶虀肐膵，及賣隨飯、荷包白飯、旋切細料餶飿兒、瓜虀、蘿蔔之類。"元佚名《居家必用事類全集·己集·飲食類》："造瓜虀法：甜瓜十枚帶生者，竹籤穿透，鹽四兩拌入瓜內，瀝去水令乾，用醬十兩拌勻。烈日曬，翻轉又曬。令乾，入新磁器內收之。用鹽用醬，又看瓜大小，斟量用之得宜。"明韓奕《易牙遺意·脯鮓類》："瓜虀法：醬瓜、生薑、葱白、淡笋乾或茭白、蝦米、雞胸肉各等分，切作長條絲兒，香油炒過供之。"後世之腌瓜、醬瓜、糟瓜等，殆其支派。按，北魏賈思勰《齊民要術》"藏生菜"之"藏"含二義。其一，如上文之"藏瓜"，須經鹽、豉、米湯等浸漬，義同"菹"。其二，不須浸漬，挖坑後以土及禾穰覆菜，令其鮮嫩如初，義別於"菹"。

【蕰】

即瓜菹[1]。此稱漢代已行用。見該文。

【藏瓜】

即瓜菹[1]。此稱漢代已行用。見該文。

【瓜虀】

即瓜菹[1]。此稱宋代已行用。見該文。

【琥珀苽虀】

"瓜菹[1]"之一種。以其瓜色透明如琥珀，故名。此稱宋代已行用。苽，同"瓜"。虀，同"虀"。宋陳元靚《事林廣記·癸集》："琥珀苽虀：生甜苽揀取未熟者，每十斤隨瓣切開，去穰不用，就百沸湯綽過，以鹽五兩勻擦翻轉。豆豉末半斤，釅醋升半，麵醬斤半，馬芹、川椒、乾薑、陳皮、甘草、茴香各半兩，蕪荑二兩，並爲細末，同瓜一處拌勻，入磁甕內，淹壓於冷處頓之。經半月後則熟，苽色明透，絕類琥珀，味甚香美。"

【五味瓜虀】

"瓜菹[1]"之一種。以其兼具多種美味，故名。此稱明代已行用。明宋詡《宋氏養生部》："五味瓜虀：用稀瓜方切小菹，少鹽腌一宿，日曬微乾，熬熟油，加赤砂糖、醋、鮮紫蘇葉絲、生薑絲，入熱鍋中和勻，瓷罐收。"

【腌瓜】

"瓜菹[1]"之一種。此稱清代已行用。清李化楠《醒園錄》卷下："腌瓜諸法：凡要下醬之瓜，總以加三鹽爲準。但腌法不一。有將瓜剖開，配鹽，瓜背向下，瓜腹向上，層層排入盆內，即壓下不動。至三四天或五六天撈起，於滷水中洗净，晾乾水氣入醬者。有剖開去瓤，晾微乾，用灰搔擦內外，丟地隔宿，用布拭去灰令净，勿洗水入醬者。有剖開撒鹽，用手逐塊搔擦至軟，裝入盆內，二三天撈起入醬者。諸法不一，大約用後二法，其瓜更爲青脆。"

酢菜

"菹虀"之屬。一種經米湯、鹽、醋浸漬而成的酸味菜菹。酢，古"醋"字。其物始見於先秦時期。"七菹""五虀"皆爲醯醬所漬合，內中即有此物。其稱始見於漢代。時亦稱"酢菹"。清王念孫《廣雅疏證·釋器》云，《太平御覽》引《倉頡解詁》云："醋，酢菹也。"《説文·艸部》："菹，酢菜也。"徐鍇繫傳："以米粒和酢以漬菜也。"南北朝時期始詳載製法：以米汁及米渖粥傾入菜缸一宿，復以青蒿、薤白熱湯澆之。北魏賈思勰《齊民要術·作菹藏生菜法》："作酢菹法：三石甕，用米一斗，擣攪取汁三升；煮渖作三升粥。令內菜甕中，輒以生漬汁及粥灌之。一宿，以青蒿、薤白各一行，作麻沸湯澆之便成。"清代通稱"酸菜"。製法之一是將冬菜心風乾，加入鹽、糖、醋等即成。清王筠《説文句讀·艸部》："酢菜，猶今之酸菜,非以醋和之。"清袁枚《隨園食單·小菜單》:"酸菜:冬菜心風乾,微醃,加糖醋芥末,帶滷入罐中;微加秋油亦可。席間醉飽之餘食之,醒脾解酒。"按,依許慎説,菹爲酢菜,與《周禮》鄭玄注所謂"凡醢醬所和,細切爲韲,全物若牒爲菹"大致相合。然鄭氏釋"菹",尚有一義,即《詩·小雅·信南山》箋所謂"剥削淹漬以爲菹",此即腌菜義。本卷《菜肴説·菹韲考》"菹"義用鄭説,不用許説。故本文祇出"酢菜",不出"菹",出"菹"則與鄭説相背。又,王筠説酢菜"非以醋和之"似亦不全面。自然,上文買書"酢菹"没用醋,然買書《菹緑》所謂肉菹"酸豚"則用醋。本卷《菜肴説·菹韲考》"酸齏""酸笋""酸菜""醋薑""醋浸菜"諸文皆用醋,買書中"酢菹"外其他多種"菹"亦皆用醋。

【酢菹】

　　即酢菜。此稱漢代已行用。見該文。

【酸菜】

　　即酢菜。此稱清代已行用。見該文。

【醋浸菜】

　　即酢菜。此稱清代已行用。將醋與鹽、香料煮開,冷却後放入蔬菜,愈久味愈美。清薛寶辰《素食説略》:"醋浸菜:好醋若干,入鍋中,加花椒、八角、蒔蘿、草果及鹽燒滚。俟水氣略盡,候冷,放罈中。浸入萊菔、胡萊菔、生薑、王瓜、豇豆、刀豆、茄子、辣椒等,愈久愈佳。太原人做法甚佳。"

【醋笋】

　　"酢菜"之一種。此稱宋代已行用。清汪灝等《廣群芳譜·竹譜·笋》引宋黄庭堅云:"凡笋,蒸煮焦酢,惟人所好,又可乾藏。"此稱始

見於元代。元倪瓚《雲林堂飲食制度集》:"醋笋:用笋汁,入白梅,糖霜或白沙糖,生薑自然汁少許,調和合味。入笋醃少時,冷唊。不可留久。"明代稱"醋浸鮮竹笋""酸笋"。明宋詡《宋氏養生部》:"醋浸鮮竹笋:微芼,生者切絶細縷。即酸笋。本出閩粤。"明顧岕《海槎餘録》:"酸笋大如臂,摘至,用沸湯泡出苦水,投冷井水中浸二三日,取出縷如絲,醋煮可食。好事者携入中州成罕物,京師勳戚家會酸笋湯即此品也。"清佚名《調鼎集·蔬菜部》:"酸笋:大笋滚水泡去苦味,井水再浸二三日取出,切細絲,醋煮,可以久留。"清代亦稱"笋酢"。清汪灝等《廣群芳譜·竹譜·笋》:"笋酢:切作片子,沸湯瀹過,候乾入葱絲、蒔蘿、茴香、花椒、紅麯,併鹽拌匀,同醃一時。"

【醋浸鮮竹笋】

　　即醋笋。此稱明代已行用。見該文。

【酸笋】

　　即醋笋。此稱明代已行用。見該文。

【笋酢】

　　即醋笋。酢,"醋"之古字。此稱清代已行用。見該文。

【酸齏】

　　"酢菜"之一種。即醋浸酸白菜。此稱明代已行用。以老白菜在半開水中略煮後置器中,復加入醋、菜湯及碎切之生薑、芫荽、竹笋等漬瀹。明宋詡《宋氏養生部》:"酸齏:一用老白菜在半沸湯中微芼,入甕,以菜湯同少醋澆菜上,重壓墊之,用切菹,宜和炒熟芝麻、芫荽、生薑、芹菜、鮮竹笋,皆可爲之。"清代亦稱"酸白菜"。清李化楠《醒園録》卷下:"做酸白菜法:用整白菜下滚湯盪透就好,不可至

熟，取起，先時收貯。煮麵湯，留存至酸，然後可盪菜裝入罎內，用麵湯灌之，淹密爲度，十多天可吃。要吃時，橫切一箍。若無麵湯，以飯湯作酸亦可。又法，將白菜披開切斷，入滾水中，只一盪取起（要取得快纔好），即刻入罎，用盪菜之水灌下，隨手將罎口封固，勿令泄氣。次日即可開吃，菜既酸脆，汁亦不渾。”按，清佚名《調鼎集·蔬菜部》稱此爲“酸菜”。

【酸白菜】

即酸齏。此稱清代已行用。見該文。

【醋黄芽菜】

“酢菜”之一種。此稱清代已行用。清佚名《調鼎集·蔬菜部》：“醋黄芽菜：去葉曬軟，攤開菜心更曬，令內外俱軟。炒鹽醃一二日，晾乾裝罎，一層草，一層茴香、椒末，捺實灌滿，一月可用。各菜俱可做。”按，清朱彝尊《食憲鴻秘·蔬之屬》稱此爲“醋菜”。

【醋大蒜】

“酢菜”之一種。此稱清代已見。清夏曾傳《隨園食單補證·小菜單》：“醋大蒜：以好醋生醃，陳數年者爲佳。入口如泥，全無薰辛之味。若市肆之現做現吃者，不可同年而語矣。”

虀菹

“菹齏”之屬。帶酸味之醋醃白蒿。始見於戰國時期，南方吳地以爲齏。漢代始稱“虀菹”。自唐迄清，恒以爲菹齏。《楚辭·大招》：“吳酸蒿蔞，不沾薄只。”王逸注：“蒿，蔞草也。蔞，香草也。”洪興祖補注：“《爾雅》云：虀，蟠蒿也。即白蒿，可以爲菹……言吳人工調醎酸，爛蒿蔞以爲齏。”《詩·召南·采蘩》“于以采蘩”鄭玄箋：“執蘩菜者，以豆薦蘩菹。”唐孟詵《食療本草》：“〔白蒿〕其葉生接，醋醃之爲菹，甚益人。”明高濂《遵生八牋·飲饌服食牋上》：“蔞蒿……夏秋莖可作虀。”明李時珍《本草綱目·草四·白蒿》：“蔞蒿生陂澤中，二月發苗，葉似嫩艾而岐細，面青背白。其莖或赤或白，其根白脆。采其根莖，生熟菹曝皆可食，蓋嘉蔬也。”清汪灝等《廣群芳譜·蔬譜·蔞蒿》：“嫩苗以沸湯瀹過，浸於漿水則成虀。如以清水或石灰水、礬水拔之，去其猛氣，曬乾可留製食醃。”

【水醃蔞蒿】

“虀菹”之屬。此稱清代已行用。清佚名《調鼎集·蔬菜部》：“水醃蔞蒿：取青色肥大者，摘盡老頭，醃一日，可作小菜。若欲裝罐，須重用鹽，連滷收貯，肥綠可愛。但見風即黑，臨用時取出始妙。罐宜小，取其易於用完，又開別罐；若大罐屢開，未免透風。”

【乾醃蔞蒿】

“虀菹”之屬。此稱清代已行用。清佚名《調鼎集·蔬菜部》：“乾醃蔞蒿：取肥大者，不論青紅，因其曬乾同歸於黑。重鹽醃二日，取起曬乾，入罎貯用。”

五辛盤

菜菹。以葱、蒜、韭、蓼蒿、芥等五種辛菜製成的拼盤，故名。菜用五種，取激發五臟氣血之義；辛與“新”諧音，古人於元旦立春日製之，取迎新之義。始見於晉代，風行於唐，持續於清。晉周處《風土記》：“正元日，俗人拜壽，上五辛盤、松柏頌、椒花酒，五薰煉形。”舊注：“五辛所以發五藏之氣。莊子所謂春月飲酒茹葱，以通五藏也。”唐韓鄂《歲華紀麗·元日》："盤號五辛，觴稱萬壽。"明代亦稱"五辛菜"。明李時珍《本草綱目·菜一·五辛菜》："五辛菜，乃元旦立春，以葱、蒜、韭、蓼蒿、芥辛嫩之菜，雜和食之，取迎新之義，謂之五辛盤。"清代亦省稱"辛盤"。清潘榮陛《帝京歲時紀勝·春盤》："新春日獻辛盤。雖士庶之家，亦必割雞豚，炊麵餅。"

【五辛菜】

即五辛盤。此稱明代已行用。見該文。

【辛盤】

"五辛盤"之省稱。此稱清代已行用。見該文。

韭蓱虀

菜葅。蓱，同"萍"。傳爲晉富豪石崇家製。將韭根、麥苗切碎，調以醯醬而成。麥苗不能食，故代以萍。萍，嫩蒿，遂以稱。石崇恒以冬日待客，藉稀罕物顯示富有。另一富豪王愷亦曾仿製。《晉書·石崇傳》："崇爲客作豆粥，咄嗟便辦。每冬得韭蓱虀。"亦作"韭蓱齏"。南朝宋劉義慶《世說新語·汰侈》："〔石崇〕恒冬天得韭蓱齏……韭蓱齏是搗韭根雜以麥苗爾。"省稱"韭蓱"。宋蘇軾《次韻曾仲錫承議食蜜漬生荔支》："代北寒齏搗韭蓱，奇苞零落似晨星。"此物不傳，後世常做典故稱引。或作"萍虀"，或作"韭萍虀"。"齏""虀""蓄"同。宋蘇軾《豆粥》詩："萍虀豆粥不傳法，咄嗟而辦石季倫。"明張岱《夜航船·日用·飲食》："韭萍虀。石崇遇客，每冬作韭萍豆粥……客來，但作白粥，投之韭萍虀，是時以其根雜麥苗耳。"或用作稀見珍肴之代稱。清曹寅《戲送錢穆孫》詩之一："寒曹未怕傾家釀，已辦萍虀到歲除。"

【韭蓱齏】

同"韭蓱虀"。此體南北朝時期已行用。見該文。

【韭蓱】

"韭蓱虀"之省稱。此稱宋代已行用。見該文。

【萍虀】

"韭蓱虀"之省稱。此稱宋代已行用。見該文。

【韭萍虀】

同"韭蓱虀"。此體明代已行用。見該文。

木耳葅

"葅虀"之屬。以軟濕木耳製成，故名。南北朝時期已見之。北魏賈思勰《齊民要術·作葅藏生菜法》："木耳葅：取棗、桑榆、柳樹邊生猶軟濕者（乾即不中用，柞木耳亦得），煮五沸，去腥汁，出置冷水中，淨洮。又著酢漿水中，洗出，細縷切訖。胡荽、葱白（少著，取香而已），下豉汁、醬清及酢，調和適口，下薑、椒末。甚滑美。"

瓜葅[2]

"葅虀"之屬。瓜，特指越瓜，亦名菜瓜，以之爲主料製成。始見於南北朝時期，達於後世。北魏賈思勰《齊民要術·作葅藏生菜法》："瓜葅法：采越瓜，刀子割；摘取，勿令傷皮。鹽揩數徧，日曝令皺。先取四月白酒糟、鹽和，藏之數日，又過著大酒糟中，鹽、蜜、女麴和糟，又藏泥甌中，唯久佳……瓜淨洗，令燥，鹽揩之。以鹽和酒糟，令有鹽味，不須多，合藏之，密泥甌口。軟而黃，便可食……瓜用小而直者，不可用貯。"明李時珍《本草綱目·菜三·越瓜》："越瓜南北皆有。二三月下種生苗，就地引蔓，青葉黃花，並如冬瓜花葉而小。夏秋之間結瓜，有青白二色，大如瓠子。一種長者至二尺許，俗呼羊角瓜。其子狀如胡瓜子，大如麥粒。其瓜生食，可充果蔬，醬、豉、糖、醋藏浸皆宜，亦可作菹。”清代亦稱“瓜齏”。清顧仲《養小錄》卷中：“瓜齏：生菜瓜隨瓣切開去瓤，入百沸湯焯過，每斤用鹽五兩，擦醃過。豆豉末半斤，醋半斤，麵醬斤半，馬芹、川椒、乾薑、陳皮、甘草、茴香各半兩，蕪荑二兩，共末。拌瓜入瓮按實。冷處放半月後熟，瓜色如琥珀，味香美。”按，此品實據宋代“琥珀苽虀”之法改用“菜瓜”製作，名稱省去“琥珀”二字。

【瓜齏】

即瓜菹²。此稱清代已行用。按，清朱彝尊《食憲鴻秘·蔬之屬》作“瓜虀”。見該文。

卒菹

菜菹。短時間內加入醋後即可食。卒，同“猝”，少時片刻。始見於南北朝時期。多用冬葵菜爲之。葵菜經酸漿煮後拆碎，入醋即成。北魏賈思勰《齊民要術·作菹藏生菜法》：“作卒菹法：以酢漿煮葵菜，擘之，下酢即成菹矣。”宋代通稱“暴虀”。多以菘菜（白菜）、胡蘿蔔爲之。製法與前亦有別。菘菜則水煮半熟，榨乾切碎，略炒加醋；胡蘿蔔則與芥菜同切細加醋。宋佚名《吳氏中饋錄》：“暴虀：菘菜嫩莖，湯焯半熟，扭乾，切作碎段，少加油，略炒過，入器內，加醋些少，停少頃食之。取紅細胡蘿蔔切片，同切芥菜，入醋略醃片時，食之甚脆。仍用鹽些少，大小茴香、薑、橘皮絲同醋共拌醃食。”今時俗稱“暴腌”。或將鮮菜煮後切碎，或徑以生菜爲之，酌加輔料，施以

鹽醋，頃刻可食。此正循古菜肴制度而來。

【暴虀】

即卒菹。此稱宋代已行用。見該文。

菘鹹菹

菜菹。即腌白菜。菘，白菜之古稱。始見於南北朝時期。其時有二法：一爲徑納菜於鹽水，一爲同時合入女麴。北魏賈思勰《齊民要術·作菹藏生菜法》：“作菘鹹菹法：水四斗，鹽三升，攪之，令殺菜。又法，菘一行，女麴間之。”元代稱“醃鹹菜”。製法甚詳，包括用料、裝瓮、倒瓮、禁忌及食用等。元魯明善《農桑衣食撮要》卷下：“醃鹹菜：白菜削去根及黃老葉，洗净控乾。每菜十斤，用鹽十兩，甘草數莖，以净甕盛之，將鹽撒入菜丫內，排頓甕中。入蒔蘿少許，以手實捺至半甕，再入甘草數莖。候滿甕，用磚石壓定，醃三日後，將菜倒過，拗出鹵水，於乾净器內另放。忌生水，却將鹵水澆菜內；候七日，依前法再倒，用新汲水淘浸，仍用磚石壓之。其菜味美香脆。若至春間食不盡者，於沸湯內灼過，曬乾收貯。夏間將菜溫水浸過，壓水盡，入香油匀拌，以瓷椀盛頓，飯上蒸之，其味尤美。”清代稱“水閉甕菜”。製法異於往時，主要特點是醃時泥封甕口。清顧仲《養小錄》卷中：“水閉甕菜：大科白菜，曬頓去葉，每科用手裹成一窩，入花椒、茴香數粒。隨疊甕內，滿，用鹽築口上，冷水灌滿。十日倒出水一次，倒過數次，泥封。春月供妙。”其時亦稱“冬菜”。製法又具特色：白菜心風乾切絲，揉入花椒、炒鹽、酒及醬油等，晾曬成紅色。清曾懿《中饋錄》：“製冬菜法：冬日選黃芽白菜風乾，待春間天晴時將白菜洗净，取其嫩心，曬一二日後，橫切成絲，

又風乾；加花椒、炒鹽揉之。宜淡不宜鹹。數日取出曬乾，再略加酒及醬油揉之。久之成紅色，愈久愈佳，經夏不壞。"今村俗及作坊仍在製作食用。

【醃鹹菜】

即菘鹹菹。此稱元代已行用。見該文。

【水閉瓮菜】

即菘鹹菹。此稱清代已行用。見該文。

【冬菜】

即菘鹹菹。此稱清代已行用。見該文。

【醃白菜】

"菘鹹菹"之俗稱。此稱清代已行用。清佚名《調鼎集·蔬菜部》："醃白菜：每菜一百斤，先曬瘟，洗净晾乾，用鹽八斤，多則鹹，少則淡。鹽內拌碎熟芝麻，用時似有油而香。醃菜缸內置大石壓三四日，打肘裝罈，約加鹽三斤，澆以河水，封口用鹽滷拌草灰，不用草塞。冬日醃熟白菜，須於未立春前將醃菜每株絞緊，裝小罈捺實，灌滿原滷，加重鹽封口，放避風陰處，可至來夏不壞。臨用開之，勿見風，見風黑。又暴醃菜略曬即可醃，切碎醃更便。又醃菜洗净陰乾，不可腳踏，加鹽疊醃，其菜脆而甘美。又醃白菜取高種而根株小，晚稻田種，不經雪者佳。經霜皮脫，早稻田種者瘦，棵大者難乾……醃用小缸，易完而味不酸。"時亦稱"醃菜"。清顧仲《養小錄》卷中："醃菜法：白菜一百斤，曬乾，勿見水，抖去泥，去敗葉。先用鹽二斤，疊入缸，勿動手，醃三四日，就滷內洗净，加鹽，層層疊入罐內，約用鹽三斤，澆以河水，封好可長久（臘月作）。又法，冬月白菜，削去根，去敗葉，洗净掛乾。每十斤，鹽十兩，用甘草數根，先放瓮內，將鹽撒入菜，內排疊瓮中，入蒔蘿少許（椒末亦可），以手按實。及半瓮，再入甘草數根，將菜裝滿，用石壓面。三日後取菜，搬疊別器內（器須潔净，忌生水）。將原滷澆入，候七日，依前法搬疊，疊實，用新汲水加入，仍用石壓，味美而脆。至春閒食不盡者，煮曬乾收貯。夏月溫水浸過，壓去水，香油拌匀，入瓷盌，飯鍋蒸熟，味尤佳。"

【醃菜】

即醃白菜。此稱清代已行用。見該文。

配鹽瓜菽

一種瓜菜豆合漬的腌菜。見於宋代。宋佚名《吳氏中饋錄》："配鹽瓜菽：老瓜、嫩茄合五十斤，每斤用净鹽二兩半。先用半兩醃瓜茄一宿，出水；次用橘皮五斤、新紫蘇連根三斤、生薑絲三斤、去皮杏仁二斤、桂花四兩、甘草二兩、黃豆一斗、煮酒五斤，同拌入甕，合滿捺實。箬五層，竹片捺定，箬裹泥封。曬日中兩月，取出，入大椒半斤，茴香、砂仁各半斤，匀晾曬在日內，發熱乃酥美。黃豆須揀大者，煮爛，以麩皮罨熱，去麩皮净用。"

脆紅藕薺

"菹虀"之屬。以藕莖拌和鹽、醋等製成。始見於宋代。虀，同"齏"。宋陳元靚《事林廣記·癸集》："脆紅藕薺：嫩藕梢隨意切作方塊，如骰子大。就蟹眼湯內快手綽上。取牽牛花揉汁淹染片時，投冷熟水中滌過，控乾。以馬芹、鹽花泡湯，入少醋，加蜜作薺，澄冷，澆供之。"後世亦相沿製作。清汪灝等《廣群芳譜·果譜·藕》："嫩藕搗碎，鹽醋拌匀，可以醒酒。"按，汪書此節引上《事林廣記》"脆紅藕薺"省作"藕虀"。

醋薑

醋漬品。始見於宋代。宋周密《武林舊事·市食》："醋薑、脂麻辣菜、拌生菜、諸般糟淹。"元代始詳載製法：先將薑用炒鹽腌一夜，此後將原滷汁加入醋煎沸，俟冷却後入薑，封固器口。元佚名《居家必用事類全集·己集·飲食類》："造醋薑法：不以多少，炒鹽腌一宿，用元滷入釀醋同煎數沸，候冷入薑。箬扎瓶口，泥封固。"明清時期相承製用。明李時珍《本草綱目·菜一·生薑》："薑辛而不葷，去邪辟惡，生啖熟食，醋醬糟鹽、蜜煎調和，無不宜之。"清時製作，或加入砂糖。清顧仲《養小錄》卷中："醋薑：嫩薑鹽腌一宿，取滷同米醋煮數沸，候冷入薑。量加沙糖，封貯。"

泡鹽菜

一種腌菜。見於清代。清曾懿《中饋錄》："製泡鹽菜法：泡鹽菜法定要覆水罈。此罈有一外沿如暖帽式，四周内可盛水；罈口上覆一蓋，浸於水中，使空氣不得入内，則所泡之菜不得壞矣。泡菜之水，用花椒和鹽煮沸，加燒酒少許。凡各種蔬菜均宜，尤以豇豆、青紅椒爲美，且可經久。然必須將菜曬乾，方可泡入。如有霉花，加燒酒少許。每加菜必加鹽少許，並加酒，方不變酸。罈沿外水須隔日一換，勿令其乾。若依法經營，愈久愈美也。"亦稱"浸菜"。清薛寶辰《素食説略》："浸菜：用有簷浸菜罈子，除葱、薑、韭等不用，餘如胡瓜、茄子、豇豆、刀豆、苦瓜、萊菔、胡萊菔、白菜、芹菜、辣椒之類，皆可浸。浸用熟水，鹽須炒過，酌加花椒、小香、生薑。浸好，以瓷碗蓋之，碗必與罈簷吻合，簷内必貯水，防洩氣及見風也。取時必以净箸夾出，防見水及不潔之

物也。"按，此即今時泡菜。

【浸菜】

即泡鹽菜。此稱清代已行用。見該文。

酢淹肉

肉菹。以醯醬漬肉而成。其物始見於先秦時期。《禮記·内則》："麋鹿、魚爲菹，麕爲辟鷄，野豕爲軒，兔爲宛脾，切葱若薤，實諸醯以柔之。"鄭玄注："此軒、辟鷄、宛脾，皆菹類也。釀菜而柔之以醯，殺腥肉及其氣。"這裏的麋鹿、魚、麕、野豕、兔等均係"全物"或切塊製作之"酢淹肉"。其稱始見於秦代。《玉篇·肉部》"腌"下引《蒼頡篇》云："酢淹肉也。"晋代稱"菹消"。《太平御覽》卷八五六引晋盧諶《祭法》："秋祠有菹消。"舊注："《食經》有此法也。"南北朝時期始載製法。亦作"菹肖"。北魏賈思勰《齊民要術·菹緑》："菹肖法：用猪肉、羊、鹿肥者，甕葉細切，熬之，與鹽豉汁。細切菜菹，菜細如小蟲絲，長至五寸，下肉裹。多與菹汁令酢。"又《作菹藏生菜法》："作菹消法：用羊肉二十斤，肥猪肉十斤，縷切之。菹二升，菹根五升，豉汁七升半，切葱頭五升。"宋以後多改用鹽腌，稱"腌肉"。宋蘇軾《格物粗談·培養》："腌肉滚汁，徹去浮油，熱入瓶，插梅花，可結實。"明高濂《遵生八牋·飲饌服食牋上》："夏月腌肉法：用炒過熱鹽擦肉，令軟匀，下缸内，石壓一夜，掛起，見水痕，即以大石壓乾，掛當風處不敗。"清佚名《調鼎集·特牲部》："腌肉：冬月用炒鹽擦透肉皮，石壓七日，曬……又每猪肉十斤，配鹽一斤。肉先切條片，用手掌打四五次，後將炒鹽擦上，石塊壓緊。次日水出，下硝少許，一日翻腌，六七日取起。夏月晾風，冬月曬日，

均俟微乾收用。又將豬肉切成條片，用冷水泡浸半日或一日，撈起，每肉一層，稀薄食鹽一層，裝盒，用重物壓之，蓋密，永不搬動。要用時，照層取起，仍留鹽水。若熏用，照前法鹽浸三日撈起，曬微乾，用甘蔗渣同米鋪放鍋底，將肉排籠內蓋密，安置鍋上，用礱糠火慢焙之，以蔗米烟熏肉，肉油滴下，聞氣香即取出，掛有風處。要用時，白水微煮，甚佳。又將肉切皮二斤，或斤半塊子，去骨，將鹽研末，以手揾末擦肉皮一遍，將所去之骨鋪於缸底，先下整花椒，拌鹽一層，下肉一層，其皮向下，以一層肉、一層椒鹽下完，面上多蓋椒鹽，用紙封固，過十餘日可用。如用時取出，仍用紙封固，勿令出氣，其肉缸放不冷不暖之處。醃豬頭同，其骨亦須去净。"

【菹消】

即酢淹肉。此稱晉代已行用。見該文。

【菹肖】

即酢淹肉。此體南北朝時期已行用。見該文。

【醃肉】

即酢淹肉。此稱宋代已行用。見該文。

【鹽腸】

"酢淹肉"之一種。此稱元代已行用。元忽思慧《飲膳正要・聚珍異饌》："鹽腸：羊苦腸（水洗净）。右件用鹽拌匀，風乾，入小油煠。"

【羊淹】

"酢淹肉"之屬。腌漬羊肉而成。見於漢代。漢桓寬《鹽鐵論・散不足》："今熟食徧列，殽施成市，作業墮怠，食必趣時……煎魚切肝，羊淹雞寒。"

【醃鹿脯】

"酢淹肉"之屬。鹽漬鹿肉條，曬乾或風乾而成。此稱元代已行用。元佚名《居家必用事類全集・己集・飲食類》："醃鹿脯：净肉十斤，去筋膜，隨縷打作大條。用鹽五兩、川椒三錢、蒔蘿半兩、葱絲四兩、好酒二升和肉拌醃。每日翻兩遍。冬三日，夏一伏時取出，以綫逐條穿，油搽，曬乾爲度。"另法："鹿肉或麂子肉，去皮膜，連脂細切二十斤，用鹽二十兩，入蔴莫二合，一處拌匀。用羊大肚一個，去草芽，裝滿縫合，用杖子夾定於風道中或日曬乾。"

【雪醃肉】

"酢淹肉"之屬。冬雪加鹽腌漬。此稱清代已行用。清佚名《調鼎集・特牲部》："雪醃肉：冬雪用鹽少許拌匀，一層肉一層雪醃實罈內。春夏可用。"

【灰醃肉】

"酢淹肉"之屬。此稱清代已行用。清佚名《調鼎集・特牲部》："灰醃肉：肉略醃，用粗紙二三層包好，放熱灰內，三日即成火肉。"

【鹽醃肉】

"酢淹肉"之屬。此稱清代已行用。清佚名《調鼎集・特牲部》："鹽醃肉：鷄鴨等肉，上下用盤，熱鹽醃一時用。夏月更宜。"

【小暴醃肉】

"酢淹肉"之屬。此稱清代已行用。清朱彝尊《食憲鴻秘・肉之屬》："小暴醃肉：豬肉切半觔大塊，用炒鹽，以天氣寒熱增減，椒、茴等料并香油揉軟，置陰處晾着聽用。"

江州岳府醃魚

元代著名腌製品。產於江西九江（即古江州府）。以鯉魚、鯆魚、鱤魚等製作。元佚名

《居家必用事類全集·己集·飲食類》：“江州岳府醃魚法：臘月將大鯉魚去鱗雜，頭尾劈開，洗去濃涎腥血，布拭乾。炒鹽淹之七日就，用鹽水刷洗魚明净，於當風處懸之七七日，魚極乾取下，割作大方塊。用臘糟並臘月酒腳和糟稍稀。相魚多少，下炒茴香、蒔蘿、葱油與糟拌匀，塗魚，逐塊入净罈中。一層魚一層糟，罈滿即止。以泥固罈，過七七日開之。如遇南風不可開罈口，立致變壞。此法最妙。”另法：“用鯆、鯉、鰉魚作乾魚，臘月造，至正月以魚作段子，洗令净。每一斤用鹽二兩，却以糯米白麴造成酒醅，以紅麴入醅内，加清油、蒔蘿、茴香、薑、椒拌和，一層魚一層糟醅，置磁甕中，密封固，可交新。”

醃鹹鴨卵

腌製品。供菜用。即今俗之腌鴨蛋，美稱“腌青果”。南北朝時期出現的“杬子”（亦作“元子”）即一種腌鴨蛋。其時方法與後世不同，須用杬木皮與鴨卵合漬，故稱“杬子”。北魏賈思勰《齊民要術·養鵝鴨》：“作杬子法：純取雌鴨，無令雜雄，足其粟豆，常令肥飽，一鴨便生百卵。取杬木皮，净洗細莝，剉，煮取汁。率二斗，及熱下鹽一升和之。汁極冷，内甕中，浸鴨子。一月任食。”自注：“無杬皮者，虎杖根、牛李根，並作用。”此法約延續於宋。元明以下即加變革，不用杬木，鹽漬爲主，持續至今。宋代稱“鹽鴨卵”“元子”。宋孟元老《東京夢華録·池苑内縱人關撲游戲》：“池上飲食……鹽鴨卵、雜和辣菜之類。”宋楊萬里《野店二絶句》：“深紅元子輕紅鮓，難得江西鄉味來。”自注：“江西以木葉汁漬鴨子，皆深紅，曰元子。”元代稱“醃鹹鴨卵”。元佚名《居家

必用事類全集·己集·飲食類》：“醃鹹鴨卵：不拘多少，洗净控乾。用竈灰篩細，二分，鹽一分，拌匀。却將鴨卵於濃米飲湯中蘸濕，入灰鹽滾過，收貯。”明代稱“鹹杬子”。明陶宗儀《輟耕録·鹹杬子》：“今人以米湯和入鹽、草灰以團鴨卵，謂曰鹹杬子。”

【杬子】
即醃鹹鴨卵。此稱始於北魏。見該文。

【元子】[3]
即醃鹹鴨卵。此稱宋代已行用。見該文。

【鹽鴨卵】
即醃鹹鴨卵。此稱宋代已行用。見該文。

【鹹杬子】
即醃鹹鴨卵。此稱明代已行用。見該文。

【鹽鴨子】
即醃鹹鴨卵。此稱始見於宋代。宋洪邁《容齋續筆·鹹杬子》：“《異物志》云：‘杬子，音元，鹽鴨子也。’以其用杬木皮汁和鹽漬之。今吾鄉處處有此。”元亦沿稱。元魯明善《農桑衣食撮要·鹽鴨子》：“自冬至後至清明前，每一百個用鹽十兩，灰三升，米飲調成團，收乾甕内，可留至夏間食。”

【醃蛋】
“醃鹹鴨卵”之屬。此稱清代已行用。所腌之卵，不限於鴨卵，雞卵、鵝卵等亦包括在内。清朱彝尊《食憲鴻秘·卵之屬》：“醃蛋：先以冷水浸蛋一二日，每蛋一百，用鹽六七合。調泥糊蛋入缸，大頭向上。天陰易透，天晴稍遲。遠行用灰鹽，取其輕也。醃蛋下鹽分兩：雞蛋每百用鹽二勺半，鵝蛋每百鹽六勺四兩，鴨蛋每百用鹽三勺十二兩。”清代亦稱“醃鹽蛋”“醃鹹蛋”。清李化楠《醒園録》卷下：

"醃鹽蛋法：用蘆草灰、木炭灰或稻草灰亦可。二灰用六成七成，黃土用四成三成，有粘性可粘住就好。灰土拌成一塊，每三升土灰，配鹽一升。酒和泥塑蛋，大頭向上，小頭向下，密排罈內，十多天或半月可吃。合泥切不可用水，一用水即蛋白堅實難吃矣。"清佚名《調鼎集・羽族部》："醃鹹蛋：蛋須清明前醃，蛋不空頭。每百，官秤鹽二斤。略加水，先用井水浸蛋一宿，鹽、草灰內用酒腳或醃肉酒更肥，拌勻，石臼搗熟，復用酒及肉汁稀調如糊，每蛋糯黏濡己，到裝罈宜直豎，大頭向上，一月可用。天陰則醃蛋易透，一月內如遇三日陰則鹹。用草灰，蛋殼青白而黃鬆；用黃泥，蛋殼渾濁而黃豎。日中淹者，黃正中；上半日者偏上；下半日者偏下。又雞蛋每百，用鹽一斤；鵝蛋每百，用鹽二斤；鴨蛋每百，用鹽二斤半。又醃蛋以高郵爲佳，宜切悶帶殼，黃白兼用，不可存黃去白，使味不全。又，醃蛋用稻草六成，黃土四成，酒和灰土拌成一塊，每灰三升，拌鹽一升，塑蛋，大頭向上，密排罈內十餘日，或半月，可用。"

【醃鹽蛋】

即醃蛋。此稱清代已行用。見該文。

【醃鹹蛋】

即醃蛋。此稱清代已行用。見該文。

梨菹

果類菹齏。始見於南北朝時期，後世罕見。製時先將小梨浸於密閉器中釀爲酸漿，而後削梨爲片，與蜜共投入酸漿内。北魏賈思勰《齊民要術・作菹藏生菜法》："梨菹法。先作漤：用小梨，瓶中水漬，泥頭，自秋至春。至冬中，須亦可用。又云：一月日可用。將用，去皮，通體薄切，奠之，以梨漤汁，投少蜜，令甜酢。以泥封之。若卒作，切梨如上，五梨半用苦酒二升，湯二升，合和之，溫令少熱，下，盛。一奠五六片，汁沃上，至半。以篸置杯旁，夏停不過五日。"

【拌梨絲】

"梨菹"之一種。此稱清代已行用。清佚名《調鼎集・乾鮮果部》："拌梨絲：梨切絲，拌紅糖、薑滷。又，加芥末、鹽滷拌。"

【楂糕拌梨絲】

"梨菹"之屬。以山楂糕與梨俱切成絲（或片）相拌，酸甜相兼，味美適口。此稱清代已行用。清夏曾傳《隨園食單補證・雜素菜單》："楂糕拌梨絲：京師，楂糕用鴉梨切絲拌食，雋美異常，此宣武坊南酒家勝概也。南方二物皆不及北方，故效顰終不能肖耳。"今北方恒於冬日製作食用。

第二節　醬體考

醬是發酵魚、肉、豆、麥製成的一種流質美食。可直接服用佐餐，亦可用爲烹調輔料，故自古及今爲人們飲食生活所不可少。

醬之製作，在我國有悠久歷史。相傳"成湯作醢""周公作醬"（明張岱《夜航船·日用·飲食》），説明至遲在商周時期先民已掌握了這門技術。

醬、醢又稱"臡"。此三名均見諸先秦，統稱無别，析言有異。統稱則皆指肉醬，析言則醢指無骨肉醬，臡指帶骨肉醬，醬指一般的醬。《周禮·天官·膳夫》："醬用百有二十甕。"又《天官·醢人》："朝事之豆，其實韭菹、醓醢、昌本、麋臡。"鄭玄注引鄭司農云："有骨爲臡，無骨爲醢。"魏晋時又稱"醯"。《廣雅·釋器》："醯，醬也。"

從醬品出現的時代、先後次第來看，動物質之肉醬先於植物質之豆麥醬。醬，古字作"酱"，《説文》對它的分析是"醢也。從肉酉，酒以龢醬也，爿聲"（據段注本），説明古代先造者爲肉醬。先秦文獻中常見肉醬，如"醓醢""麋臡""鹿臡""麇臡""蠃醢""麕醢""蚳醢""兔醢""雁醢""魚醢""卵醬"等，而植物質醬僅"芥醬"、"䕔楡"（楡醬）而已，也説明素質醬晚出。

到漢代，造醬在前代基礎上又有新的進展。肉質醬品增多，如"肉魷""魚魷""爵醬""馬醬""蟹胥""逐夷"等。鄭玄最早詳細記載了肉醬的做法："必先膊乾其肉，乃後莝之，雜以粱麴及鹽，漬以美酒，塗置瓶中，百日則成矣"（《周禮·天官·醢人》鄭玄注）。素質醬也有長足進展。作爲後來素質醬大宗的豆醬開始出現。漢王充《論衡》談到當時造豆醬要避雷天，説明對此有一定研究。漢崔寔《四民月令》出現的"清醬"就是一種豆醬。蜀地精品"枸醬"開始流入外番。

南北朝時造醬進入新階段。北魏賈思勰《齊民要術》設《作醬等法》一節，詳細記載了"豆醬""麥醬""楡子醬""魚醬""蝦醬""肉醬""卒成肉醬""生脡""燥脡"等醬品的製作過程，對後世具有實踐意義及深遠影響，功垂史册。至唐代，素質醬的製作工藝簡化、完善，可以一次製成醬黄，曬乾後隨時兑水作醬（唐韓鄂《四時纂要》）。從此素醬製作基本遵循此法，肉質醬漸呈衰敗之勢。

明清時，素質醬開始占據主導地位，其兩大宗豆醬與麥醬自成門户與體系。明李時珍《本草綱目》中《醬》一節把醬分成麵醬、豆醬兩大類，麵醬又分大麥、小麥、甜醬、麩醬之屬，豆醬又分大豆、小豆、豌豆、豆油之屬，并逐一介紹其製法，與今日素質醬品已大體吻合。清代辣味醬、果醬開始出現。如"辣豆瓣""胡豆瓣"均是在豆醬基礎上的發展，"梅醬""棗臡"則是果醬的代表。還應指出，明代已趨衰敗的肉醬大多改由熟肉製作，并與素質醬、作料配合，形成二者結合的菜肴式醬品。如明代的"鵝醢"、清代的"火腿醬"就是如此。今日之麵醬、豆醬、辣醬、炸醬等皆沿襲前代而來，而諸種果醬、果茶之發展，却是前代不可比擬的。

醬

重要家常日用副食。軟體流質，味鹹、甜、辣或酸兼備。通以鹽漬、發酵魚、肉、豆、麥等製得。此稱先秦時期已行用。《論語·鄉黨》："割不正不食，不得其醬不食。"時亦稱"醢""醯"，多指肉醬。《詩·大雅·行葦》："醓醢以薦，或燔或炙。"孔穎達疏引李巡曰："以肉作醬曰醢。"陸德明釋文："醢……肉醬也。"漢代亦作"醬"。《説文·酉部》："醬，鹽也，從肉從酉，酒以和醬也，爿聲。"《急就篇》卷二："蕪荑、鹽、豉、醯、酢、醬。"顔師古注："醬以豆合麵而爲之也。"《藝文類聚》卷七二引漢應劭《風俗通》："醬成於鹽而鹹於鹽。"《釋名·釋飲食》："醬者，將也。能制食物之毒，如將之平暴惡也。"我國傳統醬食有動物質、植物質兩大類，動物質醬產生早於植物質醬。魚醬、肉醬遠在先秦就已產生，豆醬、麥醬則是漢、南北朝時產生，米醬、果醬是清代以後產生的。北魏賈思勰《齊民要術》最早對醬品詳細分類并記載製法。所載肉質醬有"肉醬""卒成肉醬""魚醬""乾鱭魚醬""蝦醬""燥脡""生脡""鱁鮧"等，素質醬有"豆醬""麥醬""榆子醬"等。南北朝時對此兩類醬入藥與否已有明確認識。南朝梁陶弘景《本草經集注》卷七："醬多以豆作，純麥者少，入藥當以豆醬，陳久者彌好也。又有魚醬、肉醬，皆呼爲醢，不入藥用。"唐人對魚肉醬的副作用已有認識。據明

李時珍《本草綱目·穀四·醬》引唐孟詵《食療本草》謂："小麥醬殺藥力不如豆醬；又有麞、鹿、兔、雉及鱧魚醬，皆不可久食也。"元代對醬的性味、功能認識更爲具體。元忽思慧《飲膳正要·米穀品》："醬味鹹酸，冷，無毒，除熱止煩，殺百藥熱湯火毒，殺一切魚肉菜蔬毒。豆醬主治勝麵醬，陳久者尤良。"宋代以後，魚肉醬漸呈衰勢，而豆醬、麵醬却名目增多，應用日廣。見於載籍者，豆醬有"便熟醬""熟黄醬""生黄醬""小豆醬""豌豆醬""大豆醬""黄豆醬""黑豆醬""蠶豆醬""甕醬"等；麵醬有"大麥醬""小麥麵醬""甜麵醬""自然甜醬""麩醬"等。清代又出現"米醬"，近代又出現"果醬"。清代對前人造醬經驗加以歸納整理，有可資借鑒處，也有應予剔除處。清佚名《調鼎集·調和作料部》："醬不生蟲：面上灑芥末或川椒末，則蟲不生。辟蠅蚋：面上灑小茴末，再用鷄翎蘸生香油抹缸口，則蠅蚋不入。凡生白衣與醬油渾脚，用次等甑帽頭稀而不緊者濾之則净。醋同。造醬用臘水：頭年臘水，揀極凍日煮滚，水放天井空處，冷定存。俟夏月泡醬，是爲臘水，最益人，不生蟲，經久不壞。造醬油同。又，六月六日取水，净甕盛之，用以作醬、醋，醃物一年不壞。造醬要三熟：熟水調麵做餅；熟麵做黄，將餅蒸過，用草罨；熟水浸鹽，鹽用滚水浸。"又："用醬各條：凡烹調用醬，取冷水調稀，勿用熱水，澄清，去

醬渣，入鍋略熬，亦無醬氣。"又："造醬禁忌：一下醬忌辛日。一水日造醬必蟲。一孕婦造醬必苦。一防雨點入缸。一防不潔身子、眼目。一忌缸罈泡法不净。一醬曬得極熱時，不可攪動，晚間不可即蓋。應攪之日，務於清早上蓋，必待夜静晾冷。下雨時蓋缸，亦當用木棍撑起，若悶住，黄必翻。又，日已出或日已没下醬，無蠅。又，橙合醬，不酸。又雷時合醬，令人腹鳴。又，月上下弦之候，觸醬輒敗。"

【醢】

即醬。此稱先秦時期已行用。見該文。

【醢】

即醬。此稱先秦時期已行用。見該文。

【酱】

同"醬"。此體漢代已行用。見該文。

魚醬

醬名。以魚體肉爲主料加工而成，故名。始見於先秦時期。時稱"魚醢"。《周禮·天官·醢人》："加豆之實……魚醢。"南北朝時期始稱"魚醬"。北魏賈思勰《齊民要術·作醬等法》："作魚醬法：（鮎魚、鱭魚第一好，鱧魚亦中。鱭魚、鮎魚即全作，不用切）去鱗，净洗，拭令乾。如膾法披破縷切之。去骨。大率成魚一斗，用黄衣三升（一升全用，二升作末），白鹽二升（黄鹽則苦），乾薑一升（末之），橘皮一合（縷切之），和令調均，内甕子中，泥密封，日曝（勿令漏氣）。熟，以好酒解之。"《新唐書·百官志三》："〔掌醢署令〕掌供醢醯之物，一曰鹿醢，二曰兔醢，三曰羊醢，四曰魚醢。"後世皆加製作。宋佚名《吳氏中饋録》："魚醬法：用魚一斤，切碎洗净後，炒鹽三兩、花椒一錢、茴香一錢、乾薑一錢、神麯二錢、

紅麯五錢，加酒和匀，拌魚肉，入磁瓶封好。十日可用，喫時加葱花少許。"元佚名《居家必用事類全集·己集·飲食類》："魚醬：魚（每一斤）、鹽（三兩，炒）、椒末（一錢）、馬芹（一錢）、乾薑末（一錢）、神麯末（二錢）、紅麯（半兩）、葱絲（一握）。先將魚切破，以前件物料加好酒，和匀入磁瓶。"清朱彝尊《食憲鴻秘·魚之屬》："魚醬法：魚一觔，碎切，洗净。炒鹽三兩，花椒、茴香、乾薑各一錢，神麯二錢，紅麯五錢，加酒和匀，入磁瓶封好，十日可用。用時加葱屑少許。"參閲徐珂《清稗類鈔·飲食類》。

【魚醢】

即魚醬。此稱先秦時期已行用。見該文。

【鮓片醬】

即魚醬。此稱宋代已行用。宋孟元老《東京夢華録·飲食果子》："更外賣軟羊諸色包子、猪羊荷包、燒肉乾脯、玉板鮓犯、鮓片醬之類。"明代亦省稱"鮓醬"。明李時珍《本草綱目·介一·鱟》："南人以其肉作鮓醬。"

【鮓醬】

"鮓片醬"之省稱。此稱明代已行用。見該文。

【魚子醬】

"魚醬"之屬。因其以魚子爲主料製成，故名。先秦時期即能製此，時稱"卵醬"。《禮記·内則》："濡魚，卵醬實蓼。"鄭玄注："卵讀爲鯤。鯤，魚子。"孔穎達疏："卵謂魚子，以魚子爲醬。"至清代徑稱"魚子醬"。清佚名《調鼎集·江鮮部》："魚子醬：各種魚子（去血膜），勿見水，用酒和醬油擣爛，加麻油、椒末、茴香末和匀作醬。"清代亦稱"鯤醬"。清

朱彝尊《食憲鴻秘·醬之屬》："鯤醬（蝦醬同法）：魚子去皮沫，勿見生水，和酒、醬油磨過，入香油打勻曬攪，加花椒、茴香，曬乾成塊，加料及鹽醬，抖開再曬方妙。"鯤，即魚苗、魚子。

【卵醬】

即魚子醬。此稱先秦時期已行用。見該文。

【鯤醬】

即魚子醬。此稱清代已行用。見該文。

【魚魫】

一種多汁之"魚醬"。魫，通"醓"，多汁之醬。此稱漢代已行用。馬王堆一號漢墓第九〇簡："魚魫一資。"按，唐蘭以爲"資"通"瓷"。一資，一器也。

【魚腸醬】

"魚醬"之一種。加工魚腸而製得，故稱。魚腸爲醬，始自上古。見諸文獻，約在漢時。相傳漢武帝追逐夷人於海曲，得漁父所爲此物，食而美之，遂命名爲"逐夷"，亦作"鱁鮧"。南北朝時期總結其製法爲：取石首魚、魦魚、鯔魚之腸肚，鹽漬，密置器中。北魏賈思勰《齊民要術·作醬等法》："作鱁鮧法：取石首魚、魦魚、鯔魚三種腸、肚、胞，齊净洗，空著白鹽，令小倍鹹，内器中，密封，置日中。夏二十日，春秋五十日，冬百日乃好，熟時下薑、酢等。"自注："昔漢武帝逐夷至於海濱，聞有香氣而不見物。令人推求，乃是漁父造魚腸於坑中，以至土覆之法，香氣上達。取而食之，以爲滋味。逐夷得此物，因名之，蓋魚腸醬也。"此物亦得和蜜食之。《南史·宋本紀下·明帝》："以蜜漬鱁鮧，一食數升。"明代常熬魚膘爲膏，食時切片，加以薑醋，呼爲魚膏。李時珍以爲即此。今按，二名實乃二物，相近而有别。參閱李時珍《本草綱目·鱗四·鱁鮧》。

【逐夷】

即魚腸醬。此稱漢代已行用。見該文。

【鱁鮧】

即魚腸醬。此體南北朝時期已行用。見該文。

【子魚醬】

"魚醬"之一種。以長江上游古巴蜀屬地郫縣所産子魚爲主料製作，故名。魏晋時期頗有名氣。三國魏曹操《四時食制》："郫縣子魚，黄鱗赤尾，出稻田，可以爲醬。"

【乾鱭魚醬】

"魚醬"之一種。以乾鱭魚製成。此稱南北朝時期已行用。北魏賈思勰《齊民要術·作醬等法》："乾鱭魚醬法：一名刀魚。六月七月取乾鱭魚，盆中水浸，置屋裏，一日三度易水。三日好净，漉洗去鱗，全作勿切。率魚一斗，麴末四升，黄蒸末一升。無蒸，用麥糵末亦得。白鹽二升半，於盤中和令均調，布置甕子，泥封，勿令漏氣。二七日便熟，味香美，與生者無殊異。"

【魚頭醬】

"魚醬"之一種。以魚頭爲主料製成。此稱宋代已行用。宋吴自牧《夢粱録·分茶酒店》："又有托盤擔架至酒肆中歌叫買賣者，如炙鷄……寸金鮓、筋子鮓、魚頭醬等。"宋陳元靚《事林廣記·癸集》："造魚頭醬：魚頭去眼睛并頰顋硬骨，不拘多少。先用醋、鹽、酒出水，控乾，如骰子大塊。每一斤用鹽一兩半，炒米粗末、紅麯末、麵麯末、料物以法拌匀，入瓶，實捺，密封。"

【白魚片醬】

"魚醬"之一種。以白魚片製取，故名。此稱宋代已行用。宋陳元靚《事林廣記·癸集》："白魚片醬：白魚事治了，揩乾作大片批開。每魚五斤，入鹽半斤，青椒、紅麴、蒔蘿、米黃一升半，生葱不拘多少，切。浮生油二兩，和勻，同入罐，封密。先用鹽半兩，淹出水。"

【鱟醬】

"魚醬"之一種。以鱟魚肉製取，故名。此稱明代已行用。明謝肇淛《五雜俎·物部三》："今閩中有蠣醬、鱟醬、蛤蜊醬、蝦醬，嶺南有蟻醬。則凡蟲而切之醃藏者概謂之醬矣，乃古之醢，非醬也。"明李時珍《本草綱目·介一·鱟》："南人以其肉作鮓醬。"

【鱟子醬】

"魚醬"之一種。以鱟魚子製成。此稱明代已行用。明李時珍《本草綱目·介一·鱟》："腹有子如黍粟米，可爲醯醬。"

【青魚醬】

"魚醬"之一種。以青魚肉製取，因名。此稱清代已行用。清佚名《調鼎集·水族有鱗部》："青魚醬：魚一斤，切碎洗，用鹽二兩，花椒、茴香、乾薑各一錢，紅麴五錢，加酒和勻，拌魚裝瓶，封固十日開用。臨食加葱花少許。"

【連魚醬】

"魚醬"之一種。以連魚肉製作，故名。此稱清代已行用。清佚名《調鼎集·水族有鱗部》："連魚醬：取一切魚，披破縷切之，去骨，用盒熟酒黃、橘皮、薑片和勻，納甕泥封，曬熟。臨用，酒解之。"

蝦醬

醬名。以蝦爲主料製成，故名。做法：取蝦、鹽、糝、水調和，逐日曬之即成。雖有臭味而食之極香。此物之製，肇自上古。緣鹽、醬之生而生。見於文獻，始自南北朝時期。其時貴族有以此爲禮物饋遺他人者，製法亦加記載，足見行用之盛。時亦稱"龍醬"。此後相沿製作，以迄於今。俗稱"臭蝦醬"。南朝梁劉潛《謝晋安王賚蝦醬啓》："龍醬傳甘，退成可陋；蚳醢稱貴，追覺失言。"北魏賈思勰《齊民要術·作醬等法》："作蝦醬法：蝦一斗，飯三升爲糝，鹽二升，水五升，和調。日中曝之，經春夏不敗。"明宋翊《宋氏養生部》："用鮮大蝦，每十斤，鹽一斤，醃疊之。泥封一月，俟熟，宜醋。其絶細者，今日曰蝦醬。"明謝肇淛《五雜俎·物部三》："今閩中有蠣醬、鱟醬、蛤蜊醬、蝦醬。"清佚名《調鼎集·水族無鱗部》："蝦醬：細蝦一斗，飯三升爲糝，鹽一升、水五升和勻，日中曬之，經夏不敗。"

【龍醬】

即蝦醬。蝦有龍蝦，故以"龍"代"蝦"，示貴重。此稱南朝時期已行用。見該文。

蟹醬

醬名。以螃蟹爲原料製作，故名。味極佳美。始見於漢代。《淵鑑類函·食物四·醬醢》引漢張敞《答朱登書》："朱登爲東海相，遺敞蟹醬。敞報曰：'謹分其眈於三老尊行者，曷敢獨享也？'"時亦稱"蟹胥""胥""蟹醢"。《説文·肉部》："胥，蟹醢也。"《周禮·天官·庖人》"共祭祀之好羞"漢鄭玄注："謂四時所爲膳食，若荆州之鮭魚、青州之蟹胥，雖非常物，進之孝也。"陸德明釋文引《字林》："胥，蟹醬也。"

晋代作"蟹蝑""蝑"。蝑,同"胥"。晋張載《登成都白菟樓》詩:"黑子過龍醢,果饌踰蟹蝑。"北周庾信《奉和永豐殿下言志》詩:"濁醪非鶴髓,蘭肴異蟹胥。"《集韻·去禡》:"蝑,蟹醢。"宋代亦作"蟹胥"。宋黃庭堅《奉答謝公定與榮子邕論狄元規孫少述詩長韻》:"蟹胥與竹萌,乃不美羊腔。"宋邵桂子《蔬屋詩爲曹雲西作》:"猩唇豹胎,麋臠蟹胥。"明李時珍《本草綱目·介一·蟹》:"諸蟹性皆冷,亦無甚毒,爲蝑最良。"清曹寅《藥後除食忌謝方南菫饋鮓雞二品》詩:"耐寒時欲存梟臛,躁擾疇堪議蟹胥。"

【蟹胥】

　　即蟹醬。此稱漢代已行用。見該文。

【蟹蝑】

　　即蟹醬。此體晋代已行用。見該文。

【蟹胥】

　　即蟹醬。此體宋代已行用。見該文。

【胥】

　　即蟹醬。此稱漢代已行用。見該文。

【蝑】

　　即蟹醬。蝑,"胥"之後起字。此體晋代已行用。見該文。

【蟹醢】

　　即蟹醬。此稱漢代已行用。見該文。

蛤黎醬

　　醬名。以介物蛤黎(蜊)爲主料製成,故名。據《韓非子·五蠹》,遠古漁獵時期,先民即以"蜯蛤"爲食。後發明製醬,遂以蛤爲醬,成爲先秦重要醬品之一。當時稱爲"廳醢"。蛤黎(一作"蛤黎")已見載於《淮南子·道應訓》。約在宋代,始稱"蛤黎醬"。明代作"蛤

蜊醬"。《周禮·天官·醢人》:"饋食之豆,其實葵菹⋯⋯廳醢。"鄭玄注引鄭司農云:"廳,蛤也。"賈公彥疏:"謂小蛤。"宋王鞏《清虛雜著·補闕》:"京師舊未嘗食蜆蛤,錢司空始以蛤黎爲醬,於是海錯悉醢以走四方。"明李時珍《本草綱目·介二·蛤蜊》引明人汪機曰:"蛤蜊,生東南海中,白殼紫唇,大二三寸者。閩浙人以其肉充海錯,亦作爲醬醢。"明謝肇淛《五雜俎·物部三》:"今閩中有蠣醬、鱟醬、蛤蜊醬、蝦醬⋯⋯乃古之醢,非醬也。"清翟灝《通俗編·禽魚·蛤黎醬》:"以蛤屬爲醬,自昔有之,今越人仍詡此爲佳味。"

【廳醢】

　　即蛤黎醬。此稱先秦時期已行用。見該文。

【蛤蜊醬】

　　同"蛤黎醬"。此體明代已行用。見該文。

【蜃】[2]

　　"蛤黎醬"之一種。以大蛤蜊肉爲主料製成。此稱先秦時期已行用。《周禮·天官·醢人》:"饋食之豆,其實葵菹⋯⋯蜃。"鄭玄注:"蜃,大蛤。"賈公彥疏:"蜃⋯⋯不言菹,皆臡也。"

【蠃醢】

　　"蛤黎醬"之屬。以螺類之肉製成。蠃,同"螺"。螺與蛤蜊同爲甲殼類生物。此稱先秦時期已行用。《周禮·天官·醢人》:"饋食之豆,其實葵菹、蠃醢。"《儀禮·士冠禮》:"再醮,兩豆,葵菹、蠃醢。"按,漢鄭玄解此"蠃"爲"蛃蝓",即蝸牛類軟體動物,與螺類動物有別。參閱徐朝華《爾雅今注·釋魚》(南開大學出版社1987年版)。

【紅蛤蜊醬】

　　"蛤黎醬"之一種。因加入紅麯,色澤泛

紅，故名。此稱元代已行用。元佚名《居家必用事類全集·己集·飲食類》："紅蛤蜊醬：生者一斤，將元滷洗去泥沙，布裹石壓一宿，入鹽二兩、紅麴末一兩、麥黃末二合，入罐，裝酒少許，泥封固。"

肉醬

醬名。以牛、羊、鹿、馬、魚、鳥等生物之肉加工製成。始自先秦時期，時稱"醓醢"。至漢從俗稱"肉醬"，相沿至今。《周禮·天官·醢人》："加豆之實，芹菹、兔醢、深蒲、醓醢。"漢鄭玄注引鄭衆云："醓醢，肉醬也。"漢崔寔《四民月令》："正月可作諸醬：肉醬、清醬。"南北朝時期始有用料及製作方法之詳細記載。北魏賈思勰《齊民要術·作醬等法》："肉醬法：牛、羊、麞、鹿、兔肉皆得作。取良殺新肉，去脂，細剉（陳肉乾者不任用，合脂令醬膩）。曬麴令燥，熟擣，絹簁。大率肉一斗，麴末五升，白鹽兩升半，黃蒸一升（曝乾，熟擣，絹簁）。盤上和令均調，內甕子中（有骨者，和訖先擣，然後盛之。骨多髓，既肥膩，醬亦然也）。泥封，日曝。寒月作之。宜埋之於黍穰積中。二七日開看，醬出無麴氣，便熟矣。買新殺雉煮之，令極爛，肉銷盡，去骨取汁，待冷解醬（鷄汁亦得。勿用陳肉，令醬苦膩。無鷄雉，好酒解之，還著日中）。"宋代製法有所改進，簡便實用。宋佚名《吳氏中饋錄》："造肉醬：精肉四斤，去筋骨，醬一斤八兩，研細，鹽四兩，葱白細切一碗，川椒、茴香、陳皮各五六錢，用酒拌各料并肉如稠粥，入罈封固。曬烈日中十餘日，開看，乾再加酒，淡再加鹽。又封以泥，曬之。"元代製法與宋略有別。元佚名《居家必用事類全集·己集·飲食類》："造肉醬法：獐、兔、羊肉等皆可造。精肉（去筋膜，四斤，切）。醬麴（一斤半，搗細用）。鹽（一斤）。葱白（細切，一握）。良薑、小椒、蕪荑、陳皮（各二兩）。右件糯酒拌勻，如稠粥，小甕盛封十餘日，覷稠時，再入酒，味淡時，入鹽。用泥封固。日曬之。"清朱彝尊《食憲鴻秘·醬之屬》："造肉醬法：精肉四觔，勿見水，去筋膜，切碎剁細。甜醬一觔半，飛鹽四兩，葱白細切一碗，川椒、茴香、砂仁、陳皮爲末，各五錢。用好酒和拌如稠粥，入罈封固，烈日中曬十餘日。開看，乾加酒；淡加鹽，再曬。臘月製爲妙。若夏月，須新宰好肉，衆手速成，加臘酒釀一鍾。"清佚名《調鼎集·特牲部》："肉醬：切大肉丁，配麪筋、腐乾、醬瓜各丁，脂油炒，加鹽、醬少許，夏日最宜。"

【雁醢】

"肉醬"之一種。此稱先秦時期已行用。周代貴族統治者宗廟祭祀時加爵所進"加豆"內所盛食物有之。《周禮·天官·醢人》："加豆之實……箈菹、雁醢。"

【兔醢】

"肉醬"之一種。此稱先秦時期已行用。周代貴族統治者宗廟祭祀時加爵者所進"加豆"內所盛食物有之。《周禮·天官·醢人》："加豆之實，芹菹、兔醢。"時亦稱"宛脾"。《禮記·內則》："麋鹿、魚爲菹，麕爲辟鷄，野豕爲軒，兔爲宛脾，切葱若薤，實諸醢以柔之。"鄭玄注："此軒、辟鷄、宛脾，皆菹類也。"孔穎達疏："兔爲宛脾者，是齏也。"又《少儀》："麕爲辟鷄，兔爲宛脾，皆聶而切之。"《舊唐書·職官志三》："〔掌醢署令〕令掌供醓醢之屬而辨其各物，丞爲之貳（凡鹿、兔、羊、魚等四醢）。"宋代稱"兔醬"。明李時珍《本草綱目·獸二·兔》引宋寇宗奭云："凡兔至秋深時可食……至春夏則味變矣。然作醬必用五味。"

【宛脾】

即兔醢。此稱先秦時期已行用。見該文。

【兔醬】

即兔醢。此稱宋代已行用。見該文。

【麋臡】

"肉醬"之一種。此稱先秦時期已行用。以麋肉製取。周代貴族統治者宗廟祭祀時第一次進獻的豆內所盛食物中有之。《周禮·天官·醢人》："朝事之豆，其實……昌本、麋臡。"鄭玄注引鄭司農云："麋臡，醬也。"亦稱"麋醢"。《晏子春秋·內篇雜上》："今夫蘭本，三年而成，湛之苦酒，則君子不近，庶人不佩；湛之麋醢，而賈匹馬矣。"

【麋醢】

即麋臡。此稱先秦時期已行用。見該文。

【麇臡】

"肉醬"之一種。此稱先秦時期已行用。以獐子肉製成。麇，獐子。周代貴族統治者宗廟祭祀時第一次進獻的豆內所盛食物中有之。《周禮·天官·醢人》："朝事之豆，其實……茆菹、麇臡。"

【鹿臡】

"肉醬"之一種。此稱先秦時期已行用。周代貴族統治者宗廟祭祀時第一次進奉的豆內所盛食物中有之。《周禮·天官·醢人》："掌四豆之實。朝事之豆，其實……鹿臡。"鄭玄注："臡亦醢也。作醢及臡者，必先膊乾其肉，乃後莝之，雜以粱麴及鹽，漬以美酒，塗置瓶中，百日則成矣。"漢代亦稱"鹿醢"。漢劉向《說苑·雜言》："今夫蘭本，三年湛之以鹿醢，既成，則易以匹馬。非蘭本美也，願子詳其所湛。"《新唐書·百官志三》："掌醢署令一人……掌供醢醬之物。一曰鹿醢，二曰兔醢，三曰羊醢，四曰魚醢。"元代詳載其製法。元佚名《居家必用事類全集·己集·飲食類》："造鹿醢法：鹿肉（八斤，去筋膜，細切如泥）、酒麴（一斤）、小豆麴（一斤）、紅豆、川椒（六兩，淨）、蓽撥、良薑、茴香、甘草（各炙二兩）、桂心（半兩）、蓽菱末（一斤）、肉荳蔻（二兩）、蔥白（切作末，二升半）。右爲細末，同鹿肉和拌，用糯酒調勻，稀稠得所。小口缸盛，密封之。三五日一攪，勻則易似。復密之，曝於庭。夜置暖處，百日可食。"《元史·祭祀志三》："籩之實二：栗、鹿脯；豆之實二：菁菹、鹿臡。"清潘榮陛《帝京歲時紀勝·九皇會》："供品以鹿醢柬酒、松茶棗湯、爐焚茅草雲蕊真香。"按，臡與醢，統言之皆爲肉醬，析言之則帶骨肉製成者爲臡，無骨肉製成者爲醢（據《周禮·天官·醢人》鄭玄注引鄭司農說）。

【鹿醢】

即鹿臡。此稱漢代已行用。見該文。

【蚳醢】

"肉醬"之一種。蚳，蟻子、蟻卵之屬。以之爲醬，始於先秦時期。具難老健身之功。周代貴族統治者宗廟祭祀時第二次進獻熟食的豆內所盛食物中有之。《周禮·天官·醢人》："饋食之豆，其實……蜃、蚳醢。"《國語·魯語上》"蟲舍蚳蝝"韋昭注："蚳，蟻子也，可以爲醢。"唐代稱"蟻卵醬""蟻子醬"。唐劉恂《嶺表錄異》卷下："交廣溪洞間酋長，多收蟻卵，淘澤令净，鹵以爲醬。或云：其味酷似肉醬。”唐段公路《北户録·食目》：“蟻子醬：蚳醢也。今山源間有蟻子，於茅根下爲窠者，收卵爲醬也。”明李時珍《本草綱目·蟲二·蟻》：“有大小、黑白、黄赤數種，穴居卵生。其居有等，其行有隊。能知雨候，春出冬蟄，壅土成封……其卵名蚳，音遲，山人掘之，有至斗石者。古人食之，故《内則》《周官》饋食之豆有蚳醢也。今惟南夷食之。”明代亦稱“蟻醬”。明謝肇淛《五雜俎·物部三》：“嶺南有蟻醬。”今有將螞蟻烘乾研末、入藥健身者，有開發螞蟻藥酒者，邊地山區當亦有爲蟻子醬者。

【蟻卵醬】

即蚳醢。此稱唐代已行用。見該文。

【蟻子醬】

即蚳醢。此稱唐代已行用。見該文。

【蟻醬】

即蚳醢。此稱明代已行用。見該文。

【蝸醢】

“肉醬”之一種。以蝸牛肉製成。先秦時期已行用。《禮記·内則》：“食：蝸醢而苽食雉羹。”

【肉䏽】

一種多汁“肉醬”。䏽，通“醢”，多汁之醬。此稱漢代已行用。馬王堆一號漢墓第九一簡：“肉䏽一資（瓷）。”

【爵醬】

“肉醬”之一種。由麻雀肉製成。爵，通“雀”。此稱漢代已行用。馬王堆一號漢墓第九四簡：“爵醬一資（瓷）。”

【馬醬】

一種“肉醬”。用馬肉製成。此稱漢代已行用。馬王堆一號漢墓第九八簡：“馬醬一坧。”

【生脡】

“肉醬”之一種。通常以新鮮牛肉、猪肉爲之。此稱漢代已行用。亦稱“脡”“脡醬”。《説文·肉部》：“脡，生肉醬也。”漢桓譚《新論·譴非》：“鄙人有得脡醬而美之。”《釋名·釋飲食》：“生脡，以一分膾二分細切，合和挺攪之也。”北魏賈思勰《齊民要術·作醬等法》：“生脡法：羊肉一斤，猪肉白四兩，豆醬清漬之，縷切。生薑、鷄子，春秋用蘇蓼著之。”

【脡】

即生脡。此稱漢代已行用。見該文。

【脡醬】

即生脡。此稱漢代已行用。見該文。

【燥脡】

“肉醬”之一種。由生肉、熟肉合製而成。見於南北朝時期。北魏賈思勰《齊民要術·作醬等法》：“作燥脡法：羊肉二斤，猪肉一斤，合煮令熟，細切之。生薑五片，橘皮兩葉，鷄子十五枚，生羊肉一斤，豆醬清五合。先取熟肉著甑上蒸令熱，和生肉；醬清、薑、橘皮和之。”

【卒成肉醬】

“肉醬”之一種。因急迅製作而成，故名。卒，通“猝”，迅急快速。此稱南北朝時期已行用。北魏賈思勰《齊民要術·作醬等法》：“作卒成肉醬法：牛、羊、麞、鹿、兔肉，生魚皆得作。細剉肉一斗，好酒一斗，麴末五升，黄蒸末一升，白鹽一升（麴及黄蒸並曝乾絹篩。唯一月三十日停，是以不須鹹，鹹則不美）。盤上調和令均，擣使熟，擘碎如棗大。作浪中坑，火燒令赤，去灰，水澆，以草厚蔽之，令坩中纔容醬瓶。大釜中湯煮空瓶，令極熱，出乾。搊肉內瓶中，令去瓶口三寸許（滿則近口者焦）。椀蓋瓶口，熟泥密封。內草中，下土厚七八寸（土薄火熾，則令醬焦；熟遲，氣味好焦。是以寧冷不焦；食雖便，不復中食也）。於上燃乾牛糞火，通夜勿絕。明日周時，醬出便熟（若醬未熟者，還覆置，更燃如初）。臨食，細切蔥白，著麻油炒蔥令熟，以和肉醬，甜美異常也。"

【逡巡醬】

"肉醬"之一種。主要用魚、羊肉製成。此稱唐代已行用。爲唐人韋巨源獻給皇帝食饌之一品。宋陶穀《清異錄・饌羞門》所敘韋巨源拜尚書令，上燒尾食，其家故書中有《食賬》，載有"逡巡醬"，原注："魚羊體。"

【魚兔醬】

"肉醬"之一種。以魚肉、兔肉加工而成。此稱宋代已行用。宋陳元靚《事林廣記・癸集》："魚兔醬法：鯉魚去鱗腸，不得犯水，用布拭乾。兔脆骨切破。同拌後入椒半兩、蒔蘿一分、蔥白切一把，入瓶子內。入好酒，稀稠得所。冬後造，四日方熟。其味甘香之甚。"

【鵝醢】

"肉醬"之一種。由熟碎鵝肉拌醬而成。此稱明代已行用。明宋詡《宋氏養生部》："鵝醢：取熟頭、尾翅、足筋膚，斫絕細，和醬，扮胡椒、花椒、縮砂仁用。"

【火腿醬】

"肉醬"之一種。以火腿爲主料製成。此稱清代已行用。清李化楠《醒園錄》卷上："火腿醬法：用南火腿煮熟，切碎丁（如火腿過鹹，即當用水先泡淡些，然後煮之）。去皮，單取精肉。用火將鍋燒得滾熱，將香油先下滾香，次下甜醬、白糖、甜酒，同滾煉好。然後下火腿丁及松子、核桃、瓜子等仁，速炒翻取起，磁罐收貯。其法：每火腿一隻，用好麵醬一斤、香油一斤、白糖一斤、核桃仁四兩（去皮打碎）、花生仁（四兩，炒去膜，打碎）、松子仁四兩、瓜子仁二兩、桂皮五分、砂仁五分。"

豆醬

醬名。以豆類爲主料製成，故名。醬之始作，起於上古。豆醬其名，始見於漢代。漢王充《論衡・四諱》："世諱作豆醬惡聞雷，一人不食；欲使人急作，不欲積家逾至春也。"從避諱"聞雷"看，當時製作應有相當的歷史和普遍性。至南北朝時期，已詳載其製法，對蒸豆、和麴、發酵、加水作醬、曝曬等工序都有特定要求。北魏賈思勰《齊民要術・作醬等法》："用春種烏豆（春豆粒小而均，晚豆粒大而雜），於大甑中燥蒸之。氣餾半日許，復貯出，更裝之，迴在上者居下（不爾，則生熟不多調均也）。氣餾周遍，以灰覆之，經宿無令火絕（取乾牛屎，圓累，令中央空，燃之不烟，勢類好炭。若能多收，常用作食，既無灰塵，又不失火，勝於草遠矣）。齧看豆黃色黑極熟，乃下，日曝取乾（夜則聚覆，無令潤濕）。臨欲春去皮，更裝入甑中蒸，令氣餾則下，一日曝之。明旦起，淨簸擇，滿臼春之而不碎（若不重餾，碎而難淨）。簸揀去碎者。作熱湯，於大盆中浸豆黃。良久，淘汰，挼去黑皮（湯少則添，慎勿易湯，易湯則走失豆味，令醬不美也）。漉而蒸之（淘豆湯汁，即煮碎豆作醬，以供旋食。大醬則不用汁）。一炊頃下，置淨席上，攤令極冷。預前，日曝白鹽、黃蒸、草蒿、麥麴，令極乾燥（鹽色黃者發醬苦，鹽若潤濕令醬壞，黃蒸令醬赤美，草蒿令醬芬芳。蒿，挼，簸去草土。麴及黃蒸，各別搗末細簁，馬尾羅彌好）。大率豆黃三斗，麴末一斗，黃蒸末一斗，白鹽五升，蒿子三指一撮（鹽少令醬酢，後雖加鹽，無復美味。其用神麴者，一升當笨麴四升，殺多故也）。豆黃堆量不概，鹽、麴輕量平概。三種量訖，於盆中面向‘太歲’和之（向太歲，則無蛆蟲也）。攪令均調，以手痛挼，皆令潤徹。亦面向‘太歲’內著甕中，手挼令堅，以滿爲限，半則難熟。盆蓋密泥，無令漏氣。熟便開之（臘月五七日，正月、二月四七日，三月三七日）。當縱橫裂，周迴匝甕，徹底生衣。悉貯出，搦破塊，兩甕分爲三甕。日未出前汲井花水，於盆中以燥鹽和之，率一石水，用鹽三斗，澄取清汁。又取黃蒸於小盆內減鹽汁浸之，挼去黃瀋，漉去滓。合鹽汁瀉著甕中（率十石醬，用黃蒸三斗。鹽水多少，亦無定方。醬如薄粥便止，豆乾飲水故也）。仰甕口曝之（諺曰‘萎蕤葵，日乾醬’，言其美矣）。十日內，每日數度以杷徹底攪之。十日後，每日輒一攪。……每經雨後輒須一攪，解後二十日堪食，然要百日始熟耳。”至唐代，工序簡化，據唐韓鄂《四時纂要》，一次製成醬黃，曬乾後隨時可以對水作醬。明韓奕《易牙遺意·醖造類》：“豆醬：用黃豆一石曬乾、揀淨、去土，磨去殼，沸湯泡浸。候漲，上甑蒸糜爛，停如人氣溫，拌白麵八十斤，官秤或七十斤，攤蘆蓆上，約二寸厚。三五日，黃衣上，翻轉再攤，罨三四日，手按碎鹽五六十斤，水和下缸，拌抄上下令勻，以鹽摻缸面。其鹽宜淋去灰土草屑，水宜少下，日後添冷鹽湯。大抵水少則不酸，黃子攤薄則不發熱且色黃，厚則黑爛且

臭。下缸後遇陰雨，小棒撐起缸蓋以出其氣，炒鹽停冷摻其面。天晴一二日便打轉令白，頻打令其勻且出熱氣。須正伏中造。”清汪灝等《廣群芳譜·穀譜·大豆》：“以洗淨大黃豆煮熟，取出候冷，以麵爲衣，攤於席上，以衣蓋之。又用青蒿掩一七，取出曬乾，搓去麵黃，入缸。煎紫蘇鹽湯，候冷浸豆與水平。每豆一斤，用鹽六兩，浸過一夜，取出，和食香拌勻，裝淨罈內，令日曬。四五日從新搜過一次，再曬，再搜，四五次用。”

【清醬】

“豆醬”之一種。以黑豆爲主料釀成。此稱始見於漢代，達於後世。漢崔寔《四民月令》：“正月可作諸醬：肉醬、清醬。”清代除以豆製外，亦用小麥製，亦稱“麥油”。清李化楠《醒園錄》卷上：“做清醬法：黑豆先煮極爛，撈起，候略溫，加白麵拌勻（每豆一斗，配麵三斤，多不過五斤），攤開有半寸厚，上用布蓋密，不拘蓆草皆可。候發霉生毛，至七天過，曬乾，天氣熱不過五六日，涼不過六七日爲期，總以生毛多妙。不可使爛。如遇好天氣，用冷茶湯拌濕再曬乾（用茶湯拌者，欲其味甘，不拘幾次，越多越好）。每豆黃一斤，配鹽十四兩，水四斤，鹽同水煮滾，澄清，去渾底。晾冷，將豆黃入鹽水內，泡曬至四十九日。如要香，可加香蕈、大茴、花椒、薑絲、芝麻各少許。撈出二貨豆渣，合鹽水再熬，酌量加水（每水一斤，加鹽三兩）。再撈出三貨豆渣，再加鹽水再熬。去渣，然後將一二次之水，隨便合作一處拌勻，或再曬幾天，或用糠火薰滾皆可。其豆渣尚可作家常小菜用也。”又法：“每揀淨黃豆一斗，用水過頭蒸熱，豆色以紅爲度，

連豆汁盛起。每斗豆，用白麵二十四斤，連湯豆拌勻，或用竹籩及柳籩分盛，攤開泊，按實。將籩安放無風屋內，上覆蓋稻草，霉至七日後，去草，連籩搬出，日曬，晚間收進，次日又曬，曬足十四天。如遇陰雨，須補足十四天之數，總以極乾爲度，此作醬黃之法也。霉好醬黃一斗，先用井水五斗，量準，注入缸內。再每斗醬黃，用生鹽十五斤，稱足，將鹽盛在竹籃內，或竹淘籮內，在水內溶化入缸，去其底下渣滓，然後將醬黃入缸，曬三日，至第四日早，用木机兜底掏轉（曬熱時，切不可動）。又過二日，如法再打轉；如是者三四次，曬至二十天，即成清醬可食矣。至逼清醬之法，以竹絲編成圓筒，有周圍而無底口，南方人名醬篘。京中花兒市有賣，並蓋缸篾編篛絮、大小缸蓋，俱可向花兒市買。臨逼時，將醬篘置之缸中，俟篘坐實缸底時，將篘中渾醬不住挖出，漸漸見底乃已。篘上用磚頭一塊壓住，以防醬篘浮起，缸底流入渾醬。至次早啓蓋視之，則篘中俱屬清醬，可用碗緩緩挖起，另注潔净缸罈內，仍安放有日色處，再曬半月，罈口須用紗或麻布包好，以防蒼蠅投入。如欲多做，可將豆麵水鹽照數加增。清醬已成未篘時，先將浮面豆渣撈起一半，曬乾，可作香豆豉用。又法：將前法醬黃整塊（醬黃，即做甜醬所用者是也，已見前篇），先用飯候冷，逐塊搵濕曬乾，如法再搵再曬，日四五度。若日炎，可乾六七次更妙，至赤色乃止。黃每斤配鹽四兩，水十大碗。鹽水先煎滾，澄清，候冷，泡醬黃，付日大曬，乾即添滾水，至原泡分量爲準，不時略攪，但勿攪破醬黃塊耳。至赤色，將滷濾起，下鍋，加香菰、八角、茴、花椒（俱整蕊

用）、芝麻（用口袋盛之），同煎三四滾，加好老酒一小瓶，再滾，裝入罐內聽用。其渣再酌量加鹽煎水如前法。再曬至赤色，下鍋煎數滾，收貯，以備煮物作料之用。"又："做麥油法（即清醬）：將小麥洗净，用水下鍋煮熟，悶乾，取起，鋪大扁內，付日中曬之，不時用筷子翻攪。至半乾，將扁抬入陰房內，上面用扁蓋密。三日後，如天氣大熱，麥氣大旺，不過日間將扁揭開，夜間仍舊蓋密；若天不熱，麥氣不甚旺盛，日間將扁脫開縫就好；倘天氣雖熱而麥氣不熱，即當密蓋爲是，切毋泄氣。至七日後，取出曬乾。若一斗出有加倍，即爲盡發，將作就麥黃，不必如作豆油以飯泔漂曬，即帶綠毛。每斤配鹽四兩，水十大碗，鹽水先煎滾，澄清，候冷，泡麥黃，付大日中曬至乾，再添滾水至原泡分量爲準。不時略攪，至赤色，將滷濾起，下鍋內，加香菰、八角、茴（俱整蕊用）、芝麻（口袋盛之），同煎三四滾，加好老酒一小瓶，再滾，裝入罐內聽用。其渣再酌量加鹽煎水如前法，再至赤色，下鍋煎數滾，收貯，以備煮物作料之需。又法：做麥黃與前同，但曬乾時，用手搓摩，揚簸去霉，磨成細麵。每黃十斤，配鹽三斤，水十斤。鹽同水煎滾，澄去渾腳，合黃麵做一大塊，揉得不硬不軟，如餑餑樣就好。裝入缸內，蓋藏令發。次日掀開，用一手捧水，節節灑下，付日大曬一天，加水一次，至用棍子可攪得活活就止，即或遇雨，不至生蛆。"清代亦稱"黑豆醬"。清佚名《調鼎集・調和作料部》："黑豆醬：黑豆一斗炒熟，水浸半日，煮爛，入大麥麵二十斤，拌勻和劑，切片蒸熟，罨黃曬搗。每一斗，鹽二斤，井水八斤。曬成，黑甜而色清。"

【麥油】

即清醬。特指以小麥製得者。此稱清代已行用。見該文。

【黑豆醬】

即清醬。此稱清代已行用。見該文。

【便熟醬】

"豆醬"之一種。因一日便可製作成熟，故名。此稱宋代已行用。宋陳元靚《事林廣記·癸集》："便熟醬法：荆芥、薄荷少許，椒三十個，豉十兩。煎豉湯攄過用。煮豆黄一升，爛熟兼稀調，入埳瓶内。以乾油餅末六兩、鹽三兩，別入椒五十個，杏仁二十個，熟油一合，都拌匀，攪一二百遍，封，一日便可。"清代稱"急就醬"。時古都西安長於製此，稱"一夜醬"。清顧仲《養小録》卷上："急就醬：麥麵、黄豆麵，或停，或豆少麵多。下鹽水，入鍋熬熟，入盆曬。西安作'一夜醬'即此。"

【急就醬】

即便熟醬。因很快製成，故名。此稱清代已行用。見該文。

【一夜醬】

即便熟醬。因一夜製成，非常快，故名。此稱清代已行用。見該文。

【熟黄醬】

"豆醬"之一種。以豆類製成。此稱元代已行用。元佚名《居家必用事類全集·己集·飲食類》："熟黄醬方：不拘黄黑豆，亦不拘多少。揀净，炒熟，取出，磨成細末。每豆細末一斗，麵一二斗，入湯和匀，切片子，蒸熟，攤在蘆席上，用麥秸、蒼耳葉盒。待有黄衣，烈日曬，令極乾。一斤黄子入鹽四兩，井華水投下，去黄子一拳高。烈日曬之。"

【生黄醬】

"豆醬"之一種。以豆類製成。此稱元代已行用。元佚名《居家必用事類全集·己集·飲食類》："生黄醬方：三伏中，不拘黄黑豆，揀净，水浸一宿，漉出。入鍋煮，令熟爛取出，攤令極冷，多用白麵拌匀，攤在蘆席上，用麥秸、蒼耳葉盒。一日發熱，二日作黄衣，三日後翻轉，烈日曬乾，愈曬愈好。秤黄子一斤，用鹽四兩爲率，汲井華水下，水高黄子一拳。曬不犯生水，麵多好醬黄，曬多好醬味。"

【小豆醬】

"豆醬"之一種。以小豆爲主料製成。小豆有紅、緑、白三種，統言之皆得稱小豆。以之爲醬，元代已見。元佚名《居家必用事類全集·己集·飲食類》："小豆醬方：不拘多少，揀净，磨碎，簸去皮。再磨細，浸半日，控乾，擦去皮。至來早，水淘净，控乾。麵熟，搭作團子，盒蓋。候一月，方發過。用大眼籃懸掛透風處。至來年二月中旬，用布擦去白醭。搗碎，再磨。每細麵二十斤，用鹽六斤四兩，以臘水化開。遇火日侵晨下，兩月可食。"明李時珍《本草綱目·穀四·醬》："小豆醬法：用豆磨净，和麵罨黄，次年再磨。每十斤，入鹽五斤，以臘水淹過，曬成收之。"

【豌豆醬】

"豆醬"之一種。以豌豆爲主要原料製成，故名。此稱元代已行用。元佚名《居家必用事類全集·己集·飲食類》："豌豆醬方：不拘多少，水浸，蒸軟，曬乾，去皮。每净豆黄、小麥一斗同磨，作麵。水和硬劑，切作片，蒸熟，覆蓋，盒黄衣上，曬乾。依造麵醬法用鹽水下。"明李時珍《本草綱目·穀四·醬》："豌豆醬法：用豆水浸，蒸軟曬乾去皮。每一斗入小麥一斗，磨麵和切，蒸過罨黃，曬乾。每十斤入鹽五升，水二十斤，曬成收之。"

【大豆醬】

"豆醬"之一種。以大豆爲主料製成，故名。清汪灝等《廣群芳譜·穀譜·大豆》云，大豆，黑豆、黃豆之總稱。此稱始見於明代。明李時珍《本草綱目·穀四·醬》："豆醬有大豆、小豆、豌豆及豆油之屬……大豆醬法：用豆炒磨成粉，一斗入麵三斗和勻，切片罨黃，曬之。每十斤入鹽五斤，井水淹過，曬成收之。"

【黃豆醬】

"豆醬"之一種。以黃豆製成。此稱清代已行用。清佚名《調鼎集·調和作料部》："黃豆醬：黃豆磨净，和麵罨，再磨。每十斤鹽，五斤臘水。曬成收之。"

【蠶豆醬】

"豆醬"之一種。以蠶豆製成。此稱清代已行用。清佚名《調鼎集·調和作料部》："蠶豆醬：蠶豆炒過，磨成粉，一半麵，三斤和勻，切片罨黃，曬。每十斤鹽，五斤臘水。曬成收之（近不炒，磨去殼，煮子糜而已，亦有不去殼者）。"時亦稱"辣豆瓣"。因加入辣椒，有辣味，故名。清曾懿《中饋錄》："製辣豆瓣法：以大蠶豆用水一泡即撈起，磨去殼，剥成瓣。用開水燙洗，撈起用簸箕盛之。和麵少許，衹要薄而且勻；稍凉即放至暗室，用稻草或蘆席覆之。俟六七日起黃霉後，則日曬夜露。俟七月底始入鹽水缸内曬。至紅辣椒熟時，用紅椒切碎，侵晨和下，再曬露二三日後，用罈收貯。再加甜酒少許，可以經年不壞。"亦稱"胡豆瓣"。"胡豆"即蠶豆，傳因漢代張騫自西域

胡地帶回此種而得名。清薛寶辰《素食説略》："製胡豆瓣：鮮胡豆，去皮，置暗處，覆以楮葉。俟生黃，取出，置日中曬乾，拭去黃。以黃酒炒鹽，加辣椒粗片浸。浸後置日中曬之，曬至豆軟可食，分罈收貯。乾胡豆浸軟去皮，如前法作之亦可。"

【辣豆瓣】

"蠶豆醬"之一種。具辣味者。此稱清代已行用。見該文。

【胡豆瓣】

即蠶豆醬。此稱清代已行用。見該文。

【甕醬】

"豆醬"之一種。以白豆製成。此稱清代已行用。清佚名《調鼎集·調和作料部》："造甕醬：白豆炒，磨極細粉，投麵、水和作餅，入湯煮熟，切片曬乾，同黃子捶碎，入甕，加鹽滚水，泥封十個月成醬，味極甜。"時亦稱"甜醬"。清朱彝尊《食憲鴻秘·醬之屬》："甜醬：白豆炒黃，磨極細粉，對麵、水和成劑，入湯煮熟，切作糕片，合成黃子搥碎，同鹽瓜、鹽滷層疊入甕，泥封。十個月成醬，極甜。"

【甜醬】[1]

即甕醬。此稱清代已行用。見該文。

麵醬

醬名。通以大麥之麵粉或麥麩製成。我國上古已製醬。麵醬之製，至南北朝時期技藝已近成熟，時稱"麥醬"。係將小麥直接蒸熟、霉變，和入鹽滷製成，其法保存、留傳至今。北魏賈思勰《齊民要術·作醬等法》："《食經》作麥醬法：小麥一石，漬一宿，炊，卧之，令生黃衣。以水一石六斗，鹽三升，煮作鹵，澄取八斗，著甕中。炊小麥投之，攪令調均。覆著

日中，十日可食。"宋代稱"麵醬"，用麥粉製作。宋陳元靚《事林廣記·癸集》："作麵醬法：麵六十斤炒黃，作數度炒。豆黃一碩，鹽十五斤，椒、芫、黃各四兩，熟油半斤。右豆黃蒸如常法，下甑了，候熱，入麵和勻，攤布幕上，厚三寸許，著枸葉密蓋，經宿撥開白撲醭，勻取於日中曬乾，煎鹽水，拌入諸物及入黑附子四兩，炮過，入甕內，日中曬，夜即蓋。如少造，依此法。"元賈銘《飲食須知·醬》："麥醬同鯉魚及魚鮓食，生口瘡，患腫脹。"後世多沿用"麵醬"之名，製法大同小异。元佚名《居家必用事類全集·己集·飲食類》："造麵醬方：白麵不拘多少，冷水和作硬劑，切作一指厚片子，籠內蒸熟。攤晾三時許後，麴子上乾，以楮葉、蒼耳、麥秸盫蓋，至黃衣上勻爲度。去蓋物，翻轉過，至次日曬乾，刷去黃衣，搗碎。每斤鹽四兩，煎湯泡鹽作水下之。"明李時珍《本草綱目·穀四·醬》[集解]："麵醬有大麥、小麥、甜醬、麩醬之屬。"又[氣味]："麵醬鹹，豆醬、甜醬、豆油、大麥醬、麩醬皆鹹甘。"清李化楠《醒園錄》卷上："作麵醬法：用小麥麵，不拘多少，和水成塊，切作片子，約厚四五分，蒸熟。先於空房內用青蒿鋪地（或鮮荷葉亦可），加用乾稻草或穀草，上面再鋪蓆子。然後將蒸熟麵片，鋪草蓆上，鋪畢，復用穀稻草，上加蓆子，蓋至半月後，變發生毛（亦有七日者）。取出，曬乾，以透爲度。將毛刷去，用新磁器收貯候用。臨用時，研成細麵。每十斤，配鹽二斤半。應將大鹽預先研細，同淨水煎滾，候冷，澄清去渾腳，和黃入缸，或加紅糖亦可。以水較醬黃，約高寸許爲度。乃付大日中，曬月餘。每早日出時，翻攪極透，

自成好醬。又法：重羅白麵，每斗得黃酒糟一飯碗，泛麵做劑子，如一斤一個。蒸熟晾冷，拾成一堆，用布包袱蓋好，十日後，皮作黃色，內泛起如蜂窩眼爲度，分開小塊曬乾，用石碾碾爛，汲新井水調和，不乾不濕，還可抓成團。每麵一斗，約用鹽四斤六兩，調勻下缸。大晴天曬五日，即泛漲如粥，醬皮有紅色如油。用木杌兜底掏轉。仍照前一斗之數，再加鹽三斤半，調和後，按五日一次掏轉。曬至四十五日，即成醬可食矣。切忌：醬曬熱時不可亂動。"

【麥醬】

即麵醬。此稱南北朝時期已行用。見該文。

【大麥醬】

"麵醬"之一種。以大麥麵及豆類爲原料製成，味甜。此稱元代已行用。元佚名《居家必用事類全集·己集·飲食類》："大麥醬方：黑豆板净者五斗，炒熟。水浸半日，再入鍋用浸豆水煮，令爛。傾出，伺冷，以大麥麵百斤拌，令勻。以篩篩下麵，用煮豆汁和搜作劑。切作大片，上甑蒸熟。傾出，攤冷，以楮葉盫蓋。候黃衣上汗乾，再曬搗碎。揀丁日或火日下之，每斗黃子用鹽二斤，井華水八升，化鹽水入缸。"明李時珍《本草綱目·穀四·醬》："大麥醬：用黑豆一斗炒熟，水浸半日，同煮爛，以大麥麵二十斤拌勻，篩下麵，用煮豆汁和劑，切片蒸熟，罨黃曬搗。每一斗入鹽二斤，井水八斤，曬成黑甜而汁清。"

【小麥麵醬】

"麵醬"之一種。以小麥麵粉爲主料製取。此稱明代已行用。明李時珍《本草綱目·穀四·醬》："小麥麵醬：用生麵水和，布包踏餅，罨黃曬鬆。每十斤入鹽五斤，水二十斤，曬成

收之。"按，唐孟詵《食療本草》已見"小麥醬"之名。

【甜麵醬】

"麵醬"之一種。以小麥粉爲主料製成，味甘甜。此稱明代已行用。明李時珍《本草綱目·穀四·醬》："甜麵醬：用小麥麵和劑，切片蒸熟，盦黃曬簁。每十斤入鹽三斤，熟水二十斤，曬成收之。"清代亦稱"甜醬""麵甜醬"。時"蘇州甜醬""揚州甜醬"名播宇內。清朱彝尊《食憲鴻秘·醬之屬》："甜醬：伏天取帶殼小麥淘净，入滾水鍋，即時撈出，陸續入即撈，勿久滾。撈畢，濾乾水，入大竹籮內，用黃蒿蓋上，三日後取出曬乾，至來年二月再曬去膜，播净，磨成細麵，羅過，入缸內，量入鹽水。夏布蓋面，日曬成醬，味甜。"又："甜醬方（用麵不用豆）：二月白麵百觔，蒸成大饅子，劈作大塊，裝蒲包內，按實盛箱發黃（大約麵百觔成黃七十五觔）。七日取出，不論乾濕。每黃一觔，鹽四兩，將鹽入滾水化開，澄去泥滓，入缸下黃，將熟，用竹格細攪過，勿留塊。"清李化楠《醒園錄》卷上："作甜醬法：白麵十斤，以滾水做成餅子，不可太厚，中挖一孔，令其透氣，蒸熟。於暖房內，上下用稻草鋪排，草上加蓆，放麵餅於上，覆以蓆子，勿令見風。俟七日後發黃取出，候冷曬乾。每十斤配鹽二斤八兩，用滾水泡半日，候冷，澄清去渾底。下黃時以木杴子打攪令爛。每早未出日時，翻攪極透，曬至紅色，用磨磨過，放大鍋內煎之。每一鍋放紅糖一兩，不住手攪，熬至顏色極紅爲度。裝入罈內，俟冷封口，仍放日地曬之，鮮美味佳。按，醬曬至紅色後可以不用磨，只在合鹽水時攪打，用手擦摩極爛；或將黃先行杵破，粗篩篩過，以鹽水泡之，自然融化。兼可不用鍋內煎，只用大盆盛置鍋內，隔湯煮之，亦加紅糖，不住手攪至紅色裝起，似略簡。"按，清佚名《調鼎集·調和作料部》稱此爲"麵甜醬"。又法："先用白飯米泡水，隔宿撈起，舂粉，篩就曬乾，或碎米亦好。次用黃豆洗净（約十五斤麥麵，可配黃豆一斗）。和水滿鍋，慢火煮至一日，歇火，悶蓋隔宿，次早連汁取出。大盆內同麵拌勻，用手揣揉，聶成塊子，鋪排草蓆上，仍用草蓋住。至霉，少七天，多十天，取出，擺開曬乾，刷去黃毛，杵碎，與鹽對醋和勻，裝入盆內。每黃一斤，配好西瓜六斤，削去青皮，用木板架於盛黃盆上，刮開取瓤，揉爛，帶汁子一併下去。白皮切作薄片，仍用刀橫札細碎，攪勻。此醬所重者，瓜汁，一點勿輕棄。將盆開口付日中大曬，日攪四五次。至四十日，裝入罈內聽用。若要作菜碟，下稀飯單用者，候一個月時，另取一小罈，用老薑或嫩薑切絲多下，加杏仁，去皮尖。用豆油先煮至透，攪勻，再曬十多天收貯，可當淡豉之用。"《調鼎集·調和作料部》稱此爲"西瓜甜醬"。又法："每斗黃豆，配乾白麵十五斤。先用鹽滾水泡化，澄去沙底，曬乾，净重十二斤。將豆下大鍋水配滿，煮至一天，歇火收蓋隔宿，次早連汁取入大盆內，同乾麵拌勻，用手攝起，排蘆蓆上，草蓋令發霉，少七天，多十天，取出擺開曬乾，研碎下缸，將鹽泡水和下。欲乾，水少些；欲稀，水多些。日曬，每早用棍子攪翻。十天或半月可用。"《調鼎集·調和作料部》："造甜醬：宜三伏天，取麵粉，入炒熟薑豆屑（不拘多少），滾水和成餅，厚二指，大如指掌，蒸熟，冷定，楮葉厚蓋，放不透風處。七日上黃，曬一二日，搗碎，滾水下鹽（濾過），泡成醬。每黃子十斤，用鹽三斤。又每麵粉一擔，蒸熟作餅，成黃子七十五斤。不論乾濕，每黃一斤，用鹽四兩。將鹽用滾水化開，下缸即用棍攪，不使留塊（若有塊，取出復上磨）。蘇州甜醬：每黃豆一擔，用麵一百六十斤。揚州甜醬：每豆一石，用麵四百斤。又，曬甜醬，加炒熟芝麻少許，滋潤而味鮮，用以醬物更佳。又，黃子一百斤，用鹽二十五斤，水六十斤，曬三十日，須每日換缸曬之。然後攪轉長曬，愈曬愈紅愈甜。”又：“麵甜醬……白麵粉和劑，切成片蒸熟，用各樹葉罨，七日曬久，搗碎。每十斤用鹽三斤，熟水二十斤，曬，每日攪之，色紅而甜。又生白麵粉，水和作餅，罨黃曬鬆。每十斤用鹽五斤，水二十斤，曬成收之，作調粉極佳。又，小麥二斗，泡二日，取出淋淨，蒸熟晾冷，鋪席上，用草蓋好，罨七日，俟冷取出，曬極乾，簸其黃衣，磨粉，不必篩，用白糯米八升，煮稀粥晾冷，將麥麵每斤用鹽六兩，同粥和勻，放淺缸內，四邊攤開，曬七日，俟冷取出，即可醬物。其醬於七日後分作二股，一半醬頭落，一半留入罈（又，每麥十斤，糯米三升，用鹽五十八兩，如有酸味，再加糯米粥、鹽）。”

【甜醬】[2]

“甜麵醬”之省稱。此稱清代已行用。見該文。

【麵甜醬】

即甜麵醬。此稱清代已行用。見該文。

【蘇州甜醬】

“甜麵醬”之產於蘇州者。此稱清代已行用。見該文。

【揚州甜醬】

“甜麵醬”之產於揚州者。此稱清代已行用。見該文。

【自然甜醬】

“甜麵醬”之一種。此稱清代已行用。清佚名《調鼎集·調和作料部》：“自然甜醬：先將大醬樽一個，入白麵幾十斤，每斤用水一斤，用手拌之，如醬黃，成即起別處。將麵用水以手拌之，又起，如此拌完，不濕不乾，以草蓋好。熱過七日，將黃沖碎，篩細如粉，取熱鹵入麵內，不濕不乾，入薄罈內，以手壓，一層麵，一層鹽，至頂而止。夏布紮口外，用鏇子樽蓋頂，不必露天，放有日處，不必去看，亦不畏雨，一月即好，多日更紅更甜，數年俱可留得，永絕蠅蛆之患。”

【麩醬】

“麵醬”之一種。用麥類麩皮製成。此稱明代已行用。明李時珍《本草綱目·穀四·醬》：“麩醬法：用小麥麩蒸熟罨黃，曬乾磨碎。每十斤入鹽三斤，熟湯二十斤，曬成收之。”清佚名《調鼎集·調和作料部》：“造麩醬：每小麥麩一斗，用鹽三斤。少則淡，易酸。先將麥煮熟取起，待溫，用粉拌，攤蘆蓆上一寸厚。七日上黃，曬乾磨碎。每碎十斤，加鹽三斤，熟水二十斤，下缸，入糯米冷飯一碗攪勻。成醬，任醬各物皆了。”

【米醬】

“麵醬”之屬。通以糯米、江米、白米等製作。此稱清代已行用。清佚名《調鼎集·調和作料部》：“米醬：白米舂粉，燒水作餅子，蒸熟，候冷，鋪草上，以草蓋之。七日取出，曬乾，刷去毛，不必搗碎。每斤配鹽四兩，水十大碗。鹽水先煎滾，候冷澄清，泡黃。早晚翻攪，曬四十日，收貯聽用。又，糯米與白米對配，作同前。又，不論何米，江米更好，用水煎幾滾，帶生撈起，不可太熟，蒸透（不透不妨）取起，用席攤開寸半厚，俟冷，蓋密。至七日，曬乾。如遇好天，用冷茶拌濕再曬。每米黃一斤，配鹽一斤，水四斤。鹽水煮滾，澄清去渣，候冷，將米入鹽水，曬四十九日，不時用竹棍攪勻。倘日色太烈，曬至期過乾，用冷茶和勻（不乾不用），俟四十九日後，將米並水俱收起，磨極細，即成米醬（或用細篩，磨爛亦可）。以後或曬或蓋，密置當日處，任遍加醬。乾可加冷茶和勻，再曬。凡攪時，看天氣晴明動手；如遇陰天，則不可攪。”

【糯米醬】

“米醬”之一種。以糯米爲主料製成。此稱清代已行用。清朱彝尊《食憲鴻秘·醬之屬》：“糯米醬方：糯米一小斗，如常法做成酒，帶糟入炒鹽一觔，淡豆豉半觔，花椒三兩，胡椒五錢，大茴香、小茴香各二兩，乾薑二兩。以上和勻磨細，即成美醬，味最佳。”

【酒醬】

“米醬”之一種。此稱清代已行用。清佚名《調鼎集·調和作料部》：“造酒醬：糯米一斗，做成白酒漿，加炒鹽四兩，淡豆豉半斤，花椒一兩，胡椒二錢，大小茴香各一兩，生薑一兩，和勻細磨，即成美醬。”

芥醬

醬名。以芥菜子爲主料製成，故名。始見於先秦時期，其時配合魚膾食用。《禮記·內則》：“脯羹，兔醢；麋膚，魚醢；魚膾，芥醬。”南北朝時期，盛作此物。俗稱“芥子醬”。不同製法相繼出現。北魏賈思勰《齊民要術·八和齏》中就詳細記載了當時兩種製法。一種：“作芥子醬法：先曝芥子令乾，濕則用不密也。净淘沙，研令極熟。多作者，可碓擣，下絹篩，然後水和，更研之也。令悉著盆，合著掃帚上少時，殺其苦氣，多停則冷無復辛味矣，不停則太辛苦。搏作圓子，大如李或餅子，任在人意也。復乾曝。然後盛以絹囊，沈之於美醬中，須則取食。”又一種，引自《食經》：“作芥醬法：熟擣芥子，細篩，取屑，著甌裏。蟹眼湯洗之，澄去上清，後洗之。如此三過，而去其苦。微火上攪之，少熇，覆甌瓦上，以灰圍甌邊，一宿則成。”至明、清猶製作食用。清汪灝等《廣群芳譜·蔬譜二·芥》：“子研末，泡爲芥醬，和菜侑肉，辛香可啖。”參閱明王象晉《群芳譜》。

【芥子醬】

“芥醬”之俗稱。此稱南北朝時期已行用。見該文。

枸醬

醬名。産於漢代蜀地，其民以爲珍味，遠銷夜郎、南越。枸，或以爲木，或以爲非木。製醬，或説用其葉，或説用其實。枸，或作“蒟”。《史記·西南夷列傳》：“南越食蒙（唐蒙）蜀枸醬，蒙問所從來。”裴駰集解引《漢書音義》曰：“枸木似穀樹，其葉如桑葉。用其葉作醬酢，美，蜀人以爲珍味。”司馬貞索隱引劉德云：“蒟樹如桑，其椹長二三寸，味酢；取其實以爲醬，美。”又云：“蒟緣樹而生，非木也。今蜀土家出蒟，實似桑椹，味辛似薑，不酢。”晉左思《蜀都賦》：“邛杖傳節於大夏之邑，蒟醬流味於番禺之鄉。”

【蒟醬】

同 "枸醬"。此體晋代已行用。見該文。

【篞醬】

同 "枸醬"。此體明代已行用。明謝肇淛《五雜俎·物部三》: "南越有篞醬,晋武帝與山濤書,致魚醬,枚乘《七發》有芍藥之醬,宋孝武詩有觛醬,又《漢武内傳》有連珠雲醬、玉津金醬。"

榆仁醬

醬名。以榆仁爲主料製成,故名。始見於戰國時期南方,時稱 "醬酺"。榆仁即榆莢、榆子,今俗呼榆錢。漢世既沿用古稱,亦稱 "榆醬"。南北朝時期多稱 "榆子醬"。唐宋時期循前製作食用。元代稱 "榆仁醬",有詳備製法。今世唯鄉間或偏僻山區尚製之。《楚辭·大招》: "吳酸蒿蔞,不沾薄只。" 漢王逸注: "或曰'吳酸,醬酺',醬酺,榆醬也。" 漢崔寔《四民月令》: "二月,榆莢成,及青收,乾以爲旨蓄。色變白,將落,可作醬酺。隨節早晏,勿失其適。" 北魏賈思勰《齊民要術·作醬等法》: "作榆子醬法:治榆子仁一升,擣末,篩之。清酒一升,醬五升,合和。一月可食之。" 元佚名《居家必用事類全集·己集·飲食類》: "榆仁醬方:不拘多少,淘净,浸一伏時,搓洗去浮皮。再以布袋盛,於寬水中揉洗去涎,控乾。與蓼汁同曬乾,再以蓼汁拌濕,同曬。如此七次,同發過麵麴,依造麵醬法。用鹽水下之,每用榆仁一升,發過麵麴四斤,鹽一斤,如法製之。" 明李時珍《本草綱目·木二·榆》引宋蘇頌曰: "榆處處有之。三月生莢,古人采仁以爲糜羹,今無復食者,惟用陳老實作醬耳。" 又《穀四·榆仁醬》: "造法:取榆仁,水浸一

伏時,袋盛,揉洗去涎,以蓼汁拌曬,如此七次,同發過麵麴,如造醬法,下鹽曬之,每一升,麴四斤,鹽一斤,水五斤。"

【醬酺】

即榆仁醬。此稱先秦時期已行用。見該文。

【榆醬】

即榆仁醬。此稱漢代已行用。見該文。

【榆子醬】

即榆仁醬。此稱南北朝時期已行用。見該文。

【榆莢醬】

即榆仁醬。此稱漢代已行用。清沈自南《藝林彙考·飲食篇》引明田藝蘅《留青日札》: "《白虎通》有榆莢醬。"

芝麻醬

油脂醬類。以芝麻爲主料製成,細膩清香。今人恒以調拌涼菜、冷麵及充作涮羊肉之輔料。約始見於明代。明高濂《遵生八牋·飲饌服食牋中》: "芝麻醬方:熟芝麻一斗,搗爛,用六月六日水煎滾晾冷,用罈調匀,水淹一手指,封口。曬五七日後開罈,將黑皮去後,加好酒釀糟三碗,好醬油三碗,好酒二碗,紅麴末一升,炒綠豆一升,炒米一升,小茴香末一兩,和匀,過二七日後用。"《兒女英雄傳》第二一回: "褚大娘子無法,祇得叫人給他端了一碟蒸饅頭,一碟豆兒合芝麻醬,盛的滾熱的老米飯。" 清代亦稱 "麻醬"。清夏曾傳《隨園食單補證·小菜單》: "麻醬:脂麻磨爲稀糊,入鹽少許,以冷清茶攪之,則漸稠,香潤可口。或以拌海參,夏日之饌也。拌醉蝦亦佳。"

【麻醬】

即芝麻醬。此稱清代已行用。見該文。

辣椒醬

辣醬名。將辣椒肉搗爛，加入作料製成。清代都城多見。徐珂《清稗類鈔·飲食類》："辣椒醬：南中辣椒有皮無肉，京師所產者，肉最厚。外去其皮，内去其子，專以肉搗成醬，而和以錫鹽，拌入他肴，其妙獨絶。然購之肆中者，製尚不净。"時又有"喇虎醬"，亦辣醬之屬。清袁枚《隨園食單·小菜單》："喇虎醬：秦椒搗爛，和甜醬蒸之，可屑蝦米攙入。"

【喇虎醬】

"辣椒醬"之屬。此稱清代已行用。見該文。

第三節　醬物考

醬物，本指以醬漬物，後亦指漬成之物，本文即用漬成物之義。菜、肉、果均可經過醬腌成爲一種風味獨特的菜肴或美食。

醬之初製，肇端上古，侑餐之不可少。醬物亦必隨之產生。《周禮·天官·醢人》言及貴族食品有"五齊"。齊，漢鄭玄讀作"齏"。所謂"齏"是"凡醯醬所和，細切爲齏"。依鄭所釋，"齏"即以醬醋類調拌成的細切的菜或肉。"齏"字所含的以醬和物，殆即醬物之初萌。

醬物通以植物醬爲之。最習見者爲豆醬、麥醬（即後世麵醬）。

文獻中最先記載醬腌品的蓋爲北魏賈思勰《齊民要術》。在《種瓜》一節中，他提到冬瓜、越瓜、胡瓜等三種瓜在"美豆醬"或"香醬"中"藏之"佳。他所謂"藏"，就是浸漬腌泡。

賈氏所記被漬之物，僅限於三種蔬菜，腌法闕載。到了宋代，被腌的範圍已由菜類擴展到肉類。宋吴自牧《夢梁録·分茶酒店》所載之"五味酒醬蟹"、《鮝鋪》所載之"醬蟵蠣""醬蜜丁"等即是此類之代表。

吴書亦祇録醬物名目，不載製法。到元代，始名目、製法皆載。元佚名《居家必用事類全集·己集·飲食類》之"醬瓜茄""醬蟹""醬醋蟹"，魯明善《農桑衣食撮要》之"醬腌瓜茄"等皆如此。

明清醬物進一步發展，清代尤爲突出。清代品類多，範圍廣，腌製工藝精細，名品涌現。僅清佚名《調鼎集》所載，就有"醬肉""醬燒肉""醬風肉""醬曬肉""醬肉鮓""醬蹄""熟醬肘""醬肚""醬雞""醬風雞""醬鴨""醬燒鴨""醬桶鴨""醬鵝""醬連魚""醬蟹”“醬瓜茄薑”“醬笋乾”“醬毛笋片”“醬蘿蔔”“醬蘿蔔卷”“醬胡蘿蔔”“醬黄芽菜”“醬芹菜”“醬蓬蒿”“醬萵苣”“醬茭白”“醬栗”“醬胡桃”“醬杏仁”“醬梨”“醬何首烏”“醬蓮子”“醬藕”“醬金橘”“醬橘皮”“醬香櫞皮”“醬佛手”等數十品，魚、肉、禽、菜、果皆有，自成系列。僅“醬肉”一目，《調鼎集》即載四種方法。北京天福齋醬肘、紹興醬茄、潼關醬菜、保定槐茂醬菜、上黨甜醬瓜等名品競相出現，飲譽至今。

醬醃

初指以醬腌肉、菜等，後亦可指代被腌漬之物。先秦時期已開始以醬腌物。《周禮·天官·醢人》所謂“五齊”，漢鄭玄讀“齊”爲“齏”，指以醬、醋等調和的細切肉或菜。這就是最早的一種醬腌。南北朝時期也稱“醬藏”。北魏賈思勰《齊民要術·種瓜》：“〔越瓜〕於香醬中藏之亦佳。”元代始稱“醬醃”，魯明善《農桑衣食撮要》載有“醬醃瓜茄”製法。明代亦稱“醬浸”“醬漬”。明李時珍《本草綱目·菜三·越瓜》言越瓜“醬、豉、糖、醋藏浸皆宜”。明宋詡《宋氏養生部》言及“醬蟹”是將“熟蟹去臍”“調醬漬之”。清代亦稱“醬釀”“醬套”。袁枚《隨園食單·小菜單》言“醬薑”時“先用粗醬套之，再用細醬套之”。徐珂《清稗類鈔·飲食類》言及“包瓜醬菜”製取是“用甜醬釀之”。今南方農家市肆猶習見此類製品。

醬瓜茄

醬腌品。將瓜茄類蔬菜藏漬醬中而成。此爲泛稱，始見於元代。前此可見特稱，如南北朝之“醬冬瓜”，其泛稱亦得言“醬瓜茄”。是泛稱之名後出，而特稱之名先見。元佚名《居家必用事類全集·己集·飲食類》：“醬瓜茄法：醬黄與瓜茄，不拘多少。先以醬黄鋪在磁缸内，次以鮮瓜茄鋪一層，摻鹽一層；再下醬黄，又鋪瓜茄一層，摻鹽一層。如此層層相間，醃七日夜，烈日曬之，醬好而瓜兒亦好。如欲作乾瓜兒，取去再曬。其醬別用。却不可用水，瓜中自然鹽水出也。用鹽時，相度醬與瓜茄多少酌量。”元代亦稱“醬醃瓜茄”。元魯明善《農桑衣食撮要》：“醬醃瓜茄：新摘瓜茄，鹽醃二三日，於醬内醃之則肥美。”明代稱“盤醬瓜茄”。明高濂《遵生八牋·飲饌服食牋中》：“盤醬瓜茄法：黄子一斤，瓜一斤，鹽四兩，將瓜擦，原醃瓜水拌匀。醬黄每日盤二次，七七四十九日入罈。”清代亦稱“醬菜”“包瓜醬菜”，以陝西潼關、直隸保定所産最負盛名。清吳振棫《養吉齋叢録》卷二四載慈禧、光緒謁陵途次，“長蘆鹽政進猪、羊、鷄、鴨、果品、醬菜”。徐珂《清稗類鈔·飲食類》：“製醬菜，非必以蔬也，將瓜或蒿、笋剖開曬乾，夜用鹽略醃之，次晨拭净鹽水，另用盆貯甜醬，將瓜浸入，曬日中。數日取出，另换甜醬浸之。若以生瓜遽投醬缸，醬即壞。”又：“包瓜醬菜：醬菜首推潼關之所製者。製時剖瓜去瓤，實以茄菜、王瓜、壺盧之稚者，用甜醬釀之。至沉浸釀郁時，瓜亦可食，名曰包瓜醬菜。味甘鮮，惟以過鹹爲戒。保定製法相仿，惟不包瓜耳。”

古城保定所産稱“槐茂醬菜”，創始於清康熙十年（1671），迄今已有三百餘年之歷史。光緒二十九年（1903），慈禧、光緒祭謁西陵時駐蹕保定，曾加品嘗，贊嘆連聲，西太后并賜名“太平菜”。今大量生産，行銷四方，頗受歡迎。

【盤醬瓜茄】

即醬瓜茄。此稱明代已行用。見該文。

【醬菜】

即醬瓜茄。此稱清代已行用。見該文。

【包瓜醬菜】

即醬瓜茄。此稱清代已行用。見該文。

【醬冬瓜】

“醬瓜茄”之屬。冬瓜即白瓜、地芝。以醬浸漬而成。此稱始見於南北朝時期。北魏賈思勰《齊民要術・種瓜》：“〔冬瓜〕削去皮子，於芥子醬中或美豆醬中藏之佳。”

【醬越瓜】

“醬瓜茄”之屬。越瓜即菜瓜、稍瓜。以醬漬浸而成。此稱始見於南北朝時期，延及後世。北魏賈思勰《齊民要術・種瓜》：“收越瓜，欲飽霜，霜不飽則爛……並如凡瓜，於香醬中藏之亦佳。”明李時珍《本草綱目・菜三・越瓜》：“越瓜南北皆有。二三月下種生苗，就地引蔓，青葉黃花，並如冬瓜花葉而小。夏秋之間結瓜，有青白二色，大如瓠子……其瓜生食，可充果蔬，醬、豉、糖、醋藏浸皆宜，亦可作葅。”清時稱“盤醬瓜”。清汪灝等《廣群芳譜・蔬譜・稍瓜》：“盤醬瓜：細白麵不拘多少，伏中新汲水和，軟硬得法，用模踏堅實，切二指厚片放蓆上排匀，以黃蒿覆之。三七後遍生黃衣，取出曬極乾，入水略濕。刷去黃衣，淨碾爲細末，名曰醬黃。每醬黃一斤，用瓜一斤，炒鹽四兩。七月間稍瓜熟時，檢嫩全者，不須去瓤，先將數内鹽醃瓜一宿，次日將鹽與醬麵拌匀，一層醬，一層瓜，盛甕中。每層瓜内間茄一個。每日清晨盤一次，日夕盤一次，盤在盆内，十數日即成，收貯任用。”

【盤醬瓜】

即醬越瓜。此稱清代已行用。見該文。

【醬胡瓜】

“醬瓜茄”之屬。胡瓜即黃瓜。以醬醃漬而成。此稱始見於南北朝時期，延及後世。北魏賈思勰《齊民要術・種瓜》：“收胡瓜，候色黃則摘。若待色赤，則皮存而肉消也。並如凡瓜，於香醬中藏之亦佳。”明李時珍《本草綱目・菜三・胡瓜》：“胡瓜處處有之。正二月下種，三月生苗引蔓。葉如冬瓜葉，亦有毛。四五月開黃花，結瓜圍二三寸，長者至尺許，青色……並生熟可食，兼蔬蓏之用，糟醬不及菜瓜也。”清汪灝等《廣群芳譜・蔬譜・黃瓜》：“新摘瓜開作兩片，將子與瓤去净，鹽醃二三日，晾乾，入滷醬醃十餘日。滾水候冷，洗净晾乾，入好麵醬醃。極嫩黃瓜整醃之，尤肥美。”清代亦稱“醬王瓜”。清袁枚《隨園食單・小菜單》：“醬王瓜：王瓜初生時，擇細者醃之入醬，脆而鮮。”清朱彝尊《食憲鴻秘・蔬之屬》：“醬王瓜：王瓜南方止用醃葅，一種生氣，或有不喜者。惟入甜醬醬過，脆美勝於諸瓜。固當首列《月令》，不愧隆稱。”

【醬王瓜】

即醬胡瓜。此稱清代已行用。見該文。

【醬瓜】

“醬瓜茄”之屬。此稱所指範圍小於“醬瓜茄”，又較“醬冬瓜”“醬越瓜”所指爲廣。自然，"醬冬瓜"等亦得統稱"醬瓜"。此稱清代已行用。清袁枚《隨園食單·小菜單》："醬瓜：將瓜醃後，風乾入醬，如醬薑之法。不難其甜，而難其脆。杭州施魯箴家製之最佳。據云，醬後曬乾又醬，故皮薄而皺，上口脆。"時又有"上黨甜醬瓜""東洋醬瓜""乾醬瓜"等，皆此類。清朱彝尊《食憲鴻秘·蔬之屬》："上黨甜醬瓜：好麵用滾水和大塊，蒸熟，切薄片，上下草蓋，一二七發黃，日曬夜收，乾了磨細麵聽用。大瓜三十觔，去瓤，用鹽一百二十兩醃二三日，取出，曬去水氣，將鹽汁亦曬日許佳。拌麵入大罈，一層瓜，一層麵，紙箬密封，烈日轉曬。從伏天至九月，計已熟，將好茄三十觔、鹽三十兩，醃三日，開罈將瓜取出，入茄罈底，壓瓜於上封好。食瓜將盡，茄已透。再用醃薑量入。"清李化楠《醒園錄》卷下："東洋醬瓜法：先用好麵十斤，炒過大豆粉二升（或稱重二斤亦可），二者共冷水作餅，蒸熟候冷（餅約二指厚、兩掌大），於不透風暖處醬之，下用蘆蓆鋪勻，餅上用葉厚蓋，醬至黃衣上爲度。去葉翻轉，黃透曬乾。漂露愈久愈妙。瓜每斤配食鹽四兩……醃四五天，將瓜撈起，曬微乾，瓜滷候澄清，去底下渾脚後，即將清滷攪前麵豆餅作醬（餅須搗極細，或磨過，更妙）。醬與瓜對配，裝入磁罐內，不用曬日，候一月可開。"又，"乾醬瓜法：二三月天，先將小麥洗，磨略碎，不過篩（若要做細醬，麵以磨細篩過爲是），和滾水，做成磚條塊子。蓋於暖處，令其發霉務透，曬乾收貯。候瓜熟，買來剖作兩瓣，銅錢刮去瓤，用滾透熟冷水洗净，布拭乾。再用石灰一斤，亦用滾熟冷水泡，澄去渾底，將瓜泡下，只過夜，次早洗净取起，

用布拭乾，用大口高盆子將黃先研細麵篩過，先裝盆底一重，次裝瓜一重，又裝鹽一重，重重裝入，上面仍用醬麵蓋之，不用水，用麻布蓋曬。於初伏日起，日曬夜收，一月可吃。凡曬醬，切不可着一點生水，以致易壞生白。每料瓜四十九斤，醬麵四十五斤，鹽九斤，石灰一斤"。

【上黨甜醬瓜】

"醬瓜"之一種。此稱清代已行用。見該文。

【東洋醬瓜】

"醬瓜"之一種。此稱清代已行用。見該文。

【乾醬瓜】

"醬瓜"之一種。此稱清代已行用。見該文。

醬薑

"醬瓜茄"之屬，始見於明代。明韓奕《易牙遺意·蔬菜類》："醬薑：社前薑嫩無絲，布擦之，少鹽一宿，靭乾入瓶，布裹口，置醬缸內。"明李時珍《本草綱目·菜一·生薑》："薑辛而不葷，去邪辟惡，生啖熟食，醋醬糟鹽，蜜煎調和，無不宜之，可蔬可和，可果可藥，其利博矣。"清袁枚《隨園食單·小菜單》："醬薑：生薑取嫩者微醃，先用粗醬套之，再用細醬套之。凡三套而味成。古法，用蟬蛻一箇入醬，則薑久而不老。"按，蟬蛻入醬之說，約見於宋釋贊寧《物類相感志》，唯"醬薑"爲"糟薑"。明張岱《夜航船·物理·飲食》則又謂"糟薑瓶內安蟬，雖老薑亦無筋。"

【醬芹菜】

"醬瓜茄"之屬。此稱清代已行用。清李化楠《醒園錄》卷下："醬芹菜法：芹菜，揀嫩而長大者，去葉取桿，將大頭剖開作三四瓣，曬微乾桿軟。每瓣取來，纏作二寸長把子，即醃

入吃完醬瓜之舊醬内，俟二十日可吃。要吃時取出，用手將醬擄净，切寸許長，青翠香美。不可下水洗，若無舊醬，即將纏把芹菜，每斤配鹽一兩二錢，逐層醃入盆内，二三天取出，用原滷洗净，曬微乾，將醃菜之滷澄清去渾脚，傾入醬瓜黄内（醬黄，即東洋醬瓜所用，已見前）。泡攬作醬，醬與芹菜對配，如醬瓜法，層層裝入罈内，封固，不用曬日，二十天可吃矣。"清佚名《調鼎集·蔬菜部》："醬芹菜：鹽醃數日，曬乾，入甜醬。"

【醬石花】

"醬瓜茄"之屬。亦稱"麒麟菜"。此稱清代已行用。石花，即瓊芝。清袁枚《隨園食單·小菜單》："醬石花：將石花洗净入醬中，臨吃時再洗。一名麒麟菜。"

【麒麟菜】

即醬石花。此稱清代已行用。見該文。

【醬茄】

"醬瓜茄"之屬。此稱清代已行用。清汪灝等《廣群芳譜·蔬譜·茄》："醬茄：九月間，將好嫩茄去蒂，酌量用鹽醃五日，去水，別用市醬醃五七日，其水盡去，揳乾，曬一日方可入好醬内。"

【紹興醬茄】

清代紹興所産著名醬茄。清顧仲《養小録》卷中："紹興醬茄：麥一斗煮熟，攤七日，磨碎，糯米爛飯一斗，鹽一斗同拌匀，曬七日。入醃茄，仍曬之。小茄一日可食，大者多日。"

醬蟹

醬醃品。將螃蟹浸漬於醬及相關漬料中而成。多見於元明清時期。元佚名《居家必用事類全集·己集·飲食類》："醬蟹：團臍百枚，洗净控乾，逐個臍内滿填鹽，用綫縛定，仰疊入磁器中。法醬二斤，研渾椒一兩，好酒一斗拌醬椒匀。澆浸，令過蟹一指，酒少再添，密封泥固。冬二十日可食。"明宋詡《宋氏養生部》："醬蟹：一熟蟹去臍，以原汁俟冷，調醬漬之。一生蟹團臍者惟以醬油漬之。可留經年，宜醋。"明李時珍《本草綱目·介一·蟹》："凡蟹生烹、鹽藏、糟收、酒浸、醬汁浸，皆爲佳品。"清顧仲《養小録》卷下："上品醬蟹：上好極厚甜醬，取鮮活大蟹，每個以麻絲縛定，用手捼醬，搵蟹如團泥，裝入罐内封固。兩月開，臍亮易脱。可供。如未易脱，再封好候之。食時以淡酒洗下醬來，仍可供厨，且愈鮮也。"按，宋代已有"五味酒醬蟹"出現，因其爲醬蟹之一品，姑置於後。其實出現時間早於元代"醬蟹"。

【五味酒醬蟹】

"醬蟹"之一種。以醬、醋、鹽、糟、酒等五味合漬而成，故稱。此稱始見於宋代。宋吳自牧《夢粱録·分茶酒店》："食次名件甚多，姑以述於後：曰百味羹……簽糊齏蟹、椒醋洗手蟹、椒釀蟹、五味酒醬蟹。"明代省稱"五味蟹"。明宋詡《宋氏養生部》："五味蟹：用蟹團臍者，每六斤，入甕一層，疊葱、川椒一層。取醬一斤、醋一斤、鹽一斤、糟一斤，酒不拘筭，薄調漬没蟹爲度。熟宜醋。"

【五味蟹】

"五味酒醬蟹"之省稱。此稱明代已行用。見該文。

【醬醋蟹】

"醬蟹"之一種。此稱元代已行用。因漬料中必有醬與醋，故名。元佚名《居家必用事類全集·己集·飲食類》："醬醋蟹：團臍大者麻皮扎定，於温暖鍋內令吐出泛沫了。每斤用鹽七錢半，醋半升，酒半升，香油二兩，葱白五握（炒作熟葱油），榆仁醬半兩，麵醬半兩，茴香、椒末、薑絲、橘絲各一錢，與酒醋同拌匀。將蟹排在净器內，傾入酒醋浸之。半月可食。底下安皂角一寸許。"

醬肉

醬腌品。清代已見。清佚名《調鼎集·特牲部》："醬肉：乾肉一層，甜醬一層，三日後取出晾乾，洗去醬，蒸用。又，肉用白水煮熟，去肥肉並油絲，務净，盡取純精肉切寸方塊，醃入甜豆醬，曬之。又，肉每斤切四塊，鹽擦過，少時取鹽拭乾，入甜醬。春秋二三日，冬間六七日，取出醬，入錫鏇，加花椒、薑、酒（不用水），封蓋，隔湯慢火蒸。又，逢小雪時，取乾肉入醬缸，七日取出，連醬陰乾。臨用，洗去醬，煮用（如不煮，可留至次年三四月）。"

醬肘

醬腌品。將猪蹄經醬漬，復風乾煮熟。多見於清代。道光、咸豐年間北京西單天福齋醬肘鋪所製售尤負盛名。其時亦稱"甜醬肘"。清佚名《調鼎集·特牲部》："甜醬肘：冬月取小猪蹄數個，約三斤，晾乾，炒熟鹽拌花椒末擦透，周身厚塗甜醬，疊壓缸中半月，帶醬掛簷前透風處，俟乾整煮。"《道咸以來朝野雜記》："西單有醬肘鋪名天福齋者，至精。其肉既爛而味醇，其他肉食類畢備，與其他諸肆不同，歷年蓋百餘矣。"

【甜醬肘】

即醬肘。此稱清代已行用。見該文。

第四節　豉　考

豉，豆或麥類經過發酵製成之流質食品，可食用，亦可作調料。大别有鹹、淡二種。

春秋以前，未見此物。《書·説命》《左傳·昭公二十年》言及調鼎和羹，《禮記·內則》備論飲食，皆不言用豉。漢代王逸曾謂《楚辭》之"大苦"即豉，據此則豉源自戰國。然宋時已有人指出其誤。《楚辭·招魂》："大苦鹹酸，辛甘行些。"王逸注："大苦，豉也。鹹，一作鹹。"宋洪興祖補注："《本草》：'豉，味苦。'故逸以大苦爲豉。然説《左氏》者（即孔穎達）曰醯、醢、鹽、梅，不及豉，古人未有豉也。《內則》及《招魂》備論飲食，言不及豉。史游《急就篇》曰及有'無夷鹽豉'。蓋秦漢以來始爲之耳。據此則逸説非也。又《爾雅》云：蘦，大苦。郭氏以爲甘草。又《詩》云：隰有苓。陸璣《草木蟲魚疏》云：苓，大苦也，可爲乾菜。此所謂大苦，蓋苦味之甚者爾。"洪氏駁王逸説確，然説始自秦漢，以《急就篇》爲例疑不妥。豉的前身殆"染"，見諸戰國。《吕氏春秋·當務》："一人曰：‘子，肉也；我，肉也。尚胡革求肉而爲？’於是具染而已，因抽刀而相啗。”高誘注：“染，豉醬也。”是戰國時已有豉醬“染”。

西漢時文獻中始見“豉”。《史記・貨殖列傳》：“蘖、麴、鹽、豉千荅。”此據宋人高承《事物紀原・酒醴飲食・鹽豉》謂“蘖、麴、鹽、豉……蓋四物”而斷句。東漢時，對豉之習性、製法已有大致瞭解。《説文・尗部》：“尗（豉），配鹽幽尗也。”段玉裁注：“按，《齊民要術》説‘作豉必室中温暖’，所謂幽尗也；云《食經》作豉法，用鹽五升，所謂配鹽也。”魏晋時有所推廣，亦稱“㲆”“䜉”。《廣雅・釋器》：“㲆，謂之䜉。”王念孫疏證：“此謂豆豉也。”值得注意的是，國外豉法此時始傳入中土。晋張華《博物志》：“外國有豉法：以苦酒浸豆，暴令極燥，以麻油蒸，蒸訖復暴，三過乃止，然後細擣椒屑，隨多少合之。”（轉引自《釋名・釋飲食》“豉，嗜也”畢沅疏證）其法無疑對當時本土製豉有一定的推動和影響。

南北朝時製豉進入新的階段。北魏賈思勰《齊民要術》專設《作豉法》一節，詳盡總結了“豆豉”“麥豉”的做法。豆豉中的“豉法”與“家理食豉”，據今人研究即鹹豉、淡豉，後世製豉大體本於此。此時襄陽、錢塘所産豉以“香美而濃”著名。此後歷代皆有名品傳世，如唐代的“陝州豉”“蒲州豉”，宋代的“金山鹹豉”，元代的“成都府豉汁”，明代的“杏仁豆豉”等。自宋迄清，各代飲饌專書中都載有豉類及製法，説明豉品已成爲日常生活必不可少之佳肴。還值得一提的是，兩宋之際，一些豉品僅保存名目而製法闕載。如灌圃耐得翁《都城紀勝・食店》之“紅煨薑豉”，宋吳自牧《夢粱録・夜市》之“薑豉”、《分茶酒店》之“江魚鹹豉”“十色鹹豉”“諸色薑豉”“波絲薑豉”、《肉鋪》之“凍薑豉蹄子”“薑豉鷄”“凍波斯薑豉”，宋周密《武林舊事・市食》之“窩絲薑豉”、《果子》之“蜜薑豉”等。其中有些豉品甚至是通常豆豉、麥豉所不能包括的，如“薑豉”“江魚鹹豉”等，開拓了豉品的嶄新門類。故至元明之際，遂有“瓜豉”出現，并詳載製法（元佚名《居家必用事類全集・己集・飲食類》）。時至今日，豆豉仍爲普通大衆所喜製樂食。

豉

豆麥甚或某些瓜菜經發酵後製成之醬狀香美食品，可以供饌，亦可作調料或入藥。始見於戰國時期，最初稱“染”。《吕氏春秋・當務》：“於是具染而已，因抽刀而相啗。”高誘注：“染，豉醬也。”漢代始稱“豉”，亦作“尗”。《釋名・釋飲食》：“豉，嗜也。五味調和，須之而成，乃可甘嗜也。故齊人謂豉聲如嗜也。"《説文·朩部》:"朩，配鹽幽朩也。"桂馥義證引惠士奇曰:"古有鹽而無豉，漢始有豉，《説文》所謂配鹽幽朩是也。"《漢書·貨殖傳》載樊少翁"賣豉"，號"豉樊"。三國時期亦稱"䜴""䛄"。《廣雅·釋器》:"䜴，謂之䛄。"據晋張華《博物志》，晋代時域外"豉法"傳入中土。南北朝時，北魏賈思勰《齊民要術》專設《作豉法》一節，詳細記載了"豆豉""麥豉""家理食豉"等的製法。豉的味道，有鹹、淡二種。明李時珍《本草綱目·穀四·大豆豉》:"豉，諸大豆皆可爲之，以黑豆者入藥。有淡豉、鹹豉，治病多用淡豉汁及鹹者。"豉的類别，大體有豆豉、麥豉、菜豉三種。豆豉出現最早，麥豉出現於南北朝，菜豉出現於宋元。宋代的"薑豉"、元代的"瓜豉"，皆菜豉。此外尚有"油豉""魚豉""酒豉""醬豉"等。以豉入藥，蓋始於晋。晋葛洪《肘後方》載以"葱豉湯"治療傷寒。由於豉之美味非他物可代替，故自南北朝以降，歷代相沿製作，且推出名品，如唐代之"陝州豉""蒲州豉"，宋代之"金山鹹豉""笋鹹豉""肉鹹豉""薑豉"等，元代之"成都府豉汁""豬頭薑豉"，明代之"十香鹹豉""醬豉"，清代之"燥豆豉""金華豆豉"等。

【䜴】

　　即豉。此稱先秦時期已行用。見該文。

【朩】

　　同"豉"。此體漢代已行用。見該文。

【䜴】

　　即豉。此稱三國時期已行用。見該文。

【䛄】

　　即豉。此稱三國時期已行用。見該文。

豆豉

　　豉品。豆類經過浸泡、蒸煮、發酵，調入鹽麴而成。成品呈粥狀液態。大體有鹹、淡兩種。調味或入藥。其製作始於先秦時期，南北朝時始詳載製法。北魏賈思勰《齊民要術·作豉法》:"作豉法:先作暖蔭屋，坎地深三二尺。屋必以草蓋，瓦則不佳。密泥塞屋牖，無令風及蟲鼠入也。開小户，僅得容人出入，厚作薦籬以閉户。四月五月爲上時，七月二十日後八月爲中時，餘月亦皆得作，然冬夏大寒大熱，極難調適。大都每四時交會之際，節氣未定，亦難得所。常以四孟月十日後作者，易成而好。大率常欲令溫如人腋下爲佳。若等不調，寧傷冷，不傷熱，冷則穰覆還暖，熱則臭敗矣。三間屋，得作百石豆。二十石爲一聚。常作者番次相續，恒有熱氣，春、秋、冬、夏，皆不須穰覆。作少者，唯須冬月乃穰覆豆耳。極少者，猶須十石爲一聚;若三五石，不自暖，難得所。故須以十石爲率。用陳豆彌好;新豆尚濕，生熟難均故也。净揚簸，大釜煮之，申舒如飼生豆，掐軟便止，傷熟則豉爛。漉著净地攤之，冬宜小暖，夏須極冷，乃内蔭屋中聚置。一日再入，以手刺豆堆中候看:如人腋下暖，便須翻之。翻法:以杷枚略取堆裏冷豆爲新堆之心，以次更略，乃至於盡。冷者自然在内，暖者自然居外。還作尖堆，勿令婆陀。一日再候，中暖更翻，還如前法作尖堆。若熱湯人手者，即爲失節傷熱矣。凡四五度翻，内外均暖，微著白衣，於新翻訖時，便小撥峰頭令平，團團如車輪，豆輪厚二尺許乃止。復以手候，暖則還翻。翻訖，以杷平豆，令漸薄，厚一尺五寸許。第三翻，一尺;第四翻，厚六寸。豆便内外均暖，悉著白衣，殴爲粗定。從此以後，乃生黃衣，復撢豆令厚三寸，便閉户三日。自此以前，一日再入。三日開户，復以杴東西作壠構豆，如穀壠形，令稀穊均調。杴剗法，必令至地。豆若著地，即便爛矣。構遍，以杷構豆，常令厚三寸。間日構之。後豆著黃衣，色均足，出豆於屋外，净揚簸去衣。布豆尺寸之數，蓋是大率中平之言矣。冷即須微厚，熱則須微薄，尤須以意斟量之。揚簸訖，以大甕盛半甕水，内豆著甕中，以杷急抨之使净。若初煮豆傷熟者，急手抨净即漉出；若初煮豆微生，則抨净宜小停之。使豆小軟則難熟，太軟則豉爛。水多則難净，是以正須半甕爾。漉出著筐中，令半筐許，一人捉筐，一人更汲水於甕上，就筐中淋之，急斗攪筐，令極净，水清乃止。淘不净，令豉苦。漉水盡，委著席上。先多收穀穰，於此時内穀穰於蔭屋窖中，掊穀穰作窖底，厚二三尺許，以遷蓆蔽窖。内豆於窖中，使一人在窖中以脚躡豆，令堅實。内豆盡，掩蓆覆之，以穀穰埋蓆上，厚二三尺許，復躡令堅實。夏停十日，春秋十二三日，冬十五日，便熟。過此以往則傷苦；日數少者，豉白而用費；唯合熟，自然香美矣。若自食欲久留不能數作者，豉熟取出曝之，令乾，亦得周年。豉法難好易壞，必須細意人，常一日再看之。失節傷熱，臭爛如泥，豬狗亦不食；其傷冷者，雖還復暖，豉味亦惡。是以又須留意，冷暖宜適，難於調酒。如冬月初作者，須行以穀穰燒地令暖，勿焦，乃净掃。内豆於蔭屋中，則用湯澆黍穄，令暖潤，以覆豆堆。每翻竟，還以初用黍穰周匝覆蓋。若冬作，豉少屋冷，穰覆亦不得暖者，乃須於蔭屋之中，内微燃烟火，令早暖，不爾

則傷寒矣。春秋量其寒暖，冷亦宜覆之。每人出，皆還謹密閉户，勿令泄其暖熱之氣也。《食經》作豉法：常夏五月至八月，是時月也。率一石豆，熟澡之，漬一宿。明日出蒸之，手捻其皮破則可，便敷於地。地惡者，亦可蓆上敷之，令厚二寸許。豆須通冷，以青茅覆之，亦厚二寸許。三日視之，要須通得黃爲可。去茅，又薄撢之，以手指畫之，作耕壟。一日再三如此。凡三日作此，可止。更煮豆，取濃汁，并秫米女麴五升、鹽五升，合此豉中。以豆汁灑溲之，令調，以手搏，令汁出指間，以此爲度。畢，納瓶中，若不滿瓶，以矯桑葉滿之，勿抑。乃密泥之中庭。二十七日出，排曝令燥。更蒸之時，煮矯桑葉汁灑溲之，乃蒸如炊熟久，可復排之。此三蒸曝則成。"元代以大黑豆製作。元魯明善《農桑衣食撮要・做豆豉》："大黑豆淘净，煮熟，漉出，篩麵拌匀，攤放席上放冷。用楮葉盦成黃子。候黃衣上遍，曬乾，用瓜茄切片，二件每一斤用净鹽一兩，入生薑、橘皮、紫蘇、蒔蘿、小椒、甘草，切碎，同拌一宿。次日將豆黃簸去黃衣，同入甕内，用元汁匀拌。上用箬葉蓋覆，甋石壓定，紙泥密封。曬半月後可開，取豆瓜茄曬乾，略蒸，氣透，再曬收貯。"明代稱"大豆豉"。明李時珍《本草綱目・穀四・大豆豉》："豉，諸大豆皆可爲之，以黑豆者入藥。有淡豉、鹹豉。"清曾懿《中饋錄》："製豆豉法：大黃豆淘净，煮極爛。用竹篩撈起，將豆汁用净盆濾下，和鹽留好。豆用布袋或竹器盛之，覆於草内。春暖三四日即成，冬寒五六日亦成，惟夏日不宜。每將成時必發熱起絲，即掀去覆草，加搗碎生薑及壓細之鹽，和豆拌之，然須略鹹方能耐久。拌後盛罈内，

十餘日即可食。用以炒肉、蒸肉，均極相宜。或搓成團，曬乾收貯，經久不壞。如水豆豉，則於拌鹽後取若干，另用前豆汁浸之。略加辣椒末、蘿蔔乾，可另裝一罈，味尤鮮美。"清顧仲《養小録》卷上："豆豉：大青豆（一斗，浸一宿，煮熟。用麵五升，纏豆攤席上，晾乾，楮葉蓋好。發中黄勃淘净）、苦瓜皮（十斤，去内白一層，切丁，鹽醃，榨乾）、飛鹽（五斤，或不用）、杏仁（四兩，煮七次，去皮尖。若京師甜杏仁，止泡一次）、生薑（五斤，刮去皮切絲）、花椒（半斤，去梗目）、薄荷、香菜、紫蘇（三味不拘，俱切碎）、陳皮（半斤，去白切絲）、大茴香、砂仁（各二兩）、白豆蔻（一兩，或不用）、官桂（五錢），合瓜豆拌匀，裝罐，用好酒、好醬油對合，加入約八九分滿，包好，數日開看：如淡，加醬油；如鹹，加酒。泥封曬，伏製秋成，美味。"

【大豆豉】

即豆豉。此稱明代已行用。見該文。

【襄陽豉】

"豆豉"名品。南北朝時期襄陽所産。以香濃味美著稱。明李時珍《本草綱目·穀四·大豆豉》引南朝梁陶弘景曰："豉出襄陽、錢塘者香美而濃。入藥取中心者佳。"

【錢塘豉】

"豆豉"名品。南北朝時期錢塘所産。與"襄陽豉"媲美。參見本卷《菜肴説·豉考》"襄陽豉"文。

【陝州豉】

"豆豉"名品。出自唐代陝州（今屬河南）。亦稱"陝府豉"。味美超過衆豉。經年不變質。以大豆爲主料，加鹽、椒、薑等製成。明李時珍《本草綱目·穀四·大豆豉》引唐陳藏器曰："蒲州豉味鹹，作法與諸豉不同，其味烈。陝州有豉汁，經十年不敗。"又引唐孟詵曰："陝府豉汁，甚勝常豉。其法：以大豆爲黄蒸。每一斗，加鹽四升、椒四兩。春三日、夏二日即成。半熟加生薑五兩。既潔净且精也。"

【陝府豉】

即陝州豉。此稱唐代已行用。見該文。

【蒲州豉】

"豆豉"名品。唐代蒲州（今山西蒲縣）所産。以味鹹香烈著稱。與"陝州豉"齊名。參見本卷《菜肴説·豉考》"陝州豉"文。

【酒豆豉】

"豆豉"之一種。此稱宋代已行用。以主料大豆加輔料及金花酒製成，故稱。宋佚名《吳氏中饋録》："酒豆豉方：黄子一斗五升，篩去麵，令净。茄五斤、瓜十二斤、薑十四兩、橘絲隨放、小茴香一升、炒鹽四斤六兩、青椒一斤，一處拌，入甕中捺實。傾金花酒或酒娘醃過各物兩寸許。紙箬扎縛，泥封，露四十九日。罈上寫'東''西'字記號。輪曬。日滿，傾大盆内，曬乾爲度。以黄草布罩蓋。"參閱清朱彝尊《食憲鴻秘·醬之屬》。

【水豆豉】

"豆豉"之一種。此稱宋代已行用。宋佚名《吳氏中饋録》："水豆豉法：好黄子十斤，好鹽四十兩，金華甜酒十碗。先日，用滾湯二十碗沖調鹽作滷，留冷澱清，聽用。將黄子下缸，入酒入鹽水。曬四十九日完，方下大小茴香各一兩、草果五錢、官桂五錢、木香三錢、陳皮絲一兩、花椒一兩、乾薑絲半斤、杏仁一斤。各料和入缸内，又曬又打三日，將罈裝起。隔年吃方好，蘸肉吃更妙。"清代亦製作。清李化楠《醒園錄》卷上："做水豆豉法……發就豆黃一斤，好西瓜瓤一斤，好老酒一斤，鹽半斤，先用酒將鹽澆化澄沙，合黃與瓜瓤攪勻，裝入罈內封固，俟四十天可吃。不曬日。"

【鹹豉】

"豆豉"之一種。味鹹。此稱宋代已行用。宋陳元靚《事林廣記·癸集》："造鹹豉法：大豆一斗，淘蒸熟，攤蕈上令勻，以椒葉密蓋，發黃上遍。取出簸去黃，水淘瀝乾。每一斗，用鹽一斤。姜半斤，薄切，煤過，壓過。椒三兩，作鹽湯，候溫拌勻入甕。豆麵水深一寸，以葉蓋，封口，曬一夜取出。"元代稱"鹹豆豉"。元佚名《居家必用事類全集·己集·飲食類》："鹹豆豉法：黑豆一斗，蒸略熟，取出，曬一日。用瓜二十條、茄四十個（洗，切小，乾下用），紫蘇、陳皮各切碎，拌和，用茴香四錢，重炒鹽四兩，拌和得所。罨之三日，然後用好酒遍灑令勻。再略蒸過。再用鹽四兩拌之，又用好酒微灑之。日中攤曬一日，却入磁小缸內緊築，數重紙封之，或用泥封，置三伏日曬好。"明代亦相沿製作。明李時珍《本草綱目·穀四·大豆豉》："造鹹豉法：用大豆一斗，水浸三日，淘蒸攤署，候上黃取出簸净，水淘瀝乾。每四斤，入鹽一斤、薑絲半斤，椒、橘、蘇、茴、杏仁拌勻，入甕。上面水浸過一寸，以葉蓋封口，曬一月乃成也。"按，據今人研究，北魏賈思勰《齊民要術》所引《食經》"作豉法"之所作，即"鹹豉"。

【鹹豆豉】

即鹹豉。此稱元代已行用。見該文。

【金山鹹豉】

"鹹豉"名品。宋代金山寺所產。元代稱"金山寺豆豉"，詳載製法。紹興二十一年（1151）宋高宗駕幸清河郡王府邸時曾供進御用。宋周密《武林舊事·高宗幸張府節次略》："脯腊一行……旋鮓、金山鹹豉、酒醋肉。"元佚名《居家必用事類全集·己集·飲食類》："金山寺豆豉法：黃豆不拘多少，水浸一宿，蒸爛。候冷，以少麵摻豆上拌勻，用麩再拌。掃净室，鋪席，勻攤，約厚二寸許。將穰草、麥稈或青蒿、蒼耳葉蓋覆其上。待五七日，候黃衣上，搓挼令净，篩去麩皮。走水淘洗，曝乾。每用豆黃一斗，物料一斗。預刷洗净甕候下：鮮菜瓜（切作二寸大塊）、鮮茄子（作刀劃作四塊）、橘皮（刮净）、蓮肉（水浸軟，切作兩半）、生薑（切作厚大片）、川椒（去目）、茴香（微炒）、甘草（剉）、紫蘇葉、蒜瓣（帶皮）。右件將物料拌勻。先鋪下豆黃一層，下物料一層，摻鹽一層，再下豆黃、物料、鹽各一層。如此層層相間，以滿爲度。納實，箬密口，泥封固，烈日曝之。候半月，取出，倒一遍，拌令勻，再入甕，密口泥封。曬七七日爲度。"

【金山寺豆豉】

即金山鹹豉。此稱元代已行用。見該文。

【肉鹹豉】

"鹹豉"之一種。含肉。此稱宋代已行用。宋陳元靚《事林廣記·癸集》："造肉鹹豉：精肉一斤，骰子切。鹽一兩半，拌煞去腥。生薑四兩，薄切煤過。用豬狟爛剉，炒過。豉一斤，取濃汁兩椀。馬芹半兩，椒子一錢。先下肉於銚內炒，次下豉、姜、橘皮，尾下馬芹、椒。候炒乾，焙之，收取可食，佳。"

【笋鹹豉】

"鹹豉"之一種。入笋。此稱宋代已行用。宋陳元靚《事林廣記·癸集》："造笋鹹豉：笋一斤，生切片子。豉四兩，煎汁用者。笋熟，次入鹽二兩，生薑二兩，片切爆過。馬芹、紅椒、橘皮，各用半兩，一齊入，拌匀，焙乾收之，其味最佳。"明代亦稱"竹笋豆豉"。明宋詡《宋氏養生部》："竹笋豆豉：用鮮竹笋大切塊，先芼熟，入鹽少許。曬燥，以笋汁芼大豆至熟，入鹽少許。紙藉煉火中焙，切笋爲方菹，復用焙燥。"

【竹笋豆豉】

即笋鹹豉。此稱明代已行用。見該文。

【成都府豉汁】

"豆豉"之一種。出元代巴蜀成都，故名。以香美無比載譽。元佚名《居家必用事類全集·己集·飲食類》："造成都府豉汁法：九月後二月前可造。好豉三斗，用清麻油三升熬，令烟斷香熟爲度。又取一升熟油拌豉，上甑熟蒸，攤冷，曬乾。再用一升熟油拌豉，再蒸，攤冷，曬乾。更依此，一升熟油拌豉，透蒸，曝乾。方取一斗白鹽匀和，搗令碎，以釜湯淋取三四斗汁。净釜中煎之。川椒末、胡椒末、乾薑末、橘皮（各一兩），葱白（五斤）。右件並搗細，和煎之，三分減一，取不津磁器中貯之。須用清香油，不得濕物近之。香美絶勝。"按，明李時珍《本草綱目·穀四·大豆豉》與此段文字大同小異，省稱爲"豉汁"。

【淡豆豉】

"豆豉"之一種。味淡口輕，故名。元代文獻始見此稱。元佚名《居家必用事類全集·己集·飲食類》："淡豆豉法：大黑豆不拘多少，甑蒸，香熟爲度。取出，攤置竿籬内，乘温熱，以架子，每一層盛一竿籬，頓在不見風處。四圍上下用青草穰緊護之。如是數日，取開，見豆子上生黄衣已遍，然後取出曬一日。次日温湯漉洗。以紫蘇葉切碎，拌和之。烈日中曝至十分乾，然後用磁罐收貯，密封固。"明代相沿製作，稱"淡豉"。明李時珍《本草綱目·穀四·大豆豉》："造淡豉法：用黑大豆二三斗，六月内淘净，水浸一宿漉乾，蒸熟取出攤席上，候微温蒿覆。每三日一看，候黄衣上遍，不可太過。取曬簸净，以水拌，乾濕得所，以汁出指間爲準。安甕中，築實，桑葉盖，厚三寸，密封泥，於日中曬七日，取出，曝一時，又以水拌入甕。如此七次，再蒸過，攤去火氣，甕收築封即成矣。"據今人研究，北魏賈思勰《齊民要術·作豉法》所載"家理食豉"即一種淡豆豉。如此説成立，則淡豆豉實源自南北朝時期。又按，豆豉向分鹹、淡，近代有分苦、甜二種之説。胡樸安《中華全國風俗志》下篇卷五："豆豉有甜、苦兩種。"參見本卷《菜肴説·豉考》"鹹豆豉"文。

【淡豉】

"淡豆豉"之省稱。此稱明代已行用。見該文。

【香豆豉】

"豆豉"之一種。所製豉中含杏仁、瓜子等香品，益其香醇，故名。此稱始見於明代，延及於清。明宋詡《宋氏養生部》："香豆豉：作新甜醬，漉出豆一斗，同淡生瓜菹五兩，淡冬瓜菹五兩，去苦皮尖杏仁五兩，榛仁退皮五兩，川椒三兩，生薑絲四兩，紫蘇新葉絲半斤，鹽半斤，扮蒔蘿三兩，縮砂仁二兩，紅豆蔻二兩，地椒一兩，通幽甕中，泥封，日易五方日色，曬四十九日，用。"清李化楠《醒園錄》卷上："做香豆豉法：每豆一斗，用過頭水煮熟，將水逼乾，用白麵二十斤拌勻……霉好，用杏仁、瓜子仁、薑絲、紫蘇、八角茴香、小茴香、花椒、白糖、陳皮、瓜塊、燒酒（內陳皮須煮出苦水）拌勻，盛潔净磁瓶内，將瓶口泥好，曬至一月，即成香豉矣。"又法："預備黑豆，水煮熟，晾微乾，收藏空房内，蓋密發黄。至半個月，取出曬乾，揚去緑衣，每日用清冷飯滾湯拌濕令透。曬極乾，再拌再曬，不拘日數，總以豆顆鬆破爲準。或夜間漂露更妙，曬極乾。净重五斤大杏仁（一斤半或二斤亦可），水浸，勿摇動，去皮尖，晾乾。用久陳皮（切細絲八兩，四製的亦可），老薑（二斤，洗净，連皮切細絲，晾微乾），以上備齊，總稱若干重。欲淡，每十兩配鹽一兩；欲鹹，每十兩配鹽二兩或一兩五錢。臨合時，用西瓜汁泡化，澄清去砂脚，和入初次。總和諸料時，用大西瓜二枚，取肉汁子，揉爛和入（但當記得，留汁泡鹽去沙爲要）。大曬至極乾，再下一枚，和入再曬。至極乾，然後另用家蘇葉（一兩）、薄荷葉（一兩）、厚樸（一兩半，薑汁炒）、甘草（一兩）、烏梅肉（二兩半）、小茴香（一兩）、川貝母（一兩）、密桔梗（一兩半），入水二十碗，煎至十二碗，濾出頭汁。再入水前，約渣水十五碗，煎至八碗，去渣，二汁合拌前料，曬乾。再另用大粉草（八錢）、家紫蘇（八錢）、薄荷（八錢）、小茴（八錢）、大茴（八錢）、川貝母（五錢八）、砂仁（六錢八）、花椒（六錢八）、柿霜（二兩），各研細末拌入，和好老酒拌濕令透，當令有餘瀝，以爲曬日乾燥地步。迨曬去

餘瀝，不致乾燥，用小口磁罐裝貯，布塞極緊，勿使漏氣。輪轉曬二十天，若太濕，曬至一月可用。罐口或用猪尿包，或泥封固均可。若藏久太乾，當用老酒拌濕，再曬幾天，自然再潤。又云，若要自用，西瓜用三次更妙。倘要賣的西瓜，只用一次。藥汁中加烏糖八兩亦可。瓜用三次者，初次之瓜，只單取汁，子肉不用；至二三次，纔將瓜瓢切作指頭大塊。"

【杏仁豆豉】

"豆豉"之一種。此稱明代已行用。以杏仁爲重要輔料製成。明宋詡《宋氏養生部》："杏仁豆豉：先用大黄豆四升，芼熟，眼去水。鹽四兩和之，以杏仁去皮尖二升，同生薑、桂皮、白芷、紫蘇莖碎切，囊括入水。芼去苦味，眼乾。通和豆，曬燥，復囊括，甑蒸透徹。俟寒，貯瓷器。"

【燥豆豉】

"豆豉"之呈乾態者。此稱清代已行用。清朱彝尊《食憲鴻秘·醬之屬》："燥豆豉：大黄豆一斗，水浸一宿。茴香、花椒、官桂、蘇葉各二兩，甘草五錢，砂仁一兩，鹽一匊，醬油一碗，同入鍋，加入浸豆三寸許。燒滾停頓，看水少量加。熱水再燒，熟爛取起，瀝湯。烈日曬過，仍浸原汁，日曬夜浸，汁盡豆乾，罈貯任用（乾後再用燒酒拌潤，曬乾更妙）。"

【金華豆豉】

"豆豉"名品。出自清代金華。清王士雄《隨息居飲食譜》："〔豉〕鹹，平，和胃，解魚腥毒，不僅爲素肴佳味也。金華造者勝。淡豉入藥，和中，治温熱諸病。"

麥豉

豉類。麥製食品。以麥子麵爲主料製成，

故名。始見於南北朝時期。北魏賈思勰《齊民要術·作豉法》："作麥豉法：七月、八月中作之，餘月則不佳。䎡治小麥，細磨爲麵，以水拌而蒸之。氣餾好熟，乃下，攤之令冷，手挼令碎。布置覆蓋，一如麥䴷、黃蒸法。七日衣足，亦勿簸揚，以鹽湯周徧灑潤之。更蒸，氣餾極熟，乃下，攤去熱氣，及暖内甕中，盆蓋，於糞糞中燠之。二七日，色黑，氣香味美便熟。搏作小餅，如神麴形，繩穿爲貫，屋裏懸之。紙袋盛籠，以防青蠅、塵垢之污。用時，全餅著湯中煮之，色足漉出。削去皮粕，還舉。一餅得數遍煮用。熱、香、美乃勝豆豉。"麥粉亦稱"麩麵"（見明李時珍《本草綱目·穀一·小麥》），故元明以來通稱"麩豉"。元佚名《居家必用事類全集·己集·飲食類》載"造麩豉法"，文字、工序與《齊民要術》基本相同，僅"麥豉"作"麩豉"，知二者名異實同。明徐光啓《農政全書·製造·食物》："麩豉：六月造麩豉。麥麩不限多少，以水匀拌。熟蒸攤，候温如人體，蒿艾罨取，黃衣遍出，攤晾令乾，即以水拌，令浥浥却入缸甕中，實捺，安於庭中，倒合在地，以灰圍之。七日外，取出攤晾。若顏色未深，又拌，依前法入甕中，色好爲度。色好黑後，又蒸令熱，及熱入甕中，築泥。却一冬取喫，温暖勝豆豉。"

【麩豉】

即麥豉。此稱元代已行用。見該文。

薑豉

豉品。以生薑爲主料製成。清汪灝等《廣群芳譜·蔬譜·薑》云，薑可製多種肴饌，生熟、醋、醬、糟、鹽、蜜煎等皆宜。以之爲豉，始見於宋代。見賣於南宋臨安市肆。宋吳自牧

《夢粱録·夜市》："又有沿街頭盤叫賣薑豉、膘皮臕子、炙椒酸犯兒、羊脂韭餅、糟羊蹄、糟蟹。"

【紅燠薑豉】

"薑豉"之一種。燠製而成。燠，通"熬"。此稱宋代已行用。宋灌圃耐得翁《都城紀勝·食店》："市食點心，凉暖之月，大概多賣猪、羊、雞煎㸆、餶飿子、四色饅頭、灌脯、灌腸、紅燠薑豉、蹄子肘件之屬。"

【波絲薑豉】

"薑豉"之一種。此稱宋代已行用。宋吳自牧《夢粱録·分茶酒店》："又有托盤擔架至酒肆中歌叫買賣者，如炙雞……糟脆筋、千里羊、諸色薑豉、波絲薑豉、薑蝦、海蜇鮓、膘皮㸆子、獐犯、鹿脯。"

【凍波斯薑豉】

"薑豉"之一種。見於宋代。宋吳自牧《夢粱録·肉鋪》："冬間添賣凍薑豉蹄子、薑豉雞、凍白魚、凍波斯薑豉等。"

【窩絲薑豉】

"薑豉"之一種。此稱宋代已行用。宋周密《武林舊事·市食》："羊脂韭餅、窩絲薑豉、劃子、科斗細粉、玲瓏雙條、七色燒餅、雜㸆。"

【蜜薑豉】

"薑豉"之一種。有蜜漬入。此稱宋代已行用。宋周密《武林舊事·市食》："果子：破核兒、查條、橘紅膏、荔枝膏、蜜薑豉、韻薑糖、花花糖、二色灌香藕。"

【猪頭薑豉】

"薑豉"之一種。因料中有猪頭加入，故名。此稱元代已行用。元忽思慧《飲膳正要·聚珍異饌》："猪頭薑豉：猪頭（二個，洗

净，切成塊），陳皮（二錢，去白），良薑（二錢），小椒（二錢），官桂（二錢），草果（五個），小油（一斤），蜜（半斤）。右件一同熬成，次下芥末炒葱，醋鹽調和。"

瓜豉

豉類。以菜瓜爲主料製成，故名。多見於元明時期。元佚名《居家必用事類全集·己集·飲食類》："造瓜豉法：菜瓜大者二十條，去穰，不可經水，切作厚二寸闊長條，闊一寸許。用鹽八兩淹二宿，漉出，曬乾。次用頭醋五升、鹽豆豉一升同煎，四五沸，去豆豉，只用所煎之醋，放冷。入糖四兩，蒔蘿、茴香、川椒、紫蘇、橘皮絲同瓜兒併入於醋內浸一宿，漉出，曬，待乾，又浸又曬，以浥盡糖醋曬乾爲度。加蒔蘿、茴香、川椒、紫蘇、橘皮絲。先用鹽少許浸一宿，揉乾，然後入瓜兒內。先去其水氣，防蒸白釀。造時三伏中並秋前可也。"明李時珍《本草綱目·穀四·大豆豉》："有麩豉、瓜豉、醬豉諸品，皆可爲之。但充食品，不入藥用也。"

【十香鹹豉】

"瓜豉"之屬。此稱明代已行用。以生瓜與茄子爲主料做成。明高濂《遵生八牋·飲饌服食牋中》："十香鹹豉方：生瓜並茄子相半，每十斤爲率，用鹽十二兩，先將內四兩醃一宿，瀝乾。生薑絲半斤，活紫蘇連梗切斷半斤，甘草末半兩，花椒揀去梗核，碾碎，二兩，茴香一兩，蒔蘿一兩，砂仁二兩，藿葉半兩，如無亦罷。先五日，將大黃豆一升煮爛，用炒麩皮一升拌，罨做黃子。待熟過，篩去麩皮，止用豆豉。用酒一瓶，醋糟大半碗，與前物共和打拌，泡乾净瓮入之，捺實。用篛四五重蓋之，竹片廿字扦定，再將紙篛扎瓮口，泥封曬日中，至四十日取出，略眼乾，入瓮收之。如曬可二十日，轉過瓮，使日色週遍。"

【熟茄豉】

"瓜豉"之屬。以瓜、茄爲主料製成。此稱清代已行用。清朱彝尊《食憲鴻秘·醬之屬》："熟茄豉：茄子用滾水沸過，勿太爛，用板壓乾，切四開。生甜瓜（他瓜不及）切丁，入少鹽，晾乾。每豆黃一勺，茄對配，瓜丁及香料量加。用好油四兩，好陳酒十二兩拌，曬透入罈，曬妙甚。豆以黑、爛、淡爲佳。"

第五節　鮓　考

鮓是將魚、肉、菜等切碎，加入鹽、米粉及某些調料（有時經過蒸煮）製成的腌漬食品。它可以長期密閉保存而色味不變，所以在相當長的歷史時期內被人們製作服食。

鮓之創製，文獻記載始於春秋，吳國壽夢始爲之（見明張岱《夜航船·日用·飲食》）。

鮓，漢代通以魚爲主料腌製，南北方皆製作，南方稱"鮺"，北方稱"鮺"。其實是先秦"七菹""五齏""魚膾"之流變。《說文·魚部》："鮺，藏魚也。南方謂之魿，北方謂之鮺。”段玉裁注：“古作鮺之法，令魚不歺壞。故陶士行遠遺其母，即《内則》之魚膾，聶而切之者也。”朱駿聲通訓定聲：“以鹽米釀魚爲菹耐久，即《禮記·内則》之魚膾，聶而切之者也。”《釋名·釋飲食》：“鮓，菹也。以鹽米釀魚以爲菹，熟而食之也。”

南北朝時製鮓技藝趨於成熟，故北魏賈思勰《齊民要術》專設《作魚鮓》一節，逐一詳備記載“魚鮓”“裹鮓”“蒲鮓”“長沙蒲鮓”“夏月魚鮓”“乾魚鮓”“鯉魚鮓”等的製法。鮓的製作範圍也由“魚”推廣到“肉”。賈書《作魚鮓》的尾段，就是記載“猪肉鮓”的製法。鮓的功能也不限於“食”，而推廣到“醫”。南齊虞悰爲國君配製出具有解醉作用的“醒酒鯖鮓”。

唐代製鮓技藝繼續發展。地方曾以“黄魚鮓”“鱘鮓”作爲方物貢品奉上。

宋代堪稱製鮓技藝的巔峰。鮓的品類增多，由“魚”“肉”製作擴展至“菜”，許多名鮓保存有製法。據對宋代西湖老人《西湖老人繁勝録》、吴自牧《夢粱録》、周密《武林舊事》等三書中衹録鮓名、不載製法的鮓目統計，即有二十餘種，如“蝛鮓”“玉板鮓”“荷包旋鮓”“雪團鮓”“鱘魚鮓”“春子鮓”“黄雀鮓”“荷包鮓”“桃花鮓”“三和鮓”“大魚鮓”“旋鮓”“鹹鮓”“鵝鮓”“海蟄鮓”“寸金鮓”“切鮓”“骨鮓”“飯鮓”“鱘鰉魚鮓”“銀魚鮓”“蟹鮓”“藕鮓”“笋鮓”“茭白鮓”等。據對宋代陳元靚《事林廣記》、佚名《吴氏中饋録》二書中録鮓名及製法的鮓目統計，也有“玉鈎鮓”“披綿鮓”“金溪鮓”“逡巡鮓”等近二十種。

元明以降，鮓食日漸衰敗。衰敗之因，在於常用鮓食有不少致命弱點，如誘發瘡疥，致疾傷人，難與他食爲伍共用等。不少人都曾指明其弊。明李時珍《本草綱目·鱗四·魚鮓》引唐陳藏器曰：“凡鮓皆發瘡疥。鮓内有髮，害人。”又引元吴瑞曰：“鮓不熟者，損人脾胃，反致疾也。”又李時珍曰：“諸鮓皆不可合生胡荽、葵菜、豆藿、麥醬、蜂蜜食，令人消渴及霍亂。凡諸無鱗魚鮓，食之尤不益人。”故今日除偶於鄉間僻壤得見鮓食外，其踪迹幾近湮没。

鮓

魚、肉、菜加入鹽米腌漬而成之菜肴，可長期保存食用。鮓之製作，傳説始於春秋吴國壽夢。明張岱《夜航船·日用·飲食》：“吴壽夢作鮓。”不一定可靠。秦漢時期稱“鮨”。

《爾雅·釋器》：“肉謂之羹，魚謂之鮨。”郭璞注：“鮨，鮓屬。”漢代始稱“鮓”，亦作“鮺”“鮺”，亦稱“鮣”。《説文·魚部》：“鮺，藏魚也。南方謂之鮣，北方謂之鮺。”段玉裁注：“《釋名》曰：‘鮓，菹也，以鹽米釀魚爲菹，孰而食之也.’按古作鮺之法，令魚不殕壞，故陶士行遠遺其母，即《内則》之魚膾，聶而切之者也。”漢鄭玄注《周禮》有“荆州之鮺魚”語。《集韻·上馬》：“鮺，或作鮓。”又：“鮺，或作鮓。”三國時期亦稱“鮺”，“鮓”亦作“鮬”。《廣雅·釋器》：“鮬、鮺、鮨，鮺也。”《集韻·平侵》：“鮓，《博雅》：‘鮬，鮺也。’……或作‘鮓’。”鮓之製作，至南北朝時期技藝趨於成熟，北魏賈思勰把鮓分作魚鮓、肉鮓兩大類，魚鮓下又分若干種，一一詳細介紹了製作工藝。北宋堪稱製鮓之巔峰時期，文獻中保存的鮓目就有數十種。品類已由魚、肉擴展到“菜”（如“藕鮓”“笋鮓”“茭白鮓”等）及“飯”（如“飯鮓”）；肉也由猪肉擴展到羊肉、鵝鴨肉、黃雀肉等。鮓之入藥，始自唐代，主治瘴疥（見唐陳藏器《本草拾遺》）。但過量食用則有礙健康，故元明以降，漸趨衰敗。但值得注意的是，明清時出現一種“麩鮓”，原料爲麵，製法取自製鮓而有所改進，揚長避短，推陳出新，使鮓食有所發展。

【鮨】

即鮺。此稱秦漢時期已行用。一說，鮨爲魚醬。《爾雅·釋器》：“魚謂之鮨。”郝懿行義疏：“鮺乃以鹽藏魚，鮨是以魚作醬。”

【鮺】

同“鮺”。此體漢代已行用。見該文。

【鮺】

同“鮺”。此體漢代已行用。見該文。

【鮓】

即鮺。此稱漢代已行用。見該文。

【鮬】

即鮺。此體三國時期已行用。見該文。

【鮺】

即鮺。此稱三國時期已行用。見該文。

魚鮓

用鹽、米粉腌製之魚。始見於漢代，達於明清。魚鮓爲總稱，分稱往往前加具體名稱，如“鱄魚鮓”“鱘魚鮓”等。漢代稱“鮺魚”。《周禮·天官·庖人》“共祭祀之好羞”漢鄭玄注：“謂四時所爲膳食，若荆州之鮺魚、青州之蟹胥，雖非常物，進之孝也。”南北朝時期稱“魚鮓”。北魏賈思勰《齊民要術·作魚鮓》：“作魚鮓法：剗魚畢，便鹽腌。一食頃，漉汁令盡，更净洗魚，與飯裹，不用鹽也。”宋吳自牧《夢粱録·鮺鋪》：“鋪中亦兼賣大魚鮓、鱘魚鮓。”元賈銘《飲食須知·葵菜》：“同鯉魚及魚鮓食，並害人。”元佚名《居家必用事類全集·己集·飲食類》：“魚鮓：每大魚一斤，切作片臠，不得犯水，以净布拭乾。夏月用鹽一兩半，冬月用鹽一兩，待片時腌魚出水，再擗乾。次用薑、橘絲、蒔蘿、紅麴、饙飯並葱油拌匀，入磁罐捺實。箬葉蓋，竹簽插，覆罐，去滷盡即熟。或用元水浸，肉緊而脆。”明李時珍《本草綱目·鱗四·魚鮓》：“凡諸無鱗魚鮓，食之尤不益人。”明高濂《遵生八牋·飲饌服食牋上》：“魚鮓：鯉魚、青魚、鱸魚、鱘魚皆可造。治去鱗腸，舊筅帚緩刷去脂膩腥血，十分令净，掛當風一二日，切作小方塊。每十斤用生鹽一斤，夏月一斤四兩，拌匀，腌器内，冬二十日，春秋減之。布裹石壓，令水十分乾，不滑不韌。用川椒皮二兩，蒔蘿、茴香、砂仁、紅豆各半兩，甘草少許，皆爲粗末；淘净白粳米七八合炊飯；生麻油一斤半，純白葱絲一斤，紅麴一合半搥碎。以上俱拌匀，磁器或木桶按十分實，荷葉蓋，竹片扦定，更以小石壓在上，候其自熟。春秋最宜造。"

【鯎魚】

即魚鮓。鯎，同"鮓"。此稱漢代已行用。見該文。

【鯉魚鮓】

以鯉魚製成之魚鮓。晋代西羌於秋季以小鯉魚爲之，稱"秋鯖"。清錢熙祚輯晋張華《博物志》逸文："西羌仲秋月，取赤頭鯉子，去鱗破腹，使脊割，爲漸米爛燥之，以赤秫米飯、鹽、酒令糝之，鎮不苦重，逾月乃熟，是謂秋鯖。"南北朝時期始稱"鯉魚鮓"，亦稱"蒲鮓"，詳載製法。北魏賈思勰《齊民要術·作魚鮓》："取新鯉魚（魚唯大爲佳，瘦魚彌勝，肥者雖美而不耐久。肉長尺半以上，皮骨堅硬，不任爲膾者，皆堪爲鮓也），去鱗訖則臠。臠形長二寸，廣一寸，厚五分，皆使臠別有皮（臠大者，外以過熟傷醋，不成任食；中始可噉；近骨上生腥，不堪食：常三分收一耳。臠小則均熟。寸數者，大率言耳，亦不可要。然脊骨宜方斬，其肉厚處薄收皮，肉薄處小復厚取肉。臠別斬過，皆使有皮，不宜令有無皮臠也）。手擲著盆水中，浸洗去血。臠訖，漉出，更於清水中净洗。漉著盤中，以白鹽散之。盛著籠中，平板石上迮去水（世名逐水，鹽水不盡，令鮓臠爛。經宿迮之，亦無嫌也）。水盡，炙一片，嘗鹹淡（淡則更以鹽和糝；鹹則空下糝，不復以鹽按之）。炊秔米飯爲糝（飯欲剛，不宜弱，弱則爛鮓），並茱萸、橘皮、好酒，於盆中合和之（攪令糝著魚乃佳。茱萸全用，橘皮細切，並取香氣，不求多也。無橘皮，草橘子亦得用。酒，辟諸邪惡，令鮓美而速熟。率一斗鮓，用

酒半升，惡酒不用）。布魚於瓮子中，一行魚，一行糝，以滿爲限。腹腴居上（肥則不能久，熟須先食故也）。魚上多與糝。以竹篛交横帖上（八重乃止。無篛，菰、蘆葉並可用。春冬無葉時，可破葦代之）。削竹插瓮子口內，交横絡之（無竹者，用荆也）。著屋中（著日中、火邊者，患臭而不美。寒月厚茹，勿令凍也）。赤漿出，傾却。白漿出，味酸，便熟。食時手擘，刀切則腥。"又引《食經》："作蒲鮓法：取鯉魚二尺以上，削，净治之。用米三合、鹽二合，醃一宿，厚與糝。"宋代稱"玉板酢"。宋陳元靚《事林廣記·癸集》："玉板鮓：鯉魚大者，取净肉，隨意切片。每斤用鹽一兩淹過宿，漉出，控乾。入川椒、馬芹、蕪荑、阿魏、橘葉、熟油半兩、酸醋一合、粳飯三兩匙，再入鹽少許調和入瓶。"宋周密《武林舊事·市食》："犯鮓……骨鮓、桃花鮓、雪團鮓、玉板鮓、鱘鰉鮓、春子鮓。"元代亦稱"貢御鮓""省力鮓"。元佚名《居家必用事類全集·己集·飲食類》："貢御鮓：鯉魚十斤，洗净控乾。切作臠，用酒半升、鹽六兩，醃過宿去滷。入薑、橘絲各二兩，川椒、蒔蘿各半兩，茴香二錢，紅麴二合，葱絲四兩，粳米飯半升，鹽四兩，酒半升拌匀，入磁器內收貯。箸蓋篾簽，候滷出傾去，入熟油四兩澆。"又："省力鮓：青魚或鯉魚，切作三指大臠，洗净。每五斤用炒鹽四兩、熟油四兩、薑、橘絲各半兩、椒末一分、酒一盞、醋半盞、葱絲兩握、飯糝少許，拌匀，磁瓶實捺，箸蓋篾插，五七日熟。"明代湖廣一帶鯉魚所製鮓尤負盛名，稱"湖廣魚鮓"。明高濂《遵生八牋·飲饌服食牋上》："湖廣魚鮓法：用大鯉魚十斤，細切丁香塊子，去骨並雜物。先用老黃

米炒燥，碾末，約有升半，配以炒紅麴升半，共爲末，聽用。將魚塊稱有十斤，用好酒二碗，鹽一斤，夏月用鹽一斤四兩，拌魚，醃磁器內。冬醃半月，春夏十日。取起，洗净，布包，榨十分乾。以川椒二兩、砂仁一兩、茴香五錢、紅豆五錢、甘草少許爲末，麻油一斤八兩、葱白頭一斤，先和米、麴末一升拌和，納罈中，用石壓實。冬月十五日可吃，夏月七八日可吃。吃時再加椒料、米醋爲佳。"按，舊説此鮓不宜與緑豆長期合食，易致病。元賈銘《飲食須知·菉豆》謂"合鯉魚鮓食久，令人肝黄，成渴病"。

【秋鯖】

以秋天的小鯉魚製成之"鯉魚鮓"。此稱晉代已行用。見該文。

【蒲鮓】

即鯉魚鮓。此稱南北朝時期已行用。見該文。

【玉板鮓】

即鯉魚鮓。此稱宋代已行用。見該文。

【貢御鮓】

即鯉魚鮓。貢於内廷之物，故名。此稱元代已行用。見該文。

【省力鮓】

即鯉魚鮓。亦得以青魚製作。此稱元代已行用。見該文。

【湖廣魚鮓】

鯉魚鮓之名品。因産於湖廣，故名。此稱明代已行用。見該文。

【老鮓】

魚鮓之存放陳久者。此稱宋代已見。宋周去非《嶺外代答·食用門》："老鮓：南人以魚

爲鮓，有十年不壞者。其法：以籦及鹽麵雜漬，盛之以甕。甕口周爲水池，覆之以椀，封之以水，水耗則續。如是，故不透風。鮓數年生白花，似損壞者。凡親戚贈遺，悉用酒鮓。唯以老鮓爲至愛。"

【裹鮓】

"魚鮓"之一種。以魚肉塊製成。亦稱"暴鮓"。此稱始見於南北朝時期。因以荷葉包裹製成，故名。北魏賈思勰《齊民要術·作魚鮓》："作裹鮓法：臠魚洗訖，則鹽和糝。十臠爲裹，以荷葉裹之，唯厚爲佳，穿破則蟲入。不復須水浸、鎮迮之事。只三二日便熟，名曰暴鮓。荷葉别有一種香，奇相發起，香氣又勝凡鮓。有茱萸、橘皮則用，無亦無嫌也。"

【暴鮓】

即裹鮓。因二三日便速成，故名。此稱南北朝時期已行用。見該文。

【長沙蒲鮓】

"魚鮓"之一種。以長沙所出著名，故稱。此稱始見於南北朝時期。北魏賈思勰《齊民要術·作魚鮓》："作長沙蒲鮓法：治大魚，洗令净，厚鹽，令魚不見。四五宿，洗去鹽，炊白飯，漬清水中。"

【夏月魚鮓】

"魚鮓"之一種。此稱南北朝時期已行用。北魏賈思勰《齊民要術·作魚鮓》："作夏月魚鮓法：臠一斗，鹽一升八合，精米三升，炊作飯，酒二合，橘皮、薑半合，茱萸二十顆，抑著器中。多少以此爲率。"

【醒酒鯖鮓】

"魚鮓"之一種。具醒酒作用。以青魚製成。鯖魚，即青魚。爲南北朝時名厨虞悰創製。

《南齊書·虞悰傳》：“悰善爲滋味，和齊皆有方法……世祖幸芳林園，就悰求扁米粣，悰獻粣及雜肴數十輿，太官鼎味不及也。上就悰求諸飲食方，悰秘不肯出。上醉後體不快，悰乃獻醒酒鯖鮓一方而已。”醒酒鯖鮓，明張岱《夜航船·日用·飲食》引作“醒酒鯖”。唐代省稱“鯖鮓”，不一定能醒酒。唐王維《贈吳官》詩：“江鄉鯖鮓不寄來，秦人湯餅那堪許。”後世亦製食。明李時珍《本草綱目·鱗三·青魚》：“青魚生江湖間，南方多有，北地時或有之，取無時。似鯉鯇而背正青色。南方多以作鮓。”按，元代“省力鮓”可以青魚製作，清佚名《調鼎集》所載“魚鮓”係“青魚治净切塊”，加炒鹽、椒末、白酒藥、細麴等製成。然此屬蓋無醒酒作用，不得與“醒酒鯖鮓”等同看待。

【醒酒鯖】

“醒酒鯖鮓”之省稱。此稱南北朝時期已行用。見該文。

【鯖鮓】

“醒酒鯖鮓”之省稱。此稱唐代已行用。見該文。

【乾魚鮓】

“魚鮓”之一種。以乾魚製成。此稱南北朝時期已行用。北魏賈思勰《齊民要術·作魚鮓》：“作乾魚鮓法：尤宜春夏。取好乾魚，若爛者不中，截却頭尾，暖湯净疏洗，去鱗訖，復以冷水浸。一宿一易水。數日肉起，漉出，方四寸斬。炊粳米飯爲糝，嘗鹹淡得所；取生茱萸葉布瓮子底；少取生茱萸子和飯，取香而已，不必多，多則苦。一重魚，一重飯（飯倍多早熟）。手按令堅實。荷葉閉口……泥封，勿令漏氣，置日中。春秋一月、夏二十日便熟，久而彌好。”

【玲瓏牡丹鮓】

“魚鮓”之一種。以鮓片拼成牡丹狀，蒸熟後微紅，如牡丹初綻，故名。此稱宋代已行用。宋陶穀《清異録·饌羞門》：“吳越有一種玲瓏牡丹鮓。以魚葉鬬成牡丹狀。既熟，出盎中，微紅如初開牡丹。”

【石斑魚鮓】

“魚鮓”之一種。此稱唐代已行用。以石斑魚製成。唐李頻《及第後還家過峴嶺》詩：“石斑魚鮓香衝鼻，淺水沙田飯遶牙。”

【鱘魚鮓】

“魚鮓”之一種。此稱唐代已見。省稱“鱘鮓”。鱘魚即鮪魚，無鱗，肉純白，作鮓味美，但從醫理看於身無益。明李時珍《本草綱目·鱗四·鱘魚》引唐孟詵曰：“作鮓雖珍，亦不益人。”時爲方土貢品。《新唐書·地理志四》：“〔潤州〕土貢：鱘鮓。”宋吳自牧《夢粱録·鯗鋪》：“鋪中亦兼賣大魚鮓、鱘魚鮓、銀魚鮓、飯鮓、蟹鮓、淮魚乾。”明宋翊《宋氏養生部》：“鱘魚鮓：〔做法〕同鱗魚。惟多膜其脆骨。武昌多以臘胚爲之。”清佚名《調鼎集·江鮮部》：“鱘魚鮓：切小塊，鹽醃半日，拌椒末、紅穀、麻油，壓以鵝卵石。鰉魚同。”

【鱘鮓】

“鱘魚鮓”之省稱。此稱唐代已行用。見該文。

【石鮅魚鮓】

“魚鮓”之一種。以石鮅魚製成。此稱唐代已行用。明李時珍《本草綱目·鱗四·石鮅魚》引唐陳藏器曰：“生南方溪澗中，長一寸，背黑，腹下赤。南人以作鮓，云甚美。”

【黃魚鮺】

"魚鮓"之一種。此稱唐代已行用。以黃魚製成。黃，同"鱑"，鱑魚即鱣魚。鮺，同"鮓"。唐代爲方土貢品。《新唐書·地理志三》："〔孟州〕土貢：黃魚鮺。"明代作"鱣魚鮓"，亦稱"片醬""玉版鮓"。明宋詡《宋氏養生部》："鱣魚鮓：用鱣魚肉，方切小臠，炒鹽醃之，每斤計炒鹽六錢。翌日布苴之，壓乾，又晾，令水竭。扮花椒、地椒、蒔蘿、紅麴勻和，以香熟油漬没甕中，令味自透，經年不餒。"明李時珍《本草綱目·鱗三·鱣魚》："其小者近百斤，其大者長二三丈，至一二千斤，其氣甚鮏，其脂與肉層層相間，肉色白，脂色黃如蠟。其脊骨及鼻並鬐與鰓皆脆軟可食，其肚及子鹽藏亦佳，其鰾亦可作膠，其肉骨煮、炙及作鮓皆美。《翰墨大全》云：'江淮人以鱘鱣魚作鮓名片醬，亦名玉版鮓也。'"

【鱣魚鮓】

同"黃魚鮺"。此體明代已行用。見該文。

【片醬】

即黃魚鮺。此稱明代已行用。見該文。

【玉版鮓】

即黃魚鮺。此稱明代已行用。見該文。

【銀魚鮓】

"魚鮓"之一種。以江南之銀魚腌製而成。此稱宋代已行用。宋周密《武林舊事·市食》："犯鮓：算條……春子鮓、黃雀鮓、銀魚鮓、蟛鮓。"此魚又稱"鱠殘魚"。明代多待其産子後爲鮓。明李時珍《本草綱目·鱗三·鱠殘魚》："鱠殘出蘇、淞、浙江。大者長四五寸，身圓如筋，潔白如銀……清明前有子，食之甚美；清明後子出而瘦，但可作鮓腊耳。"

【鱠殘魚鮓】

即銀魚鮓。製法略异。此稱明代已行用。見該文。

【黃鯝魚鮓】

"魚鮓"之一種。此稱明代已行用。味殊美。明李時珍《本草綱目·鱗三·黃鯝魚》："生江湖中小魚也。狀似白魚，而頭尾不昂，扁身細鱗，白色。闊不踰寸，長不近尺。可作鮓菹，煎炙甚美。"

猪肉鮓

鮓名。以猪肉製成。始見於南北朝。北魏賈思勰《齊民要術·炙法》："猪肉鮓法：好肥猪肉作臠，鹽令鹹淡適口。以飯作糝，如作鮓法。看有酸氣，便可食。"又《作魚鮓》："作猪肉鮓法：用猪肥豬肉，净爛治訖，剔去骨，作條，廣五寸三分。易水煮之，令熟爲佳，勿令太爛。熟出，待乾，切如鮓臠，片之皆令帶皮。炊粳米飯爲糝，以茱萸子、白鹽調和。布置一如魚鮓法。泥封，置日中，一月熟。"宋代稱"逡巡鮓"。宋陳元靚《事林廣記·癸集》："逡巡鮓：净肉薄切，入圓椒、馬芹、蕪荑、杏仁、薑絲、橘葉、鹽花、米粉、紅麴等拌勻。用笋皮緊裹，入甑，蒸令半熟取出，以酸醋少許鍋内炒過，便可供應。於肉皆可造。"明代稱"生猪鮓"。明宋詡《宋氏養生部》："生猪鮓：取肥精相半肉，皴絶薄小牒，取潔膚，切絶細膾，和勻，每斤炒鹽二錢，少醃，竹箸苴之，置木桶中榨水去盡。連桶夏月頓凉所一二日，冬月頓暖所六七日，常榨之，不令有水。用和生蒜。速用，蒸。"

【逡巡鮓】

即猪肉鮓。此稱宋代已行用。見該文。

【生猪鮓】

即猪肉鮓。此稱明代已行用。見該文。

【熟鮓】

"猪肉鮓"之一種。以滾湯内焯過之猪腿精肉製成。此稱清代已行用。清朱彝尊《食憲鴻秘·肉之屬》："熟鮓：猪腿精肉切大片，以刀背匀搥三兩次，再切細塊，滾湯一焯，用布紐乾。每觔入飛鹽四錢，砂仁、椒末各少許，好醋、熟香油拌供。"

肉鮓

鮓名。以牛、豕、羊、魚、蝦等動物之肉製成。此爲泛稱。見於宋元時期。前此多見特稱，如南北朝時期之"猪肉鮓""魚鮓"等，其統稱亦皆得稱"肉鮓"。是"肉鮓"其名晚出，而所屬具體之鮓早見。宋佚名《吳氏中饋錄》："肉鮓：生燒猪、羊腿批作片，以刀背匀捶三兩次，切作塊，於沸湯隨漉出，用布内扭乾。每一斤入好醋一盞、鹽四錢，椒油、草果、砂仁各少許。供饌亦珍美。"元佚名《舉案齊眉》第一折："我是豪家張員外，一氣喫瓶泥頭酒，則嚼肉鮓不喫菜。"明代亦稱"柳葉鮓"。明高濂《遵生八牋·飲饌服食牋上》："肉鮓，名柳葉鮓。精肉一斤，去筋，鹽一兩，入炒米粉些少，多要酸。肉皮三斤，滾水焯，切薄絲片，同精肉切細拌，用箬包，每餅四兩重。冬天灰火焙三日用，蓋上留一小孔。夏天一週時可吃。"按，清朱彝尊《食憲鴻秘·肉之屬》作："柳葉鮓：精肉二觔，去筋膜，生用。又肉皮三觔，滾水焯過，俱切薄片，入炒鹽二兩、炒米粉少許（多則酸），拌匀，箬葉包緊。每餅四兩重，冬月灰火焙三日用，夏天一週時可供。"文字與高書大同小別。又，清夏曾傳《隨園食單補

證·特牲單》謂杭州有一種"肉鮓"，將乾肉皮煮熟刮去油，"鉋爲薄片，暴燥，久藏不壞。用時以凉開水侵軟，鹽花、麻油、芝麻拌食，頗有風味"。此"肉鮓"當與通常所謂"肉鮓"有別。

【柳葉鮓】

即肉鮓。此稱明代已行用。見該文。

【羊肉旋鮓】

"肉鮓"之一種。以精羊肉快速製成，故名。此稱宋代已行用。宋陳元靚《事林廣記·癸集》："羊肉旋鮓：精羊肉一斤，細抹，用鹽四錢、細麯末一兩，馬芹、葱、薑絲少許，飯一掬，温漿灑拌令匀，緊捺瓶器中，以蘀葉蓋頭。春夏日曝，秋冬火煨，其味香美。五日熟。"

【海棠鮓】

"肉鮓"之一種。以羊肉或猪肉製造。因盡去皮骨，中加葱白細絲，形若海棠，故稱。此稱宋代已行用。宋陳元靚《事林廣記·癸集》："海棠鮓：猪肉羊肉皆可造。須盡去皮骨，沸湯焯過，取出，細切。每肉一斤，用鹽花一兩。葱白五莖爲絲，麻油半兩微炒。再入川椒、馬芹、蕪荑仁各一錢重、紅麯三錢重、小麥黃一兩，并爲末、酒醋各半盞、粳飯三匙，一處拌匀，入瓶。凡鮓，冬半月、夏七日熟。"

【鵝鮓】

"肉鮓"之一種。以鵝肉製成。此稱宋代已行用。時亦稱"鮮鵝鮓"。宋陸游《醉中歌》："白鵝作鮓天下無。"宋吳自牧《夢粱錄·肉鋪》："其犯鮓者：算條、影戲、鹽豉、皂角、鋌松、脯界、方條、綫條、糟猪頭肉、瑪瑙肉、鵝鮓。"又《分茶酒店》："又有托盤擔架至酒肆

中歌叫買賣者，如炙雞……三和花桃骨、鮮鵝鮓、大魚鮓。”元代詳載製法。元佚名《居家必用事類全集・己集・飲食類》：“鵝鮓：肥者二隻去骨，用凈肉。每五斤，細切，入鹽三兩，酒一大盞，醃過宿，去滷。用葱絲四兩，薑絲二兩，橘絲一兩，椒半兩，蒔蘿、茴香、馬芹各少許，紅麴末一合，酒半升拌勻，入罐實捺，箬封泥固。”明代稱“生鵝鮓”。明宋詡《宋氏養生部》：“生鵝鮓：用絕肥者，去骨，方切小臠。每五斤，鹽三兩、酒一大盞，淹一宿，去水，坋地椒、花椒、蒔蘿、紅麴屑、葱白、生薑、酒、醬少許，和入罐中，按實，箬冪泥封，四十日後開用，留經歲不敗。”

【鮮鵝鮓】

即鵝鮓。此稱宋代已行用。見該文。

【生鵝鮓】

即鵝鮓。此稱明代已行用。見該文。

【熟鵝鮓】

“鵝鮓”之一種。以熟鵝肉製成。此稱明代已行用。明宋詡《宋氏養生部》：“熟鵝鮓：用熟肉切爲膾，沃熟油、地椒、花椒、蒔蘿末、藕絲、熟竹笋絲、生茭白絲、炒熟芝麻、鹽、醋。”

【金溪鮓】

“肉鮓”之一種。因多用浙江金溪一帶所產的鵝鴨製作，故名。此稱宋代已行用。宋陳元靚《事林廣記・癸集》：“金溪鮓：鵝鴨肥嫩者，治如常法。去骨，薄切四分，中入猪脂一分。每斤入炒鹽八錢重，葱白十莖切絲，馬芹、椒各十錢，紅麴二錢，粳飯三匙，醋半合，同和勻入瓶。”

【蟶鮓】

“肉鮓”之一種。蟶爲海中小蚌，二三寸長，其肉鮮美，南人多以爲鮓。此稱宋代已行用。宋佚名《吳氏中饋録》：“蟶鮓：蟶一斤，鹽一兩，醃一伏時。再洗净，控乾，布包石壓，加熟油五錢，薑、橘絲五錢，鹽一錢，葱絲五分別，酒一大盞，飯糝一合，磨米拌勻入瓶，泥封。十日可供。”明宋詡《宋氏養生部》：“鹹蟶……宜爲鮓，同蛤蜊。”按，明高濂《遵生八牋》、清顧仲《養小録》、清朱彝尊《食憲鴻秘》皆載此目，文字略同。

【車螯鮓】

“肉鮓”之一種。車螯即蜃，海中大蚌，殼美肉鮮，海人恒以爲鮓。此稱明代已行用。明宋詡《宋氏養生部》：“車螯鮓：投沸湯中，調旋張口，取以剥肉，用原汁濯去泥沙，沥去水，以熟油鹽醋、碾炒熟芝麻和之。”

【雞鮓】

“肉鮓”之一種。以雞肉製成。此稱明代已行用。明鄺璠《便民圖纂》：“造雞鮓：肥者二隻去骨，用凈肉五斤（細切），入鹽三兩，酒一大壺，淹過宿，去滷。用葱絲四兩，薑絲二兩，橘絲一兩，椒半兩，蒔蘿、茴香、馬芹各少許，紅麴末一合，酒半升拌勻，入罐實捺，箬封泥固。”

【鮮蟹鮓】

“肉鮓”之一種。以螃蟹製成。此稱清代已行用。清佚名《調鼎集・水族無鱗部》：“鮮蟹鮓：帶殼劗骰子塊，略拌鹽，將白酒娘、茴香末滾透沖入，冷定，加麻油、椒末，半日可用。又，生蟹劗碎，用燉熟麻油、茴香、花椒、生薑、胡椒諸細末，葱、鹽、醋入碎蟹拌勻，即時可用。"按，宋吳自牧《夢粱録·鮺鋪》已見"蟹鮺"之名。

【醬肉鮺】

"肉鮺"之一種。此稱清代已行用。清佚名《調鼎集·特牲部》："醬肉鮺：臘月製。每精肉四斤，不見水，去筋膜，劖細。醬油一斤半，鹽四兩，葱白四兩切碎，花椒、茴香、陳皮各五錢爲末，黄酒調和如稠粥，裝罈，封固，烈日中曬十餘日開看，乾加酒，淡加鹽，再曬一二日即可用。"

【獼猴頭鮺】

"肉鮺"之一種。以獼猴頭製成。漢代南方恒製作食用。明李時珍《本草綱目·獸四·獼猴》引漢楊孚《異物志》："南方以獼猴頭爲鮺。"晉代稱"獼猴鮺"。鮺，同"鮺"。晉張華《博物志》逸文："閩越江北，山間蠻夷，噉丘蚓脯、獼猴鮺。"《北堂書鈔·酒食·鮏鮺》："吳人蒲以爲鮺，閩越噉獼猴鮺。"

【獼猴鮺】

即獼猴頭鮺。此稱晉代已行用。見該文。

蝦鮺

鮺名。以蝦肉製成。始見於唐代。其時慎製用，以爲有毒。蝦，字或作"鰕"。明李時珍《本草綱目·鱗四·鰕》引唐孟詵曰："生水田及溝渠者有毒，鮺内者尤有毒。"又引唐陳藏器曰："以熱飯盛密器中作鮺食，毒人至死。"宋代稱"玉鈎鮺"。殆因其肉白如玉、體曲如鈎而得名。宋陳元靚《事林廣記·癸集》："玉鈎鮺法：生大鰕一斤，剥去殼及鬚脚，布裹壓乾，用鹽一兩。又看天氣增減，生油如蛤殼許，椒三十粒，薑、葱絲各少許，飯半盞冷，同拌和入瓶，實捺封。滷香可食之。"

【玉鈎鮺】

"蝦鮺"之美稱。此稱宋代已行用。見該文。

【清凉鰕鮺】

"蝦鮺"之一種。以清凉蝦肉製成。此稱宋代已行用。宋陳元靚《事林廣記·癸集》："清凉鰕鮺：清凉鰕用鹽水浸，去鹹汁，瀝乾，入紅麴、椒、蒔蘿、葱白、糯米飯少許，鹽拌和，入瓶捺緊，以好酒灑面上，箬葉蓋頭，密封。久亦不妨。如乾，添酒，盡可留一二月。"

【天鰕鮺】

"蝦鮺"之一種。以嶺南之天蝦製成。此稱明代已行用。明李時珍《本草綱目·鱗四·鰕》："嶺南有天鰕。其蟲大如蟻，秋社後，群墮水中化爲鰕，人以作鮺食。"

黄雀鮺

鮺名。以小麻雀製成。黄雀，小而黄口之麻雀。見於宋代，後世亦製作。宋佚名《吳氏中饋録》："黄雀鮺：每隻治净，用酒洗，拭乾，不犯水。用麥黄、紅麴、鹽、椒、葱絲，嘗味和爲止。却將雀入匾罈内鋪一層，上料一層，裝實，以箬蓋，篾片扦定。候滷出，傾去，加酒浸。密封久用。"其時亦稱"披綿鮺"。因其背有脂如披綿而得名。宋陳元靚《事林廣記·癸集》："披綿鮺：黄雀净燖，除觜目翅足，破開，去臟，用刀背拍平，粗紙滲去黑，上不得見水，以酒净洗，控乾；每斤用炒鹽、熟油各一兩，法酒十盞拌匀。每兩枚首尾顛倒爲一，合内入椒五粒、葱絲數條、馬芹少許、麥子十粒，入甕按實，密封，石灰泥頭，可留半年。"宋黄庭堅《謝張泰伯惠黄雀鮺》詩："去家十二年，黄雀慳下筯。笑開張侯盤，湯餅始有助。"宋周密《武林舊事·市食》："犯鮺……雪團鮺、玉板鮓、鱘鰉鮓、春子鮓、黃雀鮓。"元佚名《居家必用事類全集·己集·飲食類》:"黃雀鮓:每百隻修洗净。用酒半升洗,拭乾,不犯生水。用麥黃、紅麯各一兩,鹽半兩,椒半兩,葱絲少許拌匀。却將雀逐個平鋪瓶器内一層,以料物摻一層,裝滿,箬蓋篾插。候滷出,傾去。入醇酒浸,密封固。"明李時珍《本草綱目·禽二·雀》:"小者名黃雀。八九月群飛田間。體絶肥,背有脂如披綿。性味皆同,可以炙食,作鮓甚美。"

【披綿鮓】

即黃雀鮓。此稱宋代已行用。見該文。

笋鮓

鮓名。以嫩竹笋製成。見於宋代。宋周密《武林舊事·市食》:"菜蔬:薑油多、薤花茄兒、辣瓜兒、倭菜……笋鮓。"宋佚名《吴氏中饋録》:"笋鮓:春間取嫩笋,剥净,去老頭,切作四分大一寸長塊,上籠蒸熟。以布包裹,榨作極乾,投於器中,下油用。"按,清顧仲《養小録》、清朱彝尊《食憲鴻秘》皆載此,文字略同。

蒲笋鮓

鮓名。以香蒲之笋狀幼根芽製成。始見於元代。元佚名《居家必用事類全集·己集·飲食類》:"造蒲笋鮓:生者一斤,寸截,沸湯焯過,布裹壓乾。薑絲、熟油、橘絲、紅麯、粳米飯、花椒、茴香、葱絲拌匀,入磁器一宿,可食。"明代稱"蒲蘆芽鮓"。明高濂《遵生八牋·飲饌服食牋中》:"蒲蘆芽,采嫩芽,切斷。以湯焯,布裹,壓乾。加料,如前作鮓。妙甚。"明李時珍《本草綱目·草八·香蒲》:"蒲叢生水際,似莞而褊,有脊而柔,二三月苗。采其嫩根,瀹過作鮓,一宿可食。"

【蒲蘆芽鮓】

即蒲笋鮓。此稱明代已行用。見該文。

麩鮓

鮓品。以粗麪皮製作。麩,粗麪製成之片狀物。明代已見。明韓奕《易牙遺意·齋食類》:"麩鮓:麩切作細條,一斤,紅麯末染過,雜料物一斤,笋乾、蘿蔔、葱白皆切絲,熟芝麻、花椒二錢,砂仁、蒔蘿、茴香各半錢,鹽少許,熟香油三兩拌匀供之。"按,清朱彝尊《食憲鴻秘·餌之屬》作"麪鮓"。製法爲:"麩切細絲一觔,雜果仁細料一升,笋薑各系,熟芝麻、花椒二錢,砂仁、茴香末各半錢,鹽少許,熟油拌匀。或入鍋炒爲虀亦可。"此段文字,實本乎韓書,疑"麪鮓"之"麪"蓋"麩"字之訛。

第六節　膾　考

膾,字或作"鱠",生切的魚片、肉片類,加調料後即可食。《説文·肉部》:"膾,細切肉也。"《禮記·少儀》:"牛與羊魚之腥,聶而切之爲膾。"鄭玄注:"聶之言牒也,先霍葉切之,復報切之則成膾。"孔穎達疏:"聶而切之者,謂先牒爲大臠,而後報切之爲膾也。”由於膾食便捷、鮮美，故孔子有“膾不厭細”的要求（《論語·鄉黨》），孟子有去“羊棗”、取“膾炙”的選擇（《孟子·盡心下》）。

荒古之時，先民茹毛飲血，生吞活剥，結果腹胃致疾，于是開始用原始的石刀、蚌片革毛剔骨，割肉而食，這樣出現了最早的“膾”。

周代貴族始以葱醬類佐膾而食，以化解腥臊，使其適口。《禮記·内則》：“〔食〕魚膾、芥醬。”又：“膾，春用葱，秋用芥。”據元佚名《居家必用事類全集·庚集·飲食類》記載，元代名膾“照鱠”所加入的調料就有蘿蔔汁、薑絲、香菜、芫荽、芥辣、醋等；當時的“鱠醋”，是提前配兑好的調料，隨時可澆拌膾。

膾，初爲生食，後亦熟食。熟食之制，蓋肇始於隋。《隋書·地理志》載古青州祝阿賓婚時食“蒸膾”，即熟膾。此後，宋佚名《吳氏中饋録》所載“肉生”、元忽思慧《飲膳正要》所載“羊頭膾”、明宋詡《宋氏養生部》所載“熟猪膾”等，皆此類。

生膾爲濕態，不便存放，遂有乾膾出現。乾膾之製作，導源於先秦。《禮記·曲禮下》之“稾魚”，《周禮·天官·籩人》之“鮑魚”“鱐”等，蓋其參照物（參見本卷《菜肴説·脯考》“魚臘”文）。至遲在隋代，已見“乾鱠”之稱。《太平廣記》卷二三四引舊題唐顏師古《大業拾遺記》詳記以海鮸、松江鱸魚製作“乾鱠”的方法。“松江鱸魚乾鱠”製成後，膾白似玉，紫花、碧葉相間（或説，金橘、栗黄相間），精美絶倫，有司獻六瓶於煬帝，被譽稱“金虀玉鱠，東南之佳味”。

膾多以魚肉之主體肉爲之，成品呈固態。後魚鱗、肉皮乃至植物瓊芝亦得爲之，成品實爲液態，而呈凝凍狀固態。因其瑩徹透亮，類似水晶，故稱“水晶膾”。“水晶膾”之名目製法，初見於宋。宋陳元靚《事林廣記·癸集》：“水晶膾法：赤稍鯉魚鱗，以多爲妙，浄洗去涎水，浸一宿。用新水於鍋内慢火熬候濃，去鱗放冷即凝。細切，入五辛醋調和，味極珍。”用猪皮、瓊芝製作的“水晶膾”見於元代，元佚名《居家必用事類全集·庚集·飲食類》詳載其製法。其書還記載一種“水晶冷淘膾”，將猪皮熬煮的液體凝固作煎餅樣，切作冷淘麵條一般，調料而食，堪謂别出心裁。用魚鱗、猪皮製作的“水晶膾”，今時依然製作。北方水鄉把用魚鱗製成的稱爲“魚鱗粉”，用猪皮製成的稱作“猪皮凍（膏）”。

受膾影響，麵食出新。元代之“假魚膾”是以麵筋模仿魚膾製作，“膳（鱔）生”是模仿鱔魚膾製作（均見《居家必用事類全集·庚集·飲食類》）。形似魚膾，實爲麵點，主副食結合，風味獨特，別具情趣。宋孟元老《東京夢華録·食店》載有"桐皮熟膾麵"，疑亦此屬。惜製法闕載，不好妄斷。

宋代是膾發展的高峰，據對宋孟元老《東京夢華録》、宋吳自牧《夢粱録》、宋周密《武林舊事》、宋佚名《吳氏中饋録》、宋陶穀《清異録》等書的粗略統計，有名可稽之膾約三十種，如"紅絲水晶膾""桐皮熟膾麵""香螺膾""細抹羊生膾""魚鰾二色膾""海鮮膾""鱸魚膾""鯉魚膾""鯽魚膾""群鮮膾""蹄膾""蚶子膾""淡菜膾""生膾十色事件""水晶膾""肚胘膾""沙魚膾""鮮蝦蹄子膾""五珍膾""鶴子水晶膾""鰕根膾""水母膾""三珍膾""鯗魚膾""紅生水晶膾""七寶膾""肉生""蟹生""縷子膾"等，可謂琳琅滿目，目不暇給。

元明以降，膾呈現衰敗之勢。以"膾"爲名之食目日稀，生食膾之習俗漸没。考其原因，一是社會進步、人類文明發展之必然；二是可能與大醫學家李時珍的警告有關。對食膾，李時珍的態度是亦食亦節。他在《本草綱目·鱗四·魚鱠》中說"凡諸魚之鮮活者，薄切，洗净血鮏，沃以蒜、薑、薑、醋五味食之"，又說膾"損人尤甚""爲奇病"。因不利於健康，自然令人望而生畏。故明清以來，生食膾得以節制，而熟食膾却得以發展。儘管熟食膾順時因俗，避開"膾"字，但人們從"炒魚片""炒肉絲"之類的食目及用料、製作等方面，不難看到"膾"的投影。這些後起的肴饌，實際是采膾饌之長、集衆饌之美而出以新貌，是對傳統膾食的繼承、革新與發展。

現在，日本、南亞及我國市肆酒店仍有生食魚膾者，這顯然保存着淳樸的古風。可以預見，隨着科學的昌明、人們飲食習慣的良性發展，古食膾一定會在未來大放光彩，以美味、富於營養、有益健康的嶄新面貌立於美食之林。

膾[1]

細切的魚或牛、羊肉。古人恒生食。始見於先秦時期。《禮記·少儀》："牛與羊魚之腥，聶而切之爲膾。"亦作"鱠"，亦始見於先秦時期。漢趙曄《吳越春秋·闔閭內傳》："吳王聞三師將至，治魚爲鱠。"《論語·鄉黨》："食不厭精，膾不厭細。"陸德明釋文："膾，又作鱠。"統言之，"膾""鱠"無別，皆得指細切的魚及肉；析言之，則"膾"指細切之肉，"鱠"指細切之魚。《說文·肉部》："膾，古外反，細切肉也。"《龍龕手鑑·魚部》："鱠，魚細切作鱠也。"亦作"膾"，見於漢代。馬王堆一號漢墓第五六至五九簡分別爲："牛膾一器""羊膾一器""鹿膾一器""魚膾一器"。《釋名·釋飲食》：“膾，會也。細切肉令散，分其赤白異切之，已，乃會合和之也。”秦漢以迄明清，膾食始終爲人們所享用。宋劉克莊《哨遍》詞：“鱠細於絲，蕨甜似蜜。”明李時珍《本草綱目·鱗四·魚鱠》：“[釋名] 魚生。時珍曰：劑切而成，故謂之鱠。”清李漁《閑情偶寄·飲饌》：“食魚者首重在鮮，次則及肥……如鯿、如白、如鱮、如鰱，皆以肥勝者也。肥宜厚烹作膾。”

【鱠】

同“膾[1]”。此體先秦時期已行用。見該文。

【䰼】

同“膾[1]”。此體漢代已行用。見該文。

魚膾

葷肴。細切的魚肉片或絲。古人有生食者，有輔以醬、鹽、醋及辛辣香菜食者，亦有烹食者。始見於先秦時期。周代貴族配芥醬而食，以期合味。《禮記·内則》：“食……魚膾、芥醬。”春秋時期南方吳地有吳王“闔閭作膾”之説，雖不足爲信，但亦能説明影響之廣、製作之精。膾，亦作“鱠”。漢趙曄《吳越春秋·闔閭内傳》：“子胥歸吳，吳王聞三師將至，治魚爲鱠……吳人作鱠者，自闔閭之造也。”漢代亦作“魚䰼”。馬王堆一號漢墓第五九簡：“魚䰼一器。”三國時期亦稱“生魚膾”。《三國志·魏書·華佗傳》：“佗脈之曰：‘府君胃中有蟲數升，欲成内疽，食腥物所爲也。’即作湯二升……食頃，吐出三升許蟲，赤頭皆動，半身是生魚膾

北宋斫膾畫像磚

也。”南北朝時期人們開始總結膾魚的經驗。北魏賈思勰《齊民要術·八和齏》：“膾魚肉裏長一尺者第一好；大則皮厚肉硬，不任食，止可作鮓魚耳。切膾人，雖訖亦不得洗手，洗手則膾濕；要待食罷，然後洗也。”唐楊曄《膳夫經手録》：“鱠莫先於鯽魚，鯿、魴、鯛、鱸次之。”宋都城臨安市肆所販魚膾種類頗多。宋吳自牧《夢粱録·分茶酒店》：“食次名件甚多，姑以述於後……魚鰾二色膾、海鮮膾、鱸魚膾、鯉魚膾、鯽魚膾、群鮮膾。”元明清以降，仍然製作食用。元代亦稱“照鱠”。元佚名《居家必用事類全集·庚集·飲食類》：“照鱠：魚不拘大小，鮮活爲佳。去頭尾、肚皮，薄切，攤白紙上晾片時，細切如絲。以蘿蔔細剁，布紐作汁，薑絲少許，拌魚鱠入碟，釘作花樣。簇生香菜、芫荽，以芥辣醋澆。”明代亦稱“魚生”。明李時珍《本草綱目·鱗四·魚鱠》釋名：“魚生。時珍曰：劑切而成，故謂之鱠。凡諸魚之鮮活者，薄切，洗净血髓，沃以蒜、韲、薑、醋五味食之。”清汪兆銓《羊城竹枝詞》：“冬至魚生處處同，鮮魚鱠切玉玲瓏。一杯熱酒聊消冷，猶是前朝食膾風。”清李調元《南越筆記·魚生》：“粵俗嗜魚生。以鱸、以鯇、以鰽白、以黃魚、以青鱭、以雪鈴，以鯇爲上。鯇又以白鯇爲上。以初出水潑剌者，去其皮劍，洗其血髓，細劑之爲片，紅肌白理，輕可吹起，薄如蟬翼，兩兩相比。沃以老醪，和以椒芷，入口冰融，至甘旨矣，而鯡與嘉魚尤美。”清夏曾傳《隨園食單補證·水族有鱗單》：“魚生：杭法生切魚片宜薄，用鹽花、麻油、葱、薑拌之，生食最佳。”徐珂《清稗類鈔·飲食類》：“粵人食魚生。魚生，生魚膾也……今之食魚生者皆

以鱧。先煮沸湯於爐，間有以青魚、鯉魚代之者，其下燃火，湯中雜以菠菜。生魚鏤切爲片，盛之盤，食時投於湯。亦有以生豕肉片、生鷄肉片、生山鷄肉片、生野鴨肉片、生鷄卵加入者。”按，膾可生食，然易致病，故食用當有節。明李時珍《本草綱目·鱗四·魚膾》就曾指出，魚膾、肉生“損人尤甚，爲癥瘕，爲痼疾，爲奇病，不可不知”。此後膾食有所遏止，然迄今我國南方瀕海之地、北方朝鮮族以及日本依然生食。20世紀80年代以來，我國經濟繁榮，市場活躍，酒家食肆每以“生猛海鮮”招徠食客，内中即有魚肉生。膾食之習根絶很難做到，科學食用則應大力提倡，以使這一古肴推陳出新，服務社會。

【魚癗】

同“魚膾”。此體漢代已行用。見該文。

【生魚膾】

即魚膾。此稱三國時期已行用。見該文。

【照鱠】

即魚膾。此稱元代已行用。見該文。按，“照”，疑爲“魚”之訛。明劉基《多能鄙事》引作“魚鱠”。

【魚生】

即魚膾。此稱明代已行用。見該文。

【鯉魚膾】

“魚膾”之一種。以鯉魚切成，故名。此稱始見於先秦時期，時稱“膾鯉”。《詩·小雅·六月》：“飲御諸友，炰鱉膾鯉。”據宋吳自牧《夢粱録·分茶酒店》，宋代臨安食店有販“鯉魚膾”者。元忽思慧《飲膳正要·聚珍異饌》：“魚膾：新鯉魚（五個，去皮骨頭尾）、生薑（二兩）、蘿蔔（兩個）、葱（一兩）、香菜、蓼子（各切如絲，胭脂打糝）。右件下芥末、炒葱，鹽醋調和。”按，此“魚膾”，實指“鯉魚膾”。

【膾鯉】

即鯉魚膾。此稱先秦時期已行用。見該文。

【鱸魚膾】

“魚膾”之一種。因以鱸魚切成，故名。文獻中始見於晋代。相傳晋張翰游宦於外，因思家鄉此物而弃官回歸。《晋書·文苑傳·張翰》：“翰因見秋風起，乃思吳中菰菜、蒓羹、鱸魚膾，曰：‘人生貴得適志，何能羈宦數千里以要名爵乎？’遂命駕而歸。”後世沿用此稱。膾，或作“鱠”。唐白居易《寄楊六侍郎》詩：“秋風一筯鱸魚鱠，張翰摇頭唤不回。”後亦稱“郎官鱠”。《格致鏡原·飲食類四》引宋陳致雍《海物異名紀》：“江南人喜作鱠，名郎官鱠，因張翰思鱠得名。”

【鱸魚鱠】

同“鱸魚膾”。此體唐代已行用。見該文。

【郎官鱠】

即鱸魚膾。此稱宋代已行用。見該文。

【乾鱠】

“魚膾”之屬。切後復經日曬乾，故名。此稱隋唐時期已行用。通以鮸魚（即黃花魚）製成，亦以鱸魚製成。隋煬帝時，江南“松江鱸魚乾鱠”尤負盛名，膾白如玉，紫花碧葉相間，珍貴如金，故奉獻煬帝後被贊爲“金薤玉鱠”。《太平廣記》卷二三四引舊題唐顔師古《大業拾遺記》：“作乾鱠之法：當五六月盛熱之日，於海取得鮸魚，大者長四五尺，鱗細而紫色，無細骨不腥者，捕得之，即於海船之上作鱠。去其皮骨，取其精肉縷切，隨成隨曬，三四日，須極乾，以新白瓷瓶未經水者盛之，密封泥，勿令風入，經五六十日，不異新者。取唉之時，開出乾鱠，以布裹，大甕盛水漬之，三刻久出，帶布瀝却水，則皦然散置盤上，如新鱠無別。細切香柔葉鋪上，箸撥，令調匀，進之。海魚體性不腥，然鱣鮸魚肉軟而白色，經乾，又和以青葉，皙然極可唉。”又：“吳郡獻松江鱸魚乾鱠六瓶，瓶容一斗。作鱠法一同鮸魚。然作鱸魚鱠須八九月霜下之時，收鱸魚三尺以下者作乾鱠。浸漬訖，布裹瀝水令盡，散置盤内。取香柔花葉，相間細切，和鱠撥令調匀。霜後鱸魚，肉白如雪，不腥。所謂‘金虀玉鱠，東南之佳味也’。紫花碧葉，間以素鱠，亦鮮潔可觀。”明李時珍《本草綱目·鱗四·鮸魚》引隋杜寶《拾遺録》稱“海鮸乾鱠”。宋代省稱“金虀膾”。宋蘇軾《過子忽出新意以山芋作玉糝羹色香味皆奇絕天上酥陀則不可知人間決無此味也》詩：“莫將南海金虀膾，輕比東坡玉糝羹。”明代亦作“金齏玉膾”。明張岱《夜航船·日用·飲食》：“南人作魚膾以細縷，金橙拌之，號爲金齏玉膾。”按，南北朝時期已出現“金齏玉膾”之名，當時指在魚片上配以金黃色橘皮、栗黃，非必鱸魚乾鱠。鱸魚乾鱠得稱“金齏玉膾”，蓋沿用古稱而其實有別。北魏賈思勰《齊民要術·八和齏》：“諺曰：‘金齏玉膾。’橘皮多則不美，故加栗黃，取其金色，又益味甜。五升齏，用十枚栗。用黃軟者；硬黑者，即不中使用也。”又唐陳藏器《本草拾遺》謂“隋朝吳都進鮸魚鱠，取快日曝乾瓶裝”。宋龔明之《中吳紀聞》卷二謂：“鮸魚出吳中，其狀似鮎。隋大業中吳郡嘗獻海鮸魚乾膾四缶，遂以分賜達官。”李時珍以爲此“鮸”乃“鮸”字之誤。

不知二説孰是。

【海鮸乾鱠】

“乾鱠”之一種。以海中鮸魚製成，故名。此稱隋代已行用。見該文。

【松江鱸魚乾鱠】

“乾鱠”之一種。産於松江，以鱸魚製作，故名。此稱隋代已行用。見該文。

【金虀玉鱠】

即松江鱸魚乾鱠。此稱宋代之前已行用。參見本卷《菜肴説·膾考》“乾鱠”文。

【金虀膾】

即松江鱸魚乾鱠。膾，同“鱠”。此稱宋代已行用。參見本卷《菜肴説·膾考》“乾鱠”文。

【金齏玉膾】

即松江鱸魚乾鱠。此體宋代之前已行用。參見本卷《菜肴説·膾考》“乾鱠”文。

【鯽魚膾】

“魚膾”之屬。以鯽魚之肉切片爲之，故名。鯽魚製膾，爲時蓋久。文獻中至遲在唐代已有記載。《格致鏡原·飲食類四》引《提要録》：“須得鯽之大者，腹間微開小竅，以椒同馬芹實其中。每一斤用鹽二兩，油半斤，擦窨三日，外以法酒漬之。入瓶，石灰綿蓋封之，一月真紅色可膾。”明李時珍《本草綱目·鱗三·鯽魚》引唐陳藏器《本草拾遺》言鯽魚膾可治“久痢赤白”諸疾。宋代出現“縷子膾”，也是“鯽魚膾”之類，係以“鯽魚肉、鯉魚子以碧筒或菊苗爲胎骨”製成（《格致鏡原·飲食類四》引宋陶穀《清異録》）。宋吳自牧《夢粱録·分茶酒店》載，宋都城臨安市肆有販“鯽魚膾”者。

【縷子膾】

"鯽魚膾"之屬。此稱宋代已行用。見該文。

【鵝闕】

唐代南詔的一種"魚膾"。《新唐書・南詔傳》："膾魚寸,以胡瓜、椒葉和之,號鵝闕。"按,《格致鏡原》引《孔六帖》作"鱠寸魚"。

【鮯魚膾】

"魚膾"之屬。嶺南鮯魚細切而成。此稱唐代已行用。唐劉恂《嶺表録異》卷上："鮯魚,如白魚而身稍短,尾不偃。清遠江多此魚,蓋不產於海也。廣人得之,多為膾,不腥而美,諸魚無以過也。"

【水母膾】

"魚膾"之屬。由水母細切而成,故名。水母,即海蜇,亦名蛇。腔腸動物。此稱唐代已行用。唐劉恂《嶺表録異》卷上："水母:廣州謂之水母,閩謂之蛇。其形乃渾然凝結一物,有淡紫色者,有白色者,大如覆帽,小者如盌。腹下有物若懸絮,俗謂之足,而無口眼。常有數十蝦寄腹下,咂食其涎,浮泛水上,捕者或遇之,即欻然而沒……南人好食之。云性暖,治河魚之疾,然甚腥,須以草木灰點生油,再三洗之,瑩净如水晶紫玉,肉厚可二寸,薄處亦寸餘。先煮椒桂或荳蔻、生薑,縷切而煠之;或以五辣肉醋,或以蝦醋,如鱠食之,最宜。"宋高宗駕幸臨安清河郡王張俊府第時供饌即有此食。宋周密《武林舊事・高宗幸張府節次略》:"第十四盞:水母膾、二色蟶兒羹。"明代亦食用。明宋詡《宋氏養生部》:"水母,即海蜇,又名蛇……治潔,入筐筥中,瀝去其水,以井水復滌令潔,坋明礬,同鹽揉,入甕。有寬汁,令滿漬之。用切膾,花椒、醋澆。鮮宜

用湯燖,入熟油、胡椒、醋。宜油炒,入花椒、葱。宜糟,用頭,宜醋。"

【水晶膾】[1]

"魚膾"之屬。然與以往之膾有別。係以魚鱗熬煮之湯,冷却凝固後縷切而成。因瑩徹透亮似水晶,故名。此稱約始見於宋代。宋陳元靚《事林廣記・癸集》:"水晶膾法:赤稍鯉魚鱗,以多為妙,净洗去涎水,浸一宿。用新水於鍋內慢火熬候濃,去鱗放冷即凝。細切,入五辛醋調和,味極珍。須冬月為之方可。"宋周密《武林舊事・市食》載有"水晶膾"之名。同書《高宗幸張府節次略》供饌有"紅生水晶膾""鵪子水晶膾",可知"水晶膾"之品類甚夥。至元代猶相沿製作。元佚名《居家必用事類全集・庚集・飲食類》:"水晶膾:鯉魚皮、鱗不拘多少,沙盆內擦洗白,再換水濯净。約有多少添水,加葱、椒、陳皮熬至稠粘,以綿濾净,入鰾少許,再熬再濾,候凝即成膾。縷切,用韭黃、生菜、木犀、鴨子笋絲簇盤,芥辣醋澆。"今時北方水鄉仍有食用者,俗稱"魚鱗粉"。

【沙魚鱠】

"魚膾"之屬。以沙魚皮加工製成。此稱宋代已行用。宋蘇頌《圖經本草・蟲魚上》:"鮫魚皮……今南人但謂之沙魚。然有二種:其最大而長喙如鋸者,謂之胡沙,性善而肉美;小而皮粗者,曰白沙,肉強而有小毒。二種,彼人皆鹽為脩脯。其皮刮治,去沙,翦為鱠,皆食品之美者。"

【江魚膾】

"魚膾"之屬。係切江魚片後復經烹飪而成者。此稱明代已行用。明顧岕《海槎餘録》:

"江魚狀如松江之鱸，身赤色，亦間有白色者，產於鹹淡水交會之中。士人家以其肉細膩，切爲膾，烹之極有味。"

【油魚膾】

"魚膾"之屬。以油魚（即魷魚）爲之。此稱清代已行用。清夏曾傳《隨園食單補證·江鮮單》："油魚：油魚乾者形如蝴蝶，發透切絲，膾之、炒之均可，味在鰒魚、烏賊之間。"

肉膾

一種細切肉片或肉絲。遠在先秦時期，人們即已開始製作食用。《禮記·内則》："肉腥，細者爲膾，大者爲軒。"書中還提到春、秋時食膾的輔食，"膾，春用葱，秋用芥"，以及大夫日常飲食"有膾無脯，有脯無膾"的規矩。《論語·鄉黨》有孔子"食不厭精，膾不厭細"的食俗，《孟子·盡心下》有孟子選擇美食時取"膾炙"，去"羊棗"的行動。此時牛、羊、魚類皆可爲膾。《格致鏡原·飲食類四》引《禮大傳》："牛與羊魚之腥，聶而切之爲膾。"肉膾的食用可能不及魚膾廣泛，所以北魏賈思勰《齊民要術·八和齏》提到魚膾而未言及肉膾。到宋代，"肉膾"亦稱"肉生"，并載製法。宋佚名《吳氏中饋錄》："肉生法：用精肉切細薄片子，醬油洗净，入火燒紅鍋爆炒，去血水，微白即好。取出切成絲，再加醬瓜、糟蘿蔔、大蒜、砂仁、草果、花椒、橘絲、香油，拌炒肉絲。臨食加醋合匀，食之甚美。"明代牛、羊、猪、鹿等肉皆以製作。明宋詡《宋氏養生部》："肉生：牛、羊、猪、鹿皴甚薄，膜或報切甚細膾，和以草果、蒜，酒澆。惟南粵人用多，蜀人則微燖之。"清以降仍相繼製作，不過多冠以具體名目。

【肉生】

即肉膾。此稱宋代已行用。見該文。

【牛膾】

"肉膾"之一種。先民蓋於荒古時即以石蚌等刀具切牛肉而食，文獻中先秦時期已見此稱。《禮記·内則》："膳……醢、牛胾、醢、牛膾。"漢代亦作"牛膾"。長沙馬王堆一號漢墓第五六簡："牛膾一器。"

【牛膾】

同"牛膾"。此體漢代已行用。見該文。

【羊膾】

"肉膾"之一種。古已爲之，文獻中漢代始見此稱。長沙馬王堆一號漢墓第五七簡："羊膾一器。"後世蓋亦爲之。元代有"羊頭膾"。元忽思慧《飲膳正要·食療諸病》："羊頭膾：治中風、頭眩、羸瘦、手足無力。白羊頭（一枚，撏洗净）。右件蒸令爛熟，細切，以五味汁調和膾。空腹食之。"時還有"肝肚生""曹家生紅"，皆"羊膾"之屬。元佚名《居家必用事類全集·庚集·飲食類》："肝肚生：精羊肉并肝薄批，攤紙上，血盡縷切；羊百葉亦縷切，裝碟内。簇嫩韭、芫荽、蘿蔔、薑絲，用'膾醋'澆（炒葱油抹過肉不腥）。"又："曹家生紅：羊臁肉四兩細切，熊白一兩（如無，肚胘代）、糟薑絲半兩、水晶膾半兩、酥二錢、蘿蔔絲、嫩韭、香菜簇，鱠醋澆。"

【羊頭膾】

"羊膾"之屬。此稱元代已行用。見該文。

【肝肚生】

"羊膾"之屬。此稱元代已行用。見該文。

【曹家生紅】

"羊膾"之屬。此稱元代已行用。見該文。

【鹿脯】

"肉膾"之一種。源自上古，漢代始見其名。長沙馬王堆一號漢墓第五八簡："鹿脯一器。"

【蒸膾】

"肉膾"之一種。蒸熟而食，不同於以往之生食。此稱隋代已行用。《隋書・地理志中》："祝阿縣俗，賓婚大會，餚饌雖豐，至於蒸膾，嘗之而已，多則謂之不敬。"

【蟹生】[1]

"肉膾"之一種。以剁碎之蟹肉加入調料製成。此稱宋代已行用。宋佚名《吳氏中饋錄》："蟹生：用生蟹剁碎，以麻油先熬熟，冷，并草果、茴香、砂仁、花椒末、水薑、胡椒俱爲末，再加葱、鹽、醋共十味，入蟹內拌匀，即時可食。"明代亦稱"蟹鱠"，製法區別於宋。《格致鏡原・飲食類四》引明黃一正輯《事物紺珠》："蟹鱠：剔肉，同鱒鮓作酒浴。"

【蟹鱠】

即蟹生。此稱明代已行用。見該文。

【生肺】

"肉膾"之一種。以獐或兔、山羊肺注入料汁後膾切而成。此稱元代已行用。元佚名《居家必用事類全集・庚集・飲食類》："生肺：獐肺爲上，兔肺次之。如無，山羊肺代之。一具全無損者，使口咂盡血水，用涼水浸，再咂再浸，倒盡血水如玉葉方可。用韭汁、蒜泥、酪、生薑自然汁入鹽，調味匀，濾去滓。以濕布蓋肺冰滌。用灌袋灌之，務要充滿，就筵上割散之。"

【熟豬膾】

"肉膾"之一種。以熟豬肉膾切後加入調料製成。此稱明代已行用。明宋詡《宋氏養生部》："熟豬膾：熟豬肉切膾，和苦瓜（薄切揉洗）、生瓜、鮮藕、茭白、萵苣、同蒿、熟竹笋、綠豆粉皮、鴨子薄餅，皆切細條。熟鮮蝦去殼肉、芼韭白頭俱宜。或五辛醋、芥辣澆。五辛醋：葱白五莖，川椒、胡椒共五十粒，生薑一小塊，縮砂仁三顆，醬一匙，芝麻油少許，同擣糜爛，入醋，少熬，用。"

水晶膾[2]

葷肴。係以豬皮煮汁，冷却後膾切而成。因透亮似水晶，故名。見於元代。元佚名《居家必用事類全集・庚集・飲食類》："水晶膾：豬皮割去脂，洗净。每斤用水一斗，葱、椒、陳皮少許，慢火煮皮軟，取出，細切如縷，却入原汁內再煮，稀稠得中，用綿子濾，候凝即成。膾切之，釅醋澆食。"時又有"水晶冷淘膾"，蓋將水晶膾切作"冷淘"麵條一般。元佚名《居家必用事類全集》亦載製法："水晶冷淘膾：獖豬夾脊皮三斤净，及膘刷净。入鍋，添水，令高於皮三指。急火煮滾，却以慢火養。伺耗大半，即以杓撇清汁，澆大漆單盤內，如作煎餅，乘熱搖蕩，令遍滿盤底。候凝，揭下，切如冷淘。簇生菜、韭、笋、蘿蔔等絲，五辣醋澆之。"

水晶膾[3]

素肴。用瓊芝熬出汁液，冷却凝結後膾切而成。因晶瑩剔透，故名。瓊芝，海藻類植物，即石花菜。亦作"瓊枝"，亦稱"洋菜"。宋周密《武林舊事》已見其名，但由於以魚鱗、豬皮、瓊芝皆可製得，又皆得稱"水晶膾"，故不知彼時之稱是否包括以瓊芝製取者。元代始見製法。元佚名《居家必用事類全集・庚集・飲食類》：“水晶膾：瓊芝菜，洗去沙，頻換米泔浸三日。略煮一二沸，入盆研極細，下鍋煎化。濾去滓，候凝結，縷切。如上簇盤（按，‘上’指‘假魚膾’），用醋澆食。”

假魚膾

在魚膾影響下以麵、菜爲主料製成的素食。外形、製法似魚膾，其實是素食，非葷肴，故稱。見於元代。元佚名《居家必用事類全集·庚集·飲食類》：“假魚膾：薄批熟麵筋，用薄粉皮兩個，牽抹濕，上下夾定，蒸熟，薄切。別染紅粉皮，縷切。笋絲、蘑菇絲、蘿蔔絲、薑絲、生菜、香菜間裝，如春盤樣。用膾醋澆。”該書把此食目列入“素食”。

膳生

模仿膾肴製作的一種麵食。見於元代。元佚名《居家必用事類全集·庚集·飲食類》：“膳生：每十分生麵筋一塌，按薄。籠内先鋪粉皮，灑粉絲，抹過，將麵筋鋪粉皮上，蒸熟。用油抹過，候冷，切三寸長細條。三色粉皮各一片，如上切。熟麵筋一塊，切絲。笋十根，切絲。蘑菇三兩，切絲，油炒。簇裝碗内，燙過熱汁澆。”按，膳，疑“鱔”之訛，蓋以麵筋製成的假生鱔絲。

膾醋

專門爲魚肉膾等冷盤菜配製的調料。見於元代。元佚名《居家必用事類全集·庚集·飲食類》：“膾醋：煨葱四莖、薑二兩、榆仁醬半盞、椒末二錢，一處擂爛，入酸醋内加鹽并糖。拌膾用之。或減薑半兩，加胡椒一錢。”

芹芽膾

一種葷素結合型菜肴。見於宋代蜀中。用初春之芹菜芽同鳩鳥膾製而成，故名。宋蘇軾《東坡八首》詩之三：“雪芽何時動，春鳩行可膾。”自注：“蜀人貴芹芽膾，雜鳩肉爲之。”

第七節　脯　考

脯，經過切割、烹煮、入料、風曝而成的乾肉。由於製作簡便、便於儲存、別具風味，所以人們樂於製作食用，且作爲禮物饋贈他人。

脯之製作，始於上古，傳說發明者爲燧人氏。明張岱《夜航船·日用·飲食》：“燧人氏作脯。”

先秦迄漢，脯之稱謂頗多。就單稱而言，有“脯”“脩”、“腊”（昔）、“膴”“胏”“脡”、“朐”“犯”“乾”等；就合稱而言，有《周易·噬嗑》之“乾肉”“乾胏”“腊肉”，《周禮·天官·腊人》之“脯腊”“腊物”，《天官·膳夫》之“肉脩”，《禮記·曲禮上》之“脯脩”，《左傳·哀公十一年》之“股（鍛）脯”，《儀禮·有司徹》之“股脩”，《墨子·備梯》之“膊脯”等；就具體稱謂而言，僅《禮記·内則》就有“牛脩”“鹿脯”“田豕脯”“麋脯”“麇脯”等，長沙馬王堆一號漢墓竹簡有“牛脯”“鹿脯”“孫脯”“羊昔”“昔兔”等。名目繁多，是長期廣泛製作、食用的結果。不同的稱謂，有時又反映出不同的製法或形狀特徵。以單稱言，其統稱皆指乾肉；特稱則“脯”指薄切之肉所製成，“脩”指捶打肉并加入薑桂所製成，“臘”指整個乾化的小動物，“膴”指無骨之乾肉，“胏”指有骨之乾肉，“脡”指展開之乾肉，“朐”指彎曲之乾肉。總體而言，此時期製脯有相當發展，但製法或闕載，或較粗疏，説明仍處於初級階段。

　　南北朝時脯之製作發展迅猛。北魏賈思勰《齊民要術・脯臘》，以專章詳細地總結了“五味脯”“度夏白脯”“甜脆脯”“鱧魚脯”“五味臘”“脆臘”“浥魚”七種乾魚肉的製作過程與方法，彌補了前代的不足。這七法實際上包括了牛、羊、獐、鹿、野猪、家猪、鵝、雁、鷄、鴨、鶴、鴇、鳧、雉、兔、鴿鶉、生魚等動物的製脯方法。七法之外，《種棗》一節載“棗脯”製法，使脯的製作材料由動物肉擴展到植物“肉”。賈書對製脯工藝的發展與提高具有重要指導意義和實踐作用。

　　兩宋又有新的發展。僅從宋孟元老《東京夢華録》、宋灌圃耐得翁《都城紀勝》、宋吳自牧《夢粱録》、宋周密《武林舊事》等四書中便可見到許多新脯名，如“灌脯”“海臘”“脯小鷄”“米脯淡菜”“米脯風鰻”“米脯羊”“米脯鳩子”“米脯鮮蛤”“脯鷄”“槌脯”“野味臘”“銀魚脯”“骨頭米脯”“脯界”“明脯”“削脯”“鬆脯”“鮓脯”“白魚乾”“金魚乾”“梅魚乾”“鯔魚乾”“鱏魚乾”“紫魚螟脯絲”等。植物之根、果亦可製脯，如“梅花脯”以山栗、橄欖肉爲原料，“牛旁脯”以牛蒡根爲原料，對後世“蔬脯”“果脯”的形成産生了積極影響。

　　元明清以降，脯作爲傳統風味食品代代製作。在元忽思慧《飲膳正要》、佚名《居家必用事類全集》，明宋詡《宋氏養生部》、韓奕《易牙遺意》、高濂《遵生八牋》，清袁枚《隨園食單》、顧仲《養小録》、朱彝尊《食憲鴻秘》、李化楠《醒園録》、佚名《調鼎集》、丁宜曾《農圃便覽》等書中都載有一些名品的製法，如“牛肉脯”“香脯”“千里脯”“水鷄臘”“甘露脯”“風鹿條”“臘鴨”“薰鴨”“青魚脯”“臘肉”等。元佚名《居家必用事類全集・己集・飲食類》用歌謠的形式記載了“脯法”：“不論猪羊與大牢，一斤切作十六條。大盞醇醪小盞醋，馬芹蒔蘿入分毫。揀净白鹽秤四兩，寄語庖人慢火熬。酒盡醋乾方是法，味甘不論孔聞韶。”此時蔬脯已自成門類，出現了“笋乾”“茄乾”“香乾菜”“茭白脯”“王瓜乾”“菜羞”“笋羞”“茄羞”等菜肴。現今，各色肉乾、魚乾、果脯充斥市肆，仍是受人歡迎之美食。

脯

脯

古代特製的一種乾肉，通常以薄切肉、不施薑桂的方法製作。此稱先秦時期已行用。《詩·大雅·鳧鷖》："爾酒既湑，爾殽伊脯。"孔穎達疏："事尊者不敢以褻美之味，直以所湑之酒及乾脯而已。"《禮記·內則》："牛脩、鹿脯、田豕脯、麋脯、麇脯。"鄭玄注："脯，皆析乾肉也。"《漢書·東方朔傳》："生肉爲膾，乾肉爲脯。"《説文·肉部》："脯，乾肉也。"段玉裁注："《周禮》：腊人掌乾肉，凡田獸之脯、腊、膴、胖之事。注云：大物解肆乾之謂之乾肉，薄析曰脯，捶之而施薑桂曰段脩。"由於易製、易存、味美，先秦迄今相沿製作。肉類之外，植物的根、果亦含"肉"，故"棗脯""桃脯"等亦相繼出現。北魏賈思勰《齊民要術·種棗》載有"棗脯"製法，清夏曾傳《隨園食單補證·糖色單》載有"桃脯杏脯"製法。

【脩】

即脯。始見於先秦時期，後世沿用。《周禮·天官·膳夫》："凡肉脩之頒賜，皆掌之。"漢鄭玄注引鄭衆云："脩，脯也。"《論語·述而》："自行束脩以上，吾未嘗無誨焉。"朱熹注："脩，脯也……古者相見，必執贄以爲禮。"按，脩與脯，渾言無別，皆指乾肉；析言則捶肉并加薑桂製成爲脩（亦稱"段脩""腶脩""鍛脩"），薄切肉不施薑桂爲脯。《周禮·天官·內饔》："凡掌共羞、脩、刑、膴、胖、骨、鱐，

以待共膳。"鄭玄注："脩，鍛脯也。"賈公彥疏："謂加薑桂鍛治之。若不加薑桂、不鍛治者，直謂之脯。"《公羊傳·莊公二十四年》："腶脩云乎。"陸德明釋文："脯加薑桂曰脩。"《説文·肉部》："脩，脯也。"段玉裁注："析言之，則薄析曰脯，捶而施薑桂曰段脩。"

【腊】

即脯。此稱先秦時期已行用。其時多特指整個做成乾肉的小動物，與薄切肉片製成之乾肉"脯"有別。《周禮·天官·腊人》："掌乾肉，凡田獸之脯、腊、膴、胖之事。"鄭玄注："薄析曰脯……腊，小物全乾。"按，渾言之，則腊與脯無別，皆指乾肉。腊，又作"昔"。《逸周書·器服》："焚菜膾五昔。"《説文·日部》："昔，乾肉也。"《廣雅·釋器》："腊，脯也。"

【昔】

同"腊"。"腊"之古字。肉乾。此體先秦時期已行用。見該文。

【膴】

即脯。此稱先秦時期已行用。秦漢時期多特指無骨之腊，與有骨之腊、胏相對，與薄析之脯亦不同。《周禮·天官·腊人》："凡祭祀共豆脯，薦脯、膴、胖凡腊物。"《説文·肉部》："膴，無骨腊也。"按，渾言之，則膴、脯無別，皆指乾肉。《廣雅·釋器》："膴，無骨腊也。"

【脡】

即脯。此稱先秦時期已行用。特指展開之

乾肉，與彎曲之乾肉胊相對，與薄析之脯亦有別。《公羊傳·昭公二十五年》："高子執簞食與四脡脯。"何休注："屈曰胊，申曰脡。"按，渾言之，則脡亦指脯。《玉篇·肉部》："脡，脯胊也。"

【羓】

即脯。此稱始見於五代時期。《新五代史·四夷附錄一》："德光行至欒城，得疾，卒於殺胡林。契丹破其腹，去取腸胃，實之以鹽，載而北，晋人謂之帝羓焉。"《集韻·平麻》："羓，腊屬。"宋元明時期亦作"犯"，俗稱"犯子""犯兒"。"犯子"亦作"羓子"。宋灌圃耐得翁《都城紀勝·食店》："夜間頂盤挑架者，如鵪鶉餶飿兒……炙犯子之類。"宋吳自牧《夢粱錄·分茶酒店》："〔食次名件〕黃羊、獐肉、炙犯兒、赤蟹。"元曾瑞《哨遍·羊訴冤》："駝蹄熊掌，鹿脯獐犯，比我都無滋味。"《水滸傳》第一一回："有財帛的來到這里，輕則蒙汗藥麻翻，重則登時結果，將精肉片爲羓子，肥肉煎油點燈。"

【犯】

同"羓"。此體宋元時期已行用。見該文。

【犯兒】

"羓"之俗稱。此稱宋代已行用。見該文。

【犯子】

"羓"之俗稱。犯，同"羓"。此稱宋代已行用。見該文。

【羓子】

"羓"之俗稱。此體明代已行用。見該文。

【乾】

"脯"之俗稱。此稱宋代已行用。宋吳自牧《夢粱錄·分茶酒店》："又有托盤擔架至酒肆中歌叫買賣者，如炙鷄……白魚乾、金魚乾、梅魚乾、鱔魚乾、銀魚兒乾、鱷魚乾、銀魚脯。"明高濂《遵生八牋·飲饌服食牋》載有"水鷄乾""曬淡笋乾""淡茄乾""蒜苗乾"等。清佚名《調鼎集》載有"蟹肉乾""笋乾""藕乾""葡萄乾"等。

牛脯

脯腊之一種，即牛肉乾。始見於先秦時期，時稱"牛脩"。《禮記·內則》："牛脩、鹿脯、田豕脯、麋脯。"漢代始稱"牛脯"。馬王堆漢墓遣册竹簡載之。長沙馬王堆一號漢墓第三四簡："牛脯一筍。"明董斯張《廣博物志·食飲》云，東漢時陳蕃待客，"芼羹以牛脯"。元代從俗稱"牛肉脯"，始專門詳載其製法。元忽思慧《飲膳正要·食療諸病》："牛肉脯：治脾胃久冷，不思飲食。牛肉（五斤。去脂膜，切作大片）、胡椒（五錢）、蓽撥（五錢）、陳皮（二錢。去白）、草果（二錢）、磠砂（二錢）、良薑（二錢）。右件爲細末，生薑汁五合、葱汁一合、鹽四兩同肉拌匀，淹二日，取出，焙乾作脯。"後世相沿製作，達於明清。名稱依從前代。明宋詡《宋氏養生部》："牛脯：用肉薄切爲朡，烹熟壓乾，油中煎，再以水烹，去油，漉出，以酒接之，加地椒、花椒、蒔蘿、葱、鹽，又投少油中炒，香燥。"又："牛脩：用肉軒之，每二三斤咬咀白芷、官桂、生薑、紫蘇，水烹，甜醬調和。俟汁竭，架鍋中炙燥爲度。宜醋。"清朱彝尊《食憲鴻秘·肉之屬》："牛脯：牛肉十觔，每觔切四塊。用葱一大把，去尖，鋪鍋底，加肉於上（肉隔葱則不焦且解羶），椒末二兩，黃酒十瓶，清醬二碗，鹽二觔（疑誤，酌用可也）。加水高肉上四五寸，覆以砂盆，慢火煮至汁乾，取出。臘月製可久。再加醋一小盃。兔脯同法，加胡椒、薑。”清代俗稱“牛肉乾”。清李化楠《醒園録》卷上：“食牛肉乾法：鹿肉乾同。生肉切成大片，約厚一寸。將鹽攤放平處，取牛肉塊，順手平平丢下，隨手取起，翻過再丢，兩面均已粘鹽。丢下時不可用手按壓，拿起輕輕抖去浮鹽，亦不可用手抹擦，逐層安放盆内，用石壓之。隔宿將滷洗肉，取出，鋪排稻草上曬之，不時翻轉。至晚收放平板上，用木棍趕滚，使肉堅實光亮。隨逐層堆板上，用重石壓蓋。次早取起再曬，至晚再滚再壓，内外用石壓之。隔宿或一兩天，取起掛在風處，一月可吃。”清佚名《調鼎集·特牲部》載有“牛肉脯”，製法與清李化楠《醒園録》所載前半部分至“再滚再壓”處基本相同，後面差别較大。兹將《調鼎集》“再滚再壓”以下文字録出，以相參較。“牛肉脯”文“再滚再壓”以下爲：“第三日取出，晾三日裝罈，如裝久潮濕，取出再晾。此做牛肉脯之法也。要用時，取肉脯切二寸方塊，用鷄湯或肉湯淹二寸許，加大蒜瓣十數枚，不打破同煮，湯乾取起。每塊切作兩塊，須横切，再拆作粗條，約指頭大，再用甜醬、酒和好，菜油以牛脯多寡配七八分，再煮至乾用之，極美。鹿脯同。”按，北魏賈思勰《齊民要術·脯腊》言及作“五味脯”“度夏白脯”等，皆可以牛肉爲之。如以牛肉製作，即是牛脯。

【牛脩】

即牛脯。此稱先秦時期已行用。見該文。

【牛肉脯】

“牛脯”之俗稱。此稱元代已行用。見該文。

【牛肉乾】

“牛脯”之俗稱。此稱清代已行用。見該文。

【㢧脯】

“牛脯”之一種。以牛胃製成之乾肉。㢧，同“胘”，牛之多重葉片狀胃。《説文·肉部》：“胘，牛百葉也。”始見於漢代。馬王堆漢墓遣册竹簡載之。長沙馬王堆一號漢墓第三六簡：“㢧脯一笥。”

【熟牛羓】

“牛脯”之一種。此稱明代已行用。明宋詡《宋氏養生部》：“熟牛羓：一用精者，視理薄切爲牒，和以鹽、酒、花椒，布苴壓乾，作沸湯微燖，日暴之。一用精者，切爲軒，以花椒、醬沃，頃之加酒水、醬油、醋，寬烹至汁竭爲度，俟冷或析爲細縷。”

【火牛肉】

“牛脯”之一種。此稱明代已行用。明宋詡《宋氏養生部》：“火牛肉：軒之，每爲二斤三斤。計一斤，炒鹽二兩，揉擦匀和。腌數日，石灰泡湯，待冷，取清者洗潔，風戾之，懸烟突間。”

【生牛腊】

“牛脯”之一種。此稱明代已行用。明宋詡《宋氏養生部》：“生牛腊：一㓲爲二指闊薄牒，沃以香油、鹽、花椒、葱，日暴之。用則蒸。一淡暴乾。用則以水同醬油烹。”

【熏牛肉】

“牛脯”之一種。將肉以烟熏作脯。此稱明代已行用。明宋詡《宋氏養生部》：“熏牛肉：㓲爲二三寸長闊薄軒，用醬揉融液，焚礱穀糠烟熏熟即齮齕之。熏物仿此。”

豕腊

脯腊品。即豬肉乾。先秦時期已見。《禮記·哀公問》：“其順之，然後言其喪筭，備其鼎俎，設其豕腊，脩其宗廟，歲時以敬祭祀。”南北朝時期出現“五味脯”，牛、羊、豕、鹿等皆可製作，如以豕肉爲之，亦是“豕腊”（見北魏賈思勰《齊民要術·脯腊》）。此後歷代相沿製作，出現許多名目、製法不同之“豕腊”。清代稱“肉脯”。清佚名《調鼎集·特牲部》：“肉脯：精嫩肉十斤，切大塊，加醬油一小碗，鹽五兩，香油四兩，酒二斤，醋一斤，泡一復時入鍋。將原汁添水少許，子母湯煮七分熟，加葱五根，薑絲、大茴、花椒各五錢，醋一斤半，蓋好煮十分熟，取起曬乾，暑月不壞。牛、羊、鹿脯同。又，每肉二斤，切大塊，去皮，入盒，以微鹽、薑絲先醃一時，捏乾，加醬油、醋各半碗，鹽二錢，大茴、花椒末各一錢，酒、水各一斤，慢火煮極爛，烘乾，磁瓶收貯。要色紅，每肉二斤，入醬半斤，不用醬油及鹽，則紅而有味。加醋一碗亦可。”又：“肉脯：精肉切片，醬油、酒煮熟，烤乾或油炸，千里不壞。行厨用滾水作湯。”

【肉脯】

即豕腊。此稱清代已行用。見該文。

【槌脯】

“豕腊”之一種。因將豬肉煮熟捶碎而成，故名。此稱宋代已行用。宋吳自牧《夢粱錄·分茶酒店》：“又有托盤擔架至酒肆中歌叫買賣者，如炙鷄……紅羊犯、槌脯、緱條。”宋周密《武林舊事·犯鮓》：“胡羊犯、削脯、槌脯、鬆脯、兔犯、麞犯、鹿脯。”明代亦作“搥脯”“捶脯”。明高濂《遵生八牋·飲饌服食牋·

上》：“搥脯：新宰圈豬帶熱精肉一斤，切作四五塊，炒鹽半兩，搙入肉中，直待筋脉不收，日曬半乾。量用好酒和水，並花椒、蒔蘿、橘皮，慢火煮乾，碎搥。”明張自烈《正字通·肉部》“腶”下作“捶脯”。

【搥脯】

同“槌脯”。此體明代已行用。見該文。

【捶脯】

同“槌脯”。此體明代已行用。見該文。

【國信脯】

“豕腊”之一種。此稱宋代已行用。宋陳元靚《事林廣記·癸集》：“國信脯：精肉，每斤，夏用鹽一兩，冬用八錢重，好醋半升，馬芹、橘紅、木香、紅豆、縮砂等末，同煮一二沸，慢火翕盡醋爲度。”

【香脯】

“豕腊”之一種。此稱明代已行用。明宋翊《宋氏養生部》：“香脯：用牛、豬肉微烹，冷切片軒，扮花椒、蒔蘿、地椒、大茴香、紅麴醬、熟油遍揉之。煉火上烘絕燥。”參閱清丁宜曾《農圃便覽》。

【餹豬䏑】

“豕腊”之一種。此稱明代已行用。明宋翊《宋氏養生部》：“餹豬䏑：取肉，去膚骨，切二寸長、一寸闊、半寸厚臠，以赤砂餹少許，醬、地椒、蒔蘿、花椒和勻，微見天日即收或陰乾。先以香油熬熟，既入肉，不宜煬火，待少頃自熟。”

【鹽豬䏑】

“豕腊”之一種。此稱明代已行用。明宋翊《宋氏養生部》：“鹽豬䏑：一取精肉片切軒，每斤鹽六錢花椒，醃半日，壓去水，香油浥之，蒸熟，烈日中暴燥。一生同制，用則蒸，宜醋。"

【松熏肉】

"豕腊"之一種。因以松枝類薪柴熏乾，故名。此稱清代已行用。清佚名《調鼎集·特牲部》："松熏肉：每肉一斤，用鹽五錢，硝一錢，煮熟，掛肉離地三尺，下用枯松針（或柏枝）、蔗皮（剉碎）燃烟，圈席圍之。熏半日取下，入鹽滷內浸五日，再熏一次，懸當風處，隨時取用。甘蔗渣曬乾，取作熏料。"

【風猪肉】

"豕腊"之一種。此稱明代已行用。明宋詡《宋氏養生部》："風猪肉：視火猪肉制醃壓之。用醋洗，又同醋壓漬四五日。懸風中庚燥，仍置通風所。以五月五日水洗，雖久不敗。若三伏中，視前揉壓三日，每斤加鹽五錢，復揉壓三日。石灰冷湯洗之，浥以香油，烈日暴燥。烟熏之，置通風所。"清代省稱"風肉"。清佚名《調鼎集·特牲部》："風肉：殺猪一口，斬成八塊，每塊用炒鹽四錢，細細擦揉，使之無微不到，然後高掛有風無日處，偶有虫蝕，以香油塗之。夏日取用，先放水中泡一宵再煮，水不可過多過少，以蓋肉面為度。片肉時，用快刀橫截，不可順肉絲而切也。此物惟尹府至精，常以進貢。今徐州風肉亦不及，不知何故。又，自喂肥猪一口，宰時不許吹氣、燖毛、破割，亦不許經水，將肉用炒鹽、花椒末擦過，掛透風處，准以冬至後十日辨之，經次年夏月不壞。"

【風肉】

"風猪肉"之省稱。此稱清代已行用。見該文。

【醬風肉】

"豕腊"之一種。此稱清代已行用。清佚名《調鼎集·特牲部》："醬風肉：臘月取肉洗净曬乾，炒鹽微擦，外塗甜醬半指厚，以桑皮紙封固，懸當風處。至次年三月，洗去紙、醬，加酒蒸（煮亦可），味美色佳……又，先微醃，用麵醬醬之，或單用醬油拌鬱，風乾。"

【甘露脯】

"豕腊"之一種。此稱清代已行用。清佚名《調鼎集·特牲部》："甘露脯：精肉取净脂膜，米泔水浸洗，晾乾。每斤用黃酒兩杯，醋少酒十分之三，醬油一酒杯，茴香、花椒各一錢，拌一復時，文、武火煮乾，取起炭火炙或曬。如味淡，再塗甜醬油炙，不必用麻油。羊、鹿脯同。"

【曬乾肉】

"豕腊"之一種。此稱清代已行用。清袁枚《隨園食單·特牲單》："曬乾肉：切薄片精肉曬烈日中，以乾為度，用陳大頭菜夾片乾炒。"夏曾傳補證："或用腐乾夾片炒者，同盟童杏甫太守家法也；或曬乾精肉，以秋油、酒鬱透為脯，可以致遠，大妹家能為之。"時亦稱"曬肉"。清佚名《調鼎集·特牲部》："曬肉：精肉切片，攤篩上曬乾，入老汁，配笋片、菜頭煮。"

【曬肉】

即曬乾肉。此稱清代已行用。見該文。

【夏曬肉】

"曬乾肉"之一種。以夏日曝曬，故名。此稱清代已行用。清佚名《調鼎集·特牲部》："夏曬肉：夏日用炒鹽擦，用繩密密緊扎，不留餘肉在外，掛竹竿頭上曬乾，加葱、酒蒸（煮亦可。曬肉用香油塗，辟蠅）。"

【醬曬肉】

"曬乾肉"之一種。曬時塗醬，故名。此稱清代已行用。清佚名《調鼎集・特牲部》："醬曬肉：夏日取精肉切大片，椒末和甜醬塗上，曬乾。復切小塊，脂油炙熟用。"

鹿脯

脯腊之一種。即鹿肉乾。始見於先秦時期，綿歷至今。《禮記・內則》："牛脩、鹿脯、田豕脯、麋脯、麕脯。"鄭玄注："脯，皆析乾肉也。"馬王堆漢墓遣册竹簡載之，説明荆楚貴族亦食此。長沙馬王堆一號漢墓第三五簡："鹿脯一笥。"明董斯張《廣博物志・食飲》載，東漢時陳蕃待客，"拌飯以鹿脯"。南北朝時期始見詳細製作方法。北魏賈思勰《齊民要術・脯腊》："〔鹿肉〕或作條，或作片，罷。各自別搥牛羊骨令碎，熟煮去汁，掠去浮沫，停之使清。取香美豉，用骨汁煮豉，色足味調，漉去滓。待冷，下鹽；細切葱白，擣令熟；椒、薑、橘皮，皆末之。以浸脯，手揉令徹。片脯三宿則出，條脯須嘗看味徹乃出。皆細繩穿，於屋北簷下陰乾。"其時傳説食鹿脯可長生。明李時珍《本草綱目・獸二・鹿》引南朝梁任昉《述異記》："玄鹿骨亦黑，爲脯食之，可長生也。"北宋都城汴梁、南宋都城臨安市肆間皆有賣者。宋孟元老《東京夢華録・飲食果子》："又有外來托賣炙鷄、燠鴨、羊脚子、點羊頭、脆筋巴子、薑蝦、酒蟹、獐巴、鹿脯、從食蒸作、海鮮時果。"宋吳自牧《夢粱録・分茶酒店》："又有托盤擔架至酒肆中歌叫買賣者，如炙鷄……鹿脯、影戲、算條、紅羊犯、槌脯。"元代指出食用禁忌。元賈銘《飲食須知・鹿肉》："鹿肉脯炙之不動及見水而動，或曝之不燥者，並殺人。"明代亦詳載其製法。明宋詡《宋氏養生部》："鹿脯：一取肉片切軒，以花椒、醬煩揉之，甑蒸熟，復入煉火上焙燥。一切軒，用鹽、川椒、地椒、蒔蘿、酒煩揉透，停一二日，以油沃，日暴爲脯，用烹……凡煮鹿惟七八分熟，宜慢火，過煮則乾燥無味。"明李時珍《本草綱目・獸二・鹿》："鹿之一身皆益人，或煮，或蒸，或脯，同酒食之，良。"清朱彝尊《食憲鴻秘・肉之屬》："鹿脯：牛脯同法，只要治净及酒醬味好。米泔水浸一二日。"

【鹿脩】

即鹿脯。此稱元代已行用。元佚名《居家必用事類全集・己集・飲食類》："牛腊鹿脩：好肉不拘多少，去筋膜，切作條或段。每二斤用鹽六錢半、川椒三十粒、葱三大莖（細切）、酒一大盞，同醃三五日，日翻五七次，曬乾。"

【醃鹿脯】

"鹿脯"之屬。此稱元代已行用。元佚名《居家必用事類全集・己集・飲食類》："醃鹿脯：净肉十斤，去筋膜，隨縷打作大條。用鹽五兩、川椒三錢、蒔蘿半兩、葱絲四兩、好酒二升和肉拌醃。每日翻兩遍。冬三日，夏一伏時取出，以縷逐條穿，油搽，曬乾爲度。"

【酥𪌈鹿脯】

以麵筋爲主料製成的形似"鹿脯"的素肴。此稱元代已行用。元佚名《居家必用事類全集・己集・飲食類》："酥𪌈鹿脯：每十分，生麵觔四塌，細料物二錢，韭三根，鹽一兩，紅麴末一錢，同剁爛，如肉色。溫湯浸開，搓作條，煮熟，絲（撕）開，醬、醋合蘑菇汁醃片時。控乾，油煎，却下醃汁同炒乾。"

【風鹿條】

"鹿脯"之一種。此稱清代已行用。清佚名《調鼎集·雜牲部》："風鹿條：肥鹿肉切條風乾（京城隨出圍口者多帶回），鹽水煮軟聽用。鹿脯肉切方塊，先入大料、花椒煮，用水浸洗净，飯鍋上蒸二三次，配肥肉塊、脂油、醬油、酒煨乾。"

羊腊

脯腊品。即羊肉乾。漢代已見，馬王堆漢墓遺册竹簡有之。長沙馬王堆一號漢墓第八二簡："羊昔（腊）一笥。"南北朝時期，北魏賈思勰《齊民要術·脯腊》所載"五味脯""度夏白脯"等亦得以羊肉爲之，此即兩種羊腊。後世相沿製作，出現多種名目。清代亦稱"羊脯"。清佚名《調鼎集·雜牲部》："羊脯：取精多肥少者，加醬油、酒娘拌糖、茴香，慢火燒，收湯。"

【羊脯】

即羊腊。此稱清代已行用。見該文。

【胃脯】

"羊腊"之一種。通常以羊胃爲之。此稱始見於漢代。製時用沸水煮熟，塗以椒薑之末或調入五味。由於製作簡便，味美易售，故漢代有人以之致富。《史記·貨殖列傳》："洒削，薄技也，而郅氏鼎食；胃脯，簡微耳，濁氏連騎。"司馬貞索隱引晋玢曰："太官常以十月作沸湯煏羊胃，以末椒薑玢之訖，暴使燥，則謂之脯，故易售而致富也。"張守節正義："胃脯謂和五味而脯美，故易售。"

【紅羊犯】

"羊腊"之一種。此稱宋代已行用。宋吴自牧《夢粱録·分茶酒店》："鹿脯、影戲、算條、紅羊犯、槌脯、綫條。"又《肉鋪》："且如犯鮓，名件最多，姑言一二。其犯鮓者……槌脯、紅羊犯、大魚鮓、鱘鰉魚鮓等類。"明代亦稱"紅羊脯"。明劉基《多能鄙事》："紅羊脯：肥羊肉十五斤，以半斤切作一條，用鹽十五兩醃三伏時，取出。糟三斤、鹽三兩拌匀，再醃三宿，取出。不去糟，於竈上猛柴烟薰乾。次年五六月洗剥净，煮食。"按，以"紅"爲名，或説糟爲紅糟，或説成脯隱泛紅色。據宋人周密《武林舊事·市食》有"胡羊犯"，疑"紅"爲"胡"之聲訛。

【米脯羊】

"羊腊"之一種。見於南宋都城臨安市肆。宋吴自牧《夢粱録·分茶酒店》："食次名件甚多，姑以述於後：曰百味羹……酒焐鮮蛤、蛤蜊淡菜、淡菜膾、改汁辣淡菜、米脯鮮蛤、米脯淡菜、米脯風鰻、米脯羊。"

【風羊】

"羊腊"之一種。此稱清代已行用。將整羊或羊肉條風乾。清佚名《調鼎集·雜牲部》："風羊：切條風乾，鹽水煮軟，然後下酒。整羊同。"

兔脯

脯腊之一種。即兔肉乾。始見於漢代。其時稱"昔兔"。昔，通"腊"，脯也。見於馬王堆漢墓遺册竹簡。長沙馬王堆一號漢墓第八三簡："昔兔一笥。"南北朝時期始詳載其製法。北魏賈思勰《齊民要術·脯腊》："〔兔〕乃净治，去腥竅及翠上脂瓶（留脂瓶則臊也）。全浸，勿四破。别煮牛羊骨肉取汁（牛羊則得一種，不須並用）。浸豉，調和，一同五味脯法。浸四五日，嘗味徹，便出，置箔上陰乾。火炙，熟搥。"宋代亦稱"兔犯"。宋周密《武林舊事·市食》："鬆脯、兔犯、麐犯、鹿脯、糟豬頭。"清佚名《調鼎集·雜牲部》："兔脯：去骨切小塊，米泔浸，掐洗净，再用酒浸，瀝乾。大小茴、胡椒、葱花、醬油、酒，加醋少許，入鍋燒滚，下肉。鹿脯同。"清丁宜曾《農圃便覽》："兔脯：用鮮兔肉，水洗，去血水。加肪脂、香油、山藥、鷄蛋、葱，剁極爛。筐上鋪豆腐皮或蛋餅，攤肉於上，蒸熟。"清李斗《揚州畫舫録·新城北録中》："第二分二號五簋碗十件……蒸鹿尾、野鷄片湯、風豬片子、風羊片子、兔脯。"

【昔兔】

即兔脯。此稱漢代已行用。見該文。

【兔犯】

即兔脯。此稱宋代已行用。見該文。

五味脯

脯腊類。以獸畜類爲原料製作。見於南北朝時期。前此牛、羊、豕、鹿之脯早已出現，北魏賈思勰總結而有此統稱。臘月中所製條狀"五味脯"稱"瘃脯"。賈思勰《齊民要術·脯腊》："作五味脯法：正月、二月、九月、十月爲佳。用牛、羊、麐、鹿、野豬、家豬肉。或作條，或作片，罷（凡破肉，皆須順理，不用斜斷）。各自別槌牛羊骨令碎，熟煮取汁，掠去浮沫，停之使清。取香美豉（別以冷水淘去塵穢），用骨汁煮豉，色足味調，漉去滓。待冷下鹽（適口而已，勿使過鹹），細切葱白，擣令熟；椒、薑、橘皮，皆末之（量多少）。以浸脯，手揉令徹。片脯三宿則出，條脯須嘗看味徹乃出。皆細繩穿，於屋北簷下陰乾。條脯泡泡時，數以手搦令堅實。脯成，置虛静庫中

（著烟氣則味苦），紙袋籠而懸之（置於甕則鬱浥，若不籠，則青蠅塵污）。臘月中作條者，名曰'瘃脯'，堪度夏。每取時，先取其肥者（肥者膩，不耐久）。"按，賈書同篇又有"五味腊法"，見於本卷《菜肴説·脯考》"魚腊"文中。

【瘃脯】

"五味脯"之一種。此稱南北朝時期已行用。見該文。

【獐巴】

"五味脯"之一種。以獐肉製成。此稱宋代已行用。亦作"獐犯""麐犯"。宋孟元老《東京夢華録·飲食果子》："又有外來托賣炙鷄、爊鴨、羊脚子、點羊頭、脆筋巴子、薑蝦、酒蟹、獐巴。"宋吴自牧《夢粱録·分茶酒店》："又有托盤擔架至酒肆中歌叫買賣者，如炙鷄……獐犯、鹿脯、影戲。"宋周密《武林舊事·市食》："兔犯、麐犯、鹿脯、糟豬頭。"

【獐犯】

同"獐巴"。此稱宋代已行用。見該文。

【麐犯】

同"獐巴"。此稱宋代已行用。見該文。

【野味腊】

"五味脯"之屬。以飛禽走獸諸野味製成。此稱始見於宋代。宋吴自牧《夢粱録·分茶酒店》"脯腊從食"中載有"野味腊"。

度夏白脯

脯腊類製品。以牛、羊、獐、鹿等肉爲之。見於南北朝時期。北魏賈思勰《齊民要術·脯腊》："作度夏白脯法（臘月作最佳，正月、二月、三月，亦得作之）：用牛、羊、獐、鹿肉之精者（雜膩則不耐久），破作片罷，冷水浸，搦去血水，清乃止。以冷水淘白鹽，停取清，下

椒末浸。再宿出，陰乾。浥浥時，以木棒輕打，令堅實（僅使堅實而已，慎勿令碎肉出）。瘦死牛羊及羔犢彌精。小羔子，全浸之（先用暖湯净洗，無復腥氣，乃浸之）。"

水晶犯

脯臘類製品。見於宋代。宋陳元靚《事林廣記·癸集》："水晶犯：精羊肉去皮脂，薄批，以鹽、椒、馬芹，研好醋，澄去渣，淹一時。久攤筥箕上，烈日曝乾，即透明光潔。精豬肉亦可造。"

千里犯

脯臘類製品。見於宋代。宋陳元靚《事林廣記·癸集》："千里犯：鹿肉或羊肉切作條，每斤只用鹽二兩，擦淹薰曬、若用酒醋，則顔色不住，又且蒸蛀。黃沙牛亦可造，味類鹿肉。"按，宋吳自牧《夢粱録·分茶酒店》食目有"千里羊"；元佚名《居家必用事類全集·庚集·飲食類》有"千里肉"，此爲一種慢火煮熟、壓擠曬乾之連皮羊肉。疑此二者與"千里犯"爲同物异名。

筭子犯

脯臘類製品。見於宋代。宋陳元靚《事林廣記·癸集》："筭子犯：精豬羊肉略剁過，別入鹽料及豆粉少許，拌研令爛，搓作小條，蕉葉托蒸，微熟，取出烘乾，每數條用彩綫束供。"時亦稱"筭條犯""算條巴子"，省稱"算條"。宋西湖老人《西湖老人繁勝録·食店》："犯脯、鮓醬、紅羊犯、影戲犯、筭條犯、皂角鋌、綫條兒。"宋吳自牧《夢粱録·肉鋪》："其犯鮓者：算條、影戲、鹽豉、皂角、鋌松、脯界。"宋佚名《吳氏中饋録》："算條巴子：豬肉精肥各另切作三寸長如算子樣，以砂糖、花椒

末、硇砂末調和得所，拌匀，曬乾，蒸熟。"明韓奕《易牙遺意·脯鮓類》作"筭條巴子"。

【筭條犯】

即筭子犯。此稱宋代已行用。見該文。

【算條巴子】

即筭子犯。算，同"筭"；巴，同"犯""犯"。此稱宋代已行用。見該文。

【筭條巴子】

即筭子犯。此體明代已行用。見該文。

【算條】

即筭子犯。此稱宋代已行用。見該文。

佛跳墙

脯臘類製品。見於宋代。宋陳元靚《事林廣記·癸集》："佛跳墙：精豬羊肉沸湯綽過，切作骰子塊，以豬羊脂煎，令微熟，別換汁，入酒、醋、椒、杏、鹽料，煮乾，取出焙燥，可久留不敗。"

千里脯

脯臘類製品。明代已見。明高濂《遵生八牋·飲饌服食牋上》："千里脯：牛羊豬肉皆可，精者一斤，釀酒二盞，淡醋一盞；白鹽四錢，冬三錢。茴香花椒末一錢，拌一宿，文、武火煮，令汁乾，曬之，妙絕。可安一月。"清佚名《調鼎集·特牲部》："千里脯：肉切圓眼大塊，每肉一斤，醬油、醋各半斤，麻油二兩，慢火煨。夏日携帶出門，可耐旬日。又，每肉五斤，入芫荽子一合，酒、醋各一斤，鹽三兩，葱、椒末，慢火煨熟，置透風處，亦經久。不用完之肉，投老汁即不壞。"清朱彝尊《食憲鴻秘·肉之屬》："千里脯：牛、羊、豬、鹿等同法。去脂膜净，止用極精肉，米泔浸，洗極净，拭乾。每觔用醇酒二盞，醋比酒十分之三，好

醬油一盞，茴香、椒末各一錢，拌一宿，文、
武火煮乾，取起，炭火慢炙。或用曬，堪久。
嘗之味淡，再塗醬油炙之；或不用醬油，止
用飛鹽四五錢。然終不及醬油之妙。並不用香
油。”

脆腊

　　脯腊類乾肉。用魚以外的鷄、鴨、鵝、雁、
兔等製成。見於南北朝時期。北魏賈思勰《齊
民要術·脯腊》：“作脆腊法（臘月初作，任爲
五味腊者，皆中作，唯魚不中耳）：白湯熟煮，
掠去浮沫；欲出釜時，尤須急火，急則易燥。
置箔上陰乾之。甜脆殊常。”

【米脯鳩子】

　　“脆腊”之一種。以鳩鳥肉製作。此稱宋代
已行用。宋吳自牧《夢粱録·分茶酒店》：“食
次名件甚多，姑以述於後：曰百味羹……米脯
鮮蛤、米脯淡菜、米脯風鰻、米脯羊、米脯鳩
子、鮮蛤。”

【鵝脯】

　　“脆腊”之一種。以鵝肉製成。此稱清代始
見。清佚名《調鼎集·羽族部》：“鵝脯：醬油、
酒將鵝煮熟，切塊烘乾，可以久留。”

【鳥腊】

　　“脆腊”之一種。以飛禽製作之乾肉。此稱
清代已行用。清夏曾傳《隨園食單補證·羽族
單》：“鳥腊：鳥腊惟冬日有之，如鵪鶉、黃雀、
鴿子、野鴨、斑鳩、竹鷄之類，皆以香料製之，
味俱相似。”

臘肉

　　農曆臘月以畜獸肉製成之肉乾。以臘月腌
藏最佳，故名。南北朝時期出現的“甜脆脯”，
可能是臘肉的前身。其以獐、鹿肉製作，製於
臘月。北魏賈思勰《齊民要術·脯腊》：“作甜
脆脯法：臘月取獐、鹿肉，片，厚薄如手掌，
直陰乾，不著鹽，脆如淩雪也。”唐代的“乾臘
肉”亦此類。唐韓鄂《四時纂要·冬令》：“乾
臘（一本作‘腊’）肉：取牛、羊、獐、鹿肉，
五味淹二宿。又以葱、椒、鹽，湯中猛火煮
之。令熟後，掛著陰處，經暑不敗。遠行即致
夥。”（按，該書將此列入臘月所做食品。）“臘
肉”之稱見於宋代，殆由“乾臘肉”省稱而成。
宋周密《武林舊事·市食》：“兔犯、麞犯、鹿
脯、糟豬頭、乾鹹豉、皂角鋌、臘肉。”宋陳元
靚《事林廣記·癸集》：“造臘肉法：每歲臘日，
取豬肉……每一斤用鹽一兩，擦淹三五宿許。
再酒浸，入醋同淹，又約三兩宿許。懸乾。先
準備百沸湯一釜，真麻油一器，將肉逐片略入
湯蘸過，急持起，趁熱以油勻刷其四畔，掛當
火處薰之。此法極妙，既免敗蠹，又且色味俱
美，久尤佳。”元代著名者有“江州岳府臘肉”。
元佚名《居家必用事類全集·己集·飲食類》：
“江州岳府臘肉法：新豬肉打成段，用煮小麥滾
湯淋過，控乾。每斤用鹽一兩擦拌。置甕中，
三二日一度翻。至半月後，用好糟醃一二宿，
出甕。用元醃汁水洗净，懸於無烟净室。二十
日以後，半乾濕，以故紙封裹。用淋過净灰於
大甕中，一重灰一重肉，埋訖，盆合置之涼處，
經歲如新。煮時，米泔浸一炊時，洗刷净，下
清水中。鍋上盆合土擁，慢火煮。候滾，即撒
薪。停息一炊時，再發火再滾。住火良久，取
食。此法之妙，全在早醃。須臘月前十日醃藏，
令得臘氣爲佳，稍遲則不佳矣。牛、羊、馬等
肉，並同此法。如欲色紅，須纔宰時，乘熱以
血塗肉，即顏色鮮紅可愛。”元時四季皆得製作

臘肉，稱"四時臘肉"。又《居家必用事類全集·己集·飲食類》："四時臘肉：收臘月內醃肉滷汁，净器收貯，泥封頭。如要用時，取滷一碗，加臘水一碗、鹽三兩。將猪肉去骨，三指厚五寸闊段子，同鹽料末醃半日，却入滷汁內浸一宿。次日其肉色味與臘肉無異。若無滷汁，每肉一斤用鹽四兩，醃二宿亦妙。煮時先以米泔清者入鹽二兩煮一二沸，換水煮。"明高濂《遵生八牋·飲饌服食牋上》："臘肉：肥嫩羜猪肉十斤，切作二十段；鹽八兩，酒二斤，調匀，猛力摐入肉中，令如綿軟。大石壓去水，眼十分乾。以剩下所醃酒調糟，塗肉上，以箴穿，掛通風處。又法，肉十斤，先以鹽二十兩煎湯，澄清取汁，置肉汁中，二十日取出，掛通風處。一法，夏月鹽肉，炒鹽擦入，匀，醃一宿掛起。見有水痕，便用大石壓去水，乾，掛風中。"清朱彝尊《食憲鴻秘·肉之屬》："臘肉……一法，夏月醃肉，須切小塊，每塊約四兩。炒鹽洒上，勿用手擦，但擎鉢顛簸，軟爲度。石壓之，去鹽水，乾。掛風處。一法，醃就小塊肉，浸菜油罈內，隨時取用，不臭不蟲，經月如故，油仍無礙。一法，臘腿醃就，壓乾，掛土穴內，松柏葉或竹葉燒烟薰之，兩月後烟火氣退，肉香。妙。"《儒林外史》第二八回："諸葛天申吃着，説道：'這就是臘肉。'"

【甜脆脯】

"臘肉"之前身。此稱南北朝時期已行用。見該文。

【乾臘肉】

"臘肉"之前身。此稱唐代已行用。見該文。

【江州岳府臘肉】

"臘肉"之一種。此稱元代已行用。見該文。

【四時臘肉】

"臘肉"之一種。不限於臘月，春、夏、秋皆得製作，故名。此稱元代已行用。見該文。

脯鷄

脯腊之一種。即鷄肉乾。始見於晋代。以赤雄鷄爲腊，食之可避瘟疫。明李時珍《本草綱目·禽二·鷄》引晋葛洪《肘後方》："辟禳瘟疫。冬至日取赤雄鷄作腊，至立春日煮食至盡，勿分他人。"至南北朝時期，北魏賈思勰《齊民要術·脯腊》所載之"五味腊""脆腊"等皆得以鷄爲之，實際製成爲鷄腊，祇是闕此稱呼。宋代稱"脯鷄"。兩宋都城均有賣者。宋孟元老《東京夢華録·州橋夜市》："自州橋南去，當街水飯、爊肉、乾脯。玉樓前獾兒野狐肉、脯鷄。"宋吴自牧《夢粱録·分茶酒店》："又有托盤擔架至酒肆中歌叫買賣者，如炙鷄、八焙鷄、紅爊鷄、脯鷄。"清代稱"鷄腊"。清佚名《調鼎集·羽族部》："鷄腊：肥鷄一隻，用兩腿，去筋骨，劃碎，不可傷皮，用蛋清、粉緯、松子仁同劃成塊，如不敷用，添脯子於內，切成方塊，用香油炸黄，起放鉢頭內。加甜酒半斤、醬油一大杯，鷄油一鐵杓，放上冬笋、香蕈、薑、葱等物，將所餘鷄骨皮蓋面，加水一大碗，下蒸籠蒸透。"按，此鷄腊爲蒸成者。

【鷄腊】

即脯鷄。此稱清代已行用。見該文。

【脯小鷄】

"脯鷄"之一種。以雛鷄製作之肉乾。見於南宋都城臨安市肆。宋吴自牧《夢粱録·分茶酒店》："〔食次名件〕五味炙小鷄、小鷄假炙鴨、紅爊小鷄、脯小鷄。"

【風鷄鵝鴨】

"脯鷄"爲其中一種（即"風鷄"）。此稱清代已行用。清李化楠《醒園録》卷上："風鷄鵝鴨法：醃薰之法，與前醃薰猪肉同。但肉厚處，當剖開，加米醋少許。又或起先竟不用鹽醃，宰完時，剖開肉厚處，用豆油、麵醬、酒、醋、花椒之類，和汁刷之，薰乾。不時取出再刷，更佳。"

鴨脯

脯腊之一種。即鴨肉乾。見於清代。時亦稱"腊鴨"。清佚名《調鼎集·羽族部》："鴨脯：用肥鴨切大方塊，用酒半斤、醬油一杯，笋，香蕈，葱花悶之，收滷起鍋。"又："腊鴨：肥鴨不拘多少，冬月燖毛去腸雜，以水泡一宿，入鹽少許，外以鹽擦之。大約每隻用鹽三兩，醃三日取起，通體用滾水淋下二次，其皮急敲，略曬一日可也（未淋滾水之前，以竹片擁其胸腹，挣開翅膀，頭間繫以細繩，便於懸掛曬乾，置透風處）。"按，徐珂《清稗類鈔·飲食類》亦載"鴨脯"，文字與上大同小别。

【腊鴨】

即鴨脯。此稱清代已行用。見該文。

【薰鴨】

"鴨脯"之一種。以柏枝烟火薰成，故名。此稱清代已行用。清佚名《調鼎集·羽族部》："薰鴨：嫩鴨入老汁，煮熟取出，上架燃柏枝薰。老汁煮鴨，久留不壞。野鴨同。"

魚腊

脯腊品。即通過曝、風、腌等方法製成之魚乾。先秦時期已見。時稱"槀魚""鮑魚""鱐""鮝"。《禮記·曲禮下》："槀魚曰商祭。"陸德明釋文："槀，乾魚。"時"槀"亦作"薧"。

《禮記·内則》："堇、苴、枌、榆、兔、薧、滫、瀡以滑之，脂膏以膏之。"陸德明釋文："'薧'字又作'槀'。"《周禮·天官·庖人》："凡其死、生、鱻、薧之物，以共王之膳。"按，鄭玄注引鄭衆説"薧"爲"乾肉"。《周禮·天官·籩人》："朝事之籩，其實麷、蕡、白、黑、形鹽、膴、鮑魚、鱐。"鄭玄注："鮑者，於楅室中糗乾之，出於江淮也。鱐者，析乾之。"唐陸廣微《吳地記》："闔閭入海逐夷，會風浪，糧絶不得渡。王拜濤，見金色魚逼海而來，三軍踴躍，夷人一魚不獲，遂降，因號魚爲逐夷。及歸，會群臣，思海中所食魚，所司云：'暴乾矣。'索食之，甚美，因書美下魚爲鮝字。"漢代稱"乾魚"。《周禮·天官·庖人》："夏行腒、鱐，膳膏臊。"漢鄭玄注引鄭衆云："鱐，乾魚。"三國時期稱"蕭拆魚"。《太平御覽》卷九三九引魏曹操《四時食制》："蕭拆魚，海之乾魚也。"南北朝時期稱"鮑魚"，亦作"泡魚"。《南齊書·武陵昭王曄傳》："尚書令王儉詣曄，曄留儉設食，槃中菘菜鮑魚而已。"北魏賈思勰《齊民要術·脯腊》："作泡魚法（四時皆得作之）：凡生魚悉中用，唯除鮎、鱧耳。去直鰓，破腹作鮍，净疏洗，不須鱗。夏月特須多著鹽。春秋及冬，調適而已，亦須倚鹹，兩兩相合。冬直積置，以席覆之；夏須甕盛泥封，勿令蠅蛆（甕須鑽底數孔，拔引去腥汁，汁盡還塞）。肉紅赤色便熟。食時洗却鹽，煮、蒸、炮任意，美於常魚（作鮓、醬，熯、煎悉得）。"賈書又載"五味腊"，以鵝、鴨、魚、兔等皆可製作，以魚製成者稱"瘃腊""瘃魚""魚腊"，亦得稱"五味腊"。原書文字爲："五味腊法：（臘月初作）用鵝、鴈、鷄、鴨、鶬、鳩、鳬、雉、兔、鴿鶉、生魚皆得作。乃净治，去腥竅及翠上脂瓶（留脂瓶則膻也）。全浸，勿四破。别煮牛羊骨肉取汁（牛羊則得一種，不须並用）。浸豉，調和，一同五味脯法。浸四五日，嘗味徹，便出，置箔上陰乾。火炙，熟搥，亦名瘃腊，亦名瘃魚，亦名魚腊。"宋代稱"鱐魚""鮝魚""魚鮝""鮁"，"鮝"亦作"鱶"。宋歐陽修《夷陵縣至喜堂記》："販夫所售，不過鱐魚腐鮑，民所嗜而已。"宋吴自牧《夢粱録·鮝鋪》："姑以魚鮝言之，此物産於温、台、四明等郡，城南渾水閘，有團招客旅，鮝魚集聚於此。城内外鮝鋪，不下一二百餘家，皆就此上行合擻。魚鮝名件具載於後：郎君鮝、石首鮝、望春、春皮、片鱐、鯯鮝、鰍鮝、鮹鮝、鰻條彎鮝、帶鮝、短鮝、黄魚鮝、鯖魚鮝、鱸鮝、老鴉魚鮝、海裏羊。"《廣韻·入業》："鮁，以竹貫魚爲乾，出復州界。"《集韻·上養》："鮝，魚腊。或从養（作鱶）。"宋代亦稱"東坡脯"。宋陳元靚《事林廣記·癸集》："東坡脯：魚取肉，切作横條，鹽、醋淹片時，粗紙滲乾。先以香料同豆粉拌匀，却將魚用粉爲衣，輕手捶開，麻油揩過，曬熟。"明代亦稱"鰱""鰱魚"。《正字通·魚部》："鰱，鮠魚，微用鹽曰鰱。"明李時珍《本草綱目·鱗三·石首魚》[釋名]稱"鰱魚"。按，"鮝"亦特指石首魚魚乾。《本草綱目·鱗三·石首魚》："羅願云：諸魚薧乾皆爲鮝，其美不及石首，故獨得專稱。"烏賊魚乾亦稱"鮝"。參閲《本草綱目·鱗四·烏賊魚》。

【槁魚】

即魚腊。槁，通"藁"。以藁草承魚曝乾，故名。此稱先秦時期已行用。明李時珍《本草綱目·鱗四·鮑魚》[釋名]作"薧魚"。"薧"同"槁"。見該文。

【鮑魚】

即魚腊。此稱先秦時期已行用。見該文。

【鱐】

即魚腊。此稱先秦時期已行用。見該文。

【鮝】

即魚腊。此稱先秦時期已行用。見該文。

【鱶】

即魚腊。此體宋代已行用。見該文。

【乾魚】

即魚腊。此稱漢代已行用。見該文。

【蕭拆魚】

即魚腊。因以蕭蒿承魚曝乾，故名。或作"蕭折""蕭析"。此稱三國時期已行用。見該文。

【鮑魚】

即魚腊。此稱南北朝時期已行用。見該文。

【渴魚】

即魚腊。此體南北朝時期已行用。見該文。

【瘃腊】

即魚腊。此稱南北朝時期已行用。見該文。

【瘃魚】

即魚腊。此稱南北朝時期已行用。見該文。

【鱐魚】

即魚腊。此稱宋代已行用。見該文。

【鮝魚】

即魚腊。此稱宋代已行用。見該文。

【魚鮝】

即魚腊。此稱宋代已行用。見該文。

【鮁】

即魚腊。此稱宋代已行用。明李時珍《本草綱目·鱗四·鮑魚》[釋名]稱"鮁魚"。見該文。

【東坡脯】

即魚腊。此稱宋代已行用。見該文。

【鱇】

即魚腊。此稱明代已行用。見該文。

【鱇魚】

即魚腊。此稱明代已行用。見該文。

【鱧魚脯】

“魚腊”之一種。此稱始見於南北朝時期。北魏賈思勰《齊民要術・脯腊》：“作鱧魚脯法：十一月初至十二月末作之。不鱗不破，直以杖刺口，令到尾（杖尖頭作樗蒲之形）。作鹹湯，令極鹹，多下薑、椒末，灌魚口，以滿爲度。竹杖穿眼，十個一貫，口向上，於屋北簷下懸之，經冬令瘃。至二月三月，魚成。生刳取五臟，酸醋浸食之，儁美乃勝逐夷。其魚，草裹泥封，煻灰中爊之。去泥草，以皮布裹而搥之。白如珂雪，味又絶倫，過飯下酒，極是珍美也。”

【鹿頭】

“魚腊”之一種。以鱘魚鼻肉製成之脯腊。亦稱“鹿尾”。因味美，故以鹿爲喻。唐代已見。唐陳藏器《本草拾遺》：“〔鱘魚〕鼻上肉作脯，名鹿頭，又名鹿尾，言美也。”清代亦稱“鱘魚鼻脯”。清王士雄《隨息居飲食譜》：“〔鱘魚〕鼻脯味美，療虚。”

【鹿尾】

即鹿頭。此稱唐代已行用。見該文。

【鱘魚鼻脯】

即鹿頭。此稱清代已行用。見該文。

【凍鮝】

“魚腊”之一種。冰凍之乾魚。此稱宋代已行用。宋吴自牧《夢粱録・鮝鋪》載有“凍鮝”。清代亦稱“鮝凍”。清袁枚《隨園食單・水族有鱗單》：“台鮝……凍之即爲鮝凍，紹興人法也。”

【鮝凍】

即凍鮝。此稱清代已行用。見該文。

【梅魚乾】

“魚腊”之一種。以梅魚曝乾，故名。梅魚即石頭魚。清夏曾傳《隨園食單補證・江鮮單》引三國吴沈瑩《臨海異物志》：“又有石頭魚，長七八寸，與石首同。又小者名䲛，即梅魚也。黄金色，味頗佳。頭大於身，名曰梅大頭。出四明梅山，故曰梅魚。或云，梅熟魚來，故名。”此稱宋代已行用。宋吴自牧《夢粱録・分茶酒店》載有“梅魚乾”。

【銀魚脯】

“魚腊”之一種。以銀魚製成之脯腊。銀魚，又名鱠殘魚，出江浙。此稱宋代已行用。亦稱“銀魚乾”。宋吴自牧《夢粱録・分茶酒店》：“白魚乾、金魚乾、梅魚乾、鱝魚乾、銀魚乾、�魚乾、銀魚脯、紫魚螟脯絲等脯腊從食。”明李時珍《本草綱目・鱗三・鱠殘魚》：“鱠殘出蘇、淞、浙江。大者長四五寸，身圓如筯，潔白如銀，無鱗……清明前有子，食之甚美；清明後子出而瘦，但可作鮓腊耳。”清夏曾傳《隨園食單補證・水族有鱗單》：“〔銀魚〕今平望鎮所出最多，乾者價廉而味不佳，鮮者令人可愛，乾者則令人可憎。古有捧乾魚而泣者，其以此歟！”

【銀魚乾】

即銀魚脯。此稱宋代已行用。見該文。

【白魚乾】

“魚腊”之一種。以白魚製成。白魚，明李

時珍《本草綱目・鱗三・白魚》引劉翰曰："生
江湖中，色白，頭昂，大者長六七尺。"此稱宋
代已行用。宋吳自牧《夢粱録・分茶酒店》"脯
腊從食"中有"白魚乾"。清代"熏白魚"亦此
類。清佚名《調鼎集・水族有鱗部》："熏白魚：
取大白魚去鱗腸，醃二三日，掛起略曬，切段
蒸熟，置鐵柵上，燃柏枝微熏，預和酒、醋、
花椒末一碗，用鷄翎不時蘸刷，看皮色香燥即
蘸，麻油通身一抹，取用。"

【熏白魚】

　　"白魚乾"之屬。此稱清代已行用。見該文。

【鱭魚乾】

　　"魚腊"之一種。以鱭魚製成。此稱宋代已
行用。宋吳自牧《夢粱録・分茶酒店》載臨安
市肆販賣"脯腊從食"中有"鱭魚乾"。明李時
珍《本草綱目・鱗三・鱭魚》："鱭生江湖中，常
以三月始出，狀狹而長，薄如削木片，亦如長
薄尖刀形。細鱗白色，吻上有二硬鬚，腮下有
長鬣如麥芒，腹下有硬角刺，快利若刀。腹後
近尾有短鬣，肉中多細刺，煎炙或作鮓鱐，食
皆美。"鱐，魚腊。清王士雄《隨息居飲食譜》：
"鱴魚（即鱭）……以溫州所產有子者佳，乾以
爲腊，用充方物。"

【石首鱶】

　　"魚腊"之一種。以石首魚製成。宋代
已見。宋吳自牧《夢粱録・鱶鋪》載有"石
首鱶"。時亦稱"白鱶"。明李時珍《本草綱
目・鱗三・石首魚》引宋羅願云："諸魚薧乾皆
爲鱶，其美不及石首，故獨得專稱。以白者爲
佳，故呼白鱶。"清王士雄《隨息居飲食譜》：
"〔石首魚〕醃而腊之爲白鱶，性即平和，與病
無忌。且能消瓜成水，愈腹脹瀉痢。以之煨肉，

味甚美。"

【白鱶】

　　即石首鱶。或説，鱶中之白色者。此稱宋
代已行用。見該文。

【鰳鱶】

　　"魚腊"之一種。此稱宋代已行用。宋吳
自牧《夢粱録・鱶鋪》載有"鰳鱶"。明代亦作
"勒鱶"。明李時珍《本草綱目・鱗三・勒魚》：
"腹下有硬刺，如鰣腹之刺，頭上有骨，合之
如鶴喙形。乾者謂之勒鱶，吳人嗜之。甜瓜生
者，用勒鱶骨插蒂上一夜便熟。"清夏曾傳《隨
園食單補證・江鮮單》："鰳魚鮮者味亞鰣、鰦，
製爲鱶則如名士服官，風流掃地矣。"清王士雄
《隨息居飲食譜》："〔勒魚〕食宜雄，其白甚美；
雌者宜鱶，隔歲尤佳。"

【勒鱶】

　　同"鰳鱶"。此體明代已行用。見該文。

【鯖魚鱶】

　　"魚腊"之一種。以青魚製成。鯖，同
"青"。宋代已見。宋吳自牧《夢粱録・鱶鋪》
載有"鯖魚鱶"。清代"青魚脯"亦此類，製法
有別。清袁枚《隨園食單・水族有鱗單》："魚
脯：活青魚去頭尾，斬小方塊，鹽醃透，風乾，
入鍋油煎，加作料收滷，再炒芝麻滾拌起鍋。
蘇州法也。"清夏曾傳補證："杭法，不醃不
風，用醬油、酒炙透加作料，亦能經久。"時又
有"風青魚""熏青魚"，皆此類。清佚名《調
鼎集・水族有鱗部》："風青魚：小雪前醃，懸
當風處。蒸用。"又："熏青魚：切塊，醬油浸
半日，油炸取起，略冷塗麻油，架鐵篩上燃柏
枝熏。又，取青魚治净，切塊略醃，晾乾油炸，
取出瀝乾水，加脂油、黃酒燜一時，入甜醬一

復時，去醬，用荔枝殼熏。"按，袁書所載"魚脯"，《調鼎集》文字同，稱"青魚脯"。

【青魚脯】

"鯖魚鮝"之屬。此稱清代已行用。見該文。

【風青魚】

"鯖魚鮝"之屬。此稱清代已行用。見該文。

【熏青魚】

"鯖魚鮝"之屬。此稱清代已行用。見該文。

【明脯魚】

"魚腊"之一種。以烏賊魚製成。此稱元代已行用。鹽乾者稱"明鮝"，淡乾者稱"脯鮝"。明李時珍《本草綱目·鱗四·烏賊魚》引元吳瑞《日用本草》："鹽乾者名明鮝，淡乾者名脯鮝。"清代將明鮝、脯鮝合稱爲"明脯魚"。清夏曾傳《隨園食單補證·江鮮單》："杭人謂之明脯魚，蓋合明鮝、脯鮝而言之，故有是名。"清王士雄《隨息居飲食譜》："烏鰂（即烏賊）……可鮮可脯，南洋所產淡乾者佳。"

【明鮝】

"明脯魚"之鹽乾者。此稱元代已行用。見該文。

【脯鮝】

"明脯魚"之淡乾者。此稱元代已行用。見該文。

【酒魚脯】

"魚腊"之一種。加酒製成之鯉魚乾。見於元代。元佚名《居家必用事類全集·己集·飲食類》："酒魚脯：大鯉魚洗净，布拭乾。每斤用鹽一兩，葱、蒔蘿、椒、薑絲各少許，好酒同醃，令酒高魚一指，逐日翻動。候滋味透，取出，曬乾，削食。臘月造。"明代的"風魚"是將鯉魚（或青魚）風乾之魚腊。明高濂《遵生

八牋·飲饌服食牋上》："風魚法：用青魚、鯉魚破去腸胃。每斤用鹽四五錢，醃七日取起，洗净拭乾。腮下切一刀，將川椒、茴香加炒鹽，擦入腮內并腹裏外，以紙包裹，外用麻皮扎成一個，掛於當風之處。腹內入料，多些方妙。"清佚名《調鼎集·江鮮部》："風魚……冬日風糟鯉魚，須將頭尾取下，入酒娘醉。"清王士雄《隨息居飲食譜》："〔鯉魚〕可鮮可脯，多食熱中，熱則生風，變生諸病。"

【風魚】

"酒魚脯"之屬。此稱明代已行用。見該文。

【鯔魚鮝】

"魚腊"之一種。此稱明代已行用。明李時珍《本草綱目·鱗三·鯔魚》："時珍曰：生東海。狀如青魚，長者尺餘，其子滿腹，有黃脂，味美，獺喜食之，吳越人以爲佳品，醃爲鮝腊。"清王士雄《隨息居飲食譜》："〔鯔魚〕腹中有肉結，俗呼算盤子，與腸臟皆肥美可口，子亦鮮嫩，異於他魚。江河產者遜之，但宜爲腊。"

【鯽子魚腊】

"魚腊"之一種。以鯽魚製作。鯽，同"鯽"。此稱明代已行用。明楊慎《升庵外集》："鯽子魚腊亦然。回回豆子細如榛子，肉味甚美；一息泥如地椒，回回香料也；香杏膩一名八丹杏仁，元人《飲膳正要》多用此料。"

【鯧魚脯】

"魚腊"之一種。以鯧魚製成。此稱清代已行用。清王士雄《隨息居飲食譜》："〔鯧魚〕骨軟肉腴，別饒風味。小而雄者勝，可脯可鮓。"

【帶魚鮝】

"魚腊"之一種。此稱清代已行用。清夏曾

傳《隨園食單補證·海鮮單》引《柑園小識》："帶魚生海中，狀如鰻，銳首偏身，大眼細齒，色白無鱗，脊骨如篦，肉細而肥，長二三尺，形如帶，亦謂之裙帶魚。冬時風浪大作，輒釣得之。稿爲鲞以致遠。"清王士雄《隨息居飲食譜》："〔帶魚〕作鲞較勝，冬醃者佳。"按，宋吳自牧《夢粱録·鲞鋪》載有"帶鲞"，不知與此是否同物。

【鯺鰷腊】

"魚腊"之一種。此稱清代已行用。鯺鰷，蓋馬鮫魚，又稱社交魚，形似鯮。清夏曾傳《隨園食單補證·海鮮單》："鯺鰷魚：平湖有之，新鮮者不甚佳。土人多切片曬乾，可以致遠，名曰鯺鰷腊。"

【台鲞】

"魚腊"之一種。因產於台州（今浙江臨海），故名。此稱清代已行用。鲞中名品、精品。清袁枚《隨園食單·水族有鱗單》："台鲞：台鲞好醜不一，出台州松門者爲佳。肉軟而鮮肥，生時拆之便可當作小菜，不必煮食也。用鮮肉同煨，須肉爛時放鲞，否則鲞消化不見矣。"時亦稱"松門台鲞"。清王士雄《隨息居飲食譜》："太平所產，中伏時一日曬成，尾彎色亮味淡而香者最良，名松門台鲞，密收，勿受風濕，可以久藏。"

【松門台鲞】

即台鲞。因產於台州松門，故名。此稱清代已行用。見該文。

對鰕

以五色海蝦曬成。"鰕"同"蝦"。因兩兩成雙曝乾，故名。此稱明代已行用。明李時珍《本草綱目·鱗四·海鰕》："閩中有五色鰕，亦長尺餘。彼人兩兩乾之，謂之對鰕，以充上饌。"

鰕米

以河蝦蒸曝去殼而成。此稱明代已行用。明李時珍《本草綱目·鱗四·鰕》："凡鰕之大者，蒸曝去殼，謂之鰕米。食以薑醋，饌品所珍。"今市肆之蝦米，出河蝦、海蝦者皆有之，大抵以海蝦者居多，稱"海米"，通稱"蝦仁"。又有"蝦皮"，以小蝦通體蒸曝而成。

曬紅鰕

此稱清代已行用。清朱彝尊《食憲鴻秘·魚之屬》："曬紅鰕：鰕用鹽炒熟，盛籃內，用井水淋洗，去鹽，曬乾，紅色不變。"

海蝦子挺

海蝦子製成之脯脩。挺，同"脡"，即脯。隋唐時期已見。唐杜寶《大業拾遺記》："吳郡獻海蝦子三十挺，長一尺，闊一尺，厚一寸許，甚精美。作之法：取海白蝦有子者，每三五斗置密竹籃中，於大盆內以水淋洗，蝦子在蝦腹下赤如覆盆子，隨水從籃自下，通計蝦一石可得子五升。從盆內濾出，縫布作小袋子如徑半竹大，長二尺，以蝦子滿之，急繫，隨袋多少以末鹽封之，周厚數寸，經一日夜，日出曬，夜則平板壓之平，旦又出曬，又如前壓十日；乾則拆破袋出蝦子，挺色如赤琉璃，光徹而肥美，勝於鰹魚數倍。"

【蝦子勒鲞】

"海蝦子挺"之屬。此稱清代已行用。清袁枚《隨園食單·水族有鱗單》："蝦子勒鲞：夏日選白净帶子勒鲞，放水中一日，泡去鹽味，太陽曬乾，入鍋油煎，一面黃取起，以一面未黃者鋪上蝦子，放盤中加白糖蒸之，以一炷香爲度。三伏日食之絕妙。”

水鷄腊

脯腊品。即以青蛙肉或腿製成之乾肉。水鷄，青蛙。宋趙令時《侯鯖録》卷三：“水鷄，蛙也。水族中厥味可薦者鷄。”明李時珍《本草綱目·蟲四·黿》：“南人食之，呼爲田鷄，云肉味如鷄也。”又引宋蘇頌曰：“所謂蛤子，即今水鷄是也。閩、蜀、浙東人以爲佳饌。”明代已見此腊，稱“水鷄乾”。明韓奕《易牙遺意·脯鮓類》：“水鷄乾：治大水鷄，湯中煮浮即撈起，以石壓之，令十分乾，收。”清代始稱“水鷄腊”。清朱尊彝《食憲鴻秘·肉之屬》：“水鷄腊：肥水鷄，只取兩腿，用椒料、酒、醬和濃汁浸半日，炭火緩炙乾；再蘸汁，再炙。汁盡，抹熟油，再炙。以熟透發鬆爲度，烘乾瓶貯久供。色黃勿焦爲妙。”

【水鷄乾】

即水鷄腊。此稱明代已行用。見該文。

蔬脯

菜乾之類。受魚肉可製脯脩之影響，新鮮蔬菜也被加工成易於保存、風味獨特之乾菜。最早之蔬脯，蓋源自古代自然曝乾之菜。其後生活中雖不乏此食，然文獻往往闕載，故詳情不得而知。文獻所見最早之蔬脯，蓋宋代之“牛旁（蒡）脯”。其以多年生草木植物牛蒡之根製成。因其狀惡而多刺鈎，故以閻羅殿内惡鬼牛旁命名。宋林洪《山家清供·牛旁脯》：“孟冬後采根，净洗，去皮煮，每令失之過，搥匾壓乾，以鹽、醬、茴、蘿、薑、椒、熟油諸料研泡一兩宿，焙乾食之，如肉脯之味。笋與蓮脯同法。”牛旁，同“牛蒡”，即惡實。明李時珍《本草綱目·草四·惡實》：“牛蒡，古人種

子，以肥壤栽之。剪苗汋淘爲蔬，取根煮曝爲脯，云甚益人……三月生苗，起莖高者三四尺。四月開花成叢，淡紫色……其根大者如臂，長者近尺，其色灰黧。”清代稱“牛蒡脯”。清王士禎《香祖筆記》卷六載牛蒡脯製法：“十月以後，取牛蒡根洗乾，去皮，用慢火少煮，勿太爛，硬者熟煮，並搥令軟，下雜料物，如蕉脯法，泡焙取乾。”

【牛旁脯】

“蔬脯”之一種。此稱宋代已行用。見該文。

【牛蒡脯】

同“牛旁脯”。此體清代已行用。見該文。

【曬淡笋乾】

“蔬脯”之一種。以笋製成。明代已見。明高濂《遵生八牋·飲饌服食牋中》：“曬淡笋乾：鮮笋貓兒頭不拘多少，去皮，切片條，沸湯焯過，曬乾收貯。用時米泔水浸軟，色白如銀，鹽湯焯，即醃笋矣。”清代又有“笋乾”“冬笋乾”“生笋乾”等，皆此類。清佚名《調鼎集·蔬菜部》：“笋乾：笋乾有雷笋、羊尾笋、笋衣、閩笋、笋片。”又：“製笋乾：每鮮笋一百斤，用鹽五斤，水一小桶，焯出汁晾乾，復入笋汁煮熟，石壓或用手揉，曬宜緩，午時候日烈不宜曬，朝陽夕照分兩日曬之（如在鍋内煮則熟，曬則枯，一日曬乾則硬，火焙亦不軟，故須緩曬。煮笋乾汁最鮮）。”又：“冬笋乾：冬笋尖淡煮，烘乾。”又：“生笋乾：鮮笋去老頭，大者劈四開，切二寸段，鹽揉曬乾，每十五斤曬成二斤，用以煨肉。又大毛笋煮熟，曬烘至半乾，重石壓一宿，仍曬烘十分乾，裝瓶，或加鹽少許。”清朱彝尊《食憲鴻秘·蔬之屬》：“笋乾：諸鹹淡乾笋，或須泡煮，或否，

總以酒釀糟糟之味佳。硬笋乾用豆腐漿泡之易軟，多泡爲主。"

【笋乾】

"曬淡笋乾"之屬。此稱清代已行用。見該文。

【冬笋乾】

"曬淡笋乾"之屬。此稱清代已行用。見該文。

【生笋乾】

"曬淡笋乾"之屬。此稱清代已行用。見該文。

【淡茄乾】

"蔬脯"之一種。以茄子製成。此稱明代已行用。明高濂《遵生八牋·飲饌服食牋中》："淡茄乾方：用大茄洗净，鍋内煮過，不要見水，擘開，用石壓乾。趁日色晴，先把瓦曬熱，攤茄子於瓦上，以乾爲度。藏至正、二月内，和物匀食，其味如新茄之味。"清代省稱"茄乾"。清朱彝尊《食憲鴻秘·蔬之屬》："茄乾：去皮生曬易霉，掛煤炭火傍。俟乾，妙。"

【茄乾】

"淡茄乾"之省稱。此稱清代已行用。見該文。

【蒜苗乾】

"蔬脯"之一種。以蒜苗製成。此稱明代已行用。明高濂《遵生八牋·飲饌服食牋中》："做蒜苗方：苗用些少鹽醃一宿，晾乾，湯焯過，又晾乾。以甘草湯拌過，上甑蒸之，曬乾入甕。"

【香乾菜】

"蔬脯"之一種。以芥菜製作。此稱清代已行用。又稱"窖菜""挪菜"。清佚名《調鼎集·蔬菜部》："香乾菜（一名窖菜）：生芥心並葉梗皆可，切段寸許長，嫩心即整棵用，老者揀去。如冬瓜片子曬乾，淡鹽少許揉得極軟，裝入小口罈，用稻草塞緊，將罐倒覆地下，不必日曬，一月可用。"又："春芥心風乾，取梗淡醃曬乾，加酒、糖、醬油拌，再蒸之，風乾入瓶。又取春芥心風乾，劗碎醃熟入瓶，號稱'挪菜'。"

【窖菜】

即香乾菜。因芥菜曬乾後，復經罐裝，窖放於地下，故名。此稱清代已行用。見該文。

【挪菜】

即香乾菜。因芥菜曬乾後，復經加工，移入於瓶，故名。此稱清代已行用。見該文。

【薰蕈】

"蔬脯"之一種。以可食之蕈類製成。此稱清代已行用。清顧仲《養小録》卷中："薰蕈：南香蕈肥白者，洗净晾乾，入醬油，浸半日取出，閣稍乾，摻茴、椒細末，柏枝薰。"

【茭白脯】

"蔬脯"之一種。以茭白製成。此稱清代已行用。清佚名《調鼎集·蔬菜部》："茭白脯：茭白入醬，取起風乾，切片成脯，與笋脯相似。又與蘿蔔脯製同。"

【王瓜乾】

"蔬脯"之一種。此稱清代已行用。清朱彝尊《食憲鴻秘·蔬之屬》："王瓜乾：王瓜去皮，劈開，掛煤火上易乾（南方則灶側及炭爐畔）。染坊瀝過淡灰曬乾，用以包藏生王瓜、茄子，至冬月如生，可用。"

菜鯗

蔬菜加工而成之脯脩狀食品。元代已見。

其時特指韮菜製成之"鲞"，非泛指義。元佚名《居家必用事類全集・已集・飲食類》："造菜鲞法：鹽韮菜，去梗用葉，鋪開如薄餅大，用料物糝之。陳皮、碙砂、紅豆、杏仁、花椒、甘草、蒔蘿、茴香。右件碾細，同米粉拌勻，糝菜上。鋪菜一層，又糝料物一次。如此鋪糝五次，重物壓之。却於籠內蒸過，切作小塊。調豆粉稠水蘸之，香油煠熟，冷定，納磁器收貯。"按，以下諸食目用"菜鲞"泛指義。

【笋鲞】

"菜鲞"之一種。以笋製成。此稱明代已行用。明方以智《物理小識・飲食類・笋供》："煮久湯積爲油，入少鹽，炭熰之，其味獨全，山陰笋鲞是其類也。"

【蘿蔔鲞】

"菜鲞"之一種。以蘿蔔製成。此稱清代已行用。清袁枚《隨園食單・小菜單》："蘿蔔取肥大者，醬一二日即吃，甜脆可愛。有侯尼能製爲鲞，煎片如蝴蝶，長至丈許，連翩不斷，亦一奇也。承恩寺有賣者，用醋爲之，以陳爲妙。"

【茄鲞】

"菜鲞"之一種。以茄子爲主料製成。此稱清代已行用。《紅樓夢》第四一回："鳳姐兒聽説，依言夾些茄鲞，送入劉老老口中。"鳳姐介紹製法："把纔下來的茄子把皮鑢了，只要净肉，切成碎釘子，用鷄油炸了，再用鷄肉脯子合香菌、新笋、蘑菇、五香豆腐乾子、各色乾果子都切成釘兒，拿鷄湯煨乾，將香油一收，外加糟油一拌，盛在磁罐子裡封嚴，要吃時拿出來，用炒的鷄爪子一拌就是。"按，一本作"茄胙"，製法爲："你把四五月裡的新茄包兒摘下來，把皮和瓤子去盡，只要净肉，切成頭髮細的絲兒，曬乾了。拿一隻肥母鷄，靠出老湯來。把這茄子絲上蒸籠，蒸的鷄湯入了味，再拿出來曬乾。如此九蒸九曬，必定曬脆了。盛在磁罐子裡封嚴了。要吃時拿出一碟子來，用炒的鷄爪子一拌就是了。"

棗脯

果脯。剖棗曝乾而成。大約先秦時期已見。《史記・滑稽列傳》："優孟者，故楚之樂人也。長八尺，多辯，常以談笑諷諫。楚莊王之時，有所愛馬，衣以文繡，置之華屋之下，席以露床，啗以棗脯……"北魏賈思勰《齊民要術・種棗》："棗脯法：切棗曝之，乾如脯也。"明李時珍《本草綱目・果一・棗》："切而曝乾者爲棗脯，煮熟榨出者爲棗膏，亦曰棗瓤，蒸熟者爲膠棗。"清吳振棫《養吉齋叢錄》卷二四載安徽年貢有"棗脯一桶"。

火　腿

火脯

"火腿"之古稱。專指火烤之脯。始見於漢代。一種經火烘烤製成的乾肉。《禮記・內則》："爲熬：捶之，去其皽，編萑，布牛肉焉，屑桂與薑，以洒諸上而鹽之，乾而食之。"漢鄭玄注："熬，於火上爲之也，今之火脯似矣。"宋代亦稱"火肉"。宋洪邁《夷堅志・丙志・葉伯益》："共坐索飯，且求火肉。火肉，鄉饌也。"

明代亦稱"火猪肉""火腿"。明韓奕《易牙遺意·脯鮓類》："火肉：以圈猪，方殺下，只取四隻精腿。乘熱用鹽，每一斤肉，鹽一兩。從皮擦入肉內，令如綿軟，以石壓竹柵上。置缸內二十日，次第翻三五次。以稻柴灰一重間一重疊起，用稻草烟熏一日一夜，掛有烟處。初夏水中浸一日夜，凈洗，仍前掛之。"明宋詡《宋氏養生部》："火猪肉：冬至後殺猪，不宜吹氣，乘熱取其肩腿。每斤炒鹽一兩，先揉膚透，次揉肉透。平布器內，重石壓四五日，復轉壓四五日。煎石灰湯，冷，取清者，洗潔。懸寒勁風中戻通燥。焚礱穀糠，烟高熏，黃香。"明沈德符《野獲編補遺·京職·光禄官竊物》："萬曆十八年，光禄署丞茅一柱盗署中火腿，爲堂官所奏，上命送刑部。"清代亦稱"蘭薰""薰蹄"，内有"冬腿"、"春腿"、"前腿"、"後腿"、"鹽腿"、"淡腿"（亦名"風蹄""茶腿"）等區別。清趙學敏《本草綱目拾遺》："蘭薰，俗名火腿，出金華者佳。金華六屬皆有，惟出東陽、浦江者更佳。其腌腿有冬腿、春腿之分，前腿、後腿之別。冬腿可久留不壞，春腿交夏即變味，久則蛆腐難食。"《東陽縣志》："薰蹄，俗謂火腿，其實烟薰非火也……所腌之鹽必台鹽，所薰之烟必松烟……另一種名風蹄，不用鹽漬，名曰淡腿，浦江爲盛。"清陳達夫《藥鑑》："浦江淡腿，小於鹽腿。味頗淡，可以點茶，名茶腿。"清吳振棫《養吉齋叢録》卷二四載浙江端陽節貢品有"鹹、淡腿一百隻"。

【火肉】

即火脯。此稱宋代已行用。見該文。

【火猪肉】

即火脯。此稱明代已行用。見該文。

【火腿】

即火脯。此稱明代已行用。見該文。

【蘭薰】

即火脯。蘭，美稱；薰，同"熏"，"薰蹄"之省稱。古人恒以火腿相饋遺，美其名爲"蘭薰"。此稱清代已行用。見該文。

【薰蹄】

即火脯。蹄，代腿。"薰蹄"猶火腿。此稱清代已行用。見該文。

【冬腿】

"火脯"之一種。於冬天製成。此稱清代已行用。見該文。

【春腿】

"火脯"之一種。於春天製成。此稱清代已行用。見該文。

【前腿】

"火脯"之一種。以猪前腿製成。此稱清代已行用。見該文。

【後腿】

"火脯"之一種。以猪後腿製成。此稱清代已行用。見該文。

【鹽腿】

"火脯"之一種。經鹽漬而成。此稱清代已行用。見該文。

【淡腿】

"火脯"之一種。不經鹽漬而成。此稱清代已行用。見該文。

【風蹄】

即淡腿。此稱清代已行用。參見本卷《菜肴説·脯考》"火脯"文。

【茶腿】

即淡腿。因堪點茶，故名。此稱清代已行

用。參見本卷《菜肴説·脯考》"火脯"文。

【金華火腿】

"火脯"之名品。出於浙江金華。傳説南宋宗澤曾以此獻給高宗。清代始名聲遠播。清佚名《調鼎集·特牲部》："火腿：金華爲上，蘭溪、東陽、義烏、辛豐次之。出金華者，細莖而白躑，冬腿起花綠色，春腿起花白色。腳要直，不直是老母猪。須看皮薄肉細，腳直爪明，紅活味淡，用竹籤透入，有香氣者佳。醃腿有熏曬二法：一鮮腿每重一斤，炒鹽一兩或八錢，草鞋捶軟，套手細擦醃之，熱手著肉即返，擦至三四次，腿軟如綿，看裏面精肉有鹽水透出如珠，即用花椒末揉一次，入缸，加竹柵，壓以重石。旬日後，次第翻三五次，取出，又用稻草灰層層疊放，收乾後，懸灶前近烟處，或松葉烟熏之更佳。又，不須石壓，用醃萵苣滷浸之。凡萵苣一斤，鹽十二兩，醃成滷。萵苣若干，用鹽若干，收罈泥封。醃腿時，以此滷入缸浸之，浸透取出曬。又，金華人做火腿，每斤猪腿醃炒鹽三兩，用手取鹽擦勻，石壓三日，又出，又用手極力揉之，翻轉再壓，再揉。至肉軟如綿，掛當風處，約小雪起至立春後方可，掛起不凍。又，每十斤猪腿，醃鹽十二兩，極多至十四兩，將鹽炒過，加皮硝少許，乘熱擦之令勻，置大桶内，石壓，五日一翻，候一月，將腿取起，曬有風處，四五個月可用。火腿宜順掛（蹄尖朝下），倒掛多油籨氣。或藏於内，或穀糠塗之，亦可免油。火腿有臭味，可切大塊，黄泥塗滿，貼牆上曬之，即除。凡煮陳腿臘肉，入洋糖少許，無油籨氣，用黄泥厚塗，日久不壞。又，用猪胰同煮，亦去籨氣。火腿汁去盡浮油，加白鹽、陳酒、丁香即成老

汁，一切鷄、鴨、野味俱可入燒，量加料酒。唯羊肉、魚腥不可入。"時亦稱"南腿"。稱江蘇如皋所産爲"北腿"，存放時間長者爲"陳腿"，茅船漁户所養而製得者爲"船腿"。徐珂《清稗類鈔·飲食類》："火腿者，以猪腿漬以醬油、熬於火而爲之，古所謂火脯者是也。産浙江之金華者爲良，上者爲茶腿，久者爲陳腿。以蔣姓所製爲更佳，人皆珍之，稱曰'南腿'。杭人視之爲常品，非數米爲炊者，月必數食之。'北腿'首稱如皋。食之之法，或清蒸，或片切，或蜜炙，皆專食，亦可爲一切肴饌之輔助品。"又："崇雨鈴欲得金華火腿：崇恩，號雨鈴，精飲饌……欲得金華火腿，而苦無饋者。某知其意，乃覓得金華火腿四肘，賸以百金，齎送入都。"清梁章鉅《浪迹三談》："火腿……蓋金華人多以木甑撈米作飯，其飯湯濃厚，專以飼猪，兼飼豆渣、糠屑，或煮粥以食之，夏則兼飼瓜皮、菜葉，故肉細而體香。凡茅船漁户所養尤佳，名船腿，較小於他腿，味更香美，煮食之，其香滿室。"

【南腿】

即金華火腿。因金華地處江蘇如皋之南，故名。此稱清代已行用。見該文。

【北腿】

與"金華火腿"齊名者。産地在江蘇如皋，位居金華之北，故名。此稱清代已行用。見該文。

【陳腿】

"火脯"之一種。指存放時間長者。此稱清代已行用。參見本卷《菜肴説·脯考》"金華火腿"文。

【船腿】

"火脯"之一種。指以茅船漁户所養而製得者。此稱清代已行用。參見本卷《菜肴説·脯考》"金華火腿"文。

【金腿】

"金華火腿"之省稱。此稱清代已行用。山東曲阜《孔府檔案》載，光緒二十年（1894），七十六代衍聖公孔令貽携妻隨母上京賀慈禧六十大壽，"十月初四，老太太進聖母皇太后早膳一桌"，内有"蜜製金腿"。道光元年（1821）《雜貨銀錢賬》載，七十三代衍聖公孔慶鎔之妻過年年貨有"金腿二條"。存放較久者時稱"陳金腿"。清朱彝尊《食憲鴻秘》汪拂雲抄本："煮火腿……陳金腿約六觔者，切去脚，分作兩方正塊。"

【陳金腿】

"金腿"之存放久者。此稱清代已行用。見該文。

【宣威火腿】

"火脯"之名品。産於雲南宣威（今屬雲南曲靖），故名。省稱"宣腿"。較金華火腿爲肥。與南腿、北腿成三分鼎足之勢。清代始見此稱。清曾懿《中饋録》："製宣威火腿法：猪腿選皮薄肉嫩者，剁成九斤或十斤之譜。權之每十斤用炒鹽六兩、花椒二錢、白糖一兩。或多或少，照此加減。先將鹽碾細，加花椒炒熱；用竹針多刺厚肉上，鹽味即可漬入。先用硝水擦之，再用白糖擦之，再用炒熱之花椒鹽擦之。通身擦匀，盡力揉之，使肉軟如棉。將肉放缸内，餘鹽灑在厚肉上。七日翻一次，十四日翻兩次，即用石板壓緊，仍數日一翻。大約醃肉在冬至時，立春後始能起滷出缸，懸於有風口

處，以陰乾爲度。"徐珂《清稗類鈔·飲食類》："盛杏蓀食宣腿：火腿之産於雲南宣威者，較金華所産爲肥。宣統時，有自滇至滬者，賣以饋盛杏蓀，禮單有'宣腿'二字，盛不悦，蓋觸其名也。然盛喜食此腿，幾於每飯必具。"

【宣腿】

"宣威火腿"之省稱。此稱清代已行用。見該文。

炒火腿

葷肴。炒製火腿。見於清代。清佚名《調鼎集·特牲部》："炒火腿：切絲，配銀魚乾、作料炒。又，切片，配天花炒，少加豆粉。又，切片配青菜、粉元寶、作料炒。又，切絲，配春班魚、作料炒。又，火腿配松菌炒。"

火腿醬

以火腿爲主料製成之醬。見於清代。清李化楠《醒園録》卷上："火腿醬法：用南火腿煮熟，切碎丁（如火腿過鹹，即當用水先泡淡些，然後煮之）。去皮，單取精肉。用火將鍋燒得滾熱，將香油先下滾香，次下甜醬、白糖、甜酒，同滾煉好，然後下火腿丁及松子、核桃、瓜子等仁，速炒翻取起，磁罐收貯。其法：每火腿一隻，用好麵醬一斤、香油一斤、白糖一斤、核桃仁四兩（去皮打碎）、花生仁（四兩，炒去膜，打碎）、松子仁四兩、瓜子仁二兩、桂皮五分、砂仁五分。"參閲徐珂《清稗類鈔·飲食類》。

煨火腿

葷肴。細火煮炖火腿。見於清代。亦稱"燉火腿""煮火腿"。清佚名《調鼎集·特牲部》："煨火腿：火腿切片，萵苣、笋、作料煨。又，配家鴨、作料煨。又，配胡桃仁、作料煨。

又，配去皮荸薺煨。又，蘿蔔削荸薺式煨。又，切片配連魚塊煨。又，配李（鯉）魚片煨。又，配春班魚片煨。又，配鷄腰煨。"又："燉火腿：蒸熟，去皮骨，切骰子塊，配鮮筍或筍乾、胡桃仁、茭白、酒、醬，共貯碗內，隔湯燉一時。如淡加醬油。"清朱彝尊《食憲鴻秘》汪拂雲抄本："煮火腿：火腿生切片，不用皮骨，合汁生煮，或冬筍、韭芽、青菜梗心。用蛤蜊汁更佳。如無，即茭白、麻菇亦佳。略入酒漿、醬油。"時又有"東坡腿"，亦此屬。清佚名《調鼎集·特牲部》："東坡腿：陳淡腿約五六斤者，切去爪，分作兩塊洗淨，煮去油膩，復入清水煮爛，臨用加筍、蝦作襯。又，切片去皮骨煮，加冬筍、韭菜芽、青菜梗或茭白、蘑菇，入蛤蜊汁更佳，臨起略加酒、醬油。"按，清朱彝尊《食憲鴻秘》汪拂雲抄本稱"煮火腿"亦名"東坡腿"。原文作："煮火腿：……又，陳金腿約一六觔者，切去脚，分作兩方正塊。洗淨，入鍋煮去油膩，收起。復將清水煮極爛爲度。臨起，仍用筍、鰻作點，名'東坡腿'。"

【燉火腿】

即煨火腿。此稱清代已行用。見該文。

【煮火腿】

即煨火腿。此稱清代已行用。見該文。

【東坡腿】

即煨火腿。此稱清代已行用。見該文。

【筍煨火腿】

"煨火腿"之屬。此稱清代已行用。清佚名《調鼎集·特牲部》："筍煨火腿：冬筍切方塊，火腿切方塊，同煨。火腿撇去鹽水兩遍，再入冰糖煨爛。凡火腿煮好後，若留作次日用者，須出原湯，待次日將火腿投入湯，滾熟方

好。若乾放離湯，則風燥而肉乾矣。"按，清袁枚《隨園食單·特牲單》載作"筍煨火肉"。

【黃芽菜煨火腿】

"煨火腿"之屬。此稱清代已行用。清袁枚《隨園食單·特牲單》："黃芽菜煨火腿：用好火腿削下外皮，去油存肉。先用鷄湯將皮煨酥，再將肉煨酥，放黃芽菜心，連根切段約二寸許長，加蜜酒娘及水連煨半日。上口甘鮮，肉菜俱化，而菜根及菜心絲毫不散，湯亦美極。"

【火腿燉肘子】

"煨火腿"之屬。此稱清代已行用。《紅樓夢》第一六回："早起我說那一碗火腿燉肘子很爛，正好給媽媽吃，你怎麼不拿了去趕着叫他們熱來？"

【火腿鮮筍湯】

"煨火腿"之屬。此稱清代已行用。《紅樓夢》第五八回寫晴雯給染病的賈寶玉端上"一碗火腿鮮筍湯"："寶玉便就桌上喝了一口，說道：'好湯！'衆人都笑道：'菩薩！能幾日沒見葷腥兒，饞得這樣起來？'"

【火腿煨肉】

"煨火腿"之屬。此稱清代已行用。清袁枚《隨園食單·特牲單》："火腿煨肉：火腿切方塊，冷水滾三次，去湯瀝乾；將肉切方塊，冷水滾二次，去湯瀝乾；放清水煨，加酒四兩、葱、椒、筍、香蕈。"按，徐珂《清稗類鈔·飲食類》載作"火腿煨猪肉"。

【西瓜皮煨火腿】

"煨火腿"之屬。見於清代。徐珂《清稗類鈔·飲食類》："西瓜皮煨火腿：西瓜皮，賤物也。然以之與火腿同煨，則別有風味……法：先去瓤，切皮成寸許長方形之小塊，再去

外層青皮，加蘑菇、香蕈、水、鹽，與火腿同煨二三小時取出，味鮮而甘，不知者必疑其爲冬瓜也。"

蜜火腿

葷肴。以蜜、酒將火腿煨爛而成。見於清代。清袁枚《隨園食單·特牲單》："蜜火腿：取好火腿，連皮切大方塊，用蜜、酒煨極爛最佳。但火腿好醜高低判若天淵，雖出金華、蘭溪、義烏三處，而有名無實者多。其不佳者，反不如醃肉矣。惟杭州忠清里王三房家四錢一斤者佳，余在尹文端公蘇州公館吃過一次。其香隔户便至，甘鮮異常，此後不能再遇此尤物矣。"夏曾傳補證："諺云：'三年出一個狀元，三年出不得一隻好火腿。'旨哉斯言也。若真好火腿，斷不可蜜炙，只須白煮，加好酒，以適中爲度。用横絲，切厚片（太薄則味亦薄）便佳。湯不可太多，多則味淡；亦不可太少，若滚乾重加，真味便失。煮亦不宜過爛，爛則肉酥脱而味亦去矣。或生切薄片，以好酒、葱頭飯鍋上蒸之，尤得真味，且爲省便。"

【蜜炙火蹄】

"蜜火腿"之屬。此稱清代已行用。徐珂《清稗類鈔·飲食類》："蜜炙火蹄：火蹄，火腿之蹄也。普通煮火蹄法，用清水及鹽酒，與煮白蹄略同。其特別者曰蜜炙火蹄，加蜜或冰糖，久燜之，使甜質浸淫肉中，以爛熟爲度，味尤美。"

【蜜炙火方】

"蜜火腿"之屬。此稱清代已行用。徐珂《清稗類鈔·飲食類》："蜜炙火方：切火腿成大方塊，而煮法同於蜜炙火蹄者，曰蜜炙火方。"

燒金華火腿

葷肴。燒製火腿而成。見於清代。清林蘇門《邗江三百吟》："燒金華火腿：火腿以金華馳名。煮食其味已佳。此則取火腿中心，切方正一大塊，先用米泔水浸一晝夜，以去其鹹；再多加好陳木瓜酒，少加三伏老酒，細火細燒，候其脯之融化，湯之濃郁，香之暢升而後食。近日揚州亦多有以新豐火腿代而充之者。"

素火腿

即筍脯。見於清代。清袁枚《隨園食單·小菜單》："素火腿：處州筍脯號素火腿，即處片也。久之太硬，不如買毛筍，自烘之爲妙。"清朱彝尊《食憲鴻秘·蔬之屬》："素火腿：乾者洗净，籠蒸。不可煮，煮則無味。糟食更佳。"

假火腿

用鮮肉經鹽漬、灰焙、石壓製成之類似火腿之乾肉。見於清代。清佚名《調鼎集·特牲部》："假火腿：箬包食鹽煨透，碎研，裝磁鉢築實。中作一窩，放入麻油、椒末，將鮮肉晾乾，用此鹽重擦，大石壓片時，煮用。與火腿無二。"又："鮮肉用鹽擦透，用紙二三層包好，入冷灰内，過一二日取出煮熟，與火腿無二。"

第八節 醉 考

醉，本指飲酒過量，精神迷亂；此指以酒浸漬之魚、肉、菜、果等食物。醉品以其香美、可以長期保存而著稱。

醉品，可以單純用酒爲之，亦可加入鹽、糟爲之。酒醉結合鹽腌、糟藏，自然口味非同尋常。

醉品之製，始自先秦。周代貴族所食"八珍"之一的"漬"——一種酒浸牛肉，即是最古老的醉品（見《禮記·內則》）。

宋代以前的很長一段時間，醉品發展緩慢。考其原因，殆與糟藏出現有關。糟藏多以酒糟爲之，亦可保鮮益味，且成本低廉，故而在一定程度上影響到醉品的發展。

宋代醉品異軍突起，出現不少種類，且冠以專名"酒"字。宋吳自牧《夢粱錄》所載就有"酒江瑶""酒香螺""酒蠣""酒蟶龜脚""酒鯢鬻"等。此外，同書的"酒炙青蝦""酒法青蝦""酒法白蝦""酒潑蟹""酒吹鯔魚"等，大概也是相關食品。酒，原本指穀麥等發酵後製成之美味飲料，此時却指以這種飲料漬物或所漬成之物。酒字所發生的這一微妙變化，反映了醉品最終形成。還值得一提的是，宋佚名《吳氏中饋錄》、宋高似孫《蟹略》等書分別記載了"酒醃蝦""酒蟹"等的製作方法。

元明之時醉品仍在發展。元佚名《居家必用事類全集》、明宋詡《宋氏養生部》等都有某些醉品名目、製作方法的記載。

清代醉品較之前有巨大發展。首先是記錄醉品名稱的"酒"字換成"醉"字，更突出了產品的特色。以"酒"表示醉品雖無不可，但呆滯，不顯赫，欠缺"醉"的飽滿酣暢、飛動浸潤之勢。這一更動，不僅反映了醉品的發展，而且反映了人們喜愛、嗜食的心態。故而此時看到的是"醉猪頭""醉黃雀""醉蛤蜊"等名目，以往的"酒蟹"也改稱"醉蟹""醉螃蟹"。其次，酒醉範圍擴大。肉、魚、蝦、蟹之外，鷄、鴨、雀以及蘿蔔、香蕈、花生、楊梅、棗等皆可醉而食之。同時一些精品、名品出現，如"泰州醉蟹""上海醉蟹""淮上醉蟹""汾湖醉蟹"等。

時下醉品雖不及往時行用之盛，但在某些地區、某些品類中依然襲用，如"醉蝦""醉蟹""醉棗"等，人們就時時可以接觸到。

醉

特指以酒腌藏魚、肉、菜、果而成之食品。此種技藝，始自先秦時期。《禮記·內則》所載，周代貴族所食"八珍"之一"漬"即是酒浸牛肉。宋代此種食品風行，多以"酒"命名，此"酒"與"醉"同義，指酒漬。當時市肆所見有"酒江瑤""酒香螺""酒蠣""酒蟶龜脚""酒鯆鱉"以及"酒炙青蝦""酒法青蝦""酒吹鯵魚""酒法白蝦""酒潑蟹"（宋吳自牧《夢梁錄》）、"洗手蟹""酒蟹"（宋高似孫《蟹略》）等此類品物。以"醉"爲名，始見於清代。肉類則有"醉猪頭""醉蹄尖""醉脊髓""醉鷄翅""醉鴨舌""醉黃雀""醉蛤蜊""醉蚶"等，魚蝦類則有"醉魚""醉白魚""醉鰡魚""醉鯉魚腦""醉連魚""醉麵條魚""醉蝦""醉蝦圓""醉蟹"等，菜類則有"醉蘿蔔""醉香蕈"等，果類則有"醉楊梅""醉棗""醉花生"等。"酒""醉"之外，如宋代"酒醃蝦"，明代"酒發魚"，清代"酒浸肉""釀蟹"等，皆以"酒醃""酒發""酒浸""酒釀"等表達了"醉"品之義。由於它們都不及"醉""酒"簡明、乾脆、有力，故行用亦不甚廣。

【酒】[1]

即醉。此稱宋代已行用。見該文。

酒浸肉

腌漬品。以酒漬肉而成。始見於先秦時期。周代貴族食用的"八珍"之一"漬"就是一種酒浸牛肉。《禮記·內則》："漬：取牛肉，必新殺者。薄切之，必絶其理。湛諸美酒，期朝而食之，以醢若醯醷。"後代相沿製作，清代頗盛。"酒浸肉"之名即出現於此時。見於清佚名《調鼎集》者有"醉猪頭""醉蹄尖""醉脊髓""醉鷄翅""醉鴨舌""醉黃雀"等，皆此類。清佚名《調鼎集·特牲部》："酒浸肉：每老酒一斤，加鹽三兩，下鍋滾透，取出冷定貯罈，將肉塊浸入，經久不壞。鷄、鴨、鵝同。"又："醉猪頭：猪頭兩個治净，拆肉去骨，切大塊。每肉一斤，花椒、茴香末各五分，細葱白二錢，鹽四錢，醬少許，拌肉入鍋，文、武火煮。俟熟，以粗白布作袋，將肉裝入扎好，上下以净板夾着，用石壓三二日，拆開布袋，再切寸厚大牙牌塊，與酒漿間鋪，旬日，即美絶倫。用陳糟更好。"又："醉蹄尖：去骨，入白酒娘醉。"又："醉脊髓：生脊髓滾水炸過，入白酒娘、椒鹽醉。"又《羽族部》："醉鷄翅：鷄翅第一節煮熟去骨，入白酒娘醉。鷄肫同。"又："醉鴨舌：入白酒娘醉。作襯菜。"又："醉黃雀：煮熟，入白酒娘醉。以之燉蛋，甚鮮。"

【醉猪頭】

"酒浸肉"之屬。此稱清代已行用。見該文。

【醉蹄尖】

"酒浸肉"之屬。此稱清代已行用。見該文。

【醉脊髓】

"酒浸肉"之屬。此稱清代已行用。見該文。

【醉鷄翅】

"酒浸肉"之屬。此稱清代已行用。見該文。

【醉鴨舌】

"酒浸肉"之屬。此稱清代已行用。見該文。

【醉黃雀】

"酒浸肉"之屬。此稱清代已行用。見該文。

【醉蛤蜊】

"酒浸肉"之屬。酒醉蛤蜊肉而成。蛤蜊，軟體動物，外有厚殼。此稱清代已行用。清佚名《調鼎集·襯菜部》："醉蛤蜊：蛤蜊十斤，先用白酒泡，晾乾，再用白酒二斤，醬油一斤，椒半許醉之，醉蟹鹽料納臍。”時亦有“醉蚶”，亦此類。徐珂《清稗類鈔·飲食類》：“醉蚶：蚶，以熱水噴之半熟，去蓋，加酒及醬油醉之。”

【醉蚶】

“醉蛤蜊”之屬。此稱清代已行用。見該文。

酒蟹

腌漬品。以酒及鹽漬沃螃蟹而成。始見於宋代。其時亦稱“洗手蟹”“蟹生”。宋高似孫《蟹略·蟹饌》：“洗手蟹、酒蟹……今人以蟹沃之鹽酒，和以薑橙，是蟹生，亦曰洗手蟹。東坡詩‘半殼含黃宜點酒’即此也。”宋孟元老《東京夢華錄·飲食果子》：“又有外來托賣炙雞、燠鴨、羊脚子、點羊頭、脆筋巴子、薑蝦、酒蟹。”又：“所謂茶飯者，乃百味羹……炒蟹、㷢蟹、洗手蟹之類。”元明時期亦稱“酒蟹”。元佚名《居家必用事類全集·己集·飲食類》：“酒蟹：於九月間，揀肥壯十斤。用炒鹽一斤四兩，好明白礬末一兩五錢。先將蟹淨洗，用稀篾籃封貯，懸之當風半日或一日，以蟹乾為度。好醅酒五斤，拌和鹽礬。令蟹入酒內良久，取出。每蟹一隻，花椒一顆，斡開臍，納入。磁缾實捵收貯。更用花椒摻其上了，包瓶紙花上用韶粉一粒如小豆大，箬扎泥固。取時不許見燈。或用好酒破開，臘糟拌鹽礬亦得。糟用五斤。”明宋詡《宋氏養生部》：“酒蟹：一用團臍者，從臍盡實腹中以擣蒜泥、鹽。一實以扮花椒屑、葱，俱以白酒醋。用鹽、花椒、葱漬之，宜醋。”清代亦稱“醉蟹”“醉螃蟹”。清顧仲《養小録》卷下：“醉蟹：以甜三白酒注盆內，將蟹拭净投入。有頃，醉透不動。取起，

將臍內泥沙去净，入椒鹽一撮，茱萸一粒（置此可經年不沙），反納罐內。灑椒粒，以原酒澆下，酒與蟹平，封好。每日將蟹轉動一次，半月可供。”清曾懿《中饋録》：“製醉蟹法：九、十月間霜蟹正肥。擇團臍之大小合中者，洗净擦乾。用花椒炒細鹽，將臍扳開，實以椒鹽；用麻皮周扎，貯罈內。罈底置皂角一段，加酒三成，醬油一成、醋半成，浸蟹於內；滷須齊蟹之最上層。每層加飴糖二匙，鹽少許；俟盛滿，再加飴糖。然後以膠泥緊閉罈口，半月後即入味矣。”清李漁《閑情偶寄·飲饌》：“予因呼九月十月為蟹秋。慮其易盡而難繼，又命家人滌甕釀酒以備糟之醉之之用。糟名‘蟹糟’，酒名‘蟹釀’，甕名‘蟹甕’……甕中取醉蟹，最忌用燈，燈光一照，則滿甕俱沙，此人人知忌者也。有法處之，則可任照不忌。初醉之時，不論晝夜，俱點油燈一盞，照之入甕，則與燈光相習，不相忌而相能，任憑照取，永無變沙之患矣。”清朱彝尊《食憲鴻秘·魚之屬》：“醉蟹：尋常醉法，每蟹用椒鹽一撮，入臍，反納罈內。用好酒澆下，與蟹平（略滿亦可）。再加椒鹽一撮於上，每日將罈斜側轉動一次，半月可供。用酒者斷不宜用醬。”清李化楠《醒園録》卷上：“醉螃蟹法：用好甜酒與清醬配合，酒七分，清醬三分，先入罈內，次取活蟹（已死者不可用），用小刀於背甲當中處扎一下，隨用鹽少許填入。乘其未死，即投入罈中。蟹下完後，將罈口封固，三五日可吃矣。”清佚名《調鼎集·水族無鱗部》：“醉蟹：取團臍蟹十斤，先以水泡一時取起，入大籮內蓋好過夜，令其白沫盡吐，入罈再待半日，用水十斤、鹽五斤，攪勻灌入罈。加花椒一兩，兩三日傾出

鹽滷，澄清去脚，滾過後冷的灌入罎，封好，七日可用。又，醋一斤，酒二斤，另用磁器醉之，一周時可用。又，甜酒與清醬配合，酒七分，清醬三分，先入罎，次取活蟹，將臍揭起，用竹箸於臍盡一孔，填鹽少許入罎封固，三五日可用。又，蟹臍内入椒鹽一撮，每團臍百隻，用白酒娘二斤、燒酒二斤、黄酒三斤、醬油一斤，封口十日可用。又，尋常醉蟹，用鹽少許入臍，仰納罎内，白酒娘澆下與蟹平，少加鹽粒，每日將罎側靠轉動一次，半月後熟，用酒不用醬油。又，止加醬油，臨用一二日，量入燒酒。又，入炒鹽、椒、黄酒，臨用另加燒酒，可以久遠。又云，臨用加燒酒，其滷可浸醃淮蝦。"又："凡蟹生烹、鹽藏、糟收、酒泡、醬油浸，皆爲佳品。但久留易沙，遇椒易脂，將皂筴或蒜及韶粉放入，可免沙脂。得白芷則黄不散。或先將蟹臍揭起，入蒜泥、甜醬，然後裝罎，無論雌雄相雜，酒醬相犯，俱不忌。一説，欲要蟹不沙，其論有三：一、雌不犯雄，雄不犯雌。一、酒不犯醬，醬不犯酒。一、十全老蟹不傷損，無死蟹，無嫩蟹，宜仰放，忌火照，不沙。又，入罎之時，無論日夜，點燈照之，以後便不忌火（凡醉蟹時，洗净裝入蒲包，放暗處瀝兩日夜，吐盡沫取出，每與臍片上掐損一處，入花椒鹽少許，再投白酒漿醉之）。"

【洗手蟹】

即酒蟹。此稱宋代已行用。見該文。

【蟹生】 [2]

即酒蟹。此稱宋代已行用。見該文。

【醉蟹】

即酒蟹。此稱清代已行用。見該文。

【醉螃蟹】

即酒蟹。此稱清代已行用。見該文。

【酒潑蟹】

"酒蟹"之一種。此稱宋代已行用。爲南宋都城臨安名吃。宋吳自牧《夢粱録·分茶酒店》："食次名件甚多，姑以述於後：曰百味羹、錦絲頭羹……五味酒醬蟹、酒潑蟹。"

【泰州醉蟹】

"酒蟹"名品。清代泰州産。清趙翼《醉蟹》詩："霜天稻熟郭索行，雙螯拗折香珠粳。經旬飽啖腹盡果，團尖臍結脂肪盈。忽然被擒請入甕，方憂炮炙渾身痛。誰知甘醴已滿中，送入醉鄉黑甜夢。醉鄉豈怕滅頂凶，餔糟啜醨酒池中。既非人彘投廁溷，何必醢雞瞻昊穹。沉酣三日不復醒，米汁味已透骨融。食單方法有如此，物不受傷人得旨。休悲彭越遭醢冤，且幸義之以樂死。"自注："泰州人甕貯甘醴，投蟹於中，聽其醉死，謂之醉蟹。味極佳。"

【上海醉蟹】

"酒蟹"名品。清代上海産。徐珂《清稗類鈔·飲食類》："醉蟹：上海肥大之蟹，出橫沔鎮。産吳淞江者爲清水蟹。虭蟹較蟚蜞更小，每二三月間，隨海潮而至，近清明即無，俗謂怕紙錢灰氣者是也。沃以鹽醯，密貯之甕，越宿可食，俗呼'醉蟹'。用以佐酒，味殊雋。"

【淮上醉蟹】

"酒蟹"名品。清代淮河産。清夏曾傳《隨園食單補證·水族無鱗單》："醃蟹醉蟹：醃蟹以淮上爲佳，故名淮蟹。或以好酒、花椒醉者，曰醉蟹。黄變紫，油味淡而鮮，遠出淮蟹之上。"

【汾湖醉蟹】

　　"酒蟹"名品。清代汾湖産。徐珂《清稗類鈔·飲食類》:"汾湖蟹之臍紫,内堅實而小,爲江南美品,不減松江鱸鱠也。宜以酒醉之,不宜登盤作新鮮味也。"

醉魚

　　腌漬品。以酒、酒麯及鹽等漬沃魚而成。其來蓋久,宋代吳自牧《夢粱録·分茶酒店》有"酒吹鯚魚",《鮺鋪》有"酒䱔鱉",蓋即此類。元代有"酒麯魚",殆亦此類。元佚名《居家必用事類全集·己集·飲食類》:"酒麯魚:大魚净洗一斤,切作手掌大。用鹽二兩、神麯末四兩、椒百粒、葱一握、酒二升,拌勻,密封。冬七月、夏一宿可食。"明代出現"酒發魚",殆亦此類。明高濂《遵生八牋·飲饌服食牋上》:"酒發魚法:用大鯽魚破開,去鱗、眼、腸、胃,不要見生水,用布抹乾。每斤用神麯一兩、紅麯一兩爲末,拌炒鹽二兩,胡椒、茴香、川椒、乾薑各一兩,拌勻,裝入魚空肚内,加料一層,共裝入罎内,包好泥封。十二月内造了,至正月十五後開,又翻一轉,入好酒浸滿,泥封,至四月方熟,取吃,可留一二年。"清代始見"醉魚"之稱。清李化楠《醒園録》卷上:"醉魚法:用新鮮鯉魚,破開去肚内雜碎,醃二日,翻過再醃二日,即於滷内洗净,再以清水净,晾乾水氣,入燒酒内洗過,裝入罎内。每層魚各放些花椒,用黄酒灌下,淹魚寸許,再入燒酒半寸許,上面以花椒蓋之,泥封口。總以魚只裝得七分,黄酒淹得二分,加燒酒一分,可成十分滿足。吃時,取底下的,放豬板油細丁,加椒、葱,刀切極細如泥,全炖極爛食之,真佳品也。如遇夏天,將魚曬乾,亦可如法醉之。"清代亦稱"酒魚"。清顧仲《養小録》卷下:"酒魚:冬月大魚切大片,鹽掔,曬略乾,入罐滴燒酒,灌滿,泥口。來歲三四月取用。"

【酒麯魚】

　　"醉魚"之一種。此稱元代已行用。見該文。

【酒發魚】

　　"醉魚"之一種。此稱明代已行用。見該文。

【酒魚】

　　即醉魚。此稱清代已行用。見該文。

【醉白魚】

　　"醉魚"之一種。此稱清代已行用。《儒林外史》第二八回:"堂官上來問菜,季恬逸點了一賣肘子、一賣板鴨、一賣醉白魚。"清佚名《調鼎集·水族有鱗部》:"醉白魚:腹内加花椒,入白酒娘内醉,蒸用,煎可作湯。"

【醉鰣魚】

　　"醉魚"之一種。此稱清代已行用。清佚名《調鼎集·江鮮部》:"醉鰣魚:剖净,用布拭乾(勿見水),切塊,入白酒糟罎(白酒糟須乾,臘月做成,每糟十斤,用鹽四十斤拌勻,裝罎封固,俟有鰣魚上市,入罎醉之),酒、鹽蓋面,泥封。臨用時蒸之。"

【醉鯉魚腦】

　　"醉魚"之一種。此稱清代已行用。時又有"醉連魚""醉麵條魚",皆此類。清佚名《調鼎集·江鮮部》:"醉鯉魚腦:取鯉魚腦殼煮熟,入酒娘醉。又,鯉魚靠腮硬肉,熟取下,可膾可醉。"又:"醉連魚:切塊,拖白酒娘裝罎,多加燒酒醉,一月可用。"又:"醉麵條魚:滾水略煤,去骨,用白酒娘、炒鹽、葱花醉。"

【醉連魚】

"醉魚"之一種。此稱清代已行用。見該文。

【醉麵條魚】

"醉魚"之一種。此稱清代已行用。見該文。

醉蝦

腌漬品。以酒及鹽漬沃蝦而成。宋代已見，當時之"酒法白蝦""酒炙青蝦""酒法青蝦"（宋吳自牧《夢粱錄·分茶酒店》）等雖製法闕載，推想蓋此之屬。時亦稱"酒醃蝦"。宋佚名《吳氏中饋錄》："酒醃蝦法：用大蝦，不見水洗，剪去鬚尾。每斤用鹽五錢醃半日，瀝乾，入瓶中。蝦一層，放椒三十粒，以椒多爲妙。或用椒拌蝦裝入瓶中亦妙。裝完，每斤用鹽三兩，好酒化開，澆入瓶內，封好，泥頭。春秋五七日即好吃，冬月十日方好。"後世相沿食用。清李漁《閑情偶寄·飲饌》："若以煮熟之蝦單盛一簋，非特華筵必無是事，亦且令食者索然。惟醉者糟者，可供匕箸。"清佚名《調鼎集·水族無鱗部》："醉蝦：鮮蝦揀净入瓶，拌椒、薑末，澆黄酒。臨用加醬油。白蝦同（蝦出如皋縣）。醬蟹配醉蝦。"清袁枚《隨園食單·水族無鱗單》："醉蝦：帶殼，用酒炙黄撈起，加清醬米醋熨之，用碗悶之。臨食，放盤中，其殼俱酥。"夏曾傳補證："杭俗食醉蝦，以活爲貴。故用活蝦放盤中，用碗蓋住，臨食，始下醬油、酒、葱、花椒等，甚至滿盤跳躍，捉而啖之以爲快。予以爲此法非惟太忍，亦且未曾入味，不若少候須臾。若必炙令殼黄，則太過矣。"徐珂《清稗類鈔·飲食類》："醉蝦者，帶殼用酒炙黄撈起，以醋、醬油、麻油浸之。進食時，盛於盤，以碟覆之，啓覆，蝦猶跳蕩於盤中也。入口一嚙，殼去而肉至口矣。蘇滬之人亦食此。然大率爲死蝦，且或以腐乳滷拌之。"

【酒醃蝦】

即醉蝦。此稱宋代已行用。見該文。

【醉蝦圓】

"醉蝦"之屬。此稱清代已行用。取醉蝦仁剁爛，加調料爲丸，煮熟後酒醉。清佚名《調鼎集·水族無鱗部》："醉蝦圓：醉蝦取肉作圓膾，煮熟蝦入白酒娘醉。"

醉果

酒漬之果品。甜美清香。清代出現"醉楊梅""醉花生""醉棗"等，皆此類。清佚名《調鼎集·乾鮮果部》："醉楊梅：揀大紫楊梅，每斤用洋糖六兩、薄荷二兩，貯瓶，灌滿燒酒封固。一月後，酒與楊梅俱可用，愈久愈妙（名梅燒酒）。"又："醉花生：連殼晾乾，煮熟取出，加酒、鹽、椒末、醬油拌醉。又，煮熟去殼，拌椒末、醬油，酒醉半日可用。"清朱彝尊《食憲鴻秘·果之屬》："醉棗：揀大黑棗，用牙刷刷净，入臘酒釀浸，加燒酒一小盃，貯瓶封固，經年不壞。空心啖數枚，佳。出路早行，尤宜，夜坐讀書亦妙。"

【醉楊梅】

"醉果"之一種。此稱清代已行用。見該文。

【醉花生】

"醉果"之一種。此稱清代已行用。見該文。

【醉棗】

"醉果"之一種。此稱清代已行用。見該文。

醉香蕈

醉菜之一品。酒醉熟香蕈而成，素饌佳品。蕈，傘狀菌類植物。清代已見。清顧仲《養小錄》卷中："醉香蕈：揀净水泡，熬油炒熟。其原泡水澄去滓，仍入鍋，收乾取起，停冷，以冷濃茶洗去油氣，瀝乾，入好酒娘、醬油醉之，半日味透。素饌中妙品也。"按，元佚名《居家必用事類全集・庚集・飲食類》載有"酒炸葷"，係以酒於蓋嚴鍋內慢火將葷煨熟，亦可視爲醉品。參見本卷《菜肴説・胹考》"酒炸葷"文。

醉蘿蔔

醉菜之一品。以酒及鹽漬沃蘿蔔而成。見於清代。蘿蔔係蔬菜中最有益於人者，清汪灝等《廣群芳譜・蔬譜・蘿蔔》云其"根葉皆可生、可熟、可菹、可虀、可醬、可豉、可醋、可糖、可臘、可飯"。清顧仲《養小錄》卷中："醉蘿蔔：揀莖實心者，切作四條，揀穿曬七分乾。每斤用鹽四兩，醃透，再曬九分乾，入瓶捺實，八分滿。用滴燒酒澆入，勿封口。數日後，蔔氣發臭，臭過作杏黃色，即可食，甜美。若以綿包老香糟塞瓶上，更妙。"

第九節　糟　考

糟，本指帶滓之酒，後指濾酒所餘之渣。《説文・米部》："糟，酒滓也。"朱駿聲通訓定聲："古以帶滓之酒爲糟，今謂漉酒所棄之粕爲糟。"糟有數種，如酒糟、醋糟、餳糟等。後把糟腌藏物品或糟腌而成之物稱"糟"。

糟腌物鮮潤味美，便於長期存放，故歷史上出現不少糟腌品。

糟腌通用酒糟，酒糟以臘月、清明或重陽造者爲佳。明李時珍《本草綱目・穀四・糟》："糯、秫、黍、麥皆可蒸釀酒醋，熬煎餳飴，化成糟粕。酒糟須用臘月及清明、重陽造者，瀝乾，入少鹽收之，藏物不敗，揉物能軟。若榨乾者，無味矣。醋糟用三伏造者良。"

糟腌時多以糟與鹽相配，如宋佚名《吳氏中饋錄》之"糟蘿蔔"；亦可於糟、鹽外加酒，如元佚名《居家必用事類全集・己集・飲食類》之"糟蟹"；也有的使用糟與酒，如清佚名《調鼎集》之"糟泥螺"。

糟藏始於魏晉。《晋書・孔群傳》所載"肉糟淹"大概是迄今爲止所知最早的糟品。至南北朝，糟藏漸爲世人所接受，成爲獨具特色的一種腌漬品。北魏賈思勰《齊民要術・作腊奧糟苞》就記載了食目"糟肉"及其腌藏方法。賈書所記雖僅一種，但亦能看到糟藏的影響及地位。

宋代糟藏有很大發展。宋周密《武林舊事・市食》提到"諸般糟淹"，説明品類之繁多。肉類的，如"糟鮑魚""糟蟹""糟羊蹄""糟鵝事件""糟猪頭"等；菜類的，如"糟黃芽""糟瓜茄""糟薑""糟蘿蔔""糟茄子"等（見宋西湖老人《西湖老人繁勝録》、宋吳自牧《夢粱録》、宋周密《武林舊事》）。有的還記載了製法，如糟菜諸品之製作過程見諸宋佚名《吳氏中饋録》。

元明清皆相沿製作，但已失去往日興盛之勢頭。近世，隨着烹飪技術的發展、環境與條件的變遷以及飲食風尚、衛生習俗的轉變，糟藏已幾近絶迹。

糟

初指帶滓之酒，後指濾酒後所餘之渣，後以酒渣腌藏物品保鮮謂糟。《説文·米部》："糟，酒滓也。"段玉裁注："今之酒但用沛者，直謂已漉之粕爲糟，古則未沛帶滓之酒謂之糟。"酒糟出自造酒。商代甲骨文中已有像酒瓶之形的"酉"字，酒糟至遲在商代已見。漢劉向《新序·節士》："桀爲酒池，足以運舟；糟丘，足以望七里。"糟腌能使食品保鮮變軟，便於長期保存，且别具風味，所以長期以來被人們使用。早在晋代出現了"肉糟淹"（見《晋書·孔群傳》）。北魏賈思勰《齊民要術》已對"糟肉"的方法作了記載。宋代糟藏品類增多，以至於文獻中出現了"諸般糟淹"這樣包羅豐富的稱呼。當時糟品主要有糟魚、糟肉、糟菜三類。明代多以酒糟藏物。明李時珍《本草綱目·穀四·糟》："酒糟須用臘月及清明、重陽造者，瀝乾，入少鹽收之，藏物不敗，揉物能軟。"清代杭州、紹興一帶用糯米製出一種香糟，不榨油，專門用於腌藏，效果頗佳。清王士雄《隨息居飲食譜》："〔糟〕以杭、紹白糯米所造，不榨酒而極香者勝。拌鹽糟藏諸食物，味皆美嫩。"清夏曾傳《隨園食單補證·作料單》："糟，以香糟爲勝，糟物絶佳，或以蒸鯽魚尤妙。吾杭又用香糟加葱花炒食者，可以下酒。酒糟味遜，然亦有相宜者。"清佚名《調鼎集·鋪設戲席部》："糟：紹興糟對入酒娘，糟物更鮮。蘇州縣孫春陽家香糟甚佳，早晨物入罎，午後即得味。"

糟肉

糟品。以糟類及鹽腌製之肉。始見於晋代，稱"肉糟淹"。《晋書·孔群傳》："性嗜酒，導（王導）嘗戒之曰：'卿恒飲，不見酒家覆瓿布，日月久糜爛邪？'答曰：'公不見肉糟淹，更堪久邪？'"南北朝時期稱"糟肉"，并詳載製法。北魏賈思勰《齊民要術·作脟奧糟苞》："作糟肉法：春、夏、秋、冬皆得作。以水和酒糟，搦之如粥，著鹽令鹹。内捧炙肉於糟中。著屋下陰地。飲酒食飯，皆炙噉之。暑月得十日不臭。"明代相承製用。明宋詡《宋氏養生部》："熟牛羊猪肉、牛腱乾之，每生酒醅一斤，臘糟四兩、熟油四兩、鹽三兩，以絹蒙，糟。猪羊頭蹄同爛烹，去骨，於潔布内取意布苴，重石壓經宿，糟之，即如熊掌。凡肉須臾欲用者，取糟苴之，蒸片時。"清袁枚《隨園食單·特牲單》："糟肉：先微腌，再加米糟。"

清佚名《調鼎集·特牲部》:"糟肉:先將肉微醃,再用陳糟罈,臨用蒸。糟鷄鴨同。又,冬月不拘何等肉肴,皆可入糟,臨用再蒸(冷用亦可)。"

【肉糟淹】

即糟肉。此稱晋代已行用。見該文。

【糟羊蹄】

"糟肉"之一種。以羊蹄糟藏而成。爲南宋都城臨安名吃。宋吳自牧《夢粱録·分茶酒店》:"又有托盤擔架至酒肆中歌叫買賣者,如炙鷄、八焙鷄、紅爐鷄、脯鷄……糟羊蹄。"

【糟猪頭蹄爪】

"糟肉"之一種。此稱宋代已行用。宋佚名《吳氏中饋録》:"糟猪頭、蹄、爪法:用猪頭、蹄、爪煮爛,去骨,布包,攤開,大石壓扁,實落一宿,糟用甚佳。"時南宋都城臨安有名吃"糟猪頭""糟猪頭肉",皆此類。宋周密《武林舊事·市食》:"犯鮓:算條、界方條……糟猪頭。"宋吳自牧《夢粱録·肉鋪》:"其犯鮓者:算條、影戲、鹽豉、皂角、鋌松、脯界、方條、綫條、糟猪頭肉。"清佚名《調鼎集·特牲部》:"糟猪頭:配蹄爪煮爛,去骨,糟。糟猪腦亦同。"

【糟猪頭】

"糟猪頭蹄爪"之屬。此稱宋代已行用。見該文。

【糟猪頭肉】

"糟猪頭蹄爪"之屬。此稱宋代已行用。見該文。

【糟熊掌】

"糟肉"之一種。以熊掌糟藏而成。此稱明代已行用。明宋詡《宋氏養生部》:"熊掌,用石灰湯撏潔,以帛苴而烹之。宜糟。其掌入烹猪鵝汁中,轉撈數迴,絮羹珍美。"

【冷糟肉】

"糟肉"之一種。以熱熟肉糟藏後冷用。此稱清代已行用。清佚名《調鼎集·特牲部》:"冷糟肉:先將糟用酒和稀,貯罈;再將現煮熟肉切大方塊,乘熱布包入糟罈一復時,取出切片,冷用。"

【糟猪耳】

"糟肉"之一種。以猪耳糟藏而成。此稱清代已行用。清佚名《調鼎集·特牲部》:"糟猪耳:煮熟布包,入陳糟罈。"

【糟猪心】

"糟肉"之一種。以猪心糟藏而成。此稱清代已行用。清佚名《調鼎集·特牲部》:"糟猪心:煮熟,布包入陳糟罈。"

【糟火腿】

"糟肉"之一種。以火腿糟藏而成。此稱清代已行用。清佚名《調鼎集·特牲部》:"糟火腿:熟火腿去皮骨,切長方塊,布包入陳糟罈,或白酒娘糟兩三日,切用。"清朱彝尊《食憲鴻秘》汪拂雲抄本:"糟火腿:將火腿煮熟,切方塊,用好酒釀糟,糟兩三日,切片,取供妙。夏天出路最宜。又,將火腿生切骰子塊,拌燒酒浸一宿。後將臘糟同花椒、陳皮拌入罈。冬做夏開,臨吃連糟煆(蝦)用。即風魚及上好醃魚肉亦可如此做。罈口加麻油封固。"

【糟羊肉】

"糟肉"之一種。以羊肉糟藏而成。此稱清代已行用。清佚名《調鼎集·雜牲部》:"糟羊肉:煮熟切塊,布包入糟罈數日,香味皆到。"

糟魚

糟品。以糟類及鹽腌製之魚。此爲統稱。始見於元代。前此可見特稱，如宋代之"糟鮑魚"，其統稱亦可言"糟魚"。是"糟魚"其名後出，而所屬之具體糟腌魚早見。元佚名《居家必用事類全集·己集·飲食類》："糟魚：大魚片，每斤用鹽一兩，先腌一宿，拭乾。別入糟一斤半，用鹽一分半和糟，將魚大片用紙裹，却以糟覆之。"後世相沿製作。清顧仲《養小録》卷下："糟魚：臘月，鮮魚治净。去頭尾，切方塊。微鹽腌過。日曬，收去鹽水迹。每魚一斤，糟半斤，鹽七錢，酒半斤，和匀入罐，底面須糟多。固三日，傾倒一次，一月可用。"清李化楠《醒園録》卷上："糟魚法：將魚破開，不下水，用鹽腌之。每魚一斤，約用鹽二三兩，腌二日，即於滷内洗净，再以清水擺净，去鱗翅及頭尾，於日中曬之。候魚半乾（不可太乾），砍作四塊或八塊（肉厚處再剖開），取做就之糟（即前法所云：擠酒之糟，加鹽少許，裝入罈内，候發香糟物者是也）聽用。每魚一層，蓋糟一層，上加整花椒，逐層用糟及椒安放罈内。加糟汁少，微覺乾，便取好甜酒，酌量傾入，用泥封罈口，四十天後可吃。臨吃時，取魚帶糟，用豬板油細丁，拌入碗盛蒸之。"清曾懿《中饋録》："製糟魚法：冬日腌鯉魚、青魚均可。腌時仍用花椒、炒鹽。將魚去鱗及雜碎，用鹽擦遍，置缸内腌之。數日一翻，腌到月餘起滷曬乾。正月内即可截成塊，先將燒酒抹過，再將甜糟略和以鹽。一層糟，一層魚，盛於甕内封固。俟夏日取出蒸食，味極甜美。如魚已乾透，至四五月間，則不用甜糟，只用好燒酒浸沾，盛於甕内封之，亦甚

鮮美，且免生蛆生霉等患。"

【糟鮑魚】

"糟魚"之一種。宋代已見，未載製法。宋西湖老人《西湖老人繁勝録·食店》："肉食：入爐炕羊……炕鷄、炕鵝、燠肝、肚肺、糟鮑魚。"

【糟鰣魚】

"糟魚"之一種。以鰣魚糟藏而成。明代已見。明李時珍《本草綱目·鱗三·鰣魚》："不宜烹煮，惟以笋、莧、芹、荻之屬連鱗蒸食乃佳，亦可糟藏之。"清朱彝尊《食憲鴻秘》汪拂雲抄本："糟鰣魚：内外洗净，切大塊。每魚一觔，用鹽半觔，以大石壓極實。以白酒洗淡，以老酒糟略糟四五日，不可見水。去舊糟，用上好酒糟拌匀入罈。每罈面加麻油二鍾、火酒一鍾。泥封固。候二三月用。"清佚名《調鼎集·江鮮部》："糟鰣魚：切大塊。每魚一斤，用鹽三兩腌過，用大石壓乾；又用白酒洗净，入老酒浸四五日（始終勿見水），再用陳糟拌匀入罈，面上加麻油二杯、燒酒一杯，泥封。閩（越）三月可用。"清代又有"糟蒸鰣魚"，然製法闕載，疑爲"糟鰣魚"之屬。清李斗《揚州畫舫録·新城北録中》："第三分細白羹碗十件……糟蒸鰣魚、假班魚肝。"

【糟鯉魚】

"糟魚"之一種。此稱清代已行用。清佚名《調鼎集·江鮮部》："糟鯉魚：將魚破開，不下水，鹽腌。每魚肉一斤，約用鹽二三兩，腌二日，即於滷中洗，再用清水净，去魚翅及頭尾，曬魚半乾，不可太乾，切作四塊或八塊（肉厚處再剖開），取做就陳糟。每魚一層，蓋糟一層，上加整粒花椒，安放罈内。如糟汁少，微覺乾，取好甜酒酌量放入，泥封四十日可用。

臨用，取魚帶糟，用脂油丁拌入碗蒸之。糟雞等肉同，但魚用生者入糟，豬、雞等肉須煮熟。"

【糟生青魚】

"糟魚"之一種。以青魚糟藏而成。此稱清代已行用。清佚名《調鼎集·水族有鱗部》："糟生青魚：切大塊，去血不去鱗，勿見水，用稀麻布包好，兩面護以陳糟，春二三月蒸用，不能久貯。"

【糟鮝】

"糟魚"之一種。以乾鯉魚糟藏而成。鮝，明李時珍《本草綱目·鱗四·鮑魚》云其爲"乾魚之總稱"，此特指乾鯉魚。此稱清代已行用。清袁枚《隨園食單·水族有鱗單》："糟鮝：冬日用大鯉魚醃而乾之，入酒糟，置罈中，封口。夏日食之，不可燒酒作泡，用燒酒者不無辣味。"清佚名《調鼎集·江鮮部》："簡便糟鮝：大鯉魚鮝及各種魚鮝，每鮝三十斤，用糯米四升，煮粥冷定。入炒鹽二斤四兩、紅穀末八兩拌勻，燒酒五斤，將鮝逐塊蘸酒，入粥一拌，間鋪罈內；餘下燒酒蓋面，再用香油一斤澆上，封好放透風處，滿月可用。如用白酒漿上，用燒酒蘸之，要色好，加紅穀。過夏任用諸米可做。又，冬日用大鯉魚醃而乾之，入酒糟罈中封口，夏日用之，不可燒酒作泡，用燒酒者，不無辣味。"

【糟白魚】

"糟魚"之一種。糟藏白魚而成。此稱清代已行用。清袁枚《隨園食單·水族有鱗單》："白魚：白魚肉最細……糟之最佳，不可太久，久則肉木矣。"

糟鵝事件

糟品。以糟類及鹽醃製鵝之內臟。事件，即什件。見於宋代。宋吳自牧《夢粱錄·分茶酒店》："又有托盤擔架至酒肆中歌叫買賣者，如炙雞……白煠春鵝、炙鵝、糟羊蹄、糟蟹、燒肉蹄子、糟鵝事件。"

【糟鵝蛋】

"糟鵝事件"之屬。糟藏鵝蛋而成。此稱清代已行用。清顧仲《養小録》卷下："百日內糟鵝蛋：新釀三白酒，初發漿。用麻綫絡著鵝蛋，掛竹棍上，橫挣酒缸口，浸蛋入酒漿内，隔日一看，蛋殼碎裂，如細哥窰紋。取起，抹去碎殼，勿損内衣。預製米酒甜糟（酒娘糟更妙），多加鹽拌勻，以糟搨蛋上，厚倍之。入罐，一大罐可容蛋二十枚。兩月餘可供。"清朱彝尊《食憲鴻秘·卵之屬》："糟鵝蛋：三白酒糟用椒、鹽、橘皮製就者，每糟一大罈，埋生鵝蛋二枚（多則三枚，再多便不熟，味亦不佳），一年黃白渾，二年如粗沙糖（未可食），三年則凝實可供。"清夏曾傳《隨園食單補證·小菜單》："糟鵝蛋：平湖、海寧皆有之。殼軟如棉，黃白皆如漿汁，酒味甚重，不飲酒者可以致醉。"

糟蟹

糟品。以糟類及鹽醃製之螃蟹。始見於宋代。爲南宋都城臨安之名食。宋吳自牧《夢粱錄·夜市》："又有沿街頭盤叫賣薑豉、膘皮臊子、炙椒酸犯兒、羊脂韭餅、糟羊蹄、糟蟹。"宋楊萬里《糟蟹賦》序："江西趙漕子，直餉糟蟹，風味勝絶，作此賦以謝之。"宋傅肱《蟹譜·食珍》："凡糟蟹，用茱萸一粒置罈中，經歲不沙。"元代始對糟蟹法有較詳細記載。元佚名《居家必用事類全集·己集·飲食類》："糟蟹：歌括云：‘三十團臍不用尖（水洗，控乾，布拭），糟鹽十二五斤鮮（糟五斤，鹽十二）。好醋半升并半酒（拌匀糟内），可飡七日到明年（七日熟，留明年）。’”元賈銘《飲食須知·螃蟹》：“糟蟹，罐上放皂莢半錠，可久留不壞。”明高濂《遵生八牋·飲饌服食牋上》載有“醬蟹、糟蟹、醉蟹三法”。清顧仲《養小録》卷下：“糟蟹：三十團臍不用尖，老糟斤半半斤鹽，好醋半斤斤半酒，入朝直吃到明年。臍内每個入糟一撮，罐底鋪糟，一層糟一層蟹，灌滿包口。裝時以火照過，入罐則不沙。團臍取其盒多，然大尖臍亦妙也。”清佚名《調鼎集·水族無鱗部》：“糟蟹：團臍肥蟹十斤，洗净候乾，用麻皮絲扎住脚，椒末、大小茴香各一兩，甘草、陳皮末各五錢，炒鹽半斤，一半拌入糟内，一半放入臍内，一層蟹，一層糟，蟹仰納糟上，灌白酒娘浸後，炒鹽封口。宜霜降後糟。”

糟泥螺

糟品。以泥螺糟藏而成。泥螺即蝸螺、土鐵。見於明代。明李時珍《本草綱目·介二·蝸蠃》：“處處湖溪有之，江夏漢沔尤多。大如指頭，而殼厚於田螺，惟食泥水。春月人采置鍋中蒸之，其肉自出，酒烹糟煮食之。”明宋翊《宋氏養生部》：“泥螺（又名土鐵），醃宜醋。醃者復糟，宜醋。”清佚名《調鼎集·襯菜部》：“糟泥螺：先將泥螺用白水與白酒泡淡，後用白酒娘一分、蝦油三分和匀，以泥螺用洋糖拌過，半月浸入罎便好，甜糟亦妙。”清袁枚《隨園食單·小菜單》：“吐蚨：吐蚨出興化、泰興。有生成極嫩者，用酒娘浸之，加糖則自吐其油。名爲泥螺，以無泥爲佳。”夏曾傳補證：

《海州志》：吐鐵，爲海錯上品，色青，外殼亦軟，肉黑如鐵，吐露殼。人以醃藏糟浸，貨之四方。”

糟鴨

糟品。糟藏鴨肉而成。清代已見。清佚名《調鼎集·羽族部》：“糟鴨：將煮熟鴨切四塊，布包入陳糟内，捺實。”又卷六：“煨糟鴨……肥鴨煮熟，去骨略醃，用黄酒浸之，即是糟鴨。”清夏曾傳《隨園食單補證·羽族單》：“糟鴨：京師酒家有之，他處所不及也。”《儒林外史》第一四回：“望着湖沿上接連着幾個酒店，掛著透肥的羊肉，櫃檯上盤子裏盛着滚熱的蹄子、海參、糟鴨、鮮魚。”

【糟蛋】

“糟鴨”之屬。糟藏鴨卵而成。此稱清代已已行用。清曾懿《中饋録》：“製糟蛋法：將鴨蛋輕敲，微損其外殼，用好燒酒合鹽浸之。須泡滿五十日後取出。用甜酒糟加燒酒和鹽，一層蛋、一層糟貯滿，用泥封固。罎口上加一盆覆之，日曬夜露，百日乃成。”亦稱“糟鴨蛋”。清佚名《調鼎集·羽族部》：“糟鴨蛋：取九月間生蟹黄和陳糟，將蛋入糟七日，蛋軟如綿。用木匣盛煮，即成方蛋。其糟菜味更鮮美。”

【糟鴨蛋】

即糟蛋。此稱清代已行用。見該文。

糟鷄

糟品。糟藏鷄肉而成。清代已見。時又有“糟鷄翅”“糟鷄腎”，皆此類。清佚名《調鼎集·羽族部》：“糟鷄：每老酒一斤，入鹽三兩，下鍋燒滚，取出冷定，貯罎，將鷄切塊，浸久不壞。又，肥鷄煮熟，飛鹽略擦，布包入糟埋，三日可用，煨亦可。”又：“糟鷄翅：布包入陳糟罈。"又:"糟雞腎:……入陳糟罈,一日即香。"參閱清袁枚《隨園食單・羽族單》。

【糟雞翅】

"糟雞"之屬。此稱清代已行用。見該文。

【糟雞腎】

"糟雞"之屬。此稱清代已行用。見該文。

糟瓜茄

糟品。糟藏瓜茄等多種蔬菜而成。此爲泛稱。宋代已行用,且詳載製法。宋佚名《吳氏中饋錄》:"糟瓜茄:瓜茄等物,每五斤,鹽十兩,和糟拌匀。用銅錢五十文逐層鋪上,經十日取錢不用,別換糟,入瓶。收久翠色如新。"元代則統稱"糟瓜菜"。製法與前代大同小異。元佚名《居家必用事類全集・己集・飲食類》:"糟瓜菜法:不拘多少,用石灰、白礬煎湯,冷,浸一伏時。使煮酒泡糟、鹽,入銅錢百餘文拌匀。醃十日,取出拭乾。別換好糟、鹽,煮酒再拌,入罈收貯。箬葉扎口,泥封口。"明代則總稱"糟蘿蔔荻白笋菜瓜茄等物",見明高濂《遵生八牋・飲饌服食牋中》,文字與"糟瓜菜"略同。按,清代多用"糟菜"之稱,似爲統稱,實爲特稱,指糟白菜。

【糟瓜菜】

即糟瓜茄。此稱元代已行用。見該文。

【糟蘿蔔荻白笋菜瓜茄等物】

即糟瓜茄。此稱明代已行用。見該文。

【糟蘿蔔】

"糟瓜茄"之一種。糟藏蘿蔔而成。此稱宋代已行用。宋佚名《吳氏中饋錄》:"糟蘿蔔方:蘿蔔一斤、鹽三兩。以蘿蔔不要見水,揩净,帶鬚半根,曬乾。糟與鹽拌過,次入蘿蔔,又拌過,入甕。此方非暴吃者。"清朱彝尊《食憲鴻秘・蔬之屬》:"糟蘿蔔:好蘿蔔不要見水,擦净,每個截作兩段。每觔用鹽三兩醃過曬乾。糟一觔,加鹽拌過,次入蘿蔔,又拌入瓶。"清佚名《調鼎集・蔬菜部》:"糟蘿蔔:大者切條,細者用整個,每斤用鹽二兩,略揉晾乾,同糟拌匀入甕。"

【糟茄子】

"糟瓜茄"之一種。糟藏茄子而成。此稱宋代已行用。宋佚名《吳氏中饋錄》:"糟茄子法:五茄六糟鹽十七,更加河水甜如蜜。茄子五斤、糟六斤、鹽十七兩,河水兩三碗拌糟,其茄味自甜。"時亦稱"糟茄"。宋陳元靚《事林廣記・癸集》:"糟茄不黑。茄子天晴時停午摘下,不去蒂蕚,用麥麩水煮粥浸一宿,次日取出,以軟帛輕手拭乾,每十斤,用鹽二十兩飛過,白煩(礬)末一兩、法糟一斤拌匀,入甕封閉收之,久窨色愈黃透。"元代亦稱"糟茄兒"。元佚名《居家必用事類全集・己集・飲食類》:"糟茄兒法:八九月間揀嫩茄,絶去蒂,用活水煎湯,冷定和糟、鹽拌匀入罈。箬葉扎口,泥封頭。"明張岱《夜航船・物理・飲食》:"糟茄入石綠,切開不黑……糟茄須旋摘便糟,仍不去蒂蕚爲佳。"清朱彝尊《食憲鴻秘・蔬之屬》:"糟茄:訣曰:'五糟(五觔也)六茄(六觔也)鹽十七(十七兩),一碗河水(水四兩)甜如蜜,做來如法收藏好,吃到來年七月七(二日即可供)。'霜天小茄肥嫩者,去蒂蕚,勿見水,用布拭净,入磁盆,如法拌匀。雖用手,不許揉挈,三日後茄作綠色,入罈。原糟水澆滿,封半月可用。色翠綠,内如黃蚰色,佳味也。"清汪灝等《廣群芳譜・蔬譜・茄子》:"糟茄:天晴日停午摘嫩茄,去蕚,用沸湯焯過,候冷,以軟帛拭乾，每十觔用鹽二十兩飛過，白礬末秤一兩，法糟十觔，拌匀，入罈泥封，久而茄色愈黄透不黑。"

【糟茄】

即糟茄子。此稱宋代已行用。見該文。

【糟茄兒】

即糟茄子。此稱元代已行用。見該文。

【糟瓊枝】

"糟瓜茄"之一種。糟藏瓊枝而成。瓊枝即瓊脂，由海産石花菜類提取之植物膠。宋代已見。時又有糟藏黄芽菜、碎瓜製成之"糟黄芽""糟瓜虀"，皆糟瓜菜之類。宋周密《武林舊事·市食》："菜蔬：薑油多、薤花茄兒、辣瓜兒、倭菜、藕鮓、冬瓜鮓、笋鮓、茭白鮓、皮醬、糟瓊枝、蕈菜笋、糟黄芽、糟瓜虀。"

【糟黄芽】

"糟瓜茄"之一種。此稱宋代已行用。參見本卷《菜肴説·糟考》"糟瓊枝"文。

【糟瓜虀】

"糟瓜茄"之一種。此稱宋代已行用。參見本卷《菜肴説·糟考》"糟瓊枝"文。

【糟薑】

"糟瓜茄"之一種。以糟類及鹽藏腌薑而成。宋代已見。明李時珍《本草綱目·菜一·生薑》引宋釋贊寧《物類相感志》云："糟薑瓶内入蟬蜕，雖老薑無筋，亦物性有所伏耶？"宋佚名《吳氏中饋録》："糟薑方：薑一斤，糟一斤，鹽五兩，揀社日前可糟。不要見水，不可損了薑皮，用乾布擦去泥，曬半乾後，糟鹽拌之入甕。"元倪瓚《雲林堂飲食制度集》："糟薑法：净布揩去嫩芽。每薑一斤，用糟一斤半、炒鹽一兩半拌匀，即入瓶。以炒鹽少許糁面，

封之。"元魯明善《農桑衣食撮要·糟薑》："社前取薑，用布擦去皮，每一斤用鹽二兩，臘糟一升醃藏，用乾净瓶罐盛頓，忌生水濕器。"元佚名《居家必用事類全集·己集·飲食類》："造糟薑法：社前嫩薑，不以多少，去蘆，揩擦净。用煮酒和糟、鹽拌匀，入磁罈中，上用沙糖一塊。箬葉扎口，泥封頭。"清汪灝等《廣群芳譜·蔬譜·薑》："糟薑：嫩薑天晴時收，陰乾五日，以麻布拭去紅皮。每一斤用鹽二兩、糟三斤。醃七日，取出，拭净。別用鹽二兩、法糟五斤拌匀，入新磁罐。先以核桃二枚搥碎，安罐底，則薑不辣；然後入薑平糟面，以小熟栗末摻上，則薑無渣。如常法泥封固。如要色紅，入釀牛花拌糟。"又一法："取嫩薑，用酒拌糟匀，入磁罈。上用沙糖一塊。箬扎口，泥封，七日可食。"按，汪書所言，本乎宋陳元靚《事林廣記·癸集》"糟薑不辣"條，文字大同小別。

【糟稍瓜】

"糟瓜茄"之一種。糟藏稍瓜而成。此稱宋代已行用。宋陳元靚《事林廣記·癸集》："糟瓜色翠。稍瓜，每五斤用鹽七兩，和糟匀塗。取古老錢或開元錢五十文，逐層鋪頓，經十日取出，去錢不用，別換糟入甕，封閉，收之愈久，愈翠色。"參閲清汪灝等《廣群芳譜·蔬譜·稍瓜》。

【糟菜瓜】

"糟瓜茄"之一種。糟藏菜瓜而成。此稱清代已行用。清汪灝等《廣群芳譜·蔬譜·菜瓜》："菜瓜，以石灰、白礬煎滾冷浸。一伏時用煮酒泡糟鹽，入銅錢百餘文，拌匀。醃十日，取出控乾，別用好糟，入鹽適中，煮酒泡，再拌，入罈收貯，箬扎口，泥封。"

【陳糟菜】

"糟菜"之一種。以腌過之菜糟藏而成。清佚名《調鼎集·蔬菜部》："陳糟菜：取醃過風癟菜，以食菜葉包之。每放一小包，鋪香糟一層，重疊罈中。取食時，開包用之。糟不粘菜，而菜得糟味。"按，清袁枚《隨園食單·小菜單》稱此爲"糟菜"。

【糟冬笋】

"糟瓜茄"之一種。以冬笋糟腌而成。此稱清代已行用。清佚名《調鼎集·蔬菜部》："糟冬笋：鮮冬笋去外皮，勿見水，用布擦去毛、土，竹箸搠通笋節，內嫩如糟鵝蛋式，笋之大頭向上，瓶裝封口，夏日用。又，冬笋煮熟，入白酒娘，數日可用，臨時以温水洗净切片，但不能久藏。又，生冬笋略醃，晾乾入陳糟罈，泥封，可至次年三四月用。"按，清朱彝尊《食憲鴻秘·蔬之屬》亦載此，稱"糟笋"，文字大同小異。細細推繹，疑《調鼎集》"搠通笋節"以下文字有脱誤，當以朱氏文爲正。朱文如下："糟笋：冬笋勿去皮，勿見水，布擦净毛及土（或用刷牙細刷），用筯搠笋內嫩節令透，入臘香糟于內，再以糟團笋外，如糟鵝蛋法，大頭向上入罈。封口泥頭，入夏用之。"

【糟龍鬚笋】

"糟瓜茄"之一種。以糟藏龍鬚笋而得名。此稱清代已行用。清佚名《調鼎集·蔬菜部》："糟龍鬚笋：煮龍鬚笋，湯內放薄荷少許則不蔹，半熟取出，烘五分乾裝瓶，一層陳糟一層笋，封固月餘開用。其笋節內俱有油味，每糟十斤，拌鹽二斤。"

【糟白菜】

"糟瓜茄"之一種。糟藏白菜而成。此稱清代已行用。清佚名《調鼎集·蔬菜部》："糟白菜：净菜一百斤、鹽四斤醃透，八分榨乾，加花椒一兩、麻油二斤、蒔蘿一兩，本身菜葉包好，麻皮扎，一層菜，一層酒娘，封固。"時亦稱"糟菜"。清朱彝尊《食憲鴻秘·蔬之屬》："糟菜：臘糟壓過頭酒、未出二酒者，每觔拌鹽四兩，罈封，聽用。好白菜洗净，曬乾，切二寸許段，止用一二刀，除葉不用。以椒鹽細末摻菜上，每段用大葉一二片包裹入罈。每菜二觔，糟一觔，一層菜，一層糟，封好，月餘取用。或先以糟及菜叠淺盆內，隔日翻騰。待熟，方用葉包叠糟，入罈收貯，亦得法。"徐珂《清稗類鈔·飲食類》："生食糟菜：取隔年好糟，每斤加鹽四兩，拌匀。選長梗白菜洗净去葉，晾乾。每菜二斤，糟一斤，菜、糟相間，隔日一翻，待熟入罈，即可食。"

【糟菜】

即糟白菜。此稱清代已行用。見該文。

第十節　炙　考

炙，本指烤肉。《說文·肉部》："炙，炙肉也。从肉在火上。"後烤熟之肉亦以"炙"稱。

炙的出現，與用火關係至爲密切。考古發掘證實，遠在二百五十萬年前到六七十萬年前（即考古學所謂舊石器時代前期、中期），先民已能控制、利用自然火；到距今約五萬年到一萬年前（即舊石器時代晚期），人類已經能够人工取火。從此人類告别生食，開始熟食，美味的烤肉隨之出現。我國古代傳説"燧人氏始修火食""黄帝作炙"（明張岱《夜航船・日用・飲食》），雖然不够科學，但也反映了一個無可否認的事實，即"炙"産生於遥遠的上古。

春秋以迄秦漢，製作、食用炙品已經相當普遍。從貴族到庶民，從中原到邊疆，都有相關記載。僅從反映西周貴族生活的《三禮》及漢代侯王生活的長沙馬王堆遣册所載來看，炙品就達十餘種，有"牛炙""羊炙""豕炙""魚炙""鹿炙""牛劦炙""牛乘炙""犬其劦炙""犬肝炙""炙鷄"等。不過具體炙法闕載。漢代小學著作《釋名》在其《釋飲食》一節中記録了"脯炙""釜炙""脂炙""銜炙""貊炙"五種炙法，其中對"銜炙"製法記載最爲詳備，對"脯炙""釜炙""貊炙"等記載較爲粗疏。值得注意的是，《釋名》中的"貊炙"是"胡貊"之炙，對少數部族所製作的炙食也做了記載。

南北朝時，炙品又有巨大的發展，已獨自形成門類。北魏賈思勰《齊民要術》特設"炙法"一節，詳細記載了"炙豚""棒（捧）炙""腩炙""肝炙""牛胘炙""跳丸炙""膸炙炖""擣炙""銜炙""餅炙""釀炙白魚""脂炙""範炙""炙蚶""炙蠣""炙車熬（鰲）""炙魚"等近二十種炙法，涉及的被炙物計有獸畜類之牛、羊、豚、獐、鹿等，禽鳥類之鵝、鴨等，鱗介類之白魚、小蟮、蠣、車鰲、蚶等。這些也不能包括盡净，因爲賈氏有時使用概括語，如"生魚"一語，幾乎把所有魚類都包括了。不同物件，炙法不同，賈氏均詳加考察記載。如"棒炙"是通體肉烘烤，"肝炙"是切臠橫穿烘烤，"銜炙"是剁肉加入作料、裹於籤子上烤，"跳丸炙"是用羹臛將肉丸煮炙乾。

唐宋時期，炙品又有進一步發展。表現之一是藥膳出現，如"野猪肉炙""炙黄雌鷄""鰻鱺魚炙""鴛鴦炙""炙鸝鴿"等均兼祛病功用。表現之二是炙品名目繁多，僅就反映宋代都市生活的宋吴自牧《夢粱録》、宋周密《武林舊事》兩書所載，就有二十多種，即"炙犯兒、赤蟹""蜜燒臠肉炙""犯兒""江魚炙""潤燋獐肉炙""炙鷄""炙鵝""旋炙犯兒""炙鰍""炙鰻""炙魚粉""炙鴨""炙魚""炙鯇""炙鷄鴨""炙骨頭""旋炙荷包""炙焦""炙椒酸犯兒""五味炙小鷄""小鷄假炙鴨""野味假炙""假炙鸞橙""假炙鴨"等。

元明清以降，炙品在繼承中發展創新。炙法進一步完善。"燒""烤""烘"等名稱開始廣泛使用，"洋爐鵝""電烤雞"標誌着烤炙工具、燃料的變化。"醬炙羊""金錢肉""響皮肉"等代表着風味特色炙品的形成。炙烤範圍擴大，"炙蕈""炙茄""烤芋片""烤白果"（銀杏）的出現，表明炙品由魚肉擴大至蔬菜果品。"炙脯"的出現，標誌着麵點與菜肴的結合，出現了麵點式炙品、炙品型麵點。

炙

初始爲烤肉方法，即把肉置於火上烘烤。當代考古證明，史前時期已如此使用，先秦兩漢典籍屢見記載。《詩·小雅·瓠葉》："有兔斯首，燔之炙之。"毛傳："炕火曰炙。"孔穎達疏："炕，舉也。謂以物貫之而舉於火上以炙之。"後烤熟之肉遂亦稱"炙"。"炙"作食品，先秦時期已見。《禮記·內則》："膳：臐、臐、膮、醢、牛炙；醢、牛胾、醢、牛膾；羊炙、羊胾、醢、豕炙。"周天子所食"八珍"之一的"肝膋"就是烤犬肝。後世沿用。《釋名·釋飲食》："炙，炙也，炙於火上也。"又"脯炙，以錫、蜜、豉汁淹之脯脯然也。"又："釜炙，於釜汁中和熟之也。"先秦時期亦稱"燒"。《禮記·內則》："鮮魚，煮；雛，燒。"後世沿用此稱。元佚名《居家必用事類全集·庚集·飲食類》載有"釀燒兔""釀燒魚"等。明劉基《多能鄙事》載有"燒肉事件"。清袁枚《隨園食單》載有"燒鴨""燒鵝""燒小豬"等。明代亦稱"烘"。明宋詡《宋氏養生部》載有"烘雞"。清代亦稱"灼""烤"。清袁枚《隨園食單·特牲單》載有"油灼肉"。清佚名《調鼎集》載有"烤酥皮肉""烤芋片"等。

【燒】

即炙。此稱先秦時期已行用。見該文。

【烘】

即炙。此稱明代已行用。見該文。

【灼】

即炙。此稱清代已行用。見該文。

【烤】

即炙。此稱清代已行用。見該文。

牛炙

炙品。即烤牛肉。始於先秦時期，達於後世。《禮記·內則》："膳：臐、臐、膮、醢、牛炙。"馬王堆漢墓遣冊竹簡載之。長沙馬王堆一號漢墓第三八簡："牛炙一笥。"南北朝時期始詳載其製法。時稱"棒炙"（或"捧炙"）。北魏賈思勰《齊民要術·炙法》："棒炙：大牛用膞，小犢用脚肉亦得。逼火偏炙一面，色白便割；割徧又炙一面。含漿滑美。若四面俱熟然後割，則澀惡不中食也。"按，賈書《炙法》所載"脯炙""肝炙"亦得以牛肉、牛肝爲之。

【棒炙】

即牛炙。此稱南北朝時期已行用。見該文。

【牛劦炙】

"牛炙"之一種。即烤牛脅。劦，同"脅"，腋下至肋骨盡頭。見於馬王堆漢墓遣冊

竹簡。長沙馬王堆一號漢墓第三九簡："牛劦
炙一笥。"

【牛心炙】

"牛炙"之一種。即烤牛心。此稱始見於晋
代。爲世所推崇之名肴。南朝宋劉義慶《世説
新語·汰侈》載，相傳王愷和王濟比射，賭注
是王愷喜愛的一頭牛"八百里駁"。王愷以爲即
便輸了，對方也不會殺他的牛。結果王濟一勝，
"却據胡牀，叱左右速探牛心來，須臾炙至，一
臠便去"。《晋書·王羲之傳》："幼訥於言，人
未之奇。年十三，嘗謁周顗，顗察而異之。時
重牛心炙，坐客未噉，顗先割啗羲之，於是始
知名。"按，後世稱引，多爲美肴之代稱，并非
實指。如下二例便是。宋虞傳《有懷廣文俞同
年》詩："客來愧乏牛心炙，茶罷空堆馬乳盤。"
清趙翼《桐山齋中杜鵑花》詩："况有牛心炙，
兼烹雀舌芽。"

【牛胘炙】

"牛炙"之一種。即烤牛胃。胘，牛之百
葉，即牛胃。此稱南北朝時期已行用。北魏賈
思勰《齊民要術·炙法》："牛胘炙：老牛胘，
厚而肥。劃穿，痛蹙令聚，逼火急炙，令上劈
裂，然後割之，則脆而甚美。若挽令舒申，微
火遙炙，則薄而且韌。"

【肝炙】[1]

炙品。牛、羊、猪肝皆得爲之。此以烤
牛肝言，故列入"牛炙"之屬。此稱始見於
南北朝時期。北魏賈思勰《齊民要術·炙法》：
"肝炙：牛、羊、猪肝皆得。臠長半寸，廣五
分，亦以葱、鹽、豉汁脯之。以羊絡肚膲脂
裹，横穿炙之。"

【渾炙犁牛】

"牛炙"之一品。即整個烤的犁牛。渾炙，
整烤。犁牛，犛牛，出河朔以西及西南徼外。
犛牛，狀如水牛，體長力大，能負重物。據明
李時珍《本草綱目·獸二·犛牛》，其肉味美，
《吕氏春秋》已加記載。此炙品見於唐代西部邊
陲。唐岑參《酒泉太守席上醉後作》詩："琵琶
長笛曲相和，羌兒胡雛齊唱歌。渾炙犁牛烹野
駝，交河美酒金叵羅。"

羊炙

炙品。即烤羊肉。先秦時期已見，爲宗周
貴族肴饌。《禮記·内則》："膳：膷、臐、膮、
醢、牛炙；醢、牛胾、醢、牛膾；羊炙、羊胾、
醢、豕炙。"晋代入藥袪疾。明李時珍《本草綱
目·獸一·羊》引晋葛洪《肘後方》："頭上白
禿，羊肉如作脯法，炙香，熱榻上，不過數次，
瘥。"南北朝時期出現的"腩炙""肝炙""擣
炙""胎炙"等，皆可以羊肉、羊肝單獨爲之，
實際上也就是"羊炙"。南北朝時期的"跳丸
炙"係以羊肉爲主，輔以猪肉製成，也是一種
"羊炙"。北魏賈思勰《齊民要術·炙法》："《食
經》曰：'作跳丸炙法：羊肉十斤，猪肉十斤，
縷切之，生薑三斤，橘皮五葉，藏瓜二升，葱白
五升，合擣，令如彈丸。別以五斤羊肉作臛，乃
下丸炙煮之，作丸也。'"唐宋以來，歷代都有各
種名目"羊炙"出現，如唐代"昇平炙""渾羊
歿忽"，宋代"炙骨頭"，元代"炙羊心""炙羊
腰"，明代"醬炙羊"，清代"炙羊肉片"等。現
在新疆之"烤羊肉串"廣布城鄉市肆。

【跳丸炙】

"羊炙"之一種。此稱南北朝時期已行用。
見該文。

【昇平炙】

"羊炙"之一種。即烤羊舌（或鹿舌）。此稱唐代已行用。宋陶穀《清異錄》載唐韋巨源燒尾食賬："昇平炙。"原注："治羊鹿舌，拌三百數。"

【渾羊歿忽】

"羊炙"之一種。羊包鵝炙熟。渾羊，全羊。歿忽，不詳，疑爲北方游牧部族語之音譯。唐盧言《盧氏雜說》："見京都人說，兩軍每行從進食，及其宴設，多食雞鵝之類，就中愛食子鵝。鵝每隻價值二三千，每有設，據人數取鵝，燖去毛，及去五臟，釀以肉及糯米飯，五味調和。先取羊一口，亦燖剝，去腸胃，置鵝於羊中，縫合炙之。羊肉若熟，便堪去却羊，取鵝渾食之，謂之'渾羊歿忽'。"

【炙骨頭】

"羊炙"之一種。即烤羊肋骨。此稱宋代已行用。宋周密《武林舊事・市食》："兔犯、麂犯、鹿脯、糟猪頭、乾鹹豉、皂角鋌、臘肉、炙骨頭、旋炙荷包。"元代亦稱"骨炙"。元佚名《居家必用事類全集・庚集・飲食類》："骨炙：帶皮羊脊每枝截兩段。用磁砂末一稔，沸湯浸，放溫，蘸炙，急翻勿令熟。再蘸再炙。如此三次。好酒略浸，上鏟一翻便可食。凡猪、羊脊膂，麂、兔精肉，用羊脂包，炙之。"

【骨炙】

即炙骨頭。此稱元代已行用。見該文。

【炙羊心】

"羊炙"之一種。即烤羊心。藥膳。此稱元代已行用。元忽思慧《飲膳正要・聚珍異饌》："炙羊心：治心氣驚悸，鬱結不樂。羊心（一個。帶系桶）、咱夫蘭（三錢）。右件用玫瑰水一盞浸，取汁，入鹽少許。簽子簽羊心于火上炙。將咱夫蘭汁徐徐塗之，汁盡爲度。食之，安寧心氣，令人多喜。"參閱明李時珍《本草綱目・獸一・羊》。

【炙羊腰】

"羊炙"之一種。即烤羊腎。藥膳。此稱始見於元代。元忽思慧《飲膳正要・聚珍異饌》："炙羊腰：治卒患腰眼疼痛者。羊腰（一對）、咱夫蘭（一錢）。右件用玫瑰水一杓浸，取汁，入鹽少許。簽子簽腰子火上炙。將咱夫蘭汁徐徐塗之，汁盡爲度。食之，甚有效驗。"

【燒肉事件】

"羊炙"之一種。此稱明代已行用。以羊膊、羊肋、羊耳、羊舌等（或其他各種肉）簽插火烤而成。明劉基《多能鄙事》："燒肉事件：羊膊（煮熟燒），羊肋（生燒），黃牛肉（煮熟燒），獐鹿膊（煮半熟燒），鵪鶉（去肚生燒），野鴨雁（熟燒），羊奶肪（半熟燒），腰子，水札，兔，苦腸，蹄子（火燎），肝，黃雀，砂雀，膌肉，羊耳、舌，以上生燒。右俱用簽插於炭火上，蘸油、鹽、醬、料物，酒醋調薄糊燒，不住手翻轉。至熟，剝去麵皮供。"

【醬炙羊】

"羊炙"之一種。此稱明代已行用。製法非直接烘烤，而是以醬、椒、葱調拌肉片置於鍋內，鍋底有水，紙封鍋頂，微水炙乾。明宋翊《宋氏養生部》："醬炙羊。《詩》注曰：炕火曰炙。謂以物貫之而舉於火上以炙之。今無此制，惟封於鍋也。……用肉爲軒，研醬末、縮砂仁、花椒屑、葱白、熟香油，揉和片時，架少水鍋中，紙封鍋蓋，慢火炙熟。"

【炙羊肉片】

"羊炙"之一種。此稱清代已行用。清佚名《調鼎集·雜牲部》："炙羊肉片：生羊肉切片，炭火上用鐵網炙，不時蘸鹽水、醬油。俟反正俱熟，乘熱用。"

【燒羊肉】

"羊炙"之一種。此稱清代已行用。清袁枚《隨園食單·雜牲單》："燒羊肉：羊肉切大塊、重五七斤者，鐵叉火上燒之，味果甘脆。"清夏曾傳補證："京師前門外部蘇拉蘇聚會之所有賣羊肉者：置鐵煤盤一具，以羊肉生切薄片，用清醬鬱之，置案上，食者自夾肉入盤，兩面炙熱即納口中，以高粱酒下之，味不下於燒羊肉也。此種豪邁氣惟北人有之，南人見而咋舌矣。近日吴中亦能爲燒羊肉，惟羊不及他處耳。"

豕炙

炙品。即烤豬肉。始見於先秦時期。《儀禮·公食大夫禮》："鮨南羊炙，以東羊胾、醢、豕炙；炙南醢，以西豕胾、芥醬、魚膾。"《禮記·內則》："膳……羊炙、羊胾、醢、豕炙。"馬王堆漢墓遣册竹簡亦載之。長沙馬王堆一號漢墓第四三簡："豕炙一笥。"明代稱"火炙豬"，清代稱"燒豬肉""炙肉"，載有製法。明宋詡《宋氏養生部》："火炙豬：一用肉肥嫩者，薄切牒，每斤鹽六錢，醃之。以花椒、蒔蘿、大茴香和勻後，微見日，置鐵牀中，於鍊火上炙熟。一用肉薄切小牒，粘薄瓷碗中，以紙封之，覆置鍊火上烘熟。"清袁枚《隨園食單·特牲單》："燒豬肉：凡燒豬肉須耐性，先炙裏面肉，使油膏走入皮內，則皮鬆脆而味不走。若先炙皮，則肉上之油盡落火上，皮既焦硬，味亦不佳。"徐珂《清稗類鈔·飲食類》："炙肉者，炙豬肉也。以芝麻花爲末，敷於肉，則油不流。"

【火炙豬】

即豕炙。此稱明代已行用。見該文。

【燒豬肉】

即豕炙。此稱清代已行用。見該文。

【炙肉】

即豕炙。此稱清代已行用。見該文。

【貊炙】

"豕炙"之一種。漢代北方少數民族所食。《釋名·釋飲食》："貊炙，全體炙之，各自以刀割。出於胡貊之爲也。"畢沅校注："《御覽》八百五十九引《搜神記》云：'羌煮、貊炙，翟之食也。自太始以來，中國尚之。'"一說，古代少數民族烤肉聚餐。

【炙豚】

"豕炙"之一種。即烤小豬。豚，小豬。將小豬宰割治净，細火遥烤，并不時塗以酒或豬膏、麻油類即成。南北朝時期已見。北魏賈思勰《齊民要術·炙法》："炙豚法：用乳下豚極肥者，豶牸俱得，擊治一如煮法，揩洗、刮削，令極净。小開腹，去五藏，又净洗。以茅茹腹令滿，柞木穿，緩火遥炙，急轉勿住。清酒數塗以發色。取新豬膏極白净者，塗拭勿住。若無新豬膏，净麻油亦得。色同琥珀，又類真金。入口則消，狀若凌雪，含漿膏潤，特異凡常也。"同書《炙法》又載"脾炙狏"，亦烤小豬，用料及製法與"炙豚"不同。脾，同"膊"，剖開。狏，同"豚"。製時將肥豬肉與鴨肉相合砸爛，調入醬、葱、薑等作料，放入解剖并去骨去厚之小豬上，經過籤子穿，重物壓，最後用微火烤，并不時刷蜜。賈書："脾炙狏法：小形豘一頭，膊開，去骨去厚處，安就薄處，令調。取肥豘肉三斤，肥鴨二斤，合細琢。魚醬汁三合，琢葱白二升，薑一合，橘皮半合，和二種肉，著豘上，令調平。以竹弗弗之，相去二寸下弗。以竹箸著上，以板覆上，重物迮之。得一宿。明旦，微火炙，以蜜一升合和，時時刷之。黄赤色便熟。先以雞子黄塗之，今世不復用也。"清代亦稱"燒小猪"。清袁枚《隨園食單・特牲單》："燒小猪：小猪一個，六七斤重者，鉗毛去穢，叉上炭火炙之，要四面齊到，以深黄色爲度。皮上慢慢以奶酥油塗之，屢塗屢炙。食時酥爲上，脆次之，硬斯下矣。"清夏曾傳補證："粤東結縭之次日，婿家必送此於女家，以家之貧富爲多寡。"清潘榮陛《帝京歲時紀勝》載，每届中秋，烤小猪爲應節佳品。《老殘游記》第四回："第三雇是一個燒小猪。"

【膊炙豘】

"炙豚"之屬。此稱南北朝時期已行用。見該文。

【燒小猪】

即炙豚。此稱清代已行用。見該文。

【野猪肉炙】

"豕炙"之一種。即烤野猪肉。藥膳，可治漏痔、肚腹疼痛。此稱唐代已行用。唐咎殷《食醫心鑑》："野猪肉炙方：以野猪肉二斤，切作臠，炙。著椒、鹽、葱白腤熟。空心食之。"

【炙犯兒】

"豕炙"之一種。犯兒，猪肉。此稱宋代已行用。時又有"炙椒酸犯兒""旋炙犯兒"，亦此屬。宋吳自牧《夢粱録・分茶酒店》："食次名件甚多，姑以述於後……炙犯兒、赤蟹、假炙鱟橙，醋赤蟹、白蟹、辣羹。"又《夜市》：

"又有沿街頭盤叫賣薑豉、膘皮膘子、炙椒酸犯兒、羊脂韭餅、糟羊蹄、糟蟹。"宋周密《武林舊事・市食》："旋炙犯兒、八糙鵝鴨、炙雞鴨、爊肝、罐裏爊、爊鰻鱔、爊團魚。"按，"炙犯兒"殆亦稱"犯兒炙"。《夢粱録・分茶酒店》食目有"犯兒、江魚炙"。

【炙椒酸犯兒】

"炙犯兒"之屬。此稱宋代已行用。見該文。

【旋炙犯兒】

"炙犯兒"之快速成熟者。此稱宋代已行用。見該文。

【皂角錠】

"豕炙"之一種。因烤熟肉肉形如皂角，故名。皂角，皂角樹所結之莢。此稱元代已行用。元佚名《墨娥小録》："皂角錠：猪肉肥嫩者各自切作肥片，每片用鹽淹之。須令鹹淡得所，花椒、蒔蘿同擂，不要十分碎就拌肉片，略見日。炭火鉄牀炙，以熟爲度。"按，"錠"疑爲"脡"字。宋周密《武林舊事・市食》"犯鮓"類有"皂角鋌"，《高宗幸張府節次略》有"皂角鋌子""藕鋌兒"。"鋌"殆"脡"之假。"脡"爲乾腊之名，鱭魚作腊名鵝毛脡，見明李時珍《本草綱目・鱗三・鱭魚》。

【油灼肉】

"豕炙"之一種。此稱清代已行用。清袁枚《隨園食單・特牲單》："油灼肉：用硬短勒切方塊，去筋襻，酒醬鬱過，入滾油中炮炙之。使肥者不膩，精者肉鬆。將起鍋時，加葱蒜，微加醋噴之。"

【金錢肉】

"豕炙"之一種。因所烤肉片形如金錢，故名。此稱清代已行用。清佚名《調鼎集・特牲部》："金錢肉：切薄片如茶杯大，鋪鐵網架上，加醬油、醋，兩面火烤。"按，一本作："切圓片，浸醬油酒，用鐵摋串，入火炙，食時將下裝盤。"

【響皮肉】

"豕炙"之一種。因炙油時肉皮作響，故名。此稱清代已行用。清佚名《調鼎集·特牲部》："肉切方塊，炭火炙，皮上頻抹麻油，再炙酥，名響皮肉。"

【炙肝油】

"豕炙"之一種。即烤豬肝。此稱清代已行用。清佚名《調鼎集·特牲部》："炙肝油：生肝切條，拌葱汁、鹽、酒，網油捲，炭火炙熟，切段或片，蘸椒鹽。炙豬腰同。"

【炙肉皮】

"豕炙"之一種。烤豬肉皮。此稱清代已行用。清佚名《調鼎集·特牲部》："炙肉皮：乾肉皮掃上醬油、麻油、椒末，炭火炙。"

【烤酥皮肉】

"豕炙"之一種。此稱清代已行用。清佚名《調鼎集·特牲部》："烤酥皮肉：切塊，入醬油、酒、椒、鹽煮透，乾鍋烤黃色，收貯作路菜。臨用，或開水，或酒一泡即酥。"

炙兔

炙品。即烤兔。先秦時期已見。《詩·小雅·瓠葉》："有兔斯首，燔之炙之。"朱熹注："炕火曰炙，謂以物貫之而舉於火上以炙之。"元代亦稱"釀燒兔"。製法別致，係將兔腿、羊膘及作料裝入兔之空體腔内烤熟。元佚名《居家必用事類全集·庚集·飲食類》："釀燒兔：只用腔子，將腿脚肉與羊膘縷切，饙飯一匙，物料打拌，釀大腔内，綫縫合，杖夾燒熟供。"明

宋詡《宋氏養生部》："炙兔：掭潔，少鹽醃過，遍揉香熟油、花椒、葱，架鍋中，紙封，炙熟。少以醋澆熱鍋中，生焦烟觸黃香。宜蒜醋。"

【釀燒兔】

即炙兔。此稱元代已行用。見該文。

鹿炙

炙品。即烤鹿肉。始見於漢代，達於明清。馬王堆漢墓遺册竹簡載此。長沙馬王堆一號漢墓第四四簡："鹿炙一笥。"明代將作料浥漬之鹿肉片置鐵牀上反復炙烤，直至熟透。明宋詡《宋氏養生部》："鹿炙：用肉帗二三寸長微薄軒，以地椒、花椒、蒔蘿、鹽少醃，置鐵牀上，傅煉火中炙；再浥汁，再炙之。俟香透徹爲度。"清代稱"炙鹿肉"。做法：將鹿肉架於炭火上，兩面均烘烤，時加鹽水，熟後切食。清佚名《調鼎集·雜牲部》："炙鹿肉：整塊肥鹿肉，叉架炭上炙，頻掃鹽水。俟兩面俱熟，切片。"

【炙鹿肉】

即鹿炙。此稱清代已行用。見該文。

【燒鹿肉】

即鹿炙。此稱清代已行用。清袁枚《隨園食單·雜牲單》："鹿肉：鹿肉不可輕得，得而製之，其嫩鮮在獐肉之上。燒食可，煨食亦可。"

炙獐

炙品。即烤獐肉。始見於南北朝時期，達於後世。北魏賈思勰《齊民要術·炙法》中所言"腩炙""脏炙""擣炙"，皆可以獐爲之。宋代始稱"炙麞"。麞，同"獐"。宋林洪《山家清供·炙麞》："《本草》：秋後其味勝羊，道家羞爲白脯，其骨可爲麞骨酒。今作大臠，用鹽、

酒、香料淹少頃，取羊脂包裹，猛火炙熟，擘去脂食。"時又有"潤燠獐肉炙"，亦此類。宋吳自牧《夢粱録·分茶酒店》："食次名件甚多，姑以述於後……犯兒、江魚炙、潤燠獐肉炙、潤江魚鹹豉、十色鹹豉、下飯齏肉、假燠鴨、下飯二色炙、潤骨頭等食品。"

【潤燠獐肉炙】

"炙獐"之屬。此稱宋代已行用。見該文。

象鼻炙

炙品。即烤象鼻。多見於唐宋時期。嶺南交、廣之人恒食之。唐段公路《北户録·象鼻炙》："廣之屬城循州、雷州皆産黑象，牙小而紅，堪爲笏裁，亦不下舶上來者。土人捕之，爭食其鼻，云肥脆，偏堪爲炙，滋味小類猪之含消（今之炙也）。"唐劉恂《嶺表録異》卷上："廣之屬郡潮循州多野象。潮循人或捕得象，爭食其鼻，云肥脆，尤堪作炙。"明李時珍《本草綱目·獸二·象》引唐陳藏器云："象具十二生肖肉，各有分段；惟鼻是其本肉，炙食、糟食更美。"又引宋蘇頌云："《爾雅》云：南方之美者，有梁山之犀象焉。今多出交趾潮循諸州。彼人捕得，爭食其肉，云肥脆堪作炙。"大象今爲國家保護的野生動物，掠殺象是犯罪行爲。

炙鷄

炙品。即烤鷄。推想當肇自上古，文獻中漢代已見。長沙馬王堆一號漢墓第四五簡："炙鷄一笥。"後代相沿製作。宋孟元老《東京夢華録·飲食果子》："又有外來托賣炙鷄、燠鴨、羊脚子、點羊頭、脆筋巴子。"宋吳自牧《夢粱録·分茶酒店》："又有托盤擔架至酒肆中歌叫買賣者，如炙鷄、八焙鷄、紅燠鷄、脯鷄。"明李時珍《本草綱目·禽二·鷄》引宋《聖濟總録》："百蟲入耳。鷄肉炙香，塞耳中引出。"今時製作，多稱"烤鷄""燒鷄"，又有"電烤鷄""八珍烤鷄"等。按，宋周密《武林舊事·市食》載有食目"炙鷄鴨"，爲統稱。

【炙黄雌鷄】

"炙鷄"之一種。即烤黄母鷄。藥膳。治下焦虚，小便數。此稱唐代已行用。唐咎殷《食醫心鑑》："炙黄雌鷄方：黄雌鷄壹隻，治如《食〔經〕》。右炙，令極熟，刷鹽、醋、椒末，空心食之。"元代亦稱"炙黄鷄"。元忽思慧《飲膳正要·聚珍異饌》："炙黄鷄：治脾胃虚弱，下痢。黄雌鷄（一隻。摛净）。右以鹽、醬、醋、茴香、小椒末，同拌匀，刷鷄上，令炭火炙乾焦，空腹食之。"

【炙黄鷄】

"炙黄雌鷄"之省稱。此稱元代已行用。見該文。

【五味炙小鷄】

"炙鷄"之一種。見於南宋都城臨安。宋吳自牧《夢粱録·分茶酒店》："〔食次名件〕攛小鷄、拂兒笋、燠小鷄、五味炙小鷄。"

【烘鷄】

"炙鷄"之一種。此稱明代已行用。明宋詡《宋氏養生部》："烘鷄：刳鷄背，微烹，用酒、薑汁、鹽、花椒、葱浥之，置煉火上烘，且浥且烘，以熟燥爲度。"

炙鵝鴨

炙品。即烤鵝鴨。推想應肇自上古，文獻中南北朝時期已見，時稱"範炙"。範，特製鐵器。於中烘烤鵝鴨肉，故名。徐州漢墓畫像石"庖厨宴飲百戲圖"中已見庖厨懸掛脱去羽毛之鵝鴨三隻，似正待燒烤，另有兩隻似鵝鴨之活物，或爲備用品。北魏賈思勰《齊民要術·炙法》："範炙：用鵝鴨臆肉。如渾，椎令骨碎。與薑、椒、橘皮、葱、胡芹、小蒜鹽豉切和，塗肉，渾炙之。斫取臆肉，去骨，莫如白煮之者。"唐代稱"炙鵝鴨"。製時將活鵝鴨置諸鐵籠中施炭火，周設盛五味汁銅盆。鵝鴨熱渴難禁，遂吸吭五味汁。待毛落肉赤即熟。參閲《太平廣記》。

【範炙】

即炙鵝鴨。此稱南北朝時期已行用。見該文。

【擣炙】

"炙鵝鴨"之一種。即烤小肥鵝。將其肉細剉，調入醋、瓜菹、葱白等，縛於竹籤，塗以鷄蛋清與黄，烤至汁出即成。此稱始見於南北朝時期。北魏賈思勰《齊民要術·炙法》："擣炙法：取肥子鵝肉二斤，剉之，不須細剉。好醋三合，瓜菹一合，葱白一合，薑、橘皮各半合，椒二十枚作屑，合和之，更剉令調。裹著充竹弗上。破鷄子十枚，别取白，先摩之令調，復以鷄子黄塗之。唯急火急炙之，使焦汁出便熟。"時亦稱"銜炙"。但炙法不同。製此先將鵝煮半熟，剉而去骨，調入大豆酢、瓜菹、薑、椒等，又與細琢之白魚肉相合烤成。北魏賈思勰《齊民要術·炙法》："銜炙法：取極肥子鵝一隻，净治，煮令半熟，去骨，剉之。和大豆酢五合，瓜菹三合，薑、橘皮各半合，切小蒜一合，魚醬汁二合，椒數十粒作屑。合和，更剉令調。取好白魚肉細琢，裹作弗，炙之。"清代稱"炙子鵝"。清佚名《調鼎集·羽族部》："炙子鵝：時掃醬油，用炭火炙熟。"按，"銜炙"之稱，漢代已見。《釋名·釋飲食》："銜炙，細密肉，和以薑、椒、鹽、豉已，乃以肉銜裹其表而炙之也。"是漢代"銜炙"，不限於烤子鵝，祇要是"細密肉"即可。

【銜炙】

"擣炙"之屬。因烤時須以肉銜裹被炙物之表，故名。此稱漢代已行用。見該文。

【炙子鵝】

"擣炙"之俗稱。此稱清代已行用。見該文。

【腩炙】

"炙鵝鴨"之一品。即烤鴨。此稱始見於南北朝時期。北魏賈思勰《齊民要術·炙法》："腩炙法：肥鴨，净治洗，去骨，作臠。酒五合，魚醬汁五合，薑、葱、橘皮半合，豉汁五合，合和，漬一炊久，便中炙。"宋代稱"炙

庖厨宴飲百戲圖
（徐州漢墓畫像石綫描摹本）

鴨”。宋吳自牧《夢粱録·葷素從食店》：“及沿門歌叫熟食：爊肉、炙鴨、爊鵝、熟羊雞鴨等類。”明代將熟鴨架鍋中炙之，亦稱“炙鴨”。明宋翊《宋氏養生部》：“炙鴨：用肥者，全體爊汁中烹熟，將熟油沃，架而炙之。”清代相沿製作。清佚名《調鼎集·羽族部》：“炙鴨：用雛鴨，鐵叉擎炭火上，頻掃麻油、醬油燒。”時亦稱“燒鴨”。清袁枚《隨園食單·羽族單》：“燒鴨：用雛鴨上叉燒之，馮觀察家廚最精。”清夏曾傳補證：“京師便宜坊燒鴨得名，近日蘇州、上海亦多有之。”近世俗稱“烤鴨”，以北京全聚德所製最負盛名。按，宋吳自牧《夢粱録·分茶酒店》載宋代市肆有“假炙鴨”“小雞假炙鴨”，蓋爲受“炙鴨”影響而出現的相關食品。

【炙鴨】

“腩炙”之俗稱。此稱宋代已行用。見該文。

【燒鴨】

即腩炙。此稱清代已行用。見該文。

【炙鵝】

“炙鵝鴨”之一種。又稱“鵝炙”。南北朝時期已見。《南齊書·劉瓛傳》：“晷輿僚佐飲，自割鵝炙。”宋代稱“炙鵝”。宋吳自牧《夢粱録·分茶酒店》：“又有托盤擔架至酒肆中歌叫買賣者，如炙雞……八糙鵝鴨、白煠春鵝、炙鵝、糟羊蹄。”清代亦稱“燒鵝”。清袁枚《隨園食單·羽族單》：“燒鵝：杭州燒鵝爲人所笑，以其生也。不如家廚自燒爲妙。”清夏曾傳補證：“《歲時雜記》：涉江州郡皆重夏至殺鵝，爲炙相遺。”時又有“洋爐鵝”，亦此類。清佚名《調鼎集·羽族部》：“洋爐鵝：腹內入葱捲並大頭，以鐵叉叉鵝，入爐炙熟。雞、鴨同。”

【鵝炙】

即炙鵝。此稱南北朝時期已行用。見該文。

【燒鵝】

即炙鵝。此稱清代已行用。見該文。

【洋爐鵝】

“炙鵝”之一種。因於爐內烘烤而成，故名。此稱清代已行用。見該文。

炙鴰

一種烤禽。鴰，即鶬鴰、麥雞。先秦時期已見。漢代亦稱“炙鶬鴰”。《楚辭·大招》：“炙鴰烝鳧，鵠鶉敶只。”漢王逸注：“言復炙鶬鴰、烝鳧鴈、鵠熿鶉鴱，敶列衆味，無所不具也。”後世罕食之者。明李時珍《本草綱目·禽一·鶬雞》：“鶬，古人多食之……今惟俚人捕食，不復充饌品矣。”

【炙鶬鴰】

即炙鴰。此稱漢代已行用。見該文。

炙鸜鵒

炙品。即烤八哥。藥膳。可治五痔、吃噫、老嗽。唐代已見。唐咎殷《食醫心鑑》：“治五痔下血不止，炙鸜鵒方：以鸜鵒一隻，治洗，炙令熟，食之。作粥亦得。”明李時珍《本草綱目·禽三·鸜鵒》引唐蘇恭《唐本草》：“五痔止血，炙食。”又引唐孟詵《食療本草》：“治老嗽：臘月臘日取得，五味醃炙食，或作羹食。”又引宋佚名《日華諸家本草》：“炙食一枚，治吃噫，下氣通靈。”

鴛鴦炙

炙品。即烤鴛鴦。藥膳。治痔瘻多夢。唐宋時期已見。明李時珍《本草綱目·禽一·鴛鴦》引唐孫思邈云：“炙食，治夢寐思慕者。”引唐咎殷《食醫心鑑》：“五瘻漏瘡：鴛鴦一隻，治如常法，炙熟細切，以五味醋食之。作羹亦妙。"又引宋陳直《奉親養老方》："血痔不止：鴛鴦一隻，治净切片，以五味椒鹽醃炙，空心食之。"

【脂炙】

炙品。以肥猪、鵝、鴨、羊、犢、獐、鹿肉烤成。此稱漢代已行用。《釋名·釋飲食》："脂炙，脂，衡也。"南北朝時期載製法。北魏賈思勰《齊民要術·炙法》引《食次》："脂炙：用鵝、鴨、羊、犢、麛、鹿、猪肉肥者，赤白半，細研熬之。以酸瓜菹、筍菹、薑、椒、橘皮、葱、胡芹細切，鹽、豉汁合和肉，丸之。手搦爲寸半方，以羊、猪臘肚臘裹之。兩歧簇兩條簇炙之，簇兩臠，令極熟。奠，四臠。牛、雞肉不中用。"

魚炙

炙品。即烤魚。遠古先民掌握了鑽燧取火以後，必將漁獵所獲燒、烤、烹、煮，原始之魚炙殆産生於此時。春秋時期已見製作。亦稱"炙魚"。南方吳、楚製作尤盛。楚國祭典規定，庶人死了可以用魚炙祭祀。《國語·楚語上》："其祭典有之曰：國君有牛享，大夫有羊饋，士有豚犬之奠，庶人有魚炙之薦。"專諸爲了刺殺吳王僚，去太湖學習炙魚，藏劍於魚肴。漢趙曄《吳越春秋·王僚使公子光傳》："專諸曰：'凡欲殺人君，必前求其所好，吳王何好？'光曰：'好味。'專諸曰：'何味所甘？'光曰：'好嗜魚之炙也。'專諸乃去從太湖學炙魚，三月得其味……使專諸置魚腸劍炙魚中進之。"南北朝時期始詳載製法。北魏賈思勰《齊民要術·炙法》："炙魚：用小鱧、白魚最勝。渾用。鱗治，刀細謹。無小用大，爲方寸准，不謹。

薑、橘、椒、葱、胡芹、小蒜、蘇欓，細切鍛，鹽、豉、酢和，以漬魚，可經宿。炙時以雜香菜汁灌之。燥復與之，熟而止。色赤則好。雙奠，不惟用一。"其時皇族亦嗜食。《南史·齊宣孝陳皇后傳》："昭皇后薦茗粣炙魚，並生平所嗜也。"宋時亦詳載製法，多以鱭魚爲之。宋佚名《吳氏中饋録》："炙魚：鱭魚新出水者，治净，炭火上十分炙乾，收藏。一法，以鱭魚去頭尾，切作段，用油炙熟。每段用箬間，盛瓦罐内，泥封。"按，清顧仲《養小録》卷下亦載此，"鱭魚"作"鮆魚"。今日仍製作食用，即俗所謂"烤魚片"。

【炙魚】

即魚炙。此稱春秋時期已行用。見該文。

【餅炙】

"魚炙"之一種。通以活魚爲之，白魚最好，不用鮎魚、鱧魚。始見於南北朝時期。北魏賈思勰《齊民要術·炙法》："餅炙：用生魚、白魚最好，鮎鱧不中用。下魚片，離脊肋，仰栅几上，手按大頭，以鈍刀向尾割取肉，至皮即止。净洗，臼中熟舂之，勿令蒜氣。與薑、椒、橘皮、鹽、豉和。以竹木作圓範，格四寸，面油塗絹藉之。絹從格上下以裝之，按令均平，手捉絹，倒餅膏油中煎之。出鐺，及熱置拌上，盌子底按之令勿拗。將奠，翻仰之。若盌子奠，仰與盌子相應。"又云："用白肉、生魚等分，細研熬和如上，手團作餅，膏油煎，如作雞子餅。十字解奠之，還令相就如全奠。小者二寸半，奠二。葱、胡芹生物不得用，用則斑，可增。衆物若是，先停此。若無，亦可用此物助諸物。"又："作餅炙法：取好白魚，净治，除骨取肉，琢得三升。熟猪肉肥者一升，細琢。

酢五合，葱、瓜菹各二合，薑、橘皮各半合，魚醬汁三合，看鹹淡多少，鹽之適口。取足作餅，如升盞大，厚五分。熟油微火煎之，色赤便熟，可食。”

【炙白魚】

“魚炙”之一種。即烤白魚。此物始見於南北朝時期，後世亦有作者。北魏賈思勰《齊民要術・炙法》：“釀炙白魚法：白魚長二尺，净治，勿破腹。洗之竟，破背，以鹽之。取肥子鴨一頭，洗治，去骨，細剉；作酢一升，瓜菹五合，魚醬汁三合，薑、橘各一合，葱二合，豉汁一合，和，炙之令熟。合取後背入著腹中，弗之，如常炙魚法，微火炙半熟，復以少苦酒雜魚醬、豉汁，更刷魚上，便成。”唐人認爲食此易萌動氣火，有礙健康。明李時珍《本草綱目・鱗三・白魚》引唐孟詵曰：“鮮者宜和豉作羹，雖不發病，多食亦泥人。經宿者勿食，令人腹冷。炙食，亦少動氣。或醃或糟藏，皆可食。”

【鰻鱺魚炙】

“魚炙”之一種。即烤鰻鱺魚。鱺，同“鱺”。此稱唐代已行用。藥膳。治五痔瘻瘡，殺諸蟲。唐昝殷《食醫心鑑》：“鰻鱺魚炙方：……以鰻鱺魚治如《食〔經〕》，切作臠，炙。鹽、葱白、椒調和，食之。”宋代亦稱“炙鰻”。宋吳自牧《夢粱録・分茶酒店》：“更有擡床賣熟羊、炙鰍、炙鰻、炙魚粉、鰍粉等物。”又《鮓鋪》：“鋪中亦兼賣大魚鮓……炙鰻、蒸魚。”按，鰻鱺小者可食，其餘多不可食，輕者中毒，重者致死。參閱元賈銘《飲食須知・魚類》、明李時珍《本草綱目・鱗四・鰻鱺魚》。

【炙鰻】

即鰻鱺魚炙。此稱宋代已行用。見該文。

【炙鰍】

“魚炙”之一種。以鰍魚爲之。此稱始見於宋代。宋吳自牧《夢粱録・諸色雜貨》：“又有挑擔擡盤架，買賣江魚、石首……及下飯海腊、鮝鰾、鴨子、炙鰍。”明代作“炙鰌”，詳載製法。治净煮熟，於鐵條架上炙透。明宋翊《宋氏養生部》：“炙鰌：六七月間，得肥大者治潔。擊解其骨，先熬油雜爆汁，同鰌烹熟。爲鐵條架油盤中，取汁漸沃，炙透，徹乾香爲度。宜蒜醋。”

【炙鰌】

同“炙鰍”。此體明代已行用。見該文。

【炙鯿】

“魚炙”之一種。即烤魴魚。鯿，即魴魚。此稱宋代已行用。宋吳自牧《夢粱録・鮝鋪》：“鋪中亦兼賣大魚鮓、鱘魚鮓……凍魚、凍鮝、炙鯿、炙魚。”

【江魚炙】

“魚炙”之一種。即烤黃花魚。江魚，黃花魚之別名。此稱宋代已行用。宋吳自牧《夢粱録・分茶酒店》：“食次名件甚多，姑以述於後……潤鮮粥、蜜燒臛肉炙、犯兒、江魚炙、潤燻獐肉炙。”

【釀燒魚】

“魚炙”之一種。燒烤鯽魚而成。此稱元代已行用。元佚名《居家必用事類全集・庚集・飲食類》：“釀燒魚：鯽魚大者，肚脊批開洗净，釀打拌肉，杖夾燒熟供。”

【炙鯉魚】

“魚炙”之一種。即烤鯉魚。此稱清代已行用。清佚名《調鼎集・江鮮部》：“炙鯉魚：鯉魚腮下挖去腸，填松子仁、作料，火炙。"

【炙鱔】

"魚炙"之一種。即烤鱔魚。此稱清代已行用。徐珂《清稗類鈔·飲食類》："炙鱔：段鱔以寸爲段，先用油炙使堅，再以冬瓜、鮮笋、香蕈作配，微用醬水，重用薑汁。"

【炙鱘魚】

"魚炙"之一種。此稱清代已行用。清佚名《調鼎集·江鮮部》："炙鱘魚：蘸麻油，炭火炙極乾，聽用。"按，宋佚名《吳氏中饋錄》、明韓奕《易牙遺意》所謂"炙魚"，皆以鱘魚爲之。故其始當上溯於宋代。

炙車螯

炙品。即烤大蛤肉。車螯，亦作"車蝥"，海中大蛤。明李時珍《本草綱目·介二·車螯》："其殼色紫，璀粲如玉，斑點如花。海人以火炙之則殼開，取肉食之。"南北朝時期已見。北魏賈思勰《齊民要術·炙法》："炙車螯：炙如蠣。汁出，去半殼，去屎，三肉一殼。與薑、橘屑重炙令暖。仰奠四，酢隨之。勿太熟——則肕。"

炙蚶

炙品。蚶，軟體動物，外殼溝紋似瓦屋之壟，肉味極佳。南北朝時期已炙食之，稱"炙蚶"。北魏賈思勰《齊民要術·炙法》："炙蚶：鐵鍋上炙之。汁出，去半殼，以小銅桦奠之。大，奠六；小，奠八。仰奠。別奠酢隨之。"唐代稱"天臠"。唐劉恂《嶺表錄異》卷中："瓦屋子，蓋蚌蛤之類也，南中舊呼爲蚶子頭……以其殼上有棱如瓦壟，故名焉。殼中有肉，紫色而滿腹。廣人尤重之，多燒以薦酒，俗呼爲天臠，炙喫，多即壅氣，背膊煩疼。"按，明李

時珍《本草綱目·介二·魁蛤》總括劉書意爲"廣人重其肉，炙以薦酒，呼爲天臠"，"炙食益人，過多即壅氣"。

【天臠】

即炙蚶。此稱唐代已行用。見該文。

炙蠣

炙品。蠣，蚌蛤類軟體動物。生東海池澤，附石而生，磈礧相連如房。初生僅如拳石，四面漸長，有一二丈者。每房内有肉一塊，肉之大小，隨房所生，大房如馬蹄，小者如人指面。潮來則諸房皆開，有小蟲入，則合之以充腹。南人以其肉當食品，其味尤美好（見宋蘇頌《圖經本草·蟲魚上·牡蠣》）。以蠣爲炙，南北朝時期已見。北魏賈思勰《齊民要術·炙法》："炙蠣：似炙蚶。汁出，去半殼，三肉共奠。如蚶，別奠酢隨之。"後世用作藥膳，去黧黑，美膚色。明李時珍《本草綱目·介二·牡蠣》引宋蘇頌云："炙食甚美，令人細肌膚，美顏色。"引明朱橚《普濟方》："面色黧黑：牡蠣粉研末，蜜丸梧子大，每服三十丸，白湯下，日一服，并炙其肉食之。"

灌腸

葷肴。以切碎之肉、葱、薑及鹽等充入腸衣，復經炙烤製成，故名。始於南北朝時期，延續至今。初時主料用羊肉、羊腸，今時多用豬肉、豬腸，亦稱"香腸"。北魏賈思勰《齊民要術·炙法》："灌腸法：取羊盤腸，净洗治。細剉羊肉，令如籠肉，細切葱白、鹽、豉汁、薑、椒末調和，令鹹淡適口，以灌腸。兩條夾而炙之，割食甚香美。"唐段公路《北户錄·食目》："廣之人食品中有團油餅。"舊注："以煎蝦魚、炙鷄鵝、煮豬羊、鷄子羹餅、灌腸……

裝而食之是也。"宋孟元老《東京夢華錄·馬行街鋪席》："夜市亦有燋酸豏、豬胰胡餅、和菜餅、貛兒野狐肉、果木翹羹、灌腸、香糖果子之類。"清翟灝《通俗編·飲食》："《齊民要術》有灌腸法，細剉羊肉及葱、鹽、椒、豉，灌而炙之，與今法了無異也。"

炙蕈

炙品。蕈，蘑菇狀菌類植物。元代已見。元佚名《居家必用事類全集·庚集·飲食類》："炙蕈：肥白者湯浴過，握乾，鹽、醬油、料等拌。如前（按，指'炙脯'）炙之。"

炙茄

炙品。由茄子炙烤而成。炙最初多爲烤肉，受其影響，菜蔬亦烤食，自然別具風味。清代已見。徐珂《清稗類鈔·飲食類》："炙茄：茄削皮，以滾水泡去苦汁，豬肉炙之。炙時須待水乾。"

烤芋片

炙品。即烤芋頭片。清代已見。清佚名《調鼎集·蔬菜部》："烤芋片：片切三分厚，鍋內放水少許燒熱，將芋片貼鍋上無水處。烤俟熟，將芋片翻轉再烤，蘸洋糖。"

炙脯

炙品。以麵筋爲主料、用炙法製成的素肴。元代已見。元佚名《居家必用事類全集·庚集·飲食類》："炙脯：熟麵觔隨意切，下油鍋掠炒，以醬、醋、葱、椒、鹽料物（擂爛），調味得所，醃片時。用竹籤插，慢火炙乾，再蘸汁炙。"

第十一節　炮　考

炮，是一種古老、原始的以火熟肉的方法。具體方法如何，約有三説。其一，將肉帶毛燒烤。其二，將肉裹上泥草類燒烤。其三，將肉帶毛、裹物燒烤。《説文·火部》："炮，毛炙肉也。"段玉裁注："毛炙肉，謂肉不去毛炙之也。"徐灝箋："炮本連毛裹燒之名，故用'包'爲聲。"《禮記·內則》："炮，取豚若將，刲之刳之。"鄭玄注："炮者，以塗燒之爲名也。"《廣韻·平肴》："炮，裹物燒。"這裏許氏、段氏所持爲第一説，鄭氏、《廣韻》爲第二説，徐氏爲第三説。三説之高下，殊難論定；然大同小別，則無疑義。

炙，亦以火熟肉，但與"炮"不同。《説文·肉部》："炙，炙肉也。"段玉裁注："《瓠葉》傳曰：炕火曰炙。正義云：炕，舉也，謂以物貫之而舉於火上以炙之……《瓠葉》言炮、言燔、言炙，傳云：毛曰炮，加火曰燔，抗火曰炙，燔炙不必毛也……《禮運》注曰：炮，裹燒之也；燔，加於火上也；炙，貫之火上也。"據此知，炮必須帶毛燒烤，而炙是穿起肉舉到火上燒烤。《禮記·內則》記載了周天子所食"八珍"之一的"炮牂"的製法，其中有些操作可能近似於"炮"，如將肉"編萑以苴之，塗之以謹塗，炮之；塗皆乾，擘之"。當然這衹是"炮牂"的局部過程，而且是後代周天子所用之美食，與初始之"炮"自然有別，但是包上葦、塗上泥則形象地説明了"裏物燒"的特點。

炮爲帶毛、裏物燒烤，"炮"後加上被燒物名，遂成各種美味肉食。

文獻記載，毛炮始於遠古燧人氏。宋高承《事物紀原·酒醴飲食·炮》："《古史考》曰：燧人鑽火，人始裏肉而燔之，曰炮也。"考古發掘證實，遠在一百七十五萬年以前的雲南元謀人，已經能够保存及使用自然火，自然能將禽獸炮食。在距今五十萬年的北京猿人的洞穴中，殘存着使用自然火燒過的獸骨、灰炭，這是先民炮食的力證。人工取火，始於距今約一萬八千年的山頂洞人時期，這時人們自然更容易火熟而食。

毛炮産生於極其惡劣的自然環境，在烹飪工具、手段基本上不具備的條件下，一開始就具有自然性强、不够精細及不够講求衛生等特點。在烹飪史上，作爲一種菜肴，它在先秦以至唐宋曾有一席之地，但影響不大，行用面也不够廣。先秦兩漢僅在文獻中有少量"炮兔""炮羔""毛炮豚"等的記載。列入周天子食饌"八珍"的"炮豚""炮牂"是"炮"後復經深加工的食品，"炮"的過程也較古昔之"炮"精細得多。魏晋南北朝時，炮法有了發展，由帶毛裏物而燒演變作草裏泥封灰煨，所以三國時出現了這種食法的專用字"爐"，亦作"爐"。《廣雅·釋詁四》："爐，熅也。"北魏賈思勰《齊民要術·脯腊》在叙述"鱧魚脯"製法時言"草裏泥封，煻灰中爐之"，即爐法。賈書還詳細記載了"胡炮肉"的製法，此炮肉有兩個明顯特色，與往昔有別：去毛，裏灰燒烤。唐宋時期行用的是"爐"，多指在灰中煨熟，故《廣韻·平豪》謂"爐，埋物灰中令熟"。市肆中有"爐野味""辣爐野味""潤爐獐肉炙""假爐鴨""紅爐鷄""爐鴨""爐肉蹄子""爐肝事件""爐螺螄"等。然此後文獻中，此一食饌幾近消失。現實生活中偶爾也能見到，多在邊鄙漁獵鄉間，這是古風的沿習。文學作品中有時會見到"炮鳳烹龍"（元谷子敬《吕洞賓三度城南柳》），多是藝術描繪，爲美食代稱，不必實有其物。

炮

以火將帶毛、裏泥草之肉類燒熟。本爲熟食方法，於其後附以動物或肉類名，即成"炮"熟之美食。炮食始自人類使用天然火的荒古期，於文獻則見諸先秦時期。時字亦作"炰"。《詩·小雅·瓠葉》："有兔斯首，炮之燔之。"毛傳："毛曰炮。"孔穎達疏："當是合毛而炮之，未必能如八珍之食去毛炮之也。"又《魯頌·閟宮》："毛炰臡羹，籩豆大房。"毛傳："毛炰豚也。"孔穎達疏："其饌則有以（或作"燜"）火去其毛而炰之豚。"《説文・火部》："炮，毛炙肉也。"三國時期亦稱"爐""熅"。《廣雅・釋詁四》："爐，熅也。"王念孫疏證："爐者，《漢書・楊惲傳》：'烹羊炰羔。'顏師古注云：'炰，毛炙肉也，即今所謂爐也。'《齊民要術・作鱧魚脯法》云：'草裹泥封，煻灰中爐之。'"爐，或作"爐"。北魏賈思勰《齊民要術・蒸魚法》載有"胡炮肉"，方法是不帶毛，而是將羊肉置於洗净羊肚内，置於燒紅土坑中，"以灰火覆之，於上更燃火"。也没有草裹泥封。唐代亦作"褒"，同"炮"。唐段公路《北户録・食目》有"褒牛頭"。宋代食品中有"爐野味""辣爐野味""紅爐鷄""爐鴨""爐肉蹄子""爐肝事件""爐螺螄"等（或説，此"爐"同"熬"，煮也）。此後以"炮"爲稱之食罕見。

【炰】[1]

同"炮"。此體先秦時期已行用。見該文。

【爐】[1]

即炮。此稱三國時期已行用。見該文。

【熅】

即炮。此稱三國時期已行用。見該文。

【褒】

"炮"之音轉。此稱唐代已行用。見該文。

毛炰豚

葷肴。去毛後炮製之豚。亦作"毛炮豚"。文獻中見諸先秦時期及漢代。《詩・魯頌・閟宮》："毛炰臡羹，籩豆大房。"毛傳："毛炰豚也。"孔穎達疏："其饌則有以（或作"燜"）火去其毛而炰之豚……《封人》祭祀有毛炰之豚，故知毛炰是豚。"《周禮・地官・封人》："凡祭祀，

飾其牛牲，設其楅衡，置其絼，共其水槁。歌舞牲，及毛炮之豚。"鄭玄注："毛炮豚者，燜去其毛而炮之，以備八珍。"賈公彦疏："經直云毛炮，恐人以並毛炮之。案，《禮記・内則》有炮豚、炮牂，皆編萑以苴之，塗之以墐塗，孰乃擘去之。彼雖炮，亦不言去毛炮之。鄭知去毛者，牂豚之毛，於牲無用，空以汙損牲體，故知凡炮者皆去毛也。云以備八珍者，彼《内則》八珍之中有炮豚，此炮豚與彼同，故知此炮豚以備足八珍也。"

炮兔

葷肴。帶毛裹物燒兔。見於先秦時期。《詩・小雅・瓠葉》："有兔斯首，炮之燔之。"毛傳："毛曰炮。"鄭玄箋："炮之燔之者，將以爲飲酒之羞也。"孔穎達疏："毛曰炮，當是合毛而炮之，未必能如八珍之食去毛炮之也……王肅、孫毓述毛云：唯有一兔頭耳。然案經有'炮之燔之'，且有'炙之'，則非唯一兔首而已。既能有兔，不應空用其頭；若頭既待賓，其肉安在？以事量理，不近人情。蓋詩人之作，以首表兔。"

炮羔

葷肴。一種帶毛裹物燒烤的乳羊肉。其初必極早，文獻中戰國時期已見。《楚辭・招魂》："腼鼈炮羔，有柘漿些。"王逸注："羔，羊子也。"洪興祖補注："炮，合毛炙物；一曰裹物燒。"漢世相承，字亦作"炰羔"。《漢書・楊惲傳》："田家作苦，歲時伏臘，亨羊炰羔，斗酒自勞。"顏師古注："炰，毛炙肉也，即今所謂爐也。"大概在周代時，對炮羊開始有較爲詳細的説明。《禮記・内則》記載周天子食用"八珍"之一的"炮牂"的前期加工是：將羊宰殺後，

實棗於腹，用蓷葦包，泥封，燒烤。此蓋周時的一種炮法。據唐代孔穎達的解釋，此處是用的去毛之羊。南北朝時期出現一種"胡炮肉"，也是一種炮製的乳羊肉。其法亦不帶毛，而是用羊肚包裹碎切之羊肉、羊脂及香料，下置火坑，外覆灰，上復置火。北魏賈思勰《齊民要術·蒸缹法》："胡炮肉法：肥白羊肉，生始周年者，殺，則生縷切如細葉，脂亦切。著渾豉、鹽、擘葱白、薑、椒、蓽撥、胡椒，令調適。净洗羊肚，翻之。以切肉脂内於肚中，以向滿爲限，縫合。作浪中坑，火燒使赤，却灰火。内肚著坑中，還以灰火覆之，於上更燃火，炊一石米頃，便熟。香美異常，非煮炙之例。"

【炰羔】

同"炮羔"。此體漢代已行用。見該文。

【胡炮肉】

"炮羔"之屬。此稱南北朝時期已行用。見該文。

爧魚肉

葷肴。是把魚肉類放在熱灰中煨熟，同"炮"非常接近。爧，字亦作"燺"，見於三國時期。《廣雅·釋詁四》："燺，煴也。"王念孫疏證中提到北魏賈思勰《齊民要術·脯臘》中"作鱧魚脯法"的"草裹泥封，煻灰中燺（一本作'燺'）之"即此。《漢書·楊惲傳》唐顏師古注："炰，毛炙肉也，即今所謂爧也。"《廣韻·平豪》："爧，埋物灰中令熟。"宋代臨安市肆以"爧"爲名的肉食不少，僅見於宋吳自牧《夢粱録》的即有"爧野味""辣爧野味""潤爧獐肉炙""假爧鴨""紅爧鷄""爧鴨""爧肉蹄子""爧肝事件""爧螺螄"等。"爧魚肉"即綜合上述内容而爲之稱。

褒牛頭

葷肴。罐裝牛頭，泥封後加火煴燒。見於唐代。唐段公路《北户録·食目》："褒牛頭：南人取嫩牛頭，火上燂過，復以湯毛去根，再三洗了。加酒、豉、葱、薑煮之。候熟，切如手掌片大，調以蘇膏、椒、橘之類，都内於瓶瓮中，以泥泥過，煻火重燒。其名曰褒。"按，此"褒"蓋"炮"之音近而訛。

第十二節 胹 考

胹，即後代俗稱之"煮""熬"，這是一種最古老、最基本的烹飪方法，由此産生出一系列相關食品。

胹類食品名稱通常由"胹"（或同類動詞）後附以相關語詞（原料）構成，如"胹熊蹯"（或"煨口蘑""亨葵"等），由此形成以"胹"爲共同特徵的一系列食品。

胹類食品中"胹"的稱謂，古今不同。有的消失，有的保存，處在不停變換之中。這大概與烹調方法、工具、原料、條件等的變化有關，也與方言、文白之稱等有關。據粗略統計，古今使用過的“脈”類稱謂不下數十個，構成之菜肴多不勝舉。這衆多稱謂有共性，也有個性。兹以時代爲次，擇其要者叙述之。

先秦時期經常使用的“脈”類稱謂主要有“脈”“亨”“炰”“湛”等，它們用有關原料製作出一些菜肴。

脈，即煮，或説煮肉而成羹汁。字亦作“臑”“濡”。“脈熊蹯”“脈鼈”等爲當時名肴。《左傳・宣公二年》：“晋靈公不君……宰夫脈熊蹯不熟，殺之。”杜預注：“脈，煮也。”《楚辭・招魂》：“脈鼈炮羔，有柘漿些。”洪興祖補注：“脈，一作臑，釋文作濡，而朱切。五臣云：濡，煮也。補曰：濡，《集韻》音而，亨肉和湆也。”《禮記・内則》講到周代上層統治者的食物有“濡豚”“濡鷄”“濡魚”及“濡鼈”。鄭玄在解釋“濡”時説“亨之以汁和也”，即煮肉調和爲羹汁。

亨，亦煮。古作“亨”，今作“烹”。《詩・檜風・匪風》：“誰能亨魚，溉之釜鬵。”釋文：“亨，煮也。”《詩・豳風・七月》的“亨葵及菽”、《禮記・鄉飲酒義》的“亨狗”、春秋諺語的“走狗烹”（《史記・越王勾踐世家》）、《老子》第六〇章的“治大國若烹小鮮”，皆此類。

湛，亦煮。特指在熱水、滾水中煮肉。《楚辭・大招》：“炙鴰烝鳧，湛鶉敶只。”洪興祖補注：“湛，音潛，沈肉於湯也。”

炰，略爲複雜。或同“炮”，指把帶毛之肉裹泥後在火上炙烤。《集韻・平肴》：“炮，《説文》：‘毛炙肉也。’或作‘炰’。”《詩・魯頌・閟宫》：“毛炰胾羹，籩豆大房。”毛傳：“炰，毛炰豚也。”或同“缹”，指蒸煮。《集韻・上有》：“缹，火熟之也。或作‘炰’。”《詩・大雅・韓奕》：“其殽維何？炰鼈鮮魚。”鄭玄箋：“炰鼈，以火熟之也。”《説文・火部》“炮”段玉裁注：“《六月》《韓奕》皆曰‘炰鼈’，箋云：‘……鼈無毛而亦曰炰……’，《通俗文》曰：‘燥煮曰缹。’”錢桂馨鈔案：“炰乃蒸煮之名，其異體作缹。服虔《通俗文》曰：燥煮曰缹。《六月》《韓奕》皆言炰鼈，鼈無毛，非可炮者，於蒸煮宜。”

漢魏之時經常使用的是“濯”。濯，同“鬻”。《説文・弼部》：“鬻，内肉及菜湯中薄出之。”段玉裁注：“納肉及菜於鬻湯中而迫出之，今俗所謂煠也。”長沙馬王堆一號漢墓遣册竹簡之“牛濯胃”“牛濯脾衿（胗）心肺”“濯豚”“濯鷄”等皆此類食品。

南北朝時經常使用的是“脂”“缹”“胜”“瀹”等。

脂，亦煮。《玉篇・肉部》：“脂，煮魚肉。”《集韻・平覃》：“脂，烹也”。北魏賈思勰

《齊民要術·胵腤煎消法》載有"腤鷄""腤白肉""腤猪""腤魚"等詳細製法，從賈氏對料理方法的記載中知"腤"爲水中加入鹽葱類調料"煮熟"。

無，蓋有三義。其一，同"腤"，亦指煮。漢服虔《通俗文》："燥煮曰無。"唐慧琳《一切經音義》卷一七："少汁煮曰無。"北魏賈思勰《齊民要術》之"腤鷄"亦名"無鷄"，"腤白肉"亦名"白無肉"，"腤猪"亦名"無猪肉"。賈書《素食》一節所言"無瓜瓠""無漢瓜""無菌""無茄子"等俱是此等煮法。"無瓜瓠"言"少下水"，"無漢瓜"言"勿下水亦好"，直接用"香醬、葱白、麻油無之"。據此可知，"無"是不加水或少加水之"煮"。其二，指蒸。《齊民要術·蒸無法》以"蒸"與"無"并提，又篇内"無鵝法"明言"蒸之"，《詩·大雅·韓奕》孔穎達疏引《字書》："無，烝（蒸）也。"其三，蒸煮。《玉篇·火部》："無，火熟也。"火熟，以火炊熟，蓋有蒸有煮。《齊民要術·蒸無法》所載"無豚法"即是首先"合煮令熟"，而後"蒸之，炊一石米頃"。"無"之第一義、第三義皆與"腈"相近而有別。

胵，同"鯖"，亦同"膓"。也是煮。《集韻·平清》："胵，煮魚煎肉曰胵，或作鯖、膓。"作爲煮法，胵有兩個特徵。其一，合煮。傳爲漢婁護所製之"五侯鯖"，乃於五侯各取"奇膳""合以爲鯖"（《西京雜記》卷二）。據北魏賈思勰《齊民要術》所載"五侯胵"的做法，係"用食板零拼，雜鮓肉，合水煮"，相當於後世"雜燴"。賈書所載"胵魚鮓""胵鮓"等皆具此特色。其二，特指醋煮魚。《玉篇·肉部》："膓，醋煮魚也。"賈書所載"純胵魚法"正是"下酢"煮魚。胵與"無"有時亦相通用，賈書"純胵魚"亦稱"無魚"即是證明。唐代"胵"（鯖）依然行用。唐段成式《酉陽雜俎·酒食》有"魚肉凍胵"等。後世漸漸罕用。

瀹，同"爚"，亦煮。《説文·火部》："爚，蒸也。"王筠句讀："'爚''瀹'通。"《玉篇·水部》："瀹，煮也，内菜湯中而出也。"北魏賈思勰《齊民要術·養鷄》所載"瀹鷄子法"，即將鷄蛋"打破，瀉沸湯中，浮出即掠取"；《菹緑》篇所載"白瀹豚法"，則是先用"酢漿水煮之""兩沸"以後，再在"麵漿中煮之"。時字亦作"瀟"。《南齊書·庾杲之傳》載其食"韮菹、瀟韮、生韮雜菜"。後世偶或稱用。唐段成式《酉陽雜俎·酒食》有"瀟鮎法"，清薛寶辰《素食説略》有"瀹銀條菜"。

宋元時期經常使用的是"煮""燠""爛""爐""燶""熬""焐""炸""煠""脄"等。

煮，先秦時即已出現，泛指煮物。《周禮·天官·亨人》："職外内饔之爨亨煮，辨膳羞之物。"鄭玄注:"職,主也;爨,今之竈。主於其竈煮物。"小徐本《説文·火部》:"煮,烹也。"以煮爲菜肴命名,南北朝時已見,但使用極少,如"羌煮"(北魏賈思勰《齊民要術》)。宋代使用漸多,如"鼎煮羊"(宋西湖老人《西湖老人繁勝録·食店》)、"山煮羊"(宋林洪《山家清供》)、"三煮瓜"(宋佚名《吳氏中饋録》)等。元代相承使用。元倪瓚《雲林堂飲食制度集》有"煮猪頭肉""煮鯉魚""煮鰶魚""煮蟹""酒煮江蟶"等,元佚名《居家必用事類全集》有"法煮羊頭""法煮羊肺"等。由於"煮"的稱呼頗通俗,亦貼切,適用性强,故此自宋迄今,行用不衰。僅以清代爲例,以"煮"名菜者不下數十例,如"煮老鷄""煮猪肚肺""煮羊肉""煮火腿""煮薰腫蹄""辣煮鷄""煮冬瓜"(清朱彝尊《食憲鴻秘》)、"煮蛋"(清顧仲《養小録》)、"煮燕窩""煮魚翅""煮鮑魚""煮鹿筋""煮香菰""白煮蛋"(清李化楠《醒園録》)、"煮香珠豆""猪油煮蘿蔔"(清袁枚《隨園食單》)、"煮臘豆""煮蓮子""煮落花生""煮白果"(清薛寶辰《素食説略》)、"煮猪頭""白煮羊肉""老汁煮羊肉""酒煮羊肉""煮羊頭""關東煮鷄""煮野鷄""白煮鴨舌""煮鴨肫""酒煮蛋黃""煮野鴨""煮鰣魚""煮河豚""煮蟹""酒煮蚶肉""煮甲魚""煮菜配物"(清佚名《調鼎集》)等。

　　㷭,漢代作"腛"。《釋名·釋飲食》:"腛,奥也;藏肉於奥内,稍出用之也。"南北朝時作"奥""㷭"。北魏賈思勰《齊民要術·作醃奥糟苞》一節詳細記載了"奥肉"製法,大致先將肉經油煮,然後傾瀉入瓮,食時再煮。基本烹製法爲煮。賈書《蒸缹法》字作"㷭肉"。其以"奥"爲名,蓋取義於煮後暫不食,先收藏於深奥處。唐段成式《酉陽雜俎·酒食》存有"腛肉法"之名目。宋代以"㷭"爲名的菜肴逐漸增多,如"㷭鴨""煎㷭肉"(宋孟元老《東京夢華録·飲食果子》)、"紅㷭薑豉""大㷭燠子餞饆并餛飩"(宋灌圃耐得翁《都城紀勝·食店》)、"火㷭""白㷭肉""㷭肝"(《西湖老人繁勝録·起店食店》)、"㷭小鷄"(宋吳自牧《夢粱録·分茶酒店》)等。由於製法闕載,詳情不得而知,但與"㷭肉"爲同類肴饌殆無疑義。

　　爊,同"㷭"。本指把食物草裹泥封後埋在火中煨熟。初見於三國魏。《廣雅·釋詁四》:"爊,爈也。"《齊民要術·脯腊》:"其魚草裹泥封,煻灰中爊之。"王念孫《廣雅疏證》引"爈"作"爊"。《廣韻·平豪》:"爊,埋物灰中令熟。"宋代肴食以爊命名者頗多。如"紅爊小鷄""假爊鴨""紅爊鳩子""辣爊野味""爊野味""假爊蛤蜊肉""假炒肺羊爊""潤爊獐肉炙""假爊鴨""紅爊鷄""爊鴨""爊肝事件""灌爊鷄粉羹""三鮮大爊骨頭羹""大爊饍魚”“精澆爐燒”“大爐飩饉大燥子”“紅爐大件肉”“大爐蝦濾”“灌爐軟爛大骨料頭”“爐肉”“爐鵝”（《夢粱録》）、“爐肝肉”（《西湖老人繁勝録·食店》）、“爐鴨”（宋洪邁《夷堅丁志》）、“爐鷄”（《夷堅丙志》）等。但由於製法闕載，詳情不得而知。不過，爐，通“爐”。《集韻·平豪》：“爐，煨也。”爐，可指灰煨，亦可指水煮。從明韓奕《易牙遺意》所載“大爐肉”製法看，爐即煮。爐，亦同“燠”。宋孟元老《東京夢華録·飲食果子》之“燠鴨”“煎燠肉”，影印文淵閣本《四庫全書》作此，而中華書局1982年所刊鄧之誠注本則燠皆作“爐”。因此，上述宋代諸多以“爐”命名的食目大體可分作兩類：一類可能屬於灰中煨熅，一類可能屬於煮，也即“燠”“爐”。爐，宋代食目亦不乏見，如“罐裏爐”“爐鰻鱔”“爐團魚”“爐肝”“爐木瓜”等（宋周密《武林舊事·市食》）。大概也是灰煨、水煮者兼有之。爐，亦見於宋代，如“雜爐”（《武林舊事·高宗幸張府節次略》）、“爐牛頭”（《太平廣記》卷二五〇）等，此亦不載製法。元代以“爐”命名并詳載製法的有“紅爐腊”“爐鵝鴨”（元佚名《居家必用事類全集·庚集·飲食類》）等，皆指熬煮。據此上推，宋代的“爐”殆與此同義。

　　熬，蓋“燠”“爐”“爐”“爐”等之音近相通字。其字先秦兩漢時已見，當時指以火煎乾。《方言》卷七：“熬，火乾也。凡以火而乾五穀之類，自山而東、齊楚以往謂之熬。”《説文·火部》：“熬，乾煎也。”馬王堆一號漢墓遣册竹簡所記之“熬豚”“熬兔”“熬鷄”“熬鵠”“熬鵠（鶴）”“熬鵠鶉”“熬雉”“熬雁”“熬勮”“熬爵（雀）”“熬炙姑”等蓋皆此類。到南北朝時，“熬”仍指此。北魏賈思勰《齊民要術》設有“脰腤煎消”專章，“熬”作爲一個烹飪專名是指油煎。大約到元代，“熬”纔有了後代“煮”之義。元忽思慧《飲膳正要》詳細記載的“熬蹄兒”“熬羊胸子”的製法就是確證。清代字亦作“爐”，蓋“爐”“熬”之俗體。清佚名《調鼎集·蔬菜部》載有“青菜爐麵”，係以切段青菜、笋片、蝦米、火腿、鷄肫、鷄肉、鷄湯加醬油等熬煮。其時字又作“鏖”，亦同音通假字。清佚名《調鼎集·點心部》有“鏖麵”。今北方俗語猶多以“熬”稱。

　　焗，宋代始見其字。如“焗湯”（《夢粱録·夜市》）、“酒焗鮮蛤”“羊雜焗”（《夢粱録·分茶酒店》）。宋代字書不見其字，遼《龍龕手鑑》始載之，但有聲無義。據後代文字材料推測，殆指在密閉器物中慢火煮，元姚守中《粉蝶兒·牛訴冤》“向磁罐中軟火兒葱椒焗”即一例。

　　炸，字書不見，蓋“焗”之假。元佚名《居家必用事類全集》載有“酒炸蕈”。

煠，亦煮。始見於三國時期，特指將食物放在開水中涮熟或一沸即出。《廣雅・釋詁二》："煠，爚也。"南北朝時通作"煠"。北魏賈思勰《齊民要術・種胡荽》："作胡荽菹法，湯中煠出之。"唐劉恂《嶺表錄異》卷下所載"煠水母"即此法。宋代以煠爲名之食品頗多，大致有三類。其一，油煠者，多標"油"字，如"油煠魠鱮""油煠假河魨""油煠春魚""魚油煠""煠油河魨""諸色油煠""油煠從食""糖食油煠"（《夢粱錄》）等。其二，所謂"湯煠"（見《廣韻・入洽・煠》），如"白煠鷄"（《西湖老人繁勝錄・食店》）、"白煠春鵝"（《夢粱錄・分茶酒店》）等。其三，可能是油煠，也可能是湯煠，因製法不載，一時難以確定者，如"煠肚山藥""煠肚燥子蚶""煠梅魚"（《夢粱錄》）、"雜煠"（《武林舊事・市食》）、"鴛鴦煠肚""江蟶煠肚""香螺煠肚""牡蠣煠肚""假公權煠肚""蟑蚷煠肚""煠肚胘"等（《武林舊事・高宗幸張府節次略》）。

胹，始見於宋。《類篇》火、肉兩部皆收之，從火胹聲或從肉忞聲，釋義爲"烹肉"，此蓋後代"燉"之古字。宋孟元老《東京夢華錄・飲食果子》載有"乳炊羊胹"。又俗借"肫"爲之。故其時有"肫掌粉"（宋吳自牧《夢粱錄・分茶酒店》）、"肫掌簽""鵝肫掌湯齏"（宋周密《武林舊事・高宗幸張府節次略》）。元代借"頓"爲之。元倪瓚《雲林堂飲食制度集》："黃雀，去毛，以頭及翅和葱椒剁碎，釀腹内，用好甜酒、重湯頓食。"

明清時期經常行用的是"頓"、"燉"、"燉"、"悶"（燜）、"燴"（膾、會）、"㸑"、"爨"（攛、爤、余）等。

頓，蓋"胹"之同音通假。明宋詡《宋氏養生部》之"頓卵"爲"隔湯慢頓熟"。清李化楠《醒園錄》有"頓脚魚"，清朱彝尊《食憲鴻秘》有"頓鷄""頓豆豉""頓鱘魚""蟹頓蛋"及"飩鴨"等。"飩鴨"，係以"文武火煮三次，極爛爲度"，蓋"飩"爲"頓"之訛。

燉，蓋"胹"在明清時之俗體，指用微火慢慢把食物煮爛。清朱彝尊《食憲鴻秘》汪拂雲抄本有"燉魴鮍"，清李化楠《醒園錄》有"酒燉肉"，《紅樓夢》第三七回有"燉肉脯子"。"燉"字應用更廣。清顧禄《桐橋倚棹錄》有"紅燉肉""清燉鷄""燉鴨""燉江鱘""燉鱘魚"，清袁枚《隨園食單》有"赤燉肉鷄"，清丁宜曾《農圃便覽》有"燉牛乳"，清佚名《調鼎集》有"燉火腿""白糟燉兔""燉假乳鮮""燉鱘魚""醉蟹燉鴿蛋"等。

煨，先秦即已出現，時指炭火熱灰類。約在南北朝時開始作爲一種烹飪方法，即埋物灰中令熟，也就是《玉篇・火部》所謂"盆中火爐"。約在宋元之際，煨也開始用於細火慢煮。如宋周密《武林舊事》載有"煨牡蠣"，衹是製法闕載，故不知是灰熟抑或水煮。《宋史·洪皓傳》言及"煨麵"，製法亦闕。不過，從清代載有製法的"煨麵筋""煨肉麵"等推測，可能是一種文火久煮之麵食。清代用於微火慢煮之食目非常多。清袁枚《隨園食單》以"煨"命名的有近二十種（即"黃芽菜煨鷄""芋煨白菜""煨木耳香蕈""白煨肉""火腿煨肉""臺鯗煨肉""熏煨肉""菜花頭煨肉""笋煨火肉""黃芽菜煨火腿""紅煨肉""紅煨羊肉""蘑菇煨鷄""煨麻雀""煨鵪鶉黃雀""紅煨鰻""湯煨甲魚""煨鮮菱""煨三笋"等），列出原料名、行文中使用"煨"法者有二十餘種（在"魚翅""淡菜""烏魚蛋""刀魚""斑魚""豬蹄""豬肚""豬肺""豬腰""豬裏肉""牛舌""鷄腎""鴿子""鴿蛋""蕨菜""葛仙米""羊肚菜""石髮""麵筋"等原料名目下皆言"煨"治）。清佚名《調鼎集》直接以"煨"命名的菜肴多達數十種，如"蟹煨肉""豆豉煨肉""笋煨鹹肉""口蘑煨豆腐""煨口蘑""鴨舌煨白果""火腿片煨海蜇尖皮""石耳煨搥鷄""煨肝""煨腰""煨火腿皮""煨三尖""煨三筋""煨牛舌""煨羊腦""煨三鴨""煨鴨掌""紅煨三蛋""煨鴿""煨鴿蛋""煨水鷄""煨三鷄""煨鰉魚""煨鰻魚""麵煨扁魚""乾煨鯽魚""瓠子煨鰱魚""牛乳煨鷄""核桃仁煨鴨""家常煨肉""肉煨鹿肉""紅煨羊肉""黃芪煨羊肉""煨板鴨""煨鴨舌""煨五鮮""煨鮮胡桃""蘋果煨豬肉""梨煨羊肉""煨梨片""煨栗""煨肉麵"等。清薛寶辰《素食説略》也載有數種，如"煨商山芝""煨虎蹄菌""煨香菇""煨羊肚菌""煨笋衣""煨竹蓀""煨榆木耳""煨桂花木耳""煨壺盧""蘑菇煨腐皮"等。

悶，指蓋緊鍋，慢火把食物烘煮熟。宋代已見。宋灌圃耐得翁《都城紀勝·食店》有"悶飯"，製法闕載，詳情不得而知。清代悶法廣爲行用。字又作"燜"。清李化楠《醒園録》有"悶鷄肉"。同一書中往往"悶""燜"并用。清顧禄《桐橋倚棹録》有"酒悶蹄""黃悶鷄"，又有"黃燜著甲""黃燜魚翅""黃燜鴨"等。清佚名《調鼎集》有"悶荔枝腰""悶羊肝絲""王瓜悶鷄""悶葵花蛋""乾悶肉""黃悶肉""燒酒悶肉""悶野鷄"，也有"燜豬腦""蘇（酥）燜鯗魚""燜鱔魚絲""罐燜肉"等。

燴，自清迄今一直行用。文獻多借"膾"爲之。燴法有二。其一，菜類炒後再於湯汁中煮，如清佚名《調鼎集》所載"膾豆腐"即如此。其法爲："先將肉、笋、香蕈切細丁（約需六兩），用好醬、香油炒之，次下瓜仁、松仁、桃仁，凡可入之物皆切作細丁同炒。"又："次用極嫩豆腐三塊，削去四圍硬皮，漂數次，入鷄湯或肉湯、蝦油，煮熟盛大碗，將前肉、笋各丁乘熱一同傾入。"其二，把數種菜類會合在湯汁中煮，如清佚名《調鼎集》

"膾春魚"即如此。其法爲："取土步魚肉，襯火腿片、木耳、笋尖、醬油、酒、豆粉、鮮汁膾。"燴者，會也。兩種方法的共同特徵是會合菜類而煮之，大同小別。清代以"燴（膾）"名菜者，有"膾牡丹花瓣"（清顧仲《養小録》）、"燴蹄筋""膾肉圓""膾肚絲""膾肚""膾炸肚""天孫膾""膾豬管""膾火腿絲""膾銀絲""膾鷄皮""膾鷄腦""膾鷄舌""膾野鷄""膾蛋黃""膾變蛋""膾野鴨羹""膾鴿蛋""膾鴿蛋餃""鱘魚膾索麵""膾鱘魚""膾衝""膾假斑魚""膾斑魚肝""膾糟白魚""膾三魚""膾連魚""膾鱔魚""膾銀魚""膾水鷄肝""膾蟹""膾醉蟹""膾三鮮""膾蝦圓""膾時笋""膾嫩莧菜頭""膾蓬蒿"（清佚名《調鼎集》）等。燴，偶亦作"會"。清朱彝尊《食憲鴻秘》"鰕米粉"條所謂"入蛋腐及各種煎炒煮會細饌"是也。

燖，同"煔"，亦指在熱水中煮。《集韻・平鹽》："燖，沈肉於湯也。或作煔。"明宋詡《宋氏養生部》載有"湯燖鱖魚"，是用"甘草水作沸湯"，將魚"燖熟"。

爨，先秦已見。厥初蓋指竈，主於其上燒火煮物。《周禮・天官・亨人》："職外內饔之爨亨煮，辨膳羞之物。"鄭玄注："爨，今之竈，主於其竈煮物。"後指炊作、燒煮。《説文・爨部》："爨，齊謂之炊爨。"漢王充《論衡・感虛》："夫燨一炬火，爨一鑊水，終日不能熱也。"宋元明清始用作烹調術語，通指將食物投入猛火寬湯中略加擺動即出。宋代俗作"攛"。宋吳自牧《夢粱録・分茶酒店》載有"攛香螺""攛望潮青蝦""攛鱸魚清羹""攛小鷄""清攛鵪子""改汁羊攛粉"等，然不載製法。元代始載製法，"攛"改作"爛"。元倪瓚《雲林堂飲食制度集》載有"青蝦卷爛""爛田螺""爛肉羹"等。"爛肉羹"製法爲將肉"用沸湯投下，略撥動，急連湯取肉於器中養浸"。明代字復作"爨"。明宋詡《宋氏養生部》載有"生爨牛""生爨羊"等，係以肉片"投寬猛火湯中速起"。清代作"爛"或"汆"，如清佚名《調鼎集》有"爛蟹""汆銀魚"等。亦偶有作"爨"者，如清朱彝尊《食憲鴻秘》有"爨豬肉"。

以上諸名均以煮爲共同特徵，然亦各有其獨特性，或含義有廣狹之分，或強調重點有所區別。胹，泛指煮，亦指煮肉而成肉汁。亨（烹）作爲煮，所煮對象可爲肉食，亦可爲蔬豆。煔，強調在熱水中煮肉。餁，往往指蒸煮。濯，是把肉與菜放到滾水中速出。膾，強調煮魚肉。焦，含義較廣，或則指"少汁煮"，或則指蒸煮。胵，往往是諸物合煮，亦特指"酢煮魚"。瀹，與"濯"相近。煮，最通俗，適用範圍較廣。燠，指肉類先經油煮，後收藏，食時再煮。熝、㷓、爈，通"燠"，可指灰煨，亦指水煮。熬，初指以火煎乾，元代以後亦指煮。熝，指在密封狀態下慢火煮。渫（煠），亦與“濯”近似，强調在沸水中一煮即出。燉，指在微火中久煮食物，直至軟爛。煨，亦强調文火慢煮。燜（悶），是在罩緊鍋蓋後慢煮。燴（膾），强調諸物合煮或先炒後煮。爨、爐、汆通謂將食物在猛火寬湯中略加擺動即出。

煮　食

胹

本爲烹飪方法，指以魚肉菜等放入水或調料中煮熟，成食多爲菜肴。此類菜肴名目，通在“胹”後加烹飪物件或原料構成。古稱“胹”，後世稱“烹”“濯”“瀹”“熬”“煨”“汆”等等不一。今考“胹”之稱謂變化，兼及其所關聯之菜肴，意在理清胹類食品發展過程及流變。胹，始見於先秦時期，亦作“臑”“濡”。時有菜肴“胹熊蹯”“胹鼈”“濡鷄”等。《左傳·宣公二年》：“宰夫胹熊蹯不熟，殺之。”杜預注：“胹，煮也。”《禮記·内則》：“濡豚，包苦實蓼；濡鷄，醢醬實蓼；濡魚，卵醬實蓼；濡鼈，醢醬實蓼。”鄭玄注：“凡濡，謂亨之以汁和也。”《楚辭·招魂》：“胹鼈炮羔，有柘漿些。”洪興祖補注：“胹，一作臑，釋文作濡。”漢桓寬《鹽鐵論·散不足》：“今民間酒食，殽旅重疊，燔炙滿案，臑鼈膾鯉。”漢枚乘《七發》：“熊蹯之臑，勺藥之醬。”

【臑】

同“胹”。此體先秦時期已行用。見該文。

【濡】

同“胹”。此體先秦時期已行用。見該文。

【烹】

即胹。此稱先秦時期已行用。時亦作“亨”“享”。《集韻·平庚》：“烹，煮也，或作亨。”《詩·豳風·七月》：“六月食鬱及薁，七月亨葵及菽。”孔穎達疏：“葵菽當亨煮乃食。”《左傳·昭公二十年》：“水火醯醢鹽梅，以烹魚肉。”《墨子·非儒下》：“孔某窮於蔡陳之間，藜羹不糂十日，子路爲亨豚。”孫詒讓閒詁引畢沅云：“亨即烹字。”《睡虎地秦墓竹簡·爲吏之道》：“亨牛食士。”《新唐書·回鶻傳下》：“日入亨羊肚，熟，東方已明。”按，今世所謂“烹”，通指先以熱油炒菜，而後加入醬油等作料，迅速翻攪入盤，與古有别。

【亨】

同“烹”。此體先秦時期已行用。見該文。

【享】

同“烹”。此體先秦時期已行用。見該文。

【渐】

即胹。此稱先秦時期已行用。宋代以後亦作“燖”。《楚辭·大招》：“炙鴰烝鳧，煔鶉陳只。”王逸注：“渐，燴也。”洪興祖補注：“渐，音潛，沈肉於湯也。”《集韻·平鹽》：“燖，沈肉於湯也。或作渐。”明宋詡《宋氏養生部》有“湯燖鱖魚”。

【燖】

同“渐”。此體宋代已行用。見該文。

【亀】[2]

即胹。此稱先秦時期已行用。漢代以後亦

作“炰”。《詩·小雅·六月》:“飲御諸友,炰鱉膾鯉。”又《大雅·韓奕》:“其殽維何?炰鱉鮮魚。”孔穎達正義:“〔漢服虔〕《通俗文》曰:‘燖(燥)煮曰炰……此及《六月》云‘炰鱉’者,音皆作炰,然則炰與炮,以火熟之,謂烝煮之也。”《集韻·上有》:“炰,火熟之也,或作炰。”南北朝時期多用“炰”。北魏賈思勰《齊民要術·蒸炰法》有“炰猪肉”“炰豚”“炰鵝”,《素食》有“炰瓜瓠”“炰茄子”“炰漢瓜”“炰菌”等。按,炰爲“蒸煮”,蒸煮者,或解作亦蒸亦煮,先蒸後煮,或解作可指蒸,亦可指煮。以上兩種解法,不論哪一種,均與“胹”之指煮有微別。

【炰】[1]

同“炰[2]”。此體漢代已行用。見該文。

【瀹】

即胹。此稱漢代已行用。亦作“鬻”。指將肉或菜於沸水中略煮即撈出,與“胹”之“煮”微別。《説文·弼部》:“鬻,内肉及菜湯中薄出之,從鬻翟聲。”段玉裁注:“今俗所謂煠也。”長沙馬王堆一號漢墓遣册竹簡:“牛瀹胃一器。”唐蘭謂:“瀹,即鬻字。”(見唐蘭《長沙馬王堆漢軑侯妻辛追墓出土隨葬遣策考釋》,《文史》第一〇輯)三國時期亦稱“煠”,南北朝時期亦借“渫”爲之。此稱一直延用至今。《廣雅·釋詁二》:“煠,爚也。”北魏賈思勰《齊民要術·種胡荽》:“作葅菹者,亦須渫去苦汁,然後乃用之矣。”唐劉恂《嶺表録異》卷下:“〔水母〕先煮椒桂或荳蔻,生薑縷切而煠之。”《廣韻·入洽》:“煠,湯渫。”元《農桑輯要》卷五:“〔蔓菁〕十月初采苗煠作和菜,餘者曬過,留根在地。”清翟灝《通俗編·雜字》:“今以食

物納油及湯中一沸而出曰煠。”按,今俗亦有作“炸”者。

【鬻】

同“瀹”。此體漢代已行用。見該文。

【煠】

即瀹。此稱三國時期已行用。見該文。

【渫】

即瀹。此稱南北朝時期已行用。見該文。

【鯖】

即胹。多指煮魚煎肉,與“胹”微別。漢代始作“鯖”。《西京雜記》卷二:“婁護豐辯,傳食五侯間,各得其懽心,競致奇膳,護乃合以爲鯖,世稱‘五侯鯖’。”南北朝時期作“胜”。北魏賈思勰《齊民要術·胜腤煎消法》載有“胜魚鮓”“純胜魚”及“五侯胜”。唐段成式《酉陽雜俎·酒食》:“渌肉酸胜用鯽魚、白鯉。”《廣韻·平清》:“鯖,煮魚煎食曰五侯鯖。胜,同鯖。”後世罕用。按,南北朝時期亦以“膪”稱之,罕用。

【胜】

同“鯖”。此體南北朝時期已行用。見該文。

【爚】

即胹。漢代已見。亦指將菜納諸沸水後速出。漢代亦作“瀹”。《説文·火部》:“爚,蔈也。”王筠句讀:“《玉篇》:‘煠,爚也。’《集韻》引《博雅》:‘煠,瀹也。’《玉篇》:‘瀹,内菜湯中而出也。’然則蔈也者,謂爚瀹通。”《漢書·郊祀志下》:“杜鄴説〔王〕商曰:‘東鄰殺牛,不如西鄰之瀹祭。’”顏師古注:“瀹祭,謂瀹煮新菜以祭。”宋洪邁《容齋三筆》引晋郭義恭《廣志》曰:“莬葵,爚之可食。”北魏賈思勰《齊民要術·養鷄》載“瀹鷄子”,

《菹绿》载"白瀹豚"。南北朝时期亦作"瀡"。《南史·庾杲之傳》載其食"瀡韭"，唐段成式《酉陽雜俎·酒食》載"瀡鮎法"。《集韻·入藥》："〔瀹〕或作瀡。"後世罕用。偶有用者，如清薛寶辰《素食説略》有"瀹銀條菜"。

【瀹】

同"燴"。此體漢代已行用。見該文。

【瀡】

同"燴"。此體南北朝時期已行用。見該文。

【熬】¹

即腌。今俗所謂"熬"者，漢代以"腴"字爲之。當時所謂"腴肉"，南北朝時期亦作"奥肉""燠肉"，是經熬煮後腌藏之肉。《釋名·釋飲食》："腴，奥也；藏肉於奥內，稍出用之也。"北魏賈思勰《齊民要術·作膊奥糟苞》詳載"奥肉"製法，《蒸缹法》字作"燠肉"。按，明代有"熬"假"燠"爲之之例。明陶宗儀《説郛》卷九五引司膳内人《玉食批》："焙腰子糊，燠鮎魚蝤蚌。"宋代"燠"亦同"燴"。影印文淵閣本《四庫全書》宋孟元老《東京夢華録·飲食果子》之"燠鴨""煎燠肉"，鄧之誠注本皆作"爐"。爐，亦同"燴"（中華書局1982年版）。宋西湖老人《西湖老人繁勝録·食店》之"爐肝肉"，宋周密《武林舊事·市食》作"爐肝"。明韓奕《易牙遺意·脯鮓類》詳載"大爐肉"製法，"爐"同"熬"。據此上推宋代"爐"亦當通"熬""燴""燠"。"爐"，宋代已見。《太平廣記》卷二五〇引《傳載》："有士人，平生好吃爐牛頭。"此"爐"殆同"熬"。元佚名《居家必用事類全集·庚集·飲食類》"紅爐臘""爐鵝鴨"等皆詳載製法，"爐"并通"熬"。"熬"，先秦兩漢已見，本指煎乾，因

與"燠""爐""爐"等音近，加之"煎乾"須慢火、不斷消除水分，與"熬煮"有了共同點，遂自元代起有今義"熬煮"。元忽思慧《飲膳正要·聚珍異饌》有"熬蹄兒""熬羊胸子"等。清代亦假"爐""鏖"爲之。清佚名《調鼎集·蔬菜部》："青菜爐麵：青菜切段，笋片、蝦米、火腿、雞肫、雞肉、雞湯加醬油爐麵。"又《點心部》："鏖麵：麵入葷湯多煮，加嫩青菜頭、火腿、冬笋片、蝦米、雞肫、醬油鏖，少入葱花。"一説，爐，埋物於熱灰中煨熟。

【腴】

通"熬¹"。此體漢代已行用。見該文。

【奥】

通"熬¹"。此體南北朝時期已行用。見該文。

【燠】

通"熬¹"。此體南北朝時期已行用。見該文。

【爐】²

通"熬¹"。此體宋代已行用。見該文。

【爐】

通"熬¹"。此體宋代已行用。見該文。

【爐】

通"熬¹"。此體宋代已行用。見該文。

【爐】

通"熬¹"。此體清代已行用。見該文。

【鏖】

通"熬¹"。此體清代已行用。見該文。

【腤】

即腌。此稱南北朝時期已行用。指烹煮，亦特指煮魚肉。北魏賈思勰《齊民要術·脏腤煎消法》載"腤雞""腤白肉""腤豬""腤魚"等。《玉篇·肉部》："腤，煮魚肉。"《集韻·平覃》："腤，烹也。"時亦稱"煮"。"煮"字先

秦已見，南北朝時期用於製作菜肴。《齊民要術・羹臛法》載"羌煮"，即煮鹿頭。後世應用頗廣。宋代亦稱"煨"。《宋史・洪皓傳》之"煨麵"蓋最早之用例，明清迄今，用例不勝枚舉。按，"煨"別指熱灰煨物。

【煮】

即膡。此稱南北朝時期已行用。見該文。

【煨】

即膡。此稱宋代已行用。見該文。

【㷶】

即腤。特指在密閉狀態下慢火煮，與"腤"略別。此稱宋代已行用。宋吳自牧《夢梁錄・分茶酒店》："食次名件甚多，姑以述於後……千里羊、羊雜㷶、羊頭元魚、羊蹄笋。"元代或假"炸"爲之。元佚名《居家必用事類全集・庚集・飲食類》載"酒炸葷"是以炒葱、油、薑、橘絲、鹽、醬、料物、酒攪勻，"炸熟"供食；"鍋燒肉"是將料物腌好之肉架於鍋內，"盤合紙封，慢火炸熟"。後世罕用。

【炸】

同"㷶"。此體元代已行用。見該文。

【炖】

即膡。多指慢火煮。宋代作"胹""臑""肫"。《集韻・去混》："胹，熟肉也。"《類篇・肉部》："臑，烹肉也。"宋孟元老《東京夢華錄・飲食果子》："所謂茶飯者，乃百味羹、頭羹……乳炊羊胹、羊鬧廳、羊角。"宋周密《武林舊事・高宗幸張府節次略》："第四盞：肫掌簽、鶴子羹。"元代始借"頓"爲之，後世亦常行用。元倪瓚《雲林堂飲食制度集》載有"頓黃雀"，明宋詡《宋氏養生部》有"頓卵"。明清時期多作"燉""炖"。《紅樓夢》第三七回：

"黛玉笑道：'你們快牽了他去燉了肉脯子來吃酒。'"清佚名《調鼎集・水族無鱗部》："煮河豚、燉河豚、河豚麵。"按，清代偶亦借"飩"爲之，如朱彝尊《食憲鴻秘》之"飩鴨"，"飩"蓋"頓"或"炖"之假或訛。

【胹】

同"炖"。此體宋代已行用。見該文。

【臑】

同"炖"。此體宋代已行用。見該文。

【肫】

同"炖"。此體宋代已行用。見該文。

【頓】

同"炖"。此體元代已行用。見該文。

【燉】

同"炖"。此體清代已行用。見該文。

【悶】

即腤。特指在密閉狀態下以慢火將食物煮熟，與"腤"微別。此稱宋代已行用。宋灌圃耐得翁《都城紀勝・食店》："衢州飯店又謂之悶飯店，蓋賣盦飯也。"清代作"燜"，行用頗廣。清顧祿《桐橋倚棹錄》卷一〇："所賣滿漢大菜及湯炒小吃則有燒小猪……黄燜著甲、斑魚湯、蟹粉湯、炒蟹斑、湯蟹斑、魚翅蟹粉、魚翅肉絲、清湯魚翅、燴魚翅、黄燜魚翅。"

【燜】

同"悶"。此體清代已行用。見該文。

【汆】

即腤。特指將食物置諸沸水，迅速煮熟撈出。此稱宋代已行用，字作"攛"。宋吳自牧《夢梁錄・分茶酒店》所列衆多"食次名件"中有"改汁羊攛粉""攛鱸魚清羹""攛小鷄"等。元代作"爁"。元倪瓚《雲林堂飲食制度集》：

"新發蟹：用蟹，生開，殼留及腹膏……鷄汁内爣……不可爣過了。"明代借"爨"爲之。明宋詡《宋氏養生部》："生爨牛：一視橫理，薄切爲脿，用酒、醬、花椒沃片時，投寬猛火湯中速起。"清代始作俗字"氽"。清佚名《調鼎集·水族無鱗部》："氽銀魚：配火腿片、薑汁、醬油、鹽、醋，入鮮湯氽。"

【氼】

同"氽"。此體宋代已行用。見該文。

【爣】

同"氽"。此體元代已行用。見該文。

【爨】

通"氽"。此體明代已行用。見該文。

【燴】

即膾。特指諸菜合煮，與"膾"微别。清代已見。或借作"膾"。清顧禄《桐橋倚棹録》卷一〇所列食單中有"燴腸""燴肚絲""燴魚翅""燴魚肚""燴海参""燴鴨掌""燴口蘑""燴帶絲"等。清佚名《調鼎集》載此類菜肴有數十品，多借"膾"爲之，如"膾豬管""膾鴿蛋""膾鱒魚""膾野鷄"等。

【膾】[2]

同"燴"。此體清代已行用。見該文。

胹熊蹯

葷肴。即燉熊掌。胹，燉；熊蹯，熊掌。熊掌味美，古人皆知。《呂氏春秋·本味》載伊尹盛贊"述蕩之物"爲"至味"，所謂"述蕩之物"，據後世學者考證即熊掌。孟子有"舍魚"而"取熊掌"的選擇（見《孟子·告子上》）。此稱先秦時期已行用。《左傳·宣公二年》："晋靈公不君……宰夫胹熊蹯不熟，殺之。"清代稱爲"頓熊掌"。"頓"即"燉"。清顧仲《養小録》

卷下："熊掌：帶毛者，挖地作坑，入石灰及半，放掌於内，上加石灰，凉水澆之。候發過，停冷取起，則毛易去，根俱出。洗净，米泔浸一二日，用豬脂油包煮。復去油，撕條，豬肉同頓。熊掌最難熟透，不透者食之發脹。加椒鹽末和麵裹，飯鍋上蒸十餘次，乃可食。或取數條同豬肉煮，則肉味鮮而厚。留掌條勿食，俟煮豬肉仍拌入，伴煮數十次乃食，久留不壞。久煮熟透，糟食更佳。"熊今爲國家保護的野生動物，捕殺熊是犯罪行爲。

【頓熊掌】

即胹熊蹯。此稱清代已行用。見該文。

【煮熊掌】

即胹熊蹯。此稱清代已行用。清朱彝尊《食憲鴻秘》汪拂雲抄本："熊掌：水泡一日夜，下磁罐頓一日夜。取出，洗刮極净，同臘肉或豬蹄爪煮極爛。入酒醬、香料，和頭隨用。"徐珂《清稗類鈔·飲食類》："熊掌：熊，寒帶獸也，故東三省極多，其掌之價值亦不甚昂……其一掌以拭穢，味絶臭惡，一掌自舐之以礪面。掌得熊津液，故尤爲精華所在，烹者當先擇焉。惟烹飪甚難，須以泥封固，入火炙酥，然後敲去之，則皮毛皆隨泥脱落，白肉紅絲，腴美無比。或用石灰沸湯剥净，布纏煮熟而食。"熊今爲國家保護的野生動物，捕殺熊是犯罪行爲。

【煨熊掌】

即胹熊蹯。此稱清代已行用。清佚名《調鼎集·雜牲部》："煨熊掌：治净去毛，切條，再入米泔水浸二日，又用生脂油包裹，入銚煨一日，取起去油，配豬肉煨……掌條煨肉，肉味鮮膩異常。如不供客，取起掌條晾乾收貯，俟後煨肉時再用，可供十餘次。後食之，不爲饕矣。"熊今爲國家保護的野生動物，捕殺熊是犯罪行爲。

烹羊

葷肴。即煮羊。此食當始自先民懂得用火及製陶之時。新石器時期在西安半坡生活的人們已經常食用牛羊（參見本卷《菜肴説·胹考》"濡牛"文）。甲骨文中常見殺羊以祭；春秋時祭祀的"太牢"是牛羊豕各一，"少牢"是羊豕各一；《禮記·月令》有仲春之月"食麥與羊"的記載，推測其中肯定有煮食者。"烹羊"之名，漢代已見。漢楊惲《報孫會宗書》："歲時伏臘，烹羊炰羔，斗酒自勞。"唐李白《將進酒》詩："烹羊宰牛且爲樂，會須一飲三百杯。"明代又稱"爐羊"。明宋詡《宋氏養生部》："烹羊：取肉，烹糜爛，去骨，乘熱以布苴壓實，冷而切之爲饡，惟頭最宜。熱肉宜燒葱白、醬，或花椒油，或汁中惟加醬油瀹之。"又："爐羊：一肉烹糜爛，軒之。先合爐料同鮮紫蘇葉，水煎濃汁，加醬油調和入肉。一以爐料汁烹羊肩背，俟熟，加醬調和，撈起，架鍋中炙燥爲度。爐料：凡爐物用此佳，孩兒菊味次之。香白芷二兩，藿香二兩，官桂花二兩，甘草五錢，㕮咀之。"清代俗稱"燉羊肉"。清佚名《調鼎集·雜牲部》："燉羊肉：大尾羊肉入湯一滾，即將肉切大塊，不用原湯，更入河水煮爛，加花椒、鹽，白燉。又加醬油紅煨。又配黃芽菜燉。又配紅蘿蔔塊燉。又配冬笋燉。"

【爐羊】

即烹羊。此稱明代已行用。按，"烹羊"與"爐羊"并見於明宋詡《宋氏養生部》，詳其製法，大同而小別，皆以"煮"爲特徵，故立此二名以示微別。見該文。

【胹羔】

"烹羊"之一種。此稱漢代已行用。漢桓寬《鹽鐵論·散不足》："今熟食遍列，殽施（按，疑爲'旅'之訛）成市……胹羔豆賜，觳膹雁羹，自鮑甘瓠，熟粱和炙。"

【山煮羊】

"烹羊"之一種。因是山家烹煮自食，故名。此稱宋代已行用，載有製法。宋林洪《山家清供》："山煮羊：羊作臠，置砂鍋內。除葱椒外，有一秘法，只用搥真杏仁數枚，活火煮之，至骨亦糜爛。"

【法煮羊頭】

"烹羊"之一種。此稱元代已行用。元佚名《居家必用事類全集·庚集·飲食類》："法煮羊頭：撏燎净，下鍋煮。入葱五莖、橘皮一片、良薑一塊、椒十餘粒。滾數沸，入鹽一匙尖。慢火煮熟，放冷切作片。臨食，木碗盛，酒灑，蒸熱。入碟供，勝燒者。"

【紅煨羊肉】

"烹羊"之一種。此稱清代已行用。時又有"酒煮羊肉""白煮羊肉"等，亦皆此屬。清袁枚《隨園食單·雜牲單》："紅煨羊肉：與紅煨豬肉同。加刺眼核桃，放入去羶，亦古法也。"清佚名《調鼎集·雜牲部》："酒煮羊肉：肥嫩羊肉三斤，切大塊，將水燒滾，一焯，洗净。另用水一斤、鹽八錢、清醬一盅、花椒三分、葱頭七個、酒二斤，慢火煮熟。"又："紅煨羊肉：……取熟羊肉切小塊，如骰子大，鷄湯煨，加笋丁、葷丁、山藥丁同煨……又，羊肉與鯉魚塊同煨；又，火腿片煨羊肉塊，加冬笋；又，紅湯羊肉片襯去皮蘿蔔條同煨。"又："白煮羊肉：白水沸過再煮，候冷剔片，蘸椒鹽或甜醬油。煮有二法：熱湯一氣煮熟者，肉爛而香；冷湯則時燒時息，恐肉生而斤兩重也。又，整方羊肉煮熟切塊，湯清而油不走。若入鹹少許，更不膩口。”

【酒煮羊肉】

“烹羊”之一種。此稱清代已行用。參見本卷《菜肴説·脺考》“紅煨羊肉”文。

【白煮羊肉】

“烹羊”之一種。此稱清代已行用。參見本卷《菜肴説·脺考》“紅煨羊肉”文。

煨羊雜

“烹羊”之屬。舉凡羊之頭、腦、蹄、腸、肚、肺、腰等，合而稱之即“羊雜”。“煨羊雜”之合稱見於清代，前此分稱如“熬蹄兒”“熬羊胸子”等已出現。“熬蹄兒”，元代已見。清代亦稱“煨羊蹄”。元忽思慧《飲膳正要·聚珍異饌》：“熬蹄兒：羊蹄（五付，退洗净，煮軟，切成塊）、薑末（一兩）、料物（五錢）。右件下麵絲、炒葱、醋、鹽調和。”清佚名《調鼎集·雜牲部》：“煨羊蹄：熟羊蹄去骨，入鷄湯、笋片、白酒、鹽、葱煨。又，照煨猪蹄法，分紅白二色。大抵用清醬者紅、用鹽者白。山藥配之宜。又加鹿筋、作料煨。”又：“煨羊雜：大小腸、心肝肺一滾即起（入河水煨，少加鹽、薑、葱汁）。”

【熬蹄兒】

“煨羊雜”之一種。此稱元代已行用。參見本卷《菜肴説·脺考》“煨羊雜”文。

【煨羊蹄】

即熬蹄兒。此稱清代已行用。參見本卷《菜肴説·脺考》“煨羊雜”文。

【熬羊胸子】

“煨羊雜”之一種。此稱元代已行用。元忽思慧《飲膳正要·聚珍異饌》：“熬羊胸子：羊胸子（二個，退毛洗净，煮熟，切作數塊）、薑末（二兩）、料物（五錢）。右件用好肉湯下麵絲、炒葱、鹽、醋調和。”

【法煮羊肺】

“煨羊雜”之一種。此稱元代已行用。清代亦稱“煨青肺”。元佚名《居家必用事類全集·庚集·飲食類》：“法煮羊肺：切爲數段，晾洗，入沙罐煮。用生薑三片、良薑、椒、鹽各少許，葱三握，濕紙覆罐口，勿泄味。慢火煨，候半熟，再切細，添些酒，再煮軟供。羊肚、托胎、硬髓皆可。禁中謂雜漚。”清佚名《調鼎集·雜牲部》：“煨青肺：羊肺切塊，清煨。”

【煨青肺】

即法煮羊肺。此稱清代已行用。見該文。

【煮羊頭】

“煨羊雜”之一種。此稱清代已行用。清佚名《調鼎集·雜牲部》：“煮羊頭：羊頭毛要去净，如去不净，用火燒之。洗净，切開，煮爛，去骨，口内有毛俱要去净。眼睛切成三塊，去黑皮眼珠，不用切成碎丁。取老肥母鷄湯煮之，内加香蕈、笋丁、甜酒娘四兩、醬油一杯。如用辣，入小胡椒十二顆，葱花十二段；如用酸，加好米醋一杯。”

【煨羊腦】

“煨羊雜”之一種。此稱清代已行用。時亦有“煨羊肚”“煮羊腰”“煨油腸”“煨金錢尾”“煨羊胰”等，皆此類。清佚名《調鼎集·雜牲部》：“煨羊腦：取羊腦煮熟，加火腿、笋片、醬油、豆煨爛……又肉圓、火腿、海參

燜煨。"又："煨羊肚：生肚洗净沙，入開水同
笋、鹽水、白酒、薑汁煨，加麻油。"又："羊
腰：整個煮熟，對開用。"又："油腸：灌入羊
油，煨。"又："金錢尾：切段，配胡蘿蔔切片，
如金錢式，加作料煨。"又："煨羊胰：花胰切
塊，配笋絲、腐皮絲、醬油、酒、胡椒末、鮮
汁煨。"

【煨羊肚】

"煨羊雜"之一種。此稱清代已行用。參見
本卷《菜肴説·脼考》"煨羊腦"文。

【煮羊腰】

"煨羊雜"之一種。按，腰，指腰子，即
腎。此稱清代已行用。參見本卷《菜肴説·脼
考》"煨羊腦"文。

【煨油腸】

"煨羊雜"之一種。此稱清代已行用。參見
本卷《菜肴説·脼考》"煨羊腦"文。

【煨金錢尾】

"煨羊雜"之一種。此稱清代已行用。參見
本卷《菜肴説·脼考》"煨羊腦"文。

【煨羊胰】

"煨羊雜"之一種。此稱清代已行用。參見
本卷《菜肴説·脼考》"煨羊腦"文。

烹狗

葷肴。即煮狗。先民食此歷史久遠，甲骨
文中每見殺犬以祭之事。《史記·越王勾踐世家》
載春秋時諺語"蜚鳥盡，良弓藏，狡兔死，走
狗烹"正言此食，當時亦稱"烹狗"。《禮記·鄉
飲酒義》："亨（烹）狗於東方，祖陽氣之發於
東方也。"《淮南子·説山訓》："以火烟爲氣，
殺豚烹狗。"南北朝時期亦稱"烹犬"。《南齊
書·張敬兒傳》："烹犬藏弓，同歸異緒。"後

世食狗之風漸弱，然鄉間僻壤仍有私家豢養、
殺煮而食者。清夏曾傳《隨園食單補證·雜牲
單》："狗肉：丐者食狗肉，聞其味絶佳。療疾
食之可愈。又聞粵東呼爲地羊，士人亦食之，
而他處皆以爲諱。"

【烹犬】

即烹狗。此稱南北朝時期已行用。見該文。

濡牛

葷肴。即煮牛。先民至遲在掌握了用火與
製陶以後便能煮牛而食。文物工作者根據對新
石器時期半坡生活遺址的實地考察，得出結論，
認爲："先民們經常煨燉的是牛羊肉，牛肉多半
係野牛。"（見寧可《從出土文物看半坡村先民
的飲食風貌》，載《烹飪史話》）甲骨文中多見
殺牛以祭的卜文，《吕氏春秋·本味》所記"肉
之美者"有"旄象之約（腰）"。旄，即旄牛，
牛屬。上古文獻雖不見"濡牛"之名，但這種
食法、食品肯定存在則無疑義。先秦文獻中最
先出現的此類食品稱爲"臑牛腱"。《楚辭·招
魂》："肥牛之腱，臑若芳些。"腱，筋頭；臑，
同"脼""濡"，煮也。漢代出現"牛濯胃""牛
濯脾佮（胗）心肺"。濯，同"鬻"，今字作
"瀹"，以湯煮物也。牛佮（胗）即牛舌（唐蘭
説）。長沙馬王堆一號漢墓第五一簡："牛濯胃
一器。"第五二簡："牛濯脾佮心肺各一器。"

【臑牛腱】

"濡牛"之屬。此稱先秦時期已行用。見該
文。

【牛濯胃】

"濡牛"之屬。此稱漢代已行用。見該文。

【牛濯脾佮心肺】

"濡牛"之屬。此稱漢代已行用。見該文。

【煨牛肉】

"濡牛"之屬。此稱清代已行用。時亦有"法製牛肉"，亦此類。清佚名《調鼎集·雜牲部》："煨牛肉：買牛法，先下各鋪定錢，湊取腿筋夾肉處，不精不肥。剔去衣膜，用三分酒、二分水清煨極爛。再加醬油收湯。此太牢獨味，不可加別物配搭。"又："法製牛肉：精嫩牛肉四斤，切十六塊，洗净擠乾。用好醬半斤，細鹽一兩二錢，拌匀揉擦，入香油四兩、黄酒二斤，泡醃過宿。次日連汁一同入鍋，再下水二斤。微火煮熟後，加香料、大茴末、花椒末各八分，大葱頭八個，醋半斤。色味俱佳。"

【法製牛肉】

"濡牛"之屬。此稱清代已行用。參見本卷《菜肴説·腯考》"煨牛肉"文。

【煮牛肉】

"濡牛"之屬。此稱清代已行用。徐珂《清稗類鈔·飲食類》："煮牛肉：牛肉以不精不肥爲上，宜選購腿筋夾肉處者，去皮膜，重酒清煮，不用配搭，最後加醬油收湯，火候須至極爛而止。"

【煨牛舌】

"濡牛"之屬。此稱清代已行用。清袁枚《隨園食單·雜牲單》："牛舌：牛舌最佳。去皮撕膜，切片入肉中同煨。亦有冬醃風乾者，隔年食之，極似好火腿。"徐珂《清稗類鈔·飲食類》："煨牛舌：以牛舌去皮，撕膜切片，入猪肉中同煨。"

【燉牛乳】

"濡牛"之屬。此稱清代已行用。清丁宜曾《農圃便覽》："燉牛乳：用牛乳一宋碗，細羅過净，入鶏蛋清五個，攪匀，細火燉之。"

濡豚

葷肴。即煮猪肉。析言之，豚爲小猪；統言之，則與豕、彘一樣指猪。先民如此食猪蓋始自遠古，文獻中初見於先秦時期，時稱"濡豚"。濡，同"臑"，煮食。《禮記·内則》："濡豚，包苦實蓼"。漢代亦稱"濯豚"。濯，亦稱"鬻"。《説文·弼部》："鬻，内肉及菜湯中薄出之。"段玉裁注："今俗所謂煤也。玄應曰：江東謂瀹爲煤。煤，音助甲切；鬻，今字作瀹，亦作汋。《通俗文》曰：以湯煮物曰瀹。"瀹，通常是持物於沸湯中一燙即出。長沙馬王堆一號漢墓第五三簡："濯豚一笥。"南北朝時出現的"焦猪肉""焦豚""白瀹豚""酸豚"，皆此屬。時"焦猪肉"亦稱"腤猪""猪肉鹽豉"。北魏賈思勰《齊民要術·蒸焦法》："焦猪肉法：净燖猪訖，更以熱湯遍洗之，毛孔中即有垢出，以草痛揩，如此三遍，梳洗令净。四破，於大釜煮之。以杓接取浮脂，别著甕中；稍稍添水，數數接脂。脂盡，漉出，破爲四方寸臠，易水更煮。下酒二升，以殺腥臊，青白皆得。若無酒，以酢漿代之。添水接脂，一如上法。脂盡，無復腥氣，漉出，板切，於銅鎗中焦之。一行肉，一行擘葱、渾豉、白鹽、薑、椒。如是次第布訖，下水焦之，肉作琥珀色乃止。恣意飽食，亦不飼，乃勝燠肉。欲得著冬瓜、甘瓠者，於銅器中布肉時下之。其盆中脂，練白如珂雪，可以供餘用者焉。焦豚法：肥豚一頭十五斤，水三斗，甘酒三升，合煮令熟。漉出，擘之。用稻米四升，炊一裝；薑一升，橘皮二葉，葱白三升，豉汁涑饙，作糝，令用醬清調味。蒸之，炊一石米頃，下之也。"又同書《菹緑》：

"白瀹豚法：用乳下肥豚。作魚眼湯，下冷水和之，撏豚令净，罷。若有麤毛，鑷子拔却，柔毛則剔之。茅蒿葉揩洗，刀刮削令極净。净揩釜，勿令渝，釜渝則豚黑。絹袋盛豚，酢漿水煮之。繫小石，勿使浮出。上有浮沫，數接去。兩沸，急出之，及熱以冷水沃豚。又以茅蒿葉揩令極白净。以少許麵，和水爲麵漿；復絹袋盛豚，繫石，於麵漿中煮之。接去浮沫，一如上法。好熟，出，著盆中，以冷水和煮豚麵漿使暖暖，於盆中浸之。然後擘食。皮如玉色，滑而且美。酸豚法：用乳下豚。燖治訖，并骨斬臠之，令片別帶皮。細切葱白，豉汁炒之，香，微下水，爛著爲佳。下粳米爲糝。細擘葱白，并豉汁下之。熟，下椒、醋，大美。"又同書《脏腤煎消法》："腤猪法：一名'焦猪肉'，一名'猪肉鹽豉'。一如焦白肉之法。"

【濯豚】

即濡豚。此稱漢代已行用。見該文。

【焦猪肉】

"濡豚"之屬。此稱南北朝時期已行用。見該文。

【焦豚】

"濡豚"之屬。此稱南北朝時期已行用。見該文。

【白瀹豚】

"濡豚"之屬。此稱南北朝時期已行用。見該文。

【酸豚】

"濡豚"之屬。此稱南北朝時期已行用。見該文。

【腤猪】

即濡豚。此稱南北朝時期已行用。見該文。

【猪肉鹽豉】

即濡豚。此稱南北朝時期已行用。見該文。

【五侯脏】

"濡豚"之屬。南北朝時期已見。將魚肉等零件合而煮之而成。北魏賈思勰《齊民要術·脏腤煎消法》："五侯脏法：用食板零拌，雜鮓肉，合水煮，如作羹法。"按，漢代有"五侯鯖"，傳爲婁護所製。係於五侯處各取"奇膳"雜合而成。《西京雜記》卷二："五侯不相能，賓客不得來往。婁護豐辯，傳食五侯間，各得其懽心，競致奇膳。護乃合以爲鯖，世稱'五侯鯖'，以爲奇味焉。"鯖，同"脏"。二者蓋相近而有別之菜肴，言其濫觴於漢，合於情理與實際。

【腤白肉】

"濡豚"之屬。南北朝時期已見。亦稱"白焦肉"。北魏賈思勰《齊民要術·脏腤煎消法》："腤白肉，一名白焦肉。鹽豉煮，令向熟，薄切，長二寸半、廣一寸准，甚薄。下新水中，與渾葱白、小蒜、鹽、豉清。又韮葉切，長三寸。與葱薑，不與小蒜、韮亦可。"按，此"白肉"未言爲牛，爲羊，抑或爲豕，據後世通例推測，多爲豕肉，故置於此。見該文。

【白焦肉】

即腤白肉。此稱南北朝時期已行用。見該文。

【奧肉】

"濡豚"之屬。此稱南北朝時期已行用。亦作"燠肉"。北魏賈思勰《齊民要術·作脾奧糟苞》："作奧肉法：先養宿猪令肥，臘月中殺之。撏訖，以火燒之令黃，用暖水梳洗之，削刮令净，剖去五藏。猪肪煎取脂。肉臠方五六寸作，令皮肉相兼，著水令相淹漬，於釜中爐之。肉熟，水氣盡，更以向所爐肪膏煮肉。大率脂一升，酒二升，鹽三升，令脂没肉，緩火煮半日許乃佳。漉出甕中，餘膏仍瀉肉甕中，令相淹漬。食時，水煮令熟，而調和之如常肉法。尤宜新韭爛拌。亦中炙噉。"又《蒸缹法》："缹猪肉法……恣意飽食，亦不餒，乃勝爐肉。"按，此蓋源自漢代之腌藏"腜肉"而有别。按，《釋名·釋飲食》："腜，奥也。藏肉於奥内，稍出用之也。"是"奥肉"實源自漢代。

【爐肉】

同"奥肉"。此體南北朝時期已行用。見該文。

【東坡肉】

"濡豚"之屬。此稱宋代已行用。據傳蘇軾貶官黄州時，經常食用煮猪肉，曾戲作《食猪肉》詩，因以稱。宋周紫芝《竹坡詩話》："東坡性喜嗜猪，在黄岡時嘗戲作《食猪肉》詩云：'黄州好猪肉，價賤如糞土。富者不肯喫，貧者不解煮。慢着火，少着水，火候足時他自美。每日起來打一碗，飽得自家君莫管。'"清翟灝《通俗編·飲食》："今俗謂爛煮肉曰東坡肉。"清佚名《調鼎集·襯菜部》："東坡肉：肉取方正一塊，刮净，切長厚約二寸許，下鍋小滚後去沫，每一斤下木瓜酒四兩（福珍亦可），炒糖包入，半爛，加醬油。火候既到，下冰糖數塊，將湯收乾。用山藥蒸爛，去皮襯底。肉每斤入大茴三顆。"今時爲浙江名菜之一，1983 年曾以此參加全國烹飪鑒定會。參閲明沈德符《野獲編·玩具·物帶人號》。

【煮猪頭肉】

"濡豚"之屬。此稱元代已行用。元倪瓚《雲林堂飲食制度集》："煮猪頭肉：用肉切作大塊。每用半水半酒、鹽少許、長段葱白，混花椒入砵鉢或銀鍋内，重湯頓一宿。臨供，旋入糟薑片、新橙、橘絲。如要作糜，入糯米，擂碎生山藥一同頓（猪頭一隻，可作糜四分）。"清代又有"煨猪頭""燉猪頭""煮猪頭"，皆此類。清佚名《調鼎集·特牲部》："煨猪頭：治净。五斤重者，用甜酒三斤；七八斤重者，用甜酒五斤。先將猪頭下鍋，同酒煮。下葱三十根，八角三錢，煮二百餘滚；下醬油一大杯，糖一兩。候熟後，試嘗鹹淡，再將醬油加減，添開水，要浮過猪頭一寸，上壓重物，大火燒一炷香；退出大火，用文火細煨收乾，以膩爲度。即開鍋蓋，遲則走油。"又："燉猪頭：猪頭治净，煮熟，去骨切條，加砂糖、花椒、橘皮、甜醬拌匀，重湯燉。又，切大塊，水酒各半，加花椒、鹽、葱少許，入磁盆，重湯燉一宿，臨起加糖、薑片、橙橘絲。"又："煮猪頭：治净猪首，切大塊。每肉一斤，椒末二分，鹽醬各二錢，將肉拌匀；每肉二斤，用酒一斤，磁盆蓋密煮之（眉公製法）。"按，"眉公"爲明代陳繼儒之號。徐珂《清稗類鈔·飲食類》："煮猪頭：……以木桶一，用銅簾隔開，將猪頭洗净，加作料燜桶中，用文火隔湯蒸之，猪頭熟爛，其膩垢悉從桶外流出。"

【煨猪頭】

"濡豚"之屬。此稱清代已行用。參見本卷《菜肴説·腩考》"煮猪頭肉"文。

【燉猪頭】

"濡豚"之屬。此稱清代已行用。參見本卷《菜肴説·腩考》"煮猪頭肉"文。

【煮豬頭】

"濡豚"之屬。此稱清代已行用。參見本卷《菜肴說・脄考》"煮豬頭肉"文。

【紅熝臘】

"濡豚"之屬。此稱元代已行用。因煮肉時使用紅麵,故名。元佚名《居家必用事類全集・庚集・飲食類》:"紅熝臘:夾精帶肥,每段約三斤。凉水浸一二時,燒滾下鍋,用葱三莖、川椒、茴香各三錢,煮兩三沸,漉出。用石壓去油水,切作大片。皂角汁合漿水洗,再以溫水淘净。肉汁澄清,入醬下鍋,却放肉煮,不用蓋。用大料物兩半、紅麵半兩,慢火熝軟,掠去油沫,將肉漉出,控乾。調汁滋味得所,下白礬末些小,撮起渾脚,澄清。別碗裝肉汁,澆葱絲供。"

【大熝肉】

"濡豚"之屬。此稱明代已行用。明韓奕《易牙遺意・脯鮓類》:"大熝肉:肥嫩杜圈豬約重四十斤者,只取前胛,去其脂,剔其骨,去其拖肚,净取肉一塊,切成四五斤塊,又切作十字,爲四方塊。白水煮七八分熟,撈起停冷,搭精肥,切作片子,厚一指。净去其浮油水,用少許厚汁放鍋內。先下熝料,次下肉,又次淘下醬水,又次下元汁,燒滾。又次下末子細熝料在肉上,又次下紅麵末,以肉汁解薄,傾在肉上。文武火燒滾令沸,直至肉料上下皆紅色,方下宿汁,略下鹽,去醬板;次下蝦汁,掠去浮油,以汁清爲度,調和得所。頓熱其肉與汁,再不下鍋。"

【白片肉】

"濡豚"之屬。此稱清代已行用。清袁枚《隨園食單・特牲單》:"白片肉:須自養之豬,宰後入鍋煮到八分熟,泡在湯中一個時辰取起。將豬身上行動之處薄片上桌,不冷不熱,以溫爲度。此是北人擅長之菜,南人效之,終不能佳……割法:須用小快刀片之,以肥瘦相參,橫斜碎雜爲佳。"

【紅煨肉】

"濡豚"之屬。此稱清代已行用。時亦有"白煨肉""火腿煨肉""台鯗煨肉""熏煨肉""菜花頭煨肉""笋煨火肉"等,亦此類。清袁枚《隨園食單・特牲單》:"紅煨肉三法:或用甜醬,或用秋油,或竟不用秋油、甜醬。每肉一斤,用鹽三錢,純酒煨之;亦有用水者,但須熬乾水氣。三種治法皆紅如琥珀,不可加糖炒色。早起鍋則黃,當可則紅,過遲紅色變紫,而精肉轉硬。常起鍋蓋則油走,而味都在油中矣。大抵割肉雖方,以爛到不見鋒棱、上口而精肉俱化爲妙。全以火候爲主。諺云'緊火粥,慢火肉',至哉言乎!"又:"白煨肉:每肉一斤,用白水煮八分好起出,去湯。用酒半斤、鹽二錢半煨一個時辰。用原湯一半加入,滾乾,湯膩爲度。再加葱、椒、木耳、韭菜之類。火先武後文。又一法:每肉一斤,用糖一錢、酒半斤、水一斤、清醬半茶杯,先放酒,滾肉一二十次,加茴香一錢,放水悶爛亦佳。"又:"火腿煨肉:火腿切方塊,冷水滾三次,去湯瀝乾;將肉切方塊,冷水滾二次,去湯瀝乾;放清水煨,加酒四兩、葱、椒、笋、香蕈。"又:"台鯗煨肉:法與'火腿煨肉'同。鯗易爛,須先煨肉至八分,再加鯗凉之,則號鯗凍,紹興人菜也。鯗不佳者不必用。"又:"熏煨肉:先用秋油、酒將肉煨好,帶汁上木屑略熏之,不可太久,使乾濕參半,香嫩異常。"又:"菜花頭煨肉：用薹心菜嫩蕊，微醃，曬乾用之。”
又："笋煨火肉：冬笋切方塊，火肉切方塊，同
煨。火腿撤去鹽水兩遍，再入冰糖煨爛。"

【白煨肉】

　　"濡豚"之屬。此稱清代已行用。參見本卷
《菜肴説·脢考》"紅煨肉"文。

【火腿煨肉】

　　"濡豚"之屬。此稱清代已行用。參見本卷
《菜肴説·脢考》"紅煨肉"文。

【台鲞煨肉】

　　"濡豚"之屬。此稱清代已行用。參見本卷
《菜肴説·脢考》"紅煨肉"文。

【熏煨肉】

　　"濡豚"之屬。此稱清代已行用。參見本卷
《菜肴説·脢考》"紅煨肉"文。

【菜花頭煨肉】

　　"濡豚"之屬。此稱清代已行用。參見本卷
《菜肴説·脢考》"紅煨肉"文。

【笋煨火肉】

　　"濡豚"之屬。此稱清代已行用。參見本卷
《菜肴説·脢考》"紅煨肉"文。

【酒燉肉】

　　"濡豚"之屬。此稱清代已行用。清李化楠
《醒園録》卷上："酒燉肉法：新鮮肉一斤，刮
洗净，入水煮滚一二次即出，刀改成大方塊。
先以酒同水燉有七八分熟，加醬油一杯，花椒、
大料、葱、薑、桂皮一小片，不可蓋鍋。俟其
將熟，蓋鍋以悶之，總以煨火爲主。或先用油
薑煮滚，下肉煮之，令皮略赤；然後用酒燉之，
加醬油、椒、葱、香蕈之類。"

【黄悶肉】

　　"濡豚"之屬。此稱清代已行用。時亦

有"燒酒悶肉""蟹煨肉""豆豉煨肉""家常
煨肉""文武肉"等，亦此類。清佚名《調鼎
集·特牲部》："黄悶肉：切小方塊，入醬油、
酒、甜醬、蒜頭（或蒜苗乾）悶。又，切丁，
加醬瓜丁、松仁、鹽、酒悶。"又："燒酒悶肉：
熟肉用燒酒悶，傾刻可用，與糟肉同味。"又：
"蟹煨肉：凡醃醉糟蟹切塊，不必加鹽，同肉
（或肘）煨，味極其鮮美。"又："豆豉煨肉：鮮
肉煨熟，切骰子塊，加豆豉四分拌匀，再加笋
丁、胡桃仁、香蕈，隔湯煨用。"又："家常煨
肉：刮净，切塊，俟銚水開，逐塊放下，如未
放完而水停，仍俟滚起再下。或用大蝦米、千
張、豆腐切條同煨。臨起加好蝦油半酒杯，一
滚即起。"又："文武肉：肉切方塊，火腿亦切
方塊，火煨。"

【燒酒悶肉】

　　"濡豚"之屬。此稱清代已行用。參見本卷
《菜肴説·脢考》"黄悶肉"文。

【蟹煨肉】

　　"濡豚"之屬。此稱清代已行用。參見本卷
《菜肴説·脢考》"黄悶肉"文。

【豆豉煨肉】

　　"濡豚"之屬。此稱清代已行用。參見本卷
《菜肴説·脢考》"黄悶肉"文。

【家常煨肉】

　　"濡豚"之屬。此稱清代已行用。參見本卷
《菜肴説·脢考》"黄悶肉"文。

【文武肉】

　　"濡豚"之屬。此稱清代已行用。參見本卷
《菜肴説·脢考》"黄悶肉"文。

【西瓜煮猪肉】

　　"濡豚"之一種。此稱清代已行用。徐珂

《清稗類鈔・飲食類》:"西瓜煮豬肉:西瓜煮豬肉有二法。一瀝西瓜之汁以代水,此外照煮肉普通法,惟重用冰糖,其味與蜜炙肉相伯仲。一法去瓜蓋及瓤與子,置肉於中,煮之,續加酒醬之屬,熟後傾肉於碗中,則味腴而清。"

【煮脊筋】

"濡豚"之屬。此稱清代已行用。時亦有"煮肺管",亦此類。清朱彝尊《食憲鴻秘》汪拂雲抄本:"脊筋:生剝外膜,肉湯煮。加以鰕肉,鴨肉亦可。"又:"肺管:剝,刮極净。煮熟,切段,和以紫菜、冬筍。入酒漿、韭芽爲妙。"

【煮肺管】

"濡豚"之屬。此稱清代已行用。參見本卷《菜肴説・脈考》"煮脊筋"文。

【膾豬管】

"濡豚"之屬。此稱清代已行用。膾,同"燴",與菜類合煮。時亦有"煨豬管""燜豬腦"等,亦此類。清佚名《調鼎集・特牲部》:"膾豬管:豬管寸段,以箸穿入,面上橫勒三五刀,又直分兩開如蜈蚣式,加群菜膾。"又:"燜豬腦:肉圓、雞湯、海參、筍燜。"

【煨豬管】

"濡豚"之屬。此稱清代已行用。參見本卷《菜肴説・脈考》"膾豬管"文。

【燜豬腦】

"濡豚"之屬。此稱清代已行用。參見本卷《菜肴説・脈考》"膾豬管"文。

【煨豬肺】

"濡豚"之屬。此稱清代已行用。時亦有"煨豬裏肉""煨豬肚""煨豬腰",亦此類。清袁枚《隨園食單・特牲單》:"豬肺二法……用酒水滾一日一夜,時縮小如一片白芙蓉浮於湯面。再加作料,上口如泥。湯西厓少宰宴客,每碗四片,已用四肺矣。"又:"豬裏肉:豬裏肉精而且嫩,人多不食。嘗在揚州謝藴山太守席上食而甘之。云以裏肉切片,用縴粉團成小把入蝦湯中,加香蕈、紫菜清煨,一熟便起。"又:"豬肚二法……南人白水加酒煨兩枝香,以極爛爲度,蘸清鹽食之亦可。"又:"豬腰:腰片炒枯則木,炒嫩則令人生疑,不如煨爛蘸椒鹽食之爲佳。或加作料亦可,只宜手摘,不宜刀切。但須一日工夫,纔得如泥耳。此物只宜獨用,斷不可攙入別菜中,最能奪味而惹腥;煨三刻則老,煨一日則嫩。"

【煨豬裏肉】

"濡豚"之屬。此稱清代已行用。參見本卷《菜肴説・脈考》"煨豬肺"文。

【煨豬肚】

"濡豚"之屬。此稱清代已行用。參見本卷《菜肴説・脈考》"煨豬肺"文。

【煨豬腰】

"濡豚"之屬。此稱清代已行用。參見本卷《菜肴説・脈考》"煨豬肺"文。

【煨豬蹄】

"濡豚"之屬。見於清代。亦稱"煮鮮豬蹄"。清袁枚《隨園食單・特牲單》:"豬蹄四法:蹄膀一隻,不用爪,白水煮爛,去湯;好酒一斤,清醬酒杯半,陳皮一錢、紅棗四五個,煨爛。起鍋時,用葱、椒、酒潑入,去陳皮、紅棗。此一法也。又一法:先用蝦米煎湯代水,加酒、秋油煨之。又一法:用蹄膀一隻,先煮熟,用素油灼縐其皮,再加作料紅煨。有土人好先掇食其皮,號揭單被。又一法:用蹄膀一隻，兩鉢合之，加酒，加秋油，隔水蒸之，以二枝香爲度，號神仙肉。"徐珂《清稗類鈔·飲食類》："煮鮮猪蹄：鮮猪蹄煮法有二，曰白蹄，曰紅蹄。煮紅蹄時，用醬油、冰糖，而白蹄無之。食白蹄時，用葱、椒、麻醬油，而紅蹄無之。其他作料，如酒如鹽則並用。約四五小時煮好，以箸試之，驗其爛熟與否，而後起鍋。火候須文武並用，硬柴最宜。"

【煮鮮猪蹄】

即煨猪蹄。此稱清代已行用。見該文。

【煨肝】

"濡豚"之屬。此稱清代已行用。時有"肉汁煨腸"，亦此類。清佚名《調鼎集·特牲部》："煨肝：配鷄冠油煨，以半日爲度，少加醬。"又："肉汁煨腸：小腸肥者，用兩條貫一條，切寸段，加鮮笋、香蕈，肉汁煨。又，捆肝片煨。"

【肉汁煨腸】

"濡豚"之屬。此稱清代已行用。參見本卷《菜肴説·腩考》"煨肝"文。

【膾肚絲】

"濡豚"之屬。此稱清代已行用。膾，同"燴"，菜類先炒後合於湯中煮成。清佚名《調鼎集·特牲部》："膾肚絲：生肚切絲，加酒、醬油、笋絲、香蕈炒，少放胡椒末、豆粉、鷄湯膾。又肚肺俱切骰子塊，清膾。"

【八寶肉】

"濡豚"之屬。此稱清代已行用。徐珂《清稗類鈔·飲食類》："八寶肉：八寶肉者，以肥瘦猪肉各半斤，白煮一二十滾，切如柳葉片，加小淡菜一兩、笋乾二兩、香蕈一兩、海蜇二兩、胡桃肉四個、去皮笋片四兩、好火腿二兩、麻油一兩，使與肉同入鍋，醬油、酒煨至五分熟，再加餘物，海蜇則最後下之。"

煨鹿肉

葷肴。即煮鹿肉。考古發掘證實，在距今五十萬年以前北京猿人已開始將易於捕獲的梅花鹿、腫骨鹿等燒烤而食。先秦文獻中已有大量關於鹿的記載。僅以《詩》爲例，至少有八篇提到鹿。如《豳風·東山》之"町畽鹿場"、《小雅·鹿鳴》之"呦呦鹿鳴"、《小雅·吉日》之"麀鹿麌麌"、《小雅·小弁》之"鹿斯之奔"、《大雅·靈臺》之"麀鹿攸伏"、《大雅·桑柔》之"甡甡其鹿"、《大雅·韓奕》之"麀鹿噳噳"等。最具啓發意義的是《吉日》這首田獵詩，在最後一章裏言及將狩獵所得"以御賓客，且以酌醴"。既然食鹿，煮食必其一法。南北朝時出現"羌煮"，即煮食鹿頭。北魏賈思勰《齊民要術·羹臛法》："羌煮法：好鹿頭，純煮令熟。著水中洗，治作臠，如兩指大。猪肉琢作臛，下葱白，長二寸一虎口，細琢薑及橘皮各半合，椒少許；下苦酒、鹽、豉適口。一鹿頭，用二斤猪肉作臛。""煨鹿肉"之稱見於清代。時亦有"肉煨鹿肉"，即以猪肉、鹿肉同煨。清佚名《調鼎集·雜牲部》："煨鹿肉：切塊，先炸去腥味，入油鍋炸深黃色，加肥肉、醬油、酒、大茴、花椒、葱煨爛收湯。獐肉同。又，取後腿，切棋子塊，淡白酒揉洗净，加醬油、酒慢火煨。將熟，入葱、椒、蒔蘿，再煨極爛，入醋少許。又，裹麵慢火煨熟，蘸鹽、酒。麵焦即換。"又："肉煨鹿肉：鹿肉切大塊（約半斤許），水浸。每日換水，浸四五日取起，改小塊，配肥肉塊、木瓜酒煨，加花椒、大茴、醬油。"

【羌煮】

“煨鹿肉”之屬。此稱南北朝時期已行用。見該文。

【肉煨鹿肉】

“煨鹿肉”之屬。此稱清代已行用。見該文。

【煮鹿筋】

“煨鹿肉”之屬。此稱清代已行用。清李化楠《醒園錄》卷上：“煮鹿筋法：筋買來，盡行用水泡軟，下鍋煮之，至半熟後撈起，用刀刮去皮，骨取淨，曬乾收貯。臨用取出，水泡軟，清水下鍋煮至熟（但不可爛耳）取起。每條用刀切作三節或四節，用新鮮肉帶皮切作兩指大片子，同水先下鍋內，慢火煮至半熟，下鹿筋再煮一二滾，和酒、醋、鹽、花椒、八角之類。至筋極爛，肉極熟，加葱白節，裝下碗。其醋不可太多，令吃者不見醋味爲主。”清朱彝尊《食憲鴻秘》汪拂雲抄本：“鹿筋：遼東爲上，河南次之。先用鐵器搥打，然後洗淨，煮軟撈起。剝盡衣膜及黃色皮腳。切段淨煮。筋有老嫩不一，嫩者易爛，即先取出；老者再煮，煮熟，量加酒漿和頭用。”時亦稱“煨鹿筋”。清佚名《調鼎集·雜牲部》：“煨鹿筋：切骰子塊，加作料煨……鹿筋、火腿、筍俱切丁煨。鹿筋配魚翅或海參煨，加鮮汁，不入襯菜。”

【煨鹿筋】

即煮鹿筋。此稱清代已行用。見該文。

【煮鹿鞭】

“煨鹿肉”之屬。此稱清代已行用。清朱彝尊《食憲鴻秘》汪拂雲抄本：“鹿鞭：泡洗極淨，切段。同臘肉煮。不拘蛤蠣、蘑菇皆可拌。但汁不宜太濃，酒漿、醬油須斟酌下。”一本作：“鹿鞭：泔水浸一二日，洗淨，葱、椒、鹽、酒，密器頓食。”鹿鞭，鹿之牡器。

【煨三筋】

“煨鹿肉”之屬。以鹿筋、蹄筋、脊筋三樣同煨，故名。此稱清代已行用。清佚名《調鼎集·雜牲部》：“煨三筋：鹿筋（燒肉湯煨）、蹄筋（蹄湯煨）、脊筋（脂油煨），配火腿、鷄湯、醬油、酒，再合煨。”

盤兔

葷肴。因煮熟兔肉上有麵絲縈繞，故名。始於宋代，盛於元時。做法：煮兔近熟，拆肉細切翻炒，湯汁煮沸，加入少許麵絲。宋孟元老《東京夢華錄·州橋夜市》：“冬月，盤兔、旋炙豬皮肉、野鴨肉、滴酥水晶鱠、煎夾子、豬臟之類，直至龍津橋須腦子肉止，謂之雜嚼。”元佚名《居家必用事類全集·庚集·飲食類》：“盤兔：肥者一隻煮七分熟，拆開縷切。用香油四兩煉熟下肉，入鹽少許、葱絲一握，炒片時，却將元汁澄清下鍋滾二三沸，入醬些小，再滾一二沸，調麵絲，更加活血兩杓，滾一沸。看滋味，添鹽醋少許。若與羊尾、羊膘縷切同炒，尤妙。”元忽思慧《飲膳正要·聚珍異饌》：“盤兔：兔兒（二個，切作事件）、蘿蔔（二個，切）、羊尾子（一個，切片）、細料物（二錢）。右件用炒葱、醋調和，下麵絲二兩調和。”

亨魚

葷肴。亨，通“烹”，煮也。煮魚而食。先民初時生食，後來由於火與陶器的使用而開始熟食，煮食是最簡單、最基本的方法。文獻中此稱先秦時期已行用，時亦稱“濡魚”。《詩·檜風·匪風》：“誰能亨魚，溉之釜鬵。”《禮記·內則》：“濡魚，卵醬實蓼。”黃河鯉魚在當時即已擅名，故《詩·陳風·衡門》稱"豈其食魚，必河之鯉"。後來隨着烹飪主客觀條件的變化，此肴陸續出現許多名目，然始終保持其基本特徵——烹煮而食。

【濡魚】

即亨魚。此稱先秦時期已行用。見該文。

【烹小鮮】

"亨魚"之屬。特指烹煮小魚。約見於春秋之末。《老子》："治大國若烹小鮮。"河上公注："鮮，魚。烹小魚，不去腸，不去鱗，不敢撓，恐其麋也。"

【純肛魚】

"亨魚"之屬。此稱南北朝時期已行用。亦稱"焦魚"。是一種加醋煮食的鱧魚。肛，《集韻》字亦作"膼"。《玉篇·肉部》："膼，醋煮魚也。"北魏賈思勰《齊民要術·肛腤煎消法》："純肛魚法：一名焦魚。用鱧魚。治腹裏，去腮不去鱗。以鹹豉、葱、薑、橘皮、酢，細切合煮。沸乃渾下魚，葱白渾用。又云，下魚中煮，沸，與豉汁、渾葱白。將熟下酢。又云，切生薑令長。奠時，葱在上。大，奠一；小，奠二。若大魚，成治准此。"

【焦魚】

即純肛魚。此稱南北朝時期已行用。見該文。

【肛魚鮓】

"亨魚"之屬。亦葷肴。是由魚鮓、肉及蛋煮成。此稱南北朝時期已行用。北魏賈思勰《齊民要術·肛腤煎消法》："肛魚鮓法：先下水、鹽、渾豉、擘葱，次下猪、羊、牛三種肉，腤兩沸，下鮓。打破鷄子四枚，瀉中，如瀹鷄子法。鷄子浮，便熟，食之。"

【肛鮓】

"亨魚"之屬。亦葷肴。是由魚鮓同鷄蛋、豉汁合煮而成。北魏賈思勰《齊民要術·肛腤煎消法》："《食經》肛鮓法：破生鷄子，豉汁，鮓，俱煮沸，即奠。又云：渾用豉。奠訖，以鷄子、豉怗。又云：鮓沸，湯中與豉汁、渾葱白，破鷄子瀉中。奠二升。用鷄子，衆物是停也。"

【腤魚】

"亨魚"之屬。此稱南北朝時期已行用。腤，煮也。此腤魚是指一種煮食的鯽魚。北魏賈思勰《齊民要術·肛腤煎消法》："腤魚法：用鯽魚，渾用，軟體魚不用。鱗治，刀細切葱，與豉、葱俱下，葱長四寸。將熟，細切薑、胡芹、小蒜與之。汁色欲黑，無酢者不用椒。"元代出現的"酥骨魚"，清代的"去骨鯽""酥鯽""酥鯽魚""冬芥煨鯽魚"等皆此類。元佚名《居家必用事類全集·庚集·飲食類》："酥骨魚：鯽魚二斤，洗净鹽醃，控乾。以葛蔞釀抹魚腹，煎令皮焦，放冷。用水一大碗，蒔蘿、川椒各一錢，馬芹、橘皮各二錢，細切，糖一兩、豉二錢、鹽一兩、油二兩、酒醋各一盞、葱二握、醬一匙、楮實末半兩，攪匀。鍋内用箬葉鋪，將魚頓放，箬覆蓋。傾下料物水，浸没。盤合封閉，慢火養熟，其骨皆酥。"清朱彝尊《食憲鴻秘》汪拂雲抄本："去骨鯽：大鮮鯽魚，清水煮熟。輕輕拆作五六塊，揀去大小骨。仍用原湯，澄清，加笋片、韭芽或菜心，略入酒漿、鹽，煮用。"又，該書下卷《魚之屬》："酥鯽：大鯽魚治净，醬油和酒漿入水，紫蘇葉大撮、甘草些少，煮半日，熟透，味妙。"清佚名《調鼎集·水族有鱗部》："酥鯽魚：大鯽魚十斤洗净，鍋内用葱一層，加香油與葱半斤，酒二斤，醬油一斤，薑四大片，鹽四兩，將魚逐層鋪上，蓋鍋封口。燒數滾，掣去火，點燈一盞，燃着鍋臍燒一夜，次日可用。”徐珂《清稗類鈔·飲食類》：“酥鯽魚者，平鋪大葱於沙鍋底，葱上鋪魚，魚上鋪葱，遞鋪至半鍋而止，乃加以醋、酒、醬油、麻油、鹽，炙以細火，至盡湯爲度。”又：“冬芥煨鯽魚：冬芥，即雪裏紅，整醃，以淡爲佳。或取心，風乾，斬碎，醃入瓶，熟後雜魚羹中。以之煨鯽魚，尤佳。”

【酥骨魚】

“亨魚”之屬。此稱元代已行用。參見本卷《菜肴説·脙考》“膳魚”文。

【去骨鯽】

“亨魚”之屬。此稱清代已行用。參見本卷《菜肴説·脙考》“膳魚”文。

【酥鯽】

“亨魚”之屬。此稱清代已行用。參見本卷《菜肴説·脙考》“膳魚”文。

【酥鯽魚】

“亨魚”之屬。此稱清代已行用。參見本卷《菜肴説·脙考》“膳魚”文。

【冬芥煨鯽魚】

“亨魚”之屬。此稱清代已行用。參見本卷《菜肴説·脙考》“膳魚”文。

【粉骨魚】

“亨魚”之屬。主料爲鯉魚。早在先秦時期，古人已食鯉。《詩·陳風·衡門》：“豈其食魚，必河之鯉。”文獻中烹煮而食見於元代。元佚名《居家必用事類全集·庚集·飲食類》：“粉骨魚：鯉魚洗净，勿切碎，鹽醃得所。魚腹内納細料物、椒、薑、葱絲，鍋内著水，入酒半

盞，放下魚，穇楮實末三錢，盤蓋定，勿走氣。慢火養半日或一夜，放冷，置盤中。其骨如粉。”時亦稱“煮鯉魚”。元倪瓚《雲林堂飲食制度集》：“煮鯉魚：切作塊子，半水半酒煮之。以薑去皮，先薄切片，搗如泥，花椒與薑和，研匀，略以酒解開。先以醬水少許入魚，三沸，次入薑、椒，略沸即起。又法：切作塊子，先以香油沸熟；以熟油烹薑椒於別器。次就油鍋下魚煎，色變以烹下。稍住火片時，下醬水。餘如前法。”

【煮鯉魚】

“亨魚”之屬。此稱元代已行用。按，早在漢代，已見“烹鯉魚”之名。《樂府詩集·相和歌辭十三·飲馬長城窟行》：“客從遠方來，遺我雙鯉魚。呼兒烹鯉魚，中有尺素書。”參見本卷《菜肴説·脙考》“粉骨魚”文。

【煮鰷魚】

“亨魚”之屬。鰷魚，即白鰷（鯈）魚。秦漢時期文獻已著録其名。《爾雅·釋魚》：“鮂，黑鰫。”郭璞注：“即白鯈魚。”元代記載煮食法。元倪瓚《雲林堂飲食制度集》：“鰷魚：切塊如鯉魚法。半水半酒，薑、椒、醬煮食之。令膩。”

【湯燖鱖魚】

“亨魚”之屬。此稱明代已行用。燖，義同“燅”，泛指煮。明宋詡《宋氏養生部》：“鱖魚……湯燖：治去鱗腮，滌潔，薄攽膜。鹽酒微漬，布小笡中，甘草水作沸湯，燖熟。預以肚骨投烹，加胡椒、醬油、醋調和爲汁瀹之。和物宜山藥、鮮竹笋、茇白菜、蘆笋。”

【煮魚翅】

“亨魚”之屬。見於清代。亦稱“煨魚翅”。

清朱彝尊《食憲鴻秘》汪拂雲抄本："魚翅：治净，煮。切不可單拆絲，須帶肉爲妙，亦不可太小。和頭鷄鴨隨用。湯宜清不宜濃，宜酒漿不宜醬油。"清李化楠《醒園錄》卷上："煮魚翅法：魚翅整個用水泡軟，下鍋煮至手可撕開就好，不可太爛。取起，冷水泡之，撕去骨頭及沙皮，取有條縷整瓣者，不可撕破，鋪排扁内，曬乾，收貯磁器内。臨用，酌量碗數，取出用清水泡半日，先煮一二滚，洗净，配煮熟肉絲或鷄肉絲更妙。香菇同油蒜下鍋，連炒數遍，水少許煮至發香，乃用肉湯，纔淹肉就好。加醋再煮數滚，粉水少許下去，並葱白再煮滚下碗。其翅頭之肉及嫩皮加醋、肉湯，煮作菜吃之。"清袁枚《隨園食單·海鮮單》："魚翅二法：魚翅難爛，須煮兩日纔能摧剛爲柔。用有二法：一用好火腿、好鷄湯，加鮮笋、冰糖錢許煨爛，此一法也。一純用鷄湯串細蘿蔔絲，拆碎鱗翅，攪和其中，飄浮碗面，令食者不能辨其爲蘿蔔絲、爲魚翅，此又一法也。"

【煨魚翅】

即煮魚翅。此稱清代已行用。見該文。

【燉魴鮍】

"亨魚"之屬。此稱清代已行用。魴鮍，同"鰟鮍"，即《爾雅·釋魚》之"鱥鰟"，《爾雅翼·鱥鰟》謂其"似鯽而小，黑色而揚赤，今人謂之旁皮鯽，又謂之婢妾魚"。清朱彝尊《食憲鴻秘》汪拂雲抄本："燉魴鮍：揀大者，治極净，填碎肉在内，酒漿燉，加碎猪油，妙。"

【煮鮑魚】

"亨魚"之屬。此稱清代已行用。清李化楠《醒園錄》卷上："煮鮑魚法：先用藥剪切薄片子，水泡洗，煮熟撈起。配新鮮肉，精的打横切薄片子，下鍋先炒出水，煮至水乾。看肉若未熟，當再下點水煮乾熟，纔將鮑魚下去，加蒜瓣，切薄片子。半茶甌肉湯和粉同炒（湯粉不可太多，亦不可太少，總以硬軟得宜爲要），至粉蒜熟取起。此項不下鹽醬，以鮑魚質本鹹故也。"

【煨刀魚】

"亨魚"之屬。此稱清代已行用。清袁枚《隨園食單·江鮮單》："刀魚二法……如嫌刺多，則將極快刀刮取魚片，用鉗抽去其刺，用火腿湯、鷄湯、笋湯煨之，鮮妙絶倫。"徐珂《清稗類鈔·飲食類》："煨刀魚者，以火腿腸、鷄湯、笋湯煨之。如慮刺多，可先以極快之刀刮爲片，用鉗去其刺。"

【煨班魚】

"亨魚"之屬。此稱清代已行用。清袁枚《隨園食單·江鮮單》："班魚：班魚最嫩，剥皮去穢，分肝肉二種，以鷄湯煨之。下酒三分，水二分，秋油一分。起鍋時，加薑汁一大碗、葱數莖，殺去腥氣。"

【紅煨鰻】

"亨魚"之屬。此稱清代已行用。清袁枚《隨園食單·水族無鱗單》："紅煨鰻：鰻魚用酒水煨爛，加甜醬代秋油，入鍋收湯煨乾，加回香、大料起鍋。有三病宜戒者：一皮有皺紋，皮便不酥；一肉散碗中，箸夾不起；一早下鹽豉，入口不化。揚州朱分司家製之最精。大抵紅煨者，以乾爲貴，使滷味收入鰻肉中。"

【燉鱘魚】

"亨魚"之屬。此稱清代已行用。清佚名《調鼎集·江鮮部》："燉鱘魚：取二三斤一大塊，方（不必切），加酒娘、醬油、茴香、椒、鹽、蒜燉爛。”

【煨鰉魚】

“亨魚”之屬。此稱清代已行用。清佚名《調鼎集・江鮮部》：“煨鰉魚：帶脆骨切寸塊，配火腿、筍、蒜、甜醬油、酒、薑、鷄湯煨爛。”

【膾春魚】

“亨魚”之屬。此稱見於清代。膾，同“燴”，指菜類會合於湯中煮熟。清佚名《調鼎集・水族有鱗部》：“膾春魚：取土步魚肉，襯火腿片、木耳、筍尖、醬油、酒、豆粉、鮮汁膾。”

西湖醋溜魚

葷肴。浙江名菜。源自南宋著名烹飪能工、善調魚羹之宋五嫂。宋灌圃耐得翁《都城紀勝・諸行》載“都下市肆，名家馳譽者”有“錢塘門外宋五嫂魚羹”。清代尤負盛名。今稱“西湖醋魚”。做法：剖魚爲二，魚身斜批數刀，料湯内氽熟，復加糖、醋、澱粉於湯，湯汁遍澆入盤之魚。清梁紹壬《兩般秋雨盦隨筆・醋溜魚》：“西湖醋溜魚，相傳是宋五嫂遺製，近則工料簡濇，直不見其佳處，然名留刀匕，四遠皆知。”一説，宋五嫂之“宋”，非姓氏，爲朝代。

濡鼈

葷肴。即煮甲魚。鼈，同“鱉”。濡，同“胹”。《字彙・水部》：“濡，與胹同，烹煮之也。”先民漁獵時代蓋即已食鱉，古文化遺址出土的魚獸禽畜殘骨即是證明，商代甲骨文字中已有鱉的象形字。先秦時期食鱉已很普遍，故周代統治者特設“鼈人”以“春獻鼈蜃，秋獻龜魚”（見《周禮・天官・鼈人》）。其時稱煮鱉而食爲“濡鼈”，亦作“胹鼈”，亦稱“炰鼈”。《禮記・内則》：“濡魚，卵醬實蓼；濡鼈，醢醬實蓼。”鄭玄注：“凡濡，謂亨之以汁和也。”《詩・大雅・韓奕》：“其殽維何？炰鼈鮮魚。”鄭玄箋：“炰鼈，以火熟之也。”《説文・火部》“炮”段玉裁注：“〔炮〕《六月》《韓奕》皆曰‘炰鼈’，箋云：‘……鼈無毛而亦曰炰’。”錢桂馨鈔案：“炰乃蒸煮之名，其異體作炰。服虔《通俗文》曰：燥煮曰炰。《六月》《韓奕》皆言炰鼈，鼈無毛，非可炮者，於蒸煮宜。”《楚辭・招魂》：“胹鼈炮羔，有柘漿些。”古注引五臣云：“濡，煮也。”漢代亦作“臑鼈”。漢桓寬《鹽鐵論・散不足》：“今民間酒食，殽旅重疊，燔炙滿案，臑鼈膾鯉，麑卵鶉鷃橙枸，鮐鱧醢醯，衆物雜味。”清代有詳細製法。清丁宜曾《農圃便覽》：“炰鼈（一作‘鱉’）：用大鼈，滚水去粗皮。再煮熟，拆開蓋，加肉丁、鷄丁、白果、栗子，仍將蓋蓋好，入漿酒、醬油、香油、脂油各一酒盅，薑、葱少許，文火煮至湯將乾，取用。”

【胹鼈】

同“濡鼈”。此體先秦時期已行用。見該文。

【臑鼈】

同“濡鼈”。此體漢代已行用。見該文。

【炰鼈】

即濡鼈。此稱先秦時期已行用。見該文。

【烹鼈】

“濡鼈”之屬。此稱明代已行用。明宋詡《宋氏養生部》：“烹鼈（一作‘鱉’）：一先取生鼈，殺出血，作沸湯，微燖，滌退薄膚，易水烹糜爛，解析其内，投熬油中，加原汁清者再烹。用醬、赤砂糖、胡椒、川椒、葱白、胡荽調和。一先燖滌，先斫爲軒，同前再烹調和。和物宜葦、笋、熟栗、熟菱、綠豆粉片。"

【鷄燉甲魚】

"濡鱉"之屬。此稱清代已行用。甲魚，鱉類。清佚名《調鼎集·水族無鱗部》："鷄燉甲魚：大甲魚一個，取大嫩肥鷄一隻，各如法宰洗。用大磁盆鋪大葱一層並蒜、大料、花椒、薑，將魚、鷄放下，蓋以葱，用甜酒、清醬醃蜜，隔湯燉二炷（香），熟爛香美。"

【頓脚魚】

"濡鱉"之屬。脚魚，即甲魚。此稱清代已行用。清李化楠《醒園録》卷上："頓脚魚法：先將脚魚宰死，下凉水泡一會，纔下滾水燙洗，刮去黑皮，開甲，去腹腸肚穢物，砍作四大塊，用肉湯併生精肉、薑、蒜同頓，至魚熟爛，將肉取起，只留脚魚，再下椒末。其蒜當多下，薑次之。臨吃時，均去之。又法：大脚魚一個，配大雌鷄一個，各如法宰洗。用大磁盆，底鋪大葱一重，併蒜頭、大料、花椒、薑。將魚鷄安下，上蓋以大葱，用甜酒、清醬和下淹密，隔湯頓二炷香久，熟爛，香美。"

【湯煨甲魚】

"濡鱉"之屬。此稱清代已行用。清袁枚《隨園食單·水族無鱗單》："湯煨甲魚：將甲魚白煮，去骨拆碎，用鷄湯、秋油、酒煨；湯二碗收至一碗起鍋，用葱、椒、薑末摻之。吳竹嶼家製之最佳。微用縴纏得湯膩。"時亦有"煨甲魚""蘇煨甲魚""白湯甲魚""紅湯甲魚""煮甲魚"等，皆此類。清佚名《調鼎集·水族無鱗部》："煨甲魚：煮熟拆碎，配肥鷄塊（亦去骨），冬笋、木耳再煨。又，取雄者，配火腿、木耳、香葦、蒜頭清煨。"又："蘇煨甲魚：將

甲魚治净，下凉水泡，再下滾水燙洗，切四塊，用肉湯並生精肉、薑、蒜同燉熟爛，將肉取起，衹留甲魚，再下椒末。其蒜當多，下薑次之，臨用均撿去。"又："白湯甲魚：甲魚煨熟拆碎，配火腿、鷄脯、笋片、木耳、醬油、酒、葱、薑、鮮汁，白湯煨。"又："紅湯甲魚：生甲魚整個入鷄冠油、葱、醬、大蒜、酒，不加襯菜，紅湯煨。"又："煮甲魚：肉湯配肥鷄塊、冬笋、木耳、作料炙整個。"

【煨甲魚】

"濡鱉"之屬。此稱清代已行用。參見本卷《菜肴説·脼考》"湯煨甲魚"文。

【蘇煨甲魚】

"濡鱉"之屬。此稱清代已行用。參見本卷《菜肴説·脼考》"湯煨甲魚"文。

【白湯甲魚】

"濡鱉"之屬。此稱清代已行用。參見本卷《菜肴説·脼考》"湯煨甲魚"文。

【紅湯甲魚】

"濡鱉"之屬。此稱清代已行用。參見本卷《菜肴説·脼考》"湯煨甲魚"文。

【煮甲魚】

"濡鱉"之屬。此稱清代已行用。參見本卷《菜肴説·脼考》"湯煨甲魚"文。

【全殼甲魚】

"濡鱉"之屬。此稱清代已行用。清袁枚《隨園食單·水族無鱗單》："全殼甲魚：山東楊參將家製甲魚，去首尾，取肉及裙；加作料煨好，仍以原殼覆之。每宴客，一客之前以小盤獻一甲魚，見者悚然，猶慮其動。惜未傳其法。"

【煮馬蹄鱉】

"濡鱉"之一種。此稱清代已行用。徐珂

《清稗類鈔·飲食類》:"李秉裁食馬蹄鼈。鼈以小者爲貴,世所稱馬蹄鼈者是也。德清徐某嘗於梧州南薰門外見一鼈,大如車輪,市人臠割而售之。徐初以爲黿也,視其首,則非是。其友李秉裁買其裙一臠以歸,和猪肉煮之,邀友共食,咸以爲美。徐不敢嘗,然食者亦無恙,惟口燥耳。"

黏鶉

葷肴。即煮食鶉鷃類飛禽。此稱先秦時期已行用。《楚辭·大招》:"炙鴰烝鳧,黏鶉敶只。"王逸注:"黏,爓也……黏爓鶉鷃,敶列衆味,無所不具也。"洪興祖補注:"黏,音潛,沈肉於湯也。"清代出現的"煨麻雀""煨黃雀""燉黃雀""煨鴿"等,亦此類。清袁枚《隨園食單·羽族單》:"煨麻雀:取麻雀五十隻,以清醬、甜酒煨之。熟後去爪腳,單取雀胸頭肉,連湯放盤中,其鮮異常。其他鳥鵲俱可類推。"又:"煨鷯鶉黃雀:鷯鶉用六合來者最佳……黃雀用蘇州糟加蜜酒煨爛。下作料與煨麻雀同。"清佚名《調鼎集·羽族部》:"燉黃雀:頭翅刮碎,和葱椒填入腹中,用甜酒、鹽少許,重湯燉。"又:"煨麻雀:野味須用脂油煨,始肥。"又:"煨鴿:鴿肉加好火腿同煨,甚佳。"

【煨麻雀】

"黏鶉"之屬。此稱清代已行用。見該文。

【燉黃雀】

"黏鶉"之屬。此稱清代已行用。見該文。

【煨黃雀】

"黏鶉"之屬。此稱清代已行用。見該文。

【煨鴿】

"黏鶉"之屬。此稱清代已行用。見該文。

濡鷄

葷肴。即煮鷄。濡,同"腝",煮。甲骨文中已屢見"鷄"的象形字,可見古人養鷄、食鷄歷時久遠。此稱始見於周代。《禮記·內則》:"濡鷄,醢醬實蓼。"漢代亦稱"濯鷄"。濯,同"鬻",今字作"瀹",以湯煮物也(見《説文·鬻部》"鬻"段玉裁注)。長沙馬王堆一號漢墓第五四簡:"濯鷄一笥。"南北朝時期出現"腤鷄""焦鷄""鷄臛",亦此屬。腤,煮魚肉。北魏賈思勰《齊民要術·胵腤煎消法》:"腤鷄:一名焦鷄,一名鷄臛。以渾。鹽,豉,葱白中截,乾蘇微火炙,生蘇不炙,與成治渾鷄俱下水中熟煮。出鷄及葱,漉出汁中蘇、豉,澄令清。擘肉,廣寸餘,奠之,以暖汁沃之。肉若冷,將奠,蒸令暖,滿奠。又云:葱、蘇、鹽、豉汁與鷄俱煮。既熟,擘奠,與汁、葱、蘇在上,莫安下。可增葱白,擘令細也。"宋代出現"爊鷄",亦此屬。爊,煮也。宋洪邁《夷堅丙志》卷九:"李吉爊鷄……與客買酒昇陽樓上,有賣爊鷄者。"清代出現"悶鷄肉",亦此屬。悶,扣緊鍋蓋慢火煮。清李化楠《醒園録》卷上:"悶鷄肉法:先將肥鷄如法宰洗,砍作四大塊,用猪油下鍋煉滾,下鷄烹之。少停一會,取起去油,用好甜醬、花椒料逐塊抹上,下鍋加甜酒,爛數滾熟爛,加葱花、香蕈,取起吃之甚美。"

【濯鷄】

即濡鷄。此稱漢代已行用。見該文。

【腤鷄】

"濡鷄"之屬。此稱南北朝時期已行用。見該文。

【焦鷄】

即腤鷄。此稱南北朝時期已行用。見該文。

【鷄臘】

即腤鷄。此稱南北朝時期已行用。見該文。

【悶鷄肉】

“濡鷄”之屬。此稱清代已行用。見該文。

【煨鷄】

“濡鷄”之屬。此稱宋代已行用。煨，初時指把食物埋在灰中煨熟，與“炮”相近。約在宋代，有熬煮義。宋洪邁《夷堅丁志》卷四提到“煨鴨”的製法是“就釜竈燖治成熟”，蓋即此義。見該文。

【頓鷄】

“濡鷄”之屬。頓，通“燉”。此稱清代已行用。亦稱“煨鷄”。清朱彝尊《食憲鴻秘》汪拂雲抄本：“頓鷄：臘月將肥嫩鷄切塊，用椒鹽少許拌匀，入磁瓶内。如遇佳客或燕賞，取出，平放錫鏇内，加猪板油及白糖、酒釀、醬油、葱花，頓熟，味甘而美。”清佚名《調鼎集·羽族部》：“煨鷄：數沸後撇去浮油，另置一器，俟熟，仍將前油攙入，再略煨。臨起，仍撇去浮油。又，海蜇、糟油、冬笋、蝦米、青菜頭、栗，用松菌、松仁、松鰲、火腿、肝油、香蕈、薑、酒、醬油肥煨。”徐珂《清稗類鈔·飲食類》：“煨鷄者，鷄去毛及腹中雜質，中實以猪肉餡，略如八寶鴨，密縫其口，外包荷葉，用水調甕蓋之泥，塗葉外，以炭火煨之，爛熟爲度。”

【煨鷄】

即頓鷄。此稱清代已行用。見該文。

【煮鷄】

即濡鷄。此稱清代已行用。清佚名《調鼎集·羽族部》：“煮鷄：河水煮，時常用冷水澆皮上，將熟，略加鹽，冷切，不可手撕，蘸芥末、醋或醬油。”

【煮老鷄】

“濡鷄”之一種。此稱清代已行用。清朱彝尊《食憲鴻秘·肉之屬》：“煮老鷄：猪胰一具，切碎同煮。以盆蓋之，不得揭開。約法爲度，則肉軟而佳（鵝鴨同）。或用櫻桃葉數片（老鵝同）；或用錫糖兩三塊；或山查數枚，皆易酥。”

【赤燉肉鷄】

“濡鷄”之一種。此稱清代已行用。清袁枚《隨園食單·羽族單》：“赤燉肉鷄：洗切净。每一斤用好酒十二兩、鹽二錢五分，冰糖四錢，研。酌加桂皮，同入砂鍋中，文炭火煨之。倘酒將乾，鷄肉尚未爛，每斤酌加清開水一茶杯。”

【辣煮鷄】

“濡鷄”之一種。此稱清代已行用。清佚名《調鼎集·羽族部》：“辣煮鷄：熟鷄拆細絲，配海參、海蜇煮，臨起以芥末和入作料沖用。麻油冷拌亦可。”

【蘑菇煨鷄】

“濡鷄”之屬。此稱清代已行用。清袁枚《隨園食單·羽族單》：“蘑菇煨鷄：口蘑菇四兩，開水泡，去砂，用冷水漂，牙刷擦，再用清水漂四次。用菜油二兩炮透，加酒噴。將鷄斬塊放鍋内，滾去沫，下甜酒、清醬，煨八分功程，下蘑菇；再煨二分功程，加笋、葱、椒起鍋。不用水，加冰糖三錢。”又：“鷄肉一斤、甜酒一斤、鹽三錢、冰糖四錢，蘑菇用新鮮不霉者，文火煨兩枝綫香爲度。不可用水，先煨鷄八分熟，再下蘑菇。”

【煨雞腎】

"濡雞"之屬。此稱清代已行用。清袁枚《隨園食單·羽族單》:"雞腎:取雞腎三十個,煮微熟,去皮,用雞湯加作料煨之,鮮嫩絶倫。"

【膾雞皮】

"濡雞"之屬。此稱清代已行用。清佚名《調鼎集·羽族部》:"膾雞皮:肥雞取皮,配鹿筋條、笋片、作料膾。"

瀹雞子

即煮食雞蛋。歷史當然久遠。《管子》載有"雕卵",南朝梁宗懍《荊楚歲時記》有"鏤雞子",并言經過雕畫之雞卵。此稱南北朝時期已行用。北魏賈思勰《齊民要術·養雞》:"瀹雞子法:打破,瀉沸湯中,浮出即掠取,生熟正得,即加鹽醋也。"明代出現的"頓卵""滾卵",清代出現的"煮蛋""烹蛋""白煮蛋""燉雞蛋"等,亦皆此屬。明宋詡《宋氏養生部》:"頓〔卵〕:每卵黃白二升,水一升,同少鹽調甚勻,瀉銀錫器中,摻花椒、縮砂仁末、葱屑,不蓋鍋,隔湯慢頓熟。宜甘草水、酒。或醋、鹽、葱煎汁瀹之,宜肥辣醬汁瀹之。有調入熟鵝、雞膏益珍,乾用。或先調卵於器,湯中頓微熟;細切熟豬肉醢鋪上,又將卵瀉入,再頓熟。"又:"滾〔卵〕:用甘草水、酒炊沸,以卵擊裂瀉入之,花椒、葱白、鹽調和。"清顧仲《養小錄》卷下:"煮蛋:雞鴨蛋同金華火腿煮熟,取出,細敲碎皮。入原汁再煮一二炷香,味妙。剥净凍之更妙。"清丁宜曾《農圃便覽》:"烹蛋:先用蝦米五錢泡透,剁極碎;調雞蛋十枚,箸調千下;入雞湯一碗,醬油、黃酒各一小盅,生脂肪切小丁五六錢,鹽花些須,調勻

入鍋,文火烹之。"清李化楠《醒園錄》卷下:"白煮蛋法:將蛋同凉水下鍋,煮至鍋邊水響,撈起,用凉水泡之,候蛋極冷,再放下鍋二三滾,取起。其黃不熟不生,最爲有趣。"清佚名《調鼎集·羽族部》:"燉雞蛋:配研碎瓜子仁或松子仁,加醬油或糟油燉稠。"

【頓卵】

"瀹雞子"之屬。此稱明代已行用。見該文。

【滾卵】

"瀹雞子"之屬。此稱明代已行用。見該文。

【煮蛋】

"瀹雞子"之屬。此稱清代已行用。見該文。

【烹蛋】

"瀹雞子"之屬。此稱清代已行用。見該文。

【白煮蛋】

"瀹雞子"之屬。此稱清代已行用。見該文。

【燉雞蛋】

"瀹雞子"之屬。此稱清代已行用。見該文。

【白煮雞蛋】

"瀹雞子"之屬。此稱清代已行用。徐珂《清稗類鈔·飲食類》:"白煮雞蛋者,置沸水六七合於壺,將雞蛋徐徐放入,僅六分時(若雞蛋不大,五分鐘即可,若食者不欲太生,七分鐘亦可),食之絶佳,時蛋白雖凝結而尚未硬也。雞蛋煮沸過度,即堅硬,可將煮蛋之器立刻離水,急置水管中,放水沖之,則冷熱水之對流沖激,能使蛋回復軟性。"

【蟹頓蛋】

"瀹雞子"之屬。此稱清代已行用。清朱彝尊《食憲鴻秘》汪拂雲抄本:"蟹頓蛋:凡蟹頓蛋,肉必沉下。須先將零星肉和蛋燉半碗,再將大蟹肉、黃脂另和蛋蓋面重頓爲得法也。"

【煨蛋白】

"瀹鷄子"之屬。此稱清代已行用。時亦有"紅煨三蛋",亦此類。清佚名《調鼎集·羽族部》:"煨蛋白:鷄蛋白襯火腿、猪腰或魚肚、鹿筋、冬笋煨。"又:"紅煨三蛋:變蛋白（水焯去腥）配熟鷄蛋白、鴿蛋白、笋塊、菜頭、鷄湯,加葱頭、醬油、酒釀。"

【紅煨三蛋】

"瀹鷄子"之屬。此稱清代已行用。參見本卷《菜肴説·胹考》"煨蛋白"文。

【煮茶葉蛋】

"瀹鷄子"之一種。此稱清代已行用。徐珂《清稗類鈔·飲食類》:"煮茶葉蛋:茶葉蛋者,以鷄蛋百個,鹽一兩,粗茶葉煮至兩枝綫香燃盡而止。"

燌鵝鴨

葷肴。燌,煮。鵝鴨,水禽之泛稱。宋代已見製售"燌鴨"者。宋孟元老《東京夢華録·飲食果子》:"又有外來托賣炙鷄、燌鴨、羊脚子、點羊頭、脆筋巴子。"按,燌鴨,一本作"燠鴨"。燠,熬也。宋洪邁《夷堅丁志》卷四:"王立燌鴨……竇詣大作坊,就釜竈燖治成熟。"燌,煮也。"燌鵝鴨"之稱見於元代。當時的"塔不剌鴨子"即此屬。元佚名《居家必用事類全集·庚集·飲食類》:"燌鵝鴨:每隻洗净,煉香油四兩,爁變黄色,用酒、醋、水三件中停浸没。入細料物半兩、葱三莖、醬一匙,慢火養熟爲度。"又:"塔不剌鴨子:大者一隻,摵净,去腸肚。以榆仁醬、肉汁調。先炒葱油,傾汁下鍋,小椒數粒。後下鴨子,慢火煮熟。拆開,另盛湯供。鵝鴨鷄同此製造。"

【燒鴨】

"燌鵝鴨"之屬。此稱宋代已行用。見該文。

【塔不剌鴨子】

"燌鵝鴨"之屬。此稱元代已行用。見該文。

【煮鴨】

"燌鵝鴨"之屬。此稱明代已行用。明韓奕《易牙遺意·脯鮓類》:"煮鴨法:宿汁,每日多留賸。用法,見大燌肉條。鴨頸剁下,盤受下血水。自口邊起,劃一刀,取頸骨捶碎。鴨煮軟後撈起,搭脊血並瀝下血生塗鴨胸部,上和細燌料,再蒸用。"

【鴨糊塗】

"燌鵝鴨"之屬。此稱清代已行用。清袁枚《隨園食單·羽族單》:"鴨糊塗:用肥鴨白煮八分熟,冷定去骨,拆成天然不方不圓之塊,下原湯内煨,加鹽三錢、酒半斤,捶碎山藥同下鍋作縴。臨煨爛時,再加薑末、香蕈、葱花。如要濃湯,加放粉縴。以芋代山藥亦妙。"

【白煨鴨】

"燌鵝鴨"之屬。此稱清代已行用。時亦有"嫩瓤鴨""煨瓤鴨""煨三鴨""炸肉皮煨鴨""紅燉鴨""乾燉鴨""葱燉鴨""煨板鴨"等,并此類。清佚名《調鼎集·羽族部》:"白煨鴨:河水煮爛,配薑汁、鹽少許;或加青菜薹、香蕈、山藥皆可。白煮,用小刀片切。"又:"嫩瓤鴨:鴨肋取孔,將腸雜挖净,劗肉裝滿,外用椒、鹽、大料末塗上,笋片包扎,入錫鏇上,覆以鉢,隔水炖。"又:"煨瓤鴨:去頭,翅折骨,腹内填蓮肉、松仁煨。又,填小雜菜煨。又,填糯米、火腿丁煨。又,填香蕈、笋丁、海參塊煨。又,蓮肉煨去骨鴨塊。又,肥鴨拆肉去骨,只留皮,包各色餡再煨。又,鴨肉去

骨，茼蒿根煨。又，配鮮蟹肉煨。"又："煨三
鴨：將肥桶鴨（江寧者佳）去骨切塊，先同蘑
菇、冬笋煨至五分熟，再擇家鴨野鴨之肥者切
塊，加酒、鹽、椒煨爛。又，家鴨配野鴨、板
鴨、醬油、酒娘、葱、薑、青菜頭同煨。"又：
"炸肉皮煨鴨：肥桶鴨切塊，配乾肉皮，用脂油
炸酥，加葱、薑、鹽、酒煨湯，稠始美。"又：
"紅燉鴨：鴨用河水煮爛取起，再用黃酒半碗，
醬油一鍾，葱花、薑汁各一兩，加笋片或青菜
數梗紅燉。又，石耳燉鴨。又豈豆末煨鴨。又，
整鴨去骨覆面，下襯火腿、冬笋片。"又："乾
燉鴨：老鴨治净，略捶碎，入瓶，加酒、醬油、
葱、椒，蓋瓶口，重湯燉。又，裝沙，不加水，
先入酒，後加醬油，乾煨。"又："葱燉鴨：鴨
治净，去水氣，用大葱片去鬚尖搓碎，以大半
入鴨腹，一小半鋪底，醬油一大碗，酒一中碗，
將一小杯量加水和勻入鍋。其汁灌入鴨腹，外
浸與鴨平，上再鋪葱一層，整胡桃仁四枚（略
捶開），排列葱上，勿没汁内。棉紙封鍋口，文
武火煮三次，燉爛。"又："煨板鴨：或配鮮肉、
羊肉、冬笋，或切塊同家鴨塊煨。江寧板鴨最
肥，天下聞名。方起鍋者味佳，不須改作。如
或當日不食，或携往他方，每有嫌冷者，或重
煮則淡而無味，一蒸更縮小肉靭。不得已與鮮
鴨齊煨，較杭州臘鴨差勝。"清夏曾傳《隨園
食單補證·羽族單》："板鴨，南京謂之鹽水鴨，
宜以笋煨之。予家向日自製醬鴨、板鴨，皆非
市肆所可及。"

【嫩瓠鴨】

　　"燒鵝鴨"之一種。此稱清代已行用。參見
本卷《菜肴説·胏考》"白煨鴨"文。

【煨瓠鴨】

　　"燒鵝鴨"之一種。此稱清代已行用。參見
本卷《菜肴説·胏考》"白煨鴨"文。

【煨三鴨】

　　"燒鵝鴨"之一種。此稱清代已行用。參見
本卷《菜肴説·胏考》"白煨鴨"文。

【炸肉皮煨鴨】

　　"燒鵝鴨"之一種。此稱清代已行用。參見
本卷《菜肴説·胏考》"白煨鴨"文。

【紅燉鴨】

　　"燒鵝鴨"之一種。此稱清代已行用。參見
本卷《菜肴説·胏考》"白煨鴨"文。

【乾燉鴨】

　　"燒鵝鴨"之一種。此稱清代已行用。參見
本卷《菜肴説·胏考》"白煨鴨"文。

【葱燉鴨】

　　"燒鵝鴨"之一種。此稱清代已行用。參見
本卷《菜肴説·胏考》"白煨鴨"文。

【煨板鴨】

　　"燒鵝鴨"之一種。此稱清代已行用。參見
本卷《菜肴説·胏考》"白煨鴨"文。

【讓鴨】

　　"燒鵝鴨"之屬。義同"瓠鴨"。因將提前
已配製好之成料填裝入鴨腹内，然後煮熟，故
名。此稱清代已行用。清顧仲《養小録》卷下：
"讓鴨：鴨，治净。脅下取孔，去腸雜，再净。
精製猪肉餅子劑，入滿；外用茴、椒、大料塗
滿，箬片包札固。入鍋，鉢覆，文、武火煮三
次，爛爲度。"

【清燉鴨】

　　"燒鵝鴨"之屬。此稱清代已行用。徐珂
《清稗類鈔·飲食類》："清燉鴨：以大鴨一隻，

用酒十二兩，鹽一兩二錢，滾水一大碗，沖化去渣末，再易冷水七碗，鮮薑四厚片，重約一兩，同入大瓦蓋缽，將皮紙封固口。用大火籠燒透大炭墼一個，外用套包一個，將火籠罩定，不可走氣。鴨破開時，以清水洗之，用潔净無漿布拭乾入缽，並不可在湯中久沸，沸則取出，數次即熟透矣。"

【煨鴨雜】

"爛鵝鴨"之屬。舉凡鴨舌、鴨肫等皆爲鴨雜。清代已見"煨鴨雜""煨鴨舌""白煮鴨舌""鴨舌煨白果""煮鴨肫"等，皆"煨鴨雜"類。清佚名《調鼎集·羽族部》："鴨雜：生鴨雜切小長塊，滾水略炸，配筍片、醃菜頭、鷄湯煨。"又："煨鴨舌：配鴨皮、火腿片、鷄湯（或火腿湯）、薑、葱、鹽、酒娘。又鴨舌略煮熟，配連魚舌、鯽魚舌入煮，魚湯、鹽、酒娘、筍尖、薑汁、葱、椒煨。又火腿筋、冬筍煨。"又："白煮鴨舌：鹽水煮熟，蘸芥末、醬油。"又："鴨舌煨白果：配口蘑、火腿絲。"又："煮鴨肫：煮熟，手撕碎，蘸椒鹽。油炸亦可，加花椒鹽。"

【煨鴨舌】

"煨鴨雜"之屬。此稱清代已行用。見該文。

【白煮鴨舌】

"煨鴨雜"之屬。此稱清代已行用。見該文。

【鴨舌煨白果】

"煨鴨雜"之屬。此稱清代已行用。見該文。

【煮鴨肫】

"煨鴨雜"之屬。此稱清代已行用。見該文。

【封鵝】

"爛鵝鴨"之屬。此稱清代已行用。因將鵝封閉於錫罐内用湯煮熟，故名。清顧仲《養小錄》卷下："封鵝：治净，内外抹香油一層。用茴香、大料及葱實腹，外用長葱裹緊。入錫罐，蓋住。入鍋，上覆大盆。重湯煮。以筯扞入，透底爲度。鵝入罐通不用汁，自然上升之氣，味凝重而美。吃時再加糟油或醬油、醋。"時亦有"罐鵝""壜鵝"，亦此類。清佚名《調鼎集·羽族部》："罐鵝：肥子鵝治净，入大罐内，加黃酒三碗，醬油二杯，葱二根，薑二斤，脂油丁二兩，花椒三十粒，河水四碗，封口隔水煮半日，取用，原味俱在。鷄鴨同。"又："壜鵝：鵝煮半熟，切細，用椒、茴、作料裝壜。一層肉，一層料，捺實，箬葉扎口，入滾水燉爛。猪蹄、鷄、鴨用同。"

【罐鵝】

"封鵝"之屬。此稱清代已行用。見該文。

【壜鵝】

"封鵝"之屬。此稱清代已行用。見該文。

【悶野鴨】

"爛鵝鴨"之屬。此稱清代已行用。時亦有"煮野鴨""瓢野鴨""煨野鴨"，並此類。清佚名《調鼎集·羽族部》："悶野鴨：野鴨二隻，河水三碗，甜醬一碗，葱五根，薑二斤，悶片刻。野鴨絲、鹽、酒悶同。"又："煮野鴨：五香加酒煮，冷用。"又："瓢野鴨……填鷄冠油，加作料煨。又，填薏米、建蓮煨。又，填雜果煨。"又："煨野鴨：整野鴨煮八分熟，去骨配鷄冠油、花椒、甜醬煨，臨起少入醋。"

【煮野鴨】

"爛鵝鴨"之一種。此稱清代已行用。參見本卷《菜肴説·肺考》"悶野鴨"文。

【瓢野鴨】

"爛鵝鴨"之一種。此稱清代已行用。參見

本卷《菜肴説・脼考》"悶野鴨"文。

【煨野鴨】

"燷鵝鴨"之一種。此稱清代已行用。參見本卷《菜肴説・脼考》"悶野鴨"文。

亨葵菽

素肴。即煮食瓜果菜豆。先民食此歷史久遠。考古發掘證實，在距今六千年左右的新石器時期，西安半坡居民就已采摘瓜蔬在自製的陶器中烹煮（見寧可《從出土文物看半坡村先民的飲食風貌》，載《烹飪史話》）。《詩・幽風・七月》"六月食鬱及薁，七月亨葵及菽"就明確具體地記載了農奴煮菜而食的情景。在先秦兩漢這是非常普遍的食物，由下列幾例可以清楚看出。其一，當時稱貴族上層人士爲"肉食者"（見《左傳・莊公十年》），與之相對的下層貧困者稱爲"藿食者"（見《説苑・善説》）。藿食，即葵菽瓜菜，而烹煮是基本食法。其二，《漢書・王莽傳》以"食肉"與"菜食"對舉。"菜食"，主要是指烹葵菽之類。當然，同是這一味菜，由於時代、條件、地域、身份等等不同，也自有高下精粗之別。此條菜目下之品類甚多，不勝枚舉。兹僅就文獻中載有製法并具特色者揭舉之。

【缹瓜瓠】

"亨葵菽"之屬。此稱南北朝時期已行用。北魏賈思勰《齊民要術・素食》："缹瓜瓠法：冬瓜、越瓜、瓠，用毛未脱者（毛脱即堅），漢瓜用極大饒肉者，皆削去皮，作方臠，廣一寸，長三寸。偏宜豬肉，肥羊肉亦佳（肉須別煮令熟）；薄切。蘇油亦好。特宜葒菜（蕪菁、肥葵、韭等皆得。蘇油，宜大用莧菜）。細擘葱白（葱白欲得多於菜。無葱，薤白代之），渾豉、白鹽、椒末。先布菜於銅鐺底，次肉（無肉以蘇油代之），次瓜，次瓠，次葱白、鹽、豉、椒末，如是次第重布，向滿爲限。少下水（僅令相淹漬），缹令熟。"宋代出現的"三煮瓜"亦此類。宋佚名《吳氏中饋録》："三煮瓜：青瓜堅老者切作兩片。每一斤用鹽半兩、醬一兩、紫蘇、甘草少許醃。伏時連滷夜煮，日曬凡三次。煮後曬，至兩天，留甑上蒸之，曬乾收貯。"清代又有"煮冬瓜"，亦此類。清朱彝尊《食憲鴻秘・蔬之屬》："煮冬瓜：老冬瓜切塊，用肉汁煮，久久内外俱透，色如琥珀，味方美妙。汁多而味濃，方得如此。"

【三煮瓜】

"亨葵菽"之屬。此稱宋代已行用。參見本卷《菜肴説・脼考》"缹瓜瓠"文。

【煮冬瓜】

"亨葵菽"之屬。此稱清代已行用。今時城鄉居民猶食此。參見本卷《菜肴説・脼考》"缹瓜瓠"文。

【缹漢瓜】

"亨葵菽"之屬。此稱南北朝時期已行用。北魏賈思勰《齊民要術・素食》："缹漢瓜法：直以香醬、葱白、麻油缹之。勿下水亦好。"

【缹茄子】

"亨葵菽"之屬。此稱南北朝時期已行用。北魏賈思勰《齊民要術・素食》："缹茄子法：用子未成者（子成則不好也），以竹刀骨刀四破之（用鐵則渝黑），湯煠去腥氣。細切葱白，熬油令香（蘇彌好）；香醬清、擘葱白與茄子俱下，缹令熟。下椒、薑末。"

【缹菌】

"亨葵菽"之屬。此稱南北朝時期已行用。

菌，傘菌類植物。《爾雅·釋草》稱之爲“中馗菌”，明李時珍《本草綱目·菜五·土菌》亦稱之爲“土菌”“杜蕈”“地蕈”“菰子”“地鷄”“獐頭”等。其無毒者可食，如蘑菇、香蕈等。北魏賈思勰《齊民要術·素食》：“焦菌法：菌，一名地鷄。口未開、内外全白者佳；其口開裹黑者，臭不堪食。其多取欲經冬者，收取，鹽汁洗去土，蒸令氣餾，下著屋北陰乾之。當時隨食者，取即湯煠去腥氣，擘破。先細切葱白，和麻油（蘇亦好），熬令香，復多擘葱白、渾豉、鹽、椒末，與菌俱下，焦之。宜肥羊肉，鷄、猪肉亦得。肉焦者，不須蘇油（肉亦先熟煮，薄切，重重布之如‘焦瓜瓠法’，唯不著菜也）。”宋代出現“酒煮玉蕈”，亦此類。宋林洪《山家清供》：“酒煮玉蕈：鮮蕈浄洗，約水煮少熟，乃以好酒煮。或佐以臨漳綠竹笋尤佳。”元代出現“酒炸蕈”，亦此類。炸，同“焦”，煨煮。元佚名《居家必用事類全集·庚集·飲食類》：“酒炸蕈：逐根栽立沙土内，米泔潑，經宿，令鮮潤脆軟。絲開，用炒葱油、薑、橘絲、鹽、醬、料物、酒攪勻。炸熟供，不用醋。”清代出現“煮香菰”“煨口蘑”，亦此類。清李化楠《醒園録》卷下：“煮香菰法：將菰用水洗濕至透，捻微乾。熱鍋下猪油，加薑絲，炙至薑赤，將菰放下，連炒數下，將原泡之水從鍋邊高處週圍循循傾下，立下立滾，隨即取起候配，烹調各菜甚脆香。凡所和之物，當候煮熟，隨下隨起，切不可久煮，以失菰性。”清佚名《調鼎集·鋪設戲席部》：“煨口蘑：配冬笋、天目笋、木耳、炸豆腐、料酒、洋糖、白蘿蔔塊，俱少加豆粉。”

【酒煮玉蕈】

　　“焦菌”之屬。此稱宋代已行用。見該文。

【酒炸蕈】

　　“焦菌”之屬。此稱元代已行用。見該文。

【煮香菰】

　　“焦菌”之屬。此稱清代已行用。見該文。

【煨口蘑】

　　“焦菌”之屬。此稱清代已行用。見該文。

【煨木耳香蕈】

　　“亨葵菽”之屬。見於清代。時亦有“煨虎蹄菌”“蘭花蘑菇”“煨香菇”“煨羊肚菌”“蘑菇煨腐皮”等，皆此類。清袁枚《隨園食單·雜素菜單》：“煨木耳香蕈：揚州定慧庵僧能將木耳煨二分厚，香蕈煨三分厚。先取蘑菇熬汁爲滷。”清薛寶辰《素食説略》：“虎蹄菌，形圓，大者如卵，小者如栗。以温熟水浸軟，洗去泥沙，切大片，以高湯煨之。亦脆亦腴，清芬可挹。”又：“蘭花蘑菇：以滚水淬之，加高湯煨豆腐，殊爲鮮美。”又：“香菇：形圓，大小約一寸許，約一分厚，黑潤與東菌異。以滚水淬之，摘去其柄，與白菜、玉蘭片、豆腐同煨，均清永。”又：“羊肚菌：以水淬之，俟軟漉出，將水留作湯用。再以水洗去泥沙，以高湯同原淬之水煨之，饒有清味。此菌紋如羊肚，故名。”又：“蘑菇煨腐皮：以作成腐竹，用開水浸軟，切段，與蘑菇同煨，風味甚佳。或以腐皮與笋尖、笋片同煨，亦清永。”

【煨虎蹄菌】

　　“亨葵菽”之屬。此稱清代已行用。參見本卷《菜肴説·脯考》“煨木耳香蕈”文。

【蘭花蘑菇】

　　“亨葵菽”之屬。此稱清代已行用。參見本

卷《菜肴説·脯考》"煨木耳香蕈"文。

【煨香菇】

"亨葵菽"之屬。此稱清代已行用。參見本卷《菜肴説·脯考》"煨木耳香蕈"文。

【煨羊肚菌】

"亨葵菽"之屬。此稱清代已行用。參見本卷《菜肴説·脯考》"煨木耳香蕈"文。

【蘑菇煨腐皮】

"亨葵菽"之屬。此稱清代已行用。參見本卷《菜肴説·脯考》"煨木耳香蕈"文。

【煨三笋】

"亨葵菽"之屬。以天目笋、冬笋、杭州笋三者同煨，故名。此稱清代已行用。亦稱"三笋羹"。時亦有"煨笋衣"，亦此類。清袁枚《隨園食單·雜素菜單》："煨三笋：將天目笋、冬笋、問政笋（即杭州笋）煨入雞湯，號三笋羹。"按，清佚名《調鼎集·蔬菜部》載此作："前三笋（笋乾、天目笋、鮮笋）煮熟，加醬油、酒、豆粉、菌汁煨一復時，用雞湯更好。"清薛寶辰《素食説略》："笋衣：出四川。滾水淬過，將水澄出，留作湯用。或切片切絲，仍以原淬水同高湯煨之，頗有清味。或加高湯，同豆腐、腐皮、玉蘭片同煨，亦佳。"

【三笋羹】

即煨三笋。此稱清代已行用。見該文。

【煨笋衣】

即煨三笋。此稱清代已行用。見該文。

【煨板橋蘿蔔】

"亨葵菽"之屬。見於清代。時亦有"蘿蔔煨肉""猪油煮蘿蔔"，亦此類。清佚名《調鼎集·蔬菜部》："煨板橋蘿蔔：江寧小紅蘿蔔去皮，先入開水煮過，配青菜頭、笋湯、鹽、

酒煨。"又："蘿蔔煨肉：去皮略磕碎，配猪肉煨。"清袁枚《隨園食單·雜素菜單》："猪油煮蘿蔔：用熟猪油炒蘿蔔，加蝦米煨之，以極熟爲度。臨起加葱花，色如琥珀。"

【蘿蔔煨肉】

"亨葵菽"之屬。此稱清代已行用。參見本卷《菜肴説·脯考》"煨板橋蘿蔔"文。

【猪油煮蘿蔔】

"亨葵菽"之屬。此稱清代已行用。參見本卷《菜肴説·脯考》"煨板橋蘿蔔"文。

【悶髮菜】

"亨葵菽"之屬。即煮鹿角菜。此稱清代已行用。清薛寶辰《素食説略》："悶髮菜：海蔬中惟黑色之鹿角菜可久煮，餘如白色之鹿角菜、鳳尾、紫菜及東洋粉，水煮即化，而髮菜及海帶可久煮。髮菜以高湯煨之，甚佳。或與白菜絲或笋絲同煨，亦清永。"

【煨蕨菜】

"亨葵菽"之屬。亦稱"煨商山芝"。此稱清代已行用。清薛寶辰《素食説略》："商山芝，即蕨菜，初生名小兒拳。以滾水浸軟，去根葉及粗梗。擇取極嫩者，以高湯煨之，氣香而味別，野蔌佳品也。"清袁枚《隨園食單·雜素菜單》："蕨菜：用蕨菜不可愛惜，須盡去其枝葉，單取直根，洗净煨爛，再用雞肉湯煨。必買矮弱者纔肥。"參閲徐珂《清稗類鈔·飲食類》。

【煨商山芝】

即煨蕨菜。此稱清代已行用。見該文。

【煮香珠豆】

"亨葵菽"之屬。此稱清代已行用。時亦有"煮臘豆"，亦此類。清袁枚《隨園食單·雜素菜單》："香珠豆：毛豆至八九月間，晚收者

最闊大而嫩，號‘香珠豆’。煮熟，以秋油、酒泡之；出殼可，帶殼亦可，香軟可愛。尋常之豆不可食也。”清薛寶辰《素食説略》：“煮臘豆：臘月極凍日，將曬半乾醃菜切碎。用大豆不拘多少，黑大豆尤佳。大約六分豆、四分菜、一分紅糖、一分酒同入鍋內。加菜滷若干，比豆低半指，煮中停一時，用勺翻過煮透。取出，鋪匀，晾冷，收壜內，可吃一年不壞，且益人。煮時須加花椒、大小茴香。”

【煮臘豆】

“煮香珠豆”之屬。此稱清代已行用。見該文。

【煮落花生】

“亨葵菽”之屬。此稱清代已行用。清薛寶辰《素食説略》：“煮落花生：落花生入水煮半熟，去內皮，傾去原芡之水，換水煨極爛，加糖並微搭饘食，味絕似鮮蓮子，甚清永也。”

【膾豆腐】

“亨葵菽”之屬。此稱清代已行用。膾，同“燴”，將菜類先炒，後會合在湯中煮成。清佚名《調鼎集·鋪設戲席部》：“膾豆腐：先將肉、筍、香蕈切細丁（約需六兩），用好醬、香油炒之，次下瓜仁、松仁、桃仁，凡可入之物皆切作細丁同炒，略用豆粉、洋糖，看火候以勿老爲度。次用極嫩豆腐三塊，削去四圍硬皮，漂數次，入鷄湯或肉湯、蝦油，煮熟盛大碗，將前肉、筍各丁乘熱一同傾入，即可入供。煮腐必要用蒔蘿，味如鮮蝦，或少加胡椒末更美。”

【煨凍豆腐】

“亨葵菽”之屬。此稱清代已行用。徐珂《清稗類鈔·飲食類》：“煨凍豆腐：凍豆腐者，冬始有之。以豆腐切方塊，置於戶外，先澆熱水一次，復以冷水頻澆之，凍一夜即結冰，一名冰豆腐。食時，滾去豆味，加鷄湯汁、火腿汁、肉汁煨之。食時，去鷄、火腿，專留香蕈、冬筍，煨久則鬆，而如蜂窩矣。”

火　鍋

火鍋

作爲一種烹飪器具，火鍋是由金屬或陶瓷製成的鍋、爐合一的食具。爐內置炭火，鍋內湯沸後可投放菜肴，隨煮隨吃。後來把用此鍋製成的菜肴亦稱爲火鍋。晚近俗稱“涮鍋子”“涮火鍋”。火鍋的起源，説法不一。一説，起源於漢代。《史記·李將軍列傳》：“不擊刁斗以自衛。”裴駰集解引孟康曰：“以銅作鐎器，受一斗，晝炊飯食，夜擊持行，名曰刁斗。”陝西漢中鋪鎮出土有銅鐎斗，或認爲此即最早的火鍋。一説，起源於南北朝時期，西南部落所使用之“銅爨”，即最初的火鍋。《魏書·獠傳》：“鑄銅爲器，大口寬腹，名曰銅爨。既薄且輕，易於熟食。”一説，起自唐代。白居易《問劉十九》詩中的“紅泥小火爐”即火鍋。以上諸説雖不盡可信，但都有重要參考價值。出土文物提供的資料證實，遼代契丹人已用火鍋烹飪。20世紀80年代於内蒙古敖漢旗墓葬中出土的壁畫，就有一幅吃火鍋圖。三人席地坐於氈帳，拱圍火鍋，周圍有案桌、酒盞、盛配料的簋、滿盛羊肉的鐵筒等，一人正以箸於鍋內涮食。這幅畫爲火鍋的起源提供了重要的依據。宋代中原地區出現的所謂“撥霞供”，可能是食用火鍋的最早、最詳備的文字記載。宋林洪《山家清供・撥霞供》：“向游武夷六曲訪止止師，遇雪天，得一兔，無庖人可製。師云：‘山間只用薄批，酒醬椒料沃之，以風爐安座上，用水少半銚。候湯響一杯後，各分以箸，令自筴入湯，擺熟，啖之，乃隨宜各以汁供。’因用其法，不獨易行，且有團欒熱暖之樂。越五六年，來京師，乃復於楊泳齋伯嵒席上見此，恍然去武夷如隔一世。楊勳家，嗜古學而清苦者，宜此山家之趣。因詩之：‘浪涌晴江雪，風翻晚照霞。’末云：‘醉憶山中味，都忘貴客來。’猪、羊皆可。”從上文的烹飪用器、操作、食用過程及所使用之主、輔料看，與後世火鍋已非常接近。其時食用尚不普遍，限於山野及少數官宦富貴人家。自清至今，食此之風甚盛。清乾隆帝嗜食此，六下江南，所至之處，皆爲備辦火鍋。嘉慶皇帝行登基大典時，設“千叟宴”招待各地耆老碩彥，内中一道菜就是火鍋宴，用火鍋一千五百多個。當時出現了“野意火鍋”“十錦火鍋”“野鷄火鍋”等名目。“野意火鍋”見於《奉天通志》：“以錫爲之，分上下層，高不及尺，中以紅銅爲火筒著炭，湯沸時，煮一切肉脯鷄魚，其味無不鮮美。冬令居家宴客常餐，多喜用之。……富者兼備參、筋，佐以羊、牛、魚、鷄、鴨、山雉、蝦、蟹等肉，或食餃，或食火鍋，供客亦成席。”清潘榮陛《帝京歲時紀勝・元旦》：“至於酹酢之具，則鏤花繪果爲茶，十錦火鍋供饌。”清袁枚《隨園食單・羽族單》：“野鷄五法……生片其肉，入火鍋中，登時便吃，亦一法也。其弊在肉嫩則味不入，味入則肉又老。”清夏曾傳補證：“若火鍋之火候得宜，則其妙正在肉不老而味入也。弊何有哉？”今時隨着經濟的繁榮和群衆生活水準的提高，火鍋這種以往貴族獨享的美餐已開始進入城鄉尋常百姓人家，專業飯店推出了名目繁多的傳統或應時趨新之品，如北京的“八生火鍋”“涮羊肉”，雲南的“素火鍋”，上海的“菊花火鍋”，重慶的“毛肚火鍋”，東北的“白肉火鍋”等。國家在人民大會堂招待外賓時，也經常使用具有民族特色的火鍋，深得外賓贊賞。參閱董治《火鍋古今談》，載《烹飪史話》。

【撥霞供】

　　“火鍋”之古稱。此稱宋代已行用。見該文。

【野意火鍋】

　　“火鍋”之一種。此稱清代已行用。見該文。

【十錦火鍋】

　　“火鍋”之一種。此稱清代已行用。見該文。

【野鷄火鍋】

　　“火鍋”之一種。以野鷄肉爲主要涮料，故名。此稱清代已行用。見該文。

第十三節　蒸　考

作爲烹飪技法，蒸指把食品置於釜甑内箅子或支架上，依靠水蒸熱氣的作用使食物由生變熟。以"蒸"與被蒸原料結合，遂成蒸製系列食品。

蒸食，在我國有悠久的歷史，至今仍具有强大生命力，爲城鄉居民所廣泛使用。

蒸的出現需要有三個先決條件：可靠的能源火；穩定的食源，如穀、蔬、肉、果等；必要的烹飪工具，如釜、甑、甗等。考古發掘證實，在距今五六千年前的新石器時期這些條件已基本具備，當時西安半坡人已能蒸作多種主食和菜肴。

我國古代傳説"黄帝作蒸飯"（明張岱《夜航船·日用·飲食》）是有一定道理的。

商代甲骨文字有不少從火、從鬲（或其他器皿）、從隹之字，似有表現蒸食者。1976年在河南安陽殷墟五號墓出土一件銅甑。這些事實説明蒸食在商代已很習見。

蒸的本字作"烝"，先秦即已出現。《詩·大雅·生民》："釋之叟叟，烝之浮浮。"孔穎達疏："炊之於甑饙而烝之，其氣浮浮然。"古書中"烝"多假"蒸"爲之，"蒸"省作"菦"。《説文·火部》："烝，火气上行也。從火丞聲。"段玉裁注："經典多叚'蒸'爲之者。"又《艸部》："蒸，析麻中榦也。從艸烝聲。菦，蒸或省火。"烝字從火，説明火在蒸食中的重要作用，即《淮南子·説林訓》所謂"粟得水濕而熱，甑得火而液"。

蒸本是烹飪技法之一，在宋元時代，行用勢頭却非常之盛。宋代形成系列食品，時有"從食蒸作"之名（宋孟元老《東京夢華録·飲食果子》），亦稱"蒸作從食"（宋周密《武林舊事·市食》），顧名思義，是蒸作而成的各色食品。在"蒸作從食"名目下，所列專名及統稱食品就有五十七項，足見包羅之廣，應用之繁。下面即是五十餘種"從食"的食單："子母蝑、春蝑、大包子、荷葉餅、芙蓉餅、壽帶龜、子母龜、歡喜、撚尖、蒯花、小蒸作、駱駝蹄、大學饅頭、羊肉饅頭、細餡、糖餡、豆沙餡、蜜辣餡、生餡、飯餡、酸餡、笋肉餡、麩蕈餡、棗栗餡、薄皮、蟹黄、灌漿、卧爐、鵝項、棗䭔、仙桃、乳餅、菜餅、秤錘蒸餅、睡蒸餅、千層、雞頭籃兒、鵝彈、月餅、饀子、炙焦、肉油酥、燒餅、火棒、小蜜食、金花餅、市羅、蜜劑、餅餤、春餅、胡餅、韭餅、諸色餕子、諸色包子、諸色角兒、諸色果食、諸色從食。"與此相應的是，宋元時候出現了專業性質的鋪行，宋代稱作"蒸作麵行"（宋吳自牧《夢粱録·葷素從食店》），元代稱作"蒸作鋪"（元佚名《崔府君斷冤家債主》）。

　　古今蒸作食品大體分作三類：米麵類、菜肴類、果品類。因本篇專論菜肴，故於米麵類闕而不論。果品類無專節，與菜肴類有近似之處，故附帶於此。

　　菜肴類蒸食大別有四：一、獸畜類。如"蕙肴蒸""蒸豚""蒸豬""藏蒸豬""和糝蒸豬""清蒸肉""乾鍋蒸肉""芭蕉蒸肉""乾菜蒸肉""臘蒸肉""粉蒸肉""荷葉粉蒸肉""蒸豬頭""蒸風豬小腸""蒸豬蹄""蒸羊""過廳羊""盞蒸羊""蒸軟羊""酒蒸羊""鱉蒸羊""柳蒸羊""碗蒸羊""蒸羊眉突""牛乳蒸羊羔""暖寒花釀驢蒸""脂蒸腰子""蒸熊""分裝蒸臘熊""蒸熊掌""蒸鹿尾""茶葉蒸鹿尾""蒸黃鼠""蒸駝峰"等。二、禽鳥類。如"蒸雞""酒蒸雞""蒸小雞""黃茋蒸雞""西瓜蒸雞""八珍蛋""三鮮蛋""蒸鵝鴨""烝臭""焦鵝""鵝蒸""鵝鴨排蒸荔枝腰子""閩笋蒸鵝""餕蒸鵝""蒸鴨""乾蒸鴨"等。三、水族類。如"裹蒸生魚""毛蒸魚菜""蒸魚""蒸鮎""焦鱠魚""蒸鰤魚""酒蒸石首""蒸青魚""蒸鯿魚""蒸鯽魚""蒸風鯽魚""蒸白魚""蒸鱘魚""蒸醃魚""蒸水醃鯉魚""蒸白蟹""松璧蒸蟹""剝殼蒸蟹""蒸鱟"等。四、蔬菜類。如"蒸藕""薤白蒸""糖蒸茄""蒸乾菜""蒸蕈""蒸香乾菜""蒸莧菜""蒸白木耳"等。

　　果品原本甘甜之物，一經蒸焦，或加入鹽蜜糖類，風味自是不同。某些植物根莖，又必須蒸後纔能食用。此類食品，名目亦夥，如"蒸梨棗""大蒸棗""蒸南棗""蒸紫蘇梅""瓤李""蒸芋魁""蒸百合""蟹釀橙"等。此非主食，亦非肴品，但可充作小吃。

　　時有古今，地有南北，烹飪原料、工具有別，操作人員技法、食尚不同，故同一蒸作之下，流別紛呈，異態競出。就其大勢而言，要有如下數端。

　　一、從蒸作使用的液體看，有水蒸、酒蒸、水酒合蒸、湯蒸、乾鍋蒸之別。水蒸最爲普遍，不勝枚舉。酒蒸者，如宋吳自牧《夢粱錄·分茶酒店》所載之"酒蒸羊""酒蒸雞""酒蒸石首"（即徐珂《清稗類鈔·飲食類》所謂"酒蒸黃花魚"）。清袁枚《隨園食單》謂鯽魚"蒸時用酒不用水"，白魚"用酒蒸食，美不可言"。水酒合蒸者，如明宋詡《宋氏養生部》所載"蒸豬"係"水和白酒蒸"，《清稗類鈔》所記"蒸鵝"乃以"一大碗酒、一大碗水，蒸之"。湯蒸者，如清佚名《調鼎集·江鮮部》"蒸鰤魚"是用"鮮湯（或雞湯、蝦湯，香蕈，菌子各湯）"蒸焦，"不用水"；同書"蒸鱘魚"是"用雞湯蒸"；而清薛寶辰《素食說略》言白木耳"添高湯蒸之"。乾鍋蒸者，鍋內不放水，文火慢燒，被蒸之物通常置入鉢或罐內，酒及醬油於器皿中滿漬被蒸物。《隨園食單》之"乾鍋蒸肉""乾蒸鴨"等皆如此。以上五種爲常見者，至於《紅樓夢》第四九回的"牛乳蒸羊羔"，以牛乳蒸作，則屬於罕見者。

二、從被蒸物的體態看，有整體、切割之別。孔子送給陽貨的"蒸豚"（《孟子·滕文公下》）以及北魏賈思勰《齊民要術·蒸缹法》之"蒸肫（豚）"，皆整猪爲之，而明代的"蒸猪"（明宋詡《宋氏養生部》）則"取肉方爲軒"以蒸。元代的"柳蒸羊"（元忽思慧《飲膳正要·聚珍異饌》）亦整羊爲之，而其時的"碗蒸羊"（元佚名《居家必用事類全集·庚集·飲食類》）則"肥嫩者每斤切作片"以蒸。至於清代"牛乳蒸羊羔"，恐怕不是大卸八塊料理的。一般説來，鷄、鴨、鵝、魚等小物料多整蒸，牛、羊、鹿、豕等則多分蒸。當然，這些都隨着烹飪的主客觀條件而變化，不可一概而論。

三、從物料被蒸作的方式看，有藏蒸、墊蒸之別。

藏蒸者，被蒸物加一"外殼"，包藏而蒸。大致有器藏、物包、瓜果藏等三種。器藏者，藏於器皿以蒸。或以竹籃，如南北朝之"毛蒸魚菜"，係"竹籃盛魚，菜上蒸"。或以盞、盦鑼，如宋之"盞蒸羊"（宋西湖老人《西湖老人繁勝録·食店》）；明代"盞"字亦作"餞"，如"餞蒸鵝"爲"餞內蒸熟"，或"置盦鑼內蒸熟"（明韓奕《易牙遺意·脯鮓類》）。或以碗、砂銚，如元代之"碗蒸羊"（《居家必用事類全集》），係以"甒碗"盛入肉及料，而後"濕紙封碗面"蒸成，"砂銚亦可"。或以盤，清代"蒸小鷄"（清袁枚《隨園食單》）即將鷄"整放盤中""飯鍋上蒸之"。或以錫鏇，如清代之"蒸臘肉"（清佚名《調鼎集》）乃在"深錫鏇"中爲之。或以瓷罐，如清之"乾蒸鴨"係"放磁罐中封好，置乾鍋中蒸之"。或以鉢，如清之"蒸猪蹄"（《隨園食單》）係"兩鉢合之"以蒸。這種釜中置器以蒸的方法可能借鑒了周代"八珍"之一"炮"的小鼎放入大鼎以及南北朝"豚皮餅"的銅鉢置入大鐺的做法。物包者，外物包裹以蒸。或以箬葉，如南北朝之"裹蒸生魚"（北魏賈思勰《齊民要術·蒸缹法》）係"膏油塗箬，十字裹之（魚）"蒸成。或以竹笋，如明代"藏蒸猪"（《宋氏養生部》）是"用竹笋兩節，間斷爲底蓋，底深蓋淺，藏肉醯料於底，裁竹針關其蓋"而蒸熟的。或以桑葉，如清代"蒸羊"（《調鼎集》）係"用桑葉包裹，再用捶軟稻草扎緊"以蒸。或以荷葉，如清代"荷葉粉蒸肉"（徐珂《清稗類鈔·飲食類》）即"以新荷葉包之，上籠蒸熟""入口則荷香沁齒，別有風味"。或以腐皮，清代"蒸鯽魚"（《調鼎集》）即"鍋底用竹筯架起，筯上鋪嫩腐皮"，置入被蒸物後，"再用腐皮蓋好"。或以蛋殼，清代"八珍蛋"（《清稗類鈔》）是以煨熟之火腿屑、笋屑、鷄屑、蝦仁屑、松子仁屑等與蛋汁調勻，"裝蛋殼中，用紙封口，飯鍋蒸熟，剝食之"。或以布，清代製作南棗時是將蒸熟之南棗去皮核後，配以人參，"布包擱飯鍋架中蒸"（《調鼎集》）。瓜果藏者，藏於瓜果以蒸。或以橙，如宋代"蟹釀橙"（宋林洪《山家清供》）係將大橙截頂去瓤，實蟹肉其中，復以橙頂罩上，甑內蒸熟，"使人有新酒、菊花、香橙、螃蟹之興"。或以茄，明代"藏蒸豬"又一法即將茄切頂除瓤，中實以肉，復加茄頂以蒸。或以西瓜，清代"西瓜蒸雞"（《清稗類鈔》），即將雞肉及配料裝入去掉頂、瓤之西瓜，而後"蓋上瓜片，將瓜盛於大碗，隔水蒸三小時，取出，去皮食之"。或以李，清代"瓤李"（《調鼎集》）是將李子挖核煮後，"用洋糖、松仁、欖仁研末填滿，蒸熟"。以上三種之外，尚有泥藏者，如元代"蒸羊眉突"（《居家必用事類全集》）係"入空鍋內，柴棒架起，盤合泥封，發火不得太緊，候熟，碗內另供原汁"。這可能吸取了古代草裹泥封、帶毛烘烤的"炮"法。而《隨園食單》的"乾鍋蒸肉"則是小瓷鉢內裝肉及作料，外面再套大鉢，封口，"放鍋內，下用文火乾蒸之"。這種"套蒸"微妙奇特，匠心獨運，想來成品可口。

墊蒸者，被蒸物下墊藉他物而蒸，以提味或防走油、粘連等。或以草，先秦之"蕙肴蒸"（《楚辭》）蓋以蕙草爲墊（或裹束）。或以芭蕉，清代"芭蕉蒸肉"（《調鼎集》）即"用芭蕉葉襯籠底蒸"。或以白菜、腐皮、荷葉，清代的"粉蒸肉"，《隨園食單》所載是"下用白菜作墊"，《調鼎集》是"底墊腐皮或荷葉（防走油）"。或以豆腐腦，清代"蒸白木耳"（清薛寶辰《素食說略》）即"以豆腐腦墊底，加白木耳於上"蒸成。或以瓦礫，明代"蒸青魚"（《宋氏養生部》）即"以新瓦礫藉鍋，置魚於上"而蒸。與墊蒸相反者則爲蓋蒸，《清稗類鈔》所載"粉蒸肉"即"上蓋荷葉，溫火蒸二小時"。

四、從蒸作步驟看，有疾、徐之別。疾作者通常"一氣蒸成"，而徐作者需兩次或十數次甫成。如清代"三鮮蛋"（《清稗類鈔》）係先將蛋汁與火腿湯蒸如"極嫩之水豆腐"，而後加入火腿屑、蘑菇屑、鮮蝦仁等，"仍蒸透食之"。熊掌由於極難熟透，清代烹製時"鍋上蒸十餘次"（清朱彝尊《食憲鴻秘》）。疾作者通常衹蒸不煮；徐作者或煮一次而後蒸，或煮數次而後蒸。南北朝之"蒸猪頭"（《齊民要術》）先"煮一沸"，而後"以清酒、鹽、肉蒸"；而清代"蒸臘肉"（《調鼎集》）是先將肉"洗淨煮過，換水再煮一二次"，而後鏇蒸。有的則浸、燙、蒸兼用，清李化楠《醒園錄》所載"蒸熊掌"是先以"溫水泡軟"，其次"用滾水燙"，後經兩次蒸始成。有的則煮、曬、蒸兼用，宋代"蒸乾菜"（宋佚名《吳氏中饋錄》）先是將鮮菜"入沸湯內焯五六分熟，曬乾"，後加入鹽、醬、糖、諸色香料等"同煮極熟，又曬乾"，最後蒸貯。疾作者通常即作即食；徐者則蒸後風乾、儲存，食時再蒸。清代"蒸風猪小腸"（《醒園録》）即將腸"鋪層籠内蒸熟，風乾。要用，當再蒸熟，切薄片，吃之甚佳"。也有的先將物件做必要加工，而後或風乾，或入瓮泥封，數月後始蒸食，《清稗類鈔》之"蒸風鯽魚""蒸水醃鯉魚"即如此。

五、從蒸熟物性質看，有食用、藥用之别。食用、藥用雖無絶對界限，然有主次之分。食用者，自以果腹爲主；藥用者，當以袪病爲先。蒸作物通常爲食物，然亦有藥膳。元代"盞蒸"（《飲膳正要》）具"補中益氣"作用；清代"黄芪蒸鷄"可以"療弱癥"，"蒸南棗"（《調鼎集》）可以"用之補氣"。

與"蒸"并行的另一稱謂是"餁"，賈思勰《齊民要術》有《蒸餁法》一節，即以二名并提。然二者實有同有异，不爲全同。所异者，是"餁"可指煮。《通俗文》"燥煮曰餁"，《一切經音義》卷一七："少汁煮曰餁。"賈書《素食》一節之"餁瓜瓠"正言"少下水"，"餁漢瓜"正言"勿下水亦好"。陸游詩中甚至出現"餁粥"（《冬夜與溥庵主説川食戲作》）。這些説明"餁"有煮義，而"蒸"無。所同有二。其一是"餁"指蒸。賈書"餁鵝法"下逕言"蒸之"，"餁""蒸"對文，足見義同。故知書中"鵝蒸"爲"餁鵝"异名。其二"餁"同"蒸"一樣，亦得指"煮後蒸"。賈書"蒸肫（豚）法"先是"煮令半熟"，而後"蒸兩三炊久"；"餁豚法"亦先是"合煮令熟"，而後"蒸之"。二字又對言，且方法無别，故知義亦同。不過"餁"行用時間不很長。《説文》不收其字，清陳焕認爲是"佚之"，段玉裁認爲"'炰''餁'爲古今字""《説文》有'炮'無'餁'"，是删去了"餁"。二説之是非姑且不論，至少説明在秦漢時此字行用不廣。南北朝是"餁"字使用最活躍之時，《玉篇》收録，釋作"火熟也"，賈書中更是多次使用。唐宋以降，就很少使用，幾近湮没，而"蒸"字一如既往地風行於世。當然也要看到，後人使用蒸時，已遠遠超出利用水蒸氣的熱力使食物熟或熱的範圍。如元代的"柳蒸羊"係於地上挖三尺深之火爐，"周回以石，燒令通赤"，而後"鐵芭盛羊，上用柳子蓋覆，土封，以熟爲度"。這分明是烘烤，非蒸。不過，這畢竟是極個别的現象，不屬通例。

蒸

本指烹飪技法，利用熱氣將鍋内箄子上的食物蒸熟。此特指蒸作從食，即以"蒸"加上被蒸原料構成的系列食品。先秦時期已見，亦作"烝"。《詩·大雅·生民》："釋之叟叟，烝之浮浮。"高亨注："烝，蒸也。"《孟子·滕文公下》："陽貨瞯孔子之亡也，而饋孔子蒸豚。"烝，本字；蒸，借字。《説文·火部》："烝，火气上行也。从火丞聲。"王筠句讀："或通作蒸。"又《艸部》："蒸，析麻中榦也。从艸烝聲。"南北朝時期亦稱"𩟇"。北魏賈思勰《齊民要術·蒸𩟇法》載有"𩟇鵝法"係將屠宰之鵝加入調料"蒸之"。《詩·大雅·韓奕》"炰鼈鮮魚"孔穎達疏："案，《字書》：'……𩟇，烝也。'"不過後世罕用"𩟇"，多用"蒸"，一直到現今。

【烝】

同"蒸"。此體先秦時期已行用。見該文。

【𩟇】²

即蒸。此稱南北朝時期已行用。見該文。

蒸豚

一種蒸猪肉。先秦已見。亦作"烝豚"。《孟子·滕文公下》："陽貨瞯孔子之亡也，而饋孔子蒸豚。"一本作"烝豚"。此指蒸熟之小猪。南北朝時期亦作"烝㹠""蒸肫"，亦稱"豚蒸"。南朝宋劉義慶《世説新語·汰侈》："烝㹠肥美，異於常味。"北魏賈思勰《齊民要術·蒸𩟇法》："蒸肫法：好肥肫一頭，净洗垢，煮令半熟，以豉汁漬之。生秫米一升，勿令近水，濃豉汁漬米，令黄色，炊作饙，復以豉汁灑之。細切薑、橘皮各一升，葱白三寸四升，橘葉一升，合著甑中，密覆，蒸兩三炊久。復以猪膏三升，合豉汁一升灑，便熟也。"又："豚蒸，如蒸熊。"以上皆整猪爲蒸。明代出現"蒸猪""藏蒸猪""和糝蒸猪"。此等雖以"猪"爲名，實非整猪，而是指切割之猪肉。明宋詡《宋氏養生部》："蒸猪：取肉方爲軒。銀錫砂鑼中置之，水和白酒蒸，至稍熟，加花椒、醬，

復蒸糜爛，以汁瀹之。有水鍋中慢烹，復半起，其汁漸下，養糜爛，又俯仰交翻之。"又："藏蒸猪：一用竹笋兩節，間斷爲底蓋，底深蓋淺，藏肉醃料於底，裁竹針關其蓋，蒸熟。一用肥茄，切下頂，剔去中瓢子。同笋制。"又："和糝蒸猪：用肉小被䐑，和杭米糝、縮砂仁、地椒、蒔蘿、花椒扮、鹽蒸。取乾飯再炒爲扮和之，尤佳。"明代出現的"清蒸肉"，也是蒸猪肉。明高濂《遵生八牋·飲饌服食牋上》："清蒸肉：用好猪肉煮一滾，取净方塊，水漂過，刮净，將皮用刀界碎。將大小茴香、花椒、草果、官桂用稀布包作一包，放瀶鑼内，上壓肉塊。先將鷄鵝清過好汁，調和滋味，澆在肉上，仍蓋大葱、醃菜、蒜槨入湯鍋内，蓋住蒸之。食時，去葱、蒜、菜並包料食之。"清代出現"乾鍋蒸肉""芭蕉蒸肉""乾菜蒸肉""蒸臘肉"等，均爲蒸猪肉。清袁枚《隨園食單·特牲單》："乾鍋蒸肉：用小磁鉢，將肉切方塊，加甜酒、秋油，裝入鉢内，封口，放鍋内，下用文火乾蒸之，以兩枝香爲度。不用水，秋油與酒之多寡，相肉而行，以蓋滿肉面爲度。"清佚名《調鼎集·特牲部》："芭蕉蒸肉：肉切塊，用芭蕉葉襯籠底蒸。將熟時，澆叭噠杏仁汁（味香美），蘸椒鹽。"又："乾菜蒸肉：白菜、芥菜、蘿蔔菜、菜花頭等乾切段，先蒸熟；取肥肉切厚大片，拌熟。肉易爛，味亦美，盛暑不壞，携之出路更可。"又："蒸臘肉：臘月肉洗净煮過，換水再煮一二次，味即淡，入深錫鏇，加酒、醬油、花椒、茴香、長葱蒸，別有鮮味（蒸後恐易還性，再蒸一次則味定矣。煮陳臘肉有油籢臭氣者，將熟，以燒紅炭數塊淬之，或寸切稻草，或周塗黄泥，一二日即去）。"

【烝豚】

同"蒸豚"。此體先秦時期已行用。見該文。

【烝独】

同"蒸豚"。独，本字作"豚"。此體南北朝時期已行用。見該文。

【蒸肫】

同"蒸豚"。肫，本字作"豚"。此體南北朝時期已行用。見該文。

【豚蒸】

即蒸豚。據北魏賈思勰《齊民要術·蒸缹法》所記，二者方法有別。此稱南北朝時期已行用。見該文。

【蒸猪】

"蒸豚"之屬。此稱明代已行用。見該文。

【藏蒸猪】

"蒸豚"之屬。因把猪肉、輔料藏於笋或茄中蒸成，故名。此稱明代已行用。見該文。

【和糝蒸猪】

"蒸豚"之屬。因把秔米糝混合猪肉片蒸成，故名。此稱明代已行用。見該文。

【清蒸肉】

"蒸豚"之屬。此稱明代已行用。見該文。

【乾鍋蒸肉】

"蒸豚"之屬。因肉放鉢内，鉢放無水之乾鍋内蒸成，故名。此稱清代已行用。見該文。

【芭蕉蒸肉】

"蒸豚"之屬。因蒸肉時以芭蕉葉襯底，故名。此稱清代已行用。見該文。

【乾菜蒸肉】

"蒸豚"之屬。因將乾菜蒸熟後拌入肉再蒸而成，故名。此稱清代已行用。見該文。

【蒸臘肉】

"蒸豚"之屬。此稱清代已行用。見該文。

【粉蒸肉】

"蒸豚"之屬。因主要由炒米粉與猪肉蒸成，故名。此稱清代已行用。清袁枚《隨園食單·特牲單》："粉蒸肉：用精肥參半之肉，炒米粉黄色，拌麵醬蒸之，下用白菜作墊。熟時不但肉美，菜亦美。以不見水，故味獨全。江西人菜也。"清代尚有其他兩種製法。清佚名《調鼎集·特牲部》："粉蒸肉：炒上白秈米，磨粉篩出（鍋粑粉更美），重用脂油、椒鹽同炒；又將肉切大片燒好，入粉拌匀，上籠，底墊腐皮或荷葉（防走油），蒸。又，將方塊肉先用椒鹽略揉，再入米粉周遭粘滾，上籠拌緑豆芽（去頭尾）蒸。"徐珂《清稗類鈔·飲食類》："粉蒸肉……又法，切薄片，以醬油、酒浸半小時，再撮乾粉少許，細搓肉片，俟乾粉落盡，僅留薄粉一層，乃疊入蒸籠，上蓋荷葉，温火蒸二小時。於出籠前五分鐘，略加香料、冰糖，味甚美。"其時又有"荷葉粉蒸肉"，爲"粉蒸肉"之一種。因以荷葉包裹肉蒸成，故名。徐珂《清稗類鈔·飲食類》："荷葉粉蒸肉者，以五花净猪肉浸於極美之醬油及黄酒中，半日取出，拌以松仁末、炒米粉等料，以新荷葉包之，上籠蒸熟。食時去葉，入口則荷香沁齒，别有風味。蓋猪肉之油，各料之味，爲葉所包不泄，而新荷葉之清香，被蒸入内，以故其味之厚，氣之芳，爲饕餮者流所嘖嘖不置者也。"

【荷葉粉蒸肉】

"粉蒸肉"之一種。此稱清代已行用。見該文。

【蒸猪頭】

"蒸豚"之屬。此稱南北朝時期已行用。北魏賈思勰《齊民要術‧蒸缹法》:"蒸猪頭法:取生猪頭,去其骨,煮一沸,刀細切,水中治之。以清酒、鹽、肉蒸,皆口調和。熟,以乾薑、椒著上食之。"清李化楠《醒園錄》卷上:"蒸猪頭法:猪頭先用滾水泡,洗刷割極净,纔將裏外用鹽擦遍,暫置盆中二三時久,鍋中纔放凉水。先滾極熟,後下猪頭。所擦之鹽,不可洗去。煮至三五滾,撈起,以净布揩乾内外水氣。用大蒜搗極細(如有鮮柑花更妙),擦上,内外務必週遍。置蒸籠内,蒸至極爛,將骨拔去,切片,拌齊芥末、柑花、蒜、醋,食之俱妙。又法:猪頭買來,悉如前法洗净。裏面生葱連根塞滿,外面以好甜醬抹匀,一指厚。用木頭架於鍋中,底下放水,離猪頭一二寸許,不可淹着上面。以大磁盆覆蓋,週圍用布塞極密,勿令稍有出氣。慢火蒸至極爛,取出,去葱切片,吃之甚美。"清朱彝尊《食憲鴻秘‧肉之屬》:"蒸猪頭:猪頭去五臊,治極净,去骨。每一觔用酒五兩、醬油一兩六錢、飛鹽二錢,葱、椒、桂皮量加。先用瓦片磨光如冰紋,湊滿鍋内,然後下肉,令肉不近鐵。綿紙密封鍋口,乾則施水。燒用獨柴,緩火。"

【蒸風猪小腸】

"蒸豚"之屬。因將猪腸蒸熟後又風乾,故名。此稱清代已行用。清李化楠《醒園錄》卷上:"風猪小腸法:猪小腸放磁盆内,先滴下菜油少許,用手攪匀,候一時久,下水如法洗净,切作節段,每節量長一尺許。用半精白猪肉,銼極碎,下豆油、酒、花椒、葱珠等料和匀,候半天久,裝入腸内。只可八分,不可太滿。兩頭扎緊。鋪層籠内蒸熟,風乾。要用,當再蒸熟,切薄片,吃之甚佳。"

【蒸猪蹄】

"蒸豚"之屬。亦稱"神仙肉"。此稱清代已行用。清袁枚《隨園食單‧特牲單》:"猪蹄四法……用蹄膀一個,兩鉢合之,加酒,加秋油,隔水蒸之,以二枝香爲度。號神仙肉。"

【神仙肉】

即蒸猪蹄。此稱清代已行用。見該文。

蕙肴蒸

一種用蕙草包裹蒸熟的肉。先民食蒸肉,蓋始於新石器時期,伴隨着陶器的發明,特別是甑甗的出現,纔使蒸食變成現實。據考古工作者研究,西安半坡人已經製作、食用"小米蒸飯、蒸牛肉、蒸猪肉、蒸魚蝦等豐富多彩的食物"(見寧可《從出土文物看半坡村先民的飲食風貌》,載《烹飪史話》)。蕙肴蒸僅是蒸肉中的一種。亦作"蕙肴烝"。見於先秦時期。《楚辭‧九歌‧東皇太一》:"蕙肴蒸兮蘭藉,奠桂酒兮椒漿。"王逸注:"蕙肴,以蕙草蒸肉也。"舊注:"蒸,一作烝,一作脀。"洪興祖補注:"烝、脀並同。"

【蕙肴烝】

同"蕙肴蒸"。此體先秦時期已行用。見該文。

蒸羊

葷肴。通指在密閉狀態下以蒸騰之熱氣使羊肉變熟。此食蓋始自新石器時期,西安半坡人已利用釜甑蒸食羊肉(見寧可《從出土文物看半坡村先民的飲食風貌》,載《烹飪史話》),此後食用不難推知。文獻中此稱約始自南北朝時期。北魏賈思勰《齊民要術‧蒸缹法》:"蒸羊法：縷切羊肉一斤，豉汁和之，葱白一升著上，合蒸。熟出可食之。"唐代風靡一時的"過廳羊"，也是一種"蒸羊"。唐馮贄《雲仙雜記》："熊釀每會客，至酒半，堦前旋殺羊，令衆客自割，隨所好者，綵綿繫之。記號畢，蒸之，各自認取，以剛竹刀切食。一時盛行，號'過廳羊'。"宋代此類食物很多，有"盞蒸羊""蒸軟羊""酒蒸羊""鱉蒸羊"等，可惜僅存食目，不載製法，其詳不得而知。宋西湖老人《西湖老人繁勝錄·食店》："盞蒸羊、羊炙焦、大包子。"宋吳自牧《夢粱錄·分茶酒店》："食次名件甚多，姑以述於後……蒸軟羊、鼎煮羊、羊四軟、酒蒸羊。"又《麵食店》："又有專賣素食分茶，不惧齋戒，如頭羹……鱉蒸羊、大段果子。"元代對此類食目、製法略有記載，如"柳蒸羊""盞蒸""碗蒸羊""蒸羊眉突"等。元忽思慧《飲膳正要·聚珍異饌》："柳蒸羊：羊一口（帶毛）。右件於地上作爐，三尺深，周回以石，燒令通赤。用鐵芭盛羊，上用柳子蓋覆，土封，以熟爲度。"又："盞蒸：補中益氣。撏羊背皮或羊肉（三脚子，卸成事件）、草果（五個）、良薑（二錢）、陳皮（二錢，去白）、小椒（二錢）。右件用杏泥一斤、松黃二合、生薑汁二合同炒葱、鹽、五味調勻，入盞內，蒸，令軟熟，對經捲兒食之。"元佚名《居家必用事類全集·庚集·飲食類》："碗蒸羊：肥嫩者每斤切作片。籠碗一隻，先盛少水下肉。用碎葱一撮、薑三片、鹽一撮，濕紙封碗面，於沸上火炙數沸，入酒、醋半盞，醬、乾薑末少許，再封碗。慢火養，候軟供。砂銚亦可。"又："蒸羊眉突：羊一口，燖净，去頭蹄腸肚等，打作事件，用地椒、細椒物、酒、醋調勻澆肉上，

浸一時許。入空鍋內，柴棒架起，盤合泥封，發火不得太緊，候熟，碗內另供原汁。"清代亦有"蒸羊"之肴，製法不同於南北朝。清佚名《調鼎集·雜牲部》："蒸羊：肥羊切大塊，椒鹽遍擦，抖净，用桑葉包裹，再用捶軟稻草扎緊蒸。"清代又有"牛乳蒸羊羔"，亦同類食品。《紅樓夢》第四九回："好容易等擺上飯時，頭一樣菜是牛乳蒸羊羔。"

【過廳羊】

　　"蒸羊"之屬。此稱唐代已行用。見該文。

【盞蒸羊】

　　"蒸羊"之屬。此稱宋代已行用。見該文。

【蒸軟羊】

　　"蒸羊"之屬。此稱宋代已行用。見該文。

【酒蒸羊】

　　"蒸羊"之屬。此稱宋代已行用。見該文。

【鱉蒸羊】

　　"蒸羊"之屬。此稱宋代已行用。見該文。

【柳蒸羊】

　　"蒸羊"之屬。因蒸時以柳覆蓋，故名。此稱元代已行用。見該文。

【盞蒸】

　　"蒸羊"之屬。蓋宋代"盞蒸羊"之省稱。此稱元代已行用。見該文。

【碗蒸羊】

　　"蒸羊"之屬。此稱元代已行用。見該文。

【蒸羊眉突】

　　"蒸羊"之屬。此稱元代已行用。見該文。

【牛乳蒸羊羔】

　　"蒸羊"之屬。此稱清代已行用。見該文。

蒸熊

　　葷肴。利用熱氣將熊肉蒸熟。此食出現也

應在釜甑等陶器產生的新石器時期。文獻中南北朝時期始記載製法。時亦稱"熊蒸"。此二稱呼有別，製法不同，而所指內容無別。北魏賈思勰《齊民要術·蒸缹法》："蒸熊法：取三升肉熊一頭，淨治，煮令不能半熟，以豉清漬之一宿。生秫米二升，勿近水，淨拭，以豉汁濃者二升漬米，令色黃赤，炊作飯。以葱白長三寸一升，細切薑、橘皮各二升，鹽三合，合和之，著甑中蒸之，取熟。"又："熊蒸：大，剝，大爛。小者去頭腳。開腹，渾覆蒸。熟，擘之，片大如手。又云，方二寸許。豉汁煮秫米，薤白寸斷，橘皮、胡芹、小蒜並細切，鹽和糝。更蒸：肉一重，間米，盡令爛熟。方六寸，厚一寸。奠，合糝。又云：秫米、鹽、豉、葱、薤、薑，切鍛為屑，內熊腹中，蒸。熟，擘奠，糝在下，肉在上。又云：四破，蒸令小熟。糝用饙，葱、鹽、豉和之。宜肉下，更蒸。蒸熟，擘，糝在下；乾薑、椒、橘皮、糝，在上。"唐段成式《酉陽雜俎·飲食》載有食目"熊蒸"，未言製法。當時尚有"分裝蒸臘熊"，亦此類食品。宋陶穀《清異錄》載唐人韋巨源《燒尾食單》："分裝蒸臘熊"。注："存白。"清代有"蒸熊掌"，也是一種"蒸熊"。清李化楠《醒園錄》卷上："食熊掌法：先用溫水泡軟，取起，再用滾水燙，退去毛，令淨。放磁盤內，和酒、醋蒸熟去骨，將肉切片，裝磁盤內，下好肉湯及清醬、酒、醋、薑、蒜，再蒸至極爛。"清朱彝尊《食憲鴻秘·肉之屬》："熊掌……最難熟透，不透者食之發脹。加椒鹽末，和麵裹飯，鍋上蒸十餘次，乃可食。"熊今為國家保護的動物，捕殺熊是犯罪行為。

【熊蒸】

即蒸熊。此稱南北朝時期已行用。見該文。

【分裝蒸臘熊】

"蒸熊"之一種。此稱唐代已行用。見該文。

【蒸熊掌】

"蒸熊"之一種。此稱清代已行用。見該文。

罯兔

一種用密閉鍋法蒸熟的兔肉。見於元代。元佚名《居家必用事類全集·庚集·飲食類》："罯兔：剝皮，去腸肚等，用成塊良薑、橘皮、川椒、茴香、葱并蘿蔔五七塊填腹中，朴硝一塊在口內。用水一大碗，入酒、醋、鹽、油各少許，於鍋內安杖子閣兔，勿令着水。瓦盆蓋，紙糊合縫，勿走氣。煮覺水滾溢，扯火，溢過，再燒一食久，即熟矣。"

蒸鵝鴨

葷肴。鵝鴨，水禽之代稱。古人蒸此而食亦應很早，文獻中最早見到的此類食品為"烝鳧"。烝，同"蒸"。鳧，野鴨。見於先秦時期。《楚辭·大招》："炙鴰烝鳧，煔鶉敶只。"南北朝時期此類食品有"缹鵝""鵝蒸"，皆載製法。"蒸鵝鴨"之稱，也是依據此時文獻歸納而成。北魏賈思勰《齊民要術·蒸缹法》："蒸羊、肫、鵝、鴨，悉如此（按，指'蒸熊法'）。"又："缹鵝法：肥鵝，治，解，臠切之，長二寸。率十五斤肉，秫米四升為糝。先裝如缹豚法，訖，和以豉汁、橘皮、葱白、醬清、生薑。蒸之，如炊一石米頃，下之。"又："鵝蒸：去頭，如豚（缹豚法）。"宋代有"鵝鴨排蒸荔枝腰子""閬笋蒸鵝"等，製法闕載。宋孟元老《東京夢華錄·飲食果子》："所謂茶飯者，乃百味羹……肫腰子、鵝鴨排蒸荔枝腰子、還元腰子。"宋吴自牧《夢粱録·分茶酒店》:"〔食次名件〕五味杏酪鵝、繡吹鵝、閒笋蒸鵝、鵝排吹羊大骨。"明代有"餕蒸鵝""蒸鵝",亦載製法。"餕蒸鵝"之以"杏膩"(杏醬之屬)淋澆者,亦稱"杏花鵝"。明韓奕《易牙遺意·脯鮓類》:"餕蒸鵝:用肥鵝肉切作長條絲,用鹽、酒、葱、椒拌匀,放白餕内蒸熟,麻油澆供。"又法:"鵝一隻,不剁碎,先以鹽淹過,置盪鑼内蒸熟。以鴨彈三五枚灑在内,候熟,杏膩澆供,名杏花鵝。"明宋詡《宋氏養生部》:"蒸鵝:一用全體,以碗仰鍋中蒸之。鍋中入水半碗,紙封鍋口,慢煬火,俟熟,宜五辛醋。一同蒸豬。"清代有"蒸鴨""乾蒸鴨",亦有"蒸鵝",方法异於前代。清袁枚《隨園食單·羽族單》:"蒸鴨:生肥鴨去骨,内用糯米一酒杯,火腿丁、大頭菜丁、香蕈、笋丁、秋油、酒、小磨麻油、葱花,俱灌鴨肚内。外用鷄湯放盤中,隔水蒸透。"又:"乾蒸鴨:杭州商人何星舉家乾蒸鴨,將肥鴨一隻洗净,斬八塊,加甜酒、秋油,淹滿鴨面,放磁罐中封好,置乾鍋中蒸之。用文炭火,不用水。臨上時,其精肉皆爛如泥。以綫香二枝爲度。"徐珂《清稗類鈔·飲食類》:"蒸鵝:將鵝洗净後,用鹽三錢擦其腹,以葱填實,外將蜜拌酒,滿塗之。鍋中一大碗酒、一大碗水,蒸之。用竹箸架之,不使近水。竈用山茅二束,以緩緩燒盡爲度。俟鍋蓋冷,揭開之,將鵝翻身,仍將鍋蓋封好蒸之,再用茅柴一束,燒盡爲度。柴俟其自盡,不可挑撥。鍋蓋用棉紙糊封,逼燥裂縫,以水潤之。起鍋時,鵝爛如泥,湯亦鮮美。以此法製鴨,味美亦同。每茅柴一束,重斤半。擦鹽時,攙入葱、椒末,以酒和匀。鵝之老者,必就竈邊取瓦一片同煮,即爛如泥,或用櫻桃葉數片。"

【烝鳧】
　　"蒸鵝鴨"之一種。此稱先秦時期已行用。見該文。

【焦鵝】
　　"蒸鵝鴨"之一種。焦,蒸也。此稱南北朝時期已行用。見該文。

【鵝蒸】
　　"蒸鵝鴨"之一種。此稱南北朝時期已行用。見該文。

【鵝鴨排蒸荔枝腰子】
　　"蒸鵝鴨"之一種。此稱宋代已行用。見該文。

【閒笋蒸鵝】
　　"蒸鵝鴨"之一種。此稱宋代已行用。見該文。

【餕蒸鵝】
　　"蒸鵝鴨"之一種。此稱明代已行用。見該文。

【杏花鵝】
　　"餕蒸鵝"之以杏膩(泥)澆沃者。此稱明代已行用。見該文。

【蒸鵝】
　　"蒸鵝鴨"之一種。此稱明代已行用。見該文。

【蒸鴨】
　　"蒸鵝鴨"之一種。此稱清代已行用。見該文。

【乾蒸鴨】
　　"蒸鵝鴨"之一種。此稱清代已行用。見該文。

蒸鷄

葷肴。以蒸發之熱氣將鷄肉做熟。先民在發明陶器的新石器時期即已食此。考古證實,西安半坡人的食物有鷄,且掌握了"蒸"法(見寧可《從出土文物看半坡村先民的飲食風貌》,載《烹飪史話》)。南北朝時已載詳細製法。北魏賈思勰《齊民要術·蒸缹法》:"蒸鷄法:肥鷄一頭,净治;猪肉一斤,香豉一升,鹽五合,葱白半虎口,蘇葉一寸圍,豉汁三升,著鹽。安甑中,蒸令極熟。"宋代亦食此。陸游《飯罷戲作》詩:"蒸鷄最知名,美不數魚蟹。"其時出現"酒蒸鷄",惜製法不載。宋吳自牧《夢粱録·分茶酒店》:"〔食次名件〕酒蒸鷄、炒鷄蕈、五味焙鷄、鵝粉簽。"清代亦有"蒸鷄",方法不同於前代。清顧仲《養小録》卷下:"蒸鷄:嫩鷄治净,用鹽、醬、葱、椒、茴末匀塗,醃半日。入錫鏇,蒸一炷香,取出撕碎去骨,斟酌加調滋味;再蒸一炷香,味香美。"清佚名《調鼎集·羽族部》:"蒸鷄:將雛鷄剖開置錫鏇中,用捶爛脂油四兩,酒三碗,醬油一碗,熟菜少許,茴香、葱、椒爲汁料浸鷄,約浮半寸,隔湯蒸,勤翻,看火候。"時又有"蒸小鷄""黄芪蒸鷄"等,皆此屬。清袁枚《隨園食單·羽族單》:"蒸小鷄:用小嫩鷄雛,整放盤中,上加秋油、甜酒、香蕈、笋尖,飯鍋上蒸之。"又:"黄芪蒸鷄治瘵:取童鷄未曾生蛋者殺之,不見水,取出肚臟,塞黄芪一兩,架箸放鍋内蒸之,四面封口,熟時取出,滷濃而鮮,可療弱瘵。"徐珂《清稗類鈔·飲食類》:"蒸小鷄:以鹽四錢、醬油一匙、酒半杯、薑三大片置於鍋,隔水蒸爛,去骨,不用水。"

【酒蒸鷄】

"蒸鷄"之屬。此稱宋代已行用。見該文。

【蒸小鷄】

"蒸鷄"之屬。此稱清代已行用。見該文。

【黄芪蒸鷄】

"蒸鷄"之屬。此稱清代已行用。見該文。

【西瓜蒸鷄】

"蒸鷄"之一種。此稱清代已行用。徐珂《清稗類鈔·飲食類》:"西瓜蒸鷄:於瓜頂切一片,去瓤,乃入切成整塊之嫩鷄、蘑菇、水、鹽各物於中(或用鷄湯及燉熟之鷄肉、火腿亦可,如是則蒸半小時足矣),蓋上瓜片,將瓜盛於大碗,隔水蒸三小時,取出,去皮食之。"

【八珍蛋】

"蒸鷄"之屬。此稱清代已行用。因以火腿、笋、鷄肉、蝦仁、蘑菇、香蕈、松子仁、鷄蛋等八味珍品蒸成,故名。徐珂《清稗類鈔·飲食類》:"八珍蛋者,鷄蛋外殼鑿小孔,使黄白流入碗中,調和,約七八枚;再將煨熟之火腿屑、笋屑、鷄屑、蝦仁屑、蘑菇屑、香蕈屑、松子仁屑及鹽少許,同入蛋中調匀,裝蛋殼中,用紙封口,飯鍋蒸熟,剥食之。"

【三鮮蛋】

"蒸鷄"之屬。此稱清代已行用。因以三枚鷄蛋經過三次加入鮮料蒸缹而成,故名。徐珂《清稗類鈔·飲食類》:"三鮮蛋:用鷄蛋三枚去殼,置碗中,加去油之火腿湯一茶杯、鹽少許,用箸極力調和,蒸熟形如極嫩之水豆腐;再加火腿屑兩匙、蘑菇屑兩匙、鮮蝦仁兩匙、生鷄蛋去殼一枚,連蒸熟之蛋同入大碗,再加蘑菇湯一茶杯,鹽少許,極力調和,仍蒸透食之。以此法蒸成之蛋,碗面碗底,各料均匀,嫩而不硬，故爲可貴。若尋常燉蛋，雖加入火腿屑等珍貴之物，往往上清下渾，上嫩下老，碗底必爲堅硬之肉塊也。"

蒸魚

葷肴。以蒸騰熱氣將魚做熟。此食蓋始自先民創製陶器的新石器時期，西安半坡人已經製作、食用（見寧可《從出土文物看半坡村先民的飲食風貌》，載《烹飪史話》）。此後歷代相沿製作，名目繁多，技巧各异。先秦時期有"魴鱮烝"。即蒸魴魚、鰱魚。《禮記·內則》："魴鱮，烝；雛，燒。"孔穎達疏："魴、鱮二魚皆烝熟之。"南北朝時開始記載蒸魚方法，時有"裹蒸生魚""毛蒸魚菜"。北魏賈思勰《齊民要術·蒸缹法》："裹蒸生魚：方七寸准。又云：五寸准。豉汁煮秫米如蒸熊。生薑、橘皮、胡芹、小蒜、鹽，細切，熬糝。膏油塗箬，十字裹之，糝在上，復以糝屈牖篸之。又云：鹽和糝，上下與細切生薑、橘皮、葱白、胡芹、小蒜，置上。篸箬蒸之。既奠，開箬，褚邊奠上。"又："毛蒸魚菜：白魚、鱤魚最上。净治，不去鱗。一尺已還，渾。鹽豉，胡芹、小蒜細切，著魚中，與菜並蒸。又，魚方寸准，亦云五六寸，下鹽豉汁中即出，菜上蒸之。奠，亦菜上。又云：竹籃盛魚，菜上蒸。又云：竹蒸並奠。"宋代文獻見"蒸魚"之稱。宋吳自牧《夢粱録·鮝鋪》："鋪中亦兼賣大魚鮓……蒸魚、炒白蝦。"其他各朝代，多有以具體魚名冠以"蒸"者，與"蒸魚"之統稱有別，故依其先後縷述於後。

【魴鱮烝】

"蒸魚"之一種。此稱先秦時期已行用。見該文。

【裹蒸生魚】

"蒸魚"之屬。此稱南北朝時期已行用。見該文。

【毛蒸魚菜】

"蒸魚"之屬。此稱南北朝時期已行用。見該文。

【蒸鮎】

"蒸魚"之一種。鮎魚，頭大有鬚，無鱗，皮有黏質。此稱三國時期已行用。三國魏曹操《四時食制》："蒸鮎。"清代亦製作食用。清佚名《調鼎集·水族無鱗部》："鮎魚：重湯蒸熟醮醬。"

【缹鱸魚】

"蒸魚"之一種。鱸，同"鯧"。缹，蒸也。《詩·大雅·韓奕》"炰鱉鮮魚"孔穎達疏引《字書》云："缹，烝（蒸）也。"此稱行用於唐代。唐劉恂《嶺表録異》卷中："鱸魚，形似鯿魚，而腦上突起，連背而圓身，肉甚厚，肉白如凝脂，秖有一脊骨。治之以薑葱，缹之粳米，其骨自軟，食者無所棄。"舊注："缹，蒸也。"

【蒸鰣魚】

"蒸魚"之一種。此稱宋代已行用。宋佚名《吳氏中饋録》："蒸鰣魚：鰣魚去腸不去鱗，用布拭去血水，放盪鑼內，以花椒、砂仁、醬擂碎，水、酒、葱拌勻，其味和，蒸之。去鱗供食。"明清相沿製作，方法不盡相同。明宋詡《宋氏養生部》："蒸鰣魚：一帶鱗，治去腸胃，滌潔。用臘酒、醋、醬和水調和，同長葱、花椒置銀錫砂鑼中蒸。一用花椒、葱、鹽、香油遍沃之，蒸。有少加以醬油。"清佚名《調鼎集·江鮮部》："蒸鰣魚：用鮮湯（或鷄湯、蝦湯，香蕈、菌子各湯，不用水），配火腿、肥肉、鮮笋各絲，薑汁、鹽、酒蒸。又，花椒、洋糖、脂油同研，加葱、酒，錫鏇蒸。"

【酒蒸石首】

　　"蒸魚"之一種。此稱宋代已行用。石首魚即黃花魚、黃魚。宋吳自牧《夢粱録·分茶酒店》："〔食次名件〕釀魚，兩熟鯽魚，酒蒸石首、白魚、時魚，酒吹鱘魚。"清代稱"酒蒸黃花魚""酒蒸黃魚"。徐珂《清稗類鈔·飲食類》："黃花魚，一名黃魚……都人呼爲黃花魚，即石首魚也……黃魚或醋摟，或酒蒸，或油炒。"

【酒蒸黃花魚】

　　即酒蒸石首。此稱清代已行用。見該文。

【酒蒸黃魚】

　　即酒蒸石首。此稱清代已行用。見該文。

【蒸青魚】

　　"蒸魚"之一種。此稱明代已行用。明宋翊《宋氏養生部》："青魚……一用全魚，刀寸界之，内外渴醬、縮砂仁、胡椒、花椒、葱皆遍，甑蒸熟。宜去骨存肉，且壓爲饎。一用醬、胡椒、花椒、縮砂仁、葱沃全魚，以新瓦礫藉鍋，置魚於上，澆以油，常注以酒。俟熟，俱宜蒜、醋。"

【蒸邊魚】

　　"蒸魚"之一種。邊魚，同"鯿魚"，即魴魚。此稱清代已行用。清袁枚《隨園食單·水族有鱗單》："邊魚：邊魚活者加酒、秋油蒸之。玉色爲度，一作呆白色則肉老而味變矣。并須蓋好，不可受鍋蓋上之水氣。臨起，加香蕈、笋尖。"

【蒸鯽魚】

　　"蒸魚"之一種。此稱清代已行用。製法不一。清袁枚《隨園食單·水族有鱗單》："鯽魚：

鯽魚先要善買，擇其扁身而帶白色者，其肉嫩而鬆，熟後一提，肉即卸骨而下。黑脊渾身者，崛强槎枒，魚中之喇子也，斷不可食。照邊（鯿）魚蒸法最佳，其次煎吃亦妙……然總不如蒸食之得真味也。六合龍池出者，愈大愈嫩，亦奇。蒸時用酒不用水，稍稍用糖，以起其鮮。以魚之小大酌量秋油、酒之多寡。"又，清佚名《調鼎集·水族有鱗部》："蒸鯽魚：鯽魚治净，酒洗，鍋底用竹筯架起，筯上鋪嫩腐皮，腐皮上用嫩肉糝平，即魚肚并面上俱將肉糝到，加葱、椒、醬油，再用腐皮蓋好，蒸熟取起，去腐皮不用。又，治净，入醬油、白酒娘和勻，將魚蒸。又，加葱、薑、醬油、脂油丁蒸。"時又有"蒸風鯽魚"，亦同類食品。徐珂《清稗類鈔·飲食類》："蒸風鯽魚：風魚者，冬以大鯽魚爲之。勿去鱗，腮下挖一孔，去雜碎，以生猪油塊、大小茴香、花椒末、炒鹽塞滿其腹，懸於當風處，使之陰乾。兩三月後可食。食時去鱗，加酒少許蒸之。"

【蒸風鯽魚】

　　"蒸鯽魚"之一品。此稱清代已行用。見該文。

【蒸白魚】

　　"蒸魚"之一種。此稱清代已行用。清袁枚《隨園食單·水族有鱗單》："白魚：白魚肉最細，用糟鰣魚同蒸之最佳……余在江中得網起活者，用酒蒸食，美不可言。"徐珂《清稗類鈔·飲食類》："蒸白魚：以白魚及糟，與鰣魚同蒸；或冬日微醃，加酒釀，糟二日，亦佳。"

【蒸鱘魚】

　　"蒸魚"之一種。鱘魚，即鱤魚。此稱清代已行用。清佚名《調鼎集·水族有鱗部》："蒸鰇魚：治净，配火腿片、香蕈、笋片、脂油丁，加醬油、葱，酒蒸。”又：“治净劈開，切片，夾火腿片，醬油，酒，用鷄湯蒸。”

【蒸醃魚】

“蒸魚”之一種。此稱清代已行用。徐珂《清稗類鈔·飲食類》：“蒸醃魚：醃魚之味若過鹹，可以繩束魚頭，浸懸桶中一晝夜，次日取出，即能轉鹹爲淡。蒸食時加葱、酒。”

【蒸水醃鯉魚】

“蒸魚”之一種。此稱清代已行用。徐珂《清稗類鈔·飲食類》：“蒸水醃鯉魚：水醃魚者，臘月以鯉魚切大塊，拭乾，每斤擦炒鹽四兩，醃一宿，洗净曬乾；再用鹽二兩、糟一斤拌匀入甕，以紙箬泥封塗其上。春時可取出，蒸食之。”

蒸藕

素肴。一種蒸食蔬菜。此稱始見於南北朝時期。時亦有“葅白蒸”，是將葱葅等菜蒸食。北魏賈思勰《齊民要術·蒸缹法》：“蒸藕法：水和稻穰、糠，揩令净，斫去節，與蜜灌孔裏，使滿，溲蘇麵，封下頭，蒸。熟，除麵，寫去蜜。削去皮，以刀截，蓴之。又云：夏生冬熟，雙蓴亦得。”又《素食》：“葅白蒸：秫米一石，熟舂師，令米毛，不淅。以豉三升煮之，酒箕漉取汁，用沃米，令上諸可走蝦。米釋，漉出，停米豉中，夏可半日，冬可一日，出米。葱葅等寸切，令得一石許，胡芹寸切，令得一升許，油五升，合和蒸之，可分爲兩甑蒸之。氣餾，以豉汁五升灑之。凡三過三灑，可經一炊久。三灑豉汁，半熟，更以油五升灑之，即下。用熱食。若不即食，重蒸，取氣出。灑油之後，不得停甑上，則漏去油。重蒸不宜久，久亦漏

油。莫訖，以薑、椒末粉之。溲甑亦然。”宋代有“糖蒸茄”“蒸乾菜”，亦蒸食之素蔬。宋佚名《吳氏中饋録》：“糖蒸茄：牛奶茄嫩而大者，不去蒂，直切成六棱。每五十斤用鹽一兩拌匀，下湯焯令變色，瀝乾。用薄荷、茴香末夾在内，砂糖三斤、醋半鍾浸三宿，曬乾，還滷，直至滷盡茄乾。壓扁收藏之。”又：“蒸乾菜：將大棵好菜擇洗净，乾，入沸湯内焯五六分熟，曬乾。用鹽、醬、蒔蘿、花椒、砂糖、橘皮同煮極熟，又曬乾。並蒸片時，以磁器收貯。用時，著香油揉，微用醋，飯上蒸食。”明代有“蒸蓴”，亦此類蔬食。蓴，即多年生薑科植物蘘荷。據李時珍《本草綱目·草四·蘘荷》介紹，其品類有赤、白二種，食用以赤者爲勝。仲冬可以鹽醬藏，用備冬儲。明宋詡《宋氏養生部》：“〔蒸〕蓴：用灰浥半日，洗去滑，和以鹽、赤砂餹、醋，蒸過熟。”清代又有“蒸香乾菜”“蒸莧菜”“蒸白木耳”，亦此類蔬肴。清袁枚《隨園食單·小菜單》：“香乾菜：春芥心風乾，取梗，淡醃，曬乾；加酒、加糖、加秋油拌後，再加蒸之，風乾入瓶。”清佚名《調鼎集·蔬菜部》：“蒸莧菜：先用潮腐皮將蒸籠底及四圍布滿，不可令有罅漏，多放熟脂油，將整棵莧菜心鋪上，蒸半熟，加醬油、酒再蒸。其色與生菜無異。”清薛寶辰《素食説略》：“白木耳：以凉水浸軟，揀去粗根，洗净……或以豆腐腦墊底，加白木耳於上，添高湯蒸之，亦有清致。”

【葅白蒸】

“蒸藕”之屬。此稱南北朝時期已行用。見該文。

【糖蒸茄】

"蒸藕"之屬。此稱宋代已行用。見該文。

【蒸乾菜】

"蒸藕"之屬。此稱宋代已行用。按，清佚名《調鼎集·蔬菜部》有"蒸菜乾"，製法與此幾相同。見該文。

【蒸蕈】

"蒸藕"之屬。此稱明代已行用。見該文。

【蒸香乾菜】

"蒸藕"之屬。此稱清代已行用。見該文。

【蒸莧菜】

"蒸藕"之屬。此稱清代已行用。見該文。

【蒸白木耳】

"蒸藕"之屬。此稱清代已行用。見該文。

蒸梨棗

蒸製果品。統稱。先秦時期已見"棗烝"，即蒸棗。《儀禮·特牲饋食禮》："籩，巾以綌也，纁裏，棗烝，栗擇。"文獻中宋代始見此稱。時亦稱"蒸梨兒棗兒"。宋孟元老《東京夢華録·諸色雜賣》："每日賣蒸梨棗、黃糕麊、宿蒸餅、發牙豆之類。"宋吳自牧《夢粱録·諸色雜貨》："又沿街叫賣小兒諸般食件：麻糖、鎚子糖、鼓兒餳、鐵麻糖、芝麻糖、小麻糖……蒸梨兒棗兒。"時又有"膠棗"，乃蒸熟之棗；又有"大蒸棗"，蓋蒸棗之個兒大者。又《東京夢華録·飲食果子》："又有托小盤賣乾果子，乃旋炒銀杏栗子、河北鵝梨、梨條、梨乾、梨肉、膠棗、棗圈、梨圈。"宋周密《武林舊事·高宗幸張府節次略》："樂仙乾果子又袋兒一行：荔枝、圓眼、香蓮……大蒸棗。"明李時珍《本草綱目·果二·梨》："其他青皮、早穀、半斤、沙穈諸梨，皆粗澀不堪，止可蒸煮

及切烘爲脯爾。"又《果一·棗》："蒸熟者爲膠棗，加以糖蜜拌蒸則更甜；以麻油葉同蒸，則色更潤澤。"按，棗之品類極多，晋代郭義恭《廣志》載有"棗蒸"，乃一種棗樹之名，非此加工之棗。宋蘇頌《圖經本草》載"天蒸棗"，以"蒸"爲名，其實"煮而曝乾"，與"蒸"無關。

【棗烝】

"蒸梨棗"之一種。此稱先秦時期已行用。見該文。

【蒸梨兒棗兒】

即蒸梨棗。此稱宋代已行用。見該文。

【膠棗】

"蒸梨棗"之一種。此稱宋代已行用。見該文。

【大蒸棗】

"蒸梨棗"之一種。此稱宋代已行用。見該文。

【蟹釀橙】

"蒸梨棗"之屬。此稱宋代已行用。以蟹肉實橙中蒸熟，味極佳。宋林洪《山家清供》："蟹釀橙：橙用黃熟大者，截頂，剜去穰，留少液，以蟹膏肉實其內。仍以帶枝頂覆之，入小甑，用酒、醋、水蒸熟。用醋、鹽供食，香而鮮，使人有新酒、菊花、香橙、螃蟹之興。"

【蒸芋魁】

"蒸梨棗"之屬。此稱明代已行用。加糖、鹽蒸成。明宋詡《宋氏養生部》："〔蒸〕芋魁：水生者，去皮片切，鍋中入水半杓，以盤椀覆之，上鋪以芋，蒸易爛。旱生者，以頂抵鍋，入少水蒸，不復動，熟，復火煨乾。水生者亦宜全蒸。宜白砂餹、鹽。"

【蒸百合】

"蒸梨棗"之屬。此稱清代已行用。時尚有"蒸南棗""蒸紫蘇梅""瓤李"等，皆此屬。清薛寶辰《素食説略》："百合：去皮尖及根，置盤中，加白糖蒸熟，甚甘腴。不宜煮，煮則味薄，粉氣全無矣。秦中百合甚佳，京師百合味苦，不中食。"清佚名《調鼎集·乾鮮果部》："製南棗：大南棗十個，蒸熟去皮核。配人參一錢，布包擱飯鍋架中蒸，蒸爛搗勻，作彈丸收貯。用之補氣。"又："紫蘇梅：揀大青梅入磁鉢，撒鹽，擎鉢簸數次。取出曬乾，捶碎去核，壓扁如小餅式。將鮮紫蘇葉入梅滷浸過，取梅逐個包好，上飯鍋蒸熟。裝瓶，一層梅，放一層洋糖，裝滿封固，再上飯鍋一蒸。"又："瓤李：取李挖去核，青梅、甘草滾水焯過，用洋糖、松仁、欖仁研末填滿，蒸熟。"

【蒸南棗】

"蒸梨棗"之屬。此稱清代已行用。

【蒸紫蘇梅】

"蒸梨棗"之屬。此稱清代已行用。

【瓤李】

"蒸梨棗"之屬。此稱清代已行用。

【蒸橙】

"蒸梨棗"之屬。此稱清代已行用。徐珂《清稗類鈔·飲食類》："蒸橙：以橙之大者，截頂去穰，留少液，置蟹膏於內，仍以頂覆之，以酒、醋、鹽、水蒸熟，香而且鮮。"按，詳其名目及製法，與宋代"蟹釀橙"十分接近，蓋承上而來。

第十四節　豆腐考

豆腐，爲一種軟性固體豆製食品。其製作，須經過一整套工藝流程：浸泡豆類，使其膨脹鬆軟；磨豆爲漿汁；熬煮漿汁；點入滷水或石膏末，使漿汁凝聚成團；壓除水分，成形爲豆腐。它實際上是煮熟之蛋白質、脂肪與水凝結成的膠狀體。潔白，柔軟，有豐富的營養價值，特別適合年老體弱、病者及婦孺食用，是一種遍及城鄉、雅俗皆用的大眾化食品。

豆腐的起源，大致有四說。一說，源自孔子所處春秋之時。《事物原會》卷三〇："吳燮門云：向見書中載有豆腐名鬼食，孔子不食。""故孔廟祭器不用豆腐"（明張岱《夜航船·日用·飲食》）。此說殆不確。學人遍查《論語》及《孔子家語》《孔叢子》等記載孔子言行的著述及先秦文獻，皆不見豆腐之名。一說，源自西漢，爲淮南王劉安所創。此說出自五代謝綽《宋拾遺錄》。《事物原會》卷三〇："謝綽《拾遺》：豆腐之術，三代前後未聞有此物，至漢淮南王安始傳其術於世。"後人多承此說。宋代朱熹有八首《素食》詩，其中一首題目爲《豆腐》，詩爲："種豆豆苗稀，力竭心已腐。早知淮王術，安坐獲泉布。"詩題自注："世傳豆腐本乃淮南王術。"明李時珍《本草綱目·穀四·豆腐》："豆腐之法，始於漢淮南王劉安。"一説，豆腐發明於唐代中期以後。此説出自日本學者筱田統之《豆腐考》。他遍查唐宋及前代文獻，皆不見有關豆腐的記載，最終在宋初陶穀《清異録》中見到了。據他推斷，唐代中期以後，北方游牧民族大量遷入中土，受其乳酪影響，遂製豆乳以相匹。一説，源自宋代。此説出自今人袁翰青《中國化學史論文集》（生活·讀書·新知三聯書店 1956 年版）。當代有學者認爲，至遲在東漢，人們已能製作豆腐。20 世紀 50 年代、60 年代交替之際，在河南密縣打虎亭一號東漢墓中發現了大面積畫像石，其中有一幅做豆腐的連環圖畫，繪有磨豆、濾渣、煮漿、壓水等生產過程，足以説明東漢，甚至前此很長一段時間，人們已掌握了製作豆腐的技術。也有學者認爲打虎亭畫像石所繪爲釀酒，非製豆腐。因 20 世紀 90 年代初，正式發掘報告已明載於《密縣打虎亭漢墓》（文物出版社 1993 年版）一書，該書有原畫像石照片，亦有拓本及清晰的綫圖，憑藉這些圖録可察覺三四十年前的簡報與其後發表的著名論文及繪圖，於製作"豆腐"的關鍵處明顯作僞。原始圖録所顯示的是一幅相當完整的製酒工藝流程。（見孫機《漢代有豆腐嗎？》，《中國文物報》1998 年 12 月 16 日）本書主編認爲，豆腐的發明當始於唐代晚期之後，宋代已盛行。

自西漢至南北朝，七八百年間，各類典籍至爲浩瀚，然却無關涉豆腐的片文隻字。北魏賈思勰《齊民要術》記載了許多食品，但是偏偏没有被後世稱道的重要食品——豆腐。到唐代，國內文獻中亦未見確切記載。傳説鑒真和尚東渡，把豆腐傳入日本，至今日本豆製行業者仍然相信這一點。1963 年，中國佛教代表團赴日參加紀念鑒真逝世一千二百周年活動時，日本許多從事豆製品行業者爲此而前來參加盛會。

宋代是豆腐製作與食用興隆的時代。表現之一，豆腐的異名增多，如"黎祁""小宰羊""白豆腐""來其""酥""腐""乳漿"等，説明製作食用漸廣。表現之二，以豆腐製作之肴饌漸夥，如"煎豆腐""啜菽""乳腐""麻腐""豆腐菜羹"等，有的一直傳至今日，説明其烹飪技藝日漸提高。表現之三，開始對製法有簡要記載。宋寇宗奭《本草衍義》："生大豆……又可磑爲腐食之。"元代王禎《農書》、忽思慧《飲膳正要》、賈銘《飲食須知》等書中都有一些記載，鄭允端有《豆腐》詩，謂"磨礱流玉乳，煎煮結清泉，色比土酥净，香逾石髓堅"。明代將豆腐的製作與食用推向一個新的發展階段。明李時珍《本草綱目·穀四·豆腐》首次詳細地記載了豆腐的製作原料和方法。宋詡《宋氏養生部》、韓奕《易牙遺意》、高濂《遵生八牋·飲饌服食牋》等書中首次詳細記叙了"薰豆腐""豆腐皮捲""茉莉葉燒豆腐"等一些豆腐菜肴的製法。在日本，此時處於室町時代，開始有關於豆腐的記載。《七十一番歌合合》一書中有一幅賣豆腐圖。《下學集》中還稱豆腐爲"白壁""白物"。《和漢三才圖會》載有製作方法："以黑豆、黃豆、綠豆作材料，浸水，用臼搗碎，濾渣，煮熟，再加鹽、滷汁或山礬葉、酸漿等。"清代是豆腐製作及食用普遍推廣、全面提高的時期。今日日常食用之品類，在清代皆已出現，多數記載有名稱及製作食用之法，如"凍豆腐""腐乳""臭豆腐""豆腐腦""豆腐絲""豆腐乾"等。以豆腐爲主料製成的各種菜肴競相出現，僅見於清朱彝尊《食憲鴻秘》、佚名《調鼎集》、顧仲《養小録》、李化楠《醒園録》、薛寶辰《素食説略》等飲饌專書載有名稱製法的就有二十餘品，如"鰱魚豆腐""鯉湯豆腐""蔣侍郎豆腐""楊中丞豆腐""慶元豆腐""芙蓉豆腐""王太守八寶豆腐""蝦油豆腐""菠菜燒豆腐""玉蘭豆腐""荷葉豆腐""蝦圓豆腐""口蘑煨豆腐""膾豆腐""假文師豆腐""豆腐球""椿菜拌豆腐""豆腐餃""扒大豆腐""魚腦豆腐""雪花豆腐""羅漢豆腐""蘑菇煨豆腐""芙蓉豆腐""蝦仁豆腐""蝦油豆腐""豆豉炒豆腐"等。有些名品至今有口皆碑，仍然製作食用，如北京王致和生產的"臭豆腐"。如今豆腐依然是與人們日常生活密切相關、深受歡迎的食品。(參閲《烹飪史話》)有的名廚刻苦鑽研，推出豆腐宴。四川劍門關特别盛行食此，曾經有人實地調查，列出一份豆腐菜譜，所列食目達八十三種，堪稱食用豆腐臻於極致。(見王仁湘《飲食與中國文化》)這八十三種豆腐爲：麻辣豆腐、鍋貼豆腐、家常豆腐、熊掌豆腐、菱角豆腐、葵花豆腐、魚香豆腐、爁肉豆腐、口袋豆腐、薑汁豆腐、涼拌豆腐、燈籠豆腐、懷胎豆腐、葱燒豆腐、金銀豆腐、白油豆腐、椒鹽豆腐、魚皮豆腐、銀花豆腐、雪花豆腐、桂花豆腐、雙色豆腐、夾砂豆腐、神仙豆腐、紅燒豆腐、六味豆腐、燈塔豆腐、四喜豆腐、響鈴豆腐、全蛋豆腐、鍋塌豆腐、櫻桃豆腐、東坡豆腐、砂鍋豆腐、芙蓉豆腐、羅漢豆腐、虎皮豆腐、金錢豆腐、蓋霜豆腐、崩山豆腐、獅子豆腐、捲簾豆腐、三鮮豆腐、蝴蝶豆腐、香辣豆腐、一品豆腐、如意豆腐、龜板豆腐、什錦豆腐、麻婆豆腐、鍋巴豆腐、雜拌豆腐、珍珠豆腐、宮保豆腐、黏糖豆腐、千張豆腐、烹邊豆腐、八寶豆腐、吉慶豆腐、金鈎豆腐、魷魚豆腐、海參豆腐、火鍋豆腐、南煎豆腐、桃花豆腐、豆芽豆腐、紅白豆腐、上熘豆腐、蜜汁豆腐、香菇豆腐、醬汁豆腐、雲片豆腐、素燒豆腐、番茄豆腐、竹笋豆腐、醋熘豆腐、鴛鴦豆腐、繡球豆腐、荷花豆腐、滑溜豆腐、口蘑豆腐、抓炒豆腐、白水豆腐。

豆腐

豆製白色鬆軟固體食品。約始於唐，盛行於宋，相沿至今。宋代亦稱"小宰羊"。因肉食不足，聊以豆腐相代，味美庶幾於宰羊，遂戲稱。宋陶穀《清異錄·官志門·小宰羊》："時戩爲青陽丞，潔己勤民，肉味不給，日市豆腐數個。邑人呼豆腐爲小宰羊。"時亦稱"酥""酪""菽漿"，省稱"腐"。宋蘇軾《又一首答二猶子與王郎見和》詩有"煮豆作乳脂爲酥"之句。宋郭象《睽車志》："〔劉先生〕居衡岳紫蓋峰下，間出衡山縣市，從人丐得錢，則市鹽、酪徑歸。"宋佚名《李師師傳》載其喪母後，父以"菽漿"代乳喂養她。宋蘇頌《圖經本草·米部·生大豆》："豆性本平……作腐，則寒而動氣，炒食則熱，投酒主風，作豉極冷。"時亦稱"白豆腐"。明李時珍《本草綱目·穀四·豆腐》引宋許叔微《類證普濟本事方》："休息久痢。白豆腐醋煎，食之即愈。"蜀地方語稱"黎祁"。宋陸游《鄰曲》詩："拭盤堆連展，洗釜煮黎祁。"自注："黎祁，蜀人以名豆腐。"元代俗稱"來其"。來其，殆"黎祁"之音轉。元虞集《豆腐贊序》："鄉語呼豆腐爲來其。"明代，日本處於室町時代，其《下學集》中稱豆腐爲"白壁"，女性則稱之爲"白物"。約在明清時期亦稱"鬼食"。因其爲豆之魂魄所成，故名。《事物原會》卷三〇："腐乃豆之魂魄所成，故謂之鬼食。"清代亦稱"菽乳"。《庶物異名疏》："菽乳，豆腐也。"清李調元作《豆腐》詩四首，其中三首附有自注，摘錄如下。

其一："家用爲宜客用非，合家高會命相依（明末吳宗潛有'大烹豆腐瓜茄菜，高會荊妻兒女孫'句）。石膏化後濃於酪，水沫挑成縐似衣（豆腐皮）。剁作銀條垂縷滑（豆腐條），劃爲玉段截肪肥（豆腐塊）。近來腐價高於肉，祇恐貧人不救饑（諺云：豆腐搬成肉價錢）。"其二："不須玉豆與金籩，味比嘉肴盡可捐。逐臭有時入鮑肆（黳者爲臭豆腐），聞香無處辨龍涎（乾者名五香豆腐乾）。市中白水常成醉（白水豆腐），寺裏清油不礙禪（清油豆腐）。最是廣文寒徹骨，連筐秤罷臥空甀（世謂廣文有'連筐秤豆腐三斤'之謔）。"其三："敏捷詩慚七步成（曹子建七步成煮豆詩），到門何敢荷歡迎。菽吟秀水難追和（朱彝尊子昆田，字西峻，有《吟菽乳》詩），乳讓蘇州獨擅名（姑蘇糟乳腐）。華未擷時清可點（豆華加米爲點清餉），渣全净後白蓮城（豆腐渣）。家園漿果紅於染（染漿果葉煮豆腐極嫩），却悔屠門逐隊行。"清夏曾傳《隨園食單補證·雜素菜單》："豆腐吃法甚多，不可枚舉。如夏日吃生豆腐，則麻油、鹽拌，或用蝦子醬油拌食，最爲本色。他若用瓜薑拌炒成丁者，爲豆腐鬆。其豆腐打碎，加香蕈、木耳丁，用油熗過再煨者，爲鷄爬豆腐。其切薄片，油灼極枯，用醬油、椒、酒炙者，爲醉豆腐。其切方塊灼透，用香蕈、木耳、醬油、冰糖收湯者，爲糖燒豆腐。其切成棋子塊，用火腿、鷄、笋各丁加茨熗者，爲豆腐羹。又有用杏仁搗酪，凝成方塊，入鷄湯煨者，爲杏酪豆腐。又有用山楂熬成，與杏酪同盛一碗，而以紅白二色擺成太極圖形者，謂之紅白豆腐。此又豆腐之幻相也。"按，或説豆腐當作"豆脯"。清唐訓方《里語徵實》卷中上引《稗史》："劉安作豆脯，俗作'腐'，非。腐，爛也。當作'脯'，象其似肉脯也。"

【小宰羊】

即豆腐。此稱宋代已行用。見該文。

【酥】[1]

即豆腐。此稱宋代已行用。見該文。

【酪】

即豆腐。因豆腐亦似半凝固之牛羊乳酪，故名。此稱宋代已行用。見該文。

【菽漿】

即豆腐。此稱宋代已行用。見該文。

【白豆腐】

即豆腐。此稱宋代已行用。見該文。

【黎祁】

即豆腐。此稱宋代已行用。見該文。

【白璧】

即豆腐。日語譯名。日本室町時代已行用。見該文。

【白物】

即豆腐。日語譯名。日本女性對豆腐的稱呼。日本室町時代已行用。見該文。

【鬼食】

即豆腐。此稱明清時期已行用。見該文。

【菽乳】

即豆腐。此稱清代已行用。見該文。

【腐】

"豆腐"之省稱。此稱宋代已行用，後代沿用。明李日華《蓬櫳夜話》："歙人工製腐。礎皆紫石細棱，一具直二三金，蓋硯材也。菽

受磨，絶膩滑無滓，煮食不用鹽豉，有自然之甘。"該書記載皖南地區名特腐品有"砂鍋炕腐""許閣老腐""大益瀹腐"等。《儒林外史》第二八回："昨日三位老爺駕到，貧僧今日備個腐飯，屈三位坐坐。"見該文。

【來其】

即豆腐。"黎祁"之音轉。此稱元代已行用，後世沿用。清查慎行《豆腐詩和楊芝田宮坊四首》之一："來其鄉味君休笑，三德虞家有贊辭。"自注："事見《虞伯生集》。"清夏曾傳《隨園食單補證·雜素菜單》："陸游以豆腐爲黎祁，見《劍南稿》。'黎祁'與'來其'，二者之轉。伯生《豆腐三德贊》云：'時後服至有方。'孟勣仿淮南，故有'時後服至'之語。"見該文。

【菜豆花】

即豆腐。貴州方言。此稱清代已行用。徐珂《清稗類鈔·飲食類》："黔中製腐，曰菜豆花，而並不見菜豆，其味極妙。黔人喜以秦椒炒鹽拌食之，味辛而爽口，然淡食更有至味。蓋黔之豆腐，皆以山泉瀝成，故味甘而香洌。南中之腐，佳者質清而味淡，劣者則作儒生酸矣。"見該文。

【黎祈】

同"黎祁"。此體清代已行用。徐珂《清稗類鈔·飲食類》"蔣戟門手製豆腐"條："毛俟園作詩云：'珍味群推郇令庖，黎祈尤似易牙調。誰知解組陶元亮，爲此曾經一折腰。'"

【東坡荳腐】

"豆腐"之一品。油煎或酒煮豆腐而成。荳，同"豆"。此稱宋代已行用。宋林洪《山家清供·東坡荳腐》："荳腐，葱油煎。用研榧子

一二十枚，和醬料同煮。又方，純以酒煮。俱有益也。"

【豆腐羹】

"豆腐"之一品。蓋即今俗所謂豆腐腦。此稱宋代已行用，後世沿用。宋代亦稱"豆腐菜羹"。宋陸游《老學庵筆記》："〔嘉興人〕開豆腐羹店。"又《書二公事》："〔謝諤〕晨興，烹豆腐菜羹一釜。偶有肉，則縷切投其中，客至，亦不問何人，輒共食。"清夏曾傳《隨園食單補證·雜素菜單》："其切成棋子塊，用火腿、鷄、笋各丁加芡燴者，爲豆腐羹。"清代揚州僧人文思擅此，風味殊絕，稱"文思豆腐""文思豆腐羹""文思和尚豆腐"。清李斗《揚州畫舫錄·新城北錄中》："枝上村，天寧寺西園下院也……僧文思居之。文思字熙甫，工詩，善識人，有鑒虛、惠明之風，一時鄉賢寓公皆與之友。又善爲豆腐羹、甜漿粥。至今效其法者，謂之文思豆腐。"又："第三分細白羹碗十件……西施乳、文思豆腐羹。"又《虹橋錄下》："烹飪之技，家庖最勝。如吳一山炒豆腐、田雁門走炸鷄……文思和尚豆腐、小山和尚馬鞍喬，風味皆臻絕勝。"按，此蓋後世"豆腐腦"之類，大同而小別。

【豆腐菜羹】

即豆腐羹。此稱宋代已行用。見該文。

【文思豆腐】

"豆腐羹"之名品。因出文思和尚之手，故名。此稱清代已行用。見該文。

【文思豆腐羹】

即文思豆腐。此稱清代已行用，見該文。

【文思和尚豆腐】

即文思豆腐。此稱清代已行用。見該文。

【煎豆腐】

"豆腐"之一種。以油將豆腐條塊煎至四面焦黄，復以調料浸漬或燒炒而食。此稱始見於宋代，達於今時。宋吳自牧《夢粱錄·麵食店》："又有賣菜羹飯店，兼賣煎豆腐、煎魚、煎鯗、燒菜、煎茄子，此等店肆乃下等人求食麤飽，往而市之矣。"舊說宋釋贊寧《物類相感志》："豆油煎豆腐，有味。"清代揚州程立萬家所製精妙絕倫，被稱爲"程立萬豆腐"。清袁枚《隨園食單·雜素菜單》："程立萬豆腐。乾隆廿三年，同金壽門在揚州程立萬家食煎豆腐，精絕無雙。其腐兩面黄乾，無絲毫滷汁，微有蜌螯鮮味，然盤中並無蜌螯及他雜物也。次日告查宣門。查曰：'我能之，我當特請。'已而，同杭董浦同食於查家，則上箸大笑，乃純是鷄、雀腦爲之，並非真豆腐，肥膩難耐矣。其費十倍於程，而味遠不及也。惜其時余以妹喪急歸，不及向程求方。程逾年亡，至今悔之，仍存其名，以俟再訪。"清朱彝尊《食憲鴻秘·醬之屬》："煎豆腐：先以鰕米（凡諸鮮味物）浸開，飯鍋頓過，停冷，入醬油、酒釀得宜。候着鍋須熱，油須多，熬滾，將腐入鍋。腐響熱透，然後將鰕米並汁味潑下，則腐活而味透，迥然不同。"

【程立萬豆腐】

"煎豆腐"之名品。因爲程立萬家製，故名。此稱清代已行用。見該文。

【啜菽】

一種用豆腐製成之湯肴。將豆腐條切淡煮，調入五味即成。此稱宋代已行用。據《禮記·檀弓下》"啜菽飲水盡其歡"而得稱。菽，本指豆，是製作豆腐的主要原料，遂以代稱豆腐製成之湯肴。宋陳達叟《本心齋疏食譜》：
"啜菽。菽，豆也。今豆腐條切淡煮，蘸以五
味。《禮》不云乎，'啜菽飲水'，素以絢兮，瀡
其清矣！"

【麻腐】

　　"豆腐"之一種。此稱北宋已行用。爲
都城汴梁夜市小吃之一。宋孟元老《東京夢
華録·州橋夜市》："夏月，麻腐、鷄皮、麻
飲……冬月，盤兔、旋炙猪皮肉、野鴨肉、滴
酥水晶鱠。"清顧仲《養小録》卷上："麻腐：
芝麻略炒，和水磨細，絹濾去渣，取汁煮熟，
加真粉少許，入白糖飲。或不用糖，則少用水，
凝作腐，或煎或煮，以供素饌。"按，宋之"麻
腐"，未載製法；清之"麻腐"，芝麻製得。未
知二者同物否。疑宋之"麻腐"，蓋今之"麻婆
豆腐"，如此則與清之"麻腐"同名异實。

【乳腐】[1]

　　"豆腐"之屬。即豆漿。將豆類浸泡後磨成
之乳粥狀流質，經熬煮後可食。此稱宋代已行
用。時亦稱"草創刀圭"。宋陶穀《清異録·藥
品門·草創刀圭》引《高麗博學記》云："乳
腐，名草創刀圭。"宋司馬光《答李大卿孝基
書》："彼笋簟、乳腐、麵滓、豆炙，性大寒而
滯氣。"清代以降俗稱"豆漿""豆汁"。清蔣
士銓《一片石·訪墓》："〔中净〕補丁圓領豆漿
餿。"唐魯孫《北平的書攤兒》："〔廠甸〕各種
吃食如凉糕、蜂糕、炸糕、驢打滚、愛窩窩、
豆汁。"

【草創刀圭】

　　即乳腐[1]。此稱宋代已行用。見該文。

【豆漿】

　　"乳腐[1]"之俗稱。此稱清代已行用。見該文。

【豆汁】

　　"乳腐[1]"之俗稱。此稱行用於近現代。見
該文。

【薰豆腐】

　　"豆腐"之一種。此稱始見於明代。將乾豆
腐塊用穀糠烟熏，復以鹽湯浸掃，風乾。明宋
詡《宋氏養生部》："薰豆腐：乘熱點入箱，壓
一日，以刀界開，焚藭穀糠烟熏，煎鹽湯，寒，
取鵝翎浸掃之。薰絶乾燥，懸當風處。"清代將
豆腐乾鹽腌，塗以香油再熏。清顧仲《養小録》
卷上："薰豆腐：好豆腐壓極乾，鹽腌過，洗净
曬乾，塗香油薰之，妙。"

【豆腐皮】

　　"豆腐"之一種。揭取新製成豆腐表層凝
集之皮而成。入饌甚佳。此稱始見於明代。明
李時珍《本草綱目·穀四·豆腐》："造法：水
浸磑碎，濾去滓，煎成，以鹽鹵汁或山礬葉或
酸醬、醋澱就釜收之。又有入缸内，以石膏末
收者。大抵得鹹苦酸辛之物，皆可收斂爾。其
面上凝結者，揭取晾乾，名豆腐皮，入饌甚佳
也。"明代以豆腐皮裹薑絲、肉絲、胡桃仁等
成捲，貫以竹針，塗以醬油烤炙，稱"豆腐皮
捲"。明宋詡《宋氏養生部》："豆腐皮捲：用
豆腐皮洗潤，切爲二寸闊長片。每片置川椒三
粒，生薑絲、乳綫絲、腌肉絲、萵苣笋絲、蔓
菁根絲、胡桃仁（退皮，碎切），實捲之。裁竹
針貫二三捲爲一處，以醬油炙香。"清代杭州菜
有"素捲""響鈴""素腸""皮笋"等，皆以豆
腐皮爲主料製成。清袁枚《隨園食單·雜素菜
單》："豆腐皮：將腐皮泡軟，加秋油、醋、蝦
米拌之，宜於夏日。蔣侍郎家入海參用，頗妙。
加紫菜、蝦肉作湯，亦相宜。或用蘑菇、笋煨

清湯亦佳，以爛爲度。蕪湖敬修和尚將腐皮捲筒切段，油中微炙，入蘑菇煨爛，極佳。不可加雞湯。"清夏曾傳補證："素饌中腐皮用最廣：假肉、假鴨皆以爲皮；又以笋、蕈、木耳、腐乾切絲，捲灼之，曰素捲；用肉包以醬贊食曰響鈴；加作料曰素腸；蘑菇、笋炒之，曰皮笋。皆杭州菜也。"

【豆腐皮捲】

"豆腐皮"製成之菜肴。此稱明代已行用。見該文。

【素捲】

"豆腐皮"製成之菜肴。杭州特色菜。此稱清代已行用。見該文。

【響鈴】

"豆腐皮"製成之菜肴。杭州特色菜。此稱清代已行用。見該文。

【素腸】

"豆腐皮"製成之菜肴。杭州特色菜。此稱清代已行用。見該文。

【皮笋】

"豆腐皮"製成之菜肴。杭州特色菜。此稱清代已行用。見該文。

【腐皮】

"豆腐皮"之省稱。此稱清代已行用。以此爲主料可製成名菜"素黃雀"。清佚名《調鼎集・襯菜部》："腐皮……松仁或嫩笋尖燒腐皮。豆腐皮在鍋前守看，用竹箸做兜，逐張揭起盛之，如粽包式扎緊，在另鍋用水煮。要石塊壓住，不使跑動，結做一處，如肥嫩鵝，以好醬油或笋滷、糟油蘸食，頗爲肥美。素黃雀：軟腐皮切二寸方塊，內包去皮核桃仁，以金針破開束，要果油炸黃，下清水并醬油、香蕈、青

笋、茭白等，煮好起鍋，加蘑菇、麻油。香蕈炒乾腐皮。火腿片炒豆腐皮。"

【素黃雀】

"腐皮"製成之菜肴。此稱清代已行用。見該文。

【腐乳】

"豆腐"製品之一種。一般經過籠蒸、發酵、腌漬而成。清香可口，細膩耐嚼。始見於明代，稱"醃腐"。明李日華《蓬櫳夜話》："黟縣人喜於夏秋間醃腐。"清代始稱"腐乳""豆腐乳""乳腐[2]"。清曾懿《中饋錄》："製腐乳法：造腐乳須用老豆腐，或白豆腐乾。每塊改切四塊。以蒸籠鋪淨草，將豆腐平鋪封固，再用稻草覆之。俟七八日起霉後取出，用炒鹽和花椒摻入，置磁缸內。至八九日再加紹酒；又八九日復翻一次，即入味矣。如喜食辣者，則拌鹽時灑紅椒末；若作紅腐乳，則加紅麯末少許。"清李化楠《醒園錄》卷上："豆腐乳法：將豆腐切作方塊，用鹽醃三四天，出曬兩天，置蒸籠內，蒸至極熟，出曬一天，和便醬，下酒少許，蓋密曬之。或加小茴末和曬更佳。"清佚名《調鼎集・襯菜部》："豆腐乳法：每豆八斤，紅麯六兩，大茴四兩，酒醬六斤，火酒六斤，封一月。即以豆腐壓乾寸許方塊，用炒鹽、紅麯和勻，醃一宿。次用連刀白酒、用磨細和勻醬油，入椒末、茴香，灌滿罈口。貯收六月更佳。腐內入糯米少許。"清朱彝尊《食憲鴻秘・醬之屬》："建（按，建，浙中地名）腐乳：如法豆腐壓極乾，或綿紙裹，入灰收乾，切方塊，排列蒸籠內，每格排好，裝完，上籠蓋。春二三月，秋九十月，架放透風處（浙中製法，入籠上鍋蒸過，乘熱置籠於稻草上，周

圍及頂俱以礱糠埋之，須避風處）。五六日生白毛，毛色漸變黑或青紅色。取出，用紙逐塊拭去毛翳，勿觸損其皮（浙中法，以指將毛按實，腐上鮮）。每豆一斗，用好醬油三勺、炒鹽一勺，入醬油内（如無醬油，炒鹽五勺）。鮮色紅麴（八兩），揀净茴香、花椒、甘草，不拘多少，俱爲末，與鹽、酒攪匀，裝腐入罐，酒料加入（浙中，腐出籠後，按平白毛，鋪在缸盆内，每腐一塊，撮鹽一撮於上，淋尖爲度。每一層腐，一層鹽，俟鹽自化，取出，日曬，夜浸滷内。日曬夜浸收滷盡爲度，加酒料入罈）。泥頭封好，一月可用；若缺一日，尚有腐氣未盡；若封固半年，味透，愈佳。"又，此書汪拂雲抄本："乳腐：臘月做老豆腐一斗，切小方塊，鹽醃數日，取起曬乾，用臘油洗去鹽并塵土。用花椒四兩，以生酒、臘酒釀相拌匀，箬泥封固，三月後可用。"《儒林外史》第二一回："牛老爹店裏賣的有現成的百益酒，盪了一壺，撥出兩塊豆腐乳和些笋乾、大頭菜，擺在櫃檯上，兩人喫着。"又第四八回："只見一路賣的腐乳、席子、耍貨，還有那四時的花卉，極其熱鬧。"

【醃腐】

即腐乳。此稱明代已行用。見該文。

【豆腐乳】

即腐乳。此稱清代已行用。見該文。

【乳腐】[2]

即腐乳。此稱清代已行用。見該文。

【醬豆腐乳】

"腐乳"之一種。此稱清代已行用。清李化楠《醒園録》卷上："醬豆腐乳法：前法麵醬黄做就，研成細麵，用鮮豆腐十斤，配鹽二斤，切成扁塊，一重鹽一重豆腐，醃五六天撈起，留滷候用。將豆腐鋪排蒸籠内蒸熟，連籠置空房中，約半個月，候豆腐變發生毛，將毛抹倒，微微晾乾。再稱豆腐與黄對配，乃將留存腐滷澄清，去渾脚，泡黄成醬，一層醬，一層豆腐，一層香油，加整個花椒數顆，層層裝入罈内，泥封固，付日中曬之，一月可吃。香油，即麻油，每只可四兩爲準。"又法："先將前法做就麵黄，研成細麵。用鮮豆腐十斤，配鹽一斤半。豆腐切作小方塊，一重鹽一重豆腐，醃五六天撈起，鋪排蒸籠内蒸熟，連籠置空房中，約半個月，俟豆腐變發生毛，將毛抹倒，晾微乾，一層醬麵一層豆腐，裝入罈内。仍加整花椒數顆，逐塊皆要離曠，不可相挨，中留一大孔，透底裝滿，上面仍用醬麵，厚厚蓋之。以好老酒作汁灌下，封密日曬，一個月可用。"今省稱"醬豆腐"，亦稱"紅豆腐"，爲家常小菜之一。

【糟豆腐乳】

"腐乳"之一種。因製作中入糟，故名。亦稱"糟乳腐"。清代已見。清李化楠《醒園録》卷上："糟豆腐乳法：每鮮豆腐十斤，配鹽二斤半（其鹽三分之中，當留一小分，俟裝罈時，拌入糟膏内）。將豆腐一塊，切作兩塊，一重鹽一重豆腐，裝入盆内，用木板蓋之，上用小石壓之，但不可太重。醃二日，洗撈起，曬之，至晚蒸之。次日復曬復蒸，再切寸方塊，配白糯米五升，洗淘乾净煮爛，撈飯候冷（蒸飯未免太乾，定當煮撈脂膏，自可多取爲要）。用白麴五塊，研末拌匀，裝入桶盆内，用手輕壓抹光，以巾布蓋塞極密，次早開看起發，用手節次刨放米籮擦之（次早刨擦，未免太早，當三天爲妥）。下用盆承接脂膏，其糟粕不用，和好老酒一大瓶，紅麴末少許拌匀，一重糟一重豆腐，分裝小罐內，只可七分滿就好（以防沸溢）。蓋密，外用布或泥封固，收藏四十天，方可吃用，不可曬日（紅麴末多些好看。裝時當加白麴末少許纔鬆破。若太乾，酒當多添，俾膏酒略淹豆腐爲妙）。"又法："用鮮豆腐切成四方塊子，加一或加一五鹽醃之，付滾水煮一二滾取起，用前方拌就。糯米飯與豆腐對配，重重裝入罈內。用酒作水，封密。候二十天過可用。"清朱彝尊《食憲鴻秘・醬之屬》："糟乳腐：製就陳乳腐，或味過于醎，取出，另入器內，不用原汁，用酒釀甜糟，層層叠糟，風味又別。"

【糟乳腐】

即糟豆腐乳。此稱清代已行用。見該文。

【臭豆腐】

"腐乳"之一種。其味尤臭，而咀嚼甚香。見於清代。康熙八年北京王致和所創製尤負盛名。《二十年目睹之怪現狀》第九九回："當日卜士仁叫添了一塊臭豆腐，留侄孫吃了晚飯。"今時北京郊區仍在製售，沿用"王致和臭豆腐"之名號。

【凍豆腐】

"豆腐"之一種。冬日將豆腐切成方寸之塊，聽其自凍；食時遍體如細蜂窩，作料充其中，鬆軟可口。此稱清代已行用，至今農家多用。清朱彝尊《食憲鴻秘・醬之屬》："凍豆腐：嚴冬，將豆腐用水浸盆內，露一夜，水冰而腐不凍，然腐味已除。味佳。或不用水浸，聽其自凍，竟體作細蜂窠狀。洗净，或入薑汁煮，或油炒，隨法烹調，風味迥別。"清李化楠《醒園錄》卷上："凍豆腐法：將冬天所凍豆腐，放

背陰房內。候次年冰水化盡，入大磁甕內，埋背陰土中。到六月，取出會食，真佳品也。"清代亦省稱"凍腐"。清袁枚《隨園食單・雜素菜單》："凍豆腐：將豆腐凍一夜，切方塊，滾去豆味，加鷄湯汁、火腿汁、肉汁煨之。上桌時撤去鷄、火腿之類，單留香蕈、冬笋。豆腐煨久則鬆，面起蜂窩，如凍腐矣。故炒腐宜嫩，煨者宜老。家致華分司用蘑菇煮豆腐，雖夏月亦照凍腐之法，甚佳。切不可用葷湯，致失清味。"清夏曾傳補證："豆腐一凍，便另有一種風味……凡作凍腐，須滾水澆過，掛檐際，頃刻即凍。水愈熱，凍愈堅。"亦稱"冰豆腐"。徐珂《清稗類鈔・飲食類》："凍豆腐者……一名冰豆腐。"

【凍腐】

"凍豆腐"之省稱。此稱清代已行用。見該文。

【冰豆腐】

即凍豆腐。此稱清代已行用。見該文。

【豆腐腦】

"豆腐"之屬。豆漿熬熟後，點入石膏或鹽滷，壓去水分形成的較爲硬實的塊體爲豆腐，不經壓擠而呈粥狀流質即此。食時加入蒜泥、醬油、老醋、芝麻醬、辣椒粉等。此稱清代已行用。亦稱"小豆腐""細豆腐"。清李斗《揚州畫舫錄・虹橋錄下》："清明前後，肩擔賣食之輩，類皆俊秀少年……賣豆腐腦、茯苓糕，喚聲柔雅，渺渺可聽。"《醒世姻緣傳》第二四回："雪白的連漿小豆腐，飽飽的吃了。"《莊農日用雜字》："黏粥小豆腐，煎餅隨時攤。"清蒲松齡《聊齋俚曲集・磨難曲》第五回："到前頭休着大王見，細豆腐揣的好肉，再酸些他

也不嫌。"今時民間猶廣泛食用，俗稱"豆腐滷""嫩豆腐"。多於早點佐餐。

【小豆腐】

即豆腐腦。此稱清代已行用。見該文。

【細豆腐】

即豆腐腦。細，小也。此稱清代已行用。見該文。

【豆腐絲】

"豆腐"製品之一種。將豆腐片鹽漬熏乾，頂端扎捆，主體切細成絲。拌食、炒食均可。此稱清代已行用，今時仍普遍食用。河北高碑店所出最負盛名。清薛寶辰《素食説略》："豆腐絲：京師名豆腐絲，陝西名千張，市上均有賣者。以高湯同筍絲煨之，或以醬油、醋拌食，或以醬油炒食，均佳。"

【千張】

即豆腐絲。陝西方言。此稱清代已行用。見該文。

【腐乾】

"豆腐"製品之一種。將乾豆腐經酒、醬油浸透，切成小塊，塗以蝦仁末及香油等，熏乾而成。此稱清代已行用。清顧仲《養小錄》卷上："腐乾：好腐乾用臘酒娘、醬油浸透，取出，切小方塊。以蝦米末、砂仁末摻上薰乾，熟香油塗上，再薰。用供翻楪，奇而美。"清代亦稱"豆腐乾"。以揚州城南貯草坡姚氏所製擅名一時，美稱"姚乾"。清李斗《揚州畫舫錄·城南錄》："地名貯草坡……貯草坡豆腐乾姚氏爲最，稱爲姚乾。"

【豆腐乾】

即腐乾。此稱清代已行用。見該文。

【姚乾】

"腐乾"名品。此稱清代已行用。產於揚州姚家，故名。見該文。

【王太守八寶豆腐】

一種豆腐菜肴。亦稱"八寶豆腐"。本清代御膳房方，康熙賜之尚書徐健菴，徐氏傳諸王氏門生，袁枚得之於王氏子嗣。清袁枚《隨園食單·雜素菜單》："王太守八寶豆腐：用嫩片切粉碎，加香蕈屑、蘑菇屑、松子仁屑、瓜子仁屑、雞屑、火腿屑，同入濃雞汁中炒滾起鍋。用腐腦亦可。用瓢不用箸。孟亭太守云：'此聖祖賜徐健菴尚書方也。'尚書取方時，御膳房費一千兩。太守之祖樓村先生爲尚書門生，故得之。"清夏曾傳補證："吳門酒館有十景豆腐者，制亦相類。然方不出於天廚，何可同年而語。但王既得於徐，袁又得之於王，恐傳聞已失其真。不然只此數言，寧直千金之費耶？"按，徐珂《清稗類鈔·飲食類》稱此爲"八寶豆腐"。

【八寶豆腐】

即王太守八寶豆腐。此稱清代已行用。見該文。

【豆腐渣】

豆類磨出乳漿後所餘之渣屑，可食用或喂豬。清代杭州有臘月底食此以示儉約之俗。亦稱"雪花菜"。清夏曾傳《隨園食單補證·雜素菜單》："杭俗十二月二十五相傳爲諸神下降，察人善惡，故必食豆腐渣，以示儉約之意。殊不知，戲弄神祇，其罪當何如也（俗名雪花菜）。"今北方俗稱"豆渣""豆渣子"。

【雪花菜】

即豆腐渣。形似雪花，可爲菜肴，故名。

此稱清代已行用。見該文。

【金鑲白玉板】

一種豆腐菜肴。即菠菜燒豆腐。清代杭州菜。據現代營養學家分析，二者合燒，破壞維生素，降低雙方營養價值，不可取。清袁枚《隨園食單·雜素菜單》：「波（菠）菜肥嫩，加醬水、豆腐煮之，杭人名'金鑲白玉板'是也。如此種菜，雖瘦而肥，可不必再加笋尖、香蕈。」

第十五節　八珍考

八珍是供周天子膳食的八種烹調技術及由此製成的八種精美食饌。其稱源自《周禮·天官·膳夫》：「凡王之饋食，用六穀，膳用六牲，飲用六清，羞用百二十品，珍用八物。」鄭玄注：「珍謂淳熬、淳母、炮豚、炮牂、擣珍、漬、熬、肝膋也。」孔穎達疏：「是爲八珍。」

鄭玄注依據的是《禮記·內則》，文中對八珍細目及製法均有詳細記載。文曰：「淳熬，煎醢加于陸稻上，沃之以膏，曰淳熬。淳母，煎醢加于黍食上，沃之以膏，曰淳母。炮，取豚若將，刲之刳之，實棗於其腹中，編萑以苴之，塗之以謹塗，炮之。塗皆乾，擘之，濯手以摩之，去其皽。爲稻粉，糔溲之以爲酏，以付豚。煎諸膏，膏必滅之。鉅鑊湯，以小鼎薌脯於其中，使其湯毋滅鼎。三日三夜毋絕火，而后調之以醯醢。擣珍，取牛羊麋鹿麕之肉，必脄，每物與牛若一。捶反側之，去其餌，孰出之，去其皽，柔其肉。漬，取牛肉，必新殺者，薄切之，必絕其理，湛諸美酒，期朝而食之，以醢若醯醷。爲熬，捶之，去其皽，編萑，布牛肉焉，屑桂與薑以洒諸上而鹽之，乾而食之。施羊亦如之。施麋、施鹿、施麕皆如牛羊。欲濡肉，則釋而煎之以醢；欲乾肉，則捶而食之……肝膋，取狗肝一，幪之以其膋，濡炙之，舉燋其膋，不蓼。」

《內則》沒有將以上諸食與「珍用八物」直接聯繫，僅是分條陳述。鄭玄始將二者溝通，但他的解釋後人不無异議。一是，他把「炮」解作「炮豚」「炮牂」兩樣。二是，《內則》原文「熬」同「肝膋」二珍之間還有一珍：糝。《內則》：「糝，取牛羊豕之肉，三如一，小切之，與稻米，稻米二肉一，合以爲餌，煎之。」鄭氏略而不論。所以後人有主張將「炮豚」「炮牂」合爲「炮」，補入「糝」的。宋呂希哲《侍講日記》：「八珍者，淳熬也，淳母也，炮也，擣珍也，漬也，熬也，糝也，肝膋也。先儒不數糝而分炮豚羊爲二，皆非也。”《留青日札》《膳夫録》等亦持此説。不過，由於鄭氏在經學上的地位、影響非同尋常，所以後世一般遵從其説。

八珍出現以後，向虛、實兩個方向發展演變。

虛的方面，遂成爲美食佳肴的代稱，這種例子不勝枚舉。《三國志·魏書·衛覬傳》："飲食之肴，必有八珍之味。"金董解元《西廂記諸宫調》卷三："八珍玉食邀郎餐，千言萬語對生意。"

實的方面，八珍開始由烹藝及其製成品向八種珍稀原料及製品演化。約在元代，無名氏《饌史》所載"八珍"有兩種。一種爲龍肝、鳳髓、兔胎、鯉尾、鶚炙、猩唇、熊掌、酥酪蟬；一種爲醍醐、麆吭、野駝蹄、鹿唇、駝乳麋、天鵝炙、紫玉漿、元玉漿。明陶宗儀《輟耕録·續演雅發揮》所載與《饌史》所載後一種幾相同，唯"麆吭"作"麆沆"，"元玉漿"作"玄玉漿"。至清代，"八珍"範圍擴大，名目更繁多具體，據説有"禽八珍"（紅燕、飛龍等）、"海八珍"（燕窩、魚翅等）、"山八珍"（駝峰、鹿筋等）、"草八珍"（猴頭蘑、羊肚菌等）之別，變成珍貴原料群體。近現代有"上八珍""中八珍""下八珍"之説，據北京、山東有關部門整理，情況大致如下：

上八珍

北京：猩唇、燕窩、駝峰、熊掌、豺胎、鹿筋、哈士蟆、猴頭。

山東：猩唇、駝峰、猴頭、熊掌、燕窩、鱐脯、鹿筋、黄唇膠。

中八珍

北京：魚翅、魚骨、龍魚腸、大烏參、廣肚、鮑魚、乾貝、鱘魚。

山東：魚翅、銀耳、果子狸、廣肚、鱘魚、哈什蟆、魚唇、裙邊。

下八珍：

北京：川竹笋、銀耳、大口蘑、猴頭蘑、裙邊、魚唇、烏魚蛋、果子狸。

山東：海參、龍鬚菜、大口蘑、川竹笋、赤鱗魚、乾貝、蠣黄、烏魚蛋。

總之，後世"八珍"，名稱襲用周代，而内容迥异於古（參見邱龐同《"八珍"答客問》，載《烹飪史話》）。

"八珍"作爲周代貴族統治者食用的深加工的美食，在烹飪史上具有重要地位、深遠影響。它對炙、炮、煎、熬、煮、濡、燒等多種技藝的恰當運用，對薑、桂、醯、棗、鹽、醢、酒等不同口味的調料、原料的合理使用及與主料的配伍，爲原材料的選擇與加工，烹飪工具的配合使用及轉換，水、火、味的掌握與調劑，都提供了有益的經驗，凝集着先民的智慧，澤被後世。故此後來一些飲饌直接導源於此，如"漬"發展爲"醉""酒"；有些飲饌雖然變化很大，但也能看到"八珍"的影子，如宋代的"盤游飯"同"淳熬"就頗有相似之處。

八珍

初指爲周天子供饌之八種烹飪方法及由此製出之八種美食。源自《周禮·天官·膳夫》"珍用八物"，鄭玄以淳熬、淳母、炮豚、炮牂、擣珍、漬、熬、肝膋等八物解之，孔穎達疏"是爲八珍"。三國時期始見"八珍"之名，爲美食代稱，非古義。《三國志·魏書·衛覬傳》："飲食之肴，必有八珍之味。"唐杜甫《麗人行》："黄門飛鞚不動塵，御厨絡繹送八珍。"元明之時，轉指八種珍貴原料。元佚名《饌史》以龍肝、鳳髓、兔胎、鯉尾、鴞炙、猩唇、熊掌、酥酪蟬等爲"八珍"。明張岱《夜航船·日用·飲食》以龍肝、鳳髓、豹胎、猩唇、鯉尾、鴞炙、熊掌、駝峰等爲"八珍"。明陶宗儀《輟耕録·續演雅發揮》："所謂八珍，則醍醐、麆沆、野駝蹄、鹿唇、駝乳糜、天鵝炙、紫玉漿、玄玉漿也。玄玉漿即馬妳子。"到清代，各種系列之"八珍"不可枚舉。如朱彝尊《食憲鴻秘·餌之屬》"八珍糕"以山藥、扁豆、苡仁、蓮子、芡實、茯苓、糯米、白糖爲"八珍"，李漁《閑情偶寄·飲饌》"八珍麵"以鷄肉、魚肉、蝦肉、鮮笋、香蕈、芝麻、花椒、鮮汁爲"八珍"，徐珂《清稗類鈔·飲食類》"八珍蛋"以火腿屑、笋屑、鷄屑、蝦仁屑、蘑菇屑、香蕈屑、松子仁屑、鹽爲"八珍"。影響最大者是"滿漢全席"之"四八珍"，即山八珍、海八珍、禽八珍、草八珍，凡三十二種名貴原料。山八珍爲駝峰、熊掌、猴腦、猩唇、象攏、豹胎、犀尾、鹿筋；海八珍爲燕窩、魚翅、大烏參、魚肚、魚骨、鮑魚、海豹、狗魚（大鯢）；禽八珍爲紅燕、飛龍、鵪鶉、天鵝、鷯鴣、彩雀、斑鳩、紅頭鷹；草八珍爲猴頭蘑、銀耳、竹蓀、驢窩菌、羊肚菌、花菇、黄花菜、雲香信。此外，李斗《揚州畫舫録·小秦淮録》所言"小八珍"，不知具體所指。近現代有"上八珍""中八珍""下八珍"説，參見本卷《菜肴説·八珍考》。

肝膋

周代"八珍"之一。一種烤狗肝。天子所食。製時取犬肝，用腸間脂肪包裹，調以肉醬，在火上遍烤，直至脂油烤乾。食時不配蓼菜。始見於先秦時期。《禮記·内則》："肝膋，取狗肝一，幪之以其膋，濡炙之，舉燋其膋，不蓼。"鄭玄注："膋，腸間脂。"孔穎達疏："舉，皆也，謂炙膋皆燋也。"漢代亦製，稱"犬肝炙"。長沙馬王堆一號漢墓第四二簡："犬肝炙一器。"後世亦相沿製作，如北魏賈思勰《齊民要術·炙法》所言"肝炙"，"牛羊猪肝皆得"，祇是未言犬。明宋翊《宋氏養生部》有"炙肝"，統言肝，犬肝自在其中。其製法爲："肝，水烹，以花椒、鹽、酒浥之，炙香。”與先秦炙法有別。

【犬肝炙】

“肝膋”之屬。此稱漢代已行用。見該文。

【肝炙】[2]

“肝膋”之屬。此稱南北朝時期已行用。見該文。

【炙肝】

“肝膋”之屬。此稱明代已行用。見該文。

炮牂

周代“八珍”之一。天子所食。經過燒烤、煎炸、烹煮諸工序製成的公羊（或母羊）肉。始見於先秦時期。《禮記·內則》詳載其製法，與“炮豚”全同。詳見本卷《菜肴説·八珍考》“炮豚”文。

炮豚

周代“八珍”之一。天子所食。經過燒烤、煎炸、烹煮諸工序製成的乳豬肉。始見於先秦時期。當時對其製法就有詳盡説明。大致爲將小豬屠宰，腹中置棗，體外包葦塗泥，火燒，燒乾後除泥，塗以稻粉糊，下油鍋炸，而後將油鍋置入一大鑊，微火煮三天三夜，調醋醬而食。《禮記·內則》：“炮，取豚若將，刲之刳之，實棗於其腹中，編萑以苴之，塗之以謹塗，炮之。塗皆乾，擘之，濯手以摩之，去其皽。爲稻粉，糔溲之以爲酏，以付豚。煎諸膏，膏必滅之。鉅鑊湯，以小鼎薌脯於其中，使其湯毋滅鼎。三日三夜毋絕火，而后調之以醯醢。”鄭玄注：“炮者，以塗燒之爲名也。將，當爲‘牂’。牂，牡（或作“牝”）羊也。刲刳，博異語也。謹，當爲‘墐’，聲之誤也。墐塗，塗有穰草也。皽，謂皮肉之上魄莫也……糔讀與滫髓之滫同。薌脯，謂煮豚若羊於小鼎中使之香美也。謂之脯者，既去皽，則解析其肉，使薄，如爲脯然。唯豚全耳。豚羊入鼎三日，乃內醯醢可食也。”孔穎達疏：“言爲炮之法，或取豚，或取牂，故云取豚若將，刲刳其腹，實香棗於其腹中……萑是亂草也，苴，裹也。編

長寧公主東莊侍宴
（王相配圖本《千家詩》）

連亂草以裹市豚牂，裹之既畢，塗之以墐。塗謂穰草相和之塗也，以此墐塗而泥，塗之炮之。塗皆乾，擘之者，謂擘去乾塗也……手既擘泥不净，其肉又熱，故濯手摩之，去其皴莫……付全豚之外，煎之於膏。若羊則解析肉，以粥和之……滅，没也。小鼎盛膏，以膏煎豚牂，膏必没此豚牂也。鉅鑊湯，以小鼎薌脯於其中者，謂以大鑊盛湯，以小鼎之香脯實於大鑊湯中……使鑊中之湯，無得没此小鼎。若湯没鼎，恐湯入鼎中，令食壞也。三日三夜毋絕火者，欲令用火微熱，勢不絕。"

淳母

周代"八珍"之一。天子所食。一種加入肉醬及油膏的黍米飯。母，通"模"，相像。因其所製類同淳熬，故名。製時先煎肉醬，澆沃於黍米飯，復加油脂。始見於先秦時期，後世罕見。《禮記·內則》："淳母，煎醢加于黍食上，沃之以膏，曰淳母。"鄭玄注："母，讀曰'模'。模，象也，作此象淳熬。"孔穎達疏："法象淳熬而爲之，但用黍爲異耳……不言'陸'者，黍皆在陸，無在水之嫌，故不言陸。"

淳熬

周代"八珍"之一。天子所食。一種加入作料的稻米飯。始見於先秦時期，後世稀見。製時先煎肉醬，澆於旱稻米所做之米飯，復加油脂即成。淳，澆注；熬，煎炸。由於飯內澆油，復加煎醬，遂以稱。《禮記·內則》："淳熬，煎醢加于陸稻上，沃之以膏，曰淳熬。"鄭玄注："淳，沃也；熬，亦煎也。沃煎成之以爲名。"孔穎達疏："'淳熬'者，是八珍之內一珍之膳名也。淳謂沃也，則'沃之以膏'是也；熬謂煎也，則'煎醢'是也。'陸稻'者，謂陸

地之稻也。謂以陸地稻米熟之爲飯，煎醢使熬加于飯上，恐其味薄，更沃之以膏，使味相湛漬，曰淳熬。"

熬 [2]

周代"八珍"之一。天子所食。一種乾煎而成之肉類。熬，本指乾煎。《説文·火部》："熬，乾煎也。"後亦指乾煎而成之物。此熬即是。始於先秦。製時取牛肉或羊肉、麋肉、鹿肉、麕肉捶之，去其皮膜，將肉鋪於葦席，把薑桂末灑在肉上，加鹽湛漬，煎乾而食。欲食軟者，則加水，用肉醬煎；欲食乾者，捶捶即可食。《禮記·內則》："爲熬，捶之，去其皴，編萑，布牛肉焉。屑桂與薑以灑諸上而鹽之，乾而食之。施羊亦如之。施麋、施鹿、施麕皆如牛羊。欲濡肉，則釋而煎之以醢；欲乾肉，則捶而食之。"鄭玄注："熬，於火上爲之也，今之火脯似矣。欲濡欲乾，人自由也。醢，或爲醓。"按，馬王堆漢墓遣册載有熬食多品，字作"𤏮"。長沙馬王堆一號漢墓第六九簡有"𤏮豚一笥"、第七〇簡有"𤏮兔一笥"，第七一簡有"𤏮鵠（鵠）一笥"、第七二簡有"𤏮鵠（鶴）一笥"、第七三簡有"𤏮劮（梟）一笥"、第七四簡有"𤏮瘩（鴈）一笥"、第七五簡有"𤏮雉一笥"、第七六簡有"𤏮炙姑（鷓鴣）一笥"、第七八簡有"𤏮雞一笥"、第七九簡有"𤏮爵（雀）一笥"等，疑皆"八珍"熬品之屬。後此品失傳，北魏賈思勰《齊民要術》不載即是證明。至遲在元代，熬開始變爲一種新的烹飪方法和食品，即煮。在元忽思慧《飲膳正要·聚珍異饌》中所載之"熬蹄兒""熬羊胸子"中"熬"皆指煮，此後一直沿用至今，如"熬魚""熬肉""熬白菜""熬豆腐"等，讀

音亦改讀平聲 āo。

漬

周代"八珍"之一。天子所食。本指浸漬，後亦指所漬之物。此特指經美酒浸漬之新鮮牛肉片。製時取剛殺牛之肉，依其肉絲紋理切成薄片，在好酒中浸泡一晝夜，然後用肉醬、醋或梅漿加以調和。始見於先秦時期。《禮記·內則》："漬，取牛肉，必新殺者，薄切之，必絶其理，湛諸美酒，期朝而食之，以醢若醯醷。"鄭玄注："湛，亦漬也。"後世大量以"酒""醉"命名的醃漬品蓋源於此。如宋代的"酒江瑶""酒香螺""酒蠣"等（宋吳自牧《夢粱録·鮝鋪》），清代的"醉魚""醉蟹""醉蘿蔔"等。

擣珍

周代"八珍"之一。天子所食。以五種獸畜肉搗爛、加工製成的一種肉肴。始見於先秦時期。製時以等量之牛、羊、麋、鹿、麕（獐）脊側肉各一份，反復捶搗，去其筋腱，熟後除掉皮膜，和以醢醯即成。《禮記·內則》："擣珍，取牛羊麋鹿麕之肉，必脄，每物與牛若一。捶反側之，去其餌，孰出之，去其皽，柔其肉。"鄭玄注："脄，脊側肉也。捶，擣之也。餌，筋腱也。柔之爲汁和也，汁和亦醢醷與。"孔穎達疏："知脄是脊側肉者，以脊側肉美，今擣以爲珍，宜取美處，故爲脊側肉。云'餌，筋腱也'者，以經云'去其餌'。又曰'去其皽'，皽既爲皮莫，則餌非復是皮莫，故以爲筋腱，腱即筋之類。云'汁和亦醢醷與'者，以上炮豚、炮牂調以醢醷，下漬亦食之以醯若醢，故知擣珍和亦用醢醷。"

糝

周代"八珍"之一。天子所食。用牛、羊、豕肉與米粉拌和後製成的糕餌，以油煎食。《禮記·內則》："糝，取牛羊豕之肉，三如一，小切之，與稻米，稻米二肉一，合以爲餌，煎之。"按，糝食，《禮記》本文在"八珍"之内，鄭玄不計入，而把"炮"一珍分作"炮豚""炮牂"兩珍。如此則"八珍"爲：淳熬、淳母、炮豚、炮牂、擣珍、漬、熬、肝膋。後人持異議者謂"炮"不當分，"糝"不當去，則"八珍"爲淳熬、淳母、炮、擣珍、漬、熬、糝、肝膋。

第四章　雜食説

第一節　小食考

　　小食，特指正餐以外不定時而食之小型食品。雖有果腹之用，但更重消閑、嘗新、開胃。從原料上看，米、麵是根本，油、蜜、糖尤不可少，以益其甜香；蓮子、豆、藕、荸薺、山藥、瓜子、芋頭等亦可爲主料，以增加品類色味。輔料則有葷素餡、酒、酥、麴、果仁、薄荷、腐皮等。從烹飪方法看，蒸、煮、炸、炒、燒、烤、餾、凍等多種方法兼備，有時數法并施；從成品看，小巧、精緻，講求造型、色澤，觀賞和品味價值皆具。從名稱看，因物賦名，千奇百怪，多不固定。

　　小食起源頗古。漢魏之"飧""湌""小飯"，蓋即此類。《史記·淮陰侯列傳》："令其裨將傳飧，曰：'今日破趙會食。'"司馬貞索隱引三國魏如淳曰："小飯曰湌。謂立駐傳湌，待破趙乃大食也。"此"小飯"，蓋簡便之"小食"。

　　小食之名，始見於晋。《稗海》本晋干寶《搜神記》卷一："吾卯日小食時必至君家。"此"小食"尚爲動詞，指略吃一些。南北朝時，始變爲名詞，指簡略些少之食。《梁書·昭明太子傳》："大軍北討，京師穀貴，太子因命菲衣減膳，改常饌爲小食。"

　　唐代出現“點心”，初時亦指以食品填點於心，與“略吃一些”之“小食”同義。唐孫頠《幻異志·板橋三娘子》：“雞鳴，諸客欲發，三娘子先起點燈……與諸客點心。”宋吳曾《能改齋漫録·事始二》：“世俗例以早晨小食爲點心，自唐時已有此語。按，唐鄭傪爲江淮留後，家人備夫人晨饌，夫人顧其弟曰：‘治妝未畢，我未及餐，爾且可點心。’”一直到明清，點心依然保留略食之義。明陶宗儀《輟耕録·點心》：“今以早飯前及飯後午前午後晡前小食爲點心。”清吳熾昌《客窗閑話·補騙子》：“我尚未餐，腹中餒甚，官人肯同一點心否？”

　　自宋代開始，“點心”亦用作名詞，指填點於心内之食，與“小食”義同。宋吳自牧《夢粱録·天曉諸人出市》：“有賣燒餅、蒸餅、糍糕、雪糕等點心者，以趕早市，直至飯前方罷。”宋周密《癸辛雜識·前集·健啖》：“聞卿（趙温叔）健啖，朕欲作小點心相請，如何？”

　　最早出現的小食（餳餔、果製品、蜜漬品、糕品等除外，已另設類）當爲晉代之“狗舌”“乳餅”。唐代有“乞巧果子”。此時尚屬散見零出，不成系統；到宋代則開始大量增多，琳琅滿目，不可勝舉。如“笑靨兒”“果食將軍”“涼粉兒”“糯米花”“糯米糍”“蓼花”“望口消”“桃穰酥”“酪麵”“糖榧”“餶飿”“細料餶飿兒”“鵪鶉餶飿兒”“仙桃”“子母仙桃”“灌藕”“二色灌香藕”“壽帶龜”“子母龜”“油飷兒”等等；有的一品當中還包括許多小類，如“雕花蜜煎”即包括“雕花梅毬兒”“紅消花”“雕花笋”“蜜冬瓜魚兒”“雕花紅團兒”“木瓜大段兒”“雕花金橘”“青梅荷葉兒”“雕花薑”“蜜笋花兒”“雕花根子”“木瓜方花兒”等。遺憾的是，這些小食僅存食目，製法闕載。

　　明清以降，有關文獻開始對小食之名稱、製法加以記載，表明小食的地位、作用、影響逐步提高、增强、擴大。明宋詡《宋氏養生部》載有“透糖”“香花”“松花”“糖花”“芝麻葉”“巧花兒”“風消糖”“芙蓉葉”“玉荄白”等，清袁枚《隨園食單》載有“麵老鼠”“金團”“蕭美人點心”“陶方伯十景點心”等，清佚名《調鼎集》載有“荸薺壽桃”“笋豆”“炸糍巴”“果酥”“蜜酥”“桃酥”“麻油酥”“芝麻椒鹽酥”“油糖麵酥”“酥饊饊”“東坡酥”“印酥”“玫瑰捲酥”等，清薛寶辰《素食説略》載有“拔絲山藥”“炸白薯”“炒鮮蠶豆”“炸油果”等。至今日，各色小食隨着用料的精細、多樣，製作工藝的完善、提高，包裝的新穎、美觀，對廣大消費者展示出日益强大的吸引力，成爲五彩繽紛的食苑中別具風姿的一朵奇葩。

小食

特指小巧、簡易、有特色之小吃。漢代稱"飱"，亦作"餐"。三國時期亦作"湌"，亦稱"小飯"，蓋"小食"之屬。《史記·淮陰侯列傳》："〔韓信〕令其裨將傳飱，曰：'今日破趙會食。'"司馬貞索隱引三國魏如淳曰："小飯曰湌。謂立駐傳湌，待破趙乃大食也。"《漢書·韓信傳》作"傳餐"。晋代始見"小食"（晋干寶《搜神記》），乃略食之義；南北朝始指簡便小巧食品（見《梁書·昭明太子傳》）。宋代亦稱"點心"（宋吳自牧《夢粱錄》）。後世多稱"小食""點心"。《水滸傳》第一四回："我們且押這厮去晁保正莊上討些點心吃了，却解去縣裏取問。"《紅樓夢》第六二回："姑娘們頑一回子，還該點補些小食兒。"參見本卷《雜食說·小食考》。

【飱】[2]

即小食。此稱漢代已行用。見該文。

【餐】

即小食。此體漢代已行用。見該文。

【湌】

即小食。此體三國時期已行用。見該文。

【小飯】

即小食。此稱三國時期已行用。見該文。

【點心】

即小食。此稱宋代已行用。見該文。

乳餅

一種牛乳製成、類似豆腐狀食品。始見於晋代，延及後世。《初學記》卷二六引晋盧諶《祭法》："夏祠別用乳餅，冬祠用環餅。"宋吳自牧《夢粱錄·葷素從食店》："更有專賣素點心從食店，如豐糖糕、乳糕、栗糕……乳餅。"

元楊允孚《灤京雜咏》卷上："營盤風軟净無沙，乳餅羊酥當啜茶。"明代亦稱"乳腐"，載其製法：牛乳絹濾入釜，煮沸，水解，入醋凝結如腐團，漉出，帛裹石壓，入鹽取出即成。明李時珍《本草綱目·獸一·乳腐》："〔釋名〕乳餅。"〔集解〕引明朱權《臞仙神隱書》："造乳餅法：以牛乳一斗，絹濾入釜，煎五沸，水解之。用醋點入，如豆腐法，漸漸結成，漉出，以帛裹之，用石壓成，入鹽，甕底收之。"清李化楠《醒園錄》卷下："做乳餅法：初次，用乳一盞，配好米醋半盞，和匀，放滾水中盪熱，用手疊之，自然成餅。二次，將成餅原水只下乳一盞，不用加醋，三、四次，各加米醋少許，原水不可丢棄。後做此。其乳餅若要吃鹹些，仍留原汁，加鹽少許亦可。或將乳醋各另盛一碗，置滾水中，預先盪熱。然後量乳一盃，和醋少許，疊之成餅。二、三次時，乳中之汁若剩至太多，即當傾去，只留少許。"清吳振棫《養吉齋叢録》卷二四："清茶房春秋二季造乳餅，由外三牛圈取乳牛，交内三牛圈取乳成造。又張家口養什木等牛群，歲納乳酥、大小乳餅有定額。"

【乳腐】[3]

即乳餅。此稱明代已行用。見該文。

【大白乳餅】

"乳餅"之體大色白者。清禁中所用。清吳振棫《養吉齋叢録》卷二四："内廷各宮殿寺廟，供獻大白乳餅，由南苑乳餅圈成造。"

狗舌

小食。見於晋代。《太平御覽》卷八六〇引晋束晳《餅賦》："餅之作也，其來近矣。若夫安乾粔籹之倫，豚耳狗舌之屬，劍帶案成，餢飳髓燭，或名生於里巷，或法出乎殊俗。"
按，一本作"狗后"。《駢雅·釋服食》："狗后、
劍帶、案成、髓燭、夒蒰、飰餛、鬪飣，餅屬
也。"

【狗后】

"狗舌"之异文。此體晋代已行用。見該文。

炒米

小食。將糯米水浸後與砂（或不加砂）炒，
酥脆可口。南北朝時期已見此食。《南史·陳
本紀上·武帝》："齊所據城中無水……或炒米
食之。"後世相沿製作。清代亦稱"炒米花"。
《儒林外史》第三回："〔申祥甫〕買了四隻鷄、
五十個蛋和些炒米、歡團之類。"清佚名《調
鼎集·飯粥單》："炒米：臘月極凍時，清水淘
糯米，再用温水淋過（水太熱則不酥，過冷亦
不酥），盛竹籮内，濕布蓋好。俟漲透，入砂
同炒（不用砂炒，則米不空鬆；只用加五；與
砂同炒，可得加倍），香脆空鬆。篩去細砂，
鋪天井透處（以受臘氣），冷定收罈，經年不
壞。益脾胃，補臟腑，治一切瀉痢。三年陳，
治百病。"清薛寶辰《素食説略》："炒米花：
上好糯米，先用水淘净，後以熟水淋過，盛竹
籮内，以濕布蓋好，約二時漲透。下鍋同砂熱
炒，去砂，最空最酥。不放砂，每斗可炒斗
五六升；同砂炒，每斗可炒二斗有餘。淋米水
太熱太凉均不酥，熱不燙手方得。"按，南北
朝時已見炒米爲食。

【炒米花】

即炒米。此稱清代已行用。見該文。

【火米】

即炒米。此稱宋代已行用。宋陳師道《後
山談叢》卷四："蜀稻先蒸而後炒，謂之火米。
可以久積，以地潤故也。"明李時珍《本草綱
目·穀四·陳廩米》："〔釋名〕火米有三：有火
蒸治成者，有火燒治成者，又有畬田火米，與
此不同。"清代亦稱"米花""米泡"。徐珂《清
稗類鈔·飲食類》："炒米，古之火米也。或曰
米花，或曰米泡。蓋以米雜砂炒之。粳米、糯
米則不拘，極鬆脆。以之作點心，或乾嚼或水
沖，皆可，有視爲珍品以享客者。李百藥曾有
詩咏之，有句曰：豈異群兒嗜，堆盤焦穀芽。
乾餱吾不憾，火米浪争誇。"

【米花】[1]

即火米。此稱清代已行用。見該文。

【米泡】

即火米。此稱清代已行用。見該文。

粲

一種油炸米粉糖食。見於南北朝時期。以
水蜜調和糯米粉，稀稠適度，注入竹筒，筒下
密開孔，粉液自孔滴入油鍋。熟後米粉絲錯雜
堆積，故亦稱"亂積"。北魏賈思勰《齊民要
術·餅法》："《食次》曰：粲（一名亂積），用
秫稻米，絹羅之。蜜和水，水蜜中半，以和米
屑。厚薄令竹杓中下。先試，不下，更與水蜜。
作竹杓：容一升許，其下節，概作孔。竹杓中，
下瀝五升鐺裏，膏脂煮之。熟，三分之一鐺中
也。"

【亂積】

即粲。此稱南北朝時期已行用。見該文。

【米花】[2]

"粲"之屬。以糯米飯團爲花，入油煮成。
此稱清代已行用。清屈大均《廣東新語·食
語》："廣州之俗……又以糯飯盤結諸花，入油
煮之，名曰米花。"

乞巧果子

小食之屬。舊曆七月七日爲乞巧節，因以名所食之果。始見於唐代。宋龐元英《文昌雜錄》卷三："唐歲時節物……七月七日，則有金針織女臺、乞巧果子。"

【笑靨兒】

"乞巧果子"之屬。此稱宋代已行用。用於七夕，平時亦有製售者。以油麵糖蜜或加肉製作，花樣繁多，奇巧百出，以諧"乞巧"節。亦稱"果食"，製作成門神形者稱"果食將軍"。宋孟元老《東京夢華錄·七夕》："又以油麵糖蜜造爲笑靨兒，謂之果食。花樣奇巧百端，如捺香方勝之類。若買一斤，數內有一對被介冑者，如門神之像。蓋自來風流，不知其從，謂之'果食將軍'。"帶肉者則稱"肉果食"。宋吳自牧《夢粱錄·葷素從食店》："市食點心，四時皆有，任便索喚，不悮主顧。且如蒸作麵行賣四色饅頭、細餡大包子，賣米薄皮春蠒、生餡饅頭、餛子、笑靨兒……糖蜜果食、果食將軍、肉果食。"宋陳元靚《歲時廣記·七夕上·爲果食》："《歲時雜記》：京師人以糖麵爲果食如僧食，但至七夕，有爲人物之形者，以相餉遺。"

【果食】

即笑靨兒。此稱宋代已行用。見該文。

【果食將軍】

"笑靨兒"之一種。狀如門神武將，故名。此稱宋代已行用。見該文。

【肉果食】

含肉之"笑靨兒"。此稱宋代已行用。見該文。

【巧果】

"乞巧果子"之屬。此稱清代已行用。七夕之用。以糖麵油炸而成。有一種形似麻花苧結者，稱"苧結"。清潘榮陛《帝京歲時紀勝·七夕》："街市賣巧果，人家設宴，兒女對銀河拜，咸爲乞巧。"清顧禄《清嘉録·巧果》："七夕前，市上已賣巧果，有以麵白和糖，縮作苧結之形，油氽令脆者，俗呼爲苧結。"清夏曾傳《隨園食單補證·點心單》："巧果：以麵和糖，捻成卍字，方勝、花果形，油灼之，極可玩。"徐珂《清稗類鈔·飲食類》："巧果，點心也。以粉條作花勝形，炸以油。"

【苧結】

"巧果"之一種。苧，麻。苧結，麻結，狀似麻花，故名。此稱清代已行用。參見本卷《雜食說·小食考》"巧果"文。

小兒諸般食件

主要供小兒食用之各種小食。此稱宋代已行用。南宋臨安街頭所販賣者即有此，總計有麻糖、鎚子糖、鼓兒餳、鐵麻糖等四十五種。宋吳自牧《夢粱錄·諸色雜貨》："又沿街叫賣小兒諸般食件：麻糖，鎚子糖，鼓兒餳，鐵麻糖，芝麻糖，小麻糖，破麻酥，沙團，箕豆，法豆，山黄，褐青豆，鹽豆兒，豆兒黄糖，楊梅糖，荆芥糖，榧子，蒸梨兒、棗兒、米食羊兒、狗兒、蹄兒、蠒兒，栗㮤，豆團，糍糕，麻團，湯團，水團，湯丸，餶飿兒，炊餅，槌栗，炒槌，山裏棗，山裏果子，蓮肉，數珠，苦槌，荻蔗，甘蔗，茅洋，跳山婆，栗茅，蜜屈律等物，並於小街後巷叫賣。"按，內中主要食目分別參見本卷相關條目。

連展

小食。農曆四月，村民取新熟麥穗煮熟，除去皮芒，碾成細條或作成餅餌，取嘗新穀之義。宋代已見。因麥粒不斷延展而成，故名"連展"。亦稱"麥餌"。宋陸游《鄰曲》詩："拭盤堆連展，洗釜煮黎祁。"自注："淮人以名麥餌。"明代"連展"音訛作"稔轉"。稔，穀熟；轉，麥粒碾壓時滾動，故名。《明宮史·火集》："〔四月〕取新麥穗煮熟，剥去芒殼，磨成細條食之，名曰稔轉，以嘗此歲五穀新味之始也。"清代亦稱"碾轉""撣轉""碾鮎"，蓋皆"連展"之音轉。《醒世姻緣傳》第三六回："待了一月，沈裁的婆子拿了一盒櫻桃、半盒子碾轉、半盒子菀豆，來看晁夫人。"清潘榮陛《帝京歲時紀勝·五月·時品》："麥青作撣轉，麥仁煮肉粥。"清王士禎《池北偶談·談藝三·唐詩字音》："今山東製新麥作條食之，謂之連展，連讀如輦。"清吳振棫《養吉齋叢錄》卷二四："碾鮎、榆錢餅，北方民間常食之。宮中亦每以進供。乾隆間有御製詩……詩云'碾鮎本連展，詩見陸家游'。"又《麥賤》詩："重羅白勝雪，連展甘若飴。"按，今南北方多有"吃新節""嘗新節"，取新熟稻麥米穀祀神祭祖及品嘗，此實《禮記·月令》"〔孟秋之月〕農乃登穀，天子嘗新，先薦寢廟"之遺風。

【麥餌】

即連展。此稱宋代已行用。見該文。

【稔轉】

"連展"之音轉。此稱明代已行用。見該文。

【碾轉】

"連展"之音轉。此稱清代已行用。見該文。

【撣轉】

"連展"之音轉。此稱清代已行用。見該文。

【碾鮎】

"連展"之音轉。此稱清代已行用。見該文。

【冷蒸】

"連展"之屬。此稱行用於清代南方。清林蘇門《邗江三百吟》："冷蒸。大麥初熟，磨成小條蒸之，名冷蒸。以其熱蒸而冷食也。四月初收大麥仁，簫聲吹罷賣餳人。青青滿貯筠籃裏，好伴含桃共薦新。"

豆果

小食。煮、炒、炸等法製成之豆食。宋代市肆大量出售。其名目計有七種，即發牙豆、法豆、五色萁豆、箕豆、褐青豆、鹽豆兒、芽豆等。宋孟元老《東京夢華錄·諸色雜賣》載有"發牙豆"；西湖老人《西湖老人繁勝錄·食店》載有"法豆"；吳自牧《夢粱錄·除夜》載有"五色萁豆"，《諸色雜貨》載有"箕豆""法豆""褐青豆""鹽豆兒"；周密《武林舊事·市食》載有"芽豆"。兹就其有源流可考、載有製法者臚陳於下。

【鹽豆兒】

"豆果"之一種。鹽浸黃豆而成。此稱宋代已行用。明代亦稱"鹽豆"。明韓奕《易牙遺意·果實類》："鹽豆：大新黃豆一升，淘淨，先以白鹽三錢、甘草三錢、烏梅一錢煎濃汁，去粗，停冷再溫，量分多少許，浸豆至半生半熟，餘湯下鍋子齊平，猛火燒至湯乾，更於火上焙之。"時又有"紅鹽豆"，亦此類，係煎青豆而成。明高濂《遵生八牋·飲饌服食牋中》："紅鹽豆：先將鹽霜梅一個，安在鍋底下，淘淨大粒青豆蓋梅，又將豆中作一窩，下鹽在內。

用蘇木煎水，入白礬些少，沿鍋四邊澆下，平豆爲度。用火燒乾，豆熟，鹽又不泛而紅。"清代有"笋豆"，係以笋汁鹽水浸漬曝乾之黃豆。清佚名《調鼎集·蔬菜部》："笋豆：鮮笋切丁或細條，拌大黃豆，加鹽水煮熟，曬乾，天陰炭火烘。再用嫩笋殼煮湯，略加鹽濾净，將豆浸一宿再曬，日曬夜露，多收笋味最美。"

【鹽豆】

即鹽豆兒。此稱明代已行用。見該文。

【紅鹽豆】

"鹽豆兒"之屬。因成品色紅，故名。此稱明代已行用。按，清顧仲《養小録》卷上作"紅蠶豆"。見該文。

【笋豆】

"鹽豆兒"以笋汁煎漬製成者。此稱清代已行用。見該文。

【凉豆】

"豆果"之一種。此稱明代已行用。明韓奕《易牙遺意·果實類》："凉豆：馬豆一升二合，揀去小者，水淘净，烘乾。剥頭灰汁砂鍋内，入生薑二小塊，切片，淡竹葉一把，不解把，茭白二塊，搥碎，炭火煮。逐旋入灰汁，煮酥爛爲度。漉起，以水淋净，入鍋，寬着水，煮三五次，沸，又再換水。白芷三塊煮，以豆無灰氣爲度。漉乾，别以好糖一斤足秤，水一小碗，熬糖三四沸，濾粗。先以糖三分之一和湯一半，砂鍋内熬濃，待温入豆。微以火温之，不令至熱。如此三兩時，却漉豆令乾，别温所留二分糖，令熱入豆。入香法。射香少許，入生薑汁三兩滴，磨於盛豆之器底。即熱，糖并豆投之，密覆，勿令泄氣。報法如過一二日，漉豆起，令乾，却入以元糖汁，隨意多少，加

糖，再熬數次，候糖温，入豆復浸，移時再漉出，熬如前，候糖温入豆。若有餘，每用前法熬之，日一次。"

【蘭花蠶豆】

"豆果"之一種。鮮蠶豆切作斷而猶連之四瓣，油炸而成。因成品如蘭花綻開，故名。此稱行用於清代江南。清林蘇門《邗江三百吟》："蘭花蠶豆：蠶豆切成四瓣，連而不斷。一入沸油，如花之開也。俗云蘭花蠶豆。"晚近通稱"炸蠶豆"。不必切作四瓣，徑入油炸即可。近代有"炒蠶豆"，亦此類。胡樸安《中華全國風俗志》下篇卷五："〔蠶豆〕食時，或以猛火和砂炒之，名曰炒蠶豆。"

【炒蠶豆】

"蘭花蠶豆"之屬。此稱行用於近現代。見該文。

【鬆豆】

"豆果"之一種。炒後蓬鬆如龍眼核大，故名。此稱清代已行用。清朱彝尊《食憲鴻秘·醬之屬》："鬆豆（陳眉公方）：大白圓豆，五日起，七夕止，日曬夜露（雨則收過），畢用太湖沙或海沙入鍋炒（先入沙炒熱，次入豆），香油熬之。用篩篩去沙，豆鬆無比，大如龍眼核。或加油鹽，或砂仁醬，或糖滷拌俱可。"

【茄豆】

"豆果"之一種。此稱清代已行用。清朱彝尊《食憲鴻秘·醬之屬》："茄豆：生茄切片，曬乾，大黑豆、鹽水同煮極熟，加黑沙糖，即取豆汁，調去沙脚，入鍋再煮一頓，取起曬乾。"

【炒豆】

"豆果"之一種。此稱清代已行用。時又

有"拌豆""煮酒豆"，皆此類。徐珂《清稗類鈔·飲食類》："炒豆者，以大豆照炒米法爲之。或凍數夜，照炒糖豆法爲之，亦妙。"又："拌豆者，以水浸肥，以滾水焯熟，加醬油、醋、椒末拌食。"又："煮酒豆者，加白酒、醬，入花椒末、胡椒末同煮。"

【拌豆】

"炒豆"之屬。此稱清代已行用。見該文。

【煮酒豆】

"炒豆"之屬。此稱清代已行用。見該文。

【梅豆】

"豆果"之一種。糖、麯、梅、黄豆合煮而成。因以梅子、黄豆爲主料，故名。此稱行用於近現代。亦稱"狀元豆"。胡樸安《中華全國風俗志》下篇卷三："〔梅豆〕一名狀元豆……取黄豆以飴糖、紅麯煮之，攙以梅子，其色紅，味極鮮妍。"

【狀元豆】

即梅豆。此稱行用於近現代。見該文。

茶果仁

小食。多種加工果仁，供品茶、飲湯、下酒之用，故名。此稱宋代已行用。時西湖老人《西湖老人繁勝録·食店》載有其名，名下列有榛子仁、括子仁、松子仁、橄欖仁、楊梅仁、胡桃仁、西瓜仁七種。兹就其有源流可考、影響較大及相關果仁食品臚述於下。

【瓜子】

"茶果仁"之一種。泛指熟製及加入味料的各種瓜子。宋代有"西瓜仁"。後世相沿製作食用。明李時珍《本草綱目·果五·西瓜》："其瓜子曝裂取仁，生食炒熟俱佳。"清代統稱"瓜子"。《老殘游記》第二回："賣瓜子、落花生、山裏紅、核桃仁的，高聲喊叫着賣。"時亦稱"炒瓜子""瓜子仁"。清佚名《調鼎集·乾鮮果部》："炒瓜子：取大瓜子，用濕布擦净，用秋石化滷炒。"又："瓜子仁：瓜子仁微火炒，拌洋糖。又，仁經微火，單炒更香。又，用脂油、鹽少許略炒黄色，加水少許烹，則殼軟而仁亦厚。"今市肆所售，多爲炒西瓜子、白瓜子，西瓜子最爲人所垂青。又，有五香瓜子、多味瓜子、怪味瓜子、奶油瓜子、銀耳瓜子等各色品種。

【西瓜仁】

"瓜子"之一種。此稱宋代已行用。見該文。

【炒瓜子】

即瓜子。此稱清代已行用。見該文。

【瓜子仁】

即瓜子。此稱清代已行用。見該文。

【松子仁】

"茶果仁"之一種。此稱宋代已行用。後世亦食用。明李時珍《本草綱目·木一·松》："惟遼海及雲南者子大如巴豆，可食，謂之海松子。"清代有"鶏油炒松仁"，亦此類。清佚名《調鼎集·乾鮮果部》："鶏油炒松仁：少加甜醬、豆粉。"按，南北朝時期已食松子。南朝梁蕭繹《與劉智藏書》："松子爲餐，蒲根是服。"

【鶏油炒松仁】

"松子仁"之一品。此稱清代已行用。見該文。

【榛子仁】

"茶果仁"之一種。此稱宋代已行用。時行軍"食之當糧"（宋馬志《開寶本草》）。清代有"醬炸榛仁""鹽水榛仁""油炸榛仁"等，皆此屬品。清佚名《調鼎集·乾鮮果部》："醬炸榛仁：去皮取肉，麻油炸酥，或加醬、糖、油炒，或拌甜醬汁。"又："鹽水榛仁：榛仁加鹽水炒。"又："油炸榛仁：脂油炸酥，拌洋糖。"

【醬炸榛仁】

"榛子仁"之醬炸者。此稱清代已行用。見該文。

【鹽水榛仁】

"榛子仁"之加鹽水炒者。此稱清代已行用。見該文。

【油炸榛仁】

"榛子仁"之油炸者。此稱清代已行用。見該文。

【胡桃仁】

"茶果仁"之一種。此稱宋代已行用。胡桃，核桃。清代有"鹽水胡桃仁""醬胡桃""醬炸胡桃仁""醬拌胡桃仁""油炸胡桃仁""炒胡桃仁"，皆此屬品。清佚名《調鼎集·乾鮮果部》："鹽水胡桃仁：去衣水炒（不去衣亦可），胡桃仁取整碎不一，須篩出碎者先炒，盛起，將整者另炒。若做一鍋，恐整者未熟，碎者易焦也。"又："醬胡桃：連殼捶碎，焯去苦水，油炸，加洋糖、甜醬、芝麻。"又："醬炸胡桃仁：去衣，麻油透炸，醬、油烹，加熟芝麻，治咳嗽。"又："醬拌胡桃仁：水浸去衣，晾乾，麻油炸，拌酥，甜醬、滷收貯。"又："油炸胡桃仁：每胡桃仁四斤，同紅糖半斤，甜醬二斤，菜油三斤，先將胡桃仁焯去苦水晾乾，入菜油炸，再拌紅糖、甜醬、芝麻。"又："炒胡桃仁：胡桃仁滾水泡過，加鹽少許，去皮，入花椒、茴香各一錢，與水同滾三四沸，取起，烘乾（不去皮者入鍋炒熟，宜秋冬，不宜春夏）。"又："冰糖水炒去皮胡桃仁（不去皮亦可）：榛

仁、松仁同。去皮胡桃仁拖豆粉油炸，拌洋糖。去皮胡桃仁穿冬筍片炒。"

【鹽水胡桃仁】

"胡桃仁"之鹽水炒者。此稱清代已行用。見該文。

【醬胡桃】

"胡桃仁"炸後加入醬者。此稱清代已行用。見該文。

【醬炸胡桃仁】

"胡桃仁"之油炸醬烹者。此稱清代已行用。見該文。

【醬拌胡桃仁】

"胡桃仁"之炸後拌醬者。此稱清代已行用。見該文。

【油炸胡桃仁】

"胡桃仁"之油炸者。此稱清代已行用。見該文。

【炒胡桃仁】

"胡桃仁"之炒者。此稱清代已行用。見該文。

【鹹杏仁】

"茶果仁"之一種。明代已見。明高濂《遵生八牋·飲饌服食牋下》："鹹杏仁法：用杏仁連皮，以秋石和湯作滷微拌，火上炒香燥。食之亦妙。"明代有"法製杏仁"，亦此屬。明韓奕《易牙遺意·食藥類》："法製杏仁：杏仁二兩四錢，炒射香半分，檀香七分，甘草膏作纏。又以杏仁板麩皮和炒熟，去麩皮，乘熱以甘草膏少許，磁器內拌勻，火上焙乾，與桃仁同。"清朱彝尊《食憲鴻秘·果之屬》："鹹杏仁：京師甜杏仁，鹽水浸拌，炒燥，佐酒甚香美。"清代又有"酥杏仁""鹽水杏仁""焙杏仁""醬

炸杏仁""醬杏仁"等，皆此屬。清顧仲《養小錄》卷中："酥杏仁：杏仁泡數次，去苦水，香油煠浮，用鐵絲杓撈起，冷定，脆美。"清佚名《調鼎集·乾鮮果部》："鹽水杏仁：帶皮，加鹽，水炒。"又："焙杏仁：杏仁四兩，用鹽二酒杯化水，要淡只用一杯，拌匀，浸一時，瀝去水，焙乾。"又："醬炸杏仁：杏仁去皮，麻油炸，拌甜醬滷。"又："醬杏仁：熟杏仁裝袋，入甜醬缸。"又："法製杏仁：療咳嗽，止氣喘、心腹煩悶。甜杏一斤，滾灰水焯過，曬乾，用麩炒熟，煉蜜入，下藥末拌炒。碯砂仁（二錢）、白豆蔻（二錢）、木香（二錢），共爲細末，拌杏仁令匀，食後服七枚。"

【法製杏仁】

"鹹杏仁"之屬。此稱明代已行用。見該文。

【酥杏仁】

"鹹杏仁"之屬。此稱清代已行用。見該文。

【鹽水杏仁】

"鹹杏仁"之屬。此稱清代已行用。見該文。

【焙杏仁】

"鹹杏仁"之屬。此稱清代已行用。見該文。

【醬炸杏仁】

"鹹杏仁"之屬。此稱清代已行用。見該文。

【醬杏仁】

"鹹杏仁"之屬。此稱清代已行用。見該文。

凉粉兒

精緑豆粉熬爲糊狀，冷却後即凝爲塊。多於盛夏食之。食時可用凉水浸透，削成條片，加入香油、醋、蒜。去火解暑，故名。始見於宋代。時稱"細索凉粉"。細索，細條兒。宋孟元老《東京夢華録·是月巷陌雜賣》："冰雪惟舊宋門外兩家最盛，悉用銀器。沙糖菉豆、水晶皂兒……細索凉粉。"後世相沿製作。清代稱"凉粉兒"。《兒女英雄傳》第一五回："那臉蛋子一走一哆嗦，活脱兒一塊凉粉兒。"時亦稱"凉粉""仙人凍"。徐珂《清稗類鈔·飲食類》："廣東羅浮山有凉粉草，莖葉秀麗，香猶檀藿。以汁和米粉煮之爲凉粉，名仙人凍。當暑出售，食之沁人心脾。然凉粉所在皆有，蓋以鬼木蓮及他物爲之也。"今時製作，北方多以山藥粉爲之，色澤口味遜於緑豆粉製成者。

【細索凉粉】

即凉粉兒。此稱宋代已行用。見該文。

【凉粉】

即凉粉兒。此稱清代已行用。見該文。

【仙人凍】

以凉粉草製成之"凉粉兒"。此稱清代已行用。見該文。

酪面

小食。兩油餅夾酥而成。見於宋代。宋灌圃耐得翁《都城紀勝·食店》："大抵都下買物，多趨有名之家……如酪面，亦只後市街賣酥賀家一分，每個五百貫，以新樣油餅兩枚夾而食之，此北食也。"亦作"酪麵"。宋周密《武林舊事·市食》："〔果子〕芽豆、栗黄、烏李、酪麵。"

【酪麵】

同"酪面"。此體宋代已行用。見該文。

像生花朵

小食。模仿植物花朵形貌製成之美觀新奇麵食。宋代已見。宋吳自牧《夢粱録·諸色雜貨》："買賣品物最多，不能盡述……糕粉孩兒鳥獸、像生花朵、風糖餅、十般糖。"當時"蓼花""糖葉子""翦花"等殆皆屬此類。"蓼花"，以油餳點綴米粉製成，形似蓼花，故名。宋周密《浩然齋雅談》：“俗以油、餳綴糝作餌，名之曰蓼花，取其形似也。”又周密《武林舊事・市食》：“〔果子〕蓼花、蜜彈彈、望口消、桃穰酥、重劑、蜜棗兒、天花餅。”又：“焦蒸餅、海蟄鮓、薑鰕米、辣薑粉、糖葉子。”又《蒸作從食》：“子母龜、歡喜、撚尖、翦花。”

【蓼花】

“像生花朵”之一種。此稱宋代已行用。見該文。

【糖葉子】

“像生花朵”之一種。此稱宋代已行用。見該文。

【翦花】

“像生花朵”之一種。翦，同“剪”。因花形係剪成，故名。此稱宋代已行用。見該文。

【巧花兒】

“像生花朵”之一種。明代已見。以手將甜麵做成預定花形，油炸而成。明宋詡《宋氏養生部》：“巧花兒：用蜜油水或糖油水和麵，手範爲雜花形，置沸油中煎燥。”

【香花】

“像生花朵”之一種。明代已見。印餅麵內含白糖、蜜等。明宋詡《宋氏養生部》：“香花：用麵蒸熟或炒，每一斤扮薄荷葉三兩、白砂糖三兩，熟水調蜜和之，範爲餅。”

【芙蓉葉】

“像生花朵”之一種。明代已見。油炸小食。因成品似芙蓉葉，故名。明宋詡《宋氏養生部》：“芙蓉葉：用白糯米磨細粉，蜜和薄酒溲和蒸熟。以生粉爲餑，擀薄片，摺切，範芙蓉葉狀。暴燥，置沸油內煎熟，摻以砂糖、麵

糖香少許。”

像生果實

小食。模仿木果製成之麵食。此稱宋代已行用。宋孟元老《東京夢華錄・育子》載，婦女分娩之前，父母家送去“眠羊臥鹿、像生果實，取其眠臥之義，并牙兒衣物鍪籍等，謂之‘催生’”。宋代此類麵小食頗多，舉其要者述於下。

【仙桃】

“像生果實”之一種。狀如仙桃，故名。宋代已見。“仙桃”載宋周密《武林舊事・市食》“蒸作從食”欄下。時又有“子母仙桃”，亦此類。蓋一大一小如母子，故名。“子母仙桃”載宋吳自牧《夢粱錄・葷素從食店》。清代有“壽桃”，亦此類。清顧祿《桐橋倚棹錄》卷一〇：“點心則有八寶飯……拉糕、扁豆糕、蜜橙糕、米豐糕、壽桃。”按，時下村鎮逢年過節猶製此，果葉俱存，宛如真者。

【子母仙桃】

“仙桃”之如母子者。此稱宋代已行用。見該文。

【壽桃】

“仙桃”之屬。此稱清代已行用。見該文。

【糖榧】

“像生果實”之一種。發麵和入糖後，油炸作榧子狀食品。宋代已見。宋佚名《吳氏中饋錄》：“糖榧方：白麵入酵，待發，滾湯搜成劑，切作榧子樣。下十分滾油炸過，取出，糖麵內纏之。其纏糖，與麵對和成劑。”

蜜煎雕花

小食。雕有花形的各種蜜漬之食，如雕花梅毬兒、紅消花、雕花笋等等，故名。見於宋

代，亦稱"雕花蜜煎"。宋孟元老《東京夢華錄·東角樓街巷》："飯後飲食上市，如酥蜜食、棗餅、澄砂團子、香糖果子、蜜煎雕花之類。"宋周密《武林舊事·高宗幸張府節次略》："雕花蜜煎一行：雕花梅毬兒、紅消花、雕花笋、蜜冬瓜魚兒、雕花紅團花、木瓜大段兒、雕花金橘、青梅荷葉兒、雕花薑、蜜笋花兒、雕花棖子、木瓜方花兒。"

【雕花蜜煎】

即蜜煎雕花。此稱宋代已行用。見該文。

糍巴

小食。將糯米蒸熟搗碎，加入糖、芝麻即成。始見於宋代。亦稱"糯米糍"。宋沈括《夢溪續筆談·補遺》："醫潘璟家有白摩娑石，色如糯米糍。"明代稱"糍巴"。《明宮史·火集》："〔三月〕二十八日，東嶽廟進香，喫燒笋鵝，喫涼糕，糯米麵蒸熟加糖碎芝麻，即糍巴也。"

【糯米糍】

即糍巴。此稱宋代已行用。見該文。

【炸磁耙】

"糍巴"之一種。磁耙，同"糍巴"。將糍耙切片、油炸，用鹽相叠。見於清代。清佚名《調鼎集·飯粥單》："炸磁耙：糯米煮飯，按實切片，脂油炸，鹽叠。"按，宋代有油糍，疑爲此之前身。宋羅大經《鶴林玉露》卷一二："〔文政〕陰求貌類已者一人曰劉四，以煎油糍爲業，使執役左右。"

糕粉孩兒鳥獸

麵粉製成之幼兒鳥獸形小食。用於婚娶喪葬、節令饋遺。此稱宋代已行用，載吳自牧《夢粱錄·諸色雜貨》。此類食品其時甚夥，纍陳於下。

【眠羊臥鹿】

"糕粉孩兒鳥獸"之一種。宋代已見。皇家納妃聘禮、村民妊娠間遺多用之，取吉祥榮禄之義。羊，諧音"祥"；鹿，諧音"禄"。亦稱"眠羊臥鹿花餅"。《宋史·禮志十八》："諸王納妃，宋朝之制，諸王聘禮，賜女家白金萬兩敵門……果盤、花粉、花幂、眠羊臥鹿花餅、銀勝、小色金銀錢等物。"宋孟元老《東京夢華錄·育子》："凡孕婦入月於初一日，父母家……用盤合裝送饅頭，謂之分痛，并作眠羊臥鹿……取其眠臥之義。"

【眠羊臥鹿花餅】

即眠羊臥鹿。此稱宋代已行用。見該文。

【獅蠻】

"糕粉孩兒鳥獸"之一種。粉糕上做出獅子蠻王之狀，故名。此稱宋代已行用。宋孟元老《東京夢華錄·重陽》："前一二日，各以粉麵蒸糕遺送，上插剪綵小旗，摻釘果實，如石榴子、栗黃、銀杏、松子肉之類。又以粉作獅子蠻王之狀，置於糕上，謂之獅蠻。"

【壽帶龜】

"糕粉孩兒鳥獸"之一種。麵粉類小食。狀作龜披壽帶，故名。又有"子母龜""龜兒"，皆此類。此稱宋代已行用。宋吳自牧《夢粱錄·葷素從食店》載有"壽帶龜""子母龜""龜兒"等食目。

【子母龜】

"壽帶龜"之屬。麵食呈子母二龜，故名。此稱宋代已行用。見該文。

【龜兒】

"壽帶龜"之屬。此稱宋代已行用。見該文。

【米食羊兒狗兒蹄兒蠆兒】

"糕粉孩兒鳥獸"之一種。以米粉製成之獸畜昆蟲狀小食。此稱宋代已行用。宋吳自牧《夢粱錄·諸色雜貨》載食目"米食羊兒狗兒蹄兒蠆兒"。按,吳書本節尚載"黃胖兒""麻婆子""傀儡兒""獅子""猫兒"等,疑亦此類小食。

餶飿

小食。油炸含餡麵食。根據料、餡、製法的不同,有細料餶飿兒、鵪鶉餶飿兒、旋切細料餶飿兒、燒餶飿兒、油煎餶飿兒等名目。始見於宋代,延及後世。宋吳自牧《夢粱錄·葷素從食店》:"諸般糖食、油煤蝦魚剗子、常熟糍糕、餶飿、瓦鈴兒、春餅。"明代亦稱"餶飿兒"。《水滸傳》第一回:"寒栗子比餶飿兒大小。"

【餶飿兒】

即餶飿。此稱明代之前已行用。見該文。

【細料餶飿兒】

"餶飿"之細料做成者。此稱宋代已行用。快速切成者稱"旋切細料餶飿兒"。宋孟元老《東京夢華錄·州橋夜市》:"梅子薑、萵苣笋、芥辣瓜兒、細料餶飿兒、香糖果子、間道糖荔枝。"又《食店》:"又有菜麵、蝴蝶虀胵膜,及賣隨飯、荷包白飯、旋切細料餶飿兒、瓜虀、蘿蔔之類。"

【旋切細料餶飿兒】

一種快切速成之"細料餶飿兒"。此稱宋代已行用。參見本卷《雜食說·小食考》"細料餶飿兒"文。

【鵪鶉餶飿兒】

蓋以鵪鶉肉為餡製成之"餶飿"。此稱宋代已行用。亦稱"鵪鶉餶餔兒"。宋灌圃耐得翁《都城紀勝·食店》:"夜間頂盤挑架者,如鵪鶉餶飿兒、焦鎚、羊脂韭餅、餅餤。"按,一本作"鵪鶉餶餔兒"。

【鵪鶉餶餔兒】

"鵪鶉餶飿兒"之音轉。此稱宋代已行用。見該文。

【燒餶飿】

燒烤而成之"餶飿"。此稱明代已行用。《金瓶梅詞話》第六一回:"胡秀拿果菜案酒上來,無非是鴨臘、蝦米、海味、燒餶飿之類。"按,明《三遂平妖傳》第二七回有"油煎的餶飿兒",皆餶飿之細類。

糯米花

小食。糯穀加熱膨爆而成,鬆脆香甜。始見於宋代,延及後世。因膨爆時孛婁作響,故亦稱"孛婁"。又說製作目的在占卜流年時運,故亦稱"卜流"。省稱"米花"。宋范成大《上元紀吳中節物俳諧體三十二韻》"撚粉團欒意,熬秄餬膊聲"自注:"炒糯穀以卜,俗名孛婁,北人號糯米花。"清顧張思《土風錄》卷六:"糯穀爆花名孛婁,見吳郡、姑蘇二志,張司直寅《太倉志》因之。范志云:亦曰米花。李戒庵《漫筆》有《米花》詩:'東入吳城十萬家,家家爆穀卜年華。就鍋拋下黃金粟,轉手翻成白玉花。紅粉美人占喜事,白頭老叟問生涯。曉來粧飾諸兒女,數片梅花插鬢斜。'《姑蘇志》云:又曰卜流,言卜流年也。"

【孛婁】

即糯米花。此稱宋代已行用。見該文。

【卜流】

即糯米花。此稱宋代已行用。見該文。

【米花】³

"糯米花"之省稱。此稱宋代已行用。見該文。

瓏纏果子

小食。瓏，通"攏"。瓏纏，環圍纏繞。此類食品通以桃、梨、荔枝、棗等果品爲核心主體，其周邊裹以麵湯汁而成。見於宋代。宋周密《武林舊事·高宗幸張府節次略》載，南宋要員張俊於私第宴請高宗時曾使用，稱"瓏纏果子一行"，包括荔枝甘露餅、荔枝蓼花、荔枝好郎君、瓏纏桃條、酥胡桃、纏棗圈、纏梨肉、香蓮事件、香藥葡萄、纏松子、糖霜玉蜂兒、白纏桃條十二件。亦稱"瓏纏茶果"。宋西湖老人《西湖老人繁勝録·食店》載有食目"瓏纏茶果"。後世有些食目繼續製作，如明代"蓮子纏"蓋即"香蓮事件"之延續。

【瓏纏茶果】

即瓏纏果子。此稱宋代已行用。見該文。

【蓮子纏】

"瓏纏果子"之一種。此稱明代已行用。係以熟蓮子肉纏裹薄荷粉、白糖等烘乾而成。明高濂《遵生八牋·飲饌服食牋下》："蓮子纏：用蓮肉一斤，煮熟，去皮心，拌以薄荷霜二兩、白糖二兩裹身，烘焙乾，入供。"清朱彝尊《食憲鴻秘·餌之屬》亦載"蓮子纏"，方法與前書同，并言"杏仁、欖仁、核桃同此法"。是清代應有"杏仁纏""欖仁纏""核桃纏"等小食。

灌藕

小食品。以調配好之料頭灌入生（或熟）藕孔製成。此稱宋代已行用。時亦稱"生熟灌藕"。宋吳自牧《夢粱録·夜市》載早市所賣有"灌藕"，宋西湖老人《西湖老人繁勝録·食店》所載食目有"生熟灌藕"。明代詳載製法。明韓奕《易牙遺意·果實類》："灌藕：大莖生藕，取中段，用瓊芝煎湯，調沙糖，灌入其孔内。頂上半寸許，油紙扎定，放水缸内，魚鱗煎湯尤佳，可入香頭。熟藕用菉豆粉濃煎，糖湯，生灌藕孔中，依前扎定，蒸熟。"清代稱以熟藕灌製者爲"熟藕"。清袁枚《隨園食單·點心單》："熟藕：藕須貫（灌）米加糖自煮，并湯極佳。外賣者多用灰水，味變不可食也。余性愛食嫩藕，雖軟熟，而以齒决，故味在也。如老藕一煮成泥，便無味矣。"按，詳其製作，蓋源自南北朝之"蒸藕"，《齊民要術》詳載製法。參見本卷《菜肴説·蒸考》"蒸藕"文。

【生熟灌藕】

即灌藕。因生、熟藕皆得灌製，故名。此稱宋代已行用。見該文。

【熟藕】

"灌藕"之以熟藕製作者。此稱清代已行用。見該文。

【二色灌香藕】

"灌藕"之一種。此稱宋代已行用。宋周密《武林舊事·市食》："〔果子〕韻薑糖、花花糖、二色灌香藕、糖豌豆、芽豆。"

【炸灌藕】

"灌藕"之一種。此稱清代已行用。以雞、蝦肉脯灌藕後，裹麵炸成。清佚名《調鼎集·乾鮮果部》："炸灌藕：灌雞脯、蝦脯，切片，拖麵，油炸。"

【素灌藕】

"灌藕"之一種。此稱清代已行用。以菜灌入藕孔，煨爛後切片即成。清佚名《調鼎集·乾鮮果部》："素灌藕：灌各種攢菜，煨爛切片。"按，原鈔本無"素灌藕"之目，係點注者所加。

【葷灌藕】

"灌藕"之一種。此稱清代已行用。以蝦丁、火腿丁灌入，煮熟切片。清佚名《調鼎集·乾鮮果部》："葷灌藕：揀大藕，灌蝦丁、火腿丁，煮熟切片。"

酥黃獨

小食。以杏仁、榧子粉和麵拌醬，內裹熟芋片炸熟即成。成品色黃、酥脆，風味獨具，故名。見於明代。明高濂《遵生八牋·飲饌服食牋下》："酥黃獨方：熟芋切片，用杏仁、榧子爲末，和麵拌醬，拖芋片入油鍋內煠食。香美可人。"

水苨糕

小食。以水苨和糯粉製成之捲。糕，同"捲"，爲清明節俗食物。清代已見。徐珂《清稗類鈔·飲食類》："水苨糕：水苨生田隴畔，湘衡之俗，以和糯爲糕，清明節物也。湘潭王壬秋編修闓運家，每從上冢采歸，供饋食加籩。同治丙寅，祠祭，其妻妾自出田間采之，壬秋因感憶爲詩。詩云：'淑氣回青甸，傾筐采綠茸。年年傍丘隴，惻惻憶兒童。晴雨新春色，流傳舊土風。粉餈叨薦廟，還與潤黌同。'"按，水苨，疑即明李時珍《本草綱目·草一》之"薺苨"，其根甜美可食。

水烏他

小食。冬日天寒時以酥酪合糖凍成梅花、方勝首飾諸形，潔白味奇。見於清代。清富察敦崇《燕京歲時記·水烏他奶烏他》："水烏他：以酥酪合糖爲之。於天氣極寒時，乘夜造出，潔白如霜，食之口中有如嚼雪，真北方之奇味

也。其制有梅花、方勝諸式，以匣盛之。"今北京仍有製作，名稱依舊。

如意捲

小食。以半乾腐皮裹餡如筆管，三筆管成"品"字再裹以大腐皮，炸熟後切段即成。見於清代。清佚名《調鼎集·鋪設戲席部》："如意捲：半乾腐皮，或包米粽，或裹豆沙，或包素菜，各捲成粗筆管大。三捲合成，再用大腐皮一張將三捲疊成品字，入油炸，撈起切段。"

拔絲山藥

小食。將去皮山藥塊炸熟，放入化開的冰糖中，以箸夾食時即可拔出長長的糖絲綫，故名。見於清代。清薛寶辰《素食說略》："拔絲山藥：去皮，切拐刀塊，以油灼之，加入調好冰糖起鍋，即有長絲。但以白糖炒之，則無絲也。京師庖人喜爲之。"按，今時製者，或徑以山藥塊於熱冰糖汁中攪拌。亦有以蘋果、山楂、荸薺等爲之者，稱"拔絲蘋果""拔絲山楂""拔絲荸薺"等。

金團

小食。先製成桃、杏、元寶等木範，而後嵌入葷素餡之麵團而成。見於清代杭州。清袁枚《隨園食單·點心單》："金團：杭州金團，鑿木爲桃、杏、元寶之狀，和粉搦成，入木印中便成。其餡不拘葷素。"

風栳

小食。用猪油烹炸粉製小片，外撒糖粉即成。見於清代杭州。亦稱"猫耳朵"。清袁枚《隨園食單·點心單》："風栳：以白粉浸透製小片，入猪油灼之；起鍋時加糖糁之。色白如霜，上口而化。杭人號曰風栳。"夏曾傳補證："今則謂之猫耳朵矣。"按，栳，一本作"栩"。

【猫耳朵】

即風枵。此稱清代已行用。見該文。

神仙果

小食。白米、籼米、糯米相合製成扣子大小的圓食。清代揚州所製最佳。清佚名《調鼎集·點心部》："神仙果：三分白米、一分籼米、六分糯米，作團如鈕扣大，蒸熟。可入菜中，可作點心。揚州作之尤佳。"

蛋捲

小食。以油煎鷄蛋爲皮，内含美味餡料蒸成。因餡料用鷄蛋捲裹，故名。清代已見。清李化楠《醒園録》卷下："蛋捲法：用蛋打攪匀，下鐵枵内。其枵當先用生油擦之，乃下蛋煎。當輪轉，令其厚薄均匀，候熟揭起，後做此。逐次煎完壓平。用猪肉，半精白的，刀剁（不可太細），和菉豆粉、鷄蛋清、豆油、甜酒、花椒、八角末之類（或加鹽、落花生更妙），併葱珠等下去攪匀。取一小塊，用煎蛋餅捲之，如捲薄餅樣，將兩頭輕輕折入，逐個包完，放蒸籠内，蒸熟吃之，其味甚美。"

蕭美人點心

點心小食。泛指小饅頭、小米糕、小水餃等小雜食。清代金陵蕭美人所製擅名，因稱。清袁枚《隨園食單·點心單》："蕭美人點心：儀真南門外蕭美人善製點心，凡饅頭、糕、餃之類，小巧可愛，潔白如雪。"

薩齊瑪

滿語。點心類。清代已見。亦稱"滿洲餑餑"。製法不一。通以冰糖奶油溲和白麵，烤作方塊；或以猪油和麵，包以核桃肉等烤熟。清富察敦崇《燕京歲時記》："薩齊瑪乃滿洲餑餑，以冰糖、奶油合白麵爲之，形如糯米，用不灰木烘爐烤熟，遂成方塊，甜膩可食。"清李化楠《醒園録》卷下："做滿洲餑餑法：外皮，每白麵一斤，配猪肉四兩、滾水四兩攪匀，用手揉，至越多越好；内面，每白麵一斤，配猪油半斤（如攪乾些，當再加油），揉極熟，總以不硬不軟爲度。纔將前後二麵合成一大塊，揉匀攤開，打捲切作小塊，攤開包餡（即核桃肉等類），下爐熨熟。"

【滿洲餑餑】

即薩齊瑪。此稱清代已行用。見該文。

酥油麵食

小食。此稱清代已行用。清佚名《調鼎集·點心部》下設此細目，内含十六種小食，即雪花酥、印酥、東坡酥、果酥、蜜酥、桃酥、麻油酥、頂酥、蒸酥、到口酥、麻油甜餅、芝麻椒鹽酥、油糖麵酥、奶酥、擦酥、油酥。兹就其有源流可考及影響較大者縷述於下。

【蜜酥】

"酥油麵食"之一種。此稱宋代已行用。宋吳自牧《夢粱録·除夜》："是日，内司意思局進呈精巧消夜果子合，合内簇諸般細果、時果、蜜煎、糖煎及市食，如十般糖、澄沙糰、韻果、蜜薑豉、皂兒糕、蜜酥。"清代載有名目及製法，爲一種加入蜜與油之印餅。因含蜜而酥脆，故名。清佚名《調鼎集·點心部》："蜜酥：蒸麵同蜜、油拌匀印餅。蜜四油六則太酥，蜜六油四則太甜，宜各半配匀。"

【麻油酥】

"酥油麵食"之一種。宋代已見"蜜麻酥""破麻酥"，蓋同類麵食。宋周密《武林舊事·市食》"果子"欄内有"蜜麻酥"，宋吳自牧《夢粱録·諸色雜貨》於"小兒諸般食件"

內有"破麻酥"。清代稱"麻油酥",是以麻油與果仁、洋糖相拌製成之酥餅。清佚名《調鼎集·點心部》:"麻油酥:白麵微火炒熟,用果仁、洋糖拌麻油作酥,或用洋糖並椒鹽末拌麻油作酥。"

【蜜麻酥】

"麻油酥"之屬。此稱宋代已行用。見該文。

【破麻酥】

"麻油酥"之屬。此稱宋代已行用。見該文。

【小蚫螺酥】

"酥油麵食"之一種。形似蚫螺,故名。時亦稱"蚫螺滴酥",省稱"鮑螺"。鮑,同"蚫"。宋吳自牧《夢粱錄·除夜》所載食目有"小蚫螺酥",《夜市》載作"蚫螺滴酥",周密《武林舊事·市食》載作"鮑螺"。時又有"孔酥",亦此類,載西湖老人《西湖老人繁勝錄·食店》。

【蚫螺滴酥】

即小蚫螺酥。此稱宋代已行用。見該文。

【鮑螺】

"小蚫螺酥"之省稱。此稱宋代已行用。見該文。

【孔酥】

"小蚫螺酥"之屬。蓋酥上有孔,故名。此稱宋代已行用。見該文。

【到口酥】

"酥油麵食"之一種。因小餅內含酥油,入口酥脆,故名。明代已見。明高濂《遵生八牋·飲饌服食牋下》:"到口酥方:用酥油十兩、白糖七兩、白麵一斤。將酥化開,傾盆內,入白糖和勻。用手揉擦半個時辰,入麵,和作一處,令勻。捍爲長條,分爲小燒餅。拖爐微微

火焊,熟食之。"清代製法、稱呼與明同,衹是在餅上印入或加入松子仁,故亦稱"松子餅"。清朱彝尊《食憲鴻秘·餌之屬》:"〔到口酥〕或印或餅上載松子仁,即名松子餅。"參閱清佚名《調鼎集·點心部》。按,清吳振棫《養吉齋叢錄》卷二四載清大內餑餑房所造餅餌中有"松餅",不知是否即"松子餅"。

【松子餅】

"到口酥"上嵌有松仁者。此稱清代已行用。見該文。

【酥兒印】

"酥油麵食"之一種。條形小塊,印花,油炸,表皮裹糖。此稱明代已行用。明高濂《遵生八牋·飲饌服食牋下》:"酥兒印方:用生麵攪豆粉同和,用手捍成條,如筋頭大,切二分長,逐個用小梳掠印齒花,收起,用酥油鍋內煤熟,漏杓撈起來,熱灑白沙糖細末拌之。"按,清佚名《調鼎集·點心部》載作"酥鬼印",顧仲《養小錄》卷上載作"梳兒印"。

【雪花酥】

"酥油麵食"之一種。因用極白之雪花麵製作,加入酥油,成品酥脆,故名。明代已見。明高濂《遵生八牋·飲饌服食牋下》:"雪花酥方:油下小鍋,化開濾過,將炒麵隨手下,攪勻,不稀不稠。掇鍋離火,灑白糖末,下在炒麵內,攪勻,和成一處,上案捍開,切象眼塊。"清代亦稱"雪花酥餅"。清顧仲《養小錄》卷上:"雪花酥餅:與頂酥餅同法(參見本卷《雜食說·小食考》'頂酥'文)。入爐候邊乾爲度,否則破裂。"清佚名《調鼎集·點心部》:"雪花酥:酥油入小鍋化開,濾過,粉麵炒熟,傾下攪勻,不稀不稠,微開,離火,灑洋糖攪

匀，上案捍開，切象眼塊。"

【雪花酥餅】

即雪花酥。此稱清代已行用。見該文。

【桃酥】

"酥油麵食"之一種。清代已見。用蒸熟之白麵，拌入糖、果仁、鷄蛋清、油脂，印爲薄圓餅烙熟。加入鵝油，則稱"鵝油酥"。見於清代。清佚名《調鼎集·點心部》："桃酥：白麵四斤蒸熟，拌抖散出氣。入洋糖一斤，加瓜子仁、松仁、胡桃仁拌匀，再用鷄蛋清和熟脂油拌入。如乾，略加開水，印餅，上鍋烙。用鵝油，即名鵝油酥。"按，宋代已見"桃穰酥"，出周密《武林舊事·市食》"果子"欄内。桃穰，桃肉或桃仁。推測"桃穰酥"之得名，蓋内含桃肉或桃仁。疑後世"桃酥"爲"桃穰酥"之省稱。今時市肆所售桃酥，小圓餅似掌心，中心開裂，表皮有淺裂紋，多不用果仁，甜而酥脆。

【鵝油酥】

加入鵝油製成之"桃酥"。此稱清代已行用。見該文。

【頂酥】

"酥油麵食"之一種。清代已見。亦稱"頂酥餅"。此餅内實果餡，裏外兩層。因外層麵硬，入爐烘烤時表皮能頂起一層，故名。清顧仲《養小録》卷上："頂酥餅：生麵，水七分，油三分，和稍硬，是爲外層（硬則入爐時皮能頂起一層，過頓則粘不發鬆）。生麵，每斤入糖四兩，油和，不用水，是爲内層。杆須開折，須多徧則層多。中實果餡。"清佚名《調鼎集·點心部》作"頂酥"，"中實果餡"作"中層裹餡"。

【頂酥餅】

即頂酥。此稱清代已行用。見該文。

【擦酥】

"酥油麵食"之一種。清代已見。亦稱"包皮擦酥"。因以擦碎之芝麻爲心，以酥麵爲皮，故名。清夏曾傳《隨園食單補證·點心單》："擦酥：以芝麻擦碎，加糖和麵作心，而以酥麵作皮，故曰包皮擦酥。吾杭亂前惟一家有之，今則梁君雲楣家能爲之。"清佚名《調鼎集·點心部》："擦酥：白麵不拘多少，鋪甑内，以刀劃紋，蒸熟。每麵三斤，洋糖一斤二兩，水一茶鍾，餘麵爲撒粉。再加麻油或脂油、瓜仁、橙絲、胡桃仁、水、油調面印之（再麵一斤，椒末五分）。"

【包皮擦酥】

即擦酥。此稱清代已行用。見該文。

【蒸酥】

"酥油麵食"之一種。清代已見。清佚名《調鼎集·點心部》："蒸酥：籠内半邊鋪干麵，半邊鋪綠豆粉，中用拘隔開，蒸兩炷香取出，各乘熱搓散，篩過晾干。再麵一斤，用綠豆粉四兩，糖四兩，脂油四兩，温水拌匀，作餡印酥。又籠着紙一層，鋪麵四指，橫順開道，蒸一二炷香取出，再蒸起熟，搓開、細羅、晾冷，勿令久濕，候干，每斤入净糖四兩，脂油四兩，蒸過，入干麵三兩攪匀，加温水和劑，包餡模餅。又酥油十兩化開，傾盆内，入洋糖七兩，用手擦極匀，白麵一斤和成劑，擀作小餅，拖爐微火炕。"

【芝麻酥】

"酥油麵食"之一種。清代已見。宮中餑餑房所造。清吳振棫《養吉齋叢録》卷二四："餑

餑房製各種餅餌，有松餅、五色番餡餅、五色
梅花酥、五色小印子霜、五色玉露霜、蜂蜜印、
鷄蛋印、子紅餡點子、紅白斂子、芝麻酥。”

【五色梅花酥】

　　“酥油麵食”之一種。爲清代宮廷內所造。
參見本卷《雜食說·小食考》“芝麻酥”文。

第二節　餳餔考

　　餳餔，指固態或軟膏狀含糖分的各色食品，通以米麥芽或米麥芽加入穀粟後煎熬而
成，亦可以榨出之甘蔗、甜菜汁加工而成。糖分爲人體營養所必需，味道甘甜，因此餳餔
受到食者歡迎。

　　糖史悠久。據傳周先祖“公劉作餳”（見明張岱《夜航船·日用·飲食》）。初時稱
“飴”，見《詩·大雅·緜》。至漢代异名增多，主要有“餳”“餦餭”“餹”等。《方言》第
一三：“餳謂之餦餭”，“餳謂之餹”，“凡飴謂之餳”。餳，清段玉裁、鈕樹玉等認爲當作
“餳”。“餳”“餹”與“飴”，統言無別，皆指餳飴甜體；析言有异，《釋名·釋飲食》説
“飴小弱於餳”，顏師古謂“湀弱者爲飴……厚强者爲餳”，段玉裁謂“不和斂謂之飴，和
斂謂之餳”，即是説，加入米粉熬得堅實的稱“餳”，不加米粉較爲稀軟的是“飴”。“餹”
和“餳”清人也曾細加區分，謂“今人以甘蔗作之者通謂之‘餹’，以米蘖作之謂之‘餳
（餳）’”（《方言》錢繹箋疏）。“糖”字大約出現於漢代。漢楊孚《異物志》：“〔甘蔗〕迮取
汁如飴餳，名之曰‘糖’。”《説文·米部》新附：“糖，飴也。”它與“飴”的關係同“餳”
與“飴”的關係大致相同，後世遂通用“糖”而罕用“餳”。

　　米麥芽糖最先見於周代，其製品稱“糱”“蕒”（見《周禮·天官·籩人》），係以麥及
麻子熬成。此後，這類糖陸續出現。漢代有“餔”，是一種比較粗糙的黑餳。晋代有“膠
牙”，是一種黏性極强的糖。到南北朝時這類糖的製作趨於成熟。北魏賈思勰《齊民要
術·餳餔》詳載了“白餳”“黑餳”“琥珀餳”“餔”“飴”“白繭糖”“黃繭糖”等的製法。

　　蔗糖是餳餔中重要的一類。它的起源，舊説始自唐太宗，其實不確。《楚辭·招魂》《漢
書·禮樂志》均已出現“柘漿”，這是液體的甘蔗糖漿。《異物志》《三國志·吳書·三嗣主
傳》“吾立此軍”裴松之注引《江表傳》言及榨蔗汁爲餳，并出現“甘蔗餳”之名。故蔗
糖之作，中土自古有之，非必取自西域。不過，自唐代引入西域蔗糖法後，對糖品發展産

生的影響是相當大的。

由於米麥芽糖和蔗糖的日益發展，所以到了宋代，各種糖製食品琳琅滿目，不可枚舉。兹就《東京夢華録》《西湖老人繁勝録》《夢粱録》《武林舊事》四書所見，略舉其要品，如"香糖果子""澤州餳""乳糖魚兒""糖壽帶""玉柱糖""玉消膏""楊梅糖""輕餳""十色花花糖""麝香糖""果子糖""十般膏子糖""十色糖""十般糖""花花糖""縮砂糖""五色糖""麻糖""鎚子糖""鼓兒餳""鐵麻糖""芝麻糖""小麻糖""豆兒黄糖""荆芥糖""瑪瑙糖""糖葉子""糖絲綫""糖脆梅""乳糖獅兒"等等。同時出現了專項多品糖果，如"小兒戲劇糖果"，包括"打嬌惜""蝦鬚""糖宜娘""打鞦韆""稠餳"等。

自宋以後，米麥芽糖漸呈衰勢，而蔗糖、甜菜糖却漸漸由偏次變爲主次。到元代蔗糖已有不少名目：沙糖、石密（蜜）、球糖、糖餅、糖霜、冰糖等，近世習見之紅糖、白糖也由此産生。蔗糖、甜菜糖的崛起，又給糖果製造以巨大影響。時下，市場上各種各樣的糖果舉不勝舉，如奶糖、果味糖、巧克力、香味糖、多味糖、怪味糖、泡泡糖、酸糖、夾心糖、脆糖、酥糖、皮糖等，還有難以計量的、加入輔料的準糖品等，滿足了民衆生活所需，亦推動了糖果業之發展。

餳

糖品。初時指稀質糖漿（即所謂"飴"）加入米粉製成的固體糖（所謂"乾飴"）。先秦時期稱之爲"餦餭"，亦作"粻程"。《楚辭·招魂》："粔籹蜜餌，有餦餭些。"餦餭，一本作"粻程"。王逸注："餦餭，餳也。"餳，見於漢代。又作"餳"。《方言》第一三："餳謂之餦餭。"郭璞注："即乾飴也。"《説文·食部》："餳，飴和饊者也。"各本"餳"從易聲作"餳"，段玉裁、鈕樹玉皆正作"餳"。《急就篇》卷二："棗杏瓜棣饊飴餳。"顏師古注："溲弱者爲飴，言其形怡怡然也；厚强者爲餳，餳之爲言洋也，取其洋洋然也。"《釋名·釋飲食》："餳，洋也，煮米消爛洋洋然也。"漢代

又作"餹""糖"。《方言》第一三："餳謂之餹。"郭璞注："江東皆言餹。"糖，初指以甘蔗汁製取者，亦假"餳"爲之。漢楊孚《異物志》："〔甘蔗〕迮取汁如飴餳，名之曰'糖'。"後世"餳""糖"行用最廣，有時通用，有時有别。通用例，《演繁露》案："餳，即今人名爲白糖者是也。以其雜米蘖爲之也。"又趙氏宧光曰："南方之膠餳，一曰牛皮糖，香稻粉熬成者"。（以上二例均轉引自清夏曾傳《隨園食單補證·糖色單》）有别，以清錢繹《方言箋疏》所言精當，即"以甘蔗作之者通謂之餹（糖），以米蘖作之謂之餳（餳）"。明清時期"餳"亦作"楊"。《正字通·米部》："楊，與'餳'同。"清潘榮陛《帝京歲時紀勝·四月》："立夏

取平日曝晾之米粉春芽，並用餳麵煎作各式果櫐，往來餽遺。”按，“餳”“餳”二字，説解不同，段、鈕以爲“餳”爲“餳”之訛，錢繹則謂“餳”爲“餳”，不必復出“餳”。兹録其説：“餳，王應麟音唐。《説文》：‘餳，飴和饊者也，从食易聲。徐盈切。’原本正文作食旁易，注文作易聲，不誤。《廣雅》：‘餦餭、飴、餃、餹，餳也。’餳，曹憲音‘辭精反’。《詩》釋文‘夕精反’。《周官·小師》注：‘管，如今賣飴（餳）所吹者。’釋文：‘餳，辭盈反。云：李音唐’。案，‘夕精’‘辭盈’‘辭精’諸反，與音唐古聲並相近。諸書‘餳’字作食旁易者，皆不誤。《説文》云易聲者，餳之入聲爲夕，夕易同韻，故曰易聲也。《説文》有餳無餳，《玉篇》有餳、餹，並徒當反。《廣韻》庚韻有餳，陽韻有糖、餹，並無餳字。《詩經》《周禮》釋文並云：餳，一音唐。則餳本有徐盈、徒當兩音，不必另出餳字也。自元戴侗臆造餳字从昜、徒當反之説，於是誤分兩字。明梅鼎祚轉以庚韻徐盈反爲陽韻徒當反之誤，欲删去之，已屬非是。盧氏爲其所惑，改此餳作餳，且紛紛置辨，其謬甚矣。《衆經音義》卷十三：餳音似盈、徒當二反。引《説文》以飴和饊曰餳，又引《方言》凡飴謂之餳。又卷二十引同，亦音似盈反，字並作食旁易，是其明證也。”

【餦餭】

即餳。此稱先秦時期已行用。見該文。

【粻粻】

即餳。此體先秦時期已行用。見該文。

【餳】

同“餳”。此體漢代已行用。見該文。

【餹】

同“餳”。此體漢代已行用。見該文。

【糖】

同“餳”。此體漢代已行用。見該文。

【糃】

同“餳”。此體明代已行用。見該文。

【白餳】

“餳”之白色者。米麥蘖芽熬成者，硬質。南北朝時期已見。北魏賈思勰《齊民要術·餳餔》：“煮白餳法：用白芽散蘖佳；其成餅者，則不中用。用不渝釜，渝則餳黑。釜必磨治令白净，勿使有膩氣。釜上加甑，以防沸溢。乾蘖末五升，殺米一石。米必細師，數十徧净淘，炊爲飯。攤去熱氣，及暖於盆中以蘖末和之，使均調。卧於酮甕中，勿以手按，撥平而已。以被覆盆甕，令暖，冬則穰茹。冬須竟日，夏即半日許，看米消减離甕，作魚眼沸湯以淋之，令槽上水深一尺許，乃上下水洽訖，向一食頃，使拔酮取汁煮之。每沸，輒益兩杓。尤宜緩火，火急則焦氣。盆中汁盡，量不復溢，便下甑。一人專以杓揚之，勿令住手，手住則餳黑。量熟止火，良久，向冷，然後出之。”《格致鏡原·飲食類三·糖》引宋龐元英《文昌雜録》：“禮部王員外言，昔在金陵，有一士子爲魚鯁所苦，累日不能飲食。忽見賣白餳者，因買食之，頓覺無恙，然後知餳能治鯁也。後見孫真人書已有此方矣。”

【黑餳】

“餳”之黑色者。米穀加入色已轉青之芽蘖熬成。見於南北朝時期。北魏賈思勰《齊民要術·餳餔》：“黑餳法：用青芽成餅蘖。蘖米一斗，殺米一石。餘法同前（白餳）。”詳見本卷

《雜食説·餳鋪考》"白餳"文。

【澤州餳】

"餳"之一種。産澤州（今山西晋城）。宋代已負盛名。宋孟元老《東京夢華録》之《馬行街鋪席》《十二月》、西湖老人《西湖老人繁勝録·食店》、周密《武林舊事·市食》均有"澤州餳"。

【輕餳】

"餳"之一種。蓋其體積大而重量輕，故名。宋代已見。宋西湖老人《西湖老人繁勝録·食店》、宋吳自牧《夢粱録》之《夜市》《分茶酒店》均載"輕餳"。

【稠餳】

"餳"之稠硬者。宋代已見。宋孟元老《東京夢華録·清明節》："坊市賣稠餳、麥糕、乳酪、乳餅之類。"

【瑪瑙餳】

"餳"之一種。色如瑪瑙，故名。宋代已見。宋吳自牧《夢粱録·分茶酒店》："更有乾果子，如錦荔、木彈、京棗……蜜薑豉、皂兒膏、輕餳、瑪瑙餳。"

【餳角兒】

"餳"之一種。角形，故名。宋代已見。宋周密《武林舊事·市食》："果子……烏梅糖、玉柱糖、乳糖獅兒、薄荷蜜、琥珀蜜、餳角兒。"

餔

糖品。一種含有較多米渣的黑餳。宜於小兒哺食，故名。始見於漢代。《釋名·釋飲食》："哺，餔也。如餳而濁可餔也。"北魏賈思勰《齊民要術·餳餔》："煮餔法：用黑餳蘗末一斗六升，殺米一石。卧煮如法。但以蓬子押取汁，

以匕匙紀紀攪之，不須揚。"明李時珍《本草綱目·穀四·飴餳》："［釋名］按劉熙《釋名》云：餳之清者曰飴，形怡怡然也。稠者曰餳，强硬如錫也。如餳而濁者曰'餔'。"按，《唐宋叢書》本《釋名》作："餔，哺也。如餳而濁可哺也。"似確。

飴

糖品。初指麥稻黍粟芽熬成之稀質糖漿。先秦時期已見。《詩·大雅·緜》："周原膴膴，菫茶如飴。"當時較"飴"爲乾者即"乾飴"，稱爲"餦餭"。《楚辭·招魂》："粔籹蜜餌，有餦餭些。"王逸注："餦餭，餳也。"《方言》第一三："餳謂之餦餭。"郭璞注："即乾飴也。"《急就篇》卷二："棗杏瓜棣饊飴餳。"顔師古注："澳弱者爲飴……厚强者爲餳。"漢代亦稱"飴餳"。《周禮·春官·小師》"小師掌教鼓……簫、管、弦、歌"漢鄭玄注："管，如今賣飴餳所吹者。"北魏賈思勰《齊民要術·五穀果蓏菜茹非中國物産者》引漢楊孚《異物志》："〔甘蔗〕迮取汁如飴餳，名之曰糖。"南北朝時期亦作"飴餹""飴糖"，醫家稱"膠飴"。南朝梁陶弘景《本草經集注》卷七："方家用飴餹，乃云膠飴，皆是濕糖如厚蜜者。"飴餹，一本作"飴糖"。北魏賈思勰《齊民要術·餳鋪》："《食經》作飴法：取黍末一石，炊作黍，著盆中。蘗末一斗攪和。一宿，則得一斛五斗。煎成飴。"約在五代時期，飴可製爲軟質糖，遂有"軟餹"之稱。五代後蜀韓保昇《蜀本草》："飴即軟餹也，北人謂之餳。糯米、粳米、秫粟米、蜀秫米、大麻子、枳椇子、黄精、白术，並堪熬造。"宋司馬光《迂書·斥莊》："烏喙而漬飴糖，不可嘗也。"宋范成大《上元紀吳中節物俳

諸體三十二韻》："寶糖珍粔籹，烏膩美飴餳。"明宋應星《天工開物·飴餳》："凡飴餳，稻麥黍粟皆可爲之。"清昭槤《嘯亭雜錄·徐中丞》："聽訟飢，家人供角黍，且判且啖，少頃，髭頤盡赤，蓋誤硃爲飴糖，筆筯交下，不能復辨也。"今時所稱飴餳，多爲軟膏狀，如高粱飴、山楂飴、綠豆飴等，與古義有別。

【飴餳】

即飴。此稱漢代已行用。見該文。

【飴餹】

即飴。此體南北朝時期已行用。見該文。

【飴糖】

即飴。此體南北朝時期已行用。見該文。

【膠飴】

即飴。因膠黏如蜜，故名。此稱南北朝時期已行用。見該文。

【膠餳】

"飴"之軟膏狀者。此稱明代已行用。亦稱"牛皮糖"。清代省稱"皮糖"。清夏曾傳《隨園食單補證·糖色單》引明趙宧光曰："南方之膠餳，一曰牛皮糖，香稻粉熬成者。"又："牛皮糖：有厚薄二種。厚者約半寸，兩面糝以芝麻，盤爲捲，堅韌異常；薄者縵如紙耳。大約以薄爲佳。凡糖色明亮者，皆以餳糖爲之。餳糖，米糖也。"清方駿謨《徐州興地考》"熬飴爲餳"原注："俗名皮糖。"清佚名《調鼎集·糖果部》（參考中國商業出版社 1986 年版之分類）："牛皮糖：川蜜放銅鍋内，熟至極老，切片，以乾麵爲衣，略加洋糖。用凍亦可。"

【牛皮糖】

即膠餳。柔韌似牛皮，故名。此稱明代已

行用。見該文。

【皮糖】

即膠餳。此稱清代已行用。見該文。

麥牙糖

糖品。以發芽之大麥製成。先秦時期已見。時稱"麲"，漢代字亦作"逢"。《周禮·天官·籩人》："朝事之籩，其實麲、蕡、白、黑、形鹽、膴、鮑魚、鱐。"漢鄭玄注："今河間以北煮種麥賣之，名曰逢。"明代始稱"麥牙糖"。明楊慎《升庵外集》："《周官》麲、蕡……麲，今之麥牙糖。"一説，麥牙糖即膠牙糖。

【麲】

即麥芽糖。此稱先秦時期已行用。一説，熬麥、炒麥。見該文。

【逢】

即麥芽糖。通"麲"。此體漢代已行用。見該文。

麻糖[1]

糖品。以麻子爲原料製成，故名。始見於先秦時期，時稱"蕡"。《周禮·天官·籩人》："朝事之籩，其實麲、蕡、白、黑、形鹽、膴、鮑魚、鱐。"鄭玄注："蕡，枲實也。"又引鄭司農云："麻曰蕡。"唐賈公彥疏："蕡爲麻子。"明人認爲"蕡"即後世麻糖。明楊慎《升庵外集》："《周官》麲、蕡（熬麻曰蕡）……蕡，今之麻糖也。""麻糖"之名，宋代已見。宋吳自牧《夢粱錄·諸色雜貨》："又沿街叫賣小兒諸般食件：麻糖、鎚子糖、鼓兒餳、鐵麻糖、芝麻糖、小麻糖、破麻酥。"按，依楊氏説，《夢粱錄》中"麻糖"與"芝麻糖"對舉并見，則此"麻糖"蓋當爲麻子製者。又宋西湖老人《西湖老人繁勝錄·食店》載有"饊子"，饊，同"餳"，疑"餶子"亦爲"麻糖"類小食。

【餳】

即麻糖。此稱先秦時期已行用。見該文。

狻糖

糖品。形如狻猊，故名。見於漢代。《格致鏡原·飲食類三·糖》："《漢顯宗紀》注：以糖作狻猊形，號狻糖。"宋曾慥《類説·續博物志·狻糖》亦此引。按，今《後漢書·孝明帝紀》正文并注均無此語，待考。

蔗餳

糖品。甘蔗榨汁熬成。早在戰國秦漢時期已出現柘漿，液體糖水，乃蔗餳之前身。三國時期出現"蔗餳""甘蔗餳"。南北朝時稱"石密"。是蔗糖由來甚古，非必始自唐太宗之時。舊説唐太宗始煎蔗爲沙糖，前人早已駁之。宋王灼《糖霜譜》："自古食蔗者，始爲蔗漿。宋玉作《招魂》，所謂'腼鱉炮羔，有柘漿'是也。其後爲蔗餳，孫亮使黄門就中藏吏取交州所獻甘蔗餳是也。其後又爲石密，《廣志》云：蔗餳爲石密。《南中八郡志》：笮甘蔗汁曝成餳，謂之石密……唐史載太宗遣使至摩揭陀國取熬糖法，即詔揚州上諸蔗，柞瀋如其劑，色味愈西域遠甚。"《格致鏡原·飲食類三·糖》引宋史繩祖《學齋佔畢》："宋玉《大招》已有柘漿字，是取蔗汁已始於先秦也。《前漢郊祀歌》'柘漿析朝酲'注謂'取甘蔗汁以爲飴也'。又孫亮取交州所獻甘蔗餳……則是煎蔗爲糖，已見於漢時甚明。"按"孫亮取交州所獻甘蔗餳"，事見《三國志·吳書·三嗣主傳·孫亮》"日於苑中習焉"裴松之注引《江表傳》。《格致鏡原》又引《湘烟録》："《南州異物志》云：交阯甘蔗，取爲飴餳，益珍煎而暴之，凝如冰，則唐以前固

有……又《物原》謂孫權始效交阯作蔗糖……可見其來益古。"

【甘蔗餳】

即蔗餳。此稱三國時期已行用。見該文。

【石密】

即蔗餳。後作"石蜜"。明李時珍《本草綱目·果五·石蜜》："石蜜非石類，假石之名也。實乃甘蔗汁煎而曝之，則凝如石而體甚輕，故謂之石蜜也。"參見本卷《雜食説·餳餔考》"蔗餳"文。

【石蜜】

同"石密"。此體明代已行用。見該文。

【沙糖】

即蔗餳。見於唐代。統言之，沙糖、蔗餳爲一物；析言之，稀者爲蔗餳，乾者爲沙糖，或謂清者爲蔗餳，凝結成粒者爲沙糖。明李時珍《本草綱目·果五·沙糖》引唐蘇恭曰："沙糖（一作'餹'），出蜀地，西戎、江東並有之，笮甘蔗汁煎成，紫色。"又引元代吳瑞曰："稀者爲蔗糖，乾者爲沙糖，球者爲球糖，餅者爲糖餅。沙糖中凝結如石，破之如沙，透明白者爲糖霜。"又："時珍曰：以蔗汁過樟木槽，取而煎成。清者爲蔗糖，凝結有沙者爲沙糖。漆甕造成，如石如霜如冰者爲石蜜，爲糖霜，爲冰糖也。"今時習見之白糖、紅糖主要以甘蔗爲原料加工而成。

【球糖】

一種球形"沙糖"。此稱元代已行用。見該文。

【糖餅】[2]

"沙糖"之餅形者。此稱元代已行用。見該文。

【糖霜】

"沙糖"之粒狀、透明如霜者。此稱元代已行用。按，宋王灼有《糖霜譜》一書，宋西湖老人《西湖老人繁勝録·食店》、吳自牧《夢粱録·分茶酒店》均載食目"糖霜"。是宋代已行用。見該文。

【冰糖】

"沙糖"之如冰塊者。此稱明代已行用。見該文。

【素簽沙糖】

"沙糖"之一種。夏日小食。宋代已見。時又有"鷄頭穰沙糖"，亦此類。宋孟元老《東京夢華録·州橋夜市》："夏月，麻腐鷄皮、麻飲細粉、素簽沙糖、冰雪冷元子、水晶皂兒、生淹水木瓜、藥木瓜、鷄頭穰沙糖。"

【鷄頭穰沙糖】

"沙糖"之一種。此稱宋代已行用。參見本卷《雜食説·餳餔考》"素簽沙糖"文。

膠牙餳

糖品。後世多作扁平橘片餅形。性黏，粘牙，故名。舊俗年關祭竈神恒用之，以阻止其向玉皇言是非善惡。晋代已見，時稱"膠牙"。晋周處《風土記》："膠牙者，蓋以使其牢固不動。"南北朝時期稱"膠牙餳"。南朝梁宗懍《荆楚歲時記》："正月一日是三元之日也……長幼悉正衣冠，以次拜賀，進椒柏酒，飲桃湯，進屠蘇酒、膠牙餳。"唐白居易《歲日家宴戲示弟姪等兼呈張侍御二十八丈殷判官二十三兄》詩："歲盞後推藍尾酒，春盤先勸膠牙餳。"宋孟元老《東京夢華録·十二月》："近歲節市井皆印賣門神……賣乾茄瓠、馬牙菜、膠牙餳之類。"清袁枚《隨園詩話補遺》卷七："〔謝學埔〕《送竈》云……莫向玉皇言善惡，勸君多食膠牙餳。"

【膠牙】

即膠牙餳。此稱晋代已行用。見該文。

【琥珀餳】

"膠牙餳"之屬。色如琥珀，故名。亦於年關歲旦食之。南北朝時期已見。以大麥芽製取。北魏賈思勰《齊民要術·餳餔》："琥珀餳法：小餅如碁石，内外明徹，色如琥珀。用大麥蘗末一斗，殺米一石。餘並同前法。"宋莊綽《鷄肋編》卷中："俗亦於歲旦嚼琥珀餳，以驗齒之堅脱。"清代作"琥珀糖"。《醒世姻緣傳》第五〇回："〔孫蘭姬〕將出高郵鴨……雲南馬金囊、北京琥珀糖。"一説，此即膠牙餳。

【琥珀糖】

同"琥珀餳"。此體清代已行用。見該文。

【花餳】

"膠牙餳"之屬。花形，因名。亦用於歲節、祭竈。此稱宋代已行用。宋周密《乾淳歲時記·歲晚節物》："二十四日謂之交年，祀竈用花餳、米餌。"《宋史·禮志二十二》："次至冷泉亭呼猿洞而歸。翌日賜内中酒果、風藥、花餳，赴守歲夜筵，酒五行，用傀儡。"

【南糖】

"膠牙餳"之屬。歲末祭竈。此稱清代已行用。時又有"關東糖"，亦備此用。清富察敦崇《燕京歲時記·祭竈》："二十三日祭竈，古用黄羊，近聞内廷尚用之，民間不見用也。民間祭竈惟用南糖、關東糖、糖餅及清水草豆而已。"

【關東糖】

"南糖"之屬。此稱清代已行用。見該文。

【糖瓜】

"膠牙餳"之屬。瓜形糖果，故名。舊俗亦用於臘月祭竈。清潘榮陛《帝京歲時紀勝·十二月·市賣》："廿日外則賣糖瓜、糖餅、江米竹節糕、關東糖。糟草炒豆，乃廿三日送竈餉神馬之具也。"《白雪遺音·馬頭調·祭竈》："俺也買不起糖瓜，俺也蒸不起年糕。"

繭糖

糖品。形如棗核，兩頭尖，繭狀，故名。始見於南北朝時期。其時有兩種：白繭糖、黃繭糖。後世省稱"繭糖"。北魏賈思勰《齊民要術·餳餔》："《食次》曰：白繭糖法：熟炊秫稻米飯，及熱于杵臼净者舂之爲粘，須令極熟，勿令有米粒。幹爲餅：法，厚二分許。日曝小燥，刀直勒爲長條，廣二分；乃斜裁之，大如棗核，兩頭尖。更曝令極燥，膏油煮之。熟，出，糖聚丸之，一丸不過五六枚。"又："黃繭糖：白秫米，精舂，不簸淅，以梔子漬米取色。炊舂爲粘，粘加蜜。餘一如白粘。作繭，煮，及奠，如前。"明代亦稱"窠絲糖"。《通雅·飲食》："繭糖，窠絲糖也……窠絲糖，今内府有之。"明代亦稱"巢絲糖"。宮廷内多製此而食。清夏曾傳《隨園食單補證·糖色單》引明楊慎《升庵外集》："繭糖，巢絲糖也。"清代亦稱"一窩絲""窩絲糖"。清佚名《調鼎集·糖果部》："一窩絲：糖滷下鍋熬至老絲，傾石板上（用細石板一片，抹熟香油，又取炒麵羅净預備）。用切刀二把轉遭掠起，待冷將稠，用手揉撥扯長，收摺一處，越拔越白。若冷硬，於火上烘之，拔至數十次，轉成雙圈。上案，用炒麵放上，二人對扯順轉，炒麵隨手傾入，扯拔數十次成細絲，用刀切斷，分開縮成小窩。"

徐珂《清稗類鈔·飲食類》："窩絲糖：某歲上元，毛西河赴梁尚書宴，出窩絲糖供客。其形如扁蛋，光面，有二搯，若指搯者，嚙之，粉碎散落，皆成細絲。座客無識者，尚書云：'此明崇禎末宮中所製，今久無此矣，惟西山净室有老宮人爲比邱尼，尚能製此糖。每歲上元節，必以銀花碗合子相餉，真罕物也。'乃出所製《唐多令》詞，命詞客和之。西河和之云：'搗盡笛（音曲，《説文》："籚簺也。"）頭泥，春蠶已蜕衣，片餳裏作彈丸兒。不破彌羅三寸繭，誰解道，一窩絲。粔籹漢宮遺，餦餭久未施。開元宮女尚能爲，今日尚書花餤會。銀碗合，使人思。'"

【白繭糖】

"繭糖"之色白者。此稱南北朝時期已行用。見該文。

【黃繭糖】

"繭糖"之色黃者。此稱南北朝時期已行用。見該文。

【窠絲糖】

即繭糖。窠絲，即繭。此稱明代已行用。見該文。

【巢絲糖】

即繭糖。巢絲，猶窠絲，即繭。此稱明代已行用。見該文。

【一窩絲】

"繭糖"之俗稱。此稱清代已行用。見該文。

【窩絲糖】

即繭糖。此稱清代已行用。見該文。

乳糖

糖品。以石蜜（即白沙糖）與牛乳、米

粉、酥酪等合煎爲餅塊狀甜食。因具乳香，故名。唐代已見，時作“乳餳”。唐李匡乂《資暇集》卷下：“余弱冠前，步月洛之綏福里，方見夜作，問之，云‘乳餳’。時新開是肆，每斤六十文。明日市得而歸。不三數月，滿洛陽盛傳矣。”宋代作“乳糖”，有“西川乳糖”“乳糖魚兒”“乳糖澆”等多品。明李時珍《本草綱目·果五·石蜜》引唐蘇恭曰：“石蜜用水、牛乳、米粉合煎成塊，作餅堅重。西戎來者佳。”又時珍曰：“以石蜜和牛乳、酥酪作成餅塊者爲乳糖（一作‘餹’）。”今時通稱“奶糖”“奶味糖”“牛奶糖”。

【乳餳】

同“乳糖”。此體唐代已行用。見該文。

【西川乳糖】

“乳糖”之出於西川者。此稱宋代已行用。孟元老《東京夢華錄·飲食果子》載有食目“西川乳糖”。

【乳糖魚兒】

“乳糖”之爲魚形者。此稱宋代已行用。西湖老人《西湖老人繁勝錄·食店》載有食目“乳糖魚兒”。

【乳糖澆】

“乳糖”之一種。此稱宋代已行用。宋吳自牧《夢粱錄·夜市》食目載“乳糖澆”。

【乳糖槌】

“乳糖”之爲捶擊形器具者。此稱宋代已行用。宋吳自牧《夢粱錄·葷素從食店》載食目“乳糖槌”。按，吳書《諸色雜貨》又載“鎚子糖”，疑亦此糖。

【乳糖獅兒】

“乳糖”之爲獅形者。此稱宋代已見，時亦稱“乳糖獅子”“獅子乳糖”。宋周密《武林舊事·市食》：“烏梅糖、玉柱糖、乳糖獅兒、薄荷蜜、琥珀蜜。”宋孔平仲《孔氏談苑·收冰法》：“川中乳糖獅子，冬至前造者，色白不壞；冬至後者，易敗多蛀。”《格致鏡原·飲食類三·糖》引宋吳曾《能改齋漫錄》：“近世造糖之精者，謂之獅子乳糖。”按，宋孟元老《東京夢華錄·飲食果子》載“獅子糖”，疑亦此糖。

【乳糖獅子】

即乳糖獅兒。此稱宋代已行用。見該文。

【獅子乳糖】

即乳糖獅兒。此稱宋代已行用。見該文。

餳緩帶

糖品。餳，“糖”之古字。以飴糖抻展成的帶狀甜食，故名。長者可達三尺。始見於唐代。宋代稱“糖壽帶”。唐馮贄《雲仙雜記·錢龍宴》：“又各令作餳緩帶，以一丸餳舒之，可長三尺者，賞金菱角，不能者罰酒。”宋西湖老人《西湖老人繁勝錄·食店》：“糖壽帶、酸紅藕、寶索兒、玉柱糖、澤州餳、玉消膏。”

【糖壽帶】

即餳緩帶。此稱宋代已行用。見該文。

小兒戲劇糖果

糖品。可供小兒玩耍及食用。多做成適於幼兒特點的女子、動物、器具等，名稱因物而賦。見於兩宋都城市肆，有名可稽者計有“打嬌惜”（亦稱“行嬌惜”）、“蝦鬚”、“糖宜娘”（亦稱“宜娘子”）、“打鞦韆”（亦稱“鞦韆”）、“稠餳”（或作“稠糖”）、“葫蘆”、“火齋郎果子”、“吹糖麻婆子孩兒”八種。宋灌圃耐得翁《都城紀勝·食店》：“又有專賣小兒戲劇糖果，如打嬌惜、蝦鬚、糖宜娘、打鞦韆、稠餳之類。"宋吴自牧《夢粱録·諸色雜貨》："及小兒戲耍家事兒，如戲劇糖果之類：行嬌惜、宜娘子、鞦韆、稠糖、葫蘆、火齋郎果子、吹糖麻婆子孩兒等。"晚近市肆年關猶有走街串巷老藝人以糖稀吹成公鷄、猴兒、米老鼠、仙桃、影戲人物等販賣者。

香糖果子

即糖果。此稱宋代已行用。宋孟元老《東京夢華録·東角樓街巷》："飯後飲食上市，如酥蜜食、棗𩚋、澄砂團子、香糖果子、蜜煎雕花之類。"又《馬行街鋪席》："夜市亦有……灌腸、香糖果子之類。"又《端午》："端午節物，如百索艾花、銀樣鼓兒花、花巧畫扇、香糖果子。"當時及後世名目、花色繁多，不可勝舉。今擇其要，條陳於下。

【十色糖】

"香糖果子"之一種。蓋指多種色彩之糖果。此稱宋代已行用。亦稱"十色花花糖"，省稱"花花糖"。時又有"五色糖"，亦此類。宋吴自牧《夢粱録·夜市》載"十色糖""十色花花糖"，《諸色雜貨》載"花花糖""五色糖"，《分茶酒店》亦載"十色糖"，宋周密《武林舊事·市食》亦載"花花糖"。

【十色花花糖】

即十色糖。此稱宋代已行用。見該文。

【花花糖】

即十色糖。此稱宋代已行用。見該文。

【五色糖】

"十色糖"之屬。此稱宋代已行用。見該文。

【十般糖】

"香糖果子"之一種。因由多種品類糖果組成，或一種糖果由多種口味組成，故名。宋代已見。宋吴自牧《夢粱録》之《除夜》《夜市》等節及周密《武林舊事·市食》皆載食目"十般糖"。明代亦稱"十般香糖"。明田汝成《西湖游覽志餘·偏安佚豫》："飲食則乳糖、糖粯……蔥管糖、十般香糖，皆用鏤鍮妝花盤架車兒，簇插飛蛾，紅燈綵盞，叫歌喧填。"一説，"十般糖"即"十色糖"。

【十般香糖】

即十般糖。此稱明代已行用。見該文。

【楊梅糖】

"香糖果子"之一種。因含楊梅酸味，故名。此稱宋代已行用。宋西湖老人《西湖老人繁勝録·食店》、吴自牧《夢粱録·諸色雜貨》均載食目"楊梅糖"。現今市場猶有此種水果糖。

【荆芥糖】

"香糖果子"之一種。因以荆芥爲主料製成，故名。此稱宋代已行用，後世相沿製作。宋吴自牧《夢粱録·諸色雜貨》："又沿街叫賣小兒諸般食件：麻糖、鎚子糖、鼓兒餳、鐵麻糖、芝麻糖、小麻糖、破麻酥、沙團、箕豆、法豆、山黄、褐青豆、鹽豆兒、豆兒黄糖、楊梅糖、荆芥糖。"明韓奕《易牙遺意·果實類》："荆芥糖：荆芥連細枝梗扎如花朵樣，膏子糖一層，炒芝麻一層，焙乾。薄苛同法。"清佚名《調鼎集·糖果部》作"蘸糖滷一層，蘸芝麻一層"，餘同。

【縮砂糖】

"香糖果子"之一種。因糖内加入香料縮砂蔤子仁，故名。此稱宋代已行用。宋蘇頌《圖經本草·草部中品·縮砂蔤》："細子一團，八隔，可四十餘粒，如大黍米，外微黑色，内白而香，似白豆蔻仁。七月八月采之，辛香，可調食味及蜜煎糖纏用。”宋吳自牧《夢粱録・諸色雜貨》載食目“縮砂糖”。

【烏梅糖】

“香糖果子”之一種。蓋因糖中含烏梅酸味，故名。此稱宋代已行用。宋周密《武林舊事・市食》“果子”欄内載“烏梅糖”。明李時珍《本草綱目・果一・梅》：“梅實采半黃者，以烟薰之爲烏梅，青者鹽淹曝乾爲白梅，亦可蜜煎糖藏，以充果釘。”

【韻薑糖】

“香糖果子”之一種。“韻”，味。糖中含薑之辛辣味，故名。此稱宋代已行用。宋周密《武林舊事・市食》“果子”欄内有“韻薑糖”。

【豆兒黃糖】

“香糖果子”之一種。以煮熟之黑豆澆糖汁而成。此稱宋代已行用。宋吳自牧《夢粱録・諸色雜貨》載“豆兒黃糖”。明代亦稱“甘豆糖”。明韓奕《易牙遺意・果實類》：“甘豆糖：大黑豆半升，浸一宿，烘乾，白水煮熟。留下豆汁，再以稻草灰淋一二杓，入些許鹻，再煮至十分酥美，冷水拔净，三四次，元汁和濃糖澆供。”按，明李時珍《本草綱目・穀四・豆黃》：“造法：用黑豆一斗，蒸熟，鋪席上，以蒿覆之，如盦醬法，待上黃，取出曝乾。”據此，“豆黃”取義於黑豆煮熟覆蓋上黃；據“甘豆糖”條，蓋取義於煮熟皮落呈露黃色。二説似以後説允妥。

【甘豆糖】

即豆兒黃糖。此稱明代已行用。見該文。

【糖絲綫】

“香糖果子”之一種。細長糖條如絲綫，故名。此稱宋代已行用。宋周密《武林舊事・市食》“果子”欄下有“糖絲綫”。

【玉柱糖】

“香糖果子”之一種。白色，柱形，故名。此稱宋代已行用。宋西湖老人《西湖老人繁勝録・食店》、周密《武林舊事・市食》“果子”欄内均有“玉柱糖”。

【葱管糖】

“香糖果子”之一種。形如葱管，故名。其鬆脆成絲而中空者稱“藕絲糖”。此稱明代已行用。明田汝成《西湖游覽志餘・偏安佚豫》：“飲食則乳糖、糖粽、圓子……葱管糖、十般香糖，皆用鏤鍮妝花盤架車兒，簇插飛蛾，紅燈綵盞，叫歌喧填，幕次往往呼至前，使之吟叫，倍酬其直。”清夏曾傳《隨園食單補證・糖色單》：“葱管糖：形如葱管，大小不一，周圍糝以芝麻。有實心者，有鬆脆成絲而中空者。大約以空者爲佳，蘇州謂之‘藕絲糖’。”

【藕絲糖】

“葱管糖”之鬆脆成絲而中空者。狀如藕孔拖絲，故名。此稱清代已行用。見該文。

【桂花糖】

“香糖果子”之一種。加入桂花或桂花滷製成之糖，故名。此稱清代已行用。桂花白者名銀桂，黃者名金桂，紅者名丹桂；有秋花者，春花者，四季花者，逐月花者。明李時珍《本草綱目・木一・箘桂》：“花可收茗、浸酒、鹽漬及作香擦髮澤之類耳。”清夏曾傳《隨園食單補證・糖色單》：“桂花糖，用桂花、米，以酸水釣一過，搗爛去汁和糖，再搗至極膩如糯粉，乃用小木模印成各式小塊，收石灰罈中收乾，食時香甜可愛。其製爲五色者，紅用玫瑰，綠用薄荷，黑用烏梅，白用薑汁，法均並同。”清李化楠《醒園録》卷下：“桂花糖法：用白糖十斤，先煮至滴水不散，下粉漿二斤（粉漿即以麥麩做麵筋，麵筋成後，所餘之水是也）。再煮，至如龍眼肉樣，下桂花滷（梅桂滷亦可）。再煮，傾起候冷，用麵趕攤開，整領剪塊。若要煮明糖，候煮硬些，取起，上下用芝麻鋪壓，以麵趕攤開（按，西瓜糕及此桂花糖内，均可量加飴糖）。”清王士雄《隨息居飲食譜》：“〔桂花〕蒸露浸酒，鹽漬糖收，造點作餡，味皆香美悦口。”

【米糖】

“香糖果子”之一種。各種米皆可爲之。以小米製成者稱“小米糖”。此稱清代已行用。清佚名《調鼎集·糖果部》：“米糖：俱米秫都可做。每米十斤，泡一日，次日蒸飯。傾出，用大麥芽十二兩搗碎，用冷熱湯拌飯，均入罈蓋好。要圍熱則發，半日後榨出漿水，入鍋先武後文，熬得十之半，以箸挑起如旗樣，以口吹之其糖即碎爲度。如做飴糖，内起大泡可取起。蓋先取起細泡，後起大泡，可以吹碎取起，扯拔即成糖餅矣。”清夏曾傳《隨園食單補證·糖色單》：“小米糖：小米熬糖，切方塊，食之香而糯。此則以現做者爲妙，吳門元妙觀有之。”

【小米糖】

“米糖”之以小米製成者。此稱清代已行用。見該文。

【粽子糖】

“香糖果子”之一種。因糖形作三角，似粽子，故名。此稱清代已行用。清夏曾傳《隨園食單補證·糖色單》：“粽子糖：洋糖和錫熬成三角形，如小粽，以五色染之，大小如棋，光潔可玩。又有純白色者，中以玫瑰、梅皮爲餡。”按，宋周密《武林舊事·市食》“果子”欄下有“餳角兒”，疑“粽子糖”爲其支派。

【玫瑰糖】

“香糖果子”之一種。因糖中加入玫瑰滷，故名。清佚名《調鼎集·糖果部》：“玫瑰糖：五月開，取玫瑰花陰乾，礬醃，榨乾膏，取玫瑰滷拌洋糖搗，收瓶聽用。桂花糖同。”徐珂《清稗類鈔·飲食類》：“玫瑰糖：寧古塔東門外三里，有林名覺羅，即皇室發祥地也。自東而北而西，沿城皆平原，榛林、玫瑰，一望無際。五月間，玫瑰始花，香聞數里。吳漢槎戍寧古塔時，嘗采之以製玫瑰糖，土人珍之。”

【松花糖】

“香糖果子”之一種。糖中加入松花粉，故名。此稱清代已行用。清佚名《調鼎集·糖果部》：“松花糖：取松花粉入熟蜜，拌蓮子、白果等物，甚香脆。”

【松子糖】

“香糖果子”之一種。因用松子與糖熬成，故名。清代已見。時又有“花生糖”“榧子糖”“榛子糖”“胡桃糖”，皆此類。製法與“松子糖”相同，以花生、榧子、榛子、胡桃分别與糖合熬製取。清夏曾傳《隨園食單補證·糖色單》：“松子糖、花生糖、榧子糖、榛子糖、胡桃糖：松子去衣，用糖熬就，俟糖凝收乾。凡熬糖須用銅鍋，則色不變。製花生、榧子、榛子、胡桃諸糖並同。”

【花生糖】

　　“松子糖”之屬。此稱清代已行用。見該文。

【榧子糖】

　　“松子糖”之屬。此稱清代已行用。見該文。

【榛子糖】

　　“松子糖”之屬。此稱清代已行用。見該文。

【胡桃糖】

　　“松子糖”之屬。此稱清代已行用。見該文。

【雪梨糖】

　　“香糖果子”之一種。因糖中加入梨汁，故名。清佚名《調鼎集·糖果部》：“雪梨糖：梨汁熬洋糖或紅糖，用茶匙挑入青絲，不上水，乾用。摻入陳皮末更好。”

【圓圓糖】

　　“香糖果子”之一種。圓如棋子，故名。清夏曾傳《隨園食單補證·糖色單》：“圓圓糖：形如棋子，亦有五色。杭人以給小兒，小兒以爲珍品矣。”

【寸金糖】

　　“香糖果子”之一種。形制以寸爲度，故名。清代已見。清夏曾傳《隨園食單補證·糖色單》：“寸金糖：寸金糖似蔥管而小，以寸爲度，故名。”

【澆切糖】

　　“香糖果子”之一種。因糖澆刀切而成，故名。清夏曾傳《隨園食單補證·糖色單》：“澆切糖：以糖澆成薄片，切而方之，兩面皆芝麻，頗鬆而香。”

【净糖】

　　“香糖果子”之一種。因色澤潔净，故名。清代已見。清佚名《調鼎集·糖果部》：“净糖：每洋糖一斤，用蛋清一個，水一小杯，熬過方净。”

【酥糖】

　　“香糖果子”之一種。因含餡而酥脆，故名。清代已見。清佚名《調鼎集·糖果部》：“酥糖：米糖一斤，白麵二斤，將麵先入鍋，微火炒。然後將糖麵内，俟米糖軟，與麵同揉；硬，則仍入麵内，取起再揉，麵多入更鬆。視糖、麵相仿，入鍋。太軟取起，擀薄再入鍋内，俟軟取起。包餡捲寸許大，切六七分長，居中又切一刀相連（餡内用洋糖八兩，椒末一兩，紫蘇、熟麵四兩，拌洋糖内，冬月可做）。”

【糖寶塔】

　　“香糖果子”之一種。形似塔，故名。清代已見。清李斗《揚州畫舫録·虹橋録下》：“又有提籃鳴鑼唱賣糖官人、糖寶塔、糖龜兒諸色者。味不甚佳，止供小兒之弄。”時回民有“塔兒糖”，餉貴客。徐珂《清稗類鈔·飲食類》：“回人食塔兒糖。白糖和麵，搏作杵形，高尺許而銳其頂。回人呼爲塔兒糖，常以之餉貴客。”

【塔兒糖】

　　“糖寶塔”之屬。回民糖果。此稱清代已行用。見該文。

【糖官人】

　　“香糖果子”之一種。狀似官人，故名。供小兒玩耍及服食。清代已見。參見本卷《雜食説·餳餔考》“糖寶塔”文。

【糖龜兒】

　　“香糖果子”之一種。形似小龜，故名。供孩童玩耍服食。清代已見。參見本卷《雜食説·餳餔考》“糖寶塔”文。

【大觀樓】

　　“香糖果子”之一種。長、圓各三寸，中包

餡。以層層排列於竹條上，形似樓閣，故名。清李斗《揚州畫舫録·虹橋録下》："大觀樓者，糖名也。以紫竹作擔，列糖於上。糖修三寸，周亦三寸，中裹鹽脂豆餡之類。貴至十數錢一枚，其僞者則價廉不中食矣。"

麻糖[2]

加入芝麻製成之糖品。宋代已見。時稱"芝麻糖"。宋吴自牧《夢粱録·諸色雜貨》"小兒諸般食件"内有"芝麻糖"。明代省稱"麻糖"。明韓奕《易牙遺意·果實類》："麻糖：芝麻一升，沙糖六兩，餳糖二兩，炒麵四兩，更和薄苛末少許，搜撋成劑，切片。凡熬糖，手中試其稠粘，有牽絲方好。"按，今唐山特産"麻糖"，以油麵和蜜製作。麵絲如麻縷，故名，非麻子糖，亦非芝麻糖。

【芝麻糖】

即麻糖[2]。此稱宋代已行用。見該文。

【麻酥糖】

"麻糖[2]"之一種。因用料有芝麻、油酥，故名。清代已見。清夏曾傳《隨園食單補證·糖色單》："麻酥糖：用芝麻研末，拌糖，和油酥爲之，每一塊用紙包之，有白有黑。此物徽州所出爲佳，湖州、泗安亦有之。大約以油潤、麻多爲妙，若一味太甜，殊無謂也。"

纏糖

糖品。以果仁或茶、芝麻、薄荷等爲體，加入糖製成之餅塊狀甜食。因以糖纏裹而成，故名。宋代已有"瓏纏果子"，此蓋其流別。亦稱"糖纏"。見諸明代。《格致鏡原·飲食類三·糖》引明黄一正《事物紺珠》："纏糖，或以茶、芝麻、砂仁、胡桃、杏仁、薄荷各爲體，纏之。"明李時珍《本草綱目·果五·石蜜》："以石蜜和諸果仁及橙橘皮、縮砂、薄荷之類，作成餅塊者，爲糖（一作'餹'）纏。"參見本卷《雜食説·小食考》"瓏纏果子"文。

【糖纏】

即纏糖。此稱明代已行用。見該文。

響糖

糖品。見於明代。有瓜果、器物、人禽等多種形狀。蓋食時能作響，故名。尋其由來，蓋借鑒宋代"像生花朵""小兒戲劇糖果"之製法又有發展。《格致鏡原·飲食類三·糖》引《事物紺珠》："響糖，有升、斗、碗子、石榴、瓜蔞、仙人、鴛鴦等樣。"參見本卷《雜食説·小食考》"像生花朵"、本卷《雜食説·小食考》"小兒戲劇糖果"文。

第三節　果製品考

果製品，特指對自然成熟之多種果品加工而成之各類食品。大致區分，有以下九種：一、乾果，如"乾棗""梨乾""菱糒""柿餅"等。二、炒果，如"炒栗""炒榧子"等。三、果脯，如"柰脯""查條""櫻桃脯"等。四、煮果，如"煮荸薺""煮蓮子"等。五、果油，如"棗油""杏子油"等。六、果麨，如"柰麨""柿霜""香櫞皮霜""鷄豆散"等。

七、果膏，如"荔枝膏""橙膏"等。八、果醬，如"梅醬""棗齎"等。九、其他，如"冰果""冰糖葫蘆"等。蜜漬果品，本包含在内，因品類繁多，故另設一節，綴屬於後。

先民初時采摘野果生食，後漸熟食，至傳說中之有巢氏、烈山氏時，開始有意識地加工某些果品，故文獻記載"有巢氏始教民食果……烈山氏子柱始作稼，始教民食蔬果"（明張岱《夜航船·日用·飲食》）。

文獻中所見最早之果製品爲"梅諸""桃諸"（見《禮記·内則》），是一種鹽漬後乾化而成之製品。此類製品儘管在當時爲數極少，但畢竟已露端倪，標志着人類果食上的進步。

漢代，《釋名·釋飲食》中出現"奈脯""奈油"等果製品名目及製法。

南北朝時，果製品數量增多，已形成一個必不可少的系列，故此北魏賈思勰《齊民要術》在介紹果木栽培之時，附記"乾棗""棗脯""酸棗麨""乾葡萄""白李""白梅""烏梅""杏李麨""奈麨""林檎麨"等果製品的製作工藝。"麨"本指米、麥等炒熟後磨粉製成之食品，魏晉已見記載，但未見以果品製取者，南北朝時不少果品則可以製取。

到宋代，果製品愈多，祇是製法闕載。僅就《東京夢華録》《西湖老人繁勝録》《夢粱録》《武林舊事》所見，即有二十餘品。兹舉其要者，如"炒栗子""旋炒栗子""酥棗兒""重劑棗""蒸梨棗""蒸梨兒""梨條""梨肉""梨花""桃條""查條""芭蕉乾""香藥葡萄""釀栗子""烏梅膏""韻梅膏""薄荷膏""橘紅膏""香根膏""杏仁膏"等。

明清除沿襲、改進傳統製品外，還可以見到如"衣梅""焦棗兒""橙膏""柿餅""耿餅""柿霜""鷄豆散""梅醬""烏梅醬""醶梅醬""杏仁醬""棗齎""藕乾""荸薺乾""菱片""冰果""冰糖壺盧"等新名目，且多載製法。

現今果製品較往時又有發展。品目多，用料精，製作細緻、科學，講求營養價值，衛生標準高。以果醬言，有"山楂醬""蘋果醬""杏醬""草莓醬""番茄醬"等。麨的發展，則有今日之"橘子晶""楊梅晶""荔枝粉""椰子粉""鳳梨粉"等，五光十色，令人流連。

蜜漬果品參見本卷《雜食説·蜜漬考》。

果製品

此爲草木果實製品之總稱。其製作歷史悠久，味道鮮美，品類衆多。大致有九類。一、乾果。先秦已見。《周禮·天官·籩人》之"乾藨”即文獻中最早之乾果。此後歷代皆有製作，如南北朝之“乾蒲萄”（北魏賈思勰《齊民要術·種桃奈》）、宋代之“芭蕉乾”（宋范成大《桂海虞衡志·志果》）、明代之“桃杏乾”（明韓奕《易牙遺意·果實類》）、清代之“櫻桃乾”等。“乾果子”之稱，宋代已見諸吳自牧《夢粱録·分茶酒店》。二、煮果。起源甚早，《韓非子·五蠹》載先民“食果蓏蚌蛤”，《左傳》載屈到嗜芰，煮食當是最基本的方法。唐代之“煮栗”（唐孟詵《食療本草》）、清代之“煮蓮子”（清薛寶辰《素食説略》）等，皆此類。三、果醬。先秦時期已有植物醬“芥醬”（《禮記·內則》），漢代蜀地有“枸醬”（《史記·西南夷列傳》）。“枸醬”是由木葉製成，抑或木果製成，其説不一。文獻中果醬多見於明清時期。如明之“梅醬”（明李時珍《本草綱目·果一·梅》），清之“杏仁漿”（清佚名《調鼎集·乾鮮果部》）等。今時市肆習見者爲“蘋果醬”“山楂醬”“草莓醬”等，皆承前而來。四、果脯。先秦時期肉脯非常之多，推想亦必有以果爲之者。文獻中漢代之“奈脯”（《釋名·釋飲食》）爲最早出現者，此後唐代之“杏脯”（唐孫思邈《千金方》）、宋代之“梨條”（宋西湖老人《西湖老人繁勝録·食店》）、清代之“李脯”（清佚名《調鼎集》）、“櫻桃脯”（吳振棫《養吉齋叢録》）等，皆此屬。五、果油。係由果汁乾化而成，近似今時乾稠之果凍。始見於漢代，時有“奈油”（《釋名·釋飲食》）。南北朝時有“棗油”（《齊民要術·種棗》），元代有“杏子油”（元忽思慧《飲膳正要》）等。後代罕見。今時果凍，蓋其流變。六、果麨。係將果汁加工成之粉末狀冲服劑。始見於南北朝，時有“奈麨”“酸棗

麨”（《齊民要術》）。此後明代有“杏麨”“柿霜”（《本草綱目·果二·柿》），清代有“鷄豆散”（《調鼎集》）等。今時之“椰子粉”“橘子晶”“橙晶”等即其延續發展。七、炒果。炒食出現甚早。《禮記·禮運》言及先民之“燔黍”，蓋炒食之初。先秦到唐，實際生活中炒果肯定不少，但記載不多。宋代始見“炒槌”（《夢粱録》）、“旋炒銀杏栗子”（《東京夢華録》）等。八、果膏。文獻中宋代始見。時有“荔枝膏”（《夢粱録》）。後代相沿製作。九、蜜漬。因其品目較多，故另立一節。九類之外，其他散見零出者，亦時有所見。因不成系統，故不縷述。

乾果子

鮮果經鹽醃糖漬、蒸曝烘烤、去除水分後乾化者之總稱。由於它便於儲存，別具風味，故自先秦時期以迄於今，始終受人青睞，歷代加工食用。此總稱見於宋代，當時一書列出錦荔、木彈、京棗、棗圈、香蓮、串桃、條梨、番桲桃、松子、巴欖子、人面子、嘉慶子、諸色韻果等十三種名目。宋吳自牧《夢粱録·分茶酒店》：“更有乾果子，如錦荔、木彈、京棗、棗圈、香蓮、串桃、條梨……番桲桃、松子、巴欖子、人面子、嘉慶子、諸色韻果。”時另一書亦作“乾菓子”，列出四十餘種。宋孟元老《東京夢華録·飲食果子》：“又有托小盤賣乾菓子（一本作‘乾果子’），乃旋炒銀杏栗子，河北鵝梨、梨條、梨乾、梨肉，膠棗，棗圈、梨圈、桃圈、核桃、肉牙棗、海紅、嘉慶子、林檎旋鳥李，李子旋櫻桃，煎西京雪梨、夫梨、甘棠梨、鳳栖梨、鎮府濁梨，河陰石榴，河陽查子、查條、沙苑榅桲，回馬字萄……橄欖，温柑，綿根金橘，龍眼，荔枝，召白藕，甘蔗，

瀝梨，林檎乾，枝頭乾，芭蕉乾，人面子，巴覽子，榛子，榧子，蝦具之類。"上述種別，有自然型、加工型兩類。茲就加工型重要、習見之乾果，以其時代先後爲次，臚述於下。

【乾菓子】

同"乾果子"。此體宋代已行用。見該文。

【乾藤】

"乾果子"之一種。指加工之乾梅。藤，即梅。《爾雅翼·釋木二》引《蜀志》："蜀名梅爲藤。"此稱先秦時期已行用。時亦稱"梅諸"。後世相沿製作。《周禮·天官·籩人》："饋食之籩，其實棗、栗、桃、乾藤、榛實。"鄭玄注："乾藤，乾梅也。有桃諸、梅諸，是其乾者。"《禮記·內則》："醢醬、桃諸、梅諸、卵鹽。"南北朝時期有"烏梅"，載其製法：梅子核剛長時摘取，籠盛，烟窗上熏乾。北魏賈思勰《齊民要術·種梅杏》："作烏梅法：亦以梅子核初成時摘取，籠盛，於突上熏之，令乾，即成矣。"《新唐書·地理志四》："〔江州府江陵郡〕土貢：方紋綾、貲布、甘、橙……烏梅。"明代有"白梅"，係青色梅鹽漬曝乾而成。明李時珍《本草綱目·果一·梅》："梅實采半黃者，以烟熏之爲烏梅；青者鹽淹曝乾爲白梅。"清代有"玫瑰梅乾""盒梅""梅食"等，皆此類。清夏曾傳《隨園食單補證·糖色單》："玫瑰梅乾。製梅乾法：買店中現成鹽梅，以水泡去其鹽，復曝乾，以糖醃之；再用玫瑰花去蒂，以酸梅水浸半日，撈起則其色鮮；乃入梅乾中，裝以蓋鉢，以夏布或紗罩面曝之，俟糖化成滷，梅質酥軟便佳。用桂花亦可。"又："盒梅：蘇製盒梅法，與梅乾同。惟用整玫瑰花上下合之，故名。"又："梅食：用青梅敲碎，鹽醃之，去

水；再入紫蘇、茭白片同揉，使紫蘇汁出，染成紅色。然後曬半乾，乃用糖相間墊之。墊好以紗罩面再曬，俟糖化爲度。此杭州尼庵中擅長，閨閣中亦多製以清閑，亦佳品也。"按，三國魏王肅說，梅諸爲梅菹，即藏梅。賈書《種梅杏》又載"藏梅法"，乃以蜜漬，與乾梅不同。

【梅諸】

即乾藤。此稱先秦時期已行用。見該文。

【烏梅】

"乾藤"之屬。因半黃之梅經烟熏後變烏，故名。此稱南北朝時期已行用。見該文。

【白梅】

"乾藤"之屬。因青梅鹽腌曝乾後表皮泛白，故名。此稱明代已行用。見該文。

【玫瑰梅乾】

"乾藤"之一種。因乾梅製作中加入玫瑰花，故名。此稱清代已行用。見該文。

【盒梅】

"乾藤"之一種。因乾梅用玫瑰上下像盒一樣四面包裹，故名。此稱清代已行用。見該文。

【梅食】

"乾藤"之一種。鹽腌糖漬曝曬而成。此稱清代已行用。見該文。

【乾梅】

即乾藤。此稱清代已行用。清佚名《調鼎集·乾鮮果部》："乾梅：梅滷浸曬多日，取出捏扁，乾透存貯。"

【白李】

"乾果子"之一種。以鹽揉搓黃李使汁瀝出，曝乾即成。因成品表皮泛白，故名。南北朝時期已見此稱及製法，後世亦相沿製作食

用。北魏賈思勰《齊民要術·種李》："作白李法：用夏李。色黄便摘取，於鹽中挼之。鹽入汁出，然後合鹽曬令萎，手捻之令褊。復曬，更捻，極褊乃止。曝使乾。飲酒時，以湯洗之，漉著蜜中，可下酒矣。"宋代"乾果子"中收有"嘉慶子"（宋吳自牧《夢粱録·分茶酒店》）。蓋"嘉慶子"即當時對"白李"或"乾李"之稱呼。明李時珍《本草綱目·果一·李》謂"今人呼乾李爲嘉慶子"，可能是沿襲前代之稱謂。又："〔集解〕其子大者如杯如卵，小者如彈如櫻，其味有甘、酸、苦、澀數種，其色有青、緑、紫、朱、黄、赤、縹綺、胭脂、青皮、紫灰之殊……今人用鹽曝、糖藏、蜜煎爲果，惟曝乾白李有益。其法：夏李色黄時摘之，以鹽挼去汁，合鹽曬萎，去核復曬乾，薦酒、作飣皆佳。"清代有"李乾"，亦此類。清夏曾傳《隨園食單補證·糖色單》："李乾：李乾法與前（按，指該書前面之'玫瑰梅乾''桃脯杏脯'等之製法）同。"

【嘉慶子】

即白李。此稱宋代已行用。見該文。

【李乾】

"白李"之屬。此稱清代已行用。見該文。

【乾蒲萄】

"乾果子"之一種。以蜜、脂、葡萄合煮數沸，漉出陰乾即成。南北朝時期已見。北魏賈思勰《齊民要術·種桃柰》："作乾蒲萄法：極熟者一一零疊摘取，刀子切去蒂，勿令汁出。蜜兩分、脂一分，和内蒲萄中，煮四五沸，漉出陰乾便成矣。非直滋味倍勝，又得夏暑不敗壞也。"明代稱"葡萄乾"。明李時珍《本草綱目·果五·葡萄》："七八月熟，有紫、白二色。

西人及太原、平陽皆作葡萄乾，貨之四方。"清代沿稱"葡萄乾"，亦作"蒲桃乾"。清夏曾傳《隨園食單補證·糖色單》："葡萄乾，京師爲上。蓋其牛乳葡萄，本嘉果也。山西文水縣産者亦佳。"清王士雄《隨息居飲食譜》："〔蒲桃〕北産大而多液，味純甜者良，無核者更勝。可乾可釀。"清吳振棫《養吉齋叢録》卷二四載山西年貢有"葡萄乾三箱"。今市肆所售，多新疆所出。

【葡萄乾】

即乾蒲萄。此稱明代已行用。見該文。

【蒲桃乾】

即乾蒲萄。此稱清代已行用。見該文。

【乾棗】

"乾果子"之一種。日曬乾者或日曬後入器淋酒密封者。南北朝時期已見。南朝梁陶弘景《名醫別録》："〔大棗〕一名乾棗……八月采，曝乾。"南朝宋劉義慶《世説新語·紕漏》："見漆箱盛乾棗。"北魏賈思勰《齊民要術·種棗》："《食經》曰：作乾棗法：新菰蔣露於庭，以棗著上，厚三寸，復以新蔣覆之。凡三日三夜，撤覆露之，畢日曝，取乾，内屋中。率一石，以酒一升，漱著器中，密泥之，經數年不敗也。"又："曬棗法：先治地令净（有草莢，令棗臭）。布椽於箔下，置棗於箔上，以杴聚而復散之，一日中二十度乃佳。夜仍不聚（得霜露氣，乾速成；陰雨之時，乃聚而苫蓋之）。五六日後，别擇取紅軟者，上高厨而曝之（厨上者已乾，雖厚一尺亦不壞）。擇去胮爛者（胮者永不乾，留之徒令汙棗）。其未乾者，曬曝如法。"宋代"天蒸棗"是煮後曬乾者。宋蘇頌《圖經本草·果部·大棗》："南郡（一本作

'都')人煮而後曝及乾，皮薄而皺，味更甘於它棗，謂之天蒸棗。"當時還有"棗圈"，是將棗去皮核焙乾者。宋寇宗奭《本草衍義》："青州人以棗去皮核焙乾以爲奇果。"宋孟元老《東京夢華錄・飲食果子》："又有托小盤賣乾果子，乃旋炒銀杏栗子……棗圈、梨圈、桃圈。"其時之"御棗圈"爲御棗製成之"棗圈"。宋西湖老人《西湖老人繁勝錄・食店》載有"御棗圈"。按，蘇書謂御棗爲大棗中"極美者"，寇書言其"甘美輕脆，後衆棗熟"。元吳瑞《日用本草》："〔大棗〕此即曝乾大棗也，味最良美。"

【天蒸棗】

煮而後曝成之"乾棗"。此稱宋代已行用。見該文。

【棗圈】

去皮核焙烘而成之"乾棗"。因棗去核中空，宛如套圈，故名。此稱宋代已行用。按，宋西湖老人《西湖老人繁勝錄・食店》載有"酥棗兒"，《兒女英雄傳》第三八回言及山東之"焦棗兒"，晚近又有"脆棗"，蓋皆此類。見該文。

【御棗圈】

御棗加工成之"乾棗"。此稱宋代已行用。見該文。

【芭蕉乾】

"乾果子"之一種。以酸梅汁漬芭蕉肉，壓扁曝乾而成。味酸甜。宋代已見。宋范成大《桂海虞衡志・志果》："蕉子，芭蕉極大者，凌冬不凋。中抽幹長數尺，節節有花。花褪，葉根有實，去皮取肉，軟爛如綠柿，極甘冷，四季實。土人或以飼小兒，云性凉，去客熱。以梅汁漬，暴乾，按令扁，味甘酸，有微霜，世

所謂芭蕉乾者是也。"宋蘇頌《圖經本草・草部下品・甘蕉根》："其實亦有青黃之別，品類亦多，食之大甘美，亦可曝乾寄遠，北土得之以爲珍果。"宋孟元老《東京夢華錄・飲食果子》、西湖老人《西湖老人繁勝錄・食店》均載有"芭蕉乾"。

【桃杏乾】

"乾果子"之一種。將桃杏切片，鹽湯焯過，復經蒸曝即成。明代已見。明韓奕《易牙遺意・果實類》："桃杏乾：桃杏用湯入鹽少許，略焯過，眼乾，水蒸而曬之。一枚切作三四片。"清代有"桃乾"，製法異於前代。清佚名《調鼎集・乾鮮果部》："桃乾：鮮紅大熟桃，水燒滾，上籠蒸之，火候不可太過，以皮可剝爲度。去皮，剖開去核，兼之去靠核之絲。每核五斤，加洋糖二斤，入桃腹合成一個，停二三時放篩內，炭火烘過夜，次早再入桃滷烘乾。恐洋糖易焦，須不時翻看。如前製，加洋糖之後，不放篩內，用大木盆貯之。蒂凹向上，將桃汁用茶匙挑入，俟汁足用。或烘曬，不時翻轉，乾透收貯，先期備糖聽用。"清顧仲《養小錄》卷中："桃乾：半生桃，蒸熟，去皮核，微鹽摻拌，曬過，再蒸再曬。候乾，白糖層疊，入瓶封固。飯鍋頓三四次，佳。李乾同此法。"按，《禮記・內則》已見"桃諸"，爲後世諸品之源。

【桃乾】

"桃杏乾"之一種。此稱清代已行用。見該文。

【櫻桃乾】

"乾果子"之一種。清代已見。清顧仲《養小錄》卷中："櫻桃法：大熟櫻桃去核，白糖層

疊，按實瓷盆。半日，傾出糖汁，沙鍋煎滚，仍澆入。一日，取出，鐵篩上加油紙攤匀，炭火焙之，色紅，取下。大者兩個讓一個（讓，套入也），小者三四個讓一個，曬乾。”按，清朱彝尊《食憲鴻秘·果之屬》題作“櫻桃乾”，“讓”作“鑲”。

【楊梅乾】

“乾果子”之一種。楊梅經鹽漬糖浸後曬乾而成。清代已見。時又有“熏楊梅乾”，亦此類。清佚名《調鼎集·乾鮮果部》：“楊梅乾：每三斤，用鹽一兩，醃半日，清湯浸一宿，取出瀝乾。入洋糖二斤、薄荷葉一把，輕揉拌匀，曬乾。”又：“熏楊梅乾：鹽略醃，乾柏枝熏。”

【熏楊梅乾】

“楊梅乾”之烟熏成者。此稱清代已行用。見該文。

【糖蓮乾】

“乾果子”之一種。蓮肉入糖後乾化而成。清代已見。時又有“藕乾”“荸薺乾”，亦此類。清佚名《調鼎集·乾鮮果部》：“糖蓮乾：夏日新蓮子去皮心，洋糖醃一日，曬乾或烘乾貯用。”又：“藕乾：切條煮一二沸，用篾篩晾去水，一層藕，一層糖，醃一復時，仍用篩盛，烘乾，晚復入滷，次日復烘，三次爲度。”又：“荸薺乾：洗净去皮，烘乾。”

【藕乾】

“糖蓮乾”之屬。此稱清代已行用。見該文。

【荸薺乾】

“糖蓮乾”之屬。此稱清代已行用。見該文。

【菱片】

“乾果子”之一種。加糖乾化之菱角切片。此稱清代已行用。清佚名《調鼎集·乾鮮果部》：“菱片：切片，或曬或烘，拌洋糖、熟芝麻末。”

菱糈

菱角曝乾後所剁出之米。南北朝時期已見。南朝梁陶弘景《本草經集注》卷七：“芰實，盧江間最多，皆取火燔，以爲米充糧。今多蒸曝蜜和餌之。”宋蘇頌《圖經本草·果部·芰實》：“實有二種：一種四角，一種兩角。兩角中又有嫩皮而紫色者，謂之浮菱，食之尤美。江淮及山東人曝其實，人以爲米，可以當糧。”明李時珍《本草綱目·果四·芰實》：“嫩時剥食甘美，老則蒸煮食之。野人暴乾剁米，爲飯爲粥，爲餻爲果，皆可代糧。”晚清時期始稱“菱糈”。糈，乾糧。徐珂《清稗類鈔·飲食類》：“菱糈：自寧夏以來黄河北岸蒙古部落，無牛羊畜牧之利。夏秋之交，率就河濱采野菱以自給，冬春則乾以爲糈而食之。”

柿餅

果製品。將柿子蒸熟壓扁或曝乾而成。元代已見，稱“柿餅兒”。元佚名《玎玎璫璫盆兒鬼》第二折：“你到今日，還是這等無禮，待我略用上些氣力，將你來坐做一個柿餅兒。”明代亦稱“白柿”“柿花”，亦作“枾餅”。明李時珍《本草綱目·果二·柿》：“白柿即乾柿生霜者。其法：用大柿去皮捻扁，日曬夜露至乾，内瓮中，待生白霜乃取出，今人謂之柿餅，亦曰柿花。”清代始作“柿餅”。清佚名《調鼎集·乾鮮果部》：“柿餅：蒸熟，壓扁，去核，灑洋糖。柿餅略蒸，更覺軟熟可用，充假耿餅者即此法。”時有“耿餅”，爲一種小而厚之“柿餅”。以山東菏澤耿莊所産最佳，故名。《儒林外史》第一回：“他慌忙打開行李，取出一匹繭紬，一包耿餅，拿過去拜謝了秦老。"《兒女英雄傳》第三八回："其餘便是山東棉綢、大布，恩縣白麵、掛麵、耿餅、焦棗兒、巴魚子、鹽磚。"清吳振棫《養吉齋叢録》卷二四載山東貢品有"耿餅九簍"。

【白柿】

即柿餅。因餅體遍帶白霜，故名。此稱明代已行用。見該文。

【柿花】

即柿餅。因餅體白霜如花，故名。此稱明代已行用。見該文。

【柿餅】

同"柿餅"。此體明代已行用。見該文。

【耿餅】

耿縣所產之"柿餅"。此稱清代已行用。見該文。

【柿條】

"柿餅"切成之條。此稱清代已行用。清佚名《調鼎集・乾鮮果部》："柿條：切條，或切各種花式，嵌胡桃仁。"

衣梅

果製品。乾梅外裹以蜜煉諸藥，薄荷、橘葉作外皮，味美異常。明代已見。《金瓶梅詞話》第六七回："是昨日小價杭州船上捎來，名喚作衣梅。都是各種藥料，用蜜煉製過，滾在楊梅上，外用薄荷、橘葉包裹，纔有這般美味。"

【梅皮】

"衣梅"之屬。糖餞小梅片。清代上海青浦名產。清夏曾傳《隨園食單補證・糖色單》："梅皮，切細片，糖醃之。青浦之出產也。"

炒栗

果製品。宋代已見。其時有"槌栗"，蓋栗之別名（或説，其為栗子之一種），故當時有"炒槌"之稱。宋吳自牧《夢粱録・諸色雜貨》："又沿街叫賣小兒諸般食件……炊餅、槌栗、炒槌、山裏棗、山裏果子。"明代相沿炒食。明李時珍《本草綱目・果一・栗》："山栗之圓而末尖者為錐栗，圓小如橡子者為莘栗，小如指頂者為茅栗，即《爾雅》所謂栭栗也，一名栵栗，可炒食之。"按，錐栗，疑即"槌栗"。"槌""錐"聲近相通。清代稱"炒栗"。清朱彝尊《食憲鴻秘・果之屬》："炒栗，以指染油逐枚潤，則膜不粘。"清顧仲《養小録》卷中："炒栗，先洗净入鍋，勿加水。用油燈草三根，圈放面上，只煮一滾，久悶，甜酥易剥。"清佚名《調鼎集・乾鮮果部》："炒栗：微劃開，皮略炒。每斤約用水一碗，水乾即起，勝於糖炒栗。"今之炒者，往往於市肆繁華處臨街架鍋，揮鏟翻攪，至栗皮橙紅油潤則熟，食之可口。近時又有電鍋炒者，清潔省工，效果亦佳。

【炒槌】

即炒栗。此稱宋代已行用。見該文。

【炒白果栗子】

"炒栗"之一種。以栗肉同白果（即銀杏）合炒，各有香味。宋代稱"旋炒銀杏栗子"，亦稱"旋炒栗子銀杏""炒槌栗銀杏""炒栗子新銀杏"。宋孟元老《東京夢華録・飲食果子》："又有托小盤賣乾果子，乃旋炒銀杏栗子、河北鵝梨、梨條、梨乾。"又《十六日》："都下賣鵪鶉骨飿兒、圓子、餶拍、白腸、水晶鱠、科頭細粉、旋炒栗子銀杏、鹽豉、湯鷄、段金橘、橄欖、龍眼、荔枝。"宋吳自牧《夢粱録・除夜》："合内簇諸般細果、時果、蜜煎、糖煎及市食，如十般糖、澄沙糰、韻果、蜜薑豉、皂兒糕、蜜酥、小蚫螺酥、市糕、五色其豆、炒槌栗銀杏等品。"又《分茶酒店》："秋天有炒栗子新銀杏、香藥、木瓜、桫子等類。"明代稱"炒白果栗子"。明張岱《夜航船·物理·飲食》："炒白果栗子，放油紙撚在内，則皮自脱。"清代稱"栗炒銀杏"。清佚名《調鼎集·乾鮮果部》："栗炒銀杏：生栗取肉，腰劃一刀，拌銀杏炒，各有香味。"按，一説"旋炒銀杏栗子""旋炒栗子銀杏""炒白果栗子"等應中間斷開，作炒栗子、炒銀杏兩樣看待，亦通。但從宋代、明代炒栗每與炒白果并提看，又從清代"栗子炒白果"看，二者可以合炒。作此解似更妥當。

【旋炒銀杏栗子】

即炒白果栗子。此稱宋代已行用。見該文。

【旋炒栗子銀杏】

即炒白果栗子。此稱宋代已行用。見該文。

【炒槌栗銀杏】

即炒白果栗子。此稱宋代已行用。見該文。

【炒栗子新銀杏】

即炒白果栗子。此稱宋代已行用。見該文。

【栗炒銀杏】

即炒白果栗子。此稱清代已行用。見該文。

【糖炒栗】

"炒栗"之加入糖者。此稱清代已行用。清佚名《調鼎集·乾鮮果部》："糖炒栗：取中樣栗，水漂净，浮者揀去，晾乾，擇粗砂糖煮過。先將砂炒熱，入栗拌炒。每栗一斤，用砂一斗。"

炒榧子

果製品。宋代已有麵製小食"糖榧"。榧實之食，始於藥用。南朝梁陶弘景認爲"常食，

治五痔，去三蟲蠱毒，鬼疰惡毒"。唐陳藏器《本草拾遺》謂"子如長檳榔，食之肥美"。宋寇宗奭《本草衍義》謂"其仁黄白色，嚼久漸甘美也"。明李時珍《本草綱目·果三·榧實》謂"彼有美實"，"其仁可生啖，亦可焙收"。宋周密《武林舊事·高宗幸張府節次略》載府中宴請宋高宗之乾果有"榧子"。明代已炒食，稱"法製榧子"。明高濂《遵生八牋·飲饌服食牋下》："法製榧子：將榧子用磁瓦刮黑皮，每斤净用薄荷霜、白糖熬汁拌，炒香燥，入供。"清代稱"炒榧子"。徐珂《清稗類鈔·飲食類》："炒榧子：以榧子浸於水，經一宿，取乾，則其皮皆貼殼，可食。一法，用猪脂炒之，榧皮自脱。"今市肆所售，皆連殼炒熟者，食時將殼敲碎或嚼開，仁果清香異常。

【法製榧子】

即炒榧子。此稱明代已行用。見該文。

杏脯

果製品。杏肉曝乾、糖蜜餞而成。唐代已見，以袪病。宋代相承製作，時有"杏片"，亦此屬。明李時珍《本草綱目·果一·梨》引唐孫思邈語："曝脯食，止渴，去冷熱毒。心之果，心病宜食之。"又引宋寇宗奭《本草衍義》曰："生杏可曬脯，作乾果食之。"宋孟元老《東京夢華録·州橋夜市》："夏月，麻腐鷄皮、麻飲細粉、素簽沙糖、冰雪冷元子、水晶皂兒、生淹水木瓜、藥木瓜、鷄頭穰沙糖、菉豆甘草冰雪涼水、荔枝膏、廣芥瓜兒、醎菜、杏片……皆用梅紅匣兒盛貯。"清夏曾傳《隨園食單補證·糖色單》有"杏脯"食目，謂與桃脯製法"亦相類"。

【杏片】

"杏脯"之片狀者。此稱宋代已行用。見該文。

查條

果製品。查，同"楂"，山楂。山楂切條曝乾蜜餞而成。味酸甜。宋代已見。宋孟元老《東京夢華錄・飲食果子》："〔乾果子〕鎮府濁梨、河陰石榴、河陽查子、查條、沙苑榅桲、回馬孛萄、西川乳糖。"宋周密《武林舊事・市食》"果子"欄下亦有"查條"。

【果丹皮】

"查條"類果製品。以山楂爲主料製作，因色紅，狀如薄牛皮，故名。清代已見。清夏曾傳《隨園食單補證・糖色單》："果丹皮，自西口外來，山西有之。色紫，形如香牛皮。大者數尺，折叠之如緞匹然，上有花紋極細。其味酸甜，大約以山楂爲之。"今糖果貨架習見之，或捲作筒，或折叠作片，表有花紙包裹。

桃脯

果製品。桃肉經蒸煮後曝乾而成，或曝乾後蜜餞而成。柔韌甘美。宋代已見。時有"桃條""桃圈""串桃"，皆此屬。桃條，切作條形者；桃圈，去核中空，如圈環狀者；串桃，桃片成串者。宋西湖老人《西湖老人繁勝錄・食店》："梨條、梨肉、桃條、大蝦巨、蟛鮋乾、大鱘魚、人面乾、江鰫肉。"宋孟元老《東京夢華錄・飲食果子》言托小盤賣乾果子內有"桃圈"，宋吳自牧《夢粱錄・分茶酒店》言乾果子內有"串桃"。明清時期相承製作。清代始稱"桃脯"。明李時珍《本草綱目・果一・桃》："生桃切片瀹過，曝乾爲脯，可充果食。"清夏曾傳《隨園食單補證・糖色單》："桃脯，用小

桃劈開，糖醃，味頗甜……北方成乾，可致遠。南式帶滷。"清佚名《調鼎集・乾鮮果部》："桃脯：大桃蒸熟，去核曬乾，用糖和蜜餞之。"清王士雄《隨息居飲食譜》："〔桃〕可作脯，製醬，造醋。"清吳振棫《養吉齋叢錄》卷二四載河南貢品有"桃脯四瓶"。

【桃條】

"桃脯"之條形者。此稱宋代已行用。見該文。

【桃圈】

"桃脯"之呈環圈狀者。此稱宋代已行用。見該文。

【串桃】

"桃脯"之串狀者。此稱宋代已行用。見該文。

【乾桃片】

"桃脯"之乾片狀者。清代已見。清佚名《調鼎集・乾鮮果部》："乾桃片：取未熟硬桃煮用，或切片曬乾。"

梅花脯

果製品。以山栗、橄欖肉薄切鹽漬而成，頗具梅花風韻，故稱。宋代已見。宋林洪《山家清供・梅花脯》："山栗、橄欖薄切，同拌，加鹽少許，同食，有梅花風韻，名梅花脯。"

梨脯

果製品。梨經蒸煮、乾化、糖蜜餞而成。唐代已見。唐白居易《謝恩賜茶果等狀》："右今日高品杜文清宣進旨，以臣等在院修撰，制問賜茶、果、梨脯等。"宋代有"梨條""梨花""梨肉""梨圈"，皆此屬。宋西湖老人《西湖老人繁勝錄・食店》："蜂兒乾、蓮子肉、糖霜、梨花、梨條、梨肉、桃條。"宋孟元老《東

京夢華録・飲食果子》：“又有托小盤賣乾果子……河北鵝梨、梨條、梨乾、梨肉、膠棗、棗圈、梨圈、桃圈、核桃、肉牙棗。”時“梨條”亦稱“條梨”，出宋吳自牧《夢粱録・分茶酒店》食目内。“梨花”者，梨肉切作花瓣，烘乾而成。元代載製法。元王禎《農書・百穀譜六・梨》：“西路産梨，用刀去皮，切作瓣子，以火焙乾，謂之梨花。嘗充貢獻，實爲佳果，上可供於歲貢，下可奉於盤珍。”明代稱“梨脯”。明李時珍《本草綱目・果二・梨》：“梨有青黄紅紫四色。乳梨即雪梨，鵝梨即綿梨，消梨即香水梨也，俱爲上品……其他青皮、早穀、半斤、沙糜諸梨，皆粗濇不堪，止可蒸煮及切烘爲脯爾。”

【梨條】

“梨脯”之條形者。此稱宋代已行用。見該文。

【梨花】

“梨脯”之作梨花瓣形者。此稱宋代已行用。見該文。

【梨肉】

“梨脯”之去皮、作肉塊狀者。此稱宋代已行用。見該文。

【梨圈】

“梨脯”之中空、作環圈狀者。此稱宋代已行用。見該文。

【條梨】

即梨條。此稱宋代已行用。見該文。

李脯

果製品。去皮核之李烘乾拌糖而成。清代已見。清佚名《調鼎集・乾鮮果部》：“李脯：大黄李去皮核，放篩内烘乾，拌洋糖。”清王士雄《隨息居飲食譜》：“〔李〕亦可鹽曝、糖收、蜜漬爲脯。”

楊梅脯

果製品。清代已見。清夏曾傳《隨園食單補證・糖色單》：“楊梅脯法，與桃杏脯同。然楊梅之鮮者，於諸果中最爲生辣之品，及製爲脯，則同歸甜熟矣。”清王士雄《隨息居飲食譜》：“〔楊梅〕鹽藏、蜜漬、酒浸、糖收，爲脯爲乾，消食止痢，大而純甜者勝。”

櫻桃脯

果製品。櫻桃去核糖漬，炭火烘乾即成。清代已見。清佚名《調鼎集・乾鮮果部》：“櫻桃脯：大熟櫻桃去核，層叠捺實裝瓶，半月傾出糖汁煎滾，仍澆入，一宿取出，鐵挑上加油紙攤匀，炭火焙。其大者兩枚鑲一個，小者三四枚鑲一個，曬乾，色仍鮮紅。”清夏曾傳《隨園食單補證・糖色單》：“櫻桃脯，法與前（按，指桃脯、杏脯）同。”清吳振棫《養吉齋叢録》卷二四載河南貢品有“櫻桃脯四瓶”。

煮栗

果製品。栗，煮、蒸、炒皆可食。《韓非子・外儲説右下》載：秦饑，應侯請發五苑棗栗。唐代已見煮食。唐唐彦謙《梅亭》詩：“丁寧速賒酒，煮栗試砂瓶。”明李時珍《本草綱目・果一・栗》引唐孟詵曰：“火煨去汗，亦殺水氣；生食則發氣；煮蒸炒熟食則壅氣。”又：“蓋風乾之栗，勝於日曝；而火煨油炒，勝於煮蒸。仍須細嚼，連液吞嚥，則有益；若頓食至飽，反致傷脾矣。”清袁枚《隨園食單・點心單》：“新出之栗爛煮之，有松子仁香。厨人不肯煨爛，故金陵人有終身不知其味者。”清夏曾傳補證：“杭之滿覺隴多栗與桂，故新栗亦有桂花香，以冰糖煮食最宜。"清佚名《調鼎集·乾鮮果部》："煮栗子、銀杏，用油燈草三四根圈鍋面，或入油紙燃在內，其皮自脱。"

煮荸薺

果製品。明代已見。明李時珍《本草綱目·果四·烏芋》："野生者黑而小，食之多滓；種出者紫而大，食之多毛。吳人以沃田種之，三月下種，霜後苗枯，冬春掘收爲果，生食煮食皆良。"按，種植之烏芋即荸薺。清代有"餾荸薺"，係將荸薺蒸熟去皮，裹以粉糊，猛火溜炸而成。清薛寶辰《素食説略》："餾荸薺：荸薺煮熟去皮，整個纏以粉糊，猛火溜炸之，搭芡起鍋，甚脆美。"

【餾荸薺】

"煮荸薺"之屬。此稱清代已行用。見該文。

煮菱

果製品。菱，即芰。李時珍《本草綱目·果四·芰實》中云："《左傳》屈到嗜芰，即此物。"明代已見煮食。明李時珍《本草綱目·果四·芰實》："其角硬直刺人，其色嫩青老黑，嫩時剝食甘美，老則蒸煮食之。野人暴乾剁米，爲飯爲粥，爲饎爲果，皆可代糧。"清夏曾傳《隨園食單補證·點心單》："菱有數種，刺菱小如指，僅能生食。水紅菱亦可煮食。吳門之餛飩菱角無刺，以銅鍋煮熟，殼青不變，香糯異常。八九月茶肆有之。"清佚名《調鼎集·乾鮮果部》："鮮菱，菱池中自種者佳，現起現煮，菱魂猶在殼中也。"又："煮風菱：風老菱剝肉，加洋糖煮。"按，風菱，風乾之菱。

煮蓮子

果製品。將去皮、心蓮子煮爛，加糖而食。見於清代。清薛寶辰《素食説略》："煮蓮子：

蓮子以開水浸軟，去皮、心。再以開水煮爛，加冰糖或白糖食之，加糖漬黃木樨少許，尤清芬撲鼻也。蓮子始終不敢見生水，見生水則還元，生硬不能食矣。"時亦稱"煮蓮肉"。明李時珍《本草綱目·果四·蓮藕》："〔蓮肉〕至秋房枯子黑，其堅如石，謂之石蓮子。八九月收之，斫去黑殼，貨之四方，謂之蓮肉。"清朱彝尊《食憲鴻秘·果之屬》："煮蓮肉：水極滾時下鍋則易爛而鬆膩。"清袁枚《隨園食單·點心單》："蓮子，建蓮雖貴，不如湖蓮之易煮也。大概小熟抽心去皮後，下湯用文火煨之，悶住合蓋，不可開視，不可停火，如此兩炷香，則蓮子熟時不生骨矣。"

【煮蓮肉】

即煮蓮子。此稱清代已行用。見該文。

柰脯

果製品。以柰肉切剖曝乾而成。柰，清吳其濬《植物名實圖考》以爲即今之蘋果。見於漢代，延及近世。《釋名·釋飲食》："柰脯，切柰暴乾之如脯也。"魏晉時期亦稱"頻婆糧"。頻婆，柰之別名。明李時珍《本草綱目·果二·柰》引晉郭義恭《廣志》："西方例多柰，家家收切，暴乾爲脯，數十百斛，以爲蓄積，謂之頻婆糧。"北魏賈思勰《齊民要術·柰林檎》："作柰脯法：柰熟時，中破，曝乾即成矣。"

【頻婆糧】

即柰脯。此稱魏晉時期已行用。見該文。

柰油

果製品。猶乾稠之蘋果凍。取柰搗汁塗繒或器上，曝乾後色如油，故名。始見於漢代。《釋名·釋飲食》："柰油，搗柰實，和以塗繒上，燥而發之，形似油也。杏油亦如之。"明代稱"果單"。明李時珍《本草綱目·果二·奈》："今關西人以赤奈、楸子取汁塗器中，暴乾名果單是矣。味甘酸，可以饋遠。"按，"楸子"爲秋熟之小蘋果。

【果單】

即奈油。單，厚也。此稱明代已行用。見該文。

棗油

果製品。猶乾稠之棗凍。以紅軟乾棗煮後取出，研細絞汁，汁於盤上曝乾如油。始見於漢代，延及後世。北魏賈思勰《齊民要術·種棗》："棗油法。鄭玄曰：棗油，擣棗實，和，以塗繒上，燥而形似油也。乃成之。"晋盧諶《祭法》："春祀用棗油。"明李時珍《本草綱目·果一·棗》："擣膠棗曬乾者爲棗油。其法：取紅軟乾棗入釜，以水僅淹平，煮沸漉出，砂盆研細，生布絞取汁，塗盤上曬乾，其形如油。以手摩刮爲末收之。每以一匙，投湯碗中，酸甜味足，即成美漿。用和米麨，最止饑渴，益脾胃也。"按，繆啓愉《齊民要術》校釋謂：鄭玄之語，未詳所出，可能是逸文。《釋名·釋飲食》"奈油"之製，與"棗油"全同，文字亦略無出入，疑"鄭玄"乃"釋名"之誤。

杏子油

果製品。杏仁榨取之液態油。元代已見。元忽思慧《飲膳正要·諸般湯煎》："杏子油：杏子（不以多少，連皮擣碎）。右件水煮，熬取浮油；綿濾净，再熬成油。"

松子油

果製品。松子中榨取之液態油。元代已見。元忽思慧《飲膳正要·諸般湯煎》："松子油：松子（不以多少，去皮，擣研爲泥）。右件水絞取汁，熬成取浮清油，綿濾净，再熬，澄清。"

奈麨

果製品。以奈（即蘋果）製成的一種粉末狀冲服劑。見於南北朝時期。北魏賈思勰《齊民要術·奈林檎》："作奈麨法：拾爛奈，内甕中，盆合口，勿令蠅入。六七日許，當大爛，以酒淹，痛抨之，令如粥狀。下水，更抨，以羅漉去皮、子。良久，清澄，瀉去汁，更下水，復抨如初，嗅看無臭氣乃止。瀉去汁，置布於上，以灰飲汁，如作米粉法。汁盡，刀劚，大如梳掌，於日中曝乾，研作末，便成。甜酸得所，芳香非常也。"

酸棗麨

果製品。用酸棗製成的一種粉末狀乾劑，以水冲服味美。類似今時之"橘子粉""椰子粉"。見於南北朝時期。北魏賈思勰《齊民要術·種棗》："作酸棗麨法：多收紅軟者，簿上日曝令乾。大釜中煮之，水僅自淹。一沸即漉出，盆研之。生布絞取濃汁，塗盤上或盆中。盛暑，日曝使乾，漸以手摩挲，散爲末，以方寸匕投一碗水中，酸甜味足，即成好漿。遠行用和米麨，饑渴俱當也。"

杏麨

果製品。杏汁曝乾後形成之麵劑，可冲服，鮮美沁脾。明代已見。明李時珍《本草綱目·果一·杏》："凡杏熟時，榨濃汁，塗盤中曬乾，以手摩刮收之，可和水調麨食，亦五果爲助之義也。"清代亦稱"杏粉""杏漿"。清佚名《調鼎集·乾鮮果部》："杏粉：熟杏研爛，絞汁磁盤，晒干收貯，可和水飲，可和麵粉用。又，去皮晒干磨粉，加入諸饌，葷素咸宜。"清顧仲《養小録》卷中、朱彝尊《食憲鴻秘·果之屬》此段文字題目均作"杏漿"。

【杏粉】

即杏麨。此稱清代已行用。見該文。

【杏漿】

即杏麨。此稱清代已行用。見該文。

柿霜

果製品。柿子曝乾後表皮所聚霜散，可冲服及藥用。明代已見。時作"柿霜"。明李時珍《本草綱目·果二·柿》："柿霜：白柿即乾柿生霜者。其法：用大柿去皮捻扁，日曬夜露至乾，内瓮中，待生白霜……其霜謂之柿霜。"又附方引鄧筆峰《衛生雜興》："臁脛爛瘡：用柿霜柿蒂等分，燒研傅之甚妙。"清代作"柿霜"。清吳振棫《養吉齋叢録》卷二四："山東撫進：吉祥菜五匣、岡榴五桶、萬年青五匣、耿餅九簍、長生果五桶、柿霜九匣。"

【柿霜】

同"柿霜"。此體明代已行用。見該文。

香櫞皮霜

果製品。具香櫞味之散劑。因於香櫞皮上霜結而成，故名。清代已見。清佚名《調鼎集·乾鮮果部》："香櫞皮霜：香櫞對半切開，取皮切斜片，滾湯一焯即起出，用清水浸，一日一換。七日後，又燒開水，一焯起出，瀝乾，貯大盆内，用洋糖薄薄鋪匀。隔二日可入味，曬八分乾，再拌洋糖，棉紙襯篩攤曬，上霜貯用。與佛手同。每香櫞五斤，用洋糖一斤。又，香櫞皮蒸熟，用河水泡去澀味，披薄片，洋糖爲衣，烘乾用。"

雞豆散

果製品。雞豆，即芡實。以雞豆、金銀花、乾藕同蒸熟曝乾，研爲粉。冲服健脾胃。清代已見。清佚名《調鼎集·乾鮮果部》："雞豆散：雞豆去殼，金銀花、乾藕（切片）各一斤，蒸熟曝乾，捋細爲末。食後滾湯服二錢，健脾胃，去留滯。"按，取雞頭粉食之，由來久遠。明李時珍《本草綱目·果六·芡實》引唐孟詵云"可春取粉用"。《調鼎集》亦載"雞豆粉"，謂"曬乾去殼，磨粉，加洋糖冲服"。

荔枝膏

果製品。以荔枝汁和糖蜜製成之膏狀甜食。始見於宋代。宋吳自牧《夢粱録·諸色雜貨》："如戲劇糖果之類：行嬌惜……十般糖、花花糖、荔枝膏、縮砂糖。"明代載其製法。明徐燉《荔枝譜》："取荔初熟者，味帶微酸時榨出白漿，將蜜匀煮，蜜熟爲度，置之磁瓶，箬葉封口完固，經月漿蜜結成香膏，食之美如醴酪。荔肉仍以白蜜緩火熬熟，净磁器收之，最忌近鐵。"按，宋西湖老人《西湖老人繁勝録·諸般水名》下有"荔枝膏"，則此顯爲飲料。宋孟元老《東京夢華録·是月巷陌雜賣》有"涼水荔枝膏"，吳自牧《夢粱録·夜市》有"水荔枝膏"，此二者皆以"水"爲，殆亦飲料，與"戲劇糖果之類"的荔枝膏殆同名異物。

橙膏

果製品。以橙皮和蜜製成之軟膏狀晶體果凍。酸甜相宜。明代已見。明李時珍《本草綱目·果一·橙》："其皮可以熏衣，可以芼鮮，可以和菹醢，可以爲醬虀，可以蜜煎，可以糖製爲橙丁，可以蜜製爲橙膏。嗅之則香，食之則美，誠佳果也。"清代亦稱"橙糕"。清顧仲

《養小録》卷上："橙糕：黄橙四面用刀切破，入湯煮熟，取出，去核搗爛，加白糖，稀布裂汁，盛瓷盤，再頓過，凍就切食。"

【橙糕】

即橙膏。此稱清代已行用。見該文。

梅醬

果醬類。以梅子汁經曬而成，夏日可調水消渴。明代已見。明李時珍《本草綱目·果一·梅》："熟者笮汁曬收爲梅醬……梅醬夏月可調渴水飲之。"清代相承製作，有"醶（鹹）梅醬""甜梅醬"之别。清朱彝尊《食憲鴻秘·醬之屬》："梅醬：三伏取熟梅搗爛，不見水，不加鹽，曬十日，去核及皮，加紫蘇，再曬十日收貯。用時或入鹽，或入糖。梅經伏日曬，不壞。"又："醶梅醬：熟梅一觔，入鹽一兩，曬七日，去皮、核，加紫蘇，再曬二七日，收貯。點湯和冰水，消暑。"又："甜梅醬：熟梅先去皮，用絲綫刻下肉，加白糖，拌匀，重湯頓透，曬一七，收藏。"清夏曾傳《隨園食單補證·糖色單》："梅醬，以青梅蒸熟，去皮核，用糖拌匀即是。有生梅搗者，則不用蒸。惟不能久，久則泛沫而味變矣。此物有能以下飯者。"

【醶梅醬】

"梅醬"之味鹹者。此稱清代已行用。見該文。

【甜梅醬】

"梅醬"之味甜者。此稱清代已行用。見該文。

【烏梅醬】

"梅醬"之以烏梅製作者。烏梅，半黄之梅實經烟熏者。此稱清代已行用。清佚名《調鼎集·乾鮮果部》："烏梅醬：烏梅一斤洗净，連核搥碎，加沙糖五斤拌匀，隔湯煮一炷香，伏天取用。"

杏仁漿

果醬類。通常以杏仁磨漿加糖製成。清代已見。清佚名《調鼎集·乾鮮果部》："杏仁漿：先將杏仁去皮、尖，與上白飯米對配磨漿，加糖，燉熟作茶。或單用杏仁磨漿、加糖。或杏仁爲君，米用三分之一，設無小磨，用臼搗爛，布濾亦可。又，甜杏仁泡去皮、尖，換水浸一宿，如磨豆腐式，澄去水，加薑汁少許，洋糖點飲。"

棗䴸

果醬類。以熟爛如泥之棗肉配以果仁、糖等製成。細膩香甜。見於清代。清薛寶辰《素食説略》："棗䴸：大棗煮熟，去皮、核，搓碎，裝入碗内。實以澄沙，或扁豆，或薏米，或去皮核桃仁，加糖蒸透，翻碗，棗上再覆以糖，甚爲甘美。實山藥䴸又别一風味也。"

冰果

冰鎮果品。宜夏日食，消暑生凉。清代已見。徐珂《清稗類鈔·飲食類》："京師人食冰果。京師夏日之宴客，釘盤既設，先進冰果。冰果者，爲鮮核桃、鮮藕、鮮菱、鮮蓮子之類，雜置小冰塊於中，其凉徹齒而沁心也。此後則繼以熱葷四盤。"

冰糖壺盧

果製品。以尺許長細竹籤串以山楂、橘子瓣、菜山藥、山藥豆、海棠果等，於化開煮沸之冰糖鍋内一蘸，冷却後糖脆果香甜。以山楂所做最習見，味最美。北方俗稱"糖堆兒"。舊時北京廠甸所售最有名，有長數尺者。多見於清代，延及今時。今多作"冰糖葫蘆"。清富察敦崇《燕京歲時記》："冰糖壺盧乃用竹籤貫以葡萄、山藥豆、海棠果、山裏紅等物，蘸以冰糖，甜脆而凉。冬夜食之頗能去煤炭之氣。"

第四節　蜜漬考

蜜漬，以蜜或糖浸漬果品及魚肉菜。初始本指一種烹飪技巧或過程，久而久之，把以此法製出之成品以"蜜煎""糖煎""蜜餞"等相稱，也就成爲一種特定小食。

蜜糖腌藏，原本菹虀之屬。由於經此加工，食物益其甜美，便於存儲，祛疾健身，遂廣泛行用開來，終於自成門户，形成蜜餞系列食品。

蜜漬之源，肇自先秦。時人已以蜜、飴調和飲食，使之甘甜適口。《禮記・内則》："饘、酏、酒醴、芼羹、菽、麥、蕡、稻、黍、粱、秫，唯所欲；棗、栗、飴、蜜以甘之。"孔穎達疏："謂以此棗栗飴蜜以和甘飲食。"至戰國時期，出現了以蜜調和米麪製成之糕餅——蜜餌。《楚辭・招魂》："粔籹蜜餌，有餦餭些。"王逸注："言以蜜和米麪熬煎作粔籹。"以上二例，雖非真正意義之蜜漬，然蜜漬實濫觴於此。

"蜜漬"一語，首次出現於三國時期；"蜜漬梅"，蓋首見之蜜漬果品。《三國志・吳書・三嗣主傳・孫亮》"日於苑中習焉"裴松之注引《吳曆》曰："〔孫亮〕使黄門至中藏取蜜漬梅，蜜中有鼠矢。"此後蜜漬作爲一種重要腌藏方法行用。《南齊書・良政傳・虞愿》："帝素能食，尤好逐夷，以銀鉢盛蜜漬之。"《太平御覽》卷九六一引唐杜寶《大業拾遺録》："〔都念子樹〕其子小於柿子，甘酸至美，蜜漬爲粽，益佳。"南北朝時省稱"蜜"，仍是"蜜漬"之義。北魏賈思勰《齊民要術・作菹藏生菜法》記載有"蜜薑"製法，"蜜薑"即"蜜漬薑"。唐代慣用"煎"字表示，其時方物貢品有"梅煎""荔枝煎"等（見《新唐書・地理志六》）。《方言》第七："凡有汁而乾謂之煎。"蜜漬正是以蜜汁浸而乾之，即"煎"義，故此後"煎"字廣泛行用。

宋代"蜜煎""糖煎""糖蜜煎"就開始作爲特定食品專名出現。宋西湖老人《西湖老人繁勝録・食店》在"蜜煎"下一連列出所統領之蜜金橘、蜜木瓜、蜜林檎、蜜金桃、蜜李子、蜜木彈、蜜橄欖、蜜根、蜜杏等十來種腌藏果品；宋吳自牧《夢粱録・除夜》把"諸般細果、時果""市食"與"蜜煎""糖煎"相提并論；宋周密《武林舊事・市食》則把

"炒團""查條""甘露餅""酪麵""芽豆""荔枝膏"等與"諸色糖蜜煎"等同看待。宋陳元靚《事林廣記·癸集》設有一條"造蜜煎法","蜜煎"成爲製造對象。以上例證説明,"蜜煎""糖煎"已經由腌漬方法成爲由此腌漬方法製出之成品。煎,古字;餞,今字。古之"蜜煎",即今之"蜜餞"。今之"果餞",即古之"果煎"。徐珂《清稗類鈔·飲食類》:"俗稱蜜浸果品爲蜜煎,蓋原於吳自牧《夢梁録》所載'除夕,内司意思局進呈精巧消夜果子合,合内簇諸般細果、時果、蜜煎、糖煎等品'也,是宋時已有此稱矣。後改爲蜜餞。順康間,滇西多蜜餞物。"

蜜餞食品,宋代多以"蜜""煎""糖"爲名。以"蜜"爲名者,除上面舉出者外,尚有"蜜棗兒"(《武林舊事》)、"蜜藕"(宋蘇軾《石芝》詩)等;以"煎"爲名者,有"煎金橘""煎地黄""煎櫻桃""煎荔枝"(《事林廣記》)、"櫻桃煎"(宋孟元老《東京夢華録》)、"瓜蔞煎"(《武林舊事》)等;以"糖"爲名者,有"間道糖荔枝"(《東京夢華録》)、"糖烏李"(《西湖老人繁勝録》)等。元代多以"煎"爲名。元忽思慧《飲膳正要·諸般湯煎》列有"木瓜煎""香圓煎""株子煎""紫蘇煎""金橘煎""桃煎""櫻桃煎""小石榴煎"等。"蜜餞"之體,蓋始自明代。明張岱《夜航船·物理·果品》:"蜜餞夏月多酸,可用大缸盛細沙,時以水浸濕,置瓶其上即不壞。"此後以"蜜餞""餞"命名之食始多。如清代"蜜餞冬筍""蜜餞乾菜""蜜餞黄芽菜""餞梅""蜜餞枇杷""餞橄欖""餞橘""蜜餞金橘""餞糖球(山裏紅)""蜜餞玫瑰桂花朵""餞菊"(清佚名《調鼎集》)等。今時多沿用清代"蜜餞"之稱。參見本卷《雜食説·果製品考》。

蜜漬

本爲動詞,指以蜜或糖等浸漬腌藏物品。被漬品多爲木果,亦得以魚肉菜等爲之。後演變爲名詞,專指以此法製成之食品。此類食品,先秦時期已見。《禮記·内則》所謂"飴、蜜以甘之"即是最早的糖蜜漬品。"蜜漬"之稱,始見於三國時期,時有"蜜漬梅"(見本卷《雜食説·蜜漬考》文)。宋代亦稱"蜜煎""糖煎""糖蜜煎"。宋西湖老人《西湖老人繁勝録·食店》:"蜜煎:蜜金橘、蜜木瓜、蜜林檎、蜜金桃、蜜李子、蜜木彈、蜜橄欖。"又:"糖煎尤多,擔杖擡木架子:香藥灌肺、七寶科頭、雜合細粉、水滑、糍糕、玲瓏劃子、金鋌裹蒸。"宋周密《武林舊事·市食》:"烏梅糖、玉柱糖、乳糖獅兒、薄苛蜜、琥珀蜜、餳角兒、諸色糖蜜煎。"元代亦稱"蜜釀"。元倪瓚《雲林堂飲食制度集》載有"蜜釀蜻蜓"。清代亦稱"糖醃","蜜煎"亦作"蜜餞"。清佚名《調鼎集》有"糖醃金橘""蜜餞黃芽菜"等。

【蜜煎】

即蜜漬。煎，通"餞"。此稱宋代已行用。見該文。

【蜜餞】

即蜜漬。此體清代已行用。見該文。

【糖煎】

即蜜漬。此稱宋代已行用。見該文。

【糖蜜煎】

即蜜漬。此稱宋代已行用。見該文。

【蜜釀】

即蜜漬。此稱元代已行用。見該文。

【糖醃】

即蜜漬。此稱清代已行用。見該文。

蜜漬梅

蜜漬果品。梅性酸，蜜性甘，蜜漬後酸甜適口。始見於三國時期。《三國志·吳書·三嗣主傳·孫亮》"日於苑中習焉"裴松之注引《吳曆》曰："亮後出西苑，方食生梅，使黃門至中藏取蜜漬梅，蜜中有鼠矢。"唐代稱"梅煎"，爲江南方物貢品。《新唐書·地理志五》："〔洪州豫章郡〕土貢：葛、絲布、梅煎、乳柑。"又《地理志六》："〔成都府蜀郡〕土貢……蔗糖、梅煎、生春酒。"元明時期亦相沿製食。清汪灝等《廣群芳譜·果譜·梅》引元佚名《居家必用事類全集·飲食類》："〔梅〕亦可糖藏蜜煎作果……或搗爛，加蜜適中，調湯微煮飲。"明李時珍《本草綱目·果一·梅》："亦可蜜煎、糖藏，以充果飣。"明代亦稱"蜜梅"。明韓奕《易牙遺意·果實類》："蜜梅：極脆青梅一斤，鹽一兩，礬半兩，浸梅如前糖脆梅法。去其酸味，投蜜中三五次，換蜜。其梅下蜜，還

可作湯用。"清代亦稱"餞梅"。清佚名《調鼎集·乾鮮果部》："餞梅：去皮核，用熬過洋糖餞。"

【梅煎】

即蜜漬梅。煎，同"餞"，浸漬加入。此稱唐代已行用。見該文。

【蜜梅】

即蜜漬梅。此稱明代已行用。見該文。

【餞梅】

即蜜漬梅。此稱清代已行用。見該文。

【藏梅】

"蜜漬梅"之一種。先鹽醃，後蜜漬。南北朝時期已見。蜀中善於製此，保存製法。北魏賈思勰《齊民要術·種梅杏》："蜀中藏梅法：取梅極大者，剝皮陰乾，勿令得風。經二宿，去鹽汁，內蜜中。月許更易蜜，經年如新也。"

【蜜漬昌元梅】

"蜜漬梅"之一種。梅爲昌元所產。宋代已見。宋周密《武林舊事·都人避暑》："時物則新荔枝、軍庭李（二果產閩），奉化項里之楊梅……蜜漬昌元梅，木瓜豆兒，水荔枝膏，金橘，水糰，麻飲芥辣，白醪涼水，冰雪爽口之物。"

【替核釀梅】

"蜜漬梅"之一種。宋代已見。以去核黃梅於特製加蜜與糖之膏劑中釀成。宋陳元靚《事林廣記·癸集》："替核釀梅：木芪三十個，去皮蘇葉半斤，菖蒲四兩細切，用鹽二兩，淹一宿，曬乾。別用砂糖一斤半、蜜半斤、桂末半兩、甘草末一兩、縮砂末一分拌和，蒸三兩次令爛，攪勻。別以大黃梅二百個，同鹽三兩，盆內擦軟，日曬半乾，去核，一處拌勻，慢火

略焙燥，入器收之。”

【糖脆梅】

"蜜漬梅"之屬。此稱宋代已行用。宋周密《武林舊事·市食》"果子"類載有"糖脆梅"，因以糖漿漬梅，故名。明韓奕《易牙遺意·果實類》："糖脆梅：官成梅一斤。此梅肉多核小，圓者佳。飛鹽一兩，白礬半兩，量水調勻，下缸浸梅子，没至背。五六日後梅黄，量數漉出，以水淋鹽礬，去氣味盡。每個切去核，再下白水浸一宿，令味淡。若嘗得味酸，再換水，浸至淡。滚湯焯過，瀝乾，滚糖漿，候温，浸一宿，漉出，再將糖漿滚熱焯過，瀝乾。待梅并糖漿温，并浸梅在糖漿内。如漿濃，則可久留。温則梅不皺。煮須如此，再瀝再浸，三五次，則佳矣。"清代亦稱"糖青梅"。清佚名《調鼎集·乾鮮果部》："糖青梅：大青梅磕碎去核，滚水略焯，多加洋糖拌曬，日久，味也脆而青。"

【糖青梅】

即糖脆梅。此稱清代已行用。見該文。

【風雨梅】

"蜜漬梅"之屬。清代已見。以糖或蜜浸成。清夏曾傳《隨園食單補證·糖色單》："風雨梅，光福、天平諸山寺妙品也。寺僧采梅醃之，色青而味脆，上口即碎，食盡無渣，其法非市肆所能及。游山客至，則出以供客；若買之，則名貴異常，不可多得。"清佚名《調鼎集·乾鮮果部》："風雨梅：焯去澀味，晾乾，每個襯玫瑰花一朵，浸熟蜜水，加菏荷少許。"徐珂《清稗類鈔·飲食類》："婁江市上有糖梅，味極甘脆，名風雨梅。錢枚之妻善作之。既悼亡，某年夏，有以此梅見寄者，枚因感賦一詞

《調寄望梅》。詞云：'江城夏五，正梅肥時候，風風雨雨。記窗前，一樹青青，早吩咐園丁，傾筐摘取。親手搓挲，更方法，從頭説與。青錢細簁，白蜜生淹，紅瓷封貯。追思十年前事，悵綠幺弦斷，翠奩香炷。又江南，節物登盤，問舊時滋味，何嘗如許？春夢銷沉，訪嫩緑，池塘何處？剩微酸，一點常在，心頭留住。'"

蜜橄欖

蜜漬果品。晋代已見，後世相承製作食用。北魏賈思勰《齊民要術·五穀果蓏菜茹非中國物産者》引晋嵇含《南方草木狀》："橄欖子，大如棗，大如鷄子。二月華色，仍連著實。八月、九月熟。生食味酢，蜜藏仍甜。"宋代始稱"蜜橄欖"。宋西湖老人《西湖老人繁勝録·食店》："蜜煎：蜜金橘、蜜木瓜……蜜橄欖。"明李時珍《本草綱目·果三·橄欖》引唐孟詵曰："其樹大數圍。實長寸許，先生者向下，後生者漸高。熟時生食味酢，蜜漬極甜。"又引宋馬志曰："又有一種波斯橄欖，生邕州。色類相似，但核作兩瓣，蜜漬食之。"又時珍曰："橄欖樹高，將熟時以木釘釘之，或納鹽少許於皮内，其實一夕自落……其子生食甚佳，蜜漬、鹽藏皆可致遠。"清汪灝等《廣群芳譜·果譜·橄欖》："野生者樹峻而子繁，蜜漬鹽醃皆可藏久，用之致遠作佳果。"清代稱"餞橄欖"。清佚名《調鼎集·乾鮮果部》："餞橄欖：磁鋒刮去外皮，用河水入沙銚内，煮三四沸即軟，銅刀刻花，以熬過洋糖餞。"

【餞橄欖】

即蜜橄欖。此稱清代已行用。見該文。

蜜木瓜

蜜漬果品。始見於南北朝時期。時稱"藏

木瓜”。以鹽蜜合浸。北魏賈思勰《齊民要術·種木瓜》：“《食經》藏木瓜法：先切去皮，煮令熟，著水中，車輪切，百瓜用三升鹽、蜜一斗漬之。晝曝，夜內汁中。取令乾，以餘汁密藏之。”宋以後多以蜜漬，始稱“蜜木瓜”。元代稱“蜜煎木瓜”。宋西湖老人《西湖老人繁勝錄·食店》：“蜜煎：蜜金橘、蜜木瓜、蜜林檎。”明李時珍《本草綱目·果二·木瓜》：“木瓜性脆，可蜜漬之爲果。”清汪灝等《廣群芳譜·果譜·木瓜》引元羅天益《衛生寶鑑》：“劉太保日食蜜煎木瓜三五枚。”又引《清供錄》：“木瓜不計多少，去皮穰核，取净肉一斤爲率，切作方寸大薄片。先用三斤或四五斤，於砂石銀器內慢火熬開濾過，次入木瓜片同前，如滾起汎沫，旋旋掠去。煎兩三個時辰，嘗味如酸，入蜜，須要酸甜得中。用匙挑出，放冷器內，候冷再挑起。其蜜稠硬，入絲不斷者爲度。”

【藏木瓜】

即蜜木瓜。此稱南北朝時期已行用。見該文。

【蜜煎木瓜】

即蜜木瓜。此稱元代已行用。見該文。

【木瓜煎】

“蜜木瓜”之屬。爲糖餞木瓜。此稱元代已行用。元忽思慧《飲膳正要·諸般湯煎》：“木瓜煎：木瓜（十個，去皮穰，取汁熬水盡），白沙糖（十斤，煉净）。右件一同再熬成煎。”

荔枝煎

蜜漬果品。唐代已見。亦稱“藏荔支”。《新唐書·地理志六》：“戎州南溪郡……土貢：葛纖、荔枝煎。”唐段成式《酉陽雜俎·酒食》：“麻胡麥、藏荔支。”宋代亦稱“煎荔枝”“蜜煎荔枝肉”。宋陳元靚《事林廣記·癸集》：“煎荔枝法：荔枝和皮曬一日，頻一番轉，令匀。次日取肉，每一斤，用白蜜一斤半於銀石器內慢火煎百十沸，却以文武火養一日。磁鉢攤開，於日中曬蜜濃也。”又：“藏果子法上：生荔枝臨熟者，摘入瓮，澆蜜浸之，油紙緊封瓮口，勿令滲水，投井中，雖久不損。”《説郛》卷七七引宋蔡襄《荔枝譜》：“蜜煎，剝生荔枝，榨去其漿，然後蜜煮之。予前知福州，用曬及半乾者爲煎，色黃白而味美可愛。”明李時珍《本草綱目·果三·荔枝》引宋蘇頌曰：“福唐歲貢白曝荔枝、蜜煎荔枝肉，俱爲上方珍果。”又時珍曰：“荔枝炎方之果，性最畏寒，易種而根浮。其木甚耐久，有經數百年猶結實者。其實生時肉白，乾時肉紅。日曬火烘，鹵浸蜜煎，皆可致遠。”明張岱《夜航船·物理·果品》：“閩中藏生荔枝，六七分熟者，用蜜一甕浸之，密扎，令水不入，投井中，用時取出，其色如鮮。”清代繼續製作，亦稱“蜜餞荔枝”。清汪灝等《廣群芳譜·果譜·荔枝》：“煎荔枝。荔初熟時，乘露連蒂摘下。以黃蠟熬匀，封點蒂上，勿令脫落，盛之罐中。將冬蜜煮熟得宜，俟蜜冷，浸之；蜜過於荔，始不洩氣。藏至來春，開視如鮮。取蜜當以荔枝花釀者爲第一。臞仙謂臨熟時摘入甕中，澆蜜浸之，以油紙封固甕口，勿令滲水。投井中，雖久不損。”《紅樓夢》第八二回：“我們姑娘叫給姑娘送了一瓶兒蜜餞荔枝來。”

【藏荔支】

即荔枝煎。此稱唐代已行用。見該文。

【煎荔枝】

即荔枝煎。煎，通“餞”。此稱宋代已行

用。見該文。

【蜜煎荔枝肉】

即荔枝煎。此稱宋代已行用。見該文。

【蜜餞荔枝】

即荔枝煎。此稱清代已行用。見該文。

【間道糖荔枝】

"荔枝煎"之一種。蓋以糖漬，故名。此稱宋代已行用。宋孟元老《東京夢華錄·州橋夜市》："夏月，麻腐鷄皮、麻飲細粉、素簽沙糖……香糖果子、間道糖荔枝、越梅、鋸刀紫蘇膏、金絲黨梅、香根元，皆用梅紅匣兒盛貯。"

蜜杏

蜜漬果品。見於宋代。杏性酸，蜜性甘，漬後則酸甜適度，宜人服食。宋韓駒《夜與疏山清公對語因設果供戲成長句》："黃甘十子近著霜，醮梅蜜杏經年藏。"宋西湖老人《西湖老人繁勝錄·食店》："蜜煎：蜜金橘、蜜木瓜、蜜林檎……蜜杏。"

蜜李子

蜜漬果品。始見於宋代，延及明清。宋西湖老人《西湖老人繁勝錄·食店》："蜜煎：蜜金橘、蜜木瓜、蜜林檎、蜜金桃、蜜李子、蜜木彈、蜜橄欖。"明李時珍《本草綱目·果一·李》："今人用鹽曝、糖藏、蜜煎爲果。"清汪灝等《廣群芳譜·果譜·李》："嘉慶子，取朱李蒸熟曬乾，又糖藏蜜煎皆可久留。"按，嘉慶子，李子別名。

蜜林檎

蜜漬果品。林檎，即沙果，又名花紅。始見於宋代，延及後世。清代詳載漬法，稱"冷金丹"。宋西湖老人《西湖老人繁勝錄·食店》：

"蜜煎：蜜金橘、蜜木瓜、蜜林檎。"清汪灝等《廣群芳譜·果譜·林檎》："林檎百枚，蜂蜜浸十日，更易蜂蜜五斤，細丹砂末二兩，攪拌封固，一月出之，陰乾。飯後酒時食一兩枚，名冷金丹。"

【冷金丹】

即蜜林檎。此稱清代已行用。見該文。

【糖林檎】

"蜜林檎"之屬。加入糖，故名。此稱明代已行用。明韓奕《易牙遺意·果實類》："糖林檎：林檎每個橫切四片，去心，壓乾。糖少許拌勻蒸過，曬乾收。又法：攤去皮，用甘草、花椒、茴香末拌勻，蒸過曬乾。"

蜜金橘

蜜漬果品。宋代已見，亦稱"煎金橘"。宋西湖老人《西湖老人繁勝錄·食店》："蜜煎：蜜金橘、蜜木瓜、蜜林檎、蜜金桃。"宋陳元靚《事林廣記·癸集》："煎金橘法：金橘大者縷開，以法酒煮透，候冷，用針挑去核，捺遍（扁），瀝盡汁。每一斤，用蜜半斤煎，去酸水苦汁，控出，再用蜜半斤煎，入瓷器收之。煎橙橘，一依此法。"明李時珍《本草綱目·果二·金橘》："五月開白花結實，秋冬黃熟，大者徑寸，小者如指頭，形長而皮堅，肌理細瑩，生則深綠色，熟乃黃如金。其味酸甘而芳香可愛，糖造蜜煎皆佳。"清汪灝等《廣群芳譜·果譜·橘》："若煎以蜜，充果食甚佳。或蜜或熏作餅，尤妙。"清代亦稱"蜜餞金橘"。清佚名《調鼎集·乾鮮果部》："蜜餞金橘：金橘以蜜漬之，經年不壞。又入蜜煮過亦妙。"

【煎金橘】

即蜜金橘。此稱宋代已行用。見該文。

【蜜餞金橘】

即蜜金橘。此稱清代已行用。見該文。

【金橘煎】

"蜜金橘"之屬。以糖煎（餞）成。此稱元代已行用。元忽思慧《飲膳正要·諸般湯煎》："金橘煎：金橘（五十個，去子取皮），白沙糖（三斤）。右件一同熬成煎。"明代亦稱"糖橘"。明韓奕《易牙遺意·果實類》："糖橘：洞庭塘南橘一百個，寬湯煮過，令酸味十去六七。皮上劃開四五刀，捻去核，壓乾，留下所壓汁，和糖二斤、鹽少許，没其橘，重湯頓之，日曬，直至滷乾乃收。"清代"餞橘""糖醃金橘"亦此類。清佚名《調鼎集·乾鮮果部》："餞橘：橘去皮，入銅鍋煮熟取起，周圍刮縫去核，捺扁入罐，用燉過洋糖餞貯。又煮熟，入水浸去澀味，切絲或整個入糖餞。"又："糖醃金橘：金橘用糖蒸過，復用糖拌之，香味絕倫。"

【糖橘】

即金橘煎。此稱明代已行用。見該文。

【餞橘】

即金橘煎。此稱清代已行用。見該文。

【糖醃金橘】

即金橘煎。此稱清代已行用。見該文。

蜜棗兒

蜜漬果品。宋代已見，達於後世。宋灌圃耐得翁《都城紀勝·諸行》："都下市肆名家馳譽者，如中瓦前皂兒水，雜賣場前甘豆湯，如戈家蜜棗兒。"宋西湖老人《西湖老人繁勝錄·食店》、周密《武林舊事·市食》"果子"門下皆載有"蜜棗兒"。明李時珍《本草綱目·果二·棗》："切而曬乾者爲棗脯；煮熟榨出者爲棗膏，亦曰棗瓢；蒸熟者爲膠棗，加以糖蜜拌蒸則更甜。"清代亦稱"蜜棗"。《官場現形記》第一一回："鄒太爺藏好當票，用手巾包好錢，一走走到稻香村，想買一斤蜜棗，一盒子山查糕，好去送禮。"按，清代所謂"蜜棗"，有以糖漬者。清夏曾傳《隨園食單補證·糖色單》："蜜棗，以棗去皮，劃成瓜棱，以糖製之。"

【蜜棗】

即蜜棗兒。此稱清代已行用。見該文。

【茴香棗】

"蜜棗"之屑入茴香者，甜且香。此稱清代已行用。茴香棗諧音"回鄉早"。據傳商人婦始爲之，問遺丈夫且表寄托。徐珂《清稗類鈔·飲食類》："茴香棗：休寧有香棗，蓋取二棗剐剥疊成，中屑茴香，以蜜漬之。好事者持以餉遠。其始則商人婦所爲寄其夫者，義取早回鄉也。"

櫻桃煎

蜜漬果品。宋代已見。亦稱"煎櫻桃"。宋孟元老《東京夢華録·飲食果子》："又有托小盤賣乾果子，乃旋炒銀杏栗子、河北鵝梨……李子旋、櫻桃煎。"宋陳元靚《事林廣記·癸集》："煎櫻桃法：櫻桃不以多少，挾去核，銀石器內先以蜜半斤慢火熬，煎出水，控向筲箕中，令乾。再入蜜二斤，慢火煎如琥珀色爲度。於冷，以瓷器收貯之爲佳也。"明李時珍《本草綱目·果二·櫻桃》："櫻桃樹不甚高。春初開白花，繁英如雪。葉團，有尖及細齒。結子一枝數十顆，三月熟時須守護，否則鳥食無遺也。鹽藏、蜜煎皆可。"按，元代之"櫻桃煎"與此同稱，實以糖爲之，非以蜜。元忽思慧《飲膳正要·諸般湯煎》："櫻桃煎：櫻桃（五十斤，取汁），白沙糖（二十五斤），同熬成煎。"

【煎櫻桃】

即櫻桃煎。此稱宋代已行用。見該文。

無心果

果製品。白果（即銀杏）去心後用糖煨潤而成。見於清代。清佚名《調鼎集·乾鮮果部》："無心果：白果去心，入洋糖煨。姑蘇城內之五條巷，有廟曰五顯廟。殿前大銀杏一棵，其果無心，俗土人呼爲無心果。"

蜜漬逐夷

蜜浸魚品。逐夷，即魚腸。相傳南朝宋明帝尤嗜食此，致病。《南齊書·良政傳·虞愿》："帝素能食，尤好逐夷，以銀鉢盛蜜漬之，一食數鉢……積多胸腹痞脹。"時亦作"蜜漬鮧鯷"。《南史·宋紀下·明帝》："以蜜漬鮧鯷，一食數升。"唐代亦作"蜜漬蜒蛦"。唐張鷟《朝野僉載》卷五："宋明帝嗜蜜漬蜒蛦，每啖數升。"明李時珍《本草綱目·鱗四·鮧鯷》引孫愐《唐韻》作"鮧鯷"。按，清俞正燮《癸巳類稿·書〈齊書·虞愿傳〉後》稱鮧鯷爲"鯸鯷"之眠，"鯸鯷"乃河豚也。

【蜜漬鮧鯷】

同"蜜漬逐夷"。此體南北朝時期已行用。見該文。

【蜜漬蜒蛦】

同"蜜漬逐夷"。此體唐代已行用。見該文。

蜜釀蝤蛑

蜜漬肉品。蝤蛑，即梭子蟹，南人謂之"撥棹子"，亦名蟳。生海畔泥穴中，殼隨潮漲退。大者如升，小者如盞碟。有猛力，能與虎豹鬥（見宋蘇頌《圖經本草》）。元代詳載蜜漬之方。元倪瓚《雲林堂飲食制度集》："蜜釀蝤蛑：鹽水略煮，纔色變便撈起，劈開，留全殼，鰲脚出肉，股剁作小塊。先將上件排在殼內，以蜜少許入雞蛋內攪勻，澆遍，次以膏腴鋪雞蛋上蒸之。雞蛋纔乾凝便啖，不可蒸過。橙虀，醋供。"參閱唐劉恂《嶺表錄異》卷下、宋高似孫《蟹略·蝤蛑》。

蜜餞黃芽菜

蜜漬菜品。黃芽菜，白菜之別種。乃北方人於棚窖內植成，苗葉皆嫩黃色。以蜜漬之，見於清代。清佚名《調鼎集·蔬菜部》："蜜餞黃芽菜：取片，醃鹹，晾干，加洋糖、蜜、茴香、薑絲、蒔蘿裝瓶。"參閱清汪灝等《廣群芳譜·菜譜二·白菜》。

蜜藕

蜜漬蔬品。始見於宋代。清代詳載製法，稱"蜜煎藕"。宋蘇軾《石芝》詩："鏘然敲折青珊瑚，味如蜜藕和雞蘇。"清汪灝等《廣群芳譜·果譜·藕》："蜜煎藕：初秋取新嫩者，淖半熟，去皮，切條或片，每斤用白梅四兩，以沸湯一大碗，浸一時，撈控乾。以蜜六兩煎去水，另取好蜜十兩，慢火煎如琥珀色，放冷，入罐收之。"

【蜜煎藕】

即蜜藕。此稱清代已行用。見該文。

蜜薑

蜜漬菜品。通常先將鮮薑置於酒糟中藏腌，復納蜜中浸湛；或徑以蜜煎湛。始見於南北朝時期。北魏賈思勰《齊民要術·作菹藏生菜法》："蜜薑法：用生薑，净洗，削治，十月酒糟中藏之。泥頭十日，熟出水洗，内蜜中。大者中解，小者渾用。竪奠四。"又法："卒作，削治，蜜中煮之，亦可用。"明清時期多稱"蜜煎薑"。明李時珍《本草綱目·菜一·生薑》：

"薑辛而不葷，去邪辟惡，生啖熟食，醋、醬、糟、鹽、蜜煎調和，無不宜之。"清汪灝等《廣群芳譜·蔬譜·薑》："蜜煎薑：秋社前取嫩芽二斤，洗净控乾，不用鹽醃，以沸湯瀝乾。用白礬一兩半，湯泡化一宿，澄清，浸薑十餘日，方以蜜煎，磁罐貯留，經年須常換蜜。"

【蜜煎薑】

即蜜薑。此稱明代已行用。見該文。

【糖薑】

"蜜薑"之屬。以糖餞漬，故名。此稱明代已行用。明韓奕《易牙遺意·果實類》："糖薑：嫩薑一斤，湯煮，去其辣味六七分。沙糖四兩，煮六七分乾，再換糖四兩煮乾。如嫌味辣，再依前煮一次。其煮剩糖汁，留下調湯。"

蜜漬梅花

蜜浸花品，別具風韵。先以白梅肉浸雪水中，次以梅花湛入，一夜取出後蜜漬，可供酒饌。見於宋代。宋林洪《山家清供·蜜漬梅花》："楊誠齋詩云：'瓮澄雪水釀春寒，蜜點梅花帶露飱。句裏略無烟火氣，更教誰上少陵壇。'剝白梅肉少許，浸雪水，以梅花釀醞之。露一宿，取出蜜漬之，可薦酒。較之掃雪烹茶，風味不殊也。"

第五節　糕　考

糕是以米麵粉和以蜜或糖、綴以棗栗或裹以餡料蒸熟的鬆軟固態麵食，多爲扁平狀，切成方塊，或用模具，壓印成特定形狀。就使用麵粉言，它接近於主食；就製作精工、大量使用油蜜糖果、成品香美、色澤適觀而言，它更具點心色彩。它是在主食基礎上發展成的更爲精緻雅觀的食品，可以充飢果腹，亦可品味玩賞，遂成爲婚慶祭典、親朋饋遺之佳品。

糕之出現，文獻記載約在周代，傳說是周之先祖公劉創製（見明張岱《夜航船·日用·飲食》），不一定妥當。新石器時期的先民已能製作精美的陶器，加工米麵、采集瓜果更不待言，當他們將麵屑與瓜果結合爲食時，最初的糕品就出現了。《周禮·天官·籩人》出現有"糗餌"即此類食品，戰國時《楚辭》中的"蜜餌"應是最早出現的典型糕品。

漢魏時糕品進一步發展。漢代"糕"的古字"餻"正式出現，同時出現了"餌""餈""餦""餛""飥"等一系列名稱。《方言》第一三："餌謂之餻，或謂之餈，或謂之餦，或謂之餛，或謂之飥。"這諸多名目説明它在人們心目中的地位與製作、行用的廣泛。糕作爲節令食品亦始於此，如漢代重九食"蓬餌"（《西京雜記》卷三）、寒食食"棗糕"（漢·崔寔《四民月令》）、冬至食"黍糕"（同前）等。這些都深深影響着後代，有些甚至作爲習俗保留下來，如重陽節食糕就一直保留到清季及晚近，祇不過各地、各代所食糕名有所變換而已。晋代稱此日所食糕爲"食鹿糕"，隋稱"黏米餌"，唐稱"麻葛糕"，宋稱"花糕""菊糕""棗栗糕""獅蠻糕"等，明清稱"菊花糕""五色糕""言鹿糕"等。

南北朝迄隋唐，糕類没有很大的發展。北魏賈思勰《齊民要術》記載了大量食品，而糕闕載。隋唐之際，文獻中也僅見少量糕品，如"水晶龍鳳糕"（宋陶穀《清異録》）、"百花糕"（唐劉餗《隋唐嘉話》）等。

兩宋糕品迅猛發展，市肆琳琅滿目。僅《東京夢華録》《夢粱録》《武林舊事》三書所列，就有數十品。兹枚舉之："糍糕""黄糕糜""社糕""蒸糕""蜜糕""糖蜜糕""雪糕""肉絲糕""乳糕""栗糕""鏡面糕""棗糕""豐糕""常熟糍糕""拍花糕""豆兒糕""小蒸糕""重陽糕""豐糖糕""糖糕""粟糕""豆糕""花糕""玉屑糕""乾糕""小甑糕""蒸糖糕""生糖糕""蜂糖糕""綫糕""閒炊糕"等。《武林舊事·市食》一節下設"果子""菜蔬""粥""犯鮓""凉水""糕""蒸作從食"七類，"糕"占其中一類，"糕"下列出名品凡十九種。某些飲饌專書對糕品製法開始作詳細記載，如《吳氏中饋録》之"五香糕"、《山家清供》之"蓬糕"等皆如此。

明清以降，糕品仍呈穩定發展趨勢。大量文獻中保留有糕品名目及其製法，就對《宋氏養生部》《易牙遺意》《遵生八牋》《養小録》《醒園録》《食憲鴻秘》《隨園食單》《隨園食單補證》《調鼎集》《素食説略》《農圃便覽》以及《桐橋倚棹録》《揚州畫舫録》《燕京歲時記》《清稗類鈔》等書粗略統計，糕品計有一百餘種。内中可分米麵、豆粉、脂油、蜜糖、瓜果、蔬菜、花香等型。米麵型，如"麥糕""粳粉年糕""山藥糕""菱粉糕"等；豆粉型，如"菉豆糕""扁豆糕""黄豆糕""鷄豆糕""蓮子糕"等；脂油型，如"油糕""炸油糕""猪油年糕""脂油糕"等；蜜糖型，如"生糖糕""糖糕"等；瓜果型，如"西瓜糕""百果糕""酸棗糕""棗糕""柿糕""葡萄糕""蘋果糕""杏子糕""白果糕""枇杷糕""佛手糕""南棗糕""櫻桃糕""山楂糕""蜜橙糕"等；蔬菜型，如"蘿蔔糕""萵菜糕""榆錢糕"等；花香型，如"松花藏糕""桂花糕""薔薇糕""玫瑰糕""薄荷糕"等。還有不少難以歸類者，如"鬆糕""神糕""閔糕""運司糕""三層玉帶糕""廣寒糕""水晶糕"等。製作工藝技術提高，往往同品有多種製法，如《醒園録》載"茯苓糕"有四種製法。在基本製作方法"蒸"以外，出現了"炸""烤"等方法，如《素食説略》載"炸油糕"即直接在沸油中烹熟，《調鼎集》載"橄欖糕"用"炭火炙熟"。製作時，不少品類先模印成型，益其美觀，如"扁豆糕""南棗糕""琥珀糕""饅頭印糕"等俱如此。吸取了西洋製法，"西洋糕"之蒸烤結合，載於《醒園錄》《農圃便覽》。用料考究，如"八珍糕""八寶糕"等，用料皆在八種以上。

糕

米麵粉調和蜜糖或與瓜果菜香料配合製成之甜美、鬆軟、固態食品。糕之製作，權輿於新石器時期。先秦時期稱"糗餌""粉餈"，唐代亦稱"餈餻"。《周禮・天官・籩人》："羞籩之實，糗餌粉餈。"鄭玄注："此二物皆粉稻米、黍米所爲也，合蒸曰餌，餅之曰餈。糗者，擣粉熬大豆爲餌，餈之黏著以粉之耳；餌言糗，餈言粉，互相足。"唐賈公彦疏："今之餈餻，皆解之，名出於此。"按，餻，一作"糕"。戰國時期稱"餌"，當時"蜜餌"即後代"蜜糕"。《楚辭・招魂》："粔籹蜜餌，有餦餭些。"王逸注："擣黍作餌。"洪興祖補注："《方言》曰：餌謂之餻。"漢代始稱"餻"，亦稱"餈""餳""餢""飳"，"餈"亦作"粢""餰""餻"。《方言》第一三："餌謂之餻，或謂之餈，或謂之餳，或謂之餢，或謂之飳。"清錢繹箋疏："〔餈〕或從米作粢……又作餻。"周祖謨校箋："粢，戴本作餈，疾資切。"《説文・食部》："餈，稻餅也，從食次聲。齎，餈或從齊。粢，餈或從米。"《急就篇》卷二："餅、餌、麥飯、甘豆羹。"顏師古注："溲米而蒸之則爲餌。"《釋名・釋飲食》："餈，漬也，烝燥屑使相潤澤餅之也。"又："餌，而也，相黏而也。"時"粉餈"亦作"粉粢"。《呂氏春秋・仲秋紀》"養衰老，授几杖，行麋粥飲食"高誘注："今之八月，比户賜高年鳩杖粉粢

是也。"南北朝時期亦稱"餻麋""餻餅"。《玉篇・食部》："餻，餻麋，餻餅也。"又："餻，同餈。"宋代"糕"始作爲"餻"之今字出現，時亦作"餻"。《集韻・平豪》："餻、糕、餻，《博雅》：'饗、餻，餌也。'或從米，從高。"宋代亦稱"糍糕"，"餻麋"亦作"糕麋"。宋孟元老《東京夢華錄・馬行街鋪席》："冬月雖大風雪陰雨，亦有夜市：剝子、薑豉……糍糕、團子、鹽豉湯之類。"宋吳自牧《夢粱錄・天曉諸人出市》："有賣燒餅、蒸餅、糍糕、雪糕等點心者。"宋周密《武林舊事・市食》："寬焦薄脆、糕麋、旋炙犯兒、八糙鵝鴨、炙雞鴨。"清代亦稱"餈飯""糍粑"。《説文・食部》"餈"段玉裁注："以稷米蒸孰餅之如麪餅曰餈，今江蘇之餈飯也。"王筠釋例："安徽所謂糍粑即餈也。"桂馥義證："俗以九月九日食餻即餈餻。"清蒲松齡《日用俗字・飲食》："麵烙餑饊振作塊，碗盛糒粰盡復添。"按，《廣雅・釋器》："餻，餌也。"《漢語大字典》解"餻"同"餻"，而王念孫則謂："《太平御覽》引《方言》餻作餻，又引郭（郭璞）注音恙；《玉篇》：'餻，餘障切，餌也。'《廣韻》同。《集韻》引《方言》：'餻，餌也。或作餝。'與《廣雅》（餻）及今本《方言》皆異，未知孰是。"姑列二説以闕疑。

【餻】

同"糕"。此體宋代已行用。見該文。

【糗餌】

即糕。此稱先秦時期已行用。見該文。

【粉餈】

即糕。此稱先秦時期已行用。見該文。

【粉粢】

即糕。此體漢代已行用。見該文。

【餌】 [2]

即糕。此稱戰國時期已行用。明李時珍《本草綱目·穀四·餈》："單糯粉作者曰粢（餈），米粉合豆末、糖、蜜蒸成者曰餌。"可備一説。見該文。

【餻】

一説爲"糕"之初稱。此稱漢代已行用。見該文。

【餱】

同"餻"。此體漢代已行用。見該文。

【餈】 [3]

即糕。此稱漢代已行用。明李時珍《本草綱目·穀四·餈》謂特指以糯粉製成者。見該文。

【粢】

即糕。此體漢代已行用。見該文。

【齎】

即糕。此體漢代已行用。見該文。

【餎】

即糕。此體漢代已行用。見該文。

【飵】

即糕。此稱漢代已行用。見該文。

【餫】

即糕。此稱漢代已行用。見該文。

【飳】

即糕。此稱漢代已行用。《廣雅·釋器》王

念孫疏證云，餌之圜（圓）者爲飳。參見本卷《雜食説·糕考》"糕"文。

【餻麋】

即糕。此稱南北朝時期已行用。見該文。

【糕麋】

即糕。此體宋代已行用。見該文。

【餻餅】

即糕。此稱南北朝時期已行用。見該文。

【餈餻】

即糕。此稱唐代已行用。見該文。

【糍糕】

即糕。此體宋代已行用。見該文。

【餈飯】 [2]

即糕。此稱清代已行用。見該文。

【糍粑】

即糕。此稱清代已行用。參見本卷《雜食説·小食考》"糍巴"文。

【餻】

同"糕"。此體漢代已行用。一説，漢代本稱"餻"，六朝以後始有"餻"字。《廣韻·去漾》："餻，餌也。"周祖謨校箋："按，《方言》第十三'餌謂之餻'。原本《玉篇》'餻，餘障反'，引《方言》'餌謂之餻'。《御覽》卷八百六十引同。《集韻·去漾》餻下亦云：'《方言》餌也。'是《方言》舊本'餻'有作'餻'者。"王國維《書郭注〈方言〉後》三："六朝尚無'餻'字，《廣雅》之'餻'字，亦本作'餻'，與《方言》同，蓋後世所追改也。"

蜜糕

糕品。以蜜和米麵粉蒸成。先秦時期已見，時稱"蜜餌"。《楚辭·招魂》："粔籹蜜餌，有餦餭些。"王逸注："言以蜜和米麵熬煎作粔籹，

擣黍作餌。”宋代始稱“蜜糕”。宋吳自牧《夢
粱錄・夜市》：“太平坊賣麝香糖、蜜糕、金鋌
裹蒸兒。”宋周密《武林舊事・市食》“糕”目
下載“蜜糕”。宋洪皓《松漠紀聞》卷一：“蜜
糕，以松實、胡桃肉漬蜜，和糯粉爲之。形或
方或圓，或爲柿蔕花，大略類浙中寶堦糕。”
《格致鏡原・飲食類五・糕》引《文懋昭金志》：
“金俗，酒三行，進蜜糕，人各一盤，曰茶食。”

【蜜餌】

即蜜糕。此稱先秦時期已行用。見該文。

【糖糕】

“蜜糕”之屬。因以糖和米麪粉爲之，故
名。其加糖後蒸成者稱“蒸糖糕”，蒸熟後加
糖者稱“生糖糕”。宋周密《武林舊事・市食》：
“糕：糖糕、蜜糕、栗糕、粟糕、麥糕、豆糕、
花糕、餈糕、雪糕、小甑糕、蒸糖糕、生糖糕、
蜂糖糕、綫糕、閗炊糕、乾糕、乳糕、社糕、
重陽糕。”明代“生糖糕”是將糖與粉捏成塊，
布列於麪劑中蒸熟。明韓奕《易牙遺意・糕餌
類》：“生糖糕：粳米四升，糯米半升，春秋浸
一二日，擣細。蒸時用糖和粉捏作碎塊，排布
粉內。候熟，搨成劑，切作片。”清佚名《調
鼎集・點心部》：“糖糕：糯米七升、粳米三升
爲粉，沙糖、開水拌勻，先鋪一半於籠內，中
放洋糖、生脂油丁，上面仍一半粉蓋好攤平。
蒸籠腐皮或箬襯籠底。未蒸時竹刀劃方塊，熟
時易取。”

【蒸糖糕】

“糖糕”之加糖後蒸熟者。此稱宋代已行
用。見該文。

【生糖糕】

“糖糕”之蒸熟後加糖者。因其糕之糖未經

蒸，故名。此稱宋代已行用。見該文。

【豐糖糕】

“糖糕”之富含糖者。宋代已見。宋吳自牧
《夢粱錄・葷素從食店》：“更有專賣素點心從食
店，如豐糖糕、乳糕、栗糕、鏡面糕、重陽糕、
棗糕、乳餅。”

【糖蜜糕】

“蜜糕”之屬。蓋以糖、蜜和米麪粉製成，
故名。宋吳自牧《夢粱錄・鋪席》：“向者，杭
城市肆名家有名者，如中瓦前皂兒水、雜貨場
前甘豆湯……朱家元子糖蜜糕鋪。”又《夜市》：
“大街關撲，如糖蜜糕、灌藕、時新果子、像生
花果。”又《葷素從食店》：“又有粉食店，專
賣山藥元子、真珠元子……糖蜜糕、裹蒸粽子、
栗粽。”按，宋周密《武林舊事・市食》“糕”
下載有“蜂糖糕”，疑爲此之異名。

年糕

糕品。始見於漢代，稱“黍糕”。蓋以黍
粉和糖棗類爲之，用於冬至祭神祀祖。漢崔寔
《四民月令》：“冬至之日薦黍糕，先薦玄冥以及
祖禰。”明代稱“年年糕”。用於年關歲尾之祀
及親朋饋遺，寓年年豐稔、歲歲高升之義。明
劉侗等《帝京景物略・春場》：“〔正月元旦〕夙
興盥漱，啖黍糕，曰年年糕。”清代省稱“年
糕”。南方年糕之杰出者有“青年糕”“粳粉年
糕”“猪油年糕”等。清顧祿《清嘉錄・年糕》：
“黍粉和糖爲糕，曰年糕。有黃白之別……黃白
磊砢，俱以備年夜祀神、歲朝供先及饋貽親朋
之需。”清佚名《調鼎集・點心部》：“年糕：蒸
糯米粉加糖爲之，粉熟時甚甘美。”又：“年糕，
切片入笋片、木耳、脂油煎，少加醬油。又年
糕揉入桂花、洋糖，切方條，亦可煎用。”清夏

曾傳《隨園食單補證·點心單》："年糕，歲暮所需，種類不一。杭之青年糕，別有香味；上虞之粳粉年糕，狹長如圭，無糖，切小片，以笋絲、肉絲炒之頗佳；蘇之猪油年糕，油多粉膩，又加以玫瑰、桂花，尤香美。此皆年糕之杰出者也。"至清季光緒、宣統時，年糕已變爲常年食用之一般點心。徐珂《清稗類鈔·飲食類》："年糕，搗糯米而成。本爲饋歲之品，至光、宣時，則以爲普通之點心，常年有之矣。有以菜肉煮爲湯者，有以火腿、笋、菜炒之者，味皆鹹。其甜者，則爲猪油夾沙而加以桂花、玫瑰花，可蒸食。錢塘程訥齋有詩咏之曰：'人心多好高，諧聲製食品。義取年勝年，藉以祈歲稔。粵稽所由來，餌餈名既泯。沿久遂失真，劉郎詩料窘。我本卑棲人，粗糲餐堪哂。欲更上層樓，翹首待挈引。'"晚近街頭終年有叫賣者，祀歲亦有用之者。胡樸安《中華全國風俗志》下篇卷一："舊曆三十夜一時，各家均迎神……所供者爲月餅、蜜餞、果品、年糕、餃子等。"

【黍糕】

即年糕。此稱漢代已行用。見該文。

【年年糕】

即年糕。此稱明代已行用。見該文。

【青年糕】

"年糕"之一種。産於杭州，別具香味。此稱清代已行用。見該文。

【粳粉年糕】

"年糕"之一種。産於浙江上虞。無糖，炒食。此稱清代已行用。見該文。

【猪油年糕】

"年糕"之一種。産於蘇州。油多，粉膩，加入香料，尤香美。此稱清代已行用。見該文。

【方頭糕】

"年糕"之一種。徑尺形方，故名。此稱清代已行用。清顧祿《清嘉録·年糕》："大徑尺而形方，俗稱方頭糕……其賞賚僕婢者，則形狹而長，俗稱條頭糕，稍闊者曰條半糕。"

【條頭糕】

"年糕"之狹長者。此稱清代已行用。參見本卷《雜食説·糕考》"方頭糕"文。

【條半糕】

"年糕"之長而略闊者。此稱清代已行用。參見本卷《雜食説·糕考》"方頭糕"文。

重陽糕

糕品。農曆九月九日重陽節所食，故名。此風始自漢代宮廷。《西京雜記》卷三云重九"佩茱萸，食蓬餌，飲菊花酒，令人長壽"。"蓬餌"即最古之"重陽糕"。晉代稱"食鹿糕"，因糕上置鹿，鹿與"禄"諧音，取富貴利禄義。宋代徑作"食禄糕"；清代或作"言鹿糕"，言通"咽"，"咽鹿"猶食禄。隋代重陽節所食爲"黏米餌"，唐代爲"麻葛糕"。"重陽糕"之名始見於宋代。宋吳自牧《夢粱録·葷素從食店》："更有專賣素點心從食店，如豐糖糕……重陽糕、棗糕。"宋周密《武林舊事·市食》："〔糕〕社糕、重陽糕。"其時重陽所食尚有"菊糕""棗栗糕""花糕""獅蠻糕"諸名目。"棗糕"在漢代是寒食節令食品，明清亦爲重陽所食。清代猶沿用"重陽糕"之名。清顧祿《清嘉録·重陽糕》："居人食米粉五色糕，名重陽糕。"

【蓬餌】[2]

即重陽糕。此稱漢代已行用。蓋以蓬蒿和麵

蒸成。一説，嫩蓬和麵，油炸成餅。見該文。

【食鹿糕】

“重陽糕”之一品。始見於晋代。九月所食。糕上置鹿，故名。鹿，諧音“禄”，寓獲取利禄、富貴吉祥義，故後世徑書作“食禄糕”。宋時爲重陽節所食。《格致鏡原·飲食類五·糕》引晋周處《風土記》：“民間〔九月〕九日糕上置小鹿數枚，號食鹿糕。”亦作“食禄糕”。宋陳元靚《歲時廣記·重九上·食禄糕》：“《歲時雜記》：民間九日作糕，每糕上置小鹿子數枚，號曰食禄糕。”明清時期稱“言鹿糕”。言，諧音“咽”，與“食”義同。《古今圖書集成·歲功典》卷七六引《湖廣志書·荆州府》：“九日民間以粉麵蒸糕，上置小鹿數枚，號言鹿糕。”

【食禄糕】

即食鹿糕。此稱宋代已行用。見該文。

【言鹿糕】

即食鹿糕。此稱明清時期已行用。見該文。

【黏米餌】

“重陽糕”之一品。隋代所食。宋陳元靚《歲時廣記·重九上·餌餻糕》引隋杜臺卿《玉燭寶典》：“九日食餌者，其時黍稌並收，以黏米加味，觸類嘗新，遂成積習。”

【麻葛糕】

“重陽糕”之一品。唐代所食。以葛粉與芝麻合蒸而成，故名。《唐六典·膳部》：“凡諸王已下……又有節日食料。”李林甫等注：“五月五日粽糕、七月七日斫餅、九月九日麻葛糕。”參閲宋陳元靚《歲時廣記·重九上·麻葛糕》。

【棗栗糕】

“重陽糕”之一品。糕中附有棗栗，故名。見於宋代。爲春社、秋社及重陽節所食。宋陳元靚《歲時廣記·重九上·棗栗糕》：“《皇朝歲時雜記》：二社、重陽尚食糕，而重陽爲盛，大率以棗爲之，或加以栗。”

【獅蠻糕】

“重陽糕”之一品。見於宋代。麵粉蒸糕，上以粉作獅子蠻王之狀，故稱。糕中每置栗肉，故亦稱“獅蠻栗糕”，省稱“獅蠻”。宋陳元靚《歲時廣記·重九上·獅蠻糕》：“《東京夢華録》：都人重九前一二日，各以粉麵蒸糕，更相遺送。上插剪綵小旗，摻釘果實，如石榴子、栗黃、銀杏、松子肉之類。又以粉作獅子蠻王之狀，置糕於上，謂之獅蠻糕。”按，今本《東京夢華録·重陽》作“獅蠻”。宋吳自牧《夢粱録·九月》：“蜜煎局以五色米粉堞成獅蠻，以小綵旗簇之，下以熟栗子肉杵爲細末，入麝香糖蜜和之，捏爲餅糕小段，或如五色彈兒，皆入韻果糖霜，名之獅蠻栗糕，供襯進酒，以應節序。”

【獅蠻栗糕】

即獅蠻糕。此稱宋代已行用。見該文。

【獅蠻】

“獅蠻栗糕”之省稱。此稱宋代已行用。見該文。

【花糕】

“重陽糕”之一品。見於宋代。亦稱“菊糕”。蓋以重陽節又名菊花節得名。通以麵米糖棗蒸成。宋周密《武林舊事·重九》：“都人是月飲新酒，汎萸簪菊，且各以菊糕爲饋，以糖肉秫麵雜糅爲之，上縷肉絲鴨餅，綴以榴顆，標以綵旗。”又《市食》：“〔糕〕麥糕、豆糕、花糕。”宋陳元靚《歲時廣記·重九上·棗栗糕》：“《皇朝歲時雜記》：二社、重陽尚食糕……亦有用肉者，有麵糕、黃米糕，或爲花糕。"宋陶穀《清異録·饌羞門》："皇建僧舍旁有糕坊，主人……呼花糕員外。因取糕目録箋之：……木蜜、金毛、麵棗、獅子也。"明沈榜《宛署雜記·民風一》："九月蒸花糕。用麵爲糕，大如盆，鋪棗二三層，有女者迎歸，共食之。"清富察敦崇《燕京歲時記·花糕》："花糕有二種：其一以糖麵爲之，中夾細果，兩層三層不同，乃花糕之美者；其一蒸餅之上星星然綴以棗栗，乃糕之次者也。每屆重陽，市肆間預爲製造以供用。"明清時期亦稱"菊花糕"。《古今圖書集成·歲功典》卷七六引《直隸志書·南皮縣》："重陽以麵棗蒸糕，謂之菊花糕。"一説，麵糕上布棗栗星星如花，故名。明劉侗等《帝京景物略·春場》："九月九日……麵餅種棗栗，其面星星然，曰花糕。"

【菊糕】

即花糕。此稱宋代已行用。見該文。

【菊花糕】

即花糕。此稱明清時期已行用。見該文。

【棗糕】[1]

"重陽糕"之一品。此稱明清時期已行用。明高啓《九日陪諸閣老食賜糕次謝授經韻》："故園莫憶黄花酒，内府初嘗赤棗糕。"《古今圖書集成·歲功典》卷七六引《陝西志書·富平縣》："九月九日餉棗糕於女家，曰送糕。"按，漢代爲寒食節令食品。參見本卷《雜食説·糕考》"棗糕[2]"文。

【五色糕】

"重陽糕"之一品。此稱明清時期已行用。因染作五色，故名。《古今圖書集成·歲功典》卷七六引《江西志書·新建縣》："九日，士夫多於龍沙開宴，設五色糕，泛菊。"參閱《格致鏡原·飲食類五·糕》。

棗糕 [2]

糕品。因米粉糕上附有棗，故名。初見於漢代，爲寒食所食。《廣群芳譜·天時譜·三月》引漢崔寔《四民月令》："齊人呼寒食爲冷節。寒食以麵爲蒸餅樣，團棗附之，名曰棗糕。"宋吳自牧《夢粱録·葷素從食店》："更有專賣素點心從食店，如豐糖糕、乳糕、栗糕、鏡面糕、重陽糕、棗糕。"清代歲朝餉客用之。清夏曾傳《隨園食單補證·點心單》："棗糕：用紅棗剥肉搗爛揉麵，以猪油、白糖作餡，用小印印成各式，剪箬爲襯，上籠蒸之。吾杭歲朝餉客，所必備用。"按，明清時期亦用爲重陽節令食品。參見本卷《雜食説·糕考》"棗糕[1]"文。

【南棗糕】

"棗糕[2]"之一品。以南方所出之棗製成。元王禎《農書》云，南棗堅燥，不如北棗肥美。清代已見。清佚名《調鼎集·乾鮮果部》："南棗糕：南棗肉和香稻米粉，包豆沙、糖、脂油丁，印糕，蒸。"

【切糕】

"棗糕[2]"之一種。以黄米粉、小豆、棗肉合蒸而成，因切而食之，故名。徐珂《清稗類鈔·飲食類》："以黄米粉合小豆、棗肉蒸而切之，曰切糕。"今北方街頭猶有歌呼叫賣者。

【酸棗糕】

"棗糕[2]"之屬。味酸而甜，福建所出。此稱清代已行用。清夏曾傳《隨園食單補證·糖色單》："酸棗糕，福建所出。色如棗泥，味甜而酸。兩面有薄衣，色如錫箔，上印花紋甚細。"清吳振棫《養吉齋叢録》卷二四："閩浙督進：福圓乾四箱、狀元青果二桶、蜜羅柑四桶、紅黃柚四桶、酸棗糕八匣。"

麥饘

糕品。始見於晋代。爲寒食所食。亦稱"乾粥"。以麥粉與杏酪煮粥，放涼後薄切片，澆糖或蜜即成。宋高承《事物紀原·酒醴飲食·麥饘》引晋陸翽《鄴中記》："并州之俗，冬至一百五日，爲介子推冷食，作乾粥食之，故謂之寒食。乾粥，即今之麥饘是也。世俗每至清明，以麥成秋，以杏酪煮爲薑粥，俟其凝冷，裁作薄葉，沃以餳若蜜而食之，謂之麥饘，此即其起也。"宋孟元老《東京夢華錄·清明節》："節日，坊市賣稠餳、麥饘、乳酪、乳餅之類。"亦作"麥糕"。宋周密《武林舊事·市食》："〔糕〕麥糕、豆糕、花糕、糍糕。"清夏曾傳《隨園食單補證·點心單》："麥糕：以麵和烏豇爲之，猪油、糖爲餡。吾杭夏日有之。"

【乾粥】

即麥饘。此稱晋代已行用。見該文。

【麥糕】

同"麥饘"。此體宋代已行用。見該文。

百花糕

糕品。見於唐代。武則天於二月十五花朝日采百花和米粉製成，故名。《山堂肆考·羽集》卷二："唐武則天花朝日游園，令宮女采百花和米搗碎蒸糕，以賜從臣。"參閱唐劉餗《隋唐嘉話》。

小甌糕

糕品。形成於甌形模具中，故稱。始見於宋代，延及近世。清代稱"甌兒糕"。宋周密《武林舊事·市食》："〔糕〕雪糕、小甌糕、蒸糖糕、生糖糕。"清李斗《揚州畫舫錄·草河錄上》："城內外小茶肆或爲油鏇餅，或爲甌兒糕。"胡樸安《中華全國風俗志》下篇卷三："甌兒糕：削木如小瓶，實秈糯米粉於中，遞蒸之使融。人家小兒哺乳不足，每購此糕喂之。"

【甌兒糕】

即小甌糕。此稱清代已行用。見該文。

五香糕

糕品。因有多種香料加入，故名。宋代已見。宋佚名《吳氏中饋錄》："五香糕方：上白糯米和粳米二八分，芡實乾一分，人參、白术、茯苓、砂仁總一分，磨極細，篩過。用白沙糖、滾湯拌勻，上甑。"清佚名《調鼎集·點心部》："五香糕：上白糯米六分，粳米二分，芡實乾一分，白术、茯苓、砂仁各少許，磨細篩過，用洋糖、滾湯拌勻，蒸熟切塊（粉一斗，加芡實四兩、白术二兩、茯苓二兩、砂仁五錢，共爲細末和之。洋糖一斤）。"

豆糕

糕品。以豆類之粉加糖蒸製而成，故名。宋代已見。宋周密《武林舊事·市食》："〔糕〕麥糕、豆糕、花糕、糍糕。"時亦稱"豆兒糕"。宋吳自牧《夢粱錄·夜市》："觀橋大街賣豆兒糕（一作'膏'）、輕餳。"

【豆兒糕】

即豆糕。此稱宋代已行用。見該文。

【綠豆糕】

"豆糕"之以綠豆粉製成者。明代已見，相沿至今。製作方法不盡相同。明代是將開水、熟蜜、豆粉、薑粉調勻，入滑脱器脱出，刀裁開。時稱"綠豆粉糕"。明宋詡《宋氏養生部》："綠豆粉糕：先用水作沸湯，下熟蜜，下綠豆粉，下薑粉，調適均，滑器潤酥油盛之，脱下，刀裁開，以酥油澆。"清代稱"綠豆糕"，亦作

"菉豆糕"。清佚名《調鼎集·點心部》："緑豆糕：將豆煮爛微搗，和糯米粉、洋糖蒸糕；或用白麵亦可。又磨粉篩過，加香稻粉三分、脂油、洋糖，印糕蒸。"清朱彝尊《食憲鴻秘·餌之屬》："菉豆糕：菉豆用小磨磨去皮，涼水過净，蒸熟，加白糖，搗匀切塊。"清李化楠《醒園録》卷下："做菉豆糕法：菉豆粉一兩（一作'斤'），配水三中碗，和糖攪匀，置砂鍋中，煮打成糊，取起分盛碗中即成糕。"清丁宜曾《農圃便覽》載製法爲：緑豆煮破曬乾，取其細麵與白糖相拌，平攤算上，以刀反復按壓堅實，籠蒸一炷香時刻，取出晾涼即可。

【菉豆糕】

同"緑豆糕"。此體清代已行用。見該文。

【緑豆粉糕】

即緑豆糕。此稱明代已行用。見該文。

【鷄豆糕】

"豆糕"之以鷄豆粉製成者。明代已見，稱"芡糕"。芡，指芡實，即鷄豆粉。明宋詡《宋氏養生部》："芡糕：乾芡搗去殻，磨細末。同山藥糕制。"清代稱"鷄豆糕"。清佚名《調鼎集·乾鮮果部》："鷄豆糕：研碎鷄豆，用微粉爲糕，放盤中蒸之。臨食，用小刀片開。"按，清袁枚《隨園食單·點心單》一本作"鷄頭糕"。

【芡糕】

即鷄豆糕。此稱明代已行用。見該文。

【蓮子糕】

"豆糕"之一種。以去掉硬皮苦心的蓮子粉爲主料製成。多見於明清時期。明代稱"蓮茐糕"。明宋詡《宋氏養生部》："蓮茐糕：乾蓮茐去薏，細切，暴燥，磨末，同山藥糕制。"清代稱"蓮子糕"。清佚名《調鼎集·乾鮮果部》："蓮子糕：蓮肉去皮心，磨晒篩過，和糯米粉、冰糖研末，小甑蒸，切糕。"

【蓮茐糕】

即蓮子糕。此稱明代已行用。見該文。

【扁豆糕】

"豆糕"之一種。以扁豆粉爲主料製成。清佚名《調鼎集·點心部》："扁豆糕：磨粉，和糯米粉、洋糖、脂油拌匀，印糕，蒸。"清顧禄《桐橋倚棹録》卷一〇："點心則有八寶飯……拉糕、扁豆糕、蜜橙糕、米豐糕、壽桃、韭合、春捲、油餃等，不可勝紀。"

栗糕

糕品。以栗粉、米麵和糖蜜做成。始見於宋代。宋吳自牧《夢粱録·葷素從食店》："更有專賣素點心從食店，如豐糖糕、乳糕、栗糕。"元代有"高麗栗糕"。元佚名《居家必用事類全集·庚集·飲食類》："高麗栗糕：栗子不拘多少，陰乾，去殻，搗爲粉，三分之二加糯米粉拌匀，蜜水拌潤，蒸熟食之。"清袁枚《隨園食單·點心單》："栗糕：煮栗極爛，以純糯粉加糖爲糕蒸之，上加瓜仁、松子，此重陽小食也。"清夏曾傳補證："市賣之糕栗煮不爛，殊無味耳。曩在京師作登高之會，庖人製栗糕，以生栗帶水磨如糊，乃和粉蒸之，上加白糖，入口香嫩無質。其色如上上蜜蠟，斯真色香味三者俱絶矣。"清朱彝尊《食憲鴻秘·餌之屬》："栗糕：栗子風乾剥净，搗碎磨粉，加糯米粉三之一，糖和，蒸熟炒。"清佚名《調鼎集·乾鮮果部》："栗糕：熟栗肉研碎粉，和糯米粉三分，米粉一分，栗肉粉拌匀，包脂油、洋糖，印糕蒸。"參閲徐珂《清稗類鈔·飲食類》。

【高麗栗糕】

"栗糕"之一種。殆以高麗所產栗（或以高麗法）製成，故名。此稱元代已行用。見該文。

雪糕

糕品。宋代已見，不載製法。宋周密《武林舊事・市食》："豆糕、花糕、糍糕、雪糕、小甑糕。"宋吳自牧《夢粱錄・天曉諸人出市》："有賣燒餅、蒸餅、糍糕、雪糕等點心者。"至清代有"雪花糕""雪蒸糕""白雪糕"等，蓋皆此屬。

【雪花糕】

"雪糕"之屬。蒸糯米飯搗爛，加餡後打成餅，其白如雪，故名。清代已見。江南亦稱"糍團""雪團"。清袁枚《隨園食單・點心單》："雪花糕：蒸糯飯搗爛，用芝麻屑加糖爲餡，打成一餅，再切方塊。"清夏曾傳補證："吳門擔賣者，隨手捏團，隨賣隨捏，其味頗佳，名曰糍團，亦曰雪團，即此。"

【糍團】

即雪花糕。此稱清代已行用。見該文。

【雪團】

即雪花糕。此稱清代已行用。見該文。

【雪蒸糕】

"雪糕"之屬。清代已見。清袁枚《隨園食單・點心單》："雪蒸糕法：每磨細粉，用糯米二分、粳米八分爲則。一拌粉，將粉置盤中，用凉水細細灑之，以捏則如團、撒則如砂爲度，將粗麻篩篩出，其剩下塊搓碎，仍於篩上盡出之，前後和勻，使乾濕不偏枯，以巾覆之，勿令風乾日燥，聽用（水中酌加上洋糖，則更有味。拌粉與市中枕兒糕法同）。一錫圈及錫錢，俱宜洗剔極净，臨時略將香油和水，布蘸拭之。每一蒸後，必一洗一拭。一錫圈内，將錫錢置妥，先鬆裝粉一小半，將果餡輕置當中，後將粉鬆裝滿圈，輕輕攤平，套湯瓶上蓋之，視蓋口氣直衝爲度。取出覆之，先去圈，後去錢，飾以胭脂。兩圈更遞爲用。一湯瓶宜洗净，置湯分寸以及肩爲度，然多滾則湯易涸，宜留心看視，備熱水頻添。"

【白雪糕】

"雪糕"之屬。清末已見。徐珂《清稗類鈔・飲食類》："白雪糕，以米及糯米各一升，炒山藥、去心蓮肉、芡實各四兩，爲細末，入白糖一斤半，攪之令勻，入籠蒸熟。"

蓬糕

糕品。以嫩白蓬和米粉、糖製成。見於宋代。宋林洪《山家清供・蓬糕》："采白蓬嫩者，熟煮細搗，和米粉，加以白糖，蒸熟，以香爲度。世之貴介，但知鹿茸、鍾乳爲重，而不知食此實大有補益，詎可以山食而鄙之哉！"按，漢宮廷所食"蓬餌"，即此之屬。然彼爲重九節令食品，此爲山家尋常供饌。參見本卷《雜食説・糕考》"重陽糕"文。

柿糕

糕品。以糯米、柿粉、棗泥等製成。美食，具治小兒秋痢之功。始見於元代。元佚名《居家必用事類全集・庚集・飲食類》："柿糕：糯米一斗，大乾柿五十個，同搗爲粉，加乾煮棗泥拌搗。馬尾羅羅過，上甑蒸熟。入松仁、胡桃仁，再杵成團，蜜澆食。"參閱明李時珍《本草綱目・果二・柿》。

山藥糕

糕品。以山藥粉爲主料製成。始見於明代，載之宋詡《宋氏養生部》。清代有兩種製法。一法爲將熟山藥搗爛，揉入糖油粉類，加餡蒸熟。清佚名《調鼎集·乾鮮果部》："山藥糕：去皮蒸熟，搗爛，和糯米粉、洋糖、脂油丁炸揉透。印糕蒸餅，可隨意用餡。"清丁宜曾《農圃便覽》載另一法：將一斤山藥煮熟去皮，與四兩濕澱粉搗爛，酌加白糖、瓜子、果仁、青絲等揉勻，攤於箅上蒸熟。

楂糕

果製品。山楂洗净去核搗爛，和以蜜、糖及麵粉，製成軟膏狀或固態糕狀食品。酸甜可口，開胃去火。明代已見。明李時珍《本草綱目·果二·山楂》："閩人取熟者去皮核，搗和糖蜜，作爲楂糕，以充果物。"時亦稱"山楂膏"。明高濂《遵生八牋·飲饌服食牋下》："山楂膏：山東大山楂，刮去皮、核，每斤入白糖霜四兩，搗爲膏，明亮如琥珀，再加檀屑一錢，香美可供，又可放久。"清代亦稱"山查糕"（查，或作"楂"）、"糖球糕"。糖球，山楂別名。清李化楠《醒園錄》卷下："山查糕法：將鮮山查水煮一滾，撈起去皮核，取净肉搗爛，再用細竹篩，手摩擦去根，秤重與白糖對配。不紅，加紅顏料拌勻，或印或攤，整個切條塊收貯。倘水氣不收難放，用爐灰排平，隔紙將糕排在紙上，紙蓋一二天，水氣收乾裝貯。又法，水煮熟，去皮留肉並核，將煮山查之水下糖煮滾，浸泡，查肉酸甜，可作圍碟之用。"清夏曾傳《隨園食單補證·糖色單》："山楂糕，以京師爲佳，楂多而粉少故也。蘇製嫩則嫩矣，而楂味太少。杭州楂糕，則色紫而堅，斯爲下矣。"清佚名《調鼎集·乾鮮果部》："糖球糕：糖球擰汁和麵粉，加洋糖蒸糕。又，熟糖球去皮核，研開，和糯米粉、洋糖拌蒸，切糕……

又，不拘多寡，去兩頭及核蒸熟。每肉一斤，加洋糖半斤，搗爛。盆内先鋪油紙，將糕均鋪紙上，再以挋子抹平，面蓋油紙，過三二日切塊，將用再切。又，將紅果略蒸取起，去其外皮，拌洋糖。每查一斤，糖半斤。"按，"楂糕"之"糕"，時與"膏"通用。如高書"山楂膏"，《調鼎集》引用高文而易名爲"糖球糕"（引文略去）。通常"糕""膏"有別，糕多以麵爲之，蒸熟，成品爲鬆軟固體；膏不必以麵爲之，不必蒸，成品介於液體與固體之間，呈軟膏狀。就楂糕言，可用麵，亦可不用，可蒸，亦可不蒸，成品有軟有硬，故"糕""膏"每相通用。多數情況下，"糕""膏"有別。

【山楂膏】

即楂糕。此稱明代已行用。見該文。

【山查糕】

即楂糕。此體清代已行用。見該文。

【山楂糕】

即楂糕。此體清代已行用。見該文。

【糖球糕】

即楂糕。此稱清代已行用。見該文。

八珍糕

糕品。以山藥、扁豆、苡仁、蓮子、芡實、茯苓、糯米、白糖八種原料製成，故名。見於清代。清朱彝尊《食憲鴻秘·餌之屬》："八珍糕：山藥、扁豆各一勺，苡仁、蓮子、芡實、茯苓、糯米各半勺，白糖一勺。"時亦稱"八蒸糕"。以鍋巴、山藥、茯苓、白扁豆、苡仁、蓮肉、麥芽、乾百合八料蒸成，故名。清佚名《調鼎集·點心部》："八蒸糕：鍋粑十兩，山藥二兩，白茯苓二兩，白扁豆二兩，苡仁、蓮肉（去皮心）二兩，麥芽二兩，乾百合一兩，共爲細末，洋糖湯和，切片，或印成糕，蒸用。"
按，疑"八蒸"爲"八珍"之訛。

【八蒸糕】

即八珍糕。此稱清代已行用。見該文。

太陽糕

糕品。以米麵粉和糖蒸成。舊俗以農曆二
月初一爲中和節，製糕以祀太陽，故名。或說，
糕上印有金烏圓光。金烏，太陽之代稱，相傳
太陽中有金烏，故名。糕上置有小鷄，故亦
稱"太陽鷄糕"。清代已見。清富察敦崇《燕京
歲時記・太陽糕》："二月初一日，市人以米麵
團成小餅，五枚一層，上貫以寸餘小鷄，謂之
太陽糕。"清汪啓淑《水曹清暇錄》："二月初
一，俗稱爲中和節。云起於唐李泌，市中貨太
陽糕，以祀太陽星君。"清潘榮陛《帝京歲時
紀勝・二月中和節》："京師於是日以江米爲糕，
上印金烏圓光，用以祀日，遶街遍巷，叫而賣
之，曰太陽鷄糕。"按，中和節起於唐貞元五年
（789），李泌奏請，獲准，德宗頒詔，確。然其
時僅"令人家以青囊盛百穀果實相問遺，謂之
獻生子……中外皆賜錢尋勝宴會"，未言太陽糕
事；所謂貨太陽糕以祀，蓋後出傳說也。參閱
唐李肇《唐國史補》、宋陳元靚《歲時廣記・賜
宴會》。

【太陽鷄糕】

即太陽糕。此稱清代已行用。見該文。

布丁

糕類食品。從歐美舶入。以麵與果、蛋、
糖等蒸成。清代已見。徐珂《清稗類鈔・飲食
類》："布丁，爲歐美人食品。以麵粉和百果、
鷄蛋、油糖，蒸而食之，略如吾國之糕。近頗
有以之爲點心者。"按，今蛋糕有布丁型者，兒

童小食果凍布丁尤多。

西洋糕

糕品。因製法來自西洋，故名。清代已見。
清李化楠《醒園錄》卷下："蒸西洋糕法：每上
麵一斤，配白糖半斤，鷄蛋黃十六個，酒娘半
碗，擠去糟粕，只用酒汁，合水少許和勻，用
快（筷）子攪，吹去沫，安熱處令發。入蒸籠
內，用布鋪好，傾下蒸之。"清丁宜曾《農圃便
覽》載另一法爲：麵粉、鷄蛋、白糖、黃酒和
勻，入爐烤成。按，或說爲蛋糕，疑不確。《醒
園錄》并收"西洋糕""鷄蛋糕"即一證。參見
本卷《雜食說・糕考》"鷄蛋糕"文。

油糕

糕品。多以黏米麵爲皮，裹以糖或各種餡
料，油炸而成。見於清代。亦稱"炸油糕"。今
北方市肆所售，多稱"油炸糕"。《兒女英雄傳》
第三四回："天生的世家公子哥兒，會拿甜餑餑
解餓？又喫了些杏仁、乾糧、油糕之類，也就
飽了。"清薛寶辰《素食說略》卷四："炸油糕：
麵若干置瓷盆中，以滾水湯之，和令相得取出，
置案上。再以開水少許洗净盆內餘麵，並水傾
入已湯麵上，和勻。俟其融和，作圓餅實以糖
餡，炸之。亦有蔬菜作餡者，河南人喜爲之。"

【炸油糕】

即油糕。此稱清代已行用。見該文。

茯苓糕

糕品。以米粉加入茯苓、蓮肉、松仁、山
藥、瓜子等蒸成的方形糕塊。清代已見。亦
稱"封糕"。清李斗《揚州畫舫錄・虹橋錄下》：
"清明前後……賣豆腐腦、茯苓糕，喚聲柔雅，
渺渺可聽。"清李化楠《醒園錄》卷下："蒸茯
苓糕法：用軟性好飯米，舂得極白研麵，用極

細篩篩過。每斤麵配白糖六兩，拌勻，下層籠內，用手排實（未下時先墊高麗紙一重），蒸熟。又法，用七成白粳米，三成白糯米，再加二三成蓮肉、芡實、茯苓、山藥等末，拌勻蒸之。又法，用上好白飯米洗净曬乾，不可泡水，研極細麵，再用上白糖，每斤配水一大碗，攪勻，下鍋攪煮，收沫，數滾取起。候冷，澄去渾底，即取。多少灑入米麵令濕，用手隨灑隨搔，勿令成塊，至潮濕普遍就好。先用净布鋪於層籠底，將麵篩下抹平，略壓一壓，用銅刀先行刻劃條塊子。蒸熟取起，候冷擺開，好吃。又法，亦用飯米洗泡春粉，用白糖水和拌，篩下，層籠內打平；再篩餡料一重，又篩米麵一重。若要多餡，做此再加二三重皆可。篩完抹平，用刀劃開塊子，中央各點紅花，蒸熟（此一名封糕，餡料用核桃仁、松瓜等仁，研碎篩下）。"參閱清佚名《調鼎集》。

【封糕】

即茯苓糕。此稱清代已行用。見該文。

菱粉糕

糕品。以芡實（即菱角粉）爲主料製成。多見於清代。清佚名《調鼎集·乾鮮果部》："菱粉糕：老菱肉晒干研末，和糯米粉三分、洋糖，印糕，蒸。色極白潤。"《紅樓夢》第三九回："這個盒子裡，方纔舅太太那裡送來的菱粉糕和雞油捲兒，給奶奶姑娘們吃的。"

榆錢糕

糕品。以初春鮮嫩榆葉拌和糖麵蒸成。見於明清時期。明劉侗等《帝京景物略·春場》："是月（按，四月），榆初錢，麵和糖蒸食之，曰榆錢糕。"清富察敦崇《燕京歲時記·榆錢糕》："三月榆初錢時，采而蒸之，合以糖麵，謂之榆錢糕。"

鬆糕

糕品。因成品蓬鬆泛起，故名。明代已見。明韓奕《易牙遺意·糕餌類》："鬆糕：陳粳米一斗，沙糖三斤。米淘極净，烘乾，和糖灑水，入臼椿碎於内，留二分米拌椿其粗令盡，或和蜜，或純粉，則擇其黑色米。凡蒸糕，須候湯沸，漸漸上粉。要使湯氣直上，不可外泄，不可中沮。其布宜踈，稻草攤甑中。"清代亦稱"發糕"。因成品發酵泛起，故名。清李化楠《醒園錄》卷下："鬆糕法，即發糕。用上白飯米洗泡一天，研磨細麵。糖亦如茯苓糕提法。二者俱備，一盃麵，一盃糖水，一盃清水，加入酵子（即包子店所用麵，發麵也），攪勻，蓋密，令發至透，下層籠蒸之。要用紅的，加紅麯末；要綠，加青菜汁；要黄，加薑黄，即各成顏色。"參閱清佚名《調鼎集》。

【發糕】

即鬆糕。此稱清代已行用。見該文。

鷄蛋糕

糕品。以鷄蛋、白糖、麵粉調和後製成，有乾、濕兩種。清代已見。清李化楠《醒園錄》卷下："蒸鷄蛋糕法：每麵一斤，配蛋十個，白糖半斤，合作一處拌勻，蓋密，放灶上熱處，過一飯時，入蒸籠内蒸熟。以快（筷）子插入，不粘爲度，取起，候冷定，切片吃。若要做乾糕，灶上熱後，入鐵爐熨之。"時省稱"蛋糕"。清夏曾傳《隨園食單補證·點心單》："蛋糕：鷄蛋打勻，入糯粉調透，加生猪油、白糖、酒蒸熟，切開以粉鬆而油不浮於面爲佳。若茶食店之蛋糕、蛋捲，則蛋之魂魄矣。"今市肆所售糕點，此爲行銷廣泛、深受歡迎之一品，以鬆軟、甜美、富有營養而爲民衆所青睞。北方俗稱"槽糕""槽子糕"，因以模具製出，故名。

【蛋糕】

"鷄蛋糕"之省稱。此稱清代已行用。見該文。

蘿蔔糕

糕品。因蒸糕中含炒熟之蘿蔔絲，故名。清代已見。清李化楠《醒園錄》卷下："蒸蘿蔔糕法：每飯米八升，加糯米二升，水洗净，泡隔宿，舂粉篩細。配蘿蔔三四升，刮去粗皮，擦成絲，用熟猪板油一斤，切絲或作丁。先下鍋略炒，次下蘿蔔絲同炒，再加胡椒麵、葱花、鹽各少許同炒。蘿蔔半熟撈起，候冷，拌入米粉内，加水調極勻（以手挑起，墜有整塊，不致太稀），入蒸籠内蒸之（先用布襯於籠底）。快（筷）子插入不粘即熟矣。又法，猪油、蘿蔔、椒料俱不下鍋，即拌入米粉同蒸。"

第五章　飲料說

第一節　酒　考

酒，一種以穀物或果類爲原料釀製而成的含有乙醇的飲料。由於它獨具的刺激性，對人有特殊的吸引力，故此成爲人們日常生活中必不可少的親密伴侶。舉凡祭祀宴饗、會盟慶功、婚喪嫁娶，喜怒哀樂，所在必備，不可或缺。

酒之出現，開始爲自然酒，與木果同生，肇始於數十萬年以前。果實類落地腐爛，野生酵母菌促使果實中的糖分發酵，即形成酒漿，散發着誘人清香的原始自然酒汁出現了。

我國人工釀酒歷史悠久，約有近萬年。考古工作者在距今約八千年的新石器時代遺址——陝西臨潼白家村出土了釀酒工具"濾缸"，這就是最具說服力的證據。2004 年冬，中國科技大學科技史與科技考古系張居中教授會同美國賓夕法尼亞大學考古與人類學教授派翠克·麥克戈文從中國河南舞陽賈湖遺址出土的陶器碎片中，發現九千年前古酒殘漬并破解了其配方。此酒以大米、蜂蜜、葡萄及山楂爲原料，其酒型與現代米酒和葡萄酒的成分非常相似，或可稱之爲米酒、葡萄酒之混合型酒，酒精純度爲百分之八。它比文獻記載中所說的人工釀酒的初始要早得多。

權貴對酌圖
左：列隊獻禮者；右：佩劍侍衛者
（徐州漢墓畫像石拓片局部）

古代文獻記載，"杜康作秫酒"（《説文・酉部》）、"儀狄作酒"（《戰國策・魏策二》）。杜、儀二人，一般認爲是夏代人，距今僅四千餘年；或説黃帝作酒（晋江統《酒誥》），時代比杜康、儀狄雖早，距今也僅五千餘年。前此尚有數千年的發展。

漫長的人工釀酒史，大致可以分爲四個歷史階段。

一、萌發階段。約自九千年前到六千年前，即從新石器時期到傳説中的黃帝以前。已開始掌握了米酒和葡萄酒的製作方法，酒味淡薄甜辣。

二、成長階段。約自五千年前到兩千二百年前，即從傳説中的黃帝時期到秦王朝。

開始以麴釀酒爲主，涌現出傳説中的黃帝、杜康、儀狄等造酒大師。《帝王本紀》《韓詩外傳》記載夏桀肉山酒池的奢糜生活也説明當時造酒、飲酒之盛况。

到殷商之時，甲骨文中出現了"酉""酋""鬯""醴"等字，都是酒名。酉，即"酒"之古字，爲酒的泛稱；酋，東漢鄭玄解釋爲熟酒；鬯，祭祀用酒，以米、麴加入香料製成；醴，一種甜酒或"釀之一宿而成"之酒（見《釋名・釋飲食》）。《書・説命》："若作酒醴，爾惟麴蘗。""麴"通"麴"。説明至遲在商代中期武丁時代已開始以麴釀酒。這是我國酒史上一項重大成果，是對酵母生長繁殖規律的掌握和應用的巨大貢獻。

周代開始積纍釀造經驗，造出多種酒。《禮記・月令》："乃命大酋，秫稻必齊，麴蘗必時，湛熾必潔，水泉必香，陶器必良，火齊必得，兼用六物。大酋監之，毋有差貸。"這是對周代釀酒經驗的總結，包括了選料、製麴、操作、用水、器具、溫度等六個方面，被後人稱爲"古六法"或"古遺六法"。此時酒的分類也已開始，有"三酒五齊"之説。所謂三酒，即事酒、昔酒、清酒。事酒緣事所喝，昔酒是無事所飲，清酒爲祭祀所用。所謂五齊，是泛齊、醴齊、盎齊、緹齊、沈齊五種酒的總稱，是依據酒的用途、清濁而區分的。泛齊，指滓沫泛其上者；醴齊，指汁滓相混之甜酒；盎齊，指純正而色白者；緹齊，指糟床漉下之淺紅色酒；沈齊，指糟滓下沉之清酒。

戰國時，《楚辭·九歌》出現“桂酒”“椒漿”，是香酒的發展。

三、成熟階段。兩漢至宋代。

此時，酒麴種類不斷增多，釀造技術日趨成熟。僅漢代《方言》《説文》中列出的麴名就有“麩”“麨”“麷”“䴷”“麮”“麩”等近十種，但製法不載。20 世紀中後期，在河北、湖南、江蘇等地曾多次發現西漢美酒，且多具相當濃度，仍有淡淡之酒香。2003 年 6 月，於漢長安城遺址東南 1000 米處，出土兩件高達 0.78 米之鳳首銅鍾，其中一件貯有約 5 千克青綠色米酒，純度甚高，酒香濃烈，呈透明狀態，表明中國之釀酒技術，早在二千年前就已十分成熟。而如此高大嚴密的貯酒器，又可證西漢時酒的藏貯、運載也有相應的巨大發展，酒業的經營流通情況亦可推知。

西漢貯有美酒之鳳首銅鍾
（2003 年 6 月長安遺址東南隅出土）

三國時出現“紅麴”。三國魏王粲《七釋》：“瓜州紅麴，參糅相半，軟滑膏潤，入口流散。”“紅麴”，指紅色米酒。此一色澤的變化，顯然是釀造技術的一大進步。到南北朝時，北魏賈思勰《齊民要術》設《造神麴并酒》《白醪麴》《笨麴并酒》等三章，詳細介紹了“神麴”“三斛麥麴”等十二種酒麴的製法。到宋李保《續北山酒經》所載製麴法已達三十五種之多。

酒種亦於此時初步完備，名酒大量出現。

藥酒，其稱始見於戰國（見《韓非子·外儲説左上》）。到漢代，始見醫者將其運用於臨床施治飲服（見《史記·扁鵲倉公列傳》）。此後，《五十二病方》《神農本草經》、唐孫思邈《千金要方》《千金翼方》、宋蘇頌《圖經本草》、宋田錫《麴本草》等醫學專著，皆載有大量藥酒及製法。今日人們仍在配兌藥酒以祛疾強體。

露酒，係以發酵原酒（南宋以後也用白酒）爲酒基，加入香草、鮮花、果皮、香料後經浸漬、摻兌、熏染後製成。此類酒之名品其物戰國時出現。如“桂酒”“椒漿”之類，既是露酒，亦是藥酒。漢代之後始盛行，“酴釄酒”“薔薇露”“茉莉花酒”等相繼問世，有的流傳至今。

　　果酒，文獻中最先出現者爲葡萄酒。前述之賈湖遺址中已見釀製，據今已有九千年歷史，祇是并非單一純葡萄酒。後或因天災人禍，中土之葡萄已罕見栽培，故史家誤以爲葡萄原產西域，漢時傳入中土。至唐代葡萄酒釀製已甚普遍。唐宋時就出現了乾和葡萄酒、馬奶葡萄酒等名品。在葡萄酒之後，其他果酒相繼問世。如椰子酒、梨酒、洞庭春色（以黃柑所釀）等。

　　白酒，其物至遲西周時已有釀製。《周禮・天官・酒正》所記"事酒""昔酒""清酒"三酒中，前二種即白酒。此一"白酒"爲穀物釀製之酒，爲國酒之主流。南北朝之後，"白酒"又常用以指萬衆喜飲之美酒。至北宋時，白酒發展爲蒸餾酒，今景芝酒即其實證。其時混稱爲"白酒""白醴""燒酒"。兩宋以來，此一蒸餾酒與普通穀物酒并行於世，種類繁多。宋周密《武林舊事・諸色酒名》載其時名品有鳳泉、常酒、留都春、第一江山等五十四種，宋張能臣《酒名記・酒名》所載則近二百種。

宋代磁州窰"清沽美酒"瓶

　　宋代除酒型繁多之外，又倍重命名與包裝，今上海博物館藏有其時磁州窰所製酒瓶一隻，瓶身紋飾豐富多變，綫條流暢，黑白對比鮮明，瓶腹圓形開光，上書"清沽美酒"四字。略可窺見其時製酒業之盛況。

　　啤酒，漢代稱"麥酒"。"麥酒"之稱一直沿用，至清始稱"啤酒""皮酒"。

　　釀酒專書及相關著作此時也不斷出現。《齊民要術》用四章的篇幅，詳細記載了三十多種酒的整個製造工藝過程。它既是對前代釀酒技術的總結，又促進了後世製酒的發展。北宋朱翼中曾於杭州開辦酒坊，有豐富的釀酒經驗，所著《北山酒經》是一部釀酒專著，全書分《論酒》《論麴》《論釀酒》三卷。此後，還有宋李保《續北山酒經》、竇苹《酒譜》、張能臣《酒名記》等專書出現。

　　四、提高完善階段。自元迄今。

　　此時，傳統酒得到新的發展。如藥酒一門，僅明李時珍《本草綱目・穀四・酒》所載即達六十八種。燒酒開始在釀造酒基礎上復加蒸餾而成，酒質更加純白，白酒之名亦相應產生，許多名品相繼出現。如景芝酒發端於北宋時期，西鳳酒始創於明代萬曆年間，四川綿竹大麴肇始於清代初年，四川瀘州大麴產生於清順治、康熙年間，其他如古井貢酒、雙溝大麴、洋河大麴等名品也相繼產生。此後從中土走向世界，大展風采，爲中華民族贏得了榮譽。此外這一時期借鑒并吸取西方先進釀造技術，引進了一些新的酒種，如白蘭地、威士忌、伏特加等。

　　中華人民共和國成立以後，釀酒業有很大發展。我國白酒產量居世界首位。有多種酒品在國際評比中連獲金獎并遠銷他邦異域，繁榮和發展了具有悠久歷史的華夏酒文化。

酒[2]

　　以糧食或果品爲原料釀成的含有刺激性成分的液態飲品。自然形成的果酒始自荒古，人工釀製之米酒始自新石器時期。商周甲金文中已有"酉""酒""豊""醴"字。郭沫若《甲骨文字研究》謂酉"乃尊壺之象"，"古金及卜辭每多假以爲'酒'字"。《沇兒鎛》："用盤歙酉。"羅振玉謂酒"象酒由尊中挹出之狀"，又"《說文解字》'酉'與'酒'訓略同，本爲一字，故古金文酒字皆作'酉'"。醴，通訓甜酒，亦泛指酒。甲骨文作"豊"，金文作"醴"。李孝定《甲骨文字集釋》謂醴"金文或亦叚'豊'爲之"。《大鼎》："王鄉（饗）醴。"先秦時期及後世最習見者爲"酒"，"醴"多用作甜酒，偶或亦指"酒"。《詩·大雅·行葦》："曾孫維主，酒醴維醹。"《說文·酉部》："酒，就也。所以就人性之善惡。从水从酉，酉亦聲。"又："古者儀狄作酒醪，禹嘗之而美，遂疏儀狄。杜康作秫酒。"《釋名·釋飲食》："酒，酉也。釀之米麴酉澤，久而味美也。"酌，本指斟酒、挹酒，先秦時期亦以指代酒。《禮記·曲禮下》："酒曰清酌。""醪"本指汁與滓混合之酒，亦泛指酒。先秦時期已見。《孔叢子·陳士義》："酒醪五熟。"《廣雅·釋器》："醪，酒也。"南北朝時

期亦稱"酌"。《玉篇·酉部》："酌，酒也。"唐段成式《酉陽雜俎·酒食》："梨酌、鷖醬、乾栗、曲阿酒、麻酒、搋酒。"宋代亦稱"酥"，天竺國之稱。宋竇苹《酒譜·異域》："天竺國謂酒爲酥。"醞，本指釀酒，時亦代稱酒。宋陸游《上巳》詩云："名花紅滿舫，美醞綠盈甒。"由於酒的應用極其廣泛，與日常生活緊密相關，故其异名別號非常之多。據華夫《中國古代名物大典·飲食類·酒部》酒的別稱統計，有八十多種，如果再加上異體異名，約有一百五六十種。茲錄其要者，有"三酉""大和湯""天之美禄""升斗""玉東西""玉泉""甘波""白墮""杜康""杜鵑酒""含春王""狂藥""忘憂物""杯中物""春泥""香蟻""紅友""甜娘""般若湯""高陽""酒兵""釣詩鈎""雲液""荅剌速""腐腸賊""福水""麴秀才""蟻酒""歡伯""五雲漿""引口醪""玉液""玉醅""丕酒""仙醞""老春""君子""青州從事""酒聖""流霞""瓊腴""白杜"等。我國的五大酒種，即露酒、藥酒、啤酒（清以前稱"麥酒"）、果酒、白酒，到宋代基本上已具備。每一種内，都有許多稱謂、名品。此外，依據釀製時間，酒的組成成分以及酒質之清濁、濃淡、厚薄等標準，還有不少稱謂。

如"酋"爲久釀之酒。漢代已見。《説文·酋部》："酋，繹酒也。"段玉裁注："繹之言昔也。昔，久也……繹酒謂日久之酒。""醪"爲汁與滓相混之酒。漢代已見。《説文·酉部》："醪，汁滓酒也。"徐灝注箋："醪與醴皆汁滓相將。""醆""醴"皆爲濁酒。"醆"，先秦時期已見。《禮記·郊特牲》："醆酒涗於清，汁獻涗於醆酒。"《説文·酉部》："醆，酒濁而微清也。""醴"，漢代已見。《説文·酉部》："醴，濁酒也。""醹"，厚酒，先秦時期已見。《詩·大雅·行葦》："曾孫維主，酒醴維醹。"毛傳："醹，厚也。"《説文·酉部》："醹，厚酒也。""醨"，薄酒。先秦時期已見。《楚辭·漁父》："衆人皆醉，何不餔其糟而歠其醨。"洪興祖補注："醨，薄酒也。"按，醨，一本作"醨"。"醲"，濃酒。漢代已見。漢枚乘《七發》："飲食則温淳甘膬，腥醲肥厚。"《説文·酉部》："醲，厚酒也。""醑"，美酒。南北朝時期已見。《玉篇·酉部》："醑，美酒。"南朝宋謝靈運《石門新營所住》："芳塵凝瑶席，清醑滿金尊。"關於酒的利弊禁行，歷史上總有爭論。夏禹禁酒，商紂暢飲，《書·酒誥》載周公禁酒。三國時期曹操鑒於"年饑兵興"，於是"表制酒禁"。他在給孔融的信中説"陳二代之禍，及衆人之敗，以酒亡者"。而孔融頗不以爲然，他在給曹操的信中謂："酒之爲德久矣。古先哲王，類帝禋宗，和神定人，以濟萬國，非酒莫以也。故天垂酒星之耀，地列酒泉之郡，人著旨酒之德。堯不千鍾，無以建太平。孔非百觚，無以堪上聖。"晉代葛洪《抱朴子·酒誡》痛陳飲酒之弊端："夫酒醴之近味，生病之毒物，無毫分之細益，有丘山之巨損。君子以之敗德，小人

以之速罪。"對於酒的態度，東漢許慎較爲客觀、公正。《説文·酉部》："酒，就也，所以就人性之善惡。"即是説，應科學、合理飲酒，成其"善"，避其"惡"。

【酉】

　　同"酒"。此體商代已行用。見該文。

【豊】

　　即酒。此稱商周時期已行用。見該文。

【醴】

　　即酒。此體周代已行用。見該文。

【酌】

　　"酒"之代稱。此稱先秦時期已行用。見該文。

【醪】

　　即酒。此稱先秦時期已行用。見該文。

【酚】

　　即酒。此稱南北朝時期已行用。見該文。

【酥】[2]

　　即酒。天竺國之稱。此稱宋代已行用。見該文。

【醖】

　　"酒"之代稱。此稱唐宋時期已行用。按，唐代已稱酒爲"仙醖"。見該文。

五齊

　　古代祭祀用的五種熟酒。按祭祀的大小，酒的清濁，分爲五等，即泛齊、醴齊、盎齊、緹齊、沈齊，合稱五齊。前二者較濁，後三者較清。齊，指依據祭祀的不同規格而確定使用五齊、四齊或二齊。始見於先秦時期，延及後世。《周禮·天官·酒正》："辨五齊之名：一曰泛齊，二曰醴齊，三曰盎齊，四曰緹齊，五曰沈齊。"鄭玄注："齊者，每有祭祀以度量節作

之。”又：“自醴以上，尤濁縮酌者，盎以下差清。”賈公彦疏：“此五齊皆言成者，謂酒孰曰成。”按，孰，今作“熟”。又：“〔齊〕謂祭有大小，齊有多少。謂若祫祭備五齊，禘祭備四齊，時祭備二齊，是以度量節作之。”《樂府詩集·隋方丘歌·登歌》：“六瑚已饋，五齊流香。”唐代亦作“五醑”。唐元稹《代曲江老人》詩：“萬錢纔下筯，五醑未稱醇。”《宋史·職官志四》：“凡祭祀，供五齊三酒，以實尊罍。內酒坊惟造酒，以待餘用。”一説，齊，讀爲“粢”。粢，穀也，謂五齊皆以穀物製作，參閲清沈自南《藝林彙考·飲食篇》。

【泛齊】

“五齊”之一。酒熟後有螞蟻狀之泡沫浮其上，故名。始見於先秦時期。亦作“汎齊”。汎，同“泛”。《周禮·天官·酒正》：“辨五齊之名，一曰泛齊。”鄭玄注：“泛者，成而滓浮泛泛然，如今宜成醪矣。”《釋名·釋飲食》：“汎齊，浮蟻在上，汎汎然也。”《舊唐書·職官志二》：“及贊酌汎齊，進福酒以成其禮焉。”清王士禎等《師友詩傳録》：“如太羹醇酒，非復泛齊、醍齊可埒，其在《楚騷》之後無疑。”見該文。

【汎齊】

同“泛齊”。此體先秦時期已行用。見該文。

【醴齊】

“五齊”之一。爲汁滓相混之甜酒。始見於先秦時期。《周禮·天官·酒正》：“辨五齊之名……二曰醴齊。”鄭玄注：“醴猶體也，成而汁滓相將，如今恬（甜）酒矣。”《詩·周頌·豐年》：“爲酒爲醴，烝畀祖妣。”宋文瑩《玉壺清話》卷一：“〔皇帝〕詣太社罇所，執罇者舉冪，贊酌醴齊。”見該文。

【盎齊】

“五齊”之一。酒純色白。始見於先秦時期。《周禮·天官·酒正》：“辨五齊之名……三曰盎齊。”鄭玄注：“盎猶翁也，成而翁翁然葱白色，如今酇白矣。”《新唐書·禮樂志二》：“以太尊實汎齊，著尊實醴齊，犧尊實盎齊，山罍實酒皆二，以象尊實醍齊。”《宋史·禮志四》：“請以大尊實泛齊，山尊實醴齊，著尊實盎齊，犧尊實緹齊，象尊實沈齊，壺尊實三酒，皆爲弗酌之尊。”見該文。

【緹齊】

“五齊”之一。酒呈淺紅色，故名。始見於先秦時期。《周禮·天官·酒正》：“辨五齊之名……四曰緹齊。”鄭玄注：“緹者，成而紅赤，如今之下酒矣。”賈公彦疏：“下酒，謂曹牀下酒，其色紅赤，故以緹名之。”孫詒讓正義：“賈云‘曹牀下酒’，‘曹’當作‘糟’。下酒，蓋糟牀瀝下之酒。”亦作“醍齊”“粢醍”。《禮記·禮運》：“醴醆在户，粢醍在堂，澄酒在下。”鄭玄注：“《周禮》五齊……四曰醍齊。”陳澔集説：“‘粢醍’即《周禮》‘醍齊’，酒成而紅赤色也。”明李時珍《本草綱目·穀四·酒》：“飲膳標題云：‘……紅曰醍，綠曰醽，白曰醝。’”見該文。

【醍齊】

同“緹齊”。此體先秦時期已行用。見該文。

【粢醍】

即緹齊。此稱先秦時期已行用。見該文。

【沈齊】

“五齊”之一。因糟滓下沉而酒清，故名。始見於先秦時期。《周禮·天官·酒正》：“辨五齊之名……五曰沈齊。”鄭玄注：“沈者，成而滓沈,如今造清矣。"《釋名·釋飲食》:"沈齊,濁滓沈下,汁清在上也。"北周庾信《雲門舞》詩:"山罍舉,沈齊傾。"見該文。

社酒

酒名。春社、秋社祭土神所用。社祭始於先秦時期。《禮記·月令》:"擇元日,命民社。"鄭玄注:"社,后土也,使民祀焉。"此稱始見於唐代,達於明清。唐白居易《令公南莊花柳正盛欲偷一賞先寄二篇》詩:"擬提社酒攜村妓,擅入朱門莫怪無。"宋黃庭堅《己未過太湖僧寺得宗汝爲書寄山藐白酒長韻詩寄答》:"八月醸社酒,公私樂年登。"宋孟元老《東京夢華錄·秋社》:"八月秋社,各以社糕、社酒相賚送。"明代亦稱"社醖"。《水滸傳》第二九回:"磁盆架上,白泠泠滿貯村醪,瓦瓮竈前,香噴噴初蒸社醖。"清吳偉業《過席允來山居》詩:"社酒已濃茶已熟,客來長繫五湖船。"

【社醖】

即社酒。此稱明代已行用。見該文。

法酒

按官府法定規格醸造的酒。始見於先秦時期。《周禮·天官·酒正》:"掌酒之政令,以式法授酒材。"《漢書·食貨志下》猶有"請法古,令官作酒"之記載。此爲法酒之初。南北朝之後,法酒又分内法酒、外法酒兩種。内法酒爲古代宮廷祭祀、飲宴、賞賜之用,通由宮内醸造,不外賣外傳;外法酒則爲宮外官府監造,以經營并外賣爲主。唐劉禹錫《晝居池上亭獨吟》:"法酒調神氣,清琴入性靈。"宋陳師道《後山詩話》:"子瞻謂孟浩然之詩,韻高而才短,如造内法酒手而無材料爾。"明劉元卿《賢奕編·懷古》:"近日士夫家,酒非内法,果

非遠方珍異,食非多品,器皿非滿案,不敢會賓友。"明顧清《傍秋亭雜記》卷下:"内法酒總名長春,有上用甜苦二色。給内閣者以黃票,學士以紅票,餘白。"《宋史·職官志四》:"若造酒以待供進及祭祀、給賜則法酒庫掌之;凡祭祀,供五齊三酒,以實尊罍。内酒坊惟造酒,以待餘用。"元宋伯仁《酒小史·酒名》:"燕京内法酒。"《明史·職官志三》:"四年置法酒庫。"原注:"設内酒坊大使,從八品;副使,從九品。"外法酒則指官府或民間按法定規格醸製之酒。南北朝時期詳載製法。北魏賈思勰《齊民要術·法酒》:"《食經》七月七日作法酒方:一石麴作熰餅,編竹甕下,羅餅竹上,密泥甕頭,二七日出餅,曝令燥,還内甕中。一石米合得三石酒也。"宋蘇軾《書贈孫叔靜》:"今日於叔靜家飲官法酒,烹團茶,燒衙香,用諸葛筆,皆北歸喜事。"一説古代朝廷舉行大典時依禮所進之酒。《史記·劉敬叔孫通列傳》:"漢七年,長樂宮成,諸侯群臣皆朝十月……至禮畢,復置法酒。"司馬貞索隱:"按,文穎作酒法令也。姚氏云:'進酒有禮也。'"

【内法酒】

"法酒"之一種。此稱南北朝時期已行用。見該文。

【外法酒】

"法酒"之一種。此稱南北朝時期已行用。見該文。

【黍米法酒】

"法酒"之一種。見於南北朝時期。北魏賈思勰《齊民要術·法酒》:"黍米法酒:預剉麴,曝之令極燥。三月三日,秤麴三斤三兩,取水三斗三升浸麴。經七日麴發,細泡起。然後取

黍米三斗三升，净淘。凡酒米，皆欲極净，水清乃止。法酒尤宜存意，淘米不得净則酒黑。炊作再餾飯，攤使冷，著麴汁中，搦黍令散。兩重布蓋甕口，候米消盡，更炊四斗半米酘之，每酘皆搦令散。第三酘炊米六斗。自此以後，每酘以漸加米。甕無大小，以滿爲限。酒味醇美，宜合醅飲之。"

【秔米法酒】

"法酒"之一種。見於南北朝時期。北魏賈思勰《齊民要術·法酒》："秔米法酒：糯米大佳。三月三日，取井花水三斗三升，絹篩麴末三斗三升，秔米三斗三升，稻米佳，無者，早稻米亦得充事。再餾弱炊，攤令小冷，先下水、麴，然後酘飯。七日更酘，用米六斗六升。二七日更酘，用米一石三斗二升。三七日更酘，用米二石六斗四升，乃止，量酒備足，便止。合醅飲者，不復封泥。令清者，以盆蓋密，泥封之。經七日，便極清澄。接取清者，然後押之。"

【當梁酒】

"法酒"之一種。因正對梁下置甕而得名。見於南北朝時期。北魏賈思勰《齊民要術·法酒》："作當梁法酒：當梁下置甕，故曰當梁。以三月三日日未出時，取水三斗三升，乾麴末三斗三升，炊黍米三斗三升爲再餾黍，攤使極冷：水、麴、黍俱時下之。三月六日炊米六斗酘之。三月九日炊米九斗酘之。自此以後，米之多少，無復斗數，任意酘之，滿甕便止。若欲取者，但言'偷酒'，勿云'取酒'。假令出一石，還炊一石米酘之，甕還復滿，亦爲神異。其糠潘悉瀉坑中，勿令狗鼠食之。"

春酒

冬釀春熟之酒。始見於先秦時期，延至後世。漢代亦稱"凍醪""酎酒"。《詩·豳風·七月》："八月剥棗，十月穫稻。爲此春酒，以介眉壽。"毛傳："春酒，凍醪也。"孔穎達疏："此酒凍時釀之，故稱凍醪。"馬瑞辰通釋："春酒即酎酒也。漢制，以正月旦作酒，八月成，名酎酒。周制，蓋以冬釀經春始成，因名春酒。"漢張衡《東京賦》："因休力以息勤，致懽忻於春酒。"晋陶淵明《讀〈山海經〉》詩："歡言酌春酒，摘我園中蔬。"南北朝時詳載製法。北魏賈思勰《齊民要術·笨麴并酒》："作春酒法：治麴欲净，剉麴欲細，曝麴欲乾。以正月晦日，多收河水；井水苦鹹，不堪淘米，下饋亦不得。大率一斗麴，殺米七斗，用水四斗，率以此加減之。十七石甕，惟得釀十石米，多則溢出。作甕隨大小，依法加減。浸麴七八日始發，便下釀。假令甕受十石米者，初下以炊米兩石爲再餾黍，黍熟，以净席薄攤令冷，塊大者擘破，然後下之。没水而已，勿更撓勞，待至明旦，以酒杷攪之，自然解散也。初下即搦者，酒喜厚濁。下黍訖，以席蓋之。以後間一日輒更酘，皆如初下法。第二酘用米一石七斗，第三酘用米一石四斗，第四酘用米一石一斗，第五酘用米一石，第六酘、第七酘各用米九斗；計滿九石，作三五日停。嘗看之，氣味足者，乃罷。若猶少味者，更酘三四斗。數日復嘗，仍未足者，更酘三二斗。數日復嘗，麴勢壯酒仍苦者，亦可過十石米，但取味足而已，不必要止十石。然必須看候，勿使米過，過則酒甜。其七酘以前，每欲酘時，酒薄霍霍者，是麴勢盛也，酘時宜加米，與次前酘等，雖勢極盛，亦不得過次前一酘斗也。勢弱酒厚者，須減米三斗。勢盛不加，便爲失候；勢弱不減，剛强不消。加減之間，必須存意。若多作五甕已上者，每炊熟即須均分熟黍，令諸甕徧得；若偏酘一甕令足，則餘甕比候黍熟，已失酘矣。酘常令寒食前得再酘乃佳，過比便稍晚。若邂逅不得早釀者，春水雖臭，仍自中用。淘米必須極净。常洗手剔甲，勿令手有鹹氣，則令酒動，不得過夏。”亦有於春天釀造者。明李時珍《本草綱目・穀四・酒》：“春酒，清明釀造者亦可經久。”清方文《田家》詩之一：“有客提春酒，相要坐水邊。”按，後世詩文中，或以代稱美酒，如唐杜甫《遭田父泥飲美嚴中丞》詩：“田翁逼社日，邀我嘗春酒。”或以指春節所飲之酒，如《儒林外史》第一一回：“正月十二日，婁府兩公子請吃春酒。”或所指有難辨者，如宋蘇軾《武昌西山》詩：“憶從樊口載春酒，步上西山尋野梅。”

【凍醪】

即春酒。此稱漢代已行用。見該文。

【酎酒】

即春酒。此稱漢代已行用。見該文。

【春醴】

即春酒。此稱漢代已行用。漢張衡《東京賦》：“春醴惟醇，燔炙芬芬。”晋潘尼《東武館賦》：“春醴九醞，嘉豆百籩。”

【春醪】

即春酒。此稱晋代已行用。晋陶淵明《擬挽歌辭》：“春醪生浮蟻，何時更能嘗？”唐陸龜蒙《和襲美釣侶二章》：“一艇輕撓看曉濤，接䍦抛下漉春醪。”宋曾鞏《一鶚》詩：“歸來礧鬼載俎豆，快飲百甕行春醪。”清伊小尹《春郊即事》詩：“猶有村氓知禮數，春醪肯爲使君傾。”

【春醖】

即春酒。此稱南北朝時期已行用。《文選・王僧達〈答顔延年〉詩》：“寒榮共偃曝，春醖時獻斟。”劉良注：“醖，酒也。”

【春酎】

即春酒。此稱唐代已行用。唐顧雲《池陽醉歌贈匡盧處士姚巖傑》詩：“春酎香濃枝盞黏，一醉有時三日病。”

【春醅】

即春酒。此稱唐代已行用。唐劉言史《葛巾歌》：“草堂窗底漉春醅，山寺門前逢暮雨。”宋蘇軾《用過韻冬至與諸生飲酒》：“凍醴寒初泫，春醅暖更饒。”

【春釀】

即春酒。此稱唐代已行用。唐王績《贈學仙者》詩：“春釀煎松葉，秋杯浸菊花。”宋周密《齊東野語・曝日》：“薰然四體知，恍若醉春釀。”

賈湖酒

中國最古的米酒與葡萄酒的混合型酒。“賈湖酒”被譽爲“人類酒祖”，賈湖遺址則成爲人類最早的釀場。1979年秋，河南漯河市舞陽縣賈湖遺址出土了一批新石器時代的器物，隸屬早期裴李崗文化時期。1984年至2001年，中

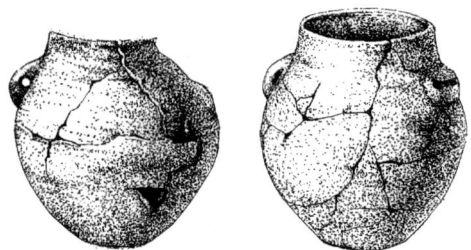

賈湖酒罍殘體
（河南舞陽賈湖新石器時代遺址出土）

國科技大學科技史與科技考古系張居中教授主持了此遺址的發掘工作。發掘的器物中，在十六個陶器碎片上，疑有酒的沉澱物。自1999年始，中方將部分陶片樣本交由美國專家，以求協助化驗。2004年冬，美國賓夕法尼亞大學考古與人類學教授派翠克·麥克戈文同張居中合作的這項古酒研究成果，發表在美國《國家科學院學報》上，確認了出土的陶器碎片中，存有九千年前古酒殘漬并破解了其釀製配方。其主要成分爲大米、蜂蜜、葡萄和山楂，這同現代米酒和葡萄酒非常相似。不久，此配方交由美國特拉華州"角鯊頭"釀酒廠如法炮製。該廠素以口味獨特、包裝前衛著稱。2007年初，該廠試製成功，將此酒定名爲"賈湖城酒"，并搶先注冊，成爲"按正宗古法釀製"的現代啤酒，酒精純度爲百分之八。在釀製過程中，該廠遵循美國釀酒法律，加入了大麥芽，爲了確保"賈湖城酒"的原汁原味，在發酵時便將大麥芽氣味大多抽掉。"賈湖城酒"既甜且辣，味道獨特，喝過唇齒留香。每瓶容積爲750毫升，售價12美元。該啤酒瓶的包裝由美國著名藝術家麥克佛森設計，畫面中央是一名手持酒杯的裸背中國現代美女，該美女臀部正上方赫然標有一個隸書"酒"字，充滿濃郁的東方情調。同時，"角鯊頭"之上屬公司在紐約召開了一場"賈湖城酒"品嘗會，引起巨大反響。

景芝酒

名酒。因產於山東安丘景芝鎮而得名。此酒經歷了中國製酒史上的果酒、黃酒、燒酒的各個釀造階段，由多色而轉變爲無色透明。其產地又始終沒有變化，沒有新豐酒同名異地之別，也沒有蘭陵酒南北發明權之爭，因而該酒乃中國唯一的時、地明確又與史同進的最古老的美酒。1957年山東省文物管理處在景芝鎮南發掘出一系列釀酒、盛酒、貯酒、飲酒陶器，特別是震驚中外的蛋殼黑陶高柄酒杯的出土，表明了在四千八百年至四千五百年前的大汶口文化晚期，此地已有先進的製陶業，釀酒技術已臻成熟；也表明了此地農業發達，纔有餘糧用於釀酒。這裏有獨具的天然條件，在景芝境內，濰水（俗稱"淮河"）、渠水、浯水三條河流在鎮北匯合，頗便農田灌溉，而特殊的甘甜水質，大益造酒，易地則不備。浯水上游，多股山泉匯聚一脉，滔滔入鎮，引流釀酒，酒質尤佳。更爲奇特者，景芝廠內古松之下有一古井，井内有永不枯竭的釀酒妙水，酒之上上品則必取自古井。1968年春，景芝鎮東十八里的前涼臺村發現了漢代畫像石，上刻釀酒的全過程。畫面展現的是一個大規模的釀酒作坊，釀造所需諸種器具，一應俱全。而作爲烹飪用品，除却牛、羊、猪、鷄、鵝等等之外，室内的大盆中尚有待殺的活魚，橫梁上則懸挂有風乾待用的大小魚串。有如此豐富的魚品，可知此一釀酒作坊必定地處大河之濱，而這正是今景芝鎮獨具的地理特徵。畫面中另一醒目處就是設有護欄，護欄上方築有類似風雨亭般的大井。井旁有人拉緊繩索，繩索

大汶口文化高脚陶杯（山東安丘景芝鎮出土）

滑過“風雨亭”的正上方，以滑輪的形式汲取井水。可見這一釀酒作坊所用水爲井水，這就令人聯想到今景芝酒廠中的那口古井。(參閱山東省博物館、山東省文物考古研究所編《山東漢畫像石選集》圖五四九、五五〇)畫像石在古代，尤其是漢代，是先民抒情達意、描繪社會生活難得的大型載體，是當時歷史性的藝術品。這一畫像石可證早在漢代景芝酒已經大量生產。景芝白酒至遲產生於北宋時期。它以高粱爲原料，酒液透明，乃中國最早的蒸餾酒。該酒是在傳統的果酒、黃酒的基礎上發展起來的，傳統的果酒、黃酒皆爲色酒，而該酒作爲蒸餾酒則是無色的，因而被稱爲“白醅”(即白酒)。宋蘇軾《謝郡人田賀二生獻花》詩“玉腕揎紅袖，金樽瀉白醅”，《玉盤盂二首》詩之二“但持白酒勸嘉客，直待瓊舟覆玉彝”，皆證明蘇軾所飲的是白酒。而且在其《超然臺記》中稱“釀秫酒”，秫即高粱，可證蘇軾在密州時所飲之酒，即高粱釀造的白酒。宋時之密州，即今之諸城。其地緊鄰景芝酒原產地景芝鎮。東坡所飲之酒即景芝酒。故當代學者在《蘇軾論》中設有《蘇東坡與景芝酒》之專章，列有九大論據，言之鑿鑿，已爲學界所公認(參閱朱靖華《蘇軾論》中的《蘇東坡與景芝酒》，京華出版社1997年版)。由此可見，景芝白酒到現在應有千年的歷史了。“景芝”一詞出現較晚，傳因北宋景祐年間當地出產靈芝而獲名，文獻中的最早記載見於《元史·順帝紀》。元明清三代是景芝酒的興盛時期。1992年在今景芝酒廠以西、原東花市街路南住戶的宅基下，出土了元末明初的小燒鍋框子和發酵池子。又據《安丘縣志》記載，明萬曆年間，景芝鎮“酒肆林立，酒旗搖曳，七十二座釀酒作坊遍布全鎮，大車小車絡繹於途，商業繁盛，產白酒頗著，每年繳納酒課稅銀一百錠零四貫”。當時，一錠合十兩紋銀，百錠當是千兩之多，可見此地釀酒業頗有規模。清初著名文字學家王筠的家鄉就在景芝西南十五華里的宋官疃。他嗜飲景芝酒，寫有“一壺景芝酒，半篇說文書”的詩句。清代禁止民間私自踩麴釀酒，但由於景芝處在高密、諸城、安丘三縣的交界處，地方政府不易管理，加之景芝燒酒聲望高，獲利厚，所以屢禁不止。乾隆八年(1743)山東巡撫喀爾吉善給皇帝上奏摺，說景芝等地“向多商賈在於高房邃室踩麴燒鍋，販運漁利”。光緒末年的《安丘縣鄉土志》在“物產”條內記曰：“燒酒以高粱製之，出自景芝者最醇，他處所不逮，爲特產大宗。”民國四年版《山東通志·物產》稱：〔酒〕各縣皆有。黃酒、黍米所釀，蓬萊、即墨爲盛；燒酒(即高粱酒)以安邱景芝鎮爲最盛。”據民國《膠濟鐵路沿綫經濟調查彙編》記載，20世紀30年代，景芝酒占“全縣酒之產量400萬市斤”的半數。當代著名詩人臧克家的家鄉也離景芝不遠，晚年他寫有《爲山東景芝酒廠題句》一詩，曰：“兒時景芝酒名揚，長輩貪杯我聞香。佳釀聲高人已老，沾唇不禁念故鄉。”景芝廠家素有“糧必精，水必甘，器必潔，麴必陳，貯必久，工必細”之古訓(今又強調“管必嚴”一訓，稱爲“七必”)，如此一貫的選料及工藝要求，遂使景芝酒名揚天下。其中在傳統景芝燒酒釀造工藝基礎上製造出來的景芝白乾，作爲中國最早的高粱大麴酒，1915年曾入展巴拿馬萬國博覽會，1996年被評爲中國首屆八大大眾名白酒，2006年被商務部認定爲首批中華老字號，2007 年它的傳統釀酒工藝入選國内非物質文化遺產。景陽春酒於 1973 年問世，以"窖香濃郁、綿軟爽净、餘味悠長"的獨有風格遠銷日本、朝鮮、東南亞等三十多個國家和地區。在 1987 年全國首屆旅游低度白酒評比中，榮獲最高榮譽"金樽獎"。

【景芝白酒】

"景芝酒"之一種。此稱宋代已行用。見該文。

【景芝燒酒】

即景芝白酒。此稱清代已行用。見該文。

【景芝白乾】

"景芝酒"之一種。此稱行用於近現代。見該文。

【景陽春】

"景芝酒"之一種。此稱行用於近現代。見該文。

白酒

以穀物釀製之酒。在中國古代分爲三種，一曰事酒，二曰昔酒，三曰清酒。前二者皆爲白酒。事酒爲新釀成之白酒，昔酒則爲陳釀白酒。清酒釀製時間尤久，爲清冽上品，故而用以祭祀。《周禮·天官·酒正》："辨三酒之物，一曰事酒，二曰昔酒，三曰清酒。"鄭玄注："鄭司農云：'事酒，有事而飲也；昔酒，無事而飲也；清酒，祭祀之酒。'玄謂：'事酒，酌有事者之酒，其酒則今之醳酒也；昔酒，今之酋久白酒，所謂舊醳者也。'"賈公彦疏："清酒久於昔酒。"《禮記·内則》："酒，清、白。"鄭玄注："白，事酒、昔酒也。"孔穎達疏："清謂清酒，白謂事酒、昔酒。以二酒俱白，故以一'白'標之。配清酒則三酒，故鄭云'白，

事酒、昔酒也'。"白酒與清酒至遲於周代已有其物。《太平御覽》卷八四四引三國魏魚豢《魏略》："太祖（曹操）時禁酒，而人竊飲之，故難言酒，以白酒爲賢人，以清酒爲聖人。"南北朝之後，白酒又用以泛指萬衆喜歡之美酒。南朝梁蕭衍《子夜四時歌·夏歌》："玉盤著朱李，金杯盛白酒。"唐李白《南陵别兒童入京》詩："白酒初熟山中歸，黄鷄啄黍秋正肥。"《舊唐書·杜甫傳》："永泰二年，〔杜甫〕啗牛肉白酒，一夕而卒於耒陽，時年五十九。"至北宋時，始有作爲蒸餾酒的白酒，元代始稱爲"燒酒"，今猶沿稱。蘇軾在所著《超然臺記》中稱"釀秫酒"，即以高粱釀製之酒。時亦稱"白醪"。蘇軾《謝郡人田賀二生獻花》詩云："玉腕揎紅袖，金樽瀉白醪。"又《述古以詩見責屢不赴會復次前韻》："肯對紅裙辭白酒，但愁新進笑陳人。"宋陸游《長歌行》："渡頭酒壚堪醉眠，白酒醇醲鱸魚鮮。"元趙孟頫《題東老事實後》詩："白酒釀來緣好客，黄金散盡爲收書。"清查慎行《對雨戲效白樂天體四首》之一："白酒標旗濕，紅鱗出網鮮。"我國的白酒在世界蒸餾酒中最具特色。歷史悠久，工藝獨特，類型豐富。主要有清香、濃香、醬香、米香與複香五種香型。參見本卷《飲料説·酒考》"燒酒"文。

【白醪】

即白酒。此稱宋代已行用。見該文。

【燒酒】

亦稱"阿剌吉酒""汗酒""火酒"。在穀物釀酒的傳統工藝中加熱蒸餾而成。色白，含酒精量高。因點火可以燃燒，故稱。唐宋時期即有"燒酒"之名，但名同而實异。如，唐白居

易《荔枝樓對酒》詩："荔枝新熟鷄冠色，燒酒初開琥珀香。"宋陸游《客思》詩："杯觴灩灩紅燒酒，風露盈盈紫笑花。""燒酒"其物，北宋已能釀造，但其名時見混用，或稱"白醠"，或稱"白酒"。宋田錫《麴本草》始見名實相符："暹羅酒，以燒酒復燒二次，入珍貴異香。"但此名也祇在藥界偶或用之，至元明時期方有詳細記載。元賈銘《飲食須知》卷五："燒酒，味甘辛，性大熱，有毒，多飲敗胃傷膽，潰髓弱筋，傷神損壽，有火證者忌之。"明李時珍《本草綱目·穀四·燒酒》："〔釋名〕火酒（《綱目》）、阿剌吉酒（《飲膳正要》）。"又："〔集解〕時珍曰：燒酒非古法也。自元時始創其法，用濃酒和糟入甑，蒸令氣上，用器承取滴露。凡酸壞之酒，皆可蒸燒。近時惟以糯米或粳米或黍或秫或大麥蒸熟，和麴釀瓮中七日，以甑蒸取，其清如水，味極濃烈，蓋酒露也。"清翟灝《通俗編·飲食》："東坡言，唐時酒有名燒春者，當即燒酒也。元人謂之汗酒。卞思義有《咏汗酒》詩。李宗表稱阿剌古（古應作'吉'）酒，作歌云：'年深始作汗酒法，以一當十味且濃。'"按，"東坡言，唐時酒……當即燒酒也"諸語，乃推斷之辭，不足爲信。又按，明鄭若曾《鄭開陽雜著》之《飲食類》中猶將"燒酒"與"白酒"并列，視爲二物，可證至遲在明代之前，"燒酒"之義尚未完全獨立，不可與"白酒"等同。近世通以"白酒"指代燒酒，又稱之爲"白乾"。

【阿剌吉酒】

即燒酒。阿剌吉，蒙古語。此稱元代已行用。見該文。

【汗酒】

即燒酒。此稱元代已行用。見該文。

【火酒】

即燒酒。此稱明代已行用。見該文。

酎

醇酒。爲我國最古酒品之一。經反復釀製而成，質純而味厚。始於先秦時期。多爲帝王飲用，或用於祭祀。《禮記·月令》："〔孟夏之月〕天子飲酎。"鄭玄注："酎之言醇也。謂重釀之酒也。"亦稱"九醞""醇酎"。《西京雜記》卷一："漢制，宗廟八月飲酎，用九醞太牢，皇帝侍祠。以正月旦作酒，八月成，名曰酎，一曰九醞，一名醇酎。"《漢書·景帝紀》："高廟酎，奏武德、文始、五行之舞。"張晏注："酎之言純也。"顏師古注："酎，三重釀，醇酒也，味厚，故以薦宗廟。"宋程大昌《演繁露·酎》："漢八月飲酎。説者曰：酎，正月釀八月成。許叔重曰：'八月黍成，可爲酎酒。''酎，三重醇酒也。'二説不同。然酒固有久醇者，恐八易月乃成，期太迂遠，當以黍成可釀爲是。黍既登熟，三重釀之，八月一月可辦也。"據載，漢丞相曹操曾得釀法。北魏賈思勰《齊民要術·笨麴并酒》："魏武帝上九醞法，奏曰：'臣縣故令九醞春酒法，用麴三十斤，流水五石，臘月二日清麴，正月凍解，用好稻米，漉去麴滓便釀。法引曰：'譬諸蟲，雖久多完。'三日一釀，滿九石米止。臣得法，釀之常善，其上清，滓亦可飲。若以九醞苦，難飲，增爲十釀，易飲不病。九醞用米九斛，十釀用米十斛，俱用麴三十斤，但米多少耳。治麴淘米，一如春酒法。"後世之"九醞"，另有製法，且酒效有異。晋王嘉《拾遺記·晋時事》："張華爲九醞酒，

以三薇漬麴糵。糵出西羌，麴出北胡……糵用
水漬麥三夕而生萌芽，以平旦鷄鳴時而用之，
俗人呼爲‘鷄鳴麥’。以之釀酒，清美醇㘭，久
含令人齒動，若大醉，不叫笑搖蕩，令人肝腸
消爛，俗人謂爲‘消腸酒’，或云‘醇酒’，可
爲長宵之樂。”張華《輕薄篇》稱：“蒼梧竹葉
清，宜城九醖醝。”可知其産地在今湖北宜城。
南北朝以降，多以借指美酒。唐元稹《西凉伎》
詩：“哥舒開府設高宴，八珍九醖當前頭。”五
代王定保《唐摭言·陰注陽受》：“復置醇酎數
斗於側，其人以巨杯引滿而飲。”

【九醖】[1]

即酎。此稱始見於漢代。另則指宜城所
産者，始於晉代（參見本卷《飲料説·酒考》
“宜城酒”文）。見該文。

【醇酎】

即酎。此稱漢代已行用。見該文。

㘭酒

香酒。爲我國最古酒品之一。以黑黍米加
鬱金香草釀製而成。酒性平淡，氣味芳香。供
古代祭祀降神、賓享飲宴、賞賜之用。約始見
於商代。甲骨文即有“㘭”字，爲其時祭祀
所用。周代行用頗廣。後世多於莊重祀典用
之。《周易·震》：“震驚百里，不喪匕㘭。”鄭
玄注：“㘭，香酒，奉宗廟之盛也。”《禮記·曲
禮下》：“凡摯：天子，㘭；諸侯，圭。”孔穎達
疏：“天子㘭者，釀黑黍爲酒，其氣芬芳調暢，
故因謂爲‘㘭’也。”亦稱“秬㘭”。秬，黑黍。
《書·洛誥》：“予以秬㘭二卣，曰明禋，拜手稽
首，休享。”孔穎達疏：“《釋草》云：‘秬，黑
黍。’《釋器》云：‘卣，中尊也。’以黑黍爲
酒，煮鬱金之草，築而和之，使芬香調暢，謂

之秬㘭。”《詩·大雅·江漢》：“釐爾圭瓚，秬
㘭一卣。”鄭玄箋：“王賜召虎以㘭酒一罇。”因
以鬱金草煮汁入釀，故亦稱“鬱㘭”，亦作“鬱
㘭”。《周禮·春官·鬱人》：“鬱人掌祼器，凡祭
祀賓客之祼事和鬱㘭以實彝而陳之。”《禮記·禮
器》：“諸侯相朝，灌用鬱㘭，無籩豆之薦。”
《史記·晉世家》：“天子使王子虎命晉侯爲伯，
賜大輅，彤弓矢百，玈弓矢千，秬㘭一卣，珪
瓚，虎賁三百人。”《説文·㘭部》：“㘭，以秬
釀鬱艸，芬芳攸服，以降神也。”段玉裁注：
“攸服當作條暢。《周禮·㘭人》注、《大雅·江
漢》箋皆云‘芳香條暢’可證也。”晉張華《博
物志》卷四：“秬㘭一卣，珪瓚副之。”唐陳叔
達《太廟祼地歌辭》：“清廟既祼，鬱㘭惟禮。”
《新唐書·禮樂志一》：“所執尊者，舉冪侍中贊
酌鬱酒，進獻祖神座前，北向跪，以㘭祼地奠
之。”《宋史·禮志十一》：“今以門下侍郎取瓚
進皇帝，侍中酌㘭。”清程可則《送家立庵學士
册封安南》詩：“秬㘭分藩舊，苴茅錫命初。”
按，一説，鬱非香草，乃搗築香草之汁入㘭酒。
鬱，春搗義。清沈自南《藝林彙考·飲食篇》
卷五：“《名義考》記曰：‘鬱合㘭臭。’先儒謂
擣鬱金香草之汁和合㘭酒。按，《本草》鬱金無
定識，嘗考《達磨俱舍論》，鬱金樹名，出罽
賓國，花黃色，壓汁爲香。竊恐周以前罽賓未
通中國，先王不寶遠物，亦何取鬱金也？蓋鬱
非草，乃草之春築，猶㘭非酒，乃酒之條達。
《説文》鬱作‘鬱，芳草也。十葉爲貫，百廿貫
築以煮之爲鬱’。故其字从臼、从缶。又曰‘百
草之華，遠方鬱人所貢’，則鬱乃合衆香草春築
之，故曰鬱。鬱人亦以是得名。”清朱駿聲《説
文通訓定聲·壯部》：“釀黑黍爲酒曰㘭，築芳

草以煮曰鬱，以鬱合鬯爲鬱鬯。”按，鬯亦指單以黑黍所釀，不和以鬱者。參閱清沈自南《藝林彙考・飲食篇》。

【秬鬯】

即鬯酒。此稱先秦時期已行用。見該文。

【鬱鬯】

即鬯酒。此稱先秦時期已行用。見該文。

【鬱鬯】

即鬯酒。此體先秦時期已行用。見該文。

黍酒

用黍米爲原料釀製而成。黍米，北方稱黃米，性黏。以之入釀，約始於商代。古酒“鬯”，即爲黍酒之屬（參見本卷《飲料說・酒考》“鬯酒”文）。周秦時稱“黍醴”“黍酒”。《禮記・內則》：“黍醴，清、糟。”《呂氏春秋・權勳》：“臨戰，司馬子反渴而求飲，豎陽穀操黍酒而進之。”漢代亦稱“酏”。《說文・酉部》：“酏，黍酒也。”南北朝時始詳載其製法。時稱“黍米酏”。北魏賈思勰《齊民要術・笨麴并酒》：“黍米酏法：亦以正月作，七月熟。淨治麴，搗末，絹篩，如上法（秫米酏法）。笨麴一斗，殺米六斗。用神麴彌佳，亦隨麴殺多少，以意消息。米細舂净淘，弱炊再餾黍，攤冷。以麴末於甕中和之，按令調均，擘破塊著，甕中。盆合，泥封。五月暫開，悉同秫酏法。芳香美釀，皆亦相似。”宋陸游《老景》詩：“黍酒時留客，菱歌或起予。”宋代“酏”亦作“酏”。《五音集韻・平脂》：“酏，同酏。酒也。”宋蔣捷《瑞鶴仙・壽東軒立冬前一日》詞：“繪波穩舫，鏡月危樓，醋瓊酏也。”明李時珍《本草綱目・穀二・稷》：“稷與黍，一類二種也。粘者爲黍，不粘者爲稷。稷可作飯，黍可釀酒。”

【黍醴】

即黍酒。此稱先秦時期已行用。見該文。

【酏】²

即黍酒。此稱漢代已行用。見該文。

【酏】

即黍酒。此體宋代已行用。見該文。

【黍米酏】

即黍酒。此稱南北朝時期已行用。見該文。

魯酒

春秋時魯國所產之酒。始見於戰國時期。《莊子・胠篋》：“魯酒薄而邯鄲圍。”陸德明釋文：“許慎注《淮南》云：‘楚會諸侯，魯趙俱獻酒於楚王，魯酒薄而趙酒厚。楚之主酒吏求酒於趙，趙不與，吏怒，乃以趙厚酒易魯薄酒奏之，楚王以趙酒薄，故圍邯鄲也。”後遂以爲薄酒、淡酒之代稱。北周庾信《哀江南賦》：“下亭漂泊，高橋羇旅，楚歌非取樂之方，魯酒無忘憂之用。”唐李白《秋日魯郡堯祠亭上宴別杜補闕范侍御》詩：“魯酒白玉壺，送行駐金羈。”清李漁《慎鸞交・送遠》：“爹媽今日遠行，孩兒與媳婦備有魯酒奉餞。”一說，圍邯鄲者非楚宣王，乃梁惠王趁其機也。唐陸德明《經典釋文・莊子音義》引郭象曰：“楚宣王朝諸侯，魯恭公後至而酒薄。宣王怒，欲辱之。恭公不受命……遂不辭而還。宣王怒，乃發兵與齊攻魯。梁惠王常欲擊趙，而畏楚救，楚以魯爲事，故梁得圍邯鄲。”

蘭陵酒

名酒。以黍米爲原料，酒液呈琥珀色，透明，香氣濃郁，酒質醇厚，甜美爽口。產於山東蘭陵，故名。商代之“鬯”，當爲此酒之初型。商代甲骨文卜辭中已有“鬯其酒”的記載。

《禮記·曲禮下》:"天子,鬯。"孔穎達疏:"天子鬯者,釀黑黍爲酒,其氣芬芳調暢,故因謂爲'鬯'也。"《白虎通義·考黜》:"鬯者,以百草之香,鬱金合而釀之成爲鬯。"20世紀40年代末,在蘭陵縣西修公路時挖出的商代酒器上有"鬯"字,實乃有力佐證。春秋時期,蘭陵稱東陽,屬魯邑,所産東陽酒因久爲貢品,已盛稱於當時。戰國時荀況曾講學於齊都之稷下學宫,其時學者雲集,名滿天下。後歸楚,任蘭陵令,著書至終老,并葬於此。春秋時之東陽酒,因荀況之任蘭陵令,而稱爲"蘭陵酒",聲名倍增。戰國之蘭陵,在今山東蘭陵縣附近,荀況墓至今猶存。1995年在徐州獅子山西漢楚王墓中出土了六壜埋藏地下長達兩千餘年的陶製球形酒罈,泥封上印有"蘭陵貢酒""蘭陵丞印""蘭陵之印"戳記,保存完整無缺。打開泥封後,酒香四溢。獅子山與蘭陵在西漢時同屬楚王封地,相距甚近。楚王生前愛此貢酒,死後即隨葬墓中。蘭陵酒在漢初即爲貢酒,乃與商代天子之鬯一脉相承,或曰歷代相承,足見其在當時質量之佳,名氣之大。西漢重臣蕭望之祖居蘭陵,東晉初其後裔避亂遷江蘇武進者,皆稱其新居地爲蘭陵。及至南齊高帝蕭道成、梁武帝蕭衍,皆喜蘭陵酒,時稱"蕭氏家釀""蕭王美酒"。其後廣傳江左,人亦稱"蘭陵酒"。李白《客中行》曰:"蘭陵美酒鬱金香,玉椀盛來琥珀光。但使主人能醉客,不知何處是他鄉。"王琦注:"後魏於此置蘭陵郡,隋廢郡爲蘭陵縣,唐武德四年改曰丞縣……《史記》:'荀卿適楚,春申君以爲蘭陵令。'正義云:'蘭陵縣,屬東海郡,今沂州丞縣有蘭陵山。'"唐之丞縣屬東魯,即今蒼山一

帶。李白此詩正是其初至東魯之作。酒因詩傳,遂使蘭陵美酒再度譽滿天下。後世詩人多以詩相咏,例如清沈謙《送人之山東》詩:"君去游齊魯,誰憐泣路隅?沙深埋馬腹,風急斷人鬚。鼓楫河流隘,瞻雲嶽色孤。蘭陵多美酒,愁絶更須沽。"20世紀初,蘭陵尚有釀酒廠四十餘家。1914年,《山東物品展覽會報告書》載:"蘭陵美酒自前五代時已著名,父老相傳爲蕭氏家釀,故或又稱爲蕭王美酒,至唐經太白咏嘗,而名益著,後歷經進步,造法愈精,然從非市品也。"按,"前五代時已著名",不確。此"前五代"指齊、梁、陳、周、隋,正是蘭陵蕭家南遷之後,應説前五代時已著名江南。是年蘭陵美酒獲得山東省第一次物品展覽會"優等銀牌",蘭陵鬱金香酒獲得"最優等褒獎金牌"。1915年蘭陵美酒在舊金山獲得"巴拿馬——太平洋萬國賽會"金質獎,從此步入世界名酒之林。民國《臨沂縣志·物産》載:"蘭陵酒自古著名,爲特別製造品。"1954年周恩來總理出席日内瓦會議,用蘭陵美酒作爲國酒宴請與會各國首腦。1990年蘭陵美酒、蘭陵特麯在第28屆世界産品質量評比博覽會上雙獲金獎。按,關於蘭陵酒産於何地,尚有二説。明李時珍《本草綱目·穀四·酒》誤引明代汪穎所編《食物本草》,以爲即金華酒,因自三國吳始,金華曾有"東陽郡"之稱。其地在今浙江省。汪穎所據乃同代人盧和之原著。另,明胡應麟亦力主此説,影響尤爲深遠。盧氏、胡氏同爲浙江東陽人,僅憑直覺,失於詳考,故致此謬。考今浙江雖有"東陽"之古稱,却從未有蘭陵之域名,而山東蘭陵在春秋時即名爲東陽,《左傳·哀公八年》記載吳國攻打魯國,有"吳師

克東陽，而進舍於五梧，明日舍於鼉室"之句，可以爲證。明方以智《通雅·飲食》稱蘭陵酒即曲阿酒，清袁枚《隨園食單》稱"常州蘭陵酒"，此即"蕭氏家釀"。曲阿、常州在今江蘇省，乃古代南蘭陵所在地，二者亦非蘭陵酒原產地。

【東陽酒】[1]

"蘭陵酒"之上貢者。此稱當始於先秦時期。見該文。

【蘭陵貢酒】

"蘭陵酒"之上貢者。此稱漢代已行用。見該文。

【蕭氏家釀】

即蘭陵酒。此稱南朝齊梁時期已行用。見該文。

【蕭王美酒】

即蘭陵酒。此稱南朝齊梁時期已行用。見該文。

【蘭陵美酒】

"蘭陵酒"之一種。此稱唐代已行用。見該文。

【蘭陵鬱金香】

"蘭陵酒"之一種。此稱行用於近現代。見該文。

鷄鳴酒

酒名。一種釀製時間頗短的酒。以當日作，明旦鷄鳴便熟，故名。始見於先秦時期，時稱"酤"。《詩·商頌·烈祖》："既載清酤，賚我思成。"毛傳："酤，酒。"漢代亦稱"一宿酒"。《說文·酉部》："酤，一宿酒也。"徐鍇繫傳："謂造之一夜而熟，若今鷄鳴酒也。"南北朝時始稱"鷄鳴酒"，并詳載製法。北魏賈思勰《齊民要術·笨麴并酒》："作夏鷄鳴酒法：秫米二斗，煮作糜；麴二斤，擣，合米和，令調。以水五斗漬之，封頭。今日作，明旦鷄鳴便熟。"按，賈書之"夏鷄"，指夏日之鷄；後世之"鶘鴂"，亦喻稱"夏鷄"，即催明鳥，黎明即啼。宋歐陽修《鶘鴂詞》詩："田家惟聽夏鷄聲，夜夜壟頭耕曉月。"自注："鶘鴂，京西村人謂之夏鷄。"參閱明楊慎《太史升庵全集》卷八一。

【酤】

即鷄鳴酒。此稱先秦時期已行用。見該文。

【一宿酒】

即鷄鳴酒。此稱漢代已行用。因其酒暮做旦熟，一夜完成，故名。參見本卷《飲料說·酒考》"鷄鳴酒"文。

醴酒

古酒。始見於先秦時期。爲以穀米釀製而成之甜酒。糯米、黍米、粱米均可。《禮記·內則》："飲：重醴。稻醴，清、糟；黍醴，清、糟；粱醴，清、糟。"陳澔集說："醴者，稻、黍、粱三者各爲之。已沛者爲清，未沛者爲糟。"常爲王室貴族飲服、祭祀、賞賜之用。亦稱"甘醴"。《詩·周頌·豐年》："爲酒爲醴，烝畀祖妣。"高亨注："醴，甜酒。"《儀禮·士冠禮》："甘醴惟厚，嘉薦令芳。"《禮記·喪大記》："既葬，主人疏食水飲……始食肉者，先食乾肉；始飲酒者，先飲醴酒。"《漢書·楚元王劉交傳》："初，元王敬禮申公等，穆生不耆酒，元王每置酒，常爲穆生設醴。及王戊即位，常設，後忘設焉。穆生退曰：'可以逝矣！醴酒不設，王之意怠，不去，楚人將鉗我於市。'"顏師古注："醴，甘酒也。少麴多米，一宿而熟。"晉左思《魏都賦》："惠風如薰，甘露如醴。"

《東周列國志》第三八回：“晋文公聞太叔、隗氏俱已伏誅，乃命駕親至王城，朝見襄王奏捷。襄王設醴酒以饗之。”清勒方錡《金縷曲·凝芬閣席上有懷云儀》詞：“待録事，重温芳醴。”

【稻醴】

稻米釀造的醴酒。始見於先秦時期。《左傳·哀公十一年》：“〔轅頗〕道渴，其族轅咺進稻醴、粱糗、腶脯焉。”《禮記·雜記》：“醴者，稻醴也。”孔穎達疏：“言此醴是稻米所爲。”按，古時黏者曰稻，此稻指糯米。朱駿聲《説文通訓定聲》：“古則以粘者曰稻，不粘者曰秔。”參見本卷《飲料説·酒考》“醴酒”文。

【黍醴】

“醴酒”之一種。以黍米釀製而成。此稱先秦時期已行用。見該文。

【粱醴】

“醴酒”之一種。以粱米黏者釀製而成。此稱先秦時期已行用。見該文。

【玄醴】

“醴酒”之一種。以黑黍米釀製而成。此稱始見於晋代。晋潘岳《金谷集作》詩：“玄醴染朱顔，但愬杯行遲。”唐張銑注：“玄醴，黑黍酒也。”明王衡《鬱輪袍》第三折：“自慚玄醴薄，能使穆生疏。”

武陵桃源酒

酒名。晋陶淵明《桃花源記》載，避秦亂者入桃花源内，安居樂業，與世隔絶，亦自釀酒而飲，則其酒源自嬴秦。至宋始得見其方，名之“武陵桃源酒”。後世相沿製飲。宋朱翼中《北山酒經》卷下：“武陵桃源酒法：取神麴二十兩，細剉如棗核大，曝乾。取河水一斗，澄清，浸，待發。取一斗好糯米，淘三二十遍，令净，以水清爲度。三溜炊飯，令極軟爛。攤冷，以四時氣候消息之。投入麴汁中，熟攪，令似爛粥。候發，即更炊二斗米，依前法更酘二斗。嘗之，其味或不似酒味，勿怪之，候發，又炊二斗米，酘之，候發，更酘三斗。待冷，依前投之，其酒即成。如天氣稍冷，即煖和，熟後三五日，甕頭有澄清者，先取飲之。蠲除萬病，令人身健（按，身健，一本作‘輕健’）。縱令醋酘，無傷。此本於武陵桃源中得之，久服延年益壽。後被《齊民要術》中采綴編録。時人縱傳之，皆失其妙。此方盡桃源中真傳（按，真傳，一本作‘真本’）也。今商量以空水浸麴末爲妙，每造一斗米，先取一合，以水煮取一升，澄取清汁，浸麴待發。經一日，炊飯候冷，即出甕中，以麴水熟和，還入甕内，每酘皆如此。其第三第五，皆待酒發酘後，經一日酘之。五酘畢，待發定訖。更一兩日，然後可壓漉，即滓大半化爲酒。如味硬，即每一斗酒蒸三斗糯米，取大麥麴蘖一大匙，神麴末一大分，熟攪和，盛葛袋中，内入酒瓶，候甘美，即去却袋。”明代省稱“桃源酒”。明高濂《遵生八牋·飲饌服食牋中》：“桃源酒……此本武陵桃源中得之……造酒北方地寒，即如人氣投之；南方地煖，即須至冷爲佳也。”

【桃源酒】

“武陵桃源酒”之省稱。此稱明代已行用。見該文。

烏程酒

古代名酒。始見於秦代，產於烏程，其地原爲楚菰城，秦滅楚後改烏程（今浙江湖州吳興區）。初以其地烏金、程林二家皆善釀美酒而名縣，後遂以名產於此地之酒。《文選·張協

〈七命〉》：“乃有荊南烏程，豫北竹葉。”劉良注：“烏程、竹葉，酒名。”唐李賀《拂舞辭》：“尊有烏程酒，勸君千萬壽。”唐代以其酒係取烏程南箬溪下水釀成，遂稱“箬下春”“箬下酒”，亦稱“若下”。若，通“箬”。唐李肇《唐國史補》卷下：“酒則有郢州之富水，烏程之箬下。”唐白居易《錢湖州以箬下酒李蘇州以五酘酒相次寄到無因同飲聊咏所懷》：“勞將箬下忘憂物，寄與江城愛酒翁。”宋胡仔《苕溪漁隱叢話》後集卷一：“《藝苑雌黃》云：張景陽《七命》云：‘乃有荊南烏程，豫北竹葉。’說者以荊南爲荊州耳。然烏程縣今在湖州，與荊州相去甚遠。南五十步有箬溪，夾溪悉生箭箬。南岸曰上箬，北岸曰下箬。居人取下箬水，釀酒醇美。俗稱‘箬下酒’。劉夢得詩云：‘駱駝橋畔蘋風起，鸚鵡杯中箬下春。’即此也。荊溪在縣南六十里，以其水出荊山，因名之。張元之《山墟名》云：‘昔漢荊王賈登此山，因以爲名。’故所謂荊南烏程，即荊溪之南耳。若以爲荊州，則烏程去荊州三千餘里，封壤大不相接矣。’苕溪漁隱曰：余以《湖州圖經》考之，烏程縣以古有烏氏程氏居此，能醞酒，因此名焉。其荊溪則在長興縣西南六十里，此溪出荊山。張協《七命》云酒則‘荊南烏程’。荊南，則此荊溪之南也。”宋樂史《太平寰宇記‧江南東道六‧湖州》：“《郡國志》云：古烏程氏居此，能醞酒，故以名縣。”宋代亦稱“若下春”。宋張表臣《珊瑚鉤詩話》卷三：“酒有若下春，謂烏程也。”元張憲《白苧舞詞》：“急管繁弦莫苦催，真珠賸買烏程酒。”《通雅‧飲食》：“烏程在西浙湖州，秦時有程林、烏金二家善釀。”清吳偉業《贈申少司農青門六十》詩：“扁舟百斛

烏程酒，散髮江湖只醉眠。”按，一說烏程酒產古豫章康樂縣烏鄉。上引《文選‧張協〈七命〉》李善注：“盛弘之《荊州記》曰：淥水出豫章康樂縣。其間烏程鄉有酒官，取水爲酒，酒極甘美。”殆誤。

【箬下春】

即烏程酒。此稱唐代已行用。見該文。

【若下】

即烏程酒。此稱唐代已行用。以酒係取箬溪下水釀成，故名。若，通“箬”。見該文。

【箬下酒】

即烏程酒。此稱唐代已行用。見該文。

【若下春】

即烏程酒。此稱宋代已行用。見該文。

【下若】

即烏程酒。此稱清代已行用。清梁紹壬《兩般秋雨盦隨筆‧品酒》：“論其品格，亦止如蘇州之福貞……苕溪之下若，而其甜其膩，則又過之。”參閱南朝梁顧野王《輿地志》、唐徐堅《初學記》卷八。

白醪酒

一種甜酒。以黏性稻米即糯米釀成。始見於漢代。其時一斗稻米釀得一斗酒爲上尊酒，以賜官員。《漢書‧平當傳》“賜君養牛一，上尊酒十石”顏師古注引如淳曰：“律，稻米一斗得酒一斗爲上尊，稷米一斗得酒一斗爲中尊，粟米一斗得酒一斗爲下尊。”至南北朝時始詳載其製法。北魏賈思勰《齊民要術‧白醪麴》：“釀白醪法：取糯米一石，冷水淨淘，漉出著甕中，作魚眼沸湯浸之。經一宿，米欲絕酢，炊作一餾飯，攤令絕冷。取魚眼湯沃浸米泔二斗，煎取六升，著甕中。以竹掃衝之，如

茗渤。復取水六斗，細羅麴末一斗，合飯一時内甕中，和攪令飯散，以氈物裹甕，并口覆之。經宿米消，取生疏布漉出糟。別炊好糯米一斗做飯，熱著酒中爲汛，以單布覆甕。經一宿，汛米水散，酒味備矣，若天冷，停三五日彌善……四月、五月、六月、七月皆得作之。”明李時珍《本草綱目·穀一·稻》引宋寇宗奭《本草衍義》：“稻米，今造酒糯稻也。其性温，故可爲酒……今入藥佐使，專用糯米，以清水白麪麴所造爲正。”按，白醪酒亦得以秫米爲之。北魏賈思勰《齊民要術·笨麴并酒》引《食經》云：“作白醪酒法：生秫米一石，方麴二斤，細剉，以泉水漬麴、密蓋。再宿，麴浮，起。炊米三斗酘之，使和調，蓋。滿五日，乃好，酒甘如乳。九月半後不作也。”又，該酒也可以各種米爲之。賈書《笨麴并酒》篇亦載其製法：“作白醪酒法：用方麴五斤，細剉，以流水三斗五升，漬之再宿。炊米四斗，冷，酘之。令得七斗汁。凡三酘。濟令清。又炊一斗米酘酒中，攪令和解，封。四五日，黍浮，縹色上，便可飲矣。”三者之別，據賈書《白醪麴》知，該篇係依“皇甫吏部家法”，用料爲稻米，而《食經》所製，用料爲秫米，且係粗麴（即“笨麴”）製得；第三種，與第二種同屬《笨麴并酒》法，用料爲一般米，且麴（麴）亦粗。又，後世詩文省稱“白醪”，究竟係其中何種，抑或爲白酒之代稱，由於文獻不足，則難以考辨確定。如唐白居易《代書詩一百韻寄微之》：“白醪充夜酌，紅粟備晨炊。”宋梅堯臣《送臨江軍監酒李太博》詩：“白醪燒甕美，黃雀下田肥。”

宜城酒

古代醇酒。其質若先秦之“酎”。始見於漢代。因其産於宜城，故名。據考，宜城即今湖北之宜城，漢代作“宜成”，其酒稱“宜成醪”。《周禮·天官·酒正》“一曰泛齊”漢鄭玄注：“泛者，成而滓浮泛泛然，如今宜成醪矣。”《釋名·釋飲食》：“韓羊、韓兔、韓雞：本法出韓國所爲也。猶酒言宜成醪、蒼梧清之屬也。”《藝文類聚》卷七二引三國魏曹植《酒賦》：“其味有宜成醪醴，蒼梧縹清。”晋代稱“九醖醝”，始見其産地爲宜城。晋張華《輕薄篇》：“蒼梧竹葉清，宜城九醖醝。”亦稱“九醖”（參見本卷《飲料説·酒考》“千日酒”文）。“宜城酒”自漢、南北朝名聲崛起之後，有以宜城酒爲美酒之代稱者。如唐温庭筠《常林歡歌》詩：“宜城酒熟花覆橋，沙晴綠鴨鳴咬咬。”宋周邦彦《虞美人》詞：“宜城酒泛浮香絮，細作更闌語。”有本非宜城所産而以宜城相稱者。宋張能臣《酒名記·酒名》：“濟州宜城、濮州宜城、單州宜城、襄州宜城。”宜城究爲何處，宋、明時人多主在古楚地。宋竇苹《酒譜·酒之名》：“宋之問詩云：‘尊溢宜城酒，笙裁曲沃匏。’宜城在襄陽，古之羅國也。酒之名最古，於今不廢。”明馮時化《酒史·酒品》：“楚人汲漢水，釀酒古宜城。春風吹酒熟，猶似漢江清。耆舊前人在，丘墳應已平。唯餘竹葉麴，留此千古情。”

【宜城醪】

即宜城酒。此稱漢代已行用。見該文。

【九醖醝】

即宜城酒。此稱晋代已行用。見該文。

【九醖】²

即宜城酒。此稱宋代已行用。見該文。

洪梁酒

古酒。始見於漢代。產於陝西洪梁。漢武帝曾飲之。晉王嘉《拾遺記·前漢上》："漢武帝思懷往者李夫人……親侍者覺帝容色愁怨，乃進洪梁之酒，酌以文螺之卮，卮出波祇之國。酒出洪梁之縣，此屬右扶風，至哀帝廢此邑，南人受此釀法。今言雲陽出美酒，兩聲相亂矣。帝飲三爵，色悅心歡。"元宋伯仁《酒小史·酒名》："燕昭王瑀瑁膏，洪梁縣洪梁酒。"參閱明陳繼儒《酒顛補》卷中。

麥酒

以麥類爲原料釀成之酒。始見於漢代，延及今世。《後漢書·獨行傳·范冉》："旡後爲考城令，境接外黃，屢遣書請冉。冉不至，及旡遷漢陽太守，將行，冉乃與弟協步齎麥酒，於道側設壇以待之。"《北史·西域傳·鉢和》："其人唯食餅麨，飲麥酒。"元馬祖常《壯游八十韻》："雞鳴麥酒熟，木桲薦乾薺。"今以大麥、酒花爲主要原料，經過發芽、糖化、發酵釀成啤酒，爲我國主要酒種之一。"啤酒"之稱，清代已見，亦作"皮酒"。徐珂《清稗類鈔·飲食類》："麥酒者，以大麥爲主要原料。釀製之酒，又名啤酒，亦稱皮酒。貯藏時，尚稍稍醱酵，生炭酸氣，故開瓶時小泡突出。飲後，有止胃中食物腐敗之效，與他不同。"

【啤酒】

即麥酒。此稱清代已行用。見該文。

【皮酒】

即麥酒。此體清代已行用。見該文。

【蕎麥酒】

"麥酒"之一種。以蕎麥爲主料製取，故名。此稱清代已行用。清佚名《調鼎集·茶酒單》："蕎麥酒：可治一切病症。"今西藏以青稞麥爲酒，稱"青稞酒"，名噪海內，亦"麥酒"之屬。

新豐酒¹

古代名酒。漢初南方沛地豐邑，有"酤酒賣餅"者，劉邦父與之游甚悦。後因邦父故，一并徙長安驪邑（今陝西西安臨潼區），其地易名新豐（見《史記·高祖本紀》），酒亦名世。是此酒源自西漢，至唐尤負盛名。《舊唐書·馬周傳》："西游長安，宿於新豐逆旅。主人唯供諸商販而不顧待周，遂命酒一斗八升，悠然獨酌，主人深異之。"唐王維《少年行》："新豐美酒斗十千，咸陽游俠多少年。"宋時詳載製法。宋林洪《山家清供·新豐酒法》："初用麵一斗，糟醋三升，水二擔，煎漿。及沸，投以麻油、川椒、葱白，候熟，浸米一石。越三日，蒸飯熟，乃以元漿煎强半，及沸去沫，投以川椒及油。候熟，注缸面，入斗許飯及麵末十斤，酵半升。暨曉，以元飯貯別缸，却以元酵飯同下，入水兩擔，麵二斤，熟，踏覆之。既曉，攪以木擺，越三日止，四五日可熟。其初餘漿，又加以水浸米，每值酒熟，則取酵以相接續，不必灰其麵，只磨麥和皮，用清水溲作餅，令堅如石……昔人《丹陽道上》詩云：'昨日新豐市，猶聞舊酒香，抱琴沽一醉，終曰卧斜陽。'正其地。沛中自有舊豐，爲酒之地，乃長安新豐也。"元宋伯仁《酒小史·酒名》："高郵五加皮酒，長安新豐市酒。"

千日酒

古代名酒。晋時盛稱之。亦稱"中山酒"。創製人,一說爲中山狄希,一說爲齊人田無已。明張岱《夜航船·日用·飲食》:"名酒,齊人田無已(一云狄希)中山酒。"性味酷烈,據說劉玄石飲後醉死三年復生,故有"一醉千日"之說,遂以稱。晋干寶《搜神記》卷一九:"狄希,中山人也,能造千日酒,飲之千日醉。"晋張華《博物志》卷五:"昔劉玄石於中山酒家酤酒,酒家與千日酒,忘言其節度,歸至家當醉,而家人不知,以爲死也,權葬之。酒家計千日滿,乃憶玄石前來酤酒,醉當醒耳。往視之,云玄石亡來三年,已葬。於是開棺,醉始醒。俗云,玄石飲酒,一醉千日。"唐鮑溶《范真傳侍御累有寄因奉酬》詩:"聞道中山酒,一杯千日醒。"宋王中《干戈》詩:"安得中山千日酒,酩然直到太平時。"宋張表臣《珊瑚鈎詩話》卷三:"酒有若下春,謂烏程也;九醞,謂宜城也;千日,中山也;蒲桃,西凉也。"按,清人對晋以降醉千日說有异議。清沈濤《瑟榭叢談》卷下:"《博物志》載劉玄石千日酒事甚怪……是酒名'千日',極言其釀日之久耳,後人遂附會爲'一醉千日'之說。"參閱《文選·左思〈魏都賦〉》"醇酎中山"李善注、明馮時化《酒史》。

【中山酒】

即千日酒。此稱晋代已行用。見該文。

【千日釀】

即千日酒。此稱明代已行用。明高啓《吳中親舊遠寄新酒》詩:"上國豈無千日釀,獨憐此是故鄉春。"

女酒

古代南方風俗,生女即釀酒貯藏,至女大出嫁時方取出宴客或陪送。其酒密封,存於陂底,歷經水滿水竭,故味尤美。始見於晋代,延至後世。晋嵇含《南方草木狀》卷上:"南人有女數歲,即大釀酒,既漉,候冬陂池竭時,實酒罌中,密固其上,瘞陂中,至春瀦水滿,亦不復發矣。女將嫁,乃發陂取酒,以供賀客,謂之女酒,其味絕美。"《太平廣記》卷二三三引唐房千里《投荒雜録》:"南人有女數歲,即大釀酒。既漉,候冬陂池水竭時,實酒罌密固其上,瘞於陂中,至春漲水滿,不復發矣。候女將嫁,因決陂水取供賓客,南人謂之女酒。味絕美,居常不可致也。"明王世貞《宛委餘編》卷一六:"南荒有女酒,女數歲釀糟置壺於水中,候女嫁,決水取之,味甚美。"清代亦稱"女兒酒",以紹興所釀最爲著名。清梁紹壬《兩般秋雨盦隨筆·品酒》:"於是乎不得不推紹興之女兒酒。女兒酒者,鄉人於女子初生之年,便釀此酒,迨出嫁時始開用之。此各家秘藏,並不售人。"清梁章鉅《浪迹續談》卷四:"紹興酒……最佳者名女兒酒。相傳富家養女,初彌月即開釀數罈,直至此女出門,即以此酒陪嫁。則至近亦十許年,其罈率以彩繪,名曰花雕。"徐珂《清稗類鈔·飲食類》:"熊元昌餉沈梅村大令以越釀一盛,外施藻繪,絕異常罈。詢之,曰:'此女兒酒也。'凡越人遣嫁之夕,必以羊酒先之,故名女兒酒。此即其婿家轉遺者,視他酒尤佳。梅村飲而甘之,贊不絕口。"又:"舒鐵雲嘗於河東都轉劉松嵐席上飲女兒酒。時松嵐將出京,鐵雲爲詩紀之,並以送行。詩曰:'越女作酒酒如雨,不重生男重生女。女兒家住東湖東，春糟夜滴真珠紅。舊説越女天下白，玉缸忽作桃花色。不須漢水釀葡萄，略似蘭陵盛琥珀。不知何處女兒家，三十三天散酒花。題詩幸免入醋甕，娶婦有時逢麯車。勸君更盡一杯酒，此夜曲中聞折柳。先生飲水我飲醇，老女不嫁空生口。'"

【女兒酒】

即女酒。此稱清代已行用。見該文。

豆酒

酒名。以豆爲原料釀製而成。大豆、小豆均可。以綠小豆爲最佳。古代常飲之豆酒亦多指綠豆酒。其餘豆種所釀，多爲藥酒。以豆入酒，始見於晋代（見下條"豉酒"文）。初爲"豉酒"，即以酒漬豉；後釀豆爲酒。《紹興府志》引《萬曆志》："近又有薏苡酒……造法大約同豆酒，而間出新，意味俱佳。"明徐渭《又圖卉應史甥之索》詩："陳家豆酒名天下，朱家之酒亦其亞。"《金瓶梅詞話》第七五回："西門慶道：'……有剛纔荊都監送來的那豆酒取來，打開我嘗嘗，看好不好吃。'"清鈕琇《觚賸·酒兵》引清姚竹友《中秋夕醉後放歌》："陳村豆酒買十甕，綠柚黃蕉隨意設。"

【豉酒】

"豆酒"之屬。始見於晋代。豉，以煮熟的大豆發酵而製成的調味作料。豉酒，即以豆豉浸漬之酒。可療病疾。晋王羲之《豉酒帖》："小服豉酒至佳，數用有驗，直以純酒漬豉令汁濃便有，多少任意。"南朝梁慧皎《高僧傳·義解二·慧遠》："至六日，困篤，大德耆年，皆稽顙請飲豉酒，不許。"

【豆淋酒】

"豆酒"之屬。以大豆或黑豆煎炒，至微焦，浸泡酒或淋酒而成。藥酒。主治婦女產後血風諸病。始見於宋代。明李時珍《本草綱目·穀四·大豆》引宋寇宗奭曰："豆淋酒法：治產後百病……用大豆三升熬熟，至微烟出，入瓶中，以酒五升沃之，經一日以上。服酒一升，溫覆令少汗出，身潤即愈。"又《穀四·酒》："豆淋酒，破血去風，治男子中風口喝，陰毒腹痛，及小便尿血，婦人產後一切風諸病。用黑豆炒焦，以酒淋之，溫飲。"參閱宋田錫《麯本草》。

【綠豆酒】

"豆酒"之佳品。以綠豆或綠豆粉釀製而成。可爲餐宴平時之飲，兼具消腫治痘、壓熱解毒之功。始見於宋代。時以淮安綠豆酒最爲有名。宋田錫《麯本草》："淮安綠豆酒，麯有綠豆，乃解毒良物，固佳。"元代江南亦有產。時作"菉豆酒"。元宋伯仁《酒小史·酒名》："淮南菉豆酒，華氏蕩口酒。"按，菉豆，同"綠豆"。明代亦相承製作。明李時珍《本草綱目·穀四·綠豆》："綠豆處處種之……北人用之甚廣，可作豆粥、豆飯、豆酒。"又："綠豆色綠，小豆之屬木者也，通於厥陰、陽明。其性稍平，消腫治痘之功雖同赤豆，而壓熱解毒之力過之。且益氣、厚腸胃，通經脉，無久服枯人之忌。但以作涼粉，造豆酒，或偏於冷，或偏於熱，能致人病，皆人所爲，非豆之咎也。"時以浙江寧紹地區所產最負盛名，享譽天下。明宋應星《天工開物·酒母》引《酒經》曰："近代燕京，則以薏苡仁爲君，入麯造薏酒；浙中寧紹，則以綠豆爲君，入麯造豆酒。二酒頗擅天下佳雄。"清代相沿有製。清周亮工《閩小紀·閩酒》："菉豆和釀，味亦醇厚。"清佚名

《調鼎集·茶酒單》："綠豆酒：生脂油二斤，去膜切丁。綠豆淘净一升，裝袋浸燒酒十斤，泥封月餘，油化即可飲。或泡松羅茶葉四兩，可浸燒酒五十斤，亦放脂油丁。"

【菉豆酒】

同"綠豆酒"。此體元代已行用。見該文。

抱甕釀

酒名。始見於晋代。傳爲晋代羊琇所釀，秋冬釀酒時令人交替抱瓮保溫，酒熟快而味美。以其釀法具傳奇色彩而名傳後世。唐李冗《獨異志》卷中："晋羊琇，字稚舒，家富豪，秋冬月造酒，令人抱甕，須臾易之，有頃便可熟。"明代亦稱"抱甕醪"。明張岱《夜航船·日用·飲食》："名酒……羊稚舒抱甕醪（冬月令人抱甕而釀之）。"參閱明夏樹芳《酒顛》卷上。

【抱甕醪】

即抱甕釀。此稱明代已行用。見該文。

京口酒

古酒。產於京口，即今江蘇鎮江，故名。始見於晋代。爲東晋大將桓溫所贊賞，名傳後世。《晋書·郗超傳》："時愔在北府，徐州人多勁悍，〔桓〕溫恒云：'京口酒可飲，兵可用。'深不欲愔居之。"後爲名酒之代稱。唐羅隱《第五將軍於餘杭天柱宮入道因題寄》詩："瓦楬尚携京口酒，草堂應寫穎陽書。"

郫筒酒

古代名酒。始見於晋代，延及後世。傳晋代山濤爲蜀地郫令，截竹筒釀酒，旬月酒成，香聞百步，故稱。唐杜甫《將赴成都草堂途中有作先寄嚴鄭公五首》詩之一："魚知丙穴由來美，酒憶郫筒不用酤。"仇兆鰲注："《成都記》：成都府西五十里，因水標名曰郫縣，以竹筒盛美酒，號爲郫筒。《華陽風俗録》：郫縣有郫筒池，池旁有大竹，郫人刳其節，傾春釀於筒，苞以藕絲，蔽以蕉葉，信宿香達於竹外，然後斷之以獻，俗號郫筒酒。《一統志》：相傳山濤治郫，用筠管醞醲釀作酒，兼旬方開，香聞百步。今其法不傳。"宋蘇軾《次韻周邠寄雁蕩山圖》詩："所恨蜀山君未見，他年携手醉郫筒。"清袁枚《隨園食單·茶酒單》："郫筒酒清冽徹底，飲之如梨汁蔗漿，不知其爲酒也。但從四川萬里而來，鮮有不味變者，余七飲郫筒，惟楊笠湖刺史木簰上所帶爲佳。"參閱元宋伯仁《酒小史·酒名》、明馮時化《酒史·酒品》、明曹學佺《蜀中廣記·方物·酒譜》。

【郫釀】

即郫筒酒。此稱宋代已行用。宋陸游《夜聞雨聲》詩："長餅磊落輸郫釀，輕騎聯翩報海棠。"

猥酒

古酒。始見於晋代。初指一種麵（麴）米所釀、品質低劣之酒。《晋書·劉弘傳》："〔弘下教曰〕酒室中云齊中酒、聽事酒、猥酒，同用麴米，而優劣三品，投醪當與三軍同其薄厚，自今不得分別。"宋竇苹《酒譜·酒之功》："晋時，荆州公厨有齊中酒、廳事酒、猥酒，優劣三品。劉弘作牧，始命合爲一，不得分別，人伏其平。"宋時復加釀造，別具滋味，并詳載製法。宋朱翼中《北山酒經》卷下："猥酒，每石糟用米一斗煮粥，入正發醅一升以來拌和糟，令溫。候一二日，如蟹眼發動，方入麴三斤，麥蘗末四兩，搜拌蓋覆，直候熟。却將前來黄頭并折澄酒脚，傾在甕中，打轉上榨。"

酃酒

古代名酒。始見於晋代，延及明清。酃，古縣名，今湖南衡陽。縣東二十里有酃湖，酒爲其水所釀，故名。相傳其酒秋天釀造，春天酒成，味極甘美，恒爲貢品。省稱"酃"。因湖水湛綠，故亦稱"酃淥酒"。淥，通"綠"。晋張載《酃酒賦》注云："衡陽東有酃湖，釀酒甚美，所謂酃酒。"其賦稱："造釀在秋，告成在春，備味滋和，體色浮清。"晋潘岳《笙賦》："披黃包以授甘，傾縹瓷以酌酃。"《晋書·簡文帝紀》："初薦酃淥酒於太廟。"南北朝時始詳載其製法。北魏酈道元《水經注·河水》："〔酃縣〕有酃湖，湖中有洲，洲上居民，彼人資以給釀，酒甚醇美，謂之酃酒，歲常貢之。"北魏賈思勰《齊民要術·笨麴并酒》："作酃酒法：以九月中，取秫米一石六斗，炊作飯。以水一石，宿漬麴七斤。炊飯令冷，酘麴汁中。覆甕多用荷、箬，令酒香。燥復易之。"元代省稱"酃淥"。《資治通鑑·梁紀·世祖孝元皇帝承聖元年》"陸納襲擊衡州刺史丁道貴於淥口"元胡三省注："衡州，治衡陽縣。縣東二十里有酃湖，其水湛然綠色，取以釀酒，甘美，謂之酃淥。淥口，即酃湖口也。"《六書故·工事二》："漢長沙有酃縣，今爲衡州衡陽縣。有酃湖，其水爲酒而美。"清代亦稱"酃綠酒"。清洪亮吉《乾隆府廳州縣圖志·湖南布政司·長沙府》："酃湖在縣東，水可釀酒，名酃綠酒……今作零湖，與耒水通，可溉田百畝。"一說，"酃淥"乃"酃""淥"兩地所產酒之合稱。《文選·張協〈七命〉》："乃有荆南烏程，豫北竹葉。"李善注引南朝宋盛弘之《荆州記》："淥水出豫章康樂縣，其間烏程鄉有酒官，取水爲酒。酒極甘美，與

湘東酃湖酒，年常獻之，世稱酃淥酒。"清沈自南《藝林彙考·飲食篇》卷六："《吳都賦》云'飛輕觴而酌醽醁'，李賀詩'醽醁今夕酒'，皆酃、淥並稱。按衡陽縣東南有酃湖，取此水釀酒，所謂酃酒；豫章康樂縣有淥水，烏程鄉酒官取水爲酒，味亦甘美，所謂淥酒也。酃淥本二，而詩賦並舉者，以豫章舊屬荆州，衡陽亦屬荆楚，其產地同，酃、淥歲獻，其常貢又同也。然初名酃淥後名醽醁何？言其地也。地產美酒，後專以酒名。故曰'醽醁'云。"

【酃】

"酃酒"之省稱。此稱晋代已行用。見該文。

【酃淥酒】

即酃酒。此稱晋代已行用。見該文。

【酃淥】

即酃酒。此稱元代已行用。見該文。

【酃綠酒】

即酃酒。此稱清代已行用。見該文。

【酃綠】

即酃酒。亦作"醽醁"。此稱晋代已行用。晋曹攄《贈石崇》詩："飲必酃綠，肴則時鮮。"晋葛洪《抱朴子·嘉遁》："藜藿嘉於八珍，寒泉旨於醽醁。"唐李世民《賜魏徵詩》："醽醁勝蘭生，翠濤過玉薤。"

【醽醁】

同"酃綠"。此體晋代已行用。見該文。

三九酒

古酒。以原料中有水九斗、米九斗、焦麴（麴）末九斗，故名。始見於南北朝時期，其時已詳載其製法。北魏賈思勰《齊民要術·法酒》："三九酒法，以三月三日收水九斗、米九斗、焦麴末九斗，先曝乾之，一時和之，揉和

令極熟。九日一酘，後五日一酘，後三日一酘。勿令狗鼠近之。會以隻日酘，不得以偶日也，使三月中即令酘足。常預作湯，甕中停之，酘畢，輒取五升洗手蕩甕，傾於酒甕中也。"

三斛麥麴酒

古酒。以麯（麴）中蒸麥、炒麥、生麥各一斛，故名。始見於南北朝時期。詳載製法。北魏賈思勰《齊民要術·造神麴并酒》："〔三斛麥麴〕造酒法：全餅麴，曬經五日許，日三過，以炊帚刷治之，絕令使净。若遇好日，可三日曬，然後細剉，布帊盛，高屋厨上，曬經一日，莫使風土穢污。乃平量麴一斗，臼中擣令碎。若浸麴一斗，與五升水。浸麴三日，如魚眼湯沸，酘米。其米絕令精細，淘米可二十徧。酒飯，人狗不令噉。淘米及炊釜中水，爲酒之具有所洗浣者，悉用河水佳也。"

【三斛麥麴黍米酒】

"三斛麥麴酒"之一品。以黍米合三斛麥麯（麴）釀成，故稱。見於南北朝時期。北魏賈思勰《齊民要術·造神麴并酒》："〔三斛麥麴〕若作秫、黍米酒：一斗麴，殺米二石一斗。第一酘，米三斗；停一宿，酘米五斗；又停再宿，酘米一石；又停三宿，酘米三斗。其酒飯，欲得弱炊，炊如食飯法，舒使極冷，然後納之。"

【三斛麥麴糯米酒】

"三斛麥麴酒"之一品。以糯米合三斛麥麯（麴）釀成。始見於南北朝時期。北魏賈思勰《齊民要術·造神麴并酒》："〔三斛麥麴〕若作糯米酒：一斗麴，殺米一石八斗。唯三過酘米畢。其炊飯法，直下饙，不須報蒸。其下饙法：出饙甕中，取釜下沸湯澆之，僅没飯使止。"

千里酒

南朝名酒。產於桂陽程鄉（今廣東梅州）。相傳飲後行千里，至家而醉，故名。製法闕載，名聲流傳後世。《梁書·文學傳·劉杳》："昉（任昉）又曰：'酒中千日醉，當是虛言。'杳云：'桂陽程鄉有千里酒，飲之至家而醉，亦其例也。'"

曲阿酒

古代美酒。產於曲阿縣（今江蘇丹陽）。城北練湖亦稱曲阿後湖。湖水甘美，尤宜釀酒。《太平寰宇記·江南東道一·潤州》記載，相傳丹徒有高驪山，有東海之神乘船致酒，欲聘高驪之女爲妻，女不肯嫁，神撥船覆酒，流入曲阿湖，後遂以美酒著稱。其酒味甘醇烈，色如琥珀。始見於南北朝時期，綿延後世，久負盛名。《魏書·劉藻傳》："藻對曰：'臣雖才非古人，庶亦不留賊虜而遺陛下，輒當釀曲阿之酒以待百官。'高祖大笑曰：'今未至曲阿，且以河東數石賜卿。'"舊説曲阿酒即蘭陵酒，非是。撥船覆酒説則顯係附會。

汾酒

名酒。產於山西汾陽杏花村，故名。據村中碑刻記載，遠在南北朝時該村已經開始產酒，時名"汾清"。《北齊書·文襄六王傳·河南康舒王孝瑜》記："初，孝瑜養於神武宮中，與武成同年相愛……武成即位，禮遇特隆。帝在晉陽，手敕之曰：'吾飲汾清二杯，勸汝於鄴酌兩杯。'其親愛如此。"按，《北史·齊宗室諸王傳下·文襄諸子》中亦載飲汾清酒事，與《北齊書》盡同。唐前爲黃酒，宋以後爲燒酒。質醇性烈，深爲北人所賞，名傳九州。清袁枚《隨園食單·茶酒單》："山西汾酒：既吃燒酒，以狼爲佳，汾酒乃燒酒之至狠者。余謂燒酒者，人中之光棍，縣中之酷吏也。打礁臺非光棍不可，除盜賊非酷吏不可，驅風寒、消積滯非燒酒不可。"清夏曾傳補證："汾酒，出汾州之杏花村，一小鄉村耳。只數十家，皆以酒爲業。王羲梅翁親至其地買歸，殊不佳。而説者以爲過汾水便佳，或云一小杯可以致醉。此一種大約不可多得者也，抑羲梅之探訪未真也。"清梁紹壬《兩般秋雨盦隨筆·品酒》："此外不得不推山西之汾酒、潞酒，然稟性剛烈，弱者惡焉，故南人勿尚也。"徐珂《清稗類鈔·飲食類》："劉武慎公長佑在官勤愨，治事接賓客，未嘗有倦容。而好飲，且必汾酒。嘗獨酌，一飲可盡十餘斤。左手執杯，右手執筆，判公牘，無或訛。"今時汾酒釀製原料爲高粱，製麴原料爲大麥、豌豆，經精心勾兑而成。酒液晶瑩，清香遠達，爲我國清香型酒之典型，亦爲宴飲、餽贈之佳品。

【汾清】

即汾酒。此稱南北朝時期已行用。見該文。

和酒

古代一種香酒。始見於北魏。北魏賈思勰《齊民要術·笨麴并酒》："作和酒法：酒一斗，胡椒六十枚，乾薑一分，雞舌香一分，蓽撥六枚，下簁，絹囊盛，内酒中。一宿，蜜一升和之。"後南宋臨安曾釀造并外賣。宋周密《武林舊事·諸色酒名》："和酒（出賣並京醞）。"

神麴酒

古酒。"麴"通"麯"。因須拜祝麯王及五方五土之神以釀酒，故名。與笨麴（即粗麴）相比，神麴形體小，入釀用量亦少。始見於南北朝時期。北魏賈思勰《齊民要術·造神麴并酒》："神麴酒方：净掃刷麴令净，有土處刀削

去，必使極净。反斧背椎破，令大小如棗、栗；斧刃則殺小。用故紙糊席曝之。夜乃勿收，令受霜露。風陰則收之，恐土污及雨潤故也。若急須者，麴乾則得；從容者經二十日許受霜露，彌令酒香。麴必須乾，潤濕則酒惡。春秋二時釀者，皆得過夏，然桑落時作者，乃勝於春。桑落時稍冷，初浸麴，與春同；及下釀，則茹甕，止取微暖，勿太厚，太厚則傷熱。春則不須，置甕於塼上。秋以九月九日或十九日收水，春以正月十五日，或以晦日，及二月二日收水，當日即浸麴。此四日爲上時，餘日非不得作，恐不耐久。收水法，河水第一好，遠河者取極甘井水，小鹹則不佳。浸麴法：春十日或十五日，秋十五日或二十日。所以爾者，寒暖有早晚故也。但候麴香沫起，便下釀。過久麴生衣，則爲失候；失候則酒重鈍，不復輕香。米必細帗净淘三十許遍；若淘米不净，則酒色重濁。大率麴一斗，春用水八斗，秋用水七斗；秋殺米三石，春殺米四石。初下釀用黍米四斗，再餾，弱炊，必令均熟，勿使堅剛、生減也。於席上攤黍飯令極冷，貯出麴汁，於盆中調和，以手搦破之，無塊，然後内甕中。春以兩重布覆，秋於布上加氈，若值天寒，亦可加草……酒若熟矣，押出，清澄。竟夏直以單布覆甕口，斬席蓋布上，慎勿甕泥，甕泥封交即酢壞。"唐元稹《飲致用神麴酒三十韻》："七月調神麴，三春釀緑醽。"其用麴時間，與《齊民要術》所載正同。

桑落酒

古代名酒。始見於北魏。傳爲河東釀酒名師劉墮創製。劉墮，即劉白墮，見范祥雍《洛陽伽藍記校注·城西·法雲寺》（上海古籍出版

社 1978 年版)。釀造時間爲秋末冬初桑落之時，故名。此酒係法酒，皆用春酒麴。據説劉氏釀製時，精酌黃河之水。酒成色白如漿，馨逸异常，王公庶士，競相酌飲。"桑落"二字相切爲"索"，"落桑"二字相切爲"郎"，故亦有"索郎"之稱，乃桑落之昵稱、反語。北魏酈道元《水經注·河水》："〔河東郡〕民有姓劉名墮者，宿擅工釀，采挹河流，醞成芳酎。懸食同枯枝之年，排於桑落之辰，故酒得其名矣。然香醑之色，清白若滫漿焉。別調氛氳，不與佗同。蘭薰麝越，自成馨逸，方土之貢選，最佳酌矣。自王公庶友，牽拂相招者，每云：索郎有顧，思同旅語。索郎，反語爲'桑落'也。更爲籍徵之雋句，中書之英談。"時人詳載其製法。北魏賈思勰《齊民要術·法酒》："作桑落酒法：麴末一斗，熟米二斗。其米令精細，净淘，水清爲度。用熟水一斗。限三酘便止。漬麴，候麴向發便酘，不得失時。勿令小兒人狗食黍。"後世或省稱"桑落"。然後世之稱，或指本酒，或爲名酒之代稱，情況不一。《舊唐書·職官志三》："若享太廟，供其鬱鬯之酒，以實六彝。若應進者，則供春暴、秋清、酴醾、桑落等酒。"唐杜甫《九日楊奉先會白水崔明府》詩："坐開桑落酒，來把菊花枝。"宋范成大《次韻宗偉閱番樂》："盡遣餘錢付桑落，莫隨短夢到槐安。"元張可久《清江引·獨酌》："明月黃昏後，獨醉一樽桑落酒。"清董道權《雪中答李杲堂》詩："鄞陵孝廉重然諾，約我今秋醉桑落。"一説，河東桑落坊有井，以井水爲釀。每至桑落冷暖宜人之時始釀。明馮時化《酒史·酒品》："桑落酒：河中 (按，'中'殆'東'之訛) 桑落坊有井，每至桑落時，取其

寒暄得所，以井水釀酒甚佳。庾信詩曰'蒲城桑落酒'是也。"

【桑落】

"桑落酒"之省稱。此稱唐代已行用。見該文。

【索郎】

即桑落酒。"桑落""落桑"相切合成。始見於北魏。後世多泛指酒。唐段成式《怯酒贈周繇》詩："詩中反語常回避，尤怯花前唤索郎。"宋王洋《以麴換祖孝酒》："若論本是同根物，好遣桃榔换索郎。"明屠隆《綵毫記·脱靴捧硯》："馮琱檻，依繡牀，舞花奴，醉索郎。"按，元伊世珍《瑯嬛記》載試鶯家多美酒，自己不飲，而宋遷每至，則爲之取，云"此豈爲某設哉？衹當索與郎耳"，遂以名酒。此酒殆非桑落酒，乃即事而稱。參閱宋佚名《真率筆記》。

【劉白墮桑落酒】

即桑落酒。此稱明代已行用。明張岱《夜航船·日用·飲食》："名酒：齊人田無已中山酒……劉白墮桑落酒 (成桑落時)。"

【白墮春醪】

即桑落酒。據今人研究，劉白墮殆初擅業於河東，後遷於京師洛陽，或別設分肆於都城 (見范祥雍《洛陽伽藍記校注·城西·法雲寺》)。春醪即春酒，由劉白墮以春酒麴釀成，故稱。始見於北魏。其時亦稱"鶴觴""騎驢酒""擒奸酒"。據傳其酒六月盛暑日下曬一旬，酒液不動。朝貴相送，逾於千里，如鶴而至，遂名"鶴觴"。又傳北魏永熙年間，一官員出使蕃部，路遇盗賊，飲此酒皆醉，遂盡被擒，因稱"擒奸酒"。北魏楊衒之《洛陽伽藍記·城

西・法雲寺》："市西有退酤、治觴二里，里內之人多釀酒爲業。河東人劉白墮善能釀酒。季夏六月，時暑赫晞，以罌貯酒，暴於日中；經一旬，其酒不動，飲之香美，醉而經月不醒。京師朝貴多出郡登藩，遠相餉饋，踰於千里。以其遠至，號曰'鶴觴'。亦名'騎驢酒'。永熙年中，南青州刺史毛鴻賓，齎酒之蕃，路逢賊盜，飲之即醉，皆被擒獲，因復名'擒奸酒'。游俠語曰：'不畏張弓拔刀，唯畏白墮春醪。'"宋代亦稱"白鶴觴"，與"鶴觴"義同。宋竇苹《酒譜・酒之名》："劉白墮，江（按，'江'殆'河'之訛）東人劉白墮善釀。六月以罌盛酒於日中，經旬味不動而愈香美，使人久醉。朝士千里相饋，號'白鶴觴'，亦名'騎驢酒'。"明代亦稱"白墮鶴觴"。明張岱《夜航船・日用・飲食》："白墮鶴觴……朝貴相餉，踰於千里。以其遠至，號曰鶴觴，如鶴之一飛千里也。"

【鶴觴】

　　即白墮春醪。此稱北魏已行用。見該文。

【騎驢酒】

　　即白墮春醪。此稱北魏已行用。見該文。

【擒奸酒】

　　即白墮春醪。此稱北魏已行用。見該文。

【白鶴觴】

　　即白墮春醪。此稱宋代已行用。見該文。

【白墮鶴觴】

　　即白墮春醪。此稱明代已行用。見該文。

【笨麴桑落酒】

　　"桑落酒"之屬。始見於北魏。"麴"通"麯"。笨麴，粗麯也，係對細麯而言。此麴形大，配料單一，釀酒效果遜於細麯。北魏賈思勰《齊民要術・笨麴并酒》："笨麴桑落酒法：預前净剗麴，細剉，曝乾。作釀池，以藁茹甕，不茹甕則酒甜，用穰則太熱。黍米淘須極净。以九月九日日未出前，收水九斗、浸麴九斗。當日即炊米九斗爲饋。下饋著空甕中，以釜內炊湯及熱沃之，令饋上游水深一寸餘便止。以盆合頭。良久水盡，饋熟極軟，瀉著席上，攤之令冷。挹取麴汁，於甕中搦黍令破，瀉甕中，復以酒杷攪之。每酘皆然。兩重布蓋甕口。七日一酘，每酘皆用米九斗。隨甕大小，以滿爲限，假令六酘，半前三酘，皆用沃饋；半後三酘，作再餾黍。其七酘者，四炊沃饋，三炊黍飯。甕滿好熟，然後押出。香美勢力，倍勝常酒。"

崑崙觴

　　酒名。始見於北魏。相傳北魏賈璨有一僕人，極善辨別水質。即令每日乘舟於黃河中，選酌七八升水，以釀酒，芳香絕世。曾以獻魏莊帝，遂名傳後世。黃河源自昆侖，而所酌水質至優，乃河水之正宗真品，因以稱。唐段成式《酉陽雜俎・酒食》："魏賈璨家累千金，博學善著作。有蒼頭，善別水，常令乘小艇於黃河中，以瓠匏接河源水，一日不過七八升，經宿，器中色赤如絳，以釀酒，名崑崙觴。酒之芳味，世中所絕。曾以三十斛上魏莊帝。"唐代省稱"崑崙"。唐陸龜蒙《訶陵樽》詩："魚骼匠成樽，猶殘海浪痕。外堪欺玳瑁，中可酌崑崙。"原注："酒名。"參閱明張岱《夜航船・日用・飲食》。

【崑崙】

　　"崑崙觴"之省稱。此稱唐代已行用。見該文。

紹興酒

名酒。産於浙江紹興，故名。初見於南北朝時期，時爲甜酒，稱“山陰甜酒”。後世製爲黄酒，有糯米、黄米製二種。清代尤盛，達於今世。清梁章鉅《浪迹三談》卷五：“昨魏默深州牧詢余，紹興酒始於何時，余無以應。惟記得梁元帝《金樓子》云：銀瓶貯山陰甜酒，時復進之。則知六代以前，此酒已盛行矣。彼時即名爲甜酒，其醇美可知。”又《浪迹續談》卷四：“今紹興酒通行海内，可謂酒之正宗……蓋山陰會稽之間，水最宜酒，易地則不能爲良，故他府皆有紹興人如法製釀，而水既不同，味即遠遜。即紹興本地佳酒，亦不易得，惟所販愈遠則愈佳，蓋非至佳者亦不能行遠。”清梁紹壬《兩般秋雨盦隨筆·紹興》：“紹興酒各省通行，吾鄉之呼之者，直曰‘紹興’，而不繫‘酒’字。以人而比，則昌黎少陵；以物而比，則隃糜朱提。俱以地名，可謂大矣。”《紅樓夢》第六三回：“襲人笑道：‘你放心……我和平兒説了，已經擡了一罈好紹興酒，藏在那邊了。’”清袁枚《隨園食單·茶酒單》：“紹興酒，如清官廉吏，不參一毫假，而其味方真；又如名士耆英長留人間，閲盡世故，而其質愈厚。故紹興酒不過五年者，不可飲，參水者亦不能過五年。余常稱紹興酒爲名士，燒酒爲光棍。”清佚名《調鼎集·茶酒單》：“紹興酒：山陰名東浦者，水力厚，煎酒用鑊，不取酒油，較勝於會稽諸處。其妙，再多飲不上頭，不中滿，不害酒，是紹興酒之良德矣。忌火燉，亦忌水中久燉；忌過熱，亦忌冷飲；忌速飲，亦忌流飲。三五知己，薄暮之時，正務已畢，偶然相值，隨意銜杯，賞奇析疑，殺刀射覆，飲至八分而止。否則，燈下，月下，花下，攤書一本，獨自飲之，亦一快事。”清代運抵京城之“紹興酒”，稱“京莊”，爲上品。徐珂《清稗類鈔·飲食類》：“〔紹興酒〕其運至京師者，必上品，謂之‘京莊’。至所謂陳陳者，有年資也。所謂本色者，不加色也。各處之仿紹，贋鼎耳，可亂真者惟楚酒。”今紹興酒名氣不減以往。其酒以精白糯米、黄皮小麥等爲主料，經酒藥及麥麴中諸類霉菌、酵母發酵製成。近百年來，享譽海内外，多次獲國際、國内大獎及名酒稱號。有“元紅”“加飯”“善釀”“香雪”諸品。

【山陰甜酒】

即紹興酒。此稱南北朝時期已行用。見該文。

【紹興】

“紹興酒”之省稱。此稱清代已行用。見該文。

【京莊】

“紹興酒”之上品，運抵京師者。此稱清代已行用。見該文。

新豐酒 [2]

古代名酒。産於江蘇丹徒新豐鎮。始見於南北朝時期。南朝梁蕭衍《登江州百花亭懷荆楚》詩：“試酌新豐酒，遥勸陽臺人。”唐代亦稱“新豐醅”。唐李白《叙舊贈江陽宰陸調》詩：“多酤新豐醅，滿載剡溪船。”清錢大昕《十駕齋養新録·新豐》：“丹徒縣有新豐鎮。陸游《入蜀記》：‘六月十六日，早發雲陽，過夾岡，過新豐，小憩。’李白詩云：‘南國新豐酒，東山小妓歌。’又唐人詩云：‘再入新豐市，猶聞舊酒香。’皆謂此，非長安之新豐也。然長安之新豐，亦有名酒。見王摩詰詩。”

【新豐醁】

即新豐酒[2]。此稱唐代已行用。見該文。

醝酒

一種釀成後合糟而飲的甜米酒。始見於南北朝時期,以蜀地所產最著名。冬日以小麥麴(麴)合米飯釀製而成。其味甘甜滑爽而微辣,多食不醉。北魏賈思勰《齊民要術·笨麴并酒》:"蜀人作醝酒法:十二月朝,取流水五斗,漬小麥麴二斤,密泥封,至正月、二月凍釋,發漉去滓,但取汁三斗,殺米三斗,炊作飯,調强軟合和,復密封數日,便熟。合滓餐之,甘辛滑,如甜酒味,不能醉人。多啖,温温小暖而面熱也。"一說始見於漢代,即揚雄賦所言蜀地之"酴清"。漢揚雄《蜀都賦》:"木艾椒蘺,蒟醬酴清。"

頤酒

古酒。以粗麴之一種——頤麴釀成,故稱。見於南北朝時期。詳載製法。北魏賈思勰《齊民要術·笨麴并酒》:"作頤酒法:八月、九月中作者,水未定,難調適,宜煎湯三四沸,待冷,然後浸麴,酒無不佳。大率用水多少,酘米之節,略準春酒,而須以意消息之。十月桑落時者,酒氣味頗類春酒。"

【河東頤白酒】

"頤酒"之一品。見於南北朝時期。爲河東郡(今山西運城一帶)所釀。北魏賈思勰《齊民要術·笨麴并酒》:"河東頤白酒法:六月、七月作,用笨麴,陳者彌佳,剉治細剉。麴一斗,熟水三斗,黍米七斗,麴殺多少,各隨門法。常於甕中釀,無好甕者,用先釀酒大甕,净洗曝乾,側甕著地作之。旦起煮甘水,至日午令湯色白乃止。量取三斗,著盆中。日西,淘米四斗使净,即浸。夜半炊作再餾飯,令四更中熟,下黍飯席上,薄攤令極冷,於黍飯初熟時,浸麴。向曉昧旦日未出時下釀,以手搦破塊,仰置勿蓋。日西,更淘三斗米浸炊,還令四更中稍熟,攤極冷,日未出前酘之,亦搦塊破。明日便熟,押出之,酒氣香美,乃勝桑落時作者。"

玉薤

古代名酒。傳爲隋煬帝依西域之法釀成。質純味美,久存十年不敗。製法不傳。唐代亦作"玉齏"。唐李世民《賜魏徵詩》:"醽醁勝蘭生,翠濤過玉齏。千日醉不醒,十年味不敗。"唐柳宗元《龍城錄》:"蘭生,即漢武百味旨酒也。玉薤,煬帝酒名。""薤"亦作"瀣"。明陳繼儒《酒顛補》:"玉瀣,隋煬帝酒名。此酒本學釀於西胡人,豈非得大宛之法!"明馮時化《酒史·酒品》:"隋煬帝造玉薤酒,十年不敗。"按,後世詩詞中常爲美酒代稱。宋陸游《鷓鴣天》詞:"斟殘玉瀣行穿竹,卷罷黃庭臥看山。"元袁桷《句曲山迎真送真詞》之二:"山中老人年送迎,一酌寒泉過玉瀣。"參閱元宋伯仁《酒小史·酒名》、明張岱《夜航船·日用·飲食》。

【玉齏】

同"玉薤"。此體唐代已行用。見該文。

【玉瀣】

同"玉薤"。此體宋代已行用。見該文。

三辰酒

唐代御用酒。製作方法闕記。相傳唐玄宗最喜此酒,特令人修一酒池,可貯一萬車,以賜臣下。由此名傳後世。唐馮贄《雲仙雜記》卷五:"玄宗置麴清潭,砌以銀甎,泥以石粉,貯三辰酒一萬車,以賜當制學士等。"明張岱

《夜航船·日用·飲食》："名酒：齊人田無已
（原注：一云'狄希'）中山酒……唐玄宗三辰
酒，號國夫人天聖酒（原注：用鹿肉）。"

土窟春

唐代名酒。産於滎陽（今河南滎陽）。時與
若下、富水、石凍春、燒春等酒齊名。後世文
獻多載其名。名稱來源及製法闕記，蓋爲一種
經土窖醇化的酒。唐李肇《唐國史補》卷下：
"酒則有郢州之富水，烏程之若下，滎陽之土
窟春，富平之石凍春，劍南之燒春。"宋張表
臣《珊瑚鈎詩話》卷三："酒有若下春，謂烏
程也……土窟春，滎陽也。"元宋伯仁《酒小
史·酒名》："建章麻姑酒，滎陽土窟春。"

小酒

古酒。暖季釀成即賣的一種薄酒。分爲
二十六等。多見於唐宋時期。唐戎昱《駱家
亭子納涼》詩："生衣宜水竹，小酒入詩篇。"
《宋史·食貨志下七》："自春至秋，醞成即鬻，
謂之小酒。其價自五錢至三十錢，有二十六
等。"宋朱翼中《北山酒經》卷上載有"小酒
麴"製法。

五酘酒

古代名酒。始見於唐代。産地蘇州。宋省
稱"五酘"，始載其製法。其製，先以麴米及漿
入缸，此後不斷加米於內。加米謂酘，五加而
成，因以名酒。其酒清洌超常，爲酒中上品，
常以饋贈親友。唐白居易《錢湖州以箬下酒李
蘇州以五酘酒相次寄到無因同飲聊咏所懷》詩：
"勞將箬下忘憂物，寄與江城愛酒翁。"宋范成
大《吳郡志·土物上》："今里人釀酒，麴米與
漿已入甕，翌日，又以米投之，有至一再投者，
謂之酘。其酒則清洌異常，今謂之五酘。"

【五酘】

"五酘酒"之省稱。此稱宋代已行用。見
該文。

玉友

古代名酒。以糯米合玉友麴（麴）釀製而
成，酒色純白如玉，故名。始見於唐代。以洺
州所産爲佳。宋時頗盛，達於清代。唐盧綸
《題賈山人園林》詩："五字每將稱玉友，一尊
曾不顧金囊。"宋張能臣《酒名記·酒名》："洺
州玉瑞堂、夷白堂，又玉友。"宋張表臣《珊瑚
鈎詩話》卷三："以糯米藥麴作白醪，號玉友。"
宋朱翼中《北山酒經》卷中詳載"玉友麴"製
作方法。以其爲酒中佳品，時人與北魏劉白墮
之鶴觴相媲美。或有自製以贈饋親友者。宋葉
夢得《避暑錄話》卷上："河東人劉白墮善釀
酒，雖盛暑暴之日中，經旬不壞，今玉友之佳
者，亦如是也。吾在蔡州，每歲夏以其法造，
寄京師親舊，陸走七程不少變。又嘗以餉范德
孺於許昌，德孺愛之，藏其一壺，忘飲，明年
夏復見，發視如新者。"宋呂頤浩《與賀子忱
書》："頃歲寄居南京及維揚，自釀玉友，親知
以爲妙，嘗著《玉友補遺》一卷。"元盧摯《喜
春來·陵陽客舍偶書》曲："携將玉友尋花寨，
看褪梅粧等杏腮。"清沈自南《藝林彙考·飲食
篇》卷六："近時以黃柑醞酒，號'洞庭春色'，
以糯米藥麴作白醪，號'玉友'，皆奇絕者耳。"

金華酒

古代名酒。甜型黃酒。産於浙江金華，故
名。其地水質甘美，非他邑能比。其酒以上等
大麴、糯米或黍米、蓼汁等釀製而成，酒成純
净透明而略帶黃色，清香遠達，爲世人所稱道。
始見於唐代，達於今世。唐孫處士《送王懿昌

酒》詩：“將知骨分到仙鄉，酒飲金華玉液漿。”宋時亦稱“東陽酒”。宋田錫《麴本草》：“東陽酒，其水最佳，秤之，重於他。其酒自古擅名。《事林廣記》所載釀法，麴亦入藥。今則絕無。惟用麩麴蓼汁拌造，假其辛辣之力。蓼性解毒，亦無甚礙。俗人用其水好，競造薄酒。味雖少酸，一種清香遠達，入門就聞。雖鄰邑所造，俱不然也。好事者清水和麩麴造麴，米多水少造酒。其味辛而不厲，美而不甜，色復金黃，瑩澈天香，風味奇絕。飲醉并不頭痛口乾，此皆水土美之故也。”元宋伯仁《酒小史·酒名》：“薊州薏苡仁酒，金華府金華酒。”明代亦作“金花酒”。明馮時化《酒史·酒品》：“金花酒，浙江金華府造，近時京師嘉尚。語云：‘晉字金華酒，圍棋左傳文。’”明李時珍《本草綱目·穀四·酒》引明汪穎曰：“入藥用東陽酒最佳，其酒自古擅名……處州金盆露，水和薑汁造麴，以浮飯造釀，醇美可尚，而色香劣於東陽，以其水不及也。”又：“時珍曰：東陽酒即金華酒……常飲入藥俱良。”清袁枚《隨園食單·茶酒單》：“金華酒有紹興之清，無其澀；有女貞之甜，無其俗。亦以陳者爲佳。蓋金華一路水清之故也。”《金瓶梅詞話》第二二回：“西門慶陪應伯爵、陳經濟吃了，就拿小銀鍾篩金華酒，每人吃了三杯。”

【東陽酒】[2]

即金華酒。此稱宋代已行用。金華，三國時爲東陽郡，後世爲東陽縣，故稱。見該文。

【金花酒】

同“金華酒”。此體明代已行用。見該文。

宜春酒[1]

古代名酒。見於唐代。民間所釀，中和節

用於祭神。《古今圖書集成·食貨典》卷二八一引《新唐書·李泌傳》：“泌以學士知院事，請廢正月晦，以二月朔爲中和節，民間里閭釀宜春酒，以祭勾芒神，祈豐年，帝悅。”參閱宋陳元靚《歲時廣記·中和節·賜宴會》。

郎官清

古代名酒。始見於唐代。產於唐京城長安蝦蟆陵。唐人李肇爲其命名。唐柳宗元《龍城錄》：“李肇命酒爲‘郎官清’，劉跂命酒爲‘玉友’。”唐李肇《唐國史補》卷下：“酒則有郢州之富水……潯陽之湓水，京城之西市腔，蝦蟆陵郎官清。”後世常用爲美酒代稱。宋黃庭堅《病來十日不舉酒》詩：“承君折送袁家紫，令我興發郎官清。”

真珠

名酒。始見於唐代。色紅味烈，製法闕記。唐李賀《將進酒》詩：“琉璃鍾，琥珀濃，小槽酒滴真珠紅。”宋時有以白酒、紅酒相合配製而成者。宋羅大經《鶴林玉露》卷四：“太守王元遂以白酒之和者，紅酒之勁者，手自劑量，合而爲一，殺以白灰一刀圭，風韻頓奇。索余作詩，余爲長句云：‘小槽真珠太森嚴，兵厨玉友專甘醇。兩家風味欠商略，偏剛偏柔俱可憐。’”參閱明馮時化《酒史·酒品》。

逡巡酒[1]

頃刻間釀成之酒。逡巡，即頃刻之間。傳爲唐人韓愈之侄韓湘所造。始見於唐代。唐韓湘《言志》詩：“解造逡巡酒，能開頃刻花。”宋蘇軾《劉監倉家煎米粉作餅子余云爲甚酥潘邠老家造逡巡酒余飲之莫作醋錯著水來否後數日余携家飲郊外因作小詩戲劉公求之》詩：“已傾潘子錯著水，更覓君家爲甚酥。”元佚名《翫江亭》第一折："此人神通廣大，變化多般，能造逡巡酒，善開頃刻花。"

【傾刻酒】

即逡巡酒[1]。此稱五代時期已行用。《太平廣記》卷五二引南唐沈汾《續仙傳·殷天祥》："殷七七，名天祥……每日醉歌曰：'彈琴碧玉調，藥煉白朱砂，解醖傾刻酒，能開非時花。'"

【頃刻酒】

同"傾刻酒"。此體清代已行用。徐珂《清稗類鈔·飲食類》："頃刻酒者，臺灣之澎湖人采樹葉裹糯米少許，吐之盆，頃刻成酒。初飲淡泊無味，少頃，酩酊而歸，謂之頃刻酒。"

梨花春

古代名酒。始見於唐代。杭州釀造。因梨花開時酒熟，故名。後代多有以此名酒者，産非原地，酒質殆亦異。唐白居易《杭州春望》詩："紅袖織綾誇柿蔕，青旗沽酒趁梨花。"自注："其俗釀酒，趁梨花時熟，號爲梨花春。"元明時期亦稱"梨花酒"。元宋伯仁《酒小史·酒名》："杭州梨花酒。"明張岱《夜航船·日用·飲食》："梨花春：杭州釀酒，趁梨花開時熟，號梨花春。"明馮時化《酒史·酒品》："梨花酒，杭卜州釀梨花酒（按，'卜'殆衍），梨花開時熟，號梨花春。詩曰：'沽酒趁梨花。'"清代江南福建、浙江等地多見其酒。清周亮工《閩小紀》："建寧有梨花春、河清、西施紅、狀元紅，以河清爲冠，味沉厚。"清梁紹壬《兩般秋雨盦隨筆·品酒》："某年余游蕭山，梧里主人周姓名鎮祁，情極款洽，作平原十日之留。一日，出一種酒，曰'梨花春'……余飲一杯後，主人即將杯奪去。主人巨量，止飲二小杯。是日，余竟沉醉一天，因思古人所謂

千日九醞者，亦即此類。"

【梨花酒】

即梨花春。此稱元代已行用。見該文。

【梨花醸】

即梨花春。此稱元代已行用。元關漢卿《玉鏡臺》第一折："恰繼立一朵海棠嬌，捧一盞梨花醸，把我雙送入愁鄉醉鄉。"

【梨花凍】

即梨花春。因冬釀春熟，故稱。此稱清代已行用。清陳維崧《金菊對芙蓉·惠山夜飲坐有姬人》詞："相逢滿酌梨花凍，歡場鬧打馬抛球。"

碧香

古代名酒。始見於唐代。宋時以王晉卿家所醸最爲著名。後爲宮廷專用。唐陸龜蒙、皮日休《夜會問答》詩之七："錦鯨薦，碧香紅膩承君宴。"宋錢世昭《錢氏私志》："親王宰相使相歲賜公使錢七千貫，許造酒，主第亦然。李和文家酒名金波……王晉卿家碧香。"宋蘇軾《送碧香酒與趙明叔教授》詩："碧香近出帝子家，鵝兒破殼酥流盎。"又《答錢濟明三首》之三："嶺南家家造酒，近得一桂酒法，醸成，不減王晉卿家碧香，亦謫居一喜事也。"宋代亦稱"宣賜碧香"，殆宮廷曾以賜賞臣下。宋西湖老人《西湖老人繁勝錄·酒名》："宣賜碧香、内庫流香。"明代詳載其製法。明高濂《遵生八牋·飲饌服食牋中》："碧香酒，糯米一斗，淘淋清净。内將九升浸甕内，一升炊飯，拌白麴末四兩，用篛埋所浸米内，候飯浮，撈起，蒸九升米飯，拌白麴末十六兩。先將净飯置甕底，次以浸米飯置甕内。以原淘米漿水十斤或二十斤，以紙四五重，密封甕口。春數日，如天寒，

一月熟。"參閱宋張能臣《酒名記·酒名》。

【宣賜碧香】

即碧香。此稱宋代已行用。見該文。

酴醿酒[1]

唐代名酒。產於都城長安。爲一種經過多次釀造而成的酒。質醇色白,爲唐代酒中之上品。多供朝廷賞賜及宗廟祭祀之用。唐佚名《輦下歲時記·鑽火》:"新進士則於月燈閣置打毬之宴,或賜宰臣以下酴醿酒,即重釀酒也。"《舊唐書·職官志三》:"若享太廟,供其鬱鬯之酒,以實六彝。若應進者,則供春暴、秋清、酴醿、桑落等酒。"亦作"酴醾酒"。《新唐書·李絳傳》:"帝入謂左右曰:'絳言骨鯁,真宰相也。'遣使者賜酴醿酒。"宋代省稱"酴醿",亦稱"酴醿香"。宋竇苹《酒譜·酒之事》:"唐憲宗賜李絳酴醿、桑落,唐之上尊也,良醖掌供之。"宋張能臣《酒名記·酒名》:"西京玉液,又酴醿香。"清代亦稱"酴醿花釀酒"。清佚名《調鼎集·茶酒單》:"酴醿花釀酒:或云即重釀酒也。兼旬可開,香聞百步。野薔薇亦最香。"

【酴醾酒】[1]

同"酴醿酒[1]"。此體唐代已行用。見該文。

【酴醿】

"酴醿酒[1]"之省稱。此稱宋代已行用。見該文。

【酴醿香】

即酴醿酒[1]。此稱宋代已行用。見該文。

【酴醿花釀酒】

即酴醿酒[1]。此稱清代已行用。見該文。

鵝黃

古代名酒。產於蜀地漢中。其酒色如幼鵝絨毛之黃,故名。始見於唐代。唐杜甫《舟前小鵝兒》詩:"鵝兒黃似酒,對酒愛新鵝。"自注:"漢州城西北角官池作。"仇兆鰲注引《方輿勝覽》:"鵝黃乃漢州酒名。"宋時爲川酒上品,他酒所不能比。宋陸游《游漢州西湖》詩:"歎息風流今未泯,兩川名醖避鵝黃。"自注:"鵝黃,漢中酒名,蜀中無能及者。"又《城上》詩:"鵝黃名醖何由得,且醉盃中琥珀紅。"原注:"榮州酒赤而勁甚;鵝黃,廣漢酒名。"又《蜀酒歌》:"漢州鵝黃鸞鳳雛,不鷙不搏德有餘。"一說,黃色之美酒。按,如此,則未必蜀中所產之酒。唐宋時詩文中多見"鵝黃酒"之類,則當以兩種情況對待。一種可以確認爲蜀酒者,如上杜詩及陸游三首詩;另一種則難以確定。如,宋蘇軾《乘舟過賈收水閣》詩之二:"小舟浮鴨綠,大杓瀉鵝黃。"宋朱敦儒《水調歌頭·和董彌大中秋》詞:"鵝黃酒暖,纖手傳杯任頻斟。"

【鵝雛酒】

即鵝黃。此稱宋代已行用。宋陸游《晚春感事》詩:"釀成西蜀鵝雛酒,煮就東坡玉糝羹。"

蘆酒

古代名酒。邊徼少數民族所釀造。大抵以穀秫類入麴釀製而成。飲以竹蘆之管,故稱。始見於唐代。宋代稱"釣藤酒""嗺酒",後世稱"啞酒"。唐杜甫《送從弟亞赴河西判官》詩:"黃羊飫不羶,蘆酒多還醉。"(按,"河西"一作"安西"。)仇兆鰲注引錢謙益箋:"莊綽《雞肋編》:〔關右塞上〕土人造嗺酒,以蘆管吸於瓶中,杜詩黃羊蘆酒,蓋謂此也。蔡曰:大觀三年,郭隨出使,虜舉黃羊蘆酒,問外使時立愛。立愛云……蘆酒，糜穀醞成，可釀醑，取不醉也，但力微，飲多則醉。"又："〔蘆酒〕又名釣藤酒，此見《溪蠻叢笑》。"何謂"釣藤酒"？按，李時珍《本草綱目‧草七‧釣藤》引宋寇宗奭曰："藤長八九尺，或一二丈，大如拇指，其中空，小人用致酒甕中，盜取酒，以氣吸之，涓涓不斷。"此謂盜酒，而少數民族及南人則以此吸飲，以示親近。又按，釣藤，一本作"鈎藤"，言藤刺如釣鈎，亦是。明楊慎《藝林伐山‧蘆酒》："蘆酒，以蘆爲筒，吸而飲之。今之呷酒也。"明佚名《閑處光陰》："呷酒，施南人燕聚，若飲以呷酒，蓋親而近之之意。此猶蠻俗也。呷酒者，以蜀秫蒸熟，和麴釀之，臨飲則分授於尺許高之小罈內，築令滿，設於盧舍之中，豫截細竹一枝，約三尺許，通其節，插竪罈上，旁列一盎，用盛新汲之水。客畢至，主人以器挹水注罈，乃讓齒德尊者，先就罈次，於竹上呷之，水盡則益，以酒盡爲度。"按，明人或以北魏賈思勰《齊民要術》所記"爐酒"爲蘆酒。爐，通"蘆"。明胡侍《真珠船》："《齊民要術》作粟米爐酒法：五月、六月、七月中作之，倍美，受兩石以下甕，以石子二三升蔽甕底，夜炊粟米飯，即攤之，令冷，夜得露氣，鷄鳴乃和之。大率米一石，殺麴一斗，春酒糟末一斗，粟米飯五斗，麴殺若多少，計須減飯。和法痛挼令相雜，填滿甕爲限，以紙蓋口，磚押上，勿泥之，恐太傷熱。五六日後，以手内甕中，看令無熱氣，便熟矣。酒停亦得二十許日，以冷水澆筒飲之，醑出者歇而不美。詳其法，即今所謂呷酒。然今法只用小白麴，或小麥、大麥、糯米，瓶罌中皆得作之，而澆飲以湯。古爲蘆酒，因以蘆筒吸之，故名。

今云'爐'，當是筆誤。"

【釣藤酒】

即蘆酒。此稱宋代已行用。見該文。

【嚃酒】

即蘆酒。嚃，同"呷"，吸，以竹蘆吸飲，故名。此稱宋代已行用。見該文。

【呷酒】

即蘆酒。此稱明代已行用。見該文。

臘酒

農曆臘月釀製，供次年春天飲用之酒。始見於唐代，達於後世。唐岑參《送魏四落第還鄉》詩："臘酒飲未盡，春衫縫已成。"宋梅堯臣《臘酒》詩："夢憶黃公舍，徒聞韋氏名。熟時梅杏小，獨飲效淵明。"原注："韋氏《月録》云：'臘月造，四月成。'"宋陸游《游山西村》詩："莫笑農家臘酒渾，豐年留客足鷄豚。"明代始詳載其製法。明高濂《遵生八牋‧飲饌服食牋中》："臘酒：用糯米二石，水與酵二百斤，足秤。白麴四十斤，足秤。酸飯二斗，或用米斗起酵。其味釀而辣。正臘中造煮時，大眼籃二個，輪置酒瓶在湯内，與湯齊滾，取出。"參閱明馮時化《酒史‧酒品》。

【臘釀】

即臘酒。此稱宋代已行用。宋陸游《小園新晴》詩："臘釀拆泥留客醉，山茶落磴喚兒煎。"

【臘醅】

即臘酒。此稱宋代已行用。宋陸游《村居初夏》詩："暮境難禁日月催，臘醅初見拆泥開。"

南和刀酒

古代名酒。約産於晚唐、五代時期。原産

地蓋爲古趙地南和（今屬河北）。後周世宗柴榮於此地得釀酒匠人刁氏，回汴釀造，因稱。宋開國後仍沿用其法，僅限宮廷釀造，方不外傳。該酒清醇、味香，性稍烈，爲當時名品，享譽江北。後世省稱“刁酒”。明謝肇淛《五雜俎·物部三》：“京師有薏酒……南和之刁氏。”清錢謙益《佟宰餉刁酒戲題示家純中秀才》詩：“刁酒沾脣味許長，河間才得一杯嘗。農家酒譜卿知不？記取清甘滑辣香。”錢曾注：“柴世宗破河中李守正，得匠人，至汴造酒，宋内庫循用其法。京師御酒掌之内局，法不傳於外。燕市酒人稱南和刁酒爲佳，蓋因賈人之姓而得名也。”按，明代大名（今屬河北）所釀亦冠以此名，酒品在下中。明顧起元《客座贅語·酒》卷九：“大名之刁酒、焦酒……皆品在下中。”

【刁酒】

“南和刁酒”之省稱。此稱明代已行用。見該文。

瑞露

古代名酒。始見於五代時期。爲常人所釀，然味甘香。宋時爲掌管兩廣一路軍政事務帥司公廚所製，襲用古稱，名聲鵲起。宋蘇軾《小圃五咏·地黃》：“融爲寒食餳，嚥作瑞露珍。”王十朋集注引唐李玫《纂異記》：“田璆、鄧韶逢二書生，謂曰：‘我有瑞露之酒，釀於百花之中。’與田、鄧飲，其味甘香也。”宋陸游《謝郭希吕送石洞酒》詩：“瑞露頗疑名太過，橐泉猶恨韻差低。”自注：“瑞露桂杯酒，得名甚盛。”宋范成大《桂海虞衡志·志酒》：“瑞露，帥司公廚酒也。經撫廳前有井清冽，汲以釀，遂有名。”宋周去非《嶺外代答》卷六：“廣右無酒禁，公私皆有美醞，以帥司瑞露爲冠，風

味蘊藉，似備道全美之君子，聲震湖廣。此酒本出賀州。”

玉醅

古代名酒。其稱始見於南北朝時期，其時殆酒之美稱。南朝梁蕭統《錦帶書十二月啓·南吕八月》：“傾玉醅於風前，弄瓊駒於月下。”至宋始成一品名酒，南宋都城臨安并海防處以此名釀酒。宋周密《武林舊事·諸色酒名》：“玉醅（并海閩）。”宋代另一處以“玉醅”爲名而釀者爲深州。宋張能臣《酒名記·酒名》：“深州玉醅、趙州瑶波。”按，宋以後詩詞中“玉醅”究竟是泛指美酒，還是特指宋時所釀，有不易辨別者。如宋蘇軾《南歌子》詞：“冰簟堆雲髻，金樽灩玉醅。”宋陸游《雜感》詩之四：“自洗銅壺試玉醅，小軒風月爲徘徊。”

白羊酒

古代名酒。産地曹州（今山東曹縣）。宋代已見。以其釀造主料爲羊肉，故名。産量甚少。爲朝貢上品，極其珍貴。賞賜僅限朝中重臣。宋王鞏《甲申雜記》：“初貢團茶及白羊酒，惟見任兩府方賜之。”時人詳載其製法。宋朱翼中《北山酒經》卷下：“白羊酒：臘月取絕肥嫩羧羊肉三十斤（肉三十斤内要肥膘十斤），連骨。使水六斗已來，入鍋煮肉，令極軟，漉出骨，將肉絲擘碎，留著肉汁，炊蒸酒飯時，勻撒脂肉拌飯上，蒸令軟，依常盤攪，使盡肉汁六斗，潑饋了，再蒸良久，卸案上攤，令溫冷得所。揀好脚醅，依前法毆拌，更使肉汁二升以來。收拾案上及元壓面水，依尋常大酒法日數，但麴盡於酴米中用爾。”宋張能臣《酒名記·酒名》：“曹州銀光，又三毆，又白羊。”

羊羔酒 [1]

古代名酒。質純，色白如羊羔，故名。始見於宋代。產地不詳。時亦稱"羔兒酒"。宋蘇軾《二月三日點燈會客》詩："試開雲夢羔兒酒，快瀉錢塘藥玉船。"宋孟元老《東京夢華錄·宣和樓前省府宮宇》："街南遇仙正店，前有樓子，後有台，都人謂之'臺上'。此一店最是酒店上户，銀鉼酒七十二文一角，羊羔酒八十一文一角。"元明時期始載其產地，為山西汾州，酒色瑩白，風味獨特。元宋伯仁《酒小史·酒名》："汾州乾和酒，山西羊羔酒。"《事物紺珠》："羊羔酒出汾州，色白瑩，饒風味。"明代始載其詳細製法。明高濂《遵生八牋·飲饌服食牋中》："羊羔酒：糯米一石，如常法浸漿。肥羊肉七斤，麴十四兩，杏仁一斤，煮去苦水。又同羊肉，多湯煮爛。留汁七斗，拌前米飯。加木香一兩，同醞，不得犯水。十日可吃，味極甘滑。"省稱"羊羔"。元佚名《漁樵記》第一折："一壁厢添上獸炭，他把那羊羔來淺注。"明唐寅《醉扶歸·冬景》曲："懶安排錦帳飲羊羔，只思量玉手拈著草。"清沈自南《藝林彙考·飲食篇》卷五："以地名則如烏程若下之類……玉練槌，美之如玉也；羊羔，白如其色也。"

【羊羔】

"羊羔酒[1]"之省稱。此稱元代已行用。見該文。

【羔兒酒】

即羊羔酒[1]。此稱宋代已行用。宋劉過《鷓鴣天》詞："一杯自勸羔兒酒，十幅銷金暖帳籠。"省稱"羔兒"。宋陸游《醉中作》詩："名醞羔兒拆密封，香粳玉粒出新春。"明李時珍

《本草綱目·穀四·酒》引宋寇宗奭《本草衍義》："今人所用，有糯酒、煮酒、小豆麴酒、香藥麴酒、鹿頭酒、羔兒等酒。"參見本卷《飲料説·酒考》"羊羔酒[1]"文。

【羔兒】

"羔兒酒"之省稱。此稱宋代已行用。見該文。

【羊羔美酒】

即羊羔酒[1]。此稱始見於元代，延及後代。元佚名《漁樵記》第一折："看這等凜冽寒天，低簌氈簾，羊羔美酒，正飲中間，還有甚麼人扶侍他。"明徐畹《殺狗記·窰中受困》："我哥哥如今在紅爐暖閣，羊羔美酒，淺斟低唱。"明馮夢龍《警世通言》第二四回："縱有羊羔美酒，喫不下。"

【羊羔釀】

即羊羔酒[1]。此稱元代已行用。元王實甫《麗春堂》第四折："高擎着鸚鵡杯，滿捧着羊羔釀。"

冰堂春

古代名酒。產於滑州（今河南滑縣）。為歐陽修任官滑州時所造，歐氏離開其地後，仍沿其名而製。當時號稱"天下第一"。始見於北宋。亦稱"冰堂酒"。宋蘇軾《送歐陽主薄赴官韋城》詩之三："白馬津頭春水來，白魚猶喜似江淮。使君已復冰堂酒，更勸重新畫舫齋。"按，韋城，即白馬縣，為宋代滑州州治。宋陸游《老學庵筆記》卷二："承平時，滑州冰堂酒為天下第一。"宋張能臣《酒名記·酒名》："滑州風麴，又冰堂。"明張岱《夜航船·日用·飲食》："名酒……歐陽修冰堂春。"清郎廷極《勝飲編》卷一一："冰堂春，歐陽永叔（修）在滑

縣所造酒名。"

【冰堂酒】

即冰堂春。此稱宋代已行用。見該文。

冷泉酒

古代名酒。冷泉，泉名。在今浙江杭州靈隱寺前飛來峰下。蓋取其水以釀或產於其地，故名。始見於宋代。宋朱翼中《北山酒經》卷下將該酒列於"神仙酒"中，詳載製法："冷泉酒法：每糯米五斗，先取五升淘淨蒸飯，次將四斗五升米淘淨入甕內，用梢箕盛蒸飯五升，坐在生米上，入水五斗浸之。候漿酸飯浮（約一兩日）取出，用麴五兩拌和勻，先入甕底，次取所浸米四斗五升，控乾蒸飯，軟硬得所，攤令極冷。用麴末十五兩，取浸漿，每斗米用五升拌飲與麴，令極勻，不令成塊，按令面平（罨浮飯在底，不可攪拌）。以麴少許糝面，用盆蓋甕口，紙封口，縫兩重，再用泥封紙縫、勿令透氣。夏五日，春秋七八日。"

茅柴酒

酒名。通常指村釀薄酒或劣質酒。始見於宋代。省稱"茅柴"。宋韓駒《庚子年還朝飲酒絕句》："三年逐客臥江皋，自與田工酌小槽。飲慣茅柴諳苦硬，不知如蜜有香醪。"宋辛棄疾《玉樓春》詞："君如九醞臺粘醆，我似茅柴風味短。"元宋伯仁《酒小史・酒名》："廣南香虵酒，黃州茅柴酒。"明馮時化《酒史・酒品》："茅柴酒：惡酒曰茅柴。"清趙翼《陔餘叢考・茅柴酒》："酒之劣者，俗謂之茅柴酒。"

【茅柴】

"茅柴酒"之省稱。此稱宋代已行用。見該文。

【茆柴】

同"茅柴"。此體宋代已行用。宋蘇軾《岐亭》詩之四："幾思壓茆柴，禁網日夜急。"參見本卷《飲料說・酒考》"茅柴酒"文。

茅臺酒

白酒精品。我國名酒之冠，世界三大名酒之一。產於貴州仁懷茅臺鎮，因以稱。據當地傳說，其釀酒始於宋代，至今已有八百多年歷史。《續遵義府志》："茅臺酒……出仁懷縣西茅臺村，黔省稱第一……製法純用高粱作沙，煮熟，和小麥麴三分，納釀地窖中，經月而出蒸熇之，既熇而復釀，必經數回然後成。初曰生沙，三、四輪曰燧沙，六、七輪曰大回沙，以次概曰小回沙，終乃得酒可飲。其品之醇、氣之香，乃百經自具，非假麴與香料而成。造法不易，他處難於仿製，故獨以茅臺稱也。"該酒之所以榮膺國酒之最，一是憑藉它得天獨厚的自然條件。赤水河水質好，入口微甜，無溶解雜質。地理環境、氣候適宜。位處貴州高原最低的盆地區，經常被雲霧籠罩，每年35℃至39℃的持續高溫期達五個月之久。這種特定的水質、土壤、氣候條件對酒料的發酵、熟化非常有利，孕育出酒中特有的香氣成分，一般白酒廠家難以具有與仿造。二是形成了一整套嚴格的工藝流程。整個釀造過程分八次，每次分下麴、發酵、蒸餾、取酒、分型入庫等工序。每次歷時一月，全過程需八到十個月方能丟糟。蒸出的酒經過四年以上的貯存，再與貯存四十年、三十年、二十年、八年、五年的陳酒混合勾兌，方成成品。從投料到出成品，最少需五年時間。據測查，其所含香氣成分達一百一十多種，全是在發酵過程中自然形成的。度數穩定在 52 度至 54 度之間，長期處於全國名白酒較低度位。1915 年在巴拿馬萬國博覽會上獲金質獎章、獎狀，此後又多次獲國際金獎，五次蟬聯國家名酒金獎。在海內外幾乎人盡皆知。1954 年日內瓦會議上，周恩來總理曾以此酒招待與會的各國首腦及使團，贏得高度讚譽。現在該酒已遠銷一百多個國家與地區。

東巖酒

古代著名白酒。始見於宋代。爲四川嘉州城東聖岡山東巖（岩）所產，故名。東巖其地巖半處有泉，水質清冽异常，以釀酒，味醇質優，尤爲蘇東坡所稱道。宋蘇軾《送張嘉州》詩："笑談萬事真何有，一時付與東巖酒。"自注："佛峽人家白酒舊有名。"查慎行注："《輿地紀勝》：'東巖在嘉州城東佛峽，即聖岡山。'巖半有洞，出泉清冽，宜釀。"

金波

古代名酒。始見於宋代。其時皇親李和文、駙馬郭獻卿府中所釀稱此，河間、明州、邢州、代州所產亦稱此。宋錢世昭《錢氏私志》："親王宰相使相歲賜公使錢七千貫，許造酒，主第亦然，李和文家酒名金波。"宋張能臣《酒名記·酒名》："戚里李和文、駙馬（郭）獻卿，金波……河間府金波，又玉醖……邢州沙醅、金波……代州金波……明州金波。"後世常爲美酒代稱。明王九思《駐馬聽·四時行樂》套曲："滿飲金波，琵琶一曲，閑愁彈破。"

紅酒

古代名酒。紅麯（麴）所釀，紅色，故名。始見於宋代。多產自江南。宋胡仔《苕溪漁隱叢話》："江南人家造紅酒，色味兩絶。"宋莊綽《雞肋編》卷下："江南閩中公私醖釀，皆紅麯酒。"明宋應星《天工開物·酒母》："南方麯，酒釀出即成紅色者，用麯與淮郡所造相同，統名大麯。"按，古文獻多見"紅酒"其名，如清褚人穫《堅瓠戊集·酒品》稱唐段成式《酉陽雜俎·酒食》所載"崑崙觴"爲"紅酒之尤者也"，《酒色》稱"酒有以綠爲貴者……有以紅爲貴者，李長吉（唐李賀）所謂'小槽夜滴珍珠紅'是也"。蓋多緣事而名，實難確指究屬何酒，與此江南特產殆有別。今時則紅酒多指葡萄酒。

【建昌紅酒】

"紅酒"之一種。產於福建建昌。見於明代，製法詳備。明高濂《遵生八牋·飲饌服食牋中》："建昌紅酒：用好糯米一石，淘净傾缸內，中留一窩，內傾下水一石二斗。另取糯米二斗煮飯，攤冷，作一團，放窩內。蓋艽。待二十餘日，飯浮漿酸，摝去浮飯，瀝乾浸米。先將米五升淘净，鋪於甑底，將濕米次第上去。米熟，略攤氣絶，翻在缸內中蓋下。取浸米漿八斗，花椒一兩，煎沸出鍋，待冷。用白麯三斤，搥細，好酵母二碗，飯多少如常酒放酵法，不要厚了。天道極冷，放暖處，用草圍一宿，明日早，將飯分作五處，每放小缸中，用紅麯一升，白麯半升，取酵亦作五分，每分和前麯飯同拌勻，踏在缸內，將餘在熟盡放面上，蓋定。候二日打扒，如面厚，三五日打一遍，打後，面浮漲足，再打一遍，仍蓋下。十一月，二十日熟；十二月，一月熟；正月，二十日熟。餘月不宜造，榨取澄清，併入白檀少許，包裹泥定，頭糟用熟水隨意副入，多二宿，便可榨。"

【廣中紅酒】

"紅酒"之一種。產於古兩廣一帶。見於清代。清褚人穫《堅瓠戊集・酒色》："廣中所釀酒謂之紅酒，其色殆類胭脂。"今廣東珍珠紅酒廠所釀珍珠紅已有五百餘年歷史。其命名源於唐人李賀《將進酒》詩："琉璃鍾，琥珀濃，小糟酒滴珍珠紅。"按，"小糟"一作"小槽"，"珍珠"一作"真珠"。該酒主要以珍珠糯米釀成，酒色橙紅晶瑩，氣味芳香，甜蜜醇厚，具有陳年黃酒風韵。

【雙夾】

"紅酒"之一種。產於閩地樵川。酒色深紅，常用於歲首待客。見於清代。亦稱"邵春"。清周亮工《閩小紀・莆田宋去損（祖謙）閩酒曲》："以酒釀酒，曰雙夾。樵川人多製之。一名邵春，酒色深紅，歲首用以酬客。"

【邵春】

即雙夾。此稱清代已行用。見該文。

真珠泉

古代名酒。見於宋代，產於齊州（今山東濟南）。宋周密《武林舊事・諸色酒名》："真珠泉。"宋張能臣《酒名記・酒名》："齊州舜泉近泉，又清燕堂，又真珠泉（第一也）。"

蜑酒

古酒。蜑，舊時南方水上居民。宋周去非《嶺外代答・蜑蠻》："以舟為室，視水如陸，浮生江海者，蜑也。"蜑酒，即蜑人所造之酒。見於宋代。宋蘇軾《丙子重九二首》詩之一："蜑酒蒖衆毒，酸甜如梨楂。"宋孫覿《九日次獻花鋪》詩："殷勤邀一醉，蜑酒壓梨楂。"題下自注曰："李衞公（李德裕）貶海外，道過象江，蠻女獻花於此。"又《到象州寓行衞太守陳容德携酒見過》詩："莫辭蜑酒一尊赤，會壓瘴茅千里黃。"

銀光

古代名酒。始見於宋代。色白，貴重如銀，故名。宋代有真定（今河北保定）、相州（今河南安陽）、曹州（今山東曹縣）、蔡州（今河南汝南）、建康（今江蘇南京市江寧區）等五處產之，皆具盛名。宋張能臣《酒名記・酒名》："河北真定府銀光……相州銀光……曹州銀光……蔡州銀光。"宋周密《武林舊事・諸色酒名》："銀光（並建康）。"參閱明張岱《夜航船・日用・飲食》。

曝酒

古酒。此酒於夏日暴熱時釀製，故稱。見於宋代，詳載製法。宋朱翼中《北山酒經》卷下："曝酒法：平旦起，先煎下甘水三四升，放冷，著盆中。日西，將衡正純糯一斗，用水净淘，至水清，浸良久方漉出。瀝令米乾，炊再餾飯，約四更，飯熟，即卸在案卓上，薄攤，令極冷。每旦日未出前，和冷湯二碗拌飯，令飯粒散不成塊。每斗用藥二兩。祇搥碎爲小塊并末子，用手摻拌入飯中，令粒粒有麴。即逐段拍在甕四畔，不須令太實。唯中間開一井子，直見底。却以麴末摻醅面，即以濕布蓋之……候漿來井中滿，時時酌澆四邊。直候漿來極多，方用水一盞，調大酒麴一兩，投井漿中……隔夜浸破米心，次日晚夕炊飯放冷，至夜酘之。取甕中漿來拌勻，捺在甕底，以舊醅蓋之，次日即大發。候酘飯消化，沸止方熟。乃用竹篘篘之。若酒面帶酸，篘時先以手掠去酸面。然後以竹篘插入缸中心取酒。甕用木架起，須安置凉處，仍畏濕地。此法夏中可作，稍寒不成。"

真一酒

古代名酒。宋人蘇軾喜交游，朋友多，雖愛酒，但酒量不大，尤不勝烈酒，稍飲則醉，首次貶官黃州時即親自研製出一種"蜜酒"，味甜香醇，與田父野老相從溪山間，共飲同樂，并築室東坡，自號"東坡居士"。再度貶官嶺南惠州時又釀此酒，隨蘇軾之名而久傳後世。因米、麥、水各占三分之一，純真不二，故名。省稱"真一"。其《真一酒》詩序："米、麥、水，三一而已。此東坡先生真一酒也。"又自注其詩："真一色味，頗類予在黃州日所醞蜜酒也。"又其《真一酒歌》："釀爲真一和而莊，三杯儼如侍君王。"并以其酒法傳人。其《寄建安徐得之真一酒法》曰："嶺南不禁酒，近得一釀法，用白麵、糯米、清水三物釀成，玉色，絕似王駙馬碧玉香。酒性溫和，飲之可解渴而不可醉也。"按，此酒頗利養生，百飲不醉也。蘇軾復貶瓊州時曾親撰《酒經》一卷，今有殘卷傳世。明張岱《夜航船·日用·飲食》："名酒……蘇軾羅浮春、真一酒。"參閱宋朱翼中《北山酒經》卷中、明馮時化《酒史·酒品》。

【真一】

"真一酒"之省稱。此稱宋代已行用。見該文。

羅浮春

古代名酒。見於宋代。蘇東坡謫居惠州時所釀。惠州毗鄰粵中羅浮山，因以稱代。蘇軾因所謂"烏臺詩案"首次貶官至黃州（屬今湖北）時，即曾親釀蜜酒，味甘甜，與田父野老相從溪山間，共飲同樂，并築室東坡，自號"東坡居士"。再貶惠州時，已頗具釀製技藝。其所撰《酒經》即采寫於此地。宋蘇軾《寓居合江樓》詩："三山咫尺不歸去，一盃付與羅浮春。"自注："予家釀酒，名羅浮春。"又《寄鄧道士》詩："一盃羅浮春，遠餉采薇客。"明張岱《夜航船·日用·飲食》："名酒……蘇軾羅浮春、真一酒。"後代亦以泛指美酒。元陳基《謝沈仲説送酒次費圜韻》："雙襥青衣饋合懽，羅浮春色照杯样。"

萬家春

古代名酒。宋代蘇軾謫居惠州時自釀。其地本有酒，名"萬户酒"，蘇軾易爲今稱。萬家，猶"萬户"；春，沿襲唐人命名，代稱酒。明張岱《夜航船·日用·飲食》："唐人始以酒名春。""萬户酒""萬家春"二名實指同物。宋蘇軾《和陶己酉歲九月九日》："持我萬家春，一醉五柳陶。"施元之注："謂嶺南萬户酒。"又《浣溪沙》詞序："余近釀酒，名之曰萬家春，蓋嶺南萬户酒也。"詞："雪花浮動萬家春，醉歸江路野梅新。"

【萬户酒】

即萬家春。此稱宋代已行用。蘇軾易其名後，後世仍有沿用古稱者，"萬户酒"遂得通行於世。元劉詵《萬户酒歌》序："泰定乙丑，真定吳侯來守廬陵，議行萬户酒，申請垂定，郡民預喜，賦詩相賀。"清屈大均《廣東新語》卷一四："宋時酒皆官釀，惟嶺南以烟瘴不禁，謂之萬户酒。"

宜春酒 [2]

古代名酒。見於元明。產於江西宜春。元宋伯仁《酒小史·酒名》："山西羊羔酒，安成宜春酒。"明馮時化《酒史·酒品》："宜春酒，安城宜春縣，出美酒。"

顧氏三白酒

古代名酒。始見於元代。白，純也。三白，殆即原料、水質、酒色三者皆純，又以顧氏所釀最爲突出，故名。元宋伯仁《酒小史・酒名》："顧氏三白酒。"此後，綿歷至明清，名聲不減，享譽江南半壁河山。以吳興、金昌、松江等地所產最負盛名。省稱"三白""三白酒"。明謝肇淛《五雜俎・物部三》："江南之三白，不脛而走半九州矣。然吳興造者勝於金昌，蘇人急於求售，水米不能精擇故也。泉冽則酒香。吳興碧浪湖、半月泉、黃龍洞諸泉皆甘冽異常，富民之家多至惠山載泉以釀，故自奇勝。"清梁紹壬《兩般秋雨盦隨筆・品酒》："其中矯矯獨出者，則有松江之三白，色微黃，極清，香沁肌骨，惟稍烈耳。"清袁枚《隨園食單・茶酒單》："乾隆三十年，余飲於蘇州周慕庵家，酒味鮮美，上口粘唇，在杯滿而不溢，飲至十四杯，而不知是何酒。問之，主人曰：陳十餘年之三白酒也。"清虞兆湰《天香樓偶得》："近來造酒家，以白麵爲麴，並春白秫，和潔白之水爲酒，久釀而成，極其珍重，謂之三白酒。"

【三白】

"顧氏三白酒"之省稱。此稱明代已行用。見該文。

【三白酒】

"顧氏三白酒"之省稱。此稱清代已行用。見該文。

【吳興三白】

"三白酒"之精品。見於明代。產於江蘇吳興。其地多清泉，甘冽异常，釀酒之米復加精選，故酒質尤醇。詳見"顧氏三白酒"文。

【金昌三白】

"三白酒"之精品，名聲略遜於"吳興三白"。見於明代。產於江南金昌。因釀酒之米抉擇欠精，故酒質略欠醇。詳見"顧氏三白酒"文。

【松江三白】

"三白酒"之精品。見於清代。產於江南松江。酒色微黃，質地極清，味香，頗具烈性。詳見"顧氏三白酒"文。

【惠泉三白】

"三白酒"之精品。見於清代。產於江南惠泉。清梁紹壬《兩般秋雨盦隨筆・品酒》："蘇州之福貞、惠泉之三白……而其甜其膩，則又過之。"詳見"顧氏三白酒"文。

五香燒酒

古代名酒。以糯米、細麴、人參、白糖霜、胡桃、紅棗、燒酒及四五種香料釀製而成，故名。飲之有沐春風之妙。以燒酒爲名，蓋以燒酒入釀故，并非加熱蒸餾之意。始見於明代。時人詳載製法。明高濂《遵生八牋・飲饌服食牋中》："五香燒酒：每料糯米五斗，細麴十五斤，白燒酒三大罈，檀香、木香、乳香、川芎、沒藥各一兩五錢，丁香五錢，人參四兩，各爲末。白糖霜十五斤，胡桃肉二百個，紅棗三升，去核。先將米蒸熟晾冷，照常下酒法則，要落在甕口缸內，好封口。待發微熱，入糖並燒酒、香料、桃棗等物在內。將缸口厚封，不令出氣。每七日打開一次，仍封，至七七日，上榨如常。服一二杯，以醃物壓之，有春風和煦之妙。"清佚名《調鼎集・茶酒單》："五香燒酒：丁香、速香、檀香、白芷浸酒。"

香雪酒

古代名酒。以味香，色瑩白如雪，故名。見於明代。時人詳載其製法。明高濂《遵生八牋·飲饌服食牋中》："香雪酒：用糯米一石，先取九斗，淘淋極清，無渾脚為度。以桶量米准，作數米與水對充，水宜多一斗，以補米脚，浸於缸內。後用一斗米，如前淘淋炊飯，埋米上草，蓋覆缸口。二十餘日，候浮，先瀝飯殼，次瀝起米，控乾炊飯，乘熱，用原浸米水，澄去水脚，白麴作小塊，二十斤拌勻，米殼蒸熟，放缸底。如天氣熱，略出火氣。打拌勻後，蓋缸口一周時，打頭杷，打後不用蓋。半周時，打第二杷，如天氣熱，須再打出熱氣。三杷打絕，仍蓋缸口候熱。如用常法，大抵米要精白，淘淋要清净，杷要打得熱氣透，則不致敗耳。"

雪酒

古代名酒。以雪水合麴、米釀造。夏日飲用可消暑熱。見於明清時期，產地不一。明代揚州所產為下中品；至清代亦為名品，以通州所產著稱，閩中所產消暑最著。明顧起元《客座贅語》卷九："揚州之雪酒、豨薟酒……皆品在下中。"清李斗《揚州畫舫錄·橋西錄》："土酒如通州雪酒、泰州枯、陳老枯……皆為名品。"清周亮工《閩小紀·莆田宋去損（祖謙）閩酒曲》："雪酒，收雪水釀之，夏月飲之，可銷暑。"

順昌酒

古代名酒。產於閩中順昌。始見於明代，達於清代。亦稱"五香燒"。明謝肇淛《五雜俎·物部三》："閩中酒無佳品。往者，順昌擅場，近則建陽為冠。"清周亮工《閩小紀·莆田宋去損（祖謙）閩酒曲》："順昌酒，出本縣者佳，酒未釀，曰生燒。順人取藥和之，埋地中，至隔年出之，則藏以小罐，盛以竹筐，運他處鬻之。亦曰五香燒。"

【五香燒】

即順昌酒。此稱清代已行用。見該文。

潞酒

古代名酒。產於古潞地（屬今山西），故名。始見於明代。以奇苦著稱。明謝肇淛《五雜俎·物部三》："襄陵甚冽，而潞酒奇苦。"清人稱其"剛烈"，弱者畏而不敢飲。清梁紹壬《兩般秋雨盫隨筆·品酒》認為除在雲林寺所飲之酒，"此外不得不推山西之汾酒、潞酒，然稟性剛烈，弱者惡焉"。

冬酒

古代名酒。產於廣東，始見於清代。通以冬季釀製，故名。其釀三日便成，亦有精工而釀、陳達數年者。味淡薄。清梁紹壬《兩般秋雨盫隨筆·品酒》："余居廣東始興一年有餘，彼處有所謂冬酒者，味雖薄而喜不甚甜，故尚可入口。中秋以後方有，來年二、三月便不可得。詢之土人，曰：'此煮酒也，今日入甕，第三日即可飲，半月壞矣。'一日，有曾姓鄉紳邀余山中小酌，舉杯相勸。余視之，淺綠色，飲之清而極鮮，淡而彌旨，香味之妙，其來皆有遠致，詫以為得未曾有。急詢何酒，曰：'冬酒也。'問：'那得如許佳？'曰：'陳六年矣。'余又叩以鄉人不能久藏之言，曰：'鄉人貪飲而惜費，夫安得有佳者？此酒始釀，須墨江某山前一里內之水，不可雜以他流。再選名麴佳蘗，合而成之，何患其不能陳？余家釀此五十餘年，他族省嗇，不肯效為之也。'此余生平所嘗第三次好酒也。"

葡萄酒

古酒。通指以葡萄汁或葡萄乾釀造之酒。始產西域，唐破高昌後得其酒法，中土始自釀。其酒可久放不敗，亦能醉人，故西域有"可十年飲之，醉彌月乃解"之俗諺，謂可存放十年，醉後一月能醒酒。漢代作"蒲陶酒"，亦作"蒲桃酒"。《史記·大宛列傳》："其俗土著，耕田，田稻麥。有蒲陶酒。"又："宛左右以蒲陶爲酒，富人藏酒至萬餘石，久者數十歲不敗。俗嗜酒，馬嗜苜蓿。漢使取其實來，於是天子始種苜蓿、蒲陶肥饒地。"《三國志·魏書·明帝紀》"新城太守孟達反"裴松之注引漢趙岐《三輔決錄》："他又以蒲桃酒一斛遺讓，即拜涼州刺史。"晉代作"蒲萄酒"。晉張華《博物志》卷五："西域有蒲萄酒，積年不敗。彼俗云：可十年飲之，醉彌月乃解。"按，一本"可"下有"至"字，"彌月"作"彌日"。自宋代始詳載其製法。宋朱翼中《北山酒經》卷下："蒲萄酒法：酸米入甑蒸，氣上用杏仁五兩（去皮、尖），蒲萄二斤半（浴過乾，去子皮），與杏仁同於砂盆內一處，用熟漿三斗，逐旋研盡爲度。以生絹濾過，其三斗熟漿潑飯，軟。蓋良久出飯，攤於案上，依常法候溫入麴搜拌。"元明時期作"葡萄酒"。明代把此酒分爲兩類，一種以米爲麴釀成者，一種如燒酒法製作者。明李時珍《本草綱目·穀四·葡萄酒》："葡萄酒有二樣……釀者，取汁同麴，如常釀糯米飯法。無汁，用乾葡萄末亦可。魏文帝所謂葡萄釀酒，甘於麴米，醉而易醒者也。燒者，取其葡萄數十斤，同大麴釀酢，取入甑蒸之，以器承其滴露，紅色可愛。古者西域造之，唐時破高昌，始得其法……葉子奇《草木子》云：元朝於冀寧等路造葡萄

酒。"按，1892年，華僑張弼士於山東之烟臺開辦張裕葡萄酒釀酒公司，采用西方釀造工藝，异於我國古代傳統自然發酵釀造法。此後傳統工藝漸被取代。

【蒲陶酒】

同"葡萄酒"。此體漢代已行用。見該文。

【蒲桃酒】

同"葡萄酒"。此體漢代已行用。見該文。

【蒲萄酒】

同"葡萄酒"。此體晉代已行用。見該文。

【葡萄】

"葡萄酒"之省稱。此稱始見於晉代，其時亦作"蒲萄"，宋代始作"葡萄"。晉陸璣《飲酒樂》詩："蒲萄四時芳醇，琉璃千鍾舊賓。"宋蘇軾《老饕賦》："引南海之玻黎，酌涼州之葡萄。"清曹寅《赴淮舟行雜詩十二首》之六："綠烟飛蛺蝶，金斗泛葡萄。"

【蒲萄】

同"葡萄"。此體晉代已行用。見該文。

【葡萄醅】

即葡萄酒。見稱於宋。亦作"蒲萄醅"。宋蘇軾《武昌西山》詩："春江淥漲葡萄醅，武昌官柳知誰栽？"宋陸游《將進酒》詩："如山積麴高崔嵬，大江釀作蒲萄醅。"

【蒲萄醅】

同"葡萄醅"。此體宋代已行用。見該文。

【天酒】[1]

即葡萄酒。此稱清代已行用。清佚名《調鼎集·茶酒單》："葡萄酒：葡萄揉汁入酒，名天酒。"

【馬乳蒲桃酒】

"葡萄酒"之一種。唐代已見。名品酒。馬

乳蒲桃，因果形圓長似馬乳，遂以稱。唐破西域高昌得其種，植後結實以釀酒，故稱。由於改進工藝，酒成後芳香酷烈，朝廷曾以之頒賜群臣，譽滿京城。《事類統編》卷六七引《唐書》："蒲桃酒西域有之，前代有貢獻。及破高昌，收馬乳蒲桃實於苑中種之，並得其酒法。上自損益造酒。酒成，芳香酷烈，味兼醍盎。頒賜群臣，京城皆識其味。"唐省稱"乳酒"。唐杜甫《謝嚴中丞送青城山道士乳酒一瓶》詩："山瓶乳酒下青雲，氣味濃香幸見分。"明代稱"馬乳酒"。明湯顯祖《牡丹亭·圍釋》："（貼）叫馬乳酒……（浄叫介）快取羊肉、乳酒來。"清朱昆田《海棠半開小雨初過釀飲花下醉賦二十韻》："湖魚一尾新柳貫，乳酒幾瓶青篾絡。"

【乳酒】

"馬乳蒲桃酒"之省稱。此稱唐代已行用。見該文。

【馬乳酒】

"馬乳蒲桃酒"之省稱。此稱明代已行用。見該文。

【玄玉漿】

即馬乳蒲桃酒。亦稱"馬妳子"。見於明代。明陶宗儀《輟耕録·續演雅發揮》："所謂八珍，則醍醐……紫玉漿、玄玉漿也。玄玉漿即馬妳子。"

【馬妳子】

即玄玉漿。此稱明代已行用。見該文。

【乾和蒲萄】

"葡萄酒"之一種。唐代已見，宋元時期風靡一時。產地爲河東并、汾之間，方人以爲珍品。乾，純也。大抵純以葡萄爲原料，絕少攙水，故名。省稱"乾和"。宋代稱"乾酢酒"。唐李肇《唐國史補》卷下："酒則有郢州之富水，烏程之若下……河東之乾和蒲萄。"宋竇苹《酒譜·酒之名》："張籍詩云'釀酒愛乾和'，即今人不入水酒也。并、汾間以爲貴品，名之曰乾酢酒。"明李時珍《本草綱目·果五·葡萄》引宋蘇頌曰："今河東及近汴州郡皆有之。苗作藤蔓而極長，太盛者一二本綿被山谷間。花極細而黃白色。其實有紫白二色，有圓如珠者，有長似馬乳者，有無核者，皆七月、八月熟，取汁可釀酒。"元宋伯仁《酒小史·酒名》："汾州乾和酒，山西羊羔酒。"

【乾和】

"乾和蒲萄"之省稱。此稱唐代已行用。見該文。

【乾酢酒】

即乾和蒲萄。此稱宋代已行用。見該文。

【乾榨】

即乾和蒲萄。此稱元代已行用。蓋"乾酢"音訛而爲"乾榨"。元佚名《打董達》第二折："俺家從來賣酒，不是小人高手，做了兩缸乾榨，酸的不敢上口。"徐珂《清稗類鈔·飲食類》："京師酒肆有三種，酒品亦最繁。一種爲南酒店，所售者女貞、花雕、紹興及竹葉青……一種爲京酒店，則山左人所設，所售之酒爲雪酒、冬酒、淶酒、木瓜、乾榨，而又各分清濁。"又："別有一種藥酒店，則爲燒酒，以花蒸成，其名極繁，如玫瑰露、茵陳露、蘋果露、山查露、葡萄露、五茄皮、蓮花白之屬。"

【真葡萄酒】

"葡萄酒"之一種。指自然釀成者。見於

明代。明李時珍《本草綱目·穀四·葡萄酒》：
"葡萄久貯，亦自成酒，芳甘酷烈，此真葡萄酒
也。"明謝肇淛《五雜俎·物部三》："北方有葡
萄酒、梨酒、棗酒、馬奶酒，南方有蜜酒、樹
汁酒、椰漿酒，《酉陽雜俎》載有青田酒。此
皆不用麯蘖，自然而成者，亦能醉人，良可怪
也。"按，謝書所言葡萄酒，指真葡萄酒。

【西洋葡萄酒】

"葡萄酒"之自西洋進口者。清代已見。時
亦作"西洋蒲桃酒"。亦稱"天酒"。因天主教
徒以祀天主，故名。其色赤者稱"赤葡萄酒"，
白而微黃者稱"白葡萄酒"，無色透明者稱"甜
葡萄酒"。《紅樓夢》第六○回："見芳官拿了
一個五寸來高的小玻璃瓶來，迎亮照著，裡面
有半瓶胭脂一般的汁子，還當是寶玉吃的西洋
葡萄酒。"清周亮工《閩小紀·莆田宋去損（祖
謙）閩酒曲》："惟葡萄，則依西洋人製之。奉
其教者，閩俗甚熾，取此酒以祀天主，名曰天
酒。"清彭孫貽《客舍偶聞》："〔湯若望〕取西
洋蒲桃酒相酌……纔一沾舌，毛骨森然若驚，
非香非味，沁入五臟，融暢不可言喻，數舐酒
盡，茫茫若睡鄉，生平所未經。"徐珂《清稗類
鈔·飲食類》："葡萄酒爲葡萄汁所製，外國輸
入甚多，有數種。不去皮者色赤，爲赤葡萄酒，
能除腸中障害。去皮者色白微黃，爲白葡萄酒，
能助腸之運動。別有一種葡萄，產西班牙，糖
分極多，其酒無色透明，謂之甜葡萄酒，最宜
病人，能令精神速復。烟臺之張裕釀酒公司能
仿造之。"按，"天酒"初始蓋"西洋葡萄酒"
之別稱，後"葡萄酒"之稱廣泛行用，國產與
舶來者殊難分辨。故本文以"天酒²"指"西洋
葡萄酒"，"天酒¹"爲廣義"葡萄酒"之代稱。

【西洋蒲桃酒】

同"西洋葡萄酒"。此體清代已行用。見
該文。

【天酒】²

即西洋葡萄酒。此稱清代已行用。見該文。

【赤葡萄酒】

"西洋葡萄酒"之色赤者。此稱清代已行
用。見該文。

【白葡萄酒】

"西洋葡萄酒"之白色微黃者。此稱清代已
行用。見該文。

【甜葡萄酒】

"西洋葡萄酒"之無色而味極甜者。此稱清
代已行用。見該文。

糜欽酒

古代名酒。當產於漢代。傳說漢東方朔於
真陵山得糜欽棗所作，故名。其棗食一枚即
醉。以之和香爲丸，加水即成酒，香逾常酒。
亦稱"真欽酒""仙醾酒"。《古今圖書集成·食
貨典·糜欽酒》："糜欽棗，出真陵山，食一枚，
大醉，經年不醒。東方朔嘗游其地，以一斛進
上，上和諸香作丸，大如芥子。每集群臣，取
一丸入水一石，頃刻成酒，味如醇醪，謂之糜
欽酒。又謂之真欽酒、仙醾酒，香經旬不歇。"

【真欽酒】

即糜欽酒。此稱漢代已行用。見該文。

【仙醾酒】

即糜欽酒。此稱漢代已行用。見該文。

青田酒

古代名酒。傳西域烏孫國有青田果，其核
大如六升瓠，使內空盛水，俄而酒成，飲完後
復盛水，須臾又成酒。立飲味美，久置變苦。

始見於晋代。唐代稱"青田壺"。晋崔豹《古今注·草木》："烏孫國有青田核，莫測其樹實之形。至中國者，但得其核耳……核大如六升瓠，空之以盛水，俄而成酒。劉章得兩核，集賓客設之，常供二十人之飲。一核盡，一核所盛以復中飲。飲盡隨更注水。隨盡隨盛，不可久置，久置則苦不可飲。名曰青田酒。"唐段成式《酉陽雜俎·酒食》："青田核……注水其中，俄頃水成酒，一名青田壺，亦曰青田酒。"後世多以爲美酒之代稱。省稱"青田"。唐李白《冬夜於隨州紫陽先生湌霞樓送烟子元演隱仙城山序》："別酒寒酌，醉青田而少留，夢魂曉飛，度綠水以先去。"宋徐鉉《賦得有所思》詩："忘情好醉青田酒，寄恨宜調綠綺琴。"參閱宋竇苹《酒譜·異域》、明馮時化《酒史·酒品》。

【青田壺】

即青田酒。此稱唐代已行用。見該文。

【青田】

"青田酒"之省稱。此稱唐代已行用。見該文。

洞庭春色

古代名酒。以黃柑釀製而成。始見於宋代，達於明清。洞庭，黃柑之代稱。據明李時珍《本草綱目·果二·柑》，洞庭山所產黃柑皮細味美，成熟最早，品質之佳爲同類黃柑所不及。遂以名酒。春日以之入釀，其酒色香味俱佳，爲果酒之妙品，尤爲蘇軾所贊許。宋代省稱"洞庭春"。宋陳元靚《歲時廣記》："立春日作五辛盤，以黃柑釀酒，謂之洞庭春色。"宋蘇軾《洞庭春色》詩序："安定郡王（趙世准）以黃柑釀酒，謂之洞庭春色。色香味三絕，以餉其猶子（按，即侄子）德麟。德麟以飲余，爲作此詩，醉後信筆，頗有沓拖風氣。"詩曰："二年洞庭秋，香霧長噀手。今年洞庭春，玉色疑非酒。"又作《洞庭春色賦》。宋晁補之《一叢花·謝濟倅宗室令郊送酒》詞："應憐肺病臨邛客，寄洞庭春色雙壺。"金完顏璟《生查子·軟金杯》詞："借得洞庭春，飛上桃花面。"明張簡《醉樵歌》："月裏仙人不我嗔，特令下飲洞庭春。"清代稱"橘酒"。清周亮工《閩小紀·莆田宋去損（祖謙）閩酒曲》："安定郡王以柑製酒，名曰洞庭春色。泉漳人傳其法，曰橘酒，飲有餘香。"清沈自南《藝林彙考·飲食篇》卷六："近時以黃柑醞酒，號'洞庭春色'，以糯米藥麴作白醪，號'玉友'，皆奇絕者耳。"參閱元宋伯仁《酒小史·酒名》、明馮時化《酒史·酒品》。

【洞庭春】

"洞庭春色"之省稱。此稱宋代已行用。見該文。

【橘酒】

即洞庭春色。此稱清代已行用。見該文。

椰子酒

古代名酒。以椰子汁自然釀成。原產於南海三佛齊國，後南土邊徼亦服飲。始見於宋代。《宋史·三佛齊國傳》："有花酒、椰子酒……皆非麴蘗所醞，飲之亦醉。"亦稱"椰漿"。宋竇苹《酒譜·異域》："扶南有椰漿，又有蔗及土瓜根酒，色微赤爾。"宋李綱《椰子酒賦》："伊南方之碩果，稟炎威之正氣……不假麴蘗，作成芳美。"又："吸沆瀣而咀瓊瑤，可忘懷而一醉。"元宋伯仁《酒小史·酒名》："東西竺以椰子爲酒。"明代亦稱"椰漿酒"。明謝肇淛《五雜俎・物部三》："北方有葡萄酒、梨酒、棗酒、馬奶酒，南方有蜜酒、樹汁酒、椰漿酒……此皆不用麴糵、自然而成者，亦能醉人，良可怪也。"一說，椰子漿甘如酒，故稱。明李時珍《本草綱目・果三・椰子》引宋寇宗奭曰："椰子開之，有汁白色如乳，如酒極香，別是一種氣味，强名爲酒。"

【椰漿】

即椰子酒。此稱宋代已行用。見該文。

【椰漿酒】

即椰子酒。此稱明代已行用。見該文。

瓊花露

古代名酒。產於揚州。始見於宋代。宋周密《武林舊事・諸色酒名》："瓊花露（揚州）。"宋西湖老人《西湖老人繁勝錄・酒名》："殿司鳳泉、供給酒、瓊花露。"宋張槃《飛雪滿堆山・次趙西里尙行喜雪韻》詞："儘青油談笑，瓊花露，杯深量寬。"元代猶負盛名。亦作"瓊苃露"。元劉壎《隱居通議・駢儷一》："此啓既上，賈師憲嘉其材，餽以瓊苃露百瓶，蓋揚州名酒也。"按，文獻記載，揚州瓊花，唐代始植，葉柔而瑩澤，花色微黃而香，天下獨有，易地則不活，嫁植則變種。宋宋敏求《春明退朝錄》卷下："揚州后土廟有瓊花一株，或云自唐所植，即李衞公所謂玉蕊花也。"宋周密《齊東野語・瓊花》："揚州后土祠瓊花，天下無二本，絕類聚八仙，色微黃而有香。仁宗慶曆中，嘗分植禁苑，明年輒枯，遂復載還祠中，敷榮如故。淳熙中，壽皇亦嘗移植南內，逾年憔悴無花，仍送還之。其後，宦者陳源，命園丁取孫枝移接聚八仙根上，遂活，然其香色則大減矣。杭之褚家塘瓊花園是也。今后土之花已薪，

而人間之所有者，特當時接本，髣髴似之耳。"據此推斷，酒名瓊花者，時人或以其揚州獨有，或以其酒成於花開之時，或以其花入酒，或以其花喻酒之香，難以確定。

【瓊苃露】

同"瓊花露"。此體元代已行用。見該文。

茉莉花酒

古代名酒。以茉莉花釀製之酒。見於明代。《金瓶梅詞話》第二三回："西門慶道：'還有年下你應二爹送的那一罈茉莉花酒，打開吃。"又第二一回："〔西門慶〕分付玳安：'拿鑰匙，前邊厢房有雙料茉莉花酒，提兩罈攪着些這酒吃。"明馮夢禎《快雪堂漫錄》："茉莉酒法：用三白酒或雪酒色味佳者，不滿瓶，上虛二三寸，編竹爲十字或井字，障瓶口，不令有餘、不足。新摘茉莉數十朵，綫繫其蒂，懸竹下令齊，離酒一指許，貼用紙封固，旬日香透矣。"

【雙料茉莉花酒】

"茉莉花酒"之屬。此稱明代已行用。見該文。

荔枝酒

古代名酒。以荔枝汁釀製而成。以粵東（今廣東）所産色味雙絕而最著聲名。見於明代。明謝肇淛《五雜俎・物部三》："荔支（按，即荔枝）汁可作酒，然皆燒酒也，作時酒則甘而易敗。"明顧起元《客座贅語》卷九："粵西之桑寄生酒，粵東之荔枝酒……多色味冠絕者。"清代閩地亦以入釀，酒成後藏三年，色黑味香，別有特色。清周亮工《閩小紀・莆田宋去損（祖謙）閩酒曲》："莆以荔枝入釀，藏之三年，其色如墨，傾之，則滿座幽香郁烈，如荔熟坐楓亭樹下時也。"

櫧酒

藥酒。味甜。以櫧木花葉汁釀製而成。治癭核。始見於先秦時期。《廣韻·上寝》："櫧，木名。《山海經》云：煮其汁，味甘，可以爲酒。"按，今本《山海經》無此記載。南北朝時兼以療疾，始詳載釀法。南朝宋謝靈運《山居賦》："苦以术成，甘以櫧熟。"原注："术，术酒，味苦；櫧，櫧酒，味甘。並至美，兼以療病。櫧治癭核，术治痰冷。"北魏賈思勰《齊民要術·笨麴并酒》："作櫧酒法：四月取櫧葉，合花采之，還，即急抑著甕中，六七日，悉使烏熟，曝之，煮三四沸，去滓，内甕中，下麴。炊五斗米，日中可燥，手一兩抑之。一宿，復炊五斗米酘之，便熟。"唐皮日休《魯望以輪鈎相示緬懷高致因作三篇》詩之二："明朝有物充君信，櫧酒三鉼寄夜航。"按，櫧木究竟爲何種樹木，其說不一。《六書故》以爲"櫧"同"栬"，即《爾雅》之"栬棗"，可以爲酒。或說，櫧木即都念子、倒念子。參閱《齊民要術·笨麴并酒》繆啓愉校注。

鴆酒

藥酒。有劇毒。據傳古時南方深山中有鴆鳥，雄鳥曰"運日"，雌鳥曰"陰諧"。羽毛綠色，有劇毒，以之浸酒，人飲之即時斃命。古代恒用爲暗中謀殺之物。始見於春秋時期，時稱"鴆"，漢代稱"鴆酒"，三國時期稱"鴆醴"。《史記·魯周公世家》："季友以莊公命命叔牙待於鍼巫氏，使鍼季劫飲叔牙以鴆……牙遂飲鴆而死。"《漢書·齊悼惠王劉肥傳》："太后怒，迺令人酌兩卮鴆酒置前，令齊王爲壽。"顏師古注引應劭曰："鴆鳥黑身赤目，食蝮蛇野葛，以其羽畫酒中，飲之立死。"三國魏嵇康

《答難養生論》："故嗜酒者，自抑於鴆醴。"《晉書·忠義傳·張禕》："劉裕以禕帝之故吏，素所親信，封藥酒一罌付禕，密令鴆帝。禕既受命而歡曰：'鴆君而求生，何面目視息世間哉，不如死也！'"晉葛洪《抱朴子·嘉遯》："淵魚之引芳餌，澤雉之咽毒粒，咀漏脯以充飢，酣鴆酒以止渴也。"明李時珍《本草綱目·禽三·鴆》："雄名運日，雌名陰諧。運日鳴則晴，陰諧鳴則雨。食蛇及橡實。知木石有蛇，即爲禹步以禁之，須臾木倒石崩而蛇出也。蛇入口即爛。其屎溺着石，石皆黃爛。飲水處，百蟲吸之，皆死。"

【鴆】

"鴆酒"之省稱。此稱先秦時期已行用。見該文。

【鴆醴】

即鴆酒。此稱三國時期已行用。見該文。

【酖酒】

同"鴆酒"。春秋時稱"酖毒"，省稱"酖"。《左傳·閔公元年》："宴安酖毒，不可懷也。"孔穎達疏："宴安自逸，若酖毒之樂，不可懷戀也。"《左傳·僖公三十年》："甯俞貨醫，使薄其酖，不死。"《史記·呂后本紀》："趙王少，不能蚤起。太后聞其獨居，使人持酖飲之。"晉葛洪《抱朴子·安貧》："進酖酒以獻酬，非養壽之忠益。"北齊劉晝《新論·利害》："酖酒盈卮，渴者弗飲。"宋周密《齊東野語·林復》："既知惠（惠州），適有訴林在郡日以酖殺人，具有其實。"明陸采《明珠記·提綱》："假詔到園陵，把佳人酖死。"徐珂《清稗類鈔·動物類》："鴆，亦作酖，毒鳥也……以其羽畫酒，飲之立死。"

【酖毒】

即酖酒。此稱先秦時期已行用。見該文。

【酖】

"酖酒"之省稱。此稱先秦時期已行用。見該文。

桂酒

藥酒。以桂皮浸漬或釀製，故名。利肝肺，殺三蟲，輕身堅骨，養神潤膚。始見於戰國時期，延至今世。亦稱"桂漿"。《楚辭·九歌·東皇太一》："蕙肴蒸兮蘭藉，奠桂酒兮椒漿。"王逸注："桂酒，切桂置酒中也。"又《東君》："操余弧兮反淪降，援北斗兮酌桂漿。"《漢書·禮樂志》："牲繭栗，粢盛香，尊桂酒，賓八鄉。"三國魏曹丕《大墻上蒿行》："酌桂酒，鱠鯉魴。"南北朝時期稱"桂醑"。南朝梁沈約《郊居賦》："席布驌駬，堂流桂醑。"宋蘇軾《桂酒頌》："《楚辭》曰'奠桂酒兮椒漿'，是桂可以爲酒也。《本草》：桂有小毒，而菌桂、牡桂皆無毒，大略皆主溫中，利肝肺氣，殺三蟲，輕身堅骨，養神發色，使常如童子……吾謫居海上，法當數飲酒以禦瘴，而嶺南無酒禁，有隱者以桂酒方授吾，釀成而玉色，香味超然，非人間物也。"又《答錢濟明三首》之三："嶺南家家造酒，近得一桂酒法，釀成，不減王晉卿家碧香，亦謫居一喜事也。"元宋伯仁《酒小史·酒名》："杭州梨花酒，博羅縣桂醑。"清孫枝蔚《冬青行》："桂酒椒漿前跪持，孤臣精誠天鑑兹。"

【桂漿】

即桂酒。此稱先秦時期已行用。見該文。

【桂醑】

即桂酒。此稱南北朝時期已行用。見該文。

【桂花醑】

"桂酒"之屬。此稱唐代已行用。唐蘇鶚《杜陽雜編》卷下："上每賜御饌湯物……其酒有凝露漿、桂花醑。"

椒酒

藥酒。以椒浸製而成。開胃健脾。始見於戰國時期。時稱"椒漿"，多用於祭祀。《楚辭·九歌·東皇太一》："蕙肴蒸兮蘭藉，奠桂酒兮椒漿。"《漢書·禮樂志》："勺椒漿，靈已醉。"漢代始稱"椒酒"，以農曆元日子孫向長輩進此酒，謂令人身輕耐老，以示祝壽拜賀，後世相沿成俗。《初學記》卷四引漢崔寔《四民月令》："正月之朔，是謂正日……子婦曾孫，各上椒酒於家長，稱觴舉壽，欣欣如也。"《後漢書·文苑傳·邊讓》："蘭肴山竦，椒酒淵流。"李賢注："椒酒，置椒酒中也。"南朝梁宗懍《荊楚歲時記》："正月一日……長幼悉正衣冠，以次拜賀，進椒、柏酒，飲桃湯……按，《四民月令》云：'過臘一日，謂之小歲，拜賀君親，進椒酒，從小起。椒是玉衡星精，服之令人身輕能老。'"宋陳造《聞師文過錢塘》詩："椒酒須分歲，江梅巧借春。"按，椒漿爲酒，取唐李賢說。一說，椒漿爲《周禮》四飲之一。

【椒漿】

即椒酒。此稱先秦時期已行用。見該文。

柏葉酒

藥酒。始見於漢。古代風俗，以柏葉浸酒，元旦共飲，以避邪益壽。漢代蓋以柏葉後凋命久故也。近古則證其可治風痹歷節痛諸症。漢應劭《漢官儀》卷下："正旦飲柏葉酒，上壽。"南北朝時期省稱"柏酒"。南朝梁宗懍《荊楚歲時記》："正月一日……長幼悉正衣冠，以次拜賀，進椒、柏酒，飲桃湯。"《藝文類聚》卷三引南朝梁庾肩吾《歲盡》詩："聊開柏葉酒，試奠五辛盤。"唐杜甫《元日示宗武》詩："飄零還柏酒，衰病只藜牀。"明李時珍《本草綱目·穀四·酒》："柏葉酒，治風痺歷節作痛。東向側柏葉煮汁，同麴、米釀酒飲。"又《木一·柏》引南朝梁陶弘景曰："柏之葉實，服餌所重。此云惡麴，而人以釀酒無妨，恐酒米相和，異單用也。"

【柏酒】

"柏葉酒"之省稱。此稱南北朝時期已行用。見該文。

桑椹酒

藥酒。始見於漢代。製時以椹汁徑熬爲酒，或以熬煮之椹汁與白蜜、酥油、生薑復煮而成。可治各種風熱。後世相沿作藥酒用，具利水消腫、聰耳明目之功。明李時珍《本草綱目·木三·桑》"桑椹"［發明］引漢崔寔《四民月令》："四月宜飲桑椹酒，能理百種風熱。其法用椹汁三斗，重湯煮至一斗半，入白蜜二合，酥油一兩，生薑一合，煮令得所，瓶收。每服一合，和酒飲之。亦可以汁熬燒酒，藏之經年，味力愈佳。"又《穀四·酒》［集解］引唐孟詵《食療本草》："酒有紫酒、薑酒、桑椹酒。"又《木三·桑》"桑椹"［附方］引明朱橚等《普濟方》："水腫脹滿，水不下則滿溢，水下則虛竭還脹，十無一活，宜用桑椹酒治之。桑心皮切，以水兩斗，煮汁一斗，入桑椹再煮，取五升，以糯飯五升釀酒飲。"又《穀四·酒》："［附諸酒方］桑椹酒，補五臟，明耳目。治水腫，不下則滿，下之則虛，入腹則十無一活。用桑椹搗汁煎過，同麴、米如常釀酒飲。"

菊花酒

藥酒。去火解表，治頭風眩暈。始見於漢代。相傳漢高祖戚夫人侍女賈佩蘭及宮女每於重陽節飲此酒，可長壽。其時釀法爲：趁菊花開時，連同莖葉采下，與黍米合釀，至來年九月九日熟。《西京雜記》卷三："戚夫人侍兒賈佩蘭……九月九日，佩茱萸，食蓬餌，飲菊花酒，令人長壽。菊花舒時，並采莖葉，雜黍米釀之，至來年九月九日，始熟就飲焉，故謂之菊花酒。"菊花，一本作"菊華"。後由宮內而宮外，重陽飲此酒遂相沿成俗。南朝梁宗懍《荆楚歲時記》："九月九日宴會，未知起於何代……今北人亦重此節，佩茱萸，食餌，飲菊花酒，云令人長壽。"《遼史·禮志六》："九月重九日，天子率群臣部族射虎，少者爲負，罰重九宴。射畢，擇高地卓帳，賜蕃漢臣僚飲菊花酒。"唐時代稱以"菊花杯"，省稱"菊花""菊酒"，亦稱"菊醴""菊酎"。唐孟浩然《和賈主簿弁九日登峴山》："共乘休沐暇，同醉菊花杯。"唐王績《贈學仙者》詩："春釀煎松葉，秋杯浸菊花。"唐權德輿《過張監閣老宅對酒奉酬見贈》詩："秋風傾菊酒，霽景下蓬山。"唐于經野《奉和九日幸臨渭亭登高應制》詩："桂筵羅玉俎，菊醴溢芳樽。"唐蕭至忠《奉和九日幸臨渭亭登高應制》："寵極萸房遍，恩深菊酎餘。"宋時亦用爲藥酒，治頭風眩暈。釀製方法與漢代有別。宋朱翼中《北山酒經》卷下："菊花酒：九月取菊花曝乾，揉碎入米饋中蒸，令熟，醞酒如地黄法。"按，即以常法入醞。宋代亦稱菊花酒爲"菊琖"。宋蘇軾《在彭城日與定國爲九日黄樓之會予衰病心形俱瘁感之作詩》："菊琖萸囊自古傳，長房寧復是朧仙。"清汪灝等《廣群芳譜·花譜·菊四》引宋《聖惠方》云："九月九日，取甘菊花，曬乾爲末。每糯米一斗蒸熟，入花末五兩，加細麵麴搜拌，如常造酒法。候熟，澄清收藏。每服一二盞，能治頭風頭旋眩暈。"明代亦作藥酒，祛百病。明李時珍《本草綱目·穀四·酒》："菊花酒，治頭風，明耳目；去痿痹，消百病。用甘菊花煎汁，同麴米釀酒。"清代稱"菊醑"。清黃六鴻《福惠全書·筮仕·四六啓式》："念切瞻依，酌菊醑而未敢。"按，重九登高飲酒習俗之形成，蓋亦受道家影響，故代代相沿。南朝梁吳均《續齊諧記》："東漢汝南人費長房戒其道徒桓景曰：'九月九日汝家有大災，可令家人作絳帳，囊盛茱萸，繫臂登高，飲菊酒，禍可消。'景如其言，夕還，見牛羊鷄犬皆暴死。"

【菊華酒】

同"菊花酒"。此體漢代已行用。見該文。

【菊花杯】

"菊花酒"之代稱。此稱唐代已行用。見該文。

【菊花】

"菊花酒"之省稱。此稱唐代已行用。見該文。

【菊酒】

"菊花酒"之省稱。此稱唐代已行用。見該文。

【菊醴】

即菊花酒。此稱唐代已行用。見該文。

【菊酎】

即菊花酒。此稱唐代已行用。見該文。

【菊瑤】

"菊花酒"之代稱。瑤，玉爵。菊瑤，猶菊花杯。此稱宋代已行用。見該文。

【菊醑】

即菊花酒。醑，美酒。此稱清代已行用。見該文。

【黃花酒】

即菊花酒。此稱唐代已行用。唐杜甫《九日登梓州城》詩："伊昔黃花酒，如今白髮翁。"宋范成大《重九獨坐玉麟堂》詩："年年客路黃花酒，日日鄉心白雁詩。"元丁復《九月一日游昭亭》詩："半生九日黃花酒，多在西風白下橋。"

【重陽酒】

即菊花酒。因飲於九月九日重陽節，故稱。此稱唐代已行用。唐張籍《重陽日至峽道》詩："逢高欲飲重陽酒，山菊今朝未見花。"唐杜甫《晚晴吳郎見過北舍》詩："明日重陽酒，相迎自釀醅。"宋蘇轍《釀重陽酒》詩："風前隔年麴，甕裏重陽酒。"明何景明《樊秀才園內菊》詩："明日重陽酒，殷勤爲爾携。"

【白菊花酒】

"菊花酒"之屬。以白菊花浸成。藥酒。治頭旋眼昏、髮落痰壅諸疾。此稱唐代已行用。明李時珍《本草綱目·草四·菊》引唐《天寶單方》："〔白菊花酒〕治丈夫婦人久患頭風眩悶，頭髮乾落，胸中痰壅，每發即頭旋眼昏，不覺欲倒者，是其候也。先灸兩風池各二七壯，並服此酒及散，永瘥。其法……秋八月合花收，暴乾，切取三大斤，以生絹袋盛，貯三大斗酒中，經七日服之，日三次，常令酒氣相續爲佳。"

酴醾酒 [2]

藥酒。開胃健脾。以酴醾花浸漬酒而成。

始見於漢代。時稱"酴清"，後世稱"酴醾酒"。《古文苑·揚雄〈蜀都賦〉》："木艾椒蘺，藹醬酴清。"章樵注："酴清，酴醾酒。"宋代頗盛，詳載浸製方法。時亦作"酴醾酒"。宋龐元英《文昌雜錄》卷三："京師貴家多以酴醾漬酒，獨有芬香而已。"宋朱翼中《北山酒經》卷下："酴醾酒：七月開酴醾，摘取頭子，去青萼，用沸湯綽過，紐乾。浸法，酒一升，經宿漉去花頭，勻入九升酒內，此洛中法。"元華幼武《荼蘼歌》："憐君爲作荼蘼歌，多情又釀酴醾酒。"清汪灝等《廣群芳譜·花譜·酴醾》："蜀人取酴醾造酒，味甚芳烈。"

【酴清】

即酴醾酒²。此稱漢代已行用。見該文。

【酴醾酒】²

同"酴醾酒²"。此體宋代已行用。見該文。

屠蘇

藥酒。傳爲三國魏華佗配方創製，元旦飲之，可辟瘟疫邪氣。此後南北朝以迄明清，皆有新春飲用之俗。酒名由來有二。一見唐代。相傳有人身居草庵，每年除夕之夜便送鄰里一貼藥，浸於井中，至元旦取水，倒入酒杯，全家共飲，整年免除災病。後人得其方而不知其姓名，便以屠蘇代稱。屠蘇，草庵別稱。一見明代。謂蘇即惡鬼蘇魁，此酒可屠割其鬼魂，不使作祟，故名。南朝梁宗懍《荊楚歲時記》："〔正月一日〕長幼悉正衣冠，以次拜賀，進椒、柏酒，飲桃湯，進屠蘇酒……次第從小起。"唐韓鄂《歲華紀麗·元日》："進屠蘇。"舊注："俗説屠蘇乃草庵之名。昔有人居草庵之中，每歲除夜，遺閭里一藥貼，令囊浸井中，至元日取水，置於酒樽，闔家飲之，不病瘟疫。今人得其方而不知其人姓名，但曰屠蘇而已。"宋蘇轍《除日》詩："年年最後飲屠蘇，不覺年來七十餘。"明張岱《夜航船·日用·飲食》："名酒……孫思邈屠蘇（元日入藥）。"明李時珍《本草綱目·穀四·酒》："屠蘇酒：陳延之《小品方》云：此華佗方也。元旦飲之，辟疫癘一切不正之氣。造法：用赤木桂心七錢五分，防風一兩，菝葜五錢，蜀椒、橘梗、大黃五錢七分，烏頭二錢五分，赤小豆十四枚，以三角絳囊盛之，除夜懸井底，元旦取出置酒中，煎數沸。舉家東向，從少至長，次第飲之。藥滓還投井中，歲飲此水，一世無病。時珍曰：蘇魁，鬼名。此藥屠割鬼爽，故名。或云，草庵名也。"清馬之鵬《除夕得廬字》詩："添年便惜年華減，飲罷屠蘇轉歎歔。"

【塗蘇】

同"屠蘇"。此體唐代已行用。唐施肩吾《夜宴曲》："被郎嗔罰塗蘇酒，酒入四肢紅玉軟。"

【瘏麻】

同"屠蘇"。自漢代起即指草庵，草屋，普通住房。後以稱酒，見於宋代。亦作"屠酥"。《廣韻·平模》："麻，瘏麻，草菴也。又瘏麻酒。元日飲之，可除瘟氣。"又："瘏，瘏麻，草菴。《通俗文》曰：屋平曰瘏麻。"宋陸游《立春前一日作》詩："重溫壽酒屠酥釅，探借春盤餅餌香。"

【屠酥】

同"瘏麻"。此體宋代已行用。見該文。

牛膝酒

藥酒。始見於晋代，延及後世。以牛膝煎汁和麯米釀製而成，故名。具壯筋補虛之功。

明李時珍《本草綱目·草五·牛膝》引晋葛洪《肘後方》："口舌瘡爛。牛膝浸酒含漱，亦可煎飲。"又引元杜思敬《拔萃方》："女人血病……牛膝酒浸一宿，焙乾漆炒令烟盡，各一兩，爲末。"又《穀四·酒》："牛膝酒，壯筋骨，治痿痺，補虛損，除久瘧，用牛膝煎汁，和麴米釀酒，或切碎袋盛浸酒，煮飲。"

艾酒

以艾釀製或浸酒而成。古俗，端午日采艾浸酒以飲，謂能辟邪袪穢，實則爲藥用。始見於晋代，延及後世。明李時珍《本草綱目·草四·艾》引晋葛洪《肘後方》："白癩風瘡，乾艾隨多少，以浸麴釀酒如常法，日飲之，覺痺即瘥。"又引唐王燾《外臺秘要》："咽喉骨哽，用生艾蒿數升（按，艾蒿，艾之別稱），水、酒共一斗，煮四升，細細飲之，當下。"宋陳元靚《歲時廣記·端午上》："《金門歲節》：洛陽人家端午造术羹艾酒，以花綵樓閣插髻，賜辟瘟扇、梳。"

术酒

藥酒。以白术汁和麴、米以釀，或徑以白术浸煮而成。具除風寒濕痺、輕身延年之功。始見於晋代，達於後世。明李時珍《本草綱目·草一·术》引晋葛洪《肘後方》："面多䵟黵（雀卵色），苦酒漬术，日日拭之，極效。"又引唐孫思邈《千金方》："中風口噤，不知人事。白术四兩，酒三升，煮取一升，頓服。"又《穀四·酒》："术酒，治一切風濕筋骨諸病，駐顔色，耐寒暑。用术三十斤，去皮搗，以東流水三石，漬三十日，取汁，露一夜，浸麴、米釀成飲。"南朝宋謝靈運《山居賦》："苦以术成，甘以櫧熟。"原注："术，术酒，味苦；櫧，櫧酒，味甘。並至美，兼以療病。櫧治癭核，术治痰冷。"按，郝懿行《晋宋書故·言詮》認爲"术酒"當爲"木酒"，木，即木子（獼猴桃）；木酒則爲獼猴桃酒。但晋代已有术酒，郝説恐非是。

竹葉

藥酒。經浸漬淡竹葉而成。服飲味美，兼袪風熱。始見於晋代。時以豫北、蒼梧所産名聲最著，亦稱"竹葉清"。綿歷至今，名聲不減。其間産地、製法或有所變，然皆必湛泡淡竹葉。《文選·張協〈七命〉》："乃有荆南烏程，豫北竹葉。"劉良注："烏程、竹葉，酒名。"李善注引晋張華《輕薄篇》："蒼梧竹葉清，宜城九醖酒（一作'醝'）。"唐白居易《薔薇正開春酒初熟因招劉十九張大夫崔二十四同飲》詩："甕頭竹葉經春熟，階底薔薇入夏開。"宋周必大《近會同年賞芍藥嘗櫻桃楊謹仲教授有詩次韻爲謝兼簡周孟覺知縣》："清晨自掃落花廳，小甕親篘竹葉清。"金董解元《西廂記諸宮調》卷一："著甚消磨永日？有掃愁竹葉，侍寢青奴。"元代稱"竹葉青"。元高文秀《好酒趙元遇上皇》第三折："問甚麼秋泉竹葉青，九醖荷葉杯？"明代稱"竹葉酒"。明馮時化《酒史·酒品》："楊庭秀《竹葉酒》詩：'唯餘竹葉麴，留此千古名。'"明李時珍《本草綱目·穀四·酒》："竹葉酒，治諸風熱病，清心暢意。淡竹葉煎汁，如常釀酒飲。"清黃景仁《曉晴三疊前韻柬徐惕庵》："冷淘半盞楊花白，凍飲三升竹葉青。"今山西有由汾酒加多種營養品而製成者，雖亦名"竹葉青"，然酒質有別。

【竹葉清】

即竹葉。此稱晋代已行用。見該文。

【竹葉青】

即竹葉。此稱元代已行用。見該文。

【竹葉酒】

即竹葉。應爲此酒之本名。此稱明代前已行用。見該文。

胡椒酒

藥酒。以胡椒浸製而成。具温中下氣之功。始見於晋代。亦稱"異乾酒"，胡人稱爲"蓽撥酒"。北魏賈思勰《齊民要術·笨麴并酒》引晋張華《博物志》："胡椒酒法：以好春酒五升，乾薑一兩，胡椒七十枚，皆擣末，好美安石榴五枚，押取汁。皆以薑、椒末，及安石榴汁，悉内著酒中，火暖取温。亦可冷飲，亦可熱飲之。温中下氣……若欲增薑椒亦可；若嫌多，欲減亦可。欲多作者，當以此爲率。若飲不盡，可停數日。此胡人所謂蓽撥酒也。"《博物志》佚文："胡椒酒，故人所謂異乾酒。"

【異乾酒】

即胡椒酒。此稱晋代已行用。見該文。

【蓽撥酒】

即胡椒酒。晋代胡人所稱。植物學中胡椒與蓽撥同科，古人誤爲同物，遂有此稱。見該文。

當歸酒

藥酒。當歸，多年生本草，根肥大。以之浸酒或釀酒，具補血活血、調經止痛之功。始見於晋代，達於今世。明李時珍《本草綱目·草三·當歸》引晋葛洪《肘後方》："小便出血，當歸四兩，剉，酒三升，煮取一升，頓服。"又引唐王燾《外臺秘要》："頭痛欲裂，當歸二兩，酒一升，煮取六合，飲之，日再服。"又引宋陳元靚《事林廣記》："手臂疼痛，當歸三兩，切，酒浸三日，温飲之；飲盡，別以三兩再浸，以瘥爲度。"又《穀四·酒》："當歸酒，和血脉，堅筋骨，止諸痛，調經水。當歸煎汁，或釀或浸，並如上法。"按，上法指釀酒，或浸酒。今時亦多以當歸入酒，健身祛病。

五加皮酒

藥酒。以五加皮煎汁和麴、米而釀成，故稱。始見於南北朝時期。後代或以五加皮直接浸酒，或加遠志、木瓜煮酒。有祛風濕、壯筋骨之功效。明李時珍《本草綱目·木三·五加》引南朝梁陶弘景曰："煮根莖釀酒飲，益人。"又引唐孫思邈《千金方》："虚勞不足。五加皮、枸杞根白皮各一斗，水一石五斗，煮汁七斗，分取四斗，浸麴一斗，以三斗拌飯，如常釀酒法，待熟任飲。"又《穀四·酒》："五加皮酒，去一切風濕痿痺，壯筋骨，填精髓。用五加皮洗刮去骨煎汁，和麴、米釀成，飲之。或切碎袋盛，浸酒煮飲。"元代高郵有産。元宋伯仁《酒小史·酒名》："金華府金華酒，高郵五加皮酒。"清代相承以釀。清汪灝等《廣群芳譜·藥譜·五加》："造酒方：用五加皮洗净，去骨莖葉，亦可以水煎汁，和麴釀米酒成，時時飲之。亦可煮酒飲，加遠志爲使更良。一方加木瓜煮酒。"清代亦稱"五茄皮"。徐珂《清稗類鈔·飲食類》："〔燒酒〕而以各種植物攙入之者，統名之曰藥燒，如五茄皮、楊梅、木瓜、玫瑰、茉莉、桂、菊等皆是也。"清代以創建於1763年的浙江省建德縣嚴東關五加皮酒廠所產最爲有名。其釀造遵循傳統方法復加改進，加入多種名貴中藥，遂使酒質愈精。曾於1876年獲新加坡南洋商品會金獎，1915年獲巴拿馬賽會銀獎。迄今仍爲地方名酒。

【五茄皮】

即五加皮酒。此稱清代已行用。見該文。

【五加皮三酘酒】

"五加皮酒"之一品。以五加皮與牛膝、丹參、枸杞、金銀花、松節等煮汁,以生地黃、牛勞子根、大草麻子拌飯,和麴釀製而成。見於明代。明高濂《遵生八牋·飲饌服食牋中》:"五加皮三酘酒法:用五加根莖、牛膝、丹參、枸杞根、金銀花、松節、枳殼枝葉,各用一大斗。以水三大石,於大釜中煮取六大斗,去滓澄清水準。凡水數浸麴,即用米五大斗炊飯。取生地黃一斗,搗如泥,拌下二次。用米五斗炊飯,取牛蒡子根,細切二斗,搗如泥,拌飯,下三次。用米二斗炊飯,大草麻子一斗,熬搗令細,拌飯下之。候稍熱,一依常法。酒味好,即去糟飲之,酒冷不發,加以麴末投之。味苦薄,再炊米二斗投之,若飯乾不發,取諸藥物煎汁熱投。候熟去糟,時常飲之,多少常令有酒氣。男女可服,亦無所忌。服之去風勞冷氣,身中積滯宿疾。令人肥健,行如奔馬,功妙更多。"

松葉酒

藥酒。始見於北周。以松葉汁、麴米釀製而成,故名。可除風濕,安五臟,延年難老。北周庾信《贈周處士》詩:"方欣松葉酒,自和《游仙》吟。"唐代製用頗盛。唐王績《采藥》詩:"家豐松葉酒,器貯參花蜜。"明李時珍《本草綱目·木一·松》引唐孫思邈《千金方》:"松葉酒,治十二風痺不能行……松葉六十斤,細剉,以水四石,煮取四斗九升,以米五斗,釀如常法。別煮松葉汁以漬米並饙飯,泥釀封頭,七日發,澄飲之,取醉。得此酒力者甚眾。"

菖蒲酒

藥酒。用菖蒲葉浸酒或以其汁釀製而成。菖蒲乃多年水生草本植物,根莖葉皆可入藥,具除風寒濕痺、聰耳明目之功。舊俗端午節飲之,謂可避瘟疫。始見於南北朝時期,達於明清。南朝梁宗懍《荊楚歲時記》:"端午節以菖蒲一寸九節,泛酒以避瘟氣。"宋蘇軾《元祐三年端午貼子詞·皇太后閣之二》:"萬壽菖蒲酒,千金琥珀盃。"省稱"菖蒲"。《京本通俗小說·陳可常端陽仙化》:"郡王與夫人解糭,就將一個與可常,教做糭子詞,還要《菩薩蠻》。可常問訊了,乞紙筆寫出一詞來:'包中香黍分邊角,彩絲剪就交絨索。樽俎泛菖蒲,年年五月初……'"明李時珍《本草綱目·穀四·酒》:"菖蒲酒,治三十六風,一十二痺,通血脉,治骨痿,久服耳目聰明。石菖蒲煎汁,或釀或浸,並如上法。"按,"上法"即指菖蒲汁和麴、米釀酒,或切碎袋盛浸酒,煮飲。清張若需《五日潤州》詩:"何如滿泛菖蒲酒,快對金焦破沉寥。"

【蒲酒】

"菖蒲酒"之省稱。此稱南北朝時期已行用。《梁書·鮑泉傳》:"侯景密遣將宋子仙、任約率精騎襲之。〔蕭〕方諸與泉不恤軍政,唯蒲酒自樂。"唐殷堯藩《端午日》詩:"不效艾符趨習俗,但祈蒲酒話昇平。"

【菖蒲】

"菖蒲酒"之省稱。此稱宋元時期已行用。見該文。

愈瘧酒

藥酒。需酢(醋),冷製,三日而成。治療各種瘧疾。始見於北魏,後世沿用。北魏賈思勰《齊民要術·笨麴并酒》："愈瘧酒法：四月八日作。用米一石，麴一斤，擣作末，俱酘水中。須酢，煎一石，取七斗。以麴四斤，須漿冷，酘麴。一宿，上生白沫，起。炊秫一石，冷，酘中。三日酒成。"明李時珍《本草綱目·穀四·酒》："愈瘧酒：治諸瘧疾，頻頻溫飲之。"

蓼酒

藥酒。蓼，草本植物，有紅蓼、刺蓼、水蓼等。苗葉辛、溫，煎汁以釀，具明目聰耳、健脾溫胃之功。始見於南北朝時期，延及後世。明李時珍《本草綱目·草五·蓼》引南朝梁陶弘景云："乾之釀酒，主風冷，大良。"又引唐孫思邈《千金方》："蓼汁酒：治胃脘冷，不能飲食，耳目不聰明，四肢有氣，冬卧足冷。八月三日取蓼日乾，如五升大，六十把，水六石，煮取一石，去滓，拌米飯，如造酒法。待熟，日飲之，十日後，目明氣壯也。"《穀四·酒》："蓼酒：久服聰明耳目，脾胃健壯，以蓼煎汁，和麴、米釀酒飲。"

【蓼汁酒】

即蓼酒。此稱唐代已行用。見該文。

【水蓼酒】

"蓼酒"之屬。以水蓼葉釀成。見於宋代。明李時珍《本草綱目·草五·水蓼》引宋寇宗奭曰："水蓼大概與水葒相似，但枝低耳。今造酒取葉，以水浸汁，和麵作麴，亦取其辛耳。"

薔薇露

古代名酒。以薔薇根皮釀製而成。主治泄痢腹痛、五臟客熱等疾病。始見於南北朝時期，至宋成爲宫中御酒。明李時珍《本草綱目·草七·營實墙蘼》引南朝梁陶弘景曰："營實即薔薇子也，以白花者爲良。莖葉可煮作飲，其根亦可煮釀酒。"又引《名醫別錄》："止洩痢腹痛，五臟客熱，除邪逆氣，疽癩諸惡瘡，金瘡傷撻，生肉復肌。"宋陸游《老學庵筆記》卷七："壽皇時，禁中供御酒，名薔薇露。"宋周密《武林舊事·諸色酒名》："薔薇露。"清時閩地海澄人以其酒再加熱蒸餾，品質更佳。清周亮工《閩小紀·莆田宋去損（祖謙）閩酒曲》："海澄人善蒸梅及薔薇露，取之如燒酒法，每酒一壺，滴露少許，亦異品也。"按，後世常爲美酒之代稱。元薩都剌《酹江月·游句曲茅山》詞："春透紫髓瓊漿，玻璃杯酒，滑瀉薔薇露。"清趙翼《壽全惕莊醵使六十》詩："玉杯香浥薔薇露，金帶圍開芍藥枝。"

三勒漿

引入酒。疑爲藥酒。原産於西域波斯，唐時傳入中土。所謂"三勒"，乃梵語庵摩勒、毗梨勒、訶梨勒之合稱。中土於三者分別稱"餘甘子""三果""訶子"。三者皆木，嶺南交廣多見，果皆可食。唐李肇《唐國史補》卷下："酒則有郢州之富水……又有三勒漿，類酒，法出波斯。三勒者，謂菴摩勒、毗梨勒、訶梨勒。"按，宋人説爲藥酒，服用宜於一切風血疾病。係用陀得花釀成。明李時珍《本草綱目·草十一·陀得花》引宋馬志《開寶本草》："味甘溫，無毒。主一切風血，浸酒服。生西國，胡人將來。胡人采此花以釀酒，呼爲三勒漿。"參閱明李時珍《本草綱目·果三·庵摩勒》《果三·毗梨勒》《木二·訶梨勒》，清汪灝等《廣群芳譜·藥譜·陀得花》。

天門冬酒

藥酒。以天門冬煮汁以釀或徑以之浸酒而

成。供日常飲用，兼具潤五臟、和血脉、除病疾之功。久服可輕身益氣延年。始見於唐代，延及後世。明李時珍《本草綱目・穀四・酒》引唐孫思邈《千金方》："天門冬酒，潤五臟，和血脉。久服除五勞七傷，癲癇惡疾……冬月用天門冬去心煮汁，同麴、米釀成。初熟微酸，久乃味佳。"又《草七・天門冬》引唐孫思邈《枕中記》："釀酒服，去癥病積聚，風痰顛狂，三蟲伏尸，除濕痹，輕身益氣，令人不飢，百日還年耐老。釀酒初熟微酸，久停則香美，諸酒不及也。"又："時珍曰：天門冬酒，補五臟，調六腑，令人無病。天門冬三十斤，去心搗碎，以水二石，煮汁一石，糯米一斗，細麴一斤，如常炊釀，酒熟，日飲三杯。"宋蘇軾《庚辰歲正月十二日天門冬酒熟予自漉之且漉且嘗遂以大醉二首》詩之一："天門冬熟新年喜，麴米春香並舍聞。"明高濂《遵生八牋・飲饌服食牋中》："此皆山人家養生之酒……與常品迥異，豪飲者勿共語也。……天門冬酒，醇酒一斗，用六月六日麴米一升，好糯米五升作飲。天門冬煎五升，米須淘訖曬乾，取天門冬汁浸。先將酒浸麴，如常法候熟，炊飯，適寒溫，用煎汁和飯，令相入投之。春夏七日，勤看勿令熱。秋冬十日熟。"

【百部酒】

"天門冬酒"之屬。以野生天門冬（即百部）浸酒而成。主治咳嗽。始見於唐代，延及後世。明李時珍《本草綱目・草七・百部》引唐王燾《外臺秘要》："誤吞銅錢，百部根四兩，酒一升，漬一宿，溫服一升，日再服。"又引唐張文仲《隨身備急方》："暴咳嗽，用百部根漬酒。每溫服一升，日三服。"又《穀四・酒》：

"百部酒，治一切久近咳嗽。百部根切炒，袋盛浸酒，頻頻飲之。"

地黃酒

藥酒。以生地黃絞汁，同麴、米密封釀製。四季皆可製，旬月即成，緑汁者最佳，具補虛、通血、滋腎之功效。此稱唐代已行用，宋代時亦省稱"地黃"。《新唐書・柳玭傳》："公恐君寒，奉地黃酒三杯。"宋陸游《歲暮獨酌感懷》詩："更歎衰屢不禁酒，地黃一盞即頹然。"宋代始載製法。宋朱翼中《北山酒經》卷下："地黃酒：地黃擇肥實大者，每米一斗，生地黃一斤，用竹刀切，略於木石臼中搗碎，同米拌和，上甑蒸熟，依常法入醅。黃精亦依此法。"明李時珍《本草綱目・草五・地黃》引唐孫思邈《千金方》："地黃酒，用地黃汁漬麴二升，净秫米二斗，令發，如常釀之。"又《穀四・酒》："地黃酒：補虛弱，壯筋骨，通血脉，治腹痛，變白髮。用生肥地黃絞汁，同麴、米封密器中，五七日啓之，中有緑汁，真精英也，宜先飲之，乃濾汁藏貯。"

【地黃】

即地黃酒。此稱宋代已行用。見該文。

松花酒

藥酒。以松花釀製而成。具潤心肺、益氣之功。始見於唐代，延及後世。唐岑參《題井陘雙谿李道士所居》詩："五粒松花酒，雙谿道士家。"花，亦作"華"。唐代亦省稱"松華"。唐劉長卿《奉送從兄罷官之淮南》詩："玄髮他鄉換，滄洲此路迂。泝沿隨桂檝，醒醉任松華。離別誰堪道，艱危更可嗟。"宋吳曾《能改齋漫録・事實一》："唐《原化記》：有老人訪崔希真，希真飲以松花酒。老人云：'花澀

無味。'以一丸藥投之，酒味頓美。"明李時珍
《本草綱目·木一·松》："松花，別名松黃。氣
味甘，溫，無毒，主治潤心肺，益氣，除風止
血。亦可釀酒。"又引唐蘇恭曰："松花即松黃，
拂取正似蒲黃，酒服令輕身。"明高濂《遵生八
牋·飲饌服食牋中》："松花酒：三月取松花如
鼠尾者，細挫一升，用絹袋盛之。造白酒熟時，
投袋於酒中心，井內浸三日，取出漉酒飲之，
其味清香甘美。"參閱宋葉廷珪《海錄碎事·飲
食器用·酒》。

【松華】

即松花酒。此稱唐代已行用。見該文。

【松黃酒】

即松花酒。松黃，松花之別名。此稱宋代
已行用。宋朱敦儒《鷓鴣天》詞："無人共酌松
黃酒，時有飛仙暗往還。"

松醪春

藥酒。以松脂釀成。松脂即松醪，爲松樹
分泌的膠汁，故名。松脂，味苦溫，主疽惡創，
安五臟，久服輕身延年（見《神農本草經》卷
一）。以之釀酒，始見於唐代，延及後世。唐裴
鉶《鄭德璘傳》："德璘好酒，每挈松醪春過江
夏，遇叟，無不飲之。"唐洞庭君《書韋氏巾》
詩："昔日江頭菱芡人，蒙君數飲松醪春。"明
胡震亨《唐音癸籤·酒名春》："東坡云：'唐
人酒多以春名。'今具列一二：金陵春、竹葉
春……松醪春。"明代製爲藥酒，治肝虛目泪。
明李時珍《本草綱目·木一·松》："肝虛目淚：
煉成松脂一斤，釀米二斗，水七斗，麴二斗，
造酒，頻飲之。"參閱清汪灝等《廣群芳譜·木
譜·松》。

【松醪】

"松醪春"之省稱。自唐迄清，均有此
稱。唐戎昱《送張秀才之長沙》詩："松醪能醉
客，慎勿滯湘潭。"唐李商隱《復至裴明府所
居》詩："賒取松醪一斗酒，與君相伴灑煩襟。"
《初刻拍案驚奇》卷四："十一娘又另喚一女童
出來，叫做縹雲。整備茶果山蔌松醪，請元玉
喫。"清孔尚任《桃花扇·投轅》："俺讀些稗官
詞，寄牢騷，對江山喫一斗苦松醪。"參見本卷
《飲料説·酒考》"松醪春"文。

【松漿】

"松醪春"之屬。以松樹子、葉、脂膏釀製
而成。此稱唐代已行用。唐張籍《和左司元郎
中秋居》詩之六："秋茶莫夜飲，新自作松漿。"

【松肪酒】

即松醪春。松肪，即松脂、松醪。此稱宋
代已行用。宋陸游《野興》詩："壺中春色松肪
酒，江上秋風檞葉衣。"

【中山松醪】

"松醪春"之一品。此稱宋代已行用。爲蘇
軾任定州太守時所製。定州，古中山國之地，
故名。宋蘇軾《中山松醪賦》："爛文章之糾
纏，驚節解而流膏……收薄用於桑榆，製中山
之松醪。"明馮時化《酒史·酒品》："東坡守定
州時，於曲陽得松膏以釀酒，因賦《中山松醪
賦》。"

【松液酒】

"松醪春"之屬。此稱明代已行用。於大樹
下承接松樹津液，加米釀成。治風痹脚氣。明
李時珍《本草綱目·穀四·酒》："松液酒，治一
切風痹脚氣。於大松下掘坑，置甕承取其津液，
一斤釀糯米五斗，取酒飲之。"

茱萸酒

藥酒。以茱萸浸漬或煮煎而成，具除風邪，利五臟之功。據南朝梁吳均《續齊諧記》載，九月九日臂繫茱萸囊，登高飲菊花酒，可消灾避禍。唐代則重陽節多飲茱萸酒，亦以避邪致福。始見於唐代，延及後世。明李時珍《本草綱目・果四・吳茱萸》引唐孟詵《食療本草》："賊風口偏不能語者，茱萸一升，薑豉三升，清酒五升，和煎五沸，待冷服半升，一日三服，得少汗即瘥。"又引唐楊損之《删繁》："中惡心痛：吳茱萸五合，酒三升，煮沸，分三服。"按，唐楊損之《删繁》，一本作楊氏《産乳》。又：〔茱萸〕故其所治之症，皆取其散寒溫中……只用茱萸酒浸三宿，以茯苓末拌之，日乾。每吞百粒，温酒下。"唐白居易《九日登巴臺》詩："閑聽竹枝曲，淺酌茱萸杯。"宋周必大《陶淵明有己酉重九詩一首某以此年此日舟次吉水距永和才一程耳輒用其韻先寄二兄十三弟並提舉七兄》："豈無茱萸酒，望望心鬱陶。"金代省稱"萸酒"。金元好問《孟州夾灘飲承之御史家》詩："萸酒禁愁得，芳梅發興饒。"明張居正《九日宴汪年兄宅得清字》詩："未嗟萬里長爲客，坐對萸尊笑語清。"

【萸酒】

"茱萸酒"之省稱。此稱金代已行用。見該文。

枸杞酒

藥酒。以枸杞子煮爛搗汁和麴米釀成，或袋裝浸酒而成。具補腎益精、養肝明目、耐老輕身之功。始見於唐代，達於今世。明李時珍《本草綱目・木三・枸杞》引唐王燾《外臺秘要》："枸杞酒，補虛，去勞熱，長肌肉，益顏色，肥健人。治肝虛衝感下淚。用生枸杞子五升搗破，絹袋盛，浸好酒二斗中，密封勿洩氣，二七日服之。"又引宋陳抃《經驗後方》："枸杞酒，變白，耐老輕身。用枸杞子二升（十月壬癸日，面東采之），以好酒兩升，瓷瓶内浸三七日，乃添生地黃汁三升，攪勻密封。至立春前三十日，開瓶。每空心暖飲一盞，至立春後髭髮却黑。"又《穀四・酒》："枸杞酒，補虛弱，益精氣，去冷風，壯陽道，止目淚，健腰脚。用甘州枸杞子煮爛搗汁，和麴、米釀酒。或以子同生地黃袋盛，浸酒煮飲。"今時亦以之浸酒養生療疾。

莎根酒

藥酒。莎根，即莎草根。莎草爲多年生草本植物，多生於潮濕之溝堤，根有膨大塊莖。以之袋盛浸酒，可療肝胃氣滯，胸肋脘腹脹痛。始見於唐代。明李時珍《本草綱目・草三・莎草香附子》引宋蘇頌曰："唐玄宗《天寶單方圖》云：水香棱根名莎結，亦名草附子，説已見前。其味辛，微寒，無毒。凡丈夫心中客熱，膀胱間連脅下氣妨，常日憂愁不樂，兼心忪者，取根二大升，搗熬令香，以生絹袋盛，貯於三大斗無灰清酒中浸之。春三月後，浸一日即堪服，冬十月後，即七日，近暖處乃佳。每空腹溫飲一盞，日夜三四次，常令酒氣相續，以知爲度。"又《穀四・酒》："莎根酒，治心中客熱，膀胱脅下氣郁，常憂不樂。以莎根一斤切，熬香，袋盛浸酒。日夜服之，常令酒氣相續。"

蜜酒

藥酒。以蜂蜜釀造，故名。以沙蜜、糯飯、麵麴製成，或徑以蜜入酒。可治風疹、風癬。始於唐代。明李時珍《本草綱目・穀四・酒》：

"蜜酒，孫真人（即孫思邈）曰：治風疹風癬。用沙蜜一斤，糯飯一升，麵麴五兩，熟水五升，同入瓶内，封七日成酒，尋常以蜜入酒代之，亦良。"又引唐孟詵《食療本草》："酒有……葱豉酒、葡萄酒、蜜酒。"宋代西蜀道人楊世昌善釀之，味質超過醇酒，殆爲通常飲用酒。宋蘇軾《蜜酒歌》序："西蜀道人楊世昌，善作蜜酒，絶醇釃。"詩："君不見南園采花蜂似雨，天教釀酒醉先生。"蘇軾在黃州時曾自釀。宋張邦基《墨莊漫錄》卷五："東坡性喜飲，而飲亦不多。在黃州，嘗以蜜爲釀，又作《蜜酒歌》，人罕傳其法。每蜜用四觔煉熟，入熟湯相攪，成一斗，入好麵麴二兩，南方白酒餅子米麴一兩半，擣細，生絹袋盛，都置一器中，密封之。大暑中冷下，稍涼溫下，天冷即熱下。一二日即沸，又數日沸定，酒即清可飲。初全帶蜜味，澄之半月，渾是佳酎。方沸時，又煉蜜半觔，冷投之，尤妙。予嘗試爲之，味甜如醇醪，善飲之人，恐非其好也。"宋代南海外域三佛齊國亦産之，不加麴蘗，然亦能醉人。《宋史·外國傳·三佛齊國》："有花酒、椰子酒、檳榔酒、蜜酒，皆非麴蘗所醞，飲之亦醉。"

羊羔酒 [2]

藥酒。以肥羊肉、糯米、麴等釀成。具補元氣、健脾胃、益腰腎之功。始見於宋代，延及明代。明李時珍《本草綱目·穀四·酒》："羊羔酒，大補元氣，健脾胃，益腰腎。〔宋〕宣和化成殿真方：用米一石，如常浸漿；嫩肥羊肉七斤，麴十四兩，杏仁一斤，同煮爛。連汁拌末，入木香一兩同釀。勿犯水，十日熟，極甘滑。一法：羊肉五斤蒸爛，酒浸一宿，入消梨七個，同擣取汁，和麴、米釀酒飲之。"

桂葉鹿蹄酒

藥酒。以桂葉鹿蹄釀製而成，故名。主治心腹寒熱，堅筋骨，通血脈，益氣强志。始見於宋代。爲布衣張珣所釀，深得楊萬里嘉賞，記其法，并爲賦詩。宋楊萬里《夜宿房溪飲野人張珣家桂葉鹿蹄酒其法以桂葉爲餅以鹿蹄煮酒釀以八月過是則味减云》詩："桂葉揉青作麴投，鹿蹄煮醵趁涼篘。落杯瑩滑冰中水，過口森嚴菊底秋。玉友黃封猶退舍，甕湯蜜汁更輸籌。野人未許傳醅法，剩買雙瓶過別州。"參閱明李時珍《本草綱目·木一·桂》《獸二·鹿》。

茭漿酒

藥酒。以茭葉漿汁釀製而成。茭即茭草，亦稱菰，中土、南方皆有。明李時珍《本草綱目·草八·菰》云其葉具安五臟之功。此酒出自真臘。真臘，漢代之扶南，唐稱真臘，明以後稱柬埔寨。此酒始見於元代。元周達觀《真臘風土記》："又有茭漿酒，蓋有一等茭葉生於水濱，其漿可以釀酒。"元宋伯仁《酒小史·酒名》："真臘國有酒五，一曰蜜糖酒，一曰朋牙酒，一曰包稜酒，一曰糖鑒酒，一曰茭漿酒。"

薏苡酒

古代藥酒。通以薏苡仁粉和麴、米釀製而成。酒味淡薄而别有風味，兼具去風濕、健脾胃、强筋骨之功。始見於元代，時稱"薏苡仁酒"，産於薊州。元宋伯仁《酒小史·酒名》："薊州薏苡仁酒，金華府金華酒。"明代釀此最盛，多有産地。亦省稱"薏酒"。《紹興府志》引《萬曆志》："近又有薏苡酒……造法大約同豆酒。"明謝肇淛《五雜組·物部三》："京師有薏酒，用薏苡實釀之，淡而有風致，然不足快酒之人吸也。易州酒勝之，而淡愈甚。"明李時珍《本草綱目·穀二·薏苡》："薏苡人多種之。二三月宿根自生，葉如初生芭茅，五六月抽莖開花。結實有二種：一種粘牙者尖而殼薄，即薏苡也。其米白色如糯米，可作粥飯及磨麵食，亦可同米釀酒。一種圓而殼厚堅硬者，即菩提子也。"又《穀四·酒》："薏苡仁酒，去風濕，强筋骨，健脾胃。用絕好薏苡仁粉，同麴、米釀酒，或袋盛煮酒飲。"時以燕京所産品質最高，天下聞名。明宋應星《天工開物·酒母》："近代燕京，則以薏苡仁爲君，入麴造薏酒；浙中寧紹，則以綠豆爲君，入麴造豆酒。二酒頗擅天下佳雄。"清代仍相沿有釀。清周亮工《閩小紀·莆田宋去損（祖謙）閩酒曲》："惟葡萄，則依西洋人製之……若薏苡，又帶黏矣。"

【薏苡仁酒】

即薏苡酒。此稱元代已行用。見該文。

【薏酒】

"薏苡酒"之省稱。此稱明代已行用。見該文。

松節酒

藥酒。以松節煎汁釀酒，故名。壯筋骨，治冷風虛弱。多見於明清時期。明李時珍《本草綱目·木一·松》："松節，氣味苦，溫，無毒……釀酒，主腳弱，骨節風。"又《穀四·酒》："松節酒，治冷風虛弱，筋骨攣痛，腳氣緩痺。松節煮汁，同麴米釀酒飲。"清汪灝等《廣群芳譜·木譜·松》："松節，松之骨也。質堅氣勁，筋骨間諸病宜之。釀酒已風痺。"

茯苓酒

藥酒。以茯苓和麴米釀製而成。茯苓，寄生於松根的菌類植物。以之入釀，開懷高興兼

醫頭風虛眩，腰膝酸軟。始見於明代。明李時珍《本草綱目·穀四·酒》："茯苓酒，治頭風虛眩，暖腰膝，主五勞七傷。用茯苓粉同麴、米釀酒，飲之。"

逡巡酒[2]

藥酒。以桃花、馬蘭花、脂麻花、黃甘菊及桃仁、白麥麵作麴釀成，有補虛延年之功。始見於明代。明李時珍《本草綱目·穀四·酒》："逡巡酒，補虛益氣，去一切風痺濕氣。久服益壽耐老，好顏色。造法：三月三日收桃花三兩三錢，五月五日收馬蘭花五兩五錢，六月六日收脂麻花六兩六錢，九月九日收黃甘菊九兩九錢，陰乾。十二月八日取臘水三斗。待春分，取桃仁四十九枚好者，去皮尖，白麵十五斤正，同前花和作麴，紙包四十九日。用時，白水一瓶，麴一丸，麵一塊，封良久成矣。如淡，再加一丸。"

黃精酒

藥酒。黃精，多年生草本。其根肉質肥大，味甘，主補中益氣，除風濕，安五臟。采之薄切暴乾，與蒼术、天門冬、枸杞、松葉或柏葉等煮汁以釀，具壯筋骨、益精髓、緩衰老之功。見於明代。明李時珍《本草綱目·穀四·酒》："黃精酒，壯筋骨，益精髓，變白髮，治百病。用黃精、蒼术各四斤，枸杞根、柏葉各五斤，天門冬三斤，煮汁一石，同麴十斤，糯米一石，如常釀酒飲。"明高濂《遵生八牋·飲饌服食牋中》："此皆山人家養生之酒……黃精酒，用黃精四斤，天門冬去心三斤，松針六斤，白术四斤，枸杞五斤，俱生用。納釜中，以水三石，煮之一日，去渣。以清汁浸麴，如家醞法。酒熟取清，任意食之。主除百病，延年，變鬚髮，

生齒牙，功妙無量。"

挏馬酒

古代名酒。漢代始見，亦稱"馬酒"，延及後世。挏馬，取馬乳，令在皮囊中撞動，則酒成，撞動次數愈多，酒愈醇美。南北朝時稱"酪酒"。《漢書·禮樂志》："師學百四十二人，其七十二人給大官挏馬酒。"顏師古注："李奇曰：以馬乳爲酒，撞挏乃成也。師古曰：挏音動，馬酪味如酒，而飲之亦可醉，故呼馬酒也。"《漢書·百官公卿表》："武帝太初元年，更名家馬爲挏馬。"顏師古注引應劭曰："主乳馬，取其汁挏治之，味酢可飲。"又引如淳曰："以韋革爲夾兜，受數斗，盛馬乳，挏取其上肥……今梁州亦名馬酪爲馬酒。"《説文·手部》："挏，攤引也。漢有挏馬官，作馬酒。"王筠句讀："蓋撞挏之器重，須兩手抱之，故曰攤；須往來推引之，故曰引也。"北齊顏之推《顏氏家訓·勉學》："又《禮樂志》云：'給太官挏馬酒。'……此謂撞擣挺挏之，今爲酪酒亦然。"元許有壬《馬酒》詩："味似融甘露，香疑釀醴泉，新醅撞重白，絶品挹清元。"隋代稱"挏酒"。隋薛道衡《明君詞》詩："駃騠聊彊食，挏酒未能傾。"元代沿稱"酪酒"，亦稱"廬沇"。元李直夫《虎頭牌》第二折："可買的這一瓶兒村酪酒，待與我那第二個弟兄祖餞。"元耶律鑄《雙溪醉隱集》卷六："廬沇，馬酮也。漢有挏馬，注曰：'以韋革爲夾兜，盛馬乳，挏治之，味酢可飲，因以爲官。'……言挏之味酢則不然，愈挏治則味愈甘，挏逾萬杵，香味醇濃甘美，謂之廬沇，奄蔡語也，國朝因之。"清代西北少數民族依然製作。清趙曦明注："此法至今西北兩路蕃俗猶然。其法以

革囊盛馬乳，一人抱持之，乘馬絶馳，令乳在囊中自相撞動，所謂挏也。往復數十次，即可成酒。余在西域時，親見額魯特及移駐之察哈爾，皆沿此俗。"元張昱《塞上謡》："潨然路失龍沙西，挏酒中人軟似泥。"清吳偉業《雪中遇獵》詩："金鵝箭褶袍花濕，挏酒駝羹馬前立。"一説，作"桐馬酒"，以馬乳爲酒，采桐葉時酒成。明馮時化《酒史·酒品》："桐馬酒，以馬乳爲酒，采桐葉時乃成。"按，前人早已指出其誤。北齊顏之推《顏氏家訓·勉學》："向學士又以爲種桐時，太官釀馬酒乃熟。其孤陋遂至於此。"宋王觀國《學林》卷三："又謂'挏'爲'桐'，當桐花開時造馬酒，其鑿愈甚矣。"

【馬酒】

"挏馬酒"之省稱。此稱漢代已行用。見該文。

【酪酒】

即挏馬酒。此稱南北朝時期已行用。見該文。

【挏酒】

"挏馬酒"之省稱。此稱隋代已行用。見該文。

【廬沇】

即挏馬酒。西域奄蔡國語之稱。此稱元代已行用。見該文。

【奶子酒】

"挏馬酒"之屬。以牛馬乳造成。奶子，"乳"之俗稱。此稱清代已行用。徐珂《清稗類鈔·飲食類》："奶子酒，以牛馬乳所造之酒也，蒙古諸部皆有之。"近代亦稱"阿爾占"。胡樸安《中華全國風俗志》："達呼爾以牛馬乳造酒，謂之'阿爾占'，漢名'奶子酒'。"又："作奶豆腐所磨之漿覆之，俟其酵酶，蒸之於鐵鍋，

塗以牛糞，使閉其氣味，俟流出蒸氣即爲酒。
其味酸，飲之有味，能薄醉，惟不克耐久。”

【阿爾占】

即奶子酒。蒙古語。此稱行用於近現代。
見該文。

第二節　茶　考

茶，指由茶樹上采摘的嫩葉加工成的團狀、片狀或散狀成品。烹煮或浸泡可爲飲料，香浸心脾，健身提神。

茶飲肇端上古。神農氏直接含嚼野生茶葉以解毒，此乃用茶之始。至殷末周初，巴蜀一帶已植茶與飲茶，并將茶作爲方物納貢於宗周。春秋時齊相晏嬰食“茗菜”，至戰國時秦吞并巴蜀，飲茶知識與習尚方逐漸四外延伸。唐陸羽《茶經・六之飲》：“茶之爲飲，發乎神農氏。”《格致鏡原》卷二一引《本草》謂：“神農嘗百草，一日而遇七十毒，得茶（茶）以解之。”晋常璩《華陽國志・巴志》：“武王既克殷，以其宗姬於巴，爵之以子……〔其地〕土植五穀，牲具六畜，桑、蠶、麻、紵、魚、鹽、銅、鐵、丹漆、茶……皆納貢之。”又《蜀志》：“什邡縣，山出好茶……南安、武陽皆出名茶。”清陸廷燦《續茶經・六之飲》引《晏子春秋》：“嬰相齊景公時，食脱粟之飯，炙三弋、五卵、茗菜而已。”清顧炎武《日知錄》：“自秦人取蜀，而後始有茗飲之事。”

漢魏六朝時期，飲茶風習較前益盛，已波及廣大南方地區。巴蜀一帶爲茶葉重要產地，茶葉貿易已見端倪。漢已有“烹茶盡具”“武陽買茶”之記載，此乃茶之烹飲與貿易之始；魏晋時製爲餅茶，多搗而爲末，入葱、薑、桂等，和而羹飲。晋時地方官吏以爲方物向朝廷進貢，至南北朝時出現啄木嶺等著名茶葉產地，至有太守親自督製茶葉事。漢王褒《僮約》：“烹茶盡具，餔已蓋藏……武陽買茶。”《太平御覽》卷八六七引《廣雅》：“荆巴間采茶作餅，成，以米膏出之。若飲，先炙令色赤，搗末置瓷器中，以湯澆覆之，用葱薑芼之。其飲醒酒，令人不眠。”晋孫楚《出歌》：“薑桂茶荈出巴蜀。”晋劉琨《與兄子南兗州刺史演書》：“前得安州乾茶二斤，薑一斤，桂一斤，皆所須也。吾體中煩悶，恒假真茶，汝可信致之。”南朝宋山謙之《吳興記・長興》：“啄木嶺，每歲吳興、毘陵二郡太守采茶宴會於此，有境會亭。”《太平御覽》卷八六七引南朝宋劉義慶《世說新語》：“晋司徒長史王濛好飲茶，人至輒命飲之，士大夫皆患之。每欲往候，必云今日有水厄。”宋寇宗奭

《本草衍義》卷一四："又晉温嶠上表，貢茶千斤，茗三百斤。"

　　唐代茶業又獲得新的巨大發展。據陸羽《茶經·八之出》言，茶之産地有八大區四十三州，遍及今江蘇、浙江、四川、安徽等十四個省區，出現了顧渚、陽羨、蒙頂、天柱等名品。茶之製作，據陸羽《茶經·三之造》有"蒸之，擣之，拍之，焙之，穿之，封之"諸工序，多爲團餅。茶之入貢，唐代一改前朝由地方官吏徵集名特産品以進奉的土貢形式，而开始由重要名茶産區顧渚山設立貢茶院，細采精製，督造"顧渚紫笋"貢茶，爲官營貢焙。據《長興縣志》記載，顧渚貢茶院建於唐代宗大曆五年（770），歷宋元兩代，至明洪武八年（1375）罷貢，前後長達六百餘年。顧渚貢茶采製規模宏大，需工匠千餘人，製茶作坊三十間，烘焙工廠百餘所。唐李吉甫《元和郡縣志·長城縣》："顧山，縣西北四十二里。貞元以後，每歲以進奉顧山紫笋茶。役工三萬人，累月方畢。"除顧渚貢焙外，貢品尚有十餘目。唐李肇《唐國史補》卷下："風俗貴茶，茶之名品益衆。劍南有蒙頂石花，或小方，或散牙，號爲第一。湖州有顧渚之紫笋，東川有神泉小團、昌明獸目，峽州有碧澗明月、芳蕊、茱萸簝，福州有方山之露牙，夔州有香山，江陵有南木，湖南有衡山，岳州有㴩湖之含膏，常州有義興之紫笋，婺州有東白，睦州有鳩坑，洪州有西山之白露，壽州有霍山之黄牙，蘄州有蘄門團黄，而浮梁之商貨不在焉。"茶之飲用，至中唐以後不唯南人好飲，北人亦因禪教而飲，茶成爲舉國之飲。唐楊曄《膳夫經手録》："至開元、天寶之間，稍稍有茶，至德、大曆遂多，建中以後盛矣。"唐封演《封氏聞見記·飲茶》："〔茶〕南人好飲之，北人初不多飲。開元中，泰山靈巖寺有降魔師，大興禪教。學禪，務於不寐，又不夕食，皆許其飲茶，人自懷挾，到處煮飲，從此轉相倣效，遂成風俗。自鄒、齊、滄、棣，漸至京邑城市，多開店鋪，煎茶賣之。不問道俗，投錢取飲。其茶自江淮而來，舟車相繼，所在山積，色額甚多。"茶爲"比屋之飲"，推動茶葉貿易之發展，出現了浮梁（今屬江西景德鎮）這一東南最大的茶葉集散地，開創了我國歷史上長期存在的以茶易馬的茶馬交易。值得注意的是，封演指出佛門弟子參禪修身"許其飲茶"。這一點很重要，説明佛釋對茶道茶飲有一定貢獻。其寺院宜種茶，其饋贈香客、自用則製茶，其飲茶有助於禪悟、清心、延年，故名山、名寺、名茶總是三位一體并存。佛門於茶道之嗜好必然影響到社會。唐李吉甫《元和郡縣志·浮梁縣》："每歲出茶七百萬馱，税十五餘萬貫。"《封氏聞見記·飲茶》："古人亦飲茶耳，但不如今人溺之甚，窮日盡夜，殆成風俗，始自中地，流於塞外，往年回鶻入朝，大驅名馬，市茶而歸，亦足怪焉。"茶有專書，始於唐代。唐陸羽《茶經》是我國也是世界上第一部茶書，其主要内容包括茶樹的形態特徵，茶名彙考，茶樹適宜的生長環境及栽培方法，采茶和製茶工具，茶葉采摘及製造技術，煮茶、飲茶的器具，烹茶用水的品第，茶的煮飲方法，茶葉的種類和各地飲茶的習慣，茶史資料的搜集和各地茶葉的品質，等等。這些涉及了幾乎所有與茶相關的内容，因而爲後世茶書規定了一個大致的著述範圍。唐代茶書約十餘種，大都散佚或缺殘。保存完整者，除陸羽《茶經》外，尚有張又新《煎茶水記》。

宋代茶業繼續發展。其産茶區，主要集中在今湖北、江西、安徽、湖南、浙江和福建等省區。以建安（今福建建甌）産量、品質最高，名氣最大，有"建安茶品甲天下"之譽。建安茶葉又以北苑、壑源居首，宋代貢茶即在北苑采造。北苑貢茶，始於南唐。宋代仍之，品目日益繁多，采製日益精細，名品不斷更新。明張謙德《茶經·造茶》："唐宋時，茶皆碾羅爲丸爲錠。南唐有研膏，有蠟面，又其佳者曰京鋌；宋初有龍鳳模，號石乳、的乳、白乳，而蠟面始下矣；丁晉公進龍鳳團，蔡君謨進小龍團，而石乳等下矣；神宗時復造密雲龍，哲宗改爲瑞雲翔龍，則益精，而小龍團下矣；徽宗品茶，以白茶第一，又製三色細芽，而瑞雲翔龍下矣。已上茶雖碾羅愈精巧，其天趣皆不全。至宣和庚子，漕臣鄭可聞（一作'簡'）始創爲銀絲冰芽，蓋將已熟茶芽再剔去，祇取心一縷，用清泉漬之，光瑩如銀絲，方寸新銙，小龍蜿蜒其上，號龍團勝雪，去龍腦諸香，極稱簡便，而天趣悉備，永爲不更之法矣。"北苑貢茶製造技術不斷改進，故茶品日增名目，先後共有四五十種之多；産量日益增長，據宋熊蕃《宣和北苑貢茶録》載，宋太宗太平興國初年歲貢五十片（餅），宋哲宗元符年間猛增至一萬八千片，宋徽宗宣和年間更達四萬七千一百餘片。可見，宋代北苑貢茶得到了極大發展。宋代製茶分"片茶"和"散茶"。所謂片茶，即團茶、餅茶；所謂散茶，即蒸青茶、炒青茶之類。當時製茶技術較唐代有不少改進和發展，如搗春不再用杵臼而改用碾，拍製工藝較唐精巧，"飾面"上龍騰鳳翔。然由於片茶一味追精求細，造價昂貴，於是適用於民間的散茶、末茶在宋後期得到較大發展。宋代茶館興盛，尤以交通要道、大城巨市爲著。宋孟元老《東京夢華録》記載，北宋汴京茶坊鱗次櫛比，晝夜經營。宋吳自牧《夢粱録》記載，南宋杭州"處處各有茶房（坊）"，"今之茶肆，列花架，安頓奇松異檜等物於其上，裝飾店面，敲打響盞歌賣"。宋代茶書計有二十五種之多，其中記載建安茶的有十四種，流傳至今、保存完好者有蔡襄《茶録》、宋子安《東溪試茶録》、黄儒《品茶要録》、趙佶《大觀茶論》、熊蕃《宣和北苑貢茶録》、趙汝礪《北苑別録》六種。

　　元明清茶業各有特色。元代沿襲宋代舊制，於武夷山之四曲溪畔設立焙局，製茶入貢，元順帝至正末年歲貢額達九百九十斤。元代製茶以散茶、末茶爲主，團餅茶製作僅充歲貢。製作方法益加精細，有搗、碾、篩、煮、濾諸工序。明清時期，名茶産地較唐宋有較大不同，一些原來無名或名氣不大的地方變成著名産區，如浙江之龍井，天台之雁蕩，長興之羅岕，福建之武夷，江蘇之蘇州，安徽之松蘿、黃山，江西之匡廬，湖南之君山，雲南之普洱，臺灣之水沙連等地，

煮茶圖
（明崔子忠《杏園夜宴圖》局部）

都是如此。明朝是我國製茶繼往開來，在技術上有較多創新的重要時期。明洪武二十四年（1391）九月，“詔建寧歲貢上供茶，聽茶户采進，有司勿與。先是建茶所進者，必碾而揉之，壓以銀板，爲大小龍團。上以重勞民力，罷造龍團，唯采茶芽以進”（清吳振臣《閩游偶記》）。由此散茶製作占據絕對優勢，散茶製作一改蒸青而爲炒青，飲茶由煮飲改爲開水冲泡。明代散茶的大發展，推動了茶類的演進出新。除炒青綠茶外，明清始出現黑茶、烏龍茶、花茶和紅茶等茶類，使散茶成爲一個品類繁多的大家族，基本上形成了近現代茶葉的主要類目。明代貢茶更加繁重，進貢數量增加。明太祖時建寧歲貢一千六百餘斤，至穆宗隆慶初，增至二千三百斤。清代貢茶進一步擴大，江南江北著名産區皆充歲貢，有些爲皇帝親自指定，如碧螺春、老竹大方、龍井御茶等等。明代茶書計五十五種，其中綜合性著述有《茶譜》《茶説》《茶考》《茶録》《茶話》《茶經》《茶疏》《茶解》《茶董》《茶集》《茶乘》《茶箋》《茗笈》《茗譚》等；專門性的著作也不少，僅記載羅岕茶的書籍就有《羅岕茶記》《洞山岕茶系》《岕茶牋》等數種。清代茶書計十一種。茶書由明到清的盛衰變化，顯示着茶葉在人們飲食生活中地位的變化。時下，隨着多種新型飲料的問世，茶葉的“一尊”地位被打破也是歷史之必然。但是，作爲一種傳統的、具有營養價值的高品位飲料，茶絕不會在發展中失去其應有的地位，相反，它應當也可能在未來的發展中展現出獨有的風姿。

茶

飲品。初時直接咀嚼茶葉，後來多將茶葉加工，經烹煮或開水冲泡後飲用。上古稱"荼"。《格致鏡原》卷二一引《本草》謂，神農嘗百草時中毒，"得茶以解之"。明張岱《夜航船·日用·飲食》又云，"黃帝食百草，得茶解毒"。殷商時可能對茶葉有粗加工且懂得服用之妙，故有"成湯作茶"之傳說（見《夜航船·日用·飲食》）。先秦時期亦稱"茗菜"，《晏子春秋·內篇雜下》兩次談到晏子相齊服食"茗菜"。秦漢時期飲茶之風漸盛，時稱茶樹爲"檟""苦荼"，後作爲"茶"之代稱。魏晋時期稱"荈""茗"。《爾雅·釋木》："檟，苦荼。"晋郭璞注："樹小如梔子，冬生葉，可煮作羹飲。今呼早采者爲茶，晚取者爲茗，一名荈，蜀人名之苦荼。"陸德明釋文引魏張揖《雜字》云："荈，茗之別名也。"南北朝時期作"搽"，亦作"苦搽"。《玉篇·木部》："搽，苦搽也。"清代學者認爲，茶，古讀如"徒"，漢魏南北朝以降始讀今音"宅加反"，字亦減一筆分化作"茶"。清顧炎武《唐韻正》："'荼荈'之'荼'與'荼苦'之'荼'本是一字，古時未分麻韻，'荼荈'字亦只讀爲徒。漢魏以下乃音宅加反，而加字音居何反，猶在歌戈韻，梁以下始有今音，又妄減一畫爲'茶'字。"《爾雅·釋木》"檟，苦荼"清郝懿行義疏："今'茶'字古作'荼'……至唐陸羽著《茶經》，始減一畫作'茶'。"唐代陸羽著《茶經》，表明對"茶道"已有深入研究，并在茶葉的加工與服用上達到相當高的水準。時亦稱"荈"。唐陸羽《茶經·一之源》："其名一曰茶，二曰檟，三曰荈，四曰茗，五曰荈。"原注："楊執戟云：蜀西南

人謂荼曰蔎。"伴隨茶道之興，茶的異名大量出現。據華夫《中國古代名物大典·飲食類》所載，唐宋以降的異名就有"七品茶""九華英""水豹囊""甘草""仙芽""瑞芽""花乳""含膏冷""冷面草""苦口師""秘水""晚甘侯""餘甘氏""清友""雲脚""森伯""瑞草魁""鷄蘇佛""驚雷莢"等。這衆多的異名，從一個側面反映出茶與社會生活的密切相關及茶文化豐厚的社會底蘊、內涵。按，南朝梁陶弘景曾疑荼、茗爲苦菜，唐代蘇恭已指出其誤。明李時珍《本草綱目·菜二·苦菜》引陶弘景曰："苦菜，疑即茗也。茗，一名荼，凌冬不凋，作飲，能令人不眠。"又引蘇恭曰："《詩》云'誰謂荼苦'，即苦菜異名也。陶氏謂荼爲茗，茗乃木類。按《爾雅·釋草》云：'荼，苦菜也。'音途。《釋木》云：'檟，苦荼也。'音遲遲切。二物全別，不得比例，陶説誤矣。"按，晏子食"茗菜"，此從唐陸羽《茶經》、宋張淏《雲谷雜記》所引。此有異説。《晏子春秋·內篇雜下》："晏子相景公，食脱粟之食，炙三弋、五卵，苔菜耳矣。"吳則虞集釋引清孫詒讓云："苔菜，陸羽《茶經》引亦作'茗菜'，此唐本已作'茗'之墻證；然周時必無茗飲，竊意'苔'字未必誤也。"又："晏子相齊，衣十升之布，（食）脱粟之食，五卵、苔菜而已。"集釋引清孫星衍云："'苔'，即'菭'省字。《周禮》'箈菹'，鄭衆注：'箈，水中魚衣。'鄭氏注：'箈，箭萌。'《説文》：'菭，水衣。'"

【茶】

即茶。此稱先秦時期已行用。按，晋代亦特指早采之茶。見該文。

【茗菜】

即茶。此稱先秦時期已行用。見該文。

【檟】

即茶。此稱秦漢時期已行用。見該文。

【苦茶】

即茶。此稱秦漢時期已行用。見該文。

【荈】

即茶。此稱魏晋時期已行用。見該文。

【茗】

即茶。此稱魏晋時期已行用。按，晋代亦特指晚采之茶。見該文。

【桼】

同“茶”。此體南北朝時期已行用。見該文。

【苦桼】

即茶。此稱南北朝時期已行用。見該文。

【葭】

即茶。方言稱謂。此稱唐代蜀地已行用。見該文。

普洱茶

古代名茶。産於雲南西南部攸樂、革登、倚邦、莽枝、蠻岜、慢撒等六茶山，其地清時屬普洱府，故稱。普洱産茶，約始自三國時期。相傳革登茶山有一株茶王樹，較衆茶樹皆高大，乃諸葛亮南征時遺種，當地人采茶必先祀之。至唐代，西蕃已飲此茶。其時産自銀生府，即後世普洱之屬區。至明清之際始見其稱。享譽四海，尤爲京師所重，歲爲貢品。采摘時，多達數十萬人。製爲茶，多爲團餅，亦有散茶。團茶有大、中、小三等，或説有五斤重、三斤重、一斤重、四兩重、一兩五錢重等五等。茶色有黑有綠。珍品有毛尖、女兒茶、芽茶等。性温，味香而沉刻（或説味苦性刻）。具化食、

醒酒、療疾、解毒等多種功能。晚近爲歐日所重，命之爲美容茶、減肥茶、益壽茶、窈窕茶等。方以智《物理小識·茶》：“普洱茶蒸之成團，西番市之，最能化物。”清趙學敏《本草綱目拾遺·普洱茶》：“出雲南普洱府，成團，有大中小三等。《雲南志》：普洱山在車里軍民宣慰司北，其上産茶，性温味香，名普洱茶。《南詔備考》：普洱府出茶，産攸樂、革登、倚邦、莽枝、蠻岜、慢撒六茶山，而以倚邦、蠻岜者味較勝。味苦性刻，解油膩牛羊毒，虛人禁用；苦澀，逐痰下氣，刮腸通泄。按，普洱茶，大者一團五勛，如人頭式，名人頭茶，每年入貢，民間不易得也。有僞作者，名川茶，乃川省與滇南交界處土人所造，其餅不堅，色亦黃，不如普洱清香獨絶也。普洱茶膏黑如漆，醒酒第一。綠色者更佳，消食化痰，清胃生津，功力尤大也。”清王昶《滇行日録》：“普洱茶味沉刻，土人蒸以爲團，可療疾。”清阮福《普洱茶記》：“普洱茶名遍天下，味最釅，京師尤重之……本地收取鮮茶時，須以三四勛鮮茶，方能折成一勛乾茶。每年備貢者，五勛重團茶、三勛重團茶、一勛重團茶、四兩重團茶、一兩五錢重團茶……種茶之家，芟鋤備至。旁生草木，則味劣難售；或與他物同器，則染其氣而不堪飲矣。”清代亦省稱“普洱”“普茶”，亦稱“普茗”“普洱府茶”。清張泓《滇南新語·滇茶》：“滇茶有數種，盛行者曰木邦，曰普洱。木邦葉粗味澀，亦作團，冒普茗名，以愚外販。因其地相近也，而味自劣。普茶珍品，則有毛尖、芽茶、女兒之號……制撫例用三者充歲貢。其餘粗普葉，皆散賣滇中，最粗者熬膏成餅摹印，備饋遺。”清檀萃《滇海虞衡志》卷

一一："普茶名重於天下，此滇之所以爲産而資利賴者也。出普洱所屬六茶山……周八百里，入山作茶者數十萬人。茶客收買，運於各處，每盈路，可謂大錢糧矣……頃檢李石《續博物志》云：茶出銀生諸山，采無時，雜椒薑烹而飲之。普洱古屬銀生府，則西蕃之用普茶，已自唐時。"又："茶山有茶王樹，較五茶山獨大。本武侯遺種，至今夷民祀之。"清阮福《普洱茶記》："《思茅志稿》云：其治革登山有茶王樹，較衆茶樹高大，土人當采茶時，先具酒醴禮祭於此。"柴萼《梵天廬叢録・普洱茶》："普洱茶産雲南普洱山，性溫味厚，坝夷所種，蒸製以竹箬成團裹。産易武、倚邦者尤佳，價等兼金。品茶者謂普洱之比龍井，猶少陵之比淵明，識者韙之。"一説，普洱茶實出思茅，六茶山乃倚邦、架布、嶍崆、蠻磚、革登、易武。《普洱茶記》："所謂普洱茶者，非普洱府界内所産，蓋産於府屬之思茅廳界也。廳治有茶山六處，曰倚邦，曰架布，曰嶍崆，曰蠻磚，曰革登，曰易武，與《〔雲南〕通志》所載之名互異。福又檢貢茶案册，知每年進貢之茶，例於布政司庫銅息項下，動支銀一千兩，由思茅廳領去轉發采辦，並置辦收茶錫瓶緞匣木箱等費，其茶在思茅。"清段永源《信徵別集・三豐》："朱繼用又言：思茅廳地方，茶山最廣大，數百里間，多以種茶爲業。其山川深厚，故茶味濃而佳，以開水沖之十次，仍有味也。而歸其美名於普洱府，其實普洱之茶，皆思茅所産也。"按，思茅實隸屬普洱，故可以"普洱"統稱之；然究其實，産自思茅而已。又説，茶王樹不在革登茶山，而在莽芝茶山。莽芝，即莽枝。清師範《滇繫・山川》："又莽芝有茶王樹，較五山茶樹獨大，傳爲武侯遺種，夷民祀之。"

【普洱】

"普洱茶"之省稱。此稱清代已行用。見該文。

【普茶】

"普洱茶"之省稱。此稱清代已行用。見該文。

【普茗】

即普洱茶。此稱清代已行用。見該文。

【普洱府茶】

即普洱茶。此稱清代已行用。見該文。

【人頭茶】

"普洱茶"之一品。團形，重五斤，形似人頭，故名。此稱清代已行用。見該文。

【木邦】

"普洱茶"之劣品。産地近普洱，葉粗味澀。此稱清代已行用。見該文。

【普洱毛尖】

"普洱茶"之珍品。此稱清代已行用。於穀雨前采製者，味淡香，色嫩绿。充歲貢，散茶。清張泓《滇南新語・滇茶》："毛尖即雨前所采者，不作團，味淡香如荷，新色嫩绿可愛。"清阮福《普洱茶記》："於二月間采蕊極細而白，謂之毛尖。以作貢，貢後方許民間販賣。"

【普洱芽茶】

"普洱茶"之珍品。團茶。重二兩或四兩。所取嫩葉，稍舒展，較毛尖爲壯，采而蒸之，揉爲茶餅。此稱清代已行用。清張泓《滇南新語・滇茶》："芽茶較毛尖稍壯，采治成團，以二兩四兩爲率。滇人重之。"清阮福《普洱茶記》："采而蒸之，揉爲團餅，其葉之少放而猶嫩者，名芽茶。"

【女兒茶】

"普洱茶"之珍品。爲女兒所采，故名。穀雨前采製，四兩重之團茶。此稱清代已行用。清阮福《普洱茶記》："采而蒸之，揉爲團餅……采於三四月者，名'小滿茶'；采於六七月者，名'穀花茶'；大而圓者，名'緊團茶'；小而圓者，名'女兒茶'。女兒茶爲婦女所采，於雨前得之，即四兩重團茶也。其入商販之手，而外細內麤者，名'改造茶'；將揉時，預擇其內之勁黃而不捲者，名'金月天'；其固結而不解者，名'挖搭茶'，味極厚難得。"一説，穀雨後采製，每餅重一斤或十斤。女兒采治，貨銀爲妝奩之資，故名。清張泓《滇南新語·滇茶》："女兒茶亦芽茶之類，取於穀雨後，以一觔至十觔爲一團。皆夷女采治，貨銀以積爲奩資，故名。"

【小滿茶】

"普洱茶"之一品。團茶。采製於三四月者。正值小滿，故名。此稱清代已行用。參見本卷《飲料説·茶考》"女兒茶"文。

【穀花茶】

"普洱茶"之一品。團茶。采製於六七月者。正值穀子開花，故名。此稱清代已行用。參見本卷《飲料説·茶考》"女兒茶"文。

【緊團茶】

"普洱茶"之一品。團茶。其形大而圓。此稱清代已行用。參見本卷《飲料説·茶考》"女兒茶"文。

【改造茶】

"普洱茶"之一品。外細內粗。經商販加工再製而成，故名。此稱清代已行用。參見本卷《飲料説·茶考》"女兒茶"文。

【金月天】

"普洱茶"之一品。以揉製前預先選出的勁黃而不捲之葉製成。此稱清代已行用。參見本卷《飲料説·茶考》"女兒茶"文。

【挖搭茶】

"普洱茶"之一品。其團葉固結不解，形似挖搭，故名。味厚難得。此稱清代已行用。見參見本卷《飲料説·茶考》"女兒茶"文。

丫山陽坡橫紋茶

古代名茶。產於古宣州，宣州有丫山。以其山東坡爲朝日所燭照，其茶表茶芽之形呈橫向紋理，故稱。丫山產茶區，即今安徽郎溪姚村與宣州水東之間的接壤地帶，後產區向外拓展，至清代，水東之外的象山、獅山、石壁山、雙峰山等處所產茶皆以此稱。始見於唐代，亦稱"雅山""鴉山""鴨山茶""瑞草魁"。時人評浙西諸茶，以湖州爲上，常州爲次，宣州丫山爲第三品。唐陸羽《茶經·八之出》："浙西，以湖州上，常州次，宣州、杭州、睦州、歙州下。"自注："宣州生宣城縣雅山。"唐鄭谷《峽中嘗茶》詩："吳僧漫説鴉山好，蜀叟休誇鳥嘴香。合座半甌輕泛綠，開緘數片淺含黃。"唐楊曄《膳夫經手録》："宣州鴨山茶，亦天柱之亞也。"唐杜牧《題茶山》詩："山實東吳秀，茶稱瑞草魁。"後蜀始稱"丫山陽坡橫紋茶"，名聲益振。後蜀毛文錫《茶譜》："宣城縣有丫山，小方餅，橫鋪茗牙裝面。其山東爲朝日所燭，號曰陽坡。其茶最勝，太守嘗薦於京洛人士，題曰丫山陽坡橫紋茶。""橫鋪茗牙裝面"，謂茶餅表面橫鋪一層茶芽以爲裝飾。宋代稱"鴉山茶"。宋梅堯臣《答宣城張主簿遺鴉山茶次其韻》："昔觀唐人詩，茶韻鴉山嘉。鴉銜茶子生，遂同山名鴉。重以初槍旗，采之穿烟霞。江南雖盛産，處處無此茶。纖嫩如雀舌，煎烹比露芽。"明代稱"陽坡橫紋"。明張謙德《茶經·論茶·茶産》："茶之産於天下多矣……婺州之舉岩碧乳，宣城之陽坡橫紋……之數者，其名皆著。"清代省稱"橫紋茶""橫紋"。清《宣城縣志》："水東之東，有象山、獅山、石壁山、雙峰山産橫紋茶。"又："陽坡山下，舊産佳茶，名瑞草魁，一名橫紋。"清陳維崧《阮亭先生有謝綠雪茶詩余亦贈先生芥茗壹器並索再和》："鴉山固足珍，芥莽應最忺。"

【雅山】

即丫山陽坡橫紋茶。雅，通"丫"。此稱唐代已行用。以山名代稱。見該文。

【鴉山】

即丫山陽坡橫紋茶。此稱唐代已行用。見該文。

【鴨山茶】

即丫山陽坡橫紋茶。鴨，通"丫"。此稱唐代已行用。見該文。

【瑞草魁】

即丫山陽坡橫紋茶。此稱唐代已行用。見該文。

【鴉山茶】

即丫山陽坡橫紋茶。此稱宋代已行用。見該文。

【陽坡橫紋】

"丫山陽坡橫紋茶"之省稱。此稱明代已行用。見該文。

【橫紋茶】

"丫山陽坡橫紋茶"之省稱。此稱清代已行用。見該文。

【橫紋】

"丫山陽坡橫紋茶"之省稱。此稱清代已行用。見該文。

【丫山陽坡橫文茶】

同"丫山陽坡橫紋茶"。此體明代已行用。明王象晉《群芳譜·茶譜》："宣城縣有丫山……其茶最勝，太守薦之京洛人士，題曰丫山陽坡橫文茶。"省稱"陽坡茶""陽坡"。明陳師《茶考》："宣城陽坡茶，杜牧稱爲佳品。"明錢椿年《茶譜·茶品》："茶之産於天下多矣……丫山之陽坡，龍安之騎火……之數者，其名皆著。"

【陽坡茶】

"丫山陽坡橫文茶"之省稱。此稱明代已行用。見該文。

【陽坡】

"丫山陽坡橫文茶"之省稱。此稱明代已行用。見該文。

天柱茶

古代名茶。産於安徽潛山天柱峰，故名。爲團茶，色翠綠，味甘香芳美，可消酒食毒。名位與陽羨、顧渚、蒙頂并稱。始見於唐代。唐楊曄《膳夫經手錄》："舒州天柱茶，雖不峻拔遒勁，亦甚甘香芳美，可重也。"省稱"天柱"，亦稱"天柱峰茶"。唐薛能《謝劉相公寄天柱茶》詩："兩串春團敵夜光，名題天柱印維揚。偷嫌曼倩桃無味，搗覺嫦娥藥不香。"唐佚名《玉泉子》："昔有人授舒州牧，李德裕謂之曰：'到彼郡日，天柱峰茶可惠三角。'其人獻之數十斤，李不受退還。明年罷郡，用意精求，獲數角投之。德裕閱而受曰：'此茶可以消酒食毒。'乃命烹一甌，沃於肉食內，以銀合閉之，詰旦，因視其肉，已化爲水。衆服其廣識。"唐秦韜玉《采茶歌》："天柱香芽露香發，爛研瑟瑟穿荻篾……老翠香塵下纔熟，攪時繞箸秋雲綠。"宋沈括《夢溪筆談·雜志二》："古人論茶，唯言陽羨、顧渚、天柱、蒙頂之類。"參閱五代南唐尉遲偓《中朝故事》、宋王觀國《學林·茶詩》、明張岱《夜航船·天柱峰茶》。

【天柱】

"天柱茶"之省稱。此稱唐代已行用。見該文。

【天柱峰茶】

即天柱茶。此稱唐代已行用。見該文。

武夷

古代名茶。產於福建崇安武夷山區，故稱。始見於唐代。宋充"官茶"，名冠天下。元大德六年（1302）始置場官二員，茶園百有二所，設焙局於四曲溪，專門采製貢茶。明代罷團餅之貢，改貢茶芽，至嘉靖解貢。山中宜茶，歲產數十萬斤，水浮陸轉，流布四方，名甲海內。據威廉·烏克斯（William·H.Ukers）《茶葉全書》記載，明時已行銷海外，爲中國最先舶入歐洲之茶葉。英國、荷蘭之上層人士每於宴會飲用此茶。茶之製作，先曬青，後炒焙，十分講究。性溫，消食下氣，醒脾解酒。從采摘時令上講，有頭春、二春、三春、秋露之分；從產地上說，有接筍峰、大黃峰、幔亭峰之別；從製造品目上看，有先春、探春、次春、旗槍、石乳之異。唐徐夤《尚書惠蠟面茶》詩："武夷春暖月初圓，采摘新芽獻地仙，飛鵲印成香蠟片，啼猿溪走木蘭船，金槽和碾沉香末，冰碗輕涵翠縷烟，分贈恩深知最異，晚鐺宜煮北山泉。"宋蘇軾《荔支嘆》詩："武夷溪邊粟粒芽，前丁後蔡相籠加，爭新買寵各出意，今年

鬭品充官茶。"宋樂史《太平寰宇記·江南東道十三·建陽縣》"武夷"作"武彝"。明徐𤊹《茶考》："元大德間，浙江行省平章高興始采製充貢，創御茶園於四曲……國朝寢廢爲民居，惟喊山臺泉亭故址猶存。喊山者，每當仲春驚蟄日，縣官詣茶場，致祭畢，隸卒鳴金擊鼓，同聲喊曰：'茶發芽。'而井水漸滿，造茶畢，水遂渾涸。而茶户采造，有先春、探春、次春三品，又有旗槍、石乳諸品，色香不減北苑。國朝罷團餅之貢，而額貢每歲茶芽九百九十斤，凡四種。嘉靖中，郡守錢嶫奏免解茶，將歲編茶夫銀二百兩解府，造辦解京，御茶改貢延平。而茶園鞠成茂草，井水亦日湮塞。然山中土氣宜茶，環九曲之內，不下數百家，皆以種茶爲業，歲所產數十萬斤，水浮陸轉，鬻之四方，而武夷之名，甲於海內矣。宋元製造團餅，稍失真味，今則靈芽仙萼，香色尤清，爲閩中第一。"明張大復《梅花草堂筆談·武夷茶》："武夷諸峰皆拔立不相攝，多產茶。接筍峰上，大黃次之，幔亭又次之，而接筍茶絶少不易得。按陸羽《經》云：'凡茶上者生爛石，中者生礫壤，下者生黃土。'夫爛石已上矣，況其峰之最高最特出者乎！大黃峰下削上銳，中周廣盤鬱，諸峰無與並者，然猶有土滓。接筍突兀直上，絶不受滓，水石相蒸，而茶生焉，宜其清遠高潔，稱茶中第一乎！"清趙學敏《本草綱目拾遺·武彝茶》："出福建崇安，其茶色黑而味酸，最消食下氣，醒脾解酒。單杜可云：諸茶皆性寒，胃弱者食之多停飲，惟武彝茶性溫不傷胃，凡茶澼停飲者宜之。"清陸廷燦《續茶經·三之造》引《王草堂茶說》："武夷茶自穀雨采至立夏，謂之頭春；約隔二旬復采，謂之二春；又

隔又采，謂之三春。頭春葉粗味濃，二春三春葉漸細，味漸薄，且帶苦矣。夏末秋初，又采一次，名爲秋露，香更濃，味亦佳，但爲來年計，惜之，不能多采耳。茶采後，以竹筐匀鋪，架於風日中，名曰曬青，俟其青色漸收，然後再加炒焙。陽羨、岕片，祇蒸不炒，火焙以成；松蘿、龍井，皆炒而不焙，故其色純；獨武夷炒焙兼施，烹出之時，半青半紅，青者乃炒色，紅者乃焙色也。茶采而攤，攤而摝，香氣發越即炒，過時不及，皆不可。既炒既焙，復揀去其中老葉枝蒂，使之一色。"清梁章鉅《歸田瑣記·品茶》："元時始於武夷置場官二員，茶園百有二所，設焙局於四曲溪。今御茶園喊山臺，其遺迹並存。沿至近日，則武夷之茶，不脛而走四方，且粵東歲運番舶，通之外夷。"蔣希召《武夷山游記》："武夷產茶，名聞全球，土雜砂礫，厥脉甚瘠，以其踞於深谷，日光少見，雨露較多，故茶品佳。"

【武夷茶】

即武夷。此稱宋代已行用。見該文。

【武彞茶】

即武夷。此稱宋代已行用。見該文。

【接笋茶】

"武夷"之一品。產於接笋峰，故名。產量絕少，不易得。有"茶中第一"之譽。此稱明代已行用。見該文。

【大黃峰】

"武夷"之一品。產於大黃峰，遂以地代茶。此稱明代已行用。見該文。

【頭春】

"武夷"之一品。采自穀雨至立夏者。葉粗，香濃，味厚。此稱清代已行用。一說爲采

自清明後穀雨前者。清郭柏蒼《閩產錄異·貨屬·茶》："武夷采摘以清明後穀雨前爲頭春，香濃味厚；立夏後爲二春，無香味薄；夏至後爲三春，頗香而味薄；至秋則采爲秋露。"

【二春】

"武夷"之一品。立夏後隔兩旬復采者。葉細，味薄且苦。此稱清代已行用。見該文。

【三春】

"武夷"之一品。二春後隔旬又采者。葉、味與二春略同。或說，夏至至秋前所采。此稱清代已行用。見該文。

【秋露】

"武夷"之一品。采自夏末秋初者。香濃，味佳。此稱清代已行用。見該文。

【曼亭】

"武夷"之一品。亦作"幔亭"。產於幔亭峰，故名。味清香撲鼻，飲後舌有餘甘，浸泡三次而味猶未盡。此稱清代已行用。清袁枚《隨園食單·茶酒單》："武夷茶：……余游武夷，到曼亭峰、天游寺諸處，僧道争以茶獻，杯小如胡桃，壺小如香櫞，每斟無一兩，上口不忍遽咽，先嗅其香，再試其味，徐徐咀嚼而體貼之，果然清芬撲鼻，舌有餘甘，一杯之後，再試一二杯，令人釋躁平矜，怡情悦性……故武夷享天下盛名，真乃不忝，且可以瀹至三次，而其味猶未盡。"見該文。

【喬松本山】

"武夷"之最佳品。年產斤許，裝以銀瓶。可烹六七次，每次皆有不同花香。被譽爲"天下第一靈芽"。此稱始見於清代。清張泓《滇南憶舊錄·名茶》："沈時可云：武彞茶中最佳者曰喬松本山，一年所得，不過斛許。饋人皆用

銀瓶，止一二錢。茶之妙，可烹至六七次，一次則有一次之香，或蘭，或桂，或茉莉，或菊香，種種不同，真天下第一靈芽也。”

【臭葉香茶】

“武夷”之一種。此稱清代已行用。葉臭而成茶甚香，故稱。清陸廷燦《續茶經·七之事》引《隨見録》：“武夷五曲朱文公書院内，有茶一株，葉有臭蟲氣，及焙製出時，香逾他樹，名曰臭葉香茶。”

【三味茶】

“武夷”之一種。有苦、酸、甜三味，故稱。此稱清代已行用。清陸廷燦《續茶經·八之出》引《王草堂雜録》：“武夷山有三味茶，苦酸甜也，别是一種。飲之，味果屢變。相傳能解醒消脹，然采製甚少，售者亦稀。”

【洞賓茶】

“武夷”之一種。産於天游觀前老茶樹，以觀中供奉吕洞賓，故名。年發十數枝，僅可得茶二三兩，葉肥厚稀疏，色青翠，茶香而冽，形盤屈如乾蠶，飲之有清凉劑之功效。此稱清代已行用。清劉埥《片刻餘閒集》：“又五曲道院名天游觀，觀前有老茶，盤根旋繞於水石之間，每年發十數枝，其葉肥厚稀疎，僅可得茶三二兩。以觀中供吕純陽，因名曰洞賓茶。屆將熟時，道人請於邑令，遣家人於采茶之前夕，住宿其廟，次日黎明，同道人帶露采摘，守候焙製，頃刻而成。先以一杯供純陽道人，自留少許，餘者盡貯小瓶中，封固，用圖記交家人持回。茶香而冽，粗葉盤屈如乾蠶狀，色青翠似松蘿，新者但可聞其清芬，稍爲咀味，多則不宜。過一年後，於醉飽中烹嘗之，則清凉劑也。余爲崇安令，五年，至去任時，計所收藏

未半觔。十餘載後，亦色香俱變矣。”

【吕仙茶】

“武夷”之一種。相傳茶樹爲吕洞賓（吕仙）所植，故稱。産於福建崇安星村，葉皆對生，大小不殊，味冠諸種，年産不過數斤。始見於清代。亦稱“吕巖茶”。清施鴻保《閩雜記·吕仙茶》：“崇安縣星村有茶樹五株，葉皆對生，自下至上，大小不殊，味冠諸種，云吕仙所植者，村人珍之。每茶時公闔一人收采，先以送官，後以分給各户，然不能多，每年衹數斤而已。各户分得不過數兩，遇貴客始出餉之，名吕仙茶，亦曰吕巖茶。”

【吕巖茶】

即吕仙茶。此稱清代已行用。見該文。

【巖茶】

“武夷”之上品。産於山上巖（岩）間，故稱。山凡九十九巖，皆特拔挺起，享風日雨露之澤，受甘潔水泉之潤，故茶品佳。茶分南山、北山，北山者上，南山者次之。巖各有其特殊之品，大紅袍、鐵羅漢、鐵觀音爲其最著名者。茶之品類，前人分法不一，一般分爲花香、小種、名種、奇種等類。茶之采摘焙製，甚爲仔細。采摘於穀雨前後，規模宏大，多至萬餘人。采前懸標牌於茶樹，采時連同茶牌一并摘下，以防諸茶相混。茶師别葉之粗細以焙製，各有差等，以僧家所製最爲得法。貯茶之器宜小、宜密，層層封裹。新茶過中秋始飲，以陳者爲佳。性温味濃，尤益於消食醒酒，卑濕之地居者宜飲。味有香、清、甘、活四等，可瀹三次而味依舊。此稱始見於清代，亦作“巗茶”。清陸廷燦《續茶經·三之造》引《隨見録》：“武夷造茶，其巗茶以僧家所製者最爲得法。”又

《八之出》引《隨見録》："武夷茶，在山上者爲巖茶，水邊者爲洲茶。巖茶爲上，洲茶次之。巖茶北山者爲上，南山者次之。南北兩山，又以所產之巖名爲名。其最佳者，名曰工夫茶。工夫之上，又有小種。"清劉埥《片刻餘閒集》："〔武夷茶〕其生於山上巖間者，名巖茶……凡巖茶，皆各巖僧道采摘焙製。遠近賈客於九曲內各寺廟購覓，市中無售者。"清施鴻保《閩雜記・建茶名品》："吾鄉俗則但稱曰武夷，閩俗亦惟有花香、小種、名種之分而已。名種最上，小種次之，花香又次之。"清梁章鉅《歸田瑣記・品茶》："至茶品之四等，一曰香，花香、小種之類皆有之。今之品茶者以此爲無上妙諦矣，不知等而上之，則曰清。香而不清，猶凡品也。再等而上之，則曰甘。香而不甘，則苦茗也。再等而上之，則曰活。甘而不活，亦不過好茶而已。活之一字，須從舌本辨之，微乎微矣，然亦必瀹以山中之水，方能悟此消息。"清郭柏蒼《閩產録異・貨屬・茶》："閩諸郡皆產茶，以武夷爲最……清明後穀雨前，江右采茶者萬餘人，手挽茶柯，拉葉入籃筐中。茶師分粗細焙之，最細爲奇種，即刺天之第一槍也，其二旗者爲名種、爲小種，稍粗者爲次香、爲花香。"又："凡茶，他郡產者性微寒，武夷九十九巖產者性獨溫。其品分巖茶、洲茶；附山爲巖，沿溪爲洲；巖爲上品，洲爲次品。九十九巖皆特拔挺起，凡風日雨露無一息之背，水泉之甘潔又勝他山，草且芳烈，何況茗柯。其茶分山北、山南。山北尤佳，受東南晨日之光也。巖茶、洲茶之外爲外山，清濁不同矣。九十九巖茶可三瀹，外山兩瀹即淡……貯茶，一忌濕氣，次忌共置，三忌大器。以一二兩小甖密緘包裹，置鉛箱中，實以巖片，緘以木匣爲妙，然新舊交則色紅味老而香減。"近世亦作"岩茶"。蔣希召《武夷山游記》："〔武夷〕採茶須過穀雨節十日後，取其肥大。採佳種須天氣晴明，先時懸牌茶樹，標其名目，採時以白紙裹茶葉，並將茶牌同時摘下包入，否則諸茶混亂。茶工非陸羽先生，安能一一分別之耶？焙製裝置亦極研究，本年之新茶非過中秋後不飲，過此則愈陳愈佳……武夷之茶，性溫味濃，極其消食，盛行於廣東，而以潮洲人爲最嗜之。潮地卑濕，飲之最宜。潮人善賈多財，揮金不惜，而武夷岩茶遂巧立名目，駕參蓍而上之矣。"

【巇茶】

同"巖茶"。此體清代已行用。見該文。

【岩茶】

同"巖茶"。此體行用於近現代。見該文。

【工夫茶】

"巖茶"之佳品。名次在小種之下。此稱清代已行用。見該文。

【花香】

"巖茶"之佳品。位次在名種、小種之下。夾栀子花入焙，味芳香，故名。此稱清代已行用。清梁章鉅《歸田瑣記・品茶》："今城中州府官廨及豪富人家競尚武夷茶，最著者曰花香。"清郭柏蒼《閩產録異・貨屬・茶》："花香者，夾栀子花入焙也。"自注："各巖皆產栀子。"

【小種】

"巖茶"之一品。精於花香，次於名種。原本茶樹之名，後以稱所產之茶。株產不過數兩，價昂難得。此稱清代已行用。清陸廷燦《續茶經・八之出》引《隨見録》："又有小種，則以樹名爲名。每株不過數兩，不可多得。"清施鴻保《閩雜記·功夫茶》："茶以武夷小種爲尚，有一兩值番錢數圓者。"一説，巖茶之下品。亦稱"半岩茶"。蔣希召《武夷山游記》："茶之品類，大別爲四種。曰小種，其最下者也。高不過尺餘，九曲溪畔所見皆是，亦稱之曰半岩茶。"

【半岩茶】

即小種。此稱行用於近現代。見該文。

【名種】

"巖茶"之一品。精於花香、小種者。此稱清代已行用。清梁章鉅《歸田瑣記·品茶》："其由花香等而上者曰小種而已，山中則以小種爲常品。其等而上者曰名種，此山以下所不可多得。"亦作"茗種"。蔣希召《武夷山游記》："茶之品類，大別爲四種……曰茗種，價倍於小種。"

【茗種】

同"名種"。此體行用於近現代。見該文。

【烏龍】

"巖茶"之一品。位在名種之上。產於尚沙縣。爲紅茶之最佳者。葉細色黑，味濃澀。見於清代。清施鴻保《閩雜記·建茶名品》："近來則尚沙縣所出一種烏龍，謂在名種之上。"蔣希召《武夷山游記》："烏龍葉細色黑，味濃澀。"柴萼《梵天廬叢録·武夷茶》："紅茶中最佳之烏龍，即武夷山所產。"

【奇種】

"巖茶"之最精細者。位在名種之上，與烏龍、水仙齊等。以始萌之茶芽爲原料焙成，產甚少，各寺觀所藏亦不足一斤。皆用極小之錫瓶貯存，有雪梅、木瓜諸品。見於清代。清梁章鉅《歸田瑣記·品茶》："〔名種〕又等而上之曰奇種。如雪梅、木瓜之類，即山中亦不可多得。大約茶樹與梅花相近者，即引得梅花之味；與木瓜相近者，即引得木瓜之味。他可類推。此亦必須山中之水，方能發其精英。閱時稍久，而其味亦即稍退。三十六峰中，不過數峰有之。各寺觀所藏，每種不能滿一斤。用極小之錫瓶貯之，裝在名種大瓶中間。遇貴客名流到山，始出少許，鄭重瀹之。其用小瓶裝贈者，亦題奇種，實皆名種。雜以木瓜、梅花等物，以助其香，非真奇種也。"蔣希召《武夷山游記》："茶之品類，大別爲四種……曰奇種，價又倍之（指名種）。烏龍、水仙與奇種等，價亦相同。"

【雪梅】

"奇種"之一品。茶樹近於梅花而引得其味，故名。此稱清代已行用。見該文。

【木瓜】

"奇種"之一品。茶樹近於木瓜而引得其味，故名。此稱清代已行用。見該文。

【水仙】

"巖茶"之最精細者。與奇種、烏龍齊名。葉大，味清香。此稱行用於近現代。蔣希召《武夷山游記》："水仙葉大，味清香。"參見本卷《飲料説·茶考》"奇種"文。

【上奇種】

"巖茶"之極名貴者。以其位於巖茶精品奇種之上，故名。采自百年老茶樹，產甚微，價值奇昂。見於近現代。蔣希召《武夷山游記》："茶之品類，大別爲四種……曰上奇種，則皆百年以上老樹。至此則另立名目，價值奇昂，如大紅袍，其最上品也。每年所收，天心不能滿一斤，天游亦十數兩耳。武夷各岩所產之茶，各有其特殊之品。”

【大紅袍】

“上奇種”之最上品。據説明代一舉子赴京趕考，經此地時染病，飲此茶後痊癒。後考中狀元，脱下紅袍披於該株茶樹上，故名。産於天心巖、天游巖。此稱行用於近現代。見該文。

【鐵羅漢】

“巖茶”之極品。産於福建武夷山。據傳産於宋時所植之一茶樹，産甚微，其價昂貴，至銀幣一百六十圓一斤。因其質重如鐵（或説葉色暗緑如鐵），狀似羅漢趺坐，故名。清郭柏蒼《閩産録異・貨屬・茶》：“鐵羅漢……皆宋樹，又僅止一株，年産少許。”徐珂《可言》卷一三：“鐵羅漢之通行各省者，乙卯（1915）市價每斤銀幣八圓，其最昂者每兩十圓，以斤計之，則一百六十圓矣。”

【鐵觀音】

“巖茶”之極品。産於福建安溪。始見於近現代。亦稱“鐵觀音茶”。所産不多，不易購得。其茶濃香撲鼻，以錫瓶密封。柴萼《梵天廬叢録・武夷茶》：“而鐵觀音尤佳。予居日本時，有閩友持一小簍爲贈。簍中裝如鵝卵大之錫瓶十具，啓瓶撮葉，濃香撲鼻……此鐵觀音茶，每年所産不多，故外省茶舖中不易購得之。”

【鐵觀音茶】

即鐵觀音。以其質重如鐵（或説葉片暗緑如鐵），形似觀音，故名。此稱行用於近現代。見該文。

【洲茶】

“武夷”之一種。産於山外洲渚者，故稱。有白毫、蓮子心、鳳尾龍鬚等品種。味淡薄。見於清代。清陸廷燦《續茶經・三之造》引《隨見録》：“至洲茶中，采回時，逐片擇其背上有白毛者，另炒另焙，謂之白毫，又名壽星眉；摘初發之芽一旗未展者，謂之蓮子心；連枝二寸剪下烘焙者，謂之鳳尾龍鬚。”又《八之出》引《隨見録》：“洲茶名色有蓮子心、白毫、紫毫、龍鬚鳳尾。”清劉埥《片刻餘聞集》：“〔武夷茶〕其種於山外地内者，名洲茶……洲茶中最高者曰白毫，次則紫毫。”又：“洲茶皆民間挑賣，行舖收買。山之第九曲盡處有星村鎮，爲行家萃聚所。”清郭柏蒼《閩産録異・貨屬・茶》：“蓮心、白毫、紫毫……皆外山及洲茶，采初出嫩芽爲之。雖以細爲佳，味則淺薄。”參見本卷《飲料説・茶考》“巖茶”文。

【白毫】

“洲茶”之一品。以背有白毛之嫩葉炒焙而成，故名。此稱清代已行用。參見本卷《飲料説・茶考》“洲茶”文。

【壽星眉】

即白毫。以壽星眉毛亦爲白色，似葉背之白毛，故以喻稱。此稱清代已行用。參見本卷《飲料説・茶考》“洲茶”文。

【蓮子心】

“洲茶”之一品。以初萌之嫩芽製成。以嫩芽一旗未展，形似蓮心，故名。此稱清代已行用。參見本卷《飲料説・茶考》“洲茶”文。

【蓮心】[1]

“蓮子心”之省稱。此稱清代已行用。參見本卷《飲料説・茶考》“洲茶”文。

【鳳尾龍鬚】

“洲茶”之一品。以初萌嫩芽帶二寸枝剪下烘焙而成。此稱清代已行用。參見本卷《飲料説·茶考》"洲茶"文。

【龍鬚鳳尾】

即鳳尾龍鬚。此稱清代已行用。參見本卷《飲料説·茶考》"洲茶"文。

【紫毫】

"洲茶"之一品。次於白毫。此稱清代已行用。參見本卷《飲料説·茶考》"洲茶"文。

陽羨茶

古代名茶。産於江蘇宜興茶山。以其秦漢時屬陽羨，故稱。其形制，唐宋爲團餅，明清爲散芽。色深碧，芽形如雀舌、巨米。唐特推重，從代宗朝起，以爲上供。後世恒以爲貢茶。唐盧仝《走筆謝孟諫議寄新茶》詩："開緘宛見諫議面，手閲月團三百片。聞道新年入山裏，蟄蟲驚動春風起。天子未嘗陽羨茶，百草不敢先開花。"唐《重修茶舍記》："義興貢茶，非舊也。前此故御史大夫李栖筠實典是邦，山僧有獻佳茗者，會客嘗之。野人陸羽以爲芬香甘辣，冠於他境，可薦於上，栖筠從之，始進萬兩，此其濫觴也。厥後因之，徵獻浸廣，遂爲任土之貢，與常賦之邦侔矣。"李栖筠，唐代宗時人。義興，即今宜興。宋代省稱"陽羨"。宋梅堯臣《得雷太簡自製蒙頂茶》詩："顧渚及陽羨，又復下越茗。"宋張舜民《畫墁録》："有唐茶品，以陽羨爲上供，建溪、北苑未著也。"明錢椿年《茶譜·茶品》："常之陽羨，婺之舉巖……之數者，其名皆著。"明許次紓《茶疏·産茶》："江南之茶，唐人首稱陽羨，宋人最重建州。於今貢茶，兩地獨多。"明周高起《洞山岕茶系》："唐李栖筠守常州日，山僧進陽羨茶，陸羽品爲芬芳冠世産，可供上方，遂置茶舍于罨畫谿，去湖汶一里所，歲供萬兩。許

有穀詩云'陸羽名荒舊茶舍，却教陽羨置郵忙'是也。其山名茶山，亦曰貢山。"清袁枚《隨園食單·茶·常州陽羨茶》："陽羨茶深碧色，形如雀舌，又如巨米，味較龍井略濃。"清曹寅《潯江以夜坐詩見寄兼餉武夷茶》詩："武夷真仙人，陽羨近名士。"參閲明謝肇淛《五雜俎·物部三》、清陳淏子《花鏡·花木類考·茶》。

【陽羨】

"陽羨茶"之省稱。此稱宋代已行用。見該文。

蒙頂

古代名茶。産於四川名山縣蒙山頂，故稱。蜀産茶處凡八，蒙頂居首爲最佳。萌芽較晚，其時似有護持，雲霧縈覆其上，色白，芳香甘美。初時尤昂貴，束帛不能易一斤。始見於唐代。亦稱"蒙山""蒙茶"。唐楊曄《膳夫經手録》："始，蜀茶得名蒙頂。於元和之前，束帛不能易一斤先春蒙頂。"先春，謂采製於早春。唐劉禹錫《西山蘭若試茶歌》："何况蒙山顧渚春，白泥赤印走風塵。"唐白居易《新昌新居書事四十韻因寄元郎中張博士》："蠻榼來方瀉，蒙茶到始煎。"後蜀稱"蒙頂茶"。毛文錫《茶譜》："雅州蒙頂茶，其生最晚。春夏之交，有雲霧覆其上，若有神物護持之者。"宋梅堯臣《得雷太簡自製蒙頂茶》詩："陸羽舊《茶經》，一意重蒙頂。"宋范鎮《東齋記事》卷四："蜀之産茶凡八處……然蒙頂爲最佳也，其生最晚。常在春夏之交，其芽長二寸許，其色白，味甘美，而其性溫暖，非他茶之比。"宋陸游《卜居》詩："雪山水作中濡味，蒙頂茶如正焙香。"明陳師《茶考》："蒙頂茶出四川雅州，即古蒙山郡。其《圖經》云：'蒙頂有茶，受陽氣

之全，故茶芳香。'……雅州蒙茶不可易致矣。"明唐樞《冀越通》："蜀茶之細者……雅安之蒙頂，然産甚微。"清代稱"蒙山茶"。清鄭光祖《一斑錄雜述》卷四："若安徽六安茶，湖北安化茶，四川蒙山茶，雲南普洱茶，與蘇杭不同味，不善體會者，或不知其妙。"晚近之世，茶肆招幌，猶書以"揚子江心水，蒙山頂上茶"，足見影響之大，流布之廣。參見本卷《飲料說・茶考》"中頂茶"文。參閱明許次紓《茶疏・辯訛》、明郎瑛《七修類稿・辯證上》、明張岱《夜航船・日用・飲食》。

【蒙山】

即蒙頂。以山名代指。此稱唐代已行用。見該文。

【蒙茶】

即蒙頂。此稱唐代已行用。見該文。

【蒙頂茶】

即蒙頂。此稱五代時期已行用。見該文。

【蒙山茶】

即蒙頂。以山名名茶。此稱清代已行用。見該文。

【中頂茶】

"蒙頂茶"之精品。産於四川名山縣蒙山上清峰。山凡五頂，上清正爲其中頂，故稱。産量極少，至爲寶貴。傳説服兩許可成仙。爲蜀中方物貢品。省中大吏所得，一瓶僅一葉。始見載於五代後蜀，達於清。後蜀毛文錫《茶譜》："蜀之雅州有蒙山，山有五頂，頂有茶園，其中頂曰上清峰。昔有僧病冷且久，嘗遇一老父，謂曰：'蒙之中頂茶，嘗以春分之先後，多摶人力，俟雷之發聲，併手採摘，三日而止，若獲一兩，以本處水煎服，即能袪宿疾；二兩，

當眼前無疾；三兩，固以換骨；四兩，即爲地仙矣。'是僧因之中頂築室以候，及期獲一兩餘，服未竟而病瘥。時到城市，人見其容貌，常若年三十餘，眉髮綠色。其後入青城訪道，不知所終。今四頂茶園，採摘不廢，惟中頂草木繁密，雲霧蔽虧，鷥獸時出，人迹稀到矣。"明代稱"上清峰茶"。明朱橚《救荒本草・救飢》："又別有一種蒙山中頂上清峰茶，云春分前後多聚人力，候雷初發聲，併手齊採，若得四兩，服之即爲地仙。"清吳慶坻《蕉廊脞錄》卷八："蜀名山縣蒙山産茶最有名，中頂所産至少，而至寶貴……中頂茶，每歲入貢，爲四川方物之一。知縣歲以貢餘餽省中大吏一小瓶，中祇一葉耳。"

【上清峰茶】

即中頂茶。此稱明代已行用。見該文。

【仙茶】

"中頂茶"之尤珍貴者。蒙頂甲名山，上清甲蒙頂，大石盤茶園七株甲上清。始見於漢代。爲甘露祖師吳理真得種於西域，親手栽植。茶凡數株，高約尺許，二千餘年來不枯不長。發芽較遲，葉萌即記片數，采摘先行祭祀，所采至多百餘葉，精工焙製，僅得數錢。葉細長，味甘清，色黃碧。入貢之時，縣官卜吉，朝服叩闕，所經州縣皆謹慎護送。此茶雖自後蜀以來即有記載，然至清始多行用此稱。清吳慶坻《蕉廊脞錄》卷八："〔蒙〕山凡五頂，中頂最高，土僅寸許。相傳漢甘露祖師吳理真種茶八株，今尚存其七，高四五寸，其一高尺二三寸，夏初發芽，不過數十，即有雲霧覆其上。每將采，必先祭之，祭畢而采，采畢即如枯枝。平時樹柵局鐍，以守護之。"清王士禛《隴蜀餘

聞》："蒙山在名山縣西十五里，有五峰，最高者曰上清峰，其巔一石，大如數間屋，有茶七株生石上，無縫罅，云是甘露大師手植。每茶時葉生，智炬寺僧報有司往視，籍記葉之多少，采製才得數錢許。明時貢京師，僅一錢有奇。"清宋永岳《亦復如是·蒙山》："五峰突起，有茶七株產石上，高不盈尺，大僅如箸。自漢以來，不滅不生，發芽最遲。每年屆發芽之時，寺僧則按期稟報有司，至仲夏，則有司親往采茶，采畢，則命僧如法焙製，以供京師。所得不過數十葉，縱多一百餘葉，名曰仙茶，云係甘露大師俗姓吳所手植者，其種來自西域……蓋仙茶較凡茶葉獨厚，色亦較凡茶獨深，一種清香之味，實非凡茶所能及。"清趙懿《蒙頂茶説》："名山之茶美於蒙，蒙頂又美之上清峰，茶園七株又美之，世傳甘露慧禪師手所植也，二千年不枯不長。其茶，葉細而長，味甘而清，色黃而碧。酌盃中香雲蒙覆其上，凝結不散，以其異，謂曰仙茶。每歲采貢三百三十五葉，天子郊天及祀太廟用之……歲以四月之吉采，命僧會司領摘茶，僧十二人入園，官親督而摘之，盡摘其嫩芽，籠歸山半智矩寺，乃剪裁龕細及蟲蝕，每芽只揀取一葉，先火而焙之，焙用新釜，燃猛火，以紙裹葉熨釜中，候半蔫，出而揉之。諸僧圍坐一案，復一一開所揉，勻攤紙上，彌於釜口，烘令乾，又精揀其青潤完潔者為正片貢茶。茶經焙稍龕，則葉背焦黃，稍嫩則黯黑，此皆剔為餘茶，不登貢品。"又："每貢仙茶，正片貯兩銀瓶，瓶製方，高四寸二分，寬四寸……皆盛以木箱，黃縑丹印封之。臨發，縣官卜吉，朝服叩闕，選吏解赴布政使司投貢房，經過州縣，謹護送之，其慎重如此。"參閱清盧秉鈞《紅杏山房聞見隨筆·輿地》）。

顧渚

古代名茶。產於浙江長興顧渚山，故稱。始見於唐代。為貢品，餅茶。采摘時，湖、常二州郡守皆至。貢品於清明抵京，先薦宗廟，後賜廷臣。每貢役工恒數萬，歷時數月。其時已遠傳西蕃。宋時亦為貢品，團茶。明代為散茶，貢量大減，歲止數十斤。其茶味佳甚，清香襲人，味回舌喉。唐斐汶《茶述》："今宇內為土貢實衆，而顧渚、蘄陽、蒙山為上。"唐楊曄《膳夫經手錄》："湖〔州〕顧渚……自蒙頂之外，無出其右者。"唐代亦稱"紫笋""吳興紫笋""顧山紫笋茶""顧渚貢焙""紫笋茶"。唐李肇《唐國史補》卷下："風俗貴茶，茶之名品益衆。劍南有蒙頂石花，或小方，或散牙，號為第一。湖州有顧渚之紫笋……常魯公使西蕃，烹茶帳中。贊普問曰：'此為何物？'魯公曰：'滌煩療渴，所謂茶也。'贊普曰：'我此亦有。'遂命出之。以指曰：'此壽州者，此舒州者，此顧渚者，此蘄門者，此昌明者，此澠湖者。'"唐張文規《湖州貢焙新茶》詩："鳳輦尋春半醉回，僊娥進水御簾開。牡丹花笑金鈿動，傳奏吳興紫笋來。"唐李吉甫《元和郡縣志·長城縣》："顧山，縣西北四十二里。貞元以後，每歲以進奉顧山紫笋茶，役工三萬人，累月方畢。"宋錢易《南部新書》卷戊："唐制：湖州造茶最多，謂之顧渚貢焙，歲造一萬八千四百八斤，焙在長城縣西北。大曆五年以後，始有進奉。至建中二年，袁高為郡，進三千六百串，並詩刻石在貢焙。故陸鴻漸《與楊祭酒書》云：顧渚山中紫笋茶兩片，此物但恨帝未得嘗，實所歎息。一片上太夫人，一片充昆弟同啜。"宋代稱"湖州紫笋"。宋胡仔《苕溪漁隱叢話・東坡九》引宋蔡寬夫《詩話》："唐茶品雖多，亦以蜀茶爲重，然惟湖州紫笋入貢，每歲以清明日貢到。先薦宗廟，然後分賜近臣。紫笋生顧渚，在湖常兩境之間。當采茶時，兩郡守畢至，最爲盛會。"宋樂史《太平寰宇記・江南東道》："湖州土産紫笋茶，長興縣……顧渚在縣西北三十里，昔吳王夫概顧其渚，次原隰平衍爲都邑之所。今崖谷林薄之中，多産茶茗，以充歲貢。"宋葉夢得《避暑録話》卷下："草茶極品，惟雙井顧渚，亦不過各有數畝。雙井在分寧縣……顧渚在長興縣，所謂吉祥寺也，其半爲今劉侍郎希范家所有。兩地所産歲亦止五六斤。"元代稱"顧渚紫笋"。元馮子振《鸚鵡曲・顧渚紫笋》曲："一槍旗，紫笋靈芽，摘得和烟和雨。"明代稱"顧渚茶"。明徐獻忠《吳興掌故集・物産類・茶》："我朝太祖皇帝喜顧渚茶。今定制，歲貢止三十二斤，清明前二日，縣官親詣采造，進南京奉先殿焚香而已，未嘗別有上供……今時茶品已定，與唐時不同。大抵南産優，而絶無用團者，紫笋旗牙雀牙之品大著矣。"明錢椿年《茶譜・茶品》："茶之産於天下多矣，若劍南有蒙頂石花，湖州有顧渚紫笋……之數者，其名皆著。品第之，則石花最上，紫笋次之。"明宋雷《西吳里語》卷四："長興顧渚山在縣西北……山産茶，名紫笋茶，號爲絶品。古有貢茶院，今水口茶山，産茶尤多。"清俞鴻漸《印雪軒隨筆・顧渚茶》："言茶者必推顧渚，其地在長興界中。吳小匏刺史未通籍時，與數友爲碧巖之游。過一山家，竹籬茅舍，幽潔特異。主人延客入，瀹茗以進。

瓷甌精好，揭蓋視之，碧花浮動，清香襲人，佳茗也。方冀復進，俄而長鬚奴提一紫沙宜興壺置几上，客竊笑其遽易粗品，而主人起立，另取小杯手斟，奉客意甚殷勤。受飲之，甘回舌本，珍勝頭綱，覺陸羽盧仝全品題，猶未盡也。異而問之，則曰：'頃所進雖佳，不過産於高山，摘自雨前者。兹則真顧渚茶也，生於高崖絶巘，人迹罕到之處。吾每歲春仲，倩人采而藏之，亦不可多得。'滿座贊歎不已。瀕行，小匏乞少許以歸，粗枝大葉，絶不作二旗一槍之狀，而味佳特甚。"

【紫笋】

即顧渚。以其茶芽初萌時色紫似笋，故稱。此稱唐代已行用。見該文。

【吳興紫笋】

即顧渚。此稱唐代已行用。見該文。

【顧山紫笋茶】

即顧渚。此稱唐代已行用。見該文。

【顧渚貢焙】

即顧渚。以其采製供進奉朝廷用，故稱。此稱唐代已行用。見該文。

【紫笋茶】

即顧渚。此稱唐代已行用。見該文。

【湖州紫笋】

即顧渚。此稱宋代已行用。見該文。

【顧渚紫笋】

即顧渚。此稱元代已行用。見該文。

【顧渚茶】

即顧渚。此稱明代已行用。見該文。

【急程茶】

特指唐時"顧渚"之入貢者。以其須十日行程四千里於清明前抵京，故稱。始於唐德宗貞元五年（789）。唐李肇《唐國史補》卷下：
“命長興均貢，限清明日到京，謂之急程茶。”
唐李郢《茶山貢焙歌》：“凌（一作陵）烟觸露
不停采，官家赤印連帖催……茶成拜表貢天子，
萬人爭嗽春山摧。驛騎鞭聲世流電，半夜驅夫
誰復見？十日王程路四千，到時須及清明宴。”

雙井白芽

古代名茶。産於江西修水雙井村，茶芽多
白毫，故稱。始見於後蜀，以製作精工擅名。
北宋時稱爲“草茶第一”。早春發芽，形似鳳
爪。成品以紅紗囊裝，常茶十餘斤養護一兩芽，
以避暑氣走味。到南宋，其地屬黃庭堅家族，
僅數畝，歲産僅斤許。自黃氏親題自標爲“家
園第一”後，名聲鵲起，流被後世。後蜀毛文
錫《茶譜》：“洪州雙井白芽，製造極精。”宋代
省稱“雙井”，亦稱“雙井茶”。宋梅堯臣《得
雷太簡自製蒙頂茶》詩：“近來江國人，鷹爪誇
雙井。凡今天下品，非此不覽省。”宋歐陽修
《雙井茶》詩：“西江水清江石老，石上生茶如
鳳爪。窮臘不寒春氣早，雙井芽生先百草。白
毛囊以紅碧紗，十斤茶養一兩芽。長安富貴五
侯家，一啜猶須三日誇。”又《歸田錄》卷上：
“草茶盛於兩浙，兩浙之品，日注爲第一。自景
祐已後，洪州雙井白芽漸盛。近歲製作尤精，
囊以紅紗，不過一二兩，以常茶十數斤養之，
用辟暑濕之氣。其品遠出日注上，遂爲草茶第
一。”草茶，謂灌木型茶樹。宋葉夢得《避暑錄
話》卷下：“草茶極品，惟雙井、顧渚，亦不
過各有數畝。雙井在分寧縣，其地屬黃氏魯直
家也。元祐間，魯直力推賞於京師，族人交致
之，然歲僅得一二斤爾。”宋陳鵠《耆舊續聞》
卷八：“魯直與陳季常帖云：雙井前所選，乃家

園第一……自山谷品題之後，雙井之名益著。”
參閱宋呂祖謙《貢茶十品》、明王象晋《群芳
譜・茶譜》。

【雙井】

“雙井白芽”之省稱。此稱宋代已行用。見
該文。

【雙井茶】

即雙井白芽。此稱宋代已行用。見該文。

北苑茶

古代名茶。産於福建建甌鳳凰山。北苑，
乃南唐金陵皇家禁苑。其時派往鳳凰山統領其
地使者稱北苑使，其人善製茶，人爭貴之，遂
名北苑茶。始見稱於南唐，至宋而名聲鵲起，
爲宋代貢茶之最主要來源，列爲上上品。其地
地理自然環境優越，崗阜環布，溪流前貫，紅
壤膏腴，地暖多雨，驚蟄時茶芽已長寸許。春
社前即加采摘，聚衆數千，製爲團餅茶，社日
前入貢，粗細茶計四萬餘餅。味甘滑極佳。宋
熊蕃有《宣和北苑貢茶錄》一卷。宋沈括《夢
溪補筆談・辯証》：“建茶之美者，號北苑茶。
今建州鳳凰山，土人相傳謂之北苑。”宋蔡襄
《茶錄・論茶・味》：“茶味主於甘滑，惟北苑鳳
凰山連屬諸焙所産者味佳。”宋宋子安《東溪試
茶錄》：“獨北苑連屬諸山者最勝。北苑前枕溪
流……先春朝隮常雨，霽則霧露昏蒸，晝午猶
寒，故茶宜之……丁謂亦云：鳳山高不百丈，
無危峰絶崦，而崗阜環抱，氣勢柔秀，宜乎嘉
植靈卉之所發也。”宋趙汝礪《北苑別錄》：“建
安之東三十里，有山曰鳳凰。其下直北苑，旁
聯諸焙。厥土赤壤，厥茶惟上上。太平興國
中，初爲御焙……慶曆中，漕臺益重其事，品
數日增，制度日精。厥今茶自北苑上者，獨冠

天下，非人間所可得也。方其春蟲震蟄，千夫雷動，一時之盛，誠爲偉觀。"宋胡仔《苕溪漁隱叢話·東坡九》："其實北苑茶山，乃名鳳凰山也。北苑土色膏腴，山宜植茶。"又《玉川子》："〔北苑〕細色茶五綱，凡四十三品，形製各異，共七千餘餅……又有粗色茶七綱，凡五品……共四萬餘餅。"又："其地暖，纔驚蟄，茶芽已長寸許……北苑茶山，凡十四五里，茶味惟均。"宋佚名《錦繡萬茶谷·龍焙》："北苑造貢茶，社前芽細如針，用御水研造，每片計工直錢四萬，分試其色如乳，乃最精也。"宋亦省稱"北苑"。宋丁謂《北苑茶錄》："惟北苑發早而味尤佳。社前十五日，即采其芽，日數千工，聚而造之，逼社即入貢，工甚大，造甚精。"一說，北苑，地名，遂以產地名茶。按，此說出自宋丁謂《北苑茶錄》。丁氏自己都懷疑它的正確性：苑本天子園囿之名，緣何列在郡之東隅？宋沈括《夢溪補筆談·故事》已駁其謬，闡明因人得名，非因地得名之由。

【北苑】

"北苑茶"之省稱。此稱宋代已行用。見該文。

【試新】

"北苑茶"入貢時之第一綱、第二綱。以其采製較早較嫩，供品試嘗新，故名。其制爲餅茶，如方寸之板銙，正貢僅一百銙，每銙值四十萬錢，故宋時極爲珍視，僅供皇室，外人難得。後人品評，其製先以水浸，已失真味；又加香藥，益奪其氣，色香均欠佳。始見於宋代。宋姚寬《西溪叢語》卷上："〔北苑〕茶有十綱，第一第二綱太嫩，第三綱最妙……第一名曰試新。"亦稱"試新銙""龍焙試新""北

苑試新"。宋熊蕃《宣和北苑貢茶錄》："試新銙，政和二年造。"宋趙汝礪《北苑別錄·綱次》："細色第二綱：龍焙試新，水芽，十二水，十宿火，正貢一百銙。"宋周密《武林舊事·進茶》："仲春上旬，福建漕司進第一綱茶，名北苑

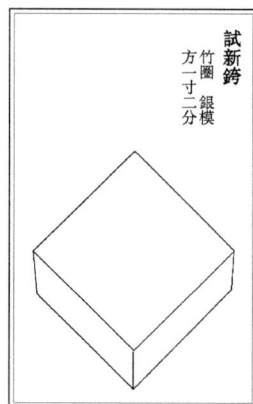

試新銙
竹圈　銀模
方一寸二分

試新銙
（宋熊蕃《宣和北苑貢茶錄》）

試新。方寸小夸，進御止百夸。護以黃羅軟盝，藉以青篛，裹以黃羅夾複，臣封朱印，外用朱漆小匣，鍍金鎖，又以細竹絲織笈貯之。凡數重，此乃雀舌水芽所造，一夸之直四十萬，僅可供數甌之啜耳。或以一二賜外邸，則以生綫分解，轉遺好事，以爲奇玩。"明許次紓《茶疏·今古製法》："古人製茶，尚龍團鳳餅，雜以香藥……若漕司所進第一綱，名北苑試新者，乃雀舌冰芽所造……然冰芽先以水浸，已失真味；又和以名香，益奪其氣，不知何以能佳？不若近時製法，旋摘旋焙，香色俱全，尤蘊真味。"按，"試新銙"亦偶或省爲"新銙"，參見本卷《飲料說·茶考》"龍園勝雪"文。

【試新銙】

即試新。銙，古代腰帶上的方形扣板。茶形似此，因以稱。此稱宋代已行用。見該文。

【龍焙試新】

即試新。龍焙，謂貢茶焙所，即北苑。此爲貢茶之第二綱。此稱宋代已行用。見該文。

【北苑試新】

即試新。此爲貢茶之第一綱。此稱宋代已

行用。見該文。

【龍園勝雪】

"北苑茶"之精品。以其采製於建州貢苑，色白過雪如乳，故名。驚蟄後采造，先蒸後揀，每一芽皆剔去外層，祇留小心芽，置水中，以北苑旁御泉水研焙而成。止三十銙，每銙方寸，有小龍蜿蜒其上，值三四萬錢。茶烹色如乳，味腴而美。茶之入貢，悉心包裹裝飾，飛馬疾馳京師，號爲頭綱。盛稱於宋，省稱"勝雪"。宋熊蕃《宣和北苑貢茶錄》："其制方寸新銙，有小龍蜿蜒其上，號龍園勝雪。按，《建安志》云：'此茶蓋于白合中，取一嫩條如絲髮大者，用御泉水研造成。分試其色如乳，其味腴而美。'……初，貢茶皆入龍腦，至是慮奪真味，始不用焉。蓋茶之妙，至勝雪極矣，故合爲首冠。"又："龍園勝雪，宣和二年造……惟白茶與勝雪，自驚蟄前興役，浹日乃成，飛騎疾馳，不出中春，已至京師，號爲頭綱……蓋水芽至宣和始有，故龍園勝雪與白茶角立，歲充首貢。"宋趙汝礪《北苑別錄·綱次》："細色第三綱：龍園勝雪。按，《建安志》云：'龍園勝雪用十六水，十二宿火……勝雪係驚蟄後采造，茶葉稍壯，故耐火。'水芽……正貢三十銙。"又："細色五綱……龍園勝雪爲最精，而建人有直四萬錢之語。夫茶之入貢，圈以箬葉，

龍園勝雪
（宋熊蕃《宣和北苑貢茶錄》）

内以黄斗，盛以花箱，護以重筐，扃以銀鑰。花箱內外，又有黄羅幕之，可謂什襲之珍矣。"宋姚寬《西溪叢語》卷上："建州龍焙面北，謂之北苑。有一泉極清澹，謂之御泉……唯龍園勝雪、白茶二種，謂之水芽。先蒸後揀，每一芽，先去外兩小葉，謂之烏帶；又次取兩嫩葉，謂之白合；留小心芽，置於水中，呼爲水芽。聚之稍多，即研焙爲二品，即龍園勝雪、白茶也。茶之極精好者，無出於此。每胯計工價近三十千。其他茶雖好，皆先揀而後蒸研，其味次第減也。"明謝肇淛《五雜俎·物部三》："宋初團茶多用名香雜之，蒸以成餅……漕臣鄭可簡製銀絲冰芽，始不用香，名爲勝雪，此茶品之極也。"

【勝雪】

"龍園勝雪"之省稱。此稱宋代已行用。見該文。

日鑄

古代名茶。産於浙江會稽日鑄山，故稱。茶地依山傍水，得水石之靈。茶芽細白，長約寸許，芳香如麝。其地傳爲古越王鑄劍之地，故茶味似有金石之氣。宋初兩浙之草茶以此爲首，後遜位於雙井白芽。多見於宋代。宋梅堯臣《答宣城張主簿遺鴉山茶次其韻》："日鑄弄香美，天目猶稻麻。吳人與越人，各各相鬭誇。"宋代亦作"日注"，亦稱"日鑄茶""日注茶""日鑄雪芽"。宋歐陽修《歸田錄》卷上："草茶盛於兩浙，兩浙之品，日注爲第一。"宋高似孫《剡錄·茶品》："會稽山茶，以日鑄名天下。余行日鑄嶺，入日鑄寺，緪日鑄泉，瀹日鑄茶，茶與水味，深入理窟。茶生蒼石之陽，碧潤穿注，兹乃水石之靈，豈茶哉！"宋晏殊

《煮茶》詩:"稽山新茗綠如烟,静掣都籃煮惠泉,未向人間殺風景,更持醪醑醉花前。"宋楊彦齡《楊公筆録》:"會稽日鑄山,茶品冠江浙。山去縣幾百里,有上竈下竈,蓋越王鑄劍之地。世傳越王鑄劍,他處皆不成,至此一日而鑄成,故謂之日鑄。或云日注,非也。山有寺,其泉甘美,尤宜茶。山頂謂之油車嶺,茶尤奇,所收絶少,其真者,牙長寸餘,自有麝氣……或云:日注以日所射注處云。"宋陸游《三游洞前巖下小潭水甚奇取以煎茶》詩:"囊中日鑄傳天下,不是名泉不合嘗。"又《山居戲題》詩:"嫩白半甌嘗日鑄,硬黄一卷學《蘭亭》。"宋王十朋《會稽風俗賦》:"日鑄雪芽,卧龍瑞草。"明南逢吉注:"日鑄雪芽者,日鑄嶺在會稽縣東南五十五里,歐冶鑄劍之處,地産茶最佳,其芽纖白而長……雪,言其白也。"明徐渭《陳長公餉日鑄茶》詩:"日鑄標槍芽,月團捲旗避。"明張岱《陶庵夢憶·蘭雪茶》:"日鑄者,越王鑄劍地也,茶味稜稜有金石之氣。"按,唐代會稽茶以剡茶著名,剡茶以水勝,唐詩已咏之。後日鑄茶名盛,入貢量重,不可供給,遂取剡茶以代,是世所烹日鑄,實多剡茶。宋高似孫《剡録》:"山(會稽山)中僧言:'吾左右巖隝能幾何,茶入京都奉臺府供好事者何可給?'蓋取諸近峰,剡居半。然則世之烹日鑄者,多剡茶也。日鑄以水勝耳……剡清流碧湍,與山脉絡,茶胡不奇。余留剡幾年,山中巨井清甘,深潔宜茶。"參閱《宋史·食貨志下六》《明一統志·紹興府》。

【日注】

同"日鑄"。此體宋代已行用。一説,山頂爲日所注射之地,所産之茶尤奇,故名。見

該文。

【日鑄茶】

即日鑄。此稱宋代已行用。見該文。

【日注茶】

即日鑄。此稱宋代已行用。見該文。

【日鑄雪芽】

即日鑄。芽纖白,故名。此稱宋代已行用。見該文。

六安

古代名茶。産於安徽霍山縣大蜀山,其地舊屬六安郡,故稱。皖産茶區甚多,六安最著;六安産區周迴八百里,可用者僅六處,今傳其五。其産量高,銷路廣,南北皆寶愛,有"天下第一"之稱。能消垢膩,去積滯,入藥最效。宋始見,明清盛行。明代頭芽一斤有賣至白銀一兩者。明屠隆《考槃餘事·茶箋》:"六安,品亦精,入藥最效。但不善炒,不能發香而味苦。茶之本性實佳。"明許次紓《茶疏·産茶》:"天下名山,必産靈草,江南地暖,故獨宜茶。大江以北,則稱六安。然六安乃其郡名,其實産霍山縣之大蜀山也。茶生最多,名品亦振,河南山陝人皆用之。南方謂其能消垢膩,去積滯,亦共寶愛。"明代亦稱"六安茶""小峴春"。明陳霆《兩山墨談》卷九:"六安茶爲天下第一。有司包貢之餘,例餽權貴與朝士之故舊者。《玉堂聯句》有云:'七碗清風自六安,每隨佳興入詩壇。纖芽出土春雷動,活火當爐夜雪殘。陸羽舊經遺上品,高陽醉客避清歡。何時一酌中冷水,重試君謨小鳳團。'觀此,則一時賞重可知矣。予謫宦六安,見頻歲春凍,茶産不能廣。而中貴鎮守者,私徵倍於官貢,有司督責,頭芽一斤至賣白金一兩。山谷窶民

有鬻産賣子以買充者，官司視之漠然，初不爲異也。故茶在六安，始若利民，而今爲民害則甚。"明楊慎《藝林伐山》卷一五："小峴山，在六安州。六安茶號小峴春。"明王象晋《群芳譜・茶譜》："壽州霍山黄芽，六安州小峴春，皆茶之極品。"清姚範《援鶉堂筆記・雜識四》："六安茶産自霍山……六安茶以穀雨前者爲上品，立夏後則無毛而生骨。其産茶地方週迴八百里，可用者只有六處：仙人衝、黄溪澗、烏梅尖、佛寺嶺、濛潼灣。僅五處，脱一。"清張星焕《皖游紀聞・白茶》："皖省産茶之區甚多，惟六安之名最著，其實皆産於霍山，故茶貢全歸霍令，州境則茶柯反少……夔武按，茶本霍山産，而其名以六安蒙之。蓋宋代茶産盛時，霍山爲六安縣地，後置霍山，又隸六安郡，故世皆以爲六安産。"《紅樓夢》第四一回："賈母道：'我不吃六安茶。'妙玉笑説：'知道。這是老君眉。'"清金農《茶事八韻》："何如小峴春，獨飲通仙默。"參閱明文震亨《長物志・品茶》。

【六安茶】

即六安。此稱明代已行用。見該文。

【小峴春】

即六安。以其産於六安小峴山，早春採製者最佳，故稱。此稱明代已行用。見該文。

黄山雲霧茶

古代名茶。産於黄山烟雲縈迴之高峰絶頂，故稱。始見於北宋，盛稱於明末，清猶有"茶品中第一"之譽。茶生石縫間，有歷百年之古柯。氣息恬雅，輕香撲鼻，冷韻襲人，味在松蘿、匡廬雲霧之上。清代省稱"雲霧茶"。《徽州府志》："黄山産茶，始於宋之嘉祐，興於明之隆慶。"清汪灝等《廣群芳譜・茶譜》引《黄山志》："蓮花菴旁就石縫養茶，多輕香冷韻，襲人斷齶，謂之'黄山雲霧茶'。"又《黄山志》："雲霧茶，山僧就石隙微土間養之，微香冷韻，遠勝匡廬。"清陸廷燦《續茶經・八之出》引《隨見録》："黄山絶頂，有雲霧茶，別有風味，超出松蘿之外。"清江澄雲《素壺便録》卷下："黄山有雲霧茶，産高峰絶頂，烟雲蕩漾，霧露滋培，其柯有歷百年者。氣息恬雅，芳香撲鼻，絶無俗味，當爲茶品中第一。"

【雲霧茶】[1]

"黄山雲霧茶"之省稱。此稱清代已行用。見該文。

鄭宅茶

古代名茶。産於福建建安城南鄭氏宅，故稱。始見於宋代，清盛稱之，有"閩茶絶品"之讚語。清代爲貢品。味勝曾坑、顧渚等名品。清楊復吉《夢闌瑣筆》："建安鄭宅茶，近推爲閩茶絶品。然古今譜茶事者，概未之及，前人亦從無題咏。惟宋韓元吉集中有《南澗詩序》，略曰：建安城南鄭氏居，號南澗，山水甚幽……取泉試小春新芽歡甚云云。"清郭柏蒼《閩産録異・貨屬・茶》："國朝閩茶入貢者，以鄭宅茶爲最。葉宫詹《觀國端午恩賜鄭宅茶》詩：'嫩芽來鄭宅，精品冠閩溪。便覺曾坑俗，應令顧渚低。溶溶雲液澹，剡剡雪槍齊。石鼎烹嘗罷，封緘手自題。'"一説，産於福建興化府城外鄭氏宅。清徐崑《遜齋偶筆・鄭宅茶》："閩中興化府城外鄭氏宅，有茶二株，香美甲天下，雖武夷巖茶不及也。所産無幾。鄰近有茶十八株，味亦美，合二十株。有司先時使人謹伺之，烘焙如法，籍其數以充貢。間有烘焙不中選者，以餉大僚，然亦無幾。"

天池

古代名茶。産於蘇州天池山，故稱。始見於明代。色青香軟，有"嗅能消渴"之譽。産量少，極難得，贊爲"江浙第一""海内第一""仙品"。論其茶品，實遠亞芥茶，超出宣城陽坡，與龍井相匹敵。明屠隆《考槃餘事·茶箋》："天池，青翠芳馨，瞰之賞心，嗅亦消渴，誠可稱仙品。諸山之茶，尤當退舍。"明文震亨《長物志·品茶》："虎邱、天池，最號精絶，爲天下冠。惜不多産，又爲官司所據，寂寞山家，得一壺兩壺，便爲奇品，然其味實亞於芥。"明陳繼儒等《致富奇書·茶》："伏龍、天池，翠而香遠，亦屬上品。"明陳師《茶考》："大較天池爲上，性香軟而色青可愛，與龍井亦不相下……宣城陽坡茶，杜牧稱爲佳品，恐不能出天池、龍井之右。"明代亦稱"天池茶"。明高濂《遵生八牋·飲饌服食牋上》："若天池茶，在穀雨前收，細芽炒得法者，青翠芳馨，嗅亦消渴。若真芥茶，其價甚重，兩倍天池。"《事物紺珠·茶類·今茶名》："天池茶，出蘇州天池山。"清陳淏子《花鏡·花木類考·茶》："今就最著名者而衡之，松蘿、伏龍、天池、陽羨等類，色翠而香遠……皆爲江浙第一。"

【天池茶】

即天池。此稱明代已行用。見該文。

【龍池】

"天池茶"之佳品。此稱明代已行用。明文震亨《長物志·品茶》："天池出龍池一帶者佳。"

【南山】

"天池茶"采製最早者。此稱明代已行用。明文震亨《長物志·品茶》："天池……出南山一帶者最早，微帶草氣。"

匡廬雲霧

古代名茶。産廬山雲霧縈環之山頂，故稱。匡廬，廬山之別稱。其地高寒，茶樹矮小。每五六年則梗老芽絶，須砍去，俟其再蘗。韵味頗佳，以名品行世。始見於明代。明陳繼儒《白石樵真稿·書芥茶別論》："匡廬之雲霧，其名雖大噪，不能與芥、梅抗也。"明李日華《紫桃軒雜綴》："匡廬絶頂，産茶在雲霧蒸蔚中，極有勝韻。而僧拙於焙，既采必上甑蒸過，隔宿而後焙，枯勁如藥秸，淪之爲赤滷，豈復有茶哉！"清代省稱"雲霧茶"。清黄宗羲《匡廬游録》："山中無別産，衣食取辦於茶。地又寒苦，樹茶皆不過一尺，五六年後，梗老無芽，則須伐去，俟其再蘗。其在最高者，爲雲霧茶，此間名品也。"近世亦稱"香鑪山雲霧"。毋伯平《鑪山物産志稿·物産·茶》："香鑪山（按，即香爐山）之雲霧，凱里之鶯嘴，凱棠旁海之毛尖，遠近馳名。"

【雲霧茶】[2]

"匡廬雲霧"之省稱。此稱清代已行用。見該文。

【香鑪山雲霧】

即匡廬雲霧。香鑪（爐）山爲廬山西北部著名高峰，遂以代廬山。此稱行用於近現代。見該文。

松蘿茶

古代名茶。産於安徽歙縣松蘿山，故名。始見於明代。與虎丘、龍井相伯仲。據傳爲僧大方始創。摘時僅取嫩葉，復去其尖柄，唯留中段。炒時須從旁扇，以袪熱氣。産地祇山頂一片，約十數畝，産數斤。烹成色白，香烈，味清。明羅廩《茶解·製》："松蘿茶出休寧松蘿山，僧大方所創造。其法：將茶摘去筋脉，銀銚炒製。"明代亦省稱"松蘿"，亦作"松羅"。明文震亨《長物志·松蘿》："十數畝外，皆非真松蘿茶。山中亦僅有一二家炒法甚精，近有山僧手焙者更妙。真者在洞山之下，天池之上。新安人最重之。兩都曲中亦尚此，以易於烹煮，且香烈故耳。"明許次紓《茶疏·產茶》："若歙之松羅，吳之虎丘，錢唐之龍井，香氣穠郁，並可雁行。"明馮時可《茶錄》："徽郡向無茶，近出松蘿茶，最爲時尚。是茶始比丘大方。大方居虎丘最久，得采造法，其後於徽之松蘿結庵，采諸山茶於庵焙製。遠邇爭市，價條翔涌，人因稱松蘿茶，實非松蘿所出也。是茶比天池茶稍粗，而氣甚香，味更清。然於虎丘，能稱仲，不能伯也。"明謝肇淛《五雜俎·物部三》："余嘗過松蘿，遇一製茶僧，詢其法，曰：'茶之香，原不甚相遠，惟焙者火候極難調耳。茶葉尖者太嫩，而蒂多老，至火候勻時，尖者已焦，而蒂尚未熟。二者雜之，茶安得佳？松蘿茶製者，每葉皆剪去其尖蒂，但留中段，故茶皆一色，而功力煩矣！'宜其價之高也。"明聞龍《茶箋》："茶初摘時，須揀去枝梗老葉，惟取嫩葉，又須去尖與柄，恐其易焦，此松蘿法也。炒時須一人從旁扇之，以袪熱氣，否則色香味俱減。予所親試，扇者色翠，不扇色黃。炒起出鐺時，置大瓷盤中，仍須急扇，令熱氣稍退。以手重揉之，再散入鐺，文火炒乾入焙。蓋揉則其津上浮，點時香味易出。"清趙吉士《寄園寄所寄·倚杖寄》："松蘿茶擅名天下，實則唯山頂一片，香甘異他產，餘皆北源茶冒名松蘿者也。松蘿產茶，不過數

勌。"清陸廷燦《續茶經·八之出》引清吳從先《茗說》："松蘿，予土產也。色如梨花，香如荳蘽，飲如嚼雪。種愈佳則色愈白，即經宿無茶痕，固足美也。"清張璐《本經逢原》："產徽者曰松蘿，專於化食。"一說，鳥銜茶子，墮松椏而生，如桑寄生。由猿猴采摘。不足憑信。清宋永岳《亦復如是·松蘿茶》："詢茶產處，僧引至山後。但見古松蟠屈石壁上，高且五六丈，不見所謂茶也。僧指示曰：'茶在松椏，係鳥銜茶子，墮松椏而生，如桑寄生然。名曰松蘿，取蔦與女蘿施於松上意也。'復叩其摘采之法，僧以杖叩松根石罅而呼曰：'老友何在？'即有二三巨猿躍至，飼以果，猿次第昇木采擷下。"參閱明張大復《聞雁齋筆談·飲松蘿茶》、清方以智《物理小識·茶》、清江澄雲《素壺便録》卷下、清黃凱鈞《遣睡雜言·松蘿去尖》。

【松蘿】

"松蘿茶"之省稱。此稱明代已行用。見該文。

【松羅】

同"松蘿"。此體明代已行用。見該文。

虎丘

古代名茶。產於蘇州虎丘，故稱。色白，味淡遠，清香濃郁。加工製作精絕。其采採焙封，法度嚴謹，不失分毫。以紙吸茶氣，咸以瓷罐裝閉。有"海內第一""茶中王種"之譽。始見於明代。明屠隆《考槃餘事·茶箋》："虎丘，最號精絕，爲天下冠，惜不多產，皆爲豪右所據，寂寞山家，無繇獲購矣。"明張謙德《茶經·論茶·茶產》："茶之產於天下多矣，若姑胥之虎丘、天池，常之陽羨，湖州之顧渚紫笋……之數者，其名皆著。品第之，則虎丘

最上。"明許次紓《茶疏·產茶》:"若歙之松羅,吳之虎丘,錢唐之龍井,香氣穠郁,並可雁行。"明馮夢禎《快雪堂漫錄·品茶》:"〔徐〕茂吳品茶,以虎丘爲第一,常用銀一兩餘購其斤許……天池茶中雜數莖虎丘,則香味迥別。虎丘其茶中王種耶? 岕茶精者,庶幾妃后;天池、龍井,便爲臣種;餘則民種矣。"明謝肇淛《西吳枝乘》:"余嘗品茗,以武夷、虎丘第一,淡而遠也;松羅、龍井次之,香而艷也;天池又次之,常而不厭也。餘子瑣瑣,勿置齒喙。"明代亦作"虎邱",亦稱"虎丘茶""虎丘山茶"。明王士性《廣志繹》卷二:"虎邱、天池茶,今爲海內第一。余觀茶品固佳,然以人事勝。其采、揉、焙、封法度,錙兩不爽……而蘇人又謂紙收茶氣,咸盛以磁罐,其貴重之如此。"《事物紺珠·茶類·今茶名》:"虎丘茶,出蘇州虎丘。"明熊明遇《羅岕茶記》:"嘗啜虎丘茶,色白而香……真精絕。"明高濂《遵生八牋·飲饌服食牋上》:"茶之產於天下多矣……若近時虎丘山茶,亦可稱奇,惜不多得。"清陳淏子《花鏡·花木類考·茶》:"今就最著名者而衡之……如虎丘、龍井,又爲吳下第一,惜不多產。"參閱明文震亨《長物志·品茶》、明謝肇淛《五雜俎·物部三》、明陳繼儒《致富奇書·茶》、清順治六年《六合縣志》卷一二引《茗笈·談茶》。

【虎邱】
　　同"虎丘"。此體明代已行用。見該文。

【虎丘茶】
　　即虎丘。此稱明代已行用。見該文。

【虎丘山茶】
　　即虎丘。以山名茶。此稱明代已行用。見

該文。

雁蕩

　　古代名茶。產於浙江雁蕩山,故稱。明代已與日鑄、武夷等名茶相抗,清代爲貢品。恒於穀雨前三日采摘。茶分多品,龍湫茶、觀音竹、金星草、山樂宮、香魚等五種號稱"雁山五珍";明茶、玄茶、雨茶等亦各具特色。通具消積化膩、却昏醒酒之功。明許次紓《茶疏·產茶》:"浙之產,又曰天台之雁蕩,括蒼之大盤,東陽之金華,紹興之日鑄,皆與武夷相爲伯仲。"明代亦作"鴈蕩"。明謝肇淛《五雜俎·物部三》:"六合、鴈蕩、蒙山三種,祛滯有功,而色香不稱,當是藥籠中物。"明馮時可《雨航雜錄》卷下:"雁山五珍,謂龍湫茶、觀音竹、金星草、山樂宮、香魚也。茶一鎗一旗而白毛者,名明茶;紫色而香者,名玄茶。其味皆似天池而稍薄。"明隆慶《樂清縣志》:"近山多有茶,唯雁山龍湫背清明采者極佳。"清代亦稱"鴈山"。清勞大與《甌江逸志》:"浙東多茶品,鴈山者稱第一。每歲穀雨前三日,采摘茶芽進貢……穀雨日采者,名雨茶。一種紫茶,其色紅紫,其味尤佳,香氣尤清。"又:"惟鴈山水爲佳,此山茶亦爲第一,曰去腥膩,除煩惱,却昏散,消積食。但以錫瓶貯者得清香味,不以錫瓶貯者,其色雖不堪觀,而滋味且佳,同陽羡山岕茶無二無別。采摘近夏不宜早,炒做宜熟不宜生。如法可貯二三年,愈佳愈能消宿食醒酒,此爲最者。"

【鴈蕩】
　　同"雁蕩"。此體明代已行用。見該文。

【鴈山】
　　即雁蕩。此稱清代已行用。見該文。

【龍湫茶】

爲“雁蕩”之產於龍湫背者，雁山五珍之一，清明采製者佳。此稱明代已行用。見該文。

【明茶】

“雁蕩”之一品。爲一槍一旗帶白毛者。此稱明代已行用。見該文。

【玄茶】

“雁蕩”之一品。爲色紫味香者，味似天池茶而略薄。此稱明代已行用。見該文。

【雨茶】

“雁蕩”之一品。爲穀雨日所采製者。此稱清代已行用。見該文。

【紫茶】

“雁蕩”之一品。色紅紫，香清，味佳。此稱清代已行用。見該文。

龍井

古代名茶。產於浙江杭州龍井，故稱。萌芽較晚，以清明穀雨前所采最佳。葉色深碧，扁直，非如他茶蜷曲而圓。其收藏、用水、烹泡、火候均極講法度。入口作豆花香，味在有無之中。兼療疾之效。始見於明代。明高濂《四時幽賞錄·虎跑泉試新茶》：“西湖之泉，以虎跑爲最；兩山之茶，以龍井爲佳。穀雨前，采茶旋焙，時激虎跑泉烹亨，香清味冽，凉沁心脾。每春當高卧山中，沉酣新茗一月。”明許次紓《茶疏·采摘》：“杭俗喜於盂中撮點，故貴極細，理煩散鬱，未可遽非。吳淞人極貴吾鄉龍井，肯以重價購雨前細者。”明文震亨《長物志·龍井天目》：“山中早寒，冬來多雪，故茶之萌芽較晚。”清袁枚《隨園食單·茶酒單》：“其次莫如龍井，清明前者號蓮心，太覺味淡，以多用爲妙；雨前最好，一旗一槍，綠如碧玉。

收法須用小紙包，每包四兩，放石灰罈中，過十日則換石灰，上用紙蓋札住，否則氣出而色味全變矣。烹時用武火用穿心罐，一滾便泡，滾久則水味變矣；停滾再泡，則葉浮矣。一泡便飲，用蓋掩之，則味又變矣，此中消息，間不容髮也。”清沈初《西清筆記·紀庶品》：“龍井新茶向以穀雨前爲貴，今則於清明節前采者入貢爲頭綱。頒賜時，人得少許，細僅如芒，淪之微有香，而未能辨其味也。”清陸次雲《湖壖雜記·龍井》：“其地產茶，作荳花香……采於穀雨前者尤佳，啜之淡然，似乎無味，飲過後，覺有一種太和之氣，瀰淪乎齒頰之間，此無味之味，乃至味也。爲益於人不淺，故能療疾。其貴如珍，不可多得。”清翟灝《湖山便覽》：“風篁嶺上爲龍井……每歲所產不過數斤，山僧收焙以語四方人曰本山茶。”徐珂《可言》卷一三：“惟吾杭之龍井，色深碧……茶之葉他處皆蜷曲而圓，惟杭之龍井扁且直。”又：“後世乃撮泡之，實始於杭。杭俗用細茗置甌，以沸湯點之，名爲撮泡茶……吾杭率以雨水烹茶，虎跑泉水不易致也。”今時龍井盛名不減舊時，海内推崇，遠銷外域。一説，產於杭州西湖獅子峰下龍井村，故稱。按，據宋樂史《太平寰宇記》載，臨安歲貢茶，有寶雲茶、香林茶、白雲茶等。東坡詩中亦有“白雲”“垂雲”之稱。可見宋時其地已產茶，祇是未見龍井之名。清汪孟鋗《龍井見聞録》推斷爲“龍井茶元時已有之矣”。參閲明屠隆《考槃餘事·茶箋·龍井》、明謝肇淛《五雜俎·物部三》。

【蓮心】[2]

“龍井”之采製於清明前者。細如針芒，泡之有香而味難指辨。此稱清代已行用。見該文。

【本山茶】

即龍井。爲龍井茶產地風篁嶺山僧自稱所製之茶。此稱清代已行用。見該文。

【龍泓】

即龍井。本爲泉名，亦因之名山與茶。始見於明代。明田藝蘅《煮泉小品·宜茶》："今武林諸泉，惟龍泓入品，而茶亦惟龍泓山爲最。蓋茲山深厚高大，佳麗秀越，爲兩山之主，故其泉清寒甘香，雅宜煮茶……又其上爲老龍泓，寒碧倍之。其地產茶，爲南北山絕品……而郡志亦只稱寶雲、香林、白雲諸茶，皆未若龍泓之清馥隽永也。"又："龍泓今稱龍井，因其深也。"

【龍泓茶】

即龍井。此稱明代已行用。明高濂《遵生八牋·飲饌服食牋上》："如杭之龍泓茶，真者天池不能及也。山中僅有一二家，炒法甚精。近有山僧焙者亦妙，但出龍井者方妙，而龍井之山，不過十數畝。"

【龍井茶】

即龍井。此稱明代已行用，達於今。明袁宏道《西湖記述》："龍井泉既甘澄，石復秀潤，流淙從石澗中出，泠泠可愛，入僧房爽塏可棲。余嘗與石簣、道元、子公汲泉烹茶於此，石簣因問龍井茶與天池孰佳。余謂龍井亦佳，但茶少則水氣不盡，茶多則澀味盡出……大約龍井頭茶雖香，尚作草氣。"柴萼《梵天廬叢錄·龍井茶》："杭州龍井，產茶特佳，味隽氣清，爲宇内名荈。龍井一名龍泓，在舊錢塘縣西天門山下。（按：天門支脉歧爲二，由郎當嶺而東南，至城内吳山止，總名南山；由天門山迤邐而西北，至城内祖山止，總名北山。）四時多霧故然，其溪水大旱不竭，匯九溪十八澗之水以入錢塘江。"

【龍井芽茶】

即龍井。芽茶謂散茶。此稱清代已行用。清孫同元《永嘉聞見錄》卷下："家鄉龍井芽茶，雖香色並美，而味却甚淡。惟有一種名頂春，葉雖不甚細而其味獨濃，以白沙泉水烹之，配以海寧之白甘貢菊數朵，真所謂色香味俱勝，足稱佳茗三絕也。"清許善長《談塵·烹茶》："西湖藕香居茶室，懸一聯云：欲把西湖比西子，從來佳茗似佳人。間往小憩，以湖水瀹龍井芽茶，如柳眼纔舒，葱蒨可愛，色香味三者，無美不備。"

【頂春】

"龍井芽茶"之一種。此稱清代已行用。見該文。

羅岕

古代名茶。岕，通"岕"。產於浙江長興羅岕山，故稱。立夏開園，成品葉大多梗，略帶草氣，品之清隽回甘，作蘭花香者最佳，作豌豆花香者次之，作蠶豆花香者最次。其蒸、焙、藏考究之極，前人述之尤詳。始見於明。明謝肇淛《西吳枝乘》："湖人於茗，不數顧渚，而數羅岕……岕稍清隽，然葉麤而作草氣。"明高濂《遵生八牋·飲饌服食牋上》："若真岕茶，其價甚重，兩倍天池。惜乎難得，須用自己令人采收方妙。"明馮可賓《岕茶牋·序岕名》："獨羅嶰最勝，環嶰境十里而爲嶰者亦不可指數。嶰而曰岕，兩山之介也。"又《論蒸茶》："蒸茶須看葉之老嫩，定蒸之遲速，以皮梗碎而色帶赤爲度，若太熟則失鮮。其鍋内湯須頻換新水，蓋熟湯能奪茶味也。"又《論焙茶》："先用粗茶入焙，次日然後以上品焙之。焙上之簾，又不可用新竹，恐惹竹氣。又須勻攤，不可厚薄。如焙中用炭，有烟者急剔去。又宜輕搖大扇，使火氣旋轉。竹簾上下更換，若火太烈，恐枯焦氣；太緩，色澤不佳；不易簾，又恐乾濕不勻。須要看到茶葉梗骨處俱已乾透，方可并作一簾或兩簾，實在焙中最高處過一夜，仍將焙中炭火留數莖於灰燼中微烘之，至明早可收藏矣。”又《論藏茶》：“新净磁罈，周迴用乾箬葉密砌，將茶漸漸裝進搖實，不可用手指。上覆乾箬數層，又以火炙乾炭鋪罈口扎固，又以火煉，候冷，新方磚壓罈口上。如潮濕，宜藏高樓，炎熱則置涼處，陰雨不宜開罈。近有以夾口錫器貯茶者，更燥更密，蓋磁罈猶有微罅透風，不如錫者堅固也。”

【岕】

“羅岕”之省稱。此稱明代已見。時亦作“岕”，亦稱“岕茶”“岕茗”。“岕茶”亦作“岕茶”。“岕茗”亦作“岕茗”。明袁宏道《西湖記述》：“唯岕非花非木，稍類金石氣，又若無氣，所以可貴。岕茶葉粗大，真者每斤至二千餘錢。余覓之數年，僅得數兩許。”明文震亨《長物志·品茶》：“岕，浙之長興者佳，價亦甚高，今所最重……惟成梗蔕葉綠色而團厚者爲上。”明羅廩《茶解·烹》：“岕茶用熱湯洗過擠乾，沸湯烹點，緣其氣厚，不洗則味色過濃，香亦不發耳。自餘名茶，俱不必洗。”明周高起《洞山岕茶系》：“岕茶采焙，定以立夏後三日，陰雨又需之……岕茶德全，策勳惟歸洗控。沸湯潑葉即起，洗鬲斂其出液，候湯可下指，即下洗鬲排蕩，沙沫復起，併指控乾閟之。”明袁宗道《春日閒居》詩：“閒洗時瓶烹岕茗，故人新

寄玉山泉。”明熊明遇《羅岕茶記》：“岕茗產於高山，渾是風露清虛之氣，故爲可尚。茶以初出雨前者佳，惟羅岕立夏開園。吳中所貴，梗楄葉厚，有蕭箬之氣。還是夏前六七日，如雀舌者佳，最不易得。”明許次紓《茶疏·采摘》：“岕中之人，非夏前不摘。初試摘者，謂之開園。采自正夏，謂之春茶。其地稍寒，故須待夏，此又不當以太遲病之。往日無有於秋日摘茶者，近乃有之，秋七八月重摘一番，謂之早春，其品甚佳，不嫌稍薄。”又《岕中製法》：“岕之茶不炒，甑中蒸熟，然後烘焙，緣其摘遲，枝葉微老，炒亦不能使軟，徒枯碎耳……彼中甚愛惜茶，決不忍乘嫩摘采，以傷樹本。”又《洗茶》：“岕茶摘自山麓，山多浮沙，隨雨輒下，即著於葉中，烹時不洗去沙土，最能敗茶。必先盥手令潔，次用半沸水，扇揚稍和，洗之。水不沸則水氣不盡，反能敗茶，毋得過勞，以損其力。沙土既去，急於手中擠令極乾。另以深口瓷盒貯之，抖散待用，洗必躬親，非可攝代。凡湯之冷熱，茶之燥濕，緩急之節，頓置之宜，以意消息，他人未必解事。”明馮夢禎《快雪堂漫錄·李于鱗岕茶》：“李于鱗爲吾浙按察副使，徐子與以岕茶最精者餉之。比看子與昭慶寺，問及，則已賞皂役矣。蓋岕茶葉大多梗，于鱗北士，不遇宜矣。”明馮夢龍《古今譚概·專愚·迂仙別記》：“嘗集謝光禄所，試雨前新岕。”明董説《西游補》第六回：“兩個又攜了手進入洞房，喫盞岕茶，並肩坐在榻上。”

【岕】

同“岕”。此體明代已行用。見該文。

【岕茶】

即岕。此稱明代已行用。見該文。

【岕茶】

即岕。此體明代已行用。見該文。

【岕茗】

即岕。此稱明代已行用。見該文。

【岕茗】

即岕。此體明代已行用。見該文。

【嶰茶】

即羅岕。此稱清代已行用。亦稱"岕荈"。清鄭元慶《石柱記箋釋》卷二："今東南盛行嶰茶。"清陳維崧《阮亭先生有謝綠雪茶詩余亦贈先生岕茗壹器並索再和》："鴉山固足珍，岕荈應最忺。"清俞焣《桐葉偶書·岕茶》："予聞茶僧言，采於春者爲春岕，采於秋者爲秋岕。烹之作蘭花香者最佳，作豌豆花香者次之，作蠶豆花香者又次之，秋岕味稍薄而清洌特甚。"清鄭日奎《信民謠》："靈山茶，浪得名，一壑鮮芽曾幾莖，風味敢與蒙、岕爭。"清余懷《板橋雜記·軼事》："厚予之金，使往山中販岕茶，得息頗厚。"

【岕荈】

即嶰茶。此稱清代已行用。見該文。

【老廟後】

"羅岕"之精品。產於廟後山，以其廟年代久遠，故稱。地僅數畝，年產十餘斤。茶樹由來古久，葉色淡黃，筋絡微白而厚。香蘊味中，耐人品啜。然味失過濃，欠清空之致。品第在虎丘、龍井之上。始見於明代。明周高起《洞山岕茶系》："第一品，老廟後。廟祀山之土神者，瑞草叢鬱……地不二三畝，若溪姚象先與婿朱奇生分有之。茶皆古本，每年產不

甘斤。色淡黃不綠，葉筋淡白而厚，製成梗絕少，入湯色柔白如玉露，味甘芳，香藏味中，空濛深永，啜之愈出，致在有無之外。"亦稱"廟後岕"。明李日華《紫桃軒雜綴》："羅山廟後岕，精者亦芬芳，亦回甘。但嫌稍濃，乏雲露清空之韻。以兄虎丘則有餘，以父龍井則不足。"明熊明遇《羅岕茶記》："產茶處，山之夕陽，勝於朝陽。廟後山西向，故稱佳。"清代省稱"廟後"。清張潮《岕茶彙鈔·小引》："茶之爲類不一，岕茶爲最；岕之爲類亦不一，廟後爲佳。"清冒襄《岕茶彙鈔》："惟老廟後無二，梗葉叢密，香不外散，稱爲上品也。"清鮑鉁《亞谷叢書·甲篇》："長興接壤宜興，所謂岕者，介兩縣之境，兩縣皆產茶……品目至多，終首老廟後。"

【廟後岕】

即老廟後。此稱明代已行用。見該文。

【廟後】

"老廟後"之省稱。此稱清代已行用。見該文。

【洞山】

"羅岕"之精品。產於洞山，故稱。其地南向，飽受陽氣；前有水泉，漱潤茶根。采以小滿、寒露二季，製之備盡法度。烹之色白味甘，冬則嫩綠。韵味清遠，清肺除煩，號稱"仙品"，爲諸岕茶之最。始見於明代。明許次紓《茶疏·產茶》："然岕故有數處，今惟洞山最佳……是名上乘，要之采之以時，製之盡法，無不佳者。其韻致清遠，滋味甘香，清肺除煩，足稱仙品，此自一種也。"亦稱"洞山茶"。明熊明遇《羅岕茶記》："總不如洞山南向，受陽氣特專，稱仙品……莫若余所收洞山茶，自穀

雨後五日者，以湯薄瀞，貯壺良久，其色如玉，至冬則嫩綠，味甘色淡，韻清氣醇，亦作嬰兒肉香，而芝芬浮蕩，則虎丘所無也。”明周高起《洞山岕茶系》：“前橫大磵，水泉清駛，漱潤茶根，洩山土之肥澤，故洞山爲諸岕之最。”明馮可賓《岕茶牋·序岕名》：“洞山之岕，南面陽光，朝旭夕暉，雲瀚霧浮，所以味迥別也。”又《辨真贗》：“茶雖均出於岕，有如蘭花香而味甘，過霉歷秋，開罈烹之，其香愈烈，味若新，沃以湯，色尚白者，真洞山也。”清鮑鋍《亞谷叢書·丙篇》：“今顧渚絶不産茶，惟岕中洞山著名，歲出不下千萬斤，且皆采之于小滿寒露二時。”

【洞山茶】

即洞山。此稱明代已行用。見該文。

水沙連茶

古代名茶。産於臺灣彰化水沙連社，故稱。始見於清代。原本土茶，枝葉粗硬，有土腥味。性寒，於暑疾、小兒痘疹不出有奇效。西歐酷嗜飲之，舶載遠販。清黄叔璥《臺海使槎録》：“水沙連茶在深山中，衆木蔽虧，霧露濛密，晨曦晚照，總不能及。色綠如松蘿，性極寒，療熱症最效。每年通事於各番議明，入山焙製。”清劉埥《片刻餘閒集》：“彰化縣水沙連社産土茶，枝葉粗硬，味帶土腥。惟小兒痘疹不出，用之神效。”清蔣師轍《臺游日記·游記二》：“十九日晨閲府志物産……茶下注云：出水沙連社，可療暑疾。今臺北近山種蒔幾滿，其最佳者，名烏龍茶，泰西人酷嗜之。自四月至八月，輪梭日至，疊筐累篋，販載而去，利與糖埒，其盛蓋自同治間始矣。”參閲清趙學敏《本草綱目拾遺·水沙連茶》、清丁紹儀《東瀛識略·物産》。

【烏龍茶】

“水沙連茶”之最佳品。按，此與武夷山所産“烏龍”同名异實。此稱清代已行用。見該文。

君山茶

古代名茶。産於湖南岳陽洞庭湖之君山，故稱。色味同於龍井，葉寬綠過於龍井。成茶色白，味輕清，粗細如一，具消食利氣之功。産量少，充貢品。或説，其茶味淡，不爲佳品。始見於清代。清袁枚《隨園食單·茶酒單》：“洞庭君山茶：洞庭君山出茶，色味與龍井相同，葉微寬而綠過之，采掇最少。”清黄本驥《湖南方物志·岳州府》引《湖南省志》：“巴陵君山産茶，嫩綠似蓮心，歲以充貢。”清同治十一年《巴陵縣志》引清吳敏樹《湖山客談》：“貢茶，君山歲十八斤。官遣人監僧家造之，或至百數斤……君山茶無他葉，其味粗細若一。粗者但陳，收而濃煎之，可消食利氣而無尅損之害。”近代省稱“君山”。徐珂《夢湘囈語》：“然於王湘綺之論茶，亦引爲知言。其言曰：‘茶以輕清爲佳，而界田重濁，龍井又太輕，故君山爲貴。蒙頂亦輕而無味，餘皆重矣。’東坡云：‘茶欲其白’。珂嘗飲君山茶矣，則茶之至白者也……夏劍丞則不以君山茶爲佳，而推湖南之安化……若君山則味至淡，色誠白。”

【君山】

“君山茶”之省稱。此稱行用於近代。見該文。

【君山毛尖】

“君山茶”之上品，有“湘茶第一”之譽。清代已見。清江昱《瀟湘聽雨録》：“湘中産茶，不一其地……而洞庭君山之毛尖，當推第一。

雖與銀鍼、雀舌諸品校，未見高下，但所產不多，不足供四方爾。”亦稱“貢尖”。清同治十一年《巴陵縣志》引清吳敏樹《湖山客談》：“貢尖下有貢兜，隨辦者炒成。色黑而無白毫，價率千六百，粗五十止。其實佳茶也。”

【貢尖】

即君山毛尖。貢，貢品；尖，毛尖之省，遂以稱。此稱清代已行用。見該文。

【貢兜】

“君山茶”之屬。品位在貢尖之下，乃辦貢品之人炒製而成，色黑，無白毫。或以爲佳茶。此稱清代已行用。見本卷《飲料説·茶考》“君山毛尖”文。

【白毛茶】

“君山茶”之貢品。穀雨前采，一旗一槍，白毛茸然，故稱。此稱清代已行用。清同治十一年《巴陵縣志》：“君山貢茶自清始，每歲貢十八斤，穀雨前，知縣邀山僧采一旗一槍，白毛茸然，俗呼白毛茶。”

【君山廟】

“君山茶”之貢品。產於君山廟十餘株茶樹上，故名。茶發芽，州守遣人防守，歲貢朝廷。以其葉向天上揚，故郊天時用之。此稱行用於近代。徐珂《夢湘囈語》：“君山廟有茶樹十餘棵，當發芽時，岳州守派員監守之，防有人盜之也。歲以進貢，郊天時用之，以其葉上冲也。”

碧螺春

古代名茶。產於江蘇吳縣太湖洞庭東山碧螺峰石壁，故稱。始見於清代。初爲常茶，後茶民偶然發現其葉受熱後生“嚇殺人香”，自此采必虔誠，製必精謹，身價亦高。後康熙南巡，易爲此稱，遂爲貢品。茶樹高數尺，四時常青。葉有白毛，與他茶异。茶質較龍井香郁、鮮嫩，茶味略薄。飲之具消熱、醒酒、提神之功。盛譽至今不減。清王應奎《柳南隨筆續筆·碧螺春》：“洞庭東山碧螺峰石壁，產野茶數株，每歲土人持竹筐采歸，以供日用，歷數十年如是，未見其異也。康熙某年，按候以采，而其葉較多，筐不勝貯，因置懷間，茶得熱氣，異香忽發，采茶者爭呼‘嚇殺人香’。‘嚇殺人’者，吳中方言也，因遂以名是茶云。自是以後，每值采茶，土人男女長幼，務必沐浴更衣，盡室而往，貯不用筐，悉置懷間。而土人朱元正獨精製法，出自其家，尤稱妙品，每斤價值三兩。己卯歲，車駕幸太湖，宋公購此茶以進，上以其名不雅，題之曰碧螺春。自是地方大吏，歲必采辦。”清陸廷燦《續茶經·八之出》引《隨見錄》：“洞庭山有茶，微似芥而細，味甚甘香，俗呼爲‘嚇殺人’。產碧螺峰者尤佳，名碧螺春。”清代亦作“碧蘿春”。清震鈞《茶説》：“茶以碧蘿春爲上，不易得。”王孝煃《一澂研齋筆記》：“太湖洞庭東峰，一名碧蘿，產茶……考此茶，揀極嫩芽焙之，質細而味醇。先貯沸水，以葉下之，即沈底。多食克化，甚有助胃力，新茶愈香烈。”朱琛《洞庭東山物產考》：“洞庭山之茶，最著名爲碧螺春，樹高二三尺至七八尺，四時不凋，二月發芽，葉如梔子，秋花如野薔薇，清香可愛，實如枇杷核而小，三四粒一毬，根一枝直下，不能移植……茶有明前雨前之名，因摘葉之遲早而分粗細也。采茶以黎明，用指爪掐嫩芽，不以手揉，置筐中覆以濕巾，防其枯焦，回家揀去枝梗。又分嫩尖一葉二葉，或嫩尖連一葉爲一旗一槍。隨揀隨做，做法用净鍋入葉約四五兩，先用文火，次微旺，兩手入鍋，急急炒轉，以半熟爲度，過熟則焦而香散，不足則香氣未透。炒起入瓷盆中，從旁以扇搧之，否則色黃香減矣。碧螺春有白毛，他茶無之。碧螺春較龍井等爲香，然味薄，瀹之不過三次，飲之有清凉、醒酒、解睡之功。"一説碧螺春産於洞庭西山。清戴延年《吳語》："碧螺春産洞庭西山，以穀雨前爲貴……色玉香蘭，人爭購之，洵茗舜中尤物也。"一説采製時不用火焙。徐珂《可言》引《靈芬館詩話》："洞庭産茶，名碧蘿春，色香味不減龍井，而鮮嫩過之。相傳不用火焙，采後以薄紙裹之，著女郎胸前，俟乾取出，故雖纖芽細粒，而無焦卷之患……山中所産之地止一方，充貢外，雖地方大吏，亦不能多得。"參閲清陳康祺《郎潛紀聞》卷四、清《野史大觀》卷一。

【嚇殺人香】

"碧螺春"之俗稱。此稱清代已行用。見該文。

【嚇殺人】

"碧螺春"之俗稱。此稱清代已行用。見該文。

【碧蘿春】

同"碧螺春"。此體清代已行用。見該文。

闖林茶

古代名茶。湘茶佳品。産於南岳衡山高岩人迹罕至之處，須捷健者鑽林緣木方能采之，故稱。闖，"鑽"之俗字。最能消脹，土人極貴重之。見於清代。清劉獻廷《廣陽雜記》卷二："衡山水月林主僧静音餽余闖林茶一包……闖，則安切，音鑽，平聲，衡人俗字也。此茶出石罅中，乃鳥銜茶子墮罅中而生者，極不易得，衡岳之上品也，最能消脹。"省稱"闖林"。清江昱《瀟湘聽雨録》："湘中産茶……佳者有衡山之闖林，蓋極高巖礓所産。日色不到之處，往遣捷健樵者，俗號山猴，緣木杪采之，故謂之闖林，土人極貴重。"參閲清黃本驥《湖南方物志·總紀》。

【闖林】

"闖林茶"之省稱。此稱清代已行用。見該文。

第三節　羹　考

羹，是把魚肉菜及米糝等調入五味後熬煮成的湯食。它把菜肴與粥糜巧妙地結合爲一，具有菜肴的美味而無須複雜加工，具有粥糜的簡便易食而口味不失單調。這種亦菜亦粥、亦食亦湯的特色使它躋身食林，爲人稱道。

羹爲湯食，帶有湯汁是其基本特徵，故《釋名·釋飲食》謂："羹，汪也，汁汪郎也。"古人食羹是啜其汁，用筷子夾菜類。《禮記·曲禮上》："羹之有菜者用梜，其無菜者不用梜。"《荀子·非相》:"今夫猩猩形笑亦二足而毛也,然而君子啜其羹,食其胾。"《韓非子·説林上》:"中山之君烹其子而遺之羹,樂羊坐於幕下而啜之。"啜,以口吸食流食,形象地説明了"羹"之特點。湯汁多寡不同,稱謂不同。較羹稍乾者,即湯汁再少些的稱"臛",比"臛"再乾者,即湯汁再少些的稱"膪"(見清朱駿聲《説文通訓定聲·乾部》"膪"下注)。《爾雅·釋器》:"肉謂之羹。"或據此釋"羹"爲"肉",疑欠妥。如果把《釋器》本段文字全部引出,爲"肉謂之羹,魚謂之鮨,肉謂之醢,有骨者謂之臡",根據上面的解釋,也可以把"肉謂之醢"釋"醢"爲"肉",疑亦欠妥。其實晉郭璞注早已做了確切解釋,他在"肉謂之羹"下注:"肉臛也,《廣雅》曰涪。"即此"肉"指"肉臛"或"涪",通俗言即"肉汁"或"帶汁肉"。

羹之製作,始於上古。相傳"黃帝作羹"(見明張岱《夜航船·日用·飲食》),迄今有數千年之久。羹字古作"鬺"。根據東漢學者許慎的分析,"鬲"是烹煮工具,"羔"是被烹之物,"弜"是上升熱氣。從這個字的創造可知製羹的三個重要條件:炊具、炊料、燃料。這三個條件的具備,應是在人類使用火、製造陶器、采摘漁獵之時。如果把陶器製作之前人們鑿石爲臼、熱石以烹計算在內,恐怕要在一萬年左右。

先秦時期,羹食已相當發達。彭祖就是傳説中一位著名的調羹大師,他由於調雉羹進獻於堯而受封於彭城。這一傳説雖不盡可信,但也反映了一個重要的事實:當時製羹技藝相當高妙。羹食用於祭祀,也説明其位尊味美。"大羹""鉶羹""和羹"是當時三種品味各異的祭祀用羹。"臐""臐""膮"則分別是"牛羹""羊羹""豕羹"的代稱,亦以祭祀。這種系列代稱的出現,也説明了羹食的重要及影響。時羹食品類亦夥。獸畜類爲原料者,"牛羹""羊羹""豕羹"三者外,尚有"犬羹""兔羹"等;水族類爲原料者,則有"黿羹""臐蠵""蟹羹"等;羽族類爲原料者,則有"雉羹""臐雀""鷄羹""膪鳧"等;菜類爲原料者,則有"芼羹""瓠羹""葵羹""藜羹""藿羹""藜藿羹"等。這异彩紛呈、情態各異的衆多羹食,無疑是先秦飲食文化的璀璨碩果。

先秦羹食雖很發達,但總體上看,製作仍顯粗疏。僅從稱謂上就可窺一斑。其稱謂往往原料爲某,即以某爲稱;而原料又往往是一種,遂有"犬羹""鷄羹""藿羹"等稱謂出現。這種簡單的稱謂説明用料尚欠考究,單一,主輔料不分明。

漢魏羹食有很大發展。歷史上的荊楚就以窮甘酸之變、善鹹酸之和擅名(見《楚辭·招魂》洪興祖補注引《淮南子》及注),20世紀長沙馬王堆漢墓遣册竹簡證實了這一點。其中有二十九支竹簡記載的是各種羹名。計有“牛首酵羹”“羊酵羹”“狗酵羹”“豕酵羹”“酵羹”“豚酵羹”“雉酵羹”“鴝酵羹”“鷄酵羹”“鹿雋”“牛白羹”“鹿肉芋白羹”“小叔（菽）鹿劦（脅）白羹”“鹿肉鮑魚笋白羹”“鷄白羹”“鮮鱯（鱯）禺（藕）鮑白羹”“鰿白羹”“白羹”“狗巾羹”“雁巾羹”“鰿禺（藕）肉巾羹”“巾羹”“牛逢羹”“牛封（葑）羹”“豕逢羹”“逢羹”“牛苦羹”“狗苦羹”“苦羹”等。這裏有兩點特别值得注意。其一，製羹原料多元化，改變以往“一種原料一種羹”的局面，形成“數種原料共一羹”，像“鮮鱯禺鮑白羹”“小叔鹿劦白羹”等都是由三四種原料巧妙配伍而成，味道自非單一者可比。其二，米穀類調和五味之羹出現。如“白羹”即由炒米粉爲原料製成，此類羹在以前是很罕見的。此時，原料高貴、奇特，製作複雜的精品、名品羹出現，如“猴頭羹”“熊羹”“駝蹄羹”等。“蓴羹”雖由野蔌製成，但它寓寄的濃重鄉情却使它有口皆碑，聲聞四海。羹作爲藥膳也始於此時。“苦參湯”“當歸生薑羊肉湯”等都是食療佳品。

南北朝在羹史上占有極其重要的地位。北魏賈思勰《齊民要術》專門設立《羹臛法》一節，收集記録了二十餘種羹名及製作方法。計有“芋子酸臛”“鴨臛”“鼈臛”“猪蹄酸羹”“羊蹄臛”“兔臛”“酸羹”“胡羹”“胡麻羹”“瓠葉羹”“鷄羹”“笋箬鴨羹”“蓴羹”“醋菹鵝鴨羹”“菰菌魚羹”“笋箬魚羹”“鱧魚臛”“鯉魚臛”“臉臘”“鱧魚湯”“鮀臛”等。在此之前，漢代僅有極少數羹（如“血䘏”“當歸生薑羊肉湯”等）保存有原料配伍及製法，多數闕載。賈書無疑填補了這一空白，具有重要參考價值及借鑒意義。

唐宋時代羹食依然持續發展。藥膳羹應用更加廣泛。其時醫學著作中保留了大量有關單方，此類單方有“羊腎羹”“羊皮羹”“鹿蹄湯”“鯽魚羹”“白魚羹”“鶻突羹”“白雄鷄羹”“黄雌鷄羹”（以上唐代）、“鹿腎羹”“梅魚羹”“鱖魚羹”“烏雄鷄羹”“鷄肝羹”（以上宋代）等。食用羹達到巔峰期。“吴羹”在先秦即已蜚聲海内，此時經歷多年發展，碩果纍纍。宋吴自牧《夢粱録》記載“三吴都會”臨安市肆羹食達數十種。最著名的宋五嫂魚羹曾得高宗、孝宗贊賞，今日猶在製作（見本卷《飲料説·羹考》“吴羹”“魚羹”文）。受社會風氣影響，私家製羹食羹之風亦盛。如蘇軾製作之“東坡羹”、陸游製作之“甜羹”等，雖原料爲山野廉價之物，但清新適口，情趣獨具。

元明清時羹食雖然没有宋代那樣興盛的局面及强勁之勢，却也保持着相當規模。僅元太醫忽思慧《飲膳正要》所記載藥膳即達四十餘種（消渴飲料除外），計有“馬思答吉湯”“大麥湯”“沙乞某兒湯”“八兒不湯”“苦豆子湯”“木瓜湯”“鹿頭湯”“松黄湯”“粆湯""河㹠羹""阿菜湯""雜羹""葷素羹""黃湯""葵菜羹""瓠子湯""團魚湯""臺苗羹""熊湯""鯉魚湯""炒狼湯""撒速湯""頗兒必湯"(以上見《飲膳正要·聚珍異饌》)、"羊藏羹""白羊腎羹""鹿腎羹""羊肉羹""鹿蹄湯""狐肉湯""烏雞湯""椒麵羹""雞頭粉羹""鯽魚羹""獾肉羹""青鴨羹""野雞羹""鵪鶉羹""葵菜羹""驢頭羹""驢肉湯""狐肉羹""熊肉羹""羊肚羹""葛粉羹""烏驢皮羹""野豬臛""獺肝羹"(以上見《飲膳正要·食療諸病》)等。書中除記載食目外,對其用料、製作、療效都有詳細記載。清代食羹也很發達。在"吳羹"熏陶影響下的揚州,清代羹食很有名氣,僅李斗《揚州畫舫録》列出的就有十餘種(見本卷《飲料説·羹考》"吳羹"文)。此外在飲食專著或相關著述(如《食憲鴻秘》《醒園録》《養小録》《隨園食單》《素食説略》《清稗類鈔》等)中都保存有不少羹目。特別值得一提的是《調鼎集》,書中列出羹目、製法的就有六十餘種。計有"薑羹""建蓮肚肺羹""肺羹""火腿羹""九絲湯""攢湯""栗丁煨羊肉羹""羊肚羹""羊血羹""雞脯羹""雞絲湯""雞鴨肫肝羹""雲陽湯""雞蛋羹""野雞湯""鴨羹""鴨舌羹""蛋花湯""黃雀羹""鯉魚尾羹""沖漿羹""鯉魚羹""鱘魚羹""斑魚羹""鯽魚羹""白魚湯""醉魚湯""鯚魚羹""鯚魚湯""春班湯""連魚湯""醒酒湯""鱸魚湯""鱔魚羹""銀魚湯""殼汁羹""蟹羹""炖蟹羹""蝦圓羹""蝦羹""金鈎羹""冬筍湯""三絲湯""燕筍湯""芽筍湯""蘿亶湯""燒菜羹""莧菜湯""菠菜湯""蒪羹""蓬蒿羹""蓬蒿湯""茭兒菜湯""玉糝羹"等。總之,羹的製作,是中華飲食文化中必不可少的組成部分。

羹

以肉菜米糝調入五味製成之帶有湯汁的食品。先秦時期稱"羹",亦稱"湇""臛""臇","臛"亦作"臞"。《書·説命下》:"若作和羹,爾惟鹽梅。"孔安國傳:"鹽鹹梅醋,羹須鹹醋以和之。"《禮記·少儀》:"凡羞有湇者不以齊。""羹"與"臛"渾言無別,析言則加入菜者稱"羹",不加入者稱"臛"。《楚辭·招魂》:"露雞臛蠵,厲而不爽些。"王逸注:"有菜曰羹,無菜曰臛。"又:"鵠酸臇鳧,煎鴻鶬些。"

王逸注:"臇,小臛也。"洪興祖補注:"臇,子兗切,臛少汁也。"又《楚辭·大招》:"煎鰿臛雀,遽爽存只。"王逸注:"臛,一作臞……言乃復煎鮒魚臛黃雀。"漢代"羹"亦作"𩱧""𩱤""𩱛",亦稱"湯"。臇,亦作"雋"。"羹"與"臛""臇"統言無別,析言則臛乾於羹,臇又乾於臛。《説文·䰜部》:"𩱧,五味盉𩱧也,从𪔐从羔。《詩》曰:'亦有和𩱧。'𩱤,𩱧或省。𩱛,或从美,𩱧省。羹,小篆,从羔从美。"《史記·扁鵲倉公列傳》:"齊中大夫病齲齒,臣意灸其左大陽明脉，即爲苦參湯，日嗽三升。"
長沙馬王堆一號漢墓第一三簡："鹿雋一鼎。"
《説文·肉部》："膌，肉羹也。從肉隺聲。"又：
"臁，膌也。"朱駿聲通訓定聲："羹之稍乾者爲
膌，臁又乾於膌。"三國時期"羹"亦作"臁"。
"湆"亦作"脓"。《廣雅·釋器》："臁謂之脓。"
王念孫疏證："臁，經傳皆作'羹'。"清俞正燮
《癸巳存稿》卷三："'湆''脓'皆古'汁'字。"
按，"湆"即"湆"字，俞説爲別一字。《廣
韻·入緝》："湆，羹汁。"後世通稱"羹""湯"，
他稱罕用。

【湆】

　　即羹。此稱先秦時期已行用。見該文。

【脓】

　　即羹。此稱三國時期已行用。見該文。

【膌】

　　即羹。此稱先秦時期已行用。見該文。

【臁】

　　即羹。此稱先秦時期已行用。見該文。

【臁】

　　即羹。此稱先秦時期已行用。見該文。

【鬻】

　　同"羹"。此體漢代已行用。見該文。

【鬻】

　　同"羹"。此體漢代已行用。見該文。

【鬻】

　　同"羹"。此體漢代已行用。見該文。

【湯】

　　即羹。此稱漢代已行用。見該文。

【雋】

　　即羹。此稱漢代已行用。見該文。

【臁】

　　同"羹"。此體三國時期已行用。見該文。

大羹

　　羹名。一種不致五味、不調鹽菜的肉汁。
因其源自太古五帝之時，故稱。用於祭祀。此
稱先秦時期已行用，時亦作"泰羹"。後世亦有
作"太羹"者。《禮記·樂記》："大饗之禮，尚
玄酒而俎腥魚，大羹不和，有遺味者矣。"鄭
玄注："大羹，肉湆，不調以鹽菜。"《儀禮·公
食大夫禮》："大羹湆不和，實於鐙。"鄭玄注：
"大羹湆，煮肉汁也。大古之羹，不和，無鹽
菜。"賈公彥疏："大古之羹者，謂是大古五
帝之羹。云不和，無鹽菜也，大古質，故不和
以鹽菜。"大，《儀禮·士虞禮》作"泰"。《左
傳·桓公二年》："大羹不致，粢食不鑿，昭其
儉也。"杜預注："大羹，肉汁，不致五味。"
宋王禹偁《南郊大禮》詩："大羹味薄牲牷潔，
至樂聲和鳳鳥飛。"《元史·祭祀志三》："太羹
每室三登。"清查慎行《人海記》："太羹之味，
豈群口所嚶哉。"

【泰羹】

　　同"大羹"。此體先秦時期已行用。見該文。

【太羹】

　　同"大羹"。此體元代已行用。見該文。

和羹

　　羹名。以其五味皆備，調和適度，食之於
人性安和，故名。始見於先秦時期，多用於祭
祀。《書·説命下》："若作和羹，爾惟鹽梅。"
孔安國傳："鹽鹹梅醋，羹須鹹醋以和之。"
《詩·商頌·烈祖》："亦有和羹，既戒既平。"鄭
玄箋："和羹者，五味調，腥熟得節，食之於人
性安和。"《左傳·昭公二十年》引《烈祖》上

語杜預注：“和羹備五味，異於大羹。”後世沿用。《元史·祭祀志三》：“和羹每室三鉶，籩之實，每室十有二品。”

鉶羹

羹名。一種調以五味、加鹽菜之羹。以其置於鉶器中，故名。始自先秦時期。用於祭祀。《周禮·天官·亨人》：“祭祀共大羹、鉶羹，賓客亦如之。”鄭玄注引鄭司農云：“大羹不致五味也，鉶羹加鹽菜矣。”賈公彥疏：“鉶羹者，皆是陪鼎臐膮膷，牛用藿，羊用苦，豕用薇，調以五味，盛之於鉶器，即謂之鉶羹。”省稱“鉶”。《儀禮·特牲饋食禮》：“祭鉶嘗之，告旨。”鄭玄注：“鉶，肉味之有菜和者。”賈公彥疏：“肉味之有菜和者，此即公食大夫牛藿羊苦豕薇之等是也。以其盛之鉶器，因號羹爲鉶。”後世襲用其名。《樂府詩集·郊廟歌辭十二·周宗廟樂府舞辭》：“振其鼖鼓，潔以鉶羹。”清毛奇齡《辨定祭禮通俗譜》卷三：“又將鼎肉入之小鼎，而和菜作羹，所謂鉶羹也。”

【鉶】

“鉶羹”之省稱。此稱先秦時期已行用。見該文。

犬羹

羹名。以狗肉爲主料烹製而成，故名。狗見於上古。商周甲骨、金文都有象形的“犬”字。古代分其爲畋犬、吠犬、食犬等三類。明李時珍《本草綱目·獸一·狗》云，食犬“體肥供饌”。犬羹始自先秦時期。製時可加米糝形成糊狀，但不加蓼菜。《禮記·內則》：“食：蝸醢而苽食雉羹，麥食脯羹、雞羹，析稌犬羹、兔羹，和糝不蓼。”漢代稱“狗羹”。《淮南子·脩務訓》：“楚人有烹猴而召其鄉人，以爲狗羹也

而甘之。後聞其猴也，據地而吐之，盡瀉其食，此未始知味者也。”唐代以黃狗肉煮臛，調入五味，除食用外，兼治瘧疾虛寒。參閱唐昝殷《食醫心鑑》。

【狗羹】

即犬羹。此稱漢代已行用。按，宋葉廷珪《海錄碎事·飲食器用》有“甘狗羹”，其文字略同於上《淮南子·脩務訓》。然其出處俱爲《山海經》。今檢《山海經》未見，疑誤。

羊羹

羹名。以羊肉爲主料烹製而成。我國放牧、飼養、食用羊有悠久歷史。甲骨、金文中的“羊”字就是模擬羊形而成。古文字中的“美”從羊從大，一般釋爲會意字，羊大則味美。《詩》有“獻羔祭韭”，《左傳》有“殺羊食士”，由此可見古人食羊之一斑。羹食始於先秦時期，當時稱“臐”。《儀禮·公食大夫禮》：“膷以東，臐、膮、牛炙。”鄭玄注：“膷、臐、膮，今時臛也。牛曰膷，羊曰臐，豕曰膮，皆香美之名也。”戰國及南北朝時期稱“羊羹”。《戰國策·中山策》：“中山君饗都士，大夫司馬子期在焉。羊羹不遍，司馬子期怒而走於楚。”《南史·毛修之傳》：“修之嘗爲羊羹薦魏尚書，尚書以爲絕味。獻之太武，大悅，以爲太官令。”南北朝時期亦稱“羊肉臛”。北魏賈思勰《齊民要術·羹臛法》：“別作羊肉臛，以粳米二合、生薑煮之。”《隋書·音樂志下》：“特以膚腊，加臐、膮。”元代亦稱“羊肉羹”。元忽思慧《飲膳正要·食療諸病》：“羊肉羹：治腎虛、衰弱、腰腳無力。羊肉（半斤，細切）、蘿蔔（一個，切作片）、草果（一錢）、陳皮（一錢，去白）、良薑（一錢）、蓽撥（一錢）、胡椒（一

錢）、葱白（三莖）。右件水熬成汁，入鹽醬熬湯，下麵餷子作羹食之。將湯澄清作粥食之亦可。"清袁枚《隨園食單・雜牲單》："羊羹：取熟羊肉，斬小塊，如骰子大，鷄湯煨，加笋丁、香蕈丁、山藥丁同煨。"

【臛】

即羊羹。此稱先秦時期已行用。見該文。

【羊肉臛】

即羊羹。此稱南北朝時期已行用。見該文。

【羊肉羹】

即羊羹。此稱元代已行用。見該文。

【羊肉湯】

"羊羹"之一種。藥膳。漢代已見。時稱"當歸生薑羊肉湯"。主治寒疝、腹脅疼痛等。漢張仲景《金匱要略》卷上："寒疝、腹中痛及脅痛裏急者，當歸生薑羊肉湯主之。當歸生薑羊肉湯方：當歸三兩，生薑五兩，羊肉一斤。右三味，以水八升煮取三升，溫服七合。日三服。"宋代省稱"羊肉湯"。明李時珍《本草綱目・獸一・羊》引宋寇宗奭《本草衍義》曰："以仲景羊肉湯減水，二服即愈。"

【羊蹄臛】

"羊羹"之一種。以羊蹄爲主料烹製。味美。此稱南北朝時期已行用。北魏賈思勰《齊民要術・羹臛法》："作羊蹄臛法：羊蹄七具，羊肉十五斤。葱三升，豉汁五升，米一升，口調其味，生薑十兩，橘皮三葉也。"

【没忽羊羹】

"羊羹"之一種。此稱隋唐時期已行用。宋陶穀《清異録・饌羞門》載謝諷《食經》有細供：没忽羊羹、修羊寶卷、魚羊鮮料、拖刀羊皮雅膾、露漿山子羊蒸、高細浮動羊、天真羊膾等。

【羊腎羹】

"羊羹"之一種。以羊腎爲主料烹成。味美，兼療勞痢。此稱唐宋時期已行用。明李時珍《本草綱目・獸一・羊》引唐蘇恭曰："〔羊腎〕合脂作羹，療勞痢甚效。"又引唐昝殷《食醫心鑑》："腎虛精竭：羊腎一雙，切於豉汁中，以五味、米糅作羹粥食。"又引宋陳抃《經驗後方》："〔五勞七傷〕用羊腎一對（去脂切），肉蓯蓉一兩（酒浸一夕去皮），和作羹，下葱、鹽、五味食。"元代多以白羊腎爲之，故稱"白羊腎羹"。元忽思慧《飲膳正要・食療諸病》："白羊腎羹：治虛勞、陽道衰敗、腰膝無力。白羊腎（二具。切作片）、肉蓯蓉（一兩。酒浸，切）、羊脂（四兩。切作片）、胡椒（二錢）、陳皮（一錢。去白）、蓽撥（二錢）、草果（二錢）。右件相和，入葱白、鹽、醬煮作湯，入麵餷子，如常作羹食之。"

【白羊腎羹】

"羊腎羹"之一種。此稱元代已行用。見該文。

【羊皮羹】

"羊羹"之一種。以羊皮爲之。此稱唐代已行用。具祛風補勞之功。明李時珍《本草綱目・獸一・羊》引唐孟詵曰："〔羊皮〕主治一切風及脚中虛風，補虛勞，去毛作羹臛食。"

【羊臟羹】

"羊羹"之一種。以羊臟爲主料烹製。此稱元代已行用。美食兼補腎虛勞損。元忽思慧《飲膳正要・食療諸病》："羊臟羹：治腎虛勞損，骨髓傷敗。羊肝、肚、腎、心、肺（各一具。湯洗净）、牛酥（一兩）、胡椒（一兩）、蓽撥（一兩）、豉（一合）、陳皮（二錢。去白）、良薑（二錢）、草果（兩個）、葱（五莖）。右件先將羊肝等慢火煮令熟，將汁濾净。和羊肝等並藥一同入羊肚内，縫合口，令絹袋盛之。再煮熟。入五味旋旋，任意食之。"

【羊脊骨羹】

"羊羹"之一種。以羊脊骨爲主料製成。此稱元代已行用。美食兼補虛養腎。元忽思慧《飲膳正要・食療諸病》："羊脊骨羹：治下元久虛，腰腎傷敗。羊脊骨（一具，全者。捶碎）、肉蓯蓉（一兩。洗，切作片）、草果（三個）、蓽撥（二錢）。右件水熬成汁，濾去滓。入葱白、五味作麵羹食之。"參閱明李時珍《本草綱目・獸一・羊》。

【羊肚羹】

"羊羹"之一種。以羊胃（俗稱羊肚）爲主料烹成。此稱元代已行用，延及後世。美食兼治中風虛弱。明李時珍《本草綱目・獸一・羊》引元忽思慧《飲膳正要》："中風虛弱。羊肚一具，粳米二合，和椒、薑、豉、葱作羹食之。"清袁枚《隨園食單・雜牲單》："羊肚羹：將羊肚洗净，煮爛，切絲，用本湯煨之，加胡椒、醋俱可。"

【羊血羹】

"羊羹"之一種。以羊血配輔料烹成。味美。此稱清代已行用。清佚名《調鼎集・雜牲部》："羊血羹：腐皮、笋衣、胡椒末、豉粉、豆腐絲、血絲、醋、醬油，原汁作羹。"

【羊頭羹】

"羊羹"之一種。以羊頭爲主料製成，故名。此稱清代已行用。清朱彝尊《食憲鴻秘》汪拂雲抄本："羊頭羹：多買羊頭，剝皮煮爛。加酒漿、醬油，笋片、香蕈或時菜等件。醬油

不可太多，鰕肉和入更妙。臨起，量加薑絲。"

兔羹

羹名。以兔肉爲主料烹製而成，故名。此稱先秦時期已行用。可加米糝成糊，不加蓼菜。《禮記・内則》："食……析稌犬羹、兔羹，和糝不蓼。"南北朝時期稱"兔臛"，詳載其做法。北魏賈思勰《齊民要術・羹臛法》："作兔臛法：兔一頭，斷，大如棗。水三升，酒一升，木蘭五分，葱三升，米一合，鹽、豉、苦酒，口調其味也。"唐宋時期習稱"卯羹"。因古以十二地支與十二生肖相配，卯配兔，遂以稱代。宋陶穀《清異録・饌羞門》："韋巨源拜尚書令，上燒尾食，其家故書中尚有食賬，今擇奇異者略記……卯羹。"原注："純兔。"

【兔臛】

即兔羹。此稱南北朝時期已行用。見該文。

【卯羹】

即兔羹。此稱唐代已行用。見該文。

【兔脠】

同"兔臛"。此體宋代已行用。宋陸游《豐年行》："長魚出網健欲飛，新兔卧盤肥可脠。"

豬肉臛

羹名。以豬肉爲主料烹製。我國牧養、獵獲、食用豬由來已久。甲骨、金文中均有象形的"豕"字，古文字中的"彘"字由箭中豕體會意而成。《詩》有"言私其豵，獻豜於公"的狩獵記載，《論語》有陽貨饋孔子豚的食用之事。古代祭祀之犧牲，亦不可少之。羹食始自先秦時期，其時稱"膮"。《儀禮・公食大夫禮》："膷以東，臐、膮、牛炙。"漢鄭玄注："膷、臐、膮，今時臛也。牛曰膷，羊曰臐，豕曰膮，

皆香美之名也。"漢代稱"豕肉羹"。《説文·肉部》:"膮,豕肉羹也。"《隋書·音樂志下》:"特以膚腊,加臐、膮。"宋代始稱"猪肉臛"。味美,祛毒。明李時珍《本草綱目·獸一·豕》引《千金方》:"解丹石毒,發熱困篤。用肥猪肉五斤,葱薤各半斤,煮食或作臛食。必腹鳴毒下。"

【膮】

即猪肉臛。此稱先秦時期已行用。見該文。

【豕肉羹】

即猪肉臛。此稱漢代已行用。見該文。

【猪蹄酸羹】

"猪肉臛"之一種。以猪蹄爲主料烹成。味美。此稱始見於南北朝時期。北魏賈思勰《齊民要術·羹臛法》:"作猪蹄酸羹一斛法:猪蹄三具,煮令爛,擘去大骨。乃下葱、豉汁、苦酒、鹽,口調其味。舊法用錫六斤,今除也。"明代以母猪蹄爲羹,兼具通乳、解毒、消癰之功。參閱明李時珍《本草綱目·獸一·豕》。

【野猪臛】

"猪肉臛"之一種。以野猪肉爲主料烹製。味美,祛疾。此稱元代已行用。元忽思慧《飲膳正要·食療諸病》:"野猪臛:治久痔、野鷄病、下血不止、肛門腫滿。野猪肉(二斤。細切)。右件煮令爛熟,入五味,空心食之。"

【猪腦羹】

"猪肉臛"之一種。以猪腦爲主料烹成。清代揚州名羹,備"六司百官"食用。清李斗《揚州畫舫録·新城北録中》:"上買賣街前後寺觀皆爲大厨房,以備六司百官食次……猪腦羹、芙蓉蛋、鵝肫掌羹。"

血䑒

羹名。以牛羊鹿血加入酢、豉製成,可解酒。始見於漢代。《釋名·釋飲食》:"血䑒,以血作之。增其酢豉之味,使甚苦以消酒也。"南北朝時期稱"䑒""血羹"。《説文解字繫傳》"䑒"下引南朝梁陶弘景《本草經集注》云:"宋時大官作䑒,削藕皮落其中,血不凝,知藕之散血,然則䑒血羹也。"後世相沿稱之。唐段公路《北户録·食目》:"廣之人食品中有……䑒。"崔龜圖注:"今廣人生以五味酢食之。按《證俗音》云:'南人謂凝牛羊鹿血爲䑒,以薑敧之消酒也。'"唐段成式《酉陽雜俎·廣知》:"參軍張伯瑜諸公,言向爲血羹,頻不能就。公曰:'取灤水必成也。'"宋孟元老《東京夢華録·飲食果子》:"其餘小酒店,亦賣下酒,如煎魚、鴨子、炒鷄兔、煎燠肉、梅汁、血羹、粉羹之類。"

【䑒】

"血䑒"之省稱。此稱南北朝時期已行用。見該文。

【血羹】

"血䑒"之俗稱。此稱南北朝時期已行用。見該文。

鹿㑞

羹名。以鹿肉爲主料烹成。㑞,同"臇",少汁之羹臛。《玉篇·肉部》:"臇,臛少汁也。"明李時珍《本草綱目·獸二·鹿》云,鹿肉性甘温,補中益氣,可煮、可蒸、可脯,像酒食一樣益人。以鹿肉爲羹,見於漢代。長沙馬王堆一號漢墓第一三簡:"鹿㑞一鼎。"後世多以頭、蹄、腎爲羹。統稱則爲鹿㑞,特指則標明頭、蹄、腎等。

【鹿頭湯】

"鹿臛"之一種。以鹿頭（有時帶鹿蹄）爲主料製成。味美，補虛消渴。此稱始見於南北朝時期。北魏賈思勰《齊民要術·羹臛法》："好鹿頭，純煮令熟。著水中洗，治作臠，如兩指大。豬肉，琢，作臛。下葱白，長二寸一虎口，細琢薑及橘皮各半合，椒少許；下苦酒、鹽、豉適口。一鹿頭，用二斤豬肉作臛。"元明時期相沿製作。元忽思慧《飲膳正要·聚珍異饌》："鹿頭湯：補益，止煩渴，治脚膝疼痛。鹿頭蹄（一副。退洗净，卸作塊）。右件用哈昔泥豆子大研如泥，與鹿頭蹄同拌匀。用回回小油四兩同炒，入滾水熬，令軟。下胡椒三錢、哈昔泥二錢、蓽撥一錢、牛嬭子一盞、生薑汁一合、鹽少許調和。一法用鹿尾取汁，入薑末、鹽，同調和。"明李時珍《本草綱目·獸二·鹿》引《多能鄙事》："老人消渴：鹿頭一個，去毛煮爛，和五味。空心食，以汁咽之。"

【鹿蹄湯】

"鹿臛"之一種。以鹿蹄肉爲主料製成。味美，除風虛及腰足痛。此稱唐代已行用，延及後世。明李時珍《本草綱目·獸二·鹿》引唐孫思邈云："諸風，脚膝骨中疼痛不能踐地，（蹄肉）同豉汁、五味煮食。"元忽思慧《飲膳正要·食療諸病》："鹿蹄湯：治諸風虛、腰脚疼痛不能踐地。鹿蹄（四隻）、陳皮（二錢）、草果（二錢）。右件煮令爛熟，取肉，入五味，空腹食之。"

【鹿腎羹】

"鹿臛"之一種。以鹿腎爲主料烹成。味美，補腎壯陽。此稱宋代已行用。明李時珍《本草綱目·獸二·鹿》引《聖惠方》："腎虛耳聾：用鹿腎一對，去脂膜切，以豉汁入粳米二合煮粥食。亦可作羹。"參閱元忽思慧《飲膳正要·食療諸病》。

猴羹

羹名。以猴肉爲主料烹製而成，故名。始見於漢代，後世稀見。《淮南子·脩務訓》："楚人有烹猴而召其鄰人，以爲狗羹也而甘之。後聞其猴也，據地而吐之，盡瀉其食，此未始知味者也。"

【猴頭羹】

以猴頭爲主料烹製之"猴羹"。此稱三國時期已行用。粤人喜食。明李時珍《本草綱目·獸四·獼猴》引三國吳沈瑩《臨海異物志》："粤民喜啖猴頭羹。"

熊羹

羹名。以熊肉爲主料製成。熊肉性甘平，羹食味美，振贏祛痹。始見於漢代。《山堂肆考》卷二引漢劉向《新序》："紂王天下，怒熊羹不熟而殺庖人。"唐代、元代以爲食療。元代稱"熊湯"，亦稱"熊肉羹"。元忽思慧《飲膳正要·聚珍異饌》："熊湯：治風痹不仁、脚氣。熊肉（二脚子。煮熟，切塊）、草果（三個）。右件用胡椒三錢、哈昔泥一錢、薑黄二錢、縮砂二錢、咱夫蘭一錢、葱、鹽、醬一同調和。"又《食療諸病》"熊肉羹：治諸風、脚氣、痹痛不仁、五緩筋急。熊肉（一斤）。右件於豆豉中入五味、葱、醬，煮熟，空腹食之。"按，《飲膳正要》二羹皆本於唐咎殷《食醫心鑑》，祇是咎書未明標"熊湯""熊肉羹"而已。參閱明李時珍《本草綱目·獸二·熊》。

【熊湯】

即熊羹。此稱元代已行用。見該文。

【熊肉羹】

即熊羹。此稱元代已行用。見該文。

駝羹

羹名。以駱駝之蹄或峰肉製成。析言之，則以駝蹄所製稱"駝蹄羹"，以駝峰所製稱"駝峰羹"；統言之，則二者皆得稱"駝羹"。作爲獸畜，駱駝見於上古，《山海經·北山經》載貌山、饒山皆有橐駝。以之爲食，當亦久遠。"駝蹄羹"始見於三國魏，亦稱"七寶羹"，傳爲陳思王曹植所作。《異物彙苑》："陳思王製駝蹄爲羹，一甌值千金，號七寶羹。"後世沿用其稱。駝，或作"駝"。唐杜甫《自京赴奉先縣咏懷五百字》詩："勸客駝蹄羹，霜橙壓香橘。"元耶律楚材《用前韻送王君玉西征二首》之一："清茶佳果餞行路，遠勝濁酒烹駝蹄。"明代對駝峰、蹄製法有記載。明宋翊《宋氏養生部》："駝峰、駝蹄。鮮醃一宿，湯下一二沸，慢火養。"駝峰爲羹始見於宋代，時稱"駝峰雋"。雋，通"臇"，含汁較少之羹。宋周密《癸辛雜識續集上·駝峰》："駝峰之雋，列於八珍。"清代稱"駝峰羹"。清朱彝尊《題顏司勳光敏寫照》詩："吟羹削駝峰，貰釀攪牛潼。""駝羹"始見於元代，沿用至清。元傅若金《送蘇伯修侍郎分部扈蹕》詩："馬酒來官道，駝羹出御厨。"清吳偉業《雪中遇獵》詩："金鵄箭褶袍花濕，挏酒駝羹馬前立。"

【駝蹄羹】

"駝羹"之以蹄做成者。此稱三國時期已行用。參見本卷《飲料説·羹考》"駝羹"文。

【七寶羹】

即駝蹄羹。此稱三國時期已行用。參見本卷《飲料説·羹考》"駝羹"文。

【駝峰雋】

"駝羹"之以峰做成者。此稱宋代已行用。參見本卷《飲料説·羹考》"駝羹"文。

【駝峰羹】

即駝峰雋。此稱清代已行用。參見本卷《飲料説·羹考》"駝羹"文。

臉臁

羹名。始見於南北朝時期，後世罕見。製時將已經湯煮之猪腸切碎，復煮沸，加入細切之葱薑芥蒜及鹽醋豉等調料。《玉篇·肉部》："臁，臉臁，羹也。"北魏賈思勰《齊民要術·羹臛法》："臉臁：用猪腸，經湯出，三寸斷之，決破，細切，熬。與水，沸，下豉清、破米汁，葱、薑、椒、胡芹、小蒜、芥，並細切鍛。下鹽、醋。蒜子細切，將血奠與之。早與血則變，大可增米奠。"

擩肉羹

羹名。以輔料腌碎肉，投入沸水略滾動，連肉帶湯取於器中浸潤即成。擩，同"汆"。始見於宋代。宋吳自牧《夢粱録·麵食店》："又有專賣家常飯食，如擩肉羹、骨頭羹。"元代亦製作食用，作"爐肉羹"。爐，"擩"之別體，亦同"汆"。元倪瓚《雲林堂飲食制度集》："爐肉羹：用獢肉，先去筋膜净。切作寸段小塊，略切碎路，肉上加荔枝。以葱椒鹽酒腌少時，用沸湯投下，略撥動，急連湯取肉於器中養浸。以肉汁提清，入糟薑片或山藥塊或笋塊同供，元汁。"

【爐肉羹】

同"擩肉羹"。此體元代已行用。見該文。

魚羹

羹名。以魚爲主料製取，故名。其製作始

自遠古，其時之石烹魚，即是最早的魚羹。其後，隨着火的廣泛使用和陶器的出現，魚羹的製作也日漸精細，遂成美食。此稱始見於南北朝時期。《南齊書·孝義傳·樂頤》："吏部郎庾杲之嘗往候，頤爲設食，枯魚菜葅而已。杲之曰：'我不能食此。'母聞之，自出常膳魚羹數種。"南宋臨安宋五嫂所製尤負盛名，曾得高宗、孝宗贊賞，食者蜂至，遂成富媼。宋吳自牧《夢粱錄·鋪席》："向者杭城市肆名家有名者……錢塘門外宋五嫂魚羹。"宋周密《武林舊事·西湖游幸》："御舟四垂珠簾錦幕……小舟時有宣喚賜予，如宋五嫂魚羹，嘗經御賞，人所共趨，遂成富媼。"元宮大用《嚴子陵垂釣七里灘》第四折："俺則有油鹽和的半盞野菜，食魚羹稻飯幾曾把桌器擺，幾曾這般區區將將大驚小怪。"徐珂《清稗類鈔·飲食類》："魚羹亦有塊整之別，整魚以白腮鱸魚爲上品，其次鯽魚；塊魚以青魚爲上品，其次鯉魚。"按，長沙馬王堆漢墓遺冊竹簡之"鱄白羹""鮮鰅禺鮑白羹"等均有魚爲原料，皆"魚羹"之類。

【鯉魚臛】

羹名。"魚羹"之一種。以鯉魚爲主料製成。鯉魚體態優美，肉質細膩鮮嫩，明李時珍《本草綱目·鱗三·鯉魚》引南朝梁陶弘景《名醫別錄》稱其"爲食品上味"。食之兼療水腫、腳氣等。始見於南北朝時期。北魏賈思勰《齊民要術·羹臛法》："鯉魚臛：用大者。鱗治，方寸，厚五分。煮，和如鱧臛。與全米糝。奠時，去米粒，半奠。若過米奠，不合法也。"元代稱"鯉魚湯"。元忽思慧《飲膳正要·食療諸病》："鯉魚湯：治消渴、水腫、黃疸、腳氣。大鯉魚（一頭）、赤小豆（一合）、陳皮（二錢。去白）、小椒（二錢）、草果（二錢）。右件入五味調和勻，煮熟，空腹食之。"參閱唐昝殷《食醫心鑑》。

【鯉魚湯】

即鯉魚臛。此稱元代已行用。見該文。

【鱧魚臛】

"魚羹"之一種。以鱧魚（即今俗稱之黑魚）爲主料製成。此稱始見於南北朝時期。北魏賈思勰《齊民要術·羹臛法》："鱧魚臛：用極大者，一尺已下不合用。湯鱗治，邪截，臛葉方寸半准。豉汁與魚，俱下水中。與研米汁。煮熟，與鹽、薑、橘皮、椒末、酒。鱧澀，故須米汁也。"唐代食之兼療水氣。明李時珍《本草綱目·鱗四·鱧魚》引唐昝殷《食醫心鑑》："十種水氣，垂死。鱧魚（一斤重者）煮汁，和冬瓜、葱白作羹食。"

【鮎魚臛】

以鮎魚爲主料製成之"魚羹"。鮎魚即鮎（鯰）魚。無鱗，肉鮮美，羹食補人。此稱始見於南北朝時期。北魏賈思勰《齊民要術·羹臛法》："鮎臛：湯燖，去腹中，淨洗，中解，五寸斷之。煮沸，令變色。出，方寸分准，熬之。與豉清，研汁，煮令極熟。葱、薑、橘皮、胡芹、小蒜，並細切鍛與之。下鹽、醋。半奠。"石聲漢校釋："鮎即鮀字……《說文》所說'鮀，鮎也'。"明李時珍《本草綱目·鱗四·鰟魚》[釋名]"鮎魚"，并引南朝梁陶弘景："作臛，補人。"民國《巴縣志·物產》："鮀魚，俗稱肥鮀……《齊民要術》有鮀臛湯法。"

【鯽魚羹】

以鯽魚爲主料製成之一種"魚羹"。鯽魚亦稱鮒魚，先秦時期已以味美著稱於世。《呂氏春秋·本味》："魚之美者，洞庭之鱄（鮒）。"唐時與蒓菜、茭首等配合製羹以療疾。明李時珍《本草綱目·鱗三·鯽魚》引唐孟詵曰："合蒓作羹，主胃弱不下食，調中益五臟。合茭首作羹，主丹石發熱。"自元至清，相沿製作。元忽思慧《飲膳正要·食療諸病》："鯽魚羹：治久痔、腸風、大便常有血。大鯽魚（一頭，新鮮者。洗净，切作片），小椒（二錢。爲末），草果（一錢。爲末）。右件用葱三莖煮熟，入五味，空腹食之。"清顧仲《養小録》卷下："鯽魚羹：鮮鯽魚治净，滾湯焯熟，用手撕碎，去骨净。香蕈、鮮笋切絲，椒、酒下湯。"

【鶻突羹】[1]

以切碎之鯽魚與輔料相配製成之一種"魚羹"。食用兼治胃虚存食。此稱唐代已行用。明李時珍《本草綱目·鱗三·鯽魚》引唐昝殷《食醫心鑑》："鶻突羹：治脾胃虚冷不下食。以鯽魚半斤切碎，用沸豉汁投之，入胡椒、蒔蘿、薑、橘末，空心食之。"

【鯽魚肚兒羹】

以鯽魚肚腹肉與輔料相配製成之一種"魚羹"。此稱元代已行用。元倪瓚《雲林堂飲食制度集》："鯽魚肚兒羹：用生鯽魚小者，破肚去腸。切腹腴兩片子，以葱椒鹽酒淹之。腹後相連如蝴蝶狀。用頭背等肉熬汁，撈出肉。以腹腴用箅箕或筞籬盛之，入汁肉焯過。候温，鑷去骨，花椒或胡椒、醬水調和。前汁捉清入水，入菜或笋同供。"

【白魚羹】

以白魚爲主料製作之一種"魚羹"。此稱始見於唐代。明李時珍《本草綱目·鱗三·白魚》引唐孟詵："鮮者宜和豉作羹。"清代相沿製作。

清佚名《調鼎集·鋪設戲席部》："白魚羹：白魚切黄豆大，甜醬瓜亦切黄豆大，炒。魚尾並魚劃水煮熟，去骨，再膾。"

【玉蟬羹】

"魚羹"之一種。以大魚片製成之羹。因帶有紋路之肉片似白色蟬蜕，故名。此稱宋代已行用。宋陳元靚《事林廣記·癸集》："玉蟬羹法：大魚去皮骨，薄抹，用黄紙陰乾。以豆粉研，將魚片點粉，打開如紙，薄切爲紙片，作羹。"

【梅魚羹】

"魚羹"之一種。以梅魚（即石首魚）爲主料烹製而成。此稱始見於宋代，延及後世。明李時珍《本草綱目·鱗三·石首魚》引宋馬志《開寶本草》："合蒓菜作羹，開胃益氣。"明宋詡《宋氏養生部·梅魚》引《雲間志》："二石首小魚長五寸，宜爲羹。"

【鯦魚湯】

"魚羹"之一種。以鯦魚爲主料烹製而成。鯦魚即鱖魚，故亦稱"鱖魚羹"。此稱始見於宋代。明李時珍《本草綱目·鱗三·鱖魚》引宋張杲《醫説》："越州邵氏女年十八，病勞瘵累年，偶食鱖魚羹，遂愈。"清代稱"鯦魚湯"。清佚名《調鼎集·水族有鱗部》："鯦魚湯。披薄片，入笋片、火腿片，鷄汁氽湯。"按，此蓋源自唐代"白龍臛"。白龍臛即以鱖魚肉製成之羹。宋陶穀《清異録·饌羞門》載唐相韋巨源燒尾食賬有"白龍臛"，原注："治鱖肉。"

【鱖魚羹】

即鯦魚湯。此稱宋代已行用。見該文。

【燙鱠羹】

"魚羹"之一種。以魚頭魚尾爲主料製成。

元代浙西人喜食之。元佚名《居家必用事類全集・庚集・飲食類》："將魚頭尾煮薑辣羹加菜頭供，浙西人謂之燙鱠羹。"

【鰱魚羹】

以鰱魚爲主料烹製之"魚羹"。鰱魚以味美著稱（見明李時珍《本草綱目・鱗三・鰱魚》）。見於明代。明宋詡《宋氏養生部》："鰱魚……今惟腹腴則爲美。俱治作之，去鰓滌潔，宜辣烹爲羹。"

【土步魚羹】

"魚羹"之一種。以土步魚爲主料製成，故名。清代杭州人最樂食此。清袁枚《隨園食單・水族有鱗單》："杭州以土步魚爲上品……肉最鬆嫩，煎之、煮之、蒸之俱可。加醃芥作湯，作羹尤鮮。"夏曾傳補證："土步以正月爲最佳，其肉固鮮，而其鰓旁肉結兩枚如棋子大者，味尤雋妙。惜未有單取此物作羹者（吳人名蕩裏魚）。"時亦稱"春班湯"。春班，即土步魚。清佚名《調鼎集・水族有鱗部》："春班湯：鷄汁、冬笋片、木耳、火腿汆湯。"

【春班湯】

即土步魚羹。此稱清代已行用。見該文。

團魚羹

羹名。以團魚爲主料烹製而成，故名。團魚，即黿鼈類甲魚。春秋時期稱"黿羹"。楚人曾獻黿於鄭靈公以做此。《左傳・宣公四年》："楚人獻黿于鄭靈公……及食大夫黿，召子公而弗與也，子公怒，染指於鼎，嘗之而出。"南北朝時期亦稱"鼈臛"。宋代亦作"鼈腤"。北魏賈思勰《齊民要術・羹臛法》："作鼈臛法：鼈且完全煮，去甲藏。羊肉一斤，葱三升，豉五合，粳米半合，薑五兩，木蘭一寸，酒二升。

煮鼈。鹽、苦酒，口調其味也。"宋李石《續博物志》卷三："鼈腤，數食可長髮。"元代始稱"團魚羹"。元佚名《居家必用事類全集・庚集・飲食類》："團魚羹：先剁去頭，下鍋。入大料物。煮，微熟漉出，拆開，擘去殼並膽，刮洗净，控乾。下醬清汁内，煮軟。擂胡椒、川椒、紅豆、杏仁、砂仁極爛，下鍋，滾數沸，入鹽、薑、葱二握，調和得所供。"時亦稱"團魚湯"。兼益氣補虛之功。元忽思慧《飲膳正要・聚珍異饌》："團魚湯：主傷中，益氣，補不足。羊肉（一脚子。卸成事件）、草果（五個）。右件熬成湯，濾净。團魚五六個，煮熟，去皮骨，切作塊，用麵二兩作麵絲，生薑汁一合、胡椒一兩同炒葱、鹽、醋調和。"今通稱"甲魚湯""鼈湯"。

【黿羹】

即團魚羹。此稱先秦時期已行用。見該文。

【鼈臛】

即團魚羹。此稱南北朝時期已行用。見該文。

【鼈腤】

即團魚羹。此體宋代已行用。見該文。

【團魚湯】

即團魚羹。此稱元代已行用。見該文。

【臛鱉】

"團魚羹"之一種。鱉，大龜。以大龜爲主料烹製成，故名。此稱先秦時期已行用。《楚辭・招魂》："露鷄臛鱉，厲而不爽些。"王逸注："有菜曰羹，無菜曰臛。鱉，大龜也。"

蟹羹

羹名。以螃蟹爲主料烹製。羹中佳品。始見於先秦時期。《關尹子・四符》："庖人羹蟹，遺一足机上。蟹已羹，而遺足尚動，是生死者一氣聚散爾。"元代稱"螃蟹羹"。元佚名《居家必用事類全集·庚集·飲食類》："螃蟹羹：大者十隻，削去毛，净控乾，剁去小脚稍並肚臍，生拆開，再剁作四段。用乾麵蘸過下鍋煮。候滾，入鹽、醬、胡椒調和供。與冬瓜煮，其味更佳。"清代亦製作食用。清袁枚《隨園食單·水族無鱗單》："蟹羹：剥蟹爲羹，即用原湯煨之，不加鷄汁，獨用爲妙。見俗厨從中加鴨舌，或魚翅或海參者，徒奪其味，而惹其腥，惡劣極矣。"

【螃蟹羹】

即蟹羹。此稱元代已行用。見該文。

【辣羹蟹】

"蟹羹"之一種。具辣味，故名。南宋都城臨安之名羹。宋吳自牧《夢粱録·分茶酒店》："杭城食店，多是效學京師人，開張亦效御厨體式……兼之食次名件甚多，姑以述於後。曰百味羹……辣羹蟹。"

【魚翅螃蟹羹】

"蟹羹"之一種。以魚翅、螃蟹爲主料製成。羹食上品。清代揚州名羹，供"六司百官"食用。清李斗《揚州畫舫録·新城北録中》："上買賣街前後寺觀皆爲大厨房，以備六司百官食次。第一分頭號五簋碗十件……魚翅螃蟹羹、蘑菇煨鷄。"

蝦羹

羹名。以蝦肉爲主料烹製而成。味鮮美，治鼈癥疼痛。此稱至遲唐代已行用。唐馮贄《雲仙雜記·薛家士風》引《蜀普録》："成都薛氏家，士風甚美，厨司以半瓠爲杓，子孫就食，蝦羹、肉臠一取之，飯再取之。"宋元明清相承製食。明李時珍《本草綱目·鱗四·鰕》引《類編》云："景陳弟長子拱病鼈癥，隱隱見皮内，痛不可忍。外醫洪氏曰：'可以鮮蝦作羹食之。'下腹未久痛即止。"又時珍曰："作羹，治鼈癥。"清李化楠《醒園録》卷上："蝦羹法：將鮮蝦剥去頭、尾、足、殼，取肉切成薄片，加鷄蛋、緑豆粉、香圓絲、香菇絲、瓜子仁和豆油、酒調匀。乃將蝦之頭尾足殼用寬水煮數滾，去渣澄清。再用猪油同微蒜炙滾，去蒜，將清湯傾和油内煮滾，乃下和匀之蝦肉等料，再煮滾，取起，不可太熟。"清代又稱"蝦仁湯"。清佚名《調鼎集·水族無鱗部》："蝦羹：鮮蝦取肉切成薄片，加鷄蛋、豆粉……瓜子仁和菜油、酒調匀。將蝦之頭、尾、足、殼用寬水煮數滾，去渣澄清。"

【蝦仁湯】

即蝦羹。此稱清代已行用。見該文。

雉羹

羹名。以雉爲主料烹製而成，故稱。此稱先秦時期已行用。相傳老壽星彭祖初創，曾以之進獻於堯，促進了飲食烹調的發展。《楚辭·天問》："彭鏗斟雉，帝何饗？受壽永多，夫何久長？"王逸注："彭鏗，彭祖也。好和滋味，善斟雉羹，能事帝堯，堯美而饗食之。"洪興祖補注引《神仙傳》云："彭祖姓籛，名鏗，帝顓頊之玄孫，善養性，能調鼎，進雉羹於堯。堯封於彭城，歷夏經殷，至周年七百六十七歲而不衰。"《禮記·内則》："食：蝸醢而苽食雉羹。"雉，俗稱野鷄，故元時習稱"野鷄羹"，載其製法。元忽思慧《飲膳正要·食療諸病》："野鷄羹：治消渴口乾，小便頻數。野鷄（一隻。撏净），右入五味，如常法作羹臛食之。"

清時亦以小野鷄爲之，故稱"野鷄崽子湯"。《紅樓夢》第四三回："今日可大好了。方纔你們送來野鷄崽子湯，我嘗了一嘗，倒有味兒，又吃了兩塊肉，心裡很受用。"

【野鷄羹】

"雉羹"之俗稱。此稱元代已行用。見該文。

【野鷄崽子湯】

"雉羹"之一種。以小野鷄爲主料烹製而成，故名。此稱清代已行用。參見本卷《飲料説·羹考》"雉羹"文。

【野鷄片湯】

"雉羹"之一種。以野鷄肉片爲主料烹成。清代揚州供"六司百官"所食羹臛之一。清李斗《揚州畫舫録·新城北録中》："上買賣街前後寺觀皆爲大厨房，以備六司百官食次……野鷄片湯、風猪片子、風羊片子。"

臛雀

羹名。以黃雀爲之，故稱。此稱先秦時期已行用。《楚辭·大招》："煎鰿臛雀，遽爽存只。"王逸注："臛，一作臞……煎鮒魚臛黃雀。"清代稱"黃雀羹"。清佚名《調鼎集·羽族部》："黃雀羹：多用胸脯肉，和肥肉片作羹。"

【黃雀羹】

即臛雀。此稱清代已行用。見該文。

鷄羹

羹名。以鷄肉爲主料烹製而成，故名。此稱先秦時期已行用，具體製作方法不詳。《禮記·內則》所謂"鷄羹、駕釀之蓼"是説加蓼菜一起煮，所謂"麥食脯羹、鷄羹……和糝不蓼"是説加入米糝成糊，不加蓼菜。至南北朝時期其製法詳載典籍：將鷄解剖、煮熟、除骨，

加葱頭、棗煮成。北魏賈思勰《齊民要術·羹臛法》："作鷄羹法：鷄一頭解，骨肉相離。切肉，琢骨，煮使熟，漉去骨。以葱頭二升、棗三十枚，合煮羹一斗五升。"宋代除用古稱外，亦稱"鷄臛"。宋吳自牧《夢粱録·麵食店》："又有專賣家常飯食，如……鷄羹、耍魚辣羹。"宋孔平仲《續世説·企羨》："頓食鷄臛數盤。"今俗稱"鷄湯""老母鷄湯"。味美，强身，人多喜食。

【鷄臛】

即鷄羹。此稱宋代已行用。見該文。

【黑雌鷄羹】

"鷄羹"之一種。以黑母鷄肉爲主料製成。味美，祛病。見於南北朝時期。明李時珍《本草綱目·禽二·鷄》引南朝梁陶弘景《名醫別録》："黑雌鷄肉……作羹食，治風寒濕痺，五緩六急。"參閲唐咎殷《食醫心鑑》。

【白雄鷄羹】

"鷄羹"之一種。以白雄鷄肉烹成。美味，有療效。此稱唐代已行用。明李時珍《本草綱目·禽二·鷄》集解引唐咎殷《食醫心鑑》："癲邪狂妄，自賢自聖，行走不休。白雄鷄一隻煮，以五味和，作羹粥食……赤白痢下，白雄鷄一隻，如常作臛及餛飩，空心食。"

【黃雌鷄羹】

"鷄羹"之一種。以黃雌鷄肉烹製而成。味美，具消渴、下痢、補虛等療效。此稱唐宋時期已行用。明李時珍《本草綱目·禽二·鷄》引唐咎殷《食醫心鑑》："消渴飲水，小便數。以黃雌鷄煮汁冷飲，並作羹食肉。下痢禁口。黃肥雌鷄一隻，如常爲臛，作濕餛飩，空心食之。"又引《聖濟》："産後虛羸。黃雌鷄一隻，

去毛及腸肚，背上開破，入生百合三枚、白粳米半升，縫合，入五味汁中煮熟，開腹取百合並飯，和汁作羹食之，並食肉。"

【烏雄鷄羹】

"鷄羹"之一種。以烏雄鷄肉爲主料製成。美食，具療效。此稱宋元時期已行用。明李時珍《本草綱目·禽二·鷄》引宋陳直《奉親養老書》："老人中風，煩熱語澀。每用烏雄鷄一隻（切），葱白一握，煮臛，下麻子汁、五味，空心食之。"元代稱"烏鷄湯"。元忽思慧《飲膳正要·食療諸病》："烏鷄湯：治虛弱勞傷、心腹邪氣。烏雄鷄（一隻。捜洗净，切作塊子）、陳皮（一錢。去白）、良薑（一錢）、胡椒（二錢）、草果（二個）。右件以葱、醋、醬相和，入瓶内，封口，令煮熟。空腹食。"

【烏鷄湯】

即烏雄鷄羹。此稱元代已行用。見該文。

【鷄肝羹】

"鷄羹"之一種。以鷄肝爲主料製成。味鮮美，兼補肝虛。此稱宋代已行用。明李時珍《本草綱目·禽二·鷄》引宋陳直《奉親養老書》："老人肝虛目暗：烏雄鷄肝一具（切），以豉和米作羹成粥食之。"

【鷄舌湯】

"鷄羹"之一種。以鷄舌加葱、薑及諸作料烹成。味醇美。此稱宋代已行用。相傳宋吕蒙正嗜食之。清褚人穫《堅瓠集·餘集》卷一："宋吕文穆公……喜食鷄舌湯，每朝必用。一夕游花園，遥見牆角一高阜，以爲山也。問左右曰：'誰爲之？'對曰：'此相公所殺鷄毛耳。'"

【鷄尖羹】

"鷄羹"之一種。以鷄尾部含大量脂肪的尖形肉質爲主料製成。味極鮮美。此稱明代已行用。《金瓶梅詞話》第九四回："你去厨房内，對着淫婦奴才，教他洗手做碗好鷄尖湯兒與我吃口兒。"按，鷄尖，或説鷄雛之翅尖，疑誤。今北方俗語稱鷄尖者，指鷄臀上方略呈三角形、外帶尖的那一塊肉，内含大量油脂脂肪，熟後入口尤肥美。今人或説食此易致癌。

【鷄血羹】

以鷄血與輔料配製之"鷄羹"。尤宜老人養身補虛。此稱清代已行用。清袁枚《隨園食單·羽族單》："取鷄血，爲條，加鷄湯、醬、醋、索粉作羹。宜於老人。"夏曾傳補證："鷄血最細，他血不及也。予家歲暮祀神畢，即供具祀先。又取碟中血製湯以進。"

䑏鳧

羹名。以野鴨爲主料烹製而成。味美。始見於戰國時期。《楚辭·招魂》："鵠酸䑏鳧，煎鴻鶬些。"王逸注："䑏，小臛也。"洪興祖補注："䑏……臛少汁也。鳧，野鴨也。"清代亦稱"鳧臛"。清曹寅《藥後除食忌謝方南董饋鮓鷄二品時將有京江之行》詩："耐寒時欲存鳧臛，躁擾疇堪議蟹胥。"

【鳧臛】

即䑏鳧。此稱清代已行用。見該文。

【膾野鴨羹】

"䑏鳧"之一種。此稱清代已行用。清佚名《調鼎集·羽族部》："膾野鴨羹：熟野鴨去骨切丁，配熟山藥，入原汁、鹽、酒、葱、薑膾。"

梟羹

羹名。以惡鳥梟肉烹製而成。梟又稱"鵩""鴞"。傳説梟長則食其母，故古人夏至磔之。其字結構作鳥首在木上，取磔之之義。然明李時珍《本草綱目·禽四·鶚》引三國吳陸璣《毛詩草木鳥獸蟲魚疏》云"其肉甚美，可爲羹臛炙食"。此羹始自漢代。朝廷每年五月五日做一次賞賜百官，以示除絶邪惡不孝。《史記·孝武本紀》："古者天子常以春秋解祠，祠黄帝用一梟、破鏡。"裴駰集解引孟康曰："梟，鳥名，食母；破鏡，獸名，食父。黄帝欲絶其類，使百物祠皆用之。"又引如淳曰："漢使東郡送梟，五月五日爲梟羹以賜百官。以惡鳥，故食之。"宋蘇轍《學士院端午帖子》詩："百官却拜梟羹賜，凶去方知舜有功。"

鴨臛

羹名。因以鴨肉製成，故稱。南北朝時期已見。亦作"鴨臃"，載有製法。北魏賈思勰《齊民要術·羹臛法》："作鴨臛法：用小鴨六頭，羊肉二斤，大鴨五頭，葱三升，芋二十株，橘皮三葉，木蘭五寸，生薑十兩，豉汁五合，米一升，口調其味，得臛一斗。先以八升酒煮鴨也。"《南史·后妃傳上·齊宣孝陳皇后》："宣皇帝薦起麵餅、鴨臃。"唐代兼作藥用，祛除煩熱。明李時珍《本草綱目·禽一·鶩》引唐孟詵《食療本草》："〔鴨肉〕和葱、豉煮汁，飲之，去卒然煩熱。"明代稱"爌鴨羹"。明韓奕《易牙遺意·脯鮓類》："爌鴨羹：大肥鴨以石壓死，甋過，捋去毛，剁下頭頸，倒瀝血水，在盆內留下，却開肚皮，去腸，入鍋中。先下醬水與酒，並瀝下血水，煮一滾，方下宿汁並粗爌料，擘碎入汁中，又下胡蘿蔔，多則損汁味，又下研細猪胆。臨熟，火向一邊燒，令汁浮油滚在一邊，然後撤之，汁清爲度。又下牽頭。以指按鴨胸部上，肉軟爲熟。細爌料紫蘇多用，爲主，花椒次用，甘草次用，茴香以下，並減半

之用。杏仁、桂皮、桂枝、甘松、檀香、砂仁研爲細末，沙糖、大蒜、胡椒研爛如泥，入前乾末和匀。每汁一鍋，約用爌料一碗，又加紫蘇末，另研入汁牽，緑豆粉臨用時多少打用。"清代亦稱"鴨羹"。清朱彝尊《食憲鴻秘·禽之屬》："鴨羹：肥鴨煮七分熟，細切骰子塊。仍入原湯，下香料、酒、醬、笋、蕈之類，再加配松仁，剥白核桃更宜。"清蒲松齡《聊齋志異·天宫》："久之，腹餒，遂有女僮來，餉以麵餅、鴨臛，使捫索而啖之。"

【鴨臃】

同"鴨臛"。此體南北朝時期已行用。見該文。

【爌鴨羹】

即鴨臛。此稱明代已行用。見該文。

【鴨羹】

即鴨臛。此稱清代已行用。見該文。

【笋篸鴨羹】

"鴨羹"之一種。以竹笋、鴨肉爲主料製成。美食。此稱南北朝時期已行用。北魏賈思勰《齊民要術·羹臛法》："作笋篸鴨羹法：肥鴨一隻，净治如糝羹法，籥亦如此。篸四升，洗令極净，鹽净，別水煮數沸，出之，更洗。小蒜白及葱白、豉汁等下之，令沸便熟也。"或作"笋箈鴨羹"，亦見於南北朝時期。參閱《太平御覽》卷八六一引《食經》。

【笋箈鴨羹】

同"笋篸鴨羹"。此體南北朝時期已行用。見該文。

【青鴨羹】

"鴨羹"之一種。以青頭鴨爲主料烹成。青鴨，"青頭鴨"之省稱。鴨頭有青、緑、白、黑

等類。明李時珍《本草綱目·禽一·鷖》云，此羹見於元代。元忽思慧《飲膳正要·食療諸病》："青鴨羹：治十種水病不瘥。青頭鴨（一隻。退净）、草果（五個）。右件用赤小豆半升入鴨腹内，煮熟，五味調，空心食。"按，元代此羹源自唐昝殷《食醫心鑑》。昝氏法爲以青頭鴨配米、五味煮作粥食。

【鴨舌羹】

"鴨羹"之一種。以鴨舌配冬笋、香蕈等烹成。味美，具治痔殺蟲之功。此稱清代已行用。清佚名《調鼎集·羽族部》："鴨舌羹：配冬笋、香蕈、胡椒、醋、醬油、葱花作羹。"

鵓鴿羹

羹名。以鴿肉爲主料製成。味美兼療疾。始見於元代。元忽思慧《飲膳正要·食療諸病》："鵓鴿羹：治消渴飲水無度。白鵓鴿（一隻。切作大片）。右件用土蘇一同煮熟，空腹食之。"清代稱"鴿臛"。清李斗《揚州畫舫錄·新城北錄中》："第四分毛血盤二十件……鴿臛、猪雜什、羊雜什。"按，元時鵓鴿羹殆源自唐昝殷《食醫心鑑》，祇是唐時將鴿肉片"以土蘇煎，含咽"，未明言羹食。參閱明李時珍《本草綱目·禽二·鴿》。

【鴿臛】

即鵓鴿羹。此稱清代已行用。見該文。

【鴿蛋湯】

"鵓鴿羹"之一種。以鴿蛋爲主烹成。美食兼清火。此稱清代已行用。清佚名《調鼎集·羽族部》："鴿蛋湯：上點心時，每客一小碗鮮湯。用鴿蛋二枚（入少芫荽）。"

芼羹

羹名。菜肉交雜製成。芼，通"毛"，菜也。始自先秦時期，達於後世。《禮記·内則》："饘、酏、酒醴、芼羹、菽、麥、蕡、稻、黍、粱、秫，唯所欲。"鄭玄注："芼，菜也。"孔穎達疏："芼，菜者。按公食大夫禮，三牲皆有芼者，牛藿羊苦豕薇也。是芼乃爲菜也。用菜雜肉爲羹。"唐馮贄《雲仙雜記·陳蕃待客》引董慎《續豫章記》："陳蕃待客，拌飯以鹿脯，芼羹以牛脯，未嘗別爲異饌。"清錢謙益《先太淑人述》："饘酏芼羹，手自調糝，遣侍婢視其食否以告。"

【菜羹】

即芼羹。此稱先秦時期已行用。《韓非子·外儲説左下》："孫叔敖相楚，棧車牝馬，糲餅菜羹，枯魚之膳。"

瓠葉羹

羹名。以瓠葉爲主料烹成，故名。以瓠爲羹，始於先秦時期。《詩·小雅·瓠葉》："幡幡瓠葉，采之亨之。"按"亨（烹）之"，即爲菜羹也。詳載製法，見諸北魏。北魏賈思勰《齊民要術·羹臛法》："作瓠葉羹法：用瓠葉五斤，羊肉三斤，葱二升，鹽豉五合，口調其味。"宋代省稱"瓠羹"，食用頗廣，京師亦爲名吃。宋袁褧《楓窗小牘》卷下："舊京工伎，固多奇妙，即烹茶繋案，亦復擅名……徐家瓠羹、鄭家油餅……皆聲稱於時。"宋孟元老《東京夢華錄·大内西右掖門外街巷》："省西門謂之西車子曲。史家瓠羹、萬家饅頭，在京第一。"

【瓠羹】

"瓠葉羹"之省稱。此稱宋代已行用。見該文。

葵羹

羹名。葵即冬葵，露葵。蔬菜。以冬葵菜

爲主料烹製而成，故稱。以葵爲羹，始自先秦時期。《詩·豳風·七月》"亨葵及菽"是冬葵與菽合烹之羹，後葵亦獨烹。漢代稱"露葵羹"。宋葉廷珪《海録碎事·飲食器用》引漢司馬相如《諷賦》："主人女爲臣炊彫胡之飯，烹露葵之羹。"冬葵在宋元時期種植食用極廣，故恒以爲羹，稱"葵羹"或"葵菜羹"，製法有詳細記載，且醫用。後葵菜種植日萎，幾近湮没，羹亦不傳。宋蘇軾《新釀桂酒》詩："爛煮葵羹斟佳醑，風流可惜在蠻村。"《遼史·張儉傳》："上將親征，幸儉第，尚食，先往具饌，却之；進葵羹乾飯，帝食之美。"元忽思慧《飲膳正要·聚珍異饌》："葵菜羹：順氣，治癃閉不通……羊肉（一脚子。卸成事件）、草果（五個）、良薑（二錢）。右件同熬成湯。熟羊肚肺各一具切，蘑菇半斤切，胡椒五錢、白麵一斤，拌鷄爪麵，下葵菜，炒葱，鹽醋調和。"又《食療諸病》："葵菜羹：治小便癃閉不通。葵菜葉（不拘多少，洗擇净）。右煮作羹，入五味，空腹食之。"

【露葵羹】

即葵羹。此稱漢代已行用。見該文。

【葵菜羹】

即葵羹。此稱元代已行用。見該文。

藜藿羹

羹名。藜，亦稱灰菜，一種野菜；藿，豆葉。就字面看，應是野菜與豆葉合烹之羹。其實，藜藿皆非實指，而是泛指劣質、低等菜，故此羹亦是常人所不食、粗劣菜羹之代稱。始見於先秦時期，爲貧困卑賤者所食。《韓非子·五蠹》："堯之王天下也，茅茨不翦，采椽不斲，糲粢之食，藜藿之羹。"《史記·太史公自序》："〔堯舜〕糲粱之食，藜藿之羹。夏日葛衣，冬日鹿裘。"張守節正義："藜，似藿而表赤。藿，豆葉也。"

【藜羹】

"藜藿羹"之一種。以藜菜煮成。貧者所食。藜，古稱"萊"，野菜。見諸上古。《詩·小雅·南山有台》："北山有萊。"莖葉嫩時可食。此羹始於先秦時期。孔夫子周游列國困厄之際嘗食之。《莊子·讓王》："孔子窮於陳、蔡之間，七日不火食，藜羹不糝，顏色甚憊。"成玄英疏："藜菜之羹，不加米糝。"後世詩文習見此名，但多非實指，而是代指粗劣食物。如晋陶淵明《咏貧士七首》之三："弊襟不掩肘，藜羹常乏斟。"宋陸游《東堂睡起》詩："若論胸中淡無事，八珍何得望藜羹。"不過，藜菜畢竟可食。後世貧家荒年亦不乏羹食者。參閲清汪灝等《廣群芳譜·蔬譜·藜》。

【藿羹】

"藜藿羹"之一種。以豆葉爲主煮成，故名。此稱先秦時期已行用。貧者所食。《戰國策·韓策一》："韓地險惡，山居，五穀所生，非麥而豆；民之所食，大抵豆飯藿羹。"

巾羹

羹名。以芹菜爲主料烹成，故名。巾，通"芹"。古蔬菜，上古即茹食。《詩·小雅·采菽》："觱沸檻泉，言采其芹。"鄭玄箋："芹，菜也。可以爲菹，亦所用待君子也……《周禮》：芹菹鴈醢。"戰國之時，雲夢之芹以味美著稱於世。《吕氏春秋·本味》："菜之美者……雲夢之芹。"以芹爲羹，始見於漢。長沙馬王堆一號漢墓第二〇簡："右方巾羹三鼎。"長沙，古楚地，雲夢範圍之內。此地製作芹羹恰與《吕覽》所記吻合。後世亦有製作者。宋陸游《東西家》詩：
"芹羹與麥飯，日不廢往還。"宋楊萬里《過臨
平蓮蕩》詩："人家星散水中央，十里芹羹菰飯
香。"一説，巾，讀"堇"，旱芹，亦芹之屬。

【狗巾羹】

"巾羹"之一種。以狗肉與芹菜合烹而成。
此稱始見於漢代。長沙馬王堆一號漢墓第二三
簡："狗巾羹一鼎。"

【雁巾羹】

"巾羹"之一種。以雁與芹菜合烹而成。此
稱始見於漢代。長沙馬王堆一號漢墓第二四簡：
"雁巾羹一鼎。"

【鰿禺肉巾羹】

"巾羹"之一種。以鯽魚、藕、肉、芹合烹
而成。鰿，通"鯽"。禺，通"藕"。始見於漢
代。長沙馬王堆一號漢墓第二五簡："鰿禺肉巾
羹一鼎。"

【香芹碧澗羹】

唐代的一種"巾羹"。因以碧澗之香芹製
成，故名。或説，其羹清馨如碧澗，故名。唐
杜甫《陪鄭廣文游何將軍山林十首》詩之二：
"鮮鯽銀絲鱠，香芹碧澗羹。"舊注："言所
煮之羹，乃碧澗之香芹也。"宋代省稱"碧澗
羹"，始載其製法。宋林洪《山家清供·碧澗
羹》："芹，楚菜也。又名水英。有二種：荻芹
取根，赤芹取葉與莖，俱可食。二月三月作羹
時，采之洗净，入湯焯過，取出，以苦酒研芝
麻入鹽少許……惟瀹而羹之者，既清而馨，猶
碧澗然。故杜甫有'青（按，"香"之誤）芹
碧澗羹'之句。"

【碧澗羹】

"香芹碧澗羹"之省稱。此稱宋代已行用。

見該文。

苦羹

羹名。以苦荼菜爲主料烹製而成，故稱。
苦菜見於上古，經霜後甜脆味美，古人食之。
《詩·唐風·采苓》："采苦采苦，首陽之下。"
毛傳："苦，苦菜也。"孔穎達疏引陸璣曰：
"苦菜生山田及澤中，得霜恬脆而美，所謂
'堇荼如飴'。"《禮記·內則》："濡豚，包苦實
蓼。"鄭玄注："苦，苦荼也。"以之爲羹，見
於漢代。長沙馬王堆一號漢墓第三三簡："右
方苦羹二鼎。"

【牛苦羹】

"苦羹"之一種。以牛肉與苦菜合烹而成。
此稱漢代已行用。長沙馬王堆一號漢墓第三一
簡："牛苦羹一鼎。"

【狗苦羹】

"苦羹"之一種。以狗肉與苦菜合烹而成。
此稱漢代已行用。長沙馬王堆一號漢墓第三二
簡："狗苦羹一鼎。"

逢羹

羹名。以蔓菁爲主料烹製而成。逢，通
"葑"，即蔓菁、九英菘，蒙語稱"沙乞某兒"。
根長而白，霜後特軟美，蒸煮煨均可。莖葉亦
柔膩。四時皆可食，春食苗，夏食心，秋食
莖，冬食根（見清汪灝等《廣群芳譜·蔬譜·蔓
菁》）。上古已食用。《詩·邶風·谷風》："采葑
采菲，無以下體。"鄭玄箋："此二菜者，蔓菁
與葍之類也，皆上下可食。"以之爲羹，見於漢
代。長沙馬王堆一號漢墓第三〇簡："右方逢
羹三鼎。"後世亦相沿製作。明李時珍《本草
綱目·菜一·蕪菁》引唐孟詵曰："九英菘出河
西，葉大根亦粗長，和羊肉食甚美……冬日作

菹煮羹食，消宿食，下氣治嗽。”元代的“沙乞某兒湯”是以羊肉、草果、回回豆、粳米與蔓菁合煮而成的，亦此之屬。元忽思慧《飲膳正要·聚珍異饌》：“沙乞某兒湯：補中下氣，和脾胃。羊肉（一脚子。卸成事件）、草果（五個）、回回豆子（半升。搗碎，去皮）、沙乞某兒（五個。係蔓菁）。右件一同熬成湯，濾净。下熟回回豆子二合、香粳米一升，熟沙乞某兒切如色數大，下事件肉、鹽少許，調和令匀。”

【沙乞某兒湯】

“逢羹”之一種。此稱元代已行用。見該文。

【牛逢羹】

“逢羹”之一種。以牛肉與蔓菁合煮而成。此稱漢代已行用。長沙馬王堆一號漢墓第二七簡：“牛逢羹一鼎。”

【豕逢羹】

“逢羹”之一種。以猪肉與蔓菁合煮而成。此稱漢代已行用。長沙馬王堆一號漢墓第二九簡：“豕逢羹一鼎。”

酵羹

羹名。以腌韭菜烹製之羹。“酵”，“酵”之異體，通“蒤”，腌韭菜。《説文·艸部》：“蒤，韭鬱也。”王筠句讀：“鬱幽其韭而成之，故名韭鬱。”據明李時珍《本草綱目·菜一·韭》，韭之爲菜，可生可熟，可菹可炙，爲菜中最有益者。後世常采其花腌藏供饌。以腌韭爲羹，見於漢代。長沙馬王堆一號漢墓第一四簡：“右方酵羹九鼎。”

【牛首酵羹】

“酵羹”之一種。以牛頭與腌韭菜合烹而成。此稱漢代已行用。長沙馬王堆一號漢墓第五簡：“牛首酵羹一鼎。”

【羊酵羹】

“酵羹”之一種。以羊肉與腌韭菜合烹而成。此稱漢代已行用。長沙馬王堆一號漢墓第六簡：“羊酵羹一鼎。”

【豕酵羹】

“酵羹”之一種。以猪肉與腌韭菜合烹而成。此稱漢代已行用。長沙馬王堆一號漢墓第八簡：“豕酵羹一鼎。”

【豚酵羹】

“酵羹”之一種。以小猪肉與腌韭菜合烹而成。此稱漢代已行用。長沙馬王堆一號漢墓第九簡：“豚酵羹一鼎。”

【狗酵羹】

“酵羹”之一種。以狗肉與腌韭菜合烹而成。此稱漢代已行用。長沙馬王堆一號漢墓第七簡：“狗酵羹一鼎。”

【鳧酵羹】

“酵羹”之一種。以小野鴨與腌韭菜合烹而成。鳧爲小野鴨。《廣韻·入職》：“鳧，似鳧而小。”《集韻·入職》：“鳧，鳥名，小鳧也。”見於漢代。長沙馬王堆一號漢墓第十一簡：“鳧酵羹一鼎。”

【雉酵羹】

“酵羹”之一種。以野鷄與腌韭菜合烹而成。見於漢代。長沙馬王堆一號漢墓第一〇簡：“雉酵羹一鼎。”

【鷄酵羹】

“酵羹”之一種。以鷄肉與腌韭菜合烹而成。見於漢代。長沙馬王堆一號漢墓第一二簡：“鷄酵羹一鼎。”

蕈羹

羹名。以蒓菜爲主料烹成，故名。蒓，亦

作“蓴”，露葵菜。相傳晋吳中張翰游宦外地，秋風起引出對故鄉蒓羹、鱸魚膾之思，遂辭官回歸。至南北朝時期，始詳載其製法。大抵以蒓菜、魚、豉汁爲料製成。後世亦相沿製作，遂成傳奇風味小吃。今浙江名食“西湖蒓菜湯”即其遠流。《晋書·文苑傳·張翰》：“翰因見秋風起，乃思吳中菰菜、蓴羹、鱸魚膾。”北魏賈思勰《齊民要術·羹臛法》引《食經》：“蓴羹：魚長二寸。唯蓴不切。鱸魚冷水入蓴，白魚冷水入蓴，沸入魚，與鹹豉……蓴細擇，以湯沙之。中破鱧魚，邪截令薄，准廣二寸，橫盡也。魚半體，煮三沸，渾下蓴，與豉汁漬鹽。”唐杜甫《秋日寄題鄭監湖上亭》詩：“羹煮秋蓴滑，杯迎露菊新。”明張岱《夜航船·日用·飲食》：“昔陸機詣王濟，濟指羊酪謂機曰：‘吳下何以敵此？’機曰：‘千里蓴羹，未下鹽豉。’”明李時珍《本草綱目·草八·蓴》：“蓴生南方湖澤中，惟吳越人善食之。葉如荇菜而差圓，形似馬蹄。其莖紫色，大如箸，柔滑可羹。”清汪灝等《廣群芳譜·蔬譜·蓴》：“味苦體澀，不堪食。取汁作羹，猶勝他菜。味甘寒無毒，治消渴、熱痹……解百藥毒竝蠱氣。”參見本卷《菜肴説·膾考》“鱸魚膾”文。

【蒓羹】

同“蓴羹”。此體明代已行用。見該文。

芋羹

羹名。以芋頭爲主料烹成。芋頭所在皆有，葉如荷，長而不圓；莖微紫；芋子或大如斗。根塊性甘，蒸煮煨任意，亦可爲羹臛，益氣充飢（見清汪灝等《廣群芳譜·蔬譜·芋》）。羹食始見於唐代。明李時珍《本草綱目·菜二·芋》引唐蘇恭曰：“〔諸芋〕正可煮啖之，兼肉作羹甚佳。”又引唐孟詵曰：“和鯽魚、鱧魚作臛良。”自宋迄清，相沿製食。宋蘇軾《和勸農》：“芋羹蘼糜，以飽耆宿。”清袁枚《隨園食單·雜素菜單》：“芋羹：芋性柔膩，入葷入素俱可。或切碎作鴨羹，或煨肉，或同豆腐加醬水煨。徐兆璜明府家，選小芋子入嫩鷄煨湯，妙極。惜其製法未傳。大抵只用作料，不用水。”按，先於唐，南北朝時期已有“芋子酸臛”之製。參閱北魏賈思勰《齊民要術·羹臛法》。

錦帶羹

羹名。始見於唐代。唐杜甫《江閣臥病走筆寄呈崔盧兩侍御》詩：“滑憶雕胡飯，香聞錦帶羹。”對錦帶之解，諸説不一。宋代林洪謂即文官花，曾親見以之爲羹；而當時持不同意見者則認爲不是文官花，而是蓴菜。宋林洪《山家清供·錦帶羹》：“錦帶者，又名文官花也。條生如錦，葉始生柔脆可羹。杜甫詩有‘香聞錦帶羹’之句。或謂蓴之縈紆如帶，況蓴與菰同生水濱。昔張翰臨風必思蓴鱸以下氣。按《本草》蓴鱸同羹，可以下氣止嘔。以是知張翰在當時意氣抑鬱，隨事嘔逆，故有此思耳，非蓴鱸而何。杜甫臥病江閣，恐同此意也。謂錦帶爲花，或未必然。僕居山時，因見有羹此花者，其味亦不惡。”明張岱謂爲荆、湘間一種草花，紅白如錦帶（見《夜航船·日用·飲食》）。《杜詩詳注》卷二二仇兆鰲注引清朱鶴齡：“即蓴絲。《本草》作蓴。”參閱明李時珍《本草綱目·草八·蓴》。

玉帶羹

羹名。以竹笋、蓴菜合烹之羹。因笋白如玉，蓴長似帶，故名。見於宋代。宋林洪《山家清供・玉帶羹》："春訪趙蒓湖（璧），茅行澤（雍）亦在焉。論詩把酒，及夜無可供者。湖曰：'吾有鏡湖之蒓。'澤曰：'雍有稽山之笋。'僕咲：'可有一杯羹矣。'迺命僕作玉帶羹，以笋似玉、蒓似帶也。是夜甚適，今猶喜其清高而愛客也。"

白羹

羹名。以炒米烹製而成。古稱炒米爲白。《周禮・天官・籩人》："朝事之籩，其實麷、蕡、白、黑、形鹽、膴、鮑魚、鱐。"鄭玄注引鄭司農云："〔熬〕稻曰白，黍曰黑。"孔穎達疏："白爲熬稻米。"《左傳・僖公三十年》："王使周公閱來聘，饗有昌歜、白、黑、形鹽。"杜預注："白，熬稻。"以炒米爲羹，見於漢代。長沙馬王堆一號漢墓第二二簡："右方白羹七鼎。"後世製作，從俗稱"炒米湯"。明李時珍《本草綱目・穀一・粳》："炒米湯……益胃除濕。不去火毒，令人作渴。"一說，以白米糝爲主料製成。參閱唐段成式《酉陽雜俎・飲食》。

【炒米湯】

即白羹。此稱明代已行用。見該文。

【牛白羹】

"白羹"之一種。以牛肉與炒米合煮而成。見於漢代。長沙馬王堆一號漢墓第一五簡："牛白羹一鼎。"

【鹿肉鮑魚笋白羹】

"白羹"之一種。以鹿肉、鮑魚、竹笋與炒米相配煮成。見於漢代。長沙馬王堆一號漢墓第一八簡："鹿肉鮑魚笋白羹一鼎。"

【鹿肉芋白羹】

"白羹"之一種。以鹿肉、芋頭與炒米相合煮成。見於漢代。長沙馬王堆一號漢墓第一六簡："鹿肉芋白羹一鼎。"

【小叔鹿劦白羹】

"白羹"之一種。由小豆、鹿脅與炒米相配煮成。叔，同"菽"，豆。劦，同"脅"，胸肋。見於漢代。長沙馬王堆一號漢墓第一七簡："小叔鹿劦白羹一鼎。"

【鷄白羹】

"白羹"之一種。由鷄肉與炒米相配製成（內中可能加入瓠菜）。見於漢代。長沙馬王堆一號漢墓第一九簡："鷄白羹一鼎，瓠菜。"

【鰿白羹】

"白羹"之一種。由鯽魚與炒米相配製成。鰿，同"鯽"。見於漢代。長沙馬王堆一號漢墓第二一簡："鰿白羹一鼎。"

【鮮鰼禺鮑白羹】

"白羹"之一種。由新鮮鰼魚、藕、鮑魚及炒米相配製成。鰼，同"鱧"。禺，同"藕"。見於漢代。長沙馬王堆一號漢墓第二〇簡："鮮鰼禺鮑白羹一鼎。"

黍臛

羹名。雜有黍米或黍糝之肉羹。始見於漢代。《太平御覽》卷八五〇引漢應劭《風俗通》："今宴飲大會，皆先黍臛。"後世沿用。南朝宋劉義慶《世說新語》"阮渾長成，風氣韻度似父"南朝梁劉孝標注引《竹林七賢論》："後咸（阮咸）兄子簡亦以曠達自居。父喪，行遇大雪寒凍，遂詣浚儀令。令爲它賓設黍臛，簡食之，以致清議，廢頓幾三十年。"唐段成式《酉陽雜俎・禮異》："近代婚禮……女嫁之明日，其家作黍臛。"

吳羹

羹名。古代吳地人所烹調，故稱。始見於

先秦時期。《楚辭·招魂》:"和酸若苦,陳吳羹些。"王逸注:"言吳人工作羹,和調甘酸,其味若苦而復甘也。"洪興祖補注引《淮南子》及注云:"荆吳芬馨以嘗其口……煎熬焚炙,調齊和之適,以窮荆吳甘酸之變。注云:二國善釀酸之和。"流風所及,其地後世所烹之羹仍以味佳擅名。故晉吳中張翰有蒪羹鱸膾之思,宋五嫂魚羹曾得皇帝之賜。宋代,在號稱"三吳都會"的臨安,見於宋吳自牧《夢粱錄》之《分茶酒店》《麵食店》所載之名羹即有數十品。如"百味羹""錦絲頭羹""十色頭羹""鬧細頭羹""蓮子頭羹""百味韻羹""雜彩羹""枕葉頭羹""五軟羹""四軟羹""三軟羹""集脆羹""三脆羹""雙脆羹""群鮮羹""三色肚絲羹""江瑤清羹""青蝦辣羹""四鮮羹""五羹決明""三陳羹決明""石首玉葉羹""擢鱸魚清羹""魠鰍假清羹""鰕魚肚兒羹""蝦玉鱓辣羹""小雞元魚羹""小雞二色蓮子羹""小雞假花紅清羹""辣羹""蝤蛑辣羹""辣羹蟹""蚶子辣羹""灌鹿爊雞粉羹""細粉小素羹""石髓羹""石肚羹""雜辣羹""諸色魚羹""大小雞羹""擢肉粉羹""三鮮大爊骨頭羹""諸色造羹""糊羹""頭羹""筍辣羹""擢肉羹""骨頭羹""蹄子清羹""魚辣羹""雞羹""耍魚辣羹""豬大骨清羹""雜合羹""南北羹"等。至清代,李斗《揚州畫舫錄·新城北錄中》所載揚州之名羹亦頗不少。如"燕窠雞絲湯""鮮鯉蘿蔔絲羹""海帶豬肚絲羹""淡菜蝦子湯""魚翅螃蟹羹""魦魚皮雞汁羹""血粉湯""野雞片湯""豬肚假江瑤鴨舌羹""豬腦羹""鵝肫掌羹""文思豆腐羹""甲魚肉片子湯""璽兒羹""鴿臛""杏酪羹""牛乳餅羹""血子羹"等。

參見本卷《飲料說·羹考》"蒪羹""魚羹"文。

谷董羹

羹名。一種混雜魚肉蔬菜米麵而成之羹。始見於宋代。《歷代詩話》卷五九引宋陸道士詩:"投醪谷董羹鍋裏,闕窖盤游飯盌中。"宋蘇軾《仇池筆記·盤游飯谷董羹》:"羅浮穎老取凡飲食雜烹之,名谷董羹。"一本作"骨董羹"。元明之時,音轉作"鶻突羹""糊塗羹"。《通雅·古器》:"《指南》引《名物考》言:惠州有骨董羹,則鶻突羹耳。按,呂原明《家塾記》:'呂瑞爲人糊塗。'注:'糊塗讀爲鶻突。'則骨董羹既同於鶻突羹,即是糊塗羹也。"清代稱"骨董湯"。清李斗《揚州畫舫錄·小秦淮錄》:"〔小東門街食肆〕多糊炒田雞、酒醋蹄……火腿片之屬,骨董湯更一時稱便。"按,宋時或以爲由穀蔬類烹成之素羹。宋范成大《素羹》詩:"氈芋凝酥敵少城,土薤割玉勝南京,合和二物歸藜糝,新法儂家骨董羹。"

【骨董羹】

同"谷董羹"。此體宋代已行用。見該文。

【鶻突羹】[2]

"谷董羹"之音轉。此稱元明時期已行用。見該文。

【糊塗羹】

"谷董羹"之音轉。此稱元明時期已行用。見該文。

【骨董湯】

即谷董羹。此稱清代已行用。見該文。

東坡羹

羹名。宋蘇軾自家每以菘菜或蔓菁,或蘆菔,或薺菜,或山芋與米糝相配製成,是一種不用魚肉的素羹。統稱爲"東坡羹",特稱爲

"玉糝羹"，或"東坡玉糝羹"，或"蔓菁蘆菔羹"。始於宋代。蘇軾《東坡羹頌并引》："東坡羹，蓋東坡居士所煮菜羹也。不用魚肉五味，有自然之甘。其法，以菘若蔓菁若蘆菔若薺，皆揉洗數過，去辛苦汁，先以生油少許塗釜緣及瓷盌，下菜湯中，入生米爲糝。"又《過子忽出新意以山芋作玉糝羹色香味皆奇絕天上酥陀則不可知人間決無此味也》詩："香似龍涎仍釅白，味如牛乳更全清。莫將南海金虀膾，輕比東坡玉糝羹。"又《狄韶州煮蔓菁蘆菔羹》詩："我昔在田間，寒庖有珍烹，常支折脚鼎，自煮花蔓菁。中年失此味，想像如隔生。誰知南岳老，解作東坡羹。中有蘆菔根，尚含曉露清。勿語貴公子，從渠嗜羶腥。"宋林洪《山家清供・玉糝羹》："東坡一夕與子由飲酣，搥蘆菔爛煮，不用他料，只研白米爲糝食之。忽放箸撫几曰：'若非天竺酥酡，人間決無此味。'"其時據此稱蘆菔製作之羹亦爲玉糝羹。宋陳達叟《本心齋疏食譜》："土酥，蘆菔也，作玉糝羹。雪浮主糝，月浸瑤池。咬得菜根，百事可爲。"

【玉糝羹】

即東坡羹。因素羹中含有米糝，故名。當時蘇家之外用此法所製，亦沿用此稱。此稱始見於宋代。參見本卷《飲料説・羹考》"東坡羹"文。

【東坡玉糝羹】

即東坡羹。此稱宋代已行用。見該文。

【蔓菁蘆菔羹】

即東坡羹。此稱宋代已行用。見該文。

金玉羹

羹名。以山藥片、栗子片配羊汁煮成。二片一白如玉，一黃似金，故稱。見於宋代。甜香溫潤，色澤悦目。宋林洪《山家清供・金玉羹》："山藥與栗各片截，以羊汁加料煮，名金玉羹。"

甜羹

羹名。以其味道甜美可口，故名。此稱始見於宋代。爲山間農家自製風味小吃。做法：以白菜、山藥、芋頭、蘿蔔雜煮而成，不加醯醬。宋陸游《甜羹之法以菘菜山藥芋萊菔雜爲之不施醯醬山庖珍烹也戲作一絶》："年來傳得甜羹法，更爲吳酸作解嘲。"又《甜羹》詩："從此八珍俱避舍，天蘇陁味屬甜羹。"

青龍白虎湯

羹名。以豆腐、青菜合烹而成。青龍，青菜之代稱；白虎，豆腐之代稱。清代已見。時又有"玉琢羹"。係以切碎之豆腐與豆粉製成。二者蓋皆屬於"豆腐羹"之類。清趙翼《儒餐》詩："儒餐自有窮奢處，白虎青龍一口吞。"自注："俗以豆腐、青菜爲青龍白虎湯。"清薛寶辰《素食説略》："玉琢羹：豆腐切碎，酌加豆粉，以水和勻如稀粥狀。以油炒之，開即起鍋，用勺不用箸。"參見本卷《菜肴説・豆腐考》"豆腐"文。

【玉琢羹】

"青龍白虎湯"之屬。此稱清代已行用。見該文。

索 引

索引凡例

一、本索引爲詞條索引，凡正文詞條欄目出現的主詞條均用"*"標示，副詞條則無特殊標識。

二、本索引諸詞條收錄順序以漢語拼音音序爲基礎，兼顧古音、方言等差异，然爲方便檢索，又與音序排列法則有异，原則如下：

首先，以詞條首字所對應的拼音字母爲序排列，詞條首字相同（讀音亦同）者爲同一單元；詞條首字不同但讀音相同的各個單元，一般按照各單元詞條首字的筆畫，由簡至繁依次排列。例如以huáng爲首字的詞條，則按首字筆畫依次分作"皇""黃"等不同單元；又如以diāo爲首字的詞條，則按首字筆畫依次分作"虭""蛁""貂"等不同單元。此外，爲方便查閲和比較，在對幾個同音且各祇有一個詞條的單元排序時，一般將兩個或幾個含義相同或相近的單元鄰近排列。如"埋頭蛇""貍蟲""薶頭蛇"都屬於mái爲首字的單元，且"埋頭蛇"與"薶頭蛇"含義相同，因此這三個單元的排列順序是"貍蟲""埋頭蛇""薶頭蛇"。

其次，同一單元内按各詞條第二字讀音之音序排列，第二字讀音相同者則按第三字讀音之音序排列，以此類推。例如以"皇"爲首字的單元各詞條的排列依次爲"皇成、皇帝鹵簿金節……皇貴妃儀仗金節……皇史宬……皇太后儀駕卧瓜……皇庭"。

三、本索引中詞條右側的數字爲該詞條在正文位置的起始頁碼。

四、本索引所收詞條僅限於正文、附錄中明確按主、副詞條格式撰寫的詞條，而在其他行文中涉及的詞條不收錄。

五、多音字、古音字或方言字詞條按其讀音分屬相應的序列或單元，如"大常"古音爲tàicháng，因此歸入音序T序列；又如"葛上亭長"，"葛"是多音字，此處讀gé，因此歸入音序G序列之ge的二聲單元；互爲通假的詞條，字雖异然而讀音同者，如"解食""解倉"皆爲芍藥別稱，因"食"與"倉"通，故"解食"讀音與"解倉"同；等等。

六、某些詞條多次出現，在正文中以詞條右上標記數字爲標志，如"朝[1]""朝[2]""百足[1]""百足[2]"等，索引中亦按照其右上標記數字的順序排列。詞條相同但讀音不同的則按照其讀音分屬相應的音序序列和單元。如"蟒[1]"（měng）、"蟒[2]"（mǎng），"蟒[1]"歸入音序M序列之meng的三聲單元，"蟒[2]"則歸入音序M序列之mang的三聲單元。

七、某些特殊詞條，如數字詞條、外文字母詞條等，則收入《索引附録》。

A

阿爾占 470

阿刺吉酒 418

艾酒 * 460

艾香粽 97

艾香粽子 97

艾葉餛飩 * 82

腤 273

腤白肉 280

腤鷄 292

腤魚 287

腤猪 280

盦飯 110

鵪鶉餶飿兒 348

鵪鶉餶飿兒 348

薯兔 * 312

盎齊 411

熬 [1] 273

熬蹄兒 277

熬羊胸子 277

燶 273

燶鵝鴨 * 295

爊 [1] 262

爊 [2] 273

爊鷄 293

爊鴨 295

爊羊 276

爌 273

爌鴨羹 520

爌魚肉 * 263

熬 [2]* 334

鏖 273

爧 273

奧 273

奧肉 280

燠 273

燠肉 281

腜 273

B

八寶豆腐 329

八寶肉 285

八寶肉圓 * 88

八珍 * 332

八珍蛋 314

八珍糕 * 401

八珍麵 * 58

八蒸糕 402

芭蕉乾 372

芭蕉蒸肉 309

犯 208

犯兒 208

犯子 208

粑 208

粑子 208

拔絲山藥 * 350

白壁 323

白餅 * 23

白豆腐 323

白墮春醪 433

白墮鶴觴 434

白焦肉 280

白羹 * 526

白毫 484

白鶴觴 434

白繭糖 361

白酒 * 417

白菊花酒 458

白醪酒 * 424

白李 370

白毛茶 502

白梅 370

白米粥 * 116

白醨 417

白片肉 282

白葡萄酒 452

白肉胡餅 21

白柿 374

白酥燒餅 26

白湯甲魚 291

白餳 356

白團 87

白煨肉 283

白煨鴨 295

白物 323

白鯗 221

白雄雞羹 518

白雪糕 400

白羊酒 * 442

白羊腎羹 509

白魚乾 220

白魚羹 515

白魚麵 60

白魚片醬 157

白瀹豚 280

白雲片 109

白煮蛋 294

白煮雞蛋 294

白煮鴨舌 297

白煮羊肉 277

百部酒 464

百合麵 * 54

百花糕 * 398

百索糉子 97

百味餛飩 * 82

柏酒 457

柏葉酒 * 456

半岩茶 483

半蒸飯 * 106

拌豆 343

拌梨絲 152

拌芹菜 138

棒炙 248

包 68

包兒 68

包兒飯 * 111

包瓜醬菜 174

包皮擦酥 353

包子 * 67

褁 262

褁牛頭 * 263

抱甕醪 429

抱甕釀 * 429

鮑螺滴酥 352

暴齏 147

暴鮓 190

鮑螺 352

鮑魚 219

北腿 228

北苑 490

北苑茶 * 489

北苑試新 490

焙杏仁 345

本山茶 498

笨麴桑落酒 434

荸薺乾 373

畢羅 38

蓽撥酒 461

碧澗羹 523

碧螺春 * 502

碧蘿春 503

碧香 * 439

碧筒糉 96

鞸饠 * 36

扁豆糕 399

扁豆粥 119

扁食 76

便熟醬 165

鱉蒸羊 311

鱉臃 516

鱉臃 516

冰豆腐 328

冰果 * 381

冰堂春 * 443

冰堂酒 444

冰糖 360

冰糖壺盧 * 381

餅 1 19

餅 2 47

餅 3 63

餅⁴ 81
餅脮 24
餅餤 * 24
餅飥 81
餅炙 257
麭 19
波波 38
波絲薑豉 185
撥餅 50
撥霞供 302
撥魚麵 55

餑餑 38
饕餮 38
皴皴 38
餺餺 38
孛婁 348
餏飥 52
餺飥 * 51
薄餅 * 25
薄脆 * 31
薄脆餅 31
薄鍋餅 35

鵓鴿羹 * 521
薄荷香粽 98
卜流 348
不托 52
布丁 * 402
餔 * 357
餢飳 ¹* 39
餢飳 ² 64
餢鋡 ¹ 39
餢鋡 ²* 63
䴵麩 40

C

擦酥 353
菜豆花 323
菜飯 111
菜羹 521
菜花頭煨肉 283
菜餃 * 79
菜餕餡 70
菜鶉 * 225
滄 338
殄 ² 338
餐 338
蠶豆飯 101
蠶豆醬 166
粲 * 339
倉饅頭 65

藏瓜 143
藏韭菁 139
藏荔支 386
藏梅 384
藏木瓜 386
藏蒸猪 309
曹家生紅 203
草刱刀圭 325
茶 * 474
茶果仁 * 343
茶腿 227
梌 475
纏糖 * 367
昌本 141
菖蒲 462

菖蒲根蘁 * 141
菖蒲酒 * 462
鯧魚脯 222
長命麵 49
長沙蒲鮓 190
長壽麵 49
常熟饅頭 * 66
鬯酒 * 419
巢絲糖 361
炒白果栗子 374
炒蠶豆 342
炒槌 374
炒槌栗銀杏 375
炒豆 342
炒榧子 * 375

炒瓜子 343

炒胡桃仁 344

炒火腿* 229

炒栗* 374

炒栗子新銀杏 375

炒米* 339

炒米花 339

炒米湯 526

炒麵 59

炒麵條* 59

炒麵粥* 124

炒團* 88

炒糰 88

車螯鮓 194

奢麵 56

摨麵* 56

沈齊 411

陳金腿 229

陳腿 228

陳糟菜 246

蟶鮓 194

鐺底焦飯 109

成都府豉汁 183

程立萬豆腐 324

澄粉水糰 87

澄沙糰子 92

橙膏* 380

橙糕 381

饙沙糰子 92

邇砂團子 91

稱鎚糉 98

蚳醢 160

炑 179

豉* 178

豉酒 428

赤豆粥 118

赤燉肉雞 293

赤葡萄酒 452

赤小豆粥 118

稠餳 357

臭豆腐 328

臭葉香茶 481

樗白皮饂飩 82

樗根餛飩 82

船腿 229

莼 475

串桃 376

炊餅 63

捶脯 210

搥脯 210

槌脯 210

春班湯 516

春餅* 28

春蠒 64

春酒* 413

春醪 414

春醴 414

春釀 414

春盤 28

春醅 414

春色糖餅 33

春腿 227

春醖 414

春酎 414

椿根餛飩* 82

純胵魚 287

啜菽 324

蒓羹 525

蓴羹* 524

醇酎 419

糍巴* 347

糍粑 393

糍糕 393

糍團 400

粢 393

餈 [1] 19

餈 [2]* 20

餈 [3] 393

餈飯 [1] 20

餈飯 [2] 393

餈餻 393

餷 393

餈 393

賜緋含香糉子 96

葱燉鴨 296
葱管糖 364
卒成肉醬 161
卒菹 * 147
酢菜 * 143
酢淹肉 * 149
酢菹 144
醋大蒜 145
醋黄芽菜 145

醋薑 * 149
醋浸菜 144
醋浸鮮竹笋 144
醋笋 144
氽 274
擩 275
擩肉羹 * 513
爉 275
爉肉羹 513

爨 275
脆紅藕薺 * 148
脆腊 * 216
翠縷冷淘 53
翠縷麵 53
寸金糖 366
搓圓 89

D

大爉肉 282
大白乳餅 338
大餅 * 29
大豆豉 181
大豆醬 166
大觀樓 366
大紅袍 484
大胡餅 21
大黄峰 480
大麥飯 102
大麥醬 167
大麥粥 * 119
大米乾飯 104
大棗粥 131
大蒸棗 318
大劗肉圓 89
帶魚鮺 222

袋粽 97
淡豉 183
淡豆豉 183
淡茄乾 225
淡腿 227
蛋炒飯 * 112
蛋糕 404
蛋捲 * 351
蜑酒 * 446
當歸酒 * 461
當梁酒 413
當塗鍋粑皮 109
刀豆粥 119
擣珍 * 335
擣炙 255
到口酥 352
稻餅 20

稻飯 * 104
稻醴 423
稻米飯 104
稻米乾飯 104
燈圓 93
滴粉團 87
地黄 464
地黄酒 * 464
地黄粥 * 124
顛不棱 78
點心 338
刁酒 442
雕菰飯 106
雕胡飯 * 105
雕花蜜煎 347
釣藤酒 441
丁香餛飩 * 82

頂春 498
頂酥 353
頂酥餅 353
冬菜 148
冬芥煨鯽魚 288
冬酒 * 449
冬笋乾 225
冬腿 227
冬丸 89
冬至糰 * 89
東坡荳腐 323
東坡脯 220
東坡羹 * 527
東坡肉 281
東坡腿 230
東坡玉糝羹 528
東巖酒 * 445
東洋醬瓜 175
東陽酒 ¹ 422
東陽酒 ² 438
挏酒 469
挏馬酒 * 469
洞賓茶 481
洞山 500
洞山茶 501
洞庭春 453
洞庭春色 * 453
凍波斯薑豉 185

凍豆腐 328
凍腐 328
凍醪 414
凍鮺 220
兜子 68
豆豉 * 179
豆豉煨肉 283
豆兒糕 398
豆兒黃糖 364
豆飯 * 101
豆粉 * 58
豆腐 * 322
豆腐菜羹 324
豆腐乾 329
豆腐羹 324
豆腐腦 328
豆腐皮 325
豆腐皮捲 326
豆腐乳 327
豆腐絲 329
豆腐渣 329
豆糕 * 398
豆果 * 341
豆漿 325
豆醬 * 162
豆酒 * 428
豆淋酒 428
豆糜 118

豆沙餜 73
豆沙燒賣 72
豆沙酥餜 74
豆沙粽 97
豆糖粉餃 * 78
豆團 91
豆糰 91
豆汁 325
豆粥 * 117
都念子粽 96
度夏白脯 * 214
餿餅 * 27
對鰕 * 223
鏖 138
炖 274
腶 274
煹 274
腸 274
頓 274
頓雞 293
頓脚魚 291
頓卵 294
頓熊掌 275
燉 274
燉黃雀 292
燉火腿 230
燉雞蛋 294
燉牛乳 279

燉魿鮍 .... 289　燉鱒魚 .... 289　燉猪頭 281

E

蛾眉餃 .... 77　鵝鮓 .... 193　濡豚 * 279

鵝雛酒 .... 440　鵝蒸 .... 313　濡魚 287

鵝兜子 .... 68　鵝炙 .... 256　臑 271

鵝脯 .... 216　胹 * .... 271　臑鼈 290

鵝醢 .... 162　胹鼈 .... 290　臑牛腱 278

鵝黃 * .... 440　胹羔 .... 276　餌 [1] 20

鵝闕 .... 202　胹熊蹯 * .... 275　餌 [2] 393

鵝鴨包兒 .... 68　濡 .... 271　鬻 20

鵝鴨包子 .... 68　濡鼈 * .... 290　二春 480

鵝鴨排蒸荔枝腰子 .... 313　濡鷄 * .... 292　二色灌香藕 349

鵝油酥 .... 353　濡牛 * 278

F

發糕 .... 403　飰 .... 101　汾清 432

發麵餅 .... 25　範炙 .... 255　蕡 359

法酒 * .... 412　方頭糕 .... 395　粉餅 [1] 20

法製榧子 .... 375　防風粥 * .... 124　粉餅 [2]* 49

法製牛肉 .... 279　魴鱮炁 .... 315　粉粢 393

法製杏仁 .... 345　榧子糖 .... 366　粉餈 393

法煮羊肺 .... 277　分裝蒸臘熊 .... 312　粉骨魚 288

法煮羊頭 .... 276　餴飯 .... 129　粉角 76

蘩蒩 * .... 145　餗 .... 106　粉荔 88

汎齊 .... 411　饙 .... 106　粉荔枝 * 88

泛齊 .... 411　汾湖醉蟹 .... 236　粉元寶 * 89

飯 * .... 100　汾酒 * .... 431　粉蒸肉 309

封鵝 297
封糕 403
風雞鵝鴨 218
風鹿條 213
風青魚 222
風肉 211
風蹄 227
風枵 * 350
風消餅 28
風羊 213
風魚 222
風雨梅 385
風猪肉 211
逢 358
逢羹 * 523
豐糖糕 394
麯 358
鳳尾龍鬚 484
佛跳墻 * 215

佛粥 129
炰 ² 271
炰鼈 290
魚 ¹ 272
魚 ² 308
魚鰌魚 315
魚鵝 313
魚瓜瓠 298
魚漢瓜 298
魚雞 293
魚菌 298
魚茄子 298
魚豚 280
魚魚 287
魚猪肉 280
麩豉 185
麩醬 169
麩鮓 * 196
芙蓉葉 346

茯苓糕 * 402
茯苓酒 * 468
浮麥粥 123
浮圓 91
浮圓子 * 90
籽粝 43
梟臛 519
脯 * 207
脯雞 * 217
脯鮝 222
脯小雞 217
腐 323
腐乾 329
腐皮 326
腐乳 326
復爐餅 26
復爐燒餅 26

G

改造茶 477
干飯 102
甘豆糖 364
甘菊花餅 30
甘露餅 * 29
甘露脯 211
甘蔗錫 359

肝肚生 203
肝膋 * 332
肝炙 ¹ 249
肝炙 ² 333
乾 208
乾菜蒸肉 309
乾燉鴨 296

乾飯 * 102
乾粉 58
乾鍋蒸肉 309
乾果子 * 369
乾菓子 370
乾和 451
乾和蒲萄 451

乾鯖魚醬 156

乾醬瓜 175

乾鱠 200

乾臘肉 217

乾蔗 370

乾梅 370

乾蒲萄 371

乾桃片 376

乾團 87

乾醃蔓蒿 145

乾魚 219

乾魚鮓 191

乾棗 371

乾榨 451

乾蒸鴨 313

乾粥 398

乾酢酒 451

杠子火燒 27

羔兒 443

羔兒酒 443

高麗栗糕 400

膏環 42

膏糫果 42

糕* 392

糕粉孩兒鳥獸* 347

糕麋 393

餻 393

餻餅 393

餻麋 393

餻 392

槀魚 219

扢搭茶 477

扢搭湯 55

飮饈* 55

鴿蛋湯 521

鴿臎 521

蛤蜊醬 158

蛤黎醬* 158

羹* 506

臛 507

齋 507

䰞 507

臛 507

耿餅 374

工夫茶 482

弓兒 81

貢兜 502

貢尖 502

貢御鮓 190

狗酪羹 524

狗羹 508

狗后 339

狗苦羹 523

狗巾羹 523

狗舌* 338

枸杞酒* 466

枸杞粥* 131

枸杞子粥 131

姑嫂餅 35

姑熟炒飯* 112

菰飯 106

菰米飯 106

酤 422

古樓子 21

谷董羹* 527

骨董羹 527

骨董湯 527

骨炙 250

穀花茶 477

穀壘 111

餶飿* 348

餶飿兒 348

顧山紫笋茶 488

顧氏三白酒* 448

顧渚* 487

顧渚茶 488

顧渚貢焙 488

顧渚紫笋 488

瓜豉* 186

瓜虀 143

瓜齏 147

瓜子 343

瓜子仁 343

瓜菹¹* 142

瓜菹 ²* 146

掛粉湯圓 * 90

掛麵 * 57

關東糖 360

灌腸 * 259

灌藕 * 349

灌湯包子 70

灌湯肉包 69

罐鵝 297

光餅 * 33

光燒餅 26

廣中紅酒 446

龜兒 347

鬼蓬頭 72

鬼食 323

桂花糖 364

桂花醋 456

桂漿 456

桂酒 * 456

桂醋 456

桂葉鹿蹄酒 * 467

鱖魚羹 515

滾卵 294

鍋巴 109

鍋餅 35

鍋底飯 * 109

國信脯 210

果丹皮 376

果單 379

果肉粥 129

果食 340

果食將軍 340

果製品 * 368

裹餡餅 32

裹鮓 190

裹蒸 96

裹蒸生魚 315

過水麵 53

過廳羊 311

H

海鰒乾膾 201

海參燒賣 72

海棠鮓 193

海蝦子挺 * 223

醢 155

醢腐 327

寒具 42

寒食粥 121

汗酒 418

旱稻赤米飯 104

合酪 57

合落兒 57

合絡 57

和羹 * 507

和酒 * 432

河東頤白酒 436

河漏 * 57

河漏子 57

河洛 57

河衹粥 * 127

荷蓮兜子 69

荷香飯 111

荷葉粉蒸肉 309

荷葉卷 73

荷葉餭蒸 73

荷葉燒飯 * 111

盒梅 370

盒子 22

餲 43

鶴觴 434

黑雌雞羹 518

黑豆醬 165

黑餳 356

黑子兒燒餅 26

橫紋 478

橫紋茶 478

烘 248

烘雞 254

洪梁酒 * 426

紅燒腊 282
紅燠薑豉 185
紅豆飯 101
紅燉鴨 296
紅飯 101
紅蛤蜊醬 158
紅酒* 445
紅綾餅餤 24
紅米飯 105
紅絲飥飥 52
紅絲麵 52
紅湯甲魚 291
紅煨鰻 289
紅煨肉 282
紅煨三蛋 295
紅煨羊肉 276
紅鹽豆 342
紅羊犯 213
紅蕷粥 124
猴羹* 512
猴頭羹 512
猴 102
餱 102
餱 102
後腿 227
鱟醬 157
鱟子醬 157
呼餅 35

惚餅* 35
麩餅 35
臘 207
胡 101
胡餅* 21
胡豆瓣 166
胡飯* 108
胡椒酒* 461
胡麻餅 21
胡麻飯* 106
胡麻粥 126
胡炮肉 263
胡桃仁 344
胡桃糖 366
湖廣魚鮓 190
湖州紫笋 488
糊 116
糊塗羹 527
蝴蝶麵 48
餬 20
餬 116
餬粥* 132
鶻突 81
鶻突羹[1] 515
鶻突羹[2] 527
鸞 116
虎丘* 495
虎丘茶 496

虎丘山茶 496
虎邱 496
琥珀苴薺 143
琥珀糖 360
琥珀錫 360
瓠羹 521
瓠葉羹* 521
花邊月餅 41
花糕 396
花花糖 363
花花油餅 29
花生糖 366
花錫 360
花香 482
淮餃* 79
淮上醉蟹 235
槐葉冷淘* 52
槐葉淘 53
擐餅 43
環餅 43
饊餅 44
黃雌鷄羹 518
黃豆醬 166
黃鯝魚鮓 192
黃花酒 458
黃繭糖 361
黃精酒* 468
黃冷團子 92

黄粱飯 * 101
黄悶肉 283
黄鳥兒飯 105
黄芪蒸鶏 314
黄雀羹 518
黄雀鮓 * 195
黄山雲霧茶 * 493
黄芽菜煨火腿 230
黄魚鮓 192
鱏魚鮓 192
灰湯粽 97
灰醃肉 150
徽州肉圓 * 90
徽州芝麻圓 86
回回煎餅 24
茴香棗 388
惠泉三白 448
蕙肴烝 310
蕙肴蒸 * 310
燴 275
膾 ² 275

膾春魚 290
膾豆腐 301
膾肚絲 285
膾鶏皮 294
膾野鴨羹 519
膾猪管 284
葷灌藕 350
混飩 81
渾屯 81
渾沌 81
渾羊歿忽 250
渾炙犁牛 249
腿肫 81
餛 81
餛飩 * 80
餛飩麵 83
餫飩 81
和糝蒸猪 309
火脯 * 226
火鍋 * 301
火酒 418

火米 339
火牛肉 209
火肉 227
火燒 26
火腿 227
火腿蛋炒飯 112
火腿燉肘子 230
火腿醬 162
火腿煨肉 230
火腿鮮笋湯 230
火腿粽 98
火炙猪 251
火猪肉 227
臛 507
臛雀 * 518
藿羹 522
膗 507
膗蠆 516
籗鱳 57

J

齏 137
鷄白羹 526
鷄臘 293
鷄蛋糕 * 403
鷄豆糕 399

鷄豆散 * 380
鷄豆粥 128
鷄燉甲魚 291
鷄肝羹 519
鷄羹 * 518

鷄臛 518
鷄尖羹 519
鷄酢羹 524
鷄鳴酒 * 422
鷄肉火腿燒賣 72

鷄舌湯 519

鷄絲卷 73

鷄頭粉餛飩 * 83

鷄頭粉雀舌棋子 51

鷄頭穰沙糖 360

鷄頭粥 * 128

鷄腊 217

鷄血羹 519

鷄鴨子餅 * 27

鷄油炒松仁 343

鷄鮓 194

鼇 138

鼇 138

䴗 138

齏 138

䪥 138

齏 138

急程茶 488

急就醬 165

祭竈糖餅 33

粲醍 411

稷米飯 * 105

紫 188

鯽魚肚兒羹 515

鯽魚羹 514

鯽魚膾 201

鱭魚麵 60

鱭魚湯 515

鱭白羹 526

鱭禺肉巾羹 523

鱭子魚腊 222

鱭魚乾 221

夾子 31

家常餅 * 35

家常煨肉 283

卿 20

嘉慶子 371

假魚膾 * 205

椏木餃 * 79

賈湖酒 * 414

檟 475

假火腿 * 231

煎餅 * 23

煎豆腐 324

煎堆 86

煎夾子 * 31

煎肉圓 * 90

剪花饅頭 65

蔮花 346

蔮花饅頭 65

繭 72

繭糖 * 361

鰱 220

鰱魚 220

見風消 * 28

建昌紅酒 445

間道糖荔枝 387

閒筍蒸鵝 313

煎金橘 387

煎荔枝 386

煎櫻桃 389

餞橄欖 385

餞橘 388

餞梅 384

江魚膾 202

江魚炙 258

江州岳府臘肉 217

江州岳府醃魚 * 150

豇豆粥 119

薑豉 * 185

醬 155

醬 * 154

醬拌胡桃仁 344

醬菜 174

醬醋蟹 176

醬冬瓜 174

醬豆腐乳 327

醬風肉 211

醬瓜 174

醬瓜茄 * 173

醬胡瓜 174

醬胡桃 344

醬薑 * 175

醬茄 176

醬芹菜 ……………… 175
醬肉* ……………… 177
醬肉鮓 ……………… 195
醬曬肉 ……………… 212
醬石花 ……………… 176
醬王瓜 ……………… 174
醬蟹* ……………… 176
醬杏仁 ……………… 345
醬醃* ……………… 173
醬越瓜 ……………… 174
醬炸胡桃仁 ………… 344
醬炸杏仁 …………… 345
醬炸榛仁 …………… 344
醬炙羊 ……………… 250
醬肘* ……………… 177
茭白脯 ……………… 225
茭漿酒* …………… 467
椒漿 ……………… 456
椒酒* ……………… 456
椒鹽餅* …………… 34
椒鹽卷 ……………… 73
椒鹽切餤 …………… 73
焦鎚 ……………… 27
焦餾 ……………… 27
焦飯 ……………… 109
焦酸餡 ……………… 70
澆切糖 ……………… 366
膠餳 ……………… 358

膠牙 ……………… 360
膠牙餳* …………… 360
膠飴 ……………… 358
膠棗 ……………… 318
燋酸豏 ……………… 70
角兒 ……………… 76
角黍 ……………… 95
角子 ……………… 76
餃 ……………… 76
餃子* ……………… 75
接筍茶 ……………… 480
截餅 ……………… 44
岕 ……………… 499
岕茶 ……………… 500
岕茗 ……………… 500
峃 ……………… 499
峃茶 ……………… 500
峃羢 ……………… 500
峃茗 ……………… 500
芥醬* ……………… 170
芥子醬 ……………… 170
嶰茶 ……………… 500
金波* ……………… 445
金昌三白 …………… 448
金飯* ……………… 110
金花酒 ……………… 438
金華豆豉 …………… 184
金華火腿 …………… 228

金華酒* …………… 437
金虀膾 ……………… 201
金虀玉鱠 …………… 201
金虀玉膾 …………… 201
金橘煎 ……………… 388
金橘水糰 …………… 87
金錢肉 ……………… 252
金山寺豆豉 ………… 182
金山鹹豉 …………… 182
金團* ……………… 350
金腿 ……………… 229
金溪鮓 ……………… 194
金鑲白玉板 ………… 330
金銀捲煎餅 ………… 32
金玉羹* …………… 528
金元寶 ……………… 90
金月天 ……………… 477
緊團茶 ……………… 477
錦帶羹* …………… 525
晋府千層油旋烙餅 … 30
浸菜 ……………… 149
京口酒* …………… 429
京飩* ……………… 82
京莊 ……………… 435
杭米法酒 …………… 413
荆芥糖 ……………… 363
菁葅* ……………… 139
粳粉年糕 …………… 395

經帶 56

經帶麵 * 55

景陽春 417

景芝白酒 417

景芝白乾 417

景芝酒 * 415

景芝燒酒 417

净糖 366

九醞 [1] 419

九醞 [2] 426

九醞醛 425

九子粽 96

韭餅 * 21

韭菜餅 22

韭菜春餅 29

韭菜盒 22

韭菜粥 * 125

韭合 22

韭菁虀 139

韭萍虀 146

韭葀 146

韭葀虀 * 146

韭葀虀 146

韭葉粥 125

韭子粥 125

韭菹 * 139

酒 [1] 233

酒 [2]* 409

酒豆豉 181

酒燉肉 283

酒發魚 236

酒醬 170

酒浸肉 * 233

酒潑蟹 235

酒麴魚 236

酒炸蕈 299

酒蟹 * 234

酒醃蝦 237

酒魚 236

酒魚脯 222

酒蒸黃花魚 316

酒蒸黃魚 316

酒蒸雞 314

酒蒸石首 316

酒蒸羊 311

酒煮羊肉 277

酒煮玉蕈 299

韮葅 139

菊餅 30

菊糕 397

菊花 458

菊花杯 458

菊花餅 * 30

菊花糕 397

菊花酒 * 457

菊華酒 458

菊酒 458

菊醴 458

菊苗粥 * 126

菊醋 458

菊琖 458

菊酎 458

橘酒 453

枸醬 * 170

蒟醬 171

筍醬 171

秬鬯 420

粔籹 * 42

粔籹 42

卷餅 25

卷子 * 72

捲煎餅 * 32

儁 507

餕子 73

臇 507

臇㷉 * 519

君山 501

君山茶 * 501

君山毛尖 501

君山廟 502

麇臡 160

K

峆 …… 511	苦羹* …… 523	寬焦餅 …… 31
烤 …… 248	苦蕒餺飥 …… 39	寬焦薄脆 …… 31
烤酥皮肉 …… 253	苦茶 …… 475	寬焦側厚 …… 31
烤芋片* …… 260	酵羹* …… 524	匡廬雲霧* …… 494
窠絲糖 …… 361	酷累* …… 110	葵菜羹 …… 522
空殼燒餅 …… 27	醋 …… 138	葵羹* …… 521
空心肉圓* …… 89	膾¹* …… 198	葵菹* …… 140
孔酥 …… 352	癉 …… 199	崑崙 …… 434
控飯 …… 106	膾鯉 …… 200	崑崙觴* …… 434
口數 …… 118	鱠 …… 199	鯤醬 …… 156
口數粥 …… 118	鱠殘魚鮓 …… 192	
苦檪 …… 475	鱠醋* …… 205	

L

拉麵 …… 56	萊菔麵 …… 56	醪 …… 410
喇虎醬 …… 172	蘫 …… 143	老廟後 …… 500
辣豆瓣 …… 166	蘭花蠶豆 …… 342	老婆餅 …… 35
辣羹蟹 …… 517	蘭花蘑菇 …… 299	老鮓 …… 190
辣椒醬* …… 172	蘭陵貢酒 …… 422	酪 …… 323
辣煮鷄 …… 293	蘭陵酒* …… 420	酪酒 …… 469
臘八粥* …… 128	蘭陵美酒 …… 422	酪面* …… 345
臘酒* …… 441	蘭陵鬱金香 …… 422	酪麵 …… 345
臘釀 …… 441	蘭薰 …… 227	勒鮺 …… 221
臘醋 …… 441	郎官鱠 …… 200	鱪鮺 …… 221
臘肉* …… 216	郎官清* …… 438	冷金丹 …… 387
來其 …… 323	牢九 …… 87	冷泉酒* …… 444
萊菔餺飥 …… 52	牢丸* …… 86	冷淘 …… 53

冷淘麵 53
冷糟肉 240
冷蒸 341
梨脯 * 376
梨花 377
梨花春 * 439
梨花凍 439
梨花酒 439
梨花釀 439
梨圈 377
梨肉 377
梨條 377
梨菹 * 152
黎祁 323
黎祈 323
藜羹 522
藜藿羹 * 522
李脯 * 377
李乾 371
豊 410
鯉魚臛 514
鯉魚膾 200
鯉魚湯 514
鯉魚鮓 189
醴 410
醴齊 411
醴酒 * 422
鱧魚脯 220

鱧魚臛 514
荔枝膏 * 380
荔枝煎 * 386
荔枝酒 * 454
栗炒銀杏 375
栗糕 * 399
栗粥 131
栗子粥 131
栗粽 97
劦酪羹 524
連魚醬 157
連魚麵 60
連展 * 341
蓮葧糕 399
蓮心 [1] 484
蓮心 [2] 497
蓮子纏 349
蓮子粉粥 130
蓮子糕 399
蓮子心 484
蓮子粥 * 130
蓮子粽 97
鰱魚羹 516
爨饡 43
臉臁 * 513
涼豆 342
涼粉 345
涼粉兒 * 345

粱醴 423
兩手和 22
蓼花 346
蓼酒 * 463
蓼汁酒 463
玲瓏餺飥 52
玲瓏牡丹鮓 191
菱精 * 373
菱粉糕 * 403
菱片 373
飣 393
鮻魚膾 202
酃 430
酃酒 * 430
酃淥 430
酃淥酒 430
酃綠 430
酃綠酒 430
醹酥 430
劉白墮桑落酒 433
劉方伯月餅 41
柳葉鮓 193
柳蒸羊 311
餾荸薺 378
龍焙試新 490
龍池 494
龍泓 498
龍泓茶 498

龍醬 157
龍井 * 497
龍井茶 498
龍井芽茶 498
龍明府饅頭 * 67
龍湫茶 497
龍鬚鳳尾 485
龍鬚麵 * 60
龍園勝雪 491
瓏纏茶果 349
瓏纏果子 * 349
籠餅 63
籠蒸 63
蘆酒 * 440
鱸魚膾 200
鱸魚鱠 200
魯酒 * 420
六安 * 492
六安茶 493
露葵羹 522
鹿脯 * 212

鹿醢 160
鹿雋 * 511
鹿膾 204
鹿妳肪饅頭 * 66
鹿䐹 160
鹿肉鮑魚笋白羹 526
鹿肉芋白羹 526
鹿腎羹 512
鹿腎粥 * 126
鹿蹄湯 512
鹿頭 220
鹿頭湯 512
鹿尾 220
鹿脩 212
鹿炙 * 253
潞酒 * 449
呂仙茶 481
呂巖茶 481
縷子膾 202
菉豆糕 399
菉豆酒 429

菉豆小米黏粥 122
菉豆粥 119
綠豆粉糕 399
綠豆糕 398
綠豆酒 428
綠豆麵 58
綠豆粥 * 118
卵醬 156
亂積 339
羅岕 * 498
羅浮春 * 447
蠃醢 158
蘿蔔糕 * 404
蘿蔔湯團 * 90
蘿蔔煨肉 300
蘿蔔鮺 226
蘿蔔粥 * 129
蘿菔麵 * 56
落燈圓 93
落索兒 51
嫋麵 * 51

M

麻餅 21
麻餈 86
麻蛋 86
麻腐 325
麻葛糕 396

麻華 44
麻醬 171
麻酥糖 367
麻糖 [1] * 358
麻糖 [2] * 367

麻饊 44
麻團 * 86
麻糰 86
麻油酥 351
麻粥 [1] * 121

麻粥 2 * 126

麻子仁粥 122

麻子粥 122

馬齒菜粥 125

馬齒莧粥 * 125

馬醬 161

馬酒 469

馬妳子 451

馬乞 48

馬乳酒 451

馬乳蒲桃酒 450

馬蹄饊 73

瑪瑙錫 357

瑪瑙團 * 88

鯃鱢腊 223

麥餅 23

麥豉 * 184

麥餌 341

麥飯 * 102

麥糕 398

麥餻 * 398

麥醬 167

麥酒 * 426

麥牙糖 * 358

麥芽粥 120

麥油 165

曼頭 63

曼頭餅 63

鼆頭 63

糭頭 63

蔓菁蘆菔羹 528

饅首 63

饅頭 * 62

饅頭餅 63

鰻粉麵 60

鰻鱺魚炙 258

鰻麵 59

滿洲餑餑 351

曼亭 480

盲公餅 35

猫耳朵 351

毛血豚 * 262

毛蒸魚菜 315

芼羹 * 521

茅柴 444

茅柴酒 * 444

茅臺酒 * 444

茆柴 444

卯羹 510

茆菹 * 138

玫瑰梅乾 370

玫瑰糖 365

梅豆 343

梅花脯 * 376

梅花湯餅 * 55

梅煎 384

梅醬 * 381

梅皮 374

梅食 370

梅魚乾 220

梅魚羹 515

梅諸 370

悶 274

悶髮菜 300

悶飯 * 110

悶鷄肉 293

悶野鴨 297

燜 274

燜猪腦 284

蒙茶 486

蒙頂 * 485

蒙頂茶 486

蒙山 486

蒙山茶 486

糜 116

糜欽酒 * 452

糜醢 160

糜臡 160

獼猴頭鮓 195

獼猴鱁 195

米餅 20

米麨 20

米薄皮春蠒 64

米粉 54

米粉餅 20

米粉菜包 69

米粉䭔 74

米粉團 21

米粉圓 * 89

米脯鳩子 216

米脯羊 213

米果 42

米花 ¹ 339

米花 ² 339

米花 ³ 349

米醬 169

米糱 54

米欄 54

米纜 * 54

米泡 339

米食羊兒狗兒蹄兒蠆兒 348

米糖 365

米心萁子 51

米粽 97

蜜薄脆 32

蜜餌 394

蜜橄欖 * 385

蜜糕 * 393

蜜和油蒸餅 65

蜜火腿 * 231

蜜煎 384

蜜煎雕花 * 346

蜜煎薑 390

蜜煎荔枝肉 387

蜜煎木瓜 386

蜜煎藕 389

蜜餞 384

蜜餞黃芽菜 * 389

蜜餞金橘 388

蜜餞荔枝 387

蜜薑 * 389

蜜薑豉 185

蜜金橘 * 387

蜜酒 * 466

蜜李子 * 387

蜜林檎 * 387

蜜麻酥 352

蜜梅 384

蜜木瓜 * 385

蜜釀 384

蜜釀蝤蛑 * 389

蜜藕 * 389

蜜酥 351

蜜透角兒 * 78

蜜杏 * 387

蜜棗 388

蜜棗兒 * 388

蜜炙火方 231

蜜炙火蹄 231

蜜漬 * 383

蜜漬昌元梅 384

蜜漬梅 * 384

蜜漬梅花 * 390

蜜漬逐夷 * 389

蜜漬蛩蛩 389

蜜漬鱁鮧 389

眠羊臥鹿 347

眠羊臥鹿花餅 347

麪餅 20

麪䬼 19

麵 49

麵餅 * 19

麵飯 * 109

麵疙瘩 55

麵環 44

麵繭 64

麵璽 * 64

麵醬 * 166

麵䭔 73

麵老鼠 55

麵起餅 * 24

麵湯 48

麵甜醬 169

麵條 49

麵條子 48

麵筒 44

麵魚 55

廟後 500

廟後岕 500
秣 116
𪍿 116
名種 483
明茶 497
明脯魚 222
明鯗 222
茗 475
茗菜 475
茗種 483

蔞菁葅 140
磨磨 38
饃饃 38
蘑菇煨腐皮 300
蘑菇煨鷄 293
麿麿 38
饝饝 38
饝 39
饝饝 [1] 39
饝饝 [2] 63

沒忽羊羹 509
茉莉花酒 * 454
貊炙 251
麸糊 116
醹醹 171
木邦 476
木耳葅 * 146
木瓜 483
木瓜煎 386
木樨飯 112

N

奶子酒 469
奈麨 * 379
奈脯 * 378
奈油 * 378
南和刁酒 * 441
南山 494
南糖 360
南腿 228
南棗糕 397
腩炙 255
餲臍 72
內法酒 412
內府玫瑰糖餅 33
嫩瓢鴨 296
猊糖 * 359
年糕 * 394

年年糕 395
黏米餌 396
捻兒 68
捻頭 43
碾飴 341
碾轉 341
撚轉 341
釀燒兔 253
釀燒魚 258
鳥臘 216
牛白羹 526
牛旁脯 224
牛蒡脯 224
牛逢羹 524
牛脯 * 208
牛苦羹 523

牛膾 203
牛瘤 203
牛妳子燒餅 26
牛皮糖 358
牛肉脯 209
牛肉乾 209
牛乳蒸羊羔 311
牛乳粥 121
牛首酢羹 524
牛膝酒 * 459
牛胘炙 249
牛劦炙 248
牛心炙 249
牛脩 209
牛濯脾令心肺 278
牛濯胃 278

牛炙 * 248

女兒茶 477

女兒酒 428

女酒 * 427

挪菜 225

搦餅 49

糯米糍 347

糯米花 * 348

糯米醬 170

糯米肉圓 * 90

O

藕乾 373

藕絲糖 364

P

拍頭焦餾 27

排炊羊胡餅 21

盤醬瓜 174

盤醬瓜茄 174

盤兔 * 286

盤游飯 110

蟠桃飯 * 110

螃蟹羹 517

炮 * 261

炮羔 * 262

炮兔 * 262

炮豚 * 333

炮牂 * 333

麃 [1] 262

麃羔 263

泡飯 * 110

泡鹽菜 * 149

配鹽瓜菽 * 148

亨 271

亨葵菽 * 298

亨魚 * 286

享 271

烹 271

烹鱉 290

烹蛋 294

烹狗 * 278

烹犬 278

烹小鮮 287

烹羊 * 276

蓬餌 [1] * 22

蓬餌 [2] 395

蓬糕 * 400

蓬蒿餅 22

膨粽 98

披綿鮓 196

皮酒 426

皮笋 326

皮糖 358

郫釀 429

郫筒酒 * 429

啤酒 426

脾析 * 142

甂醢 158

片兒湯 52

片醬 192

撇列角兒 * 77

頻婆糧 378

平坐大饅頭 * 66

萍虀 146

破麻酥 352

膊炙㹠 252

脯脯 38

葡萄 450

葡萄乾 371

葡萄酒 * 450

葡萄醋 450

蒲酒 462

蒲蘆芽鮓 196

蒲笋鮓 * 196

蒲桃乾 371

蒲桃酒 450

蒲陶酒 450

蒲萄 450

蒲萄酒 450

蒲萄醋 450

蒲鮓 190

蒲州豉 181

蒲菹 142

普茶 476

普洱 476

普洱茶 * 475

普洱府茶 476

普洱毛尖 476

普洱芽茶 476

普茗 476

曝酒 * 446

Q

七寶羹 513

七寶捲煎餅 32

七寶酸餡 71

七寶五味粥 129

七寶粥 129

七色燒餅 26

奇種 483

棊子 50

棋炒 * 34

碁子麵 * 50

棋子 34

餪子 50

鮨 188

騎驢酒 434

麒麟菜 176

乞巧果子 * 340

杞葉粥 131

起膠餅 64

起麵餅 25

肶 507

湆 507

千層餅 32

千層薄脆餅 31

千層饅頭 * 66

千里犯 * 215

千里脯 * 215

千里酒 * 431

千日酒 * 427

千日釀 427

千張 329

前腿 227

黏 271

黏鶉 * 292

㸖 271

錢塘豉 181

茨糕 399

茨實粉粥 128

茨實粥 128

羌煮 286

薔薇露 * 463

喬松本山 480

蕎麥飯 102

蕎麥酒 426

蕎麥饅頭 * 67

巧果 340

巧花兒 346

切糕 397

切麵 48

切麵粥 50

茄豆 342

茄乾 225

茄鯗 226

茄子饅頭 65

皈 219

曩 179

巾羹 * 522

芹菜飯 111

芹芽膾 * 205

芹菹 * 138

鮚 188

鯹 188

擒奸酒 434

青菜飯 * 111

青精飯 108

青精乾石餰飯 * 107

青精乾餰食 108

青龍白虎湯 * 528

青年糕 395

青田 453

青田壺 453

青田酒 * 452

青鴨羹 520

青魚脯 222

青魚醬 157

清燉鴨 296

清風飯 * 109

清醬 163

清涼鰕鮓 195

清蒸肉 309

輕餳 357

鯖魚鮺 221

鯖鮓 191

頃刻酒 439

傾刻酒 439

瓊苓露 454

瓊花露 * 454

秋露 480

秋鯖 190

球糖 359

糗餌 393

曲阿酒 * 431

去骨鯽 288

全殼甲魚 291

犬肝炙 333

犬羹 * 508

爵醬 161

逡巡醬 162

逡巡酒 [1] * 438

逡巡酒 [2] * 468

逡巡鮓 192

裙帶麵 * 60

R

染 179

釀菹 140

瓤李 319

瓤野鴨 297

讓鴨 296

人口粥 118

人乳粥 121

人頭茶 476

稔轉 341

日注 492

日注茶 492

日鑄 * 491

日鑄茶 492

日鑄雪芽 492

肉餅 29

肉脯 210

肉果食 340

肉餛飩 * 83

肉醬 * 159

肉餃 78

肉膾 * 203

肉糜 129

肉生 203

肉酸餡 70

肉䑏 161

肉煨鹿肉 286

肉鹹豉 182

肉油餅 * 29

肉糟淹 240

肉鮓 * 193

肉汁煨腸 285

如意捲 * 350

如意圓 * 89

乳餅 * 338
乳腐 [1] 325
乳腐 [2] 327
乳腐 [3] 338
乳酒 451
乳酪 121
乳糜 121
乳糖 * 361

乳糖槌 362
乳糖澆 362
乳糖獅兒 362
乳糖獅子 362
乳糖魚兒 362
乳錫 362
乳粥 * 121
軟鍋餅 33

瑞草魁 478
瑞露 * 442
潤爐獐肉炙 254
若下 424
若下春 424
箬下春 424
箬下酒 424

S

薩齊瑪 * 351
三白 448
三白酒 448
三辰酒 * 436
三春 480
三脆麵 * 53
三斛麥麴酒 * 431
三斛麥麴糯米酒 431
三斛麥麴黍米酒 431
三九酒 * 430
三勒漿 * 463
三筍羹 300
三味茶 481
三鮮大連 * 58
三鮮蛋 314
三煮瓜 298
糝 * 335
餕 107

餕飯 * 107
餕花 44
餕枝 43
餕子 43
桑落 433
桑落酒 * 432
桑椹酒 * 457
沙穀米粥 127
沙乞某兒湯 524
沙糖 359
沙糰 92
沙魚鱠 202
紗帽 72
曬淡筍乾 224
曬紅鰕 * 223
曬乾肉 211
曬肉 211
山栗粥 * 130

山藥撥魚 55
山藥撥魚麵 55
山藥糕 * 400
山藥飩飿 55
山藥胡餅 21
山藥饅頭 * 66
山藥麵 * 56
山藥元子 91
山藥粥 * 123
山陰甜酒 435
山芋餺飥 52
山查糕 401
山楂膏 401
山楂糕 401
山煮羊 276
脡 161
脡醬 161
陝府豉 181

陝州豉 181

膳生 * 205

鱔麵 60

鱔魚麵 60

上黨甜醬瓜 175

上燈圓 93

上海醉蟹 235

上奇種 483

上清峰茶 486

稍麥 * 71

稍賣 71

燒 248

燒餅 * 25

燒餅麵棗 27

燒鵝 256

燒餶飿 348

燒金華火腿 * 231

燒酒 417

燒酒悶肉 283

燒鹿肉 253

燒賣 72

燒饊 72

燒肉事件 250

燒小豬 252

燒鴨 256

燒羊肉 251

燒豬肉 251

邵春 446

紹興 435

紹興醬茄 176

紹興酒 * 435

社飯 * 107

社酒 * 412

社醞 412

蔽 475

麝香豆沙糰子 91

深蒲 * 141

神麴酒 * 432

神仙果 * 351

神仙肉 310

神仙粥 [1] 123

神仙粥 [2] 117

椹酒 * 455

蜃 [1] * 142

蜃 [2] 158

生地黃粥 124

生鵝鮓 194

生肺 204

生黃醬 165

生進二十四氣餛飩 * 82

生牛臘 209

生日湯餅 49

生脡 161

生熟灌藕 349

生笋乾 225

生糖糕 394

生魚膾 200

生猪鮓 193

昇平炙 250

省力鮓 190

勝雪 491

獅蠻 347

獅蠻糕 396

獅蠻栗糕 396

獅子乳糖 362

十般糖 363

十般香糖 363

十錦火鍋 302

十色花花糖 363

十色糖 363

十香鹹豉 186

石斑魚鮓 191

石鮂魚鮓 191

石榴子肉圓 90

石密 359

石蜜 359

石首鮝 221

石窩稻飯 105

食 101

食鹿糕 396

食禄糕 396

時蘿角兒 * 77

鰣魚麵 60

豕逢羹 524

豕酪羹 524
豕肉羹 511
豕腊 * 210
豕炙 * 251
梯餅 374
梯花 374
梯霜 380
柿餅 * 373
柿餅粥 * 124
柿糕 * 400
柿霜 * 380
柿霜粥 125
柿條 374
試新 490
試新銙 490
手搓麵 48
壽帶龜 347
壽麵 49
壽桃 346
壽星眉 484
菽漿 323
菽乳 323
蔬脯 * 224
秫米飯 * 112
熟鵝鮓 194
熟黃醬 165
熟牛耙 209
熟藕 349

熟茄豉 186
熟鮓 193
熟猪膾 204
黍飯 * 103
黍糕 395
黍臛 * 526
黍酒 * 420
黍醴 420
黍米法酒 412
黍米酎 420
黍粽 96
薯蕷粥 124
雙虹樓燒餅 27
雙夾 446
雙井 489
雙井白芽 * 489
雙井茶 489
雙料茉莉花酒 454
雙下駝峰角子 * 77
雙下駝峰角子 77
水包子 76
水閉瓮菜 148
水餅 * 34
水餑餑 77
水點心 76
水豆豉 181
水粉湯團 88
水滑 54

水滑扯麵 54
水滑麵 * 54
水雞乾 224
水雞腊 * 224
水角 76
水餃 76
水餃餌 76
水餃子 76
水晶犯 * 215
水晶角兒 * 77
水晶膾 [1] 202
水晶膾 [2] * 204
水晶膾 [3] * 204
水晶月餅 42
水蓼酒 463
水龍餕子 51
水龍子 * 89
水明角兒 * 78
水磨丸 * 88
水母膾 202
水茝粆 * 350
水沙連茶 * 501
水團 87
水糰 * 87
水烏他 * 350
水仙 483
水醃蔞蒿 145
水引 * 47

水引麪 48
水引餅 48
水引麵 48
順昌酒* 449
四時臘肉 217
松肪酒 465
松花酒* 464
松花糖 365
松華 465
松黄酒 465
松江鱸魚乾鱠 201
松江三白 448
松漿 465
松節酒* 468
松醪 465
松醪春* 465
松羅 495
松蘿 495
松蘿茶* 494
松毛包子 70
松門台鮝 223
松仁粽 97
松熏肉 211
松液酒 465
松葉酒* 462
松子餅 352
松子仁 343
松子糖 365

松子油* 379
菘鹹菹* 147
鬆豆 342
鬆糕* 403
酥¹ 323
酥² 410
酥餅¹ 23
酥餅² 42
酥煿鹿脯 212
酥兒印 352
酥骨魚 288
酥黄獨* 350
酥鯽 288
酥鯽魚 288
酥蜜餅 23
酥皮角兒* 78
酥糖 366
酥杏仁 345
酥油餅 23
酥油麵食* 351
蘇麻粥 127
蘇煨甲魚 291
蘇州餛飩* 84
蘇州湯圓 90
蘇州甜醬 169
蘇子粥* 126
素腸 326
素灌藕 349

素黄雀 326
素火腿* 231
素餃子 79
素捲 326
素簽沙糖 360
素月餅 42
粟米粥 122
粟黍 96
粟飧 103
粟粥* 122
粟粽 97
鱐 219
鱐魚 219
酸白菜 145
酸菜 144
酸虀 144
酸筍 144
酸豚 280
酸棗麨* 379
酸棗糕 397
酸棗仁粥 130
酸棗粥* 130
酸饀* 70
酸䭔 70
酸䭔 70
酸馂 70
酸䭔 70
筭條犯 215

筭條巴子 215

筭子秔 * 215

蒜苗乾 225

算條 215

算條巴子 215

髓餅 * 22

飧 * 103

飧 ¹ 103

笋酢 144

笋豆 342

笋乾 225

笋笴鴨羹 520

笋簹鴨羹 520

笋韲 * 141

笋蕨餛飩 * 82

笋煨火肉 283

笋煨火腿 230

笋鹹豉 183

笋鮺 226

笋鮓 * 196

笋菹 * 140

莎根酒 * 466

蓑衣餅 30

縮砂糖 363

索麩 48

索餅 48

索粉 48

索郎 433

索麵 48

T

塔不剌鴨子 295

塔兒糖 366

台鮺 223

台鮺煨肉 283

箈菹 * 141

大羹 * 507

大學饅頭 65

太羹 507

太平畢羅 39

太學饅頭 * 64

太陽糕 * 402

太陽雞糕 402

泰羹 507

泰州醉蟹 235

攤栖 35

壜鵝 297

醓 155

探春璽 64

探官璽 64

湯 507

湯包 70

湯餅 * 46

湯餛飩 * 83

湯角 * 78

湯麵 49

湯麵餃 78

湯糰 92

湯煨甲魚 291

湯燖鱖魚 288

湯圓 92

溏浹 20

餳 356

糖 356

糖寶塔 366

糖餅 ¹ * 32

糖餅 ² 359

糖薄脆 * 32

糖纏 367

糖炒栗 375

糖脆梅 385

糖豆粥 118

糖榧 346

糖糕 394

糖瓜 361

糖官人 366

糖龜兒 366

糖煎 384

糖薑 390

糖橘 388

糖蓮乾 373

糖林檎 387

糖蜜糕 394

糖蜜煎 384

糖麵餅 33

糖青梅 385

糖球糕 401

糖壽帶 362

糖霜 360

糖絲綫 364

糖醃 384

糖醃金橘 388

糖葉子 346

糖圓 93

糖蒸茄 318

糖餶 92

餳 356

餳 * 355

餳緩帶 * 362

餳角兒 357

餹 356

餹舖 20

餹猪豝 210

燙鱠羹 515

燙麵餃 78

桃 72

桃脯 * 376

桃乾 372

桃花米飯 104

桃花粥 120

桃圈 376

桃仁粥 * 125

桃酥 353

桃條 376

桃杏乾 372

桃源酒 423

緹齊 411

醍齊 411

餛飩角兒 * 77

替核釀梅 384

天池 * 494

天池茶 494

天花包子 69

天花餺飥 39

天酒 [1] 450

天酒 [2] 452

天鱭 259

天門冬酒 * 463

天蝦鮓 195

天蒸棗 372

天柱 479

天柱茶 * 478

天柱峰茶 479

甜脆脯 217

甜羹 * 528

甜醬 [1] 166

甜醬 [2] 169

甜醬肘 177

甜梅醬 381

甜麵醬 168

甜葡萄酒 452

條半糕 395

條梨 377

條頭糕 395

跳丸炙 249

鐵觀音 484

鐵觀音茶 484

鐵羅漢 484

脡 207

同阿餅 * 64

筒㮇 95

頭春 480

茶 474

屠酥 459

屠蘇 * 459

稌飯 104

塗蘇 459

𪎭麻 459

醁酒 * 436

醁醽花釀酒 440

醁醽酒 [1] 440

醁醽酒 [2] 459

醁醽 440

醁醿酒 ¹* 440
醁醿酒 ²* 458
醁醿香 440
醁清 459
土步魚羹 516
土窟春 * 437
兔犯 214
兔脯 * 213
兔羹 * 510
兔醢 159
兔腤 510
兔臛 510
兔醬 160
團 ¹ 86

團 ²* 88
團欒 91
團油飯 * 109
團油飣 110
團魚羹 * 516
團魚湯 516
團圓 * 85
團圓餅 41
團子 ¹ 86
團子 ² 91
摶飯 * 104
摶鑪 21
糰 86
糰子 ¹ 86

糰子 ² 91
豚酪羹 524
豚拍 * 141
豚皮餅 * 50
豚蒸 309
飩 81
鮑魚臛 514
駝峰羹 513
駝峰角兒 77
駝峰雋 513
駝羹 * 513
駝蹄羹 513
橐駝臍 72

W

外法酒 412
豌豆醬 165
豌豆粥 119
丸 86
宛脾 160
晚米粥 117
碗蒸羊 311
萬戶酒 447
萬家春 * 447
王瓜乾 225
王太守八寶豆腐 329
煨 274

煨班魚 289
煨板橋蘿蔔 300
煨板鴨 296
煨蛋白 295
煨刀魚 289
煨凍豆腐 301
煨肝 285
煨鴿 292
煨虎蹄菌 299
煨黃雀 292
煨鰉魚 290
煨火腿 * 229

煨鷄 293
煨鷄腎 294
煨甲魚 291
煨金錢尾 278
煨蕨菜 300
煨口蘑 299
煨鹿筋 286
煨鹿肉 * 285
煨麻雀 292
煨木耳香蕈 299
煨牛肉 279
煨牛舌 279

煨青肺 277
煨瓠鴨 296
煨三筋 286
煨三笋 300
煨三鴨 296
煨商山芝 300
煨笋衣 300
煨香菇 300
煨熊掌 275
煨鴨舌 297
煨鴨雜 297
煨羊肚 278
煨羊肚菌 300
煨羊腦 277
煨羊蹄 277
煨羊胰 278
煨羊雜 * 277
煨野鴨 298
煨油腸 278
煨魚翅 289
煨豬肚 284
煨豬肺 284
煨豬管 284
煨豬裏肉 284
煨豬蹄 284
煨豬頭 281
煨豬腰 284
委誕 48

猥酒 * 429
胃脯 213
爲甚酥 40
温包 81
文餃 77
文思豆腐 324
文思豆腐羹 324
文思和尚豆腐 324
文武肉 283
甕醬 166
倭瓜圓 * 89
窩絲薑豉 185
窩絲糖 361
窩窩 38
蝸醯 161
烏程酒 * 423
烏飯 108
烏鷄湯 519
烏龍 483
烏龍茶 501
烏梅 370
烏梅醬 381
烏梅糖 364
烏米飯 108
烏米粥 117
烏秫飯 105
烏雄鷄羹 519
吳羹 * 526

吳興三白 448
吳興紫笋 488
無皮饅頭 * 66
無心果 * 389
蕪菁菹 140
五酘 437
五酘酒 * 437
五侯胜 280
五齊 * 410
五加皮酒 * 461
五加皮三酘酒 462
五茄皮 462
五色糕 397
五色梅花酥 354
五色糖 363
五味脯 * 214
五味瓜薹 143
五味酒醬蟹 176
五味蟹 176
五味炙小鷄 254
五香糕 * 398
五香麵 * 59
五香燒 449
五香燒酒 * 448
五辛菜 146
五辛盤 * 145
武陵桃源酒 * 423
武夷 * 479

武夷茶 480

武彝茶 480

炸 274

熰 274

X

西餅 25

西川乳糖 362

西瓜皮煨火腿 230

西瓜仁 343

西瓜蒸鷄 314

西瓜煮猪肉 283

西湖醋溜魚 * 290

西洋糕 * 402

西洋葡萄酒 452

西洋蒲桃酒 452

昔 207

昔兔 214

腊 207

腊鴨 218

洗手蟹 235

細豆腐 329

細環餅 43

細料餶飿兒 348

細水滑 54

細索凉粉 345

蝦羹 * 517

蝦醬 * 157

蝦仁蛋炒飯 112

蝦仁湯 517

蝦鮓 * 195

蝦子勒鮝 223

鰕米 * 223

下若 424

夏曬肉 211

夏月魚鮓 190

嚇殺人 503

嚇殺人香 503

仙茶 486

仙人凍 345

仙桃 346

仙醬酒 452

鮮鵝鮓 194

鮮鱟禺鮑白羹 526

鮮蟹鮓 194

孫脯 209

銜炙 255

醎梅醬 381

醎豉 182

醎豆豉 182

醎笋 141

醎杏仁 344

醎杬子 151

脂炙 257

香稻飯 105

香稻粥 117

香豆豉 183

香脯 210

香乾菜 225

香花 346

香穜飯 105

香鑪山雲霧 494

香露飯 105

香芹碧澗羹 523

香糖果子 * 363

香雪酒 * 449

香橼皮霜 * 380

襄陽豉 181

鮝 219

鮝凍 220

鮝魚 219

響鈴 326

響皮肉 253

響糖 * 367

鱶 219

象鼻炙 * 254

像生果實 * 346

像生花朵 * 345

削麵 * 59

梟羹 * 519

嬈 511

蕭拆魚 219

蕭家餛飩 * 82

蕭美人點心 * 351

蕭氏家釀 422

蕭王美酒 422

小蚫螺酥 352

小暴醃肉 150

小豆腐 329

小豆醬 165

小兒戲劇糖果 * 362

小兒諸般食件 * 340

小飯 338

小餛飩 * 83

小酒 * 437

小麥飯 102

小麥麵醬 167

小麥粥 * 123

小饅頭 ¹* 66

小饅頭 ² 70

小滿茶 477

小米糖 365

小米粥 122

小糯米湯圓 93

小食 * 338

小叔鹿劤白羹 526

小峴春 493

小宰羊 323

小甌糕 * 398

小種 482

孝子粥 129

笑靨兒 340

蝎餅 44

蝎子 44

薤白蒸 317

蟹鐸饠 39

蟹頓蛋 294

蟹羹 * 516

蟹醯 158

蟹黃兜子 69

蟹醬 * 157

蟹鱠 204

蟹釀橙 318

蟹肉包兒 69

蟹肉燒賣 72

蟹生 ¹ 204

蟹生 ² 235

蟹煨肉 283

蟹胥 158

蟹蝑 158

蟹胥 158

辛盤 146

新法蛤蜊 142

新豐酒 ¹* 426

新豐酒 ²* 435

新豐酥 436

新韭餅 22

釧 508

釧羹 * 508

醒酒鯖 191

醒酒鯖鮓 190

杏麨 * 379

杏粉 380

杏脯 * 375

杏花鵝 313

杏漿 380

杏酪 120

杏酪粥 120

杏片 376

杏仁豆豉 184

杏仁漿 * 381

杏仁粥 * 120

杏粥 120

杏子仁粥 120

杏子油 * 379

荇菹 139

熊羹 * 512

熊肉羹 513

熊湯 512

熊蒸 312

脩 207

餐 106

餐飯.......................................106
潃飯.......................................106
潃食.......................................101
胥...158
蝑...158
糈䉤...43
宣賜碧香...............................440
宣腿.......................................229
宣威火腿...............................229
玄茶.......................................497
玄醴.......................................423
玄玉漿...................................451
旋餅＊......................................30
旋炒栗子銀杏.......................375
旋炒銀杏栗子.......................375

旋切細料餶飿兒.................348
旋炙犯兒...............................252
饘餅...43
雪糕＊....................................400
雪花菜...................................329
雪花糕...................................400
雪花酥...................................352
雪花酥餅...............................353
雪酒＊....................................449
雪梨糖...................................366
雪梅.......................................483
雪團.......................................400
雪醃肉...................................150
雪蒸糕...................................400
血羹.......................................511

血鮯＊....................................511
熏白魚...................................221
熏牛肉...................................209
熏青魚...................................222
熏煨肉...................................283
熏鴨.......................................218
熏楊梅乾...............................373
薰豆腐...................................325
薰蹄.......................................227
薰蕈.......................................225
臐...509
鱘魚鼻脯...............................220
鱘魚鮓...................................191
鱘鮓.......................................191

Y

丫山陽坡横文茶.................478
丫山陽坡横紋茶＊..............477
雅山.......................................478
鴉山.......................................478
鴉山茶...................................478
鴨脯＊....................................218
鴨羹.......................................520
鴨糊塗...................................295
鴨臕.......................................520
鴨臃＊....................................520
鴨山茶...................................478

鴨舌羹...................................521
鴨舌煨白果...........................297
醃白菜...................................148
醃菜.......................................148
醃蛋.......................................151
醃瓜.......................................143
醃韭菜花...............................139
醃韭花...................................139
醃鹿脯...................................150
醃蔓青菜...............................140
醃芹菜...................................138

醃肉.......................................150
醃鹹菜...................................148
醃鹹蛋...................................152
醃鹹鴨卵＊...........................151
醃鹽蛋...................................152
醃鹽韭...................................139
言鹿糕...................................396
岩茶.......................................482
巖茶.......................................481
巉茶.......................................482
鹽腸.......................................150

鹽豆 342
鹽豆兒 341
鹽水胡桃仁 344
鹽水杏仁 345
鹽水榛仁 344
鹽筍 141
鹽腿 227
鹽鴨卵 151
鹽鴨子 151
鹽醃肉 150
鹽豬粑 210
酏 410
雁蕩 * 496
雁醢 159
雁巾羹 523
鴈蕩 496
鴈山 496
燕窩粥 * 132
羊肚羹 510
羊脯 213
羊肝粥 * 130
羊羔 443
羊羔酒 ¹* 443
羊羔酒 ²* 467
羊羔美酒 443
羊羔釀 443
羊羹 * 508
羊骨粥 * 129

羊脊骨羹 510
羊酪羹 524
羊瘤 203
羊泡飯 110
羊皮羹 509
羊肉羹 509
羊肉臛 509
羊肉饅頭 * 65
羊肉湯 509
羊肉小饅頭 65
羊肉旋鮓 193
羊肉粥 * 130
羊山粥 124
羊腎羹 509
羊腎粥 * 129
羊蹄臛 509
羊頭羹 510
羊頭膾 203
羊腊 * 213
羊血羹 510
羊淹 150
羊臟羹 509
羊脂韭餅 22
羊炙 * 249
洋爐鵝 256
陽坡 478
陽坡茶 478
陽坡橫紋 478

陽羨 485
陽羨茶 * 485
揚州洪府粽子 98
揚州甜醬 169
楊梅脯 * 377
楊梅乾 373
楊梅肉圓 * 90
楊梅糖 363
餯 393
餹 393
姚乾 329
椰漿 454
椰漿酒 454
椰子酒 * 453
野葛飯 * 112
野雞羹 518
野雞火鍋 302
野雞片湯 518
野雞崽子湯 518
野味腊 214
野意火鍋 302
野豬臛 511
野豬肉炙 252
饁 393
粯 96
一宿酒 422
一窩絲 361
一夜醬 165

衣梅*......374
宜城酒*......425
宜城醪......425
宜春酒[1]*......438
宜春酒[2]*......447
酏[1]......116
酏[2]......420
酏食......64
醃......420
飴*......357
飴糖......358
飴餳......358
飴餹......358
頤酒*......436
蟻醬......161
蟻卵醬......161
蟻子醬......161
浥魚......219
益智粽......95
異乾酒......461
薏酒......468
薏米粥......131
薏苡飯*......111
薏苡酒*......467
薏苡仁酒......468
薏苡仁粥......131
薏苡粥*......131
鮨魚......219
蹜......179
銀光*......446
銀絲掛麵......58
銀絲冷淘......53
銀魚脯......220
銀魚乾......220
銀魚鮓......192
窨菜......225
罌粟粥......127
櫻桃餺饠......39
櫻桃脯*......377
櫻桃煎*......388
櫻桃乾......372
油餅......40
油糕*......402
油果......40
油果兒......40
油粿......40
油餗兒......31
油煎餻[1]......32
油煎餻[2]......73
油烙捲......73
油麻團......86
油蜜蒸餅*......65
油饊......44
油糖粉餃*......78
油糖切餻......73
油糖燒賣......72
油條......40
油鏇餅......30
油魚膾......203
油浴餅......28
油炸果......40
油炸胡桃仁......344
油炸榛仁......344
油灼粿......40
油灼檜......40
油灼鱠......40
油灼肉......252
游水委綎......48
酉......410
萸酒......466
魚包子......68
魚腸醬......156
魚翅螃蟹羹......517
魚兜子......68
魚粉麵......59
魚羹*......513
魚醢......155
魚醬*......155
魚膾*......199
魚鱠......200
魚麵*......59
魚生......200
魚魫......156
魚頭醬......156

魚兔醬 162

魚腊 * 218

魚鮺 219

魚鮓 * 188

魚炙 * 257

魚子醬 155

榆莢醬 171

榆醬 171

榆皮粥 123

榆錢餅 34

榆錢糕 * 403

榆仁醬 * 171

榆仁粥 123

榆粥 * 122

榆子醬 171

雨茶 497

雨蓮軒春餅 29

玉板鮓 190

玉版鮓 192

玉蟬羹 515

玉帶羹 * 525

玉鈎鮓 195

玉尖麵 * 64

玉井飯 * 110

玉醅 * 442

玉糁羹 528

玉薤 * 436

玉瀣 436

玉友 * 437

玉柱糖 364

玉磚 * 65

玉琢羹 528

玉饘 436

芋餅 * 34

芋羹 * 525

芋子餅 34

御米粥 * 127

御棗圈 372

愈瘧酒 * 462

鬵 116

鬱邑 420

鬱邑 420

鬻 116

鴛鴦炙 * 256

元宵 92

元宵子 92

元子 1 86

元子 2 91

元子 3 151

杬子 151

飦 393

圓 86

圓圓糖 366

圓子 1 86

圓子 2 91

黿羹 516

糰子 1 86

糰子 2 91

月餅 * 41

濯 272

濯雞 292

濯豚 280

瀹 273

瀹雞子 * 294

爚 272

灟 273

鸑 272

煴 262

雲吞 82

雲霧茶 1 493

雲霧茶 2 494

雲子 101

醞 410

韻薑糖 364

Z

咂酒 441
嚼酒 441
雜色煎花饅頭* 65
饡 106
饡飯* 106
糟* 239
糟白菜 246
糟白魚 242
糟鮑魚 241
糟菜 246
糟菜瓜 245
糟蛋 243
糟冬笋 246
糟豆腐乳 327
糟鵝蛋 242
糟鵝事件* 242
糟瓜菜 244
糟瓜虀 245
糟瓜茄* 244
糟黄芽 245
糟火腿 240
糟鷄* 243
糟鷄翅 244
糟鷄腎 244
糟薑 245
糟窖饅頭 67
糟鯉魚 241
糟龍鬚笋 246
糟蘿蔔 244
糟蘿蔔茭白笋菜瓜茄等物.244
糟饅頭* 67
糟泥螺* 243
糟茄 245
糟茄兒 245
糟茄子 244
糟瓊枝 245
糟肉* 239
糟乳腐 328
糟稍瓜 245
糟生青魚 242
糟鰣魚 241
糟鮝 242
糟蟹* 242
糟熊掌 240
糟鴨* 243
糟鴨蛋 243
糟羊肉 240
糟羊蹄 240
糟魚* 241
糟猪耳 240
糟猪頭 240
糟猪頭肉 240
糟猪頭蹄爪 240
糟猪心 240
棗餅 31
棗脯* 226
棗糕[1] 397
棗糕[2]* 397
棗餫* 30
棗栗糕 396
棗麨* 381
棗圈 372
棗酏.....................................131
棗油* 379
棗烝 318
棗粥* 131
皂角錠 252
燥豆豉 184
燥脡 161
澤州餳 357
甑兒糕 398
查條* 376
楂糕* 401
楂糕拌梨絲 152
渫 272
煠 272
鮓* 187
鮓醬 155
鮓片醬 155
鮺 188
鮺 188

鮭魚 189
炸磁粑 347
炸灌藕 349
炸肉皮煨鴨 296
炸油糕 402
飦 116
餰 116
健 116
饘 116
鬻 116
盞蒸 311
盞蒸羊 311
餞蒸鵝 313
獐犰 214
獐巴 214
粻䭣 356
餭䭣 356
麜犰 214
䭣 81
照鱠 200
折米飯 107
折粟米飯 * 107
浙米飯 104
蔗餳 * 359
真君粥 121
真葡萄酒 451
真欽酒 452
真一 447

真一酒 * 447
真珠 * 438
真珠泉 * 446
真珠元子 91
楨條麵 56
榛子仁 343
榛子糖 366
酞 456
酞毒 456
酞酒 455
鴆 455
鴆酒 * 455
鴆醴 455
胚 272
胚魚鮓 287
胚鮓 287
烝 308
烝㿥 313
烝豚 309
烝独 309
蒸 * 307
蒸白木耳 318
蒸白魚 316
蒸百合 319
蒸邊魚 316
蒸餅 ¹* 34
蒸餅 ² 63
蒸橙 319

蒸鵝 313
蒸鵝鴨 * 312
蒸飯 * 103
蒸風鯽魚 316
蒸風猪小腸 310
蒸乾菜 318
蒸裹粽 96
蒸餛飩 * 83
蒸鷄 * 314
蒸鯽魚 316
蒸鯵魚 316
蒸角兒 * 78
蒸捲 73
蒸膾 204
蒸臘肉 309
蒸梨兒棗兒 318
蒸梨棗 * 318
蒸南棗 319
蒸鮎 315
蒸藕 * 317
蒸蕈 318
蒸青魚 316
蒸軟羊 311
蒸鰣魚 315
蒸水醃鯉魚 317
蒸酥 353
蒸糖糕 394
蒸肫 309

蒸豚＊ 308
蒸莧菜 318
蒸香乾菜 318
蒸小鷄 314
蒸熊＊ 311
蒸熊掌 312
蒸鴨 313
蒸醃魚 317
蒸羊＊ 310
蒸羊眉突 311
蒸魚＊ 315
蒸芋魁 318
蒸猪 309
蒸猪蹄 310
蒸猪頭 310
蒸紫蘇梅 319
鯖 272
鄭宅茶＊ 493
芝麻醬＊ 171
芝麻酥 353
芝麻糖 367
脂麻團子 86
炙＊ 248
炙犯兒 252
炙白魚 258
炙鯿 258
炙鵪鶉 256
炙車熬＊ 259

炙鵝 256
炙鵝鴨＊ 254
炙脯＊ 260
炙肝 333
炙肝油 253
炙骨頭 250
炙鴰＊ 256
炙蚶＊ 259
炙黄雌鷄 254
炙黄鷄 254
炙鷄＊ 254
炙鱘魚 259
炙椒酸犯兒 252
炙鯉魚 258
炙蠣＊ 259
炙鹿肉 253
炙鰻 258
炙茄＊ 260
炙鰌 258
炙鰍 258
炙鷓鴣＊ 256
炙肉 251
炙肉皮 253
炙鱔 259
炙兔＊ 253
炙豚 251
炙蕈＊ 260
炙鴨 256

炙羊肉片 251
炙羊心 250
炙羊腰 250
炙魚 257
炙獐＊ 253
炙子鵝 255
雉羹＊ 517
雉酵羹 524
中頂茶 486
中山酒 427
中山松醪 465
重陽糕＊ 395
重陽酒 458
洲茶 484
粥＊ 114
鬻 116
酎＊ 418
酎酒 414
繅紗餛飩 81
茱萸酒＊ 466
猪腦羹 511
猪肉膧＊ 510
猪肉饅首＊ 66
猪肉鹽豉 280
猪肉圓＊ 90
猪肉鮓＊ 192
猪臂粥＊ 127
猪蹄酸羹 511

猪頭薑豉 185

猪油年糕 395

猪油煮蘿蔔 300

术酒 * 460

竹笋豆豉 183

竹葉 * 460

竹葉酒 461

竹葉青 461

竹葉清 460

竹葉糉 97

逐夷 156

瘃脯 214

瘃腊 219

瘃魚 219

鮿鯷 156

煮 274

煮鮑魚 289

煮荸薺 * 378

煮茶葉蛋 295

煮蛋 294

煮冬瓜 298

煮飯 * 102

煮肺管 284

煮餛飩 * 83

煮火腿 230

煮鷄 293

煮脊筋 284

煮甲魚 291

煮酒豆 343

煮臘豆 301

煮老鷄 293

煮鯉魚 288

煮栗 * 377

煮蓮肉 378

煮蓮子 * 378

煮菱 * 378

煮鹿鞭 286

煮鹿筋 286

煮落花生 301

煮馬蹄鼈 291

煮牛肉 279

煮鮮猪蹄 285

煮香菰 299

煮香珠豆 300

煮熊掌 275

煮鴨 295

煮鴨肫 297

煮羊頭 277

煮羊腰 278

煮野鴨 297

煮魚翅 288

煮猪頭 282

煮猪頭肉 281

煮鰷魚 288

苧結 340

麆沆 469

抓飯 104

饌 101

狀元豆 343

淳熬 * 334

淳母 * 334

灼 248

灼粿 40

酌 410

鯔魚鮺 222

子母春蠒 64

子母甌 347

子母仙桃 346

子孫餑餑 77

子魚醬 156

紫茶 497

紫毫 485

紫蘇粥 127

紫笋 488

紫笋茶 488

紫莧菜粥 125

自然甜醬 169

漬 * 335

粽 95

粽子 * 94

粽子糖 365

糉 95

菹 137

菹甕 * 137

菹肖 150
菹消 150
葅 137
蒩 137
韲 137
闈林 503
闈林茶 * 503
醉 * 233
醉白魚 236
醉蛤蜊 233
醉果 * 237

醉蚶 234
醉花生 237
醉黃雀 233
醉鷄翅 233
醉脊髓 233
醉鯉魚腦 236
醉連魚 237
醉蘿蔔 * 238
醉麵條魚 237
醉螃蟹 235
醉鯯魚 236

醉蹄尖 233
醉蝦 * 237
醉蝦圓 237
醉香蕈 * 237
醉蟹 235
醉鴨舌 233
醉楊梅 237
醉魚 * 236
醉棗 237
醉猪頭 233